PROJETO MÚLTIPLO

Revisão

Matemática

Ensino Médio

Luiz Roberto Dante

Livre-docente em Educação Matemática pela Unesp – Rio Claro, SP.
Doutor em Psicologia da Educação: Ensino da Matemática, pela PUC – São Paulo.
Mestre em Matemática pela USP.
Pesquisador em ensino e aprendizagem da Matemática pela Unesp – Rio Claro, SP.
Ex-professor da rede estadual do Ensino Fundamental e Médio – São Paulo.
Autor de vários livros, entre os quais: *Formulação e resolução de problemas de Matemática – Teoria e prática; Didática da Matemática na pré-escola; Projeto* Ápis *– Matemática* (1º ao 5º ano); *Projeto Teláris Matemática* (6º ao 9º ano); *Projeto Voaz Matemática* (Ensino Médio – volume único); *Matemática – Contextos & Aplicações* (Ensino Médio – volume único).

editora ática

editora ática

Diretoria editorial: Lidiane Vivaldini Olo

Editoria de Ciências Exatas: Cármen Matricardi

Editoras: Monique Matos de Oliveira,
Cibeli de Oliveira Chibante Bueno, Letícia Mancini Martins (estag.)

Colaboradora editorial: Pamela Hellebrekers Seravalli

Supervisor de arte e produção: Sérgio Yutaka

Supervisor de arte e criação: Didier Moraes

Coordenadora de arte e criação: Andréa Dellamagna

Editor de arte: André Gomes Vitale

Diagramação: Formato Comunicação

Design gráfico: UC Produção Editorial, Andréa Dellamagna (miolo e capa)

Gerente de revisão: Hélia de Jesus Gonsaga

Equipe de revisão: Rosângela Muricy (coord.),
Ana Paula Chabaribery Malfa, Claudia Virgilio, Luís Maurício Boa Nova,
Flávia Venézio dos Santos e Gabriela Macedo de Andrade (estags.)

Supervisor de iconografia: Sílvio Kligin

Pesquisadora iconográfica: Cláudia Bertolazzi

Tratamento de imagem: Cesar Wolf e Fernanda Crevin

Foto da capa: Gareth Byrne/Alamy/Glow Images

Grafismos: Shutterstock/Glow Images

Ilustrações: Dam d'Souza e Formato Comunicação

Cartografia: Maps World

Direitos desta edição cedidos à Editora Ática S.A.
Av. das Nações Unidas, 7221, 3º andar, setor C
Pinheiros – São Paulo – SP
CEP 05425-902
Tel.: 4003-3061
www.atica.com.br/editora@atica.com.br

Dados Internacionais de Catalogação na Publicação (CIP)
(Câmara Brasileira do Livro, SP, Brasil)

Dante, Luiz Roberto
Projeto Múltiplo: Matemática : ensino médio /
Luiz Roberto Dante. -- São Paulo : Ática, 2014.

Obra em 3 v.

1. Projeto Múltiplo: Matemática (Ensino médio)
I. Título.

14-02256 CDD-510.7

Índice para catálogo sistemático:
1. Matemática : Ensino médio 510.7

2018
ISBN 978 85 08 16751-7 (AL)
ISBN 978 85 08 16752-4 (PR)
Código da obra CL 737771
CAE 501241 (AL)
CAE 501242 (PR)
1ª edição
6ª impressão

Impressão e acabamento: Bercrom Gráfica e Editora

Uma publicação Abril EDUCAÇÃO

Apresentação

O final de um ciclo escolar se aproxima e, com ele, um momento propício para reforçar a aprendizagem adquirida até aqui. Hora de resgatar o conteúdo e recordar os modelos de exercícios mais comuns nos principais vestibulares do país. Afinal, você chegou à última série do Ensino Médio e o exame vestibular, cada vez mais próximo, coloca à prova todo o conhecimento abordado nesses três anos.

Este caderno de revisão foi preparado para te ajudar a transpor essa etapa com segurança e tranquilidade. Nele você encontra resumos de todos os tópicos tratados no Ensino Médio, além de questões resolvidas, questões propostas e exercícios-tarefa. Enfim, um material completo de revisão à sua disposição.

Aproveite a oportunidade, consolide a aprendizagem e garanta o ingresso nas melhores universidades do país.

Boa revisão!

Sumário geral

Revisão 1

Frente A

Frente B

Frente C

Revisão 2

Frente A

Frente B

Frente C

Revisão 1

Frente A

Frente B

Frente C

Assim, dados dois números reais, a e b, com $a < b$, tem-se:

a) Intervalo aberto

$$(a, b) =]a, b[= \{x \in \mathbb{R} \mid a < x < b\}$$

b) Intervalo fechado

$$[a, b] = \{x \in \mathbb{R} \mid a \leqslant x \leqslant b\}$$

c) Intervalo fechado à esquerda e aberto à direita

$$[a, b) = [a, b[= \{x \in \mathbb{R} \mid a \leqslant x < b\}$$

d) Intervalo fechado à direita e aberto à esquerda

$$(a, b] =]a, b] = \{x \in \mathbb{R} \mid a < x \leqslant b\}$$

e) Semirreta esquerda, fechada, de origem b

$$(-\infty, b] =]-\infty, b] = \{x \in \mathbb{R} \mid x \leqslant b\}$$

f) Semirreta esquerda, aberta, de origem b

$$(-\infty, b) =]-\infty, b[= \{x \in \mathbb{R} \mid x < b\}$$

g) Semirreta direita, fechada, de origem a

$$[a, +\infty) = [a, +\infty[= \{x \in \mathbb{R} \mid x \geqslant a\}$$

h) Semirreta direita, aberta, de origem a

$$(a, +\infty) =]a, +\infty[= \{x \in \mathbb{R} \mid x > a\}$$

i) Reta real

$$(-\infty, +\infty) =]-\infty, +\infty[= \mathbb{R}$$

Exercícios resolvidos

1. (FGV-SP) Numa Universidade com n alunos, 80 estudam Física, 90 Biologia, 55 Química, 32 Biologia e Física, 23 Química e Física, 16 Biologia e Química e 8 estudam nas três faculdades. Sabendo-se que esta Universidade somente mantém as três faculdades, quantos alunos estão matriculados na Universidade?

   a) 304.
   b) 162.
   c) 146.
   d) 154.
   e) 245.

Resolução

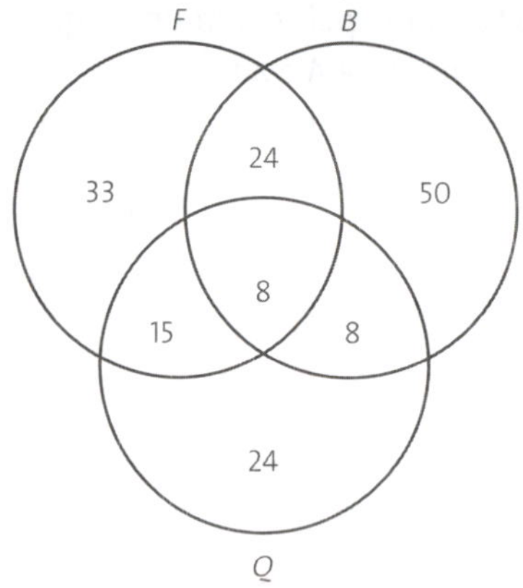

Considere:

F: alunos que estudam Física.

B: alunos que estudam Biologia.

Q: alunos que estudam Química.

Logo:

$33 + 24 + 15 + 8 + 50 + 8 + 24 = 162$ alunos matriculados na Universidade.

Resposta: alternativa **b**.

2. (UEPB) Em 1872, o matemático alemão Richard Dedekind (1831-1916) fez entrar na Aritmética, em termos rigorosos, os números irracionais, que a geometria sugerira há mais de vinte séculos.
   Os números racionais se opõem aos números irracionais. Qual é a alternativa verdadeira?

   a) A soma de dois números irracionais positivos é um número irracional.
   b) A diferença entre um número racional e um número irracional é um número irracional.
   c) A raiz quadrada de um número racional é um número irracional.
   d) O produto de dois números irracionais distintos é um número irracional.
   e) O quadrado de um número irracional é um número racional.

Resolução

a) Contraexemplo: $(2 + \sqrt{3}) + (2 - \sqrt{3}) =$
$= 2 + \sqrt{3} + 2 + \sqrt{3} = 4$ (Falso)

b) Exemplo: $2 - \sqrt{3}$ (Verdadeiro)

c) Contraexemplo: $\sqrt{4} = 2$ (Falso)

d) Contraexemplo: $\sqrt{8} \cdot \sqrt{2} = \sqrt{8 \cdot 2} =$
$= \sqrt{16} = 4$ (Falso)

e) Contraexemplo: π^2 (Falso)

Resposta: alternativa **b**.

Exercícios propostos

1. (Fatec-SP) Em uma pesquisa de mercado sobre o uso de *notebooks* e *tablets* foram obtidos, entre os indivíduos pesquisados, os seguintes resultados:
   - 55 usam *notebook*;
   - 45 usam *tablet*, e
   - 27 usam apenas *notebook*.

   Sabendo que todos os pesquisados utilizam pelo menos um desses dois equipamentos, então, dentre os pesquisados, o número dos que usam apenas *tablet* é:

   a) 8.
   b) 17.
   c) 27.
   d) 36.
   e) 45.

2. (UEL-PR) Um grupo de estudantes resolveu fazer uma pesquisa sobre as preferências dos alunos quanto ao cardápio do Restaurante Universitário. Nove alunos optaram somente por carne de frango, 3 somente por peixes, 7 por carne bovina e frango, 9 por peixe e carne bovina e 4 pelos três tipos de carne. Considerando que 20 alunos manifestaram-se vegetarianos, 36 não optaram por carne bovina e 42 não optaram por peixe, assinale a alternativa que apresenta o número de alunos entrevistados.

   a) 38.
   b) 42.
   c) 58.
   d) 62.
   e) 78.

3. (PUC-RS) Um grupo de estudantes de Ensino Médio visitou a Biblioteca para pesquisar sobre Literatura Brasileira (*LB*) e Literatura Estrangeira (*LE*). A respeito dessa atividade, sabe-se que:

- cada estudante consultou somente uma obra;
- 40% do número total de estudantes eram meninos;
- 80% do número total de estudantes consultou obras de *LB*;
- 50% do total de estudantes que consultaram obras de *LE* eram meninos;
- 20 meninas consultaram obras de *LE*.

Nessas circunstâncias, o número de meninas que compareceram à Biblioteca para pesquisar sobre Literatura foi de:

a) 130.
b) 120.
c) 100.
d) 90.
e) 70.

4. (Acafe-SC) Sobre os conjuntos abaixo, analise as afirmações a seguir.

$A = \{x \in \mathbb{N}^* \mid x < 200\}$

$B = \{x \in A \mid x \text{ é múltiplo de } 8\}$

$C = \{x \in A \mid x \text{ é múltiplo de } 3\}$

I. O conjunto $B \cup C$ possui 90 elementos.

II. O conjunto C possui 65 elementos.

III. O conjunto dos múltiplos naturais de 3 e 8 menores que 200 possui 8 elementos.

IV. A soma dos elementos contidos em $A \cup B$ é igual a 8 169.

Assinale a alternativa correta.

a) Todas as afirmações são verdadeiras.
b) Apenas II e III são verdadeiras.
c) Apenas a afirmação III é verdadeira.
d) Apenas III e IV são verdadeiras.

5. (UFSM-RS) Assinale verdadeira (V) ou falsa (F) em cada uma das afirmações a seguir.

( ) A letra grega π representa o número racional que vale 3,14159265.

( ) O conjunto dos números racionais e o conjunto dos números irracionais são subconjuntos dos números reais e possuem apenas um ponto em comum.

( ) Toda dízima periódica provém da divisão de dois números inteiros, portanto é um número racional.

A sequência correta é:

a) F – V – V.
b) V – V – F.
c) V – F – V.
d) F – F – V.
e) F – V – F.

Definição e notação

Dados dois conjuntos não vazios, A e B, uma função de A em B é uma regra que indica como associar cada elemento $x \in A$ a um único elemento $y \in B$. Usamos a seguinte notação:

$$f: A \to B \text{ ou } A \xrightarrow{f} B$$

(lê-se: f é uma função de A em B)

A função f transforma x de A em y de B.

Escrevemos isso assim:

$y = f(x)$ (lê-se: y é igual a f de x)

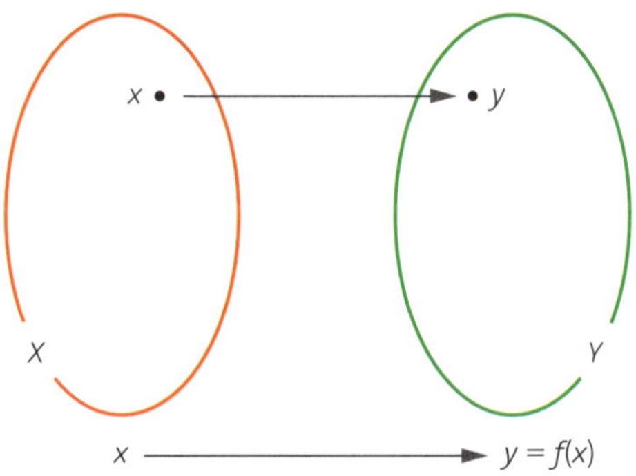

$$f: A \to B$$
$$x \to y$$

Domínio, contradomínio e conjunto imagem

Dada uma função f de A em B, o conjunto A chama-se **domínio** da função (D) e o conjunto B, **contradomínio** da função. Para cada $x \in A$, o elemento $y \in B$ chama-se **imagem** de x pela função f ou o valor assumido pela função f para $x \in A$, e o representamos por $f(x)$. Assim, $y = f(x)$.

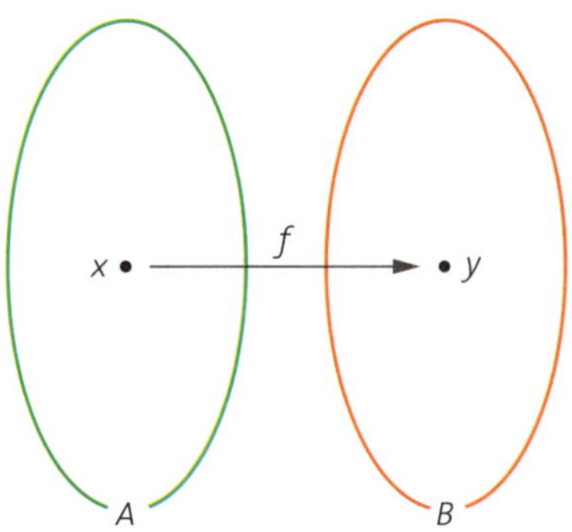

O conjunto de todos os y assim obtidos é chamado conjunto imagem da função f e é indicado por $Im(f)$.

Gráfico de uma função

Dada uma função $f: \mathbb{R} \to \mathbb{R}$, o seu gráfico é o conjunto formado por todos os pares ordenados (x, y), para $x \in \mathbb{R}$, $y \in \mathbb{R}$ e $y = f(x)$, ou seja:

$$G(f) = \{(x, y); x \in \mathbb{R}, y \in \mathbb{R} \text{ e } y = f(x)\}$$

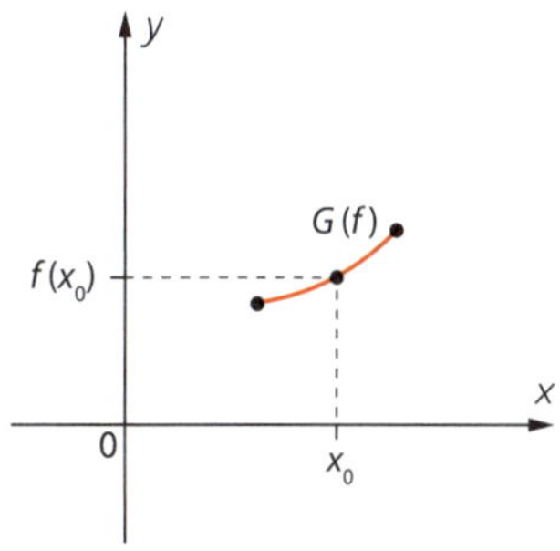

$(x_0, f(x_0))$ é um ponto do gráfico.

Determinação do domínio e da imagem de uma função, conhecendo o gráfico

Observando o gráfico de uma função no plano cartesiano podemos determinar o domínio (D) e o conjunto imagem (Im) da função, projetando o gráfico nos eixos.

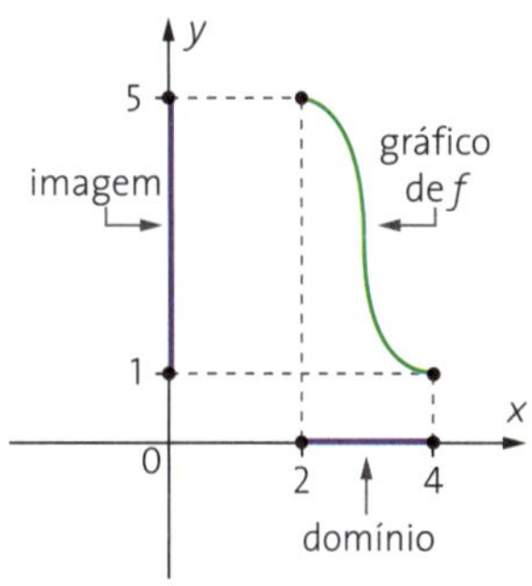

$$D(f) = \{x \in \mathbb{R} \mid 2 \leq x \leq 4\} = [2, 4]$$
$$Im(f) = \{y \in \mathbb{R} \mid 1 \leq y \leq 5\} = [1, 5]$$

Taxa de variação média de uma função

Em qualquer função $f: \mathbb{R} \to \mathbb{R}$, quando temos um acréscimo h à variável x, passando de x para $x + h$, há, em correspondência, um acréscimo $f(x + h) - f(x)$ no valor da função.

Dados x e $x + h \in \mathbb{R}$, com $h \neq 0$, o número $\frac{f(x+h) - f(x)}{h}$ chama-se **taxa de variação média da função f** no intervalo $[x, x + h]$.

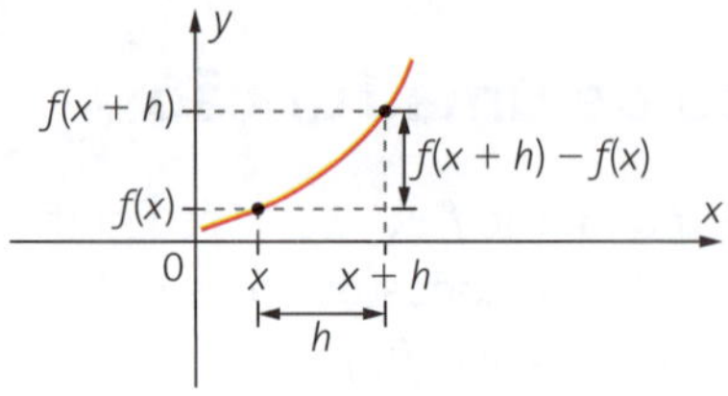

Função par e função ímpar

- f é uma função par se, e somente se, $f(x) = f(-x)$, para qualquer $x \in D$, em que o domínio é simétrico em relação à origem, isto é:

  $$x \in D \Rightarrow -x \in D$$

  O gráfico de f é simétrico em relação ao eixo y.

- f é uma função ímpar se, e somente se, $f(-x) = -f(x)$, para qualquer $x \in D$, em que o domínio é simétrico em relação à origem, isto é:

  $$x \in D \Rightarrow -x \in D$$

  O gráfico de f é simétrico à origem O.

Funções injetiva, sobrejetiva e bijetiva

Uma função $f: A \rightarrow B$ é **injetiva** (ou **injetora**) quando elementos diferentes de A são transformados por f em elementos diferentes de B, ou seja, não há elemento em B que seja imagem de mais de um elemento de A. Assim, f é injetiva quando:

$$x_1 \neq x_2 \text{ em } A \Rightarrow f(x_1) \neq f(x_2) \text{ em } B$$

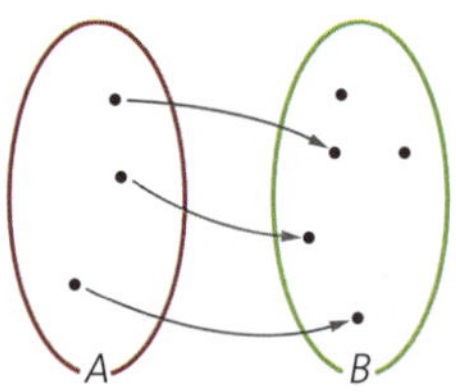

função injetiva

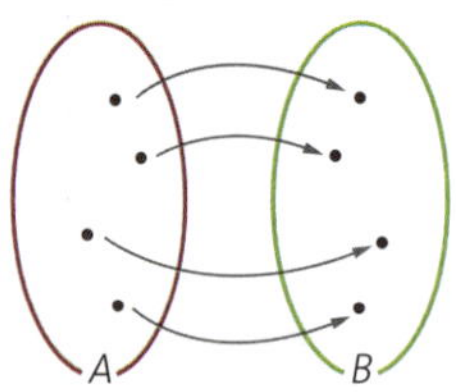

função injetiva

(Não há elemento em B que seja imagem de mais de um elemento de A.)

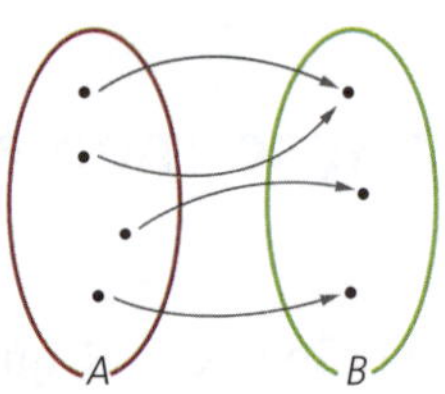

função não injetiva

(Há um elemento em B que é imagem de dois elementos distintos de A.)

Uma função $f: A \rightarrow B$ é **sobrejetiva** (ou **sobrejetora**) quando, para qualquer elemento $y \in B$, pode-se encontrar um elemento $x \in A$ tal que $f(x) = y$. Ou seja, f é sobrejetiva quando todo elemento de B é imagem de pelo menos um elemento de A, isto é, quando $Im(f) = B$.

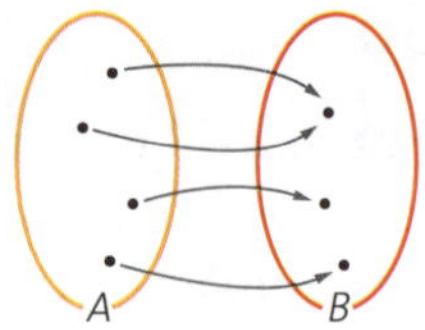

função sobrejetiva
$Im(f) = B$

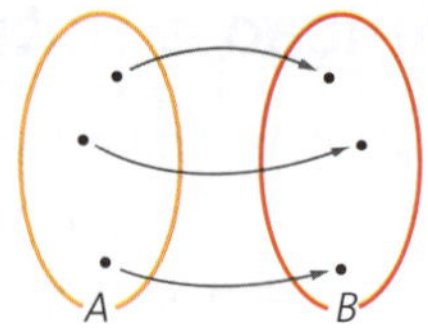

função sobrejetiva
$Im(f) = B$

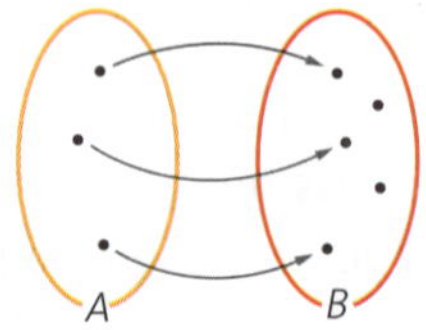

função não sobrejetiva
(Há elementos em B sem correspondente em A; logo, $Im(f) \neq B$.)

Uma função $f: A \rightarrow B$ é **bijetiva** (ou **bijetora**) se ela for, simultaneamente, injetiva e sobrejetiva. Quando isso ocorre, dizemos que há uma **bijeção** ou uma **correspondência biunívoca** entre A e B.

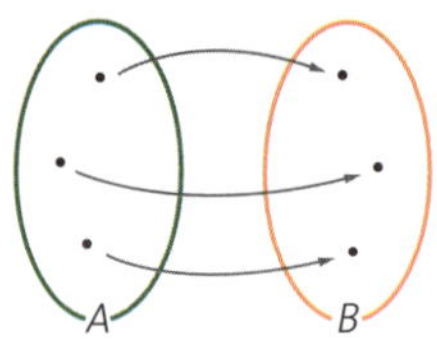

função bijetiva

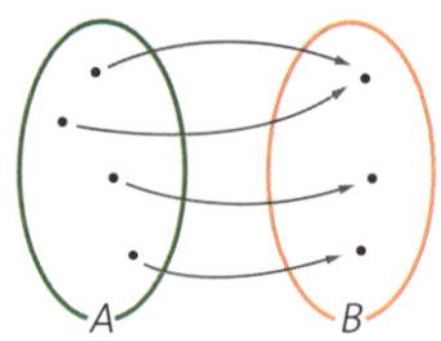

não é bijetiva
(É sobrejetiva, mas não injetiva.)

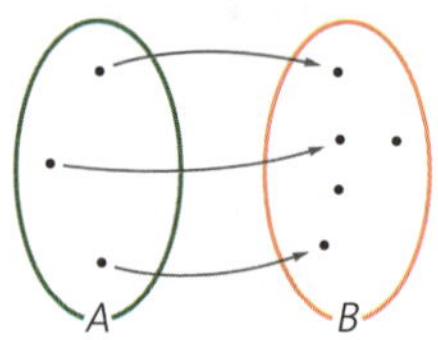

não é bijetiva
(É injetiva, mas não sobrejetiva.)

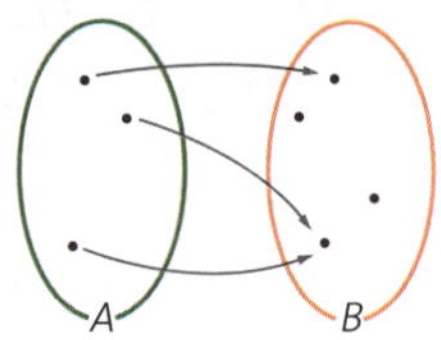

não é bijetiva
(Não é injetiva nem sobrejetiva.)

Função composta

Dadas as funções $f: A \rightarrow B$ e $g: B \rightarrow C$, denominamos função composta de g e f a função $g \circ f: A \rightarrow C$, que é definida por $(g \circ f)(x) = g(f(x)), x \in A$.

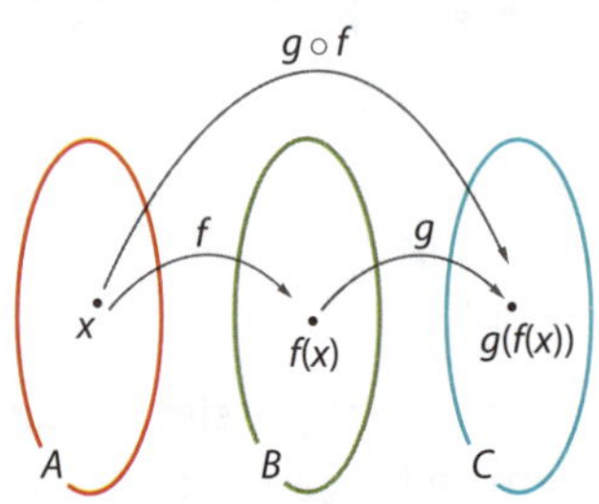

Função inversa

Dada uma função $f: A \rightarrow B$, bijetiva, denomina-se **função inversa** de f a função $g: B \rightarrow A$ tal que, se $f(a) = b$, então $g(b) = a$, com $a \in A$ e $b \in B$.

$f: A \rightarrow B$ $\quad$ $g: B \rightarrow A$

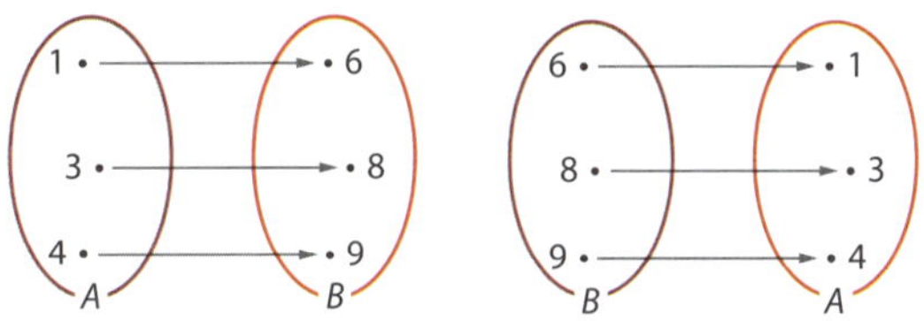

O gráfico de uma função f e o gráfico da sua função inversa f^{-1} são simétricos em relação à reta $y = x$, que representa a bissetriz dos quadrantes ímpares.

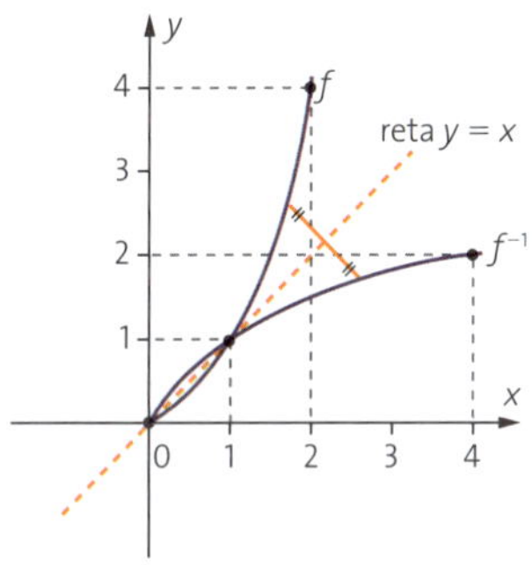

Exercícios resolvidos

1. (UEPG-PR) O número de unidades produzidas (y) de um produto, durante um mês, é função do número de funcionários empregados (x) de acordo com a relação $y = 40\sqrt{x}$. Se 36 funcionários estão empregados, assinale o que for correto.
   a) Com o acréscimo de 13 funcionários a produção mensal aumenta em 40 unidades.
   b) Com o acréscimo de 28 funcionários a produção mensal aumenta em 60 unidades.
   c) Com um funcionário a menos a produção mensal diminui em 20 unidades.
   d) Com 11 funcionários a menos a produção mensal diminui em 40 unidades.

Resolução

a) $y = 40\sqrt{49} = 280$. Aumenta 40 unidades. (V)
b) $y = 40\sqrt{64} = 320$. Aumenta 80 unidades. (F)
c) $y = 40\sqrt{35} = 236$. Diminui 4 unidades. (F)
d) $y = 40\sqrt{25} = 200$. Diminui 40 unidades. (V)

Resposta: alternativas **a** e **d**.

2. (UFPB) Paulo é um zoólogo que realiza suas observações em um ponto, o de observação, e guarda seus equipamentos em um outro ponto, o de apoio. Em certo dia, para realizar seu trabalho, fez o seguinte trajeto:

- Partiu do ponto de apoio com destino ao de observação e, da metade do caminho, voltou ao ponto de apoio, para pegar alguns equipamentos que havia esquecido. Ali demorou apenas o suficiente para encontrar tudo de que necessitava. Em seguida, partiu novamente em direção ao ponto de observação, e lá chegou.
- Depois de fazer algumas observações e anotações, partiu com destino ao ponto de apoio. Após alguns minutos de caminhada, lembrou que havia esquecido o binóculo no ponto de observação e, nesse instante, retornou para pegá-lo. Ao chegar ao ponto de observação, demorou ali um pouco mais, pois avistou uma espécie rara e resolveu observá-la. Depois disso, retornou ao ponto de apoio, para guardar seus equipamentos, encerrando o seu trabalho nesse dia.

O gráfico a seguir mostra a variação da distância do zoólogo ao ponto de apoio, em função do tempo, medido em minutos, a partir do instante em que ele deixou o ponto de apoio pela primeira vez.

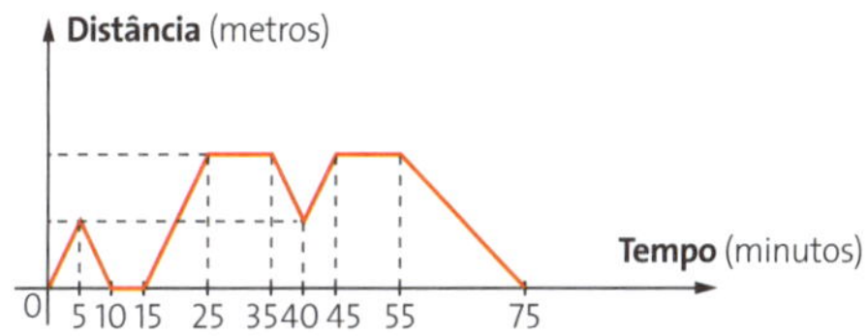

Com base nas informações apresentadas e no gráfico acima, identifique as afirmativas corretas:

I. O zoólogo chegou ao ponto de apoio, para pegar os equipamentos que ali havia esquecido, 10 minutos depois de ter saído desse ponto pela primeira vez.
II. O zoólogo chegou ao ponto de observação, pela primeira vez, 15 minutos depois de ter saído do ponto de apoio, após apanhar os equipamentos que ali havia esquecido.
III. O zoólogo esteve no ponto de observação durante 20 minutos.
IV. O zoólogo notou que havia esquecido o binóculo, 5 minutos após deixar o ponto de observação.
V. O tempo transcorrido da chegada do zoólogo ao ponto de observação, pela primeira vez, a sua chegada ao ponto de apoio, para encerrar o trabalho, foi de 50 minutos.

Resolução

I. Pela análise do gráfico, constata-se o intervalo de 10 minutos, tornando correta a alternativa.
II. A alternativa é falsa, pois, pela análise do gráfico, ele só chega ao ponto de observação 10 minutos $(25 - 15 = 10)$ após sair do ponto de apoio.
III. A soma do tempo de permanência no ponto de observação corresponde a 20 minutos $(35 - 25 = 10; 55 - 45 = 10)$, tornando verdadeira a alternativa.
IV. Verdadeira, já que o tempo para perceber equivale aos 5 minutos $(40 - 35 = 5)$.
V. A alternativa é verdadeira, pois corresponde ao intervalo de 50 minutos $(75 - 25 = 50)$.

Resposta: alternativas **I**, **III**, **IV** e **V**.

Exercícios propostos

1. (UEL-PR) Sejam os conjuntos $A = \{0, 1, 2, 3, 4\}$ e $B = \{2, 8, 9\}$ e a relação R, de A em B, definida por $R = \{(x, y) \in A \times B \mid x \text{ é divisor de } y\}$. Nestas condições, R é o conjunto:
   a) $\{(0, 2), (0, 8), (0, 9), (1, 2), (1, 8), (1, 9), (2, 2), (2, 8), (3, 9), (4, 8)\}$.
   b) $\{(1, 2), (1, 8), (1, 9), (2, 2), (2, 8), (3, 9), (4, 8)\}$.
   c) $\{(2, 1), (2, 2), (8, 1), (8, 2), (8, 4), (9, 1), (9, 3)\}$.
   d) $\{(0, 2), (0, 8), (0, 9), (2, 2)\}$.
   e) $\{(2, 0), (2, 2), (2, 4)\}$.

2. (FGV-SP) A população de uma cidade daqui a t anos é estimada em $P(t) = 30 - \frac{4}{t}$ milhares de pessoas. Durante o 5º ano o crescimento da população será:
   a) 200 pessoas.
   b) 133 pessoas.
   c) 30 pessoas.
   d) 4 pessoas.
   e) 2 pessoas.

3. (UFRJ) O matemático Mathias levou seu filho a um parque de diversões. Enquanto o menino se divertia nos brinquedos, Mathias passava o tempo fazendo tentativas de representar graficamente os movimentos de seu filho. Tentando representar:

I. a altura de seu filho em função do tempo na roda-gigante;

II. a velocidade de seu filho em função do tempo no escorregador;

III. a velocidade de seu filho em função do tempo na gangorra;

IV. a distância de seu filho até o centro do carrossel, em função do tempo no carrossel;

O matemático Mathias fez os seguintes gráficos:

1) 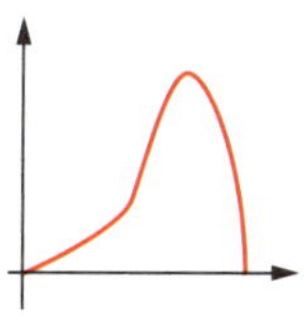

4) 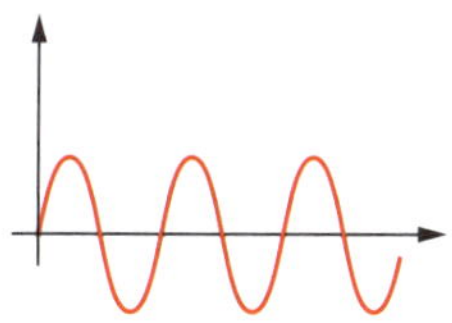

2) 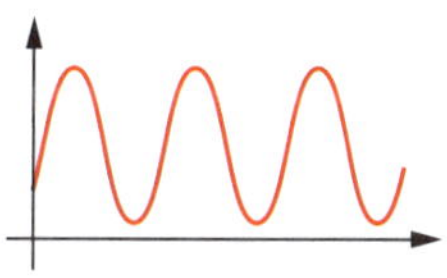

5) 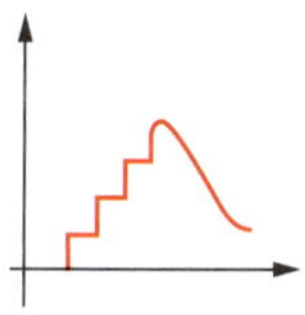

3) 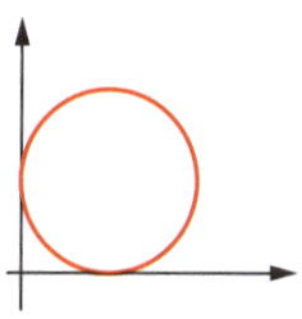

6) 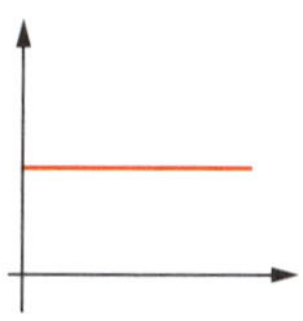

O conjunto que melhor representa as relações entre movimentos e gráficos é:

a) $R = \{(I, 2), (II, 1), (III, 4), (IV, 6)\}$.

b) $R = \{(I, 1), (II, 2), (III, 3), (IV, 4)\}$.

c) $R = \{(I, 3), (II, 5), (III, 2), (IV, 1)\}$.

d) $R = \{(I, 2), (II, 3), (III, 5), (IV, 6)\}$.

e) $R = \{(I, 3), (II, 4), (III, 5), (IV, 6)\}$.

4. (UFJF-MG) Para desencorajar o consumo excessivo de água, o Departamento de Água de certo município aumentou o preço deste líquido. O valor mensal pago em reais por uma residência, em função da quantidade de metros cúbicos consumida, é uma função cujo gráfico é a poligonal representada a seguir:

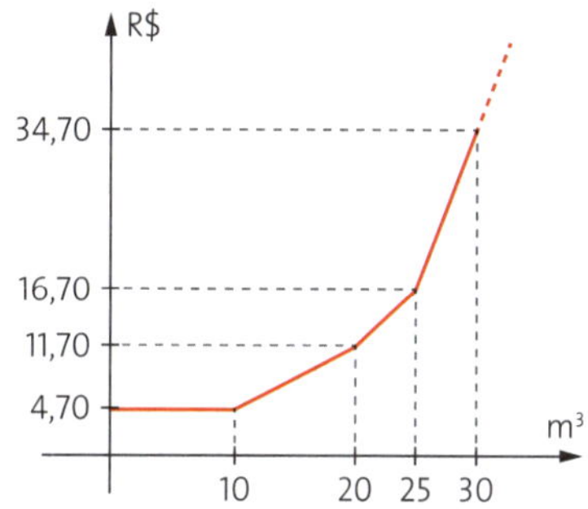

De acordo com o gráfico, quanto ao pagamento relativo ao consumo mensal de água de uma residência, é CORRETO afirmar que se o consumo:

a) for nulo, a residência estará isenta do pagamento.

b) for igual a 5 m^3, o valor pago será menor do que se o consumo for igual a 10 m^3.

c) for igual a 20 m^3, o valor pago será o dobro do que se o consumo for igual a 10 m^3.

d) exceder 25 m^3, o valor pago será R$ 16,70 acrescido de R$ 3,60 por m^3 excedente.

e) for igual a 22 m^3, o valor pago será R$ 15,00.

5. (UFTM-MG) Uma pessoa em cadeira de rodas necessita de espaço mínimo para a rotação da sua cadeira em um corredor que dá acesso a uma porta. De acordo com as normas técnicas da obra, a largura mínima (x) do corredor deve ser de 90 cm, a da porta (y) de 80 cm e, além disso, é necessário que a soma dessas duas medidas seja igual ou maior que 2 m.

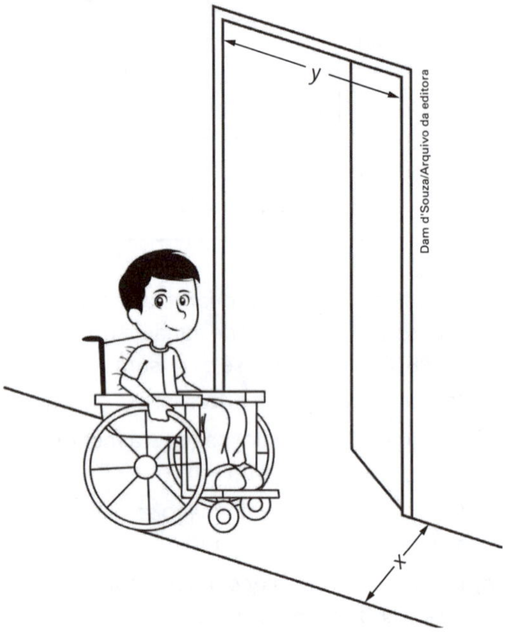

Dam d'Souza/Arquivo da editora

Uma representação no plano cartesiano ortogonal apenas dos pares (x, y), com ambas coordenadas dadas em metros, que atendem às normas técnicas da obra, é:

a)

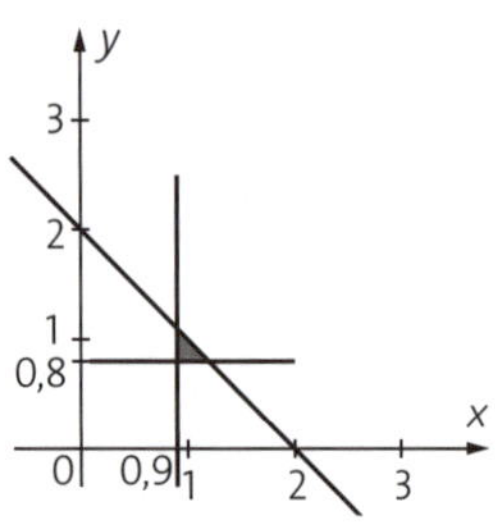

b)

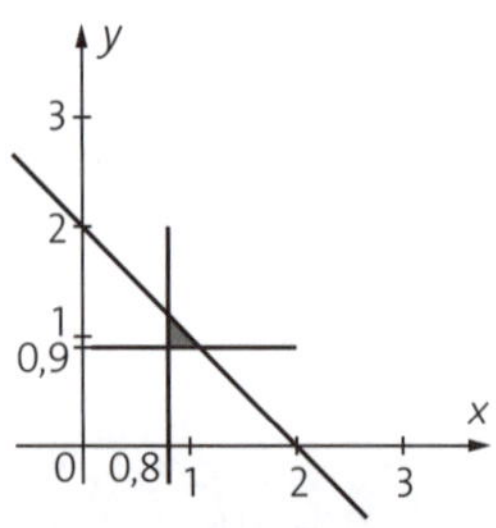

c)

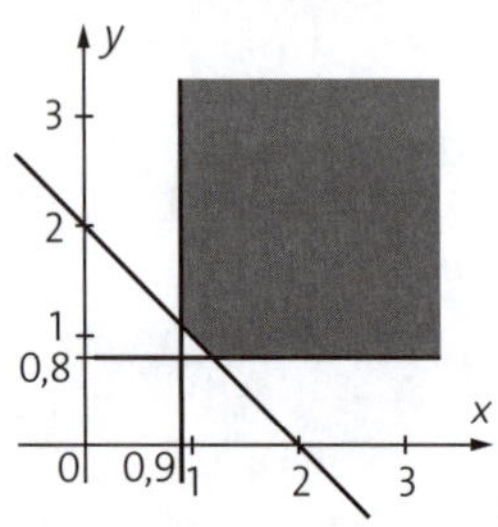

d)

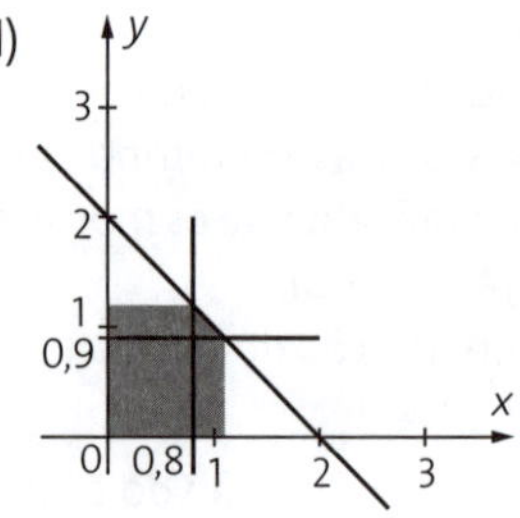

e)

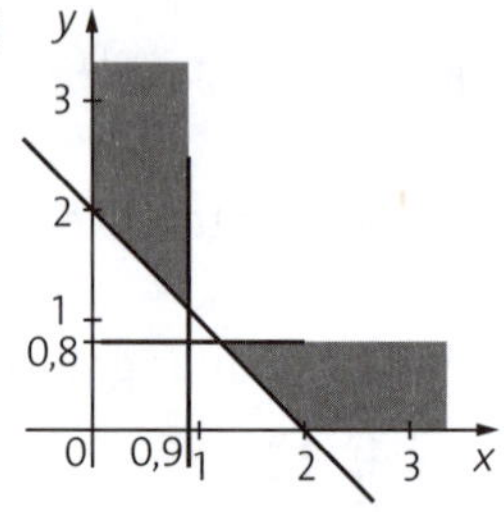

MÓDULO 3 • Função afim

Definição de função afim

Uma função $f\colon \mathbb{R} \to \mathbb{R}$ chama-se **função afim** quando existem dois números reais, a e b, tais que $f(x) = ax + b$ para todo $x \in \mathbb{R}$.

Casos particulares importantes da função afim $f(x) = ax + b$

- **Função identidade**: é a função $f\colon \mathbb{R} \to \mathbb{R}$ definida por $f(x) = x$ para todo $x \in \mathbb{R}$. Nesse caso, $a = 1$ e $b = 0$.
- **Função linear**: é a função $f\colon \mathbb{R} \to \mathbb{R}$ definida por $f(x) = ax$ para todo $x \in \mathbb{R}$. Nesse caso, $b = 0$.
- **Função constante**: é a função $f\colon \mathbb{R} \to \mathbb{R}$ definida por $f(x) = b$ para todo $x \in \mathbb{R}$. Nesse caso, $a = 0$. Se $f(x) = 0$, a função será chamada de **função identicamente nula**.

Taxa de variação média da função afim $f(x) = ax + b$

Dados x e $x + h$ números reais, com $h \neq 0$, o número $\dfrac{f(x+h) - f(x)}{h}$ chama-se **taxa de variação média da função f no intervalo $]x, x + h[$**.

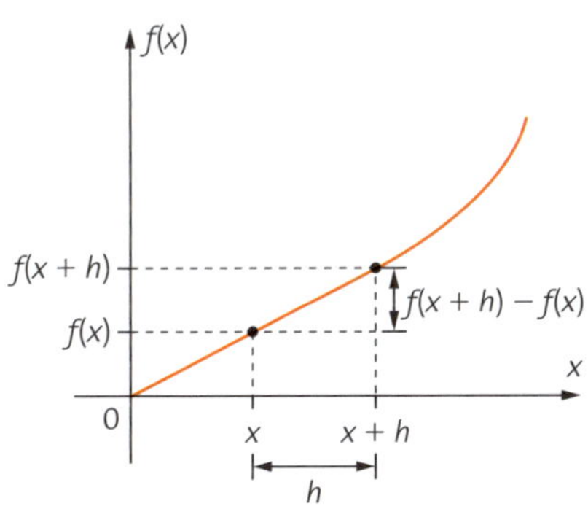

A taxa de variação média, em relação a x, de uma função afim qualquer, definida por $f(x) = ax + b$, é a.

Zero da função afim

O valor de x para o qual a função $f(x) = ax + b$ se anula, ou seja, para o qual $f(x) = 0$, denomina-se **zero da função afim**. Para determinar o zero de uma função afim, basta resolver a equação $ax + b = 0$.

Função afim crescente e decrescente

Para $a \neq 0$, existem duas possibilidades:

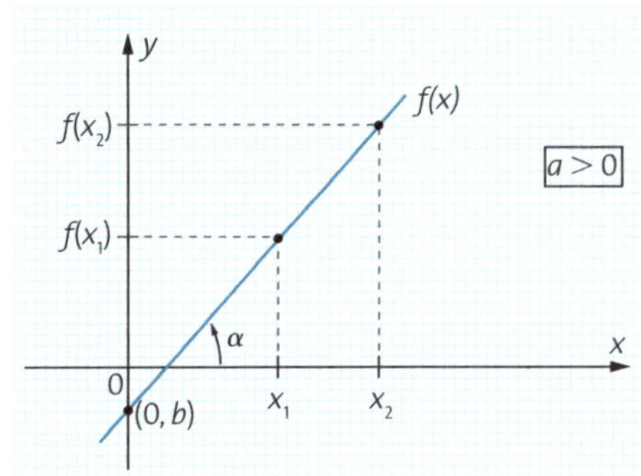

Se $a > 0$, f é crescente.

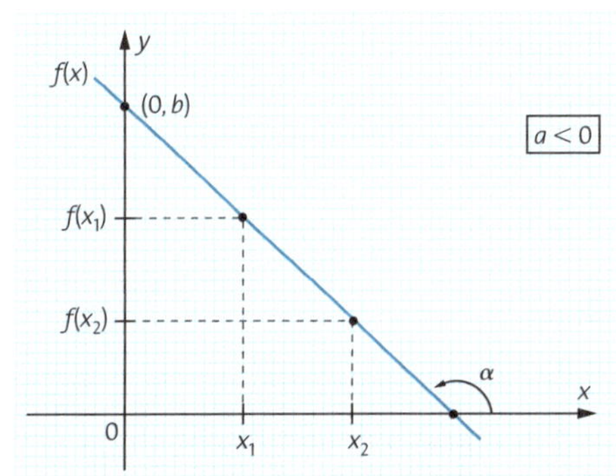

Se $a < 0$, f é decrescente.

Estudo do sinal da função afim e de inequações do 1º grau

- Se $a > 0$ (função crescente):

$x = r \to f(x) = 0$

$x > r \to f(x) > 0$

$x < r \to f(x) < 0$

Dispositivo prático:

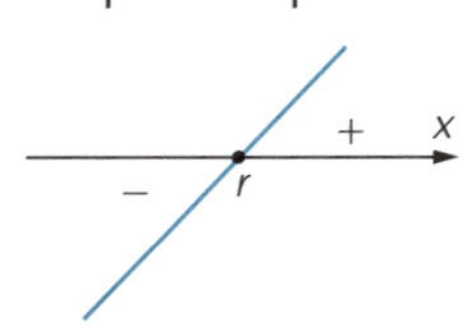

- Se $a < 0$ (função decrescente):

$x = r \to f(x) = 0$

$x > r \to f(x) < 0$

$x < r \to f(x) > 0$

Dispositivo prático:

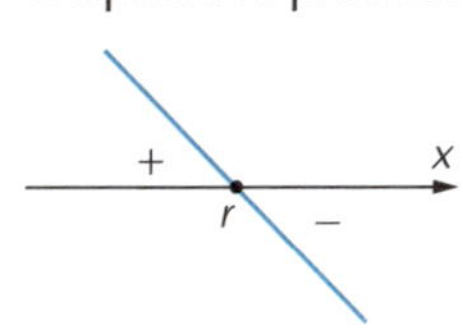

Exercícios resolvidos

1. (UEL-PR) Um camponês adquire um moinho ao preço de R$ 860,00. Com o passar do tempo, ocorre uma depreciação linear no preço desse equipamento. Considere que, em 6 anos, o preço do moinho será de R$ 500,00. Com base nessas informações, é correto afirmar:
   a) Em três anos, o moinho valerá 50% do preço de compra.
   b) Em nove anos, o preço do moinho será um múltiplo de nove.
   c) É necessário um investimento maior que R$ 450,00 para comprar esse equipamento após sete anos.
   d) Serão necessários 10 anos para que o valor desse equipamento seja inferior a R$ 200,00.
   e) O moinho terá valor de venda ainda que tenham decorrido 13 anos.

Resolução

Calculando a taxa de variação:

$$a = \frac{500 - 860}{6 - 0} = \frac{-360}{6} = -60$$

Portanto a cada ano o preço do moinho diminui R$ 60,00.

Após 13 anos o moinho desvalorizará:

$13 \cdot 60 = 780$

Em 13 anos o moinho desvalorizará R$ 780,00, passando a valer R$ 80,00 ($860 - 780 = 80$), portanto, terá valor de venda.

Resposta: alternativa **d**.

2. (FASM-SP) O jornal *Folha de S.Paulo* publicou, em maio de 2012, o seguinte gráfico sobre o número de pessoas diabéticas no mundo em função do ano especificado.

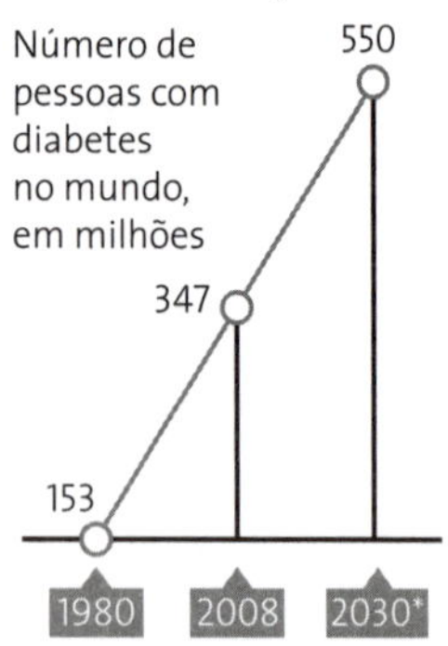

*projeção da Federação Internacional de Diabetes

Suponha que, entre os anos de 2008 e 2030, o gráfico represente uma função do 1º grau. Nessas condições, é possível estimar que o número de pessoas com diabetes no mundo em 2013, em milhões, será aproximadamente de:

a) 423.
b) 289.
c) 357.
d) 393.
e) 485.

Resolução

Primeiro, vamos descobrir quantos milhões de pessoas aumentam a cada ano:

$$a = \frac{y_2 - y_1}{x_2 - x_1} = \frac{550 - 347}{2030 - 2008} = \frac{203}{22} \Rightarrow a \simeq 9$$

Portanto, a cada ano aumentam 9 milhões de pessoas.

Contando a partir de 2008, temos 5 anos a mais:

$347 + 5 \times 9 \simeq 393$ milhões

Resposta: alternativa **d**.

Exercícios propostos

1. (UFG-GO) Para uma certa espécie de grilo, o número, N, que representa os cricrilados por minuto, depende da temperatura ambiente T. Uma boa aproximação para esta relação é dada pela lei de Dolbear, expressa na fórmula $N = 7T - 30$, com T em graus Celsius. Um desses grilos fez sua morada no quarto de um vestibulando às vésperas de suas provas. Com o intuito de diminuir o incômodo causado pelo barulho do inseto, o vestibulando ligou o condicionador de ar, baixando a temperatura do quarto para 15 °C, o que reduziu pela metade o número de cricrilados por minuto. Assim, a temperatura, em graus Celsius, no momento em que o condicionador de ar foi ligado era, aproximadamente, de:

a) 75.
b) 36.
c) 30.
d) 26.
e) 20.

2. (UFPB) Em certa cidade litorânea, a altura máxima (H) permitida para edifícios nas proximidades da orla marítima é dada pela função $H(d) = md + n$, onde m e n são constantes reais e d representa a distância, em metros, do edifício até a orla marítima. De acordo com essa norma, um edifício localizado exatamente na orla marítima tem a altura máxima permitida de 10 metros, enquanto outro edifício localizado a 500 metros da orla marítima tem a altura máxima permitida de 60 metros. Com base nessas informações, é correto afirmar que a altura máxima permitida para um edifício que será construído a 100 metros da orla marítima é de:

a) 18 m.
b) 19 m.
c) 20 m.
d) 21 m.
e) 22 m.

3. (UFPR) Um telhado inclinado reto foi construído sobre três suportes verticais de aço, colocados nos pontos A, B e C, como mostra a figura abaixo. Os suportes nas extremidades A e C medem, respectivamente, 4 metros e 6 metros de altura.

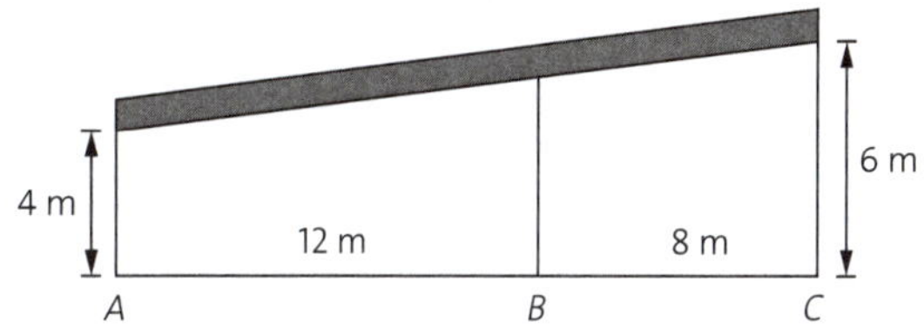

A altura do suporte em B é, então, de:

a) 4,2 metros.
b) 4,5 metros.
c) 5 metros.
d) 5,2 metros.
e) 5,5 metros.

MÓDULO 3
FRENTE A

4. (PUC-RS) A Receita Federal apresenta a tabela a seguir para o cálculo do Imposto de Renda a ser pago pelos contribuintes em 2012, na qual a base de cálculo é a renda líquida.

Imposto de Renda – 2012		
Base de cálculo (em reais)	**Alíquota**	**Parcela a deduzir** (em reais)
Até 1637,11	–	Isento
1637,12 a 2453,50	7,5%	122,78
2453,51 a 3271,38	15%	306,80
3271,38 a 4087,65	22,5%	552,15
Acima de 4087,65	27,5%	756,53

Um contribuinte com renda líquida x no intervalo [3 271,39; 4 087,65] deve calcular o imposto a pagar, y, pela fórmula:

a) $y = 22{,}5x - 552{,}15$.
b) $y = 22{,}5x + 552{,}15$.
c) $y = 2{,}25x - 552{,}15$.
d) $y = 0{,}225x + 552{,}15$.
e) $y = 0{,}225x - 552{,}15$.

5. (Uerj) Em uma partida, Vasco e Flamengo levaram ao Maracanã 90 000 torcedores. Três portões foram abertos às 12 horas e até as 15 horas entrou um número constante de pessoas por minuto. A partir desse horário, abriram-se mais 3 portões e o fluxo constante de pessoas aumentou.
Os pontos que definem o número de pessoas dentro do estádio em função do horário de entrada estão contidos no gráfico a seguir:

Quando o número de torcedores atingiu 45 000, o relógio estava marcando 15 horas e:

a) 20 min.
b) 30 min.
c) 40 min.
d) 50 min.

MÓDULO 4 • Função quadrática

Definição de função quadrática

Uma função $f: \mathbb{R} \rightarrow \mathbb{R}$ chama-se **quadrática** quando existem números reais a, b e c, com $a \neq 0$, tal que $f(x) = ax^2 + bx + c$, para todo $x \in \mathbb{R}$.

Forma canônica da função quadrática

$$f(x) = ax^2 + bx + c = a\left(x + \frac{b}{2a}\right)^2 + \frac{4ac - b^2}{4a}$$

Forma fatorada do trinômio $ax^2 + bx + c$, com $a \neq 0$

Quando $\Delta \geqslant 0$, a equação $ax^2 + bx + c = 0$ possui as raízes reais x' e x''. Dessa forma, podemos escrever:

$$ax^2 + bx + c = a(x - x') \cdot (x - x'')$$

Relação entre coeficientes e raízes da equação $ax^2 + bx + c = 0$, com $a \neq 0$

Existindo os zeros da equação $ax^2 + bx + c = 0$, temos:

$$\begin{cases} x' + x'' = -\dfrac{b}{a} \\ x' \cdot x'' = \dfrac{c}{a} \end{cases}.$$

Gráfico de uma função quadrática

Consideremos um ponto F e uma reta d que não o contém. Chamamos de **parábola de foco F e diretriz d** o conjunto dos pontos do plano que distam igualmente de F e de d.

A reta perpendicular à diretriz que contém o foco chama-se **eixo** da parábola. O ponto mais próximo da diretriz chama-se **vértice** dessa parábola. O vértice (V) é o ponto médio do segmento cujos extremos são o foco (F) e a intersecção do eixo com a diretriz (d).

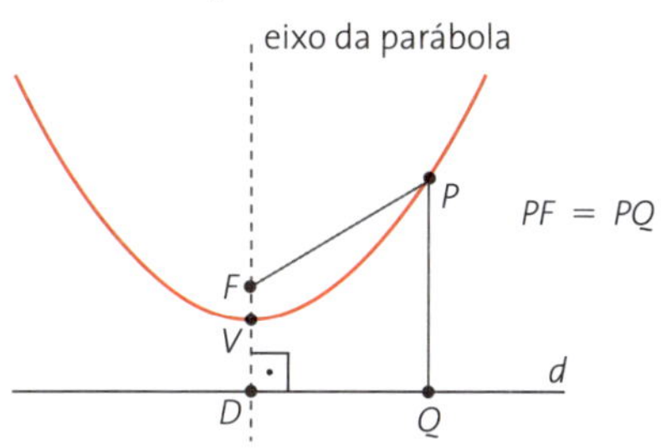

Gráfico da função definida por $f(x) = ax^2 + bx + c$

- Parâmetro a: responsável pela concavidade e abertura da parábola.

  Se $a > 0$: a concavidade é para cima.

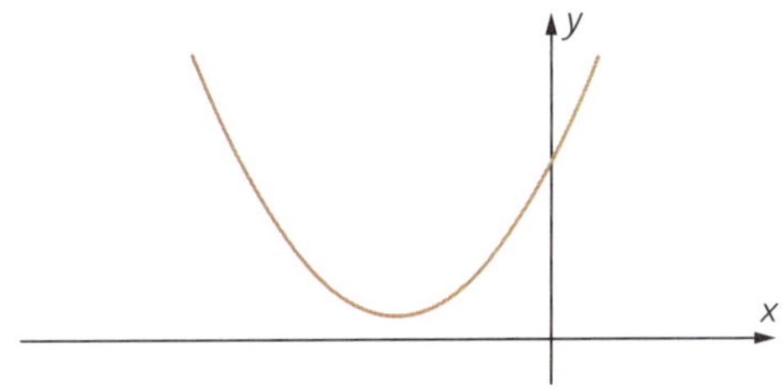

  Se $a < 0$: a concavidade é para baixo.

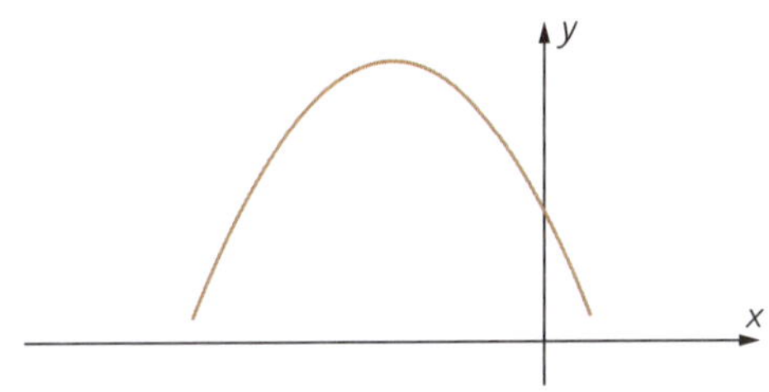

  Além disso, quanto maior o valor absoluto de a, menor será a abertura da parábola (parábola mais "fechada"), independentemente da concavidade.

$a > 0$

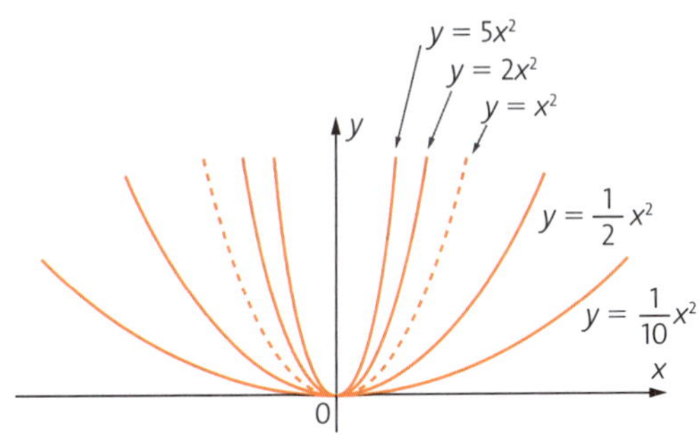

$a < 0$

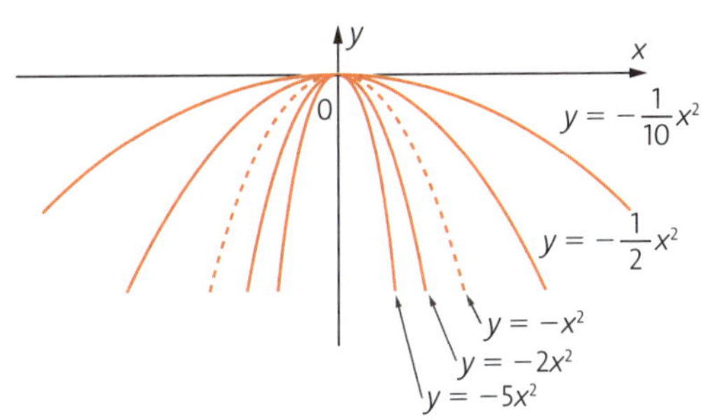

- Parâmetro *b*: indica se a parábola intersecta o eixo *y* no ramo crescente ou decrescente da parábola.

  Se $b > 0$, a parábola intersecta o eixo *y* no ramo crescente.

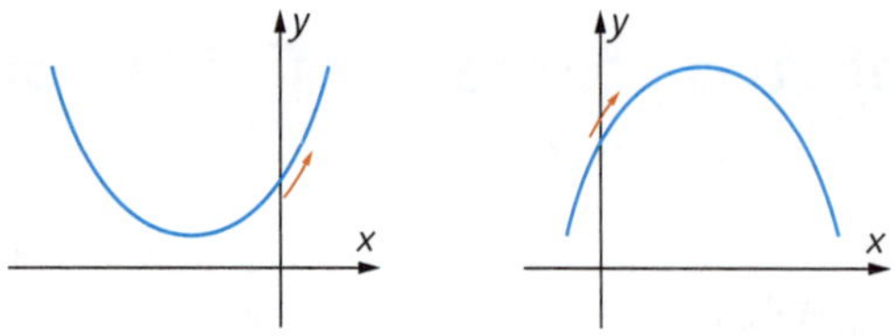

  Se $b < 0$, a parábola intersecta o eixo *y* no ramo decrescente.

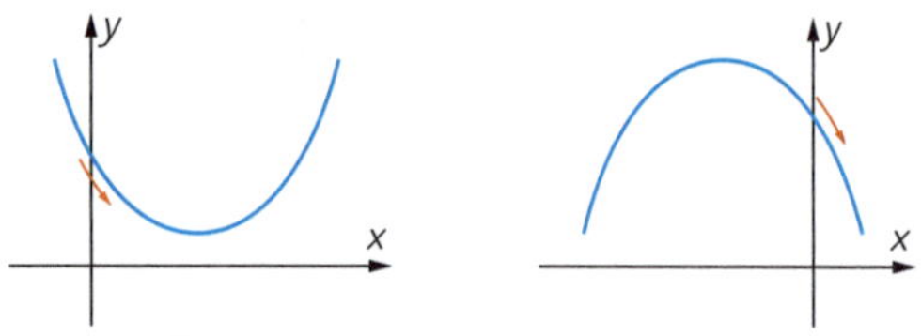

  Se $b = 0$, a parábola intersecta o eixo *y* no vértice.

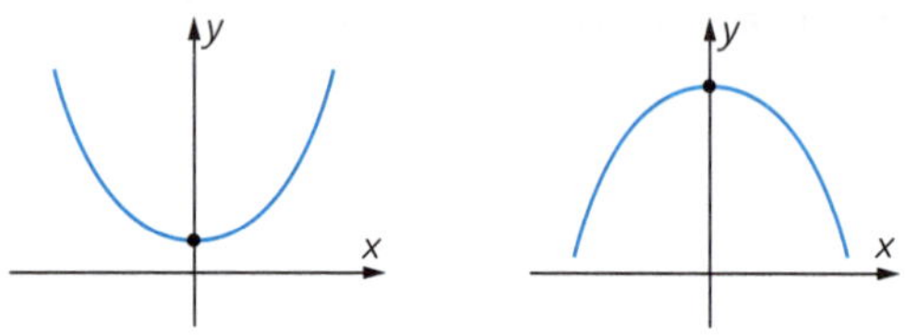

- Parâmetro *c*: indica o ponto onde a parábola intersecta o eixo *y*.

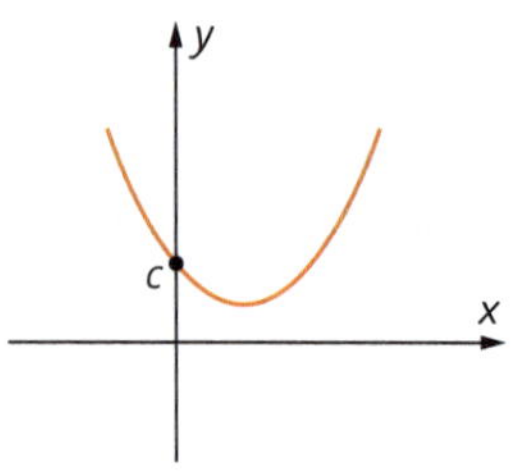

Determinação algébrica das intersecções da parábola com os eixos

A parábola, gráfico da função quadrática $f(x) = ax^2 + bx + c$, intersecta o eixo *y* sempre no ponto $(0, c)$.

Essa parábola intersectará no máximo em dois pontos o eixo *x*, dependendo do valor de $\Delta = b^2 - 4ac$ da equação correspondente. Assim, temos:

- $\Delta = 0$: uma raiz real dupla (a parábola intersecta o eixo *x* em um só ponto);
- $\Delta > 0$: duas raízes reais distintas (a parábola intersecta o eixo *x* em dois pontos);
- $\Delta < 0$: nenhuma raiz real dupla (a parábola não intersecta o eixo *x*).

Graficamente, temos:

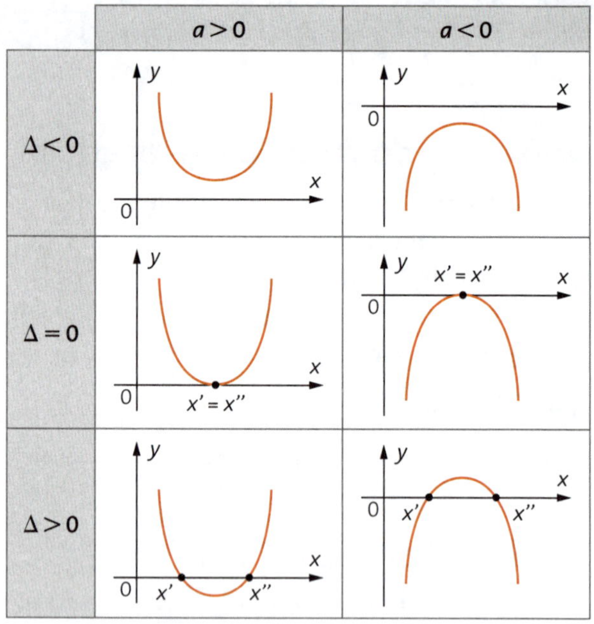

Vértice da parábola, imagem e valor máximo ou mínimo da função quadrática

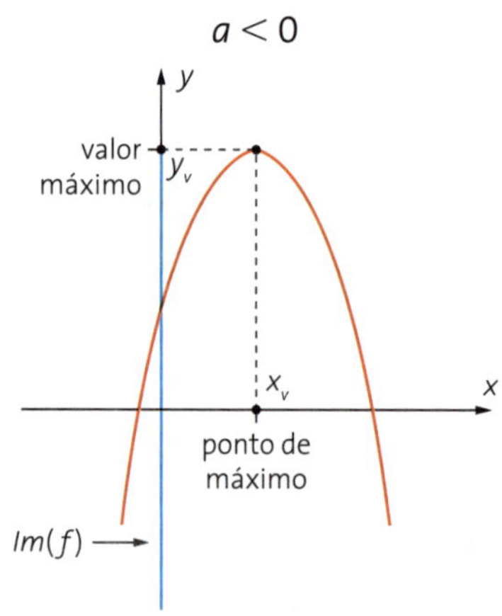

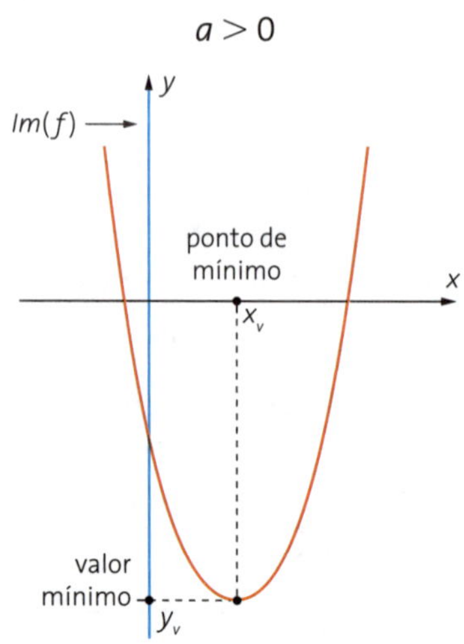

O vértice V de uma parábola dada por $f(x) = ax^2 + bx + c$, com $a \neq 0$, pode ser calculado assim: com $V\left(-\frac{b}{2a}, -\frac{\Delta}{4a}\right)$.

Dada a função $f: \mathbb{R} \to \mathbb{R}$ tal que $f(x) = ax^2 + bx + c$, com $a \neq 0$, se $V(x_v, y_v)$ é o vértice da parábola correspondente, temos então:

- $a > 0 \Leftrightarrow y_v$ é o valor mínimo de $f \Leftrightarrow$
  $\Leftrightarrow Im(f) = \{y \in \mathbb{R} \mid y \geq y_v\}$
- $a > 0 \Leftrightarrow y_v$ é o valor máximo de $f \Leftrightarrow$
  $\Leftrightarrow Im(f) = \{y \in \mathbb{R} \mid y \leq y_v\}$

Estudo do sinal da função quadrática e inequações do 2º grau

1º caso: $\Delta > 0$

$\Delta > 0$ e $a > 0$

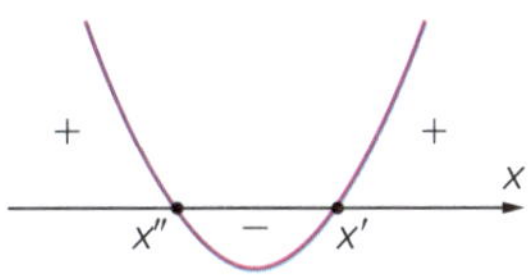

$\Delta > 0$ e $a < 0$

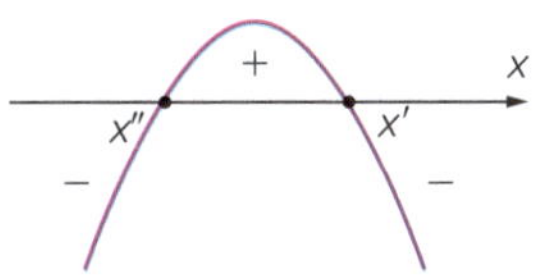

2º caso: $\Delta = 0$

$\Delta = 0$ e $a > 0$

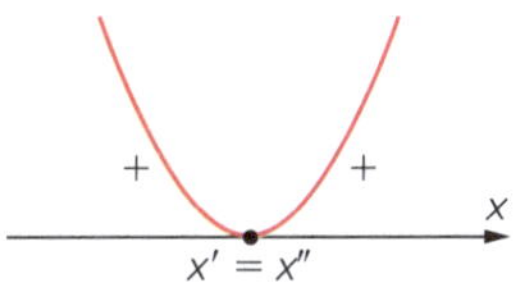

$\Delta = 0$ e $a < 0$

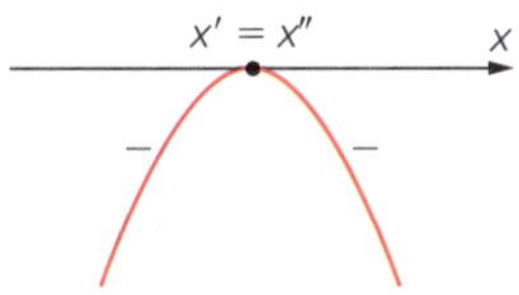

3º caso: $\Delta < 0$

$\Delta > 0$ e $a > 0$

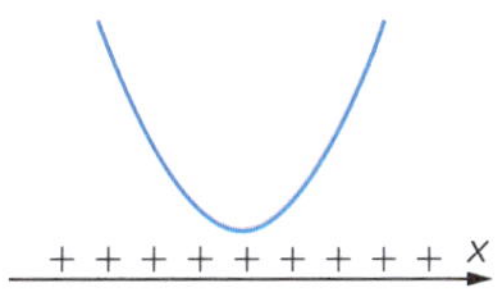

$\Delta < 0$ e $a < 0$

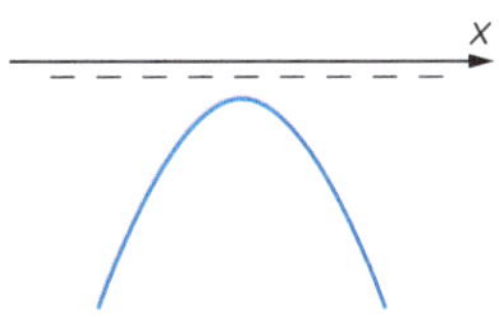

Exercícios resolvidos

1. (UEM-PR) O lucro de uma empresa em um período de 15 meses foi modelado matematicamente por meio da seguinte função $f(x) = ax^2 + bx + c$, em que a variável x indica o mês e $f(x)$ o lucro, em milhões de reais, obtido no mês x. Sabe-se que no início desse período, digamos mês zero, a empresa tinha um lucro de 2 milhões de reais; no primeiro mês, o lucro foi de 3 milhões de reais; e, no décimo quinto mês, o lucro foi de 7 milhões de reais. Com base nessas informações, assinale o que for correto.

01) O lucro obtido no décimo quarto mês foi igual ao lucro obtido no oitavo mês.
02) O lucro máximo foi obtido no décimo mês.
04) O lucro máximo obtido foi superior a 7,5 milhões de reais.
08) O lucro da empresa nesse período de 15 meses oscilou de 2 a 7 milhões de reais.
16) O gráfico da função que modela o lucro é uma parábola com concavidade para baixo.

Resolução

Definindo-se a função, temos:

$L(0) = c = 2; L(1) = a \cdot 1 + b \cdot 1 + 2 = 3; a + b = 1$

$L(15) = 225a + 15b + 2 = 7 \Rightarrow 225a + 15b = 5 \Rightarrow$
$\Rightarrow 45a + 3b = 1$

$$\begin{cases} a + b = 1 \cdot (-3) \\ 45a + 3b = 1 \end{cases} \Rightarrow a = -\frac{1}{21} \text{ e } b = \frac{22}{21}$$

Portanto, a função lucro é:

$$L(x) = \frac{1x^2}{21} + \frac{22x}{21} + 2$$

01) Verdadeira.

$$L(8) = -\frac{64}{21} + \frac{22 \cdot 8}{21} + 2 = 7{,}3$$

$$L(14) = -\frac{196}{21} + \frac{22 \cdot 14}{21} + 2 = 7{,}3$$

02) Falsa.

Mês do lucro máximo equivale a x do vértice,

$$x_v = -\frac{b}{2a} = -\frac{\frac{22}{21}}{2 \cdot \frac{-1}{21}} = 11$$

04) Verdadeira.

$L_{\text{máximo}} = Y_{\text{vértice}}$

$$L(11) = -\frac{1}{21} \cdot 121 + \frac{22}{21} \cdot 11 + 2 = 7{,}8 > 7{,}5$$

08) Falsa.

O lucro oscila entre o valor máximo e o valor mínimo, que equivalem, respectivamente, a 2 e 7,8 e não a 2 e 7.

16) Verdadeira.

Como o valor de a é negativo, a parábola que representa o gráfico dessa função é voltada para baixo.

Resposta: alternativas **01**, **04** e **16**.

2. (PUC-MG) Uma empresa de turismo fretou um avião com 200 lugares para uma semana de férias, devendo cada participante pagar R$ 500,00 pelo transporte aéreo, acrescidos de R$ 10,00 para cada lugar do avião que ficasse vago. Nessas condições, o número de passagens vendidas que torna máxima a quantia arrecadada por essa empresa é igual a:

a) 100.
b) 125.
c) 150.
d) 180.

Resolução

A função que representa a quantia arrecadada é: $P(x) = (200 - x) \cdot (500 + 10x)$ quantidade de ingressos × valor pago por ocupante, em que x representa a quantidade de lugares vagos.

Logo, para achar a quantidade de passagens para o lucro máximo, encontra-se o x do vértice.

$L(x) = (200 - x) \cdot (500 + 10x) =$

$= -10x^2 + 2000x - 500x + 100\,000 \Rightarrow$

$\Rightarrow L(x) = -10x^2 + 1500x + 100\,000$

$x_v = -\dfrac{b}{2a} = -\dfrac{1500}{-20} = 75$ (número de lugares vagos)

Portanto, o número de passagens vendidas corresponde a $200 - 75 = 125$ passagens.

Resposta: alternativa **b**.

Exercícios propostos

1. (PUC-RJ) Sejam f e g funções reais dadas por $f(x) = x + 1$ e $g(x) = 1 + 2x^2$. Os valores de x tais que $f(x) = g(x)$ são:

a) $x = 0$ ou $x = 1$.

b) $x = 0$ ou $x = 2$.

c) $x = 1$ ou $x = \dfrac{1}{2}$.

d) $x = 2$ ou $x = 1$.

e) $x = 0$ ou $x = \dfrac{1}{2}$.

2. (UCS-RS) Uma dose de um medicamento foi administrada a um paciente por via intravenosa. Enquanto a dose estava sendo administrada, a quantidade do medicamento na corrente sanguínea crescia. Imediatamente após cessar essa administração, a quantidade do medicamento começou a decrescer.

Um modelo matemático simplificado para avaliar a quantidade q, em mg, do medicamento, na corrente sanguínea, t horas após iniciada a administração, é $q(t) = -t^2 + 7t + 60$.

Considerando esse modelo, a quantidade, em mg, do medicamento que havia na corrente sanguínea, ao ser iniciada a administração da dose, e o tempo que durou a administração dessa dose, em horas, foram, respectivamente:

a) 5 e 12.

b) 0 e 12.

c) 0 e 3,5.

d) 60 e 12.

e) 60 e 3,5.

3. (UFPA) O faturamento de uma empresa na venda de certo produto pode ser modelado por uma função quadrática do tipo $F(p) = a \cdot p^2 + b \cdot p + c$, sendo p o preço de venda praticado. A figura abaixo apresenta os faturamentos obtidos em função do preço e o gráfico da função quadrática que se aproxima desse faturamento.

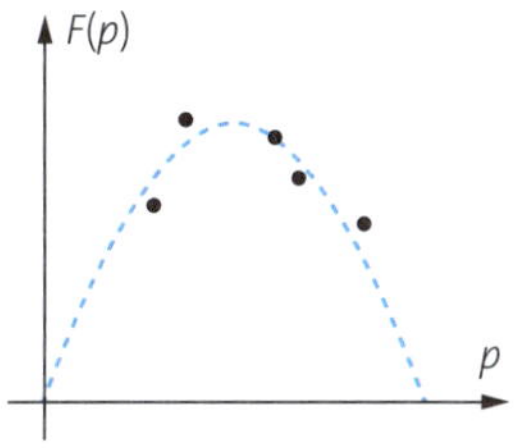

Sobre os coeficientes da função quadrática, é correto afirmar que:

a) $a > 0, b < 0, c > 0$.
b) $a < 0, b > 0, c < 0$.
c) $a > 0, b < 0, c > 0$.
d) $a < 0, b < 0, c = 0$.
e) $a < 0, b > 0, c = 0$.

4. (PUC-MG) Em um pomar existem 30 laranjeiras produzindo, cada uma delas, 600 laranjas por ano. A partir de estudos feitos em culturas de laranja, certo agrônomo chegou à conclusão de que, plantando-se n novas laranjeiras nesse pomar, cada laranjeira (tanto nova como velha) passaria a produzir 10 laranjas a menos, por ano, para cada nova laranjeira ali plantada. Com base nessas informações, pode-se estimar que o número de novas laranjeiras que devem ser plantadas nesse pomar para que a produção anual de laranjas seja máxima é igual a:

a) 15.
b) 20.
c) 25.
d) 30.

5. (EsPCex-SP) Um agricultor, que dispõe de 60 metros de tela, deseja cercar uma área retangular, aproveitando-se de dois trechos de muro, sendo um deles com 12 metros de comprimento e o outro com comprimento suficiente, conforme a figura abaixo.

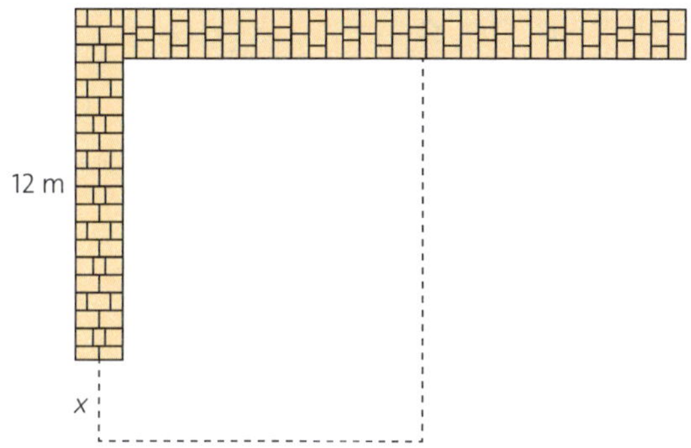

Sabendo que ele pretende usar exatamente os 60 metros de tela, pode-se afirmar que a expressão que representa a área cercada y, em função da dimensão x indicada na figura, e o valor da área máxima que se pode obter nessas condições são, respectivamente, iguais a:

a) $y = -2x^2 + 24x + 576$ e 648 m^2.
b) $y = -2x^2 - 24x + 476$ e 548 m^2.
c) $y = -x^2 + 36x + 576$ e 900 m^2.
d) $y = -2x^2 + 12x + 436$ e 454 m^2.
e) $y = -x^2 + 12x + 288$ e 288 m^2.

MÓDULO 5 • Função exponencial

Revisão de potenciação

Dados um número real positivo a e um número natural n, $n \geqslant 2$, chama-se **potência de base a e expoente n** o número a^n, que é igual ao produto de n fatores iguais a a:

$$a^n = \underbrace{a \cdot a \cdot a \cdot \ldots \cdot a}_{n \text{ fatores}}$$

Propriedades (satisfeitas as condições de existência):

- $a^m \cdot a^n = a^{m+n}$
- $(a^m)^p = a^{mp}$
- $a^m : a^n = a^{m-n}$ $(a \neq 0 \text{ e } m > n)$
- $(a \cdot b)^m = a^m \cdot b^m$
- $\left(\dfrac{a}{b}\right)^m = \dfrac{a^m}{b^m}$ $(b \neq 0)$
- **Potência com expoente inteiro:**
  Dado qualquer $n \in \mathbb{N}^*$, devemos ter, para $a \neq 0$: $a^{-n} \cdot a^n = a^{-n+n} = a^0 = 1$. Portanto: $a^{-n} \cdot a^n = 1$, ou seja, $a^{-n} = \dfrac{1}{a^n}$.
- **Potência com expoente racional:**
  $a^{\frac{m}{n}}$ é o número real positivo cuja enésima potência é igual a a^m. Pela definição de raiz, esse número é $\sqrt[n]{a^m}$, a raiz enésima de a^m. Logo: $a^{\frac{m}{n}} = \sqrt[n]{a^m}$, com a real positivo e $m, n = 2, 3, 4, \ldots$.

Revisão de radiciação

Dados um número real positivo a não negativo e um número natural n, $n \geqslant 1$, chama-se **raiz enésima aritmética de a** o número real e não negativo b, tal que $b^n = a$:

$$\sqrt[n]{a} = b \Leftrightarrow b^n = a$$

Propriedades (satisfeitas as condições de existência):

- $\sqrt[n]{a \cdot b} = \sqrt[n]{a} \cdot \sqrt[n]{b}$
- $\sqrt[n]{\dfrac{a}{b}} = \dfrac{\sqrt[n]{a}}{\sqrt[n]{b}}$
- $\sqrt[n]{a^m} = \sqrt[n \cdot p]{a^{m \cdot p}}$
- $\sqrt[p]{\sqrt[n]{a^m}} = \sqrt[n \cdot p]{a^m}$

Função exponencial

Consideremos um número a real positivo tal que $a \neq 1$. A função exponencial de base a, $f: \mathbb{R} \to \mathbb{R}_+$, representada por $f(x) = a^x$, é uma função que tem as seguintes propriedades, para quaisquer que sejam x e y reais:

$$a^x \cdot a^y = a^{x+y}$$

$$f(1) = a^1 = a$$

- $x < y \Rightarrow a^x < y$, quando $a > 1$
- $x < y \Rightarrow a^x > y$, quando $0 < a < 1$

Gráficos da função exponencial

Vamos analisar os gráficos de duas funções exponenciais $f(x) = a^x$:

1ª) $a > 0$

$f(x) = 2^x$ ou $y = 2^x$

x	2^x	$y = 2^x$
-3	2^{-3}	$\frac{1}{8}$
-2	2^{-2}	$\frac{1}{4}$
-1	2^{-1}	$\frac{1}{2}$
0	2^0	1
1	2^1	2
2	2^2	4
3	2^3	8

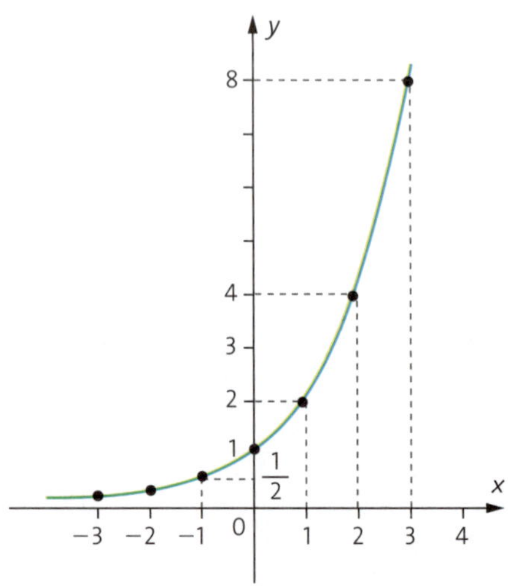

2ª) $0 < a < 1$

$$f(x) = \left(\frac{1}{2}\right)^x \text{ ou } y = \left(\frac{1}{2}\right)^{-3}$$

x	$\left(\frac{1}{2}\right)^x$	$y = \left(\frac{1}{2}\right)^x$
-3	$\left(\frac{1}{2}\right)^{-3}$	8
-2	$\left(\frac{1}{2}\right)^{-2}$	4
-1	$\left(\frac{1}{2}\right)^{-1}$	2
0	$\left(\frac{1}{2}\right)^{0}$	1
1	$\left(\frac{1}{2}\right)^{1}$	$\frac{1}{2}$
2	$\left(\frac{1}{2}\right)^{2}$	$\frac{1}{4}$
3	$\left(\frac{1}{2}\right)^{3}$	$\frac{1}{8}$

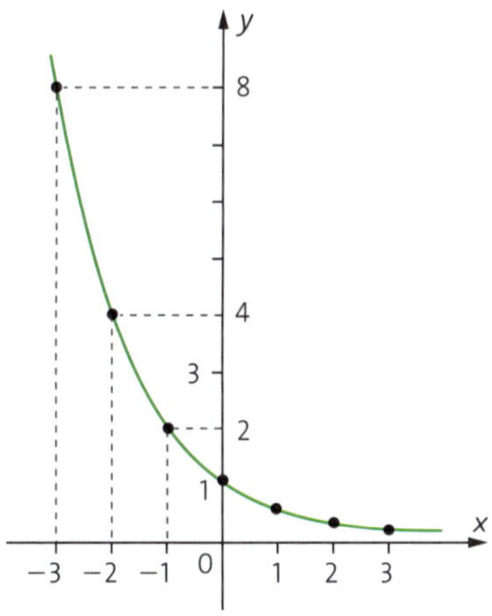

Resolução de equações exponenciais simples

Para resolvê-las, usamos o fato de que a função exponencial é injetiva, ou seja, para $a > 0$ e $a \neq 1$, temos:

$$a^{x_1} = a^{x_2} \Leftrightarrow x_1 = x_2$$

Inequações exponenciais

Como a função exponencial $f(x) = a^x$ é crescente para $a > 1$ e decrescente para $0 < a < 1$, temos:

- $a^{x_1} < a^{x_2} \Leftrightarrow x_1 < x_2$ (para $a > 1$)
- $a^{x_1} < a^{x_2} \Leftrightarrow x_1 > x_2$ (para $0 < a < 1$)

- $f(x) = a^x$ com $a > 1$

Função crescente

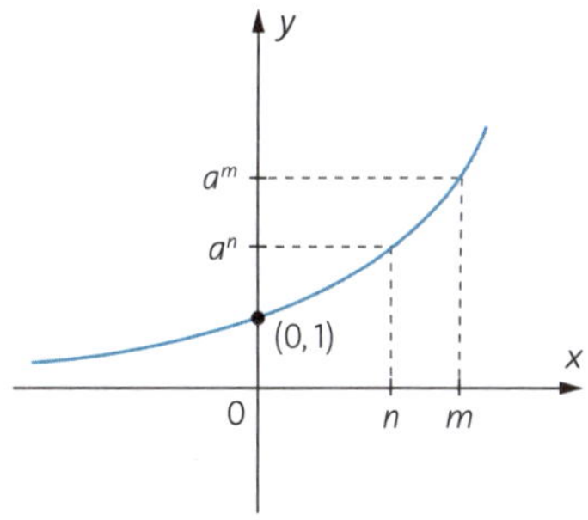

$$a^m > a^n \Leftrightarrow m > n$$

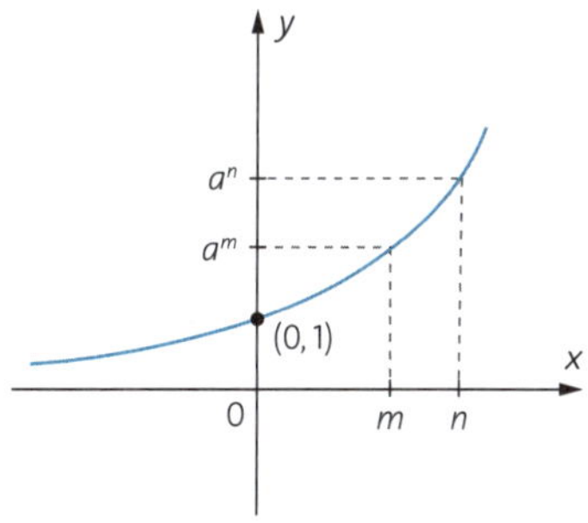

$$a^m < a^n \Leftrightarrow m < n$$

Nesse caso, de $a > 1$, o sentido da desigualdade foi conservado.

- $f(x) = a^x$ com $0 < a < 1$

Função decrescente

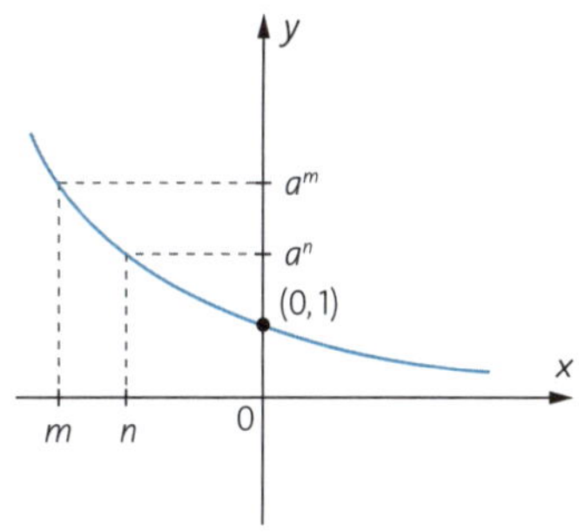

$$a^m > a^n \Leftrightarrow m < n$$

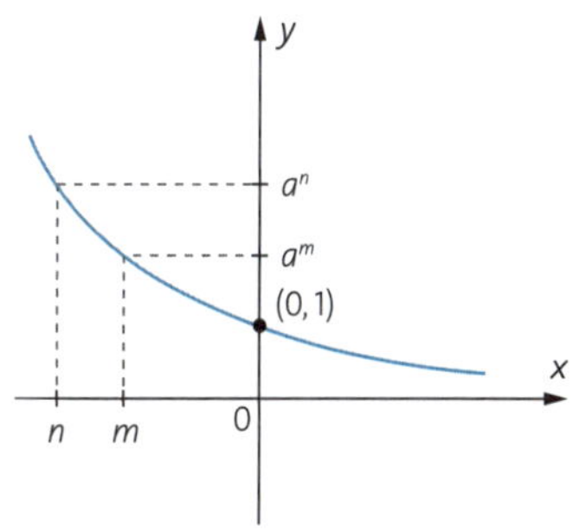

$$a^m < a^n \Leftrightarrow m > n$$

Nesse caso, de $0 < a < 1$, o sentido da desigualdade foi trocado.

Exercícios resolvidos

1. (Fuvest-SP) Uma substância radioativa sofre desintegração ao longo do tempo, de acordo com a relação $m(t) = ca^{-kt}$, em que a é um número real positivo, t é dado em anos, $m(t)$ é a massa da substância em gramas e c e k são constantes positivas. Sabe-se que m_0 gramas dessa substância foram reduzidos a 20% em 10 anos. A que porcentagem de m_0 ficará reduzida a massa da substância em 20 anos?

a) 10%

b) 5%

c) 4%

d) 3%

e) 2%

Resolução

$m(t) = m_0 a^{-kt} \Rightarrow 0{,}2m_0 = m_0 a^{-k \cdot 10} \Rightarrow$

$\Rightarrow a^{-k \cdot 10} = 0{,}2$

$x \cdot m_0 = m_0 \cdot a^{-k \cdot 10} \Rightarrow x = a^{-k \cdot 10} \cdot a^{-k \cdot 10} \Rightarrow$

$\Rightarrow x = 0{,}2 \cdot 0{,}2 = 0{,}04 = 4\%$

Resposta: alternativa **c**.

2. (Cefet-PR) Seja x o número real que é solução da equação $3^{x-1} + 3^{x-2} - 3^{x-3} + 3^{x-4} = 102$. Então, pode-se afirmar que $\sqrt{x}$ é igual a:

a) 3.

b) $\sqrt{5}$.

c) 2.

d) $\sqrt{3}$.

e) 4.

Resolução

$3^{x-1} + 3^{x-2} + 3^{x-3} + 3^{x-4} = 102 \Rightarrow$

$\Rightarrow \dfrac{3^x}{3} + \dfrac{3^x}{3^2} - \dfrac{3^x}{3^3} + \dfrac{3^x}{3^4} = 102 \Rightarrow$

$\Rightarrow \dfrac{27 \cdot 3^x + 9 \cdot 3^x - 3 \cdot 3^x + 3^x}{3^4} = 102 \Rightarrow$

$\Rightarrow 34 \cdot 3^x \cdot 3^{-4} = 102 \Rightarrow 34 \cdot 3^{x-4} = 102 \Rightarrow$

$\Rightarrow 3^{x-4} = 3^1 \Rightarrow x - 4 = 1 \Rightarrow x = 5 \Rightarrow \sqrt{x} = \sqrt{5}$

Resposta: alternativa **b**.

Exercícios propostos

1. (ESPM-SP) O valor de y no sistema $\begin{cases} (0{,}2)^{5x+y} = 5 \\ (0{,}5)^{2x+y} = 2 \end{cases}$ é igual a:

a) $-\dfrac{5}{2}$.

b) $\dfrac{2}{7}$.

c) $-\dfrac{2}{5}$.

d) $\dfrac{3}{5}$.

e) $\dfrac{3}{7}$.

2. (PUC-SP) Umas das soluções da equação $2^{2x} - 6 \cdot 2^x + 5 = 0$ é zero. A outra solução é um número que está compreendido entre:

a) 0 e 1.

b) 1 e 2.

c) 2 e 3.

d) 3 e 4.

e) 4 e 5.

3. (FGV-SP) A soma de todos os números inteiros n que satisfazem a desigualdade $81^{-1} < 3^{2n+1} < 27$ é:

a) 0.
b) −1.
c) −2.
d) −3.
e) −4.

4. (Insper-SP) Considerando x uma variável real positiva, a equação:

$$x^{x^2-6x+9} = x$$

possui três raízes, que nomearemos a, b e c. Nessas condições, o valor da expressão $a^2 + b^2 + c^2$ é:

a) 20.
b) 21.
c) 27.
d) 34.
e) 35.

5. (Uece) A massa de uma substância volátil está decrescendo em função do tempo, em horas, de acordo com a função $m(t) = -3^{2t} - 3^{t+1} + 108$. Podemos afirmar, corretamente, que o tempo necessário para que, teoricamente, a massa da substância se anule é:

a) inferior a 45 minutos.
b) maior do que 45 minutos e menor do que 100 minutos.
c) maior do que 100 minutos e menor do que 130 minutos.
d) superior a 130 minutos.

Definição de logaritmo de um número

Dados os números reais positivos a e b, com $a \neq 1$, se $b = a^c$, então o expoente c chama-se **logaritmo de b na base a**, ou seja, **$\log_a b = c \Leftrightarrow a^c = b$**, com a e b positivos e $a \neq 1$.

Forma logarítmica	$\log_a b = c$	c: logaritmo a: base de logaritmo b: logaritmando
Forma exponencial	$a^c = b$	b: potência a: base da potência c: expoente

Condição de existência do logaritmo: $\log_a N$ existe quando, e somente quando, $\begin{cases} N < 0 \\ a < 0 \text{ e } a \quad 1 \end{cases}$.

Quando a base do logaritmo for 10, podemos omiti-la. A esses logaritmos damos o nome de **logaritmos decimais** ou **de Briggs**.

Definimos que o logaritmo natural (ou neperiano) de um número a real e positivo é o número real $\ln a = \log_e a$, em que **e** é chamado **número de Neper**.

Consequência da definição de logaritmo (satisfeitas as condições de existência)

- $\log_a 1 = 0$
- $\log_a a = 1$
- $\log_a a^n = n$
- $a^{\log_a N} = a$
- $\log_a x = \log_a y \Leftrightarrow x = y$

Propriedades operatórias dos logaritmos

- $\log_a (M \cdot N) = \log_a M + \log_a N$ (**logaritmo de um produto**)
- $\log_a \left(\frac{M}{N}\right) = \log_a M - \log_a N$ (**logaritmo de um quociente**)
- $\log_a M^n = N \cdot \log_a M$ (**logaritmo de uma potência**)
- $\log_{a^N} M = \frac{1}{N} \cdot \log_a M$

Mudança de base do logaritmo (quando existirem os logaritmos envolvidos)

$$\log_b N = \frac{\log_a N}{\log_a b}$$

Fazendo $N = a$, temos um caso importante:

$$\log_b a = \frac{\log_a a}{\log_a b} = \frac{1}{\log_a b} \Leftrightarrow \log_b a \cdot \log_a b = 1$$

Cologaritmo

Denomina-se cologaritmo de um número N $(N > 0)$ numa base ($a > 0$ e $a \neq 1$) o oposto do logaritmo N na base a ou o logaritmo do inverso de N na base a:

$$\text{colog}_a N = -\log_a N = \log_a \frac{1}{N}$$

Função logarítmica

A inversa da função exponencial de base a é a função $\log_a: \mathbb{R}_+^* \rightarrow \mathbb{R}$, que associa a cada número real positivo x o número real $\log_a x$, chamado logaritmo de x na base a, com a real positivo e $a \neq 1$.

$$a^{-n} \cdot a^n = 1, \text{ ou seja, } a^{-n} = \frac{1}{a^n}$$

Gráfico da função logarítmica

Observe os seguintes gráficos de funções logarítmicas:

a) $f(x) = \log_2 x$

x	$\frac{1}{4}$	$\frac{1}{2}$	1	2	4
$y = f(x)$	−2	−1	0	1	2

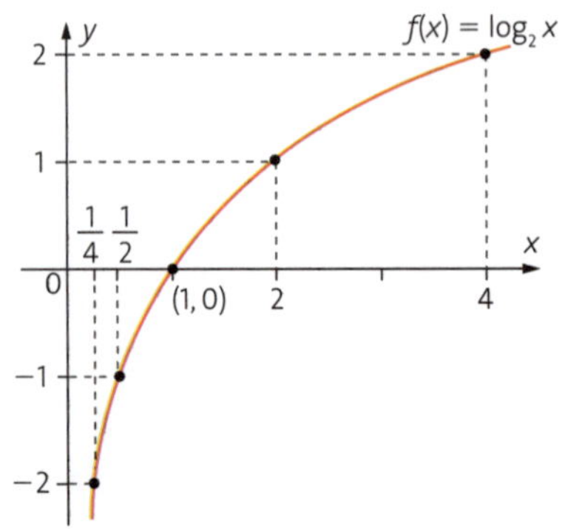

b) $f(x) = \log_{\frac{1}{2}} x$

x	$\frac{1}{4}$	$\frac{1}{2}$	1	2	4
$y = f(x)$	2	1	0	−1	−2

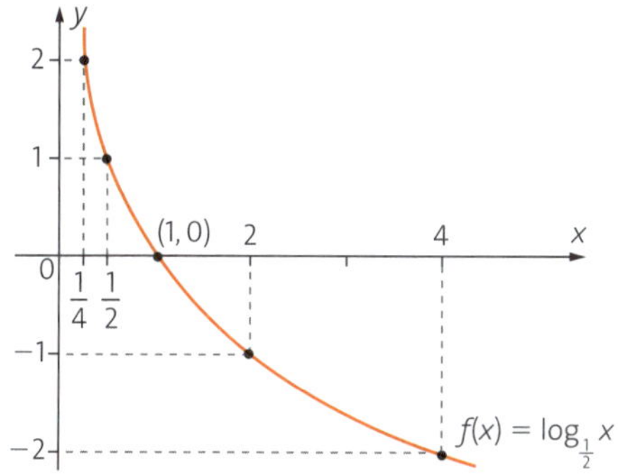

Resolução de equações logarítmicas simples

Para resolvê-las, usamos o fato de que a função logarítmica é injetiva, ou seja, para $a > 0$ e $a \neq 1$, temos:

$$\log_a x_1 = \log_a x_2 \Leftrightarrow x_1 = x_2$$

Inequações logarítmicas

Como a função logarítmica $f(x) = \log_a x$ é crescente para $a > 1$ e decrescente para $0 < a < 1$, temos:

- $\log_a x_1 < \log_a x_2 \Leftrightarrow x_1 < x_2$ (para $a > 1$)
- $\log_a x_1 < \log_a x_2 \Leftrightarrow x_1 > x_2$ (para $0 < a < 1$)
- quando $a > 1$, a função logarítmica é crescente ($x_1 > x_2 \Leftrightarrow \log_a x_1 > \log_a x_2$)

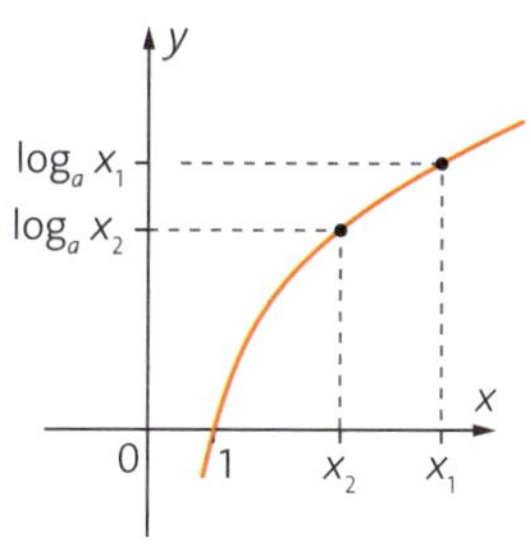

- quando $0 < a < 1$, a função logarítmica é decrescente ($x_1 > x_2 \Leftrightarrow \log_a x_1 < \log_a x_2$)

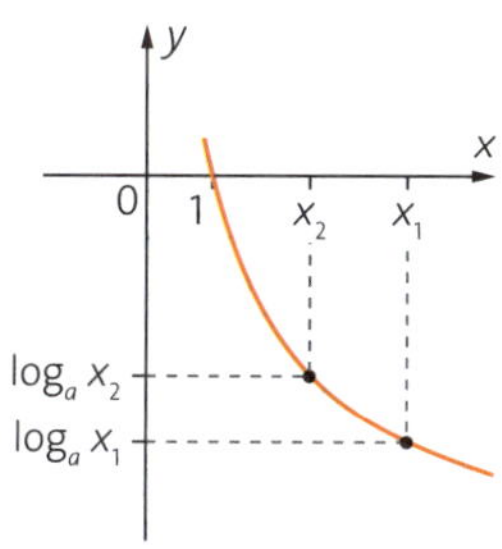

Exercícios resolvidos

1. (Cesgranrio-RJ) Se $\log x$ representa o logaritmo decimal do número positivo x, então a soma das raízes $\log^2 x - \log x^2 = 0$ é:

a) −1.
b) 1.
c) 20.
d) 100.
e) 101.

Resolução

$\log^2 x - \log x^2 = \log^2 x - 2 \log x$

Fazendo $\log x = y$, temos:

$y^2 - 2y = 0 \Rightarrow y(y - 2) = 0 \Rightarrow y - 2 = 0$ ou $y = 0 \Rightarrow$
$\Rightarrow y = 2$

Então:

$\log x = 0$ ou $\log x = 1 \Rightarrow x = 1$ ou $x = 100$

soma das raízes $= 1 + 100 = 101$

Resposta: alternativa **e**.

2. (Ufal) A fórmula para medir a intensidade de um dado terremoto na escala Richter é $R = \log_{10}\left(\frac{I}{I_0}\right)$, com I_0 sendo a intensidade de um abalo quase imperceptível e I a intensidade de um terremoto dada em termos de um múltiplo de I_0. Se um sismógrafo detecta um terremoto com intensidade $I = 32\,000 I_0$, qual a intensidade do terremoto na escala Richter? Indique o valor mais próximo. Dado: use a aproximação $\log_{10} 2 \simeq 0{,}30$.

a) 3,0
b) 3,5
c) 4,0
d) 4,5
e) 5,0

Resolução

$R = \log\left(\frac{F}{I_0}\right) \Rightarrow R = \log\left(\frac{32\,000 I_0}{I_0}\right) \Rightarrow$
$\Rightarrow R = \log(32 \cdot 10^3) \Rightarrow R = \log 32 + \log 10^3 \Rightarrow$
$\Rightarrow R = \log 2^5 + 3 \log 10 \Rightarrow R = 5 \log 2 + 3 \cdot 1 \Rightarrow$
$\Rightarrow R = 5 \cdot 0{,}3 + 3 \Rightarrow R = 4{,}5$

Resposta: alternativa **d**.

Exercícios propostos

1. (UFC-CE) Usando as aproximações $\log 2 = 0{,}3$ e $\log 3 = 0{,}4$, podemos concluir que $\log 72$ é igual a:

a) 0,7.
b) −1,2.
c) 1,2.
d) −1,7.
e) 1,7.

2. (UFPB) A solução real da equação

$$\frac{1}{\log_2 x} + \frac{1}{\log_4 x} + \frac{1}{\log_8 x} = 3 \text{ é:}$$

a) 2.
b) 4.
c) 16.
d) 1.
e) 6.

3. (Fatec-SP) Se log 2 = 0,3, então o valor de $\log \sqrt[3]{\frac{50}{48}}$ é:

a) $2 \cdot (1 - \log 3)$.
b) $\frac{1}{6} - \frac{\log 3}{3}$.
c) $-\frac{1}{6} + \frac{\log 7}{3}$.
d) $\frac{1}{30} - \frac{\log 3}{3}$.
e) $\frac{1}{3} \cdot \left(\frac{1}{2} + \log 3\right)$.

4. (Udesc) A escala Richter foi criada em 1935 para quantificar a intensidade de energia liberada por um abalo sísmico, utilizando-se um aparelho chamado sismógrafo. Os pontos nesta escala são um logaritmo na base 10 na quantidade de energia liberada. O terremoto ocorrido no nordeste do Japão em 11 de março de 2011 atingiu 9 pontos nesta escala, enquanto o terremoto mais intenso registrado na história, ocorrido no Chile em 1960, atingiu 9,5 pontos nesta escala.
É correto afirmar que a quantidade de energia liberada no sismo do Chile foi:

a) 5 vezes a do Japão.
b) aproximadamente igual à do Japão.
c) 0,5 vez a do Japão.
d) aproximadamente 0,3 vez a do Japão.
e) aproximadamente 3 vezes a do Japão.

5. (Unifor-CE) De uma torneira, que não foi fechada corretamente, pingam *n* gotas a cada 30 segundos, onde *n* satisfaz à equação $\log_4 n = \log_2 3$. Considerando que o volume de cada gota é 0,2 mL, podemos, então, concluir que, após uma hora, o desperdício de água foi de:

a) 216 mL.
b) 250 mL.
c) 300 mL.
d) 314 mL.
e) 442 mL.

MÓDULO 7 • Função modular

Módulo de um número real

O módulo ou valor absoluto de um número real r, que representamos por $|r|$, é considerado igual a r se $r \geqslant 0$ e igual a $-r$ se $r > 0$. Assim, podemos escrever:

$$|r| = r, \text{ se } r \geqslant 0$$
e
$$|r| = -r, \text{ se } r < 0$$

Geometricamente, o módulo de um número indica, na reta real, a distância desse número ao zero.

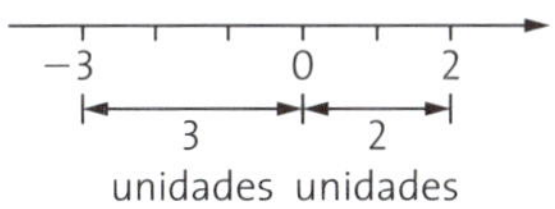

- Distância do 2 ao 0: 2 unidades $\rightarrow |2| = 2$
- Distância do -3 ao 0: 3 unidades $\rightarrow |-3| = 3$

Propriedades envolvendo módulo

A partir da definição de módulo, temos as seguintes consequências:

- $|x| \geqslant 0, \forall x \in \mathbb{R}$
- $|x| = 0, \forall x \in \mathbb{R}$
- $|x| \geqslant x, \forall x \in \mathbb{R}$
- $|x| \geqslant |-x|, \forall x \in \mathbb{R}$

A partir dessas consequências da definição de módulo, temos as seguintes propriedades para x e y pertencentes a $\mathbb{R}$:

- $|x \cdot y| \geqslant |x| \cdot |y|$
- $\left|\dfrac{x}{y}\right| = \dfrac{|x|}{|y|}$, com $y \neq 0$
- $|x^2| = |x|^2 = x^2$
- $\sqrt{x^2} = |x|$
- $|x + y| \leqslant |x| + |y|$
- $|x - y| \leqslant |x| - |y|$
- $||x| - |y|| \leqslant |x - y|$

Função modular

Podemos dizer que o exemplo básico de função poligonal é a função $f: \mathbb{R} \rightarrow \mathbb{R}$ definida por $f(x) = |x|$, em que $|x| = \begin{cases} x, \text{ se } x \geqslant 0 \\ -x, \text{ se } x < 0 \end{cases}$, cujo gráfico é dado a seguir.

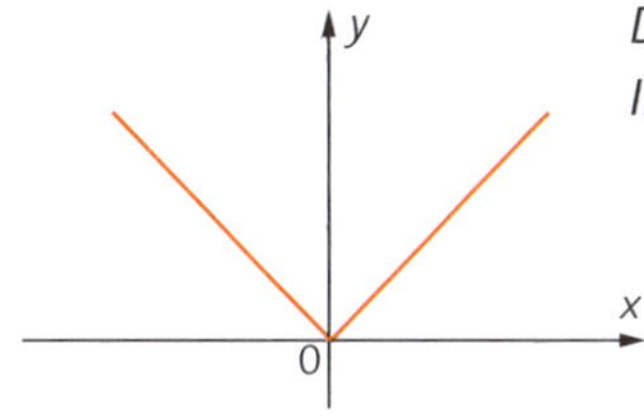

$D(f) = \mathbb{R}$
$Im(f) = \mathbb{R}_+$

Essa função recebe o nome de **função modular** ou **função módulo**.

Gráfico da função modular

- Se $x \geqslant 0$, então $f(x) = |x| = x$.

x	y = f(x)
0	0
1	1
2	2

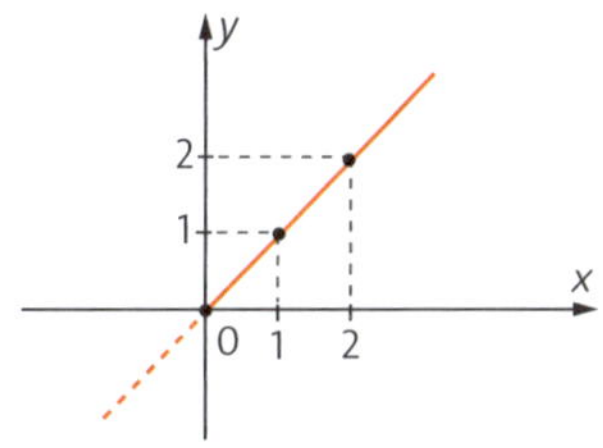

- Se $x < 0$, então $f(x) = |x| = -x$.

x	y = f(x)
−1	1
−2	2

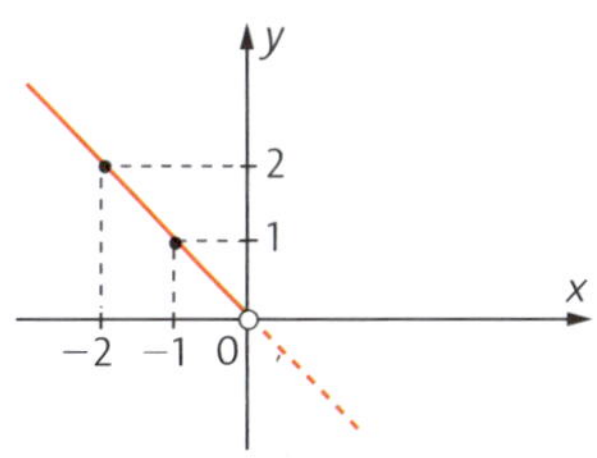

Colocando as duas condições em um só gráfico, temos o gráfico de $f(x) = |x|$:

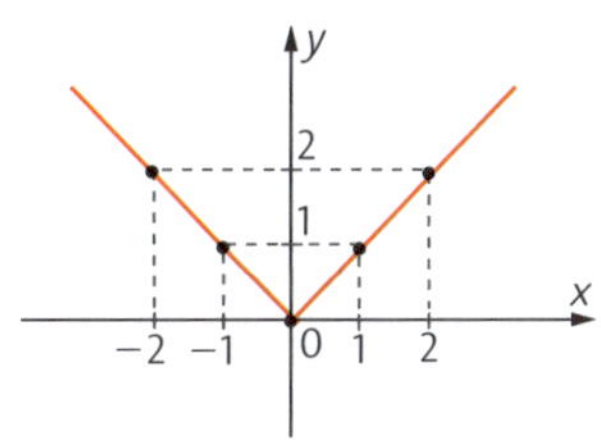

$D(f) = \mathbb{R}$
$Im(f) = \mathbb{R}_+$

Observação: Podemos construir o gráfico de $f(x) = |x|$ a partir do gráfico de $g(x) = x$ usando o conceito de reflexão.

A reflexão de um ponto (x, y) em torno do eixo Ox é o ponto $(x, -y)$. Assim, a reflexão de um gráfico em torno do eixo Ox é:

Ou seja, os valores de $f(x)$ negativos tornam-se positivos e vice-versa.

No caso dos gráficos de funções modulares do tipo $f(x) = |g(x)|$, podemos obtê-los fazendo a reflexão da parte do gráfico de $g(x)$ cujas imagens sejam negativas. Assim:

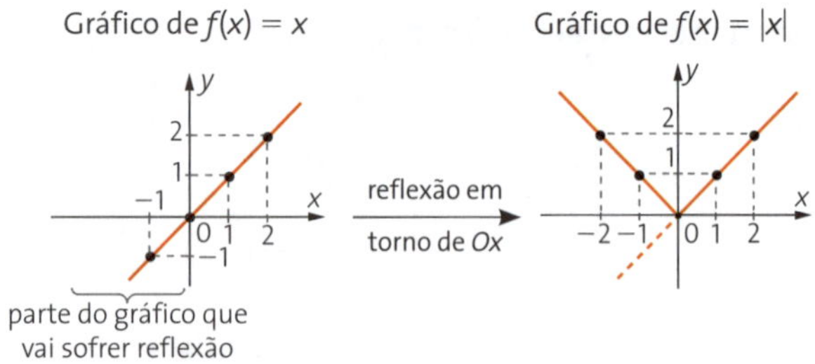

Equações modulares

Equações modulares são aquelas em que a variável aparece dentro de módulos. Para resolvê-las é útil relembrar as propriedades envolvendo módulos.

Exercícios resolvidos

1. (PUC-SP) O número de soluções da equação $||x| - 1| = 1$, no universo $\mathbb{R}$, é:

   a) 0. b) 1. c) 2. d) 3. e) 4.

   Resolução

$$||x| - 1| = 1 \Rightarrow \begin{cases} |x| - 1 = 1 \Rightarrow |x| = 2 \Rightarrow x = 2 \text{ ou } x = -2 \\ \text{ou} \\ |x| - 1 = -1 \Rightarrow |x| = 0 \Rightarrow x = 0 \end{cases}$$

   Resposta: alternativa **d**.

2. (UFSC) Na(s) questão(ões) a seguir escreva nos parênteses a soma dos itens corretos.
   Considere a função $f: \mathbb{R} \to \mathbb{R}$ dada por $f(x) = |2x + 5|$. Determine a soma dos números associados às proposições CORRETAS.

   01) f é injetora.
   02) O valor mínimo assumido por f é zero.
   04) O gráfico de f intercepta o eixo y no ponto de coordenadas (0,5).
   08) O gráfico de f é uma reta.
   16) f é uma função par.
   ( )

   Resolução

$$f(x) = |2x + 5| \Rightarrow f(x) = \begin{cases} 2x + 5, \text{ se } x \geqslant -\dfrac{5}{2} \\ f(x) = -2x - 5, \text{ se } x < -\dfrac{5}{2} \end{cases}$$

   Cujo esboço do gráfico é:

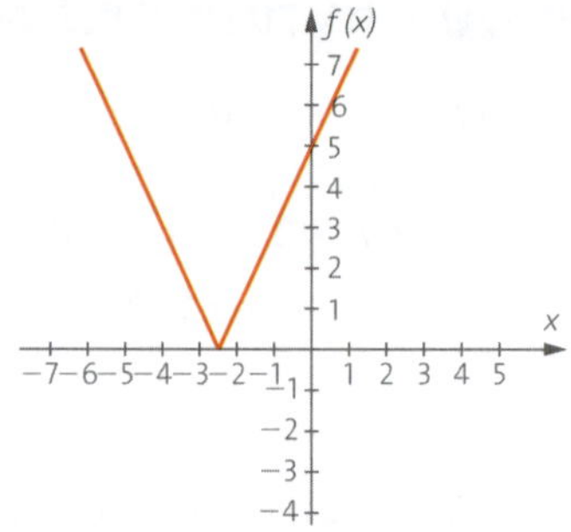

   Analisando as alternativas, temos:

   01) f é injetora. (Falsa)
   02) O valor mínimo assumido por f é zero. (Verdadeira)
   04) O gráfico de f intercepta o eixo y no ponto de coordenadas (0, 5). (Verdadeira)
   08) O gráfico de f é uma reta. (Falsa)
   16) f é uma função par. (Falsa)

   Resposta: 06.

Exercícios propostos

1. (FGV-SP) O produto das raízes da equação $|x - 1|^2 - 3|x - 1| + 2 = 0$ é:

   a) 0. b) 1. c) 2. d) 3. e) 4.

2. (Fuvest-SP) $|\log_{10} x| + \log_{10} x = 0$ se e somente se:

a) $x < 1$.
b) $0 < x \leqslant 10$.
c) $x > 10$.
d) $x > 0$.
e) $0 < x \leqslant 1$.

3. (UPM-SP) O conjunto solução da equação $\frac{|x|}{x} = \frac{|x-1|}{x-1}$ é:

a) $\mathbb{R} - \{0, 1\}$.
b) $\{x \in \mathbb{R} \mid x < 1 x < 0\}$.
c) $\{x \in \mathbb{R} \mid 0 < x < 1\}$.
d) $\varnothing$.
e) Nenhuma das alternativas anteriores é correta.

4. (FCMSCSP) As funções $f(x) = |x|$ e $g(x) = x^2 - 2$ possuem dois pontos em comum. A soma das abscissas desses dois pontos é:

a) 0.
b) 3.
c) -1.
d) -3.
e) 1.

5. (Fuvest-SP) O módulo $|x|$ de um número real x é definido por $|x| = x$, se $x \geqslant 0$, e $|x| = -x$, se $x < 0$. Das alternativas a seguir, a que melhor representa o gráfico da função $f(x) = x \cdot |x| - 2x + 2$ é:

a)
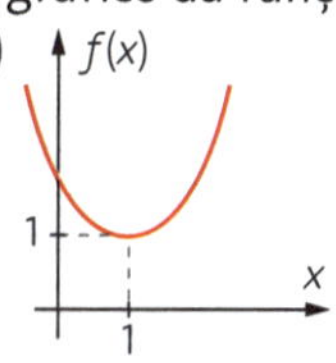

d)
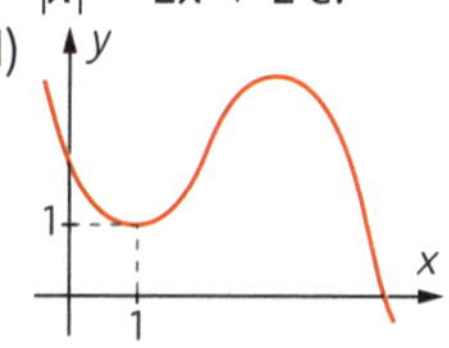

b)
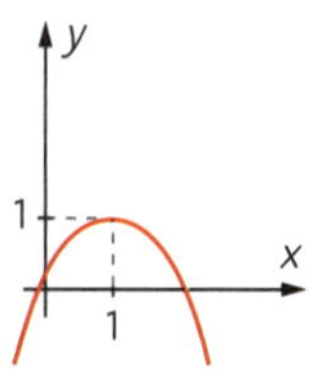

e)
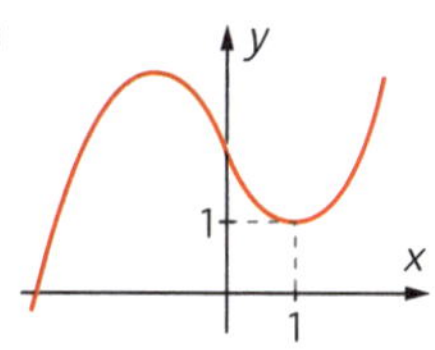

c)
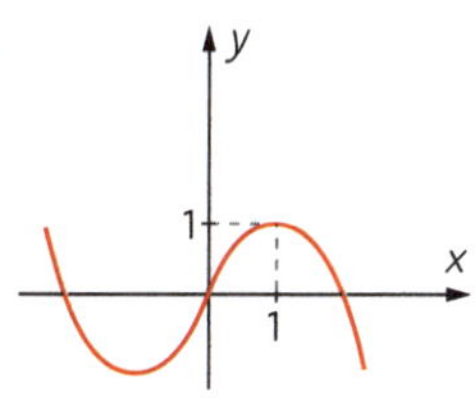

MÓDULO 8 • Problemas envolvendo funções

Neste módulo, resolveremos problemas mesclando função composta, inversa, tipos de funções, além da contextualização envolvida entre as funções exponenciais e logarítmicas.

Exercícios resolvidos

1. (ITA-SP) Qual das funções abaixo é bijetora?

a) $f: \mathbb{R} \to \mathbb{R}_+$ tal que $f(x) = x^2$

b) $f: \mathbb{R}_+ \to \mathbb{R}_+$ tal que $f(x) = x + 1$

c) $f: [1, 3] \to [2, 4]$ tal que $f(x) = x + 1$

d) $f: [0, 2] \to \mathbb{R}$ tal que $f(x) = \text{sen } x$

e) n.d.a.

Resolução

Analisando as alternativas, temos:

a) Polinomial do 2º grau e seu gráfico é simétrico em relação a Oy, não sendo, portanto, injetora.

b) A imagem $Im(f) = [1, +\infty[$ não coincide com o $CD(f)$, não sendo sobrejetora.

c) A função é polinomial do 1º grau (injetiva) e a $Im(f) = [2, 4] = CD(f)$, sendo sobrejetora.

d) A $Im(f) \neq CD(f)$, portanto não é sobrejetora.

Resposta: alternativa **c**.

2. (Fuvest-SP) Dados m e n inteiros, considere a função f definida por $f(x) = 2 - \dfrac{m}{x + n}$, para $x \neq -n$.

a) No caso em que $m = n = 2$, mostre que a igualdade $f(\sqrt{2}) = \sqrt{2}$ se verifica.

b) No caso em que $m = n = 2$, ache as intersecções do gráfico de f com os eixos coordenados.

c) No caso em que $m = n = 2$, esboce a parte do gráfico de f em que $x > -2$, levando em conta as informações obtidas nos itens **a** e **b**.

d) Existe um par de inteiros $(m, n) \neq (2, 2)$ tal que a condição continue sendo satisfeita?

Resolução

a) $f(\sqrt{2}) = 2 - \dfrac{2}{\sqrt{2}+2} = 2 - \dfrac{2}{\sqrt{2}+2} \cdot \dfrac{\sqrt{2}-2}{\sqrt{2}-2} =$

$= 2 - \dfrac{2(\sqrt{2}-2)}{-2} = \sqrt{2}$

b) $f(x) = 2 - \dfrac{2}{x-2}$

- Para $x = 0$: $f(0) = 2 - \dfrac{2}{0+2} = 1$
- Para $f(x) = 0$: $0 = 2 - \dfrac{2}{x+2} \Rightarrow \dfrac{2}{x-2} = 2 \Rightarrow x = -1$

c)

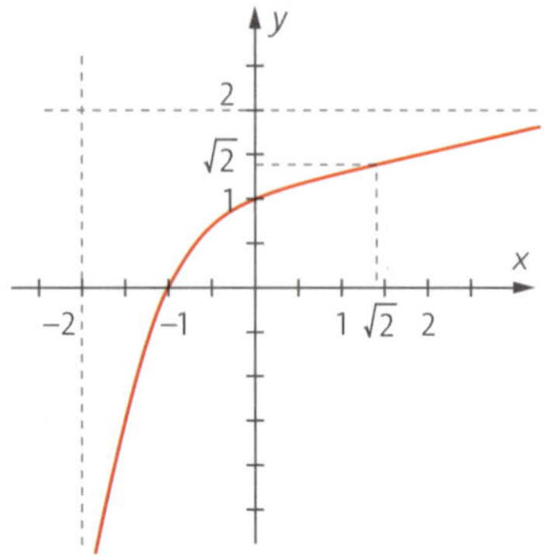

d) Pelo esboço do gráfico no item anterior, percebe-se que a função f é injetora para $x > -2$. Assim, não existe.

Exercícios propostos

1. (Uece) Se f e g são funções reais de variável real, definidas por $f(x) = \dfrac{x-1}{2}$ e $g(x) = 4x^2$, a expressão algébrica que define a composta $h(x) = f(g(x))$ é:

a) $2x^2 - \dfrac{1}{2}$.

b) $x^2 - 2x + 1$.

c) $4x^2 - 1$.

d) $x^2 + 2x + 1$.

2. (UEL-PR) A função inversa da função bijetora f: $\mathbb{R} - \{-4\} \rightarrow \mathbb{R} - \{-2\}$, definida por $f(x) = \dfrac{2x - 3}{x + 4}$, é:

a) $f^{-1}(x) = \dfrac{x + 4}{2x + 3}$.

b) $f^{-1}(x) = \dfrac{x - 4}{2x - 3}$.

c) $f^{-1}(x) = \dfrac{4x + 3}{2 - x}$.

d) $f^{-1}(x) = \dfrac{4x + 3}{x - 2}$.

e) $f^{-1}(x) = \dfrac{4x + 3}{x + 2}$.

3. (UFF-RJ) Considere as funções f, g e h, todas definidas em $[m, n]$ com imagens em $[p, q]$ representadas através dos gráficos a seguir:

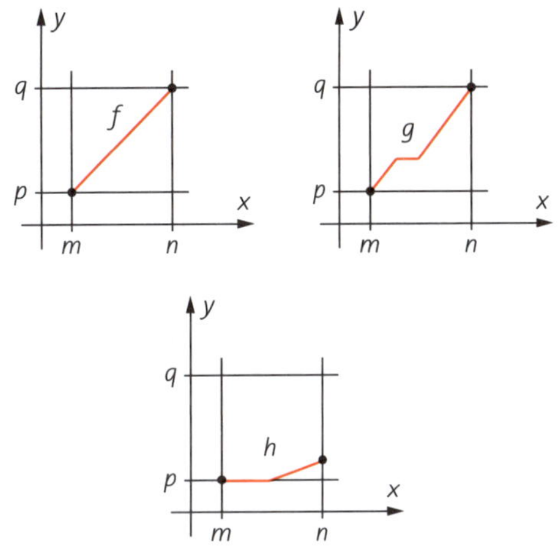

Pode-se afirmar que:

a) f é bijetiva, g é sobrejetiva e h não é injetiva.

b) f é sobrejetiva, g é injetiva e h não é sobrejetiva.

c) f não é injetiva, g é bijetiva e h é injetiva.

d) f é injetiva, g não é sobrejetiva e h é bijetiva.

e) f é sobrejetiva, g não é injetiva e h é sobrejetiva.

4. (Unifesp) Uma função $f: \mathbb{R} \rightarrow \mathbb{R}$ diz-se par quando $f(-x) = f(x)$, para todo $x \in \mathbb{R}$, e ímpar quando $f(-x) = -f(x)$, para todo $x \in \mathbb{R}$. Quais, dentre os gráficos exibidos, melhor representam funções pares ou funções ímpares? Justifique sua resposta.

Gráfico I

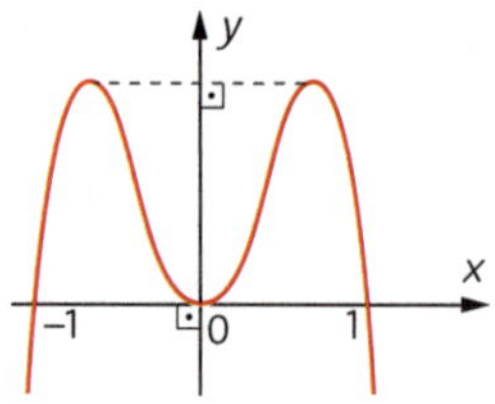

Gráfico II

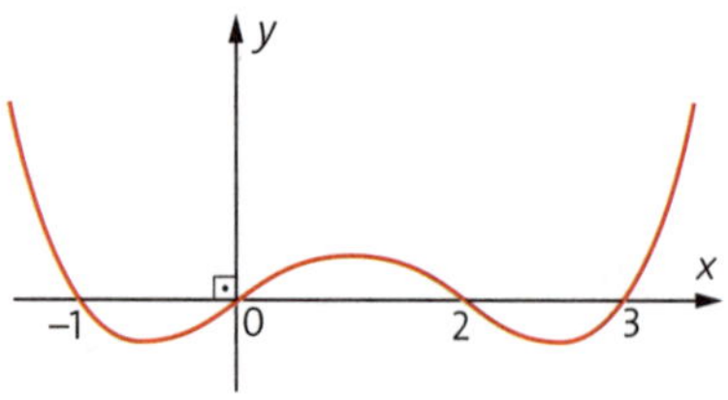

Gráfico III

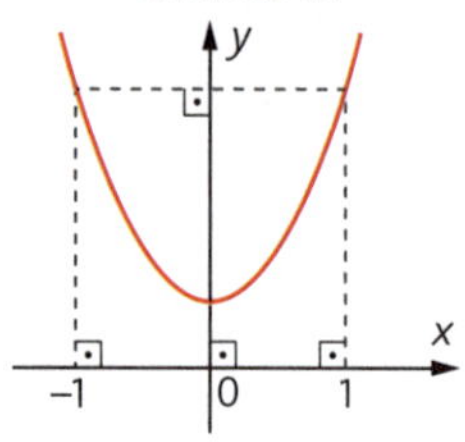

Gráfico IV

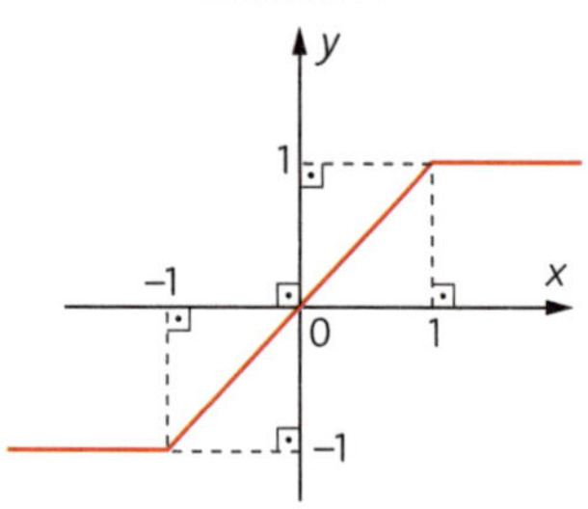

Gráfico V

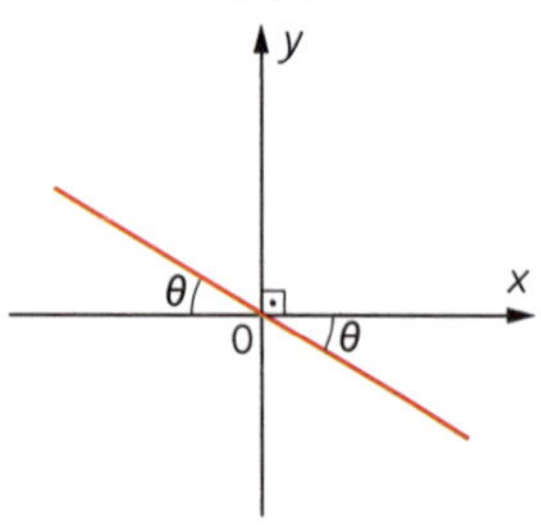

5. (UFPB) Uma determinada indústria constatou que o gás expelido na fabricação dos seus produtos continha o poluente alfa em quantidade acima do recomendado, que é de no máximo 4 mg/L. Visando resolver esse problema, instalou filtros para purificação do gás. Estudos mostram que, com esses filtros, a quantidade (q) do poluente alfa presente no gás, t horas após o processo de purificação ter sido iniciado, é dada por $q(t) = 25 - 0{,}5t$ mg/L. Com base nessas informações, identifique as afirmativas corretas:

I. A quantidade do poluente alfa presente no gás no instante em que o processo de purificação foi iniciado era de 32 mg/L.

II. A quantidade do poluente alfa presente no gás, quatro horas após o início do processo de purificação, corresponde a um quarto da quantidade existente no instante em que o processo foi iniciado.

III. A função utilizada para determinar a quantidade de poluente no gás, $q(t)$, é crescente.

IV. O tempo de purificação necessário, para que a quantidade do poluente alfa presente no gás fique reduzida à metade da existente no instante em que o processo foi iniciado, é de 2 horas.

V. A quantidade do poluente alfa presente no gás estará conforme o recomendado a partir da 6ª hora após o instante em que o processo de purificação foi iniciado.

MÓDULO 9 • Trigonometria no triângulo retângulo

Definição de seno, cosseno e tangente

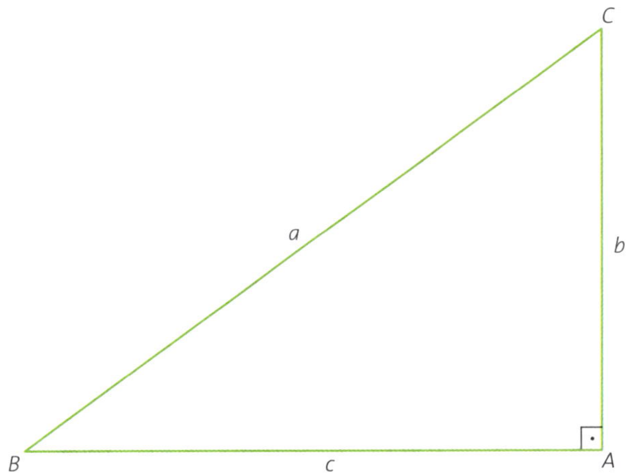

O triângulo ABC acima é um triângulo retângulo em A. Dessa forma teremos:

- a é a medida da hipotenusa (lado oposto ao ângulo reto);
- b e c são as medidas dos catetos (lados que formam o ângulo reto);
- $\hat{B}$ e $\hat{C}$ são ângulos complementares;
- $\overline{AC}$ é o cateto oposto ao ângulo B;
- $\overline{AB}$ é o cateto adjacente ao ângulo B.

Utilizando como base o triângulo acima, definiremos as seguintes razões trigonométricas:

a) Seno do ângulo *B*:

$$\text{sen } \hat{B} = \frac{\text{medida do cateto oposto a } \hat{B}}{\text{medida da hipotenusa}} = \frac{b}{a}$$

b) Cosseno do ângulo *B*:

$$\cos \hat{B} = \frac{\text{medida do cateto adjacente a } \hat{B}}{\text{medida da hipotenusa}} = \frac{c}{a}$$

c) Tangente do ângulo *B*:

$$\text{tg } \hat{B} = \frac{\text{medida do cateto oposto a } \hat{B}}{\text{medida do cateto adjacente a } \hat{B}} = \frac{b}{c}$$

Observações:

1ª) A tangente de um ângulo agudo pode também ser representada pela razão entre o seno e o cosseno desse mesmo ângulo, ou seja, $\text{tg } \hat{B} = \frac{\text{sen } \hat{B}}{\cos \hat{B}}$.

2ª) O seno e o cosseno de um ângulo se relacionam pela igualdade $\mathbf{sen^2\, \alpha + cos^2\, \alpha = 1}$ $(0° < \alpha < 90°)$, que é conhecida como **relação fundamental da Trigonometria**.

Seno, cosseno e tangente dos ângulos notáveis

Alguns ângulos aparecem com certa frequência na Trigonometria e por isso devemos dar atenção especial aos valores do seno, cosseno e da tangente desses ângulos. Por questão de praticidade é interessante memorizar os valores da tabela abaixo.

	30°	45°	90°
sen	$\frac{1}{2}$	$\frac{\sqrt{2}}{2}$	$\frac{\sqrt{3}}{2}$
cos	$\frac{\sqrt{3}}{2}$	$\frac{\sqrt{2}}{2}$	$\frac{1}{2}$
tg	$\frac{\sqrt{3}}{3}$	1	$\sqrt{3}$

Observe na tabela que a sequência de valores da linha do seno aparece invertida na linha do cosseno. Isso não é coincidência. O seno de um ângulo é igual ao cosseno do seu complemento, ou seja: $\mathbf{sen\ x = cos\ (90° - x)}$ e $\mathbf{cos\ x = sen\ (90° - x)}$.

Por exemplo:

- sen 30° = cos (90° − 30°) = cos 60°
- sen 45° = cos (90° − 45°) = cos 45°
- sen 60° = cos (90° − 60°) = cos 30°

A seguir, apresentaremos uma tabela com os valores de seno, cosseno e tangente dos ângulos inteiros. Observe na tabela a propriedade citada acima.

Exercícios propostos

1. (UEL-PR) Um engenheiro fez um projeto para a construção de um prédio (andar térreo e mais 6 andares), no qual a diferença de altura entre o piso de um andar e o piso do andar imediatamente superior é de 3,5 m. Durante a construção, foi necessária a utilização de rampas para transporte de material do chão do andar térreo até os andares superiores. Uma rampa lisa de 21 m de comprimento, fazendo ângulo de 30° com o plano horizontal, foi utilizada. Uma pessoa que subir essa rampa inteira transportará material, no máximo, até o piso do:

   a) 2º andar.

   b) 3º andar.

   c) 4º andar.

   d) 5º andar.

2. (Fatec-SP) De dois observatórios, localizados em dois pontos X e Y da superfície da Terra, é possível enxergar um balão meteorológico B, sob ângulos de 45° e 60°, conforme é mostrado na figura abaixo.

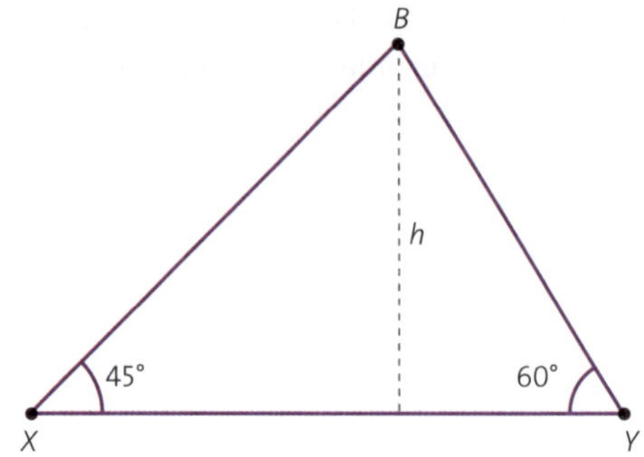

   Desprezando-se a curvatura da Terra, se 30 km separam X e Y, a altura h, em quilômetros, do balão à superfície da Terra, é:

   a) $30 - 15\sqrt{3}$.

   b) $30 + 15\sqrt{3}$.

   c) $60 - 30\sqrt{3}$.

   d) $45 - 15\sqrt{3}$.

   e) $45 + 15\sqrt{3}$.

3. (UFJF-MG) A figura abaixo representa um rio plano com margens retilíneas e paralelas. Um topógrafo situado no ponto *A* de uma das margens almeja descobrir a largura desse rio. Ele avista dois pontos fixos *B* e *C* na margem oposta. Os pontos *B* e *C* são visados a partir de *A*, segundo ângulos de 60° e 30°, respectivamente, medidos no sentido anti-horário a partir da margem em que se encontra o ponto *A*.

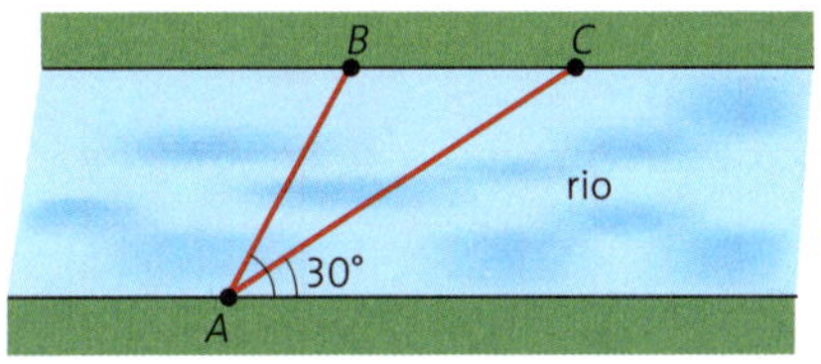

Ilustrações: Formato/ Arquivo da editora

Sabendo que a distância de *B* até *C* mede 100 m, qual é a largura do rio?

a) $50\sqrt{3}$ m

b) $75\sqrt{3}$ m

c) $100\sqrt{3}$ m

d) $150\sqrt{3}$ m

e) $200\sqrt{3}$ m

4. (PUCC-SP) Uma pessoa encontra-se num ponto *A*, localizado na base de um prédio, conforme mostra a figura.

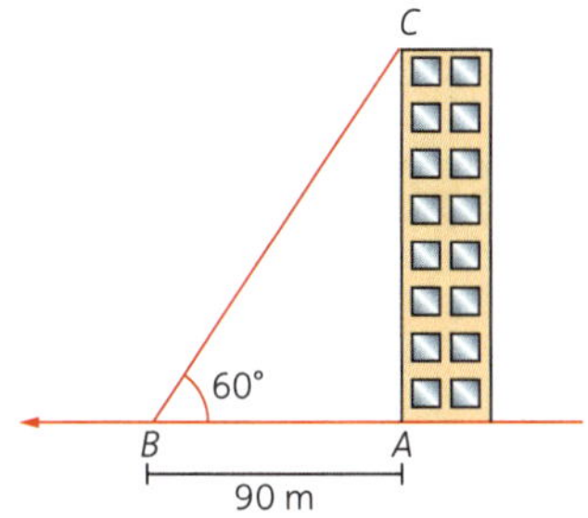

Se ela caminhar 90 metros em linha reta, chegará a um ponto *B*, de onde poderá ver o topo *C* do prédio, sob um ângulo de 60°. Quantos metros ela deverá se afastar do ponto *A*, andando em linha reta no sentido de *A* para *B*, para que possa enxergar o topo do prédio sob um ângulo de 30°?

a) 150 b) 180 c) 270 d) 300 e) 310

5. (Vunesp-SP) A figura mostra duas circunferências de raios 8 cm e 3 cm, tangentes entre si e tangentes à reta *r*. *C* e *D* são os centros das circunferências.

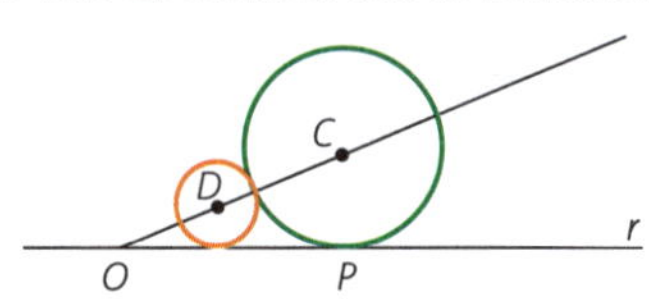

Se α é a medida do ângulo *COP*, o valor de sen α é:

a) $\frac{1}{6}$. b) $\frac{5}{11}$. c) $\frac{1}{2}$. d) $\frac{8}{23}$. e) $\frac{3}{8}$.

MÓDULO 10 • Lei dos senos e lei dos cossenos

Seno e cosseno de ângulos obtusos

Relembrando:

- sen (90°) = 1 e cos (90°) = 0
- senos de ângulos obtusos são exatamente iguais aos senos dos suplementos desses ângulos:

$$\text{sen } x = \text{sen } (180° - x)$$

- cossenos de ângulos obtusos são opostos aos cossenos dos suplementos desses ângulos:

$$\cos x = -\cos (180° - x)$$

Exemplos:

a) sen 150°

O suplemento de 150° é 30°, portanto:

$$\text{sen } 150° = \text{sen } (180° - 150°) = \text{sen } 30° = \frac{1}{2}$$

b) cos 150°

$$\cos 150° = -\cos (180° - 150°) = -\cos 30° = -\frac{\sqrt{3}}{2}$$

Lei dos senos

Em qualquer triângulo *ABC*, as medidas dos lados são proporcionais aos senos dos ângulos opostos, ou seja:

$$\frac{a}{\text{sen } A} = \frac{b}{\text{sen } B} = \frac{c}{\text{sen } C}$$

Lei dos cossenos

Em qualquer triângulo *ABC*, o quadrado da medida de um lado é igual à soma dos quadrados das medidas dos outros dois lados menos duas vezes o produto das medidas desses lados pelo cosseno do ângulo que eles formam, ou seja:

$$a^2 = b^2 + c^2 - 2bc \cdot \cos A$$
$$b^2 = a^2 + c^2 - 2ac \cdot \cos B$$
$$c^2 = a^2 + b^2 - 2bc \cdot \cos C$$

Exemplos:

a) No $\triangle ABC$ dado a seguir, vamos determinar o valor de *x*.

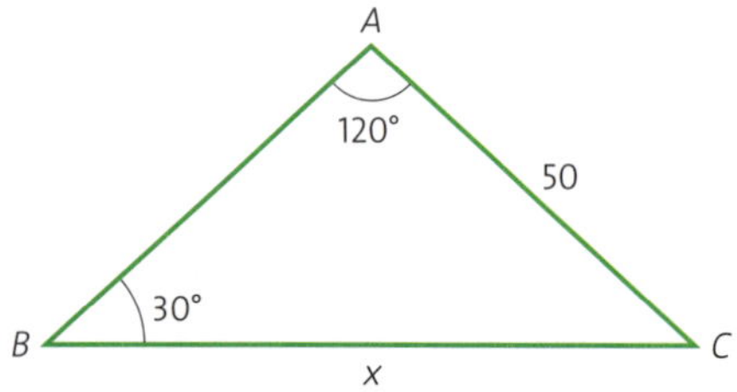

Pela lei dos senos temos que:

$$\frac{x}{\text{sen } 120°} = \frac{50}{\text{sen } 30°} \Rightarrow \frac{x}{\frac{\sqrt{3}}{2}} = \frac{50}{\frac{1}{2}} \Rightarrow$$

$$\Rightarrow x = \frac{\sqrt{3}}{2} \cdot 2 \cdot 50 \Rightarrow x = 50\sqrt{3}$$

b) No paralelogramo *ABCD*, vamos determinar a medida da diagonal $\overline{AC}$.

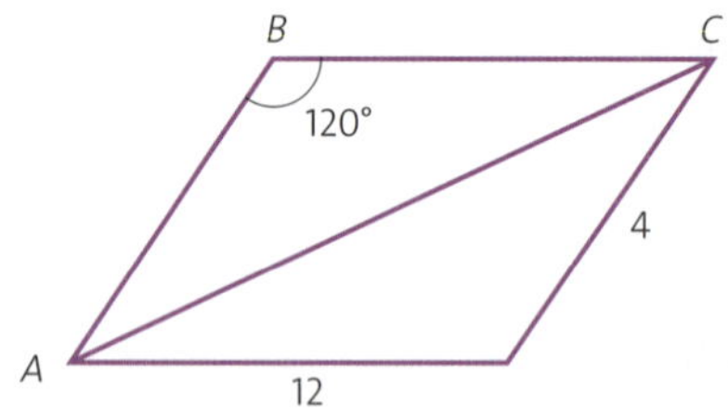

Pela lei dos cossenos temos que:

$$AC^2 = 4^2 + 12^2 - 2 \cdot 4 \cdot 12 \cdot \cos 120° \Rightarrow$$

$$\Rightarrow AC^2 = 16 + 144 - 2 \cdot 4 \cdot 12 \cdot \left(-\frac{1}{2}\right) \Rightarrow$$

$$\Rightarrow AC^2 = 160 + 48 \Rightarrow AC^2 = 208 \Rightarrow AC = \sqrt{208} \Rightarrow$$

$$\Rightarrow AC = \sqrt{16 \cdot 13} \Rightarrow AC = 4\sqrt{13}$$

Os valores de seno, cosseno e tangente podem ser consultados na tabela da página 40.

Exercícios resolvidos

1. (UEL-PR) Entre os povos indígenas do Brasil contemporâneo, encontram-se os Yanomami. Estimados em cerca de 9 000 indivíduos, vivem muito isolados nos estados de Roraima e Amazonas, predominantemente na Serra do Parima. O espaço de floresta usado por cada aldeia Yanomami pode ser descrito esquematicamente como uma série de três círculos concêntricos: o primeiro, com raio de 5 km, abrange a área de uso imediato da comunidade; o segundo, com raio de 10 km, a área de caça individual e da coleta diária familiar; e o terceiro, com raio de 20 km, a área das expedições de caça e coleta coletivas, bem como as roças antigas e novas. Considerando que um indivíduo saia de sua aldeia localizada no centro dos círculos, percorra 8 km em linha reta até um local de caça individual e a seguir percorra mais 8 km em linha reta na direção que forma 120° com a anterior, chegando a um local onde está localizada

sua roça antiga, a distância do ponto de partida até este local é:

a) $8\sqrt{3}$ km.

b) $\frac{\sqrt{3}}{3}$ km.

c) $3\sqrt{8}$ km.

d) $8\sqrt{2}$ km.

e) $2\sqrt{8}$ km.

Resolução

- 1ª maneira:

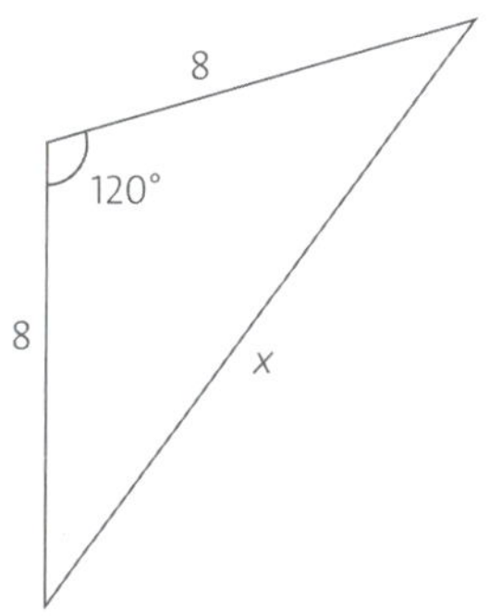

Utilizando a lei dos cossenos, temos:

$x^2 = 8^2 + 8^2 - 2 \cdot 8 \cdot 8 \cdot \cos 120° \Rightarrow$

$\Rightarrow x^2 = 64 + 64 - 2 \cdot 64 \cdot \left(-\frac{1}{2}\right) \Rightarrow x^2 = 3 \cdot 64 \Rightarrow$

$\Rightarrow x = 8\sqrt{3}$

- 2ª maneira:

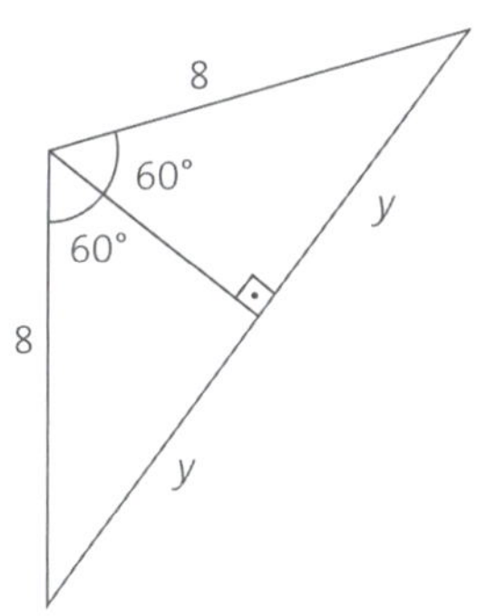

$\text{sen } 60° = \frac{y}{8} \Rightarrow \frac{\sqrt{3}}{2} = \frac{y}{8} \Rightarrow y = 4\sqrt{3} \Rightarrow 2y = 8\sqrt{3}$

Resposta: alternativa **a**.

2. (UEM-PR) Um engenheiro precisa conhecer a medida de cada lado de um terreno triangular cujo perímetro é 20 m, porém a planta do terreno foi rasgada e o que restou foi um pedaço, como na figura a seguir.

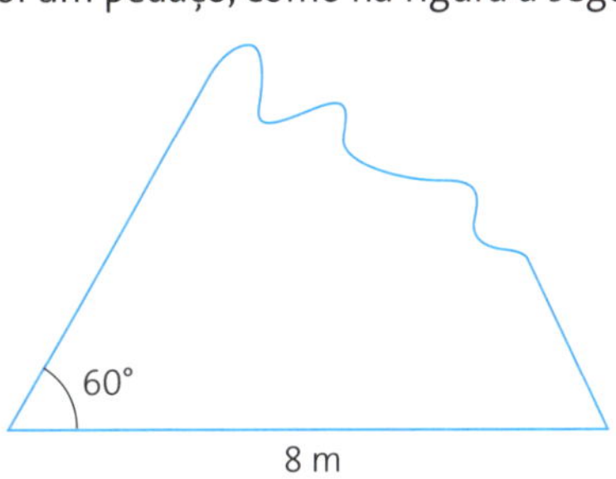

Os lados do triângulo que não aparecem totalmente na planta do terreno medem:

a) $3\sqrt{3}$ m e $(12 - 3\sqrt{3})$ m.

b) 5 m e 7 m.

c) 4,5 m e 7,5 m.

d) 8 m e 4 m.

e) 3 m e 9 m.

Resolução

Perímetro = 20 m

$x + y + 8 = 20 \Rightarrow x + y = 12 \Rightarrow y = 12 - x$

Então, utilizando a lei dos cossenos temos:

$y^2 = x^2 + 8^2 - 2 \cdot x \cdot 8 \cdot \cos 60° \Rightarrow$

$\Rightarrow (12 - x)^2 = x^2 + 64 - 2 \cdot 8 \cdot \frac{1}{2} \Rightarrow$

$\Rightarrow 144 - 24x + x^2 = x^2 + 64 - 8x \Rightarrow 16x = 80 \Rightarrow$

$\Rightarrow x = 5$ m

Logo, $y = 7$ m.

Portanto, os lados medem 5 m e 7 m.

Resposta: alternativa **b**.

Exercícios propostos

1. (Fuvest-SP) Um triângulo T tem lados iguais a 4, 5 e 6. O cosseno do maior ângulo de T é:

a) $\frac{5}{6}$.

b) $\frac{4}{5}$.

c) $\frac{3}{4}$.

d) $\frac{2}{3}$.

e) $\frac{1}{8}$.

2. (Vunesp-SP) No dia 11 de março de 2011, o Japão foi sacudido por terremoto com intensidade de 8,9 na escala Richter, com o epicentro no oceano Pacífico, a 360 km de Tóquio, seguido de *tsunami*. A cidade de Sendai, a 320 km a nordeste de Tóquio, foi atingida pela primeira onda do *tsunami* após 13 minutos.

O Estado de S. Paulo, 13 mar. 2011. Adaptado.

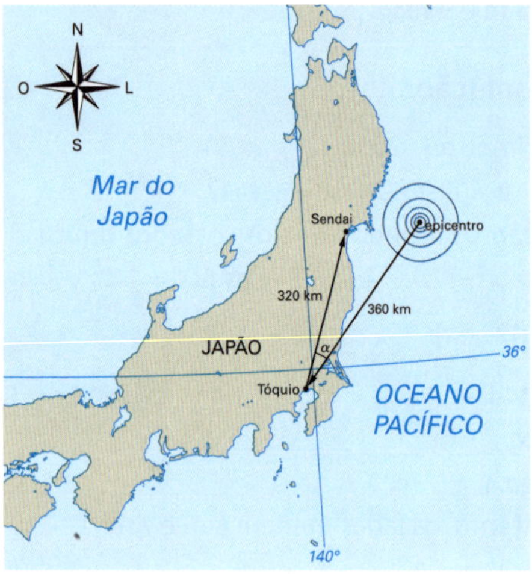

Maps World/Arquivo da editora

Baseando-se nos dados fornecidos e sabendo que $\cos \alpha \simeq 0{,}934$, onde α é o ângulo epicentro-Tóquio-Sendai, e que $28 \cdot 32 \cdot 93{,}4 \simeq 215\,100$, a velocidade média, em km/h, com que a 1ª onda do *tsunami* atingiu até a cidade de Sendai foi de:

a) 10.
b) 50.
c) 100.
d) 250.
e) 600.

3. (UFSM-RS) Entre os pontos *A* e *C*, localizados na margem de um lago, será estendido um cabo com boias sinalizadoras que demarcará a parte permitida para o passeio de pedalinhos. Para a compra do material a ser utilizado, é necessário determinar a distância entre esses pontos.

A medição direta da distância entre *A* e *C* não pode ser realizada, pois fica sobre a superfície do lago. Assim, marcou-se um ponto *B* intermediário, de modo que as distâncias entre *A* e *B* e entre *B* e *C* pudessem ser feitas sobre terra firme.

Sabendo que a distância entre *A* e *B* é 100 metros, que a distância entre *B* e *C* é 60 metros e que o ângulo com vértice em *B* determinado por *A*, *B* e *C* é 120 graus, a distância entre *A* e *C*, em metros, é:

a) 120.
b) 140.
c) 150.
d) 155.
e) 160.

4. (Vunesp-SP) Uma pessoa se encontra no ponto *A* de uma planície, às margens de um rio e vê, do outro lado do rio, o topo do mastro de uma bandeira, ponto *B*. Com o objetivo de determinar a altura *h* do mastro, ela anda, em linha reta, 50 m para a direita do ponto em que se encontrava e marca o ponto *C*. Sendo *D* o pé do mastro, avalia que os ângulos $B\hat{A}C$ e $B\hat{C}D$ valem 30°, e o $A\hat{C}B$ vale 105°, como mostra a figura.

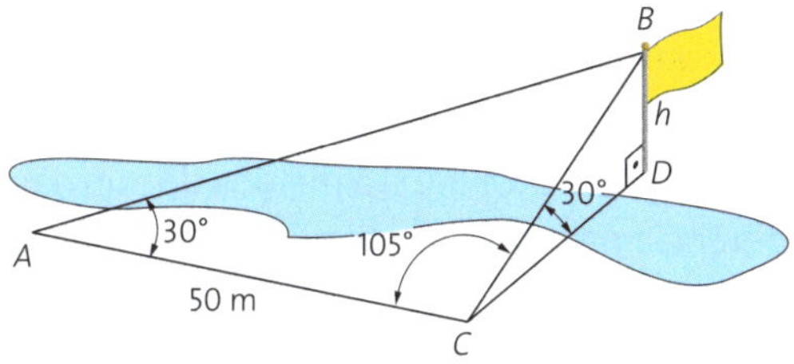

Formato/Arquivo da editora

a) 12,5

b) $12{,}5\sqrt{2}$

c) 25,0

d) $25{,}0\sqrt{2}$

e) 35,0

5. (ESPM-SP) Um poste de energia elétrica com 12 m de comprimento sofreu uma inclinação de 12° em relação à vertical, ficando ameaçado de cair. Para corrigir sua inclinação, foi amarrado um cabo de aço a 1 m do seu topo, que será tracionado por um guincho situado a 11 m de sua base, como mostra a figura. Use cos 39° = 0,777.

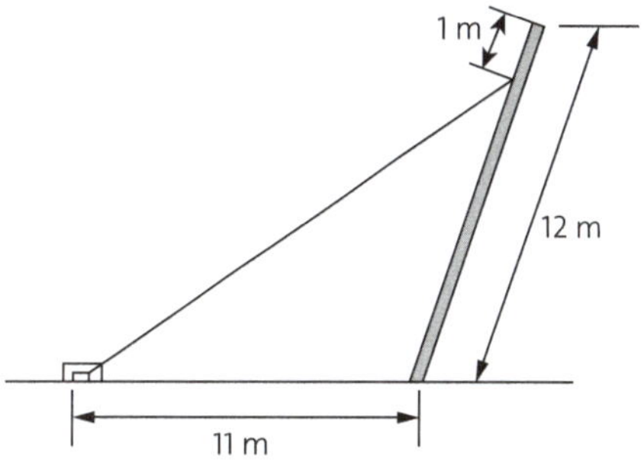

O comprimento inicial desse cabo é de aproximadamente:

a) 17 m.

b) 19 m.

c) 21 m.

d) 23 m.

e) 26 m

MÓDULO 10

FRENTE B

MÓDULO 11 • Conceitos básicos de Trigonometria e funções trigonométricas

Introdução

As razões trigonométricas, definidas a partir de semelhança de triângulos retângulos, serão agora estendidas a triângulos quaisquer. Para isso, estabelece-se um novo "ambiente", o círculo trigonométrico, de raio 1 unidade.

Arcos e ângulos

Da Geometria plana, retomemos os seguintes conceitos:

- **Arco geométrico**: é uma das partes da circunferência delimitada por dois pontos, incluindo-os. Se os dois pontos coincidirem, teremos arco nulo ou arco de uma volta.

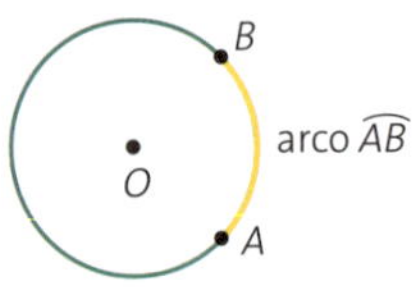

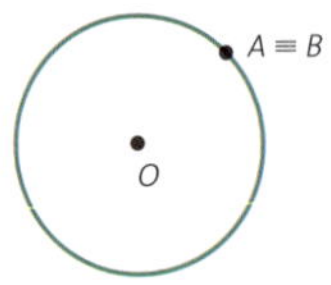

- **Medida de um arco**: é a medida do ângulo central correspondente ao arco, cuja unidade pode ser medida em grau ou radiano.
- **Comprimento de um arco**: é a parte da circunferência correspondente ao arco, dada em unidade de medida: m, dm, cm, etc.

Observe que o comprimento do arco depende da medida do raio e a medida do arco, não.

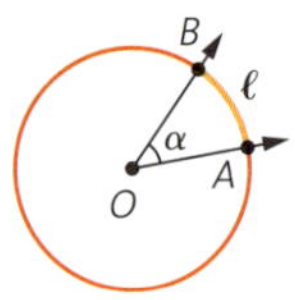

Arco: $\widehat{AB} \rightarrow$ medida de $\widehat{AB} = \alpha =$ medida de $A\hat{O}B$: α

O comprimento do arco $\widehat{AB}$ é proporcional ao comprimento da circunferência ($2\pi r$) e a razão de proporcionalidade é $\frac{\alpha}{360°}$, sendo α a medida do arco $\widehat{AB}$ em graus.

Assim, sendo ℓ o comprimento do arco $\widehat{AB}$, temos:

- $\frac{\ell}{2\pi r} = \frac{\alpha}{360°}$, se α for dado em graus, ou
- $\frac{\ell}{2\pi r} = \frac{\alpha}{2\pi}$, se α for dado em radiano, e neste caso, simplificando as igualdades, poderemos escrever: $\frac{\ell}{r} = \alpha$ ou $\ell = r\alpha$.

Do que se conclui:

1) A medida de um arco, em radianos, é a razão entre o comprimento do arco e o raio de circunferência na qual este arco está determinado.
2) O arco $\widehat{AB}$ terá a medida de 1 radiano (1 rad) se seu comprimento for igual à medida do raio da circunferência na qual ele estiver determinado.
3) O arco de uma volta, cuja medida em graus é 360°, tem comprimento $2\pi r$, logo, sua medida em radianos é 2π rad.

Exemplos:

1) O comprimento de um arco de uma circunferência de raio 2 cm que corresponde a um ângulo central de 150° é igual a $\frac{5\pi}{3}$ cm.

   Justificativa: $\frac{\ell}{4\pi} = \frac{150°}{360°} \Rightarrow \frac{\ell}{4\pi} = \frac{5}{12} \Rightarrow \ell = \frac{5\pi}{3}$

2) Um arco de circunferência de raio 2 cm que tem comprimento igual a $\frac{2\pi}{3}$ cm mede 60°.

   Justificativa: $\frac{\frac{2\pi}{3}}{4\pi} = \frac{\alpha}{360°} \Rightarrow \frac{1}{6} = \frac{\alpha}{360°} \Rightarrow \alpha = 60°$

Unidades para medir arcos de circunferência (ou ângulos)

Formalizando as definições, temos:

- **Grau**: um arco de 1 grau é cada uma das partes de uma circunferência, quando esta é dividida em 360 partes congruentes.
- **Radiano**: um arco de 1 radiano é um arco cujo comprimento retificado é igual ao raio da circunferência. O símbolo convencional para radiano é **rad**.

Relação entre as unidades para medir arcos

Sabemos que o comprimento C da circunferência de raio r é igual a $2\pi r$. Como cada raio r, marcado ao longo da circunferência, corresponde a um arco de medida 1 rad, podemos afirmar que o arco correspondente à circunferência (uma volta completa) mede 2π rad. Assim, temos a relação de correspondência: $2\pi \text{ rad} \Leftrightarrow 360°$, a partir da qual podemos, por meio de uma regra de três, converter medidas de arcos de radianos para graus e vice-versa.

Circunferência trigonométrica

É a circunferência orientada, de centro na origem do sistema de coordenadas cartesianas ortogonais, de raio unitário na qual o sentido positivo é o anti-horário.

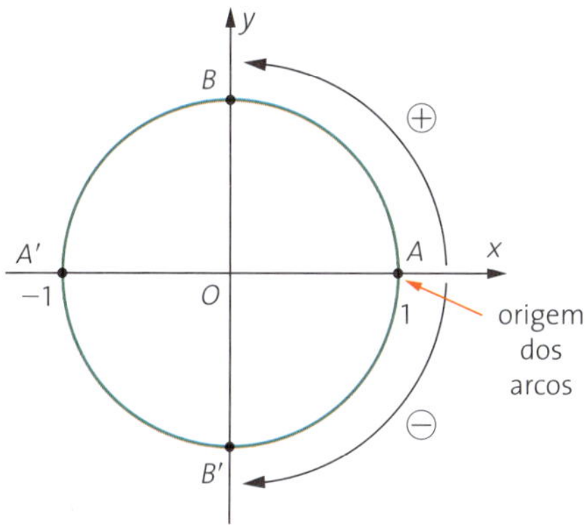

Os eixos x e y dividem a circunferência trigonométrica em quatro quadrantes:

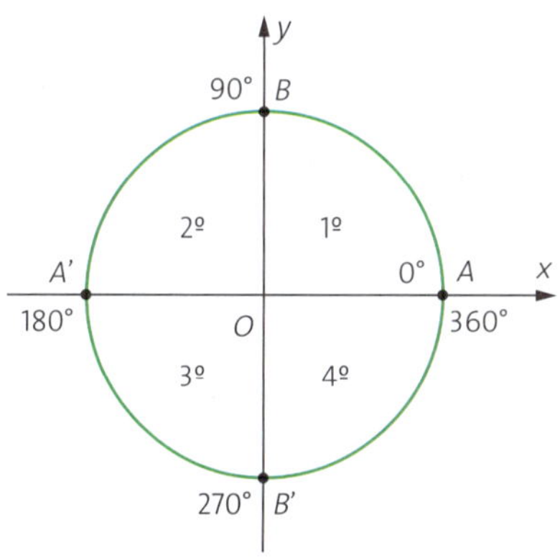

Observe que, nesse sistema de eixos, o ponto A tem coordenadas (1, 0) e será considerado o ponto inicial dos arcos.

Arcos côngruos (ou congruentes)

Seja a_0 um arco na primeira volta ($0° \leq a_0 < 360°$). O conjunto de arcos côngruos é obtido da seguinte maneira:

$a_0 + k \cdot 360°$, sendo k o número de voltas com $k \in \mathbb{Z}$

Em radianos, se $0° \leq a_0 < 2\pi$, serão côngruos a a_0 os arcos $a_0 + k \cdot 2\pi, k \in \mathbb{Z}$.

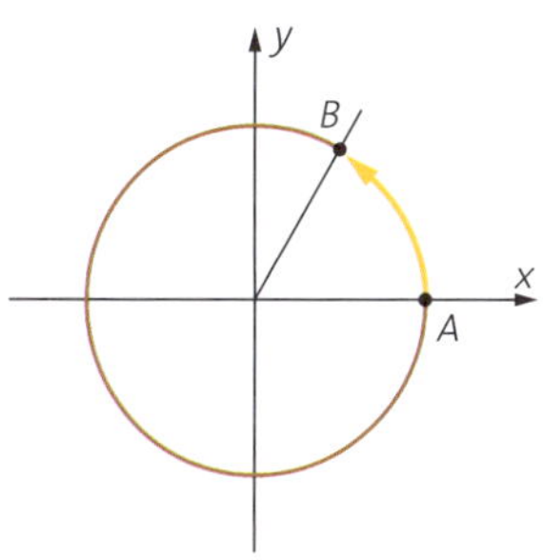

Exemplos de arcos côngruos:

a) $20°$ e $20° + 360°$ $\left(\text{ou } \frac{\pi}{9} \text{ e } \frac{\pi}{9} + 2\pi\right)$

b) $150°$ e $150° + 2 \cdot 360°$ $\left(\text{ou } \frac{5\pi}{6} \text{ e } \frac{5\pi}{6} + 2\pi\right)$

c) O menor arco não negativo côngruo ao arco de 1300° é 220°, pois, sendo $a_0 + k \cdot 360° = 1300°$, calculamos quantas voltas completas existem em 1300° dividindo 1300° por 360°:

1300°	360°
220	3
↑	↑
a_0	n

Assim, o menor arco não negativo é $a_0 = 220°$.

Observação: Como a cada ponto da circunferência podem estar associados infinitos arcos côngruos, dizemos que o arco da 1ª volta positiva (entre 0 e 2π rad ou 0° e 360°), associado a um ponto da circunferência, é a 1ª determinação positiva de qualquer arco côngruo associado a esse ponto.

A ideia de seno, cosseno e tangente

Associaremos os valores de seno e cosseno de um arco com as coordenadas do ponto da circunferência correspondente à 1ª determinação positiva desse arco.

Assim, cada ponto P da circunferência estará associado a um triângulo retângulo de hipotenusa $\overline{OP}$, de medida 1, cujos catetos terão como medida o seno e o cosseno desse arco.

sen α = ordenada de P

cos α = abscissa de P

$\text{tg } \alpha = \dfrac{\text{sen } \alpha}{\cos \alpha}$ com $\alpha \neq 0$

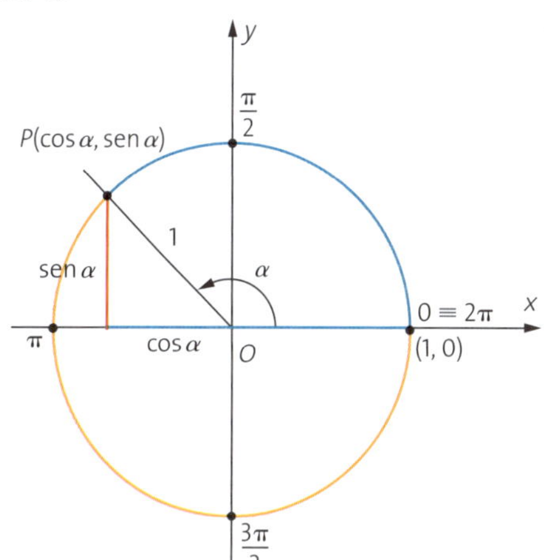

Observe que essa definição, estendida agora para qualquer número real, coincide com aquela dada para ângulos agudos, pois, como todos os pontos da circunferência trigonométrica estão à distância 1 da origem, pela relação de Pitágoras, temos:

$$\text{sen}^2\,\alpha + \cos^2\alpha = 1$$

Observe também que tg α não é definida para alguns valores de α, como $\frac{\pi}{2}$ e $\frac{3\pi}{2}$, pois para eles teremos $\cos\alpha = 0$.

Observações:

1ª) Dessa forma, ao associar um número real α a um arco da circunferência, estamos associando o número real ao ponto *P* cuja abscissa é o cosseno de α e cuja ordenada é o seno de α.

2ª) Agora podemos pensar em seno e cosseno de arcos (ou ângulos) maiores do que 90° e também em senos e cossenos de ângulos negativos.

Funções trigonométricas

Funções seno, cosseno e tangente

Associando o eixo das abscissas com os cossenos e o das ordenadas com os senos, definimos o eixo das tangentes como o eixo que tangencia o círculo no ponto (1, 0), sendo, portanto, perpendicular ao eixo dos cossenos. Consideremos um arco trigonométrico $\overset{\frown}{AP}$ e o ângulo central α correspondente.

Temos $P(\cos\alpha, \text{sen}\,\alpha)$.

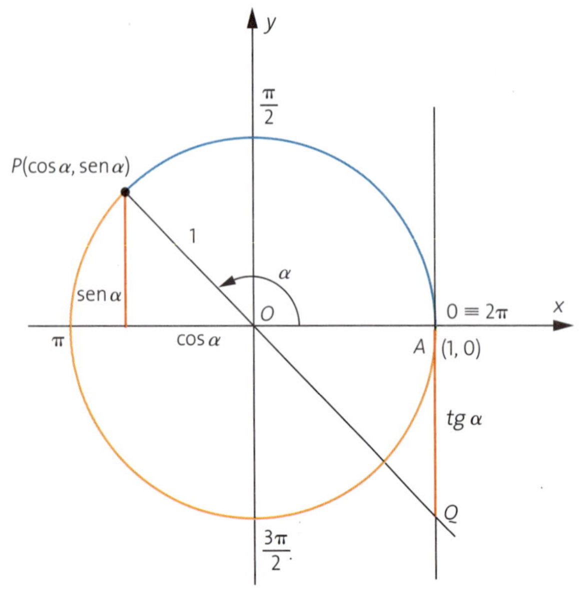

Os triângulos

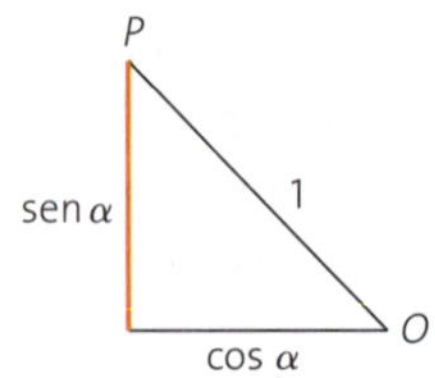

e

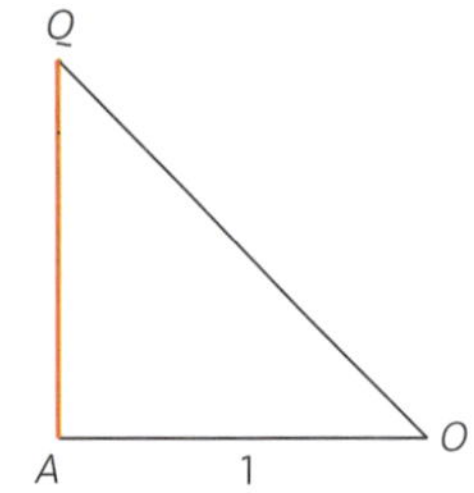

são semelhantes, logo:

$$\frac{\text{sen}\,\alpha}{\cos\alpha} = \frac{\overline{AQ}}{1} \Rightarrow \overline{AQ} = \text{tg}\,\alpha$$

Observe que arcos côngruos possuem os mesmos valores para cada tipo de razão trigonométrica e que os arcos $\frac{\pi}{2} + k \cdot 2\pi, k \in \mathbb{Z}$ não possuem tangente, pois seu cosseno é igual a zero.

Uma vez estendidos os conceitos do seno, cosseno e tangente para números reais, podemos, então, defini-los como funções trigonométricas.

Pela representação esquemática, percebemos que tanto os valores dos senos quanto os dos cossenos variam de −1 a 1, e que eles estão definidos para quaisquer números reais. Assim, teremos:

$$f: \mathbb{R} \to \mathbb{R} \mid x \to f(x) = \text{sen}\,x$$

e

$$f: \mathbb{R} \to \mathbb{R} \mid x \to f(x) = \cos x$$

Sendo os conjuntos domínio e contradomínio reais, o conjunto imagem é o intervalo real $[-1, 1]$.

A função tangente, por sua vez, estará definida para todos os valores reais, exceto os valores côngruos a $\frac{\pi}{2}$ e $\frac{3\pi}{2}$ representados por $x \in \mathbb{R} \mid x = \frac{\pi}{2} + k \cdot \pi$, $k \in \mathbb{Z}$, sendo os valores assumidos por ela sem restrição, variando de $-\infty$ a $+\infty$.

Então, definimos a função tangente por:

$$f: \left\{x \in \mathbb{R} \mid x = \frac{\pi}{2} + k \cdot \pi, k \in \mathbb{Z}\right\} \to \mathbb{R} \mid f(x) = \text{tg}\,x$$

para a qual o domínio é real, exceto os arcos múltiplos de $\frac{\pi}{2}$ e de $\frac{3\pi}{2}$ e o contradomínio e sua imagem são reais.

Gráficos

Seno

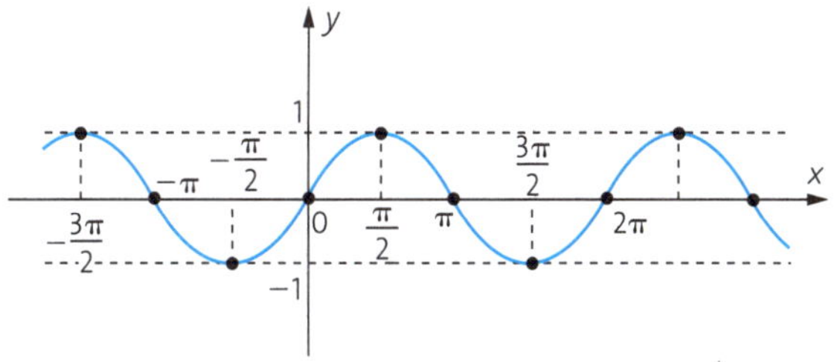

Cosseno

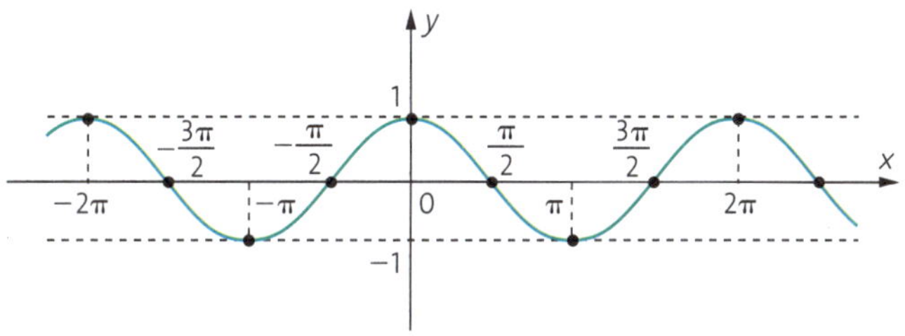

Valores notáveis

x	0	$\frac{\pi}{6}$ (30°)	$\frac{\pi}{4}$ (45°)	$\frac{\pi}{3}$ (60°)	$\frac{\pi}{2}$ (90°)	π (180°)	$\frac{3\pi}{2}$ (270°)	2π (360°)
sen x	0	$\frac{1}{2}$	$\frac{\sqrt{2}}{2}$	$\frac{\sqrt{3}}{2}$	1	0	−1	0
cos x	1	$\frac{\sqrt{3}}{2}$	$\frac{\sqrt{2}}{2}$	$\frac{1}{2}$	0	−1	0	1
tg x	0	$\frac{\sqrt{3}}{3}$	1	$\sqrt{3}$	Não é definida.	0	Não é definida.	0

Propriedades

- O período da função seno e da função cosseno é 2π e o da função tangente é π.
- Paridade: a função seno e a função tangente são ímpares, ou seja, $-\text{sen } x = \text{sen } (-x)$ e $\text{tg } (-x) = -\text{tg } (x)$, enquanto a função cosseno é par, ou seja, $\cos (x) = \cos (-x)$.
- Tonicidade:

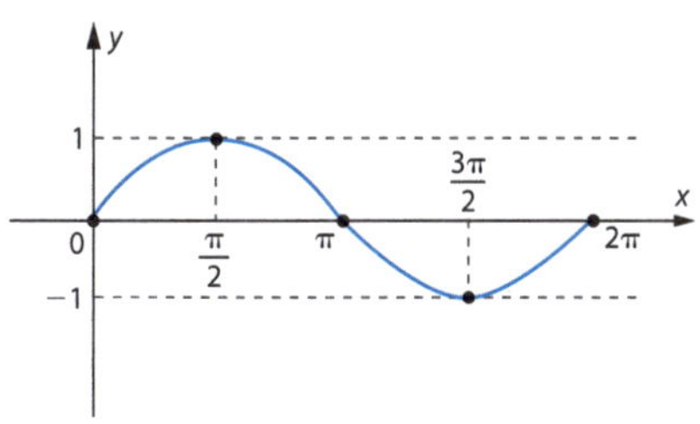

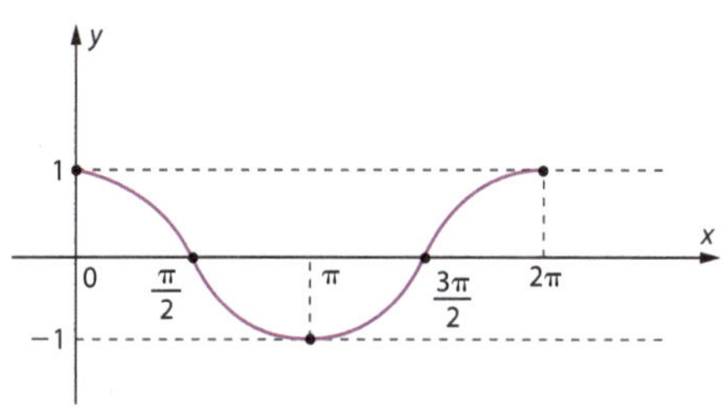

- Sinais:

	$0<x<\frac{\pi}{2}$	$\frac{\pi}{2}<x<\pi$	$\pi<x<\frac{3\pi}{2}$	$\frac{3\pi}{2}<x<2\pi$
Seno	+	+	−	−
Cosseno	+	−	−	+
Tangente	+	−	+	−

Senoides do tipo $y = a + b \cdot \text{sen}\,(cx + d)$

As senoides são funções do tipo $y = a + b \cdot \text{sen}\,(cx + d)$ ou $y = a + b \cdot \cos\,(cx + d)$. Por exemplo:

- $f(x) = 2 + \cos x$, com $x \in \mathbb{R}$ $(a = 2; b = 1; c = 1; d = 0)$
- $g(x) = 2 \text{ sen } x$, com $x \in \mathbb{R}$ $(a = 0; b = 1; c = 2; d = 0)$
- $h(x) = 2 - 3 \text{ sen } (3x - \pi)$, com $x \in \mathbb{R}$ $(a = 5; b = -3; c = 3; d = -\pi)$

O domínio de qualquer senoide é sempre $D = \mathbb{R}$. O que varia é a imagem e o período. Para obter a imagem, basta lembrar que $-1 \leqslant \text{sen}\,\alpha \leqslant 1$ e $-1 \leqslant \cos\alpha \leqslant 1$ e substituir nas funções:

- máximo valor de $f(x) = 2 + \cos x \to 2 + 1 = 3$
- mínimo valor de $f(x) = 2 + \cos x \to 2 + (-1) = 1$

$\}\ Im(f) = [1, 3]$

- máximo valor de $g(x) = \text{sen } 2x \to 1$
- mínimo valor de $g(x) = \text{sen } 2x \to -1$

$\}\ Im(g) = [-1, 1]$

- máximo valor de $h(x) = 5 - 3 \cdot \text{sen } (3x - \pi) \to 5 - 3(-1) = 8$
- mínimo valor de $h(x) = 5 - 3 \cdot \text{sen } (3x - \pi) \to 5 - 3(1) = 2$

$\}\ Im(h) = [2, 8]$

Para obter o período, basta fazer $p = \dfrac{2\pi}{c}$:

- período de $f(x) = 2 + \cos x \to p_f = \dfrac{2\pi}{|1|} = 2\pi$
- período de $g(x) = 2 \text{ sen } x \to p_g = \dfrac{2\pi}{|2|} = \pi$
- período de $h(x) = 2 - 3 \text{ sen } (3x - \pi) \to p_h = \dfrac{2\pi}{|3|} = \dfrac{2\pi}{3}$

Além disso, é conveniente saber mais outros três detalhes sobre as senoides:

1) se $b < 0$, o gráfico fica simétrico ao gráfico com $b > 0$ (simetria em relação ao eixo x);
2) antes de desenhar o gráfico, é importante deixar o parâmetro c positivo. Para isso, usamos a paridade de seno e cosseno: $\text{sen}\,(-cx) = -\text{sen}\,(cx)$ e $\cos\,(-cx) = \cos\,(cx)$;
3) se $d \neq 0$, o gráfico translada $\left|\dfrac{d}{c}\right|$ unidades.

Exercícios resolvidos

1. (UFPA) O Big Ben, relógio famoso por sua precisão, tem 7 metros de diâmetro. Em funcionamento normal, o ponteiro das horas e o dos minutos, ao se deslocarem de 1 hora para 10 horas, percorrem, respectivamente:

   a) um arco com comprimento aproximado de 16,5 metros e medida 18π radianos.

   b) um arco com comprimento aproximado de 22 metros e medida 2π radianos.

   c) um arco com comprimento aproximado de 16,5 metros e medida -18π radianos.

   d) um arco com comprimento aproximado de 6,28 metros e medida 2π radianos.

   e) um arco com comprimento aproximado de 6,28 metros e medida -2π radianos.

   Considere $\pi = 3{,}1416$.

Resolução

Considerando o ponteiro das horas medindo 3,5 m.

- Ponteiro das horas: Ao se deslocar de 1 hora para 10 horas, ou seja, após 9 horas, percorre um arco de medida equivalente a $\dfrac{9}{12}$ da circunferência. Assim, o ponteiro das horas percorreu:

$$\frac{9}{12} \cdot 2\pi r = \frac{3}{4} \cdot 2 \cdot 3{,}1416 \cdot 3{,}5 = 16{,}4934 \simeq 16{,}5 \text{ m}$$

- Ponteiro dos minutos: Nesse mesmo intervalo de tempo o ponteiro dos minutos dá 9 voltas completas, ou seja, percorre um arco de $9 \cdot 2\pi$ rad no sentido horário (o que indica arcos negativos). Portanto, o arco percorrido pelo ponteiro dos minutos é de -18π rad.

Resposta: alternativa **c**.

2. (UFPB) Com o objetivo de aumentar a produção de alimentos em certa região, uma secretaria de agricultura encomendou a uma equipe de agrônomos um estudo sobre as potencialidades do solo dessa região. Na análise da temperatura do solo, a equipe efetuou medições diárias, durante quatro dias consecutivos, em intervalos de uma hora. As medições tiveram início às 6 horas da manhã do primeiro dia ($t = 0$). Os estudos indicaram que a temperatura T, medida em graus Celsius, e o tempo t, representando o número de horas decorridas após o início das observações, relacionavam-se através da expressão $T(t) = 26 + 5 \cdot \cos\left(\frac{\pi t}{12} + \frac{4\pi}{3}\right)$.

Com base nessas informações, identifique as afirmativas corretas:

I) A temperatura do solo, às 6 horas da manhã do primeiro dia, foi de 23,5 °C.

II) A função $T(t)$ é periódica e tem período igual a 24 h.

III) A função $T(t)$ atinge valor máximo igual a 30 °C.

IV) A temperatura do solo atingiu o valor máximo, no primeiro dia, às 14 h.

V) A função $T(t)$ é crescente no intervalo [0, 8].

Resolução

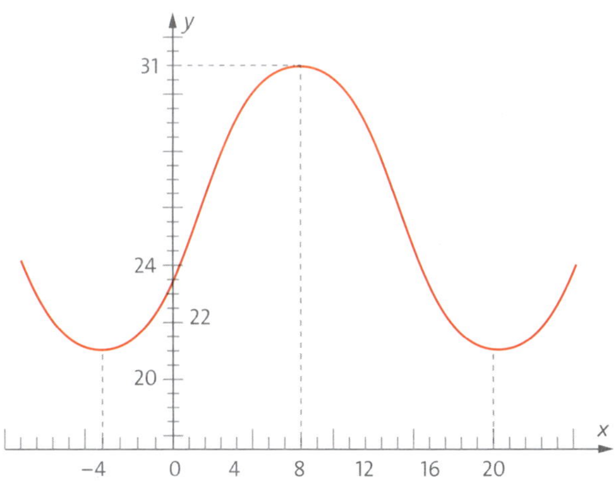

I) Verdadeira. Como 6 h representa $t = 0$, temos que:

$$T(0) = 26 + 5 \cdot \cos\left(\frac{\pi \cdot 0}{12} + \frac{4\pi}{3}\right) \Rightarrow$$

$$\Rightarrow T(0) = 26 + 5 \cdot \cos\left(\frac{4\pi}{3}\right) \Rightarrow T(0) = 26 + 5\left(-\frac{1}{2}\right) \Rightarrow$$

$$\Rightarrow T(0) = 23{,}5\ °C$$

II) Verdadeira. A função é periódica, pois seu gráfico se repete ao longo do tempo e tem um período de

$$\frac{2\pi}{\frac{\pi}{12}} = 24 \text{ horas.}$$

III) Falsa. O valor máximo corresponde à maior imagem, que pela fórmula $A(26) + B(5)$ equivale a 31 °C.

IV) Verdadeira. Valor máximo = 31 °C, logo:

$$31 = 26 + 5 \cdot \cos\left(\frac{\pi t}{12} + \frac{4\pi}{3}\right) \Rightarrow$$

$$\Rightarrow 5 = 5 \cdot \cos\left(\frac{\pi t}{12} + \frac{4\pi}{3}\right) \Rightarrow \cos\left(\frac{\pi t}{12} + \frac{4\pi}{3}\right) = 1 \Rightarrow$$

$$\Rightarrow \begin{cases} \frac{\pi t}{12} + \frac{4\pi}{3} = 0 \Rightarrow \frac{\pi t}{12} = -\frac{4\pi}{3} \Rightarrow \\ \quad \Rightarrow t = -16 \text{ horas (impossível)} \\ \frac{\pi t}{12} + \frac{4\pi}{3} = 2\pi \Rightarrow \frac{\pi t}{12} = \frac{2\pi}{3} \Rightarrow t = 8 \text{ horas} \end{cases}$$

Somando t com 6 horas chega-se a 14 horas.

V) Verdadeira. Como mostra o gráfico, de 0 a 8 horas a temperatura aumenta, indicando que a função é crescente nesse intervalo.

Resposta: **I**, **II**, **IV** e **V**.

Exercícios propostos

1. (Unifor-CE) O dispositivo de segurança de um cofre tem o formato da figura ao lado, onde as 12 letras, A, B, ..., L estão igualmente espaçadas (o ângulo central entre duas letras vizinhas é o mesmo) e a posição inicial da seta, quando o cofre se encontra fechado, é a indicada.

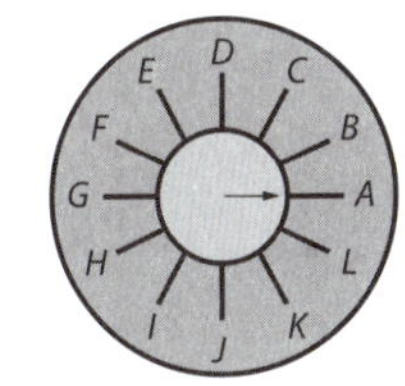

Para abrir o cofre, são necessárias três operações (o segredo), girando o disco menor (onde a seta está gravada), de acordo com as seguintes instruções, a partir da posição indicada1):

1) $\frac{2\pi}{3}$ no sentido anti-horário.

2) $\frac{3\pi}{2}$ no sentido horário.

3) $\frac{3\pi}{4}$ no sentido anti-horário.

Pode-se, então, afirmar corretamente que o cofre será aberto quando a seta estiver:

a) no ponto médio entre L e A.
b) na posição B.
c) na posição K.
d) em algum ponto entre J e K.
e) na posição H.

2. (UEL-PR) Uma bomba de água aspira e expira água a cada três segundos. O volume de água da bomba varia entre um mínimo de 2 litros e um máximo de 4 litros. Dentre as alternativas a seguir, assinale a expressão algébrica para o volume (y) de água na bomba, em função do tempo (t).

a) $y = 2 + 2 \cdot \text{sen}\left[\left(\frac{\pi}{3}\right) \cdot t\right]$

b) $y = 2 + 2 \cdot \text{sen}\left[\left(\frac{2\pi}{3}\right) \cdot t\right]$

c) $y = 3 + \text{sen}\left[\left(\frac{\pi}{3}\right) \cdot t\right]$

d) $y = 3 + \text{sen}\left[\left(\frac{2\pi}{3}\right) \cdot t\right]$

e) $y = -3 + 2 \cdot \text{sen}\left[\left(\frac{\pi}{3}\right) \cdot t\right]$

3. (PUCC-SP) A babá eletrônica, que cantava pontualmente às nove da noite, dava o sinal para que o filho de Ramiro fosse para a cama, mas ele nunca conseguia dormir antes das 21h 30min. Certo dia, ele subiu para o quarto às 21h e só dormiu às 21h 40min. Nesse instante, os ponteiros do relógio carrilhão da sala, que funcionava perfeitamente, formavam entre si um ângulo agudo de medida:

a) 50°.
b) 50°30′.
c) 52°.
d) 52°40′.
e) 55°.

4. (Vunesp-SP) Uma máquina produz diariamente x dezenas de certo tipo de peças. Sabe-se que o custo de produção $C(x)$ e o valor de venda $V(x)$ são dados, aproximadamente, em milhares de reais, respectivamente, pelas funções $C(x) = 2 - \cos\left(\frac{x\pi}{6}\right)$ e $V(x) = 3\sqrt{2} \cdot \text{sen}\left(\frac{x\pi}{12}\right)$, $0 \leqslant x \leqslant 6$. O lucro, em reais, obtido na produção de 3 dezenas de peças é:

a) 500.
b) 750.
c) 1000.
d) 2000.
e) 3000.

5. (UFG-GO) O horário do nascer e do pôr do sol depende de diversos fatores, especialmente da latitude do observador e do dia do ano (posição da Terra ao longo de sua órbita em torno do Sol). No início do verão do hemisfério sul, o tempo em horas, T, entre o nascer e o pôr do sol, para latitudes entre zero e 40 graus sul, pode ser calculado aproximadamente, com erro de alguns minutos, pela função $T = 12 + 3{,}31 \cdot \text{tg}\,(\theta)$, em que θ é a latitude do local.

Tendo em vista estas informações, no dia que marca o início do verão, qual é, aproximadamente, a diferença entre o total de horas de sol na cidade de Porto Alegre, cuja latitude é de 30 graus sul, e na cidade de Macapá, que está sobre a linha do equador?

a) 1 hora e 24 minutos
b) 1 hora e 40 minutos
c) 1 hora e 54 minutos
d) 3 horas e 20 minutos
e) 3 horas e 31 minutos

MÓDULO 12 • Equações trigonométricas

Relações fundamentais

Além de seno, cosseno e tangente, existem outras três funções trigonométricas, importantes mais pelo seu valor histórico do que por qualquer outro motivo. São elas: secante, cossecante e cotangente.

As relações entre os valores das funções trigonométricas de um mesmo arco são denominadas relações trigonométricas. Já conhecemos duas delas, consideradas fundamentais:

- $\text{sen}^2 x + \cos^2 x = 1$, para todo $x \in \mathbb{R}$
- $\text{tg}\, x = \dfrac{\text{sen}\, x}{\cos x}$, para todo $x \neq \dfrac{\pi}{2} + k\pi$

Existem outras relações fundamentais:

- $\text{cotg}\, x = \dfrac{1}{\text{tg}\, x} = \dfrac{\cos x}{\text{sen}\, x}$, para todo $x \neq k\pi$
- $\sec x = \dfrac{1}{\cos x}$, para todo $x \neq \dfrac{\pi}{2} + k\pi$
- $\text{cossec}\, x = \dfrac{1}{\text{sen}\, x}$, para todo $x \neq k\pi$

Relações decorrentes das fundamentais

A partir das relações fundamentais podemos chegar a outras relações também importantes:

- $\text{sen}^2 x + \cos^2 x = 1 \Rightarrow \dfrac{\text{sen}^2 x}{\cos^2 x} + \dfrac{\cos^2 x}{\cos^2 x} = \dfrac{1}{\cos^2 x} \Rightarrow$

  $\Rightarrow \text{tg}^2 x + 1 = \sec^2 x$ para $\cos x \neq 0$

  Assim, $\text{tg}^2 x + 1 = \sec^2 x$, para $x \neq \dfrac{\pi}{2} + k\pi, k \in \mathbb{Z}$.

- $\text{sen}^2 x + \cos^2 x = 1 \Rightarrow \dfrac{\text{sen}^2 x}{\text{sen}^2 x} + \dfrac{\cos^2 x}{\text{sen}^2 x} = \dfrac{1}{\text{sen}^2 x} \Rightarrow$

  $\Rightarrow 1 + \text{cotg}^2 x = \text{cossec}^2 x$ para $\text{sen}\, x \neq 0$

  Assim, $\text{cotg}^2 x + 1 = \text{cossec}^2 x$, para $x \neq \dfrac{\pi}{2} + k\pi, k \in \mathbb{Z}$.

Identidades trigonométricas

Toda igualdade envolvendo funções trigonométricas que se verifica para todos os valores do domínio dessas funções é uma **identidade trigonométrica**. Por exemplo, considerando o domínio das funções, a igualdade $\text{sen}\, x \cdot \sec x = \text{tg}\, x$ é uma igualdade trigonométrica, pois, independente do valor de x, ela se verifica.

Para $x \neq \dfrac{\pi}{2} + k\pi$, temos:

$$\text{sen}\, x \cdot \sec x = \text{sen}\, x \cdot \frac{1}{\cos x} = \frac{\text{sen}\, x}{\cos x} = \text{tg}\, x$$

Já a igualdade $\text{sen}\, x + \cos x = 1$, para $x \in \mathbb{R}$, não é uma identidade, pois ela não é verdadeira para todo $x \in \mathbb{R}$. Dizemos que $\text{sen}\, x + \cos x = 1$ é uma **equação trigonométrica**.

Para demonstrar que uma igualdade é uma identidade, há vários caminhos. Veja alguns exemplos nos exercícios resolvidos a seguir.

Exemplo:

Sendo $\cos x = \dfrac{1}{3}$, $\dfrac{3\pi}{2} < x < 2\pi$, para calcular o valor de cotg x e cossec x, podemos recorrer à relação fundamental:

$$\text{sen}^2 x + \cos^2 x = 1 \Rightarrow \text{sen}^2 x + \left(\frac{1}{3}\right)^2 = 1 \Rightarrow$$

$$\Rightarrow \text{sen}^2 x = 1 - \frac{1}{9} \Rightarrow \text{sen}\, x = \pm\sqrt{\frac{8}{9}} \Rightarrow \text{sen}\, x = \pm\frac{2\sqrt{2}}{3}$$

Como x pertence ao 4º quadrante, $\text{sen}\, x = -\dfrac{2\sqrt{2}}{3}$.

Então:

- $\text{cotg}\, x = \dfrac{\cos x}{\text{sen}\, x} \Rightarrow \text{cotg}\, x = \dfrac{\frac{1}{3}}{-\frac{\sqrt{2}}{3}} \Rightarrow$

  $\Rightarrow \text{cotg}\, x = -\dfrac{\sqrt{2}}{4}$

- $\text{cossec}\, x = \dfrac{1}{\text{sen}\, x} \Rightarrow \text{cossec}\, x = \dfrac{1}{-\frac{\sqrt{2}}{3}} \Rightarrow$

  $\Rightarrow \text{cossec}\, x = -\dfrac{3\sqrt{2}}{4}$

Adição e subtração de arcos

Vamos comparar $\cos(60° + 30°)$ com $\cos 60° + \cos 30°$:

- $\cos(60° + 30°) = \cos 90° = 0$
- $\cos 60° + \cos 30° = \dfrac{1}{2} + \dfrac{\sqrt{3}}{2} = \dfrac{\sqrt{3} + 1}{2}$

Logo, podemos observar que $\cos(60° + 30°) \neq \cos 60° + \cos 30°$. Do mesmo modo isso acontece com o seno e com a tangente.

Fórmulas de adição e subtração de arcos

Vamos mostrar abaixo as expressões que nos permitem determinar o valor para sen $(a \pm b)$, cos $(a \pm b)$ e tg $(a \pm b)$:

- $\cos(a + b) = \cos a \cdot \cos b - \text{sen } a \cdot \text{sen } b$
- $\cos(a - b) = \cos a \cdot \cos b + \text{sen } a \cdot \text{sen } b$
- $\text{sen}(a + b) = \text{sen } a \cdot \cos b + \text{sen } b \cdot \cos a$
- $\text{sen}(a - b) = \text{sen } a \cdot \cos b - \text{sen } b \cdot \cos a$
- $\text{tg}(a + b) = \dfrac{\text{tg } a + \text{tg } b}{1 - \text{tg } a \cdot \text{tg } b}$
- $\text{tg}(a - b) = \dfrac{\text{tg } a - \text{tg } b}{1 + \text{tg } a \cdot \text{tg } b}$

Observação: É possível demonstrar essas igualdades.

Exemplo:

- Para calcular a tg 15°, aplicamos a fórmula de tg $(a - b)$:

$$\text{tg } 15° = \text{tg } 45° - \text{tg } 30° = \frac{1 - \frac{\sqrt{3}}{3}}{1 + 1 \cdot \frac{\sqrt{3}}{3}} = \frac{3 - \sqrt{3}}{3 + \sqrt{3}}$$

- Calculando o valor de sen $(\pi - x)$, obtemos:
  $\text{sen}(\pi - x) = \text{sen } \pi \cdot \cos x - \text{sen } x \cdot \cos \pi =$
  $= 0 \cdot \cos x - \text{sen } x \cdot (-1) = \text{sen } x$
- O valor da expressão:
  $y = \text{sen } 13° \cdot \cos 17° + \cos 13° \cdot \text{sen } 17° +$
  $+ \cos 28° \cdot \cos 62° - \text{sen } 28° \cdot \text{sen } 62°$, vale $\frac{1}{2}$, pois, comparando a expressão acima com $\text{sen } a \cdot \cos b +$ $+ \text{sen } b \cdot \cos a + \cos a \cdot \cos b - \text{sen } a \cdot \text{sen } b$, podemos escrever a expressão dada da seguinte forma:
  $\text{sen}(a + b) + \cos(a + b) = \text{sen } 30° + \cos 90° =$
  $= \frac{1}{2} + 0 = \frac{1}{2}$

Arco duplo

Para obtermos as expressões de sen $(2x)$, cos $(2x)$ e tg $(2x)$ podemos utilizar as expressões de sen $(a + a)$ e cos $(a + a)$:

- $\text{sen}(2a) = \text{sen}(a + a) \Rightarrow$
  $\Rightarrow \text{sen}(2a) = \text{sen } a \cdot \cos a + \text{sen } a \cdot \cos a \Rightarrow$
  $\Rightarrow \text{sen}(2a) = 2 \text{ sen } a \cdot \cos a$
- $\cos(2a) = \cos(a + a) \Rightarrow$
  $\cos(a + a) = \cos a \cdot \cos a - \text{sen } a \cdot \text{sen } a \Rightarrow$
  $\Rightarrow \cos(a + a) = \cos^2 a - \text{sen}^2 a$

Lembrando que $\text{sen}^2 a + \cos^2 a = 1$, podemos escrever a expressão do cos $(2a)$ de outras duas maneiras: $\cos(2a) = 2\cos^2 a - 1$ ou $\cos(2a) = 1 - 2\text{ sen}^2 a$

Para a tangente temos $\text{tg}(2a) = \dfrac{\text{tg } a + \text{tg } a}{1 - \text{tg } a \cdot \text{tg } a}$.

Simplificando, obtemos $\text{tg}(2a) = \dfrac{2 \text{ tg } a}{1 - \text{tg}^2 a}$.

Exemplo:

Dado $\text{sen } x = \frac{1}{3}$, com $0 < x < \frac{\pi}{2}$, vamos determinar:

a) sen $(2x)$ b) cos $(2x)$ c) tg $(2x)$

Primeiro calculamos cos x, utilizando a relação fundamental:

$$\cos^2 x = 1 - \text{sen}^2 x \Rightarrow \cos^2 x = 1 - \left(\frac{1}{3}\right)^2 = \frac{8}{9}$$

Assim, $\cos x = \frac{2\sqrt{2}}{3}$, pois x é do 1º quadrante.

a) $\text{sen}(2x) = 2 \cdot \text{sen } x \cdot \cos x = 2 \cdot \left(\frac{1}{3}\right) \cdot \frac{2\sqrt{2}}{3} =$
$= \frac{4\sqrt{2}}{9}$

b) $\cos(2x) = \cos^2 x - \text{sen}^2 x = \frac{8}{9} - \frac{1}{9} = \frac{7}{9}$

c) $\text{tg}(2x) = \dfrac{2 \cdot \frac{1}{2\sqrt{2}}}{1 - \frac{1}{8}} = \dfrac{8}{7\sqrt{2}} = \dfrac{4\sqrt{2}}{7}$

Equações trigonométricas

No estudo de relações trigonométricas, tratamos da verificação de identidades trigonométricas, que são igualdades válidas independentemente dos valores atribuídos às variáveis, respeitando os domínios das funções envolvidas.

Há, porém, na Trigonometria, outras igualdades, as **equações trigonométricas**, que se verificam apenas para alguns valores das variáveis, chamadas de incógnitas.

São exemplos de equações trigonométricas:

$$\text{sen } x - \cos x = 1 \text{ e } 1 - \text{sen}(2x) = 2 \text{ sen } x$$

Conjunto universo

Antes de iniciar o processo de resolução de uma equação trigonométrica, devemos abordar os modos de apresentação do conjunto universo de uma equação.

O conjunto universo U de uma equação trigonométrica pode vir expresso quando da proposição da equação. É comum vermos, por exemplo, o enunciado "Resolva a equação $\text{sen } x = \text{sen } \frac{\pi}{3}$, $x \in [0, \pi]$", que significa que interessam apenas os valores de x que satisfazem a equação dada e estão entre 0 e π.

No entanto, mais frequentemente, o conjunto universo é omitido; nesse caso, considera-se $U = \mathbb{R}$.

Resolução das equações

De modo geral, ao resolver uma equação trigonométrica, procuramos reduzi-la a uma equação de uma das seguintes formas:

$$\text{sen}\, x = \text{sen}\, \alpha$$
$$\cos x = \cos \alpha$$
$$\text{tg}\, x = \text{tg}\, \alpha$$

sendo x a incógnita e α um arco de medida conhecida.

Exercícios resolvidos

1. (IFSP) Sabendo que $\cos \theta - \text{sen}\, \theta = \frac{\sqrt{6}}{3}$, então o valor de $\text{sen}\,(2\theta)$ é:

a) -1.

b) $-\frac{5}{9}$.

c) $\frac{1}{6}$.

d) $\frac{1}{3}$.

e) $\frac{5}{6}$.

Resolução

$\cos \theta - \text{sen}\, \theta = \frac{\sqrt{6}}{3} \Rightarrow (\cos \theta - \text{sen}\, \theta)^2 = \left(\frac{\sqrt{6}}{3}\right)^2 \Rightarrow$

$\Rightarrow \cos^2 \theta - 2 \cdot \text{sen}\, \theta \cdot \cos \theta + \text{sen}^2\, \theta = \frac{6}{9} \Rightarrow$

$\Rightarrow 1 - 2 \cdot \text{sen}\, \theta \cdot \cos \theta = \frac{2}{3} \Rightarrow \text{sen}\,(2\theta) = \frac{1}{3}$

Resposta: alternativa **d**.

2. (UPM-SP) Se $\text{sen}^4\, x = 1 + \cos^2 x$, então x pode pertencer ao intervalo:

a) $\left[\frac{\pi}{4}, \frac{3\pi}{4}\right]$.

b) $\left[0, \frac{\pi}{6}\right]$.

c) $\left[\pi, \frac{5\pi}{4}\right]$.

d) $\left[\frac{\pi}{6}, \frac{\pi}{3}\right]$.

e) $\left[\frac{5\pi}{3}, 2\pi\right]$.

Resolução

$\cos^2 x = 1 - \text{sen}^2\, x \Rightarrow \text{sen}^4\, x = 1 + 1 - \text{sen}^2\, x \Rightarrow$

$\Rightarrow \text{sen}^4\, x + \text{sen}^2\, x - 2 = 0 \Rightarrow$

$\Rightarrow \text{sen}^2\, x = 1$ ou $\text{sen}^2\, x = -2$ (impossível)

Assim, $\text{sen}\, x = \pm 1$, então $x = \frac{\pi}{2} + k\pi$, com $k \in \mathbb{Z}$.

Desse modo, x pode pertencer ao intervalo $\left[\frac{\pi}{4}, \frac{3\pi}{4}\right]$.

Resposta: alternativa **a**.

Exercícios propostos

1. (UFT-TO) Se $\text{sen}\, \theta = \frac{5}{13}$ e $\theta \in \left[\frac{3\pi}{4}, \pi\right]$, então o valor de $\text{tg}\,(2\theta)$ é:

a) $-\frac{12}{13}$.

b) $-\frac{120}{119}$.

c) $\frac{120}{119}$.

d) 1.

e) $\frac{\sqrt{3}}{3}$.

2. (FGV-SP) Em certa cidade litorânea, verificou-se que a altura da água do mar em um certo ponto era dada por $f(x) = 4 + 3\cos\frac{\pi x}{6}$ em que x representa o número de horas decorridas a partir de zero hora de determinado dia, e a altura $f(x)$ é medida em metros. Em que instantes, entre 0 e 12 horas, a maré atingiu a altura de 2,5 m naquele dia?

a) 5 e 9 horas

b) 7 e 12 horas

c) 4 e 8 horas

d) 3 e 7 horas

e) 6 e 10 horas

MÓDULO 12

FRENTE B

3. (UFG-GO) Observe a figura a seguir, em que estão indicadas as medidas dos lados do triângulo maior e alguns dos ângulos.

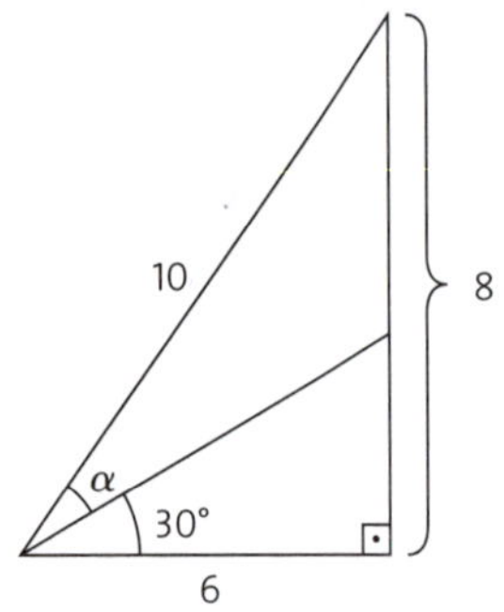

O seno do ângulo indicado por α na figura vale:

a) $\frac{4\sqrt{3} - 3}{10}$.

b) $\frac{4 - \sqrt{3}}{10}$.

c) $\frac{4 - 3\sqrt{3}}{10}$.

d) $\frac{4 + 3\sqrt{3}}{10}$.

e) $\frac{4\sqrt{3} + 3}{10}$.

4. (Ufac) O número de soluções da equação sen (2x) = cos (2x), no intervalo $[0, 2\pi]$, é:

a) 4. b) 2. c) 3. d) 1. e) 5.

5. (UPE) Considerando a medida de ângulos em radianos, se $\theta = \frac{3\pi}{4}$ é correto afirmar, dado que $y = \frac{\text{sen}\ (\theta - x)}{\text{sen}\ (\theta + x)}$, que:

a) $y = \text{tg}\ (\theta + x)$.

b) $y = \text{cotg}\ (\theta - x)$.

c) $y = \text{cotg}\left(\frac{\theta}{3} + x\right)$.

d) $y = \text{tg}\left(\frac{\theta}{3} + x\right)$.

e) $y = \text{tg}\left(\frac{\theta}{3} - x\right)$.

MÓDULO 13 • Princípio fundamental da contagem e arranjo simples

Introdução

Usando as 26 letras e os 10 algarismos conhecidos, quantas placas de automóvel diferentes podem ser feitas para que em cada uma existam três letras (não repetidas) seguidas de quatro algarismos (repetidos ou não)?

Problemas como esse envolvem o cálculo do número de agrupamentos que podem ser feitos com os elementos de um ou mais conjuntos, submetidos a certas condições.

Esses problemas são resolvidos por meio da **análise combinatória**.

Princípio Fundamental da Contagem (PFC)

Considere a seguinte situação: "Uma pessoa quer viajar de São José dos Campos a Taubaté passando por Caçapava". Sabendo que há 4 roteiros diferentes para chegar a Caçapava e 3 roteiros diferentes de Caçapava a Taubaté, de quantas maneiras possíveis essa pessoa poderá viajar de São José dos Campos a Taubaté?

Para facilitar a compreensão, observe o diagrama abaixo:

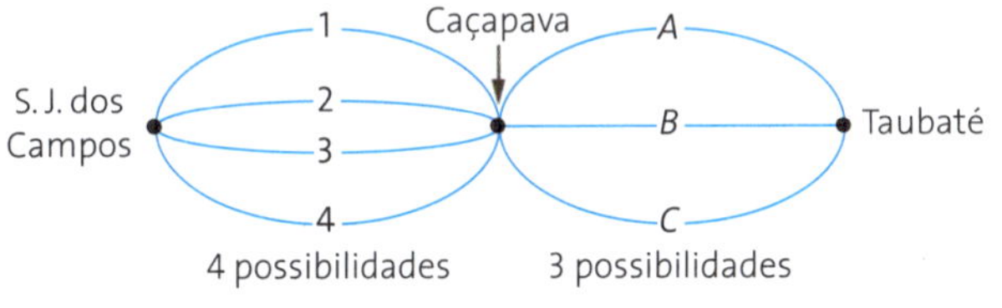

Temos: $4 \cdot 3 = 12$ maneiras diferentes ($1A, 1B, 1C, 2A, 2B, 2C, 3A, 3B, 3C, 4A, 4B, 4C$).

Exemplos:

a) Um indivíduo vai a um restaurante no qual pode escolher um entre dois tipos de arroz; um entre três tipos de feijão; um entre dois tipos de carne; e um entre quatro tipos de salada. De quantas maneiras diferentes essa pessoa pode preparar seu almoço?
Observe que existem 2 possibilidades de escolha para o arroz, 3 para o feijão, 2 para a carne e 4 para a salada. Assim, basta multiplicar: $2 \cdot 3 \cdot 2 \cdot 4 = 48$ maneiras diferentes.

b) Com os algarismos de 1 a 5, quantos números de três algarismos distintos podemos formar?

centena	dezena	unidade

Temos 5 possibilidades para a casa das centenas e, como os algarismos devem ser distintos, sobram 4 possibilidades para as dezenas e 3 para as unidades. Dessa forma, vamos ter $5 \cdot 4 \cdot 3 = 60$ números diferentes.

Podemos generalizar da seguinte maneira: se um evento é composto de duas etapas sucessivas e independentes de tal maneira que o número de possibilidades na 1ª etapa é m e para cada possibilidade da 1ª etapa o número de possibilidades na 2ª etapa é n, então o número total de possibilidades de o evento ocorrer é dado pelo produto $m \times n$.

Fatorial de um número natural

Seja $n \in \mathbb{N}$, define-se fatorial de n da seguinte forma: $n! = n \cdot (n-1) \cdot (n-2) \ldots 3 \cdot 2 \cdot 1!$, para $n \geqslant 1$ e considera-se: $1! = 1$.

Exemplos:

a) Calcule 5! e 10!.

$5! = 5 \cdot 4 \cdot 3 \cdot 2 \cdot 1! = 120$

$10! = 10 \cdot 9 \cdot 8 \cdot 7 \cdot 6! = 10 \cdot 9 \cdot 8!$

b) Calcule o valor da expressão $\frac{100! + 101!}{99!}$.

$$\frac{100! + 101!}{99!} = \frac{100 \cdot 99! + 101 \cdot 100 \cdot 99!}{99!} =$$

$$= 100 + 101 \cdot 100 = 100 + 10\,100 = 10\,200$$

c) Resolva a equação $\frac{(x + 1)!}{(x - 1)!} = 56$.

$$\frac{(x + 1)!}{(x - 1)!} = 56 \Rightarrow \frac{(x + 1) \cdot x \cdot (x - 1)!}{(x - 1)!} = 56 \Rightarrow$$

$$\Rightarrow (x + 1) \cdot x = 56 \Rightarrow x^2 + x = 56 \Rightarrow$$

$$\Rightarrow x^2 + x - 56 = 0 \Rightarrow x = \frac{-1 \pm \sqrt{225}}{2} \Rightarrow$$

$$\Rightarrow x = \frac{-1 \pm 15}{2} \Rightarrow \begin{cases} x = 7 \\ x = -8 \end{cases}$$

Não existe fatorial de número negativo, assim, a resposta é $x = 7$.

Permutação simples

Permutar é sinônimo de trocar (um objeto por outro, uma letra por outra, um algarismo por outro, etc.). Nos problemas de contagem, a permutação está associada à noção de embaralhar, formando agrupamentos distintos uns dos outros, que se diferenciam apenas pela ordem de seus elementos.

Para calcular o número de permutações simples de n elementos, efetuamos $n!$ (n-fatorial), pois só nos interessa calcular de quantas maneiras podemos dispor os n elementos. Notação: $P_n = 1!$

Se, quando calculamos o número de arranjos escolhemos n elementos dentre m elementos dados e os consideramos em todas as ordens possíveis, ao calcularmos o número de permutações simples apenas, consideramos as ordens possíveis dos m elementos dados. Ou seja, podemos considerar as permutações simples como caso particular de arranjos simples.

Exemplos:

1) Um caso típico de exercício de permutação é o cálculo da quantidade de anagramas de uma palavra. Anagramas são as diferentes disposições das letras de uma palavra, formando outras "palavras", mesmo que impronunciáveis.
   Por exemplo, os anagramas da palavra AMOR são: ROMA, RMOA, ARMO, AOMR, etc. Só que aqui nos interessa calcular quantos são os anagramas, e não determinar quais são eles. Então, calculando os anagramas da palavra AMOR, teremos $P_4 = 4! = 24$.
2) Dispor 5 pessoas nos 5 lugares de um automóvel, sabendo que qualquer uma delas pode dirigir, é um caso de permutação. A quantidade de maneiras de se fazer isso é 5!, ou seja, 120 maneiras.

Arranjo simples

É uma técnica que permite calcular o número de agrupamentos com k elementos distintos, que podem ser formados com os n elementos de um conjunto dado, os quais diferem entre si ou pela natureza ou pela ordem de seus elementos.

O cálculo do número de arranjos simples dos n elementos tomados k a k é dado por:

$$A_{n,k} = \frac{n!}{(n-k)!}$$

Observação: Você pode usar tanto o conceito de arranjo como o princípio fundamental da contagem para resolver problemas como verá nos exercícios resolvidos a seguir. Mais importante do que decorar uma fórmula e aplicá-la é compreender o que está sendo feito.

Exemplos:

1) Com os algarismos de 1 a 5, quantos números de três algarismos distintos podemos formar?

   Resolução pelo PFC

centena	dezena	unidade

   Temos 5 possibilidades para a casa das centenas e, como os algarismos devem ser distintos, sobram 4 possibilidades para as dezenas e 3 para as unidades. Dessa forma, vamos ter $5 \cdot 4 \cdot 3 = 60$ números diferentes.

   Resolução pela fórmula de arranjo

   Observe que se você mudar a posição de um número da casa das centenas por um da casa das dezenas, você obterá um novo número e se trocar um número dentre os três por um não utilizado ainda, também obterá um novo número, então tanto a ordem como a natureza mudam a resposta obtida, assim, trata-se de um arranjo:

   $$A_{5,3} = \frac{5!}{(5-3)!} = \frac{5 \cdot 4 \cdot 3 \cdot 2!}{2!} = 5 \cdot 4 \cdot 3 = 60$$

2) De quantas maneiras 5 meninos podem se sentar num banco que tem apenas 4 lugares?

   Resolução pela fórmula de arranjo

   Estamos interessados nos agrupamentos ordenados de 4 elementos, retirados de 5 elementos, ou seja:

   $$A_{5,4} = \frac{5!}{(5-4)!} = \frac{5 \cdot 4 \cdot 3 \cdot 2 \cdot 1!}{1!} = 5 \cdot 4 \cdot 3 \cdot 2 \cdot 1 =$$

   $= 120$ maneiras possíveis

   Resolução pelo PFC

   5 meninos são possíveis para o 1º lugar do banco, 4 para o 2º, 3 para o 3º e 2 para o último lugar. Então, $5 \cdot 4 \cdot 3 \cdot 2 \cdot 1 = 120$ possibilidades.

Exercícios resolvidos

1. (UEL-PR) Os clientes de um banco, ao utilizarem seus cartões nos caixas eletrônicos, digitavam uma senha numérica composta de cinco algarismos. Com o intuito de melhorar a segurança da utilização desses cartões, o banco solicitou a seus clientes que cadastrassem senhas numéricas com seis algarismos.
Se a segurança for definida pela quantidade de possíveis senhas, em quanto aumentou percentualmente a segurança na utilização dos cartões?

a) 10%
b) 90%
c) 100%
d) 900%
e) 1900%

Resolução

Recalculando o número de senhas possíveis com cinco algarismos, temos:
$10 \cdot 10 \cdot 10 \cdot 10 \cdot 10 = 100\,000$
Com seis algarismos, passamos a ter 1 milhão de possibilidades:
$10 \cdot 10 \cdot 10 \cdot 10 \cdot 10 \cdot 10 = 1\,000\,000$
Assim, o aumento da quantidade de possíveis senhas foi de 900 mil, que corresponde a 9 vezes a quantidade original, ou seja, aumentou em 900%.
Resposta: alternativa **d**.

2. (Uece) De quantas maneiras diferentes é possível escolher o primeiro, o segundo e o terceiro colocados, em uma competição artística da qual participam 15 pessoas, todos com a mesma chance de ganhar?

a) 45 b) 225 c) 455 d) 2730

Resolução

Atribuindo qualidades específicas, como a colocação em uma competição, em que a ordem é relevante, temos um caso de arranjos. Então:

$$A_{n,k} = \frac{n!}{(n-k)!} \Rightarrow A_{15,3} = \frac{15!}{(15-3)!} \Rightarrow$$

$$\Rightarrow A_{7,3} = \frac{15 \cdot 14 \cdot 13 \cdot 12!}{12!} = 2\,730 \text{ maneiras diferentes}$$

O mesmo resultado pode ser obtido pelo Princípio Fundamental da Contagem:
$15 \cdot 14 \cdot 13 = 2\,730$ maneiras diferentes
Resposta: alternativa **d**.

Exercícios propostos

1. (Uece) Na cidade de Ocalândia, foram abertas cinco ruas, as quais estão sem nome. A denominação para estas ruas deve ser escolhida dentre os nomes de oito personalidades ilustres, todas com igual mérito. De quantas maneiras esta escolha pode ser feita?
a) 40 b) 56 c) 5040 d) 6720

2. (Uepa) Um profissional de *design* de interiores precisa planejar as cores que serão utilizadas em quatro paredes de uma casa, para isso possui seis cores diferentes de tinta. O número de maneiras diferentes como esse profissional poderá utilizar as seis cores nas paredes, sabendo-se que somente utilizará uma cor em cada parede, é:
a) 24.
b) 30.
c) 120.
d) 360.
e) 400.

3. (Unicamp-SP) Para acomodar a crescente quantidade de veículos, estuda-se mudar as placas, atualmente com três letras e quatro algarismos numéricos, para quatro letras e três algarismos numéricos, como está ilustrado abaixo.

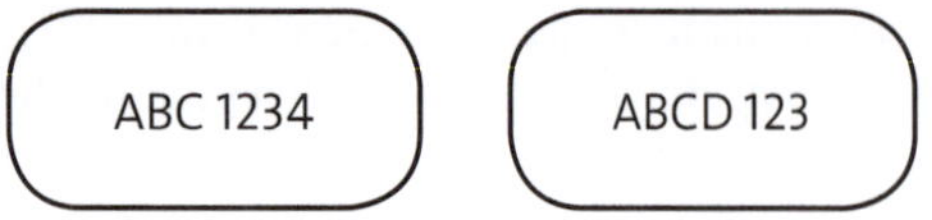

Considere o alfabeto com 26 letras e os algarismos de 0 a 9. O aumento obtido com essa modificação em relação ao número máximo de placas em vigor seria:

a) inferior ao dobro.

b) superior ao dobro e inferior ao triplo.

c) superior ao triplo e inferior ao quádruplo.

d) mais que o quádruplo.

4. (FCSB-SP) Para que um paciente possa ser operado, são necessários 5 procedimentos pré-operatórios (*A*, *B*, *C*, *D* e *E*), realizados pelos enfermeiros. O procedimento *A*, obrigatoriamente, deverá ser o primeiro deles, seguido imediatamente pelo procedimento *B* ou *C*, não ocorrendo nenhuma restrição para os demais três procedimentos. O número de maneiras diferentes de um enfermeiro ordenar esses procedimentos é:

a) 10.

b) 14.

c) 8.

d) 12.

e) 16.

5. (UFG-GO) Num episódio de uma série policial de televisão, um agente secreto encontra-se diante do desafio de descobrir a senha de quatro dígitos digitada no teclado numérico, instalado na porta de entrada de um laboratório. Para isso, o agente utiliza o seguinte artifício: borrifa um *spray* sobre o teclado, fazendo com que os algarismos recém-digitados para abrir a porta fiquem destacados, como mostra a figura.

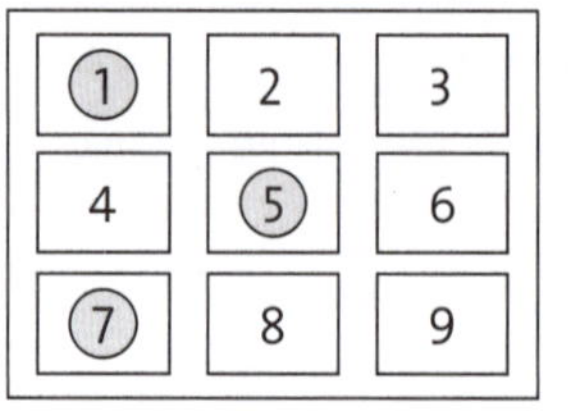

Para sua surpresa, apenas três dígitos são ressaltados pelo *spray*, indicando que um dos dígitos aparece duas vezes na senha.

Com base nestas informações, a quantidade de sequências de quatro dígitos que podem ser encontradas utilizando o artifício do agente secreto é a seguinte:

a) 4.

b) 13.

c) 16.

d) 24.

e) 36.

Permutação com repetição

Considere o número de anagramas da palavra AROMA. Nota-se que a troca de posição das duas letras **A** não alterará o anagrama. Então, para calcularmos o número de anagramas desta palavra, deveremos levar esse fato em consideração. Se fizermos 5!, estaremos contando 2 vezes cada anagrama, pois esse cálculo conta com as trocas entre os **A**s. Então, para desfazermos essas trocas, basta dividirmos por 2!. Assim, teremos $\frac{5!}{2!} = 60$ anagramas.

Outro exemplo: para calcularmos o número de anagramas da palavra ARARA, fazemos $\frac{5!}{2!\ 3!}$, já que essa palavra possui 3 **A**s e 2 **R**s. Deste jeito estaremos calculando as 5! permutações entre todas as letras e depois eliminando as 2! trocas entre os dois **R**s e as 3! trocas entre os **A**s.

Notação: $P_n^{a,\,b,\,c} = \frac{n!}{a!\ b!\ c!}$, em que a, b e c representam as repetições.

Combinações simples

O conceito de combinação pode ser associado a subconjuntos de um conjunto.

Considere o conjunto das vogais $V = \{a, e, i, o, u\}$.

Vamos calcular quantos são os subconjuntos de V que possuem 3 elementos.

Observe que a representação de um conjunto independe da ordem em que seus elementos aparecem, ou seja, os conjuntos {a, e, i}, {e, a, i}, {i, e, a} representam o mesmo conjunto. Então, aqui não interessa a disposição dos elementos, e essa é a característica das combinações.

Note também que cada combinação dessas origina 6 arranjos, permutando-se de todas as maneiras possíveis seus 3 elementos. Veja um exemplo: {a, e, i}, {a, i, e}, {e, a, i}, {e, i, a}, {i, a, e} e {i, e, a}. Assim, temos que o número de arranjos de 5 elementos tomados 3 a 3 é seis vezes o número de combinações de 5 elementos tomados 3 a 3, ou seja:

$$A_{5,3} = 6 \cdot C_{5,3}$$

Na expressão acima, o fator 6 corresponde à permutação dos 3 elementos de {a, e, i}, assim podemos substituir este valor (6) por P_3. Logo:

$$A_{5,3} = 6 \cdot C_{5,3} \Rightarrow C_{5,3} = \frac{A_{5,3}}{P_3}$$

Voltando ao problema, teremos:

$$C_{5,3} = \frac{\frac{5!}{(5-3)!}}{3!} = \frac{5!}{3!(5-3)!} = 10$$

Definição

Seja A um conjunto com n elementos e k um número natural tal que $k \leqslant n$. Os agrupamentos que podemos formar com os n elementos de A, tomados k a k, que diferem entre si apenas pela natureza de seus elementos, são chamados de **combinações simples**.

Generalizando, teremos para a combinação de n elementos, tomados k a k, a expressão:

$$C_{n,k} = \frac{n!}{k!(n-k)!}$$

As combinações $C_{n,k}$ e $C_{n,n-k}$ são chamadas de **complementares** e têm o mesmo valor, ou seja, são iguais. Observa-se que cada grupo de k elementos corresponde a um grupo de $n - k$ elementos.

Se $n \geqslant k$ e $n \geqslant p$, com n, k e $p \in \mathbb{N}$, temos:

$$C_{n,k} = C_{n,n-k} \Leftrightarrow k = p \text{ ou } (k + p) = n$$

De fato:

- $C_{3,2} = C_{3,1}$, pois $C_{3,2} = 3$ e $C_{3,1} = 3$, ou seja, dados 3 elementos, a cada agrupamento de 2 deles corresponde 1 elemento (que sobra).
- $C_{5,3} = C_{5,2}$, pois $C_{5,3} = \frac{A_{5,3}}{3!} = \frac{5 \cdot 4 \cdot 3}{3 \cdot 2 \cdot 1} = 10$
- $C_{5,2} = \frac{A_{5,2}}{2!} = \frac{5 \cdot 4}{3 \cdot 2} = 10$

Exemplos:

1) Uma clínica médica possui em seu quadro de funcionários 10 enfermeiros. Em todo fim de semana três deles precisam cobrir um plantão. O número de maneiras diferentes de escolhermos esses três funcionários é um caso de combinação, pois: Escolher os enfermeiros A, B e C não difere de escolher B, A e C, continuamos com o mesmo grupo. Mas se escolhermos A, B e D, então teremos um grupo diferente; assim, o caso é de combinação de 10 elementos agrupados 3 a 3:

$$C_{10,3} = \frac{10!}{3!(10-3)!} = \frac{10 \cdot 9 \cdot 8 \cdot 7!}{3 \cdot 2 \cdot 1 \cdot 7!} = \frac{10 \cdot 9 \cdot 8}{3 \cdot 2} =$$

$= 120$ possibilidades

2) O conselho técnico de uma indústria mecânica é formado por 2 engenheiros e 3 funcionários da linha de produção. Para a próxima eleição desse conselho, candidataram-se 5 engenheiros e 10 funcionários. De quantas maneiras diferentes esse conselho pode ser eleito?
Faremos combinação de 5 engenheiros, tomados dois a dois, e combinação de 10 funcionários, tomados 3 a 3, e multiplicaremos os resultados:

- escolha dos engenheiros:

$$C_{5,2} = \frac{5!}{2!(5-2)!} = \frac{5 \cdot 4 \cdot 3!}{2 \cdot 1 \cdot 3!} = \frac{5 \cdot 4}{2} = 10$$

- escolha dos funcionários:

$$C_{10,3} = \frac{10!}{3!(10-3)!} = \frac{10 \cdot 9 \cdot 8 \cdot 7!}{3 \cdot 2 \cdot 1 \cdot 7!} = 120$$

Logo:

$C_{5,2} \cdot C_{10,3} = 10 \cdot 120 = 1200$

Portanto, o conselho pode ser eleito de 1200 maneiras diferentes.

Exercícios resolvidos

1. (UCS-RS) Um professor apresenta 10 questões, das quais os seus alunos poderão escolher 8 para serem respondidas. De quantas maneiras diferentes um aluno pode escolher as 8 questões?

a) 90
b) 80
c) 45
d) 40
e) 8

Resolução

Este é um caso de combinação, pois faz diferença a ordem em que as questões são escolhidas. Logo:

$$C_{n,k} = \frac{n!}{k!(n-k)!} \Rightarrow C_{10,8} = \frac{10!}{8!(10-8)!} = \frac{10!}{8!\,2!} =$$

$$= \frac{10 \cdot 9 \cdot 8!}{8!\,2 \cdot 1} = 45$$

Existem 45 maneiras diferentes de escolher as oito questões.

Resposta: alternativa **c**.

2. (Vunesp-SP) A figura mostra a planta de um bairro de uma cidade. Uma pessoa quer caminhar do ponto *A* ao ponto *B* por um dos percursos mais curtos. Assim, ela caminhará sempre nos sentidos "de baixo para cima" ou "da esquerda para a direita".

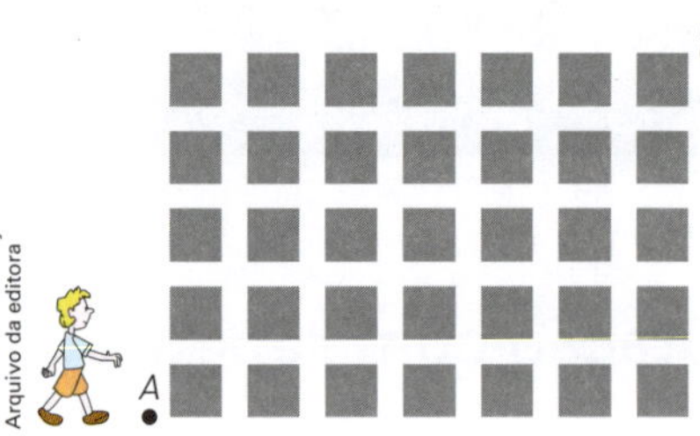

Formato comunicação/ Arquivo da editora

O número de percursos diferentes que essa pessoa poderá fazer de *A* até *B* é:

a) 95 040.
b) 40 635.
c) 924.
d) 792.
e) 35.

Resolução

Observa-se que, para chegar em *B*, partindo de *A*, a pessoa fará 7 "quarteirões" para a direita e 5 para cima. Portanto, o que diferenciará um "percurso" do outro será a ordem em que esses 12 "quarteirões" serão percorridos.
Então, devemos permutar esses símbolos: *D*, *D*, *D*, *D*, *D*, *D*, *D*, *C*, *C*, *C*, *C*, *C*, excluindo repetições.

$P_{12}^{7,5} = \frac{12!}{7!\,5!} = \frac{12 \cdot 11 \cdot 10 \cdot 9 \cdot 8 \cdot 7!}{7!\,5 \cdot 4 \cdot 3 \cdot 2 \cdot 1} = 792$ percursos diferentes

Resposta: alternativa **d**.

Exercícios propostos

1. (PUC-SP) Tomam-se 10 pontos sobre uma circunferência. Quantos triângulos podemos construir com vértices nesses pontos?

a) 12
b) 120
c) 360
d) 720
e) $\frac{10!}{3}$

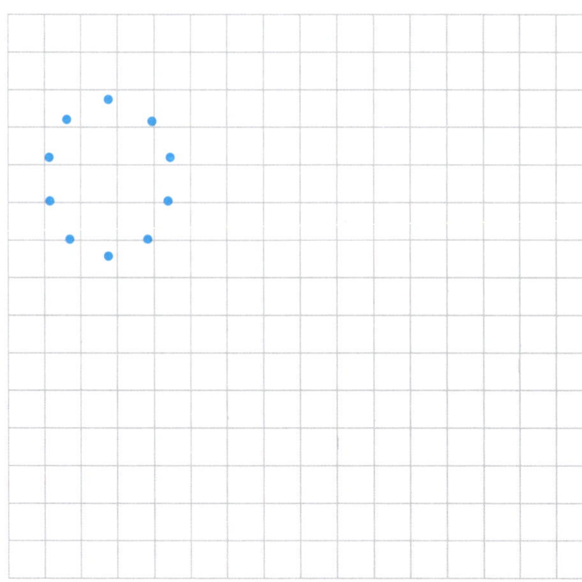

2. (PUC-RS) Uma companhia de teatro lírico é formada por cinco sopranos e seis tenores. Para uma das cenas de uma ópera, o diretor precisa de cinco cantores, sendo três sopranos e dois tenores. Então, o número de possibilidades para a escolha dos participantes desta cena é:

a) 150.
b) 462.
c) 1800.
d) 7200.
e) 55440.

3. (UEPG-PR) Um campeonato de futebol foi dividido em duas fases. Na primeira fase os times participantes foram divididos em 6 grupos de *n* times. Considerando que, nessa fase, todos os times de um grupo se enfrentam uma única vez e que o número total de jogos realizados nessa fase é 36, assinale o que for correto. Dê como resposta a soma das alternativas corretas.

01) *n* é divisor de 18.
02) *n* é um número maior que 3.
04) *n* é um número primo.
08) *n* é um número par.

4. (Ufop-MG) Sejam dadas 10 caixas numeradas de 1 a 10, e 10 bolas, sendo 3 verdes, 4 vermelhas e 3 azuis. Colocando uma bola em cada caixa, de quantas maneiras é possível guardar as bolas na caixa?

5. (UFU-MG) Um projeto-piloto desenvolvido em um curso de Engenharia Mecânica prevê a construção do robô "Eddie", cujos movimentos estão limitados apenas a andar para a frente (*F*) e para a direita (*D*). Suponha que Eddie está na posição *A* e deseja-se que ele se desloque até chegar à posição *B*, valendo-se dos movimentos que lhe são permitidos. Admita que cada movimento feito por Eddie o leve a uma posição consecutiva, conforme ilustra um esquema a seguir, em que foram realizados 10 movimentos (as posições possíveis estão marcadas por pontos e o percurso executado de *A* até *B* é representado pela sequência ordenada de movimentos *D F D D F F D F F D*).

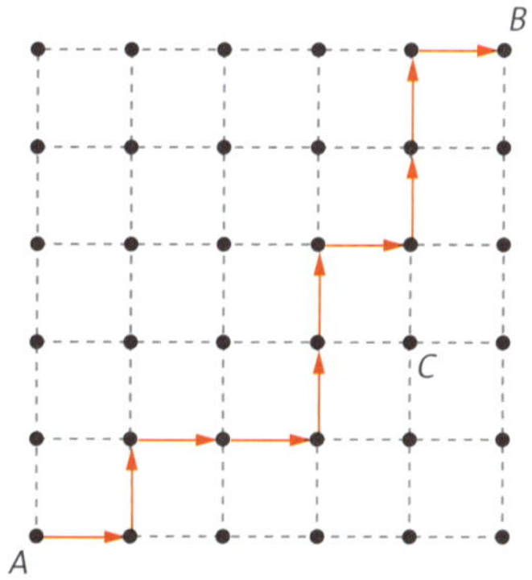

Com base nas informações acima, o número de maneiras possíveis de Eddie se deslocar de *A* até *B*, sem passar pelo ponto *C*, é igual a:

a) 192.
b) 60.
c) 15.
d) 252.

MÓDULO 15 • Probabilidade

Espaço amostral e evento

Chama-se experimento aleatório aquele cujo resultado é imprevisível, porém pertence necessariamente a um conjunto de resultados possíveis denominado **espaço amostral**. Qualquer subconjunto do espaço amostral é denominado **evento**. Se esse subconjunto possuir apenas um elemento, o denominamos **evento elementar**.

Por exemplo, no lançamento de um dado, o espaço amostral é: $\Omega = \{1, 2, 3, 4, 5, 6\}$.

Exemplos de eventos desse espaço amostral Ω:

A: sair número maior do que 4: $A = \{5, 6\}$

B: sair um número primo e par: $B = \{2\}$

C: sair um número ímpar: $C = \{1, 3, 5\}$

Trataremos aqui dos espaços amostrais equiprováveis, ou seja, aqueles para os quais os eventos elementares possuem a mesma chance de ocorrerem. Por exemplo, no lançamento de um dado, supõe-se que, sendo o dado perfeito, as chances de sair qualquer número de 1 a 6 sejam iguais. Temos, então, um espaço equiprovável.

Exemplos:

a) No lançamento de uma moeda por três vezes consecutivas, e denominando cara por C e coroa por $\overline{C}$, o espaço amostral Ω e o evento A: sair exatamente 2 vezes cara, são:

$\Omega = \{(C, C, C), (C, C, \overline{C}), (C, \overline{C}, C), (\overline{C}, C, C), (C, \overline{C}, \overline{C}), (\overline{C}, C, \overline{C}), (\overline{C}, \overline{C}, C), (\overline{C}, \overline{C}, \overline{C})\}$

Evento $A = \{(C, C, \overline{C}), (C, \overline{C}, C), (\overline{C}, C, C)\}$

b) No lançamento de dois dados honestos, um preto e um vermelho, o espaço amostral e o evento B: sair soma 8, são:

$$\begin{aligned}\Omega = \{&(1, 6); (2, 6); (3, 6); (4, 6); (5, 6); (6, 6);\\ &(1, 5); (2, 5); (3, 5); (4, 5); (5, 5); (6, 5);\\ &(1, 4); (2, 4); (3, 4); (4, 4); (5, 4); (6, 4);\\ &(1, 3); (2, 3); (3, 3); (4, 3); (5, 3); (6, 3);\\ &(1, 2); (2, 2); (3, 2); (4, 2); (5, 2); (6, 2);\\ &(1, 1); (2, 1); (3, 1); (4, 1); (5, 1); (6, 1)\}\end{aligned}$$

O evento B será dado por:

$B = \{(2, 6), (3, 5), (4, 4), (5, 3), (6, 2)\}$

Eventos certo, impossível e mutuamente exclusivos

Tomemos como exemplo o lançamento de um dado de seis faces numeradas de 1 a 6.

Evento certo é aquele que coincide com o espaço amostral.

Exemplo: ocorrência de um número menor que 7.

Evento impossível é aquele que não corresponde a nenhuma ocorrência possível, sendo, portanto, um conjunto vazio.

Exemplo: ocorrência de um número maior que 6.

Eventos mutuamente exclusivos são eventos de um mesmo espaço amostral que não possuem ocorrência comum, ou seja, possuem intersecção vazia.

Exemplo:

Sejam os eventos:

A: ocorrência de um número par.

B: ocorrência de um número ímpar.

Observação: Neste exemplo, os eventos A e B são chamados complementares, pois sua união resulta exatamente o espaço amostral.

Indicamos por $\overline{C} = \complement_{\Omega}^{C}$ (lê-se: complementar de C em relação a Ω).

Cálculo de probabilidades

Embora os experimentos aleatórios sejam de tal forma que não somos capazes de predizer qual resultado vai ocorrer, a partir dos possíveis resultados (ou ocorrências) podemos dizer qual a chance de certo evento ocorrer. A chance é uma estimativa que pode ser expressa em forma de número racional ou em porcentagem. A esse valor damos o nome de **probabilidade**.

Voltando ao experimento que estamos tomando como exemplo (o lançamento de um dado de seis faces numeradas de 1 a 6), como conhecemos todos os resultados possíveis, podemos afirmar que a chance ou probabilidade de ocorrer um número quadrado perfeito é $\frac{1}{3}$, pois há dois resultados que satisfazem a essa exigência, 1 e 4, em seis resultados possíveis.

De modo geral:

Seja Ω um espaço amostral finito e equiprovável e A um determinado evento, ou seja, um subconjunto de Ω.

A probabilidade $P(A)$ de ocorrer o evento A é dada pela razão $n = \frac{n(A)}{n(B)}$, sendo $n(A)$ o número de elementos de A, e $n(\Omega)$ o número de elementos do espaço amostral Ω.

Propriedades

1ª) A probabilidade do evento impossível é igual a zero, pois o evento impossível é um conjunto vazio:

$$P(\varnothing) = \frac{n(\varnothing)}{n(\Omega)} = \frac{0}{n(\Omega)} = 0$$

2ª) A probabilidade do evento certo é igual a 1, pois, sendo C esse evento, teremos:

$$n(C) = n(\Omega) \Rightarrow P(C) = \frac{n(\Omega)}{n(\Omega)} = 1$$

3ª) A probabilidade de um evento qualquer é um número racional pertencente ao intervalo real $[0, 1]$. Como $\varnothing \leqslant A \leqslant \Omega$, temos $n(\varnothing) \leqslant n(A) \leqslant n(\Omega)$. Logo, $0 \leqslant P(A) \leqslant 1$.

4ª) A soma das probabilidades de um evento e de seu complementar é igual a 1.

Sejam A e $\overline{A}$ eventos complementares. Sabemos que $A \cup \overline{A} = \Omega$, logo, $n(A \cup \overline{A}) = n(\Omega)$. E, como são complementares:

$$n(A \cup \overline{A}) = n(A) + n(\overline{A})$$

Assim, $n(A) + n(\overline{A}) = n(\Omega)$.

Logo, dividindo ambos os termos da igualdade por $n(\Omega)$, teremos:

$$\frac{n(A)}{n(\Omega)} + \frac{n(\overline{A})}{n(\Omega)} = \frac{n(\Omega)}{n(\Omega)} \Rightarrow P(A) + P(\overline{A}) = 1$$

Observação: Muitas vezes será conveniente recorrermos a esta propriedade, calculando a probabilidade de um evento complementar àquele que se desejar determinar.

5ª) Probabilidade da união de dois eventos

Sejam A e B dois eventos. Sendo eles conjuntos, temos dois casos a considerar:

- 1º caso: $A \cap B = \varnothing$

  $A \cap B = \varnothing \Rightarrow n(A \cup B) = n(A) + n(B) \Rightarrow$
  $\Rightarrow P(A \cup B) = P(A) + P(B)$

- 2º caso: $A \cap B \neq \varnothing$

  $A \cap B \neq \varnothing \Rightarrow n(A \cup B) = n(A) + n(B) - n(A \cap B) \Rightarrow$
  $\Rightarrow P(A \cup B) = P(A) + P(B) - P(A \cap B)$

Observe que, se os conjuntos A e B possuem elementos comuns, ao somarmos o número de elementos de A com o número de elementos de B, estaremos contando duas vezes os elementos comuns a A e B, por isso subtraímos uma vez esse valor.

Exemplos:

1) Retirando-se uma carta de um baralho de 52 cartas, sendo 4 naipes (copas, espadas, ouros e paus) e 13 cartas de cada naipe, a probabilidade de ocorrer uma carta de ouros é de 25%.

   Justificativa:

   Há 13 cartas de ouros num total de 52 cartas, então, sendo A o evento e Ω o espaço amostral, temos: $n(A) = 13$ e $n(\Omega) = 52$. Então:

   $$P(A) = \frac{n(A)}{n(\Omega)} = \frac{13}{52} = \frac{1}{4} \text{ ou } 25\%$$

2) Numa urna há 12 bolas, sendo 5 vermelhas e 7 brancas. Retirando-se, ao acaso, uma bola dessa urna, a probabilidade de que ela seja branca é $\frac{7}{12}$, pois há 7 bolas brancas num total de 12 bolas.

3) Lançando-se uma moeda duas vezes, a probabilidade de que ocorra pelo menos uma vez cara é de $\frac{3}{4}$.

   Justificativa:

   Vamos indicar por C a coroa e por $\overline{C}$ a cara. Ao lançar uma moeda duas vezes, pode ocorrer: CC, $C\overline{C}$, $\overline{C}C$ ou $\overline{C}\overline{C}$. Então, $n(\Omega) = 4$ e $n(\overline{C}) = 3$, pois em 3 dos 4 resultados possíveis ocorre, pelo menos uma vez, cara. Assim:

   $$P(\overline{C}) = \frac{3}{4} \text{ ou } 75\%$$

   Observe que o evento complementar de $\overline{C}$ é "não sair cara em nenhum lançamento", e o número de elementos desse evento é 1, pois seria o mesmo que "sair coroa nos dois lançamentos". Portanto, poderíamos conduzir nosso raciocínio por exclusão, ou seja, calculando a probabilidade de ocorrer o evento complementar de $\overline{C}$, (C), e subtraí-lo de 1. Assim:

   $$P(C) = \frac{1}{4} \Rightarrow P(\overline{C}) = 1 - \frac{1}{4} = \frac{3}{4}$$

4) Lançando-se um dado de seis faces numeradas de 1 a 6, a probabilidade de ocorrer um número primo ou par é $\frac{5}{6}$.

   Justificativa:

   Seja A o evento: ocorrer número primo. Então, $n(A) = 3$.

   Seja B o evento: ocorrer número par. Então, $n(B) = 3$.

   Observe que o número 2 satisfaz às duas condições, ser primo e ser par, portanto ele está tanto na contagem de $n(A)$ quanto na de $n(B)$.

   Assim, neste caso:

   $$P(A \cup B) = P(A) + P(B) - P(A \cap B) = \frac{3}{6} + \frac{3}{6} - \frac{1}{6} = \frac{5}{6}$$

Exercícios resolvidos

1. (FASM-SP) Em um hospital, foram atendidos 280 pacientes com problemas respiratórios, sendo que 112 deles faziam parte do grupo de risco, isto é, pacientes com maiores chances de ter uma pneumonia. Após exames mais detalhados, constatou-se que 75% dos pacientes do grupo de risco e 25% dos demais pacientes estavam de fato com pneumonia. Escolhendo-se ao acaso um dos 280 pacientes, a probabilidade de ele estar de fato com pneumonia é de:

a) $\frac{7}{20}$.
b) $\frac{7}{10}$.
c) $\frac{3}{10}$.
d) $\frac{3}{20}$.
e) $\frac{9}{20}$.

Resolução

Seja P_n o evento pessoas com pneumonia. Assim, temos:
$075 \cdot 112 = 84$
$0{,}25 \cdot (280 - 112) = 42$
Logo:
$n(P_n) = 84 + 42 = 126$ pacientes
Como $n(\Omega) = 280$ pacientes, temos:

$$P(P_n) = \frac{n(P_n)}{n(\Omega)} = \frac{126}{280} = \frac{9}{20}.$$

Resposta: alternativa **e**.

2. (FGV-SP) Em uma sala, há quatro casais marido-mulher. Escolhendo ao acaso três dessas pessoas, a probabilidade de que esse grupo contenha um casal marido-mulher é:

a) $\frac{1}{4}$. b) $\frac{1}{3}$. c) $\frac{2}{5}$. d) $\frac{3}{7}$. e) $\frac{3}{8}$.

Resolução

Ω = todas as possibilidades para formação do grupo
Por combinação:

$$C_{8,3} = \frac{8!}{3!\,5!} = \frac{8 \cdot 7 \cdot 6 \cdot 5!}{3 \cdot 2 \cdot 5!} = 56 \text{ possibilidades}$$

Portanto, $n(\Omega) = 56$.
Para ter um casal no grupo, temos quatro possibilidades e, para a 3ª pessoa, temos 6 pessoas que restaram. Sendo: A = todas as possibilidades que contenham um casal marido-mulher no grupo, temos:
$4 \cdot 6 = 24$ grupos diferentes com um casal
Portanto, $n(A) = 24$.
Então:

$$P(A) = \frac{n(A)}{n(\Omega)} = \frac{24}{56} = \frac{3}{7}$$

Resposta: alternativa **d**.

Exercícios propostos

1. (IFSP) Uma academia de ginástica realizou uma pesquisa sobre o índice de massa corporal (IMC) de seus alunos, obtendo-se o seguinte resultado:

Categoria	Número de alunos
abaixo do peso	50
peso ideal	110
sobrepeso	60
obeso	30

Escolhendo-se um aluno, ao acaso, a probabilidade de que este esteja com peso ideal é:

a) 42%.
b) 44%.
c) 46%.
d) 48%.
e) 50%.

2. (ESPM-SP) Um oráculo mente sempre às segundas, terças e quartas-feiras, mas fala sempre a verdade nos outros dias. Num certo dia, ao ser perguntado se "hoje é domingo", ele respondeu "sim". A probabilidade de ele estar mentindo é:

a) $\frac{3}{7}$.
b) $\frac{4}{7}$.
c) $\frac{3}{4}$.
d) $\frac{1}{4}$.
e) $\frac{1}{7}$.

3. (UFV-MG) Numa entrevista realizada com um grupo de 120 estudantes, observou-se que 30% cursam Cálculo, 40% cursam Álgebra e 35% não cursam estas disciplinas. Escolhendo-se ao acaso um aluno desse grupo, a probabilidade de ele estar cursando, simultaneamente, Cálculo e Álgebra é:

a) 6%.
b) 4%.
c) 7%.
d) 5%.

4. (Vunesp-SP) Numa certa região, uma operadora telefônica utiliza 8 dígitos para designar seus números de telefones, sendo que o primeiro é sempre 3, o segundo não pode ser 0 e o terceiro número é diferente do quarto. Escolhido um número ao acaso, a probabilidade de os quatro últimos algarismos serem distintos entre si é:

a) $\frac{63}{125}$.
b) $\frac{567}{1250}$.
c) $\frac{189}{1250}$.
d) $\frac{63}{1250}$.
e) $\frac{7}{125}$.

5. (UEFS-BA) A campanha Nacional de Incentivo à Doação de Órgãos de 2010 traz o conceito "Deixe sua marca, multiplique vidas". Ela expressa a importância de ser um doador. No transplante de medula, existe uma probabilidade muito maior de haver compatibilidade quando o doador e o receptor são da mesma família. Entre irmãos, as chances de compatibilidade são de 1 para 4. Quando o transplante não acontece entre membros da mesma família, a chance de encontrar um doador compatível é de 1 em 3 milhões. (ABTO, 2010).

Disponível em: <www.abto.org.br>. Acesso em: 25 nov. 2011. Adaptado.

De acordo com o texto, a probabilidade de um paciente, necessitando de transplante de medula, com 4 irmãos vivos, encontrar entre eles, pelo menos, um doador compatível, é de:

a) $\frac{145}{256}$.
b) $\frac{155}{256}$.
c) $\frac{165}{256}$.
d) $\frac{175}{256}$.
e) $\frac{185}{256}$.

MÓDULO 15
FRENTE B

MÓDULO 16 • Adição e produto de probabilidades e probabilidade condicional

Probabilidade condicional

É a probabilidade de um evento *A* ocorrer, sabendo-se que já ocorreu outro evento, *B*.

Observe que ter a informação de que já ocorreu certo evento pode alterar o espaço amostral, pois algumas ocorrências já serão descartadas.

Vejamos um exemplo:

Em um teste de seleção para os cargos *A* e *B* de uma empresa havia 40 candidatos, de ambos os sexos, distribuídos conforme o seguinte quadro:

	Cargo *A*	Cargo *B*
Homens	15	10
Mulheres	10	5

Considere as seguintes questões:

a) Sorteada uma pessoa ao acaso, qual a probabilidade de ela ser um candidato ao cargo *A*?

b) Sorteada uma pessoa ao acaso, qual a probabilidade de ela ser um candidato ao cargo *A*, sabendo que é mulher?

A questão **b** é um exemplo de exercício de probabilidade condicional, pois antecipa a informação de que a pessoa escolhida é uma mulher.

Vamos comparar as resoluções dessas duas questões:

a) Temos:

$n(\Omega) = 40$ e $n(A) = 25 \to P(A) = \frac{25}{40} = \frac{5}{8}$

b) Neste caso, como já sabemos que a pessoa escolhida é uma mulher, teremos, como espaço amostral, o grupo das mulheres, e não mais o grupo total das pessoas.

Então:

$n(M) = 15$ e $n(A') = 10 \to P(A') = \frac{10}{15} = \frac{2}{3}$

Indicando a probabilidade condicional por $P(A/M)$, podemos escrever:

$$P(A/M) = \frac{n(A')}{n(M)} = \frac{n(A \cap M)}{n(M)} = \frac{\frac{n(A \cap M)}{n(\Omega)}}{\frac{n(M)}{n(\Omega)}} = \frac{P(A \cap M)}{P(M)}$$

Generalizando, teremos:

A probabilidade de ocorrer um evento *A*, dado que ocorreu o evento *B*, é a razão entre a probabilidade de ocorrer *A* e *B* (ou seja, sua intersecção) e a probabilidade de ocorrer *B* (que é o dado conhecido).

Notação: $P(A / B) = \frac{P(A \cap B)}{P(B)}$.

De onde podemos derivar: $P(A \cap B) = P(A / B) \cdot P(B)$.

E, como consequência, se a probabilidade de ocorrer o evento *A* não depender de ter ocorrido o evento *B*, então $P(A / B) = P(A)$ e, neste caso, esses eventos serão chamados **eventos independentes**. Assim, a probabilidade de ocorrer os dois eventos simultaneamente será dada pelo produto de suas probabilidades: $P(A \cap B) = P(A) \cdot P(B)$, se os eventos forem independentes.

Exercícios resolvidos

1. Uma urna possui cinco bolas vermelhas e duas bolas brancas. Calcule as probabilidades de:

   a) em duas retiradas, sem reposição da primeira bola retirada, sair uma bola vermelha (*V*) e depois uma bola branca (*B*);

   b) em duas retiradas, com reposição da primeira bola retirada, sair uma bola vermelha e depois uma bola branca.

Resolução

a) $P(V \cap B) = P(V) \cdot P(B / V)$

$P(V) = \frac{5}{7}$ (5 bolas vermelhas de um total de 7)

Supondo que saiu bola vermelha na primeira retirada, ficaram 6 bolas na urna. Logo:

$P(B / V) = \frac{2}{6} = \frac{1}{3}$

Assim:

$P(V \cap B) = \frac{5}{7} \cdot \frac{1}{3} \Rightarrow P(V \cap B) = \frac{5}{21}$

b) Com a reposição da primeira bola retirada, os eventos ficam independentes. Neste caso, a probabilidade buscada poderá ser calculada como:

$P(V \cap B) = P(V) \cdot P(B) = \frac{5}{7} \cdot \frac{2}{7} \Rightarrow P(V \cap B) = \frac{10}{49}$

Respostas: a) $\frac{5}{21}$; b) $\frac{10}{49}$.

2. (Fuvest-SP) Um dado não viciado é lançado duas vezes. A probabilidade de que a soma dos números obtidos nos dois lançamentos seja menor ou igual a 5 é:

a) $\frac{1}{5}$.

b) $\frac{7}{36}$.

c) $\frac{2}{9}$.

d) $\frac{1}{4}$.

e) $\frac{5}{18}$.

Resolução

Separemos em casos:

1º) Com a soma igual a cinco:

3 e 2 ou 2 e 3: $2 \cdot \frac{1}{6} \cdot \frac{1}{6}$

4 e 1 ou 1 e 4: $2 \cdot \frac{1}{6} \cdot \frac{1}{6}$

2º) Com soma igual a 4:

3 e 1 ou 1 e 3: $2 \cdot \frac{1}{6} \cdot \frac{1}{6}$

2 e 2: $\frac{1}{6} \cdot \frac{1}{6}$

3º) Com soma igual a 3:

2 e 1 ou 1 e 2: $2 \cdot \frac{1}{6} \cdot \frac{1}{6}$

4º) Com soma igual a 2:

1 e 1: $\frac{1}{6} \cdot \frac{1}{6}$

Então, temos:

$$\frac{2}{36} + \frac{2}{36} + \frac{2}{36} + \frac{1}{36} + \frac{2}{36} + \frac{1}{36} = \frac{10}{36}$$

$$P = \frac{5}{18}$$

Resposta: alternativa **e**.

Exercícios propostos

1. (Uneb-BA) Na tabela, aparecem registrados os dados de 1000 doadores de sangue.

Quantidade de pessoas por tipos sanguíneos			
Grupos sanguíneos	**Fator RH positivo**	**Fator RH negativo**	**Total**
O	420	53	473
A	322	41	363
B	111	14	125
AB	35	4	39
Total	**888**	**112**	**1000**

Sorteando-se um dos 1000 doadores, a probabilidade de sair um portador de sangue do tipo O ou de fator RH positivo é igual a:

01) 92,3%.

02) 93,4%.

03) 94,1%.

04) 95,2%.

05) 96,3%.

2. (UFPR) Em uma população de aves, a probabilidade de um animal estar doente é $\frac{1}{25}$. Quando uma ave está doente, a probabilidade de ser devorada por predadores é $\frac{1}{4}$, e, quando não está doente, a probabilidade de ser devorada por predadores é $\frac{1}{40}$. Portanto, a probabilidade de uma ave dessa população, escolhida aleatoriamente, ser devorada por predadores é de:

a) 1,0%.

b) 2,4%.

c) 4,0%.

d) 3,4%.

e) 2,5%.

3. (Acafe-SC) A probabilidade de que um médico acerte o diagnóstico de um paciente é de 95%. Dado que esse médico tenha errado o diagnóstico, a probabilidade de não ser processado pelo paciente é 90%. Qual a probabilidade de que o médico erre o diagnóstico e seja processado pelo paciente?

a) 4,5%
b) 3,2%
c) 0,5%
d) 3,8%

4. (Uneb-BA) Brasil dá vexame nos pênaltis, erra 4 cobranças e é eliminado pelo Paraguai.

Disponível em: <http://globoesporte.globo.com/futebol/selecao-brasileira/noticia/2011/07/brasil-tem-atuacao-desastrosa-nos-penaltis-e-perde-doparaguai.html>. Acesso em: 17 jul. 2011.

Considerando-se que a probabilidade de certo jogador de futebol profissional converter, em gol, um pênalti seja de 80%, em uma série de cinco cobranças, pode-se concluir que a probabilidade de esse jogador errar, exatamente, quatro pênaltis, é de:

01) 0,64%.
02) 0,68%.
03) 0,72%.
04) 0,78%.
05) 0,84%.

5. (ITA-SP) Considere os seguintes resultados relativamente ao lançamento de uma moeda:

I. Ocorrência de duas caras em dois lançamentos.
II. Ocorrência de três caras e uma coroa em quatro lançamentos.
III. Ocorrência de cinco caras e três coroas em oito lançamentos.

Pode-se afirmar que:

a) dos três resultados, I é o mais provável.
b) dos três resultados, II é o mais provável.
c) dos três resultados, III é o mais provável.
d) os resultados I e II são igualmente prováveis.
e) os resultados II e III são igualmente prováveis.

MÓDULO 17 • Ângulos, paralelismo e teorema de Tales

Ângulo

Ângulo é uma figura plana formada por duas semirretas de mesma origem. As semirretas chamam-se **lados** do ângulo e o ponto de origem chama-se **vértice**.

- Ângulo raso: ângulo de medida 180° (ou seja, seus lados formam uma reta).
- Ângulo reto: ângulo de medida 90°.
- Ângulo agudo: ângulo cuja medida está entre 0° e 90°.
- Ângulos congruentes: ângulos que têm a mesma medida (símbolo: $\cong$).
- Ângulos complementares: par de ângulos cuja soma das medidas é 90°.
- Ângulos suplementares: par de ângulos cuja soma das medidas é 180°.
- Ângulos adjacentes: ângulos que possuem um lado comum e as regiões determinadas por eles não têm mais pontos comuns.

Ângulos formados por duas retas paralelas cortadas por uma transversal

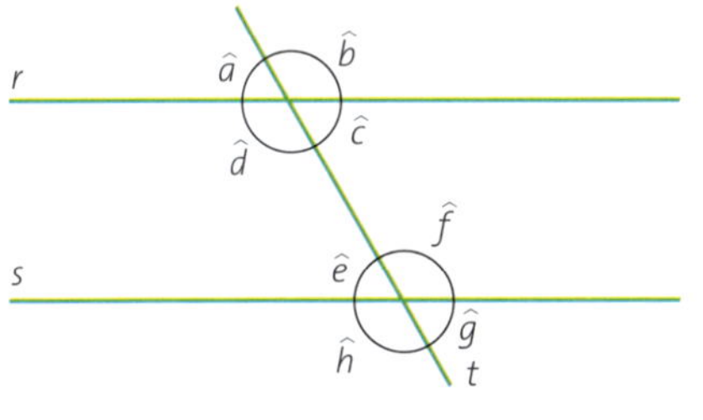

- r e s: retas paralelas
- t: reta transversal
- $\hat{a}$ e $\hat{c}$: ângulos opostos pelo vértice (congruentes)
- $\hat{a}$ e $\hat{e}$: ângulos correspondentes (congruentes)
- $\hat{a}$ e $\hat{g}$: ângulos alternos externos (congruentes)
- $\hat{c}$ e $\hat{e}$: ângulos alternos internos (congruentes)
- $\hat{c}$ e $\hat{f}$: ângulos colaterais internos (suplementares)
- $\hat{a}$ e $\hat{h}$: ângulos colaterais externos (suplementares)

Triângulo

Triângulo é um polígono que tem três lados (consequentemente tem três vértices e três ângulos internos).

Considere o triângulo ABC:

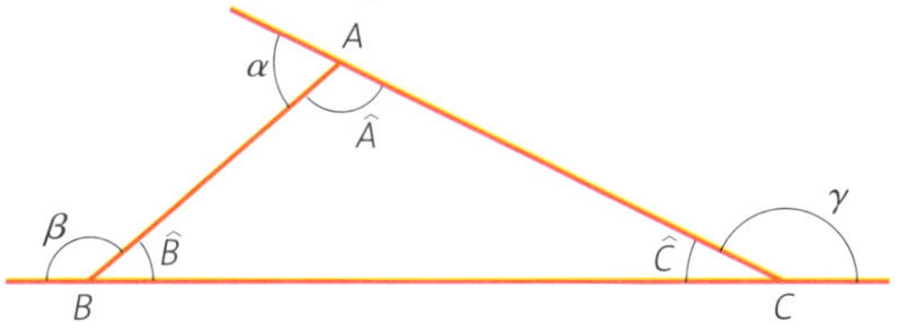

- **Lados**: $\overline{AB}$, $\overline{BC}$ e $\overline{CA}$;
- **Vértices**: A, B e C;
- **Ângulos internos**: $\hat{A}$, $\hat{B}$ e $\hat{C}$;
- **Ângulos externos**: α, β e γ.

Classificação dos triângulos

Quanto aos ângulos
• Acutângulo: possui três ângulos agudos.
• Retângulo: possui dois ângulos agudos e um reto.
• Obtusângulo: possui dois ângulos agudos e um obtuso.
Quanto aos lados
• Equilátero: três lados de mesma medida.
• Isósceles: dois lados de mesma medida.
• Escaleno: três lados de medidas diferentes entre si.

Propriedades dos triângulos

- Isósceles: os ângulos da base têm a mesma medida, ou seja, são congruentes.
- Equilátero: os três ângulos internos têm a mesma medida, igual a 60°.
- Retângulo: um dos ângulos tem medida igual a 90°. Vale o teorema de Pitágoras (o quadrado da hipotenusa é igual à soma dos quadrados dos catetos).

Soma das medidas dos ângulos internos de um triângulo

A soma das medidas dos ângulos internos de um triângulo é igual a 180°.

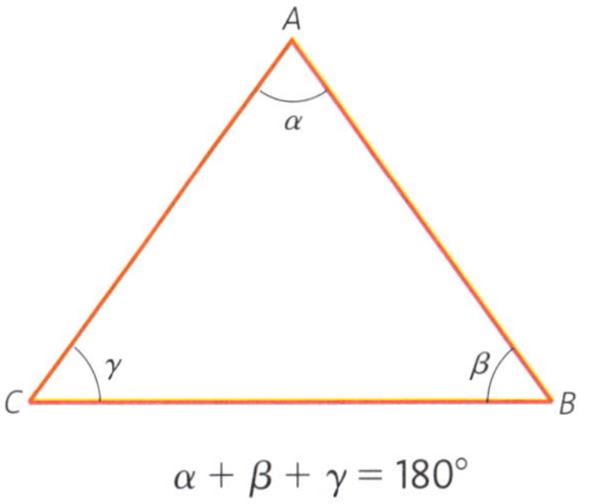

$$\alpha + \beta + \gamma = 180°$$

Teorema do ângulo externo de um triângulo

Em todo triângulo, a medida de um ângulo externo é igual à soma das medidas dos ângulos internos não adjacentes a ele.

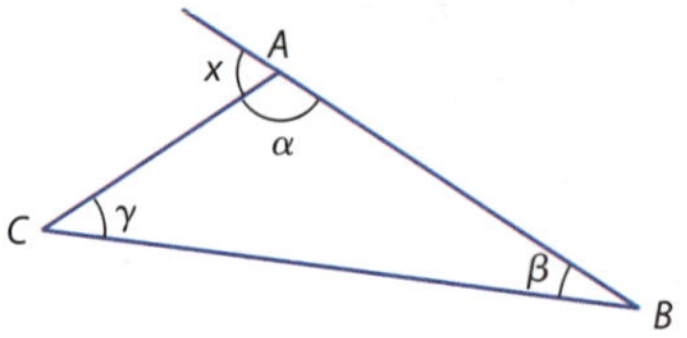

$$x = \beta + \gamma$$

Teorema de Tales

Se duas transversais intersectam um feixe de retas paralelas, então a razão entre dois segmentos quaisquer de uma transversal é igual à razão dos segmentos correspondentes da outra.

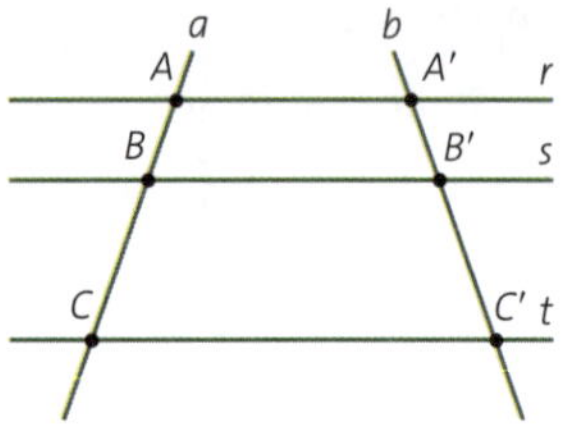

$$\frac{AB}{CD} = \frac{A'B'}{C'D'}$$

Exercícios resolvidos

1. (Furg-RS) Na figura abaixo, as retas *r* e *s* são paralelas.

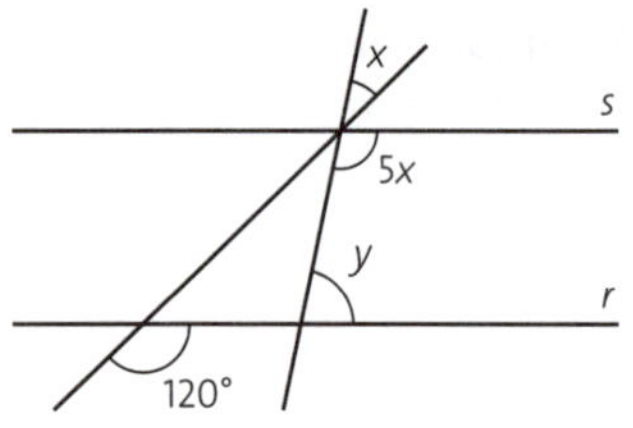

A medida do ângulo *y*, em graus, é:

a) 90°.
b) 60°.
c) 100°.
d) 70°.
e) 80°.

Resolução

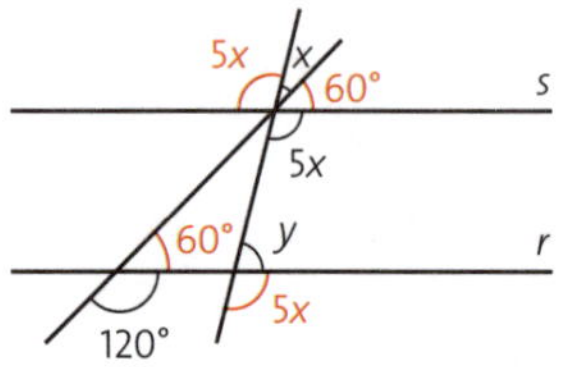

$5x + x + 60° = 180° \Rightarrow 6x = 120° \Rightarrow x = 20°$

$y + 5x = 180° \Rightarrow y + 100° = 180° \Rightarrow y = 80°$

Resposta: alternativa **e**.

2. (UFRRJ) Pedro está construindo uma fogueira representada pela figura abaixo. Ele sabe que a soma de *x* com *y* é 42 e que as retas *r*, *s* e *t* são paralelas.

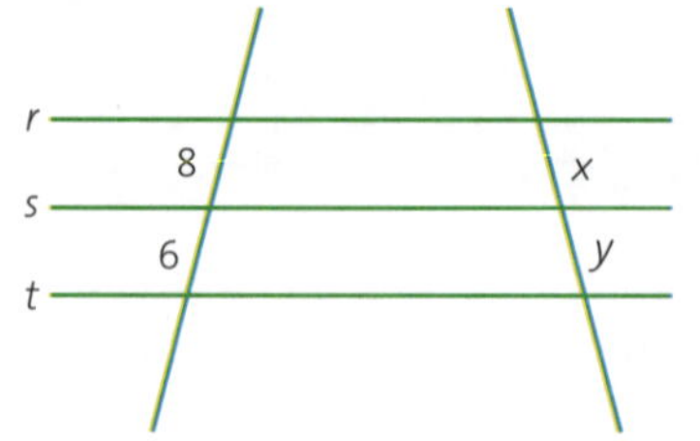

A diferença $x - y$ é:

a) 2.
b) 4.
c) 6.
d) 10.
e) 12.

Resolução

Sabemos que $x + y = 42$ e, usando proporção, chegamos aos seguintes valores:

$$\frac{8}{6+8} = \frac{x}{x+y} \Rightarrow \frac{8}{14} = \frac{x}{42} \Rightarrow 14x = 42 \cdot 8 \Rightarrow x = 24$$

Se $x = 24$ e $x + y = 42$, temos que:

$24 + y = 42 \Rightarrow y = 18$

Ou seja, a diferença é dada por:

$x - y = 24 - 18 = 6$

Resposta: alternativa **c**.

Exercícios propostos

1. (UEL-PR) Na figura a seguir, as medidas *x*, *y* e *z* são diretamente proporcionais aos números 5, 20 e 25, respectivamente.

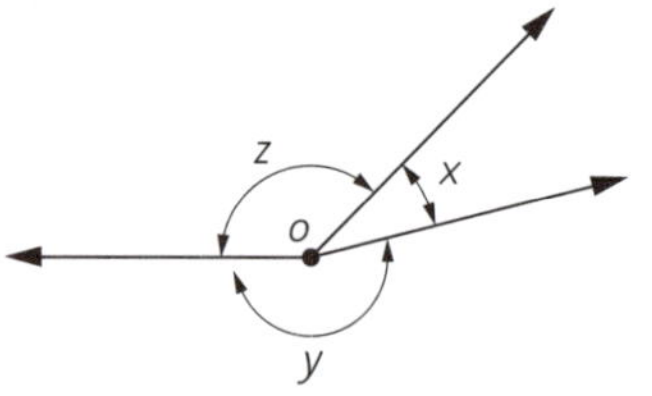

O suplemento do ângulo de medida *x* tem medida igual a:

a) 144°.
b) 128°.
c) 116°.
d) 82°.
e) 54°.

2. (Cesgranrio-RJ) Duas retas paralelas são cortadas por uma transversal, de modo que a soma de dois dos ângulos agudos formados vale 72°. Então, qualquer dos ângulos obtusos formados mede:

a) 142°.
b) 144°.
c) 148°.
d) 150°.
e) 152°.

3. (Unifor-CE) Na figura abaixo têm-se as retas r e s, paralelas entre si, e os ângulos assinalados, em graus.

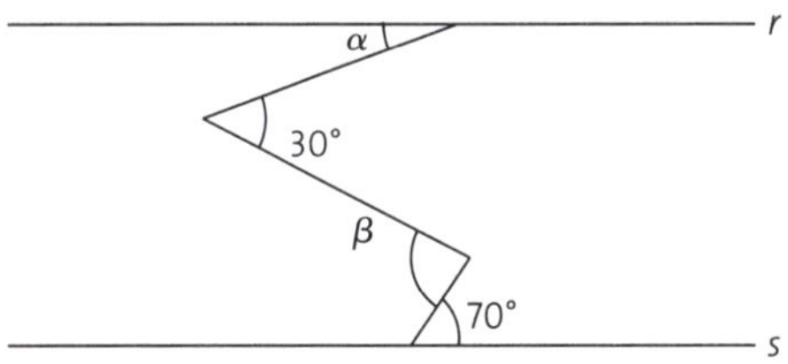

Nessas condições, $\alpha + \beta$ é igual a:

a) 50°.
b) 70°.
c) 100°.
d) 110°.
e) 130°.

4. (IFPR) Numa gincana, a equipe "Já Ganhou" recebeu o seguinte desafio:
Na cidade de Curitiba, fotografar a construção localizada na rua Marechal Hermes no número igual a nove vezes o valor do ângulo $\hat{A}$ da figura a seguir:

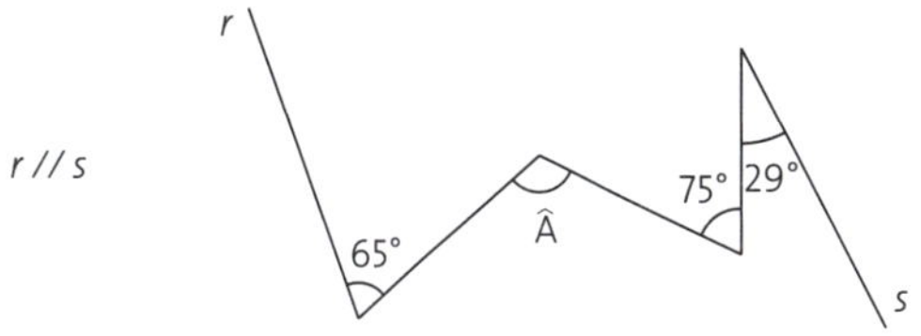

Se a Equipe resolver corretamente o problema irá fotografar a construção localizada no número:

a) 990.
b) 261.
c) 999.
d) 1026.
e) 1260.

5. (Fuvest-SP) As retas t e s são paralelas.

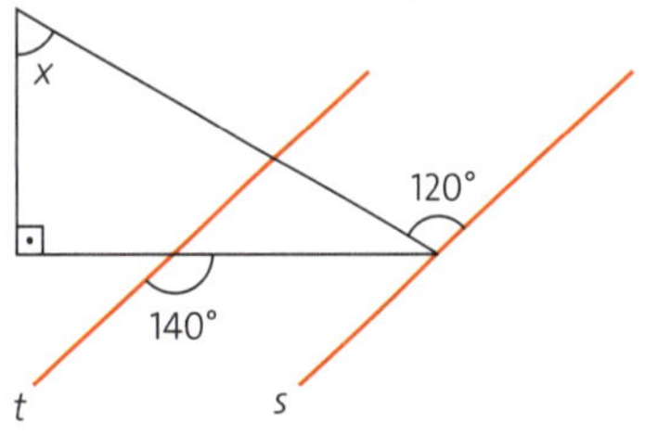

A medida do ângulo x, em graus, é:

a) 30.
b) 90.
c) 50.
d) 60.
e) 70.

MÓDULO 17

FRENTE C

MÓDULO 18 • Polígonos

Polígono

Polígono é uma linha fechada formada apenas por segmentos de reta que não se cruzam no mesmo plano.

Polígono convexo e polígono não convexo

O polígono *ABCDE* é convexo e o polígono *PQRST* é não convexo.

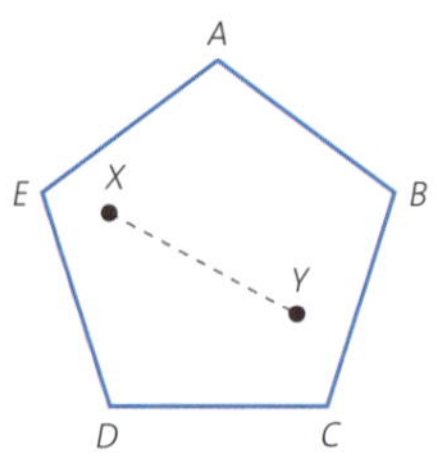

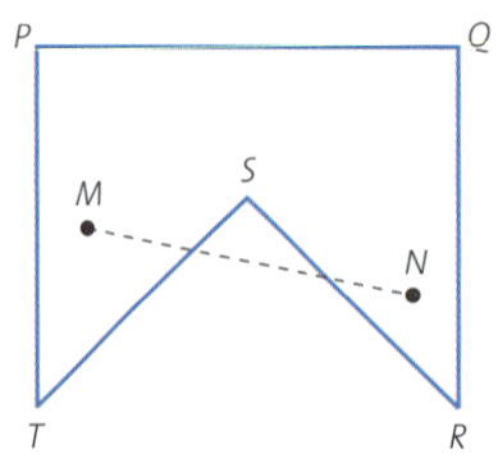

No polígono *ABCDE*, se tomarmos dois pontos quaisquer, *X* e *Y*, na região limitada pelo polígono, o segmento de reta que os une estará inteiramente contido nessa região. Já no polígono *PQRST* isso não ocorre: é possível encontrarmos dois pontos (*M* e *N*) de modo que o segmento de reta $\overline{MN}$ não esteja inteiramente contido na região limitada por esse polígono.

Elementos de um polígono convexo

O polígono convexo desenhado abaixo é indicado por *ABCDEF*. Nele destacamos os seguintes elementos:

- **Vértices:** são os pontos *A*, *B*, *C*, *D*, *E* e *F*;
- **Lados:** são os segmentos de reta $\overline{AB}$, $\overline{BC}$, $\overline{CD}$, $\overline{DE}$, $\overline{EF}$ e $\overline{FA}$;
- **Diagonais:** são os segmentos de reta que ligam um vértice a outro vértice não consecutivo a ele: $\overline{AC}$, $\overline{AD}$, $\overline{AE}$, $\overline{BD}$, $\overline{BE}$, $\overline{BF}$, $\overline{CE}$, $\overline{CF}$ e $\overline{DF}$.

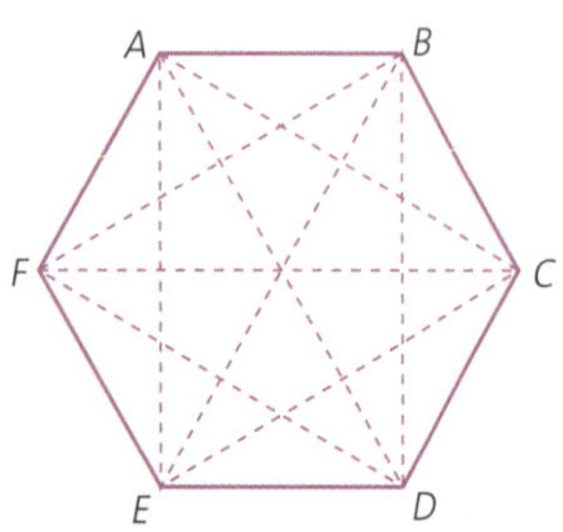

- **Ângulos internos**: são os ângulos formados por dois lados consecutivos contidos na região interna do polígono: $A\hat{B}C$ ou $\hat{B}$, $B\hat{C}D$ ou $\hat{C}$, $C\hat{D}E$ ou $\hat{D}$, $D\hat{E}F$ ou $\hat{E}$, $E\hat{F}A$ ou $\hat{F}$ e $F\hat{A}B$ ou $\hat{A}$.

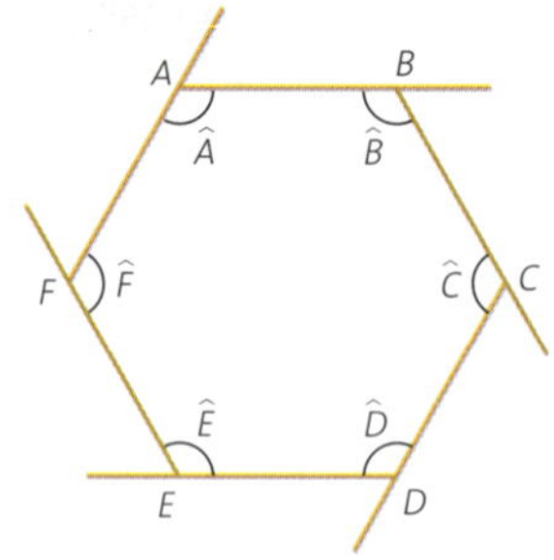

- **Ângulos externos:** são os ângulos formados por um lado e pelo prolongamento do lado consecutivo a este: $P\hat{A}B$ ou $\hat{a}$, $Q\hat{B}C$ ou $\hat{b}$, $R\hat{C}D$ ou $\hat{c}$, $S\hat{D}E$ ou $\hat{d}$, $T\hat{E}F$ ou $\hat{e}$, $U\hat{F}A$ ou $\hat{f}$.

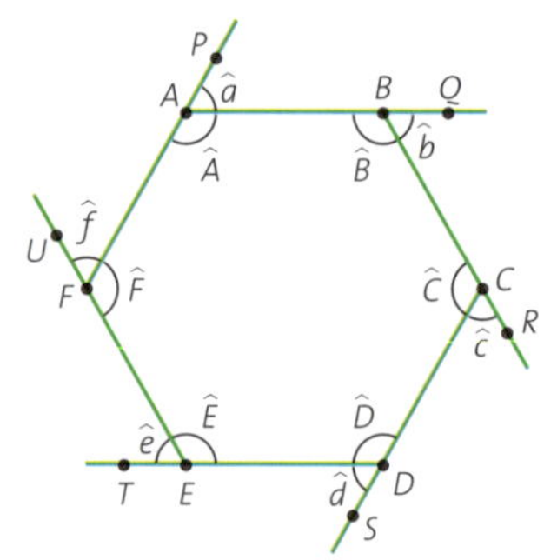

Em qualquer polígono convexo, o número de vértices, de lados, de ângulos internos e de ângulos externos é o mesmo.

Nome dos polígonos quanto ao número de lados

Número de lados	Nome do polígono
3 (tri)	triângulo
4 (quadri)	quadrilátero
5 (penta)	pentágono
6 (hexa)	hexágono
7 (hepta)	heptágono
8 (octo)	octógono
9 (enea)	eneágono
10 (deca)	decágono
11 (uma a mais do que dez)	undecágono
12 (dois a mais do que dez)	dodecágono
15 (cinco a mais do que dez)	pentadecágono
20 (icos)	icoságono

Polígono regular

Um polígono convexo é denominado **regular** quando todos os seus lados são congruentes e todos os seus ângulos internos são congruentes.

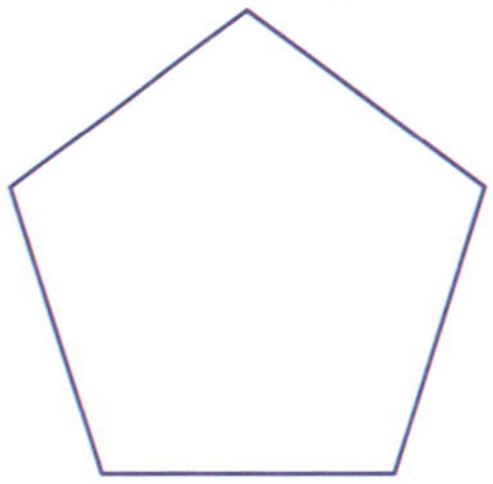

Pentágono regular

Soma das medidas dos ângulos internos de um polígono convexo

Em um polígono convexo de n lados, a soma das medidas dos ângulos internos (S_i) é igual a $(n - 2) \cdot 180°$.

Soma das medidas dos ângulos externos de um polígono convexo

Em um polígono convexo de n lados, a soma das medidas dos ângulos externos (S_e) é igual a 360°.

Ângulos internos e externos de um polígono regular

Sejam a_i e a_e, respectivamente, a medida de cada ângulo interno e externo de um polígono regular. Assim, temos:

$$a_i = \frac{(n-2) \cdot 180°}{n} \text{ e } a_e = \frac{360°}{n}$$

Número de diagonais de um polígono convexo

O número de diagonais (d) de um polígono convexo de n lados é dado por $d = \frac{n(n-3)}{2}$.

Exercícios resolvidos

1. (Ufscar-SP) Um polígono regular com exatamente 35 diagonais tem:

a) 6 lados.
b) 9 lados.
c) 10 lados.
d) 12 lados.
e) 20 lados.

Resolução

O número de diagonais de um polígono é dado por $d = \frac{n(n-3)}{2}$, em que n é o número de lados do polígono. No caso do pentágono, temos $n = 5$.

Sendo assim, temos que:

$$35 = \frac{n(n-3)}{2} \Rightarrow 35 \cdot 2 = n(n-3) \Rightarrow$$

$$\Rightarrow 70 = n(n-3) \Rightarrow 70 = n^2 - 3n \Rightarrow n^2 - 3n - 70 = 0$$

$$\Delta = b^2 - 4ac \Rightarrow \Delta = (-3)^2 - 4 \cdot 1 \cdot (-70) \Rightarrow$$

$$\Rightarrow \Delta = 9 + 280 \Rightarrow \Delta = 289$$

$$n = \frac{-b \pm \sqrt{\Delta}}{2a} \Rightarrow n = \frac{3 \pm \sqrt{289}}{2} \Rightarrow n = \frac{3 \pm 17}{2} \Rightarrow$$

$$\Rightarrow n' = 10 \text{ e } n'' = -7 \text{ (não serve)}$$

Resposta: alternativa **c**.

2. (UFT-TO) Um polígono convexo de 6 lados tem as medidas de seus ângulos internos formando uma progressão aritmética de razão igual 6°. Logo, podemos afirmar que seu menor ângulo mede:

a) 90°.
b) 105°.
c) 115°.
d) 118°.
e) 120°.

Resolução

A soma das medidas dos ângulos internos do polígono é igual a:

$S_i = (6 - 2) \cdot 180° = 720°$

Assim, como as medidas dos ângulos internos formam uma PA de razão $r = 6°$, obtemos:

$$\frac{(a_1 + a_2) \cdot 6}{2} = (a_1 + a_2 + 5r) \cdot 3 = 720° \Rightarrow$$

$$\Rightarrow (2a_1 + 30°) \cdot 3 = 720° \Rightarrow 6a_1 + 90° = 720° \Rightarrow$$

$$\Rightarrow 6a_1 = 630° \Rightarrow a_1 = 105°$$

Resposta: alternativa **b**.

Exercícios propostos

1. (PUC-RJ) Os ângulos internos de um quadrilátero medem $3x - 45$, $2x + 10$, $2x + 15$ e $x + 20$ graus. O menor ângulo mede:

a) 90°.
b) 65°.
c) 45°.
d) 105°.
e) 80°.

2. (Unifesp) Pentágonos regulares congruentes podem ser conectados, lado a lado, formando uma estrela de cinco pontas, conforme destacado na figura.

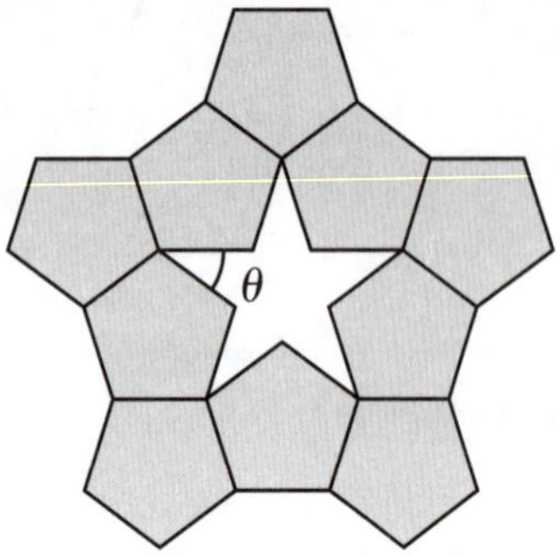

Nestas condições, o ângulo θ mede:

a) 108°.

b) 72°.

c) 54°.

d) 36°.

e) 18°.

3. (Ufscar-SP) A figura 1 representa um determinado encaixe no plano de 7 ladrilhos poligonais regulares (1 hexágono, 2 triângulos, 4 quadrados), sem sobreposições e cortes.

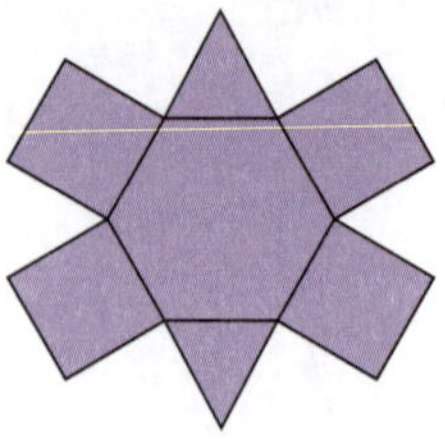

Figura 1

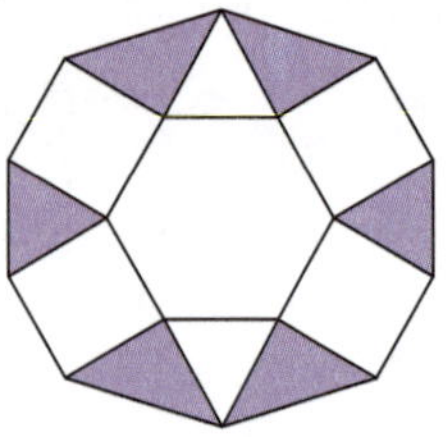

Figura 2

Em relação aos 6 ladrilhos triangulares colocados perfeitamente nos espaços da figura 1, como indicado na figura 2, é correto dizer que:

a) 2 são triângulos equiláteros e 4 são triângulos isósceles de ângulo da base medindo 15°.

b) 2 são triângulos equiláteros e 4 são triângulos isósceles de ângulo da base medindo 30°.

c) 2 são triângulos isósceles de ângulo da base medindo 50° e 4 são triângulos isósceles de ângulo da base medindo 30°.

d) 2 são triângulos equiláteros e 4 são triângulos retângulos isósceles.

e) 2 são triângulos equiláteros e 4 são triângulos escalenos.

4. (UEPG-PR) Três polígonos regulares, A, B e C, têm números de lados, respectivamente, a, b, c, onde $a > b > c$. Sabendo-se que a, b e c estão em progressão aritmética de razão -2 e que a soma de todos os ângulos internos dos três polígonos é 3 240°, assinale o que for correto.

01) O polígono A tem 35 diagonais.

02) O número de diagonais do polígono C é maior que 10.

04) A soma dos ângulos internos do polígono C é 720°.

08) Cada ângulo externo do polígono A mede 36°.

16) Cada ângulo interno do polígono B mede 135°.

5. (UFV-MG) De um piso quadrado de 34 cm de lado recortam-se pequenos triângulos retângulos isósceles de cateto x, de modo a obter um piso em forma de octógono regular, conforme ilustra a figura abaixo. Considere $\sqrt{2} = 1{,}4$.

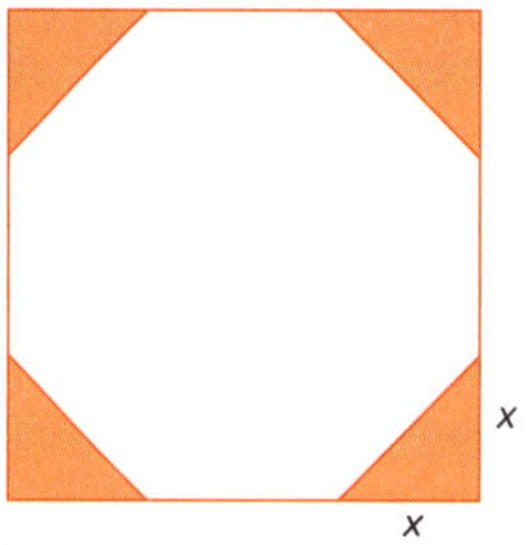

a) Determine o valor de x.

b) Calcule a área de um dos triângulos recortados.

c) Calcule a área do octógono.

Introdução

Dois triângulos são semelhantes se, e somente se, possuem os três ângulos ordenadamente congruentes e os lados homólogos proporcionais.

Observe os triângulos ABC e $A'B'C'$:

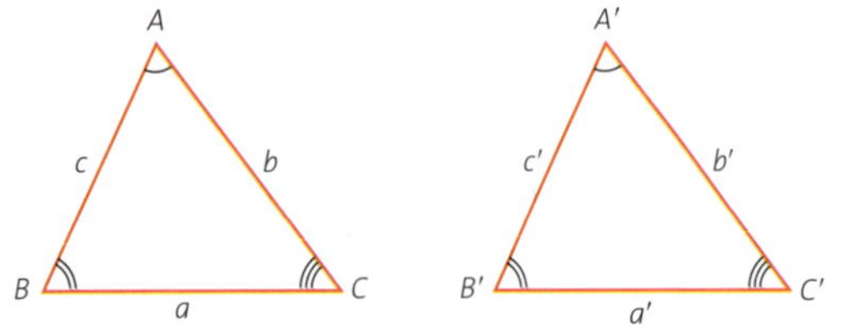

$\triangle ABC$ e $\triangle A'B'C'$ são semelhantes; indicamos assim: $\triangle ABC \sim \triangle A'B'C'$.

$$\triangle ABC \sim \triangle A'B'C' \Leftrightarrow \begin{cases} A \cong A' \\ B \cong B' \\ C \cong C' \end{cases} \text{e} = \frac{a}{a'} = \frac{b}{b'} = \frac{c}{c'} = k$$

(razão de semelhança)

Se dois triângulos são semelhantes com razão de semelhança k (ou seja, a razão entre dois lados homólogos quaisquer é k), então quaisquer outros elementos lineares homólogos desses triângulos (alturas, perímetro, medianas, etc.) também serão proporcionais com razão k.

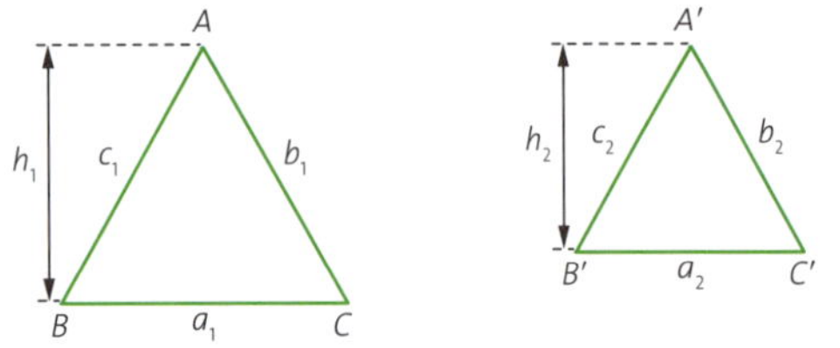

$$\triangle ABC \sim \triangle A'B'C' \Leftrightarrow \frac{a_1}{a_2} = \frac{b_1}{b_2} = \frac{c_1}{c_2} = \frac{h_1}{h_2} = \frac{a_1+b_1+c_1}{a_2+b_2+c_2}$$

Casos de semelhança

1º caso: critério AA (Ângulo, Ângulo)

Dois triângulos são semelhantes se dois ângulos de um são congruentes a dois ângulos do outro.

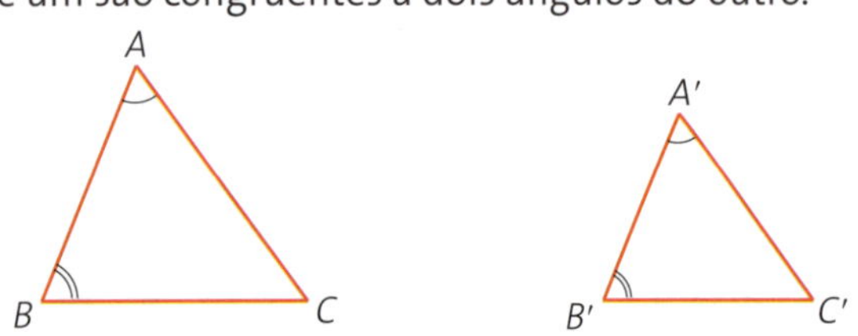

$$\left.\begin{matrix} A \cong A' \\ B \cong B' \end{matrix}\right\} \Rightarrow \triangle ABC \sim \triangle A'B'C'$$

2º caso: critério LLL (Lado, Lado, Lado)

Dois triângulos são semelhantes se os lados de um são proporcionais aos lados do outro.

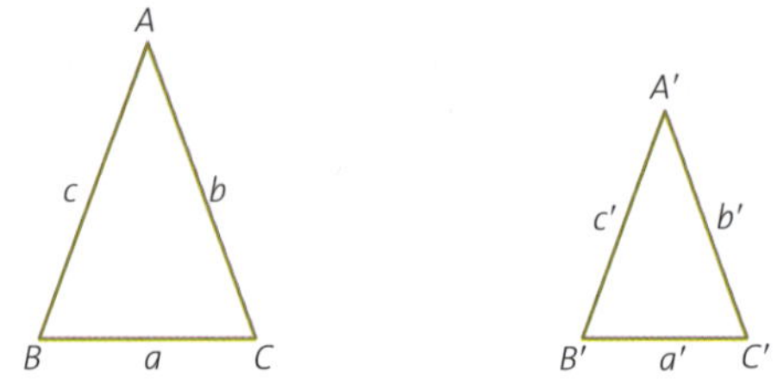

$$\frac{a}{a'} = \frac{b}{b'} = \frac{c}{c'} \Rightarrow \triangle ABC \sim \triangle A'B'C'$$

3º caso: critério LAL (Lado, Ângulo, Lado)

Dois triângulos são semelhantes se possuem um ângulo congruente compreendido entre lados proporcionais.

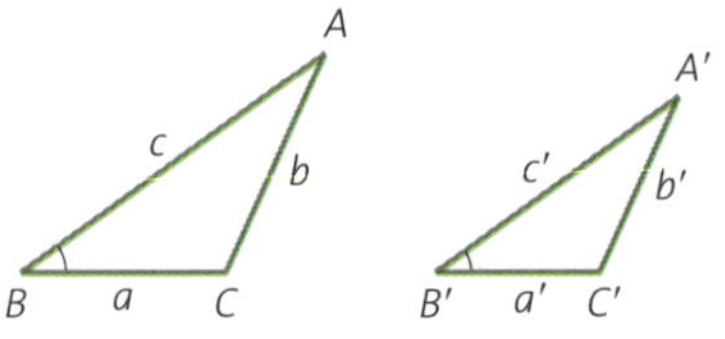

$$\left.\begin{matrix} B \cong B' \\ \dfrac{c}{c'} = \dfrac{a}{a'} \end{matrix}\right\} \Rightarrow \triangle ABC \sim \triangle A'B'C'$$

Propriedade (teorema fundamental da semelhança)

Toda reta paralela a um lado de um triângulo que intersecta os outros dois lados em pontos distintos determina outro triângulo semelhante ao primeiro.

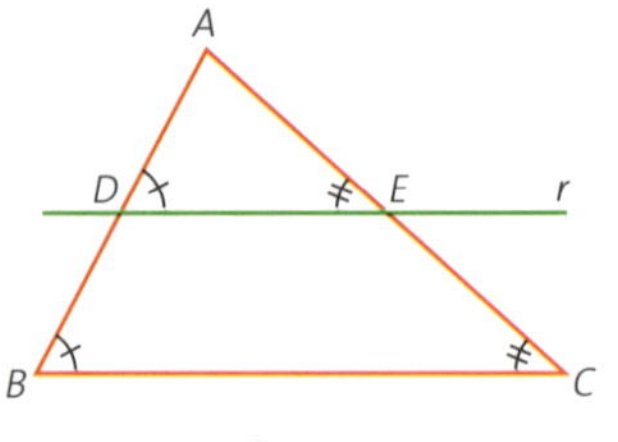

$$\left.\begin{matrix} r \,//\, \overline{BC} \\ r \cap \overline{AB} = \{D\} \\ r \cap \overline{AC} = \{E\} \end{matrix}\right\} \Rightarrow B \cong D \text{ e } C \cong E$$

Logo, $\triangle ADE \sim \triangle ABC$.

Polígonos semelhantes

Quando dois polígonos têm os lados correspondentes proporcionais e todos os ângulos correspondentes congruentes, eles são chamados **polígonos semelhantes**.

Exercícios resolvidos

1. (PUC-RJ) O retângulo *DEFG* está inscrito no triângulo isósceles *ABC*, como na figura abaixo:

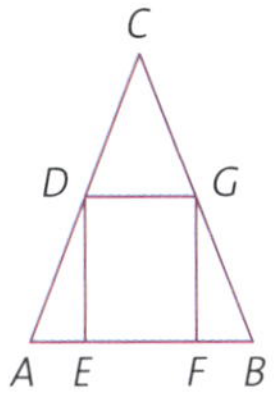

Assumindo $\overline{DE} = \overline{GF} = 12$, $\overline{EF} = \overline{DG} = 8$ e $\overline{AB} = 15$, a altura do triângulo *ABC* é:

a) $\frac{35}{4}$.
c) $\frac{90}{7}$.
e) $\frac{28}{5}$.
b) $\frac{150}{7}$.
d) $\frac{180}{7}$.

Resolução

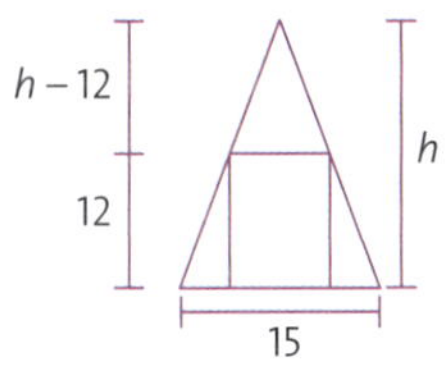

$$\frac{8}{15} = \frac{h-12}{h} \Rightarrow 8h = 15h - 180 \Rightarrow 7h = 180 \Rightarrow h = \frac{180}{7}$$

Resposta: alternativa **d**.

2. (Cesgranrio-RJ) Na figura abaixo, *r*, *s* e *t* são retas paralelas.

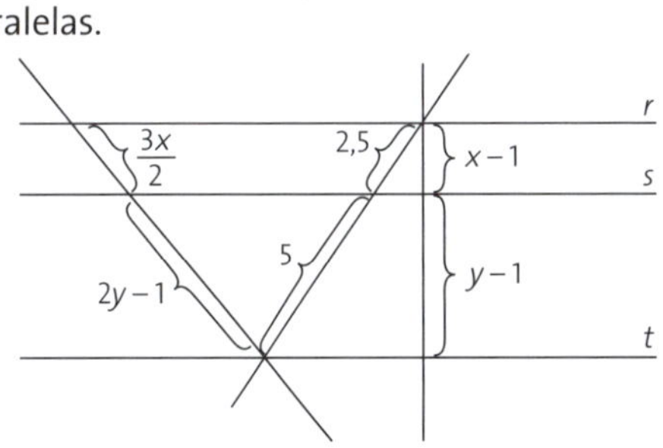

Os valores de *x* e *y* são, respectivamente:
a) 1 e 2.
c) 2,5 e 5.
e) 3,75 e 5.
b) 1,5 e 4.
d) 3 e 5.

Resolução

Por semelhança de triângulos, temos:

$$\frac{5}{7{,}5} = \frac{2y-1}{2y-1+\frac{3x}{2}} \Rightarrow 2\left(\frac{4y-2+3x}{2}\right) = 3(2y-1) \Rightarrow$$

$$\Rightarrow 3x = 2y - 1$$

$$\frac{x-1}{x-1+y-1} = \frac{2{,}5}{7{,}5} \Rightarrow 3(x-1) = 1(x+y-2) \Rightarrow$$

$$\Rightarrow 2x = y + 1$$

Logo:

$$\begin{cases} 3x = 2y - 1 \\ 2x = y + 1 \cdot (-2) \end{cases} \Rightarrow \begin{cases} 3x = 2y - 1 \\ 2x = y + 1 \cdot (-2) \end{cases}$$
$$\overline{-x = -3 \Rightarrow x = 3}$$

Então:

$$3x = 2y - 1 \Rightarrow 3 \cdot 3 = 2y - 1 \Rightarrow y = 5$$

Resposta: alternativa **d**.

Exercícios propostos

1. (FGV-SP) No triângulo retângulo abaixo, os catetos $\overline{AB}$ e $\overline{AC}$ medem, respectivamente, 2 e 3.

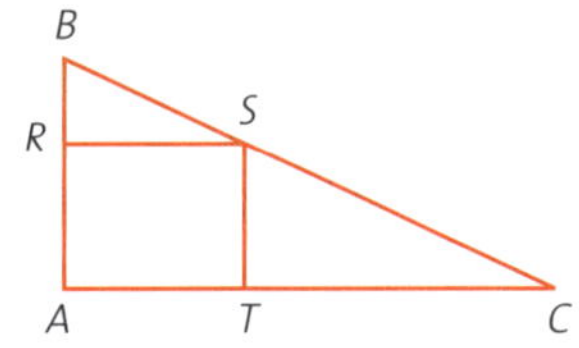

A área do quadrado *ARST* é que porcentagem da área do triângulo *ABC*?
a) 42%
c) 46%
e) 50%
b) 44%
d) 48%

2. (Ufop-MG) Uma pessoa, após caminhar 10,5 metros sobre uma rampa plana com inclinação de θ radianos, em relação a um piso horizontal, e altura de *h* metros na sua parte mais alta, está a 1,5 metro de altura em relação ao piso e a 17,5 metros do ponto mais alto da rampa.

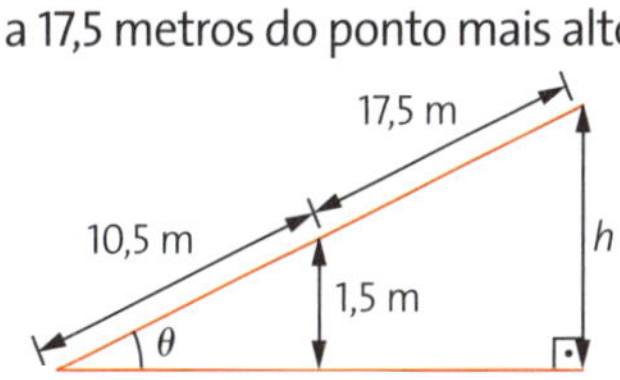

Sendo assim, a altura *h* da rampa, em metros, é de:
a) 2,5.
c) 7,0.
b) 4,0.
d) 8,5.

3. (UFG-GO) Em um jogo de sinuca, uma bola é lançada do ponto *O* para atingir o ponto *C*, passando pelos pontos *A* e *B*, seguindo a trajetória indicada na figura abaixo.

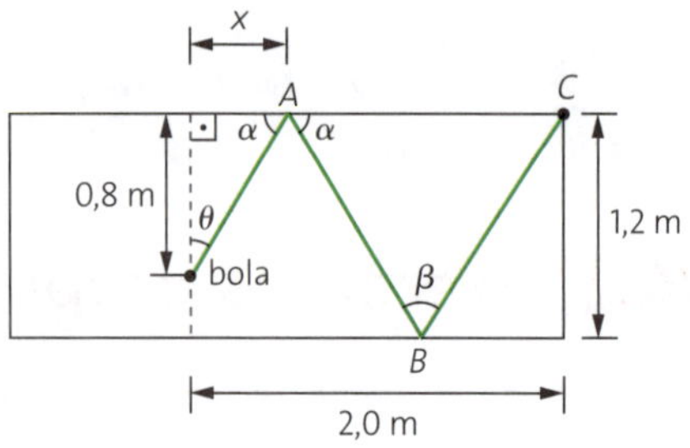

Nessas condições, calcule:

a) o ângulo β em função do ângulo θ;

b) o valor de x indicado na figura.

4. (FGV-SP) No triângulo *ABC*, $AB = 8$, $BC = 7$, $AC = 6$ e o lado $\overline{BC}$ foi prolongado, como mostra a figura, até o ponto *P*, formando-se o triângulo *PAB*, semelhante ao triângulo *PCA*.

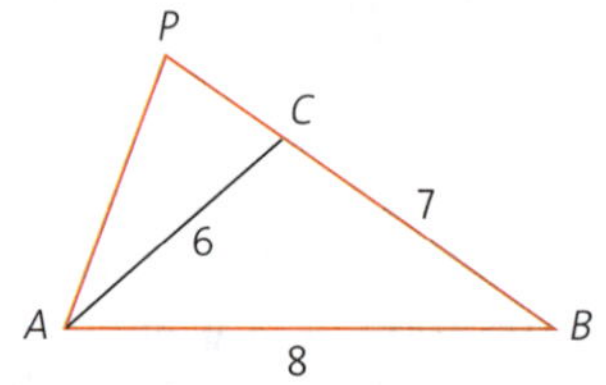

O comprimento do segmento $\overline{PC}$ é:

a) 7. b) 8. c) 9. d) 10. e) 11.

5. (Fuvest-SP) Um teleférico transporta turistas entre os picos *A* e *B* de dois morros. A altitude do pico *A* é de 500 m, a altitude do pico *B* é de 800 m e a distância entre as retas verticais que passam por *A* e *B* é de 900 m. Na figura, *T* representa o teleférico em um momento de sua ascensão e *x* e *y* representam, respectivamente, os deslocamentos horizontal e vertical do teleférico, em metros, até este momento.

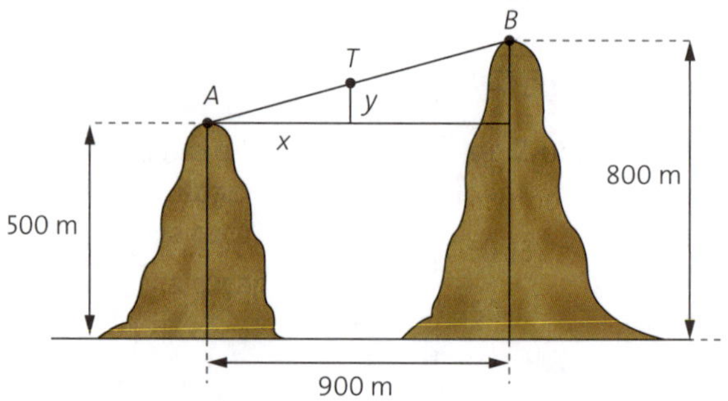

a) Qual é o deslocamento horizontal do teleférico quando o seu deslocamento vertical é igual a 20 m?

b) Se o teleférico se desloca com velocidade constante de 1,5 m/s, quanto tempo o teleférico gasta para ir do pico *A* ao pico *B*?

MÓDULO 20 • Relações métricas nos triângulos retângulos

Triângulo retângulo

Em um triângulo retângulo, o maior lado é a **hipotenusa** (lado oposto ao ângulo reto). Os outros dois lados, perpendiculares entre si, são os **catetos**. Os ângulos agudos são complementares ($\alpha + \beta = 90°$).

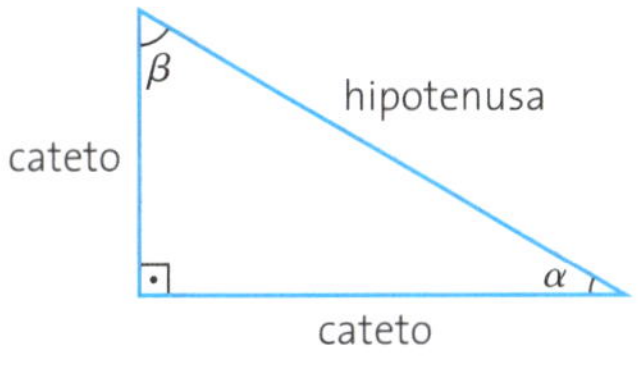

Elementos do triângulo retângulo

Consideremos um triângulo ABC, retângulo em A, e o segmento $\overline{AD}$ perpendicular ao lado $\overline{BC}$, com D em $\overline{BC}$.

Ficam definidos os seguintes elementos do $\triangle ABC$:

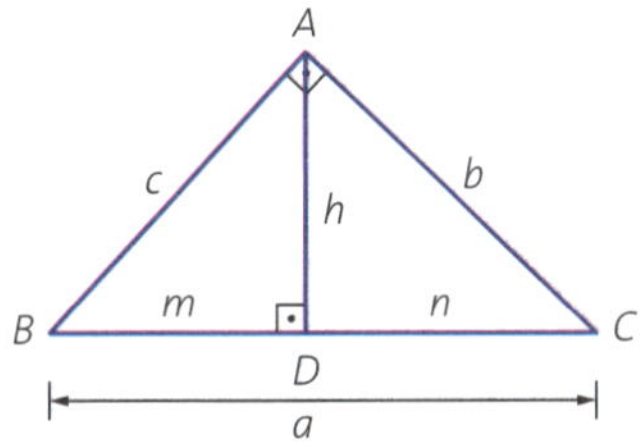

- $\overline{BC}$: hipotenusa (medida a)
- $\overline{AC}$: cateto (medida b)
- $\overline{AB}$: cateto (medida c)
- $\overline{BD}$: projeção do cateto sobre a hipotenusa (medida m)
- $\overline{CD}$: projeção do cateto sobre a hipotenusa (medida n)
- $\overline{AD}$: altura relativa à hipotenusa (medida h)

As relações métricas

A altura relativa à hipotenusa de um triângulo retângulo ABC divide-o em dois triângulos retângulos semelhantes a ele e semelhantes entre si. Observe:

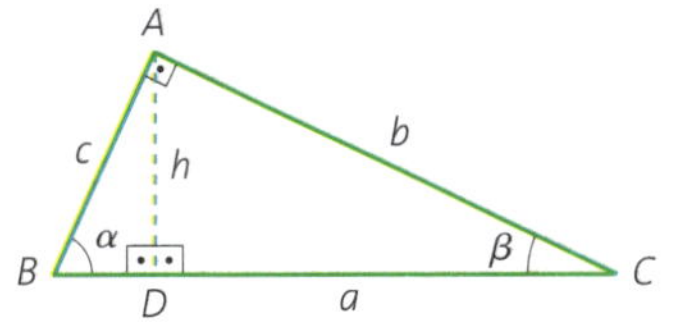

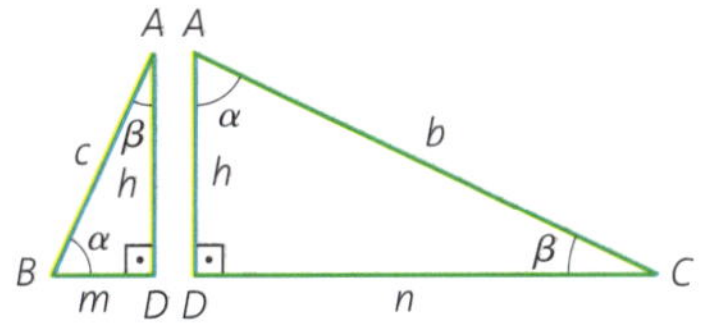

Como os três triângulos têm todos os ângulos congruentes, pelo 1º caso de semelhança, temos:

$$\triangle ABC \sim \triangle DBA \sim \triangle DAC$$

Da semelhança entre $\triangle ABC$ e $\triangle DBA$, segue:

$$\frac{\overline{AB}}{\overline{BC}} = \frac{\overline{AB}}{\overline{BC}} \Rightarrow \frac{c}{a} = \frac{m}{c} \Rightarrow c^2 = am \text{ (I)}$$

Da semelhança entre $\triangle ABC$ e $\triangle DAC$, temos:

$$\frac{\overline{AB}}{\overline{BC}} = \frac{\overline{DA}}{\overline{AC}} \Rightarrow \frac{c}{a} = \frac{h}{b} \Rightarrow ah = bc \text{ (II)}$$

$$\frac{\overline{AB}}{\overline{BC}} = \frac{\overline{DC}}{\overline{AC}} \Rightarrow \frac{b}{a} = \frac{n}{b} \Rightarrow b^2 = an \text{ (III)}$$

Da semelhança entre $\triangle DBA$ e $\triangle DAC$, segue:

$$\frac{\overline{DA}}{\overline{DB}} = \frac{\overline{DC}}{\overline{DA}} \Rightarrow \frac{h}{m} = \frac{n}{h} \Rightarrow h^2 = mn$$

Somando membro a membro (I) e (III), temos:

$$\begin{array}{l} c^2 = am \\ \underline{+\,b^2 = an} \end{array}$$

$$b^2 + c^2 = am + na \Rightarrow b^2 + c^2 = a(m + n) \Rightarrow$$

$$\Rightarrow b^2 + c^2 = a^2 \text{ (teorema de Pitágoras)}$$

Exercícios resolvidos

1. (PUC-RJ) Uma bicicleta saiu de um ponto que estava a 8 metros a leste de um hidrante, andou 6 metros na direção norte e parou. Assim, a distância entre a bicicleta e o hidrante passou a ser:

a) 8 metros. d) 14 metros.
b) 10 metros. e) 16 metros.
c) 12 metros.

Resolução

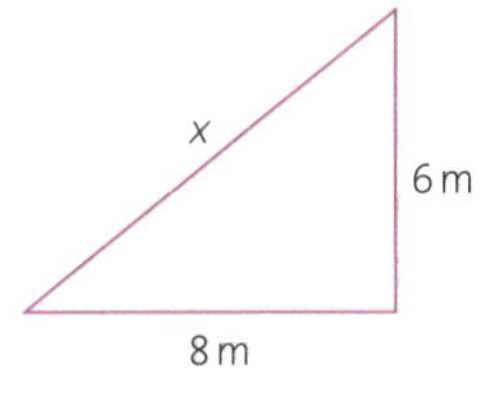

$x^2 = 6^2 + 8^2 \Rightarrow x^2 = 100 \Rightarrow x = 10$ m

Resposta: alternativa **b**.

2. (Insper-SP) Duas cidades X e Y são interligadas pela rodovia R101, que é retilínea e apresenta 300 km de extensão. A 160 km de X, à beira da R101, fica a cidade Z, por onde passa a rodovia R102, também retilínea e perpendicular à R101. Está sendo construída uma nova rodovia retilínea, a R103, que ligará X à capital do estado. A nova rodovia interceptará a R102 no ponto P, distante 120 km da cidade Z.

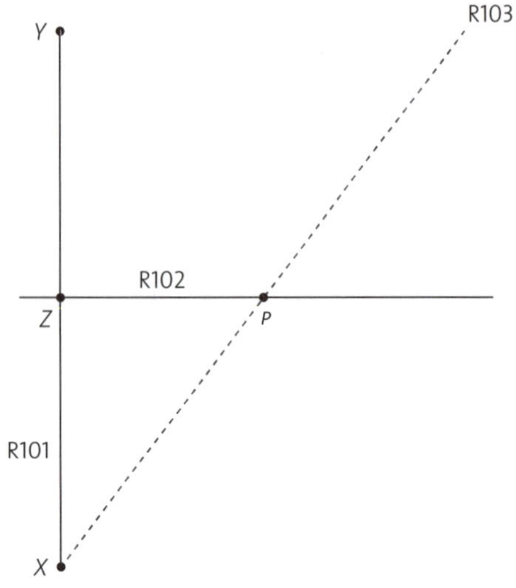

O governo está planejando, após a conclusão da obra, construir uma estrada ligando a cidade Y até a R103. A menor extensão, em quilômetros, que esta ligação poderá ter é:

a) 250.
b) 240.
c) 225.
d) 200.
e) 180.

Resolução

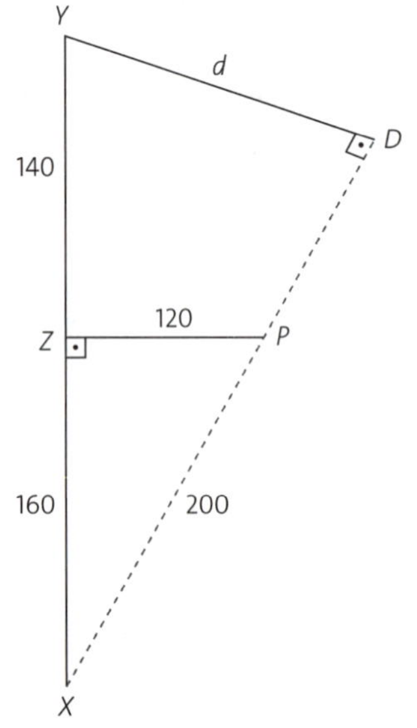

$\triangle XZP \sim \triangle XDY$

$\frac{200}{300} = \frac{120}{d} \Rightarrow d = 180 \text{ km}$

Resposta: alternativa **e**.

Exercícios propostos

1. (PUC-RJ) Ao meio-dia, a formiga A está 3 km a oeste da formiga B. A formiga A está se movendo para o oeste a 3 km/h e a formiga B está se movendo para o norte com a mesma velocidade. Qual a distância entre as duas formigas às 14h?

a) $\sqrt{17}$ km
b) 17 km
c) $\sqrt{51}$ km
d) $\sqrt{117}$ km
e) 117 km

2. (UFT-TO) Observe esta figura:

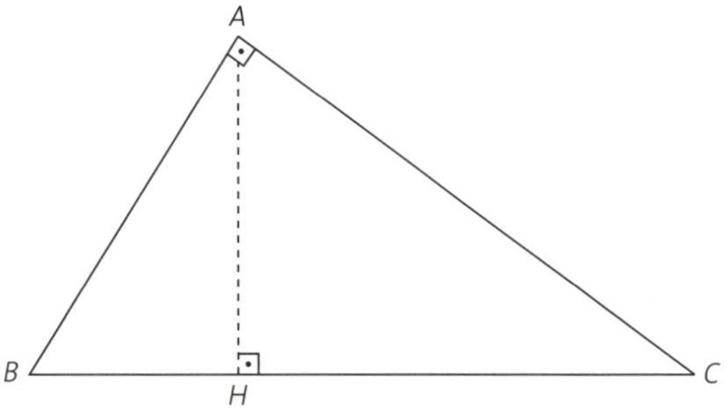

Nessa figura, o triângulo BAC é retângulo em A; o segmento $\overline{AH}$ corresponde à altura relativa à hipotenusa $\overline{BC}$; $\overline{BH}$ mede 1 cm e $\overline{HC}$ mede 4 cm.
Considerando-se essas informações, é CORRETO afirmar que o cateto $\overline{AC}$ mede:

a) $2\sqrt{5}$ cm.
b) $3\sqrt{5}$ cm.
c) $4\sqrt{5}$ cm.
d) 5 cm.

3. (UFPB) Duas vilas da zona rural de um município localizam-se na mesma margem de um trecho retilíneo de um rio. Devido a problemas de abastecimento de água, os moradores fizeram várias reivindicações à prefeitura, solicitando a construção de uma estação de bombeamento de água para sanar esses problemas. Um desenho do projeto, proposto pela prefeitura para a construção da estação, está mostrado na figura a seguir. No projeto, estão destacados:

- os pontos R_1 e R_2, representando os reservatórios de água de cada vila, e as distâncias desses reservatórios ao rio;
- os pontos A e B, localizados na margem do rio, respectivamente, mais próximos dos reservatórios R_1 e R_2;
- o ponto S, localizado na margem do rio, entre os pontos A e B, onde deverá ser construída a estação de bombeamento.

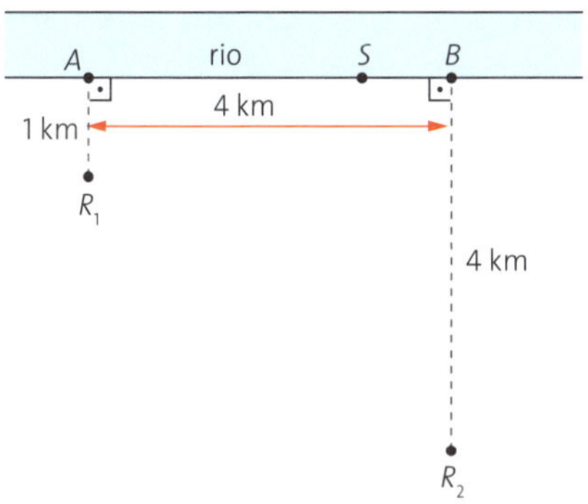

Com base nesses dados, para que a estação de bombeamento fique a uma mesma distância dos dois reservatórios de água das vilas, a distância entre os pontos A e S deverá ser de:

a) 3 775 m.
b) 3 825 m.
c) 3 875 m.
d) 3 925 m.
e) 3 975 m.

4. (Unicamp-SP) Para trocar uma lâmpada, Roberto encostou uma escada na parede de sua casa, de forma que o topo da escada ficou a uma altura de 4 m. Enquanto Roberto subia os degraus, a base da escada escorregou por 1 m, tocando o muro paralelo à parede, conforme ilustração abaixo. Refeito do susto, Roberto reparou que, após deslizar, a escada passou a fazer um ângulo de 45° com o piso horizontal.

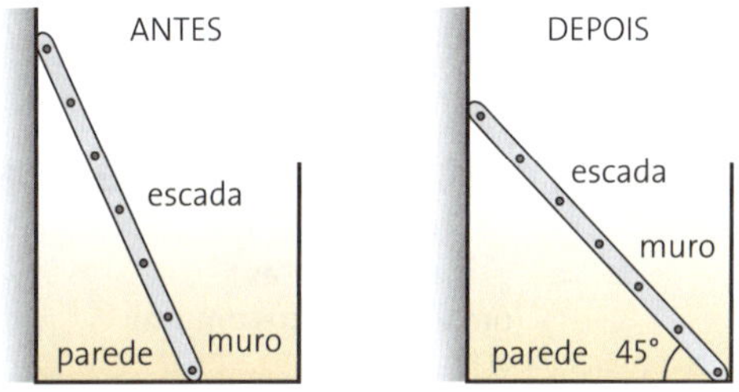

A distância entre a parede da casa e o muro equivale a:

a) $4\sqrt{3} + 1$ metros.
b) $3\sqrt{2} - 1$ metros.
c) $4\sqrt{3}$ metros.
d) $3\sqrt{2} - 2$ metros.

5. (IFCE) A altura, baixada sobre a hipotenusa de um triângulo retângulo, mede 12 cm, e as projeções dos catetos sobre a hipotenusa diferem de 7 cm. Os lados do triângulo são, em centímetros, iguais a:

a) 10, 15 e 20.
b) 12, 17 e 22.
c) 15, 20 e 25.
d) 16, 21 e 26.
e) 18, 23 e 28.

MÓDULO 21 • Circunferências

Introdução

Circunferência é uma figura geométrica formada por todos os pontos de um plano equidistantes de um dado ponto desse plano, chamado **centro**.

Posições relativas entre reta e circunferência

Tangentes (um único ponto comum)	Secantes (dois pontos comuns)	Externas (nenhum ponto comum)
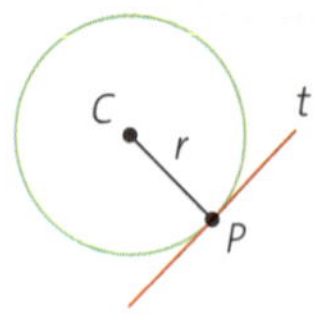	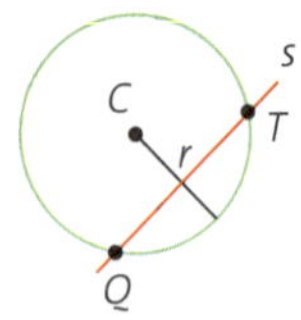	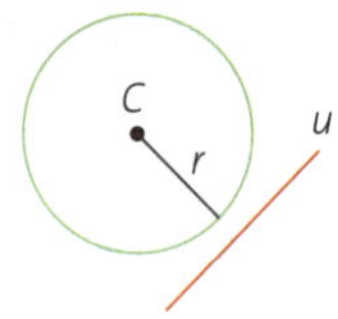
$d_{C,t} = \text{raio}$	$d_{C,s} < \text{raio}$	$d_{C,u} > \text{raio}$

Observação: Qualquer reta tangente a uma circunferência é perpendicular à reta que passa pelo centro e pelo ponto de tangência.

Posições relativas entre duas circunferências

São dadas em função do número de pontos comuns às circunferências. Chamando de O_1 e O_2 os centros e r_1 e r_2 os respectivos raios, sendo $r_1 > r_2$, obteremos:

Pontos comuns	Posição relativa	Distância entre os centros em função dos raios	Figura
2	Secantes	$r_1 - r_2 < d > r_1 + r_2$	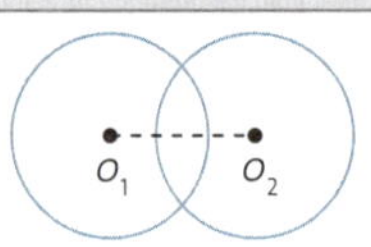
1	Tangentes internas	$d = r_1 - r_2$	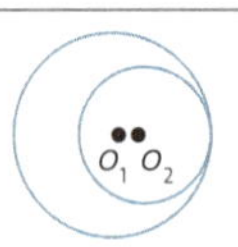
	Tangentes externas	$d = r_1 + r_2$	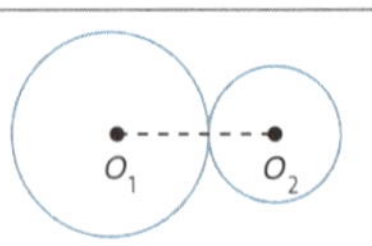
0	Internas concêntricas	$d = 0$	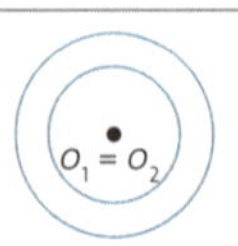
	Internas não concêntricas	$d < r_1 - r_2$	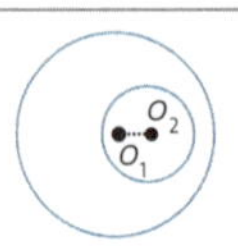
	Externas	$d > r_1 - r_2$	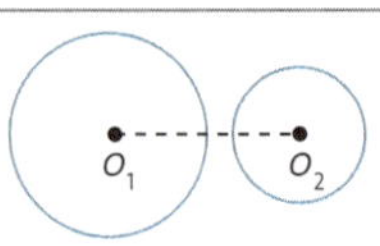

Ângulos em uma circunferência

- **Ângulo central**: é um ângulo que tem como vértice o centro da circunferência e seus lados passam por pontos pertencentes a ela.
- **Observação**: um ângulo central $A\hat{O}B$ determina na circunferência dois arcos cujas medidas somam 360°.

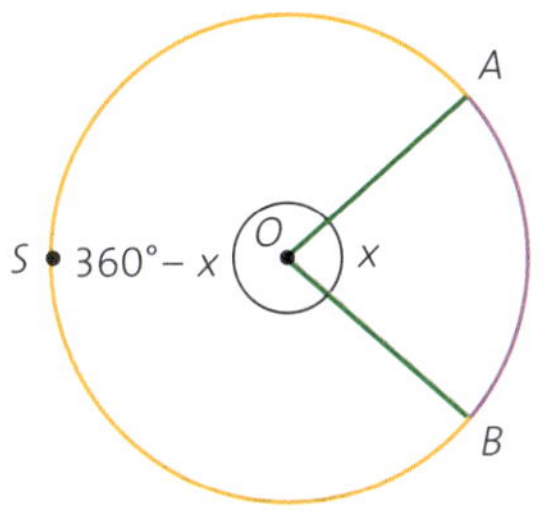

- **Ângulo inscrito**: é um ângulo que tem como vértice um ponto da circunferência e cujos lados passam por dois outros pontos da circunferência, determinando nela duas cordas.

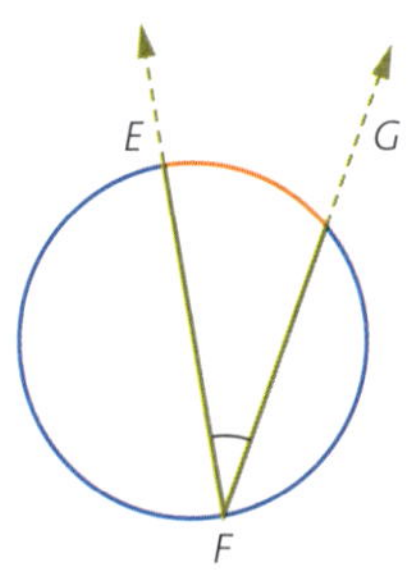

Propriedade

Se um ângulo central e um ângulo inscrito em uma circunferência têm o mesmo arco correspondente, então a medida do ângulo central é o dobro da medida do ângulo inscrito.

Podemos considerar três situações:

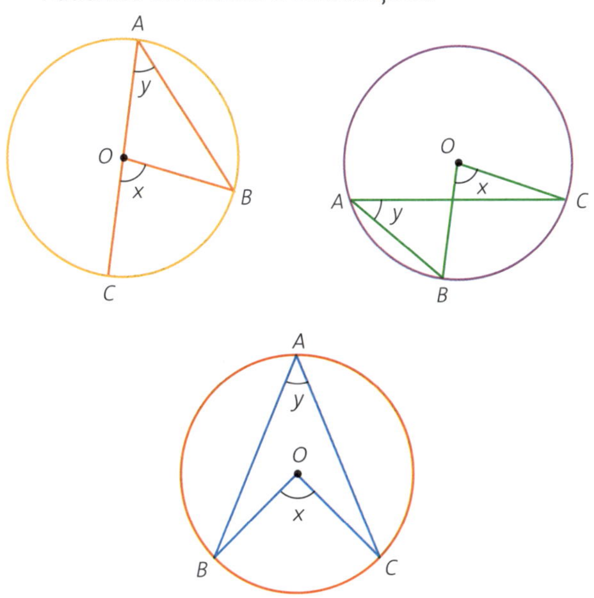

- **Ângulo de segmento**: é um ângulo que tem como vértice um ponto da circunferência, um lado secante à circunferência e o outro tangente a ela.

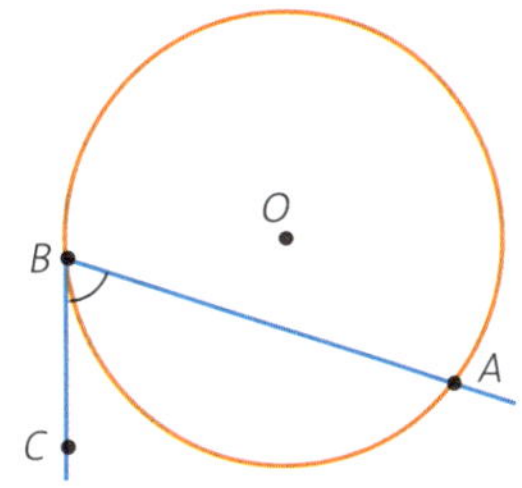

$A\hat{B}C$ é ângulo de segmento.

Propriedade

A medida do ângulo de segmento é a metade da medida angular do arco determinado na circunferência por um de seus lados.

Relações métricas na circunferência

- **Segmento secante:** uma de suas extremidades é um ponto fora da região circular. Esse segmento tem dois pontos comuns com a circunferência, sendo um deles a outra extremidade. $\overline{PB}$ é um segmento secante.

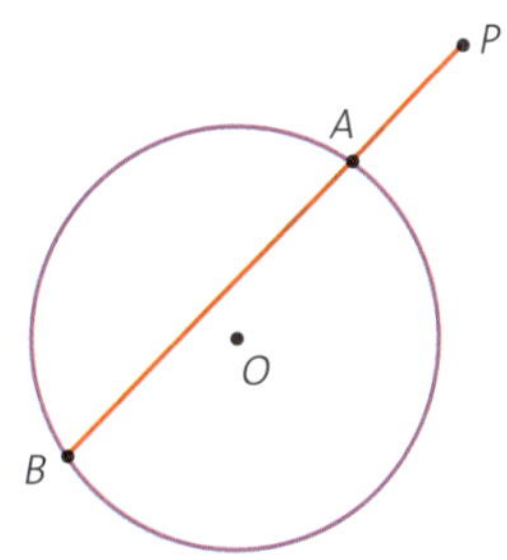

- **Segmento tangente:** está sobre uma reta tangente à circunferência, e o ponto de tangência é uma de suas extremidades. $\overline{PA}$ é um segmento tangente.

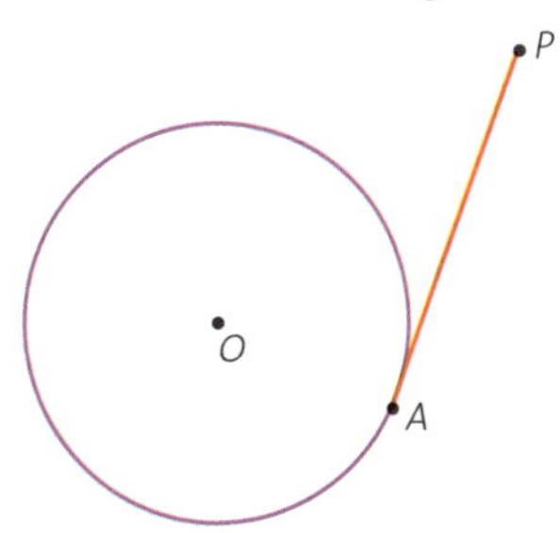

Cruzamento de duas cordas

- Em toda circunferência, quando duas cordas se cruzam, o produto das medidas das duas partes de uma é igual ao produto das medidas das duas partes de outra.

- $\overline{AB}$ e $\overline{CD}$ são duas cordas que se cruzam no ponto P.

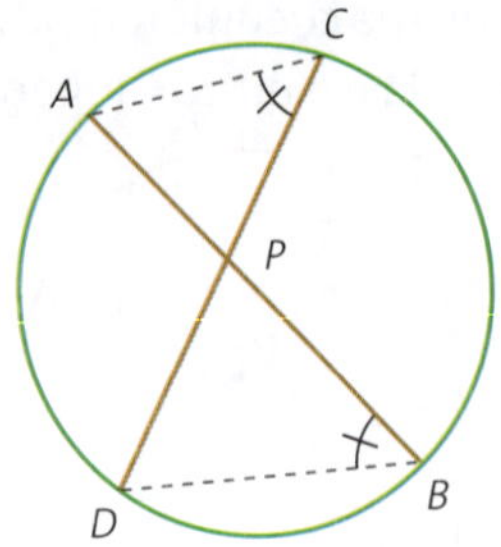

$$AP \cdot BP = CP \cdot DP$$

Dois segmentos secantes a partir de um mesmo ponto

- Em toda circunferência, se traçarmos dois segmentos secantes a partir de um mesmo ponto, o produto da medida de um deles pela medida da sua parte externa é igual ao produto da medida do outro pela medida da sua parte externa.
- $\overline{PA}$ e $\overline{PC}$ são dois segmentos secantes que se intersectam no ponto P.

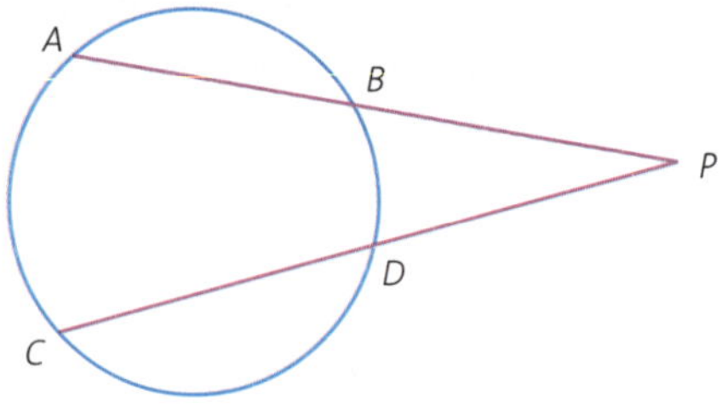

$$PA \cdot PB = PC \cdot PD$$

Segmento secante e segmento tangente a partir de um mesmo ponto

- Em toda circunferência, se traçamos a partir de um mesmo ponto um segmento tangente e um segmento secante, o quadrado da medida do segmento tangente é igual ao produto da medida do segmento secante pela medida da sua parte externa.
- $\overline{PA}$ e $\overline{PB}$ são, respectivamente, segmentos tangente e secante que se intersectam no ponto P.

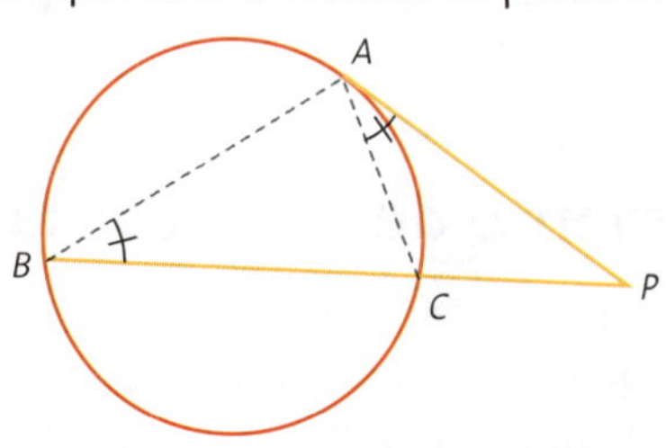

$$(PA)^2 = PB \cdot PC$$

Polígonos regulares inscritos na circunferência

Apótema é um segmento com uma extremidade no centro da circunferência circunscrita e outra no ponto médio de um de seus lados. Ele coincide com o raio da circunferência inscrita no polígono regular.

Quadrado inscrito em uma circunferência

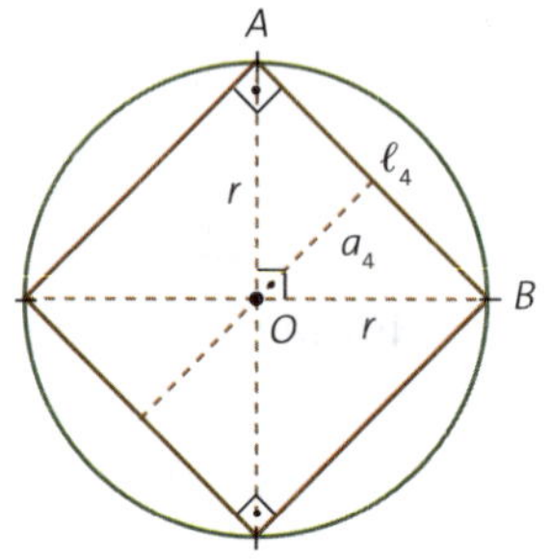

$$\ell_4 = r\sqrt{2}$$

$$a_4 = \frac{2\sqrt{2}}{2}$$

Hexágono regular inscrito em uma circunferência

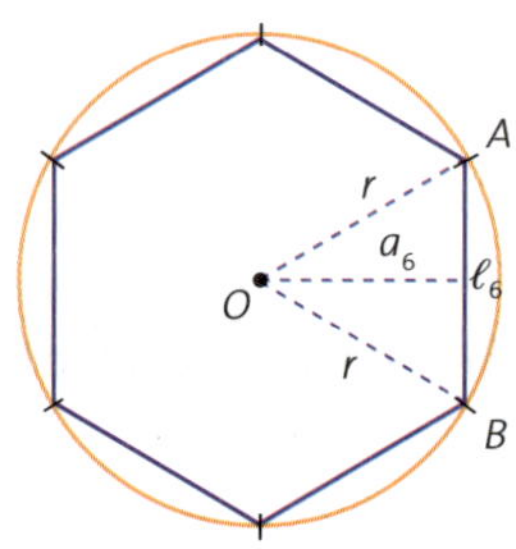

$$\ell_6 = r\sqrt{2}$$

$$a_6 = \frac{r\sqrt{3}}{2}$$

Triângulo equilátero inscrito em uma circunferência

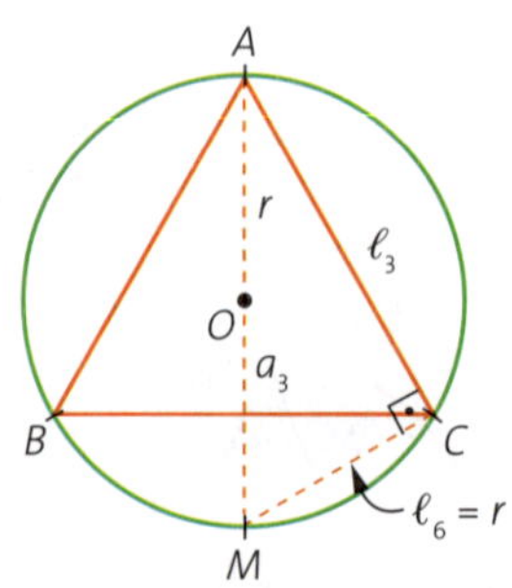

$$\ell_3 = r\sqrt{3}$$

$$a_3 = \frac{r}{2}$$

Comprimento da circunferência

$$C = 2\pi r$$

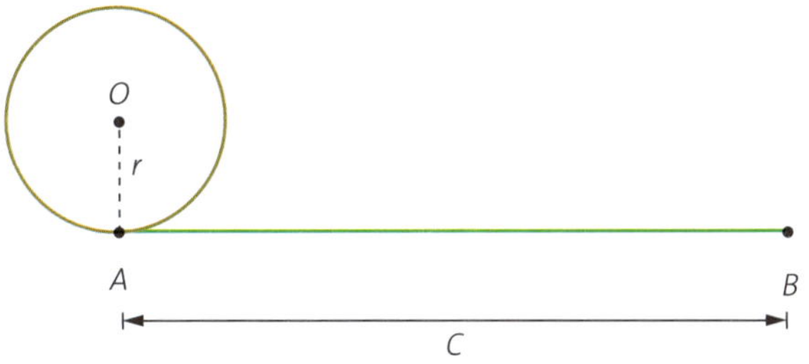

$\overline{AB}$: medida da circunferência ou comprimento da circunferência.

Comprimento de um arco

O comprimento ℓ de um arco pode ser calculado de forma proporcional ao comprimento da circunferência.

$$\frac{\ell}{2\pi r} = \frac{\alpha}{360°} = \frac{\alpha \text{ rad}}{2\pi} \rightarrow \text{fração da circunferência ocupada pelo arco}$$

Exercícios resolvidos

1. (UPM-SP) Se a soma das medidas dos arcos $\widehat{APB}$ e $\widehat{CQD}$ é 160°, então o ângulo α mede:

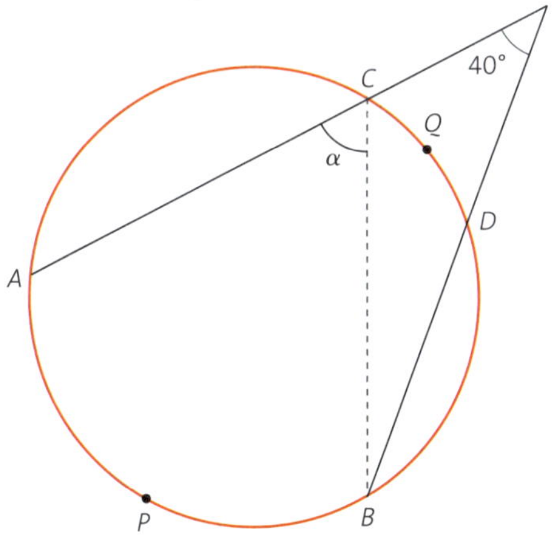

a) 60°.
b) 65°.
c) 70°.
d) 75°.
e) 80°.

Resolução

$$\frac{\widehat{APB} - \widehat{CQD}}{2} = 40° \Rightarrow \begin{cases} \widehat{APB} - \widehat{CQD} = 80° \\ \widehat{APB} + \widehat{CQD} = 160° \end{cases} \Rightarrow$$

$$\Rightarrow 2\widehat{APB} = 240° \Rightarrow \widehat{APB} = 120°$$

$$\alpha = \frac{\widehat{APB}}{2} \Rightarrow \alpha = 60°$$

Resposta: alternativa **a**.

2. (Uespi) O triângulo ABC está inscrito em uma circunferência, como ilustrado abaixo. Os arcos $\widehat{AB}$, $\widehat{BC}$ e $\widehat{CA}$, considerados no sentido anti-horário, medem, respectivamente, $2x - 20°$, $x + 24°$ e $4x + 6°$, para alguma medida em graus x.

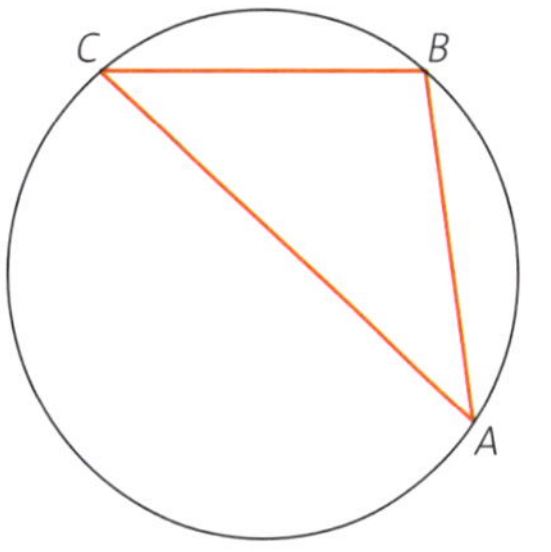

Qual a medida do ângulo interno do triângulo ABC que tem vértice em A?

a) 36°
b) 37°
c) 38°
d) 39°
e) 40°

Resolução

A soma dos arcos será igual a 360°:
$2x - 20° + x + 24° + 4x + 6° = 360° \Rightarrow$
$\Rightarrow 7x + 10° = 360° \Rightarrow 7x = 350° \Rightarrow x = 50°$

Como $\widehat{BC} = 74°$, $\hat{A} = \frac{74°}{2} = 37°$.

Resposta: alternativa **b**.

Exercícios propostos

1. (PUC-SP) O ângulo x, na figura a seguir, mede:

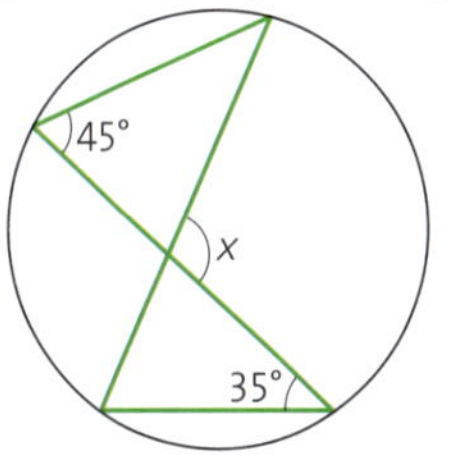

a) 60°.
b) 80°.
c) 90°.
d) 100°.
e) 120°.

2. (IFMG) Na figura, os triângulos *ABC* e *BCD* estão inscritos na circunferência.

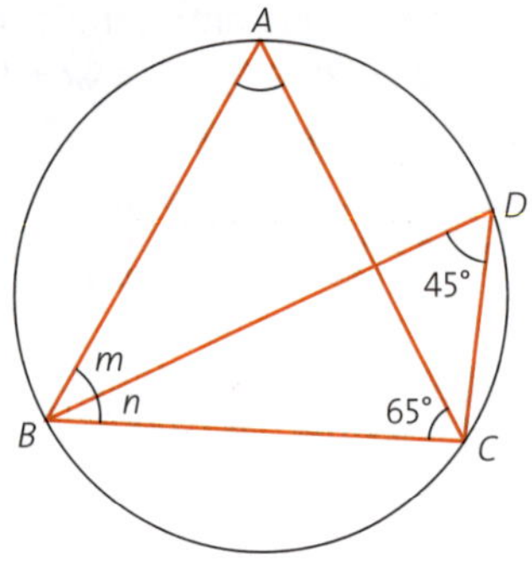

A soma das medidas $m + n$, em graus, é:

a) 70.
b) 90.
c) 110.
d) 130.

3. (FEI-SP) Na figura abaixo, $\overline{AB}$ é tangente à circunferência no ponto *B* e mede 8 cm.

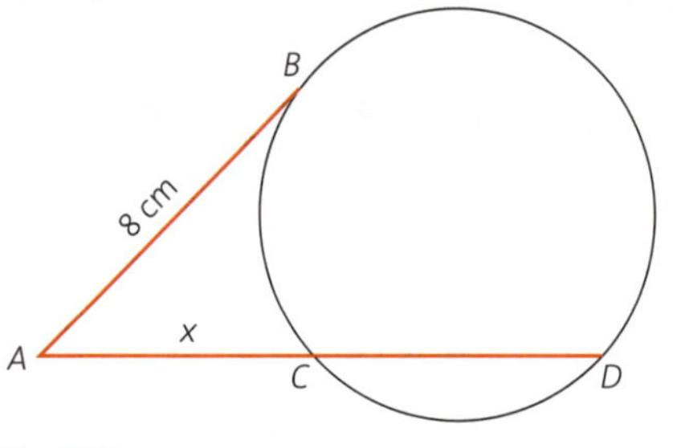

Se $\overline{AC}$ e $\overline{CD}$ têm a mesma medida *x*, o valor de *x*, em cm, é:

a) 4.
b) $4\sqrt{3}$.
c) 8.
d) $3\sqrt{2}$.
e) $4\sqrt{2}$.

4. (UFRGS-RS) Um disco de raio 1 gira ao longo de uma reta coordenada na direção positiva, como representado na figura abaixo.

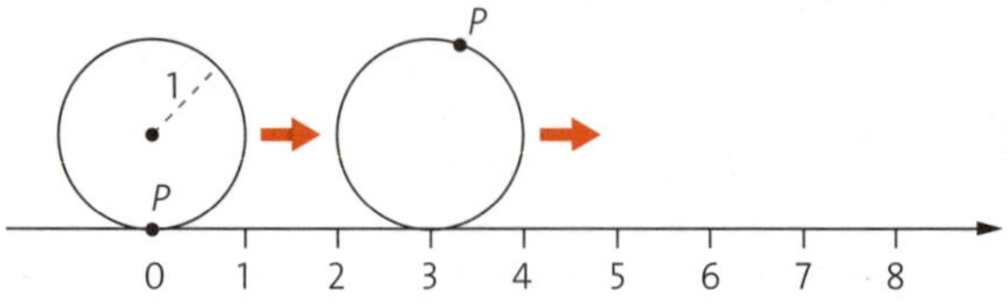

Considerando-se que o ponto *P* está inicialmente na origem, a coordenada de *P*, após 10 voltas completas, estará entre:

a) 60 e 62.
b) 62 e 64.
c) 64 e 66.
d) 66 e 68.
e) 68 e 70.

5. (UPM-SP) Na figura, se a circunferência tem centro *O* e $\overline{BC} = \overline{OA}$, então a razão entre as medidas dos ângulos $A\hat{O}D$ e $C\hat{O}B$ é:

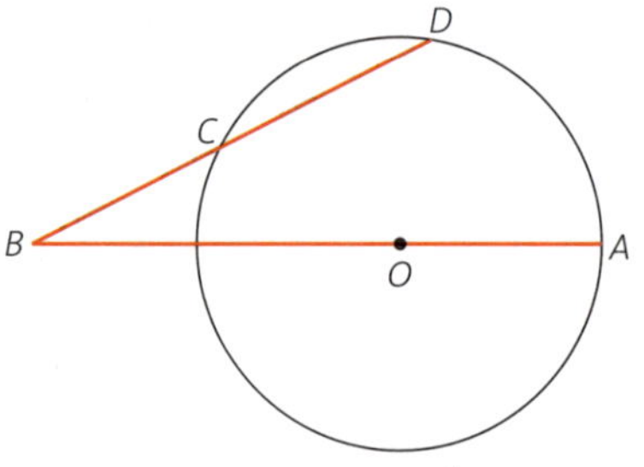

a) $\frac{5}{2}$.
b) $\frac{3}{2}$.
c) 2.
d) $\frac{4}{3}$.
e) 3.

MÓDULO 22 • Áreas de superfícies planas

A ideia intuitiva de área

Suponha que queiramos medir a região do plano indicada por *F* na figura abaixo. Para isso, precisamos comparar *F* com uma unidade de área que chamaremos de U. O resultado dessa comparação é o número que exprime quantas vezes a região *F* contém a unidade de área U. Esse número assim obtido é a área de *F*.

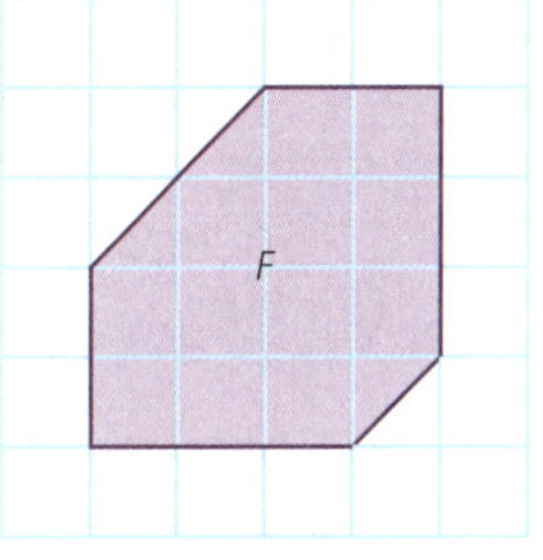

unidade de área: U

Então, a área da região plana *F* é 13,5 U, ou seja:

área de *F* = 13,5 U

Região quadrada unitária

Vamos estabelecer como unidade de área uma região quadrada cujo lado mede uma unidade de comprimento. Ela será chamada **região quadrada unitária**.

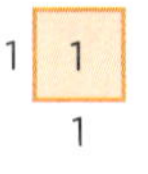

região quadrada unitária

Qualquer região quadrada cujo lado meça 1 terá, por definição, área igual a 1.

Área da região quadrada

A área de uma região quadrada *Q* cujo lado mede ℓ é dada por:

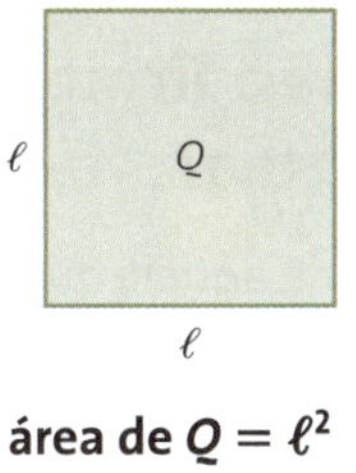

área de $Q = \ell^2$

sendo ℓ um número real positivo qualquer: natural, fracionário ou irracional.

Área da região retangular

Um retângulo é um quadrilátero que tem os quatro ângulos internos retos. A área de uma região retangular *R* cuja base mede *b* e a altura mede *h* é dada por:

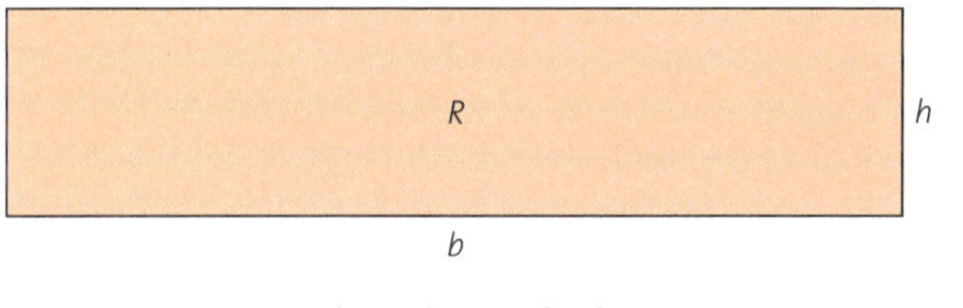

área de $R = b \cdot h$

sendo *b* e *h* números reais positivos quaisquer.

Área da região limitada por um paralelogramo

Paralelogramo é todo quadrilátero no qual os lados opostos são paralelos. A área de uma região limitada por um paralelogramo cuja base mede *b* e a altura, correspondente a essa base escolhida, mede *h* é dada por:

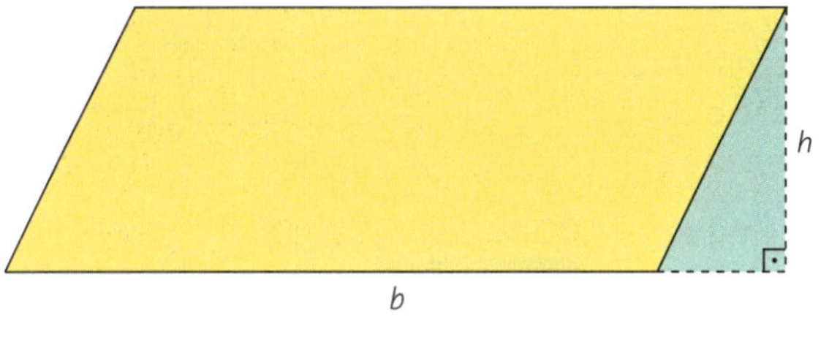

área da região limitada pelo paralelogramo = *bh*

sendo *b* e *h* números reais positivos quaisquer.

Área da região triangular

A área de uma região triangular cuja base mede *b* e a altura, correspondente a essa base escolhida, mede *h* é dada por:

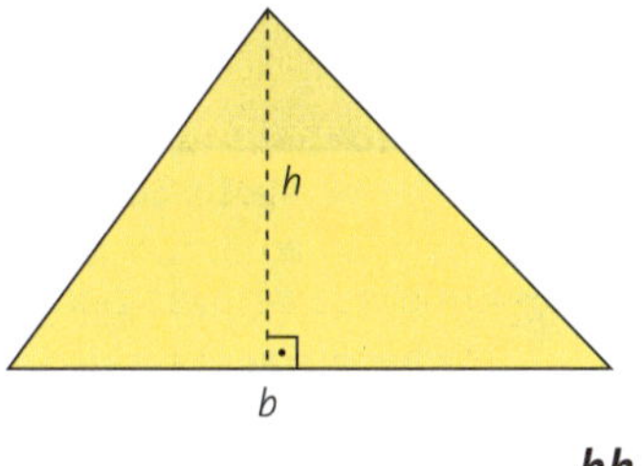

área da região triangular = $\frac{bh}{2}$

sendo *b* e *h* números reais positivos quaisquer.

Área da região limitada por um triângulo equilátero

Triângulo equilátero é todo triângulo cujos lados são congruentes (ℓ, ℓ e ℓ) e todos os ângulos internos são congruentes (60°, 60° e 60°). A área de uma região limitada por um triângulo equilátero cujo lado mede ℓ e é dada por:

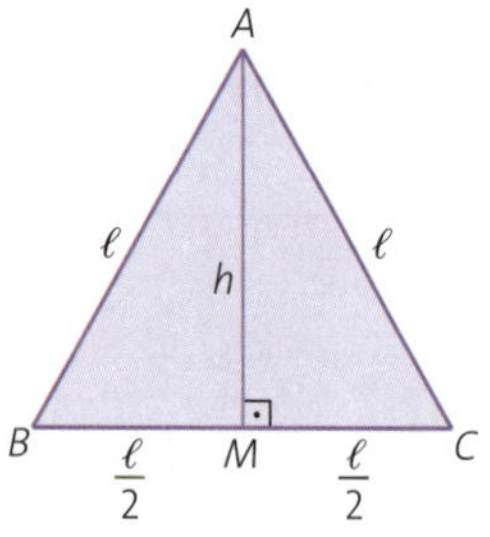

$$A = \frac{\ell^2\sqrt{3}}{4}$$

sendo ℓ um número real positivo qualquer.

Área da região triangular por meio da Trigonometria

A área S de uma região triangular cujos lados medem a e b e cujo ângulo entre esses lados mede α é dada por:

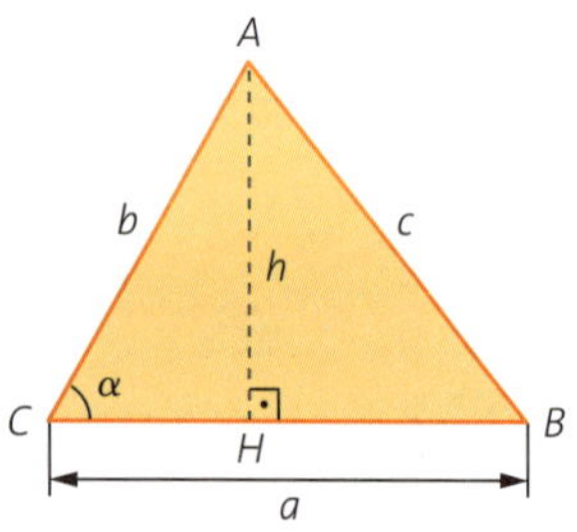

$$S = \frac{ab \cdot \text{sen}\alpha}{2}$$

Área da região triangular sendo conhecidos os três lados

A área de uma região triangular cujos lados medem a, b e c, sendo o semiperímetro $p = \frac{a+b+c}{2}$, é dada por:

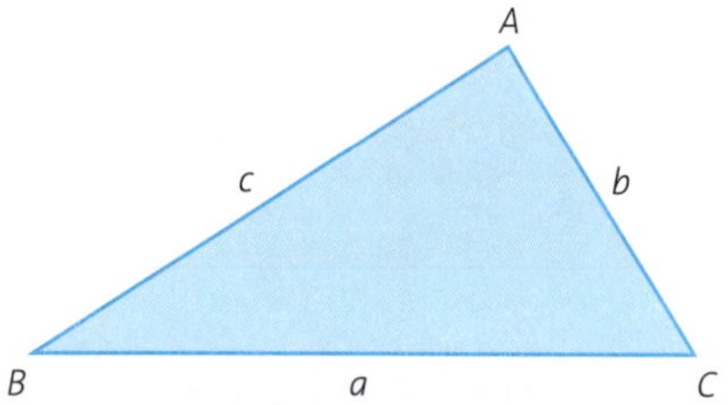

$$A = \sqrt{p(p-a)(p-b)(p-c)}$$

Área da região limitada por um trapézio

Trapézio é todo quadrilátero convexo com um par de lados paralelos. A área de uma região limitada por um trapézio cujas bases maior e menor medem, respectivamente, B e b, a altura correspondente a essa base mede h, é dada por:

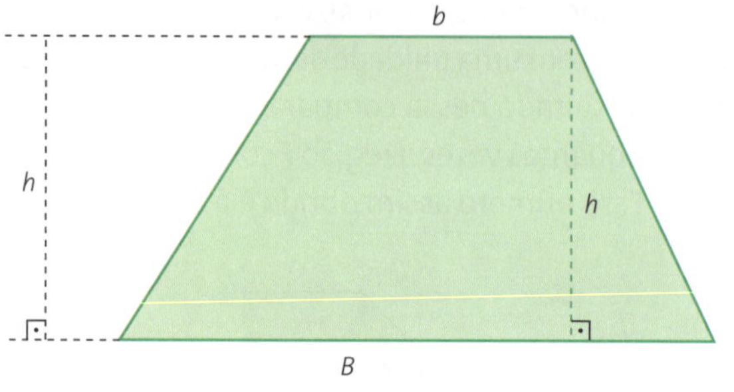

$$A = \frac{(B+b)h}{2} \quad \text{ou}$$

$$A = \frac{(\text{base maior} + \text{base menor}) \cdot \text{altura}}{2}$$

Área da região limitada por um losango

Losango é todo quadrilátero convexo que tem os quatro lados com medidas iguais. A área de uma região limitada por um losango cujas diagonais maior e menor medem, respectivamente, D e d é dada por:

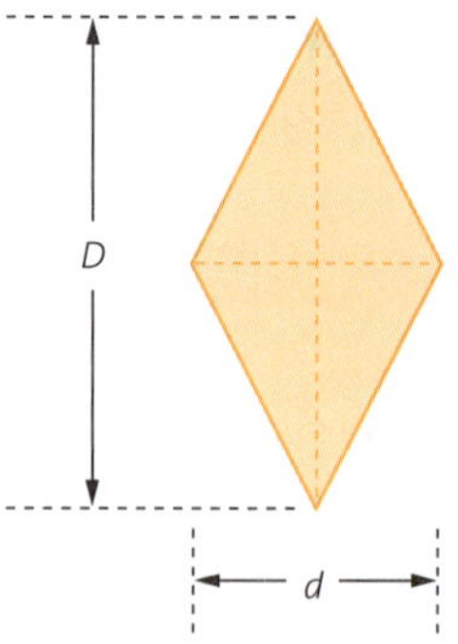

$$A = D \cdot \frac{d}{2} \quad \text{ou} \quad A = \frac{Dd}{2} \quad \text{ou}$$

$$A = \frac{\text{diagonal maior} \cdot \text{diagonal menor}}{2}$$

Área da região limitada por um polígono regular

Polígono regular é aquele que tem todos os lados e todos os ângulos internos congruentes. Ele pode ser inscrito em uma circunferência.

Observe alguns exemplos de polígonos regulares nos contornos das regiões poligonais.

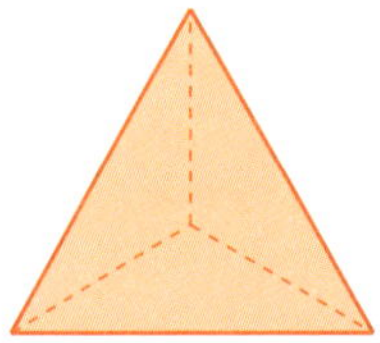

Triângulo equilátero (polígono regular de três lados)

Quadrado (polígono regular de quatro lados)

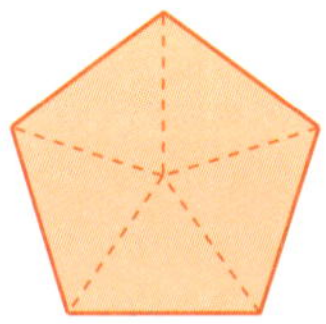

Pentágono regular (polígono regular de cinco lados)

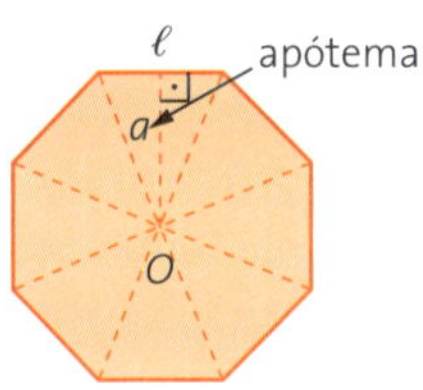

Octógono regular (polígono regular de oito lados)

Pode-se perceber que, se o polígono regular tem n lados, a região limitada por ele pode ser decomposta em n regiões limitadas por triângulos isósceles. Em cada um desses triângulos, a base é o lado (ℓ) e a altura é o apótema (a) do polígono regular.

A área da região limitada por um polígono regular de n lados pode, então, ser escrita assim:

$$\boldsymbol{A = n \cdot \frac{\ell a}{2}} \quad \text{ou} \quad \boldsymbol{A = \frac{n\ell}{2} \cdot a} \quad \text{ou} \quad \boldsymbol{A = pa}$$

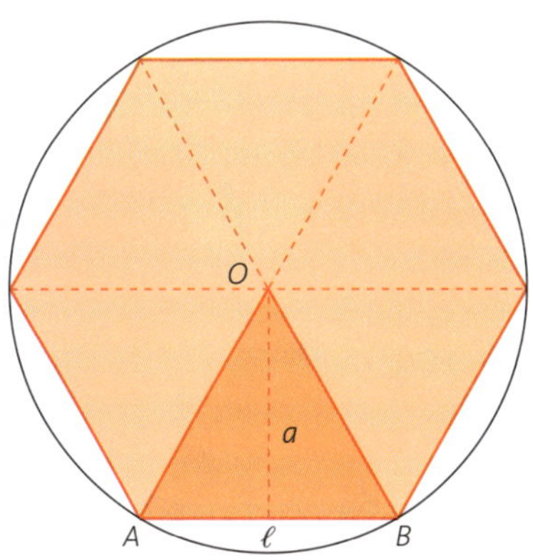

em que:

- ℓ: lado
- a: apótema
- $n\ell$: perímetro ($2p$)
- p: semiperímetro

Área do círculo

A área de um círculo de raio r é dada por:

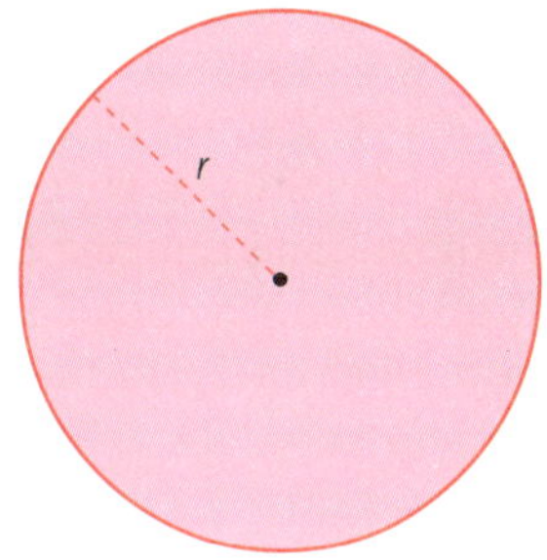

$$\boldsymbol{A = \pi r^2}$$

Área do setor circular

A área de um setor circular de um círculo de raio r que tem um arco correspondente de medida ℓ e um ângulo α é dada por:

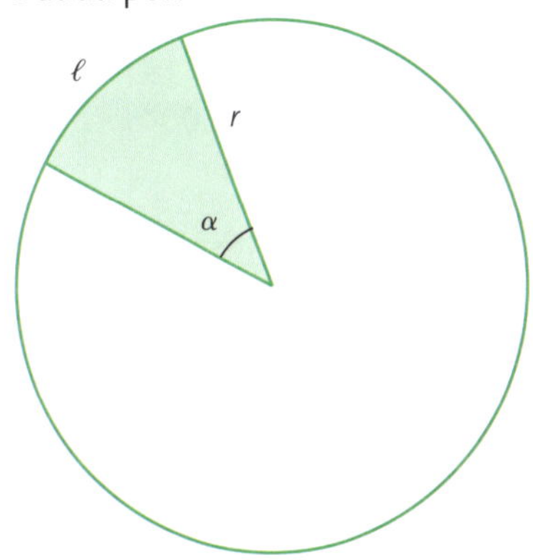

$$\frac{A_{setor}}{\pi r^2} = \frac{\alpha_{graus}}{360°} = \frac{\alpha_{rad}}{2\pi} = \frac{\ell}{2\pi r}$$

Razão de semelhança para áreas

Todos os quadrados são semelhantes entre si.

Considere três quadrados de lados x, $2x$ e $3x$:

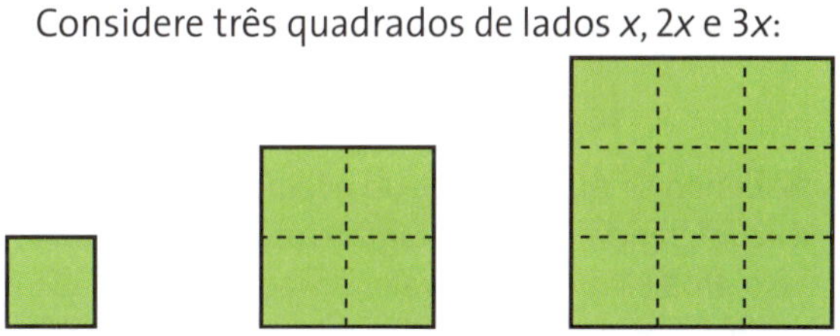

Note que suas áreas são x^2, $4x^2$ e $9x^2$, respectivamente. Ou seja, a área não é proporcional ao lado, e sim proporcional ao quadrado do lado. Isso também pode ser explicado pelo princípio da proporcionalidade: se duas figuras geométricas forem semelhantes com razão de semelhança k entre suas **grandezas lineares**, então suas áreas terão razão de semelhança k^2.

$A(kx, ky) = kA(x, ky) = k^2A(x, y)$, seja qual for a área $A(x, y)$.

Exercícios resolvidos

1. (Unicamp-SP) Um vulcão que entrou em erupção gerou uma nuvem de cinzas que atingiu rapidamente a cidade de Rio Grande, a 40 km de distância. Os voos com destino a cidades situadas em uma região circular com centro no vulcão e com raio 25% maior que a distância entre o vulcão e Rio Grande foram cancelados. Nesse caso, a área da região que deixou de receber voos é:
   a) maior que 10 000 km^2.
   b) menor que 8 000 km^2.
   c) maior que 8 000 km^2 e menor que 9 000 km^2.
   d) maior que 9 000 km^2 e menor que 10 000 km^2.

Resolução

$\pi \simeq 3{,}14$

$R = 40$ km

$r = \frac{25}{100} \cdot 40 + 40 = 50$ km

$A = \pi \cdot r^2 \Rightarrow A = 3{,}14 \cdot 14 \cdot 2\,500 \Rightarrow$

$\Rightarrow A = 7\,850\ km^2 < 8\,000\ km^2$

Resposta: alternativa **b**.

2. (Unirg-TO) Em uma determinada construção o engenheiro responsável dá um problema de cálculo de área de uma estrutura para ser resolvido por seu estagiário. A estrutura é representada na figura a seguir. O problema consiste em determinar o lado do quadrado. Este quadrado está circunscrito por uma circunferência cuja medida da área é 7500 m^2.

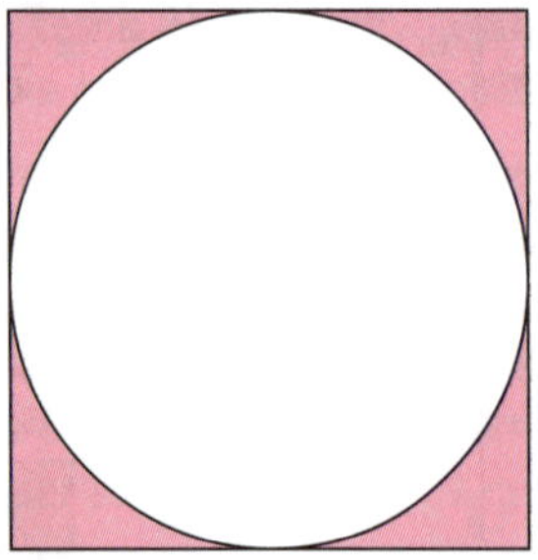

Sabendo-se que os lados do quadrado tangenciam a circunferência, e que o estagiário resolveu corretamente o problema. Então, o valor do lado do quadrado é: (Considere $\pi = 3$.)
   a) 25 m.
   b) 50 m.
   c) 75 m.
   d) 100 m.

Resolução

$S_0 = \pi \cdot r^2$

$S_0 = 7500$

$7500 = 3r^2 \Rightarrow r^2 = 2500 \Rightarrow r = 50$

$\ell_4 = 2r \Rightarrow \ell_4 = 2 \cdot 50 = 100$

Resposta: alternativa **d**.

Exercícios propostos

1. (UFRN) A figura abaixo representa uma área quadrada, no jardim de uma residência. Nessa área, as regiões sombreadas são formadas por quatro triângulos cujos lados menores medem 3 m e 4 m, onde será plantado grama. Na parte branca, será colocado um piso de cerâmica.

O proprietário vai ao comércio comprar esses dois produtos e, perguntado sobre a quantidade de cada um, responde:
   a) 24 m^2 de grama e 25 m^2 de cerâmica.
   b) 24 m^2 de grama e 24 m^2 de cerâmica.
   c) 49 m^2 de grama e 25 m^2 de cerâmica.
   d) 49 m^2 de grama e 24 m^2 de cerâmica.

2. (Fuvest-SP) A figura a seguir representa sete hexágonos regulares de lado 1 e um hexágono maior, cujos vértices coincidem com os centros de seis dos hexágonos menores.

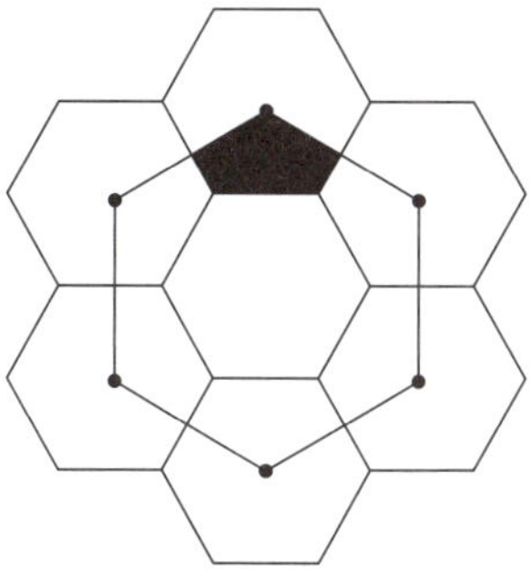

Então, a área do pentágono hachurado é igual a:

a) $3\sqrt{3}$.
b) $2\sqrt{3}$.
c) $\frac{3\sqrt{3}}{2}$.
d) $\sqrt{3}$.
e) $\frac{\sqrt{3}}{2}$.

3. (UFPB) Para estimular a prática de atletismo entre os jovens a prefeitura de uma cidade lançou um projeto de construção de ambientes destinados à prática de esportes. O projeto contempla a construção de uma pista de atletismo com 10 m de largura em torno de um campo de futebol retangular medindo 100 m × 50 m. A construção será feita da seguinte maneira: duas partes da pista serão paralelas às laterais do campo; as outras duas partes estarão, cada uma, entre duas semicircunferências, conforme a figura a seguir.

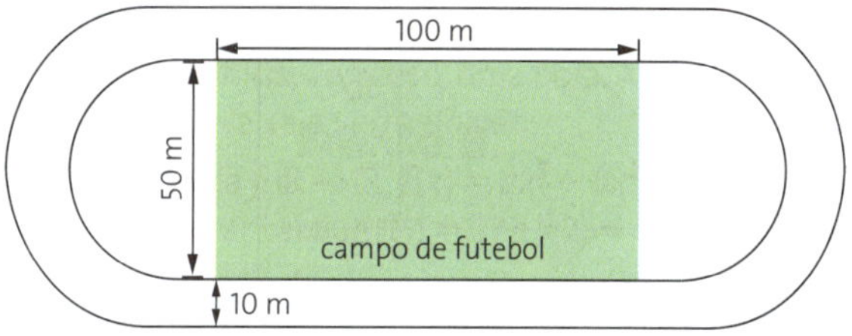

A partir desses dados, é correto afirmar que a pista de atletismo terá uma área de: (Use $\pi = 3{,}14$.)

a) 2 184 m^2.
b) 3 884 m^2.
c) 3 948 m^2.
d) 4 284 m^2.
e) 4 846 m^2.

FRENTE C MÓDULO 22

4. (UEL-PR) Sabendo-se que o terreno de um sítio é composto de um setor circular, de uma região retangular e de outra triangular, com as medidas indicadas na figura abaixo, qual a área aproximada do terreno?

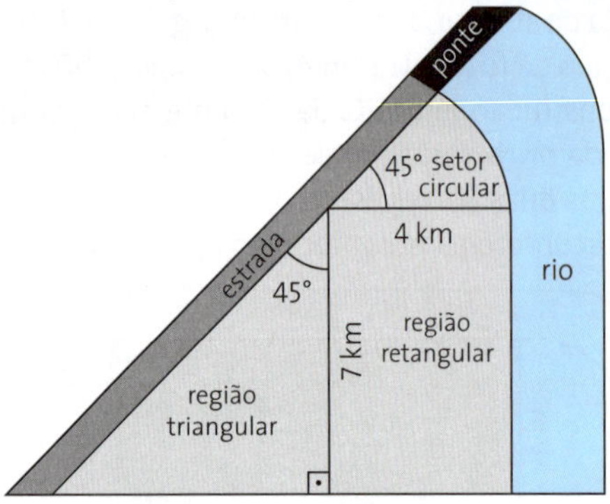

a) 38,28 km^2
b) 45,33 km^2
c) 56,37 km^2
d) 58,78 km^2
e) 60,35 km^2

5. (FGV-SP) Cada um dos 7 círculos menores da figura a seguir tem raio 1 cm. Um círculo pequeno é concêntrico com o círculo grande, e tangencia os outros 6 círculos pequenos. Cada um desses 6 outros círculos pequenos tangencia o círculo grande e 3 círculos pequenos.

Na situação descrita, a área da região sombreada na figura, em cm^2, é igual a:

a) π.
b) $\frac{3\pi}{2}$.
c) 2π.
d) $\frac{5\pi}{2}$.
e) 3π.

Exercícios-tarefa

Frente A

MÓDULO 1

1. (Unifacs-BA) Em uma pesquisa, foram feitas duas perguntas aos alunos de uma escola pública e constatou-se que:
   - 120 responderam "sim" a ambas;
   - 300 responderam "sim" à primeira;
   - 250 responderam "sim" à segunda;
   - 200 responderam "não" a ambas.

   Considerando-se que x alunos responderam a essa pesquisa, é correto afirmar que x é igual a:
   01) 870.
   02) 670.
   03) 630.
   04) 570.
   05) 530.

2. (Unifor-CE) No dia 17 de maio, houve uma campanha de doação de sangue no campus da Universidade de Fortaleza. Sabemos que o sangue das pessoas pode ser classificado em quatro tipos quanto a antígenos. Uma pesquisa feita com um grupo de 100 alunos da Universidade constatou que 42 deles têm o antígeno A, 36 têm o antígeno B e 12 o antígeno AB. Sendo assim, podemos afirmar que o número de alunos cujo sangue tem o antígeno O é:
   a) 20 alunos.
   b) 26 alunos.
   c) 34 alunos.
   d) 35 alunos.
   e) 36 alunos.

3. (UFPB) Antes da realização de uma campanha de conscientização de qualidade de vida, a Secretaria de Saúde de um município fez algumas observações de campo e notou que dos 300 indivíduos analisados 130 eram tabagistas, 150 eram alcoólatras e 40 tinham esses dois vícios. Após a campanha, o número de pessoas que apresentaram, pelo menos, um dos dois vícios sofreu uma redução de 20%. Com base nessas informações, é correto afirmar que, com essa redução, o número de pessoas sem qualquer um desses vícios passou a ser:
   a) 102.
   b) 104.
   c) 106.
   d) 108.
   e) 110.

4. (UEPG-PR) Considerando o intervalo real $A = [-3, 6]$ e o conjunto $P = A \cap \mathbb{N}^*$, assinale o que for correto.
   01) $\{0, 1, 2\} \subset P$
   02) $-3 \in P$
   04) $P = [1, 6]$
   08) $5 \in P$
   16) $n(P) = 6$

5. (UFJF-MG) Uma pesquisa realizada com os alunos do ensino médio de um colégio indicou que 221 alunos gostam da área de saúde, 244 da área de exatas, 176 da área de humanas, 36 da área de humanas e de exatas, 33 da área de humanas e de saúde, 14 da área de saúde e de exatas e 6 gostam das três áreas. O número de alunos que gostam apenas de uma das três áreas é:
   a) 487.
   b) 493.
   c) 564.
   d) 641.
   e) 730.

6. (Favip-PE) Dos 700 estudantes de uma escola, 130 jogam futebol, 90 jogam vôlei e 80 jogam basquete. Se 25 estudantes jogam exatamente dois, dentre os três esportes, e 12 estudantes jogam os três esportes, quantos estudantes da escola não jogam nenhum dos três esportes?
   a) 440
   b) 443
   c) 446
   d) 448
   e) 449

7. (UEL-PR) Num dado momento, três canais de TV tinham, em sua programação, novelas em seus horários nobres: a novela *A* no canal *A*, a novela *B* no canal *B* e a novela *C* no canal *C*. Numa pesquisa com 3 000 pessoas, perguntou-se quais novelas agradavam. A tabela a seguir indica o número de telespectadores que designaram as novelas como agradáveis.

Novelas	Número de telespectadores
A	1450
B	1150
C	900
A e *B*	350
A e *C*	400
B e *C*	300
A, *B* e *C*	100

   Quantos telespectadores entrevistados não acham agradável nenhuma das três novelas?
   a) 300 telespectadores
   b) 370 telespectadores
   c) 450 telespectadores
   d) 470 telespectadores
   e) 500 telespectadores

8. (UCS-RS) Em um grupo de vestibulandos, havia:

- 10 que moravam em Caxias;
- 12 que se inscreveram para algum curso de Engenharia;
- 7 que moravam em Caxias e fizeram curso pré-vestibular;
- 8 que moravam em Caxias e inscreveram-se para algum curso de Engenharia;
- 9 que se inscreveram para algum curso de Engenharia e fizeram curso pré-vestibular;
- 6 que moravam em Caxias, inscreveram-se para algum curso de Engenharia e fizeram curso pré-vestibular;
- 11 que não moravam em Caxias, não se inscreveram para algum curso de Engenharia e não fizeram curso pré-vestibular;
- 2 que fizeram curso pré-vestibular, mas não moravam em Caxias e sua opção não era para curso de Engenharia.

O número de vestibulandos que estavam nesse grupo e o número dos que fizeram curso pré-vestibular são, respectivamente:

a) 65 e 24.
b) 65 e 21.
c) 27 e 24.
d) 30 e 12.
e) 27 e 12.

9. (Vunesp-SP) Considere os pacientes da AIDS classificados em três grupos de risco: hemofílicos, homossexuais e toxicômanos. Num certo país, de 75 pacientes, verificou-se que: 41 são homossexuais; 9 são homossexuais e hemofílicos, e não são toxicômanos; 7 são homossexuais e toxicômanos, e não são hemofílicos; 2 são hemofílicos e toxicômanos, e não são homossexuais; 6 pertencem apenas ao grupo de risco dos toxicômanos; o número de pacientes que são apenas hemofílicos é igual ao número de pacientes que são apenas homossexuais; o número de pacientes que pertencem simultaneamente aos três grupos de risco é a metade do número de pacientes que não pertencem a nenhum dos grupos de risco. Quantos pacientes pertencem simultaneamente aos três grupos de risco?

10. (ITA-SP) Considere as seguintes afirmações sobre o conjunto $U = \{0; 1; 2; 3; 4; 5; 6; 7; 8; 9\}$:

I. $\varnothing \in U$ e $n(U) = 10$

II. $\varnothing \subset U$ e $n(U) = 10$

III. $5 \in U$ e $\{5\} \subset U$

IV. $\{0; 1; 2; 5\} \cap \{5\} = 5$

Pode-se dizer, então, que é (são) verdadeira(s):

a) apenas I e III.
b) apenas II e IV.
c) apenas II e III.
d) apenas IV.
e) todas as afirmações.

11. (Insper-SP) Dizemos que um conjunto numérico C é fechado pela operação ★ se, e somente se, para todo $c_1, c_2 \in C$, tem-se $(c_1 \star c_2) \in C$. A partir dessa definição, avalie as afirmações seguintes:

I. O conjunto $A = \{0, 1\}$ é fechado pela multiplicação.

II. O conjunto B de todos os números naturais que são quadrados perfeitos é fechado pela multiplicação.

III. O conjunto $C = \{1, 2, 3, 4, 5, 6\}$ é fechado pela adição.

Está(ão) correta(s):

a) apenas a afirmação I.
b) apenas as afirmações I e II.
c) apenas as afirmações I e III.
d) apenas as afirmações II e III.
e) as três afirmações.

12. (Unifor-CE) Considerando os conjuntos $\mathbb{Z}$ dos números inteiros, $\mathbb{Q}$ dos números racionais e $\mathbb{N}$ dos naturais, qual dos números não pertence ao conjunto $(\mathbb{Q} - \mathbb{N})^C \cup \mathbb{Z}$?

a) $\sqrt{2}$
b) 0
c) -1
d) π
e) 2,13

13. (UEPG-PR) Assinale o que for correto.

01) O número real representado por 0,5222... é um número racional.

02) O quadrado de qualquer número irracional é um número racional.

04) Se m e n são números irracionais então $m \cdot n$ pode ser racional.

08) O número real $\sqrt{3}$ pode ser escrito sob a forma $\frac{a}{b}$, onde a e b são inteiros e $b \neq 0$.

16) Toda raiz de uma equação algébrica do 2º grau é um número real.

14. (Ufop-MG) A respeito dos números $a = 0{,}499999...$ e $b = 0{,}5$, é correto afirmar:

a) $b = a + 0{,}011111...$
b) $a = b$.
c) a é irracional e b é racional.
d) $a < b$.

15. (UPE) Sejam $\mathbb{N}$, $\mathbb{Z}$, $\mathbb{Q}$ e $\mathbb{R}$, respectivamente, os conjuntos dos números naturais, inteiros, racionais e reais. Assinale a única alternativa FALSA.

a) $\mathbb{N} \cap \mathbb{Z} = \mathbb{N} \cap \mathbb{Q}$
b) $\mathbb{Z} \subset (\mathbb{N} \cup \mathbb{Q}) \cap (\mathbb{R} \cap \mathbb{N})$
c) $\mathbb{Z} \subset (\mathbb{N} \cup \mathbb{Q}) \cap (\mathbb{R} \cup \mathbb{N})$
d) $\mathbb{Q} \supset \mathbb{N} \cup (\mathbb{Z} \cap \mathbb{R})$
e) $\mathbb{Z} \supset (\mathbb{N} \cap \mathbb{Z}) \cup (\mathbb{Z} \cap \mathbb{Q})$

MÓDULO 2

1. (UFV-MG) Os pares ordenados (1, 2), (2, 6), (3, 7), (4, 8) e (1, 9) pertencem ao produto cartesiano $A \times B$. Sabendo-se que $A \times B$ tem 20 elementos, é CORRETO afirmar que a soma dos elementos de A é:
   a) 9.
   b) 11.
   c) 10.
   d) 12.
   e) 15.

2. (UFRN) Considerando $K = \{1, 2, 3, 4\}$, marque a opção cuja figura representa o produto cartesiano $K \times K$.
   a) 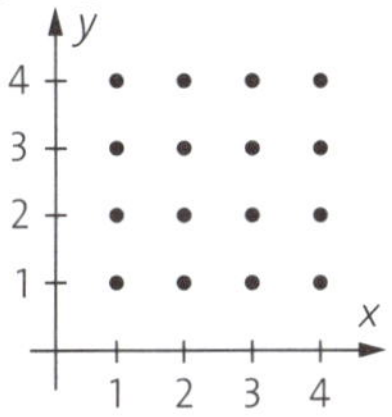
   b) 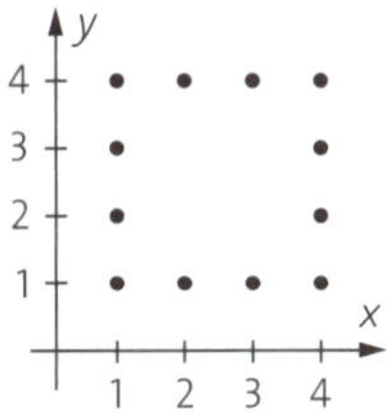
   c) 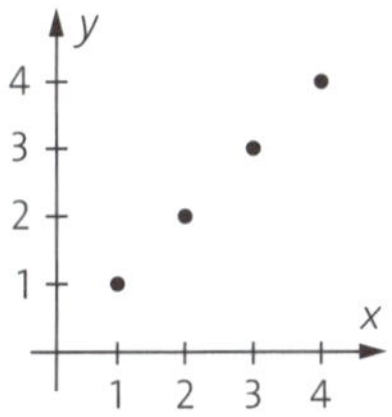
   d) 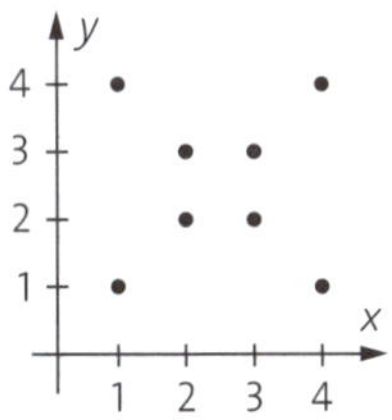

3. (UEL-PR) Seja $\mathbb{N} = \{0, 1, 2, 3, ...\}$. Se $n \in \mathbb{N}$, qual das regras de associação a seguir define uma função de $\mathbb{N}$ em $\mathbb{N}$?
   a) n é associado a sua metade.
   b) n é associado a seu antecessor.
   c) n é associado ao resto de sua divisão por 7.
   d) n é associado a p tal que p é primo e $p < n$.
   e) n é associado a m tal que m é múltiplo de n.

4. (Cesgranrio-RJ) Seja $f: \mathbb{R} \to \mathbb{R}$ uma função. O conjunto dos pontos de interseção do gráfico de f com uma reta vertical:
   a) possui exatamente dois elementos.
   b) é vazio.
   c) é não enumerável.
   d) possui, pelo menos, dois elementos.
   e) possui um só elemento.

5. (Uniaraxá-MG) Qual das seguintes curvas não pode representar uma função?
   a) 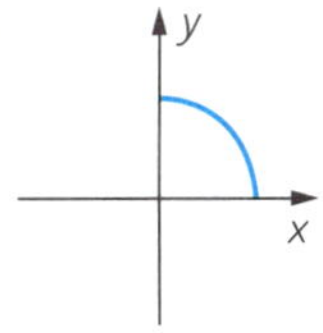
   b) 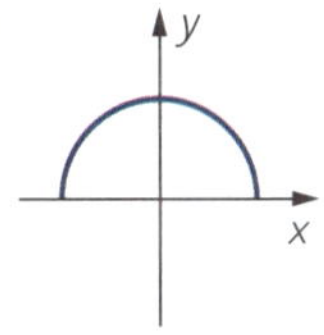
   c) 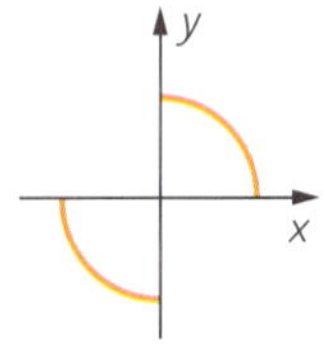
   d) 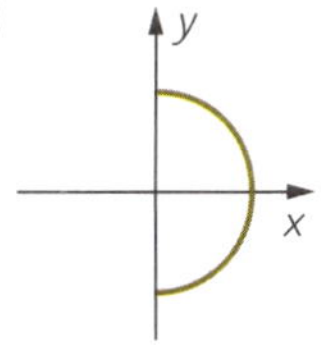
   e) 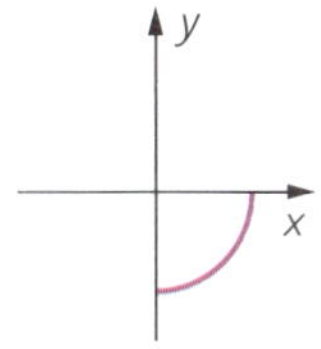

6. (UFRN) O gráfico abaixo, publicado na revista *Veja* de 13/6/2012, a partir dos dados da Unep, revela uma desaceleração no ritmo de desmatamento das florestas.

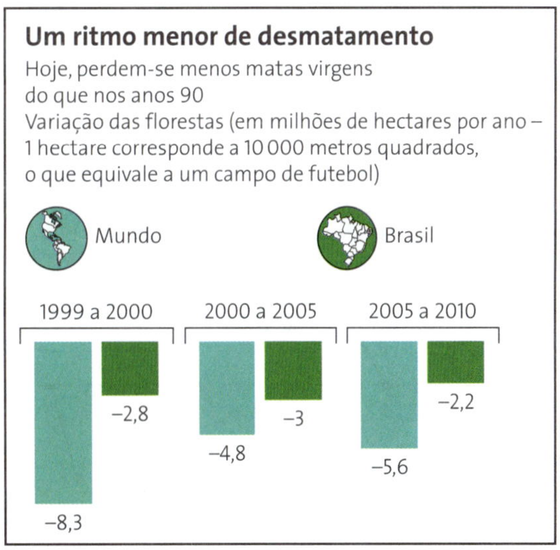

Veja, São Paulo, nº 2 273, p. 99, 13 jun. 2012. Adaptado.

Com base nesse gráfico, é correto afirmar:
   a) No Brasil, de 2000 a 2010, o ritmo do desmatamento caiu na ordem de 5,2 milhões de hectares por ano.
   b) No Brasil, de 2000 a 2010, o ritmo do desmatamento caiu na ordem de 2,6 milhões de hectares por ano.
   c) Durante o período apresentado no gráfico, a desaceleração do ritmo do desmatamento no mundo foi três vezes maior que a desaceleração no Brasil.
   d) Na década de noventa, a desaceleração do ritmo do desmatamento das florestas no mundo foi aproximadamente quatro vezes maior que a desaceleração no Brasil.

7. (UFRN) O Triatlo Olímpico é uma modalidade de competição que envolve três etapas. Na primeira etapa, os competidores enfrentam 1,5 km de natação em mar aberto; na segunda etapa, eles percorrem 40 km de corrida ciclística; e, na terceira etapa, participam de uma meia maratona de 10 km.

O gráfico que melhor representa, aproximadamente, a distância percorrida, em quilômetros, por um atleta que completa a prova durante as duas horas da competição é:

a) 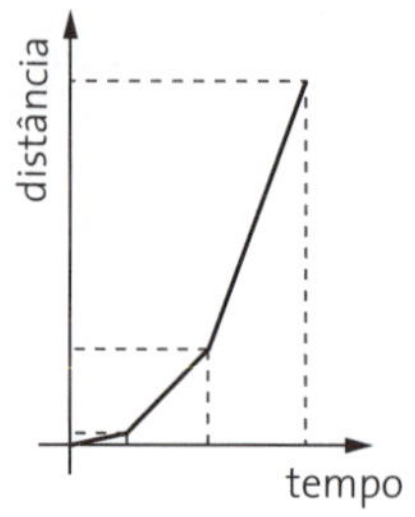

c) 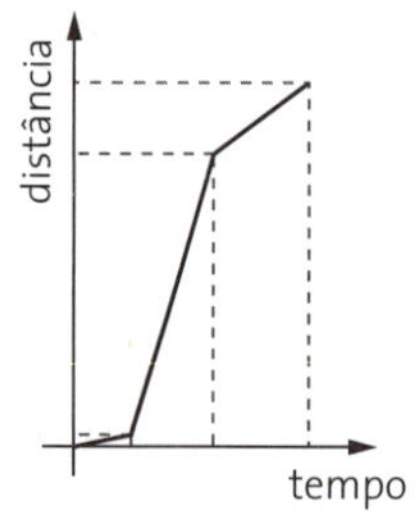

b) 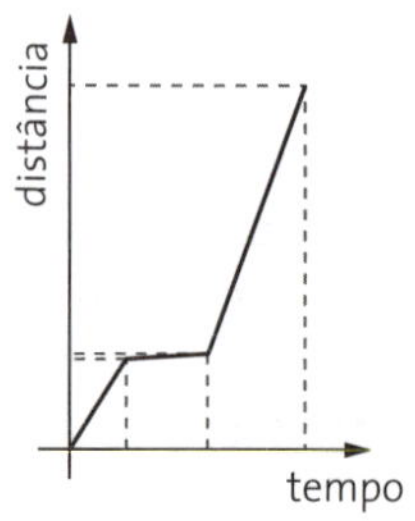

d) 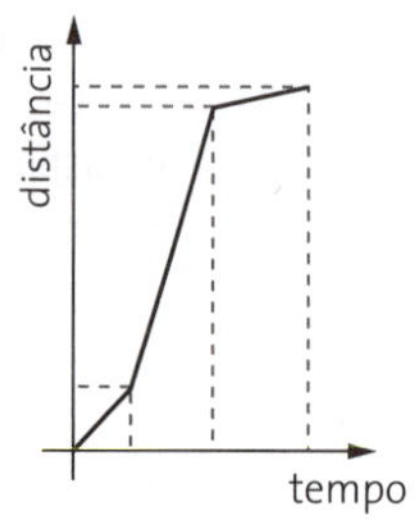

8. (Vunesp-SP) O gráfico representa a vazão resultante de água, em m^3/h, em um tanque, em função do tempo, em horas. Vazões negativas significam que o volume de água no tanque está diminuindo.

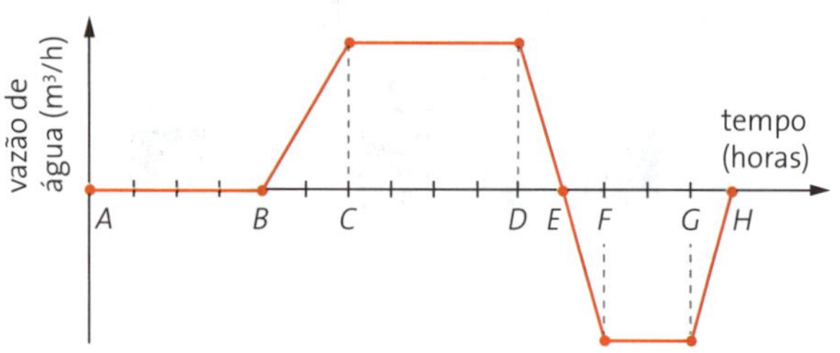

São feitas as seguintes afirmações:

I. No intervalo de *A* até *B*, o volume de água no tanque é constante.

II. No intervalo de *B* até *E*, o volume de água no tanque está crescendo.

III. No intervalo de *E* até *H*, o volume de água no tanque está decrescendo.

IV. No intervalo de *C* até *D*, o volume de água no tanque está crescendo mais rapidamente.

V. No intervalo de *F* até *G*, o volume de água no tanque está decrescendo mais rapidamente.

É correto o que se afirma em:

a) I, III e V, apenas.
b) II e IV, apenas.
c) I, II e III, apenas.
d) III, IV e V, apenas.
e) I, II, III, IV e V.

9. (PUC-RS) Se $f(x - 1) = x^2 + 2$, então $f(3)$ é igual a:

a) 2.
b) 4.
c) 6.
d) 11.
e) 18.

10. (Unimontes-MG) O domínio da função real, definida por $f(x) = \dfrac{\sqrt{3 - 2x}}{\sqrt{x - 1}}$, é o conjunto:

a) $\left\{x \in \mathbb{R} \mid -\dfrac{3}{2} \leqslant x < 1\right\}$.

b) $\left\{x \in \mathbb{R} \mid 1 < x \leqslant \dfrac{3}{2}\right\}$.

c) $\left\{x \in \mathbb{R} \mid x \leqslant \dfrac{3}{2} \text{ e } x \neq 1\right\}$.

d) $\left\{x \in \mathbb{R} \mid x \geqslant \dfrac{3}{2} \text{ e } x < 1\right\}$.

11. (ESPM-RS) Na figura abaixo, o gráfico da função $g(x)$ foi obtido pelo deslocamento do gráfico da função $f(x)$ de 1 unidade para cima e 1 unidade para a direita.

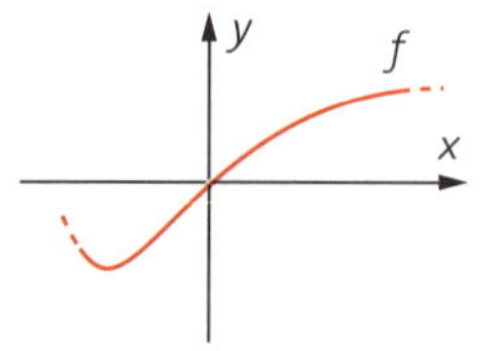

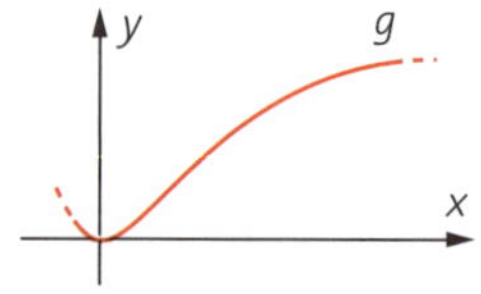

Podemos concluir que:

a) $g(x) = 1 + f(x)$.
b) $g(x) = f(x + 1)$.
c) $g(x) = 1 + f(x + 1)$.
d) $g(x) = f(x - 1)$.
e) $g(x) = 1 + f(x - 1)$.

12. (Uerj) Em um ecossistema lacustre habitado por vários peixes de pequeno porte, foi introduzido um determinado peixe carnívoro. A presença desse predador provocou variação das populações de seres vivos ali existentes, conforme mostra o gráfico a seguir.

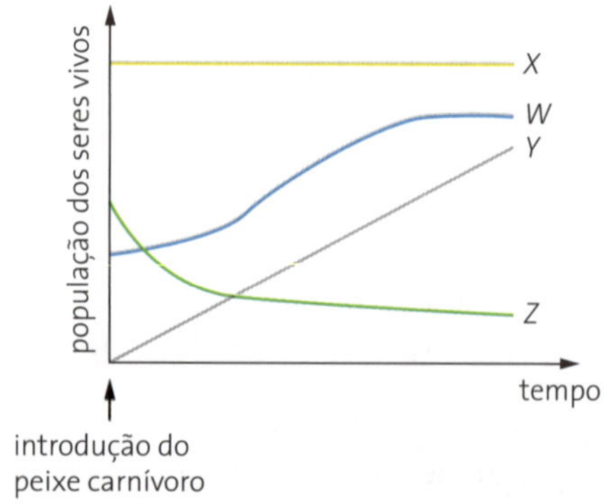

A curva que indica a tendência da variação da população de fitoplâncton nesse lago, após a introdução do peixe carnívoro, é a identificada por:

a) *W*.
b) *X*.
c) *Y*.
d) *Z*.

13. (Fatec-SP) O jipe-robô *Curiosity* da NASA chegou a Marte, em agosto de 2012, carregando consigo câmeras de alta resolução e um sofisticado laboratório de análises químicas para uma rotina de testes. Da Terra, uma equipe de técnicos comandava seus movimentos e lhe enviava as tarefas que deveria realizar.

Imagine que, ao verem a imagem de uma rocha muito peculiar, os técnicos da NASA, no desejo de que o *Curiosity* a analisasse, determinam uma trajetória reta que une o ponto de observação até a rocha e instruem o robô para iniciar seu deslocamento, que teve duração de uma hora.

Nesse intervalo de tempo, o *Curiosity* desenvolveu as velocidades indicadas no gráfico.

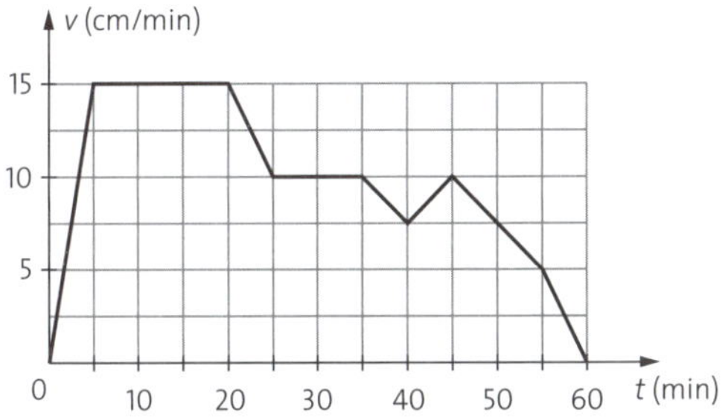

O deslocamento total realizado pelo *Curiosity* do ponto de observação ao seu destino foi, em metros:

a) 9.
b) 6.
c) 4.
d) 2.
e) 1.

14. (Unifor-CE) O gráfico abaixo, publicado na *Folha de S. Paulo*, mostra os gastos (em bilhões de reais) do Governo Federal com os juros da dívida pública no período de 2004 a 2010.

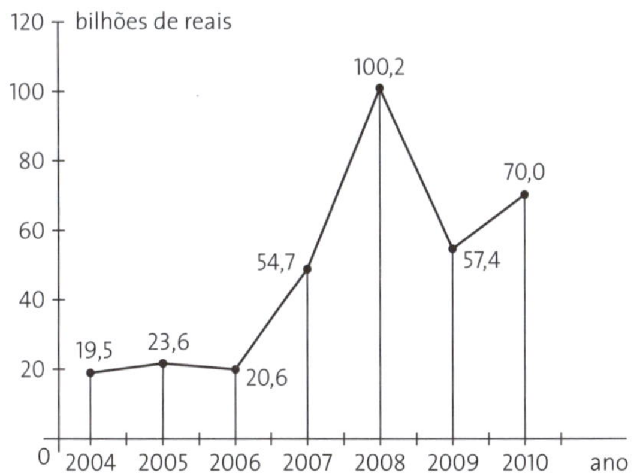

(Adaptado)

Analisando o gráfico, podemos afirmar que o item CORRETO é:

a) Em 2006, o gasto foi maior do que em 2005.
b) O menor gasto foi em 2006.
c) Em 2006, houve redução de 20% nos gastos, em relação a 2005.
d) A média dos gastos nos anos de 2009 e 2010 foi de R$ 63,7 bilhões.
e) Os gastos decresceram de 2006 a 2008.

15. (Uergs-RS) A função *f*, de $A = \{2, 3, 4\}$ em $B = \{0, 1, 2, 3, 4, 5\}$, definida por $f(x) = x + 1$, tem por imagem o conjunto:

a) $\{2, 3, 4\}$.
b) $\{0, 1, 2, 3, 4, 5\}$.
c) $\{1, 2, 3, 4, 5\}$.
d) $\{2, 3, 4, 5\}$.
e) $\{3, 4, 5\}$.

MÓDULO 3

1. (PUC-MG) Em certa cidade, durante os dez primeiros dias do mês de julho de 2003, a temperatura, em graus Celsius, foi decrescendo de forma linear de acordo com a função $T(t) = -2t + 18$, em que *t* é o tempo medido em dias. Nessas condições, pode-se afirmar que, no dia 8 de julho de 2003, a temperatura nessa cidade foi:

a) 0 °C.
b) 2 °C.
c) 3 °C.
d) 4 °C.
e) 5 °C.

2. (Uneb-BA) Dois jovens cientistas, trabalhando em laboratórios separados, resolvem, por comodidade, criar escalas termométricas convenientes a seus experimentos: o Celrenheit e o Fahsius. Um não conhece a escala usada pelo outro. Um estudante, ao ler os relatórios dos experimentos, percebe as novas escalas usadas e, tentando relacioná-las, descobre que a água congela a −12 graus Celrenheit ou a 2 graus Fahsius, e ferve a 18 graus Celrenheit ou a 157 graus Fahsius. Descobre ainda uma coisa muito importante: as duas escalas são lineares.

UNEB/2012

Disponível em: <http://jaogarcia.blog.uol.com.br>. Acesso em: 1º ago. 2011.

Com base nessas informações, pode-se concluir que 4,2 graus Celrenheit corresponde, em graus Fahsius, a:

01) 78,6.
02) 80,4.
03) 82,8.
04) 85,7.
05) 90,5.

3. (Ufes) O banco Mutreta & Cambalacho cobra uma Tarifa para Manutenção de Conta (TMC) da seguinte forma: uma taxa de R$ 10,00 mensais e mais uma taxa de R$ 0,15 por cheque emitido. O banco Dakah Tom Malah cobra de TMC uma taxa de R$ 20,00 mensais e mais uma taxa de R$ 0,12 por cheque emitido. O Sr. Zé Doular é correntista dos dois bancos e emite, mensalmente, 20 cheques de cada banco. A soma das TMCs, em reais, pagas mensalmente por ele aos bancos é:

a) 10,15.
b) 20,12.
c) 30,27.
d) 35,40.
e) 50,27.

4. (UEL-PR) O gerente de uma agência de turismo promove passeios de bote para descer cachoeiras. Ele percebeu que quando o preço pedido para esse passeio era R$ 25,00, o número médio de passageiros por semana era de 500. Quando o preço era reduzido para R$ 20,00, o número médio de fregueses por semana sofria um acréscimo de 100 passageiros. Considerando que essa demanda seja linear, se o preço for reduzido para R$ 18,00, o número médio de passageiros esperado por semana será:

a) 360.
b) 540.
c) 640.
d) 700.
e) 160.

5. (Favip-PE) Um plano telefônico custa R$ 50,00 ao mês, com franquia de 300 minutos, e cada minuto utilizado além da franquia custa R$ 0,60. Se a conta de um usuário, em determinado mês, foi de R$ 125,00, quantos minutos foram utilizados neste mês?

a) 410 minutos
b) 415 minutos
c) 420 minutos
d) 425 minutos
e) 430 minutos

6. (UFG-GO) Para fazer traduções de textos para o inglês, um tradutor *A* cobra um valor inicial de R$ 16,00 mais R$ 0,78 por linha traduzida e um outro tradutor, *B*, cobra um valor inicial de R$ 28,00 mais R$ 0,48 por linha traduzida. A quantidade mínima de linhas de um texto a ser traduzido para o inglês, de modo que o custo seja menor se for realizado pelo tradutor *B*, é:

a) 16.
b) 28.
c) 41.
d) 48.
e) 78.

7. (UEPB) O domínio da função real $f(x) = \sqrt{(x-1)(2-x)^5}$ é dado por:

a) $D(f) = \mathbb{R}$.
b) $D(f) = \mathbb{R}_+$.
c) $D(f) = [1, 2]$.
d) $D(f) =]1, 2[$.
e) $D(f) =]-\infty, 1] \cup [2, +\infty[$.

8. (Insper-SP) Uma empresa vende *x* unidades de um produto em um mês a um preço de R$ 100,00 por unidade. Do total arrecadado, 24% são destinados ao pagamento de impostos e R$ 6 000,00 cobrem despesas fixas. A receita da empresa, descontando-se os impostos e os custos fixos, é dada por:

a) $100x - 4\,560$.
b) $76x - 6\,000$.
c) $100x + 6\,000$.
d) $76x - 4\,560$.
e) $24x + 6\,000$.

9. (Unifor-CE) As residências do distrito de Feiticeiro em Jaguaribe, no estado do Ceará, que estão conectadas à rede de abastecimento de água, pagam uma taxa fixa mensal, acrescida de uma outra taxa variável por m^3 de água consumida. Por exemplo, uma residência que gasta 2,5 m^3 paga R$ 90,00, enquanto outra residência que gasta 4,0 m^3 paga R$ 105,00. Sendo assim, podemos concluir que o consumo de água de uma residência cuja conta foi de R$ 130,00 é:

a) 6,5 m^3.
b) 6,8 m^3.
c) 7,0 m^3.
d) 7,5 m^3.
e) 8,0 m^3.

10. (UCS-RS) O custo total, por mês, de um serviço de fotocópia, com cópias do tipo A4, consiste de um custo fixo acrescido de um custo variável. O custo variável depende, de forma diretamente proporcional, da quantidade de páginas reproduzidas. Em um mês em que esse serviço fez 50 000 cópias do tipo A4, seu custo total com essas cópias foi de 21 000 reais, enquanto em um mês em que fez 20 000 cópias o custo total foi de 19 200 reais. Qual é o custo, em reais, que esse serviço tem por página do tipo A4 que reproduz, supondo que ele seja o mesmo nos dois meses mencionados?

a) 0,06
b) 0,10
c) 0,05
d) 0,08
e) 0,12

11. (UCS-RS) A quantidade de lixo sólido gerado nas cidades por ano vem crescendo. Suponha que, em uma cidade, o lixo gerado, em milhares de toneladas, tenha sido de 40 em 1990 e de 76 no ano de 2006. O modelo matemático que melhor expressa a relação entre a quantidade anual de lixo gerado nessa cidade e o tempo (em anos) decorrido desde 1990 é uma função afim (ou linear, segundo alguns autores). Esse modelo prevê que, em milhares de toneladas, a quantidade de lixo sólido gerado na cidade, no ano de 2020, será igual a:

a) 112,30.
b) 107,50.
c) 115,25.
d) 120.
e) 112.

12. (FASM-SP) O gráfico mostra a relação entre o consumo de oxigênio, em mm^3/g, e a temperatura ambiente, em °C, em determinado mamífero.

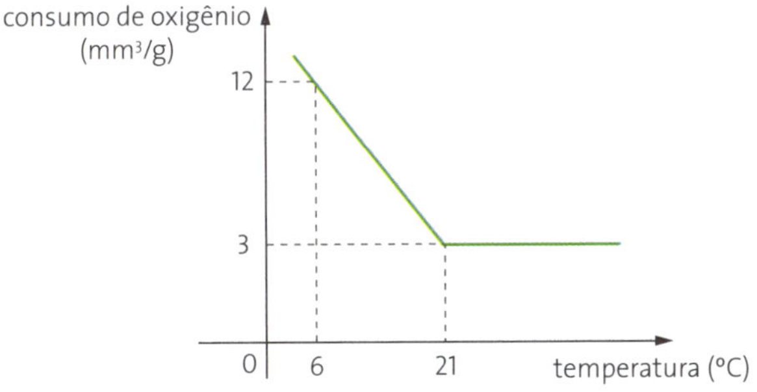

fora de escala

Supondo que entre 6 °C e 21 °C o gráfico represente uma função do 1º grau, pode-se concluir que para uma temperatura ambiente de 14 °C, o consumo de oxigênio desse mamífero, em mm^3/g, será:

a) 6,2.
b) 6,6.
c) 7,0.
d) 7,2.
e) 7,8.

13. (UEL-PR)

Anéis de tronco de árvore.

A dendrocronologia é a técnica que possibilita estimar a idade das árvores através da contagem dos anéis de crescimento. Cada anel do tronco corresponde a um ano de vida de uma árvore (veja a figura). Na primavera de 2011, uma árvore que foi plantada na primavera de 1991 apresenta 16 centímetros de raio na base do seu tronco. Considerando uma taxa de crescimento linear, o raio da base desse tronco, na primavera de 2026, será de:

a) 22 cm.
b) 25 cm.
c) 28 cm.
d) 32 cm.
e) 44 cm.

14. (FGV-SP) Uma empresa acredita que, diminuindo 8% o preço de determinado produto, as vendas aumentarão cerca de 14%. Suponha que a relação entre o preço do produto e a quantidade vendida seja expressa por uma função linear. Nesse caso, uma redução de 14% no preço do produto acarretará um aumento na quantidade vendida de:

a) 18,4%.
b) 20%.
c) 26,5%.
d) 24,5%.
e) 8%.

15. (UFCG-PB) Todos os anos, durante os 30 dias do mês de junho, a Cidade de Campina Grande realiza um dos maiores eventos do Norte e do Nordeste do Brasil: "O MAIOR SÃO JOÃO DO MUNDO". Durante todo este período, um dos meios de transporte mais utilizados pelos que frequentam as noites juninas é o táxi. Sabe-se que o custo de uma corrida é constituído de um valor fixo chamado bandeirada, acrescido de outro valor que é proporcional à distância percorrida. Um taxista recebeu R$ 8,25 por uma corrida de 3,6 km e R$ 7,25 por uma outra corrida de 2,8 km. Se ao final de uma noite de trabalho este taxista arrecadou R$ 75,00 em 10 corridas, qual a distância, em quilômetros, que seu carro percorreu durante as corridas que fez?

a) 28 km
b) 45 km
c) 30 km
d) 39 km
e) 42 km

MÓDULO 4

1. (FGV-SP) O custo para se produzir x unidades de um produto é dado por $C = 2x^2 - 100x + 5000$. O valor do custo mínimo é:

a) 3 250.
b) 3 750.
c) 4 000.
d) 4 500.
e) 4 950.

2. (UFG-GO) A figura abaixo representa o gráfico de uma função polinomial de grau 2.

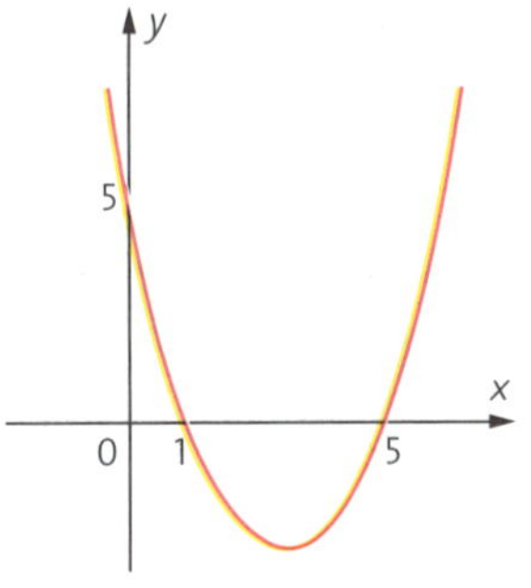

Dos pontos a seguir, qual também pertence ao gráfico?

a) (3, −2)
b) (3, −4)
c) (4, −2)
d) (4, −4)
e) (2, −4)

3. (FMP-RJ) A posição de um objeto que se move horizontalmente é dada pela função $x(t) = 25{,}0 + 35{,}0t - 3{,}5t^2$, onde a posição x e o tempo t estão em unidades do SI. Quantos segundos são necessários para que a velocidade atinja $\frac{1}{5}$ de seu valor inicial?

a) 4,0
b) 5,0
c) 10,0
d) 12,5
e) 28,0

4. (FGV-SP) Deseja-se construir um galpão com base retangular de perímetro igual a 100 m.

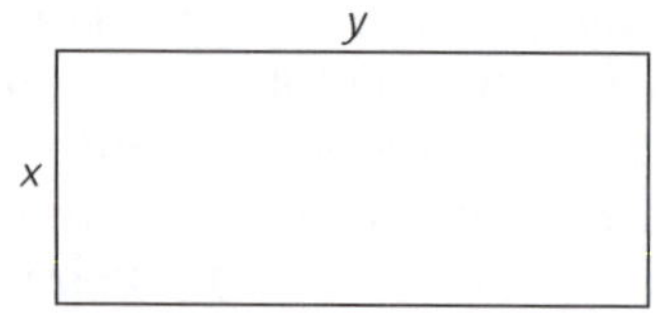

A área máxima possível desse retângulo é:

a) 575 m^2.
b) 600 m^2.
c) 625 m^2.
d) 650 m^2.
e) 675 m^2.

5. (ESPM-RJ) Estima-se que a distância D, em metros, percorrida por um automóvel desde o momento em que seus freios são acionados até a parada definitiva é dada pela função $D = \frac{v^2}{80} + \frac{v}{5}$, para velocidades v em km/h. De acordo com essa função, um automóvel que freia a 60 km/h vai parar após ter percorrido uma distância de:

a) 45 m.
b) 57 m.
c) 32 m.
d) 50 m.
e) 63 m.

6. (Uneb-BA)

Disponível em: <http://blog.clickgratis.com.br/SOTIRINHAS/>. Acesso em: 5 ago. 2011.

Suponha que, em um sistema de eixos coordenados cartesianos, o Recruta Zero, no momento do lançamento do projétil, e o Sargento Tainha, no instante em que foi atingido, estivessem localizados, respectivamente, nos pontos (0, 6) e (24, 0) e que o projétil lançado descreveu uma trajetória parabólica atingindo uma altura máxima H, em relação ao nível do solo, no ponto de abscissa igual a 10. Nessas condições, o valor de H, em u.c., é:

01) 11,5.
02) 11,75.
03) 12,0.
04) 12,25.
05) 12,5.

7. (Ibmec-RJ) O lucro de vendas de x unidades mensais de certo produto é descrito por uma função quadrática representada pela figura a seguir:

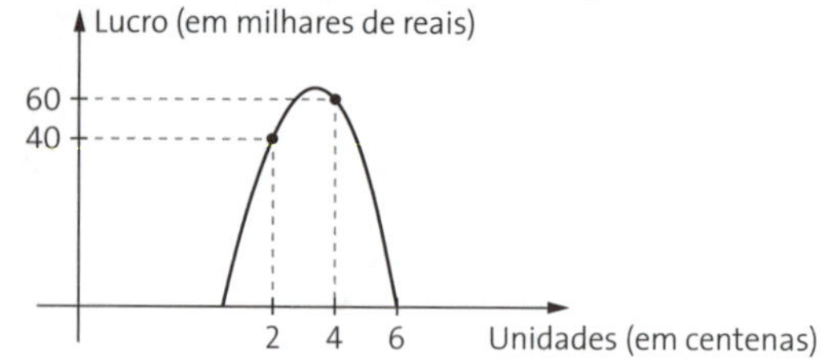

Podemos afirmar que o lucro máximo de vendas, em reais, é de:

a) R$ 63 000,00.
b) R$ 62 500,00.
c) R$ 62 000,00.
d) R$ 62,50.
e) R$ 62,00.

8. (UFCG-PB) O custo de produção de um produto fabricado por uma cooperativa agrícola, em milhares de reais, é dado pela função $C(x) = 4 + 6x$, onde x é dado em milhares de unidades. Verificou-se que o faturamento de venda desses produtos, também em milhares de reais, é dado pela função $F(x) = x^2 + 3x$. É correto afirmar que a cooperativa começará a ter lucro com a venda desse produto, a partir da produção de:

a) 3 milhares.
b) 2,6 milhares.
c) 7 milhares.
d) 2 milhares.
e) 4 milhares.

9. (Unicamp-SP) Um jogador de futebol chuta uma bola a 30 m do gol adversário. A bola descreve uma trajetória parabólica, passa por cima da trave e cai a uma distância de 40 m de sua posição original.

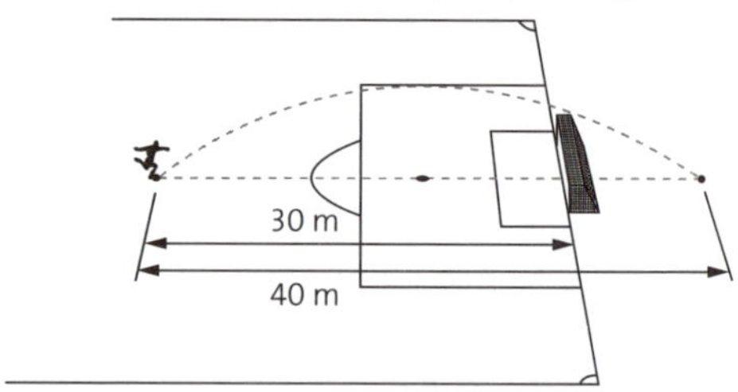

Se, ao cruzar a linha do gol, a bola estava a 3 m do chão, a altura máxima por ela alcançada esteve entre:

a) 4,1 e 4,4 m.
b) 3,8 e 4,1 m.
c) 3,2 e 3,5 m.
d) 3,5 e 3,8 m.

10. (Udesc) O conjunto solução da inequação $x^2 - 2x - 3 \leqslant 0$ é:

a) $\{x \in \mathbb{R} \mid -1 < x < 3\}$.
b) $\{x \in \mathbb{R} \mid -1 < x \leqslant 3\}$.
c) $\{x \in \mathbb{R} \mid x < -1 \text{ ou } x > 3\}$.
d) $\{x \in \mathbb{R} \mid x \leqslant -1 \text{ ou } x \geqslant 3\}$.
e) $\{x \in \mathbb{R} \mid -1 \leqslant x \leqslant 3\}$.

11. (UFSM-RS) Durante um passeio noturno de barco, diversão preferida de um grupo de jovens, surgiu uma situação de perigo, em que houve necessidade de disparar um sinalizador para avisar o restante do grupo que ficara no acampamento. A função que descreve o movimento do sinal luminoso é dada por $h(t) = 30t - 3t^2$, onde h é a altura do sinal em metros e t, o tempo decorrido em segundos, desde o disparo até o momento em que o sinalizador cai na água. Assim, a altura máxima atingida pelo sinalizador e o tempo decorrido até cair na água são, respectivamente:

a) 75 m e 10 s.
b) 75 m e 5 s.
c) 74 m e 10 s.
d) 74 m e 5 s.

12. (Ufal) Em um terreno plano, uma pessoa arremessou uma lança que após alguns segundos espetou no solo. A trajetória da lança fez com que sua ponta, partindo de uma altura de 1,8 m em relação ao solo, descrevesse uma parábola, como é mostrado na figura a seguir.

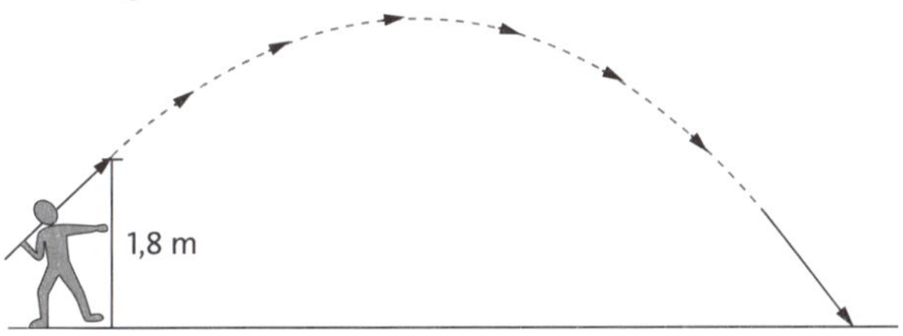

Se a altura máxima de 3,675 m foi alcançada ao fim de 2,5 s do lançamento, quantos segundos após o arremesso a ponta da lança atingiu o solo?

a) 5
b) 6
c) 7
d) 8
e) 9

13. (Unisa-SP) O número total de pessoas infectadas por um novo tipo de vírus no intervalo de tempo de zero a 10 semanas é dado pela função $f(t) = 22t^2 + 40t + 15$, na qual $t = 0$ é a semana em que foram registrados os primeiros 15 casos e $t = 10$ a semana em que estavam infectadas o maior número de pessoas. Na semana de $t = 10$, um medicamento para combater o vírus começou a ser ministrado e o número de pessoas infectadas começou a diminuir em 25 casos por semana, até a erradicação completa do vírus. A aplicação do medicamento também evitou que novos casos de contaminação surgissem após a décima semana. A semana em que o número total de pessoas infectadas volta a ser 15 foi a:

a) 19.
b) 21.
c) 20.
d) 18.
e) 22.

14. (UFJF-MG) Um ônibus de 54 lugares foi fretado para uma excursão. A empresa cobrou de cada passageiro a quantia de R$ 55,00 e mais R$ 2,50 por lugar vago. O número de passageiros que dá à empresa rentabilidade máxima é:

a) 16. b) 24. c) 38. d) 49. e) 54.

15. (ESPM-SP) Um sitiante quer construir, ao lado de um muro retilíneo, dois viveiros retangulares para criação de galinhas e patos, sendo que a área destinada aos patos (P) tem que ter 40 m^2 a mais que a destinada às galinhas (G). Para isso ele dispõe de 60 metros lineares de uma tela apropriada, que deverá ser usada para as cercas AB, CD, EF e BF, conforme a figura abaixo:

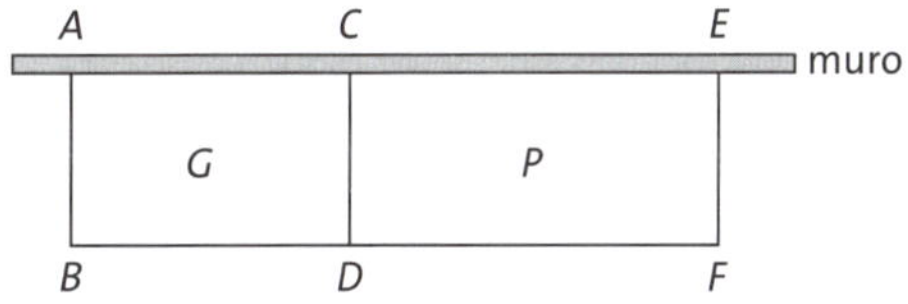

Para conseguir a maior área possível para os viveiros, a medida DF deverá ser de:

a) 15 metros.
b) 16 metros.
c) 17 metros.
d) 18 metros.
e) 19 metros.

MÓDULO 5

1. (UFV-MG) O valor de x que torna verdadeira a equação $2^x \cdot 4^{x+1} \cdot 8^{x+2} = 16^{x+3}$ é:

a) -2.
b) 2.
c) 0.
d) 1.
e) -1.

2. (Vunesp-SP) Se $625^{x+2} = 25$, então $(x + 1)^6$ vale:

a) $-\frac{1}{64}$.
b) $-\frac{1}{12}$.
c) $\frac{1}{12}$.
d) $\frac{1}{64}$.
e) 64.

3. (PUC-RJ) A soma das raízes da equação $5^{x^2 - 2x + 1} = \frac{5\,625}{9}$ é:

a) -4.
b) -2.
c) -1.
d) 2.
e) 4.

4. (PUC-SP) Resolvendo a equação $4x + 4 = 5 \cdot 2x$, obtemos como raízes:

a) 0 e 1.
b) 1 e 4.
c) 0 e 2.
d) -1 e -2.
e) -4 e -5.

5. (UFSJ-MG) A interseção dos gráficos das funções $h(x) = 2^x + 1$ e $s(x) = 2^{x+1}$ é o ponto que tem a soma de suas coordenadas igual a:

a) 2 e pertence à reta $y = x + 2$.

b) 1 e pertence à reta $y = x + 1$.

c) 2 e pertence à reta $y = x - 2$.

d) 1 e pertence à reta $y = x - 1$.

6. (Udesc) Se x é solução da equação $3^{4x-1} + 9^x = 6$, então x^x é igual a:

a) $\frac{\sqrt{2}}{2}$.

b) $\frac{1}{4}$.

c) $\frac{1}{2}$.

d) 1.

e) 27.

7. (UPM-SP) O valor de x na equação $\left(\frac{\sqrt{3}}{9}\right)^{2x-2} = \frac{1}{27}$.

a) tal que $2 < x < 3$.

b) negativo.

c) tal que $0 < x < 1$.

d) múltiplo de 2.

e) 3.

8. (UFRN) A pedido do seu orientador, um bolsista de um laboratório de biologia construiu o gráfico abaixo a partir dos dados obtidos no monitoramento do crescimento de uma cultura de micro-organismos.

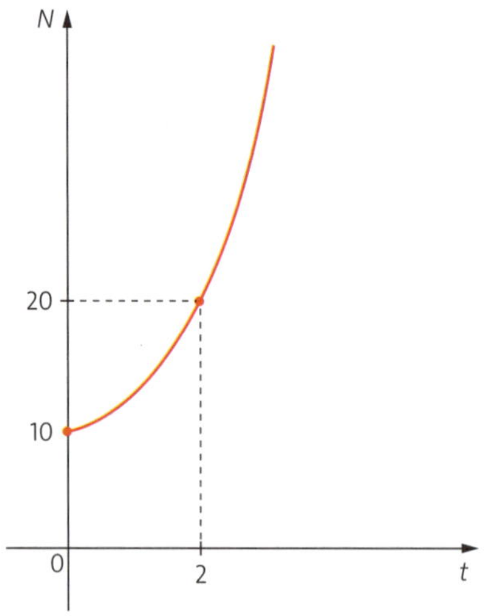

Analisando o gráfico, o bolsista informou ao orientador que a cultura crescia segundo o modelo matemático, $N = k \cdot 2^{at}$, com t em horas e N em milhares de micro-organismos.

Para constatar que o modelo matemático apresentado pelo bolsista estava correto, o orientador coletou novos dados com $t = 4$ horas e $t = 8$ horas.

Para que o modelo construído pelo bolsista esteja correto, nesse período, o orientador deve ter obtido um aumento na quantidade de micro-organismos de:

a) 80 000.

b) 160 000.

c) 40 000.

d) 120 000.

9. (FGV-SP) O conjunto solução da inequação $(0{,}3)^{x^2 - 2x - 1} \geqslant 0$ é:

a) $\{x \in \mathbb{R} \mid 0 \leqslant x \leqslant 2\}$.

b) $\{x \in \mathbb{R} \mid x \leqslant 0 \text{ ou } x \geqslant 2\}$.

c) $\{x \in \mathbb{R} \mid x \leqslant 2\}$.

d) $\{x \in \mathbb{R} \mid x \geqslant 0\}$.

e) $\left\{x \in \mathbb{R} \mid 0 \leqslant x \leqslant \frac{1}{2}\right\}$.

10. (UEFS-BA) O conjunto solução da inequação $2^{x^2 - 1} \leqslant \frac{4}{\sqrt{2^x}}$ é:

a) $\left\{x \in \mathbb{R} \mid -2 \leqslant x \leqslant \frac{3}{2}\right\}$.

b) $\left\{x \in \mathbb{R} \mid x \leqslant -2 \text{ ou } x \geqslant \frac{5}{2}\right\}$.

c) $\left\{x \in \mathbb{R} \mid -\frac{5}{2}x \leqslant x \leqslant 2\right\}$.

d) $\left\{x \in \mathbb{R} \mid x \leqslant \frac{5}{2} \text{ ou } x \geqslant 2\right\}$.

e) $\mathbb{R}$.

11. (UEPB) Seja V o conjunto de todas as soluções reais de $\frac{5}{3^{2+2x-x^2}} \leqslant 15$. Então:

a) $V = \{x \in \mathbb{R} \text{ tal que } x \geqslant -1\}$.

b) $V = \{x \in \mathbb{R} \text{ tal que } x \leqslant -1 \text{ ou } x \geqslant 3\}$.

c) $V = \{x \in \mathbb{R} \text{ tal que } x \leqslant 3\}$.

d) $V = \{x \in \mathbb{R} \text{ tal que } -1 \leqslant x \leqslant 3\}$.

e) $V = \{x \in \mathbb{R} \text{ tal que } x \geqslant 0\}$.

12. (UFRN) A torre de Hanoy é um quebra-cabeça constituído por três pinos fixados numa base de madeira e um certo número de discos de tamanhos diferentes. Uma torre é uma configuração de discos, como ilustra a figura abaixo. O desafio consiste em transportar uma torre do primeiro pino para qualquer um dos dois pinos livres observando a regra: os discos são transportados um a um, não sendo permitido colocar um disco maior sobre um menor, em nenhum dos pinos. Sabe-se que, se n é o número de discos encaixados num pino, o número mínimo de jogadas para se transportar essa torre para outro pino é $2^n - 1$.

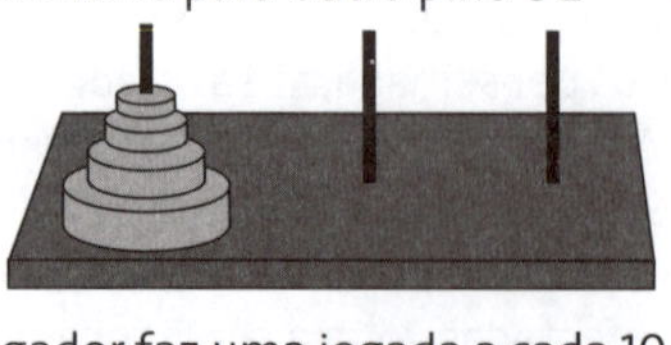

Se um jogador faz uma jogada a cada 10 segundos e transporta a torre de um pino a outro em 10 min e 30 seg, utilizando o menor número de jogadas possíveis, podemos afirmar que a quantidade de discos na torre era:

a) 6.

b) 5.

c) 7.

d) 8.

13. (Unimontes-MG) Se $4^x - 4^{x-1} = 24$, então $(2x)^x$ é igual a:

a) $\frac{5}{2}$.
b) $25\sqrt{5}$.
c) $5\sqrt{5}$.
d) 125.

14. (Unifor-CE) Certa substância radioativa de massa M_0 (no instante $t = 0$) se desintegra (perde massa) ao longo do tempo. Em cada instante $t \geqslant 0$ em segundos, a massa $M(t)$ da substância restante é dada por $M(t) = M_0 3^{-2t}$. O tempo transcorrido, em segundos, para que a massa desintegrada da substância seja dois terços da massa inicial M_0 é:

a) 0,5.
b) 1.
c) 1,5.
d) 2.
e) 4.

15. (UCS-RS) Certo tipo de bactéria, quando colocada em um meio de cultura, divide-se em duas, a cada cinco horas. Supondo uma população inicial de k bactérias colocadas nesse meio de cultura, qual é a expressão que indica o total de bactérias após t horas?

a) $k \cdot 2^{\frac{t}{5}}$
b) $k \cdot 5^{\frac{t}{2}}$
c) $2 \cdot k^{\frac{t}{5}}$
d) $5 \cdot k^{\frac{t}{2}}$
e) $k \cdot \left(\frac{1}{2}\right)^{\frac{t}{5}}$

MÓDULO 6

1. (UFGD-MS) Certo componente eletrônico processa n bits em $\log(n)$ milissegundos. Sabendo que $\log(5) = 0{,}699$, pode-se concluir que 64 bits serão processados em:

a) 1,398 milissegundos.
b) 1,806 milissegundos.
c) 2,398 milissegundos.
d) 2,709 milissegundos.
e) 1,866 milissegundos.

2. (UFPB) Uma amostra contendo 10^{12} bactérias é submetida a um choque térmico. Estudos experimentais mostram que, t segundos após o início do choque, morrem x bactérias e que as variáveis t e x relacionam-se de acordo com a expressão $t = 50 \ln\left(\frac{10^{12}}{10^{12} - x}\right)$. Com base nessas informações, é correto afirmar que o tempo necessário para que morram 20% das bactérias inicialmente presentes na amostra é:
(Use: $\ln 2 = 0{,}7$ e $\ln 5 = 1{,}6$.)

a) 6 s.
b) 7 s.
c) 8 s.
d) 9 s.
e) 10 s.

3. (UFMG) Um químico deseja produzir uma solução com pH = 2, a partir de duas soluções: uma com pH = 1 e uma com pH = 3. Para tanto, ele mistura x litros da solução de pH = 1 com y litros da solução de pH = 3. Sabe-se que $pH = -\log_{10}[H^+]$ em que $[H^+]$ é a concentração de íons, dada em mol por litro. Considerando-se essas informações, é correto afirmar que $\frac{x}{y}$ é:

a) $\frac{1}{100}$.
b) $\frac{1}{10}$.
c) 10.
d) 100.

4. (UFU-MG) A acidez de uma solução líquida é medida pela concentração de íons de hidrogênio H^+ na solução. A medida de acidez usada é o pH, definido por $pH = -\log 10\,[H^+]$, onde $[H^+]$ é a concentração de íons de hidrogênio. Se uma cerveja apresentou um pH de 4,0 e um suco de laranja, um pH de 3,0, então, relativamente a essas soluções, é correto afirmar que a razão, (concentração de íons de hidrogênio na cerveja), quociente (concentração de íons de hidrogênio no suco), é igual a:

a) 0,001.
b) 0,01.
c) 0,1.
d) 0,0001.

5. (Fuvest-SP) A magnitude de um terremoto na escala Richter é proporcional ao logaritmo, na base 10, da energia liberada pelo abalo sísmico. Analogamente, o pH de uma solução aquosa é dado pelo logaritmo, na base 10, do inverso da concentração de íons H^+.
Considere as seguintes afirmações:

I. O uso do logaritmo nas escalas mencionadas justifica-se pelas variações exponenciais das grandezas envolvidas.
II. A concentração de íons H^+ de uma solução ácida com pH 4 é 10 mil vezes maior que a de uma solução alcalina com pH 8.
III. Um abalo sísmico de magnitude 6 na escala Richter libera duas vezes mais energia que outro, de magnitude 3.

Está correto o que se afirma somente em:

a) I.
b) II.
c) III.
d) I e II.
e) I e III.

6. (Ufscar-SP) Adotando-se $\log 2 = a$ e $\log 3 = b$, o valor de $\log_{1,5} 135$ é igual a:

a) $\frac{3ab}{b-a}$.
b) $\frac{2b-a+1}{2b-a}$.
c) $\frac{3b-a}{b-a}$.
d) $\frac{3b+a}{b-a}$.
e) $\frac{3b-a+1}{b-a}$.

7. (Uneb-BA) O lucro obtido por um comerciante na venda de determinado produto é dado, em reais, pela função $L(x) = -\frac{1}{10}x^2 + 15x$, sendo x o número de unidades vendidas e $0 < x < 150$. Se $L(m)$ é o lucro máximo que o comerciante tem condições de obter, pode-se afirmar que $\log\left(\frac{L(m)}{3m}\right)$ é igual a:

01) $1 - 2 \log 5$.
02) $1 - 2 \log 2$.
03) $2 - 2 \log 5$.
04) $2 \log 2 + \log 5$.
05) $1 + 2 \log 2$.

8. (UFRR) Em pesquisa recente realizada por cientistas brasileiros de uma universidade federal, comprovaram que a ARIRANHA e o MICO-LEÃO-DOURADO são espécies em extinção no Brasil. Com o objetivo de preservar essas espécies, foram reunidos numa reserva florestal 120 ariranhas e 80 micos-leões-dourados. Constatou-se, após alguns anos, que o crescimento da população de ariranhas foi 5% ao ano e que a população de micos cresceu à taxa de 10% ao ano. Em quanto tempo, aproximadamente, após a reunião desses animais na reserva, o número de micos deve chegar ao dobro do número de ariranhas?
(Use $\log 3 = 0{,}477$ e $\log 1{,}047 = 0{,}019$.)

a) 25 anos
b) 20 anos
c) 30 anos
d) 15 anos
e) 10 anos

9. (UFU-MG) Se o logaritmo de $\frac{16}{81}$ na base x é igual a 4, então o valor de x é:

a) $-\frac{2}{3}$ ou $\frac{2}{3}$.
b) $-\frac{2}{3}$.
c) $\frac{4}{81}$.
d) $\frac{4}{9}$.
e) $\frac{2}{3}$.

10. (Uece) Considerando $\log_2 3 = k$ podemos afirmar, corretamente, que a soma das raízes da equação $2^x - 12 + 27 \cdot 2^{-x} = 0$ é igual a:

a) $2k$.
b) $3k$.
c) $\frac{2}{k}$.
d) $\frac{3}{k}$.

11. (Udesc) Se os números reais, x, y e z formarem, nesta ordem, uma progressão geométrica de razão 10^x pode-se afirmar que $\log(xyz)$ é igual a:

a) $\log(3x) + 3\log(x)$.
b) $3x + \log(3)$.
c) $3x + 3\log(x)$.
d) $x^3 + \log(x^3)$.
e) $x^3 + \log(3x^3)$.

12. (FGV-SP) Adotando $\log 2 = 0{,}301$, a melhor aproximação de $\log_5 10$ representada por uma fração irredutível de denominador 7 é:

a) $\frac{8}{7}$.
b) $\frac{9}{7}$.
c) $\frac{10}{7}$.
d) $\frac{11}{7}$.
e) $\frac{12}{7}$.

13. (UPM-SP) Se $\log_a 2\sqrt{5} + \log_a 3\sqrt{5} = \frac{5}{12}$, então o valor de a é:

a) $\sqrt{5}$.
b) 5^2.
c) $\frac{1}{5}$.
d) 5.
e) $\frac{\sqrt{5}}{5}$.

14. (Fuvest-SP) Tendo em vista as aproximações $\log_{10} 2 \simeq 0{,}30$, $\log_{10} 3 \simeq 0{,}48$, então o maior número inteiro n, satisfazendo $10^n \leq 12^{418}$, é igual a:

a) 424.
b) 437.
c) 443.
d) 451.
e) 460.

15. (Fuvest-SP) Seja $x > 0$ tal que a sequência $a_1 = \log_2 x$, $a_2 = \log_4 (4x)$, $a_3 = \log_8 (8x)$ forme, nessa ordem, uma progressão aritmética. Então, $a_1 + a_2 + a_3$ é igual a:

a) $\frac{13}{2}$.
b) $\frac{15}{2}$.
c) $\frac{17}{2}$.
d) $\frac{19}{2}$.
e) $\frac{21}{2}$.

MÓDULO 7

1. (Udesc) O conjunto imagem da função modular $f(x) = ||x + 1| - |x - 1||$ é:

a) $[-2, 2]$.
b) $]-\infty, 2]$.
c) $[0, 2]$.
d) $[0, +\infty[$.
e) $]0, 2]$.

2. (ITA-SP) O produto das raízes da equação $|x^2 - 3x + 2| - |2x - 3|$ é igual a:

a) -5.
b) -1.
c) 1.
d) 2.
e) 5.

3. (ITA-SP) Sobre a equação na variável real x, $|||x - 1| - 3| - 2| = 0$, podemos afirmar que:

a) ela não admite solução real.
b) a soma de todas as suas soluções é 6.
c) ela admite apenas soluções positivas.
d) a soma de todas as soluções é 4.
e) ela admite apenas duas soluções reais.

4. (Ufam) As raízes da equação $|x^2| + |x| - 12 = 0$:
a) têm soma igual a zero.
b) são negativas.
c) têm soma igual a 1.
d) têm produto igual a menos doze.
e) são positivas.

5. (Insper-SP) A figura a seguir mostra o gráfico da função $f(x)$.

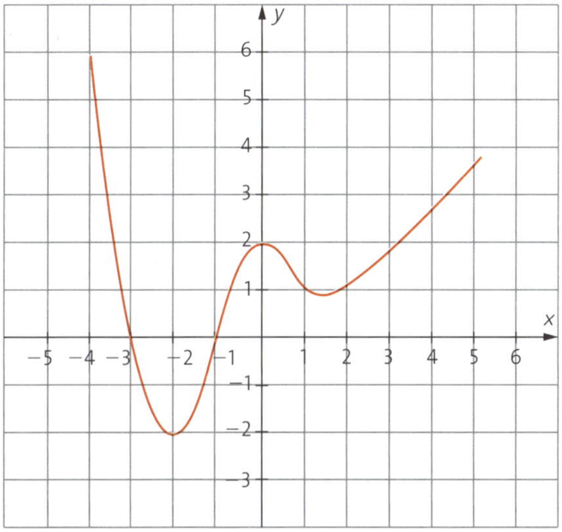

O número de elementos do conjunto solução da equação $|f(x)| = 1$, resolvida em $\mathbb{R}$, é igual a:
a) 6.
b) 5.
c) 4.
d) 3.
e) 2.

6. (UFMG) Considere a função $f(x) = x \cdot |1 - x|$. Assinale a alternativa em que o gráfico dessa função está correto.

a)
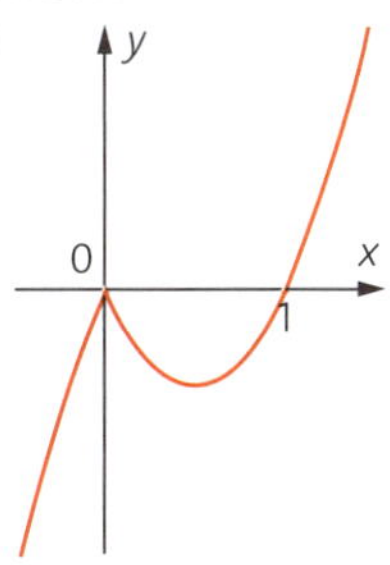

b)
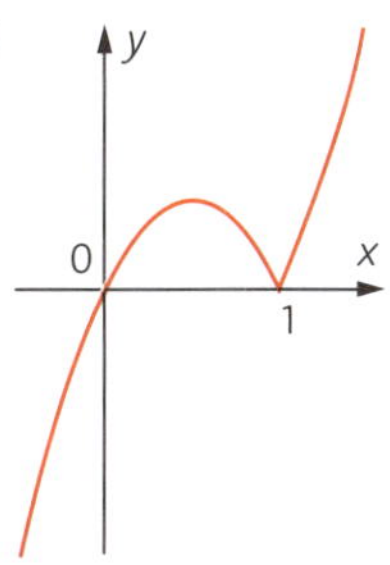

c)
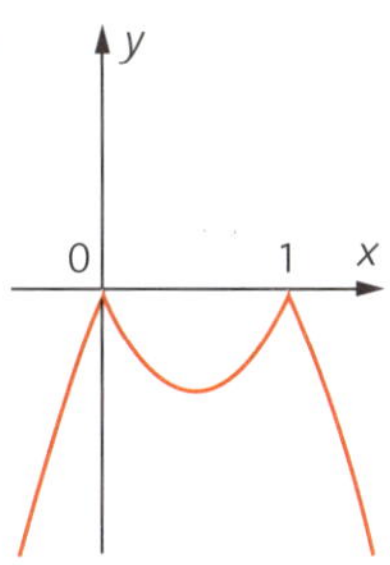

d)
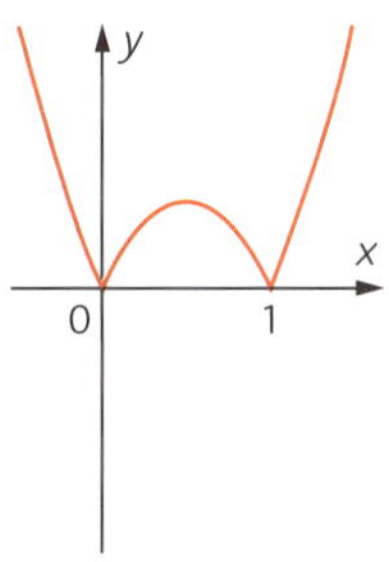

7. (UFRJ) Considere a função $f(2x) = |1 - x|$. Determine os valores de x para os quais $f(x) = 2$.

8. (UFRN) Sendo $f(x) = |x^2 - 2x|$, o gráfico que melhor representa f é:

a)
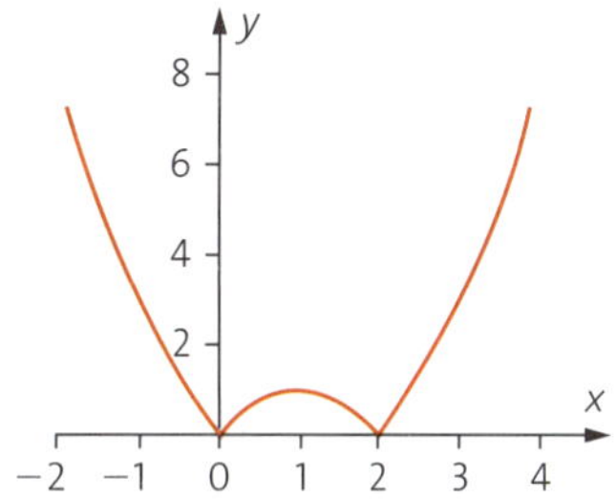

b)
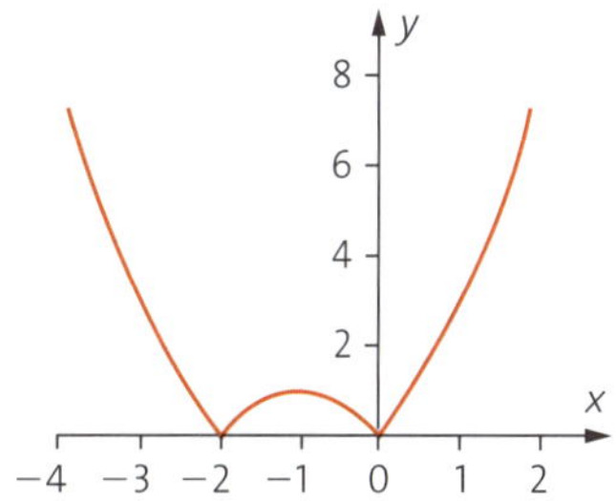

c)
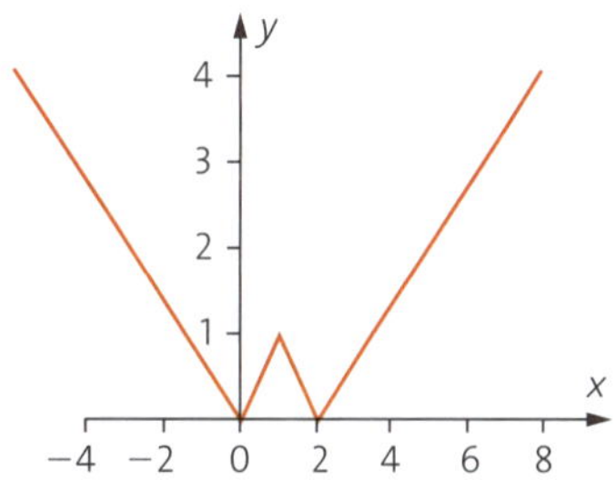

d)
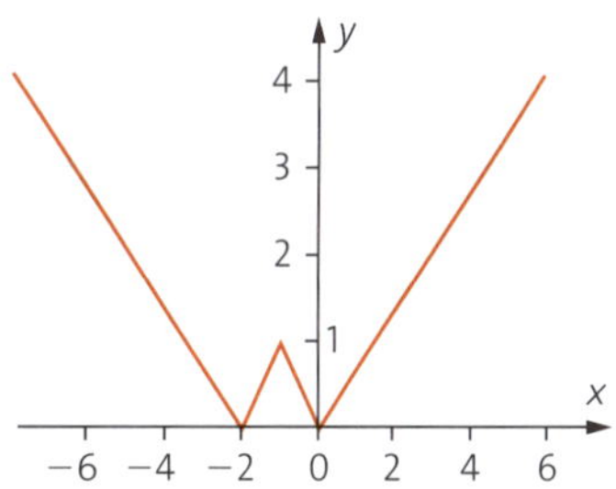

9. (UEG-GO) O gráfico, representado pela linha cheia na figura, refere-se à função real $f(x) = |x|$.

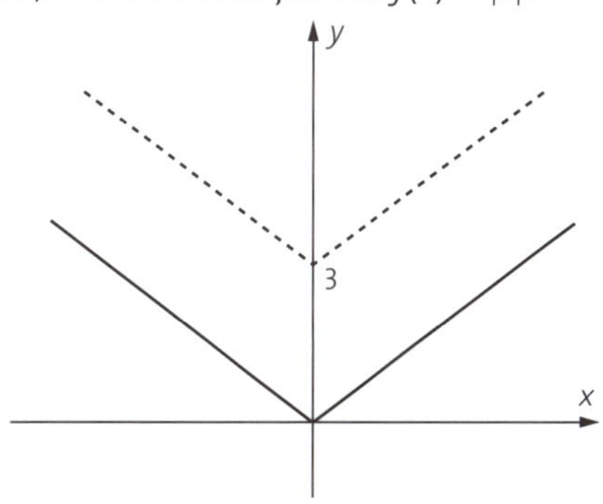

Se transladarmos o gráfico dessa função, verticalmente, para cima (linha pontilhada na figura), a nova função será:
a) $f(x) = |x| + 3$.
b) $f(x) = |x| - 3$.
c) $f(x) = |x - 3|$.
d) $f(x) = |3x|$.
e) $f(x) = |x + 3|$.

10. (Furg-RS) O gráfico que melhor representa a função $f: \mathbb{R} - \{3\} \rightarrow \mathbb{R}$ definida por $f(x) = \dfrac{2|x-3|}{x-3}$ é:

a)
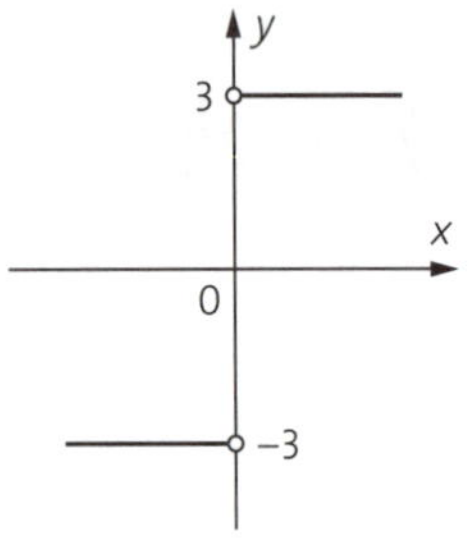

d)
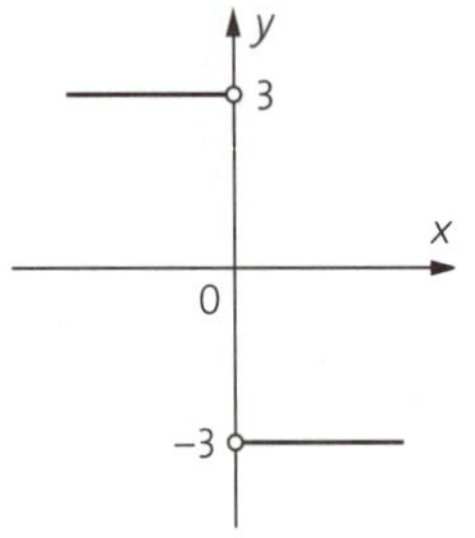

b)
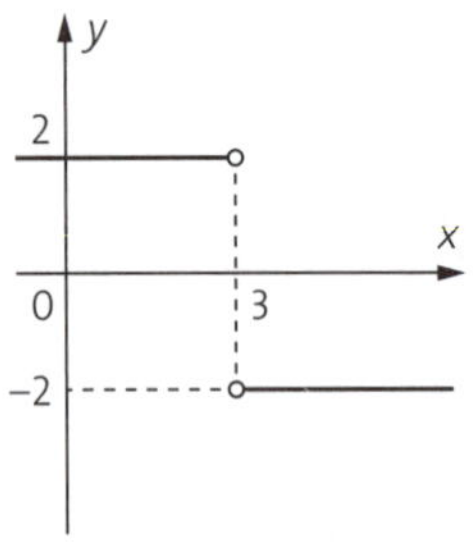

e)
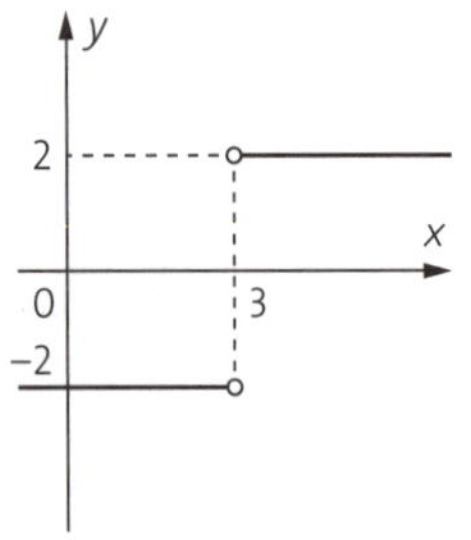

c)
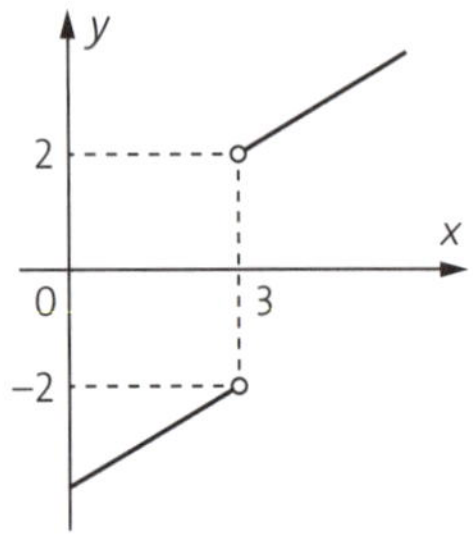

11. (Cesgranrio-RJ) O gráfico que melhor representa a função real definida por $f(x) = \sqrt{(x-1)^2} + 1$ é:

a)
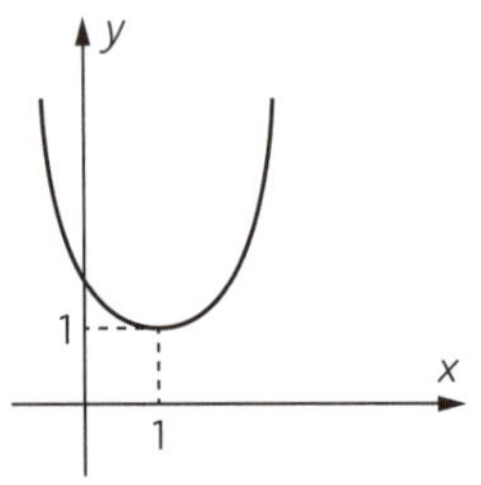

d)
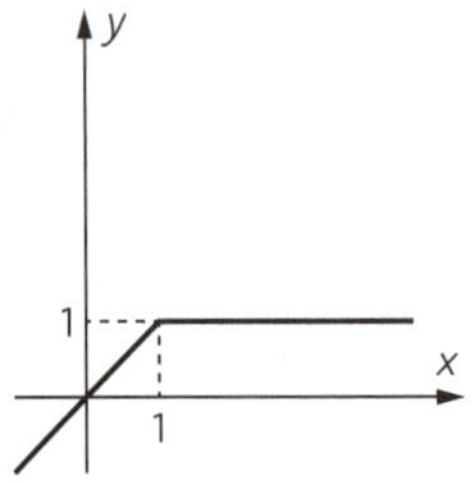

b)
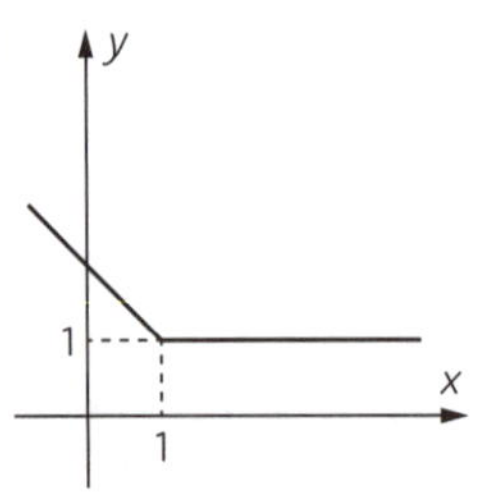

e)
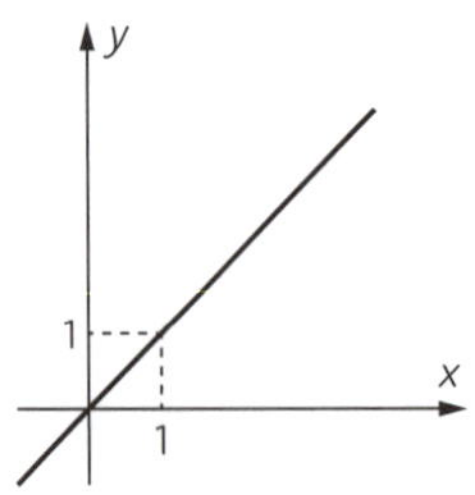

c)
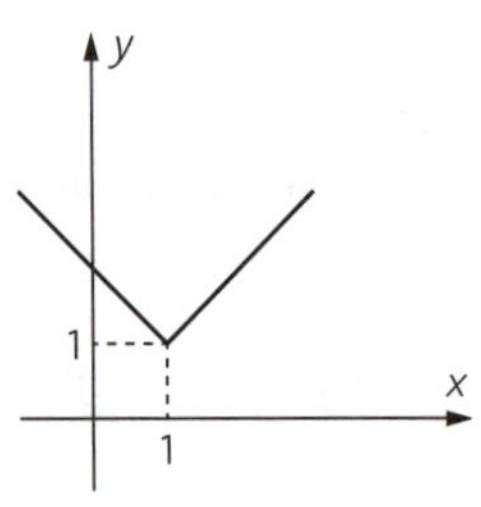

12. (Acafe-SP) Considerando as afirmações:

I. $\dfrac{x^2-9}{x-3} = x + 3$, para todo x real.

II. $|a - 3| = a - 3$, para todo a real.

III. $\sqrt{(1-x)^2} = 1 - x$, para todo x real.

Está correto afirmar que:

a) somente II é falsa.
b) todas são verdadeiras.
c) todas são falsas.
d) somente III é verdadeira.
e) somente I é falsa.

13. (Ufal) Suponha que a estatura média h da população do norte de Paripueira e Maragogi verifica a desigualdade $\left|\dfrac{h-172}{6}\right| \leqslant 1$, em que h é medida em centímetros. O intervalo da reta real em que essas alturas se situam está contido no intervalo:

a) [160, 175].
b) [164, 176].
c) [166, 176].
d) [166, 179].
e) [168, 180].

14. (UFTM-MG) Dada a desigualdade $1 < |x + 3| < 4$, então a quantidade de valores inteiros não nulos de x que a satisfaz é:

a) 7.
b) 6.
c) 5.
d) 4.
e) 3.

15. (UFG-GO) Considere a função $f: \mathbb{R} \rightarrow \mathbb{R}$, definida por $f(x) = x + |x|$, e faça o que se pede:

a) Mostre que $f(x) = \begin{cases} 0, \text{ se } x < 0 \\ 2x, \text{ se } x \geqslant 0. \end{cases}$

b) Resolva a equação $f(x + 2) - x = 3$.

MÓDULO 8

1. (UFTM-MG) A figura indica o gráfico da função contínua f, de domínio $[-12, 16]$ e imagem $[-5, 16]$.

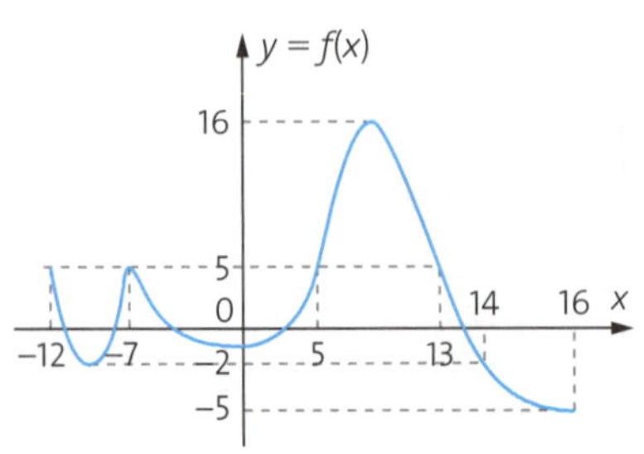

De acordo com o gráfico, o número de soluções da equação $f(f(x)) = 5$ é:

a) 3.
b) 4.
c) 5.
d) 6.
e) 7.

2. (UFT-TO) Sabendo que $u(x) = [f(x) : g(x)][g(x) + h(x)]$ e dados os seguintes polinômios: $f(x) = 2x^3 + x^2 - 3x$; $g(x) = 2x^2 + 3x$ e $h(x) = -3x + 1$. Pode-se afirmar que $u(x)$ é:

a) $-2x^3 - 2x^2 - x + 1$.

b) $2x^3 - 2x^2 + x - 1$.

c) $x^3 - 2x^2 + x - 1$.

d) $2x^3 - 2x^2 + 2x - 1$.

e) $2x^3 - x^2 + x - 1$.

3. (Ibmec-RJ) O gráfico a seguir representa a função $f(x) = \dfrac{4}{x}$, definida no conjunto dos números reais positivos.

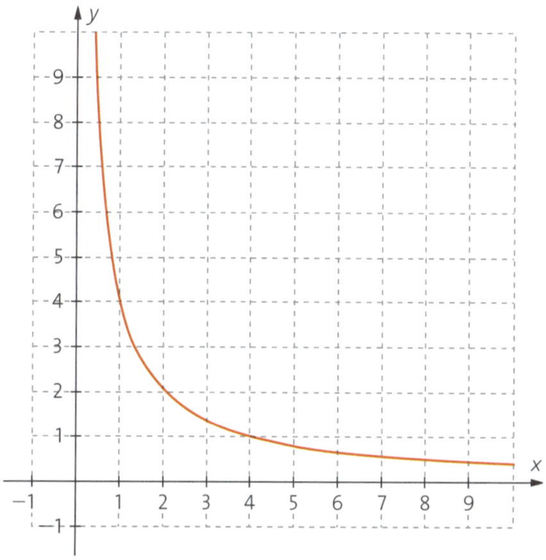

O gráfico que melhor representa a função $y = f(f(x))$ é:

a)
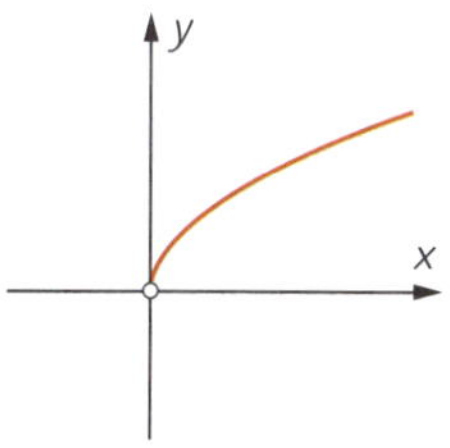

b)
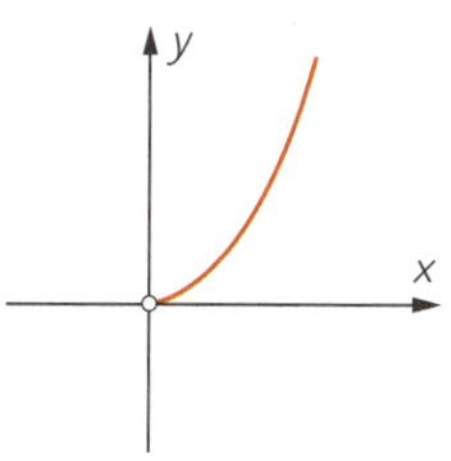

c)
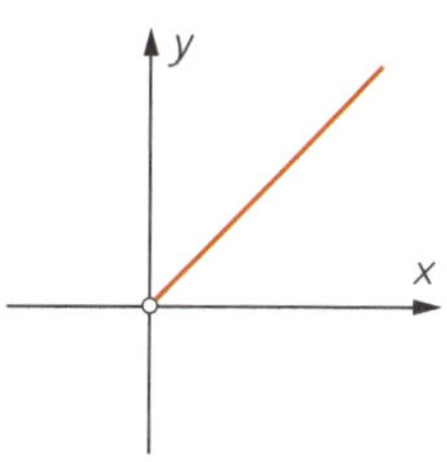

d)
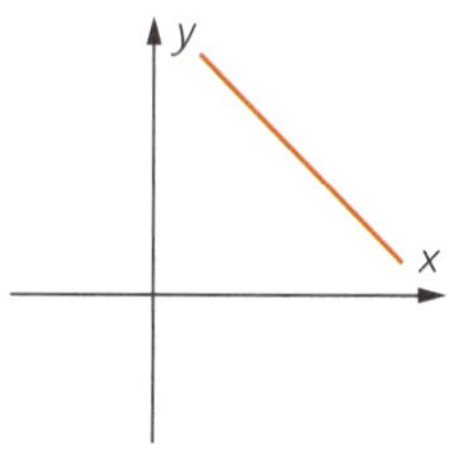

e)
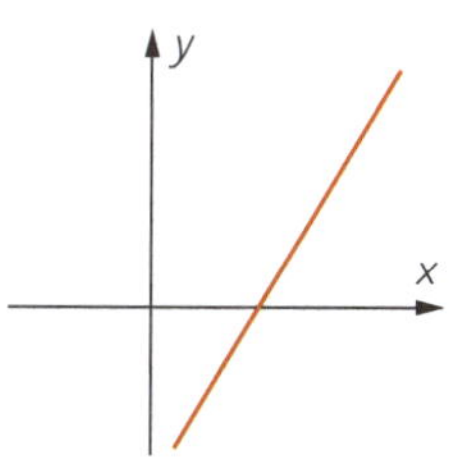

4. (FCMSCSP) Sejam f e g funções de $\mathbb{R}$ em $\mathbb{R}$, tais que $f(x) = 2x + 1$ e $f(g(x)) = 4x + 3$, então $g(x)$ é igual a:

a) $2x + 1$.

b) $2x - 1$.

c) $4x + 2$.

d) $4x - 2$.

e) $4x - 3$.

5. (FGV-SP) Considere as funções $f(x)$ e $g(x)$, definidas para todos os números reais, tais que: $f(x) = 3x + 1$ e $g(x) = 2x + 3$. Se $h(x)$ é a função inversa de $g(x)$, então o valor de $f(h(x_0))$ para $x_0 = 7$ é igual a:

a) 4.

b) 22.

c) 7.

d) 17.

e) 52.

6. (UEL-PR) Seja $f: \mathbb{R} \to \mathbb{R}$, $f(x) = ax^3 + bx^2 + cx + d$ uma função ímpar tal que $f(1) = 27$ e $f(2) = 10$. Então $f(3)$ é igual a:

a) 17.

b) 27.

c) 55.

d) 75.

e) 270.

7. (UFPE) Dentre as curvas a seguir, qual pode ser o gráfico de uma função injetora $y = f(x)$?

a)
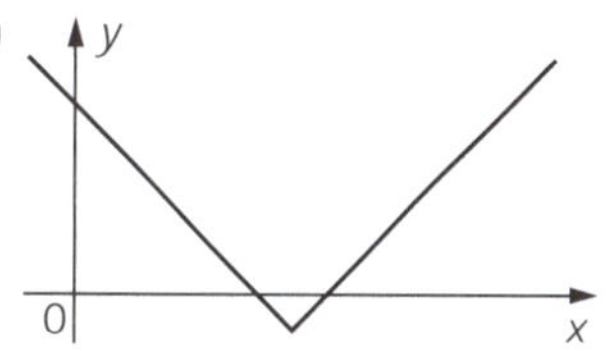

b)
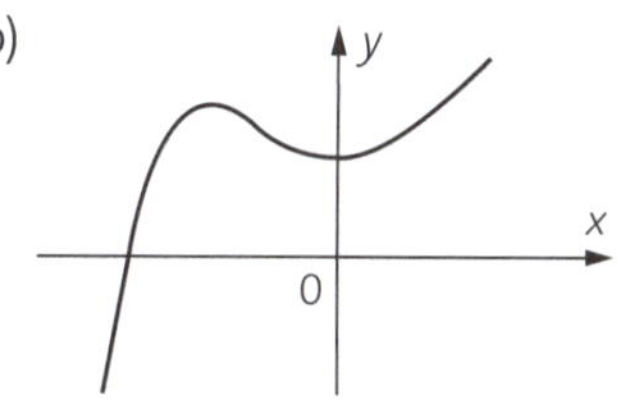

c)
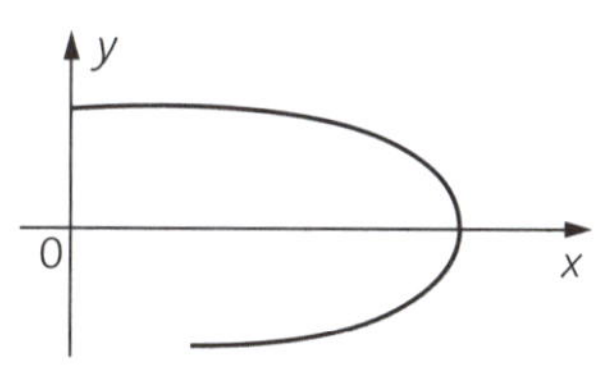

d)
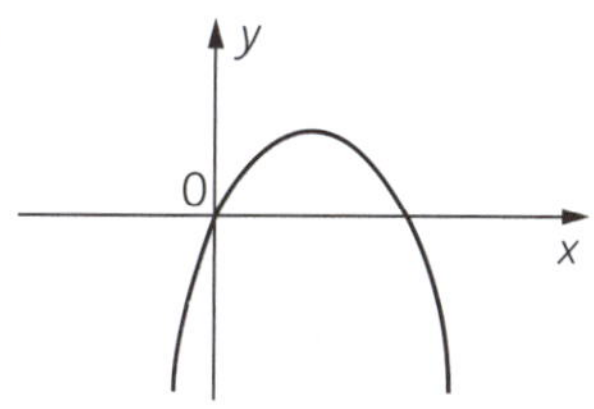

e)
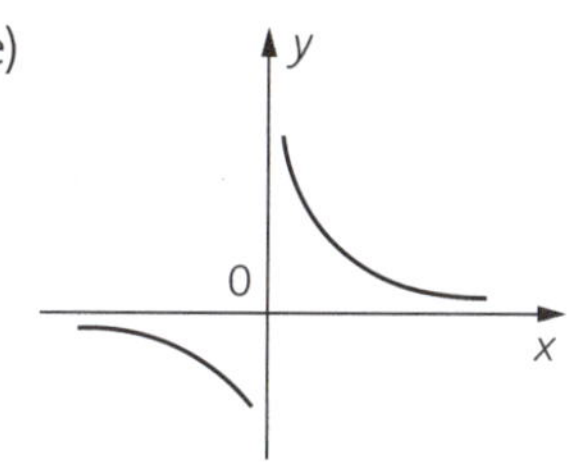

8. (PUCC-SP) Seja f a função de $\mathbb{R}$ em $\mathbb{R}$, dada pelo gráfico a seguir:

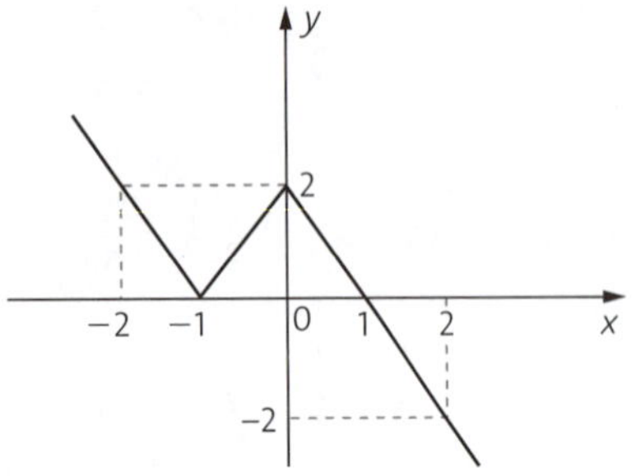

É correto afirmar que:

a) f é sobrejetora e não injetora.

b) f é bijetora.

c) $f(x) = f(-x)$ para todo x real.

d) $f(x) > 0$ para todo x real.

e) o conjunto imagem de f é $]-\infty; \infty[$.

9. (UFT-TO) Cada um dos gráficos abaixo representa uma função $y = f(x)$ tal que f: $D(f) \rightarrow [-3, 4]$; $D(f) \subset [-3, 4]$. Qual deles representa uma função bijetora no seu domínio?

a)

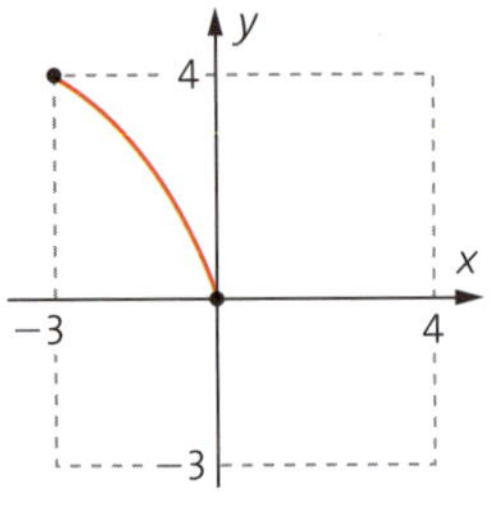

b)

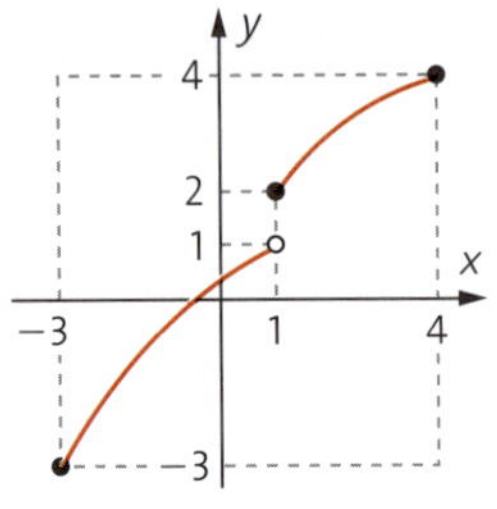

c)

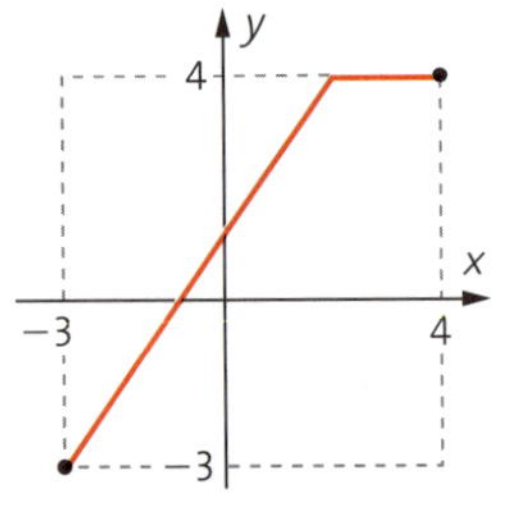

d)

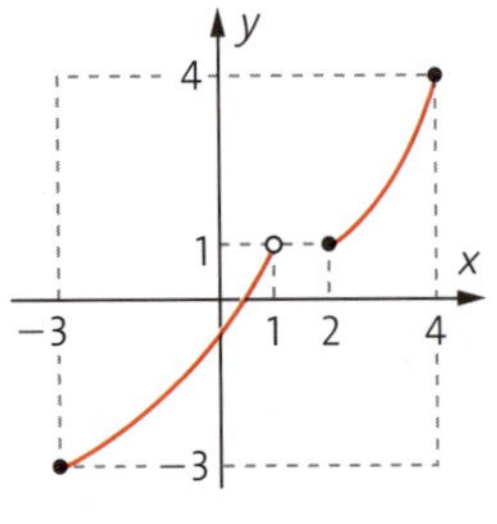

10. (Fepecs-DF) Uma pessoa doente precisa ter no mínimo 16 mg no organismo de um certo medicamento para que o mesmo seja eficaz. Sabe-se que t horas depois de ministrados M_0 mg deste medicamento, a quantidade residual em mg do mesmo é dada pela equação $M(t) = M_0 \times 2^{-kt}$. Para um certo paciente, foram ministrados 512 mg deste medicamento às 8 horas da manhã e 6 horas depois verificou-se que a quantidade residual era 32 mg.

Para que o medicamento mantenha sua eficácia mínima, a nova dose deve ser ministrada até no máximo no seguinte horário:

a) 15 horas e 30 minutos.

b) 15 horas e 45 minutos.

c) 16 horas e 20 minutos.

d) 16 horas e 30 minutos.

e) 16 horas e 40 minutos.

11. (Uneb-BA) Cada elemento radioativo, seja natural ou obtido artificialmente, se desintegra a uma velocidade que lhe é característica. Meia-vida é o tempo necessário para que a sua atividade seja reduzida à metade da atividade inicial. O cobalto-60, cuja radiação é muito utilizada em equipamentos de radioterapia, tem meia-vida de 5 anos. Nessas condições, o tempo necessário para que 800 g de cobalto-60 sejam reduzidos, por desintegração, a 12,5 g, em anos, é igual a:

01) 20.

02) 25.

03) 30.

04) 35.

05) 40.

12. (UPM-SP) Um programa computacional, cada vez que é executado, reduz à metade o número de linhas verticais e de linhas horizontais que formam uma imagem digital. Uma imagem com 2 048 linhas verticais e 1 024 linhas horizontais sofreu uma redução para 256 linhas verticais e 128 linhas horizontais. Para que essa redução ocorresse, o programa foi executado k vezes. O valor de k é:

a) 3. b) 4. c) 5. d) 6. e) 7.

13. (UFG-GO) O eucalipto é muito usado para a produção de papéis e celulose por causa da qualidade da matéria-prima e seu curto ciclo de vida. Um produtor de eucalipto possui uma plantação de determinada espécie adequada ao clima e ao tipo de solo de tal região. Essa espécie tem seu crescimento modelado pela função $h(t) = 50 \cdot (1 - 10^{-kt})$, onde h é a altura (em metros) em função do tempo t (em anos) e k é uma constante. Sabe-se que esse eucalipto alcança a altura de 10 m em 2 anos e que o produtor realizará o corte quando as árvores tiverem 8 anos. Com base nestas informações, calcule o valor da constante k e a altura que os eucaliptos terão, em metros, quando o produtor for realizar o corte.

14. (PUC-RS) Considere uma área muito visitada do MCT – Museu de Ciências e Tecnologia da PUCRS, relacionada a interações vivas. Um visitante do MCT recebe informações sobre colônias de bactérias.

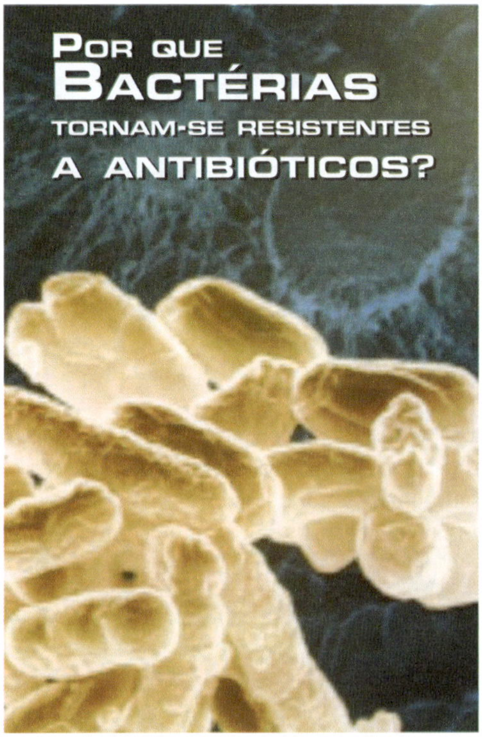

Uma bactéria comum dobra sua população a cada 20 minutos. Supondo uma colônia inicial de 1000 bactérias, que uma hora mais tarde já soma 8000, é correto prever que depois de 2 horas o número de bactérias será de:

a) 6000.
b) 16000.
c) 32000.
d) 64000.
e) 120000.

15. (UCS-RS) Num lago poluído, água limpa flui para o seu interior na mesma taxa com que água poluída escoa para fora. Biólogos avaliaram as condições desse lago e concluíram que, se não houver nenhum outro tipo de intervenção, a quantidade de poluentes que estará presente no lago no decorrer dos anos pode ser estimada pela função $Q(t) = Q_0 \cdot e^{-0,38t}$, em que Q_0 é a quantidade de poluentes presentes no lago no momento da avaliação e t é o tempo, em anos, a partir do momento da avaliação.
Segundo as estimativas dos biólogos, quanto tempo (de forma aproximada) levará para que 90% da poluição seja removida do lago?
(Dado: $e^{2,3} \simeq 9,97$.)

a) 9 anos
b) 10 anos
c) 2 anos e 3 meses
d) 6 anos
e) 4 anos

Frente B

MÓDULO 9

1. (UFSM-RS) Um avião levanta voo sob um ângulo de 30°.

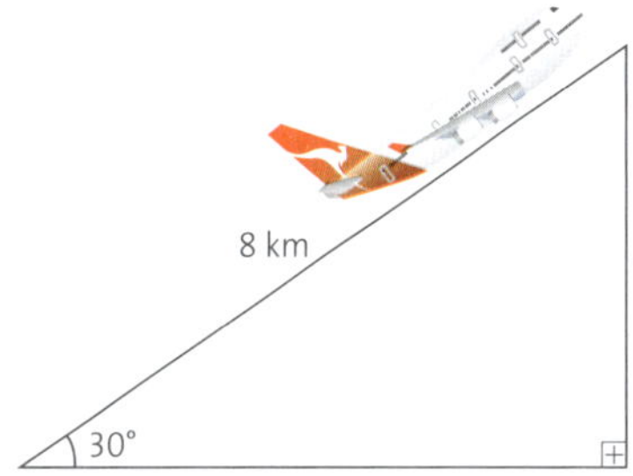

Depois de percorrer 8 km, o avião se encontra a uma altura de:

a) 2 km.
b) 3 km.
c) 4 km.
d) 5 km.
e) 6 km.

2. (PUC-RJ) Queremos encostar uma escada de sete metros de comprimento em uma parede de modo que ela forme um ângulo de 30° com a parede.

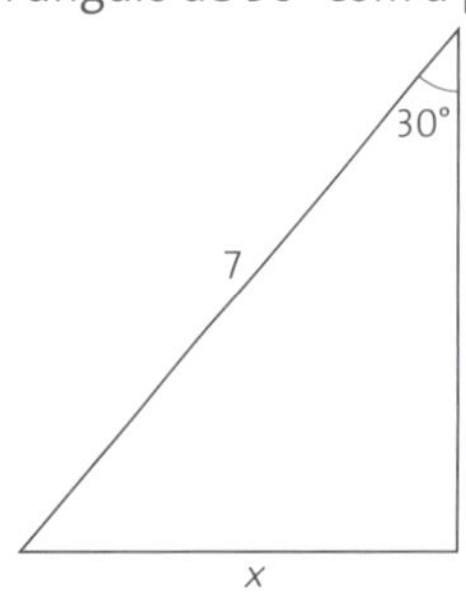

A que distância da parede devemos apoiar a escada no solo?

a) 1 m
b) 2 m
c) 2,5 m
d) 3,5 m
e) 5 m

3. (Ufop-MG) Sabendo que em um triângulo retângulo os ângulos agudos são $\widehat{\alpha}$ e $\widehat{\beta}$, a hipotenusa mede 5 cm e sen $\widehat{\beta} = 2 \cdot$ sen $\widehat{\alpha}$, encontre as medidas dos catetos.

4. (Vunesp-SP) Duas rodovias retilíneas *A* e *B* se cruzam formando um ângulo de 45°. Um posto de gasolina se encontra na rodovia *A*, a 4 km do cruzamento. Pelo posto passa uma rodovia retilínea *C*, perpendicular à rodovia *B*. A distância do posto de gasolina à rodovia *B*, indo através de *C*, em quilômetros, é:

a) $\frac{\sqrt{2}}{8}$.
b) $\frac{\sqrt{2}}{4}$.
c) $\frac{\sqrt{2}}{2}$.
d) $\sqrt{2}$.
e) $2\sqrt{2}$.

5. (Vunesp-SP) Três cidades *A*, *B* e *C*, são interligadas por estradas, conforme mostra a figura. As estradas *AC* e *AB* são asfaltadas. A estrada *CB* é de terra e será asfaltada.

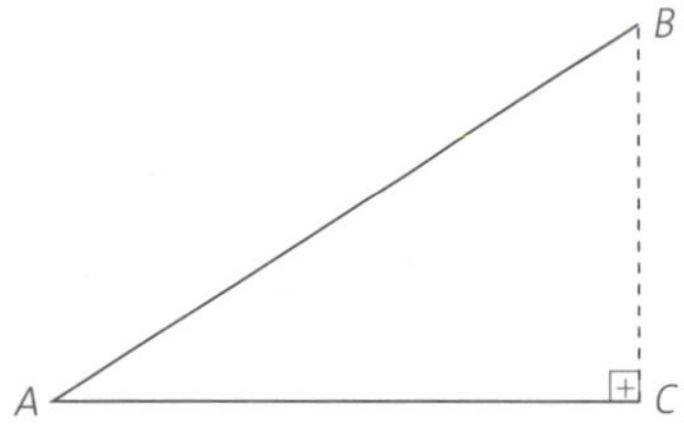

Sabendo-se que *AC* tem 30 km, que o ângulo entre *AC* e *AB* é de 30°, e que o triângulo *ABC* é retângulo em *C*, a quantidade de quilômetros da estrada que será asfaltada é:

a) $30\sqrt{3}$.
b) $10\sqrt{3}$.
c) $\frac{10\sqrt{3}}{3}$.
d) $8\sqrt{3}$.
e) $\frac{3\sqrt{3}}{3}$.

6. (UFPB) Em um determinado edifício, os primeiros andares são destinados às garagens e ao salão de festas, e os demais andares, aos apartamentos. Interessado nas dimensões desse prédio, um topógrafo coloca um teodolito (instrumento óptico para medir ângulos horizontais e ângulos verticais) a uma distância *d* do prédio. Com um ângulo vertical de 30°, esse topógrafo observou que o primeiro piso de apartamentos está a uma altura de 11,80 m do solo; e, com um ângulo vertical de 60°, visualizou o topo do edifício, conforme a figura abaixo.

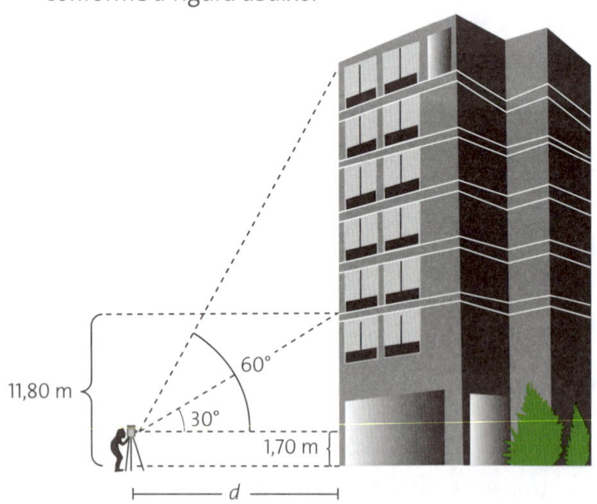

De acordo com esses dados e sabendo-se que a luneta do teodolito está a 1,70 m do solo, a altura do edifício é:

a) 31 m.
b) 23,60 m.
c) 30,30 m.
d) 21,90 m.
e) 32 m.

7. (UEMG) Na figura a seguir, um fazendeiro (*F*) dista 600 m da base da montanha (ponto *B*). A medida do ângulo $A\hat{F}B$ é igual a 30°.

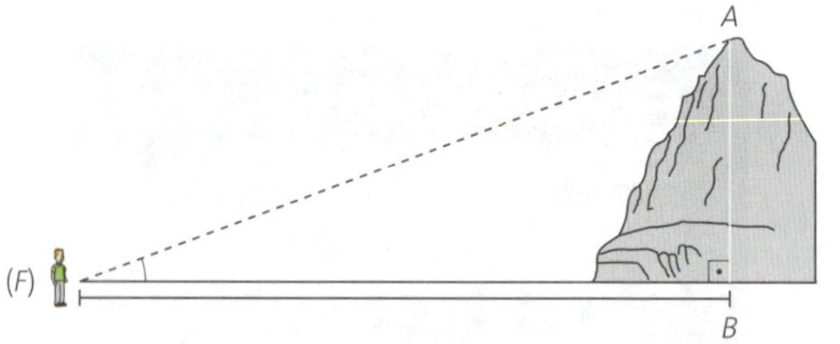

Ao calcular a altura da montanha, em metros, o fazendeiro encontrou a medida correspondente a:

a) $200\sqrt{3}$.
b) $100\sqrt{2}$.
c) $150\sqrt{3}$.
d) $250\sqrt{2}$.

8. (PUC-SP) Para representar as localizações de pontos estratégicos de um acampamento em construção, foi usado um sistema de eixos cartesianos ortogonais, conforme mostra a figura a seguir, em que os pontos *F* e *M* representam os locais onde serão construídos os respectivos dormitórios feminino e masculino e *R*, o refeitório.

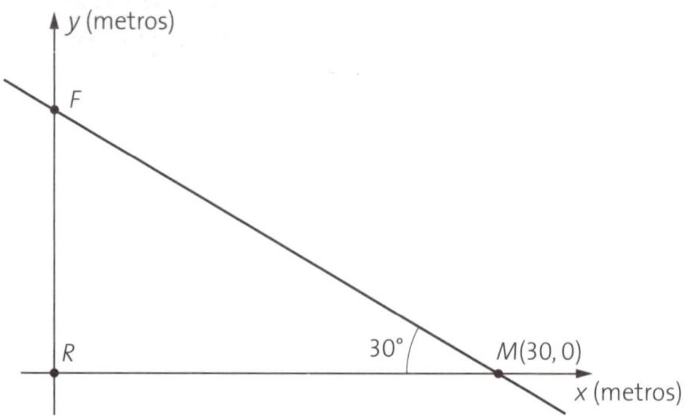

Se o escritório da Coordenação do acampamento deverá ser equidistante dos dormitórios feminino e masculino e, no sistema, sua representação é um ponto pertencente ao eixo das abscissas, quantos metros ele distará do refeitório?

a) $10\sqrt{3}$
b) 10
c) $9\sqrt{3}$
d) 9
e) $8\sqrt{3}$

9. (ESPM-SP) Uma pessoa cujos olhos estão a 1,80 m de altura em relação ao chão avista o topo de um edifício segundo um ângulo de 30° com a horizontal. Percorrendo 80 m no sentido de aproximação do edifício, esse ângulo passa a medir 60°. Usando o valor 1,73 para a raiz quadrada de 3, podemos concluir que a altura desse edifício é de aproximadamente:

a) 59 m.
b) 62 m.
c) 65 m.
d) 69 m.
e) 71 m.

10. (UPM-SP) Uma estação E, de produção de energia elétrica, e uma fábrica F estão situadas nas margens opostas de um rio de largura $\frac{1}{\sqrt{3}}$ km. Para fornecer energia a F, dois fios elétricos a ligam a E, um por terra e outro por água, conforme a figura.

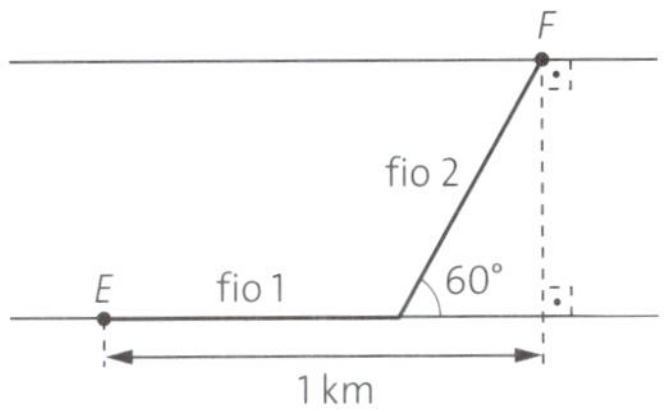

Supondo-se que o preço do metro do fio de ligação por terra é R$ 12,00 e que o metro do fio de ligação pela água é R$ 30,00, o custo total, em reais, dos fios utilizados é:

a) 28 000.
b) 24 000.
c) 15 800.
d) 18 600.
e) 25 000.

11. (Uerj) Considere o ângulo segundo o qual um observador vê uma torre. Esse ângulo duplica quando ele se aproxima 160 m e quadruplica quando ele se aproxima mais 100 m, como mostra o esquema abaixo.

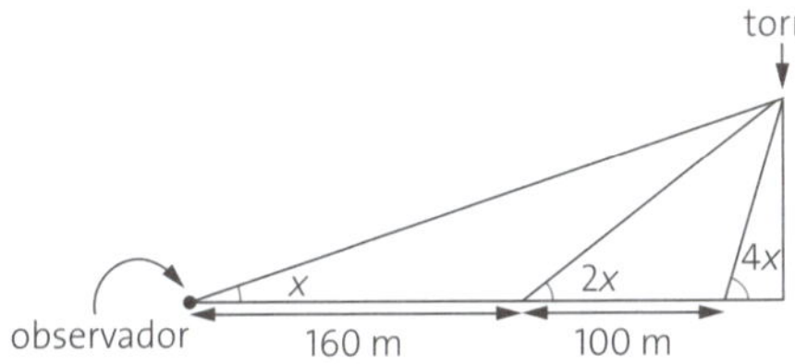

A altura da torre, em metros, equivale a:

a) 96.
b) 98.
c) 100.
d) 102.

12. (PUC-SP) Abílio (A) e Gioconda (G) estão sobre uma superfície plana de uma mesma praia e, num dado instante, veem sob respectivos ângulos de 30° e 45° um pássaro (P) voando, conforme é representado na planificação abaixo.

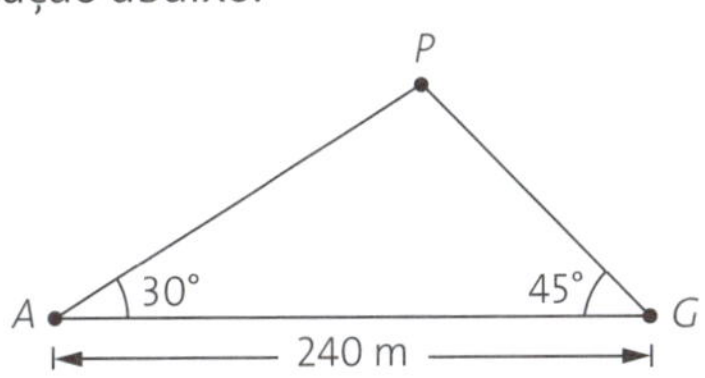

Considerando desprezíveis as medidas das alturas de Abílio e Gioconda e sabendo que, naquele instante, a distância entre A e G era de 240 m, então a quantos metros de altura o pássaro distava da superfície da praia?

a) $60(\sqrt{3} + 1)$
b) $120(\sqrt{3} - 1)$
c) $120(\sqrt{3} + 1)$
d) $180(\sqrt{3} - 1)$
e) $180(\sqrt{3} + 1)$

13. (IFPE) Um estudante do Curso de Edificações do IFPE tem que medir a largura de um rio. Para isso ele toma os pontos A e C que estão em margens opostas do rio. Em seguida ele caminha de A até o ponto B, distante 100 metros, de tal forma que os segmentos AB e AC são perpendiculares. Usando instrumento de precisão, a partir do ponto B ele visa o ponto C e em seguida o ponto A, determinando o ângulo $C\hat{B}A$, que mede 37°.

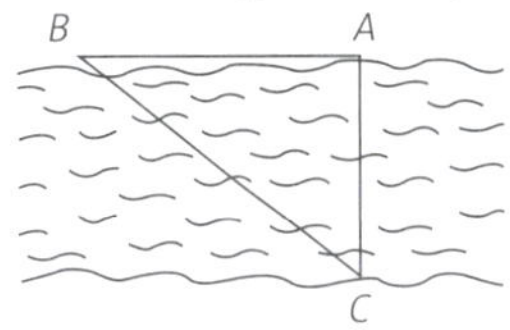

Com isso ele determinou a largura do rio e achou, em metros:
(Dados: $\text{sen } 37° = 0{,}60$, $\cos 37° = 0{,}80$ e $\text{tg } 37° = 0{,}75$.)

a) 60.
b) 65.
c) 70.
d) 75.
e) 80.

14. (UFPB) Em parques infantis, é comum encontrar um brinquedo chamado escorregador, constituído de uma superfície plana inclinada e lisa (rampa), por onde as crianças deslizam, e de uma escada que dá acesso à rampa. No parque de certa praça, há um escorregador, apoiado em um piso plano e horizontal, cuja escada tem 2 m de comprimento e forma um ângulo de 45° com o piso; e a rampa forma um ângulo de 30° com o piso, conforme ilustrado na figura a seguir.

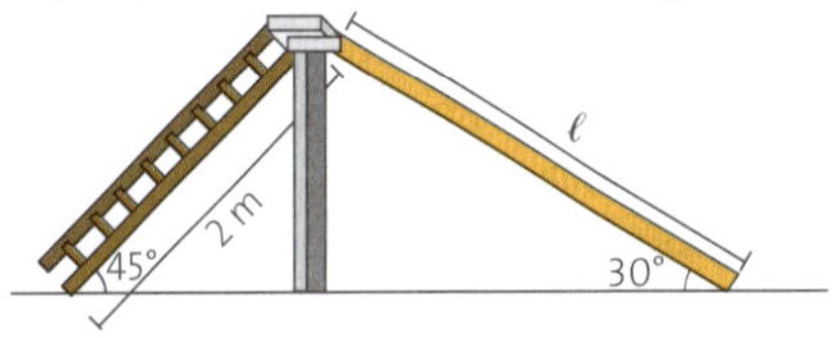

De acordo com essas informações, é correto afirmar que o comprimento (ℓ) da rampa é de:

a) $\sqrt{2}$ m.
b) $2\sqrt{2}$ m.
c) $3\sqrt{2}$ m.
d) $4\sqrt{2}$ m.
e) $5\sqrt{2}$ m.

15. (Ufla-MG) Um aparelho é construído para medir alturas e consiste de um esquadro com uma régua de 10 cm e outra régua deslizante que permite medir tangentes do ângulo de visada α, conforme o esquema da figura 1. Uma pessoa, utilizando o aparelho a 1,5 m do solo, toma duas medidas, com distância entre elas de 10 metros, conforme esquema da figura 2. Sendo $\ell_1 = 30$ cm e $\ell_2 = 20$ cm, calcule a altura da árvore.

Figura 1

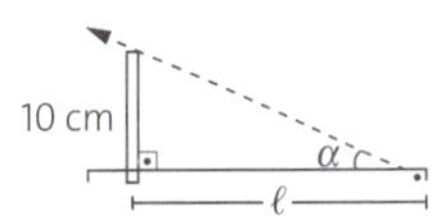

Figura 2

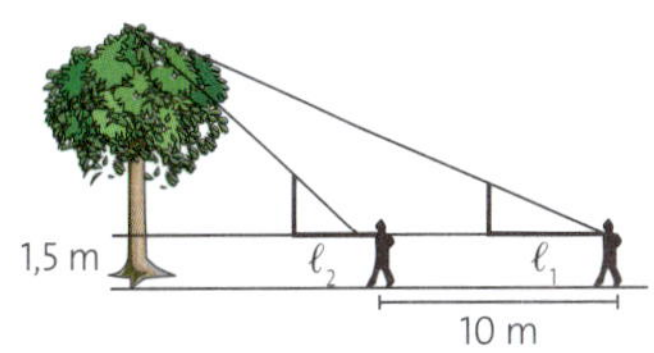

MÓDULO 10

1. (UFPI) Em um triângulo, um dos ângulos mede 60° e os lados adjacentes a este ângulo medem 1 cm e 2 cm. O valor do perímetro deste triângulo, em centímetros, é:

a) $3 + \sqrt{5}$.
b) $5 + \sqrt{3}$.
c) $3 + \sqrt{3}$.
d) $3 + \sqrt{7}$.
e) $5 + \sqrt{7}$.

2. (Fuvest-SP) Os comprimentos dos lados de um triângulo ABC formam uma PA. Sabendo-se também que o perímetro de ABC vale 15 e que o ângulo $\hat{A}$ mede 120°, então o produto dos comprimentos dos lados é igual a:

a) 25.
b) 45.
c) 75.
d) 105.
e) 125.

3. (UFGD-MS) Em um triângulo, os lados são 4,5 e $\sqrt{61}$ (leia-se raiz quadrada de sessenta e um), então o valor do maior ângulo é:

a) 90º.
b) 60º.
c) 150º.
d) 120º.
e) 135º.

4. (PUC-SP) Leia com atenção o problema proposto a Calvin na tira seguinte.

O melhor de Calvin Bill Watterson

Fonte: Jornal *O Estado de S.Paulo*, 28 abr. 2007.

Supondo que os pontos A, B e C sejam vértices de um triângulo cujo ângulo do vértice A mede 60°, então a resposta correta que Calvin deveria encontrar para o problema é, em centímetros:

a) $\frac{5\sqrt{3}}{3}$.
b) $\frac{8\sqrt{3}}{3}$.
c) $\frac{10\sqrt{3}}{3}$.
d) $5\sqrt{3}$.
e) $10\sqrt{3}$.

5. (UFTM-MG) Na figura estão posicionadas as cidades vizinhas A, B e C, que são ligadas por estradas em linha reta. Sabe-se que, seguindo por essas estradas, a distância entre A e C é de 24 km, e entre A e B é de 36 km.

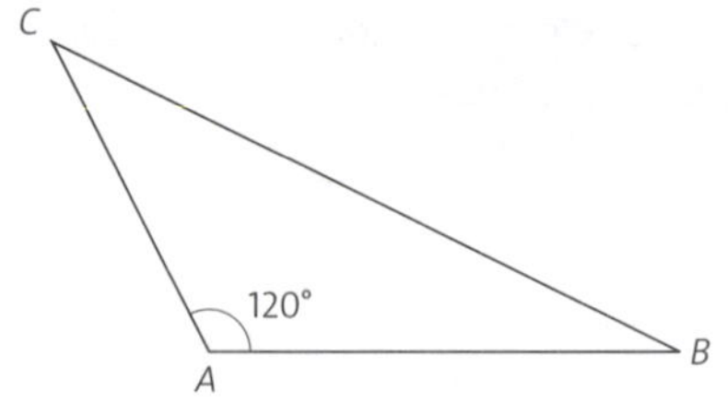

Nesse caso, pode-se concluir que a distância, em km, entre B e C é igual a:

a) $8\sqrt{17}$.
b) $12\sqrt{19}$.
c) $12\sqrt{23}$.
d) $20\sqrt{15}$.
e) $20\sqrt{13}$.

6. (UEPB) Num dado instante, dois navios se encontram afastados 12 milhas de um farol F nos pontos A e B. Se o ângulo $A\hat{F}B$ formado entre os navios e o farol é igual a 60°, qual é a distância entre os dois navios?

a) 15 milhas
b) 13 milhas
c) 10 milhas
d) 12 milhas
e) 14 milhas

7. (Uerj) Um holofote está situado no ponto A, a 30 metros de altura, no alto de uma torre perpendicular ao plano do chão. Ele ilumina, em movimento de vaivém, uma parte desse chão, do ponto C ao ponto D, alinhados à base B, conforme demonstra a figura a seguir:

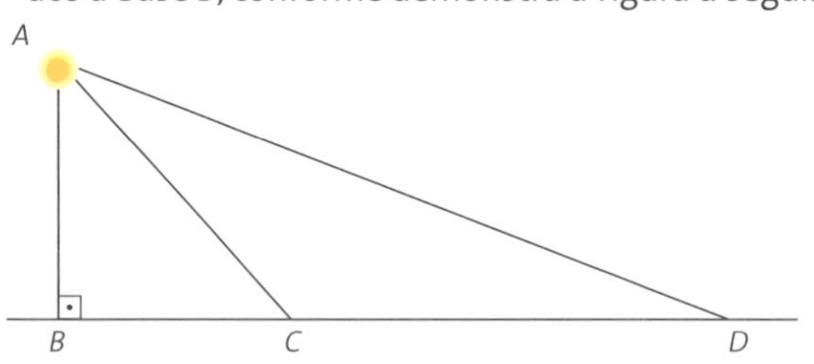

Se o ponto B dista 20 metros de C e 150 metros de D, a medida do ângulo $C\hat{A}D$ corresponde a:

a) 60°.
b) 45°.
c) 30°.
d) 15°.

8. (Uespi) Se os lados de um triângulo medem a, b, e $\sqrt{a^2 + ab + b^2}$, quanto mede o maior ângulo do triân-gulo?

a) 30°
b) 45°
c) 60°
d) 90°
e) 120°

9. (UFJF-MG) Uma praça circular de raio R foi construída a partir da planta a seguir:

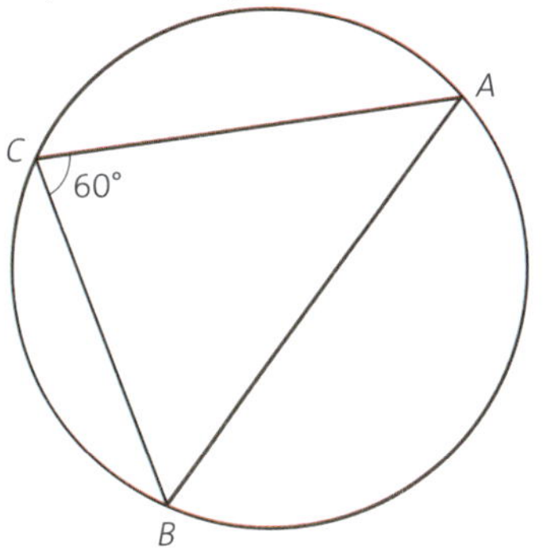

Os segmentos $\overline{AB}$, $\overline{BC}$ e $\overline{CA}$ simbolizam ciclovias construídas no interior da praça, sendo que $\overline{AB} = 80$ m. De acordo com a planta e as informações dadas, é correto afirmar que a medida de R é igual a:

a) $\frac{160\sqrt{3}}{3}$ m.
b) $\frac{80\sqrt{3}}{3}$ m.
c) $\frac{16\sqrt{3}}{3}$ m.
d) $\frac{8\sqrt{3}}{3}$ m.
e) $\frac{\sqrt{3}}{3}$ m.

10. (UEFS-BA)

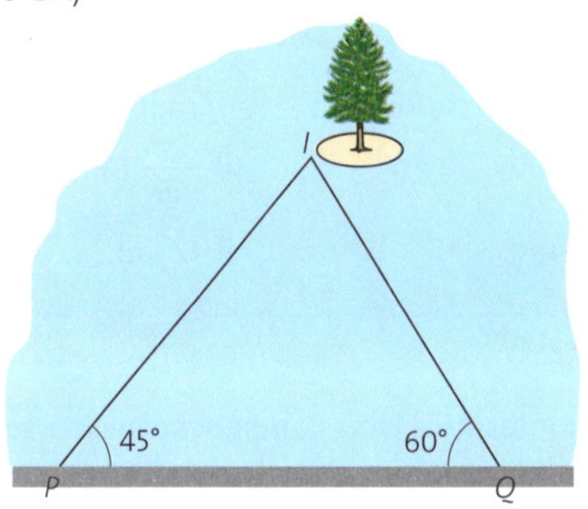

Estudos mostraram a viabilidade da construção de uma ponte ligando uma cidade litorânea a uma ilha, a partir de um ponto P ou de um ponto Q da costa, distantes 2400 m um do outro, até um ponto I da referida ilha. Sabe-se que se a ponte for construída a partir de P ou de Q, formará com PQ ângulos de 45° e 60°, respectivamente, e que, nas duas situações, o custo de construção é de 100 unidades monetárias por metro linear. Com base nessas informações e considerando-se sen 75° = 0,96, $\sqrt{2} = 1,4$ e $\sqrt{3} = 1,7$, pode-se afirmar que, optando-se pela construção da ponte menor, haverá uma economia, em unidades monetárias, de:

a) 12500.
b) 20350.
c) 37500.
d) 41330.
e) 51200.

11. (UFPB) Quem passa na avenida Litorânea, em São Luís do Maranhão, pode notar a presença de navios ancorados, esperando atracação no Porto do Itaqui. Em determinado instante, um observador, situado em um ponto O dessa avenida, visualiza três navios nos pontos (A, B e C), conforme a figura abaixo.

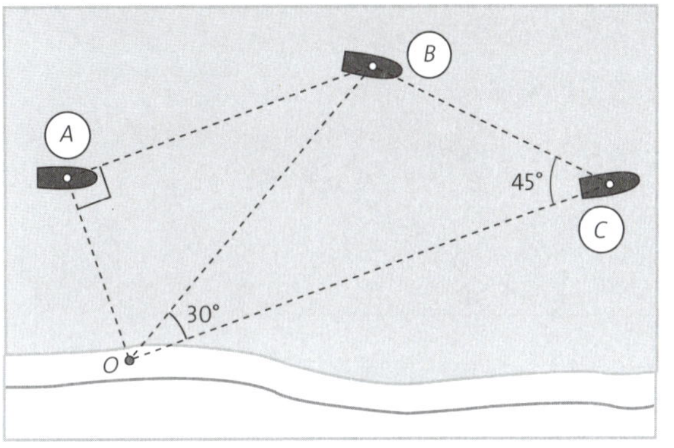

Naquele instante, sabe-se que:

- a distância do observador O ao navio B era de 1000 m;
- a distância entre os navios A e B era de $500\sqrt{3}$ m;
- os ângulos $O\hat{A}B$, $B\hat{O}C$ e $O\hat{C}B$ mediam 90°, 30° e 45° respectivamente.

Use sen 105° = 0,97.

A partir dessas informações, identifique as afirmativas corretas:

I. O ângulo $A\hat{B}C$ media 135°.
II. A distância entre os navios B e C era de 500 m.
III. A distância do observador O ao navio C era de $970\sqrt{2}$ m.
IV. A distância entre os navios A e C era igual à soma das distâncias entre os navios A e B e os navios C e B.
V. A distância do observador O ao navio A era de 500 m.

12. (FMJ-SP) Uma área plantada, de forma triangular, contém 3 pontos de abastecimento de água para o processo de irrigação, conforme mostra a figura, cuja escala é de 1:10000.

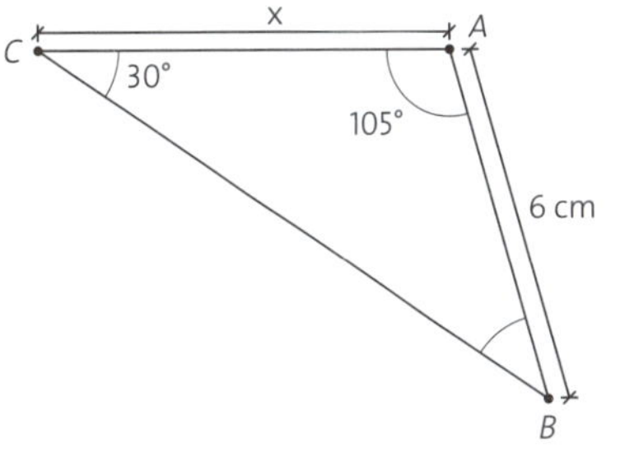

A distância entre os pontos A e C é, aproximadamente, igual a:
(Dado: $\sqrt{2} = 1,41$.)

a) 0,56 km.
b) 0,78 km.
c) 0,84 km.
d) 0,96 km.
e) 1,84 km.

MÓDULO 10
FRENTE B

13. (FMABC-SP) A figura abaixo apresenta um esquema de alguns trajetos retilíneos que servem de opções de percurso para uma ambulância que, partindo do local de um acidente ocorrido no ponto *A*, deve seguir em direção a um hospital localizado no ponto *H*.

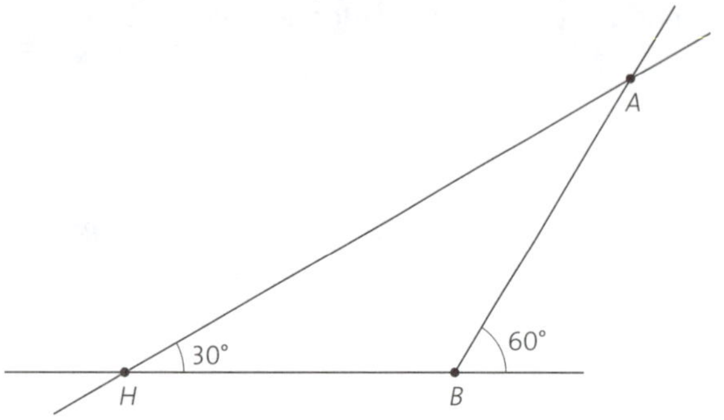

Considerando que a ambulância leva 12 minutos para percorrer os 18 km do trajeto $\overline{AH}$, rodando à velocidade média *v*, então, mantida esta velocidade, se o motorista optasse pelo trajeto $\overline{AB} + \overline{BH}$, quanto tempo a ambulância gastaria para percorrê-lo? (Use aproximação: $\sqrt{3} = 1{,}7$.)

a) 13 minutos e 48 segundos

b) 13 minutos e 36 segundos

c) 13 minutos e 30 segundos

d) 13 minutos e 24 segundos

e) 13 minutos e 12 segundos

14. (UFG-GO) O para-brisa frontal de um carro tem formato plano retangular, medindo 1,41 m de comprimento por 1 m de altura. Os limpadores de para-brisa desse carro funcionam no sistema oposto, ou seja, contêm duas palhetas idênticas, fixadas nos cantos inferiores do para-brisa, como mostra a figura.

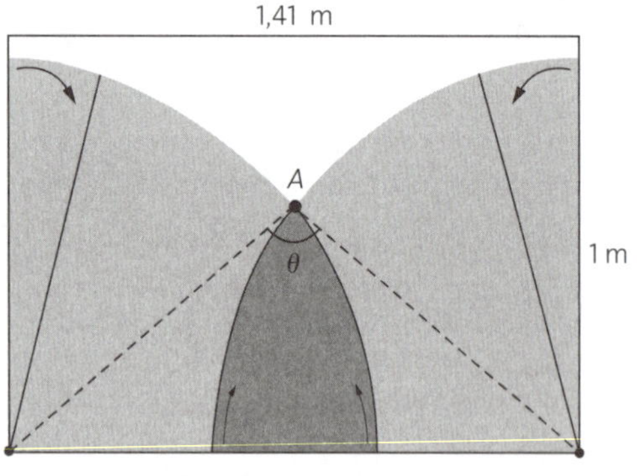

Ao serem acionadas, as palhetas fazem um movimento em sentido circular para limpar o vidro. Considere que as pontas das palhetas ficam rentes uma da outra ao passarem pelo ponto *A*, em que o menor ângulo formado entre as palhetas é θ, tal que $\cos \theta = -0{,}125$. Tendo em vista estes dados, o tamanho da palheta é, em metros:

a) 0,80.

b) 0,94.

c) 1,00.

d) 1,08.

e) 1,41.

15. (UFG-GO) Uma empresa de engenharia deseja construir uma estrada ligando os pontos *A* e *B*, que estão situados em lados opostos de uma reserva florestal, como mostra a figura abaixo.

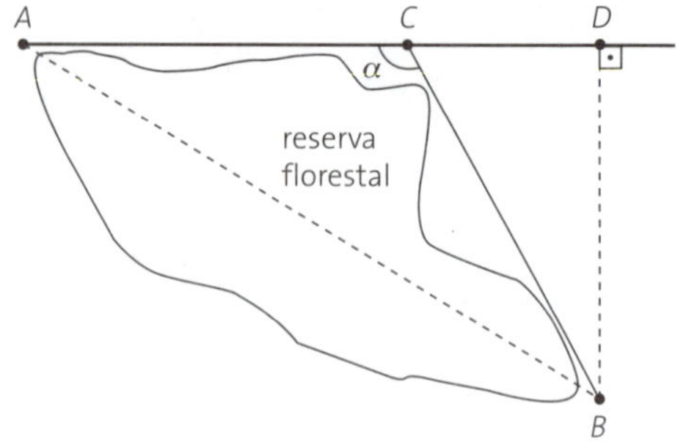

A empresa optou por construir dois trechos retilíneos, denotados pelos segmentos *AC* e *CB*, ambos com o mesmo comprimento. Considerando que a distância de *A* até B, em linha reta, é igual ao dobro da distância de *B* a *D*, o ângulo α, formado pelos dois trechos retilíneos da estrada, mede:

a) 110°.

b) 120°.

c) 130°.

d) 140°.

e) 150°.

MÓDULO 11

1. (ITA-SP) Transformando 12° em radianos, obtemos:

a) $\frac{\pi}{15}$ rad.

b) $\frac{15}{\pi}$ rad.

c) $\frac{\pi}{30}$ rad.

d) $\frac{2\pi}{15}$ rad.

e) 12 rad.

2. (Unimontes-MG) Uma competição iniciou-se quando os ponteiros do relógio estavam juntos, entre 7 e 8 horas. A que horas, aproximadamente, começou a competição?

a) 7h 43min 28s

b) 7h 38min 11s

c) 7h 35min 11s

d) 7h 45min 38s

3. (EEAR-SP) O sen $\frac{122\pi}{9}$ é igual a:

a) sen $\frac{5\pi}{9}$.

b) sen $\frac{4\pi}{9}$.

c) $-\cos \frac{5\pi}{9}$.

d) $-\text{sen}\ \frac{4\pi}{9}$.

4. (UFGD-MS) Um dispositivo mecânico pode girar no sentido horário e anti-horário e um contador registra o ângulo, em graus, que mede o quanto o dispositivo girou em relação ao ponto de partida. Se o contador marca um ângulo de 5 000° negativos, o ângulo positivo correspondente é:

a) 32°.

b) 320°.

c) 13°.

d) 40°.

e) 328°.

5. (FGV-SP) O relógio indicado na figura marca 6 horas e:

a) $55\frac{7}{13}$ minutos.

b) $55\frac{5}{11}$ minutos.

c) $55\frac{5}{13}$ minutos.

d) $54\frac{3}{11}$ minutos.

e) $54\frac{2}{11}$ minutos.

6. (UFG-GO) Leia o texto abaixo.

– *Que gigantes? – disse Sancho Pança.*

– *Aqueles que ali vês – respondeu o amo – de braços tão compridos, que alguns os têm de quase duas léguas.*

– *Olhe bem Vossa Mercê – disse o escudeiro – que aquilo não são gigantes, são moinhos de vento; e os que parecem braços não são senão as velas, que tocadas do vento fazem trabalhar as mós.*

– *Bem se vê – respondeu D. Quixote – que não andas corrente nisto das aventuras; são gigantes, são; e, se tens medo, tira-te daí, e põe-te em oração enquanto eu vou entrar com eles em fera e desigual batalha.*

CERVANTES, Miguel. *Dom Quixote de la Mancha*. Tradução de Viscondes de Castilho e Azevedo. São Paulo: Nova Cultural, 2002. Cap. VIII. p. 59-60.

Na sequência da história de Cervantes, D. Quixote arremeterá contra o moinho de vento, quebrando a sua lança e caindo ao chão, para desespero de Sancho Pança.

Considere, nessa situação ficcional, um moinho de vento contendo seis velas (ou pás) iguais, como apresentado na figura abaixo. A vela que será atingida pela lança (reticulada na figura), leva 30 segundos para dar uma volta completa, em sentido anti-horário, com velocidade constante, a partir da posição inicial em *TP*.

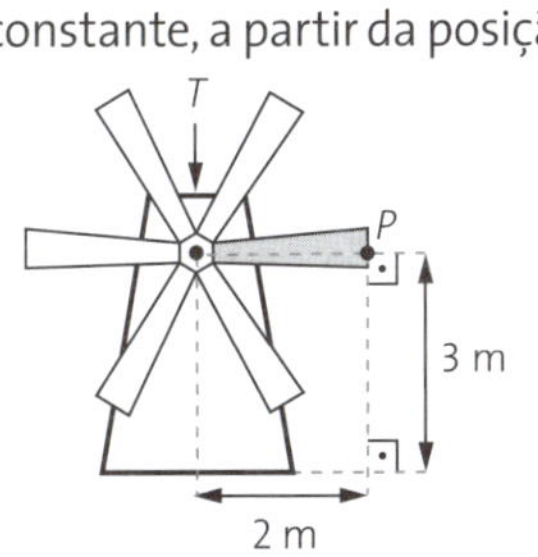

Com base no exposto, o menor tempo decorrido até que D. Quixote acerte, com sua lança, o ponto *P* da vela a uma altura de 2 m do solo, antes de ele completar uma volta é:

a) 17 s.

b) 17,5 s.

c) 18 s.

d) 18,5 s.

e) 19 s.

7. (Fuvest-SP) O perímetro de um setor circular de raio *R* e ângulo central medindo α radianos é igual ao perímetro de um quadrado de lado *R*. Então α é igual a:

a) $\frac{\pi}{3}$.

b) 2.

c) 1.

d) $\frac{2\pi}{3}$.

e) $\frac{\pi}{2}$.

8. (UFRJ) Carlos propõe o seguinte exercício para seus alunos: Calcule o período da função

$f(x) = 2 + \text{sen}\left(6\pi x + \frac{1}{2}\right)$. A resposta correta é:

a) 6π.

b) $\frac{1}{3}$.

c) $\frac{\pi}{3}$.

d) π.

e) 2π.

9. (PUC-SP) O gráfico seguinte corresponde a uma das funções de $\mathbb{R}$ em $\mathbb{R}$ a seguir definidas.

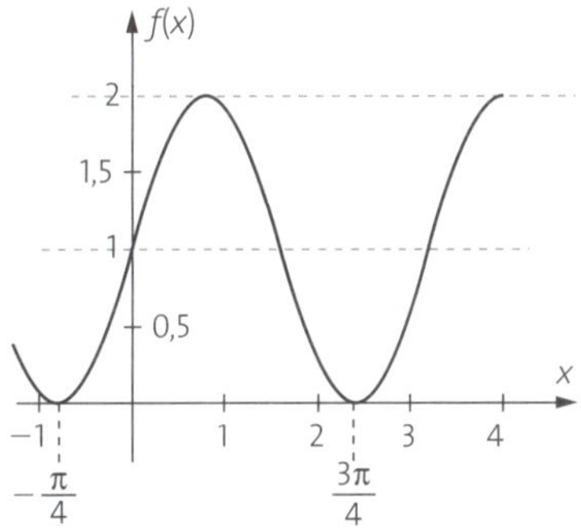

A qual delas?

a) $f(x) = \text{sen } 2x + 1$

b) $f(x) = 2 \text{ sen } x$

c) $f(x) = \cos x + 1$

d) $f(x) = 2 \text{ sen } 2x$

e) $f(x) = 2 \cos x + 1$

10. (UCS-RS) Em 2009 a temperatura média máxima mensal em determinada região foi de 28 °C e a temperatura média mínima mensal foi de 2 °C. Estudos mostram que em 2011 as temperaturas médias extremas nessa região serão 1 °C superiores às de 2009. Qual função, em que *t* é o número do mês do ano, pode ser um modelo matemático para determinar a temperatura média mensal, nessa região, em 2011?

a) $T(t) = 16 + 13\cos\left(\frac{\pi}{6}t\right)$

b) $T(t) = 21 + 16\cos\left(\frac{\pi}{6}t\right)$

c) $T(t) = 21 + 16\cos\left(\frac{\pi}{3}t\right)$

d) $T(t) = 21 + 8\cos\left(\frac{\pi}{6}t\right)$

e) $T(t) = 16 + 12\cos\left(\frac{\pi}{3}t\right)$

11. (FGV-SP) A previsão de vendas mensais de uma empresa para 2011, em toneladas de um produto, é dada por $f(x) = 100 + 0{,}5x + 3\ \text{sen}\left(\frac{\pi x}{6}\right)$, em que $x = 1$ corresponde a janeiro de 2011, $x = 2$ corresponde a fevereiro de 2011 e assim por diante. A previsão de vendas (em toneladas) para o primeiro trimestre de 2011 é:
(Use a aproximação decimal $\sqrt{3} = 1{,}7$.)

a) 308,55.
b) 309,05.
c) 309,55.
d) 310,05.
e) 310,55.

12. (PUC-RS) Em uma animação, um mosquitinho aparece voando, e sua trajetória é representada em um plano onde está localizado um referencial cartesiano. A curva que fornece o trajeto tem equação $y = 3\cos(bx + c)$. O período é 6π, o movimento parte da origem e desenvolve-se no sentido positivo do eixo das abscissas.
Nessas condições, podemos afirmar que o produto $3 \cdot b \cdot c$ é:

a) 18π.
b) 9π.
c) π.
d) $\frac{\pi^2}{2}$.
e) $\frac{\pi}{2}$.

13. (UFSC) As marés são fenômenos periódicos que podem ser descritos, simplificadamente, pela função seno. Suponhamos que, para uma determinada maré, a altura *h*, medida em metros, acima do nível médio, seja dada, aproximadamente, pela fórmula $h(t) = 8 + 4 \cdot \text{sen}\left(\frac{\pi}{12}t\right)$, em que *t* é o tempo medido em horas.
Assinale a(s) proposição(ões) correta(s).

01) O valor mínimo atingido pela maré baixa é 8 m.
02) O momento do dia em que ocorre a maré baixa é às 12 h.
04) O período de variação da altura da maré é de 24 h.
08) O período do dia em que um navio de 10 m de calado (altura necessária de água para que o navio flutue livremente) pode permanecer nesta região é entre 2 e 10 horas.

14. (UFSM-RS) Em determinada cidade, a concentração diária, em gramas, de partículas de fósforo na atmosfera é medida pela função $c(t) = 3 + 2 \cdot \text{sen}\left(\frac{\pi}{6}t\right)$, em que *t* é a quantidade de horas para fazer essa medição. O tempo mínimo necessário para fazer uma medição que registrou 4 gramas de fósforo é de:

a) $\frac{1}{2}$ hora.
b) 1 hora.
c) 2 horas.
d) 3 horas.
e) 4 horas.

15. (Ibmec-RJ) O programa "protetor de tela" de um computador mostra um retângulo que, além de se movimentar pela tela, tem suas dimensões (comprimento e largura) alteradas ao longo do tempo, como ilustrado na figura.

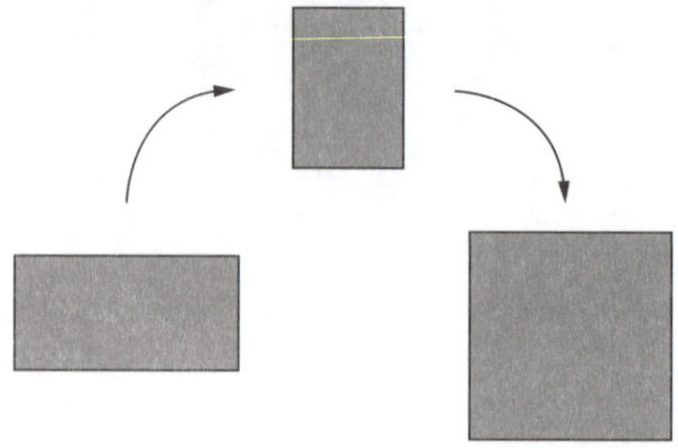

As dimensões do retângulo em função do tempo, a partir do momento em que o protetor de tela é acionado, são dadas no gráfico a seguir.

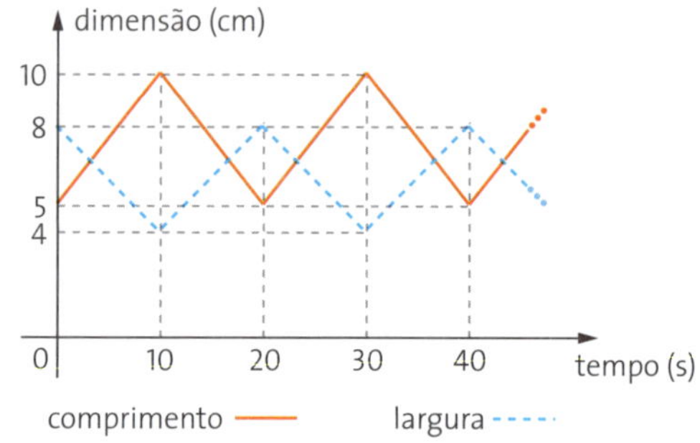

O programa protetor de tela permite alterar o modo como variam as dimensões do retângulo em função do tempo. Numa das opções, a função *f* que descreve a largura do retângulo, em cm, em função do tempo *t*, em segundos, tem como gráfico uma cossenoide, além de apresentar o mesmo período e a mesma imagem da função descrita pelo gráfico da largura mostrado no enunciado. Dentre as leis abaixo, a única que pode descrever a função *f* é:

a) $f(t) = 6 + 2 \cdot \cos\left(\frac{\pi}{10}t\right)$.
b) $f(t) = 4 + 2 \cdot \cos\left(\frac{\pi}{10}t\right)$.
c) $f(t) = 6 \cdot \cos\left(\frac{\pi}{5}t\right)$.
d) $f(t) = 4 + 2 \cdot \cos\left(\frac{\pi}{20}t\right)$.
e) $f(t) = 7 \cdot \cos\left(\frac{\pi}{5}t\right)$.

MÓDULO 12

1. (UPE) O valor da tangente do ângulo de 75° é igual a:

a) $2 - \sqrt{3}$.
b) $\sqrt{3} - 2$.
c) $\sqrt{6} + \sqrt{2}$.
d) $2 + \sqrt{3}$.
e) $\sqrt{6} - \sqrt{2}$.

2. (UPM-SP) Na figura, tg *b* é igual a:

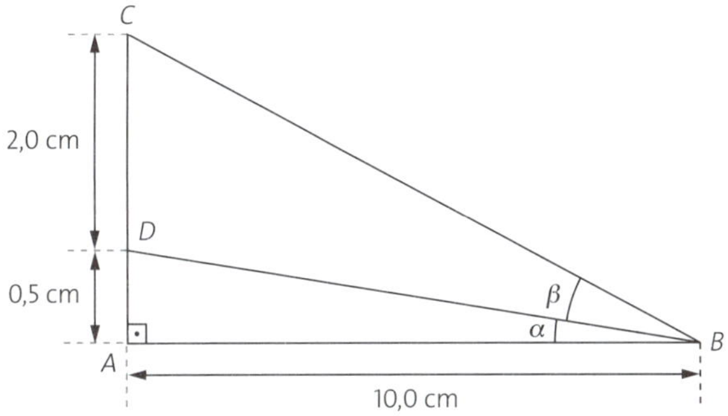

a) $\frac{16}{81}$.
b) $\frac{8}{27}$.
c) $\frac{19}{63}$.
d) $\frac{2}{3}$.
e) $\frac{1}{4}$.

3. (Unirio-RJ) O conjunto solução da equação sen x = cos x, sendo $0 \leqslant x \leqslant 2\pi$, é:

a) $\left\{\frac{\pi}{4}\right\}$.
b) $\left\{\frac{\pi}{3}\right\}$.
c) $\left\{\frac{5\pi}{4}\right\}$.
d) $\left\{\frac{\pi}{3}, \frac{4\pi}{3}\right\}$.
e) $\left\{\frac{\pi}{4}, \frac{5\pi}{4}\right\}$.

4. (FGV-SP) No intervalo $[0, 2\pi]$, a equação trigonométrica sen $(2x)$ = sen x tem raízes cuja soma vale:

a) π.
b) 2π.
c) 3π.
d) 4π.
e) 5π.

5. (UFPE) Sabendo-se que $\text{sen}^2 x - 3 \cdot \text{sen}\, x \cdot \cos x + 2 \cdot \cos^2 x = 0$, temos que os possíveis valores para tg x são:

a) 0 e –1.
b) 0 e 1.
c) 1 e 2.
d) –1 e –2.
e) –2 e 0.

6. (Fatec-SP) Em uma região plana de um parque estadual, um guarda florestal trabalha no alto de uma torre cilíndrica de madeira de 10 m de altura. Em um dado momento, o guarda, em pé no centro de seu posto de observação, vê um foco de incêndio próximo à torre, no plano do chão, sob um ângulo de 15° em relação à horizontal. Se a altura do guarda é 1,70 m, a distância do foco ao centro da base da torre, em metros, é aproximadamente:
(Observação: use $\sqrt{3} = 1{,}7$.)

a) 31.
b) 33.
c) 35.
d) 37.
e) 39.

7. (Fepecs-DF) Um observador de 1,80 m de altura vê o ponto mais alto de uma torre segundo um ângulo de 25° em relação ao plano horizontal que passa pelos seus olhos. Caminhando 50 m em direção à torre, passa a vê-la sob ângulo de 50°, como está representado no esquema abaixo.

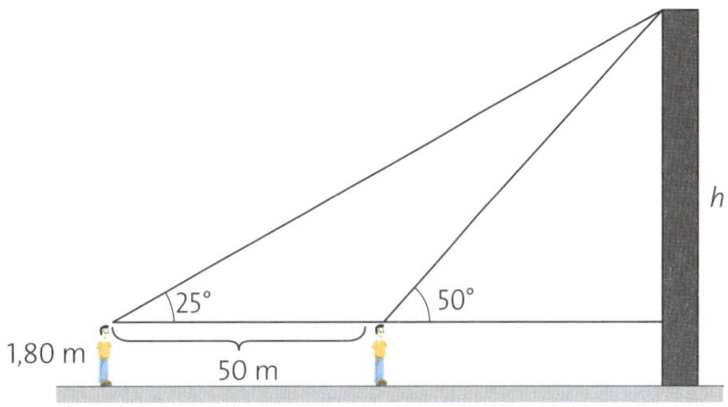

Sabendo que o seno de 25° é igual a 0,42 e que o cosseno de 25° é igual a 0,91, a altura *h* da torre em relação ao solo é de, aproximadamente:

a) 44 m.
b) 42 m.
c) 40 m.
d) 38 m.
e) 36 m.

8. (UFRJ) Os símbolos a seguir foram encontrados em uma caverna em Machu Picchu, no Peru, e cientistas julgam que extraterrestres os desenharam.

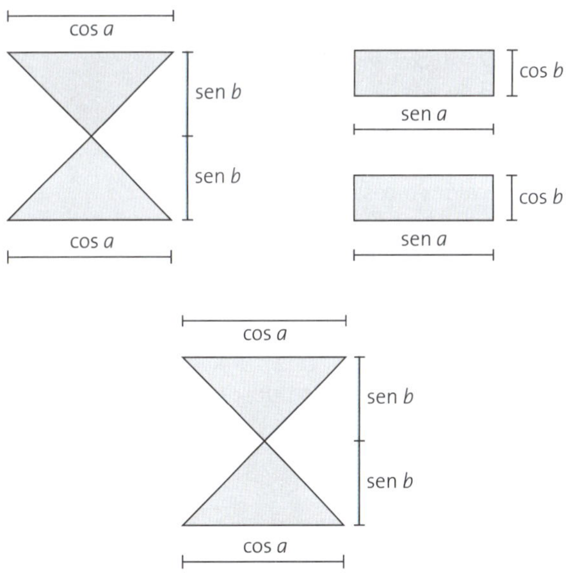

Tais cientistas descobriram algumas relações trigonométricas entre os lados das figuras, como é mostrado acima. Se $a + b = \frac{\pi}{6}$, pode-se afirmar que a soma das áreas das figuras é igual a:

a) π.
b) 3.
c) 2.
d) 1.
e) $\frac{\pi}{2}$.

9. (UFSM-RS) A soma das raízes da equação $\cos 2x + \cos x = 0$, no intervalo $0 < x < 2\pi$, é:

a) π.
b) 4π.
c) 3π.
d) $\frac{7\pi}{2}$.
e) $\frac{5\pi}{2}$.

10. (UEL-PR) Em relação à equação $\cos x = \cos (2x)$, com $x \in [0, 2\pi]$, é correto afirmar:

a) Possui uma solução no 3º quadrante.
b) Possui duas soluções no 2º quadrante.
c) Possui somente a solução nula.
d) Uma das suas soluções é π.
e) A única solução não nula é $\frac{2\pi}{3}$.

11. (UEPG-PR) Sobre a expressão

$y = \dfrac{\cos(\pi + x) \cdot \text{sen}(\pi - x)}{\text{sen}(\pi + x) \cdot \cos\left(\frac{\pi}{2} - x\right)}$, assinale o que for correto.

01) Para $x = 0$, $y = 0$.
02) Para $x = \frac{\pi}{2}$, $y = 0$.
04) Para $x = -\frac{\pi}{2}$, $y = -1$.
08) Se x é um arco do 3° quadrante, $y > 0$.
16) $y = \text{tg}\, x$.

12. (EsPCEx-SP) O número de arcos no intervalo $\left[0, \frac{19\pi}{6}\right]$ cujo valor do cosseno é igual a $\frac{1}{2}$ é:

a) 1.
b) 2.
c) 3.
d) 4.
e) 5.

13. (Uece) Se x é um arco do primeiro quadrante e $\text{sen}^4 x - \cos^4 x = \frac{1}{2}$, então $\text{tg}\, x$ é igual a:

a) 1.
b) $\frac{\sqrt{3}}{2}$.
c) $\frac{\sqrt{3}}{3}$.
d) $\sqrt{3}$.

14. (FGV-SP) Se $\text{sen}\, x + \text{sen}\, y = \frac{\sqrt{15}}{3}$ e $\cos x + \cos y = 1$, então, $\sec(x - y)$ é igual a:

a) $\frac{1}{3}$.
b) $\frac{1}{2}$.
c) 2.
d) 3.
e) 4.

15. (FGV-SP) O valor de $\cos 72° - \cos^2 36°$ é idêntico ao de:

a) $\cos 36°$.
b) $-\cos^2 36°$.
c) $\cos^2 36°$.
d) $-\text{sen}^2 36°$.
e) $\text{sen}^2 36°$.

MÓDULO 13

1. (PUC-RS) Uma melodia é uma sequência de notas musicais. Para compor um trecho de três notas musicais sem repeti-las, um músico pode utilizar as sete notas que existem na escala musical. O número de melodias diferentes possíveis de serem escritas é:

a) 3.
b) 21.
c) 35.
d) 210.
e) 5 040.

2. (Unifor-CE) Três amigos irão ao teatro e seus ingressos permitem que escolham três poltronas, entre cinco predeterminadas de uma mesma fila, para sentar-se. Nessas condições, de quantas maneiras distintas eles poderão se acomodar para assistir ao espetáculo?

a) 10
b) 12
c) 30
d) 45
e) 60

3. (UFG-GO) Para acessar os caixas eletrônicos de um banco, cada correntista recebia uma senha alfanumérica com cinco caracteres, sendo três números seguidos por duas letras do alfabeto brasileiro. Com o intuito de aumentar a segurança, o banco passou a utilizar senhas com três números seguidos por três letras. Definindo-se a condição de segurança como sendo o número de senhas possíveis, determine qual foi o aumento porcentual da condição de segurança no sistema desse banco.

4. (UFJF-MG) Uma empresa escolherá um chefe para cada uma de suas repartições *A* e *B*. Cada chefe deve ser escolhido entre os funcionários das respectivas repartições e não devem ser ambos do mesmo sexo. Abaixo é apresentado o quadro de funcionários das repartições *A* e *B*.

Funcionários	Repartições	
	A	***B***
Mulheres	4	7
Homens	6	3

De quantas maneiras é possível ocupar esses dois cargos?

a) 12
b) 24
c) 42
d) 54
e) 72

5. (Udesc) Uma mala, para ser aberta, precisa de uma senha composta de quatro algarismos. Ana foi viajar com essa mala e, quando foi abri-la, percebeu que esquecera a senha. Ela lembrava que o primeiro algarismo era o 1, que não havia algarismos repetidos e que o 4 aparecia em alguma posição. O número máximo de tentativas diferentes para Ana abrir a mala é:

a) 504.
b) 56.
c) 28.
d) 168.
e) 126.

6. (UPM-SP) Considere todos os possíveis telefones celulares, com números de 8 algarismos e primeiro algarismo 9. Mantido o primeiro algarismo 9, se os telefones passarem a ter 9 algarismos, haverá um aumento de:

a) 10^7 números telefônicos.
b) 10^8 números telefônicos.
c) $9 \cdot 10^7$ números telefônicos.
d) $9 \cdot 10^8$ números telefônicos.
e) $9 \cdot 10^9$ números telefônicos.

7. (Uneb-BA) Supondo-se que, do campeonato ilustrado na tirinha, apenas Mônica, Cebolinha, Magali, Cascão e Chico Bento tenham participado e que tenha ocorrido premiação apenas para os três primeiros colocados, pode-se afirmar que o número de maneiras distintas que essa premiação poderia ser distribuída é:

01) 60.
02) 68.
03) 72.
04) 84.
05) 120.

8. (IFPE) Por questão de segurança os bancos instalaram ao lado da maçaneta da porta, que dá acesso à área por trás dos caixas, um teclado como o da figura ao lado.

Para entrar nessa área, cada funcionário tem a sua própria senha.
Suponha que esta senha seja composta de quatro dígitos distintos. Quantas senhas poderão ser criadas se forem usados apenas os números primos que aparecem no teclado?

a) 6
b) 24
c) 80
d) 120
e) 720

9. (Vunesp-SP) Uma rede de supermercados fornece a seus clientes um cartão de crédito cuja identificação é formada por 3 letras distintas (dentre 26), seguidas de 4 algarismos distintos. Uma determinada cidade receberá os cartões que têm L como terceira letra, o último algarismo é zero e o penúltimo é 1. A quantidade total de cartões distintos oferecidos por tal rede de supermercados para essa cidade é:

a) 33 600.
b) 37 800.
c) 43 200.
d) 58 500.
e) 67 600.

10. (UEL-PR) Um número capicua é um número que se pode ler indistintamente em ambos os sentidos, da esquerda para a direita ou da direita para a esquerda (exemplo: 5 335). Em um hotel de uma cidade, onde os jogadores de um time se hospedaram, o número de quartos era igual ao número de capicuas pares de 3 algarismos. Quantos eram os quartos do hotel?

a) 20
b) 40
c) 80
d) 90
e) 100

11. (Uerj) Trechos complementares de duas cadeias de nucleotídeos de uma molécula de DNA. Observe que uma cadeia se dispõe em relação à outra de modo invertido.

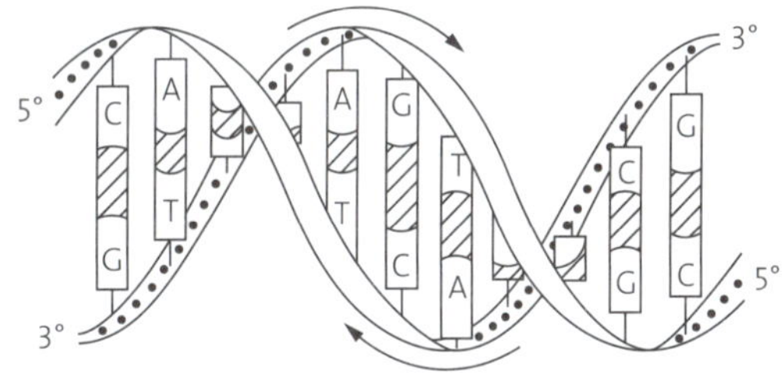

Adaptado de: LOPES, Sônia. *BIO 3*. São Paulo: Saraiva, 1993.

Considere as seguintes condições para a obtenção de fragmentos de moléculas de DNA:

- todos os fragmentos devem ser formados por 2 pares de bases nitrogenadas;
- cada fragmento deve conter as quatro diferentes bases nitrogenadas.

O número máximo de fragmentos diferentes que podem ser assim obtidos corresponde a:

a) 4.
b) 8.
c) 12.
d) 24.

12. (ESPM-SP) Utilizando-se os algarismos de 0 a 9, podemos formar números naturais de 4 algarismos. A quantidade desses números que não possuem algarismos adjacentes iguais é:

a) 7 290.
b) 6 561.
c) 3 024.
d) 5 040.
e) 4 536.

13. (UEMG) Observe a tirinha de quadrinhos a seguir:

A Mônica desafia seus amigos, numa brincadeira de "cabo de guerra".

Supondo que a posição da Mônica pode ser substituída por qualquer um de seus amigos, e que ela pode ocupar o outro lado, junto com os demais, mantendo-se em qualquer posição, o número de maneiras distintas que podem ocorrer nessa brincadeira será igual a:

a) 60.
c) 600.
b) 150.
d) 120.

14. (ESPM-SP) Usando-se apenas os algarismos 1, 2, 3 e 4, podemos formar y números naturais diferentes e menores que 1000, sendo que x deles são de 3 algarismos distintos. A razão $\frac{x}{y}$ é:

a) $\frac{3}{8}$.
d) $\frac{5}{8}$.
b) $\frac{2}{7}$.
e) $\frac{3}{7}$.
c) $\frac{1}{6}$.

15. (UFRJ) Uma prova de atletismo é disputada por 9 atletas, dos quais apenas 4 são brasileiros. Os resultados possíveis para a prova, de modo que pelo menos um brasileiro fique numa das três primeiras colocações, são em número de:

a) 426. b) 444. c) 468. d) 480. e) 504.

MÓDULO 14

1. (Unemat-MT) No campeonato de xadrez deste ano houve 30 inscritos. Na primeira fase do campeonato, quaisquer dois jogadores jogam entre si uma única vez. O número de jogos na primeira fase é:

a) 435. b) 465. c) 430. d) 455. e) 445.

2. (Fuvest-SP) Vinte times de futebol disputam a Série A do Campeonato Brasileiro, sendo seis deles paulistas. Cada time joga duas vezes contra cada um dos seus adversários. A porcentagem de jogos nos quais os dois oponentes são paulistas é:

a) menor que 7%.
b) maior que 7%, mas menor que 10%.
c) maior que 10%, mas menor que 13%.
d) maior que 13%, mas menor que 16%.
e) maior que 16%.

3. (FASM-SP) A gripe A (H1N1) apresenta 9 possíveis sintomas. Se um médico constatar no paciente 5 ou mais sintomas característicos, sendo 3 deles obrigatórios, isto é, febre alta, dor de cabeça e dificuldade respiratória, o paciente é diagnosticado como portador da gripe A. O número de maneiras diferentes de um paciente apresentar exatamente 5 sintomas que levem ao diagnóstico da gripe A é:

a) 9.
b) 15.
c) 17.
d) 13.
e) 11.

4. (Unicamp-SP) O grêmio estudantil do Colégio Alvorada é composto de 6 alunos e 8 alunas. Na última reunião do grêmio, decidiu-se formar uma comissão de 3 rapazes e 5 moças para a organização das olimpíadas do colégio. De quantos modos diferentes pode-se formar essa comissão?

a) 6720
b) 100800
c) 806400
d) 1120

5. (ESCS-DF) Em um hospital, em determinado turno, estavam presentes 5 médicos, 10 enfermeiros e 20 auxiliares de enfermagem. Considere que, com esse corpo clínico, sejam formadas 5 equipes compostas de 1 médico, 2 enfermeiros e 4 auxiliares de enfermagem. Nessa situação, o número de maneiras distintas de se formar a primeira equipe é igual a:

a) $19 \cdot 17 \cdot 5^3 \cdot 3^3$.
b) $19 \cdot 16 \cdot 15 \cdot 12 \cdot 9^4$.
c) $20 \cdot 18 \cdot 13 \cdot 10 \cdot 3^3$.
d) $20 \cdot 19 \cdot 15 \cdot 10 \cdot 5^3$.
e) $20 \cdot 19 \cdot 18 \cdot 12 \cdot 5 \cdot 3^3$.

6. (Udesc) As frutas são alimentos que não podem faltar na nossa alimentação, pelas suas vitaminas e pela energia que nos fornecem. Vera consultou um nutricionista que lhe sugeriu uma dieta que incluísse a ingestão de três frutas diariamente, dentre as seguintes opções: abacaxi, banana, caqui, laranja, maçã, pera e uva. Suponha que Vera siga rigorosamente a sugestão do nutricionista, ingerindo três frutas por dia, sendo pelo menos duas diferentes. Então, ela pode montar sua dieta diária, com as opções diferentes de frutas recomendadas, de:

a) 57 maneiras.
b) 50 maneiras.
c) 56 maneiras.
d) 77 maneiras.
e) 98 maneiras.

7. (Uema) Três casais vão ao cinema e observam que existem 6 poltronas livres em uma determinada fileira. De quantas maneiras diferentes os casais podem ocupar essas poltronas, de modo que cada casal fique sempre junto?

a) 24
b) 48
c) 16
d) 6
e) 32

8. (FGV-SP) Cinco estudantes param para pernoitar em um hotel à beira da estrada. Há dois quartos disponíveis, um com duas camas e outro com três. De quantas maneiras eles podem se dividir em dois grupos, um com duas pessoas e outro com três, para se hospedar no hotel?

a) 80
b) 40
c) 20
d) 10
e) 5

9. (FGV-SP) O número de anagramas diferentes que podem ser construídos com as letras da palavra VARGAS, e que comecem e terminem com consoantes é:

a) 360.
b) 15.
c) 24.
d) 144.
e) 288.

10. (Ufscar-SP) Todas as permutações com as letras da palavra SORTE foram ordenadas alfabeticamente, como em um dicionário. A última letra da 86ª palavra dessa lista é:

a) S.
b) O.
c) R.
d) T.
e) E.

11. (PUC-RJ) Pedro mora em um bairro com ruas no sentido leste-oeste e avenidas no sentido norte-sul. A casa de Pedro está em uma esquina três quadras ao norte e quatro quadras a oeste de sua escola (que também fica em uma esquina). Pedro vai a pé de sua casa até a escola e gosta de variar o caminho, mas sempre usando caminhos de comprimento mínimo.

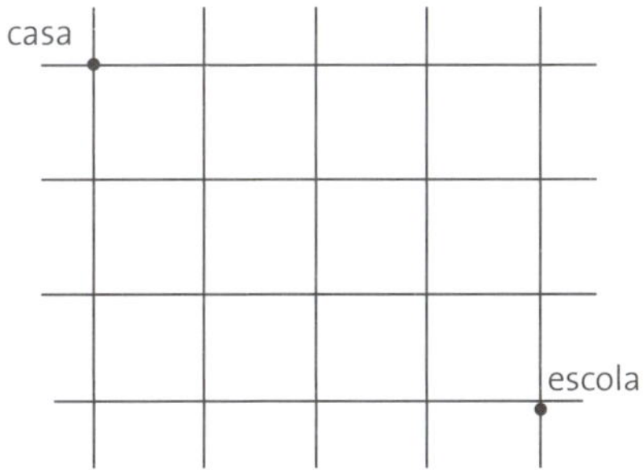

Quantos caminhos diferentes ele pode fazer?

a) 12
b) 21
c) 28
d) 35
e) 42

12. (Uece) Marcam-se 7 pontos sobre a reta r e 9 pontos sobre a reta s, paralela a r, todos distintos. Se p é o número de triângulos e q o número de quadriláteros convexos que se podem traçar com vértices nestes pontos, então $\frac{p}{q}$ é igual a:

a) $\frac{7}{9}$.
b) $\frac{7}{10}$.
c) $\frac{7}{11}$.
d) $\frac{7}{12}$.

13. (FGV-SP) As saladas de frutas de um restaurante são feitas misturando pelo menos duas frutas escolhidas entre: banana, laranja, maçã, abacaxi e melão. Quantos tipos diferentes de saladas de frutas podem ser feitos considerando apenas os tipos de frutas e não as quantidades?

a) 26
b) 24
c) 22
d) 30
e) 28

14. (Ibmec-RJ) O número de anagramas que podem ser formados com as letras PAPAGAIO, começando por consoantes e terminando por O, é igual a:

a) 120.
b) 180.
c) 240.
d) 300.
e) 320.

15. (Uece) O produto dos algarismos do número 3 115 é 15. A quantidade de números existentes entre 2 003 e 9 009, cujo produto de seus algarismos é 15, é:

a) 6.
b) 9.
c) 12.
d) 15.

MÓDULO 15

1. (PUC-RJ) Jogamos uma moeda comum e um dado comum. A probabilidade de sair um número par e a face coroa é:

a) 0,1.
b) 0,2.
c) 0,25.
d) 0,33.
e) 0,5.

2. (UEG-GO) A tabela abaixo apresenta a relação entre vítimas fatais e condutores de veículos que ingeriram ou não álcool nos últimos 100 acidentes de trânsito registrados pelo departamento de estradas.

Condutor	Vítimas fatais	
	Sim	Não
Ingeriu álcool	30	10
Não ingeriu álcool	20	40

Segundo os dados da tabela acima, qual é a probabilidade de ocorrer um acidente com vítima fatal, sabendo-se que o condutor do veículo ingeriu álcool?

3. (FCSB-SP) Analise o artigo publicado no jornal *Folha de S.Paulo*, em 31 de maio de 2012.

O PREÇO DO CIGARRO

357 brasileiros morrem por dia por fumarem ou serem ex-fumantes

CAUSAS DE MORTES ATRIBUÍDAS AO TABACO

Cardíacas	36 686
Doença pulmonar obstrutiva crônica	24 756
Câncer (menos pulmão)	23 284
Câncer de pulmão	21 906
AVC	15 104
Pneumonia	8 416

Considerando o total de mortes atribuídas ao tabagismo, a probabilidade aproximada de que a morte de uma pessoa tenha sido causada por AVC ou câncer de pulmão, sabendo que cada morte ocorreu por uma só causa, será de:

a) 30%.
b) 28%.
c) 36%.
d) 32%.
e) 34%.

4. (UFTM-MG) Um candidato é submetido a uma prova oral, onde o tema a ser desenvolvido é sorteado na hora, e calcula que suas possibilidades de ser aprovado nessa prova são de $\frac{3}{4}$, se o tema sorteado for relacionado às matérias que estudou, e de $\frac{1}{4}$ se for relacionado a matérias que não estudou. O candidato sabe, pela composição do programa, que a probabilidade de ser sorteado um tema que ele tenha estudado é $\frac{3}{5}$. Nessas condições, pode-se concluir que a probabilidade de que o candidato venha a ser aprovado nessa prova é de:

a) 45%.
b) 50%.
c) 55%.
d) 60%.
e) 65%.

5. (Uerj) Uma fábrica produz sucos com os seguintes sabores: uva, pêssego e laranja. Considere uma caixa com 12 garrafas desses sucos, sendo 4 garrafas de cada sabor. Retirando-se, ao acaso, 2 garrafas dessa caixa, a probabilidade de que ambas contenham suco com o mesmo sabor equivale a:

a) 9,1%.
b) 18,2%.
c) 27,3%.
d) 36,4%.

6. (FGV-SP) Quatro pessoas devem escolher ao acaso, cada uma, um único número entre os quatro seguintes: 1, 2, 3 e 4. Nenhuma fica sabendo da escolha da outra. A probabilidade de que escolham quatro números iguais é:

a) $\frac{1}{256}$.
b) $\frac{1}{128}$.
c) $\frac{1}{64}$.
d) $\frac{1}{32}$.
e) $\frac{1}{16}$.

7. (FGV-SP) Três viajantes solitários param, para pernoitar numa cidade que possui 7 hotéis. Se cada viajante escolher ao acaso um hotel, a probabilidade de que escolham três hotéis todos diferentes entre si é:

a) $\frac{1}{7^3}$.
b) $\frac{30}{49}$.
c) $\frac{27}{35}$.
d) $\frac{4}{7}$.
e) $\frac{9}{14}$.

8. (PUC-RS) Tales, um aluno do Curso de Matemática, depois de terminar o semestre com êxito, resolveu viajar para a Europa. A chegada ao Velho Continente foi em Portugal. Uma empresa de turismo portuguesa ofereceu ao estudante brasileiro roteiros diferentes numerados de 1 a 6, dos quais ele deveria escolher dois. A probabilidade de Tales escolher os roteiros de números 3 e 4 é:

a) $\frac{1}{6}$.
b) $\frac{1}{12}$.
c) $\frac{1}{15}$.
d) $\frac{1}{30}$.
e) $\frac{1}{36}$.

9. (Fatec-SP) Em um supermercado, a probabilidade de que um produto da marca *A* e um produto da marca *B* estejam a dez dias, ou mais, do vencimento do prazo de validade é de 95% e 98%, respectivamente. Um consumidor escolhe, aleatoriamente, dois produtos, um produto da marca *A* e outro da marca *B*. Admitindo eventos independentes, a probabilidade de que ambos os produtos escolhidos estejam a menos de dez dias do vencimento do prazo de validade é:

a) 0,001%.
b) 0,01%.
c) 0,1%.
d) 1%.
e) 10%.

10. (PUC-RJ) Quatro moedas são lançadas simultaneamente. Qual é a probabilidade de ocorrer coroa em uma só moeda?

a) $\frac{1}{8}$
b) $\frac{2}{9}$
c) $\frac{1}{4}$
d) $\frac{1}{3}$
e) $\frac{3}{8}$

11. (FGV-SP) Um médico atende diariamente, de segunda-feira a sexta-feira, os postos de saúde de quatro pequenos povoados próximos: A, B, C e D, indo de A a D e de volta a A. Em determinado dia, ele decide sortear o percurso que vai seguir. Qual é a probabilidade de ele ir e voltar pelo mesmo caminho assinalado na figura?

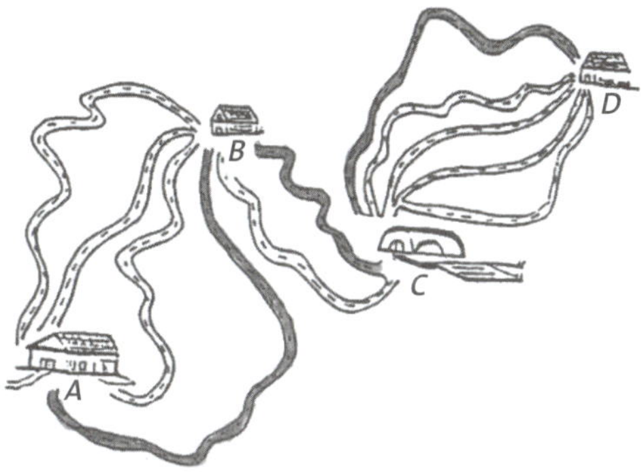

Reprodução/FGV

12. (FGV-SP) Uma prova consta de dez questões tipo Verdadeiro ou Falso, isto é, em cada questão o aluno deve assinalar se a sentença dada é verdadeira (V) ou falsa (F). Se um aluno não sabe nada e marca as dez respostas ao acaso, a probabilidade de que acerte todas as questões é:

a) $\frac{1}{128}$.

b) $\frac{1}{256}$.

c) $\frac{1}{512}$.

d) $\frac{1}{1\,024}$.

e) $\frac{1}{2\,048}$.

13. (UFPR) Considere três caixas contendo bolas brancas e pretas, conforme ilustra a figura.

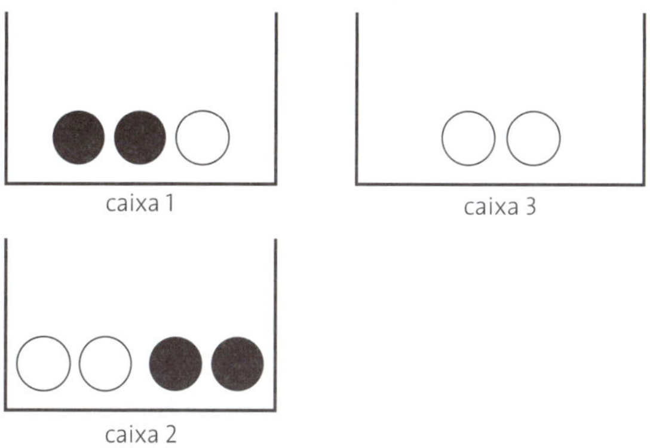

Uma bola é retirada aleatoriamente da caixa 1 e colocada na caixa 2. Então, uma bola é retirada aleatoriamente da caixa 2 e colocada na caixa 3. Finalmente, uma bola é retirada aleatoriamente da caixa 3. Calcule a probabilidade de que essa última bola retirada seja branca.

14. (Fameca-SP) Por uma série de razões, a probabilidade de um casal ter um filho do sexo feminino é 25%. A probabilidade de esse casal ter dois filhos de sexos diferentes é:

a) 6,25%.
b) 12,5%.
c) 37,5%.
d) 56,25%.
e) 75%.

15. (FGV-SP) Uma urna tem duas bolas vermelhas e três brancas; outra urna tem uma bola vermelha e outra branca. Uma das duas urnas é escolhida ao acaso e dela é escolhida, ao acaso, uma bola. A probabilidade de que a bola seja vermelha é:

a) $\frac{3}{8}$.

b) $\frac{17}{40}$.

c) $\frac{9}{20}$.

d) $\frac{2}{5}$.

e) $\frac{3}{10}$.

MÓDULO 16

1. (UFRRJ) Separando-se as letras da palavra tempo e colocando-as em uma urna, a probabilidade de se retirar uma consoante é de:

a) 20%. b) 30%. c) 40%. d) 50%. e) 60%.

2. (UEL-PR) No lançamento de disco, a abertura da gaiola é de aproximadamente 36°, como se pode observar na figura abaixo.

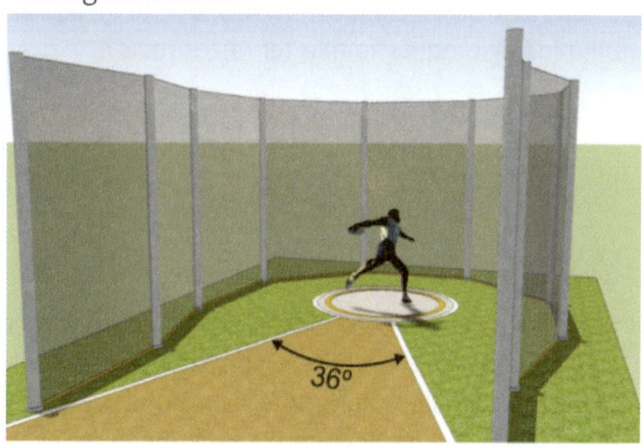

Gaiola de lançamento de disco.

Durante o lançamento, acidentalmente, o disco escapa da mão do atleta. Supondo, para simplificar, que o movimento do braço do atleta ocorre num plano horizontal, então a probabilidade de o disco sair da gaiola é de:

a) $\frac{1}{10}$.

b) $\frac{1}{8}$.

c) $\frac{1}{6}$.

d) $\frac{1}{4}$.

e) $\frac{1}{2}$.

3. (PUC-RS) Numa roleta, há números de 0 a 36. Supondo que a roleta não seja viciada, então a probabilidade de o número sorteado ser maior do que 25 é:

a) $\frac{11}{36}$.
b) $\frac{11}{37}$.
c) $\frac{25}{36}$.
d) $\frac{25}{37}$.
e) $\frac{12}{37}$.

4. (PUC-RJ) Jogamos dois dados comuns e somamos os pontos. Qual a probabilidade de que o total seja igual a 12?

a) $\frac{1}{6}$
b) $\frac{1}{11}$
c) $\frac{1}{12}$
d) $\frac{1}{36}$
e) $\frac{1}{96}$

5. (UFRGS-RS) Uma caixa contém bolas azuis, brancas e amarelas, indistinguíveis a não ser pela cor. Na caixa existem 20 bolas brancas e 18 bolas azuis. Retirando-se ao acaso uma bola da caixa, a probabilidade de ela ser amarela é $\frac{1}{3}$. Então, o número de bolas amarelas é:

a) 18.
b) 19.
c) 20.
d) 21.
e) 22.

6. (UEPB) Considere a equação $ax^2 - 6x + 2 = 0$, com $a \neq 0$. Se o coeficiente a é escolhido ao acaso entre os elementos do conjunto $\{3, 4, 5, 6, 7, 8, 9\}$, a probabilidade de a equação não ter raízes reais é:

a) $\frac{5}{7}$.
b) $\frac{2}{7}$.
c) $\frac{3}{7}$.
d) 1.
e) $\frac{4}{7}$.

7. (Ibmec-RJ) De 120 estudantes, 60 estudam francês, 50 espanhol e 20, francês e espanhol. Se um estudante é escolhido aleatoriamente, a probabilidade de ele não estudar nem francês nem espanhol é de:

a) $\frac{1}{4}$.
b) $\frac{1}{2}$.
c) $\frac{3}{4}$.
d) $\frac{3}{2}$.
e) $\frac{2}{3}$.

8. (ESPM-SP) Dois prêmios serão sorteados para duas pessoas de um grupo de 6 pessoas, no qual estão Marina e seu marido. Seja P a probabilidade de que ela seja sorteada e seu marido não. Podemos concluir que P é aproximadamente:

a) 25%. b) 20%. c) 18%. d) 32%. e) 27%.

9. (UFPR) Em uma cidade de 250 000 habitantes, aproximadamente 10 000 foram vacinados contra o vírus H1N1, número muito menor do que as autoridades de saúde previam. Se tomarmos aleatoriamente 50 habitantes dessa cidade, quantos deles se espera que tenham sido vacinados contra o vírus H1N1?
A probabilidade de ter sido vacinado é:

a) 2 habitantes.
b) 6 habitantes.
c) 8 habitantes.
d) 12 habitantes.
e) 15 habitantes.

10. (Fuvest-SP) Francisco deve elaborar uma pesquisa sobre dois artrópodes distintos. Eles serão selecionados, ao acaso, da seguinte relação: aranha, besouro, barata, lagosta, camarão, formiga, ácaro, caranguejo, abelha, carrapato, escorpião e gafanhoto. Qual é a probabilidade de que ambos os artrópodes escolhidos para a pesquisa de Francisco não sejam insetos?

a) $\frac{49}{144}$
b) $\frac{14}{33}$
c) $\frac{7}{22}$
d) $\frac{5}{22}$
e) $\frac{15}{144}$

11. (ITA-SP) Uma caixa branca contém 5 bolas verdes e 3 azuis, e uma caixa preta contém 3 bolas verdes e 2 azuis. Pretende-se retirar uma bola de uma das caixas. Para tanto, 2 dados são atirados. Se a soma resultante dos 2 dados for menor que 4, retira-se uma bola da caixa branca. Nos demais casos, retira-se uma bola da caixa preta. Qual é a probabilidade de se retirar uma bola verde?

12. (UEM-PR) Um número natural é primo quando ele é divisível exatamente por dois números naturais distintos. Escolhendo, ao acaso, um número natural maior que zero e menor que 17, é correto afirmar que a probabilidade de esse número ser primo e deixar resto 1 na divisão por 4 é:

a) $\frac{1}{8}$.
b) $\frac{3}{16}$.
c) $\frac{3}{8}$.
d) $\frac{7}{16}$.
e) $\frac{1}{4}$.

13. (UFTM-MG) Em certo jogo de perguntas e respostas, o jogador ganha 3 pontos a cada resposta correta e perde 5 pontos a cada resposta errada. Paulo respondeu 30 perguntas e obteve um total de 50 pontos. Selecionando-se aleatoriamente uma das perguntas feitas a Paulo, a probabilidade de que ela seja uma das que tiveram resposta incorreta é de:

a) $\frac{2}{5}$. b) $\frac{1}{3}$. c) $\frac{2}{7}$. d) $\frac{1}{6}$. e) $\frac{1}{8}$.

14. (UFPR) André, Beatriz e João resolveram usar duas moedas comuns, não viciadas, para decidir quem irá lavar a louça do jantar, lançando as duas moedas simultaneamente, uma única vez. Se aparecerem duas coroas, André lavará a louça; se aparecerem duas caras, Beatriz lavará a louça; e se aparecerem uma cara e uma coroa, João lavará a louça. A probabilidade de que João venha a ser sorteado para lavar a louça é de:

a) 25%.
b) 27,5%.
c) 30%.
d) 33,3%.
e) 50%.

15. (FMJ-SP) A roda da bicicleta mostrada na foto tem 36 raios, e o bico com a válvula de encher e calibrar o pneu fica entre 2 deles. O ciclista passa a se deslocar sobre a bicicleta e, num determinado instante, para ao chegar ao seu destino.

FMJ/2012

A probabilidade de o bico parar na posição inferior, entre os dois raios que apontam mais diretamente para o chão, é:

a) maior que 0,03.
b) $\frac{1}{36}$.
c) $\left(\frac{1}{36}\right)^2$.
d) $\left(\frac{1}{36}\right)^n$, onde n é o número de voltas completadas pela roda.
e) menor que 0,00002.

Frente C

MÓDULO 17

1. (Ufam) Na figura, as retas *r* e *s* são paralelas, o ângulo 1 mede 45° e o ângulo 2 mede 55°.

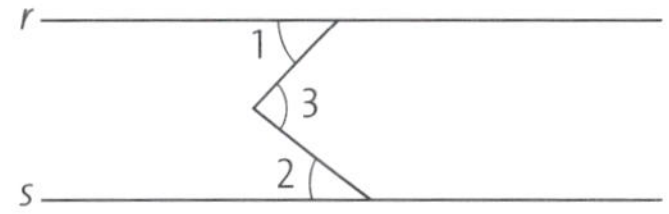

A medida, em graus, do ângulo 3 é:

a) 90°.
b) 45°.
c) 55°.
d) 110°.
e) 100°.

2. (UEPB) Duas retas cortadas por uma transversal formam ângulos alternos externos expressos em graus pelas equações $3x + 18$ e $5x + 10$. O valor de x de modo que estas retas sejam paralelas é:

a) 4.
b) 5.
c) 8.
d) 10.
e) 12.

3. (UFPB) Na figura abaixo estão representadas as retas *r*, *s* e *t*. Sabendo-se que as retas *r* e *s* são paralelas, calcule, em graus, o valor de *y*.

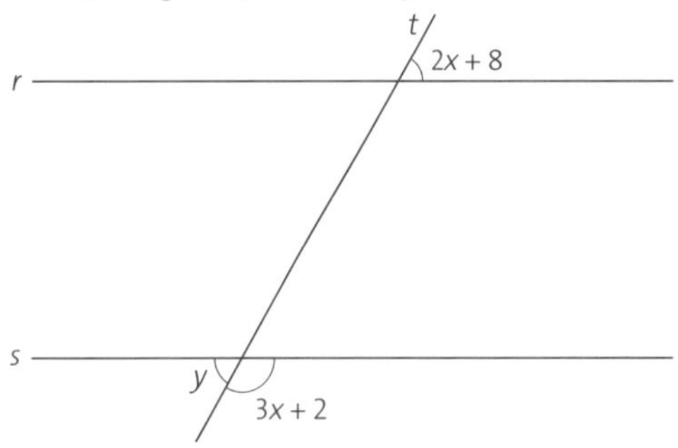

4. (IFPE) Júlia começou a estudar Geometria na sua escola. Com dúvida em um exercício passado pelo professor de Matemática, ela pediu ajuda ao seu tio. O enunciado era: "As retas *r* e *s* são paralelas; as retas *u* e *t*, duas transversais. Encontre o valor do ângulo *x* na figura abaixo".

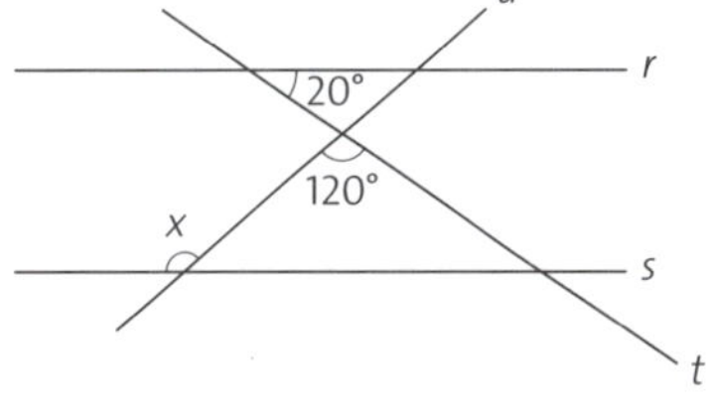

Portanto, o valor de *x* é:

a) 120°.
b) 125°.
c) 130°.
d) 135°.
e) 140°.

5. (IFCE) Sabendo-se que a soma de dois ângulos é 78° e um deles vale $\frac{3}{5}$ do complemento do outro, os valores são:

a) 10° e 68°.
b) 15° e 63°.
c) 16° e 62°.
d) 18° e 60°.
e) 20° e 58°.

6. (UFPB) Na figura abaixo, está ilustrado o desenho de um portão em forma retangular, onde foram colocadas diagonais $\overline{AC}$ e $\overline{BD}$, a fim de obter-se maior rigidez para o mesmo.

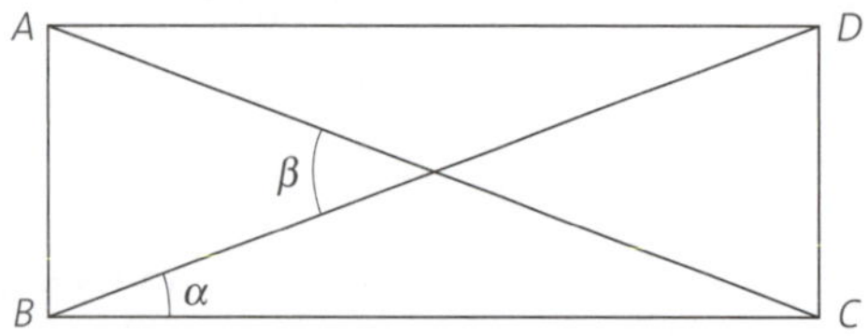

Sabendo-se que $\alpha = 20°$, o valor de β é:

a) 70°.
b) 60°.
c) 50°.
d) 40°.
e) 30°.

7. (ESPM-SP) Na figura abaixo, as retas *r* e *s* são paralelas e $AB = AC$.

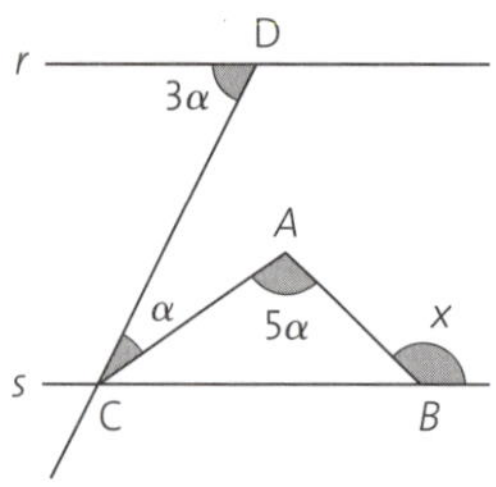

O valor de *x* é igual a:

a) 120°.
b) 135°.
c) 140°.
d) 150°.
e) 165°.

8. (UFPE) Na figura abaixo, as medidas de alguns ângulos são dadas, em graus, em função de *x*.

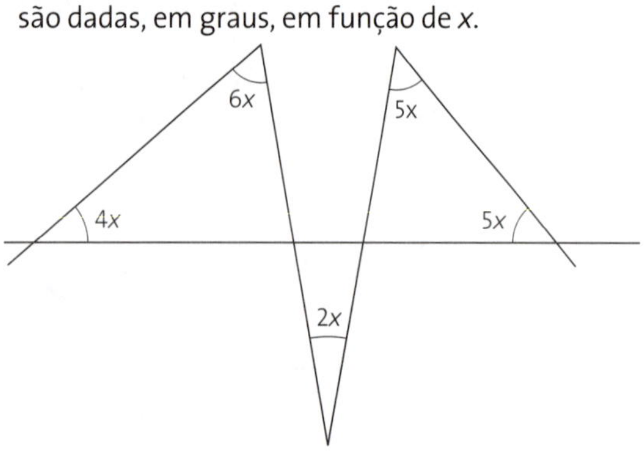

Então, o valor de *x* é:

a) 36°.
b) 24°.
c) 18°.
d) 12°.
e) 10°.

9. (UFRRJ) A figura abaixo mostra a trajetória de uma bola de bilhar. Sabe-se que, quando ela bate na lateral da mesa (retangular), forma um ângulo de chegada que sempre é igual ao ângulo de saída. A bola foi lançada da caçapa *A*, formando um ângulo de 45° com o lado *AD*.

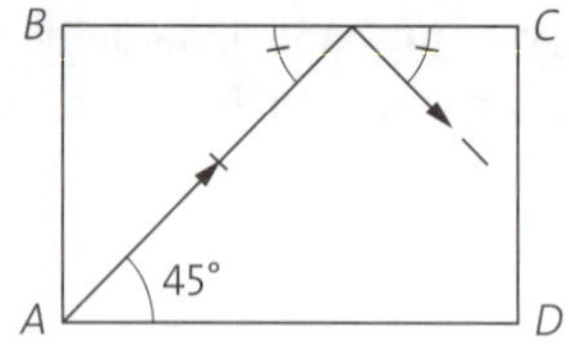

Sabendo-se que o lado *AB* mede 2 unidades e *BC* mede 3 unidades, a bola:

a) cairá na caçapa *A*.
b) cairá na caçapa *B*.
c) cairá na caçapa *C*.
d) cairá na caçapa *D*.
e) não cairá em nenhuma caçapa.

10. (FGV-SP) Considere as retas *r*, *s*, *t*, *u*, todas num mesmo plano, com *r* // *u*.

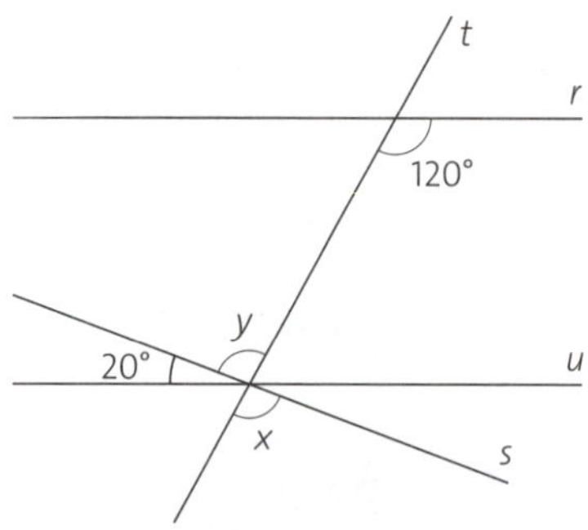

O valor em graus de $(2x + 3y)$ é:

a) 64°.
b) 500°.
c) 520°.
d) 660°.
e) 580°.

11. (Uece) Se as medidas, em graus, dos ângulos internos de um triângulo são respectivamente $3x$, $x + 15$ e $75 - x$, então este triângulo é:

a) escaleno.
b) retângulo, e não isósceles.
c) retângulo e isósceles.
d) isósceles, e não retângulo.

12. (PUC-MG) A menor distância de um ponto a uma circunferência é 3 m, e o segmento da tangente à circunferência é 5 m. O raio da circunferência, em metros, mede:

a) $\frac{5}{2}$.
b) $\frac{8}{3}$.
c) $\frac{9}{4}$.
d) $\frac{14}{5}$.
e) $\frac{17}{8}$.

13. (Unicamp-SP) A figura mostra um segmento AD dividido em três partes: $\overline{AB} = 2$ cm, $\overline{BC} = 3$ cm e $\overline{CD} = 5$ cm.

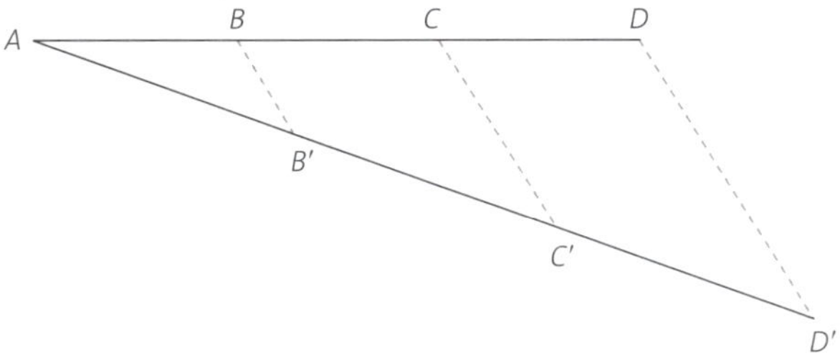

O segmento AD' mede 13 cm e as retas BB' e CC' são paralelas a DD'. Determine o comprimento do segmento AB'.

a) 2,6
b) 2,7
c) 2,8
d) 2,9
e) 3,0

14. (FGV-SP) Na figura abaixo, o triângulo AHC é retângulo em H e s é a reta-suporte da bissetriz do ângulo $C\hat{A}H$.

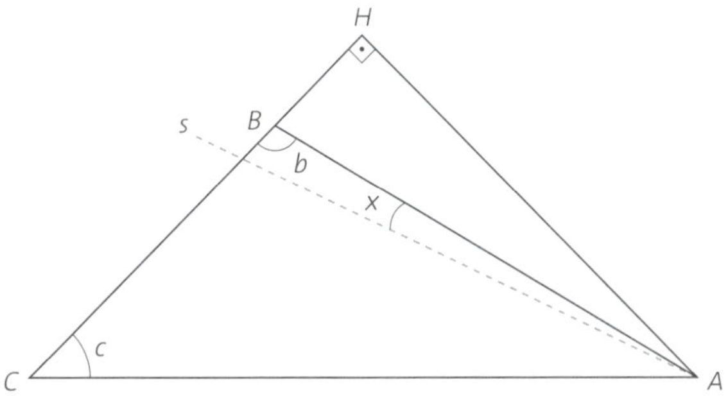

Se $c = 30°$ e $b = 110°$, então:

a) $x = 15°$.
b) $x = 30°$.
c) $x = 20°$.
d) $x = 10°$.
e) $x = 5°$.

15. (UFGD-MS) Se uma bola de basquete, com circunferência máxima de 78 cm, for centralizada no aro de uma cesta com 45 cm de diâmetro, de quanto será a folga x entre a bola e o aro em toda a volta? (Considere: $\pi = 3{,}14$.)

a) 16,29
b) 20
c) 5,04
d) 10,08
e) 1,17

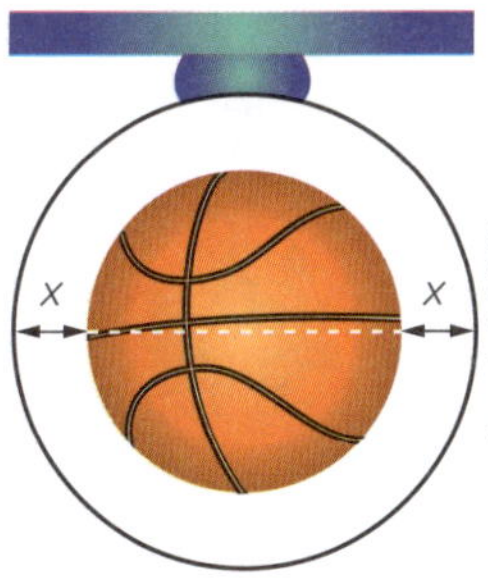

MÓDULO 18

1. (UEL-PR) Seja o heptágono irregular, ilustrado na figura seguinte, onde seis de seus ângulos internos medem 120°, 150°, 130°, 140°, 100° e 140°.

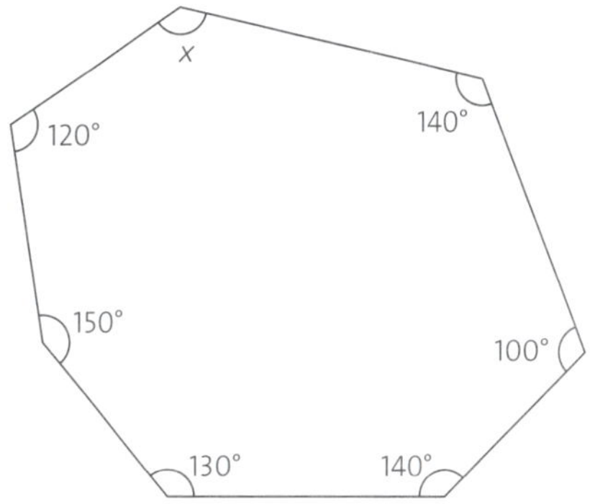

A medida do sétimo ângulo é:

a) 110°.
b) 120°.
c) 130°.
d) 140°.
e) 150°.

2. (UEPB) O número de diagonais de um octógono é:

a) 20.
b) 28.
c) 56.
d) 48.
e) 24.

3. (Unioeste-PR) Um pentagrama é uma figura que pode ser construída por uma linha fechada única entrelaçada, sendo considerado símbolo da perfeição. O nome pentagrama se dá em virtude da formação de um pentágono regular no seu interior, conforme ilustra a figura a seguir.

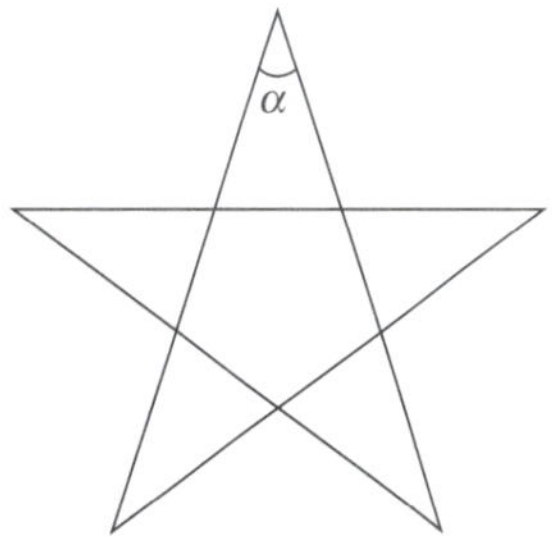

Com base nestas informações pode-se afirmar que a medida do ângulo α é:

a) 108°.
b) 45°.
c) 36°.
d) 180°.
e) 72°.

4. (ESPM-SP) Se o número de lados de um polígono convexo fosse acrescido de 3 unidades, seu número de diagonais triplicaria. Podemos afirmar que a soma dos ângulos internos desse polígono é igual a:

a) 720°.
b) 900°.
c) 1080°.
d) 1200°.
e) 1800°.

5. (UEPB) Aumentando-se de 5 unidades o número de lados de um polígono, o número de diagonais aumenta de 40. Esse polígono é o:

a) heptágono.
b) pentágono.
c) hexágono.
d) octógono.
e) eneágono.

6. (Uece) Sejam *P* e *Q* polígonos regulares. Se *P* é um hexágono e se o número de diagonais do *Q*, partindo de um vértice, é igual ao número total de diagonais de *P* então a medida de cada um dos ângulos internos de *Q* é:

a) 144°.
b) 150°.
c) 156°.
d) 162°.

7. (UEM-PR) Seja $k \in \mathbb{N}^*$. Se o número de diagonais de um polígono convexo é *k* vezes o seu número de lados, então é correto afirmar que o número de lados do polígono é:

a) $3k + 2$.
b) $2k - 3$.
c) k.
d) $3k - 2$.
e) $2k + 3$.

8. (Unifor-CE) Ao se colocar V para indicar verdadeiro e F para indicar falso para as afirmações:

I. Um quadrilátero que tem as diagonais com comprimentos iguais é um retângulo.
II. Todo losango tem as diagonais com comprimentos iguais.
III. As diagonais de um paralelogramo cortam-se mutuamente ao meio.

A sequência correta, de cima para baixo, é:

a) V – V – V.
b) V – F – V.
c) F – V – V.
d) F – F – V.
e) F – F – F.

9. (IFSP) Uma pessoa pegou um mapa rasgado em que constava um terreno delimitado por quatro ruas. Na parte visível do mapa, vê-se que o ângulo formado pela rua Saturno e pela rua Júpiter é 90°; o ângulo formado pela rua Júpiter e pela rua Netuno é 110° e o ângulo formado pela rua Netuno e pela rua Marte é 100°.

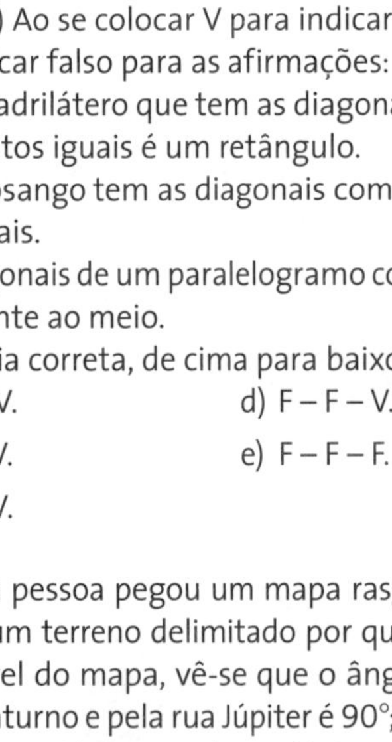

Nessas condições, a medida de um ângulo formado pelas ruas Marte e Saturno, na parte rasgada do mapa, é de:

a) 50°. b) 60°. c) 70°. d) 80°. e) 90°.

10. (UFTM-MG) Um polígono convexo de 6 lados tem as medidas de seus ângulos internos formando uma progressão aritmética de razão igual a 6°. Logo, podemos afirmar que o seu menor ângulo mede:

a) 90°.
b) 105°.
c) 115°.
d) 118°.
e) 120°.

11. (Uncisal) Uma torre de telefonia celular foi instalada no ponto *X*, que é o ponto médio da diagonal que liga os vértices *A* e *C* do terreno *ABCD*, que tem a forma de um paralelogramo, conforme mostra a figura.

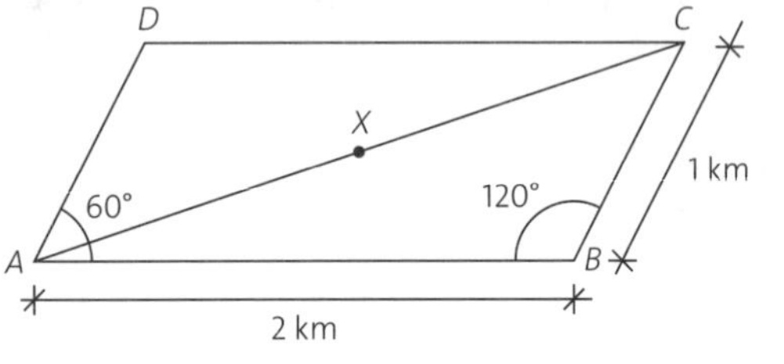

A distância entre o ponto *X* e o vértice *C* é, em km, igual a:

a) $\frac{5\sqrt{3}}{2}$.
b) $\frac{3\sqrt{3}}{2}$.
c) $\sqrt{7}$.
d) $\frac{\sqrt{7}}{2}$.
e) $\frac{\sqrt{7}}{4}$.

12. (Fuvest-SP) Dois ângulos internos de um polígono convexo medem 130° cada um e os demais ângulos internos medem 128° cada um. O número de lados do polígono é:

a) 6.
b) 7.
c) 13.
d) 16.
e) 17.

13. (Faap-SP) A medida mais próxima de cada ângulo externo do heptágono regular da moeda de R$ 0,25 é:

a) 60°.
b) 45°.
c) 36°.
d) 83°.
e) 51°.

14. (UEPB) Sabendo que a figura abaixo nos mostra um mosaico onde todos os pentágonos são regulares e iguais entre si, então $x + y$ é igual a:

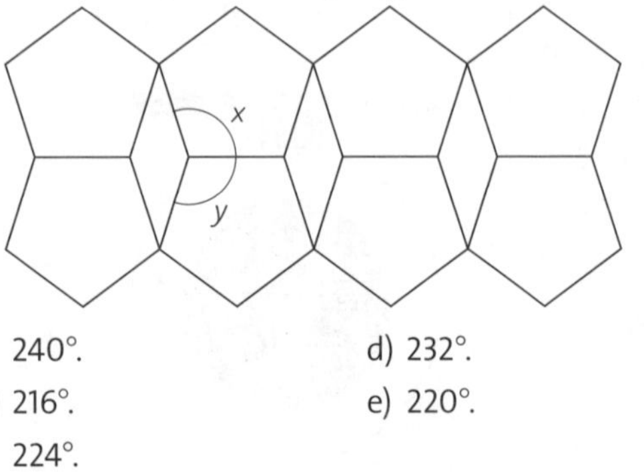

a) 240°.
b) 216°.
c) 224°.
d) 232°.
e) 220°.

15. (ITA-SP) O número de diagonais de um polígono regular de $2n$ lados, que não passam pelo centro da circunferência circunscrita a esse polígono, é dado por:

a) $2n(n - 2)$.

b) $2n(n - 1)$.

c) $2n(n - 3)$.

d) $\dfrac{n(n-5)}{2}$.

e) $2n(n - 5)$.

MÓDULO 19

1. (Uncisal) Na figura, as medidas dos segmentos BC e EF indicam os comprimentos das sombras projetadas de uma torre e de um menino, estando ambos perpendiculares ao solo, no momento em que o ângulo de inclinação dos raios solares, em relação ao plano horizontal, tiver medida igual a 30°.

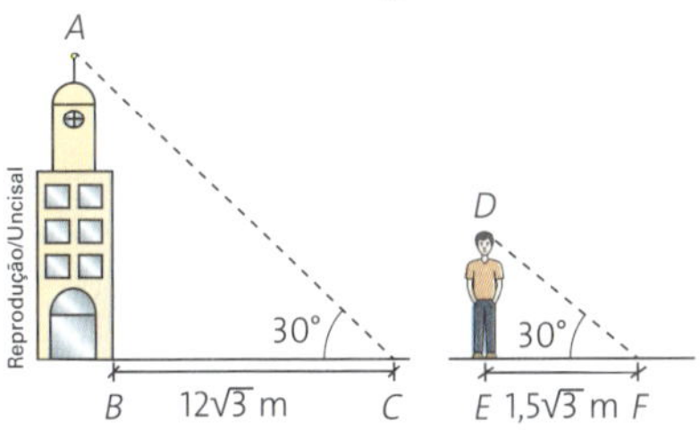

A diferença entre as alturas da torre e da criança, nesta ordem, é de:

a) 12 m.

b) 11,3 m.

c) 11 m.

d) 10,5 m.

e) 9,5 m.

2. (IFSC) Sabendo que uma pessoa de 1,80 m projeta uma sombra de 1,60 m, calcule a altura de uma árvore que projeta uma sombra de 20 m nas mesmas condições.

a) 22,00 m

b) 22,50 m

c) 24,00 m

d) 28,80 m

e) 17,80 m

3. (UFRN) Numa projeção de filme, o projetor foi colocado a 12 m de distância da tela. Isto fez com que aparecesse a imagem de um homem com 3 m de altura. Numa sala menor, a projeção resultou na imagem de um homem com apenas 2 m de altura. Nessa nova sala, a distância do projetor em relação à tela era de:

a) 18 m.

b) 8 m.

c) 36 m.

d) 9 m.

4. (Unemat-MT) No triângulo equilátero ABC, os pontos M e N são respectivamente pontos médios dos lados $\overline{AB}$ e $\overline{AC}$. O segmento $\overline{MN}$ mede 6 cm. A área do triângulo ABC mede:

a) $18\sqrt{3}$ cm²

b) $24\sqrt{2}$ cm²

c) $30\sqrt{2}$ cm².

d) $30\sqrt{3}$ cm²

e) $36\sqrt{3}$ cm²

5. (Vunesp-SP) Para que alguém, com o olho normal, possa distinguir um ponto separado de outro, é necessário que as imagens desses pontos, que são projetadas em sua retina, estejam separadas uma da outra a uma distância de 0,005 mm.

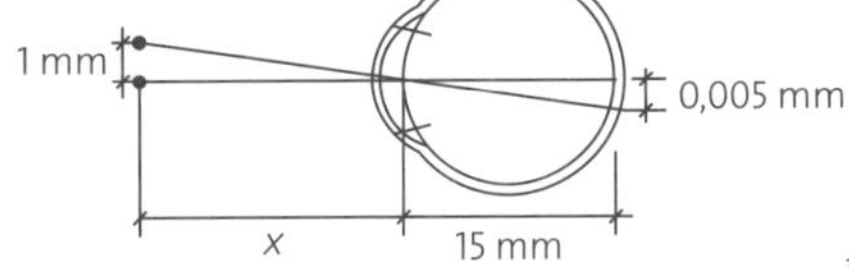

fora de escala

Adotando-se um modelo muito simplificado do olho humano no qual ele possa ser considerado uma esfera cujo diâmetro médio é igual a 15 mm, a maior distância x, em metros, que dois pontos luminosos, distantes 1 mm um do outro, podem estar do observador, para que este os perceba separados, é:

a) 1.

b) 2.

c) 3.

d) 4.

e) 5.

6. (FGV-SP) Há muitas histórias escritas sobre o mais antigo matemático grego que conhecemos, Tales de Mileto. Não sabemos se elas são verdadeiras, porque foram escritas centenas de anos após sua morte.

Uma delas fala do método usado por ele para medir a distância de um navio no mar, em relação a um ponto na praia.

Uma das versões diz que Tales colocou uma vara na posição horizontal sobre a ponta de um pequeno penhasco, de forma que sua extremidade coincidisse com a imagem do barco.

Conhecendo sua altura (h), o comprimento da vara (c) e a altura do penhasco (d), ele calculou a distância x em relação ao barco.

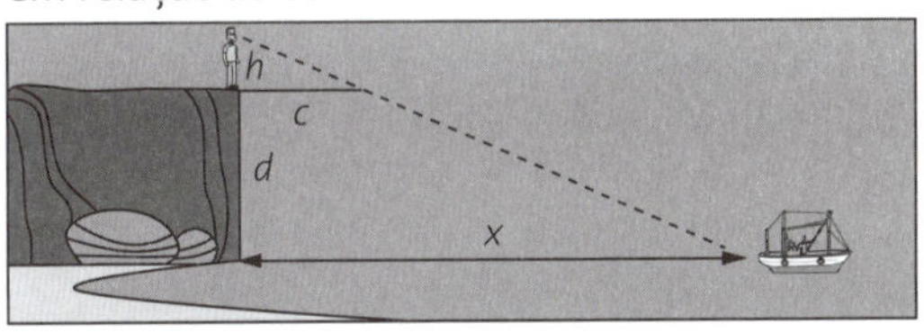

Descreva com suas palavras um método para calcular a distância x. Em seguida, determine a distância do navio à praia com estes dados: $h = 1{,}80$ m; $c = 0{,}75$ m; $d = 298{,}20$ m.

7. (PUC-MG) Em um mapa, o parque turístico P e as cidades A, B, C e D estão dispostos conforme a figura ao lado, sendo AB paralelo a CD. Sabendo-se que, na realidade, $\overline{AB} = 40$ km, $\overline{AD} = 30$ km e $\overline{DC} = 25$ km, a distância da cidade A até o parque P, em quilômetros, é:

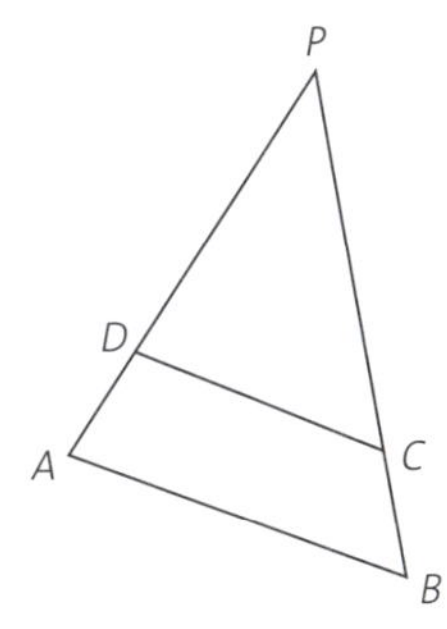

a) 65.

b) 70.

c) 75.

d) 80.

8. (IFMG) Um homem, ao passar pelo prédio *A* de altura *h*, observa que sua sombra corresponde a 10% se comparada com a desse prédio. Algum tempo depois, passando pelo edifício *B* de 30 metros de altura, verifica que a projeção de sua sombra é de 1,8 m e a do prédio *B* é de 30 metros. Nessa situação, a altura *h* de *A*, em metros, vale:

a) 15.
b) 18.
c) 21.
d) 24.

9. (Unimontes-MG) O quadrado *MNPQ* está inscrito no triângulo *ABC*. A área do triângulo *PBQ* assinalado na figura abaixo é:

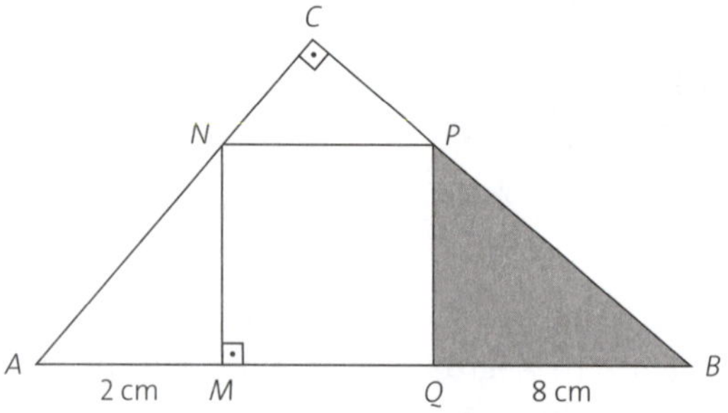

a) 16.
b) 18.
c) 12.
d) 14.

10. (Vunesp-SP) A figura representa uma chapa de alumínio de formato triangular de massa 1 250 gramas. Deseja-se cortá-la por uma reta *r* paralela ao lado $\overline{BC}$ e que intercepta o lado $\overline{AB}$ em *D* e o lado $\overline{AC}$ em *E*, de modo que o trapézio *BCED* tenha 700 gramas de massa. A espessura e a densidade do material da chapa são uniformes.

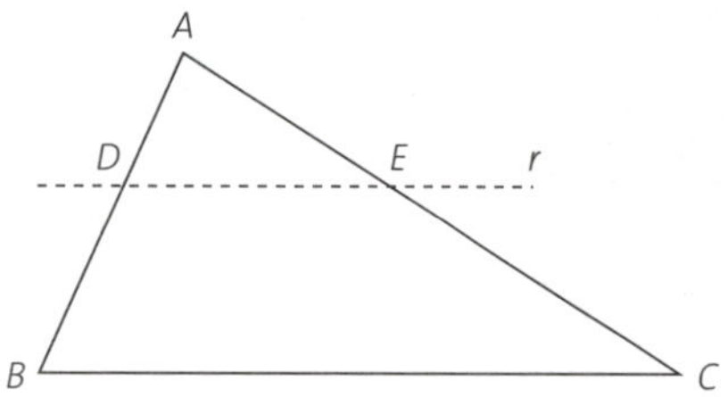

Determine o valor percentual da razão de $\overline{AD}$ por $\overline{AB}$.
(Dado: $\sqrt{11} \approx 3{,}32$.)

a) 88,6.
b) 81,2.
c) 74,8.
d) 66,4.
e) 44,0.

11. (IFCE) Sobre os lados *AB* e *AC* do triângulo *ABC*, são marcados os pontos *D* e *E*, respectivamente, de tal forma que $DE \parallel BC$, $AE = 6$ cm, $DB = 2$ cm, $EC = 3$ cm e $DE = 8$ cm. Nessas condições, a soma das medidas dos segmentos *AD* e *BC*, em centímetros, vale:

a) 12.
b) 16.
c) 18.
d) 24.
e) 30.

12. (Insper-SP) Suzana quer construir uma piscina de forma triangular em sua casa de campo, conforme a figura abaixo (ilustrativa).

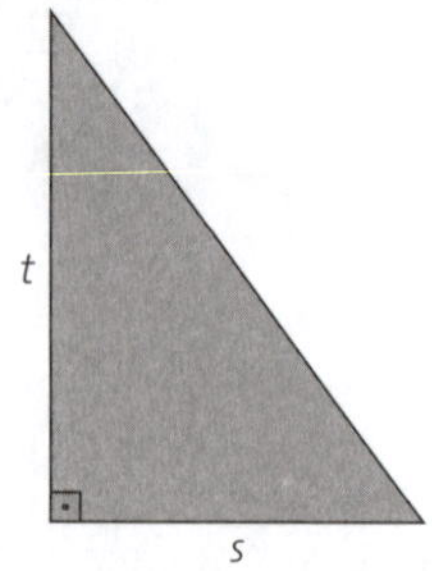

Ela deseja que:

- as medidas *s* e *t* sejam diferentes;
- a área da piscina seja 50 m^2;
- a borda de medida *s* seja revestida com um material que custa 48 reais o metro linear;
- a borda de medida *t* seja revestida com um material que custa 75 reais o metro linear.

Ao conversar com o arquiteto, porém, Suzana foi informada de que já foi construída uma saída de água que fica a uma distância de 3 m da borda de medida *t* e a 7 m da borda de medida *s*. Para que a terceira borda da piscina passe por esse ponto, *t* deve ser aproximadamente igual a:

a) 10,00 m.
b) 13,33 m.
c) 16,67 m.
d) 20,00 m.
e) 23,33 m.

13. (FEI-SP) Na figura, *x* mede:

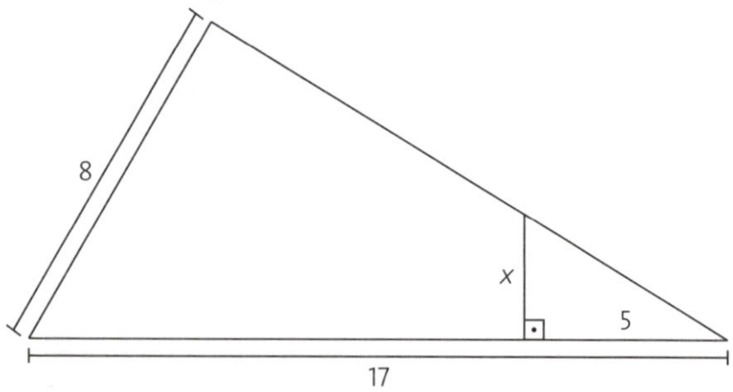

a) 3.
b) $2\,\dfrac{10}{15}$.
c) Faltam dados para calcular *x*.
d) $3 + 2\,\dfrac{10}{15}$.
e) N.d.a.

14. (FGV-SP) Os lados do triângulo *ABC* medem, respectivamente, 9 cm, 12 cm e 15 cm. Então, a área do triângulo *NPQ*, de 12 cm de perímetro e semelhante ao triângulo *ABC*, é igual a:

a) 27 cm^2.
b) 9 cm^2.
c) 6 cm^2.
d) 36 cm^2.
e) 18 cm^2.

15. (Fuvest-SP) Em uma mesa de bilhar, coloca-se uma bola branca na posição B e uma bola vermelha na posição V, conforme o esquema a seguir.

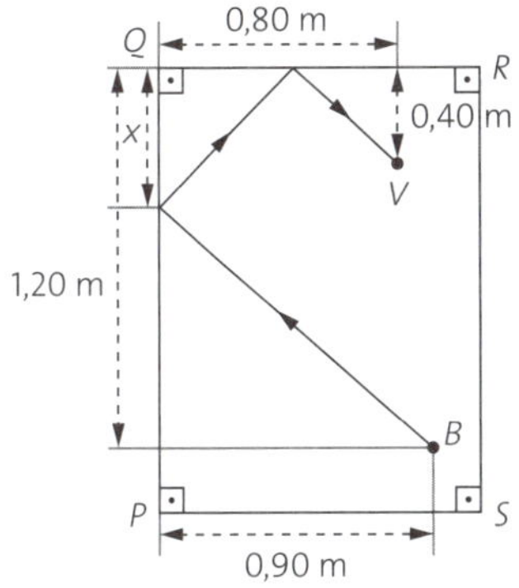

Deve-se jogar a bola branca de modo que ela siga a trajetória indicada na figura e atinja a bola vermelha. Assumindo que, em cada colisão da bola branca com uma das bordas da mesa, os ângulos de incidência e de reflexão são iguais, a que distância x do vértice Q deve-se jogar a bola branca?

MÓDULO 20

1. (UEL-PR) Um indivíduo em férias na praia observa, a partir da posição P_1, um barco ancorado no horizonte norte na posição B. Nesta posição P_1, o ângulo de visão do barco, em relação à praia, é de 90°, como mostrado na figura abaixo.

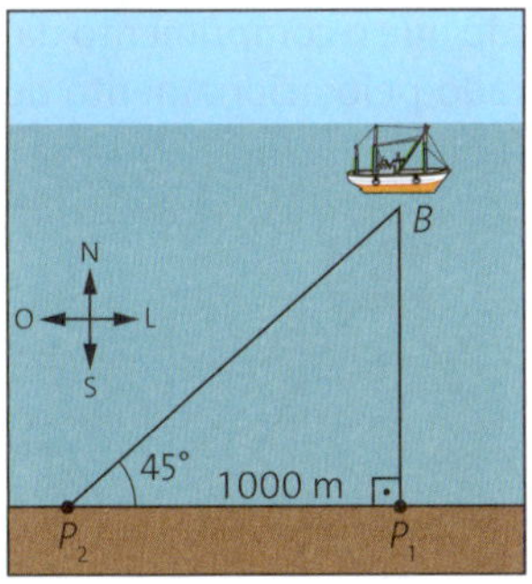

Ele corre aproximadamente 1 000 metros na direção oeste e observa novamente o barco a partir da posição P_2. Neste novo ponto de observação P_2, o ângulo de visão do barco, em relação à praia, é de 45°. Qual a distância P_2B aproximadamente?

a) 1000 metros
b) 1014 metros
c) 1414 metros
d) 1714 metros
e) 2414 metros

2. (Fadi-SP) O perímetro de um triângulo retângulo é 90 cm e a altura relativa à hipotenusa mede 18 cm. A medida da área desse triângulo, em centímetros quadrados, vale:

a) 337,5.
b) 360.
c) 382,5.
d) 405.
e) 427,5.

3. (UFV-MG) Um dos catetos de um triângulo retângulo mede 5 cm e a hipotenusa mede 13 cm. O valor da área deste triângulo, em cm^2, é:

a) 25.
b) 30.
c) 60.
d) 65.

4. (FGV-SP) Num triângulo retângulo, a medida da hipotenusa é o triplo da medida de um dos catetos. A razão entre a medida da hipotenusa e a medida do outro cateto é igual a:

a) $\frac{2^{\frac{3}{2}}}{3}$.
b) $\frac{3\sqrt{2}}{4}$.
c) $3 \cdot 2^{\frac{3}{2}}$.
d) $\frac{\sqrt{2}}{12}$.
e) 9.

5. (Ufscar-SP) A hipotenusa do triângulo retângulo ABC está localizada sobre a reta real, conforme indica a figura.

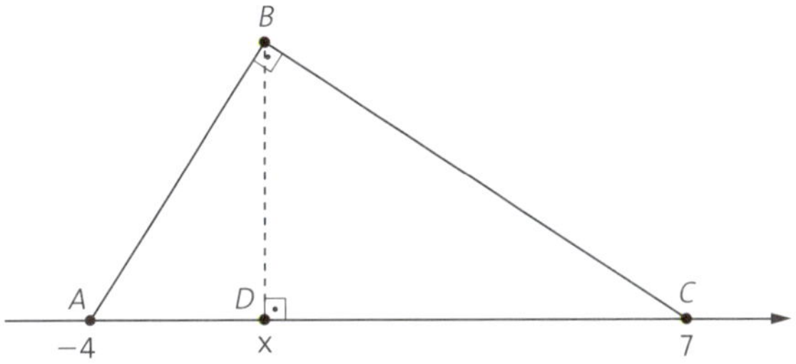

Se $x > 0$ e a medida da altura BD relativa ao lado AC do triângulo ABC é $2\sqrt{6}$, então x é o número real:

a) $2\sqrt{3}$.
b) 4.
c) $3\sqrt{2}$.
d) 5.
e) $3\sqrt{3}$.

6. (Fuvest-SP) Na figura, $ABCD$ e CDE são triângulos retângulos, $AB = 1$, $BC = \sqrt{3}$ e $BE = 2DE$.

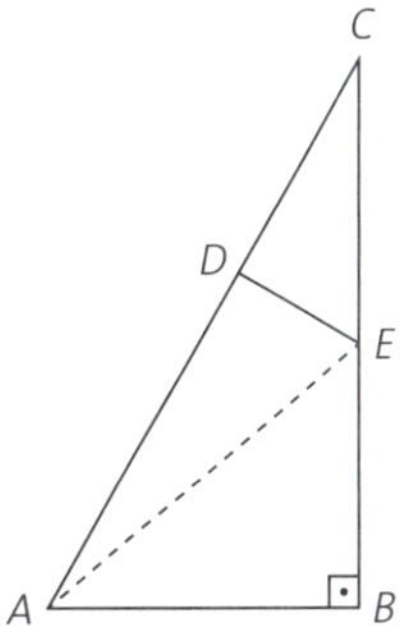

Logo, a medida de AE é:

a) $\frac{\sqrt{3}}{2}$.
b) $\frac{\sqrt{5}}{2}$.
c) $\frac{\sqrt{7}}{2}$.
d) $\frac{\sqrt{11}}{2}$.
e) $\frac{\sqrt{13}}{2}$.

7. (IFSP) Um instrumento musical é formado por 6 cordas paralelas de comprimentos diferentes as quais estão fixadas em duas hastes retas, sendo que uma delas está perpendicular às cordas. O comprimento da maior corda é de 50 cm, e o da menor é de 30 cm.

Sabendo que a haste não perpendicular às cordas possui 25 cm de comprimento da primeira à última corda, se todas as cordas são equidistantes, a distância entre duas cordas seguidas, em centímetros, é:

a) 1.
b) 1,5.
c) 2.
d) 2,5.
e) 3.

8. (ESPM-SP) Um triângulo retângulo se diz pitagórico se as medidas dos seus lados são expressas por números inteiros, numa certa unidade. Se um dos catetos de um triângulo pitagórico mede 11 cm, seu perímetro será igual a:

a) 192 cm.
b) 132 cm.
c) 151 cm.
d) 125 cm.
e) 137 cm.

9. (UCS-RS) Um terreno na esquina das Ruas **1** e **2**, que são perpendiculares, tem forma de triângulo, conforme a figura abaixo. As medidas dos lados do terreno são dadas pela tabela, também abaixo.

Lado	**Medida** (em metros)
AB	x
AC	$x + 10$
BC	50

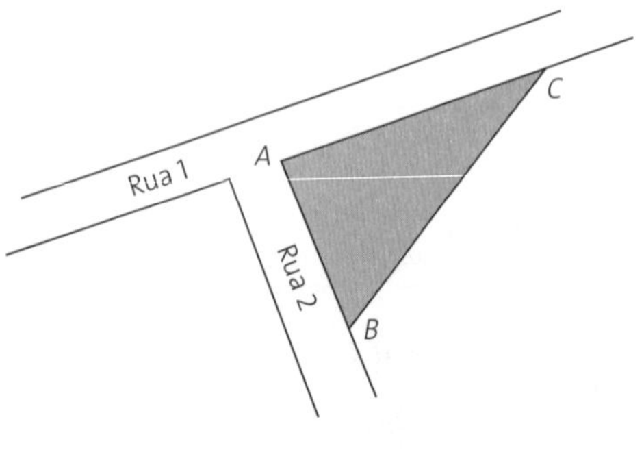

A área do terreno, em m^2, é igual a:

a) 600.
b) 750.
c) 1000.
d) 1200.
e) 2000.

10. (Unemat-MT) Dois móveis, A e B, estão se deslocando por duas estradas retilíneas que se cruzam no ponto P (conforme a figura abaixo) e formam entre elas um ângulo reto.

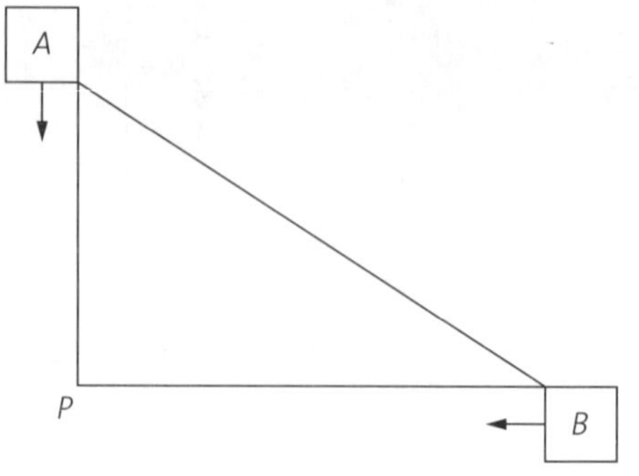

No exato momento em que o móvel A está a 6 km de distância do ponto de cruzamento P, o móvel B está exatamente a 8 km de P. Portanto, a distância (em linha reta) entre A e B é:

a) 14 km.
b) 6 km.
c) 8 km.
d) 10 km.
e) 15 km.

11. (Uerj) Um modelo de macaco, ferramenta utilizada para levantar carros, consiste em uma estrutura composta de dois triângulos isósceles congruentes, AMN e BMN, e por um parafuso acionado por uma manivela, de modo que o comprimento da base MN possa ser alterado pelo acionamento desse parafuso. Observe a figura:

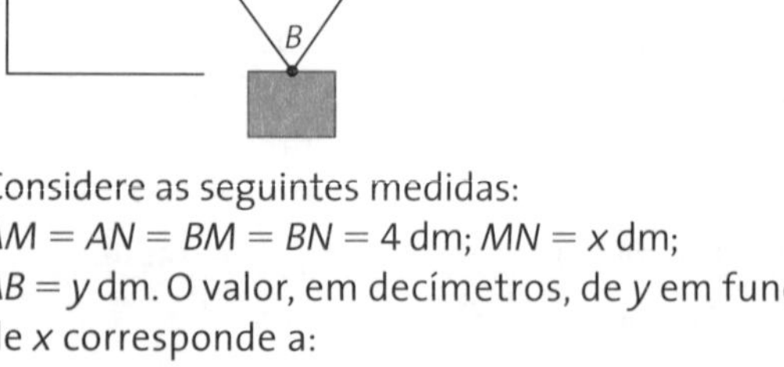

Considere as seguintes medidas:
$AM = AN = BM = BN = 4$ dm; $MN = x$ dm;
$AB = y$ dm. O valor, em decímetros, de y em função de x corresponde a:

a) $\sqrt{16 - 4x^2}$.
b) $\sqrt{64 - x^2}$.
c) $\dfrac{\sqrt{16 - 4x^2}}{2}$.
d) $\dfrac{\sqrt{64 - 2x^2}}{2}$.

12. (Unifor-CE) Na figura abaixo, têm-se os triângulos retângulos ABC, BCD e BDE. Se os lados têm as medidas indicadas na figura, então a medida do lado BE, em centímetros, é:

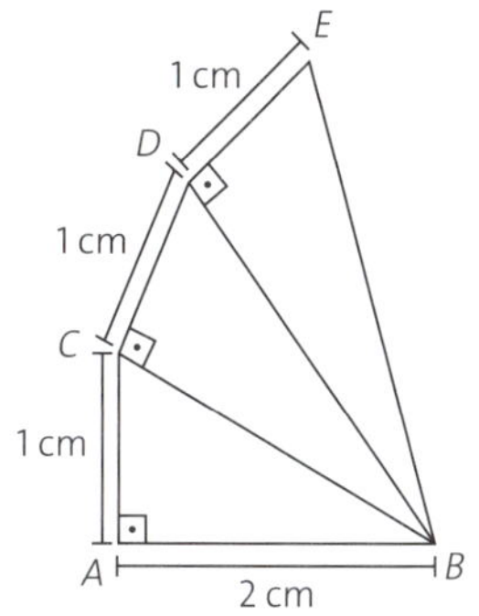

a) $\sqrt{3}$.
b) 2.
c) $\sqrt{5}$.
d) $\sqrt{6}$.
e) $\sqrt{7}$.

13. (Unicamp-SP) Um carpinteiro foi contratado para construir uma cerca formada por ripas de madeira. As figuras abaixo apresentam uma vista parcial da cerca, bem como os detalhes das ligações entre as ripas, nos quais os parafusos são representados por círculos brancos. Note que cada ripa está presa à cerca por dois parafusos em cada extremidade.

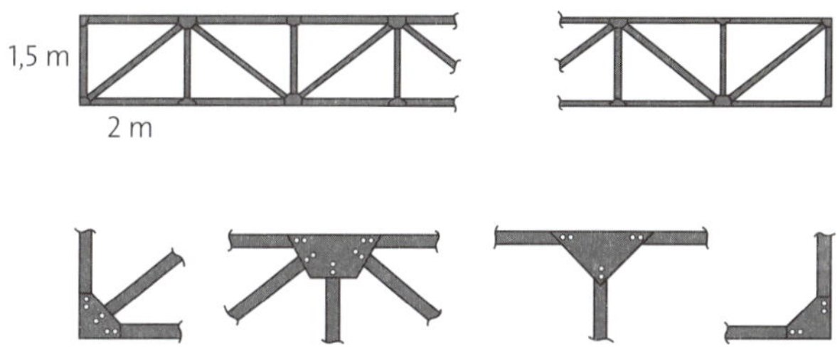

Para construir uma cerca com 300 m de comprimento, são necessários:
a) 1201,5 m de ripas.
b) 1425,0 m de ripas.
c) 2403,0 m de ripas.
d) 712,5 m de ripas.

14. (FGV-SP) Resolva este antigo problema chinês:
"Qual é a profundidade de uma lagoa com a forma de um círculo, de área 49,6 pés quadrados, se um caniço que cresce no centro e se estende 1 pé para fora da água atinge exatamente a superfície, se puxado pela ponta para a margem da lagoa, sem arrancá-lo?"
Use a aproximação $\pi = 3,1$.

15. (ITA-SP) Seja ABC um triângulo retângulo cujos catetos $\overline{AB}$ e $\overline{BC}$ medem 8 cm e 6 cm, respectivamente. Se D é um ponto sobre $\overline{AB}$ e o triângulo ADC é isósceles, a medida do segmento $\overline{AD}$, em cm, é igual a:

a) $\dfrac{3}{4}$.
b) $\dfrac{15}{6}$.
c) $\dfrac{15}{4}$.
d) $\dfrac{25}{4}$.
e) $\dfrac{25}{2}$.

MÓDULO 21

1. (FEI-SP) Na figura abaixo, AB é um diâmetro do círculo.

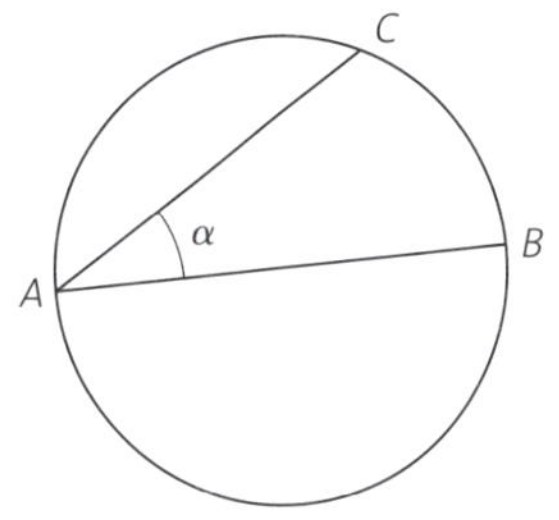

Se o arco $\widehat{AC}$ corresponde a 120°, o ângulo α mede:
a) 60°.
b) 40°.
c) 30°.
d) 80°.
e) 72°.

2. (Cesgranrio-RJ) Na figura a seguir, $AB = 8$ cm, $BC = 10$ cm, $AD = 4$ cm e o ponto O é o centro da circunferência.

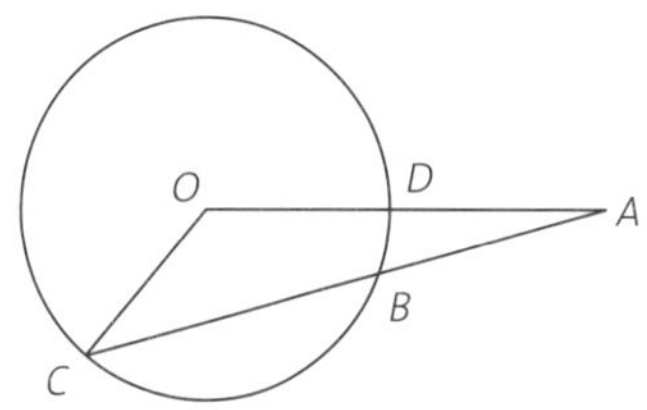

O perímetro do triângulo AOC mede, em cm:
a) 36.
b) 45.
c) 48.
d) 50.
e) 54.

3. (Ufscar-SP) Na figura abaixo O é o centro da circunferência, o ângulo $O\hat{A}B$ mede 50°, e o ângulo $O\hat{B}C$ mede 15°. Determine a medida, em graus, do ângulo $O\hat{A}C$.

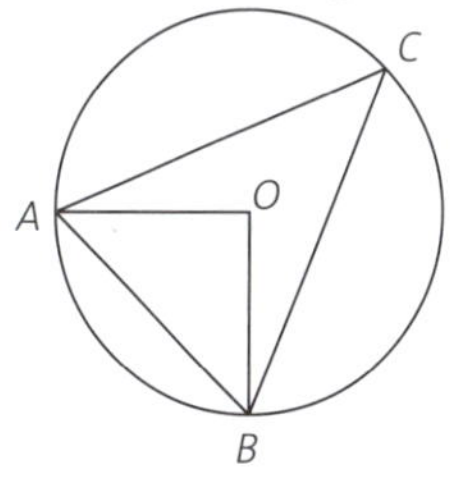

4. (Unifor-CE) Considere a figura abaixo.

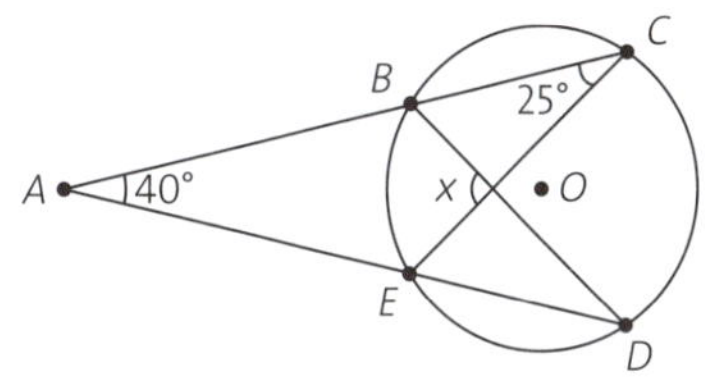

A medida x do ângulo assinalado é:
a) 90°.
b) 85°.
c) 80°.
d) 75°.
e) 70°.

5. (Feevale-RS) Um grupo de amigos resolveu "abraçar" uma árvore centenária com 4 metros de diâmetro. Considere que cada um deles consegue abraçar $0,4\pi$ metros da árvore. Nessas condições, quantos amigos foram necessários para conseguir fechar o abraço na árvore?

a) 16 amigos
b) 10 amigos
c) 6 amigos
d) 4 amigos
e) 3 amigos

6. (UTFPR) A London Eye, também conhecida como Millennium Wheel (Roda do Milênio), é uma roda-gigante de observação com 135 metros de diâmetro e está situada na cidade de Londres, capital do Reino Unido. Quanto aproximadamente percorrerá uma pessoa nesta roda-gigante em 6 voltas, considerando $\pi = 3,14$?

a) 67,5 m
b) 135 m
c) 423,9 m
d) 2 543,4 m
e) 85 839,75 m

7. (UFTM-MG) O maior relógio de torre de toda a Europa é o da Igreja St. Peter, na cidade de Zurique, Suíça, que foi construído durante uma reforma do local, em 1970.

O Estado de S. Paulo. Adaptado.

O mostrador desse relógio tem formato circular, e o seu ponteiro dos minutos mede 4,35 m. Considerando $\pi \simeq 3,1$, a distância que a extremidade desse ponteiro percorre durante 20 minutos é, aproximadamente:

a) 10 m. b) 9 m. c) 8 m. d) 7 m. e) 6 m.

8. (Ifal) A estrada que liga duas cidades tem 4 396 m de extensão. Quantas voltas completas dará uma das rodas da bicicleta que vai percorrer essa estrada se o raio da roda é 0,35 m? (Considere $\pi = 3,14$.)

a) 50 000 voltas
b) 2 000 voltas
c) 100 000 voltas
d) 150 000 voltas
e) 20 000 voltas

9. (Vunesp-SP) O planeta Terra descreve seu movimento de translação em uma órbita aproximadamente circular em torno do Sol. Considerando o dia terrestre com 24 horas, o ano com 365 dias e a distância da Terra ao Sol aproximadamente $150\,380 \times 103$ km, determine a velocidade média, em quilômetros por hora, com que a Terra gira em torno do Sol. Use a aproximação $\pi = 3$.

10. (PUC-MG) A roda de uma bicicleta tem 90 cm de diâmetro. Então, a distância percorrida por um ciclista nessa bicicleta em movimento, quando a roda dá 2 000 voltas completas sem deslizar:
(Considere $\pi = 3,14$.)

a) é inferior a 3 quilômetros.
b) está entre 3 e 4 quilômetros.
c) está entre 4 e 5 quilômetros.
d) é superior a 5 quilômetros.

11. (UFTM-MG) Na figura, $\overline{AB}$ é o lado de um polígono regular inscrito na circunferência de centro O e raio r.

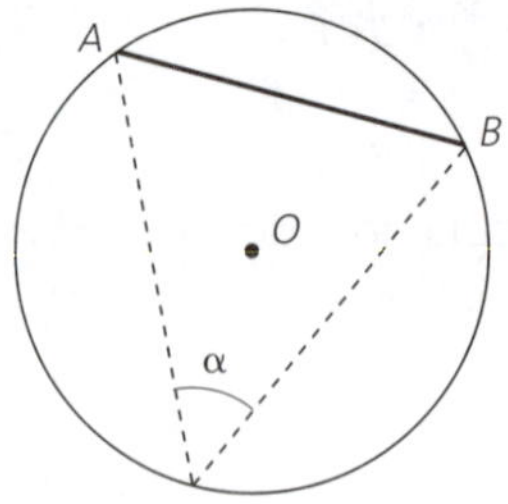

Sabendo que o ângulo α mede 45° e que o comprimento da circunferência é igual a 6π, o perímetro desse polígono é igual a:

a) $18\sqrt{2}$.
b) $9\sqrt{3}$.
c) $12\sqrt{2}$.
d) $18\sqrt{3}$.
e) $9\sqrt{2}$.

12. (IFSP) Uma pista de atletismo é formada por duas raias cujo percurso é formado por duas partes retas intercaladas com duas semicircunferências, conforme a figura.

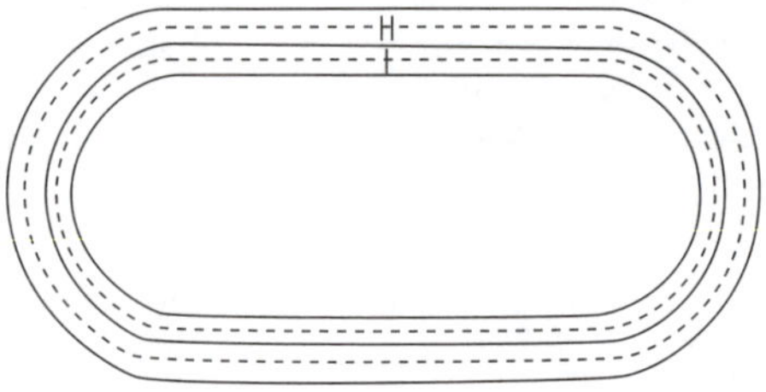

Dois atletas estavam correndo, um na raia I e outro na raia II, quando pararam para descansar. O atleta da raia II disse que dera 10 voltas na pista e correra mais, pois sua raia é maior; já o outro atleta discordou, pois ele acreditava ter dado mais voltas. Se a semicircunferência tracejada da raia I tem raio igual a 10 metros, a da raia II tem raio de 12 metros, e as partes retas têm 100 metros de comprimento, então o número mínimo de voltas que o atleta da raia I deve completar para correr mais que o outro é:

a) 11.
b) 12.
c) 13.
d) 14.
e) 15.

13. (FGV-SP) As cordas $\overline{AB}$ e $\overline{CD}$ de um círculo são perpendiculares no ponto P, sendo que $AP = 6$, $PB = 4$ e $CP = 2$.

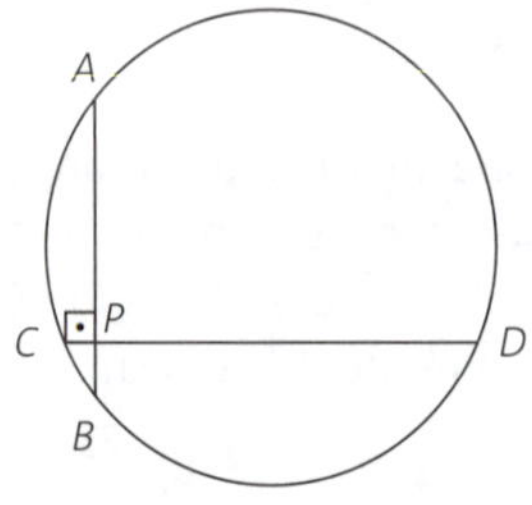

O raio desse círculo mede:

a) 5.
b) 6.
c) $3\sqrt{3}$.
d) $4\sqrt{2}$.
e) $5\sqrt{2}$.

14. (UPE) A figura abaixo representa uma correia que envolve duas roldanas de raios, o menor de 2 cm e o maior de 4 cm.

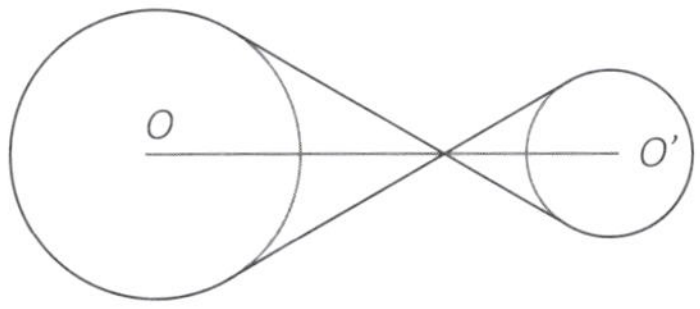

Se a distância entre os centros das roldanas é igual a 12 cm, é correto afirmar que o comprimento, em cm, da correia é igual a:

a) $4(2\pi + 3\sqrt{3})$.
b) $2(4\pi + 3\sqrt{3})$.
c) $7\pi + 2\sqrt{3}$.
d) $5(\pi + \sqrt{2})$.
e) $2(3\pi + 2\sqrt{2})$.

15. (Unifesp) Tem-se um triângulo equilátero em que cada lado mede 6 cm. O raio do círculo circunscrito a esse triângulo, em centímetros, mede:

a) $\sqrt{3}$.
b) $2\sqrt{3}$.
c) 4.
d) $3\sqrt{2}$.
e) $3\sqrt{3}$.

MÓDULO 22

1. (UPM-SP) Na figura, os catetos do triângulo medem 3 e 4 e o arco de circunferência tem centro *A*.

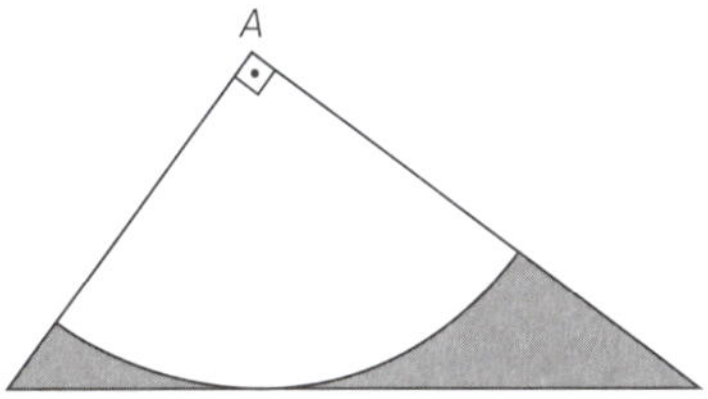

Dentre as alternativas, fazendo $\pi = 3$, o valor mais próximo da área assinalada é:

a) 3,15.
b) 2,45.
c) 1,28.
d) 2,60.
e) 1,68.

2. (PUC-RJ) A área de um triângulo retângulo é 30 cm^2. Sabendo que um dos catetos mede 5 cm, quanto vale a hipotenusa?

a) 5 cm
b) 8 cm
c) 12 cm
d) 13 cm
e) 25 cm

3. (UFSC) Calcule a área, em cm^2, de um triângulo retângulo cuja hipotenusa mede 10 cm e cujo raio da circunferência inscrita mede 1 cm.

4. (ESPM-SP) Um escritório possui duas salas quadradas cujos lados medem números inteiros de metros. Se a diferença entre suas áreas é de 11 m^2, a soma dessas áreas é igual a:

a) 57 m^2.
b) 59 m^2.
c) 61 m^2.
d) 63 m^2.
e) 65 m^2.

5. (FGV-SP) O monitor de um *notebook* tem formato retangular com a diagonal medindo *d*. Um lado do retângulo mede $\frac{3}{4}$ do outro.

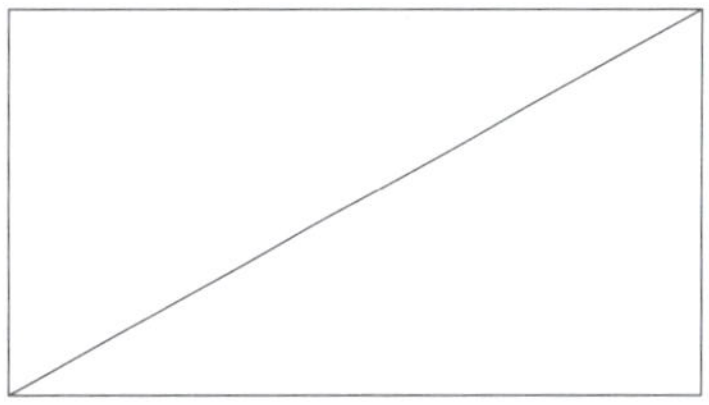

A área do monitor é dada por:

a) $0{,}44d^2$.
b) $0{,}46d^2$.
c) $0{,}48d^2$.
d) $0{,}50d^2$.
e) $0{,}52d^2$.

6. (Unifor-CE) Uma casa ocupa a quarta parte de um terreno, como mostra a figura abaixo. O restante do terreno é usado como quintal. O proprietário deseja pavimentar o quintal com certo piso, que é vendido em caixa que comporta 1,5 m^2 de piso.

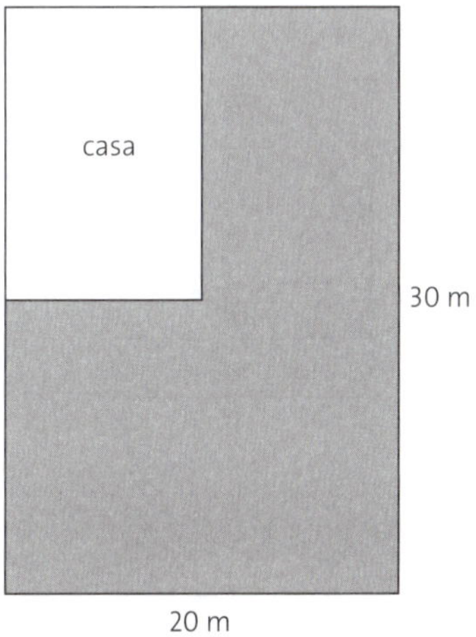

Quantas caixas deverão ser compradas pelo proprietário para pavimentar o quintal?

a) 100
b) 200
c) 250
d) 300
e) 350

7. (Uece) Dois vértices não consecutivos de um quadrado são respectivamente os centros de dois círculos cuja medida dos raios de cada um deles é 2 m. Se a medida do lado do quadrado é 2 m, então a medida da área, em m^2, da região comum aos dois círculos é:

a) $2\pi - 2$.

b) $2\pi - 4$.

c) $4\pi - 2$.

d) $4\pi - 4$.

8. (FGV-SP) Na figura abaixo, o ângulo $\hat{A}$ do triângulo ABC inscrito na circunferência é reto. O lado $\overline{AB}$ mede 4, e o lado $\overline{AC}$ mede 5.

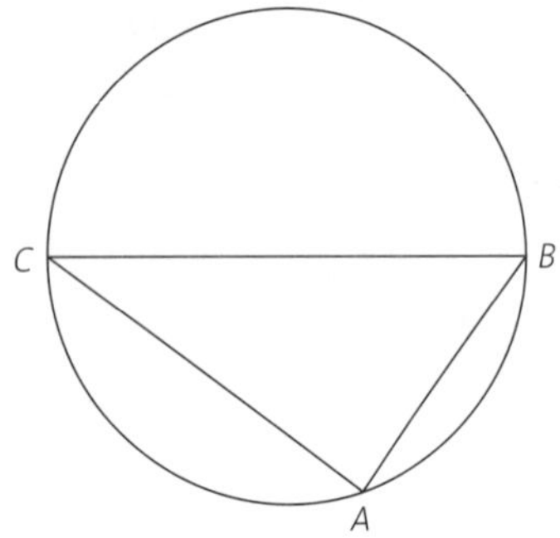

A área do círculo da figura é:

a) $9{,}75\pi$.

b) 10π.

c) $10{,}25\pi$.

d) $10{,}50\pi$.

e) $10{,}75\pi$.

9. (ESCS-DF) Na figura abaixo, o círculo está inscrito no quadrado formado pelos segmentos de extremos nos pontos médios dos lados do quadrado $ABCD$.

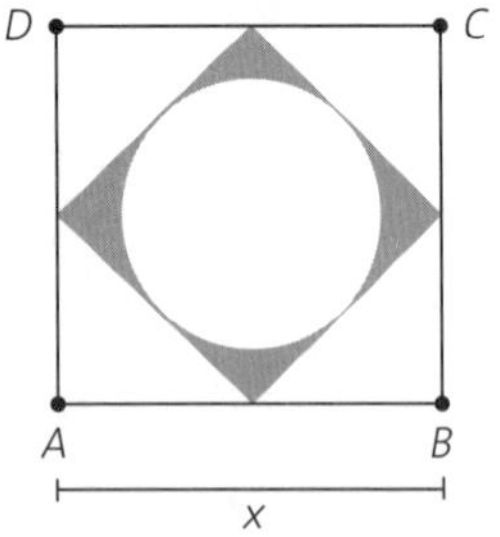

Se a medida de AB é igual a x, então a expressão que permite calcular, em função de x, a área sombreada é:

a) $\frac{x^2}{2} - \pi\frac{x^2}{8}$.

b) $\frac{x^2}{2} - \pi\frac{x^2}{2}$.

c) $2x^2 - \pi x^2$.

d) $x^2 - \pi x^2$.

e) $x^2 - \pi\frac{x^2}{2}$.

10. (UEPB) A figura seguinte apresenta um retângulo $ABCD$ e um triângulo equilátero ECD.

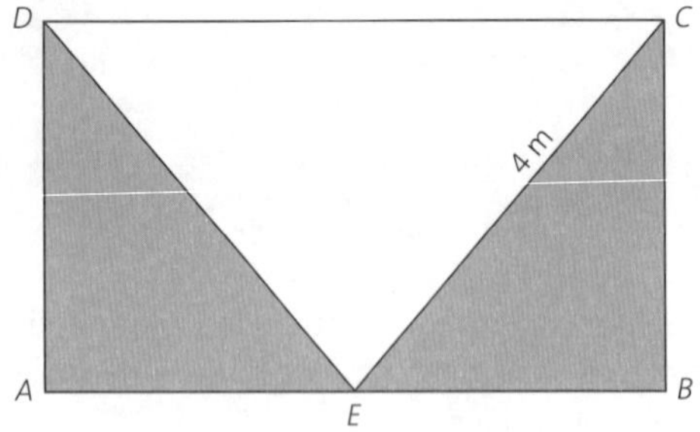

A área da região sombreada será:

a) $\frac{5\sqrt{3}}{2}$ m^2.

b) $2\sqrt{3}$ m^2.

c) $3\sqrt{3}$ m^2.

d) $5\sqrt{3}$ m^2.

e) $4\sqrt{3}$ m^2.

Texto para as questões 11 e 12.

Planta do Centro de Diagnóstico por Imagens, com destaque do equipamento de ressonância magnética na sala de exames

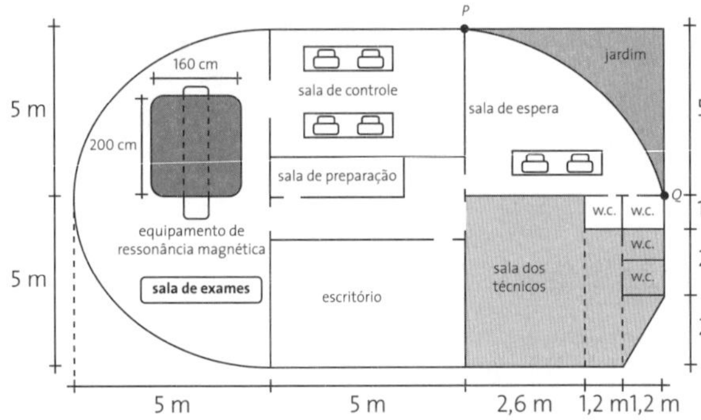

Figura I

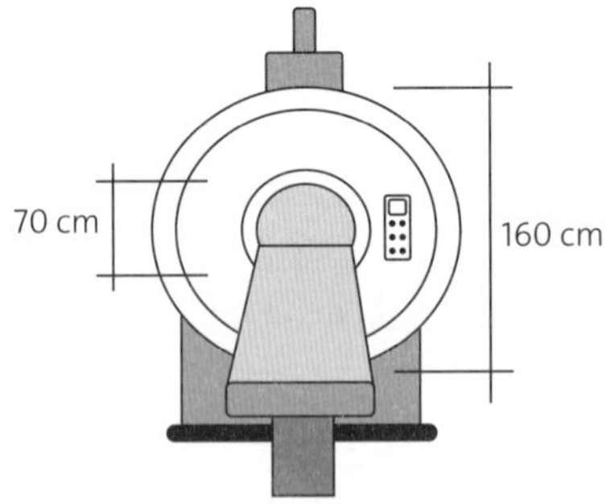

Figura II

Na figura I, uma planta de um centro de diagnóstico por imagens (CDI), os desenhos das paredes circulares são semicircunferências de raio igual a 5 m. Na figura II, está representado um esquema do equipamento de ressonância magnética instalado na sala de exames. O equipamento, constituído por um tubo circular homogêneo com diâmetro externo de 160 cm e interno de 70 cm e com comprimento de 2 m, é apoiado em uma base e fixado no teto por um suporte e tem como suplemento uma maca. Na figura II, a base, o suporte e a maca estão representados em cor cinza.

11. (ESCS-DF) Com base nos dados apresentados no texto e na figura I, e sabendo-se que o arco de circunferência, que é a fronteira entre a sala de espera e o jardim, passa pelos vértices P e Q do quadrado de lado 5 m, verifica-se, após os cálculos, que a área do jardim é igual a:

a) $\left(\frac{5\pi - 5}{4}\right)$ m^2.

b) $5(\pi - 5)$ m^2.

c) $25\left(1-\frac{\pi}{4}\right)$ m^2.

d) $5\pi^2$ m^2.

e) $\left(\frac{25}{4}\right)\pi$ m^2.

12. (ESCS-DF) Considere que tenha sido colocado piso de porcelanato na sala dos técnicos, não incluídos os banheiros (*w.c.*), ao preço de R$ 35,00 o metro quadrado. Nessa situação, o custo do piso colocado, em reais, desprezando-se a espessura das paredes, foi:

a) inferior a 445.
b) superior a 445 e inferior a 470.
c) superior a 470 e inferior a 490.
d) superior a 490 e inferior a 520.
e) superior a 520.

13. (Unifor-CE) Considere três circunferências com raios medindo 5 cm, 4 cm e 3 cm respectivamente. Se elas são traçadas de forma que cada uma delas é tangente exterior às outras duas, como mostra a figura abaixo, então podemos afirmar que o valor da área do triângulo formado pelos centros dessas circunferências é:

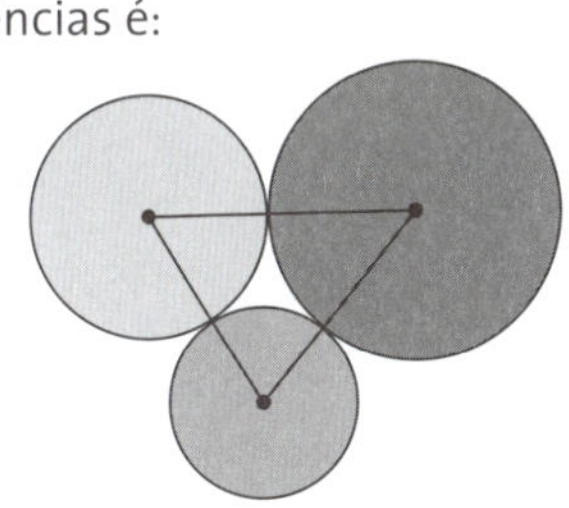

a) $2\sqrt{5}$ cm^2.
b) $8\sqrt{5}$ cm^2.
c) $12\sqrt{5}$ cm^2.
d) $12\sqrt{3}$ cm^2.
e) $5\sqrt{3}$ cm^2.

14. (Unifacs-BA) A figura representa uma montagem feita com três semicircunferências de raio $r = 4$, simulando nuvens na pintura de um painel.

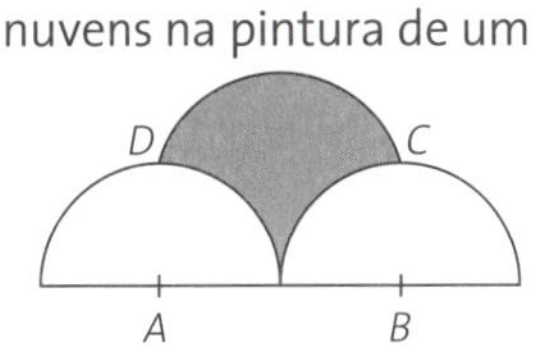

Sabendo-se que os pontos A e B são centros de duas dessas semicircunferências e que os pontos A, B, C e D são vértices de um retângulo, conclui-se corretamente que a parte da nuvem pintada de cinza mede, em unidades de área:

01) $32 - 8\pi$.

02) 16.

03) $16 + 4\pi$.

04) 32.

05) $64 - 8\pi$.

15. (Uerj) Na fotografia abaixo, observam-se duas bolhas de sabão unidas.

UERJ/2012

Quando duas bolhas unidas possuem o mesmo tamanho, a parede de contato entre elas é plana, conforme ilustra o esquema:

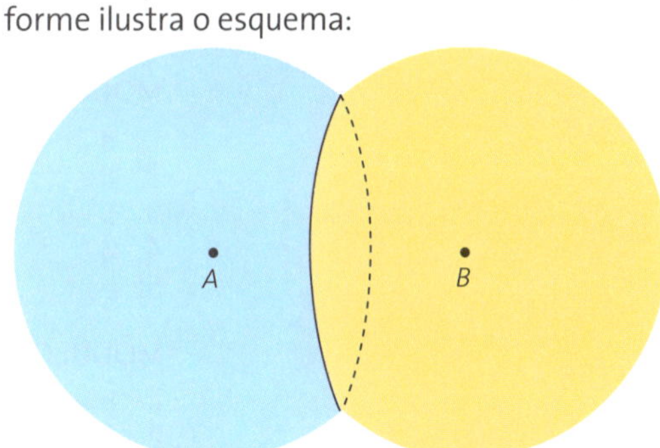

Considere duas bolhas de sabão esféricas, de mesmo raio R, unidas de tal modo que a distância entre seus centros A e B é igual ao raio R. A parede de contato dessas bolhas é um círculo cuja área tem a seguinte medida:

a) $\frac{\pi R^2}{2}$.

b) $\frac{3\pi R^2}{2}$.

c) $\frac{3\pi R^2}{4}$.

d) $\frac{4\pi R^2}{3}$.

Respostas

Exercícios propostos

Frente A

MÓDULO 1
1. b
2. c
3. b
4. c
5. d

MÓDULO 2
1. b
2. a
3. a
4. d
5. c

MÓDULO 3
1. d
2. c
3. d
4. e
5. b

MÓDULO 4
1. e
2. d
3. e
4. a
5. a

MÓDULO 5
1. e
2. c
3. d
4. b
5. c

MÓDULO 6
1. e
2. b
3. b
4. e
5. a

MÓDULO 7
1. a
2. e
3. b
4. a
5. e

MÓDULO 8
1. a
2. c
3. a
4. I e III
5. I, II, IV e V

Frente B

MÓDULO 9
1. b
2. d
3. a
4. c
5. b

MÓDULO 10
1. e
2. e
3. b
4. b
5. a

MÓDULO 11
1. a
2. c
3. a
4. c
5. c

MÓDULO 12
1. b
2. c
3. a
4. a
5. d

MÓDULO 13
1. d
2. d
3. a
4. d
5. e

MÓDULO 14
1. b
2. a
3. 10
4. 4200 maneiras
5. a

MÓDULO 15
1. b
2. c
3. d
4. a
5. d

MÓDULO 16
1. 03
2. d
3. c
4. 01
5. d

Frente C

MÓDULO 17
1. a
2. b
3. c
4. c
5. e

MÓDULO 18
1. b
2. d
3. d
4. 01, 04, 08 e 16
5. a) 10,2 cm
   b) 52,02 cm^2
   c) 947,92 cm^2

MÓDULO 19
1. d
2. b
3. a) $\beta = 2\theta$
   b) $\frac{1}{2}$ m
4. c.
5. a) 60 m
   b) $200\sqrt{10}$ s

MÓDULO 20
1. d
2. a
3. c
4. b
5. c

MÓDULO 21
1. b
2. a
3. e
4. b
5. e

MÓDULO 22
1. a
2. e
3. b
4. d
5. c

Exercícios-tarefa

Frente A

MÓDULO 1

1. 03
2. c
3. d
4. 08 e 16
5. b
6. e
7. c
8. e
9. Um paciente
10. c
11. b
12. e
13. 01 e 04
14. b
15. b

MÓDULO 2

1. a
2. a
3. c
4. e
5. d
6. b
7. c
8. e
9. e
10. b
11. e
12. a
13. b
14. d
15. e

MÓDULO 3

1. b
2. 04
3. d
4. c
5. d
6. c
7. e
8. b
9. a
10. a
11. b
12. d
13. c
14. d
15. c

MÓDULO 4

1. b
2. b
3. a
4. c
5. b
6. 04
7. b
8. e
9. b
10. e
11. a
12. b
13. d
14. c
15. c

MÓDULO 5

1. b
2. d
3. d
4. c
5. a
6. a
7. d
8. d
9. a
10. a
11. d
12. a
13. b
14. a
15. a

MÓDULO 6

1. b
2. e
3. b
4. c
5. d
6. e
7. 02
8. a
9. e
10. b
11. c
12. c
13. d
14. d
15. b

MÓDULO 7

1. c
2. a
3. d
4. a
5. b
6. b
7. $x = -2$ ou $x = 6$
8. a
9. a
10. e
11. c
12. c
13. d
14. e
15. a) $f(x) = \begin{cases} 0, \text{ se } x < 0 \\ 2x, \text{ se } x \geqslant 0 \end{cases}$

    b) $x = -1$ ou $x = -3$

MÓDULO 8

1. d
2. b
3. c
4. a
5. c
6. d
7. e
8. e
9. d
10. a
11. 03
12. a
13. 29,52 m
14. d
15. d

Frente B

MÓDULO 9

1. c
2. d
3. $\sqrt{5}$ cm e $2\sqrt{5}$ cm
4. e
5. b
6. e
7. a
8. b
9. e
10. a
11. a
12. b
13. d
14. b
15. 11,5 m

MÓDULO 10

1. c
2. d
3. d
4. c
5. b
6. d
7. b
8. e
9. b
10. c
11. V, F, V, F e V
12. c
13. b
14. b
15. b

MÓDULO 11

1. a
2. b
3. d
4. d
5. c
6. b
7. b
8. b
9. a
10. a
11. d
12. e

13. 04 e 08
14. b
15. a

MÓDULO 12

1. d
2. a
3. e
4. e
5. c
6. e
7. c
8. d
9. c
10. a
11. 02, 04 e 08
12. c
13. d
14. d
15. d

MÓDULO 13

1. d
2. e
3. 2500%
4. d
5. d
6. c
7. 01
8. b
9. a
10. b
11. b
12. b
13. d
14. b
15. b

MÓDULO 14

1. a
2. b
3. b
4. d
5. a
6. d
7. b
8. d
9. d
10. b
11. d
12. d
13. a
14. b
15. a

MÓDULO 15

1. c
2. 75%
3. b
4. c
5. c
6. c
7. b
8. c
9. c
10. c
11. $\frac{1}{1600}$
12. d
13. $\frac{22}{45}$
14. c
15. c

MÓDULO 16

1. e
2. a
3. b
4. d
5. b
6. a
7. a
8. e
9. a
10. c
11. $\frac{289}{480}$
12. a
13. d
14. e
15. b

Frente C

MÓDULO 17

1. e
2. a
3. $y = 76°$
4. e
5. d
6. d
7. c
8. e
9. b
10. b
11. c
12. b
13. a
14. d
15. d

MÓDULO 18

1. b
2. a
3. c
4. a
5. a
6. b
7. e
8. d
9. b
10. b
11. d
12. b
13. e
14. b
15. a

MÓDULO 19

1. d
2. b.
3. b
4. e
5. c
6. 125 m
7. d
8. b
9. a
10. d
11. b
12. a
13. b
14. c
15. $x = \frac{6}{17}$

MÓDULO 20

1. c
2. a
3. b
4. b
5. b
6. c
7. e
8. b
9. a
10. d
11. b
12. e
13. a
14. 7,5 pés
15. d

MÓDULO 21

1. c
2. e
3. $\alpha = 25°$
4. a
5. b
6. d
7. b
8. b
10. d
11. c
12. a
13. e
14. a
15. b

MÓDULO 22

1. e
2. d
3. 11
4. c
5. $0{,}48d^2$
6. d
7. b
8. c
9. a
10. e
11. c
12. e
13. c
14. 04
15. c

PROJETO
MÚLTIPLO

Revisão

Matemática

Ensino Médio

Luiz Roberto Dante

Livre-docente em Educação Matemática pela Unesp – Rio Claro, SP.
Doutor em Psicologia da Educação: Ensino da Matemática, pela PUC – São Paulo.
Mestre em Matemática pela USP.
Pesquisador em ensino e aprendizagem da Matemática pela Unesp – Rio Claro, SP.
Ex-professor da rede estadual do Ensino Fundamental e Médio – São Paulo.
Autor de vários livros, entre os quais: *Formulação e resolução de problemas de Matemática – Teoria e prática; Didática da Matemática na pré-escola; Projeto* Ápis *– Matemática* (1º ao 5º ano); *Projeto Teláris Matemática* (6º ao 9º ano); *Projeto Voaz Matemática* (Ensino Médio – volume único); *Matemática – Contextos & Aplicações* (Ensino Médio – volume único).

editora ática

Revisão 2

Frente A

Frente B

Frente C

MÓDULO 23 • Progressões aritméticas

Definição

Uma **sequência** ou sucessão de números reais é **uma função** definida em $\mathbb{N}^* = \{1, 2, 3, ..., n, ...\}$ e tomando valores no conjunto $\mathbb{R}$ dos números reais.

$$f: \mathbb{N}^* \rightarrow \mathbb{R}$$

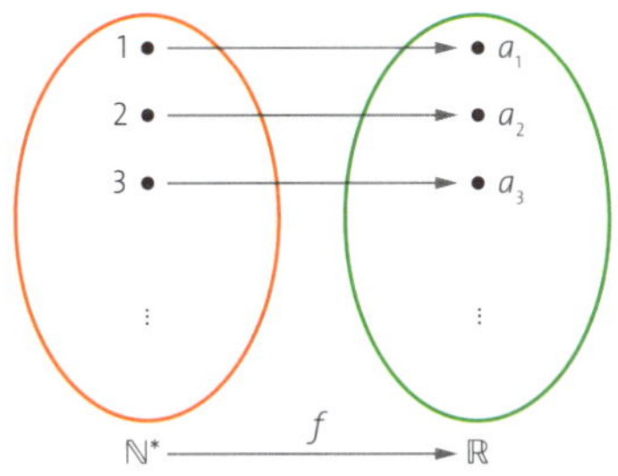

Determinação de uma sequência por recorrência

Quando conhecemos o primeiro termo de uma sequência e uma regra que permite determinar cada termo a_n a partir dos seus anteriores, dizemos que explicitamos a sequência por **recorrência**.

Progressão aritmética (PA)

Progressão aritmética (PA) é toda sequência de números na qual a diferença entre cada termo (a partir do segundo) e o termo anterior é constante. Essa diferença constante é chamada **razão** da progressão aritmética e é representada pela letra r.

Classificação da progressão aritmética

Dependendo da razão r, uma PA pode ser:

- **Crescente**: se cada termo, a partir do segundo, é maior que o anterior, isto é, quando a razão r é positiva.
- **Decrescente**: se cada termo, a partir do segundo, é menor que o seu anterior, isto é, quando a razão r é negativa.
- **Constante**: se todos os seus termos são iguais, isto é, a razão r é nula.

Representações especiais

Eventualmente podemos recorrer a algumas representações especiais de uma PA, principalmente quando a soma dos termos for conhecida.

- Três termos em PA: $(x - r, x, x + r)$.
- Quatro termos em PA: $(x - 3y, x - y, x + y, x + 3y)$. Note que nesse caso, $r = 2y$.
- Cinco termos em PA: $(x - 2r, x - r, x, x + r, x + 2r)$.

Fórmula do termo geral de uma PA

Em uma PA de razão r, o termo de ordem n, denominado **termo geral** da PA, é dado por:

$$a_n = a_1 + (n - 1)r$$

Nessa fórmula, temos:

- a_n: termo geral;
- a_1: 1º termo;
- n: número de termos (até a_n);
- r: razão da PA.

Propriedades da PA

- Qualquer termo de uma PA, a partir do segundo, é sempre igual à média aritmética entre os termos anterior e posterior a ele.

$$a_n = \frac{a_{n-1} + a_{n+1}}{2}, \text{ para } n \geqslant 2$$

- Em uma PA finita, a soma de dois termos equidistantes é igual à soma dos termos extremos.

$$a_{k+1} + a_{n-k} = a_1 + a_n$$

- Em uma PA com número ímpar de termos, o termo médio é igual à média aritmética dos termos extremos.
- Na PA, é sempre válida a relação:

$$a_n + a_m = a_p + a_q \Leftrightarrow n + m = p + q$$

Interpretação geométrica de uma progressão aritmética

Podemos pensar em uma progressão aritmética como uma função que associa a cada número natural n o valor a_n. Essa função é definida por uma fórmula do tipo da função afim, mas com domínio $\mathbb{N}$.

O gráfico dessa função é formado por uma sequência de pontos colineares no plano. No exemplo a seguir temos a representação de uma PA crescente.

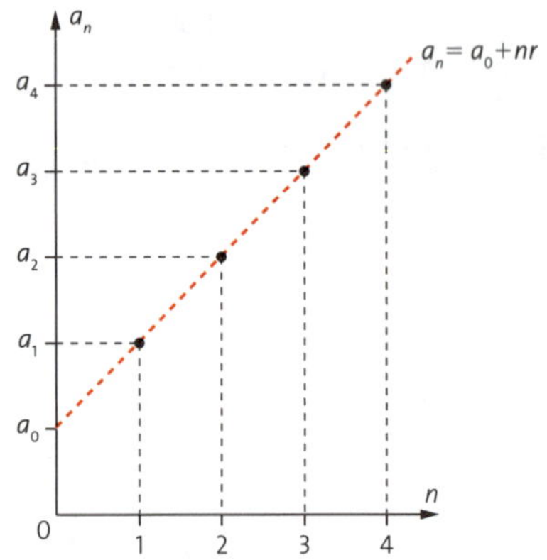

Soma dos termos de uma PA finita

A soma dos n primeiros termos de uma PA finita é dada por:

$$S_n = \frac{(a_1 + a_n)n}{2}$$

Nessa fórmula, temos:

- a_n: enésimo termo
- a_1: 1º termo
- n: número de termos
- S_n: soma dos n termos

Exercícios resolvidos

1. (UFPE) Os 25 DVDs de uma coleção estão alinhados em ordem crescente de preço. Além disso, o preço de cada DVD, a partir do segundo, é superior em R$ 2,00 ao preço do DVD que o antecede. Se o DVD mais caro custou sete vezes o preço do mais barato, quanto custou a coleção inteira?

a) R$ 792,00
b) R$ 794,00
c) R$ 796,00
d) R$ 798,00
e) R$ 800,00

Resolução

$a_n = a_1 + (n - 1) \cdot r$

$7x = x + (25 - 1) \cdot 2 \Rightarrow x = 8$

$S_{25} = \frac{(a_1 + a_{25}) \cdot n}{2} \Rightarrow S_{25} = \frac{(8 + 56) \cdot 25}{2} \Rightarrow$

$\Rightarrow S_{25} = 800$

Portanto, o custo da coleção inteira foi de R$ 800,00.

Resposta: alternativa **e**.

2. (FGV-SP) Uma empresa projetou as receitas mensais para o ano 2010 do seguinte modo:

- A receita para janeiro é R$ 1 250 000,00.
- Em cada mês, a receita é R$ 40 000,00 superior à do mês anterior.

Nessas condições, a receita prevista para todo o ano de 2010 é:

a) R$ 17 520 000,00.
b) R$ 17 560 000,00.
c) R$ 17 600 000,00.
d) R$ 17 640 000,00.
e) R$ 17 680 000,00.

Resolução

$a_{12} = 1\,250\,000 + (12 - 1) \cdot 40\,000 \Rightarrow a_{12} = 1\,690\,000$

$S_{12} = \frac{1\,250\,000 + 1\,690\,000 \cdot 12}{2} \Rightarrow S_{12} = 17\,640\,000$

Portanto, em todo o ano a receita prevista é de R$ 17 640 000,00.

Resposta: alternativa **b**.

Exercícios propostos

1. (Uerj) Maurren Maggi foi a primeira brasileira a ganhar uma medalha olímpica de ouro na modalidade salto em distância. Em um treino, no qual saltou n vezes, a atleta obteve o seguinte desempenho:

- todos os saltos de ordem ímpar foram válidos e os de ordem par inválidos;
- o primeiro salto atingiu a marca de 7,04 m, o terceiro a marca de 7,07 m, e assim sucessivamente cada salto válido aumentou sua medida em 3 cm;
- o último salto foi de ordem ímpar e atingiu a marca de 7,22 m.

Calcule o valor de n.

2. (Vunesp-SP) Em 5 de junho de 2004, foi inaugurada uma pizzaria que só abre aos sábados. No dia da inauguração, a pizzaria recebeu 40 fregueses. A partir daí, o número de fregueses que passaram a frequentar a pizzaria cresceu em progressão aritmética de razão 6, até que atingiu a cota máxima de 136 pessoas, a qual tem se mantido. O número de sábados que se passaram, excluindo-se o sábado de inauguração, para que a cota máxima de fregueses fosse atingida pela primeira vez, foi:

a) 15.
b) 16.
c) 17.
d) 18.
e) 26.

3. (UFPB) O pedreiro José deve revestir uma parede com cerâmica, cujas peças são todas do mesmo tamanho e cada peça é de única cor, verde ou amarela. O revestimento deve ser feito, dispondo-se as peças em 17 fileiras horizontais, de modo que a primeira delas seja formada por 10 peças e, nas demais, o número de peças utilizadas, em cada uma, seja sempre 3 unidades a mais do que na anterior. Sabendo-se que todas as peças da primeira fileira são verdes, as da segunda são amarelas e que essa alternância de cores das fileiras deverá manter-se até a última, a quantidade de peças utilizadas de cada cor é:

a) 270 verdes e 308 amarelas.
b) 306 verdes e 272 amarelas.
c) 272 verdes e 306 amarelas.
d) 308 verdes e 270 amarelas.
e) 302 verdes e 276 amarelas.

4. (PUC-RS) Um funcionário da Biblioteca Central deseja distribuir 200 livros nas prateleiras de acordo com o seguinte critério: na primeira prateleira, colocará 11 livros; na segunda prateleira, 13; na terceira, 15; e assim sucessivamente, até distribuir todos os livros em x prateleiras. Então, o número total de prateleiras usadas nessa distribuição é:

a) 10.
b) 20.
c) 30.
d) 40.
e) 50.

5. (UFPB) Uma empresa de reflorestamento fez um plantio de mudas de árvores nativas em uma grande área desmatada. Para essa tarefa, empregou operários, que plantaram, cada um, 100 mudas por dia. No primeiro dia de plantio, trabalharam 50 operários e, nos dias subsequentes até o 15º dia, o número de operários em cada dia foi 50 a mais do que no dia anterior. A partir do 16º dia, o número de operários, em cada dia, foi igual ao do 15º dia.

Sabendo-se que esses operários plantaram 1 200 000 mudas, é correto afirmar que esse plantio foi feito em:

a) 21 dias.
b) 22 dias.
c) 23 dias.
d) 24 dias.
e) 25 dias.

Definição

Progressão geométrica é toda sequência de números não nulos na qual é constante o quociente da divisão de cada termo (a partir do segundo) pelo termo anterior. Esse quociente constante é chamado **razão** (q) da progressão. Ou seja, uma progressão geométrica é uma sequência na qual a taxa de crescimento relativo de cada termo para o seguinte é sempre a mesma.

Classificação da progressão geométrica

Dependendo da razão q, uma PG pode ser:

- **Crescente:** A PG é crescente quando $q > 1$ e os termos são positivos ou quando $0 < q < 1$ e os termos são negativos.
- **Decrescente:** A PG é decrescente quando $0 < q < 1$ e os termos são positivos ou quando $q > 1$ e os termos são negativos.
- **Constante:** A PG é constante quando $q = 1$.
- **Alternante:** A PG é alternante quando $q < 0$.

Representações especiais

Eventualmente podemos recorrer a algumas representações especiais de uma PG, principalmente quando o produto dos termos for conhecido.

- Três termos em PG: $\left(\frac{x}{q}, x, xq\right)$.
- Quatro termos em PG: $\left(\frac{x}{y^3}, \frac{x}{y}, xy, xy^3\right)$. Note que nesse caso, $q = y^2$.
- Cinco termos em PG: $\left(\frac{x}{q^2}, \frac{x}{q}, x, xq, xq^2\right)$.

Fórmula do termo geral de uma PG

Em uma PG de razão q, o termo de ordem n, denominado **termo geral** da PG é dado por:

$$a_n = a_1 \cdot q^{n-1}$$

Nessa fórmula temos:

- a_n: termo geral;
- a_1: 1º termo;
- n: número de termos (até a_n);
- q: razão da PG.

Propriedades da PG

- O quadrado de qualquer termo de uma PG, a partir do segundo, é sempre igual ao produto do termo que o antecede pelo termo que o sucede.

$$(a_n)^2 = a_{n-1} \cdot a_{n+1}, \text{ para } n \geqslant 2$$

- Em uma PG finita, o produto de dois termos equidistantes é igual ao produto dos extremos.

$$a_{k+1} \cdot a_{n-k} = a_1 \cdot a_n$$

- Se a PG tiver número ímpar de termos, o quadrado do termo médio é igual ao produto dos termos extremos.
- Em uma PG, é sempre válida a relação:

$$a_n \cdot a_m = a_p \cdot a_q \Leftrightarrow n + m = p + q$$

Interpretação geométrica de uma progressão geométrica

Podemos pensar em uma progressão geométrica como uma função que associa a cada número natural n o valor a_n. Essa função é definida por uma fórmula do tipo da função exponencial, mas com domínio $\mathbb{N}$. O gráfico dessa função é formado por uma sequência de pontos pertinentes ao gráfico de uma função exponencial.

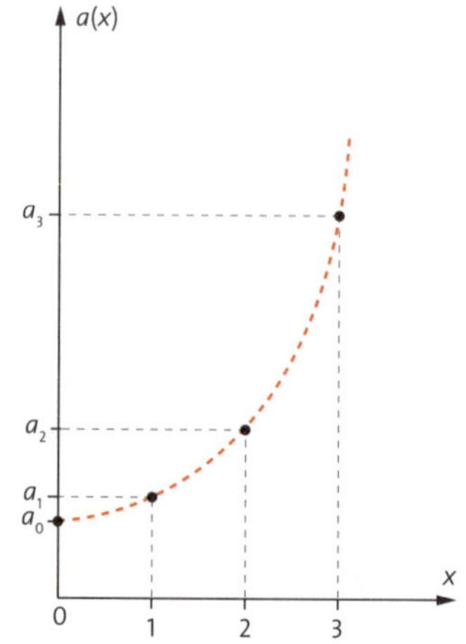

Fórmula da soma dos *n* primeiros termos de uma PG finita

A soma dos n primeiros termos de uma PG de razão $q \neq 1$ é dada por:

$$S_n = a_1 \cdot \frac{(1-q^n)n}{1-q}$$

Nessa fórmula, temos:

- q: razão da PG
- a_1: 1º termo
- n: número de termos (até a_n)
- S_n: soma dos n termos

Fórmula da soma dos termos de uma PG infinita

O limite da soma dos n primeiros termos de uma PG de razão q $(-1 < q < 1)$ quando n tende a infinito é dado por:

$$\lim_{n \to \infty} S_n = \frac{a_1}{1-q}$$

Assim, a soma dos termos de uma PG infinita é dada por $\frac{a_1}{1-q}$ $(-1 < q < 1)$.

Exercícios resolvidos

1. (UFMG) A população de uma colônia da bactéria *E. coli* dobra a cada 20 minutos.
Em um experimento, colocou-se, inicialmente, em um tubo de ensaio, uma amostra com 1 000 bactérias por mililitro. No final do experimento, obteve-se um total de $4{,}096 \cdot 10^6$ bactérias por mililitro.
Assim sendo, o tempo do experimento foi de:

a) 3 horas e 40 minutos.
b) 3 horas.
c) 3 horas e 20 minutos.
d) 4 horas.

Resolução

$a_1 = 1000$ e $a_n = 4{,}096 \cdot 10^6$

$a_n = a_1 \cdot q^{n-1} \Rightarrow 4{,}096 \cdot 10^6 = 1000 \cdot 2^{n-1} \Rightarrow$

$\Rightarrow \frac{4{,}096 \cdot 10^6}{1000} = 2^{n-1} \Rightarrow 4096 = 2^{n-1} \Rightarrow$

$\Rightarrow 2^{12} = 2^{n-1} \Rightarrow 2^{12} = 2^{n-1} \Rightarrow 12 = n - 1 \Rightarrow n = 13$

Nº de intervalos $= n - 1$. Observe o exemplo:

$(a_1, a_2, a_3) \rightarrow$ Nº de intervalos $= 3 - 1 \Rightarrow$

$\Rightarrow$ Nº de intervalos $= 2$

Portanto:
Nº de intervalos $= 13 - 1 = 12$
$12 \cdot 20$ minutos $= 240$ minutos $= 4$ horas

Resposta: alternativa **d**.

2. (PUCC-SP) Ao arremessar uma bola, verticalmente e para cima, uma atleta de ginástica rítmica desportiva perdeu o controle de uma bola que, ao descer, ela não conseguiu pegar. Essa bola, desce verticalmente e a cada choque com o solo, volta a subir e recupera apenas $\frac{2}{3}$ da altura anterior. Considerando que a distância total percorrida por essa bola, desde o ponto mais alto até que pare, é igual a 23,70 m, a altura máxima que ela atingiu ao ser arremessada pela atleta é, em metros:

a) 2,38.
b) 4,46.
c) 4,74.
d) 5,86.
e) 7,90.

Resolução

H é a altura máxima, pois foi de onde a bola começou a cair.

Temos, PG $\left(\frac{2}{3}H, \frac{4}{9}H, ...\right)$.

$H + 25n = 23{,}7$. Temos que considerar a subida e a descida, por isso devemos multiplicar por 2.

PG infinita $\rightarrow S_n = \frac{a_1}{1-q}$, $a_1 = \frac{2}{3}H$ e $q = \frac{2}{3}$

$$S_n = \frac{\frac{2}{3}H}{1-\frac{2}{3}} \Rightarrow S_n = \frac{2}{3}H \cdot 3 = 2H \Rightarrow$$

$\Rightarrow H + 2 \cdot 2H = 23{,}7 \Rightarrow H = 4{,}74$ m

Resposta: alternativa **c**.

Exercícios propostos

1. (Furg-RS) O dono de uma loja precisa com urgência de vendedores para trabalhar de segunda a sábado nas duas últimas semanas que antecedem o Natal. Aparecem três candidatos. Ele oferece R$ 1,00 pelo primeiro dia de trabalho e, para os dias seguintes, o dobro do que eles recebem no dia anterior. Dois candidatos consideram humilhante a proposta e recusam-na. O candidato que conhece matemática aceita a proposta. Então, ele receberá, pelos doze dias de trabalho, a importância de:

a) R$ 240,00.
b) R$ 4 095,00.
c) R$ 3 400,00.
d) R$ 5 095,00.
e) R$ 1 095,00.

2. (Udesc) Em uma escola com 512 alunos, um aluno apareceu com o vírus do sarampo. Se esse aluno permanecesse na escola, o vírus se propagaria da seguinte forma: no primeiro dia, um aluno estaria contaminado; no segundo, dois estariam contaminados; no terceiro, quatro, e assim sucessivamente. A diretora dispensou o aluno contaminado imediatamente, pois concluiu que todos os 512 alunos teriam sarampo no:

a) 9º dia.

b) 10º dia.

c) 8º dia.

d) 5º dia.

e) 6º dia.

3. (UFGD-MS) Batman e Robin estão em Campo Grande jogando bozó. Decidiram que o perdedor pagaria R$ 1,00 ao vencedor na primeira rodada, R$ 2,00 na segunda, R$ 4,00 na terceira, e assim sucessivamente, sempre dobrando o valor. Robin começou o jogo com R$ 25,00, mas, após 5 (cinco) rodadas, havia perdido todo seu dinheiro. Nas três primeiras rodadas, Robin, na sequência:

a) perdeu, ganhou, perdeu.

b) ganhou, ganhou, perdeu.

c) ganhou, perdeu, ganhou.

d) perdeu, perdeu, ganhou.

e) ganhou, perdeu, perdeu.

4. (Unifor-CE) Um canal de TV por assinatura foi inaugurado contando com 3 000 assinaturas e pretende obter, no primeiro mês de funcionamento, 100 novos assinantes; no segundo, 200 novos assinantes; no terceiro, 400 novos assinantes e, assim, duplicar a cada mês o número de novos assinantes obtidos no mês anterior. Após 1 ano, com quantos assinantes estará o canal de TV?

a) 408 500
b) 409 500
c) 410 500
d) 411 500
e) 412 500

5. (UFPB) Um escritório de contabilidade foi contratado por três cidades (*A*, *B* e *C*), para sugerir como poderiam ser pagas as dívidas de ações trabalhistas dessas cidades. Após análise contábil, envolvendo prestações e possíveis reajustes, bem como as diferentes possibilidades de acordos, concluiu-se que a melhor maneira das cidades pagarem suas dívidas seria:

- A cidade *A* pagaria sua dívida, durante dez anos, da seguinte forma: no primeiro ano, R$ 100 000,00 e, em cada ano seguinte, metade do que foi pago no ano anterior.
- A cidade *B* pagaria sua dívida da seguinte forma: no primeiro ano, R$ 98 000,00 e, em cada ano posterior, metade da quantia paga no ano anterior.
- A cidade *C* pagaria toda sua dívida, com R$ 198 000,00, em oito anos consecutivos.

Supondo que as três cidades adotem a sugestão do escritório de contabilidade e que comecem a pagar suas dívidas ao mesmo tempo, identifique as afirmativas corretas:

I. A cidade *A* pagará, nos oito primeiros anos, uma quantia menor do que a da cidade *C*, no mesmo período.
II. O total pago pela cidade *B* é maior do que o da cidade *A*.
III. A cidade *A* pagará uma quantia maior do que a da cidade *C*.
IV. A cidade *B* é a que pagará menor quantia por sua dívida.
V. A quantia que a cidade *C* pagará por sua dívida é maior do que a da cidade *B* e menor do que a da cidade *A*.

Definição de matriz

Denomina-se matriz $m \times n$ (lê-se m por n) uma tabela retangular formada por $m \cdot n$ números reais, dispostos em m linhas e n colunas.

Dizemos que a matriz, neste caso, é do **tipo** $m \times n$ ou de **ordem** $m \times n$.

Quando $m = 1$, a matriz é chamada **matriz linha.** Quando $n = 1$, a matriz é chamada **matriz coluna.**

Representação genérica de uma matriz

Os números que aparecem na matriz são chamados **elementos** ou **termos** da matriz.

Para representar o elemento de uma matriz, usamos uma letra com dois índices: o primeiro indica em que **linha** o elemento se encontra e o segundo em que **coluna** se encontra; por exemplo, a_{23} é o elemento que está na 2ª linha e na 3ª coluna.

O elemento genérico de uma matriz A será indicado por a_{ij}, em que i representa a linha e j representa a coluna na qual o elemento se encontra; ele é chamado ij-ésimo elemento da matriz;

A matriz A, do tipo $m \times n$, será escrita, genericamente, do seguinte modo:

$$A = \begin{bmatrix} a_{11} & a_{12} & a_{13} & \cdots & a_{1n} \\ a_{21} & a_{22} & a_{23} & \cdots & a_{2n} \\ a_{31} & a_{32} & a_{33} & \cdots & a_{3n} \\ \vdots & \vdots & \vdots & & \vdots \\ a_{m1} & a_{m2} & a_{m3} & \cdots & a_{mn} \end{bmatrix}$$

ou

$$A = \begin{pmatrix} a_{11} & a_{12} & a_{13} & \cdots & a_{1n} \\ a_{21} & a_{22} & a_{23} & \cdots & a_{2n} \\ a_{31} & a_{32} & a_{33} & \cdots & a_{3n} \\ \vdots & \vdots & \vdots & & \vdots \\ a_{m1} & a_{m2} & a_{m3} & \cdots & a_{mn} \end{pmatrix}$$

De maneira abreviada, podemos escrever a matriz A na forma:

$A = (a_{ij})_{m \times n}$, com $1 \leqslant i \leqslant m, 1 \leqslant j \leqslant n$ e $i < j \in \mathbb{N}$

Matrizes especiais

Matriz quadrada

Consideremos uma matriz $m \times n$. Quando $m = n$ (o número de linhas é igual ao número de colunas), diz-se que a matriz é **quadrada** do tipo $n \times n$ ou simplesmente de ordem n.

Em uma matriz quadrada de ordem n, os elementos $a_{11}, a_{22}, a_{33}, ..., a_{nn}$ formam a diagonal principal da matriz (são os elementos a_{ij} com $i = j$).

Analogamente, em uma matriz quadrada de ordem n, os elementos $a_{1n}, ..., a_{n1}$, formam a diagonal secundária da matriz.

$$\begin{pmatrix} 3 & 2 \\ -1 & 6 \end{pmatrix}$$

diagonal secundária

diagonal principal

$$\begin{pmatrix} 1 & 3 & 10 \\ -3 & 0 & 8 \\ 0 & -1 & 6 \end{pmatrix}$$

diagonal secundária

diagonal principal

Matriz triangular

Vamos considerar uma matriz quadrada de ordem n.

Quando os elementos acima ou abaixo da diagonal principal são todos nulos, dizemos que a matriz é **triangular.**

$$\begin{pmatrix} 2 & 0 & 0 \\ 8 & 3 & 0 \\ 7 & 9 & -5 \end{pmatrix}$$

matriz triangular inferior

$$\begin{pmatrix} 1 & 5 & 7 & -9 \\ 0 & 3 & 8 & -\frac{2}{3} \\ 0 & 0 & 0 & -1 \\ 0 & 0 & 0 & 4 \end{pmatrix}$$

matriz triangular superior

Matriz diagonal

Matriz quadrada de ordem n em que todos os elementos acima e abaixo da diagonal principal são nulos é chamada de matriz diagonal. Os elementos da diagonal principal também podem ser nulos.

$$\begin{bmatrix} 2 & 0 & 0 \\ 0 & 3 & 0 \\ 0 & 0 & -5 \end{bmatrix} \quad \begin{pmatrix} 1 & 0 & 0 & 0 \\ 0 & -1 & 0 & 0 \\ 0 & 0 & 2 & 0 \\ 0 & 0 & 0 & 4 \end{pmatrix}$$

$$\begin{pmatrix} 2 & 0 \\ 0 & -\dfrac{1}{3} \end{pmatrix} \quad \begin{bmatrix} 0 & 0 & 0 \\ 0 & 0 & 0 \\ 0 & 0 & 0 \end{bmatrix}$$

Matriz identidade

A matriz quadrada de ordem n em que todos os elementos da diagonal principal são iguais a 1 e os outros elementos são iguais a zero é chamada de **matriz identidade** e seu símbolo é I_n.

$$I_3 = \begin{bmatrix} 1 & 0 & 0 \\ 0 & 1 & 0 \\ 0 & 0 & 1 \end{bmatrix} \qquad I_2 = \begin{bmatrix} 1 & 0 \\ 0 & 1 \end{bmatrix}$$

$$I_5 = \begin{bmatrix} 1 & 0 & 0 & 0 & 0 \\ 0 & 1 & 0 & 0 & 0 \\ 0 & 0 & 1 & 0 & 0 \\ 0 & 0 & 0 & 1 & 0 \\ 0 & 0 & 0 & 0 & 1 \end{bmatrix} \qquad I_1 = [1]$$

Matriz nula

No conjunto das matrizes, a matriz que tem todos os elementos iguais a zero denomina-se **matriz nula.** Vamos simbolizar a matriz nula do tipo $m \times n$ por $0_{m \times n}$ e a matriz nula de ordem n por 0_n.

$$0_{3 \times 2} = \begin{pmatrix} 0 & 0 \\ 0 & 0 \\ 0 & 0 \end{pmatrix} \qquad 0_2 = \begin{bmatrix} 0 & 0 \\ 0 & 0 \end{bmatrix}$$

$$0_3 = \begin{pmatrix} 0 & 0 & 0 \\ 0 & 0 & 0 \\ 0 & 0 & 0 \end{pmatrix} \qquad 0_{1 \times 4} = \begin{bmatrix} 0 & 0 & 0 & 0 \end{bmatrix}$$

Igualdade de matrizes

Duas matrizes A e B são iguais se, e somente se, têm o mesmo tipo e seus elementos correspondentes são iguais.

Dadas as matrizes $A = (a_{ij})_{m \times n}$ e $B = (b_{ij})_{m \times n}$, temos, simbolicamente:

$$A = B \Leftrightarrow a_{ij} = b_{ij}, \text{com } 1 \leq i \leq m \text{ e } 1 \leq j \leq n$$

Adição de matrizes

Dadas duas matrizes A e B do mesmo tipo $m \times n$, denomina-se soma da matriz A com a matriz B, que representamos por $A + B$, a matriz C do tipo $m \times n$ na qual cada elemento é obtido adicionando-se os elementos correspondentes de A e B.

Se $A = (a_{ij})$ e $B = (b_{ij})$ são matrizes do tipo $m \times n$, a soma $A + B$ é a matriz $C = (c_{ij})$ do tipo $m \times n$ tal que:

$$c_{ij} = a_{ij} + b_{ij}, \text{com } 1 \leq i \leq m \text{ e } 1 \leq j \leq n$$

Subtração de matrizes

Denomina-se **matriz oposta** de uma matriz A (representa-se por $-A$) a matriz que somada com A resulta em uma matriz nula. Os elementos correspondentes de A e $-A$ são números opostos. Obtemos $-A$ mudando os sinais de todos os elementos de A.

Sendo A e B duas matrizes do tipo $m \times n$, denomina-se diferença entre A e B (representada por $A - B$) a soma da matriz A com a matriz oposta de B.

$$A - B = A + (-B)$$

Multiplicação de número real por matriz

Se A é uma matriz $m \times n$, de elementos a_{ij}, e α é um número real, então αA é uma matriz $m \times n$ cujos elementos são αa_{ij}.

Matriz transposta

Seja A uma matriz $m \times n$, denomina-se matriz transposta de A (indica-se por A^t) a matriz $n \times m$ cujas linhas são, ordenadamente, as colunas de A.

Multiplicação de matrizes

Dada uma matriz $A = (a_{ij})$ do tipo $m \times n$ e uma matriz $B = (b_{ij})$ do tipo $n \times p$, o produto da matriz A pela matriz B é a matriz $C = (c_{ij})$ do tipo $m \times p$ tal que o elemento c_{ij} é calculado multiplicando-se ordenadamente os elementos da linha i, da matriz A, pelos elementos da coluna j, da matriz B, e somando-se os produtos obtidos. Para dizer que a matriz C é o produto de A por B, vamos indicá-la por AB.

Observe que só definimos o produto AB de duas matrizes quando o número de colunas de A for igual ao número de linhas de B; além disso, notamos que o produto AB possui o número de linhas de A e o número de colunas de B:

$$A_{\textcircled{m} \times n} \cdot B_{n \times \textcircled{p}} = AB_{\textcircled{m} \times \textcircled{p}}$$

Propriedades da multiplicação de matrizes

- **A multiplicação de matrizes não é comutativa.**
  Quando $AB = BA$, dizemos que as matrizes A e B comutam, ou A comuta com B, ou A e B são comutáveis. Mas devemos lembrar que a multiplicação de matrizes não é comutativa, ou seja, AB nem sempre é igual a BA.
- **Na multiplicação de matrizes não vale a propriedade do cancelamento.**
  Se A, B e C são matrizes tal que $AB = AC$, não podemos garantir que B e C sejam iguais.
- **Na multiplicação de matrizes não vale a propriedade do anulamento.**
  Se A e B são matrizes tal que $AB = 0$ (matriz nula), não podemos garantir que uma delas seja nula.
- **As propriedades associativa e distributiva valem para a multiplicação de matrizes.**
  $A(BC) = (AB)C$
  $(A + B)C = AC + BC$
  $A(B + C) = AB + AC$

Matriz inversa de uma matriz dada

Dada uma matriz quadrada A, de ordem n, se X é uma matriz tal que $AX = I_n$ e $XA = I_n$, então X é denominada **matriz inversa** de A e é indicada por A^{-1}. Lembre-se de que I é a matriz identidade.

Exercícios resolvidos

1. (UFRRJ) Após o falecimento do saudoso Renato Russo, em 11/10/1996, os fãs do Legião Urbana começaram a ouvir as músicas da banda regravadas pelos mais diversos intérpretes da MPB. Um desses fãs percebeu que, ao longo do tempo, três cantores, em cada um dos seus três discos mais recentes, gravaram as mesmas três obras de Renato Russo, cada qual uma vez. Não podendo comprar os nove CDs, o fã resolveu comprar três, um de cada cantor – *C1*, *C2* e *C3* – contendo diferentes músicas – *M1*, *M2* e *M3*. Após uma pesquisa nas lojas de um "shopping", o fã verificou que os vários CDs poderiam ser encontrados a preços diferentes e organizou a seguinte matriz de preços, em R$:

	C1	*C2*	*C3*
M1	20	15	12
M2	18	13	10
M3	18	8	11

A partir da análise, verifica-se que:

a) a compra poderá ser feita por R$ 33,00.
b) o máximo a ser gasto na compra é R$ 43,00.
c) o mínimo a ser gasto na compra é R$ 38,00.
d) não é possível efetuar a compra por R$ 44,00.
e) não é possível encontrar o menor valor da compra.

Resolução

a) O mínimo é de R$ 38,00.
b) O máximo será R$ 44,00.
d) R$ 44,00 é o máximo valor.
e) O menor valor será: $C_2 = 8$; $C_3 = 10$; $C_1 = 20$ (R$ 38,00) ou $C_2 = 8$; $C_1 = 18$; $C_3 = 12$ (R$ 38,00).

Resposta: alternativa **c**.

2. (UEPB) Sejam A, B matrizes dadas por $A = \begin{pmatrix} 0 & 1 \\ 2 & -1 \end{pmatrix}$, $B = \begin{pmatrix} 2 & -1 \\ 0 & 1 \end{pmatrix}$ e X, Y, matrizes satisfazendo às condições $\begin{cases} X + Y = A \\ X - Y = 2B \end{cases}$, a soma dos elementos da diagonal principal de X é:

a) 2.
b) $\frac{1}{2}$.
c) $\frac{5}{2}$.
d) $\frac{3}{2}$.
e) 5.

Resolução

$$\begin{cases} X + Y = A \\ X - Y = 2B \end{cases}$$
$$\overline{2X = A + 2B} \Rightarrow$$

$$\Rightarrow 2X = \begin{pmatrix} 0 & 1 \\ 2 & -1 \end{pmatrix} + \begin{pmatrix} 4 & -2 \\ 0 & 2 \end{pmatrix} \Rightarrow 2X = \begin{pmatrix} 4 & -1 \\ 2 & 1 \end{pmatrix} \Rightarrow$$

$$\Rightarrow X = \frac{1}{2}\begin{pmatrix} 4 & -1 \\ 2 & 1 \end{pmatrix} \Rightarrow X = \begin{pmatrix} 2 & -\frac{1}{2} \\ 1 & \frac{1}{2} \end{pmatrix}$$

Logo:

$$S = 2 + \frac{1}{2} = \frac{5}{2}$$

Resposta: alternativa **c**.

Exercícios propostos

1. (Vunesp-SP) Considere as matrizes $A = \begin{pmatrix} 1 & x \\ y & z \end{pmatrix}$, $B = \begin{pmatrix} 1 & 2 \\ 1 & 1 \end{pmatrix}$ e $C = \begin{pmatrix} 4 & 5 \\ 36 & 45 \end{pmatrix}$, com x, y, z números reais. Se $A \cdot B = C$, a soma dos elementos da matriz A é:

a) 9. b) 40. c) 41. d) 50. e) 81.

2. (Uece) Considere as matrizes $M = \begin{bmatrix} 1 & -1 \\ 1 & 1 \end{bmatrix}$ e $P = \begin{bmatrix} 2 \\ 4 \end{bmatrix}$. Se a matriz $X = \begin{bmatrix} x_1 \\ x_2 \end{bmatrix}$ é solução da equação matricial $MX = P$, então o valor de $x_1^2 + x_2^2$ é:

a) 4. b) 6. c) 8. d) 10.

3. (Unifacs-BA) As imagens vistas em uma página na internet, assim como fotos tiradas com máquinas digitais, podem ser representadas usando-se matrizes. Uma imagem, em preto e branco, pode ser representada por uma matriz cujos termos são os números 0 e 1, especificando a cor do pixel: 0 indica a cor preta e 1, a cor branca.

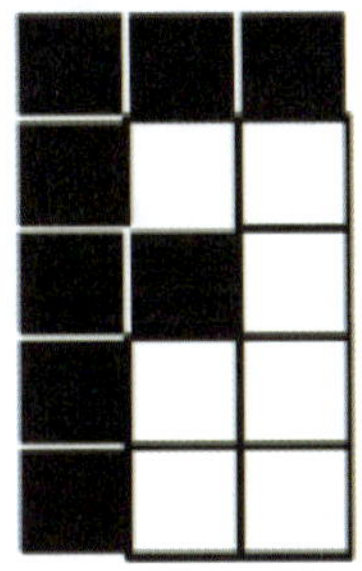

$$(a_{ij})_{5 \times 3} = \begin{pmatrix} 0 & 0 & 0 \\ 0 & 1 & 1 \\ 0 & 0 & 1 \\ 0 & 1 & 1 \\ 0 & 1 & 1 \end{pmatrix}$$

Considerando-se a figura e sua representação matricial, é correto afirmar que a matriz $B = (b_{ij})$, em que $(b_{ij}) = (a_{(6-j)i})$ representa a figura:

01) 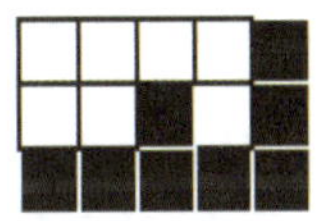

02) 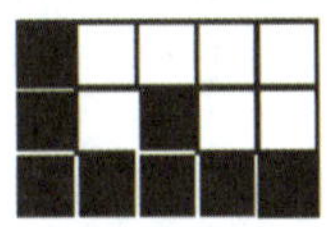

03) 

04) 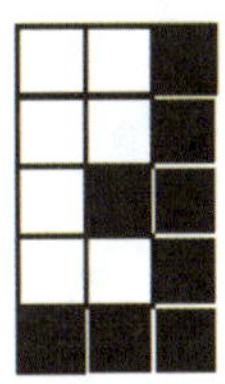

05) 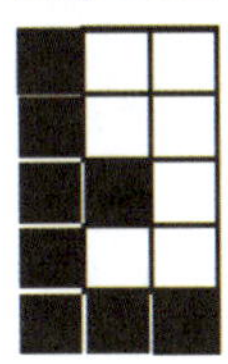

4. (UFPB) Foi feito um estudo envolvendo três cidades, C_1, C_2 e C_3, a fim de verificar o fluxo entre seus habitantes, com vistas a possíveis melhorias nas rodovias que ligam essas cidades. Para isso, foi observada, durante um ano, a quantidade de deslocamentos entre essas cidades. O resultado dessa observação, em certo mês, está mostrado na matriz abaixo, onde o elemento presente na linha i e na coluna j representa a quantidade de deslocamentos da cidade C_i para a cidade C_j, nesse mês.

$$\begin{bmatrix} 0 & 300 & 800 \\ 430 & 0 & 970 \\ 350 & 370 & 0 \end{bmatrix}$$

Nesse contexto, identifique as afirmativas corretas relativas aos deslocamentos no mês da observação:

I. Os deslocamentos partindo da cidade C_3 tiveram como destino, em sua maioria, a cidade C_2.

II. Os deslocamentos partindo da cidade C_1 totalizaram 1 100.

III. Os deslocamentos com destino à cidade C_3 totalizaram 1 770.

IV. Os deslocamentos com destino à cidade C_1 totalizaram um número menor do que o total de deslocamentos com destino a qualquer uma das outras duas cidades.

V. Os deslocamentos partindo da cidade C_2 totalizaram um número maior do que o total de deslocamentos partindo de qualquer uma das outras duas cidades.

5. (UFG-GO) Uma técnica para criptografar mensagens utiliza a multiplicação de matrizes. Um codificador transforma sua mensagem numa matriz M, com duas linhas, substituindo cada letra pelo número correspondente à sua ordem no alfabeto, conforme modelo apresentado a seguir.

Letra	A	B	C	D	E	F	G	H	I	J	K
Número	1	2	3	4	5	6	7	8	9	10	11

Letra	L	M	N	O	P	Q	R	S	T	U
Número	12	13	14	15	16	17	18	19	20	21

Letra	V	W	X	Y	Z	–
Número	22	23	24	25	26	27

Por exemplo, a palavra SENHAS ficaria assim:

$$M = \begin{bmatrix} S & E & N \\ H & A & S \end{bmatrix} = \begin{bmatrix} 19 & 5 & 14 \\ 8 & 1 & 19 \end{bmatrix}$$

Para codificar, uma matriz 2×2, A, é multiplicada pela matriz M, resultando na matriz $E = A \times M$, que é a mensagem codificada a ser enviada.

Ao receber a mensagem, o decodificador precisa reobter M para descobrir a mensagem original. Para isso, utiliza uma matriz 2×2, B, tal que $B \times A = I$, onde I é a matriz identidade (2×2). Assim, multiplicando B por E, obtém-se $B \times E = B \times A \times M = M$.

Uma palavra codificada, segundo esse processo, por uma matriz $A = \begin{bmatrix} 2 & 1 \\ 1 & 1 \end{bmatrix}$ resultou na matriz

$$E = \begin{bmatrix} 47 & 30 & 29 \\ 28 & 21 & 22 \end{bmatrix}.$$

Calcule a matriz B, decodifique a mensagem e identifique a palavra original.

MÓDULO 26 • Determinantes

O determinante de uma matriz é um número real associado às matrizes quadradas. Toda matriz quadrada possui determinante.

Determinante de ordem 1

Seja a matriz quadrada de ordem 1, indicada por $A = [a_{11}]$.

Por definição, o determinante de A é igual ao número a_{11}.

Indicamos assim: $\det A = a_{11}$.

Determinante de ordem 2

Dada a matriz $A = \begin{bmatrix} a_{11} & a_{12} \\ a_{21} & a_{22} \end{bmatrix}$, indicamos seu determinante deste modo:

$\det A = a_{11} \cdot a_{22} - a_{12} \cdot a_{21}$

ou $\begin{vmatrix} a_{11} & a_{12} \\ a_{21} & a_{22} \end{vmatrix} = a_{11} \cdot a_{22} - a_{12} \cdot a_{21}$

Determinante de ordem 3

Define-se o determinante da matriz de ordem 3 ao número:

$$\det A = \begin{vmatrix} a_{11} & a_{12} & a_{13} \\ a_{21} & a_{22} & a_{23} \\ a_{31} & a_{32} & a_{33} \end{vmatrix} =$$

$$= a_{11}a_{22}a_{33} + a_{12}a_{23}a_{31} + a_{13}a_{21}a_{32} - a_{12}a_{22}a_{31} -$$
$$- a_{12}a_{21}a_{33} - a_{11}a_{23}a_{32}$$

Podemos obter esses seis produtos de uma forma prática, conhecida como **regra de Sarrus**, fazendo o seguinte:

- repetimos as duas primeiras colunas à direita da matriz e efetuamos as seis multiplicações como indicado:

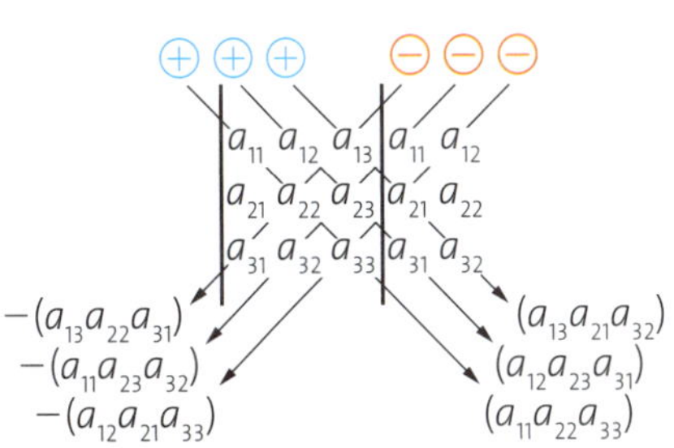

- os produtos obtidos na direção da diagonal principal permanecem com o mesmo sinal;
- os produtos obtidos na direção da diagonal secundária mudam de sinal;
- o determinante é a soma dos valores assim obtidos.

Propriedades dos determinantes

1ª propriedade: fila de zeros

Se todos os elementos de uma linha (ou uma coluna) de uma matriz quadrada M forem iguais a zero, seu determinante será nulo, isto é, $\det M = 0$.

2ª propriedade: filas iguais

Se os elementos correspondentes de duas linhas (ou duas colunas) de uma matriz quadrada M forem iguais, seu determinante será nulo, isto é, $M = 0$.

3ª propriedade: filas proporcionais

Se uma matriz quadrada M possui duas linhas (ou duas colunas) proporcionais, seu determinante será nulo, isto é, $\det M = 0$.

4ª propriedade: multiplicação de uma fila por uma constante

Se todos os elementos de uma linha (ou uma coluna) de uma matriz quadrada são multiplicados por um mesmo número real k, então seu determinante fica multiplicado por k.

5ª propriedade: multiplicação da matriz por uma constante

Se uma matriz quadrada M de ordem n é multiplicada por um número real k, o seu determinante fica multiplicado por k^n, isto é, $\det (kM_n) = k^n \cdot \det M_n$.

6ª propriedade: determinante da transposta

O determinante de uma matriz quadrada M é igual ao determinante de sua transposta, isto é, $\det M = \det (M^t)$.

7ª propriedade: troca de filas paralelas

Se trocarmos de posição (entre si) duas linhas (ou duas colunas) de uma matriz quadrada M, o determinante da nova matriz obtida é o oposto do determinante da matriz anterior.

8ª propriedade: determinante da matriz triangular

O determinante de uma matriz triangular é igual ao produto dos elementos da diagonal principal.

9ª propriedade: teorema de Binet

Sendo A e B duas matrizes quadradas de mesma ordem e AB a matriz produto, então det (AB) = (det A)(det B) (teorema de Binet).

10ª propriedade: teorema de Jacobi

O determinante de uma matriz quadrada não se altera quando se adicionam, aos elementos de uma fila (linha ou coluna) qualquer, os elementos correspondentes de outra fila (linha ou coluna) paralela previamente multiplicada por uma constante.

11ª propriedade: adição de determinantes (ou decomposição de uma fila)

Se cada elemento de uma linha (ou coluna) de uma matriz é a soma de duas parcelas, então o determinante dessa matriz é a soma de dois determinantes, em cada um dos quais aquela linha (ou coluna) tem seus elementos substituídos por uma das parcelas.

12ª propriedade: determinante da matriz inversa

Seja A uma matriz quadrada invertível e A^{-1} sua inversa. Então $\det A^{-1} = \dfrac{1}{\det A}$.

Exercícios resolvidos

1. (ESPM-SP) Dadas as matrizes $A = \begin{bmatrix} 2 & 1 & -3 \\ 0 & -1 & 2 \end{bmatrix}$ e $B = \begin{bmatrix} 4 & 1 \\ 2 & 2 \\ 3 & -1 \end{bmatrix}$, o valor do det $(A \cdot B)$ é:

a) 26. b) –18. c) –32. d) 28. e) 12.

Resolução

$$\det (A \times B) = \det \left[\begin{pmatrix} 2 & 1 & -3 \\ 0 & -1 & 2 \end{pmatrix} \cdot \begin{pmatrix} 4 & 1 \\ 2 & 2 \\ 3 & -1 \end{pmatrix}\right] =$$

$$= \det \begin{bmatrix} 1 & 7 \\ 4 & -4 \end{bmatrix} = -4 - 28 = -32$$

Primeiramente, foi feita a multiplicação das matrizes, de modo que encontramos $A \times B$. Como $A \times B$ é de ordem 2, seu determinante será dado pela diferença dos produtos da diagonal principal e secundária.

Resposta: alternativa **c**.

2. (Vunesp-SP) Foi realizada uma pesquisa, num bairro de determinada cidade, com um grupo de 500 crianças de 3 a 12 anos de idade. Para esse grupo, em função da idade x da criança, concluiu-se que o peso médio $p(x)$, em quilogramas, era dado pelo determinante da matriz A, em que:

$$A = \begin{bmatrix} 1 & -1 & 1 \\ 3 & 0 & -x \\ 0 & 2 & \frac{2}{3} \end{bmatrix}$$

Com base na fórmula $p(x) = \det A$, determine:

a) o peso médio de uma criança de 5 anos;

b) a idade mais provável de uma criança cujo peso é 30 kg.

Resolução

$\det A = 6 + 2x + 2 = 2x + 8$

$$p(x) = \det A = 2x + 8 \begin{vmatrix} 1 & -1 & 1 \\ 3 & 0 & -x \\ 0 & 2 & \frac{2}{3} \end{vmatrix} \begin{matrix} 1 & -1 \\ 3 & 0 \\ 0 & 2 \end{matrix}$$

$p(5) = 2 \cdot 5 + 8 = 18$ kg

$30 = 2x + 8 \Rightarrow 2x = 22 \Rightarrow x = 11$

Logo, a idade mais provável é de 11 anos.

Resposta: a) 18 kg; b) 11 anos.

Exercícios propostos

1. (UFRR) O produto das soluções da equação

$\det \begin{pmatrix} x & 1 \\ -1 & x \end{pmatrix} = 0$ é igual a:

a) –1. b) 1. c) 0. d) –2. e) 2.

2. (Uncisal) Considere as matrizes $A = \begin{bmatrix} 5 & 1 \\ 0 & 3 \end{bmatrix}$ e $B = \begin{bmatrix} m & 0 \\ 2 & 3 \end{bmatrix}$. Se o determinante da matriz $A \cdot B$ é 90, então o valor de m é:

a) 6. b) 5. c) 4. d) 3. e) 2.

3. (UFMT) O esquema ao lado apresenta três torres repetidoras de telefonia celular que permitem a comunicação entre as regiões R_1, R_2 e R_3. O sentido de cada seta indica que a torre de uma região transmite sinal para outra.

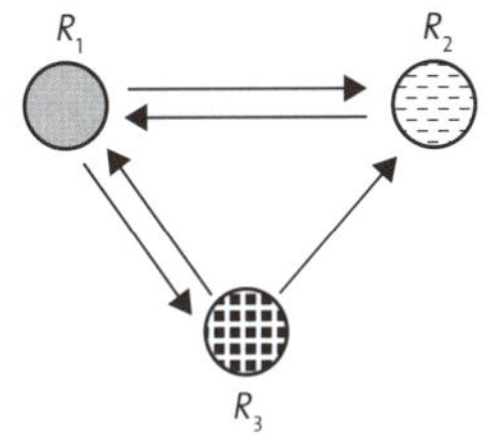

Seja $A = (a_{ij})$ a matriz que descreve as transmissões de sinais apresentadas no esquema, sendo que:

- $a_{ij} = 1$ significa que há transmissão de sinal da torre repetidora da região i para a torre repetidora da região j;
- $a_{ij} = 0$ significa que não há transmissão de sinal da torre repetidora da região i para a torre repetidora da região j;

Considere que uma torre repetidora não transmite sinal para ela mesma.

A partir dessas informações, o valor do determinante da matriz A^2 é:

a) 1. b) −1. c) 0. d) 2. e) −2.

4. (Uern) Sejam as matrizes $A = \begin{bmatrix} 3 & 1 & 2 \\ x & 4 & 1 \\ -1 & 6 & y \end{bmatrix}$ e $B = \begin{bmatrix} 6 & y & 2 \\ 1 & 4 & 3 \\ x & -1 & 1 \end{bmatrix}$ cujos determinantes são, respectivamente, iguais a 63 e 49. Sendo $y = x + 3$, então a soma dos valores de x e y é:

a) 7. b) 8. c) 10. d) 12.

5. (Ufscar-SP) Admita que a matriz cuja inversa seja formada apenas por elementos inteiros pares receba o nome de EVEN. Seja M uma matriz 2×2, com elementos reais, tal que $M = \begin{bmatrix} 2 & 3x \\ x+1 & x \end{bmatrix}$.

Admita que M seja EVEN, e que sua inversa tenha o elemento da primeira linha e primeira coluna igual a 2.

a) Determine o valor de x nas condições dadas.

b) Determine a inversa de M nas condições dadas.

MÓDULO 27 • Sistemas lineares

Equações lineares

De modo geral, denomina-se **equação linear** toda equação que pode ser escrita na forma:

$$a_1x_1 + a_2x_2 + a_3x_3 + ... + a_nx_n = b$$

na qual:

- $x_1, x_2, x_3, ..., x_n$ são as incógnitas;
- $a_1, a_2, a_3, ..., a_n$ são números reais chamados **coeficientes das incógnitas**;
- b é o termo independente.

As incógnitas $x_1, x_2, x_3, ...$ geralmente aparecem como $x, y, z, ...$

Dada a equação linear:

$$a_1x_1 + a_2x_2 + a_3x_3 + ... + a_nx_n = b$$

dizemos que ênupla ordenada de números reais $(\alpha_1, \alpha_2, \alpha_3, ..., \alpha_n)$ é a solução da equação se, e somente se:

$$a_1\alpha_1 + a_2\alpha_2 + a_3\alpha_3 + ... + a_n\alpha_n = b$$

Sistemas de equações lineares

Denomina-se sistema linear $m \times n$ o conjunto de m equações lineares em n incógnitas, que pode ser representado assim:

$$\begin{cases} a_{11}x_1 + a_{12}x_2 + a_{13}x_3 + ... + a_{1n}x_n = b_1 \\ a_{21}x_1 + a_{22}x_2 + a_{23}x_3 + ... + a_{2n}x_n = b_2 \\ \dots\dots\dots\dots\dots\dots\dots\dots\dots\dots \\ a_{m1}x_1 + a_{m2}x_2 + a_{m3}x_3 + ... + a_{mn}x_n = b_m \end{cases}$$

Solução de um sistema linear

Dizemos que $(\alpha_1, \alpha_2, \alpha_3, ..., \alpha_n)$ é solução de um sistema linear quando $(\alpha_1, \alpha_2, \alpha_3, ..., \alpha_n)$ é solução de cada uma das equações do sistema, ou seja, satisfaz simultaneamente todas as equações do sistema.

Sistemas lineares equivalentes

Dois sistemas lineares são equivalentes quando possuem o mesmo conjunto solução.

Classificação de um sistema linear

- **Sistema possível e determinado** (SPD): possui uma única solução.
- **Sistema possível e indeterminado** (SPI): possui infinitas soluções.
- **Sistema impossível** (SI): não possui solução.

Matrizes, determinantes e sistemas lineares

Qualquer sistema linear $n \times n$ pode ser escrito como um produto de matrizes.

Exemplos:

a) O sistema $\begin{cases} a_{11}x + a_{12}y = k_1 \\ a_{21}x + a_{22}y = k_2 \end{cases}$ pode ser escrito como

$$\begin{bmatrix} a_{11} & a_{12} \\ a_{21} & a_{22} \end{bmatrix} \cdot \begin{bmatrix} x \\ y \end{bmatrix} = \begin{bmatrix} k_1 \\ k_2 \end{bmatrix}.$$

b) O sistema $\begin{cases} a_{11}x + a_{12}y + a_{13}z = k_1 \\ a_{21}x + a_{22}y + a_{23}z = k_2 \\ a_{31}x + a_{32}y + a_{33}z = k_3 \end{cases}$ pode ser escrito como $\begin{bmatrix} a_{11} & a_{12} & a_{13} \\ a_{21} & a_{22} & a_{23} \\ a_{31} & a_{32} & a_{33} \end{bmatrix} \cdot \begin{bmatrix} x \\ y \\ z \end{bmatrix} = \begin{bmatrix} k_1 \\ k_2 \\ k_3 \end{bmatrix}$.

Conhecendo-se o tipo de sistema, é plenamente possível prever o resultado do determinante D da matriz dos coeficientes do sistema:

- Sistemas possíveis e determinados sempre têm determinante não nulo.
- Sistemas possíveis e indeterminados ou impossíveis sempre têm determinante nulo.

Escalonamento de sistemas lineares

Considerando um sistema genérico $m \times n$, dizemos que ele está escalonado quando a matriz dos coeficientes tiver, em cada uma de suas linhas, o primeiro elemento não nulo situado à esquerda do primeiro elemento não nulo da linha seguinte. Além disso, linhas com todos os elementos nulos devem estar abaixo de todas as outras. Observando as equações do sistema escalonado, percebe-se que, em cada linha considerada, a primeira incógnita com coeficiente não nulo está sempre à esquerda da primeira incógnita com coeficiente não nulo da linha seguinte.

Classificação e resolução de sistemas lineares escalonados

Generalizando a última linha de um sistema escalonado, temos:

$$a_n \cdot x_n = k_n$$

em que a_n é o coeficiente, x_n é a incógnita, e k_n é o termo independente, podemos ter três situações:

- se $a_n \neq 0$, então a solução é única: sistema possível e determinado;
- se $a_n = 0$ e $k_n = 0$, então temos infinitas soluções: sistema possível e indeterminado;
- se $a_n = 0$ e $k_n \neq 0$, então não temos soluções: sistema impossível.

Discussão de um sistema linear

Discutir um sistema linear significa descobrir para que valores dos parâmetros ele é possível e determinado, possível e indeterminado e impossível.

Resolução de sistema pela regra de Cramer

Consideremos o sistema de três equações lineares com três incógnitas:

$$\begin{cases} a_1x + b_1y + c_1z = d_1 \\ a_2x + b_2y + c_2z = d_2 \\ a_3x + b_3y + c_3z = d_3 \end{cases}$$

Inicialmente, calcula-se D, o determinante da matriz dos coeficientes do sistema (matriz incompleta).

$$D = \begin{vmatrix} a_1 & b_1 & c_1 \\ a_2 & b_2 & c_2 \\ a_3 & b_3 & c_3 \end{vmatrix}$$

- Se $D \neq 0$, podemos prosseguir, pois o sistema é possível e determinado (SPD).
- Se $D = 0$, não se aplica a regra de Cramer.

Em seguida, para cada incógnita que se quer determinar, calcula-se um novo determinante, que o determinante da matriz obtida, substituindo-se, na matriz dos coeficientes, a coluna dos coeficientes da incógnita a ser determinada pela coluna dos termos independentes:

- D_x (para determinar x) $= \begin{vmatrix} d_1 & b_1 & c_1 \\ d_2 & b_2 & c_2 \\ d_3 & b_3 & c_3 \end{vmatrix}$
- D_y (para determinar y) $= \begin{vmatrix} a_1 & d_1 & c_1 \\ a_2 & d_2 & c_2 \\ a_3 & d_3 & c_3 \end{vmatrix}$
- D_z (para determinar z) $= \begin{vmatrix} a_1 & b_1 & d_1 \\ a_2 & b_2 & d_2 \\ a_3 & b_3 & d_3 \end{vmatrix}$

O valor de cada incógnita é o quociente de cada um desses determinantes por D, ou seja:

- $x = \dfrac{D_x}{D}$
- $y = \dfrac{D_y}{D}$
- $z = \dfrac{D_z}{D}$

Sistemas lineares homogêneos

É um sistema linear em que todos os termos independentes são nulos.

Um sistema linear homogêneo é sempre possível, pois admite pelo menos a solução (0, 0, 0, ..., 0), denominada **solução trivial**, **nula** ou **imprópria**.

Exercícios resolvidos

1. (PUC-MG) Todos os alunos de uma turma vão ao laboratório de informática. Se em cada computador ficarem 2 alunos, 8 ficarão sem computador. Porém, se em cada computador ficarem 3 alunos, haverá 4 computadores sobrando. O número de alunos dessa turma é:

a) 42.
b) 48.
c) 54.
d) 60.

Resolução

Sendo x o número de alunos e y o número de computadores, temos:

$$\begin{cases} 2y + 8 = x \\ 3(y - 4) = x \end{cases} \Rightarrow \begin{cases} 2y + 8 = x \cdot (-3) \\ 3(y - 12) = x \cdot (2) \end{cases} \Rightarrow$$

$$\Rightarrow \begin{cases} -\cancel{6y} - 24 = -3x \\ \cancel{6y} - 24 = 2x \end{cases}$$

$$-48 = -x \Rightarrow x = 48 \text{ alunos}$$

Resposta: alternativa **b**.

2. (FMJ-SP) Doses de uma determinada vacina foram distribuídas em 3 postos de vacinação, A, B e C, da seguinte maneira: A e B receberam, juntos, 1 200 doses; B e C receberam, juntos, 1 100 doses; A e C receberam, juntos, 1 500 doses. O número total de doses de vacina distribuídas nesses três postos foi:

a) 2100.
b) 2000.
c) 1900.
d) 1800.
e) 1500.

Resolução

Sendo:

A: número de doses no posto A.

B: número de doses no posto B.

C: número de doses no posto C.

Temos:

$$\begin{cases} A + B = 1200 \text{ (I)} \\ B + C = 1100 \text{ (II)} \\ A + C = 1500 \text{ (III)} \end{cases}$$

De (I) e (II), vem:

$$\begin{cases} A + B = 1200 \\ B + C = 1100 \end{cases} \Rightarrow A - C = 100 \text{ (IV)}$$

De (III) e (IV), vem:

$$\begin{cases} A + C = 1500 \\ A - C = 100 \end{cases}$$

$2A = 1\,600 \Rightarrow A = 800$

$800 + C = 1\,500 \Rightarrow C = 700$

Em I, temos:

$A + B = 1\,200 \Rightarrow 800 + B = 1\,200 \Rightarrow B = 400$

Logo, $A + B + C = 1\,900$ doses de vacina.

Resposta: alternativa **c**.

Exercícios propostos

1. (Vunesp-SP) Uma lapiseira, três cadernos e uma caneta custam, juntos, 33 reais. Duas lapiseiras, sete cadernos e duas canetas custam, juntos, 76 reais. O custo de uma lapiseira, um caderno e uma caneta, juntos, em reais, é:

a) 11. b) 12. c) 13. d) 17. e) 38.

2. (UFPB) O colégio "Evariste Galois" distribui, na merenda, 400 refeições, contendo os ingredientes arroz, feijão e carne, os quais pesam juntos, em cada refeição, 500 gramas. Considere que em cada refeição:

- a quantidade de feijão é o dobro da quantidade de arroz;
- a quantidade de carne é 50 gramas menor que a quantidade de feijão.

Com base nesses dados, é correto afirmar que as quantidades, em quilogramas, de arroz, feijão e carne, que são utilizadas para preparar as 400 refeições da merenda são respectivamente:

a) 44, 88 e 68.

b) 46, 92 e 62.

c) 48, 96 e 56.

d) 42, 84 e 74.

e) 50, 100 e 50.

3. (Uncisal) Um hospital tem um total de 190 leitos, distribuídos entre as alas pediátrica e de adultos. Após a ocupação de 46 leitos na ala adulta e 24 leitos na área pediátrica, as duas alas ficaram com o mesmo número de leitos disponíveis. A ala reservada para adultos tem um total de:

a) 124 leitos.
b) 116 leitos.
c) 106 leitos.
d) 96 leitos.
e) 84 leitos.

4. (Ufscar-SP) Dois blocos idênticos foram posicionados em uma mesa de altura *h*, conforme indica a figura **1**. Em seguida, a posição dos blocos foi modificada, conforme indica a figura **2**.

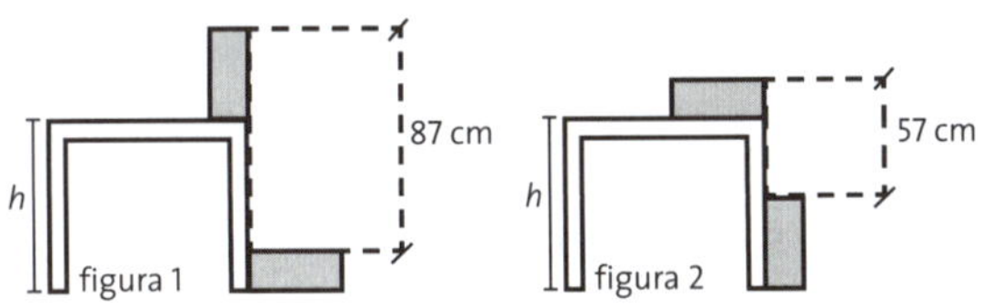

Nas condições dadas, a altura *h* da mesa, em cm, é igual a:

a) 85.
b) 78.
c) 76.
d) 72.
e) 66.

5. (UEL-PR) Em uma rodada de um campeonato de futebol de salão, o time "Bola na rede" ganhou do time "Malukos por bola" por 8 a 0 (oito a zero). O repórter de um jornal foi ao vestiário do time vencedor e perguntou quantos gols cada jogador havia marcado, anotando os nomes dos jogadores que fizeram gols. Escreveu em suas anotações:

1) Fizeram gols: Esquerdinha, Teco, Azeitona e Dentinho.
2) Teco fez 2 gols a mais que Esquerdinha.
3) Azeitona fez tantos gols quanto a diferença entre os gols feitos por Teco e Esquerdinha.

Sobre a contagem de gols da partida, considere as afirmativas a seguir.

I. O jogador que marcou mais gols foi Teco.
II. Azeitona e Dentinho marcaram a mesma quantidade de gols.
III. A soma do número de gols feitos por Azeitona e Dentinho é igual ao número de gols feitos por Teco.
IV. Teco fez três vezes a quantidade de gols de Esquerdinha.

Estão corretas apenas as afirmativas:

a) I e II.
b) I e III.
c) III e IV.
d) I, II e IV.
e) II, III e IV.

Razão e proporção

A **razão** entre dois números reais a e b, com $b \neq 0$, é o quociente $a : b$, também representado por $\frac{a}{b}$ ou qualquer outra forma equivalente.

Na razão entre a e b $\left(\frac{a}{b}\right)$ o a é chamado de **antecedente** e o b é chamado de **consequente**.

Proporção

Razões iguais formam uma proporção. Assim, se a razão entre os números a e b é igual à razão entre os números c e d, dizemos que $\frac{a}{b} = \frac{c}{d}$ é uma proporção.

Grandezas proporcionais

Dizemos que os números reais não nulos $a, b, c, d, ..., n$ são **diretamente proporcionais** aos números $a', b', c', d', ..., n'$, nessa ordem, se e somente se:

$$\frac{a}{a'} = \frac{b}{b'} = \frac{c}{c'} = \frac{d}{d'} = ... = \frac{n}{n'}$$

Dizemos que os números reais não nulos $a, b, c, ..., n$ são **inversamente proporcionais** aos números $a', b', c', ..., n'$, nessa ordem, quando são **diretamente proporcionais** aos números $\frac{1}{a'}, \frac{1}{b'}, \frac{1}{c'}, ..., \frac{1}{n'}$. Ou seja:

$$\frac{a}{\frac{1}{a'}} = \frac{b}{\frac{1}{b'}} = \frac{c}{\frac{1}{c'}} = ... = \frac{n}{\frac{1}{n'}} \text{ ou}$$

$$a \cdot a' = b \cdot b' = c \cdot c' = ... = n \cdot n'$$

Fator de atualização

O fator de atualização (f) é a razão entre dois valores de uma grandeza em tempos diferentes (passado, presente ou futuro). Constitui uma ferramenta importante no trabalho com Matemática financeira.

Na comparação de dois valores diferentes de uma mesma grandeza, $f > 1$ significa **aumento** (ou **acréscimo** de valor) e $f < 1$ significa **desconto** (ou perda de valor), pois o valor da grandeza variou no tempo e o valor mais antigo é a base de comparação. O fator $f = 1$ significa que não houve variação:

$$f = \frac{\text{valor novo}}{\text{valor velho}}$$

- $f > 1$: aumento
- $f < 1$: desconto
- $f = 1$: não houve variação

Termos importantes de Matemática financeira

Vamos supor que uma pessoa aplique certa quantia (capital) em uma poupança por determinado período (tempo). A aplicação é semelhante a um empréstimo feito no banco. Então, no fim desse período, essa pessoa recebe uma quantia (juros) como compensação. O valor dessa quantia é estabelecido por uma porcentagem (taxa de juros).

Ao final da aplicação, a pessoa terá em sua conta a quantia correspondente capital (C) mais os juros (j), que é conhecida como montante (M), ou seja, $M = C + j$.

Juros simples

Se um capital C é aplicado durante t unidades de tempo e a taxa i% de juros por unidades de tempo incide apenas sobre o capital inicial, os juros são chamados **juros simples**:

- $M = C(1 + i)$: montante obtido no fim de 1 período.
- $M = C(1 + it)$: montante obtido no fim de t períodos.

Juros compostos

Se um capital C é aplicado durante t unidades de tempo e a taxa i% de juros por unidades de tempo incide sobre o capital acumulado, os juros j são chamados de **juros compostos**:

- $M = C(1 + i)$: montante obtido no fim de 1 período.
- $M = C(1 + i)^t$: montante obtido no fim de t períodos.

Exercícios resolvidos

1. (FGV-SP) Em uma escola, a razão entre o número de alunos e o de professores é de 50 para 1. Se houvesse mais 400 alunos e mais 16 professores, a razão entre o número de alunos e o de professores seria de 40 para 1.
Podemos concluir que o número de alunos da escola é:
a) 1000.
b) 1050.
c) 1100.
d) 1150.
e) 1200.

Resolução

Considerando:

a: número de alunos

p: número de professores

$$\begin{cases} \dfrac{a}{p} = 50 \Rightarrow a = 50p \\ \dfrac{a + 400}{p + 16} = 40 \end{cases}$$

$a + 400 = (p + 16) \cdot 40 \Rightarrow 50p + 400 = 40p + 640 \Rightarrow$
$\Rightarrow 10p = 240 \Rightarrow p = 24$

Logo: $a = 1\,200$.

Resposta: alternativa **e**.

2. (FGV-SP) João comprou uma geladeira e pagou em duas parcelas iguais de $ 525,00. A primeira parcela foi paga à vista e a segunda, após um mês. Sabendo que a loja cobra juros de 5% ao mês sobre o saldo devedor, o preço da geladeira à vista era:
a) $ 1010,00.
b) $ 1015,00.
c) $ 1020,00.
d) $ 1025,00.
e) $ 1050,00.

Resolução

Considerando p como o preço, temos:

$(p - 525) \cdot 1{,}05 = 525 \Rightarrow p = 1\,025$

Resposta: alternativa **d**.

Exercícios propostos

1. (FGV-SP) O PIB *per capita* de um país, em determinado ano, é o PIB daquele ano dividido pelo número de habitantes. Se, em um determinado período, o PIB cresce 150% e a população cresce 100%, podemos afirmar que o PIB *per capita* nesse período cresce:
a) 20%. c) 35%. e) 50%.
b) 25%. d) 45%.

2. (FPS-PE) Em um condomínio onde só moram adultos, $\frac{3}{4}$ dos homens são casados com $\frac{4}{5}$ das mulheres. Se o casamento é monogâmico e entre pessoas de sexos diferentes, qual o percentual de moradores do condomínio que são solteiros? Indique o valor inteiro mais próximo.
a) 19% c) 21% e) 22%
b) 20% d) 23%

3. (IFSP) Em um supermercado, quatro caixinhas de água de coco custam R$ 10,00. Hoje, dia de promoção, cinco dessas caixinhas custam R$ 8,00. Nessa promoção, a porcentagem de desconto no preço de cada caixinha é:

a) 18%.
b) 24%.
c) 30%.
d) 36%.
e) 48%.

4. (UFT-TO) Na divisão de uma herança para três herdeiros, um advogado cobra $\frac{1}{5}$ do valor total da herança para acompanhar os trâmites legais desta divisão. Sabendo-se que os herdeiros irão receber partes iguais, deduzindo-se o valor devido ao advogado, qual fração a seguir representa a parte que cada herdeiro receberá em relação ao total da herança?

a) $\frac{1}{3}$
b) $\frac{1}{5}$
c) $\frac{1}{15}$
d) $\frac{3}{15}$
e) $\frac{4}{15}$

5. (Uece) Renato contratou um empréstimo de R$ 1 400,00, para pagar um mês depois, com juros de 15% ao mês. Ao final do mês, não podendo pagar o total, deu por conta apenas R$ 750,00 e, para o restante, firmou um novo contrato nas mesmas bases do anterior, o qual foi pago integralmente um mês depois. O valor do último pagamento foi:

a) R$ 889,00.
b) R$ 939,00.
c) R$ 989,00.
d) R$ 1009,00.

MÓDULO 29 • Geometria analítica I: ponto e reta

Introdução à Geometria analítica

A Geometria analítica associa os pontos da reta, neste caso, os eixos coordenados, a números reais e os pontos do plano a pares ordenados de números reais. Assim, os subconjuntos do plano (reta, circunferência, elipse, etc.) são descritas por meio de equações. Isso possibilita que questões geométricas possam ser tratadas algebricamente, bem como questões algébricas possam ser interpretadas geometricamente.

Sistema cartesiano ortogonal

O sistema cartesiano ortogonal formado por dois eixos ortogonais (eixo x e eixo y) cuja intersecção é o ponto O (**origem**) é o ambiente no qual a Geometria analítica se desenvolve. Nele, cada ponto do plano corresponde a um único par ordenado (x, y), e a cada par ordenado (x, y) está associado um único ponto do plano.

Observações:

1ª) Os eixos x e y chamam-se eixos coordenados e dividem o plano em quatro regiões chamadas **quadrantes**.

2ª) Se o ponto P pertence ao eixo x (eixo das abscissas), suas coordenadas são $(a, 0)$, com $a \in \mathbb{R}$.

3ª) Se o ponto P pertence ao eixo y (eixo das ordenadas), suas coordenadas são $(0, b)$, com $b \in \mathbb{R}$.

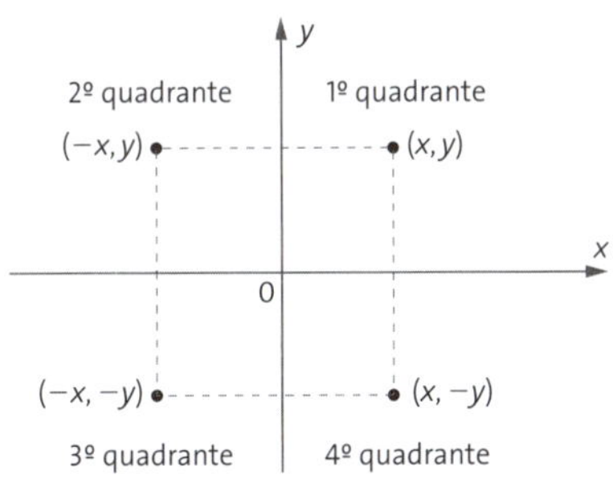

Distância entre dois pontos

A distância entre dois pontos A e B é indicada por $d(A, B)$ e é a medida do segmento de extremidades A e B. Sua fórmula é dada por:

$$[d(A, B)]^2 = (\Delta y)^2 \Rightarrow d(A, B) = \sqrt{(\Delta x)^2 + (\Delta y)^2} \Rightarrow$$

$$\Rightarrow d(A, B) = \sqrt{(\Delta x)^2 + (\Delta y)^2} \Rightarrow$$

$$\Rightarrow d(A, B) = \sqrt{(x_2 - x_1)^2 + (y_2 - y_1)^2}$$

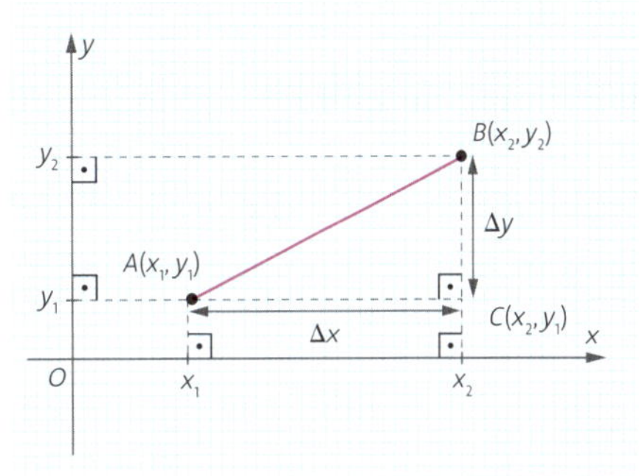

Exemplo:

A distância entre os pontos $A(0, 0)$ e $B(3, 4)$ é 5, pois:

$$d(A, B) = \sqrt{(3 - 0)^2 + (4 - 0)^2} = \sqrt{25} = 5$$

Ponto médio de um segmento de reta

Ponto divisor de um segmento

Podemos determinar as coordenadas de um ponto pertencente a um segmento, e que o divide numa razão dada. Considere o segmento AB, sendo $A(x_1, y_1)$ e $B(x_2, y_2)$, representado na figura abaixo, e o ponto $P(x, y)$, pertencente a AB, tal que $\frac{AP}{BP} = r$, sendo r uma razão dada.

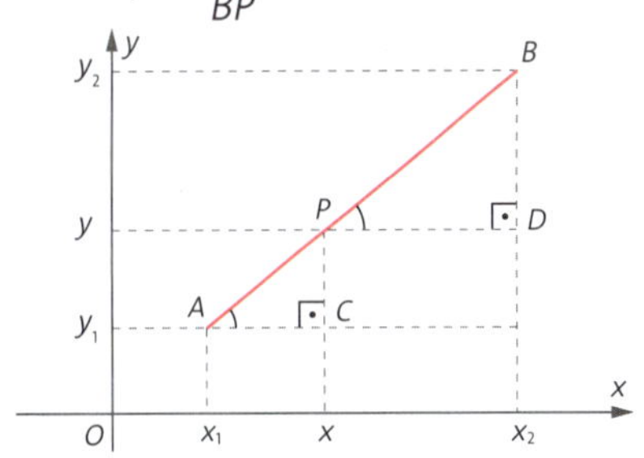

Os triângulos $\triangle APC$ e $\triangle PBD$ são semelhantes, então: $\frac{x - x_1}{x_2 - x} = \frac{y - y_1}{y_2 - y} = r$.

Desta forma determinamos as coordenadas de P, para qualquer valor de r.

Ponto médio de um segmento

No caso de P ser o ponto médio do segmento AB, a razão será igual a 1. Neste caso, teremos:

$$\frac{x - x_1}{x_2 - x} = 1 \Rightarrow x - x_1 = x_2 - x \Rightarrow x = \frac{x_1 + x_2}{2}$$

De maneira análoga, $y = \frac{y_1 + y_2}{2}$. Assim, representando o ponto médio por M, teremos:

$$M\left(\frac{x_1 + x_2}{2}, \frac{y_1 + y_2}{2}\right).$$

Coordenadas do baricentro de um triângulo (*G*)

Sabemos que o baricentro de um triângulo (ponto de intersecção das medianas do triângulo) divide cada mediana na razão de $\frac{2}{1}$, a partir de cada vértice. Então, dadas as coordenadas dos vértices de um triângulo, $A(x_1, y_1)$ e $B(x_2, y_2)$ e $C(x_3, y_3)$ e sabendo que a mediana tem por extremidades um vértice e o ponto médio do lado oposto, aplicando a igualdade acima com $r = 2$, teremos: $G\left(\frac{x_1 + x_2 + x_3}{3}, \frac{y_1 + y_2 + y_3}{3}\right)$.

Exemplos:

a) O ponto médio do segmento dado por $A(0, 0)$ e $B(3, 4)$ é $M\left(\frac{3}{2}, 2\right)$, pois $x_M = \frac{0 + 3}{2}$ e $y_M = \frac{0 + 4}{2}$.

b) O baricentro do triângulo de vértices $A(1, 2)$, $B(-2, 5)$ e $C(3, 1)$ é $G\left(\frac{2}{3}, \frac{8}{3}\right)$, pois $x_G = \frac{1 - 2 + 3}{3} = \frac{2}{3}$ e $y_G = \frac{2 + 5 + 1}{3} = \frac{8}{3}$.

Condição de alinhamento de três pontos

Pontos alinhados são pontos que pertencem a uma mesma reta.

Consideremos os pontos *A*, *B* e *C* da figura:

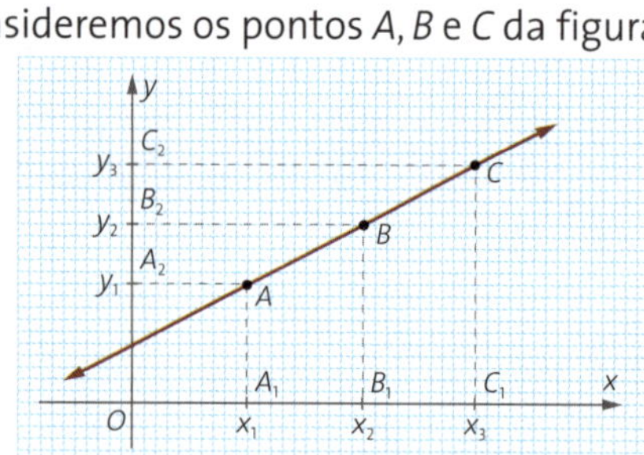

Identificando nessa figura os feixes de paralelas: $AA_1 // BB_1 // CC_1$ e $AA_2 // BB_2 // CC_2$, e utilizando o teorema de Tales, obteremos a igualdade: $\frac{x_2 - x_1}{x_3 - x_1} = \frac{y_2 - y_1}{y_3 - y_1}$ e, desenvolvendo-a, chegaremos ao determinante formado pelas coordenadas dos pontos *A*, *B* e *C*, dispostos em linhas, e uma coluna de termos iguais a 1. Assim:

$$D = \begin{vmatrix} x_1 & y_1 & 1 \\ x_2 & y_2 & 1 \\ x_3 & y_3 & 1 \end{vmatrix} = 0$$

Daí, concluímos que, se $D \neq 0$, os três pontos não estarão alinhados e, portanto, formarão um triângulo.

Exemplo:

Os pontos $A(1, -2)$, $B(-1, -8)$ e $C(3, 4)$ estão alinhados, pois:

$$\begin{vmatrix} 1 & -2 & 1 \\ -1 & -8 & 1 \\ 8 & 4 & 1 \end{vmatrix} = -8 - 6 - 4 + 24 - 2 - 4 = 0$$

Inclinação de uma reta

Sendo α medida do ângulo que a reta forma com o eixo *x*, do eixo para a reta, no sentido anti-horário, chamaremos de inclinação da reta a medida α.

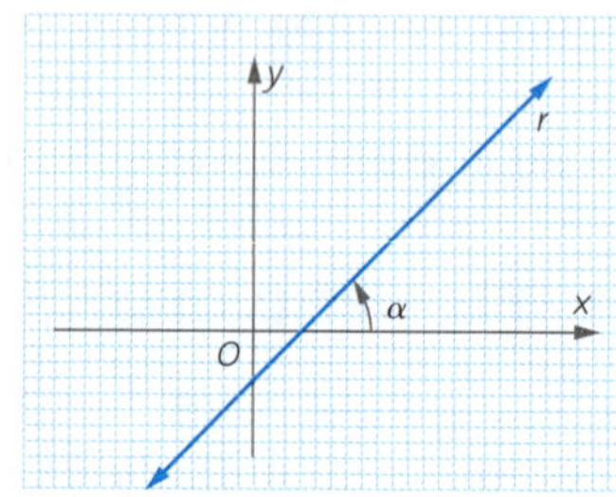

$0° < \alpha < 90°$

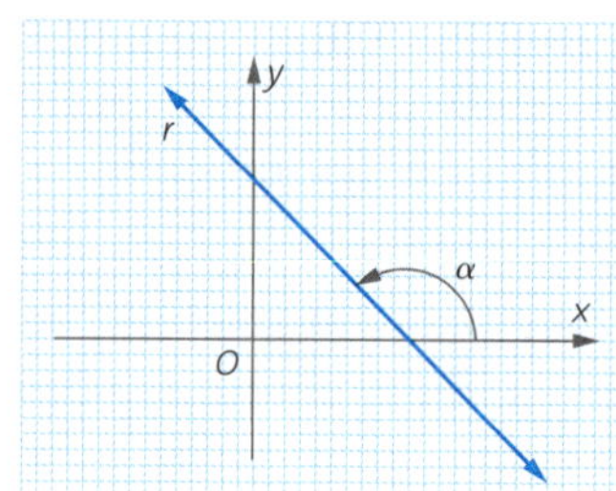

$90° < \alpha < 180°$

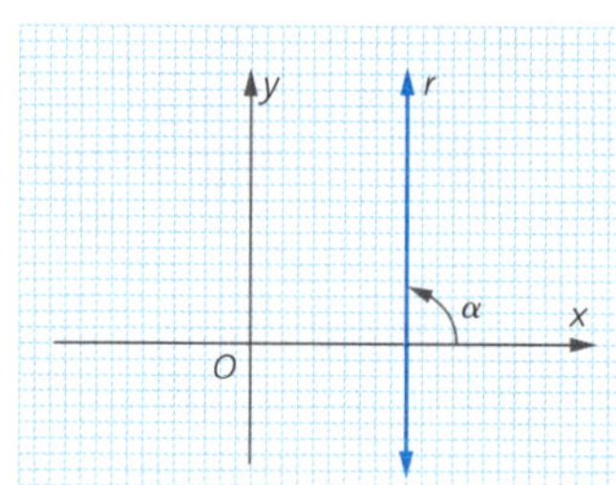

$\alpha = 90°$

E, se $r // \overrightarrow{Ox}$, diremos que $\alpha = 0°$.

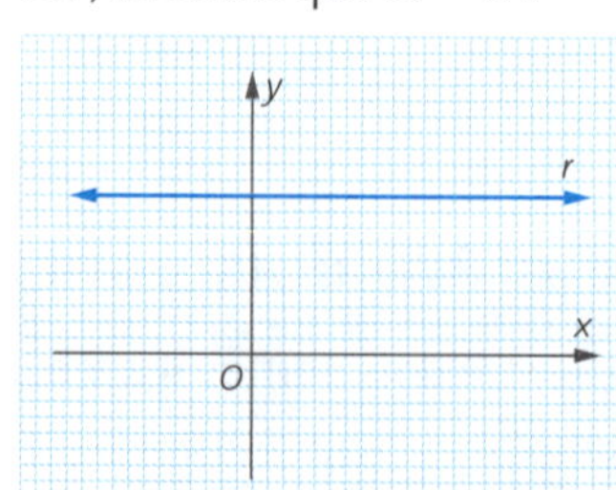

Coeficiente angular de uma reta

Coeficiente angular (ou declividade) de uma reta é o valor da tangente do ângulo de inclinação da reta.

Notação: $m = \text{tg } \alpha$.

Dados dois pontos da reta, $A(x_1, y_1)$ e $B(x_2, y_2)$, teremos: $m = \dfrac{y_2 - y_1}{x_2 - x_1}$.

Como α varia de 0° a 180°, verificamos que:

- se $\alpha = 0°$, $m = 0$;
- se $0° < \alpha < 90°$, $m > 0$;
- se $\alpha = 90°$, $\nexists\ m$, pois a tangente de 90° não é definida;
- se $90° < \alpha < 180°$, $m < 0$.

Equação da reta

É a igualdade que relaciona as coordenadas x e y de cada ponto pertencente à reta. Partimos do fato de que o coeficiente angular se mantém para todo par de pontos da reta considerado. Então, conhecendo-se o coeficiente angular de uma reta r e um dos seus pontos $P_0(x_0, y_0)$, e tomando-se um ponto genérico $P(x, y)$ pertencente à reta, teremos a igualdade $m = \dfrac{y - y_0}{x - x_0}$, da qual derivamos a equação $y - y_0 = m(x - x_0)$, chamada da equação da reta r.

Observações:

1ª) Se a reta é paralela ao eixo x, temos $m = 0$ e sua equação será dada por $y = y_0$.

2ª) Se a reta for paralela ao eixo y, todos os seus pontos terão a mesma abscissa e não existe m, portanto sua equação será dada por $x = x_0$.

Exemplos:

a) A reta que passa pelo ponto $A(2, 5)$ e tem coeficiente angular igual a 3 tem por equação a igualdade $y - 5 = 3(x - 2)$.

b) A equação da reta que passa pelos pontos $A(2, 5)$ e $B(-1, 3)$ pode ser dada por $y - 5 = \dfrac{2}{3}(x - 2)$ ou $y - 3 = \dfrac{2}{3}(x + 1)$, pois, neste caso, podemos considerar como ponto conhecido tanto o ponto A quanto o B, e $m = \dfrac{5 - 3}{2 + 1} = \dfrac{2}{3}$.

Formas da equação da reta

A partir da equação da reta obtida por um ponto conhecido e a declividade (ou coeficiente angular) da reta, dada por $y - y_0 = m(x - x_0)$, podemos obter outras representações, cada uma caracterizada pela escolha dos pontos da reta.

Forma reduzida: $y = mx + n$

Observe que, para obtermos essa forma de equação da reta, basta tomarmos como ponto conhecido o ponto $(0, n)$, que é o ponto de intersecção da reta com o eixo y. O coeficiente n é chamado coeficiente linear da reta e é, portanto, a ordenada do ponto de intersecção da reta com o eixo y.

Forma geral: $ax + by + c = 0$

Toda reta do plano possui uma representação de reta nessa forma, sendo a e b não simultaneamente nulos.

Verifique que, se isolarmos a variável y, perceberemos que $m = \dfrac{-a}{b}$ e $n = \dfrac{-c}{b}$.

Por outro lado, uma alternativa para obtermos a equação da reta na forma geral é aplicarmos a condição de alinhamento para dois pontos conhecidos, $A(x_1, y_1)$ e $B(x_2, y_2)$, e um terceiro ponto, o ponto $P(x, y)$ genérico. Assim:

$$\begin{vmatrix} x_1 & y_1 & 1 \\ x_2 & y_2 & 1 \\ x & y & 1 \end{vmatrix} = 0$$

Forma segmentária: $\dfrac{x}{a} + \dfrac{y}{b} = 1$

Esta forma só se aplica às retas que intersectam os eixos coordenados. Não se aplica, portanto, aos casos particulares em que as retas são paralelas a algum eixo ou que passam pela origem. Nela, as constantes a e b representam, respectivamente, a abscissa do ponto de intersecção da reta com o eixo x e a ordenada do ponto de intersecção da reta com o eixo y.

Podemos determiná-la pelo alinhamento de três pontos, sendo eles $(a, 0)$, $(0, b)$ e $P(x, y)$, um ponto genérico: $\begin{vmatrix} a & 0 & 1 \\ 0 & b & 1 \\ x & y & 1 \end{vmatrix} = 0$, chegando à equação $bx + ay = ab$, na qual, dividindo-se todos os termos por ab, obtemos $\dfrac{x}{a} + \dfrac{y}{b} = 1$.

Forma paramétrica: $\begin{cases} x = 2t + 1 \\ y = 5t - 1 \end{cases}$

Este é um exemplo de equação de reta na forma paramétrica. Sua característica é que as coordenadas dos pontos da reta são dadas em função de uma terceira variável, t, chamada parâmetro. Observe que qualquer ponto de coordenadas $(2t + 1, 5t - 1)$ será um ponto da reta.

Podemos isolar o parâmetro t nas duas equações e igualar os resultados, obtendo, assim, a equação da reta na forma geral. Neste caso, fazendo isso obteremos a equação $5x - 2y - 7 = 0$. Verifique.

Posições relativas de duas retas no plano

Retas paralelas

Duas retas distintas e não verticais, r e s, são paralelas se, e somente se, seus coeficientes angulares são iguais ($m_1 = m_2$).

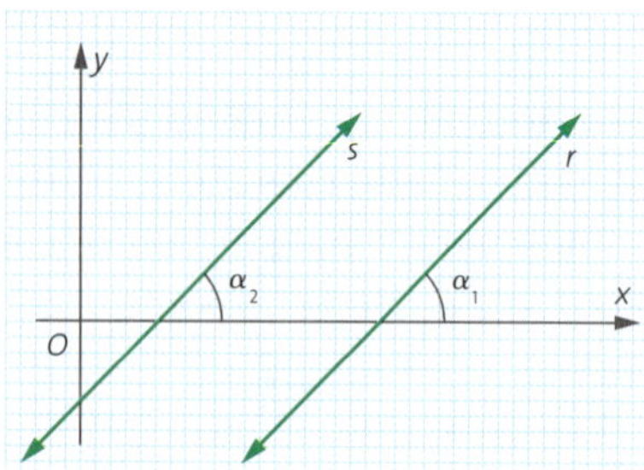

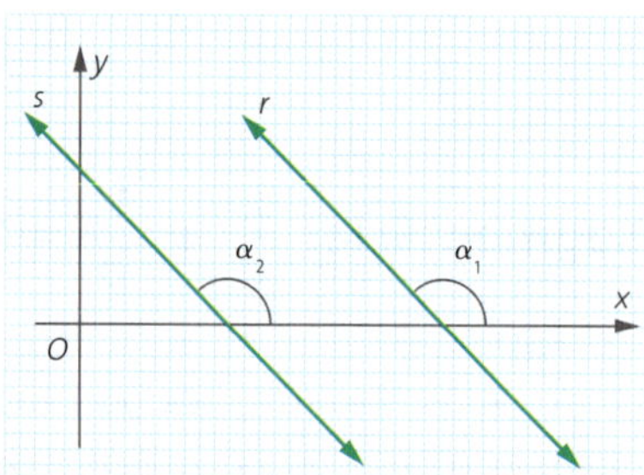

$\alpha_1 = \alpha_2 \Leftrightarrow \text{tg}\ \alpha_1 = \text{tg}\ \alpha_2 \Leftrightarrow m_1 = m_2 \Leftrightarrow r\ //\ s$

Observações:

1ª) As retas paralelas ao eixo y não possuem coeficiente angular e são todas paralelas entre si.

2ª) Quando duas retas têm os coeficientes angular e linear iguais, elas são **coincidentes** (paralelas e iguais).

Retas concorrentes

Duas retas distintas e não verticais, r e s, são concorrentes se, e somente se, seus coeficientes angulares são diferentes ($m_1 \neq m_2$).

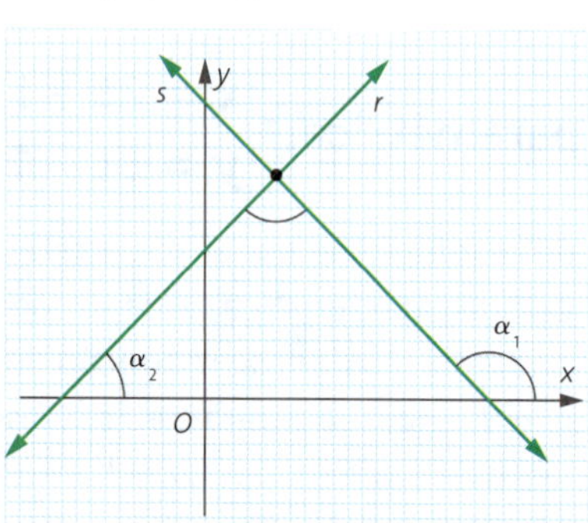

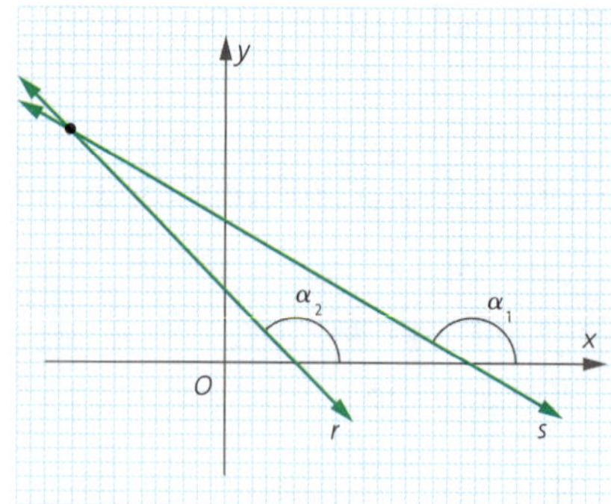

$\alpha_1 \neq \alpha_2 \Leftrightarrow \text{tg}\ \alpha_1 \neq \text{tg}\ \alpha_2 \Leftrightarrow m_1 \neq m_2 \Leftrightarrow r$ e s: concorrentes

Intersecção de duas retas

Quando duas retas se intersectam, existe um ponto P pertencente a ambas que, portanto, deve satisfazer simultaneamente às equações dessas duas retas. Logo, para determinar esse ponto, basta resolver um sistema formado pelas equações das retas.

Exemplo:

As retas $2x - y - 4 = 0$ e $3x - y - 5 = 0$ se intersectam no ponto P de coordenadas $(1, -2)$, pois:

$$\begin{cases} 2x - y - 4 = 0 \\ 3x - y - 5 = 0 \end{cases}$$

$$-x = -1 \Rightarrow x = 1 \text{ e } y = -2$$

Observação: Pela resolução de sistemas podemos verificar a posição relativa de duas retas de um mesmo plano. Assim, temos:

- sistema possível e determinado (um único ponto comum): retas recorrentes;
- sistema possível e indeterminado (infinitos pontos comuns): retas coincidentes;
- sistema impossível (nenhum ponto comum): retas paralelas distintas.

Perpendicularidade de duas retas

Se uma reta s, com coeficiente angular m_2, é perpendicular a uma reta r, com coeficiente angular m_1, temos a seguinte relação:

$$m_2 = -\frac{1}{m_1}, \text{ com } m_1, m_2 \neq 0$$

Distância de um ponto a uma reta e distância entre retas paralelas

Da Geometria plana, lembremos que a distância de um ponto a uma reta é a medida do segmento de extremidades no ponto considerado e na sua projeção ortogonal sobre a reta dada.

Observe o exemplo:

Dados o ponto $P(1, 2)$ e a reta $r: 3x + 4y - 1 = 0$, para determinarmos a distância de P a r, podemos seguir os seguintes passos:

1. Determinar a reta s, que passa por P e é perpendicular a r.

   $s: 4x - 3y + k = 0 \rightarrow P \in s: 4(1) - 3(2) + k = 0 \Rightarrow k = 2$

   Logo, $s: 4x - 3y + 2 = 0$.

2. Determinar o ponto Q de intersecção entre r e s.

$$\begin{cases} 3x + 4y = 1 \\ 4x - 3y = -2 \end{cases} \rightarrow Q\left(\frac{-1}{5}, \frac{2}{5}\right)$$

3. Calcular a distância entre P e Q.

$$d(P, Q) = \sqrt{\left(1 + \frac{1}{5}\right)^2 + \left(2 - \frac{2}{5}\right)^2} = \sqrt{4} = 2$$

Todo esse procedimento pode ser substituído pela fórmula:

$d = \dfrac{|ax_P + by_P + c|}{\sqrt{a^2 + b^2}}$, sendo $r: ax + by + c = 0$ e $P(x_P, y_P)$, obtida por demonstração (basta resolver o exercício acima para P e r genéricos).

Vamos verificar no exemplo dado acima:

$$d = \frac{|3(1) + 4(2) - 1|}{\sqrt{3^2 + 4^2}} = \frac{10}{5} = 2$$

A distância entre duas retas paralelas pode ser calculada escolhendo-se um ponto em uma delas e calculando-se a distância desse ponto à outra.

Por exemplo, a distância entre as retas

$r: 2x + 3y + 1 = 0$ e $s: 2x + 3y + 3 = 0$ é $\dfrac{2\sqrt{13}}{13}$.

Seja $P\left(0, \dfrac{-1}{3}\right)$ um ponto de r. Então:

$$d = \frac{\left|2(0) + 3\left(\frac{-1}{3}\right) + 3\right|}{\sqrt{4 + 9}} = \frac{2}{\sqrt{13}} = \frac{2\sqrt{13}}{13}$$

Por outro lado, podemos calcular essa distância aplicando a fórmula: $d = \dfrac{|c - c'|}{\sqrt{a^2 + b^2}}$, sendo c e c' os termos constantes nas equações das retas r e s, respectivamente.

Verificando, no exemplo acima, temos:

$$d = \frac{|1 - 3|}{\sqrt{4 + 9}} = \frac{2}{\sqrt{13}} = \frac{2\sqrt{13}}{13}$$

Exercícios resolvidos

1. (PUC-RJ) Sabendo que o ponto $B = (3, b)$ é equidistante dos pontos $A = (6, 0)$ e $C = (0, 6)$, então b vale:

   a) 1.
   b) 2.
   c) 3.
   d) 4.
   e) 5.

Resolução

Se $A(x_1, y_1)$ e $B(x_2, y_2)$, temos:

$d(A, B) = \sqrt{(x_2 - x_1)^2 + (y_2 - y_1)^2} \Rightarrow$

$\Rightarrow d(A, B) = \sqrt{(3 - 6)^2 + (b - 0)^2} \Rightarrow d(A, B) = \sqrt{b^2 + 9}$

$d(B, C) = \sqrt{(0 - 3)^2 + (6 - b)^2} \Rightarrow$

$\Rightarrow d(B, C) = \sqrt{b^2 - 12 + 45}$

$d(A, B) = d(B, C) \Rightarrow \left(\sqrt{b^2 + 9}\right) = \left(\sqrt{b^2 - 12 + 45}\right) \Rightarrow$

$\Rightarrow b^2 + 9 = b^2 - 12b + 45 \Rightarrow$

$\Rightarrow \cancel{b^2} - \cancel{b^2} + 12b = 45 - 9 \Rightarrow 12b = 36 \Rightarrow b = 3$

Resposta: alternativa **c**.

2. (FGV-SP) No plano cartesiano, a reta que passa pelo ponto $P(6, 9)$ e é paralela à reta de equação $2x + 3y = 6$ intersecta o eixo das abscissas no ponto:

   a) (13, 0).
   b) $\left(\dfrac{35}{2}, 0\right)$.
   c) (18, 0).
   d) $\left(\dfrac{39}{2}, 0\right)$.
   e) (23, 0).

Resolução

Seja $r: 2x + 3y = 6$.

Como $s \parallel r$, temos $s: 2x + 3y = k$.

$P \in s: 2(6) + 3(9) = k \Rightarrow k = 39$

Logo, $s: 2x + 3y = 39$

$P \in \overrightarrow{Ox} : P(x_P, 0)$

$P \in s: 2x_P + 3(0) = 39 \Rightarrow x_P = \dfrac{39}{2}$

Logo, $P\left(\dfrac{39}{2}, 0\right)$.

Resposta: alternativa **d**.

Exercícios propostos

1. (UFF-RJ) A palavra "perímetro" vem da combinação de dois elementos gregos: o primeiro, *perí*, significa "em torno de", e o segundo, *metron*, significa "medida".

O perímetro do trapézio cujos vértices têm coordenadas (–1, 0), (9, 0), (8, 5) e (1, 5) é:

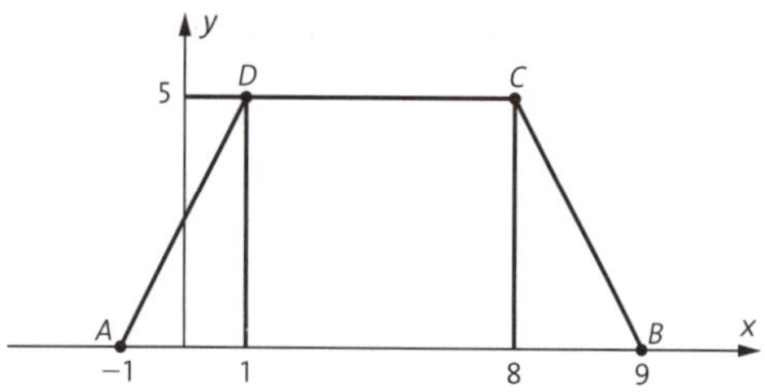

a) $10 + \sqrt{29} + \sqrt{26}$.

b) $16 + \sqrt{29} + \sqrt{26}$.

c) $22 + \sqrt{26}$.

d) $17 + 2\sqrt{26}$.

e) $17 + \sqrt{29} + \sqrt{26}$.

2. (Ibmec-RJ) Considere o triângulo *ABC*, onde *A*(2, 3), *B*(10, 9) e *C*(10, 3) representam as coordenadas dos seus vértices no plano cartesiano.

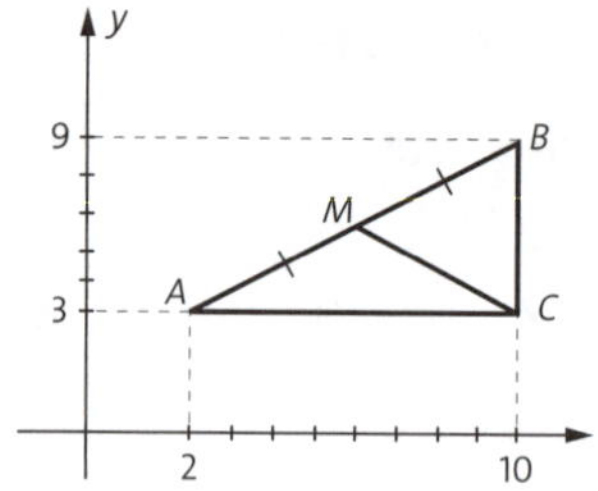

Se *M* é o ponto médio do lado *AB*, então a medida de *MC* vale:

a) $2\sqrt{3}$. b) 3. c) 5. d) $3\sqrt{2}$. e) 6.

3. (PUC-RJ) O triângulo *ABC* da figura abaixo tem área 25 e vértices *A* = (4, 5), *B* = (4, 0) e *C* = (c, 0).

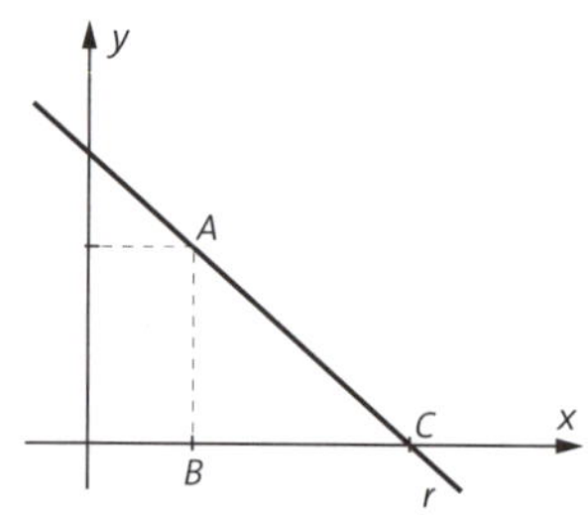

A equação da reta *r* que passa pelos vértices *A* e *C* é:

a) $y = -x + 7$.

b) $y = -\frac{x}{3} + 5$.

c) $y = -\frac{x}{2} + 5$.

d) $y = -\frac{x}{2} + 7$.

e) $y = \frac{x}{3} + 7$.

4. (Ufla-MG) Um ratinho precisa ir desesperadamente do ponto (0, 0) onde se encontra, até o ponto (4, 4), onde está um delicioso queijo. Só pode movimentar-se ao longo dos gráficos das retas:

r_1: $y = x$;

r_2: $y = x + 1$;

r_3: $y = x - 1$;

r_4: $x = 0$;

r_5: $x = 2$;

r_6: $x = 3$;

r_7: $y = 0$;

r_8: $y = 2$;

r_9: $y = 4$.

No entanto, tem que evitar as ratoeiras que estão nos pontos (2, 2), (2, 0), (0, 1), (4, 3) e (3, 4). Uma trajetória possível que evita as ratoeiras é caminhar sobre as retas:

a) r_1; r_8; r_6; r_1.

b) r_7; r_3; r_6; r_9.

c) r_7; r_3; r_6; r_1.

d) r_7; r_3; r_8.

5. (UFSM-RS)

Calvin - Watterson.

Supondo agora que o percurso feito por você e o Sr. Jones é descrito pela reta *r*, cuja equação é $2x - 3y + 5 = 0$, então, a equação da reta perpendicular a *r* e que passa pelo ponto *P*(5, 10), é:

a) $3x + 2y - 35 = 0$.

b) $2x + 3y - 5 = 0$.

c) $2x + 3y + 35 = 0$.

d) $2x - 3y + 5 = 0$.

e) $3x - 2y + 35 = 0$.

MÓDULO 30 • Geometria analítica II: circunferência

Definição e equação

Uma circunferência com centro $O(a, b)$ e raio r é o conjunto de todos os pontos $P(x, y)$ do plano equidistantes de O, ou seja:

$$d(p, O) = \sqrt{(x-a)^2 + (y-b)^2} = r$$

Elevando os membros ao quadrado, temos a equação da circunferência:

$$(x-a)^2 + (y-b)^2 = r^2$$

Equação geral da circunferência

Desenvolvendo a equação da circunferência, obtida acima, chegamos ao que se chama equação **geral** ou **normal** da circunferência:

$$x^2 + y^2 - 2ax - 2by + (a^2 + b^2 - r^2) = 0$$

Na prática, é muito comum que a circunferência seja representada por sua equação geral. Mas essa forma de equação não fornece, de imediato, os elementos da circunferência, centro e raio. Para determiná-los podemos utilizar dois métodos:

Vejamos por meio de um exemplo:

$$x^2 + y^2 + 4x - 6y + 1 = 0$$

- Método de completar os quadrados

  $(x^2 + 4x + \square) + (y^2 - 6y + \square) + 1 = 0$

  $(x^2 + 4x + \mathbf{4}) - \mathbf{4} + (y^2 - 6y + \mathbf{9}) - \mathbf{9} + 1 = 0$

  $(x + 2)^2 + (y - 3)^2 = 12$

  Logo, temos o centro $C(-2, 3)$ e o raio $r = \sqrt{12}$.

- Método da comparação

  Comparando a equação

  $x^2 - y^2 - 2ax - 2by + (a^2 + b^2 - r^2) = 0$ com o exemplo dado, e sabendo que (a, b) serão as coordenadas do centro C, temos:

  $$-2a = 4 \Rightarrow a = -2$$
  $$-2b = -6 \Rightarrow b = 3$$

  Assim, temos o centro $C(-2, 3)$. Agora, para achar o raio:

  $a^2 + b^2 - r^2 = c \Rightarrow$

  $r = \sqrt{a^2 + b^2 - c} \Rightarrow r = \sqrt{(-2)^2 + 3^2 - 1} \Rightarrow$

  $\Rightarrow r = \sqrt{12}$

Observação: Condições de existência

Considerando a equação genérica $Ax^2 + By^2 + Cxy + Dx + Ey + F = 0$, as seguintes condições devem ser respeitadas para que ela represente uma circunferência:

- $A = B \neq 0$
- $C = 0$
- $D^2 + E^2 - 4AF > 0$ (o raio é raiz de um número real positivo)

Posições relativas entre ponto e circunferência

Considerando $P(x_1, y_1)$ um ponto no plano cartesiano e $C(a, b)$ o centro de uma circunferência λ de raio r, temos as seguintes posições relativas entre P e λ:

O ponto P pertence à circunferência

Nesse caso, as coordenadas do ponto devem satisfazer a equação da circunferência, e a distância entre P e C é igual a r.

$$d(C, P) = r$$
$$x_1^2 + y_1^2 - 2ax_1 - 2by_1 + c = 0$$

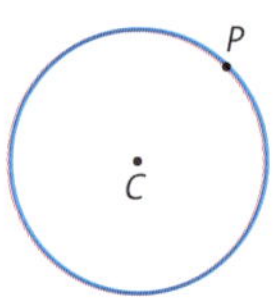

O ponto P é interior à circunferência

Nesse caso, a distância do ponto ao centro é menor que o raio.

$$d(C, P) < r$$
$$x_1^2 + y_1^2 - 2ax_1 - 2by_1 + c < 0$$

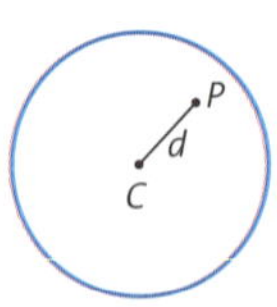

O ponto P é exterior à circunferência

Nesse caso, a distância do ponto ao centro é maior que o raio.

$$d(C, P) > r$$
$$x_1^2 + y_1^2 - 2ax_1 - 2by_1 + c > 0$$

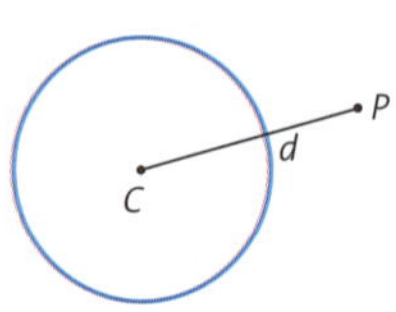

Posições relativas entre reta e circunferência

A reta t é secante à circunferência sejam t uma reta e λ uma circunferência de centro C

Nesse caso, a distância do centro da circunferência à reta é menor que o raio. A reta e a circunferência têm dois pontos em comum.

$d(C, t) < r$

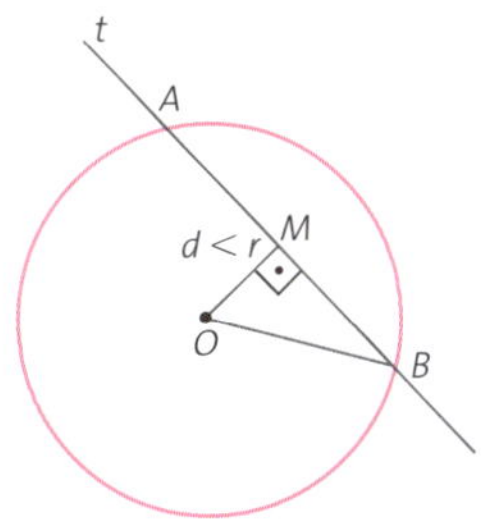

Observações:

1ª) $\overline{OM} \perp \overline{AB}$.

2ª) M é o ponto médio de $\overline{AB}$ ($AB = 2AM$).

3ª) Teorema de Pitágoras: $(OM)^2 + (BM)^2 = (BO)^2$.

A reta t é tangente à circunferência λ

Nesse caso, a distância do centro da circunferência à reta é igual ao raio. A reta t e a circunferência λ têm um único ponto comum. Note que $t \perp \overline{OA}$.

$d(C, t) = r$

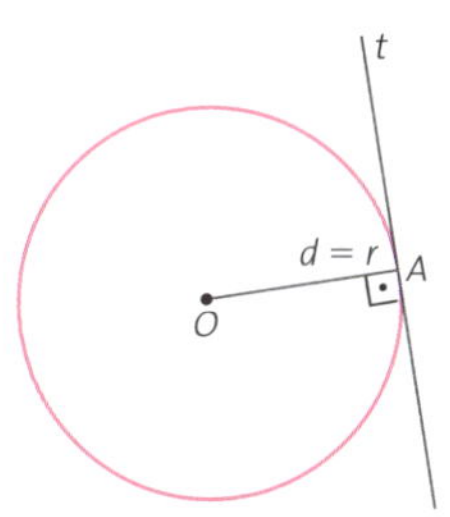

A reta t exterior à circunferência λ

Nesse caso, a distância do centro da circunferência λ à reta t é maior que o raio. A reta t e a circunferência λ não têm ponto comum.

$d(C, t) > r$

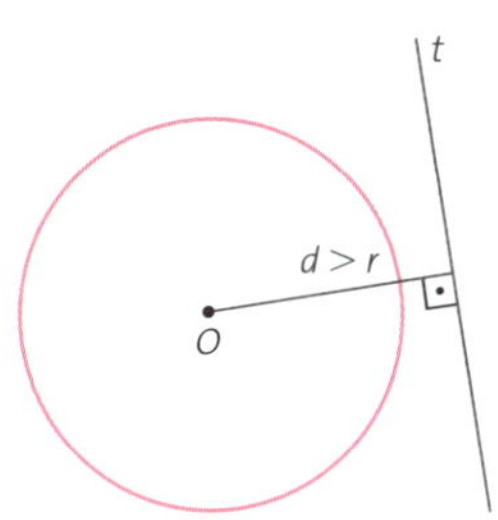

Exercícios resolvidos

1. (Fuvest-SP) No plano cartesiano Oxy, a circunferência C é tangente ao eixo Ox no ponto de abscissa 5 e contém o ponto (1, 2). Nessas condições, o raio de C vale:
   a) $\sqrt{5}$.
   b) $2\sqrt{5}$.
   c) 5.
   d) $3\sqrt{5}$.
   e) 10.

Resolução

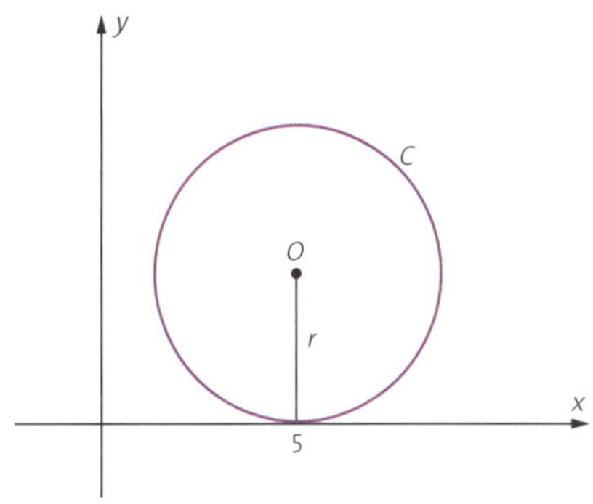

Se a circunferência C é tangente ao eixo x no ponto $A(5, 0)$, então as coordenadas do centro são $(5, r)$, pois $Ax \perp \overline{OA}$. Seja $P(1, 2)$.

Assim:

$d_{OP} = r \Rightarrow \sqrt{(5-1)^2 + (r-2)^2} = r \Rightarrow$

$\Rightarrow 16 + r^2 - 4r + 4 = r^2 \Rightarrow r = 5$

Resposta: alternativa **c**.

2. (Udesc) Se as retas de equações $x + 2y = -6$ e $6x + y = 8$ se interceptam no centro de uma circunferência de raio unitário, a equação dessa circunferência é:
   a) $x^2 + y^2 + 8x - 4y - 1 = 0$.
   b) $x^2 + y^2 + 4x - 8y + 19 = 0$.
   c) $x^2 + y^2 - 4x + 8y - 19 = 0$.
   d) $x^2 + y^2 + 4x - 8y - 1 = 0$.
   e) $x^2 + y^2 - 4x + 8y + 19 = 0$.

Resolução

$$\begin{cases} x + 2y = -6 \\ 6x + y = 8 \quad \cdot (2) \end{cases}$$

$11x = 22 \Rightarrow x = 2 \Rightarrow y = -4$

Então, $C(2, -4)$.

Como $r = 1$, vem:

$(x-2)^2 + (y+4)^2 = 1 \Rightarrow x^2 + y^2 - 4x + 8y + 19 = 0$

Resposta: alternativa **e**.

Exercícios propostos

1. (UFPR) Considerando a circunferência C de equação $(x-3)^2+(y-4)^2=5$, avalie as seguintes afirmativas:

   I. O ponto $P(4, 2)$ pertence a C.

   II. O raio de C é 5.

   III. A reta $y=\frac{4}{3}x$ passa pelo centro de C.

   Assinale a alternativa correta.

   a) Somente a afirmativa I é verdadeira.

   b) Somente a afirmativa II é verdadeira.

   c) As afirmativas I, II e III são verdadeiras.

   d) Somente as afirmativas I e II são verdadeiras.

   e) Somente as afirmativas I e III são verdadeiras.

2. (UFSM-RS) O diagrama *Taiji*, da figura a seguir, representa, na filosofia chinesa, a integração entre *Yin* e *Yang*. Essa figura é encontrada em vários períodos da história da arte.

Sabendo que as coordenadas do diâmetro AB da circunferência externa ao diagrama *Taiji* são, respectivamente, $A(13, 20)$ e $B(1, 4)$, assinale verdadeira (V) ou falsa (F) nas afirmativas.

( ) A equação da reta que passa pelos pontos A e B é $x-3y-11=0$.

( ) O raio da circunferência é 10.

( ) A equação da circunferência é $x^2-14x+y^2-14y+93=0$.

A sequência correta é:

a) F – F – F.

b) F – F – V.

c) F – V – F.

d) V – F – V.

e) V – V – V.

3. (UEFS-BA) Considere que, na tirinha, as circunferências que delimitam os escudos de Hagar, do seu amigo Eddie Sortudo e do soldado com o maior escudo, em um mesmo plano cartesiano, possam ser descritas, nessa ordem, por $x^2 + y^2 + 2x - 4y + 1 = 0$,
$x^2 + y^2 - 4x + 2y + 4 = 0$ e
$x^2 + y^2 - 20x - 2y + 76 = 0$.

Folha de S.Paulo, São Paulo, 2005.

Nessas condições, pode-se afirmar que o raio do maior escudo corresponde a uma fração da soma dos raios dos escudos de Hagar e de Eddie Sortudo, cuja expressão é:

a) $\frac{7}{3}$. b) $\frac{7}{4}$. c) $\frac{7}{5}$. d) $\frac{5}{3}$. e) $\frac{5}{4}$.

4. (UFPB) O anfiteatro, em forma de um círculo, tem um palco que está delimitado por um arco da circunferência que contorna o anfiteatro e por uma corda dessa circunferência, situada sobre a reta cuja equação é $3x - y + 4 = 0$. Sabendo-se que a equação da circunferência é $x^2 + y^2 - 10x - 8y + 16 = 0$, é correto afirmar que essa corda tem o comprimento de:

a) 2 m.
b) $\sqrt{26}$ m.
c) 8 m.
d) $\sqrt{12}$ m.
e) $\sqrt{10}$ m.

5. (UFRRJ) Em um circo, no qual o picadeiro tem — no plano cartesiano — a forma de um círculo de equação igual a $x^2 + y^2 - 12x - 16y - 300 \leq 0$, o palhaço acidentou-se com o fogo do malabarista e saiu desesperadamente do centro do picadeiro, em linha reta, em direção a um poço com água localizado no ponto (24, 32). Calcule a distância *d* percorrida pelo palhaço, a partir do momento em que sai do picadeiro até o momento em que chega ao poço.

MÓDULO 31 • Geometria analítica III: secções cônicas

Parábola

Definição e elementos

Parábola é o lugar geométrico dos pontos do plano que distam igualmente de uma reta fixa d, chamada **diretriz**, e de um ponto fixo F, não pertencente à diretriz, chamado **foco**.

$$d(P, F) = d(P, d) = 2c$$

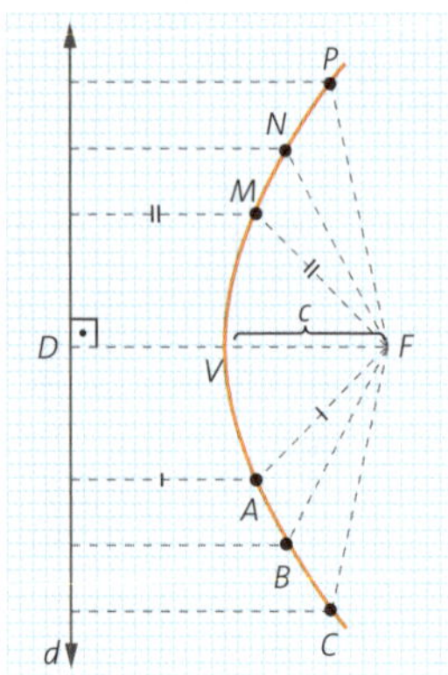

Na figura acima, temos:

- $F \rightarrow$ foco
- $V \rightarrow$ vértice
- $d \rightarrow$ reta diretriz
- $\overline{FD} \rightarrow$ parâmetro p, de medida $2c$
- $\overleftrightarrow{FV} \rightarrow$ eixo de simetria da parábola (reta que passa por F e V e é perpendicular à diretriz)

Equação da parábola

- Com o vértice na origem

1º caso: diretriz $x = 2c$, foco $F(c, 0)$ e eixo de simetria no eixo x

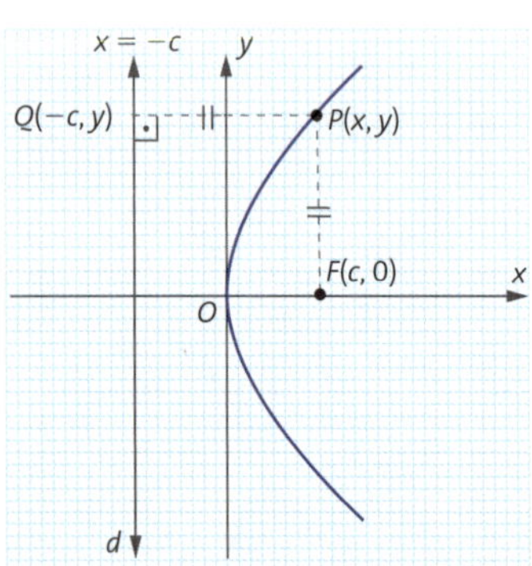

$$y^2 = 4cx$$

2º caso: diretriz $y = 2c$, foco $F(0, c)$ e eixo de simetria no eixo y

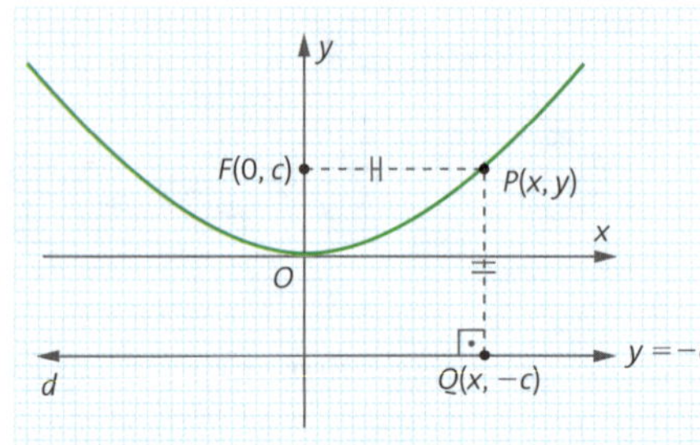

$$x^2 = 4cy$$

3º caso: diretriz $x = c$, foco $F(-c, 0)$ e eixo de simetria no eixo x

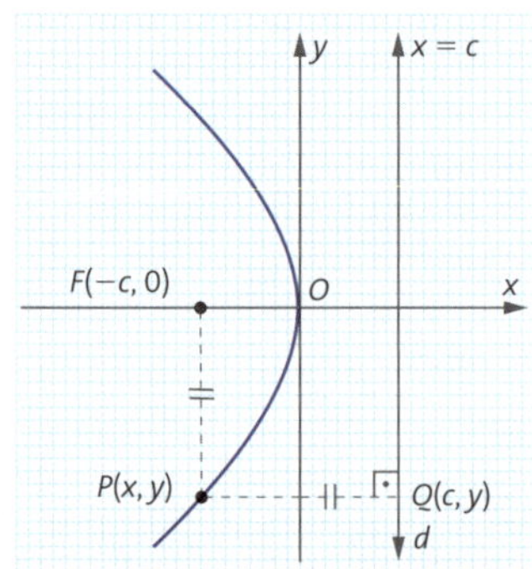

$$y^2 = -4cx$$

4º caso: diretriz $y = c$, foco $F(0, -c)$ e eixo de simetria no eixo y

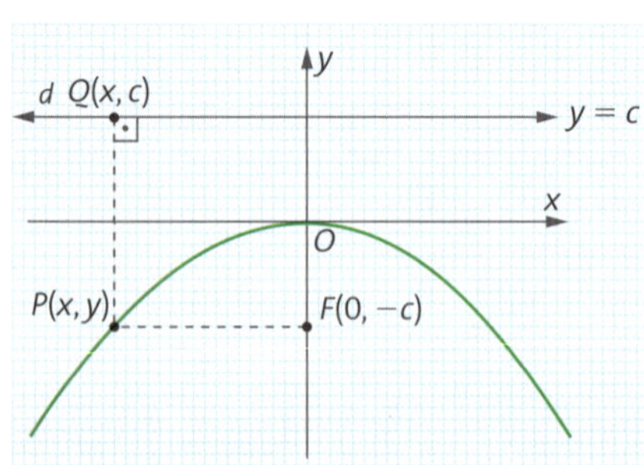

$$x^2 = -4cy$$

- Com o vértice em um ponto qualquer

Neste caso, o vértice é o ponto médio do segmento, $\overline{FD}$ ou seja, o vértice é equidistante do foco e da diretriz, e pertence ao eixo de simetria.
Podemos representar as possíveis posições genéricas da parábola de maneira esquemática.

Diretriz vertical

Concavidade para a direita

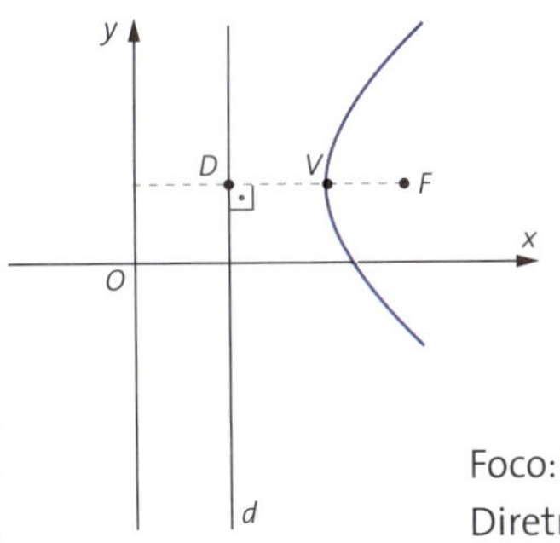

Foco: $F(x_{v+c}, y_v)$
Diretriz: $d: x = x_v - c$
Equação: $(y - y_v)^2 = 4c(x - x_v)$

Concavidade para a esquerda

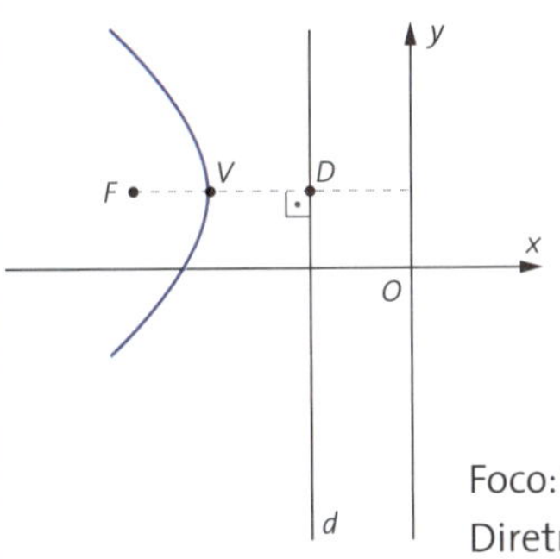

Foco: $F(x_{v-c}, y_v)$
Diretriz: $d: x = x_v + c$
Equação: $(y - y_v)^2 = -4c(x - x_v)$

Diretriz horizontal

Concavidade para cima

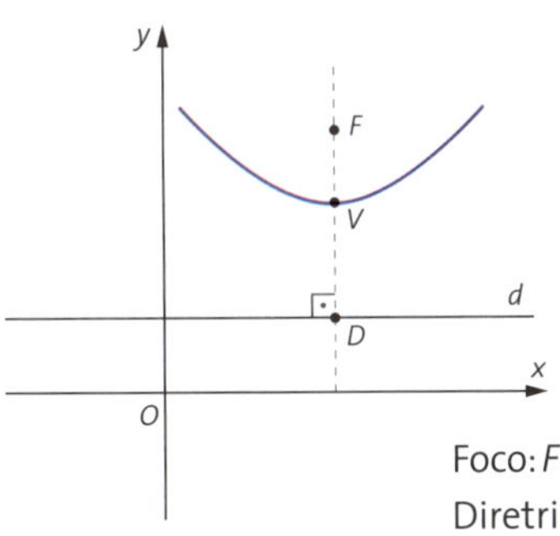

Foco: $F(x_v, y_{v+c})$
Diretriz: $d: y = y_v$
Equação: $(x - x_v)^2 = 4c(y - y_v)$

Concavidade para baixo

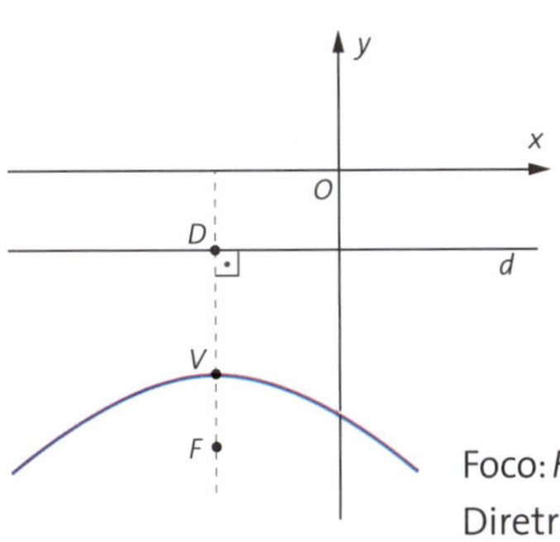

Foco: $F(x_v, y_{v-c})$
Diretriz: $d: y = y_v + c$
Equação: $(x - x_v)^2 = -4c(y - y_v)$

Observação: c é a distância do foco ao vértice, portanto é um parâmetro sempre positivo ($c > 0$), logo $2c$ será sempre um valor negativo e seu valor relativo na equação indicará o tipo de concavidade da parábola.

Exemplo:

As características da parábola de equação $y^2 + 2y - 4x + 9 = 0$, são:

- Vértice: $V(2, -1)$
- Semi-parâmetro: $c = 1$
- Foco: $F(3, -1)$
- Diretriz $d: x = 1$
- Eixo de simetria paralelo ao eixo x:
  $(y^2 - 2y + 1) - 1 - 4x + 9 = 0 \Rightarrow$
  $\Rightarrow (y + 1)^2 = 4x - 8 \Rightarrow (y + 1)^2 = 4(x - 2)$

Elipse

Definição e elementos

Definimos elipse como o lugar geométrico dos pontos de um plano tais que a soma de suas distâncias a dois pontos fixos, F_1 e F_2, denominados focos, seja constante, igual a $2a$ e maior que a distância entre os focos ($2a > 2c$).

$$d(P, F_1) + d(P, F_2) = 2a$$

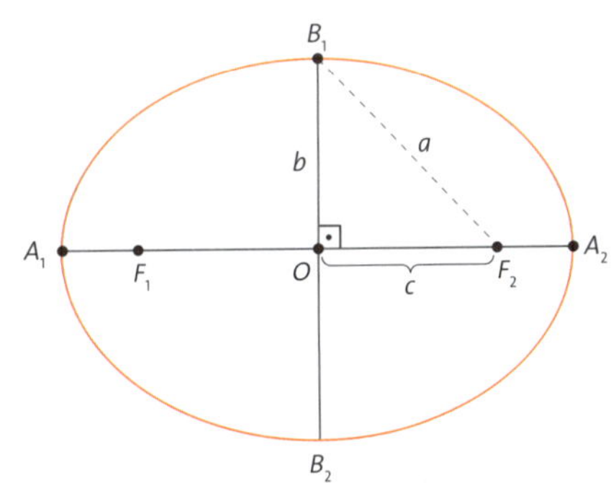

Na figura acima, temos:

- F_1 e $F_2 \rightarrow$ focos
- $O \rightarrow$ centro
- $\overline{A_1A_2} \rightarrow$ eixo maior (de medida $2a$ que é a que consta na definição)
- $\overline{B_1B_2} \rightarrow$ eixo menor (de medida $2b$)
- $\overline{F_1F_2} \rightarrow$ distância focal (de medida $2c$)
- Excentricidade: $e = \dfrac{c}{a}$, $0 \leq e \leq 1$

Observações:

1ª) A excentricidade indica quanto a elipse se aproxima de um segmento ou de uma circunferência. Quando $e = 0$, temos uma circunferência.

2ª) $\overline{B_1F_2} \simeq \overline{OA_2}$, pois ambos têm medida a.

3ª) No $\triangle B_1OF_2$ podemos notar que $a^2 = b^2 + c^2$.

Equação da elipse

As equações abaixo são as equações **reduzidas** da elipse, sendo a sempre maior do que b.

- Focos no eixo Ox e centro na origem

$$\frac{x^2}{a^2} + \frac{y^2}{b^2} = 1$$

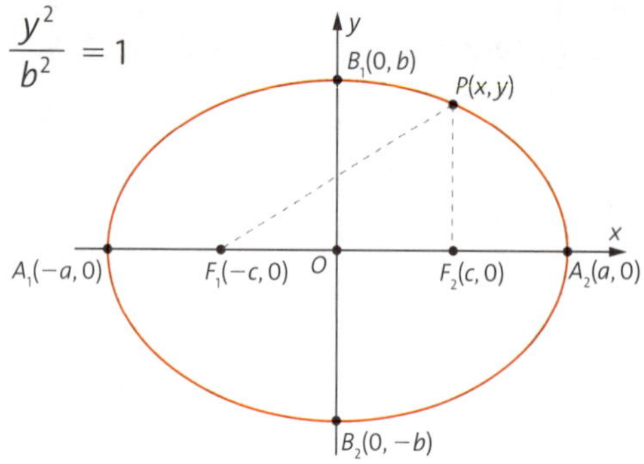

- Focos no eixo Oy e centro na origem

$$\frac{x^2}{b^2} + \frac{y^2}{a^2} = 1$$

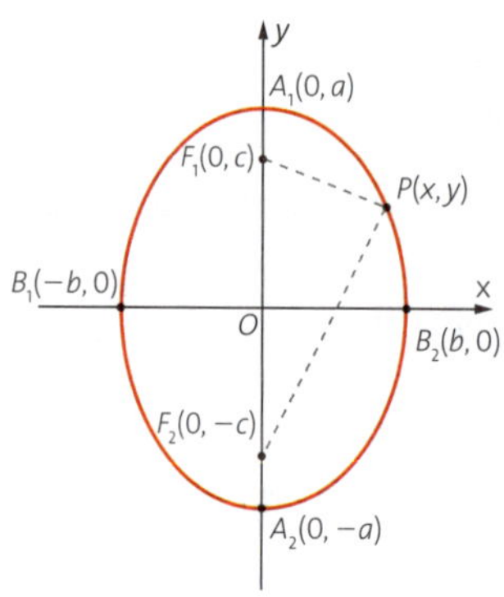

- $\overline{F_1F_2}$ paralelo ao eixo x e centro qualquer

$$\frac{(x - x_0)^2}{a^2} + \frac{(y - y_0)^2}{b^2} = 1$$

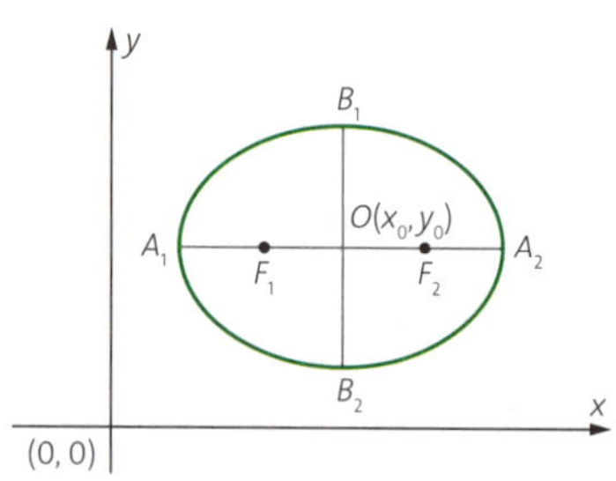

- $\overline{F_1F_2}$ paralelo ao eixo y e centro qualquer

$$\frac{(x - x_0)^2}{b^2} + \frac{(y - y_0)^2}{a^2} = 1$$

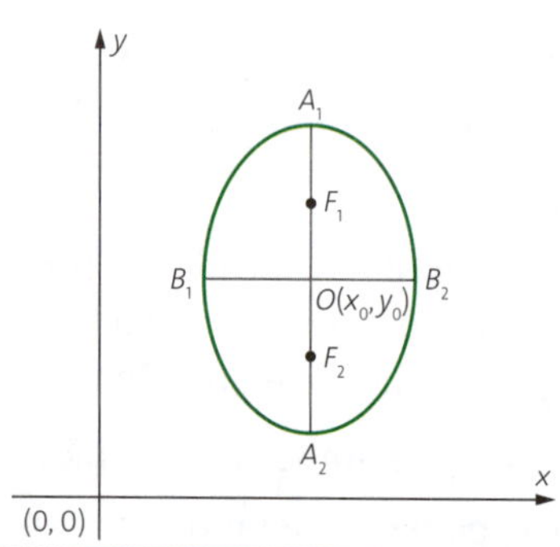

Observação: Muitas vezes é necessário utilizar o método de completar os quadrados para chegar à equação da elipse, como no exemplo abaixo:

Exemplo:

Determinando os elementos da elipse de equação $x^2 + 25y^2 + 2x - 100y + 76 = 0$, teremos:

$(x^2 + 2x + 1) - 1 + 25(y^2 - 4y + 4) - 100 + 76 = 0 \Rightarrow$

$\Rightarrow (x + 1)^2 + 25(y - 2)^2 = 25 \Rightarrow \dfrac{(x + 1)^2}{25} + (y - 2)^2 = 1$

Logo, $a = 5$, pois $a > b$ e $b = 1$. Então:

$a^2 = b^2 + c^2 \Rightarrow 25 = 1 + c^2 \Rightarrow c = \sqrt{24}$

Como a está no denominador da fração que contém x, a elipse tem $\overline{F_1F_2}$ paralelo ao eixo x. Então:

- Centro: $O(-1, 2)$
- A_1 e A_2: $(4, 2)$ e $(-6, 2)$
- B_1 e B_2: $(-1, 3)$ e $(-1, 1)$
- Focos: $F_1(-1 + \sqrt{24}, 2)$ e $F_2(-1 - \sqrt{24}, 2)$
- Eixo maior: $2a = 10$
- Eixo menor: $2b = 2$
- Distância focal: $2c = 2\sqrt{24}$
- Excentricidade: $e = \dfrac{\sqrt{24}}{5}$

Hipérbole

Definição e elementos

Definimos hipérbole como o lugar geométrico dos pontos $P(x, y)$ de um plano tais que a diferença (em módulo) de suas distâncias a dois pontos fixos, F_1 e F_2, é constante e igual a $2a$ ($2a$, $2c$), com $\overline{F_1F_2} = 2c$.

$$|d(P, F_1) - d(P, F_2)| = 2a$$

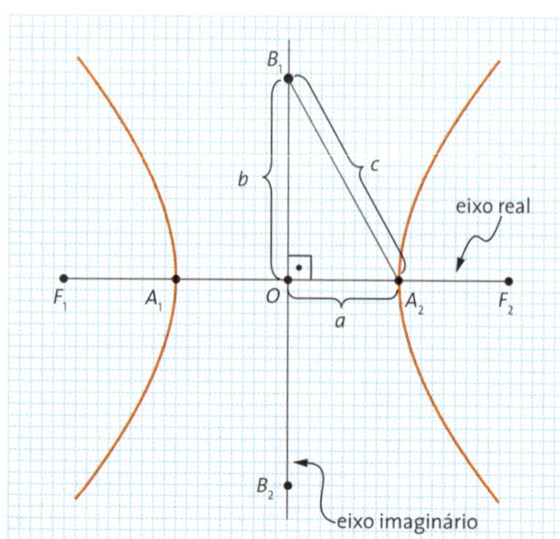

Na figura anterior, temos:

- A_1 e $A_2 \rightarrow$ vértices
- F_1 e $F_2 \rightarrow$ focos
- $O \rightarrow$ centro
- $\overline{A_1A_2} \rightarrow$ eixo real ou transverso (de medida $2a$, sendo a a constante da definição)
- $\overline{B_1B_2} \rightarrow$ eixo imaginário ou conjugado (de medida $2b$)
- $\overline{F_1F_2} \rightarrow$ distância focal (de medida $2c$)
- Excentricidade: $e = \dfrac{c}{a}$, $(e > 1$, pois $c > a)$

Observações:

1ª) No $\triangle B_1OA_2$ podemos notar que $c^2 = b^2 + a^2$. Assim, c é sempre maior que a e b.

2ª) $\overline{OF_2} \simeq \overline{OF_1} = c$.

Equação da hipérbole

As equações abaixo são as equações **reduzidas** da hipérbole:

- Focos no eixo Ox e centro na origem:

$$\frac{x^2}{a^2} - \frac{y^2}{b^2} = 1$$

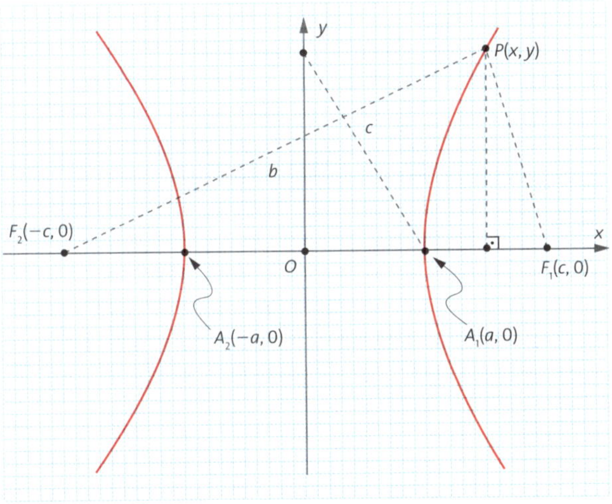

- Focos no eixo Oy e centro na origem:

$$\frac{y^2}{a^2} - \frac{x^2}{b^2} = 1$$

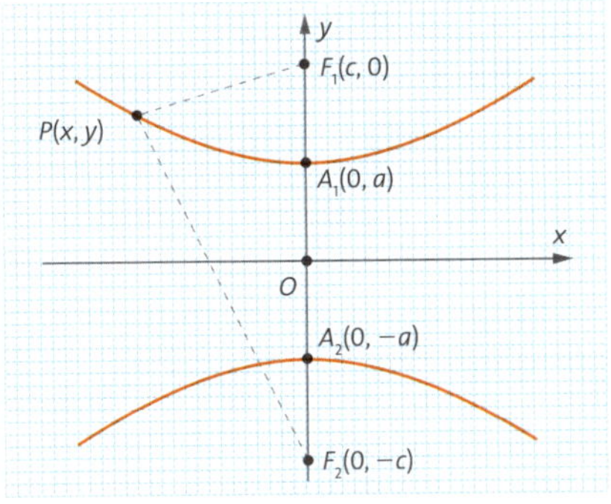

- Eixo real paralelo ao eixo x e centro qualquer:

$$\frac{(x - x_0)^2}{a^2} - \frac{(y - y_0)^2}{b^2} = 1$$

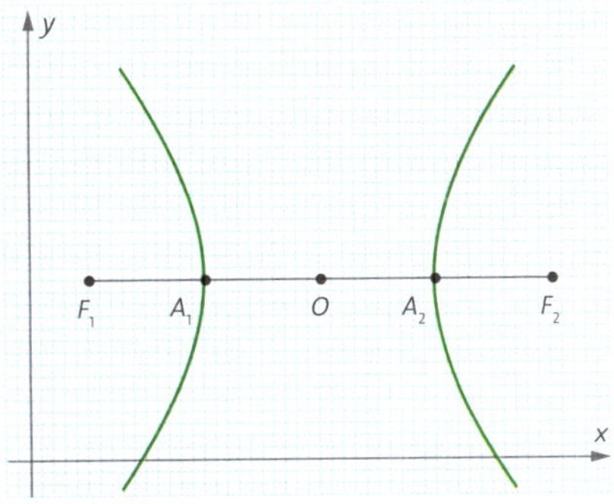

- Eixo real paralelo ao eixo y e centro qualquer

$$\frac{(y - y_0)^2}{b^2} - \frac{(x - x_0)^2}{a^2} = 1$$

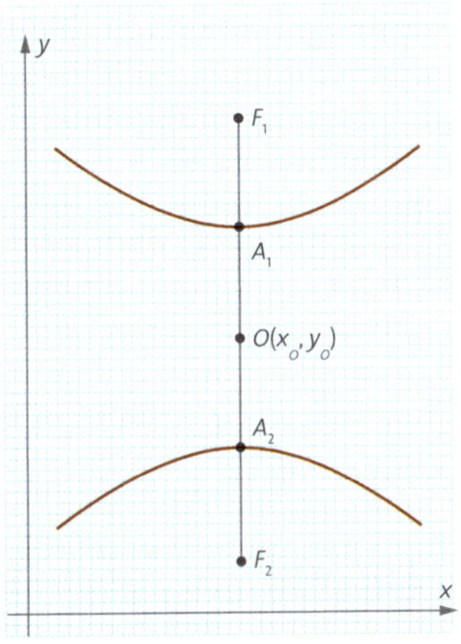

Assíntotas da hipérbole

Assíntotas são as retas para as quais tendem as curvas que compõem a hipérbole.

Nos desenhos a seguir, as retas r e s são assíntotas da hipérbole.

As assíntotas passam pelo centro da hipérbole e possuem declividades $\pm\dfrac{a}{b}$ ou $\pm\dfrac{b}{a}$, conforme tenham eixo real vertical ou horizontal, respectivamente. Assim:

- Eixo real na horizontal

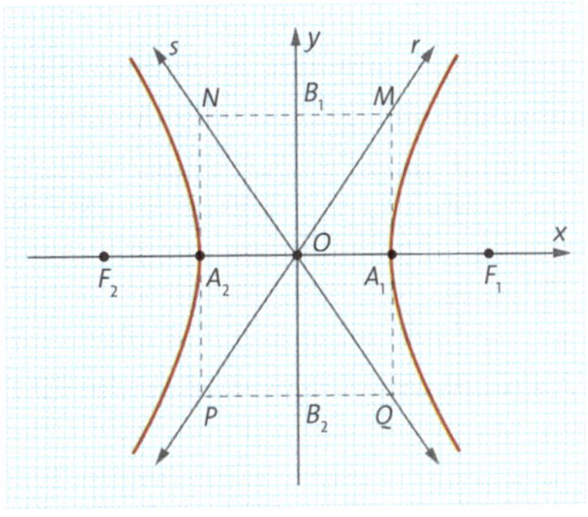

$$r: \begin{cases} \text{centro } (0, 0) \\ m_r = \dfrac{a}{b} \end{cases} \quad \text{e} \quad s: \begin{cases} \text{centro } (0, 0) \\ m_s = -\dfrac{b}{a} \end{cases}$$

$r: y = \dfrac{b}{a}x$ e $s: y = -\dfrac{b}{a}x$

Generalizando, sendo (x_0, y_0) o centro da hipérbole, temos:

$r: y - y_0 = \dfrac{b}{a}(x - x_0)$ e $s: y - y_0 = -\dfrac{b}{a}(x - x_0)$

- Eixo real na vertical

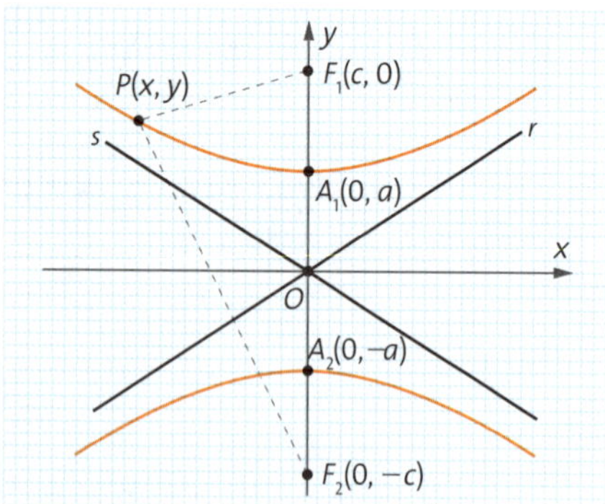

$$r: \begin{cases} \text{centro } (0, 0) \\ m_r = \dfrac{a}{b} \end{cases} \quad \text{e} \quad s: \begin{cases} \text{centro } (0, 0) \\ m_s = -\dfrac{a}{b} \end{cases}$$

$r: y = \dfrac{a}{b}x$ e $s: y = -\dfrac{a}{b}$

Generalizando, sendo (x_0, y_0) o centro da hipérbole, temos:

$r: y - y_0 = \dfrac{a}{b}(x - x_0)$ e $s: y - y_0 = -\dfrac{a}{b}(x - x_0)$

Hipérbole equilátera

Quando $b = a$, a hipérbole é chamada de hipérbole equilátera e sua equação é dada por:

$$\frac{(y - y_0)^2}{a^2} - \frac{(x - x_0)^2}{a^2} = 1$$

sendo $O(x_0, y_0)$ o seu centro.

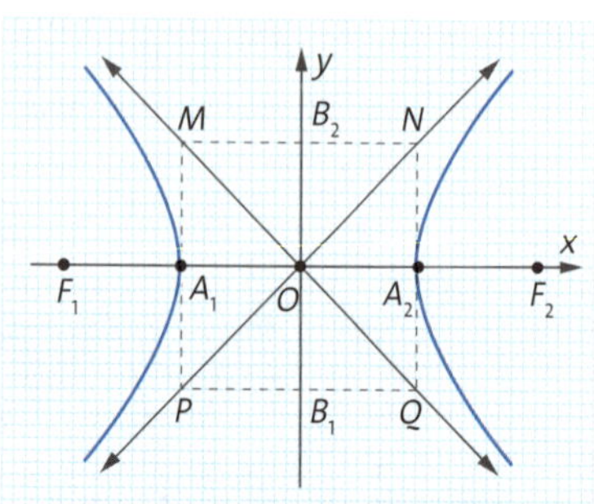

Exemplo:

As características da hipérbole de equação $2x^2 - 3y^2 = 6$, são:

- Centro: $O(0, 0)$
- Vértices: $(\sqrt{3}, 0)$ e $(-\sqrt{3}, 0)$
- Focos: $(\sqrt{13}, 0)$ e $(-\sqrt{13}, 0)$
- Eixo maior: $2a = 2\sqrt{3}$
- Eixo menor: $2b = 2\sqrt{2}$
- Distância focal: $2c = 2\sqrt{13}$
- Excentricidade: $e = \dfrac{\sqrt{13}}{\sqrt{3}} = \dfrac{\sqrt{39}}{3}$

Então:

$$\frac{2x^2}{6} - \frac{3y^2}{6} = \frac{6}{6} \Rightarrow \frac{x^2}{3} - \frac{y^2}{3} = 1$$

Logo:

$c^2 = 3^2 + 2^2 \Rightarrow c = \sqrt{13}$

Exercícios resolvidos

1. (UFRN) Um arquiteto projetou, para um salão de dimensões 22 m por 18 m, um teto de gesso em formato de elipse com o eixo maior medindo 20 m e o eixo menor, 16 m, conforme ilustra a figura abaixo.

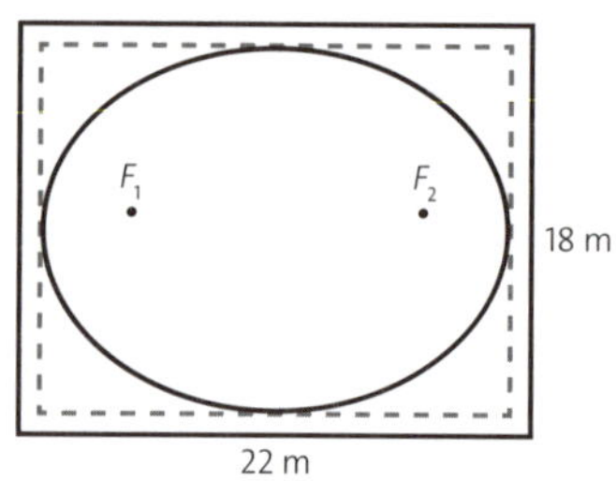

O aplicador do gesso afirmou que saberia desenhar a elipse, desde que o arquiteto informasse as posições dos focos. Para orientar o aplicador do gesso, o arquiteto informou que, na direção do eixo maior, a distância entre cada foco e a parede mais próxima é de:

a) 3 m.

b) 4 m.

c) 5 m.

d) 6 m.

Resolução

$2a = 20 \Rightarrow a = 10$ m

$2b = 16 \Rightarrow b = 8$ m

Encontramos o valor da distância focal:

$a^2 = b^2 + c^2 \Rightarrow 10^2 = 8^2 + c^2 \Rightarrow 100 = 64 + c^2 \Rightarrow$

$\Rightarrow c^2 = 36 \Rightarrow c = 6$ m

Logo, a distância entre cada foco e a parede mais próxima na direção do eixo maior é:

$11 - c = d \Rightarrow d = 11 - 6 \Rightarrow d = 5$ m

Resposta: alternativa **c**.

2. (Ufam) Dado o foco $F(2, 4)$ e a diretriz $r: y - 2 = 0$. Então, uma equação da parábola é dada por:

a) $x^2 + 4x - 4y + 16 = 0$.
b) $x^2 - 4x + 4y + 16 = 0$.
c) $x^2 - 4x - 4y - 16 = 0$.
d) $x^2 + 4x + 4y + 16 = 0$.
e) $x^2 - 4x - 4y + 16 = 0$.

Resolução

A equação da parábola é da forma
$(x - x_0)^2 = 4p(y = y_0)$, então:

- $V(2, 3)$
- $p = 1$
- $(x - 2)^2 = 4 \cdot 1(y - 3) \Rightarrow$
  $\Rightarrow x^2 - 4x + 4 = 4y - 12 \Rightarrow$
  $\Rightarrow x^2 - 4x + 4y + 16 = 0$

Resposta: alternativa **e**.

Exercícios propostos

1. (IFCE) Determine os pontos de interseção da reta $2x - y + 5 = 0$ com a parábola $y = x^2 + 2$.

2. (Cefet-RJ) Considere a parábola $y = x^2 - 4x + 6$. A equação da reta que passa pelo vértice da parábola e pelo ponto onde ela intercepta o eixo Oy é:

a) $2y = x - 6$.
b) $2x + 3y = 6$.
c) $y = 2x + 3$.
d) $2x + y = 6$.
e) $y = 2x - 6$.

3. (UFPB) A secretaria de infraestrutura de um município contratou um arquiteto para fazer o projeto de uma praça. Na figura a seguir está o esboço do projeto proposto pelo arquiteto: uma praça em formato retangular medindo 80 m × 120 m, onde deverá ser construído um jardim em forma de elipse na parte central.

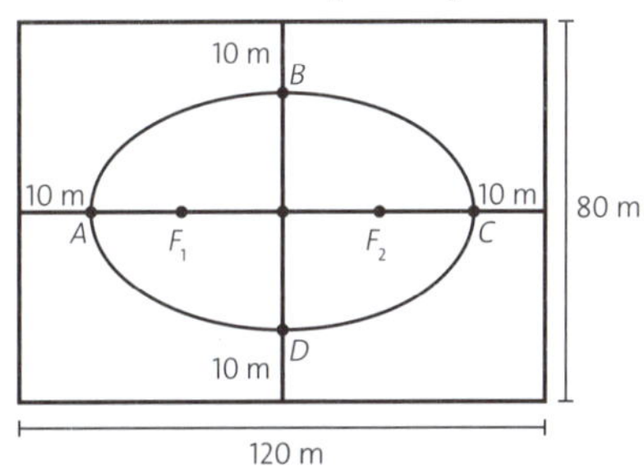

Estão destacados na figura os segmentos AC e BD que são, respectivamente, o eixo maior e o menor da elipse, bem como os pontos F_1 e F_2, que são os focos da elipse onde deverão ser colocados dois postes de iluminação. Com base nessas informações, conclui-se que a distância entre os postes de iluminação será, aproximadamente, de:

a) 68 m.
b) 72 m.
c) 76 m.
d) 80 m.
e) 84 m.

4. (UEL-PR) Existem pessoas que nascem com problemas de saúde relacionados ao consumo de leite de vaca. A pequena Laura, filha do Sr. Antônio, nasceu com este problema. Para solucioná-lo, o Sr. Antônio adquiriu uma cabra que pasta em um campo retangular medindo 20 m de comprimento e 16 m de largura. Acontece que as cabras comem tudo o que aparece à sua frente, invadindo hortas, jardins e chácaras vizinhas. O Sr. Antônio resolveu amarrar a cabra em uma corda presa pelas extremidades nos pontos *A* e *B* que estão 12 m afastados um do outro. A cabra tem uma argola na coleira por onde é passada a corda, de tal modo que ela possa deslizar livremente por toda a extensão da corda. Observe a figura e responda a questão a seguir.

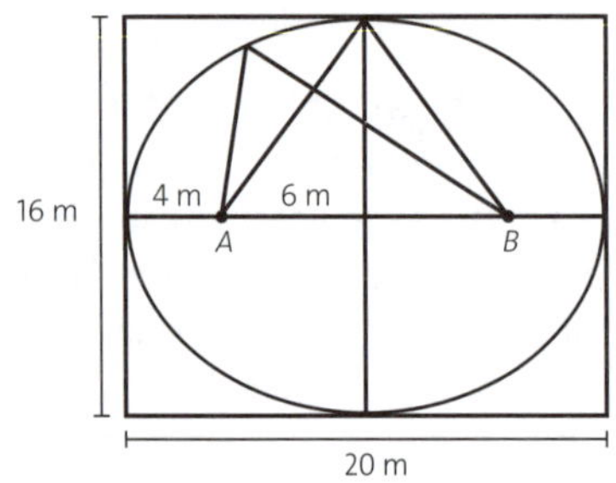

Qual deve ser o comprimento da corda para que a cabra possa pastar na maior área possível, dentro do campo retangular?

a) 10 m.
b) 15 m.
c) 20 m.
d) 25 m.
e) 30 m.

5. (Ufam) As coordenadas do centro da hipérbole de equação $9x^2 - 18x - 4x^2 - 16y = 43$ é:

a) (2, 1).
b) (−1, 2).
c) (1, 2)
d) (−1, −2).
e) (1, −2).

MÓDULO 32 • Números complexos

Conjunto dos números complexos ($\mathbb{C}$)

O conjunto $\mathbb{C}$ é um conjunto cujos elementos – os números complexos – devem ser tais que possam ser somados e multiplicados, e também possibilitem a extração da raiz quadrada de um número negativo. Logicamente, os números reais precisam ser elementos desse conjunto $\mathbb{C}$, e as operações de adição e multiplicação definidas no conjunto dos números reais devem ser as mesmas já conhecidas. No conjunto dos complexos, temos i como unidade imaginária ($i^2 = -1$).

Forma algébrica

Todo número complexo *z* pode ser escrito de maneira única na forma:

$$z = a + bi$$

em que *a* e *b* são números reais e $i^2 = -1$.

O número complexo *z* pode ser dividido em duas partes, em que *a* corresponde à **parte real** de *z* e *bi* corresponde à **parte imaginária** de *z*. Assim, se:

- $b = 0 \rightarrow z$ é **real**
- $a = 0$ e $b \cdot 0 \rightarrow z$ é **imaginário puro**

Exemplos:

a) $z_1 = 2 + 3i$

b) $z_2 = 4 - 7i$

c) $z_3 = 2i + 1$

d) $z_4 = 6i$ (imaginário puro)

e) $z_5 = 10$ (real)

Operações na forma algébrica

Usando a forma algébrica, as operações de adição, subtração e multiplicação são intuitivas. Na adição, somamos a parte real de um número complexo com a parte real do outro e a parte imaginária de um, com a parte imaginária do outro. O mesmo acontece no caso da subtração. Na multiplicação, podemos aplicar a propriedade distributiva, usada na multiplicação de binômios, lembrando que $i^2 = -1$.

Exemplos:

a) $(2 + 3i) + (4 - 7i) = (2 + 4) + (3 - 7)i = 6 - 4i$

b) $(2 + 3i) - (4 - 7i) = (2 - 4) + (3 + 7)i = -2 + 10i$

c) $(2 + 3i)(4 - 7i) = 8 - 14i + 12i + 21 = 29 - 2i$

Igualdade entre números complexos

Dois números complexos serão iguais, se somente se, suas *partes reais* forem iguais e suas *partes imaginárias* também forem iguais.

$$a + bi = c + di \Leftrightarrow \begin{cases} a = c \\ b = d \end{cases}$$

Potências de i

A definição da unidade imaginária implica a existência de quatro valores, apenas, para potências de i com expoentes inteiros. Veja:

- $i^0 = 1$
- $i^1 = i$
- $i^2 = -1$
- $i^3 = -i$

Observe que as potências de i começam a se repetir depois de i^4, portanto, para determinar uma potência de i diferente das anteriores, basta fazer:

$$i^n = i^p$$

Sendo *n* o valor a que estamos elevando i e *p*, o resto da divisão de *n* por 4.

Conjugado de um número complexo

O conjugado de um número complexo $z = (a, b) = a + bi$ é o número complexo $\overline{z} = (a, -b) = a - bi$

Exemplos:

a) $z_1 = 2 + 3i \Rightarrow \overline{z}_1 = 2 - 3i$

b) $z_2 = 4 - 7i \Rightarrow \overline{z}_2 = 4 + 7i$

c) $z_3 = -2i + 1 \Rightarrow \overline{z}_3 = 1 + 2i$

d) $z_4 = 6i \Rightarrow \overline{z}_4 = -6i$

e) $z_5 = 10 \Rightarrow \overline{z}_5 = 10$

Propriedades do conjugado

- $\overline{\overline{z}} = z$
- $z \cdot \overline{z} = a^2 + b^2$
- $z = \overline{z} \Leftrightarrow z$ é número real
- $\overline{z_1 + z_2} = \overline{z}_1 + \overline{z}_2$
- $\overline{z_1 \cdot z_2} = \overline{z}_1 \cdot \overline{z}_2$

Divisão de números complexos

Na divisão entre dois números complexos, tendo o denominador uma parte imaginária, devemos multiplicar o numerador e o denominador pelo conjugado do denominador, de modo a obter um número real no denominador, pois $z \cdot \overline{z} = a^2 + b^2$.

Exemplos:

a) $\dfrac{(2 + 3i)}{(4 - 7i)} = \dfrac{(2 + 3i)(4 - 7i)}{(4 - 7i)(4 - 7i)} = \dfrac{8 + 14i + 12i - 21}{16 + 49} =$

$= -\dfrac{13}{65} + \dfrac{26}{65}i = -\dfrac{1}{5} + \dfrac{2}{5}i$

b) $\dfrac{8 + 12i}{4} = \dfrac{8}{4} + \dfrac{12}{4}i = 2 + 3i$ (Neste caso, o denominador não tem uma parte imaginária)

Representação geométrica dos números complexos

Também podemos representar um complexo z através de um par ordenado de números reais, ou seja, se $z = a + bi$, podemos escrever $z = (a, b)$. Logo, é possível associar a cada número complexo o ponto P do plano de coordenadas a e b.

O plano cartesiano no qual estão representados os números complexos é denominado plano complexo ou plano de Argand-Gauss. Dizemos que o ponto $P(a, b)$ é o afixo do número complexo $a + bi$.

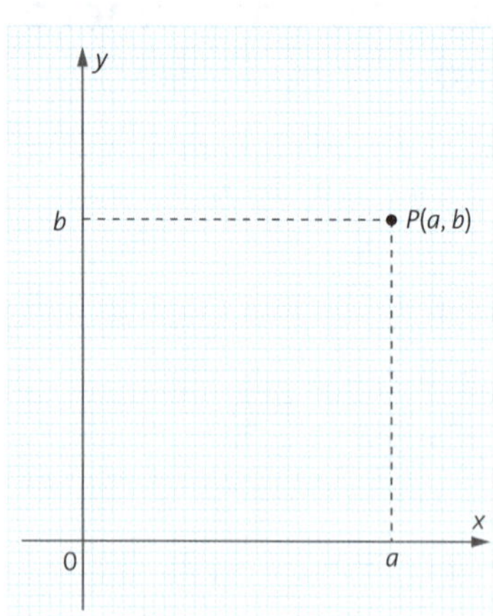

Observações:

1ª) Os números complexos reais pertencem ao eixo real ($\mathbb{R}$), pois sua parte imaginária é igual a zero.

2ª) Os números imaginários puros pertencem ao eixo imaginário (Im), pois sua parte real é igual a zero.

3ª) Os demais números complexos ($a + bi$, com $a \neq 0$ e $b \neq 0$) pertencem aos vários quadrantes, de acordo com os sinais de a e b.

4ª) Para cada número complexo existe um único ponto do plano e vice-versa.

5ª) Podemos associar a cada complexo $z = a + bi$ um único vetor com extremidades no ponto O, origem do sistema de coordenadas cartesianas, e no ponto $P(a, b)$.

Interpretação geométrica do conjugado

Geometricamente, o conjugado $\overline{z}$ de z é representado pelo simétrico de z em relação ao eixo Ox.

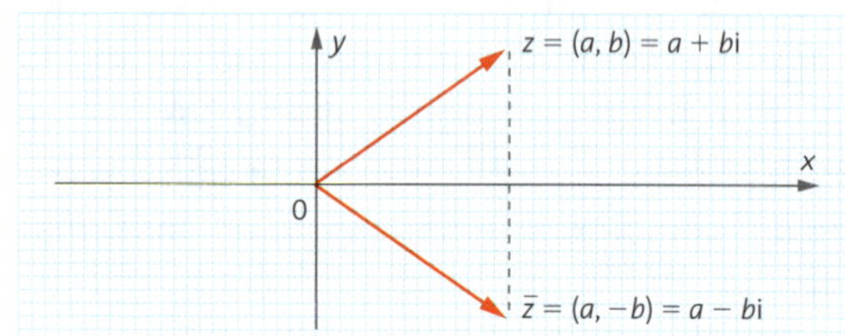

Módulo de um número complexo

Geometricamente, o módulo de um número complexo é a distância da origem do sistema de coordenadas O à imagem de z.

Podemos dizer que, dado um número complexo $z = a + bi$, chama-se módulo de z e indica-se por $|z|$ o número real positivo ou nulo dado por:

$$|z| = \sqrt{a^2 + b^2}$$

Exemplo:

Determinando o módulo de $z = 3 - 2i$, temos:

$$|z| = \sqrt{3^2 + (-2)^2} = \sqrt{13}$$

Propriedades envolvendo módulo:

- $z \cdot \overline{z} = |z|^2$
- $\left|\dfrac{z_1}{z_2}\right| = \dfrac{|z_1|}{|z_2|}$
- $|z| = |z^2|$
- $|z^n| = |z|^n$
- $|z_1 z_2| = |z_1|\,|z_2|$

Forma trigonométrica dos números complexos

Além da forma algébrica e de par ordenado, podemos escrever o número complexo na forma trigonométrica ou polar, da seguinte maneira:

$$z = |z|(\cos\theta + i \cdot \operatorname{sen}\theta)$$

Sendo θ o argumento de z, ângulo que o vetor $\overrightarrow{Oz}$ forma com o eixo x:

$$\cos\theta = \frac{a}{|z|} \text{ e } \operatorname{sen}\theta = \frac{b}{|z|} \text{ (com } 0 \leqslant \theta \leqslant 2\pi)$$

Exemplo:

O número $z = 1 + \sqrt{3}i$, pode ser escrito na forma $z = 2\left(\cos\frac{\pi}{3} + i \cdot \text{sen}\frac{\pi}{3}\right)$, pois:

$|z| = \sqrt{a^2 + b^2} \Rightarrow |z| = \sqrt{1^2 + (\sqrt{3})^2} \Rightarrow |z| = 2$

$\cos\theta = \frac{a}{|z|} \Rightarrow \cos\theta = \frac{1}{2}$

$\text{sen}\,\theta = \frac{b}{|z|} \Rightarrow \text{sen}\,\theta = \frac{\sqrt{3}}{2}$

Logo, $\theta = 60° = \frac{\pi}{3}$ rad

Portanto, $z = 2\left(\cos\frac{\pi}{3}\ i \cdot \text{sen}\frac{\pi}{3}\right)$.

Multiplicação de números complexos na forma trigonométrica

O produto de dois números complexos escritos na forma trigonométrica é o número complexo cujo módulo é igual ao produto dos módulos dos fatores e cujo argumento é igual à soma dos argumentos dos fatores, reduzida à 1ª volta ($0 \leq \theta < 2\pi$, sendo $\theta = \theta_1 + \theta_2$).

$$zw = |z_1|\,|z_2|[\cos(\theta_1 + \theta_2) + i \cdot \text{sen}\,(\theta_1 + \theta_2)]$$

Exemplo:

Dados os números complexos

$z = 6\left(\cos\frac{5\pi}{6} + i \cdot \text{sen}\frac{5\pi}{6}\right)$ e

$w = \left(\cos\frac{\pi}{4} + i \cdot \text{sen}\frac{\pi}{4}\right)$, calculando zw, teremos:

$$zw = 6 \cdot 3\left[\cos\left(\frac{5\pi}{6} + \frac{\pi}{4}\right) + i \cdot \text{sen}\left(\frac{5\pi}{6} + \frac{\pi}{4}\right)\right] \Rightarrow$$

$$\Rightarrow zw = 18\left[\cos\left(\frac{20\pi + 6\pi}{24}\right) + i \cdot \text{sen}\left(\frac{20\pi + 6\pi}{24}\right)\right] \Rightarrow$$

$$\Rightarrow zw = 18\left(\cos\frac{13\pi}{12} + i \cdot \text{sen}\frac{13\pi}{12}\right)$$

Divisão de números complexos na forma trigonométrica

O quociente de dois números complexos na forma trigonométrica, com o segundo número diferente de 0, é o número complexo cujo módulo é o quociente dos módulos e cujo argumento é a diferença dos argumentos dos dois números na ordem dada, reduzida à 1ª volta ($0 \leq \theta < 2\pi$, sendo $\theta = \theta_1 + \theta_2$).

$$\frac{z_1}{z_2} = \frac{|z_1|}{|z_2|}[\cos(\theta_1 + \theta_2) + i \cdot \text{sen}\,(\theta_1 + \theta_2)]$$

Exemplo:

Usando os números z e w do exemplo anterior, determine $\frac{z}{w}$.

$$\frac{z}{w} = \frac{6}{3}\left[\cos\left(\frac{5\pi}{6} - \frac{\pi}{4}\right) + i \cdot \text{sen}\left(\frac{5\pi}{6} - \frac{\pi}{4}\right)\right] \Rightarrow$$

$$\Rightarrow \frac{z}{w} = 2\left[\cos\left(\frac{20\pi - 6\pi}{24}\right) + i \cdot \text{sen}\left(\frac{20\pi - 6\pi}{24}\right)\right] \Rightarrow$$

$$\Rightarrow \frac{z}{w} = 2\left(\cos\frac{7\pi}{12} + i \cdot \text{sen}\frac{7\pi}{12}\right)$$

Potenciação de números complexos na forma trigonométrica – 1ª fórmula de De Moivre

A potência de ordem n de um número complexo escrito na forma trigonométrica é o número complexo cujo módulo é igual ao módulo do número elevado a n e cujo argumento é igual ao argumento do número multiplicado por n, reduzido à primeira volta ($0 \leq \theta < 2\pi$, sendo θ o argumento de z^n).

$z^n = |z|^n [\cos(n \cdot \theta) + i \cdot \text{sen}\,(n \cdot \theta)]$ (fórmula de De Moivre)

Exemplo:

Se $z = 2\left[\cos\left(\frac{\pi}{3}\right) + i \cdot \text{sen}\left(\frac{\pi}{3}\right)\right]$, calcule z^{10}.

Escrevendo z como $z = 2[\cos 60° + i \cdot \text{sen}\,60°]$, temos:

$$z^{10} = 2^{10}\left[\cos\left(10 \cdot \frac{\pi}{3}\right) + i \cdot \text{sen}\left(10 \cdot \frac{\pi}{3}\right)\right] \Rightarrow$$

$$\Rightarrow z^{10} = 2^{10}\left[\cos\frac{4\pi}{3} + i \cdot \text{sen}\frac{4\pi}{3}\right] \Rightarrow$$

$$\Rightarrow z^{10} = 1\,024\left(-\frac{1}{2} - i \cdot \frac{\sqrt{3}}{2}\right) \Rightarrow$$

$$\Rightarrow z^{10} = -512 - 512\sqrt{3}i$$

Radiciação – raízes enésimas de números complexos – 2ª fórmula de De Moivre

As raízes enézimas de z serão números complexos w tais que $w^n = z$. Essas raízes são expressas por:

$$w_k = \sqrt[n]{|z|}\left[\cos\left(\frac{\theta + 2k\pi}{n}\right) + i \cdot \text{sen}\left(\frac{\theta + 2k\pi}{n}\right)\right],$$

com $k = \{0, 1, 2, ..., n - 1\}$

Observações:

1ª) As raízes possuem o mesmo módulo.

2ª) Os argumentos estarão em PA de razão $r = \frac{2\pi}{n}$ e primeiro termo $\frac{\theta}{n}$.

3ª) Geometricamente, as n raízes são vértices de um polígono regular de n lados:

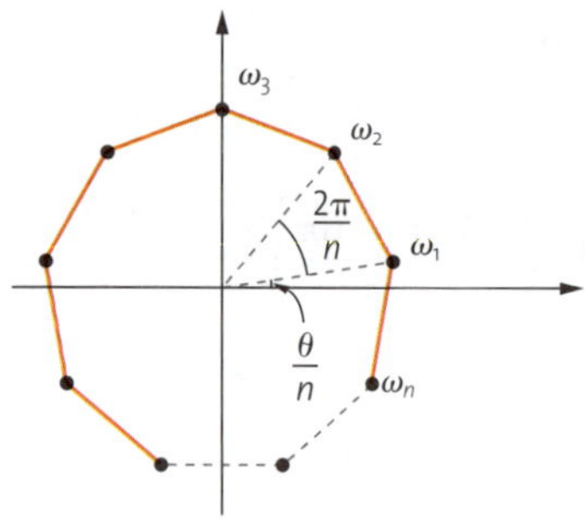

Exemplo:

Resolvendo em $\mathbb{C}$ a equação $x^3 = 8$, teremos $n = 3$, $z = 8$ e $|z| = 8$.

Para $k = 0$:

$$\begin{cases} \cos\theta = \dfrac{a}{|z|} = \dfrac{8}{8} = 1 \\ \text{sen}\,\theta = \dfrac{b}{|z|} = \dfrac{0}{8} = 1 \end{cases}$$

Logo, $\theta = 0$.

$$\omega_0 = \sqrt[3]{8}\left[\cos\left(\frac{0 + 0\cdot 2\pi}{3}\right) + i\cdot\text{sen}\left(\frac{0+0\cdot 2\pi}{3}\right)\right] \Rightarrow$$

$$\Rightarrow \omega_0 = 2(\cos 0 + i\cdot \text{sen}\,0) \Rightarrow \omega_0 = 2(1 + i\cdot 0)$$

Para determinar as outras duas raízes, lembre que o módulo permanece o mesmo e os argumentos estarão em PA de razão $r = \dfrac{2\pi}{n}$. Logo, $r = \dfrac{2\pi}{3}$ rad. Então:

- $\omega_1 = \left[\cos\left(\dfrac{2\pi}{3}\right) + i\cdot\text{sen}\left(\dfrac{2\pi}{3}\right)\right] \Rightarrow$

  $\Rightarrow \omega_1 = 2\left(-\dfrac{1}{2} + \dfrac{\sqrt{3}}{2}\right)$

- $\omega_2 = \left[\cos\left(\dfrac{4\pi}{3}\right) + i\cdot\text{sen}\left(\dfrac{4\pi}{3}\right)\right] \Rightarrow$

  $\Rightarrow \omega_2 = 2\left(-\dfrac{1}{2} - \dfrac{\sqrt{3}}{2}\right)$

Assim, as raízes cúbicas de 8 são: 2, $-1 + i\sqrt{3}$ e $-1 - i\sqrt{3}$.

Exercícios resolvidos

1. (FMJ-SP) Seja z um número complexo e $\bar{z}$ o seu conjugado. Sendo $z(z + \bar{z}) = 32 + 12i$, pode-se concluir que o módulo de z é igual a:

a) $\sqrt{73}$.
b) $\dfrac{\sqrt{73}}{2}$.
c) 5.
d) $\dfrac{\sqrt{55}}{2}$.
e) $\dfrac{\sqrt{22}}{2}$.

Resolução

$z = a + bi$

$\bar{z} = a - bi$

$(a + bi)(a + bi + a - bi) = 32 + 12i \Rightarrow$

$\Rightarrow (a + bi)(2a) = 32 + 12i \Rightarrow 2a^2 + 2abi = 32 + 12i \Rightarrow$

$\Rightarrow 2a^2 = 32 \Rightarrow a^2 = 16 \Rightarrow a = \pm 4$

$2ab = 12 \Rightarrow \pm 2\cdot 4b = 12 \Rightarrow b = \pm\dfrac{3}{2}$

$z = 4 + \dfrac{3}{2}i$ ou $z = -4 - \dfrac{3}{2}i$

$|z| = \sqrt{(a^2 + b^2)} = \sqrt{(\pm 4)^2 + \left(\pm\dfrac{3}{2}\right)^2} = \dfrac{\sqrt{73}}{2}$

Resposta: alternativa **b**.

2. (UFRRJ) João deseja encontrar o argumento do complexo $z = \sqrt{3} + i$. O valor correto encontrado por João é:

a) $\dfrac{\pi}{6}$.
b) $\dfrac{\pi}{4}$.
c) $\dfrac{\pi}{3}$.
d) $\dfrac{\pi}{2}$.
e) $\dfrac{2\pi}{3}$.

Resolução

$z = \sqrt{3} + i$

$|z| = \sqrt{3 + 1} = 2$

$\cos\theta = \dfrac{\sqrt{3}}{2}$ e $\text{sen}\,\theta = \dfrac{1}{2} \rightarrow \theta = \dfrac{\pi}{6}$ (arg. z)

Resposta: alternativa **b**.

Exercícios propostos

1. (UFRR) Se i é a unidade imaginária, então $\dfrac{i^{13} + i^{14}}{i^{15} - i^{16}}$ é igual a:

a) i.
b) $-$i.
c) 0.
d) 1.
e) $-$1.

2. (FEI-SP) Seja o número complexo z, tal que $3z + 2\bar{z} = 10 + 5i$. Então $z \cdot \bar{z}$ (sabendo que $\bar{z}$ é o conjugado de z) é igual a:

a) $2 + 5i$.   b) 29.   c) 5.   d) 2.   e) -24.

3. (Uesc-BA) Na forma trigonométrica, o número complexo $z = \dfrac{(1-i)^2}{1+i}$ é representado por:

01) $\sqrt{2} \cdot \left[\cos\left(\frac{\pi}{4}\right) - i \cdot \text{sen}\left(\frac{\pi}{4}\right)\right]$.

02) $\sqrt{2} \cdot \left[\cos\left(\frac{\pi}{4}\right) + i \cdot \text{sen}\left(\frac{\pi}{4}\right)\right]$.

03) $\sqrt{2} \cdot \left[\cos\left(\frac{5\pi}{4}\right) + i \cdot \text{sen}\left(\frac{5\pi}{4}\right)\right]$.

04) $\sqrt{2} \cdot \left[\cos\left(\frac{3\pi}{4}\right) + i \cdot \text{sen}\left(\frac{3\pi}{4}\right)\right]$.

05) $\sqrt{2} \cdot \left[\cos\left(\frac{7\pi}{4}\right) + i \cdot \text{sen}\left(\frac{7\pi}{4}\right)\right]$.

4. (Unicamp-SP) Chamamos de unidade imaginária e denotamos por i o número complexo tal que $i^2 = -1$. Então $i^0 + i^1 + i^2 + i^3 + ... + i^{2\,013}$ vale:

a) 0.   b) 1.   c) i.   d) $1 + i$.

5. (UEFS-BA) Sejam os números complexos $z_1 = \text{sen } 40° + i \cdot \cos 40°$ e $z_2 = \cos 40° - i \cdot \text{sen } 40°$. O argumento principal do número $z_1 \cdot z_2$ é igual a:

a) 10°.   b) 20°.   c) 40°.   d) 80°.   e) 160°.

MÓDULO 33 • Polinômios e equações algébricas

Introdução

Na resolução de problemas, é muito comum ocorrerem situações em que a compreensão do enunciado nos levam a formular expressões que depois permitem a resolução da questão por meio de uma equação. Por exemplo, o cálculo da área e do volume de sólidos. À essas expressões, chamamos de **expressões polinomiais** ou **polinômios**.

Definição

Chamamos expressão polinomial ou polinômio na variável complexa x toda expressão da forma:

$$a_nx^n + a_{n-1}x^{n-1} + ... a_2x^2 + a_1x^1 + a_0$$

em que:

- $a_n, a_{n-1}, ..., a_2, a_1, a_0$ são números complexos denominados coeficientes;
- n é um número inteiro positivo ou nulo;
- o maior expoente de x, com coeficiente não nulo, é o grau da expressão;
- a_0 é o termo independente, pois não depende de x.

Função polinomial

Toda função do tipo f: $\mathbb{C} \to \mathbb{C}$ definidas por:

$$f(x) = a_nx^n + a_{n-1}x^{n-1} + ... a_2x^2 + a_1x^1 + a_0$$

É denominada função polinomial de grau n, em que n é um número inteiro positivo ou nulo e a_n é diferente de 0.

Observações:

1ª) A cada função polinomial associa-se um único polinômio e vice-versa, assim podemos nos referir indistintamente às funções polinomiais ou aos polinômios;

2ª) Polinômio identicamente nulo é aquele cujos coeficientes são todos nulos.

Exemplos:

a) $p(x) = x^3 + 2x^2 + 1$ é um polinômio de grau 3.

b) $q(x) = 2x + 1 + x^4$ é um polinômio de grau 4.

c) $r(x) = 3x + 2$ é um polinômio de grau 1.

d) $s(x) = 6$ é um polinômio de grau 0 (pois $s(x) = 6x^0$).

e) $s(x) = 0$ é um polinômio identicamente nulo.

Valor numérico de um polinômio

O valor numérico do polinômio $p(x)$ para $x = \alpha$ é o número que se obtém substituindo x por α e indica-se por $p(\alpha)$.

Observações:

1ª) Se $\alpha = 1$, o valor numérico de $p(x)$ é a soma de seus coeficientes;

2ª) Se $\alpha = 0$, o valor numérico de $p(x)$ é o termo independente.

Exemplo:

Considerando $p(x) = 3x + 2x^2 + 5$, temos:

a) $p(0) = 0^3 + 2 \cdot 0^2 + 5 = 5$ (termo independente)

b) $p(1) = 1^3 + 2 \cdot 1^2 + 5 = 8$ (soma dos coeficientes)

c) $p(2) = 2^3 + 2 \cdot 2^2 + 5 = 21$

d) $p(i) = i^3 + 2 \cdot i^2 + 5 = -1 + 3$

Igualdade de polinômios

Dois polinômios são iguais ou idênticos se, e somente se, seus valores numéricos são iguais para todo $\alpha \in \mathbb{C}$. Assim, dois polinômios $p(x)$ e $q(x)$ são idênticos se os coeficientes dos termos de mesmo grau forem todos iguais.

Exemplo:

$ax^3 + bx^2 + cx + d \equiv 4x^3 - 6x^2 + 7$

Logo, $a = 4$; $b = -6$; $c = 0$; $d = 7$.

Raiz de um polinômio

Se um número complexo α é tal que $p(\alpha) = 0$, então esse número α é chamado de **raiz** do polinômio $p(x)$.

Exemplo:

Encontre as raízes de $p(x) = x^2 - 1$.

$x^2 - 1 = 0 \Rightarrow x^2 = 1 \Rightarrow x = 1$ ou $x = -1$

Assim, 1 e -1 são raízes do polinômio.

Operação com polinômios

As operações com polinômios já são conhecidas no estudo de expressões algébricas. Na soma de polinômios, adicionamos ou subtraímos os termos de mesmo grau. Já na multiplicação, podemos aplicar a propriedade distributiva.

Observação:

O grau do polinômio resultante da adição ou subtração de dois polinômios é o mesmo do polinômio de maior grau. Já na multiplicação, o grau do polinômio será a soma dos graus dos dois polinômios envolvidos.

Exemplo:

Considerando os polinômios $p(x) = 2x^3 - 5x^2 + 1$ e $q(x) = 6x^3 + 3$, determinamos:

a) $p(x) + q(x) = 2x^3 - 5x^2 + 1 + 6x^3 + 3 =$
$= (2 + 6)x^3 - 5x^2 + (1 + 3) = 8x^3 - 5x^2 + 4$

b) $p(x) - q(x) = 2x^3 - 5x^2 + 1 - (6x^3 + 3) =$
$= 2x^3 - 5x^2 + 1 - 6x^3 - 3 =$
$= (2 - 6)x^3 - 5x^2 + (1 - 3) = 4x^3 - 5x^2 + 2$

c) $p(x) \cdot q(x) = (2x^3 - 5x^2 + 1)(6x^3 + 3) =$
$= 12x^6 + 6x^3 - 30x^5 - 15x^2 + 6x^3 + 3 =$
$= 12x^6 - 30x^5 + 12x^3 - 15x^2 + 3$

Quanto à divisão de polinômios, vamos estudá-la mais detalhadamente.

Divisão de polinômios

Dados dois polinômios $p(x)$ e $h(x)$, com $h(x)$ não nulo, dividir $p(x)$ por $h(x)$ significa encontrar dois polinômios $q(x)$ e $r(x)$ que satisfaçam as seguintes condições:

$$p(x) = h(x) \cdot q(x) + r(x)$$

O grau de $r(x)$ deve ser menor que o grau de $h(x)$ ou então $r(x) = 0$.

Assim, dizemos que:

- $p(x)$ é o dividendo;
- $h(x)$ é o divisor;
- $q(x)$ é o quociente;
- $r(x)$ é o resto.

Observações:

1ª) O grau de $q(x)$ é a diferença entre os graus de $p(x)$ e $h(x)$;

2ª) Quando $r(x) = 0$ dizemos que a divisão é exata e $p(x)$ é divisível por $h(x)$ e $q(x)$.

Podemos, efetuar a divisão de polinômios das seguintes formas:

Método da chave

O método da chave é semelhante ao empregado para os números inteiros.

1º) Divida o termo de maior grau de $p(x)$ pelo termo de maior grau de $h(x)$;

2º) Multiplique o que foi encontrado por $h(x)$ e troque os sinais;

3º) Some o que foi obtido a $p(x)$ e repita o processo até que o grau de $r(x)$ seja menor que o grau de $h(x)$.

1º) $\begin{array}{r|l} x^2 - 5x + 6 & x - 3 \\ \hline & x \end{array}$

$x^2 : x = x$

2º) $\begin{array}{r|l} x^2 - 5x + 6 & x - 3 \\ -x^2 + 3x & x \\ \hline -2x + 6 & \end{array}$

$x(x - 3) = x^2 - 3x$
Trocando o sinal: $-x^2 + 3x$

3º) $\begin{array}{r|l} x^2 - 5x + 6 & x - 3 \\ -x^2 + 3x & x - 2 \\ \hline -2x + 6 & \end{array}$

$-2x : x = -2$

4º) $\begin{array}{r|l} x^2 - 5x + 6 & x - 3 \\ -x^2 + 3x & x - 2 \\ \hline -2x + 6 & \\ 2x - 6 & \\ \hline 0 & \end{array}$

$-2(x - 3) = -2x + 6$
Trocando o sinal: $2x - 6$

Verificamos que:

$$p(x) = h(x) \cdot q(x) + r(x)$$
$$x^2 - 5x + 6 = (x - 3)(x - 2) + 0$$

Dispositivo prático de Briot-Ruffini

Permite efetuar as divisões por polinômios do tipo $x - a$ (divisor do 1º grau) de maneira mais simples e rápida.

termo constante do divisor, com sinal trocado	coeficientes de x do dividendo $p(x)$	termo constante do dividendo $p(x)$
	coeficientes do quociente	resto

Vejamos o roteiro desse dispositivo prático efetuando a divisão de $p(x) = 3x^3 - 5x^2 + x - 2$ por $h(x) = x - 2$.

1º)

2	3	−5	1	−2

2º)

2	3	−5	1	−2
	↓ 3			

Repetimos (ou "abaixamos") o primeiro coeficiente do dividendo.

3º)

2	3	−5	1	−2
	↓ 3	6 + (−5) ↓ 1		

$3 \cdot 2 = 6$ e $6 + (-5) = 1$

Multiplicamos o termo repetido pelo divisor e somamos o produto com o próximo termo do dividendo.

4º)

2	3	−5	1	−2
	↓ 3	6 + (−5) ↓ 1	2 + 1 ↓ 3	

$1 \cdot 2 = 2$ e $2 + 1 = 3$

Repetimos o processo para obter o novo termo do quociente.

5º)

2	3	−5	1	−2
	↓ 3	6 + (−5) ↓ 1	2 + 1 ↓ 3	6 + (−2) ↓ 4

$3 \cdot 2 = 6$ e $6 + (-2) = 4$

Pelo quadro, temos que $q(x) = 3x^2 + x + 3$ e $r(x) = 4$.

Observações:

1ª) Os coeficientes de x do polinômio $p(x)$ devem ser colocados pela ordem decrescente do grau de cada termo.

2ª) Caso o polinômio $p(x)$ tenha um coeficiente nulo, como $p(x) = 2x^3 + x + 3$, onde o coeficiente de grau 2 é zero, ele deve ser colocado no dispositivo prático assim como os outros coeficientes.

Teorema de D'Alembert

Afirma que o resto da divisão de um polinômio $p(x)$ por $x - \alpha$ será dado por $p(\alpha)$

Exemplo:

Determinando o resto da divisão de $p(x) = x^3 - x^2 - 2x + 3$ por $x + 2$.

Pelo dispositivo prático de Briot-Ruffini:

−2	1	−1	−2	3	
	1	−3	4	−5	← resto

Pelo teorema de D'Alembert:

$p(-2) = (-2)^3 - (-2)^2 - 2(-2) + 3 =$
$= -8 - 4 + 4 + 3 = -5$

Teorema do fator

Se um polinômio é divisível por $x - \alpha$, então α é raiz do polinômio e $(x - \alpha)$ é um fator do polinômio.

Divisões sucessivas

Como consequência do teorema do fator podem ocorrer duas situações:

- Seja $p(x)$ um polinômio de grau maior que 1, com a e b números complexos, quando $p(x)$ é divisível por $x - a$, e o quociente dessa divisão é divisível por $x - b$, dizemos que $p(x)$ é divisível por $(x - a)(x - b)$.
- Se $p(x)$ é divisível por $(x - a)$ e por $(x - b)$ separadamente, com a e b números complexos e $a \neq b$, $p(x)$ é divisível por $(x - a)(x - b)$.

Equações polinomiais ou algébricas: definição e elementos

Denomina-se **equação polinomial** ou **algébrica** toda equação que pode ser escrita na forma:

$a_nx^n + a_{n-1}x^{n-1} + ... a_2x^2 + a_1x^1 + a_0 = 0$ (com $a_n \neq 0$)

Em que $(a_n, a_{n-1}, ..., a_2, a_1, a_0)$ são elementos do conjunto dos números complexos, $n \in \mathbb{N}^*$ e n é o grau da equação.

Raiz de uma equação polinomial ou algébrica

Denomina-se raiz da equação algébrica $a_nx^n + a_{n-1}x^{n-1} + ... a_2x^2 + a_1x^1 + a_0 = 0$ o valor α de x que satisfaz a igualdade, ou seja, em que o resultado seja zero.

Conjunto solução de uma equação algébrica

Denomina-se conjunto solução de uma equação algébrica o conjunto das raízes da equação.

Teorema fundamental da Álgebra

O **teorema fundamental da Álgebra** diz que toda equação algébrica $p(x) = 0$ de grau n ($n \geqslant 1$) possui pelo menos uma raiz complexa (real ou não).

Decomposição em fatores de 1º grau

Todo polinômio $p(x) = a_nx^n + a_{n-1}x^{n-1} + ... a_2x^2 + a_1x^1 + a_0$ (com $n \geqslant 1$ e $a_n \neq 0$) pode ser decomposto num produto de n fatores de 1º grau. Ou seja, toda equação polinomial de grau n tem exatamente n raízes complexas (reais ou não).

$p(x) = 0 \Rightarrow a_n(x - x_1)(x - x_2)(x - x_3) \cdot ... \cdot (x - x_n) = 0$

Exemplo:

$p(x) = x^2 - 1 = 0 \Rightarrow (x - 1)(x + 1) = 0$

Observação: Na decomposição de um polinômio $p(x)$ de grau $n > 0$ em um produto de n fatores do 1º grau, podemos encontrar dois ou mais fatores idênticos. Então, a multiplicidade da raíz é indicada pelo número de vezes que uma mesma raiz aparece (multiplicidade 1, se aparece uma vez; multiplicidade 2, se aparece duas vezes; multiplicidade 3, se aparece três vezes e assim por diante).

Relações de Girard

Consideremos a equação polinomial $a_nx^n + a_{n-1}x^{n-1} + ... a_2x^2 + a_1x^1 + a_0 = 0$, com $a_n \neq 0$ e $x_1, x_2, x_3, ..., x_n$ suas raízes. Teremos:

Soma das raízes

$$x_1 + x_2 + x_3 + ... + x_n = -\frac{a_{n-1}}{a_n}$$

Soma das raízes agrupadas duas a duas

$$x_1x_2 + x_1x_3 + ... + x_{n-1}x_n = \frac{a_{n-2}}{a_n}$$

Soma das raízes agrupadas três a três

$$x_1x_2x_3 + x_1x_2x_4 + ... + x_{n-2}x_{n-1}x_n = -\frac{a_{n-3}}{a_n}$$

Soma das raízes agrupadas quatro a quatro

$$x_1x_2x_3x_4 + x_1x_2x_3x_5 + ... + x_{n-3}x_{n-2}x_{n-1}x_n = \frac{a_{n-4}}{a_n}$$

Produto das raízes:

$$x_1x_2x_3 \cdot ... \cdot x_n = \frac{(-1)^n a_0}{a_n}$$

Exemplo:

Determinando a soma e o produto das raízes de $2x^3 - 5x^2 + 7x - 20 = 0$.

- Soma:

$$x_1 + x_2 + x_3 = -\frac{a_{n-1}}{a_n} = -\left(\frac{-5}{2}\right) = \frac{5}{2}$$

- Produto:

$$x_1x_2x_3 = \frac{(-1)^n a_0}{a_n} = \frac{(-1)^3(-20)}{2} = 10$$

Pesquisa de raízes racionais de uma equação algébrica de coeficientes inteiros

Seja $a_nx^n + a_{n-1}x^{n-1} + ... a_2x^2 + a_1x^1 + a_0 = 0$, com $a_n \neq 0$, onde p é o conjunto dos divisores de a_0 e q é o conjunto de divisores de a_n, se existirem raízes racionais elas serão do tipo $\frac{p}{q}$.

Raízes complexas não reais em uma equação algébrica de coeficientes reais

Se uma equação polinomial de coeficientes reais admite como raiz o número complexo $a - bi$, com $b \neq 0$, então o complexo conjugado $a - bi$ também é raiz da equação.

Exercícios resolvidos

1. (Cesgranrio-RJ) Se o polinômio $p(x) = 2x^3 - 4x + a$ é divisível por $d(x) = x - 2$, o valor de a é:

   a) −8.
   b) −6.
   c) −4.
   d) −2.
   e) +2.

   Resolução

   $p(2) = 0 \Rightarrow 2 \cdot 2^3 - 4 \cdot 2 + a = 0 \Rightarrow 16 - 8 + a = 0 \Rightarrow$
   $\Rightarrow a = -8$

   Resposta: alternativa **a**.

2. (Fuvest-SP) Dividindo um polinômio $p(x)$ por $(x - 3)$, resulta um resto de −7 e um quociente de $x - 4$. Qual é $p(x)$?

   a) Faltam dados.
   b) $x^2 - 7x + 5$
   c) $2x$
   d) $2x^2 - x + 14$
   e) $x^2 - 14x + 33$

   Resolução

   $p(x) = d(x) \cdot q(x) + r(x) \Rightarrow p(x) = (x - 3)(x - 4) - 7 \Rightarrow$
   $\Rightarrow p(x) = x^2 - 7x + 5$

   Resposta: alternativa **b**.

Exercícios propostos

1. (ITA-SP) A divisão de um polinômio $p(x)$ por $x^2 - x$ resulta no quociente $6x^2 + 5x + 3$ e resto $-7x$. O resto da divisão de $p(x)$ por $2x + 1$ é igual a:

a) 1. b) 2. c) 3. d) 4. e) 5.

2. (UEL-PR) A equação $2x^3 - 5x^2 + x + 2 = 0$ tem três raízes reais. Uma delas é 1. As outras duas são tais que:

a) ambas são números inteiros.

b) ambas são números negativos.

c) estão compreendidas entre -1 e 1.

d) uma é o oposto do inverso da outra.

e) uma é a terça parte da outra.

3. (PUC-RS) Tales, um aluno do Curso de Matemática, depois de terminar o semestre com êxito, resolveu viajar para a Europa. Em Bruxelas, Tales conheceu o monumento Atomium, feito em aço revestido de alumínio, com a forma de uma molécula cristalizada de ferro, ampliada 165 bilhões de vezes. Essa escultura é formada por esferas de 18 metros de diâmetro, unidas por 20 tubos, com comprimentos de 18 a 23 metros. A quantidade de esferas que compõem a escultura é igual ao valor de um dos zeros da função $f(x) = x^3 - 6x^2 - 27x$. Então, o número de esferas da escultura é:

a) 18. b) 9. c) 6. d) 3. e) 2.

4. (UFPB) Mestre Laureano, técnico e professor de Eletrônica, em uma das suas aulas práticas, escolheu três resistores e propôs aos seus alunos que calculassem o valor da resistência do resistor equivalente aos três resistores escolhidos, associados em paralelo. Para isso ele informou aos alunos que:

- os valores R_1, R_2 e R_3 das resistências dos três resistores escolhidos, medidas em ohms, são raízes do polinômio $p(x) = x^3 - 7x^2 + 16x - 12$.
- o valor R da resistência, medida em ohms, do resistor equivalente aos três resistores escolhidos, associados em paralelo, satisfaz a relação $\frac{1}{R} = \frac{1}{R_1} + \frac{1}{R_2} + \frac{1}{R_3}$.

Com base nessas informações, é correto afirmar que o valor de R, em ohms, é igual a:

a) 0,55. b) 0,65. c) 0,75. d) 0,85. e) 0,95.

5. (UFSM–RS) Uma loja de produtos de beleza construiu sua vitrine em acrílico, com as dimensões representadas na figura. A equação matemática do volume desse paralelepípedo, definido quando $x > 4$, sendo conhecidos a, b e c, é dada pelo polinômio $p(x) = x^3 - 7x^2 + 14x - 8$.

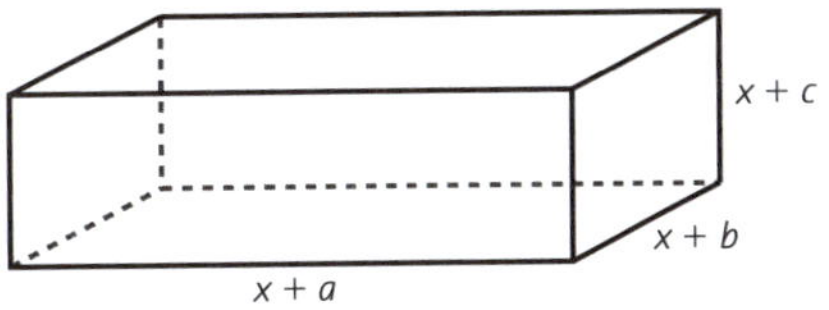

Sabendo que a soma de duas das raízes do polinômio é igual a 5, pode-se afirmar, a respeito das raízes, que:

a) nenhuma é real.

b) são todas iguais e não nulas.

c) somente uma delas é nula.

d) constituem uma progressão aritmética.

e) constituem uma progressão geométrica.

MÓDULO 33

FRENTE B

Termos de uma pesquisa estatística

A realização de uma pesquisa envolve muitas etapas, como a escolha da amostra, a coleta e a organização dos dados (informações), o resumo desses dados (em tabelas, gráficos, etc.) e a interpretação dos resultados. A parte da Matemática que trata desses assuntos é a **Estatística**.

População e amostra

Enquanto **população** (**ou universo estatístico**) é a totalidade de pessoas ou casos a serem analisados para compor uma pesquisa estatística, a **amostra** é um grupo dessa população que, consultado, permite que se chegue ao resultado mais próximo possível da realidade. Faz-se necessário consultar apenas uma amostra porque seria impossível fazer o mesmo com todo o universo estatístico.

Indivíduo ou objeto

É cada elemento que compõe a amostra. Por exemplo, as pessoas seriam os **indivíduos** no caso de uma pesquisa de intensão de voto, bem como as marcas de lâmpadas seriam o **objeto** de pesquisa quanto a testes de durabilidade de cada uma.

Variável

Se tomarmos o exemplo de uma pesquisa em uma escola, os alunos que fazem parte da amostra poderiam escolher qual é a matéria de que mais gostam. A matéria favorita dos alunos será a **variável**. Neste caso, as respostas poderiam ser: Matemática, Português, Biologia, etc. Esses são os **valores** ou **realizações** da variável "matéria favorita".

Variável qualitativa

Dizemos que uma variável é **qualitativa** quando ela se apresenta como possíveis valores uma qualidade (ou atributo) dos indivíduos pesquisados. Além disso, as variáveis qualitativas podem ser **ordinais**, quando existe uma ordem nos valores, ou **nominais**, quando isso não ocorre.

Variável quantitativa

Variáveis quantitativas são aquelas cujos valores são números, como por exemplo, peso, altura, idade. Podem ser **discretas** quando se trata de contagem ou **contínuas**, quando se trata de medida.

Frequência absoluta e frequência relativa

A **frequência absoluta** é o número de vezes que um valor da variável é citado. Já a **frequência relativa**, registra a frequência absoluta em relação ao total de citações. Podemos associar a frequência relativa de um evento à probabilidade de que ele ocorra quando o número total de citações é suficientemente grande.

Tabela de frequências

É a tabela que mostra a variável e seus valores, com as frequências absoluta (FA) e relativa (FR).

Usando o exemplo de matérias favoritas dos alunos em uma escola, temos:

Matérias	FA	FR
Matemática	3	30%
Português	2	20%
Biologia	4	40%
História	1	10%
Total	**10**	**100%**

Tabela de frequências das variáveis quantitativas

Para a elaboração de uma tabela de frequências das variáveis quantitativas, podem ocorrer duas situações de acordo com a diferença entre variáveis quantitativas discretas e contínuas. Vejamos um exemplo.

Tabela de frequência de uma variável quantitativa discreta				
Idade (anos)	14	15	16	total
Contagem	⧄⧄∟	⧄	⊔	
FA	12	5	3	20
FR (fração)	$\frac{12}{20} = \frac{3}{5}$	$\frac{5}{20} = \frac{1}{4}$	$\frac{3}{20}$	1
FR (%)	60	25	15	100

Tabela de frequência de uma variável quantitativa contínua				
Altura (em classes)	**Contagem**	**FA**	**FR** (decimal)	**FR** (%)
1,62 ⊢ 1,65 m	∟	2	0,10	10
1,65 ⊢ 1,68 m	⊔	3	0,15	15
1,68 ⊢ 1,71 m	⊠|	6	0,30	30
1,71 ⊢ 1,74 m	⊔	3	0,15	15
1,74 ⊢ 1,77 m	□	4	0,20	20
1,77 ⊢ 1,80 m	∟	2	0,10	10
total		20	1,00	100

Veja que, neste caso, aparecem muitos valores diferentes, o que torna inviável construir a tabela com 1 linha para cada valor. Então, eles são agrupados em intervalos.

Observação: O símbolo ⊢ significa intervalo fechado à esquerda e aberto a direta (o valor à esquerda está contido no intervalo, enquanto o à direita não está).

Representação gráfica

A representação gráfica fornece uma visão de conjunto mais rápida que a observação direta dos dados numéricos. Por isso, os meios de comunicação com frequência oferecem a informação estatística por meio de gráfico. Sendo assim, temos:

Gráfico de segmentos

Os gráficos de segmentos são utilizados principalmente para mostrar a evolução das frequências dos valores de uma variável durante certo período. A posição de cada segmento indica crescimento, decréscimo ou estabilidade. Já a inclinação do segmento sinaliza a intensidade do crescimento ou do decréscimo.

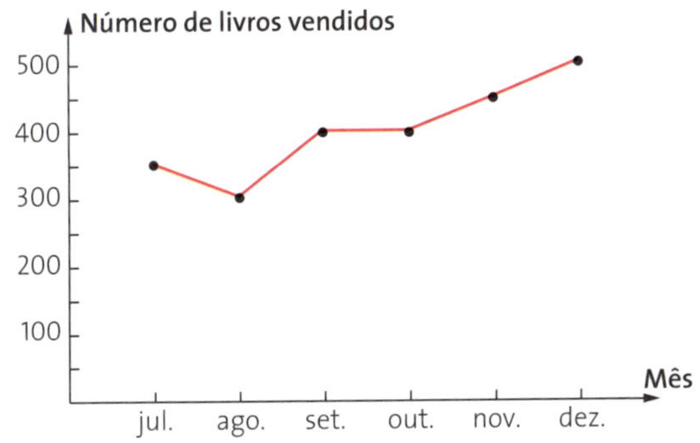

Gráfico de barras

Podemos compreender o uso do gráfico de barras a partir do exemplo:

Com o "desempenho em Química" demonstrado pelos alunos de uma classe, um professor elaborou a tabela abaixo:

Desempenho em Química	insuficiente	regular	bom	ótimo	total
FA	6	10	14	10	40
FR	15%	25%	35%	25%	100%

Com os dados da tabela é possível construir o gráfico de barras:

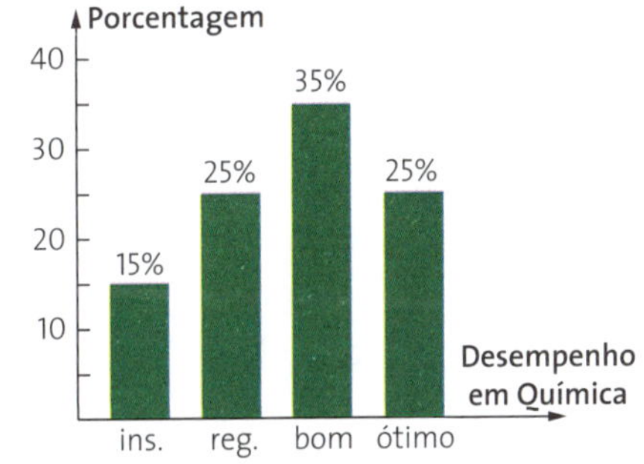

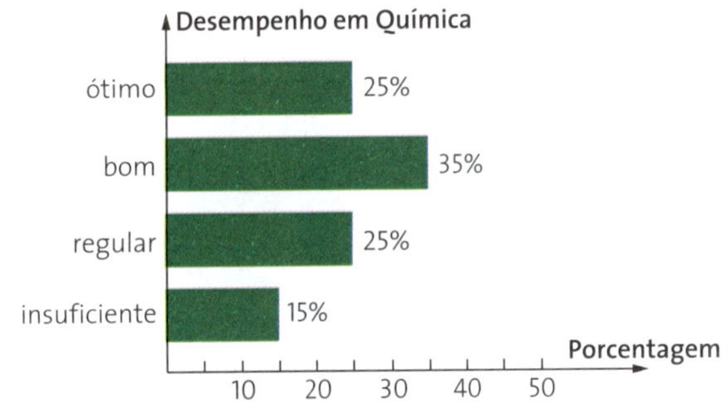

Gráfico de setores

Em cada gráfico de setores o círculo todo indica o total (100%) e cada setor indica a frequência relativa dos valores de uma variável. Na construção do gráfico de setores, determina-se o ângulo correspondente a cada setor por uma regra de três.

Exemplo: número de espectadores em cada sala de cinema

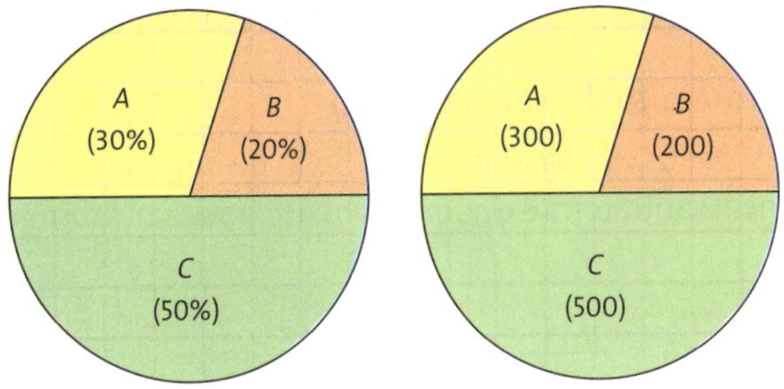

Sala	FA	FR	
A	300	$\frac{300}{1\,000} = \frac{3}{10}$	30%
B	200	$\frac{2}{10} = \frac{1}{5}$	20%
C	500	$\frac{5}{10} = \frac{1}{2}$	50%

Achando o ângulo para o gráfico de setores:

$$30\% = \frac{300}{1\,000} = \frac{x}{360} \Rightarrow x = 108°$$

Histograma

Quando uma variável tem seus valores indicados por classes (intervalos), é comum o uso de um tipo de gráfico conhecido por histograma.

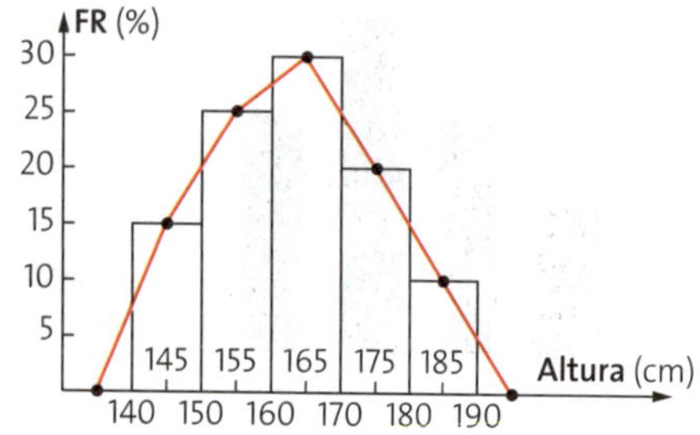

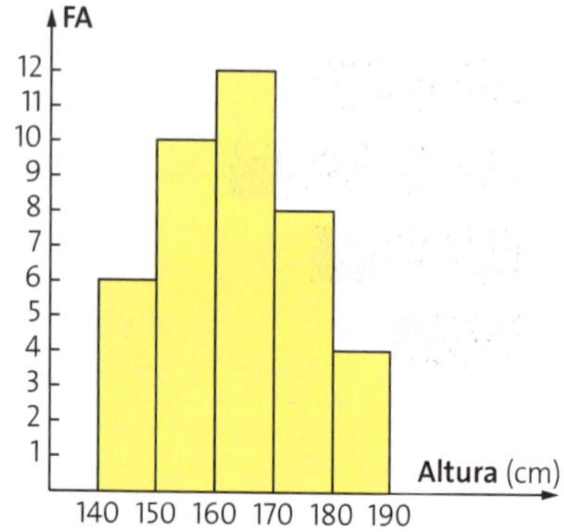

Se observarmos o primeiro histograma, foram escolhidos como representantes de cada classe um valor médio correspondente. Os segmentos que ligam em sequência os pontos médios das bases superiores formam um gráfico de segmentos conhecido como **polígono do histograma**.

Medidas de tendência central

Média aritmética (*MA*)

Dados os *n* valores $x_1, x_2, x_3, ..., x_n$ de uma variável, a média aritmética é o número obtido da seguinte forma:

$$MA = \frac{x_1 + x_2 + x_3 + ... + x_n}{n} = \frac{\sum_{i=1}^{n} x_i}{n}$$

Média aritmética ponderada (*MP*)

Quando atribuímos pesos aos valores ou quando eles se repetem e precisamos tirar a média, é conveniente utilizar a média aritmética ponderada, que é dada por:

$$MP = \frac{n_1 \cdot x_1 + n_2 \cdot x_2 + n_3 \cdot x_3 + ... + n_n \cdot x_n}{n_1 + n_2 + n_3 + ... + n_n}$$

em que *n* é o peso de cada valor ou quantas vezes ele se repete.

Mediana (*Me*)

Muitas vezes a média aritmética é distorcida devido a valores muito grandes ou muito pequenos, que destoam dos demais. Dessa forma, a média aritmética nem sempre caracteriza de forma eficiente o conjunto de valores e faz-se necessário o uso de uma medida de tendência central, a mediana.

Colocando os valores em ordem crescente ou decrescente, temos:

- Quando o total de valores é um número ímpar, a mediana será aquele que ocupar a posição central:

$$0, 0, 1, 2, 4, \underline{4}, 4, 5, 6, 6, 8$$

- Quando o total de valores é um número par, a mediana será a média entre os dois números que estiverem no centro:

$$1, 2, \underline{4, 6}, 7, 7$$

$$\frac{4 + 6}{2} = 5$$

Moda (*Mo*)

Moda é a medida de tendência central definida como o valor mais frequente de um grupo de valores observados.

Exemplo:

0, 0, 1, 2, 4, 4, 4, 5, 6, 6, 8 ($Mo = 4$)

Quando dois valores aparecem com a mesma frequência, dizemos que a distribuição é **bimodal**. Quando não há repetição de valores, a distribuição é **amodal**.

Média aritmética, moda e mediana a partir das tabelas de frequências

Exemplo:

Notas de Matemática em uma turma:

Nota	FA
5	1
7	3
8	2
10	4
Total	10

- $MP = \dfrac{1 \cdot 5 + 3 \cdot 7 + 2 \cdot 8 + 4 \cdot 10}{10}$
- Mediana: 5, 7 , 7 , 7, 8, 8, 10, 10, 10, 10

  $Me = \dfrac{8 + 8}{2} = 8$
- $Mo = 10$

Medidas de dispersão

Quando a medida de tendência central não é suficiente para caracterizar um grupo de valores de acordo com o que se pede, é conveniente utilizar medidas que expressem o grau de dispersão de um conjunto de dados. As mais usadas são a **variância** e o **desvio padrão**.

Variância (*V*)

Define-se a variância, como sendo a medida que se obtém somando-se os quadrados dos desvios das observações da amostra, relativamente à sua média, e dividindo pelo número de observações da amostra.

$$V = \frac{\sum_{i=1}^{n} (x_i - MA)^2}{n}$$

Exemplo:

Quantidade de fatias de pizza comidas em um rodízio:

	Fatias
André	4
Bruno	8
Carlos	6

- $MA = \dfrac{4 + 8 + 6}{3} = 6$
- $V = \dfrac{(4 - 2)^2 + (8 - 6)^2 + (6 - 6)^2}{3} = 2{,}67$

Desvio padrão (*DP*)

O desvio padrão é a raiz quadrada da variância. Ele facilita a interpretação de dados, pois é expresso na mesma unidade da variável.

$$DP = \sqrt{V}$$

É importante lembrar que:

- Quando todos os valores da variável são iguais, o desvio padrão é 0;
- Quanto mais próximo de 0 é o desvio padrão, mais homogênea é a distribuição dos valores da variável.

Observação: A variância e o desvio padrão são números positivos ou nulos.

Exemplo:

Tomando o exemplo de variância, temos que o DP é:

$$DP = \sqrt{2{,}67} = 1{,}63$$

Exercícios resolvidos

1. (UEG-GO) A professora Maria Paula registrou as notas de sete alunos, obtendo os seguintes valores: 2, 7, 5, 3, 4, 7 e 8. A mediana e a moda das notas desses alunos são, respectivamente:

   a) 3 e 7. b) 3 e 8. c) 5 e 7. d) 5 e 8.

   Resolução

   Para encontrar a mediana, é preciso colocar os valores em ordem crescente ou decrescente. Portanto:
   2, 3, 4, 5, 7, 7 e 8

   Como a quantidade de valores é ímpar (7), a mediana é o 4º valor $\left(\dfrac{7+1}{2} = 4\right)$, ou seja, 5.

   Já a moda é aquele valor que aparece mais vezes. No caso, 7.

   Assim, $Me = 5$ e $Mo = 7$.

   Resposta: alternativa **c**.

2. (FGV-SP) A tabela indica a frequência de distribuição das correspondências, por apartamento, entregues em um edifício na segunda-feira.

Número de correspondências	Quantidade de apartamentos
0	4
1	6
3	5
4	5
5	1
6	2
7	1

   A mediana dos dados apresentados supera a média de correspondências por apartamento em:

   a) 0,20. b) 0,24. c) 0,36. d) 0,72. e) 1,24.

   Resolução

   Pela tabela, observamos que há uma quantidade ímpar de valores (25). Portanto, a mediana é o 13º valor em ordem crescente ou decrescente.

   0, 0, 0, 0, 1, 1, 1, 1, 1, 1, 3, 3, 3 (13º), ...

   Logo, $Me = 3$.

   Para a média temos:

   $MP = \dfrac{0 \cdot 4 + 1 \cdot 6 + 3 \cdot 5 + 4 \cdot 6 + 5 \cdot 1 + 6 \cdot 2 + 7 \cdot 1}{25} \Rightarrow$

   $\Rightarrow MP = \dfrac{6 + 15 + 24 + 5 + 12 + 7}{25} \Rightarrow$

   $\Rightarrow MP = \dfrac{69}{25} \Rightarrow MP = 2{,}76$

   Logo, a mediana supera a média em:

   $3 - 2{,}76 = 0{,}24$

   Resposta: alternativa **b**.

Exercícios propostos

1. (IFSP) Uma pesquisa foi realizada com 40 alunos de uma classe sobre a quantidade de filmes a que cada um assistiu durante o primeiro semestre. O resultado está representado no gráfico.

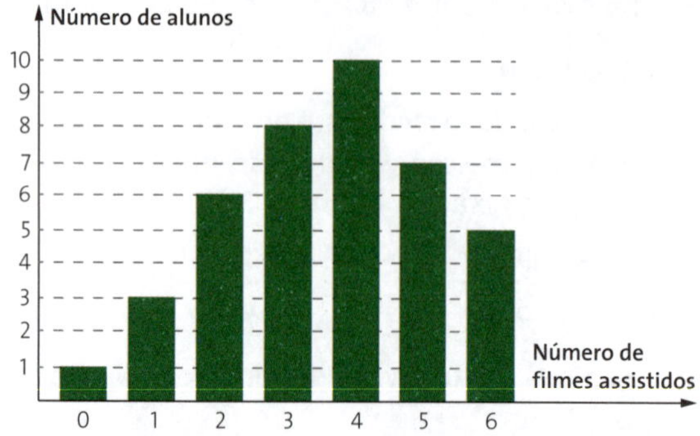

A média aritmética do número de filmes assistidos pelos alunos é

a) 2,4. b) 2,6. c) 2,8. d) 3,2. e) 3,6.

2. (UFG-GO) Em uma turma, originalmente com 18 estudantes, a altura média dos alunos era de 1,61 m. Essa turma recebeu um novo aluno com 1,82 m e uma aluna com 1,60 m. Com isso, a altura média, em metros, dos estudantes dessa turma passou a ser de:

a) 1,60. b) 1,62. c) 1,64. d) 1,66. e)1,68.

3. (Fuvest-SP) Uma prova tinha cinco questões, cada uma valendo 2 pontos. Em sua correção, foram atribuídas a cada questão apenas as notas 0 e 2, caso a resposta estivesse, respectivamente, errada ou certa. A soma dos pontos obtidos em cada questão forneceu a nota da prova de cada aluno. Ao final da correção, produziu-se a seguinte tabela, contendo a porcentagem de acertos em cada questão.

Questão	Porcentagem
1	30%
2	10%
3	60%
4	80%
5	40%

Logo, a média das notas da prova foi:

a) 3,8. b) 4,0. c) 4,2. d) 4,4. e) 4,6.

4. (UFPR) Considere as seguintes medidas descritivas das notas finais dos alunos de três turmas:

Turma	Número de alunos	Média	Desvio Padrão
A	15	6,0	1,31
B	15	6,0	3,51
C	14	6,0	2,61

Com base nesses dados, considere as seguintes afirmativas:

1) Apesar de as médias serem iguais nas três turmas, as notas dos alunos da turma *B* foram as que se apresentaram mais heterogêneas.
2) As três turmas tiveram a mesma média, mas com variação diferente.
3) As notas da turma *A* se apresentaram mais dispersas em torno da média.

Assinale a alternativa correta.

a) Somente a afirmativa 3 é verdadeira.
b) Somente a afirmativa 2 é verdadeira.
c) Somente as afirmativas 2 e 3 são verdadeiras.
d) Somente as afirmativas 1 e 2 são verdadeiras.
e) Somente as afirmativas 1 e 3 são verdadeiras.

5. (UFPR) Os dados abaixo representam o tempo (em segundos) para carga de um determinado aplicativo, num sistema compartilhado.

Tempo (s)	Número de observações
4,5 ⊢ 5,5	3
5,5 ⊢ 6,5	6
6,5 ⊢ 7,5	13
7,5 ⊢ 8,5	5
8,5 ⊢ 9,5	2
9,5 ⊢ 10,5	1
Total	30

Com base nesses dados, considere as afirmativas a seguir:

1) O tempo médio para carga do aplicativo é de 7,0 segundos.
2) A variância da distribuição é aproximadamente 1,33 segundo ao quadrado.
3) O desvio padrão é a raiz quadrada da variância.
4) Cinquenta por cento dos dados observados estão abaixo de 6,5 segundos.

Assinale a alternativa correta.

a) Somente as afirmativas 1 e 3 são verdadeiras.
b) Somente as afirmativas 2 e 3 são verdadeiras.
c) Somente as afirmativas 2 e 4 são verdadeiras.
d) Somente as afirmativas 1, 2 e 3 são verdadeiras.
e) Somente as afirmativas 1, 3 e 4 são verdadeiras.

MÓDULO 35 • Prismas

Construção e definição de prisma

Considere uma região poligonal, por exemplo, *ABCDE*, contida em um plano α. Escolha um ponto *A'* qualquer, não pertencente a α. Por *A'* trace o plano β paralelo a α. Pelos demais pontos, *B*, *C*, *D*, *E*, trace retas paralelas a *AA'* que cortem β nos pontos *B'*, *C'*, *D'*, *E'*. Essas retas são paralelas entre si.

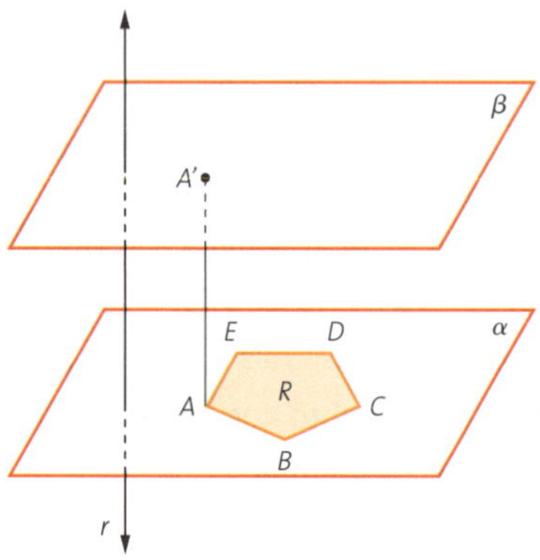

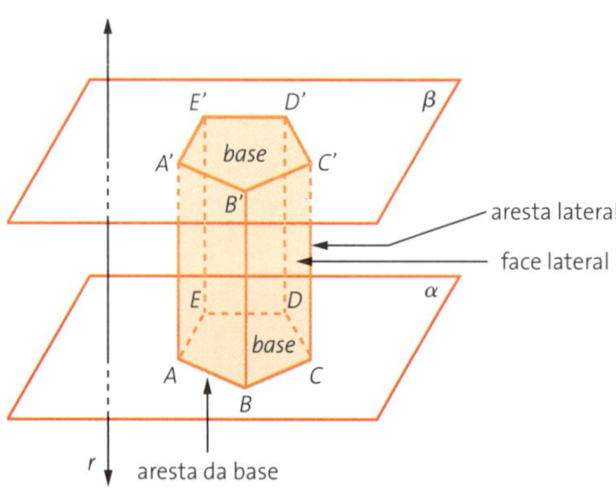

Tome dois segmentos consecutivos assim determinados, por exemplo $\overline{AA'}$ e $\overline{BB'}$. O quadrilátero *AA'B'B* é plano, pois seus lados AA_9 e BB_9 são paralelos. Isso acarreta que $\overline{AB}$ e $\overline{A'B'}$ também são paralelos (pois estão contidos em retas coplanares que não se intersectam por estar contidas em planos paralelos). Logo, o quadrilátero *AA'B'B* é um paralelogramo. As regiões limitadas por paralelogramos assim determinados, juntamente com as regiões poligonais *ABCDE* e *A'B'C'D'E'*, determinam um poliedro chamado **prisma** de bases *ABCDE* e *A'B'C'D'E'*.

A região do espaço ocupada por um prisma é formada pelos pontos dos segmentos nos quais cada extremidade está em uma das bases.

As arestas *AA'*, *BB'*, *CC'*, *DD'* e *EE'* são chamadas de **arestas laterais**. Todas as arestas laterais são paralelas e de mesmo comprimento.

Arestas laterais consecutivas determinam regiões que têm a forma de paralelogramos e são chamadas de **faces laterais** do prisma.

As bases *ABCDE* e *A'B'C'D'E'* são congruentes. A **altura** do prisma é a distância entre as bases.

O paralelepípedo

O paralelepípedo: quando a base é uma região em forma de paralelogramo, temos um prisma particular chamado **paralelepípedo**.

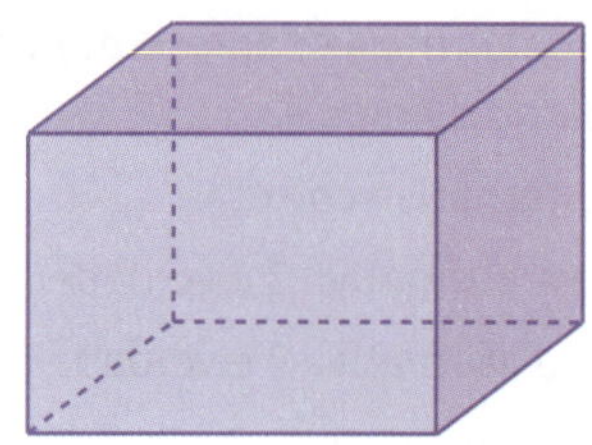

Prismas retos

O prisma é reto quando as arestas laterais são perpendiculares às bases, e é oblíquo quando não o são.

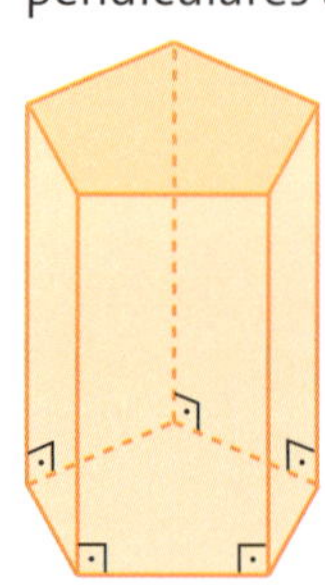

Prisma reto

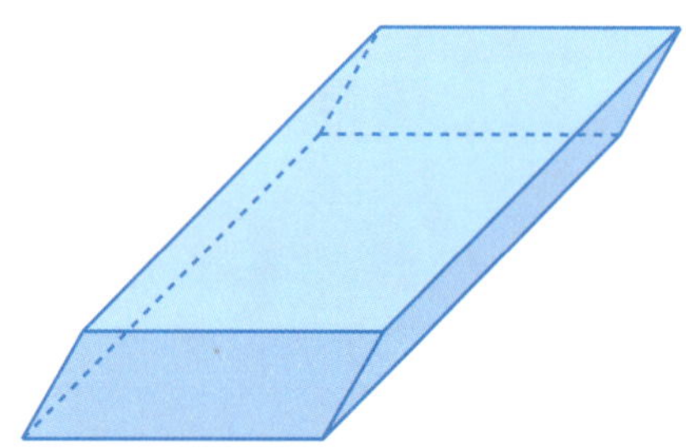

Prisma oblíquo

Veja alguns exemplos:

a) Prisma reto de base triangular ou prisma reto triangular

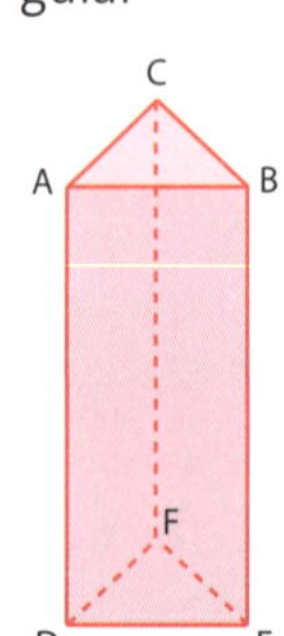

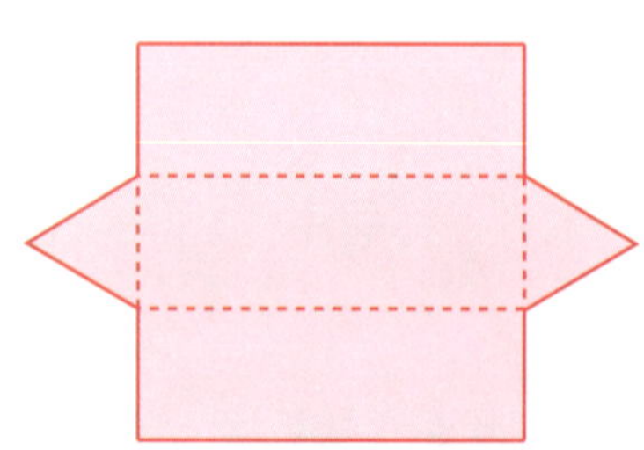

planificado

Bases: regiões *ABC* e *DEF*.
Faces laterais: regiões *ABED*, *ACFD*, *BCFE*.
Arestas laterais: $\overline{AD}$, $\overline{CF}$ e $\overline{BE}$.

b) Prisma reto de base retangular ou paralelepípedo retângulo ou bloco retangular

Quando o prisma é reto e a base é uma região retangular, obtemos um **paralelepípedo retângulo** ou **bloco retangular**, no qual cada face é uma região retangular.

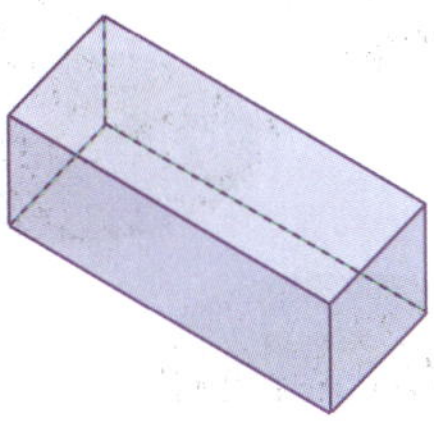

paralelepípedo retângulo ou bloco retangular

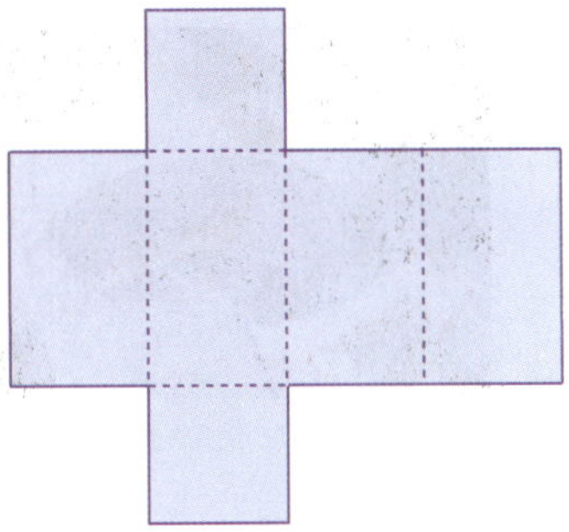

planificado

c) Cubo ou hexaedro regular

Quando, em um prisma reto, a base é uma região poligonal regular, temos um **prisma regular**. Um exemplo é o cubo ou hexaedro regular, que é um caso particular de paralelepípedo retângulo no qual cada face é uma região quadrada.

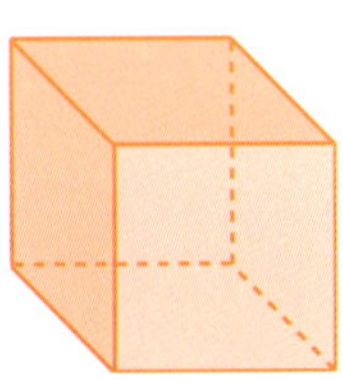

cubo ou hexaedro regular

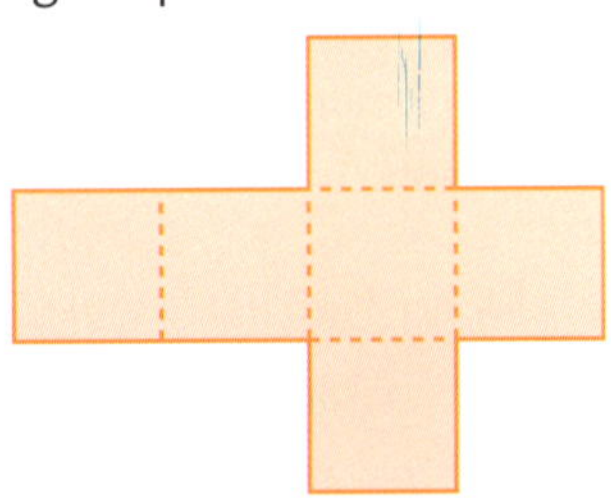

planificado

d) Prisma reto de base pentagonal ou prisma reto pentagonal.

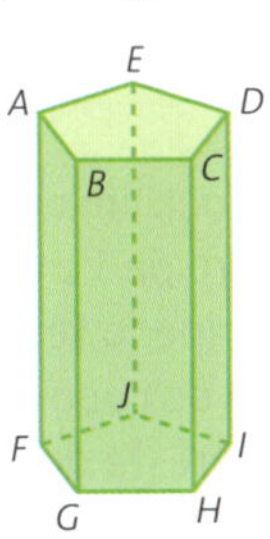

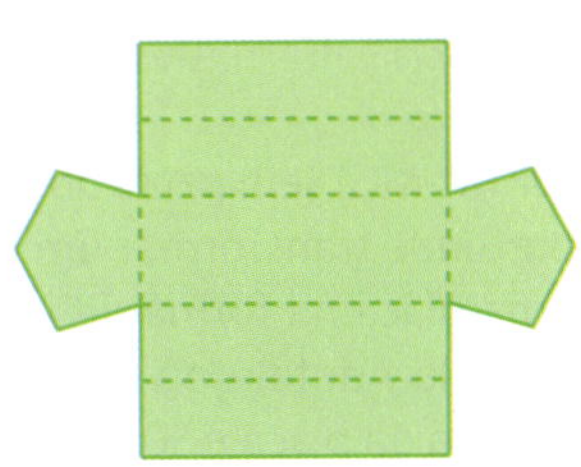

planificado

Bases: regiões *ABCDE* e *FGHIJ*.

Faces laterais: regiões *BCHG*, *CDIH*, *DEJI*, *AEJF* e *ABGF* (retangulares).

Arestas laterais: $\overline{AF}$, $\overline{BG}$, $\overline{EJ}$, $\overline{CH}$ e $\overline{DI}$.

Prisma regular

Prisma regular é um prisma reto cuja base é uma região poligonal regular.

Cálculo da diagonal de um paralelepípedo retângulo e de um cubo

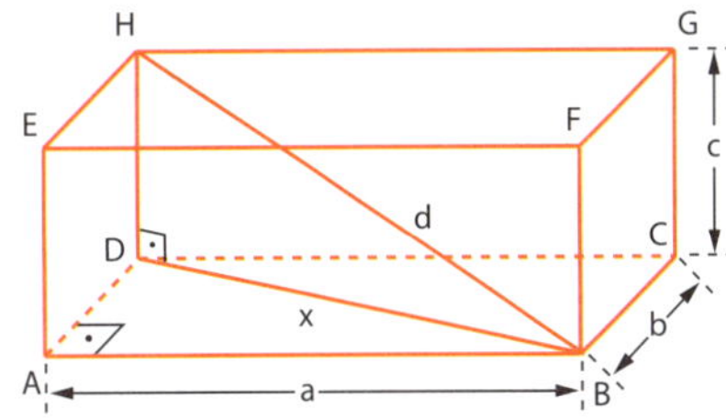

d = medida da diagonal do paralelepípedo

$$d = \sqrt{a^2 + b^2 + c^2}$$

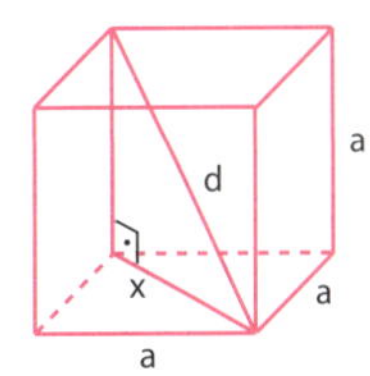

d = medida da diagonal do cubo

$$d = a\sqrt{3}$$

Área da superfície de um prisma

Em todo prisma, consideramos:

- **superfície lateral**: é formada pelas faces laterais;
- **área lateral (A_ℓ)**: é a área da superfície lateral;
- **superfície total**: é formada pelas faces laterais e pelas bases;
- **área total (A_t)**: é a área da superfície total.

A ideia intuitiva de volume

Suponha que queiramos medir a quantidade de espaço ocupado por um sólido *S*. Para isso, precisamos comparar *S* com uma unidade de volume. O resultado dessa comparação é um número que exprime quantas vezes o sólido *S* contém a unidade de volume. Esse número é a medida do volume de *S*, que costumamos chamar, simplesmente, o volume de *S*. Por exemplo, o volume de sólido *S* abaixo é de 12 unidades de volume: 12 U, ou seja:

$$\text{Volume de } S = 12 \text{ U}$$

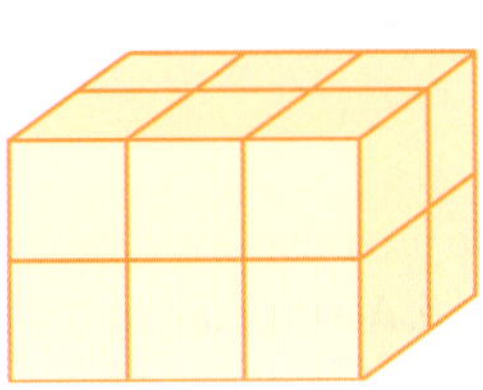

sólido *S*

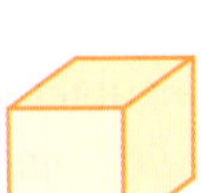

unidade de volume: U

Cubo unitário

Vamos estabelecer como **unidade de volume** um cubo cuja aresta mede 1 unidade de comprimento. Ele será chamado de **cubo unitário**. Qualquer cubo cuja aresta meça 1 terá, por definição, volume igual a 1.

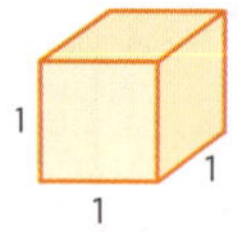

cubo unitário

Volume do paralelepípedo retângulo ou bloco retangular

O bloco retangular é um poliedro formado por 6 faces retangulares. Ele é determinado por três medidas: o seu comprimento (a), a sua largura (b) e a sua altura (c). Indicaremos o volume desse bloco retangular por $V(a, b, c)$. Como o volume do cubo unitário é $V(1, 1, 1) = 1$, o volume do bloco retangular é $V(a, b, c) = abc$.

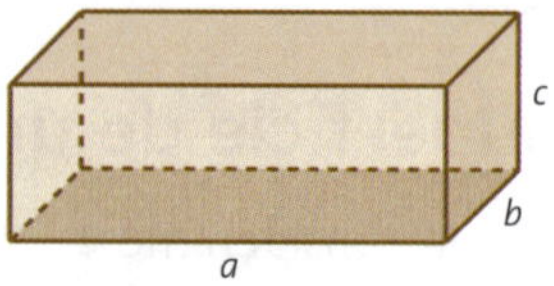

Observações:

1ª) Como ab indica a área da base e c indica a altura, é possível também indicar o volume do paralelepípedo retângulo assim:

$$V = A_b h$$

em que $A_b = ab$ (área da base) e $h = c$ (altura correspondente).

Assim, pode-se dizer que o volume de um paralelepípedo retângulo é o produto da área da base pela altura.

2ª) Como o cubo é um caso particular de um paralelepípedo retângulo com todas as arestas de medidas iguais, seu volume é dado por:

$$V = a \cdot a \cdot a \text{ ou } V = a^3$$

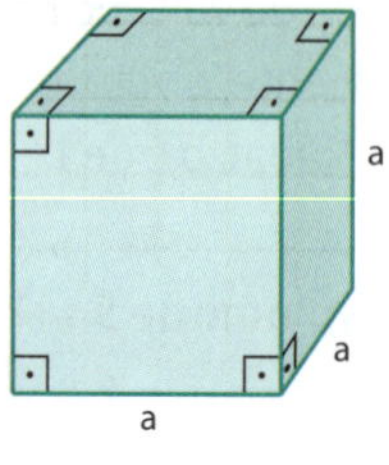

Volume do prisma

Para calcular o volume de um prisma qualquer, aplicamos o princípio de Cavalieri. Assim, concluímos que:

volume do prisma = área da base · altura

$$V = A_b h$$

Exercícios resolvidos

1. (UFF-RJ) O sistema de tratamento da rede de esgoto do bairro de Icaraí, em Niterói, tem a capacidade de processar 985 litros de esgoto por segundo, ou seja, 0,985 metros cúbicos de esgoto por segundo.

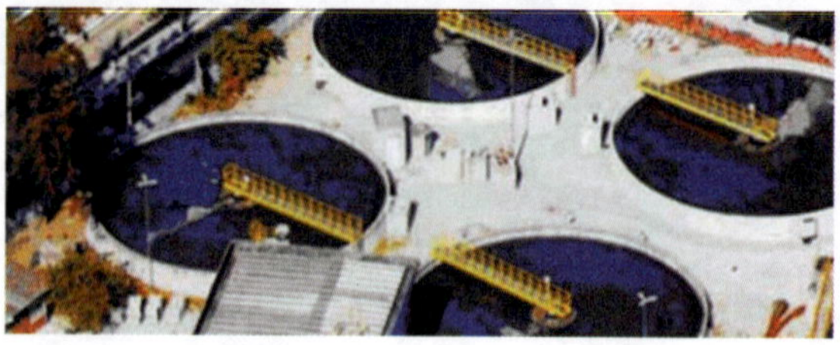

Fonte: <www.aguasdeniteroi.com.br/publique/cgi/cgilua.exe/sys/start.htm?sid=87>.

Sendo T o tempo necessário para que esse sistema de tratamento processe o volume de esgoto correspondente ao volume de uma piscina olímpica de 50 metros de comprimento, 25 metros de largura e 2 metros de profundidade, é correto afirmar que o valor de T está mais próximo de:

a) 3 segundos.
b) 4 minutos.
c) $\frac{1}{2}$ hora.
d) 40 minutos.
e) 1 dia.

Resolução

Considerando h como a profundidade, temos:

$V_{piscina} = A_b \cdot h = 50 \cdot 25 \cdot 2 = 2\,500 \text{ m}^3$

$$\begin{array}{l} 0{,}985 \text{ ——— } 1 \text{ s} \\ 2\,500 \text{ ——— } T \end{array} \Rightarrow T = \frac{2\,500}{0{,}985} =$$

$= 2\,538 \text{ s} : 60 \simeq 40 \text{ min}$

Resposta: alternativa **d**.

2. (UFTM-MG) Sem perda do volume original, um ourives pretende transformar um cubo de ouro de 1 cm³ em uma placa na forma de um paralelepípedo reto-retângulo. Adotando a medida da aresta do cubo como largura da placa e 50% da medida da aresta do cubo como altura da placa, a medida, em centímetros, do comprimento dessa placa resultará em:

a) 1,2.
b) 1,5.
c) 1,8.
d) 2,0.
e) 2,2.

Resolução

$V_{cubo} = V_{placa}$

$a^3 = C \cdot L \cdot H \Rightarrow 1^3 = C \cdot 1 \cdot \frac{1}{2} \Rightarrow C = 2 \text{ cm}$

Resposta: alternativa **d**.

Exercícios propostos

1. (UFRN) Como parte da decoração de sua sala de trabalho, José colocou sobre uma mesa um aquário de acrílico em forma de paralelepípedo retângulo, com dimensões medindo 20 cm × 30 cm × 40 cm. Com o aquário apoiado sobre a face de dimensões 40 cm × 20 cm, o nível da água ficou a 25 cm de altura. Se o aquário fosse apoiado sobre a face de dimensões 20 cm × 30 cm, a altura da água, mantendo-se o mesmo volume, seria de, aproximadamente:

   a) 16 cm. b) 17 cm. c) 33 cm. d) 35 cm.

2. (ESCS-DF) Em uma loja de pedras preciosas, o preço de uma pedra preciosa é proporcional a sua massa. Certa pedra, na forma de um paralelepípedo retângulo custa R$ 200,00. Uma outra pedra, do mesmo material da primeira, tem as suas dimensões multiplicadas por 2,5. O preço da nova pedra deverá ser:

   a) R$ 500,00.
   b) R$ 1 250,00.
   c) R$ 2 250,00.
   d) R$ 2 625,00.
   e) R$ 3 125,00.

3. (Unifor-CE) Uma grande epidemia, causada pelo superpovoamento, na segunda metade do século V, irrompeu na gloriosa cidade de Atenas. Seus habitantes enviaram uma delegação ao oráculo de Apolo para saber como poderiam combater a peste. A orientação foi triplicar o volume do altar de Apolo, que tinha forma de um cubo de lado *a*. Por quanto deve ser multiplicado o atual lado para que o volume do altar seja triplicado?

   a) $\sqrt[3]{2}$ b) $\sqrt{2}$ c) $\sqrt[3]{3}$ d) $\sqrt{3}$ e) 3

MÓDULO 35

FRENTE C

4. (UFTM) Uma caixa com a forma de prisma hexagonal regular tem volume $192\sqrt{3}$ cm³. Sabe-se que a altura dessa caixa é igual à distância entre dois vértices opostos de uma mesma base.

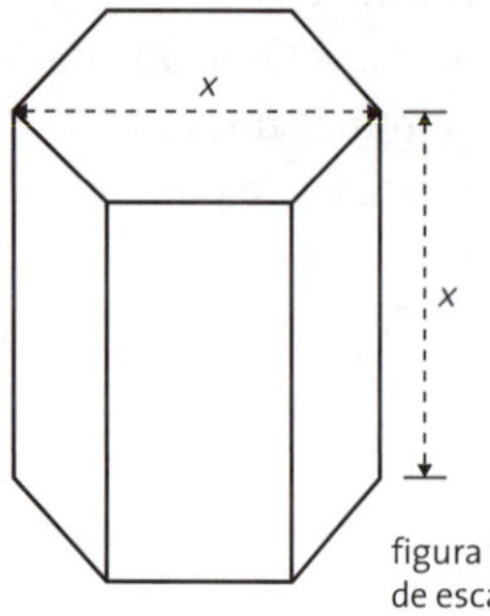

figura fora de escala

Assim, a altura da caixa, em centímetros, é igual a:

a) 4. b) 5. c) 6. d) 7. e) 8.

5. (IFSC) Observe o tabuleiro de um jogo, mostrado na figura abaixo. Ele tem a forma de um paralelepípedo retângulo. Para construí-lo, um marceneiro recebeu as seguintes instruções:

1. as dimensões do tabuleiro deveriam ser de 40 cm de comprimento por 20 cm de largura, por 5 cm de altura;
2. ele deveria ser envernizado apenas na superfície superior e nas superfícies laterais;
3. a madeira deveria ser o ipê.

Se esse marceneiro gasta, em média, R$ 45,00 para revestir de verniz uma superfície de 1 m^2 e paga R$ 3 900,00 por 1 m^3 de ipê ao seu fornecedor, é correto afirmar que, se consideradas apenas a madeira e a pintura, o custo para a confecção do tabuleiro em R$ (reais) é:

a) 27,00.
b) 6,30.
c) 12,90.
d) 21,90.
e) 18,00.

Construção e definição de pirâmide

Considere uma região poligonal, por exemplo, *ABCDE*, contida em um plano α e um ponto *V* exterior ao plano da região poligonal. Traçamos os segmentos $\overline{VA}$, $\overline{VB}$, $\overline{VC}$, $\overline{VD}$ e $\overline{VE}$. Cada dois vértices consecutivos de *ABCDE* determinam com *V* uma região triangular. Essas regiões triangulares, juntamente com a região poligonal *ABCDE*, determinam um poliedro chamado **pirâmide** de base *ABCDE* e vértice *V*.

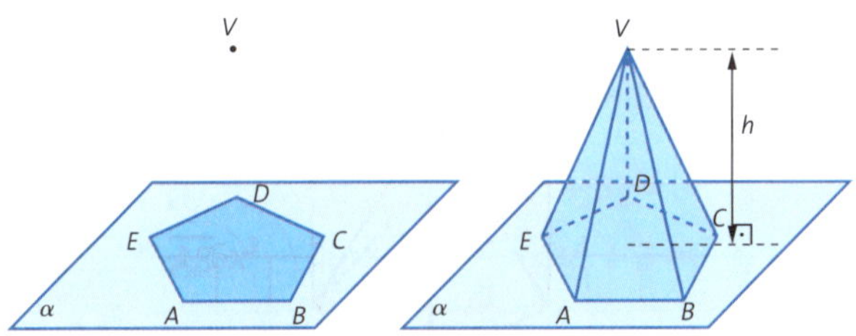

A região do espaço ocupada pela pirâmide é formada pelos pontos dos segmentos de reta que ligam o vértice *V* aos pontos da região poligonal (base).

A distância do vértice ao plano da base, que indicamos por *h*, é chamada **altura** da pirâmide.

Os segmentos $\overline{VA}$, $\overline{VB}$, $\overline{VC}$, $\overline{VD}$ e $\overline{VE}$ são chamados de **arestas laterais**, e as regiões triangulares *VAB*, *VBC*, *VCD*, *VDE* e *VEA*, de **faces laterais** da pirâmide.

Veja a seguir alguns exemplos de pirâmides:

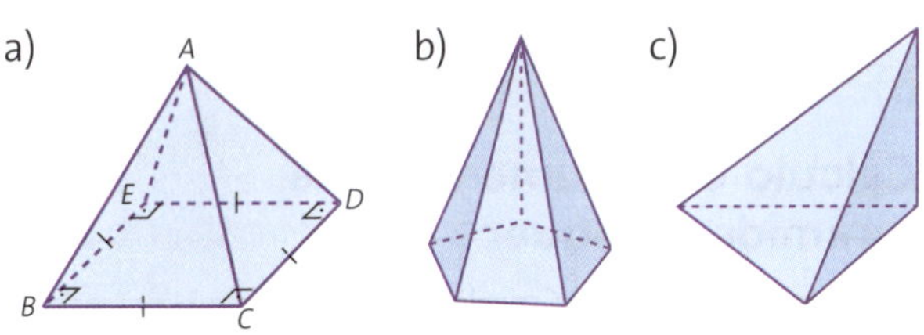

A primeira pirâmide, *ABCDE*, é uma pirâmide de base quadrada (ou pirâmide quadrada); a região poligonal *BCDE* é sua base, $\overline{AC}$ é uma aresta lateral, $\overline{BC}$ é uma aresta da base e a região triangular *ACD* é uma das faces laterais.

A segunda pirâmide tem base pentagonal (ou pirâmide pentagonal) e a terceira tem base triangular (tetraedro).

Pirâmide reta

Se todas as arestas laterais são congruentes, a pirâmide é **reta**; caso contrário, ela é **oblíqua**.

Pirâmide regular

É uma pirâmide reta cuja base é uma região poligonal limitada por um polígono regular.

Vamos considerar uma pirâmide cuja base é uma região quadrada com arestas laterais congruentes:

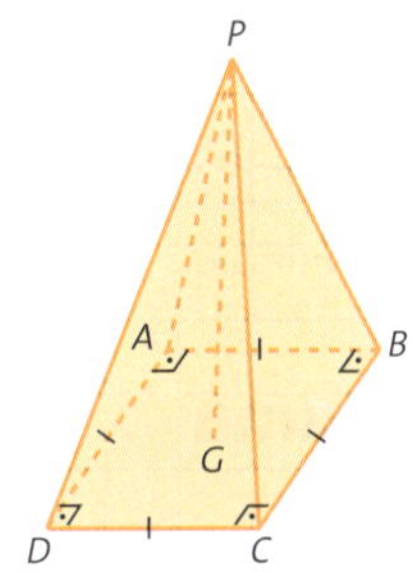

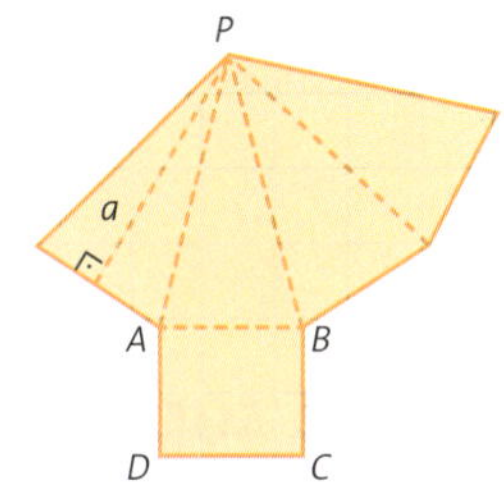

pirâmide planificada

Nessa pirâmide, temos:

- o segmento $\overline{PG}$ que liga o vértice ao centro da base é a altura da pirâmide;
- as faces laterais são regiões triangulares isósceles e congruentes;
- a altura de cada face lateral é conhecida por apótema da pirâmide regular (*a*).

Observação: Em toda pirâmide regular devemos destacar quatro importantes triângulos retângulos, nos quais aparecem: a aresta da base (ℓ), a aresta lateral (ℓ_1), o raio da circunferência circunscrita à base (*r*), o apótema (*a*), o apótema da base (a_1) e a altura da pirâmide (*h*).

Veja, em uma pirâmide regular pentagonal, a aplicação da relação de Pitágoras nesses triângulos:

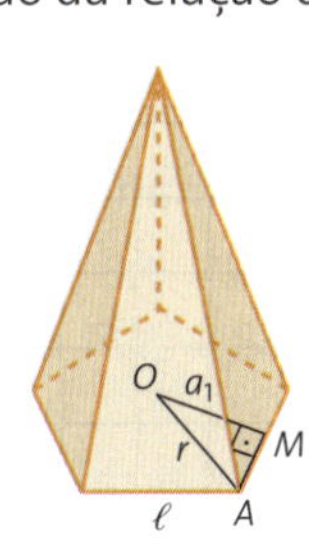

$\triangle OMA$

$$r^2 = a_1^2 + \left(\frac{\ell}{2}\right)^2$$

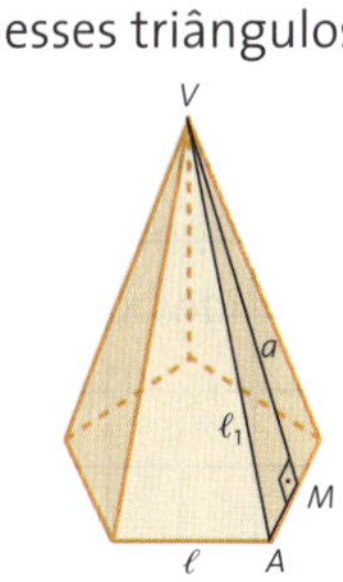

$\triangle VMA$

$$\ell_1^2 = a^2 + \left(\frac{\ell}{2}\right)^2$$

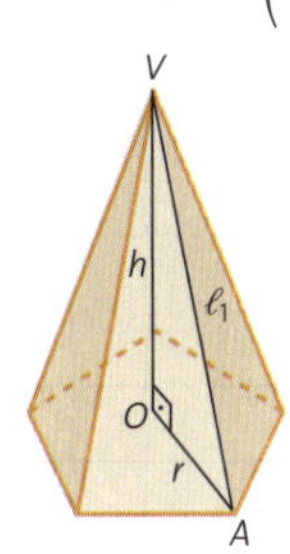

$\triangle VOA$

$$\ell_1^2 = h^2 + r^2$$

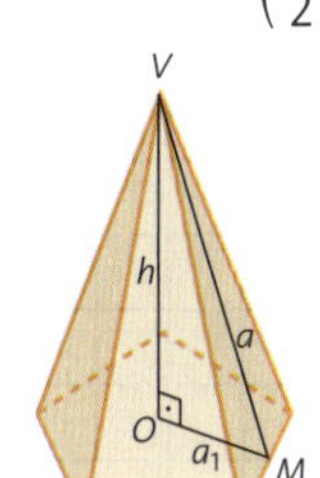

$\triangle VOM$

$$a^2 = h^2 + a_1^2$$

Caso particular importante: o tetraedro regular

Uma pirâmide particular formada por quatro regiões triangulares congruentes e equiláteras é o **tetraedro regular** (*tetra*: quatro; *edro*: face).

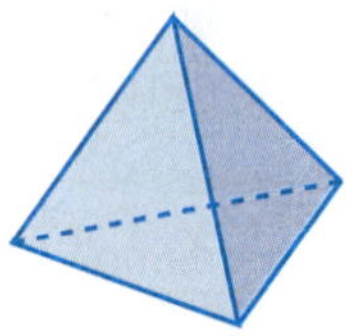
tetraedro regular

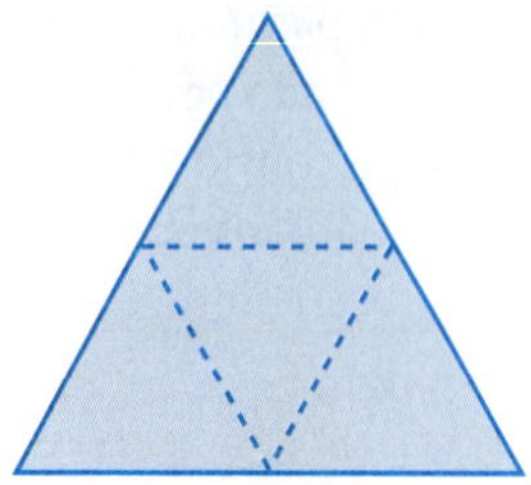
planificado

Área da superfície de uma pirâmide

Em toda pirâmide, consideremos:

- **superfície lateral**: é formada pelas faces laterais (triangulares);
- **área lateral (A_ℓ)**: é a área da superfície lateral;
- **superfície total**: é formada pelas faces laterais e pela base;
- **área total (A_t)**: é a área da superfície total.

Volume da pirâmide

Pelo princípio de Cavalieri, temos que, pirâmides com áreas das bases iguais e com mesma altura têm volumes iguais.

Cálculo do volume da pirâmide triangular

Vamos agora decompor um prisma triangular em três pirâmides, como indicam as figuras:

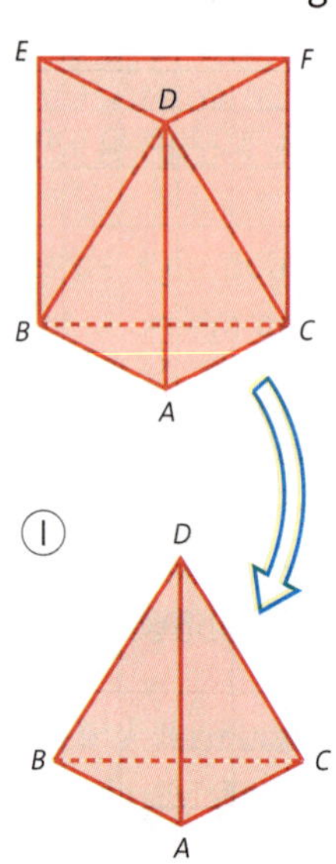

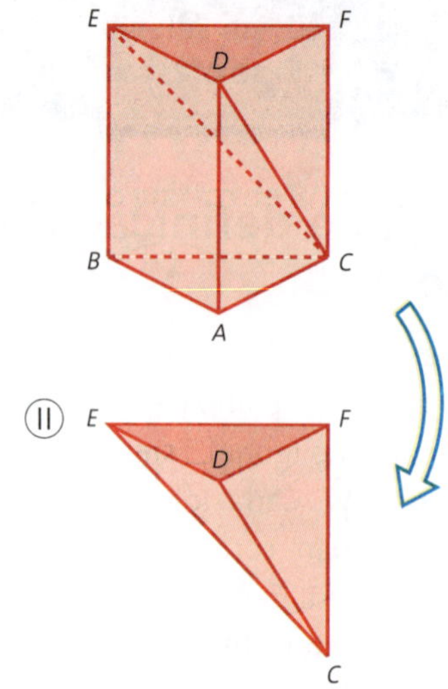

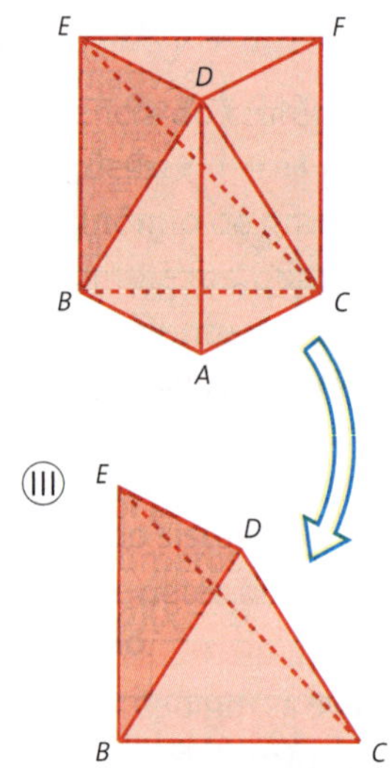

Como as três pirâmides têm o mesmo volume:

$$V_{\text{pirâmide triangular}} = \frac{\text{área da base} \cdot \text{altura}}{3}$$

Cálculo do volume de uma pirâmide qualquer

Pelo princípio de Cavalieri:

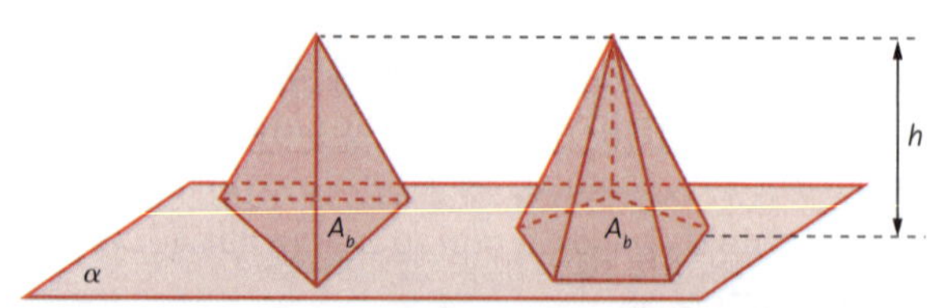

como as três pirâmides têm o mesmo volume, temos:
Volume de uma pirâmide qualquer =

$$= \frac{\text{área da base} \cdot \text{altura}}{3}$$

Ou seja:

$$V = \frac{A_b h}{3}$$

Tronco de pirâmide

Vamos considerar uma pirâmide de vértice V e altura h. Traçando um plano π paralelo à base, que secciona a pirâmide a uma distância d do vértice, obtermos dois poliedros: uma pirâmide de vértice V e altura d e um poliedro que é chamado **tronco** da pirâmide inicial.

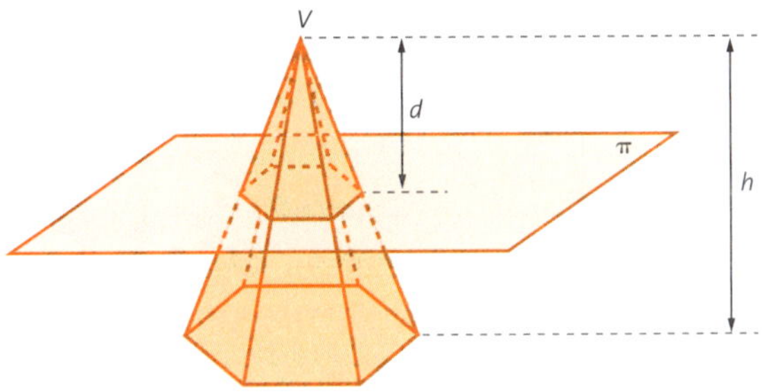

No tronco da pirâmide, destacamos:

- duas bases: a base da pirâmide inicial (base maior do tronco) e a secção determinada por π (base menor do tronco);
- as faces laterais, que são regiões limitadas por trapézios;
- a distância entre as bases do tronco, que se chama altura do tronco; sua medida é expressa por $h_1 = h - d$.

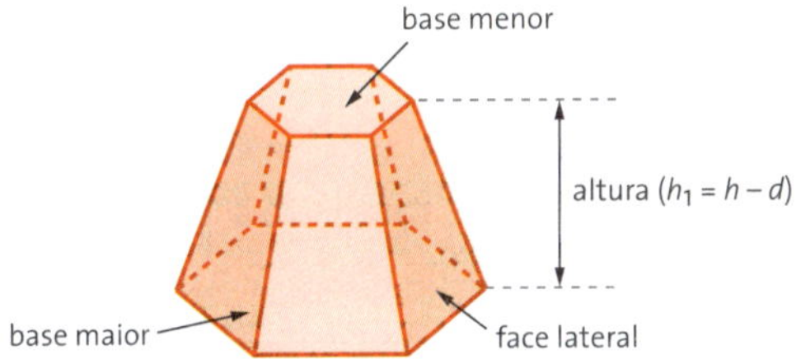

Tronco de pirâmide regular

Quando a pirâmide original é regular, o tronco de pirâmide é chamado de **regular** e nesse caso:

- as bases são regiões poligonais regulares e semelhantes;
- as faces laterais são regiões limitadas por trapézios isósceles;
- a altura de um desses trapézios é chamada **apótema** do tronco.

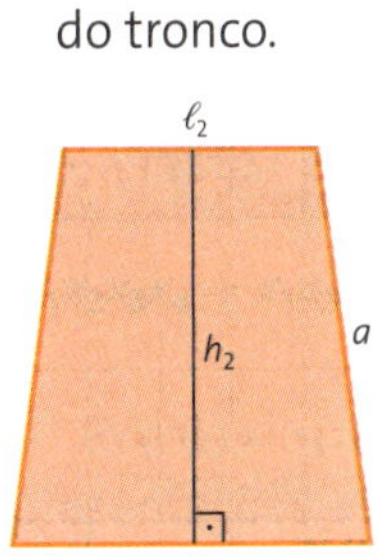

ℓ_1 = aresta da base maior do tronco
ℓ_2 = aresta da base menor do tronco
a = aresta lateral do tronco
h_2 = apótema do tronco (ou altura da face lateral)

Volume do tronco de pirâmide

Consideremos o tronco de pirâmide representado pela figura abaixo.

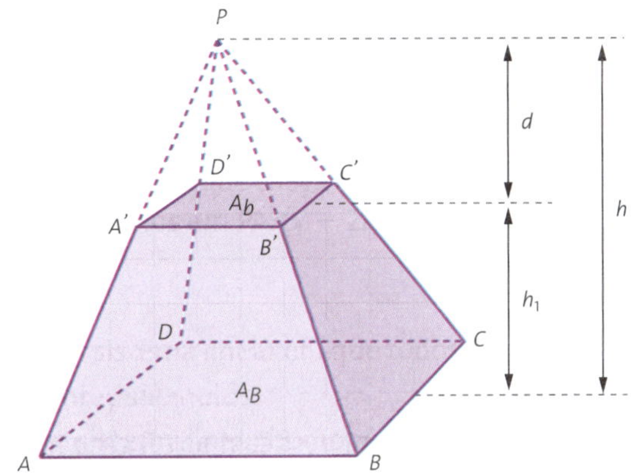

Temos:

- A_B = área da base maior
- A_b = área da base menor
- h = altura da pirâmide $PABCD$
- d = altura da pirâmide $PA'B'C'D'$
- h_1 = altura do tronco
- V = volume do tronco

Então:

$$V = \frac{h_1}{3}\left(A_B + \sqrt{A_B A_b} + A_b\right)$$

Exercícios resolvidos

1. (Cefet-PR) Uma pirâmide quadrangular regular de 13 cm de altura tem aresta lateral medindo 15 cm. A área da base dessa pirâmide, em cm^2, é:

a) 86.
b) 98.
c) 104.
d) 106.
e) 112.

Resolução

$h = 13$ cm
$\ell_1 = 15$ cm

Para ℓ = lado da base e d = diagonal da base, temos:

$$\left(\frac{d}{2}\right)^2 + h^2 = \ell^2 \Rightarrow \frac{d^2}{4} = 225 - 169 \Rightarrow d^2 = 4 \cdot 56 \Rightarrow$$
$$\Rightarrow d^2 = 224$$

$224 = 2\ell^2 \Rightarrow \ell^2 = 112$

$AB = h^2 = 112 \text{ cm}^2$

Resposta: alternativa **e**.

2. (IFMG) Um faraó projetou uma pirâmide de 100 m de altura, cuja base é um quadrado de lado 100 m, dentro da qual estaria seu túmulo. Para edificar 1 000 m^3 a mão de obra escrava gastava, em média, 72 dias. Nessas condições, o tempo necessário, em anos, para a construção dessa pirâmide foi, aproximadamente:

a) 76.

b) 66.

c) 56.

d) 46.

Resolução

$h = 100$ m

$\ell_1 = 100$ m

$$V = A_{base} \cdot h \cdot \frac{1}{3} = 100^2 \cdot 100 \cdot \frac{1}{3} = \frac{10^6}{3} \text{ m}^3$$

Pela regra de três:

$$\frac{\frac{10^6}{3}}{100} = \frac{x}{72} \Rightarrow x = 72 \cdot 10^3 \cdot \frac{1}{3} \Rightarrow$$

$\Rightarrow x = 24 \cdot 10^3$ dias $\simeq 66$ anos

Resposta: alternativa **b**.

Exercícios propostos

1. (UFRR) Uma barraca de acampamento tem a forma de uma pirâmide com 1 m de altura, cuja base é um quadrado com 2 m de lado. A quantidade de lona usada nas faces laterais da barraca é, em metros quadrados:

a) 8. b) 12. c) $\sqrt{2}$. d) $4\sqrt{2}$. e) $4 + \sqrt{4}$.

2. (ESPM-SP) A figura abaixo, formada por uma pirâmide regular e um paralelepípedo reto-retângulo, representa um peso de papel feito de granito polido, em que as medidas são dadas em centímetros.

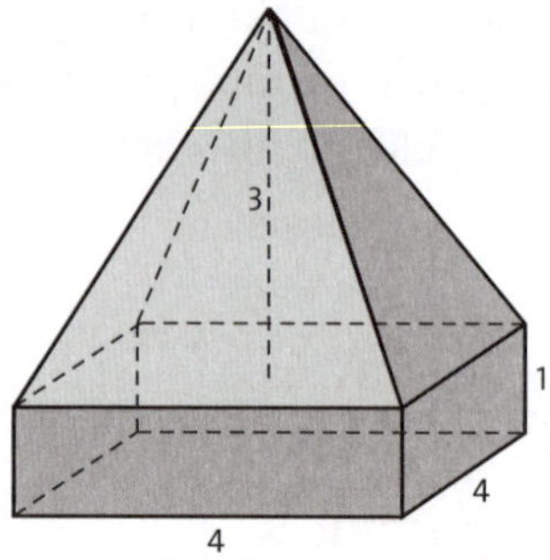

Se a densidade do granito utilizado é de 2 400 kg/m^3, podemos afirmar que a massa desse objeto é aproximadamente igual a:

a) 77 g. b) 85 g. c) 93 g. d) 65 g. e) 59 g.

3. (UEG-GO) A figura abaixo mostra uma vista parcial do Museu do Louvre em Paris, em cuja entrada foi construída uma enorme pirâmide de vidro que funciona como acesso principal. A pirâmide do Louvre, um projeto do arquiteto sino-americano Ming Pei, foi inaugurada em 1988 e está situada na praça central do museu. Trata-se de uma pirâmide regular, de base quadrada e com lados medindo 35 m.

UEG/2011

Paris - França

De acordo com os dados apresentados acima, calcule a altura da pirâmide.

4. (Unifor-CE) Uma pirâmide regular tem 10 m de altura. Sua base é um hexágono com 3 m de lado. O volume dessa pirâmide, em metros cúbicos, é:

a) $\frac{27\sqrt{3}}{2}$.
b) $27\sqrt{3}$.
c) $45\sqrt{3}$.
d) $90\sqrt{3}$.
e) $135\sqrt{3}$.

5. (FMTM-MG) Uma pirâmide de base quadrada e altura h é cortada por um plano α paralelo à base, a uma altura $\frac{h}{2}$, conforme a figura.

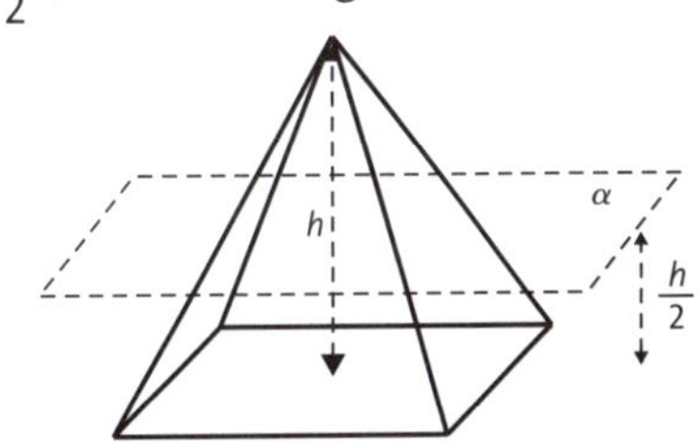

A razão entre o volume do tronco da pirâmide abaixo de α e o volume da pirâmide menor formada acima de α é:

a) 3.
b) 4.
c) 5.
d) 6.
e) 7.

Construção e definição de cilindro

Considere dois planos α e β, distintos e paralelos, e um segmento de reta MN com M pertencente α e N pertencente a β. Dado um círculo C de centro O e raio r, contido em α, chamamos cilindro circular (ou simplesmente cilindro) à reunião de todos os segmentos de reta, paralelos e congruentes ao segmento MN, que unem um ponto do círculo C a um ponto de β. No caso de MN ser perpendicular a α, o cilindro é reto.

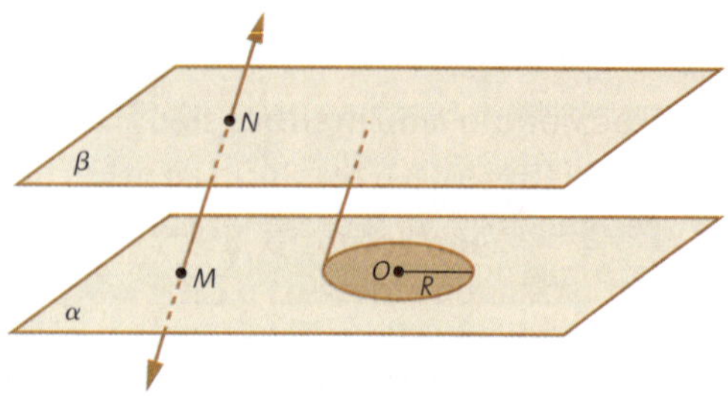

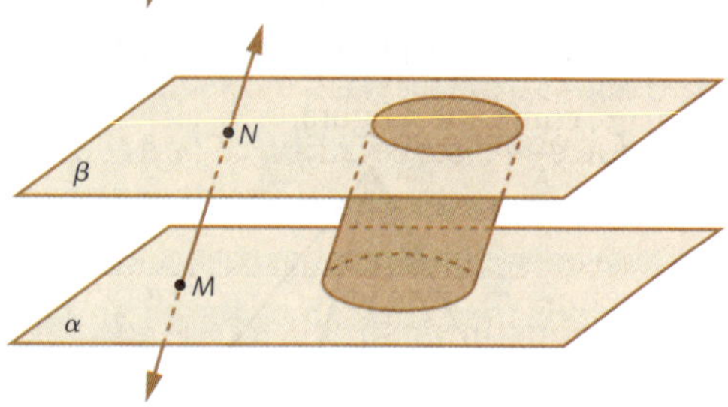

A superfície do cilindro é formada por duas partes circulares planas, que são as bases, e uma parte não plana, "arredondada", que é a superfície lateral.

A **altura** do cilindro é a distância entre os planos das bases.

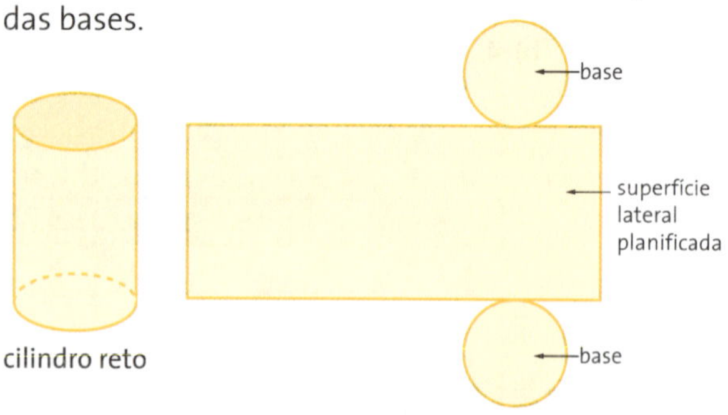

cilindro reto planificado

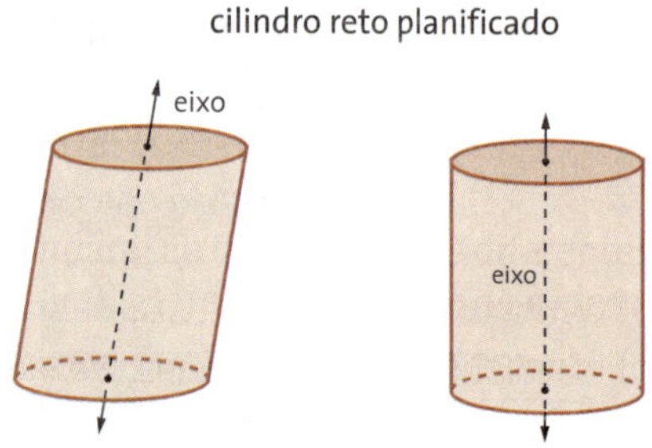

No cilindro reto, o eixo é perpendicular aos planos das bases.

Os segmentos paralelos ao eixo, cujas extremidades são pontos das circunferências das bases, são chamados **geratrizes** do cilindro.

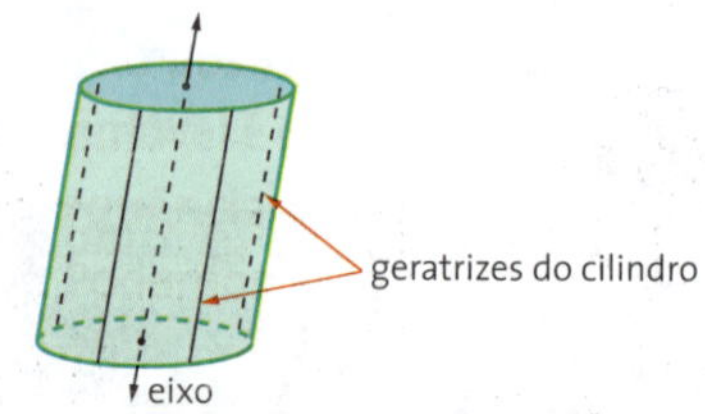

Um cilindro reto pode ser obtido girando-se uma região retangular em torno de uma reta que contém um de seus lados. Por isso, o cilindro circular reto pode ser chamado também de cilindro de revolução.

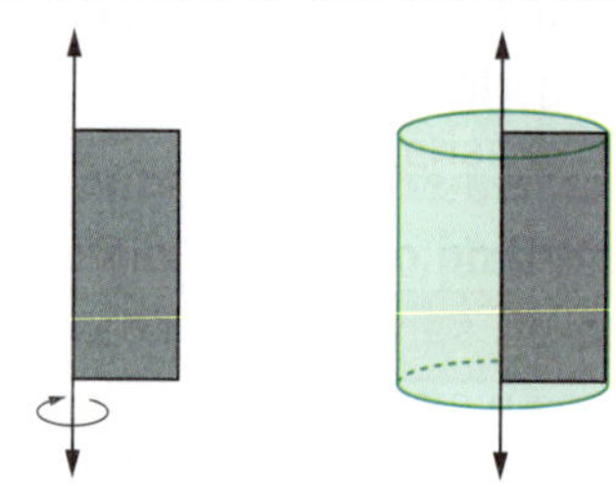

Secções de um cilindro

Secção transversal

É a intersecção do cilindro com um plano paralelo às suas bases. A secção transversal é um círculo congruente às bases.

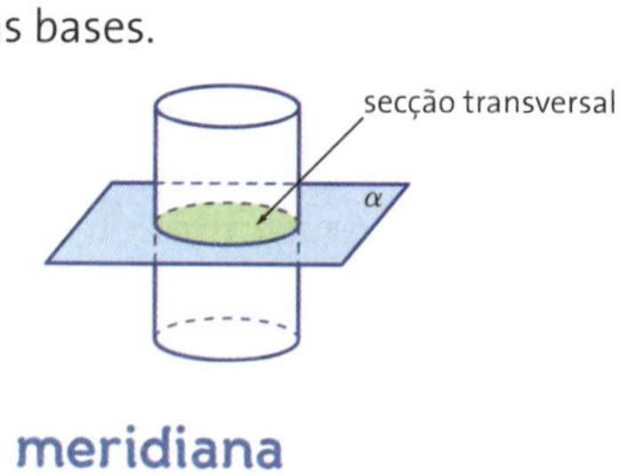

Secção meridiana

É a intersecção do cilindro com um plano que contém o seu eixo. A secção meridiana de um cilindro reto é um retângulo.

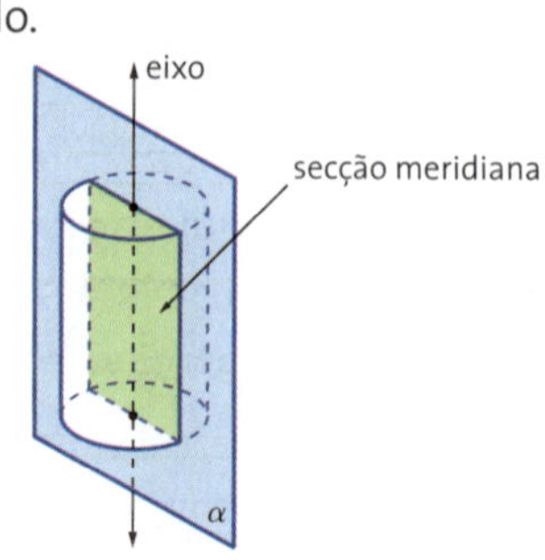

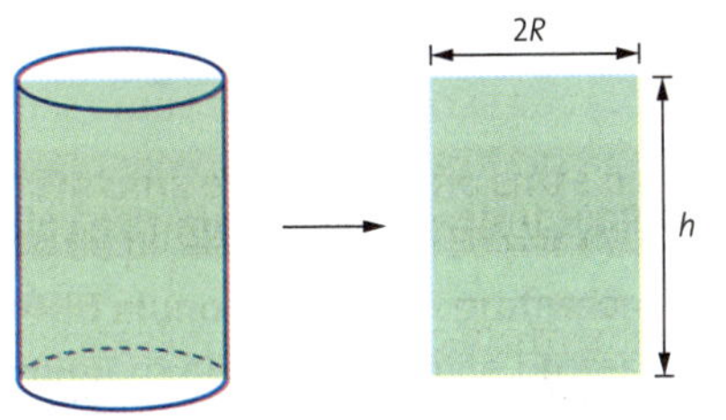

Se essa secção meridiana for um quadrado, dizemos que o cilindro é equilátero. Nesse caso, $h = 2R$.

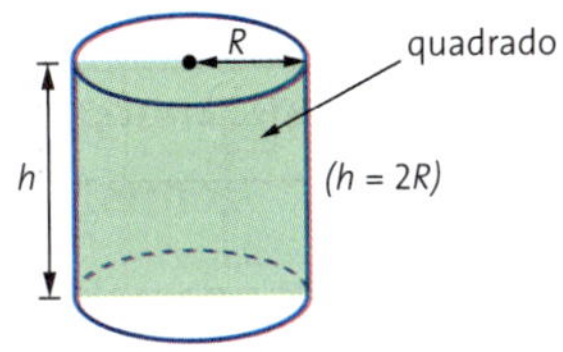

cilindro equilátero

Área da superfície de um cilindro reto

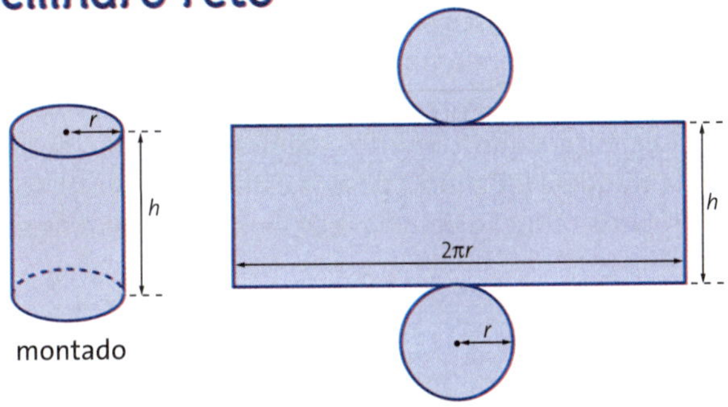

montado

planificado

A superfície total de um cilindro é formada pela superfície lateral mais as superfícies das suas bases.

Assim:

- **área lateral**: $A_\ell = 2\pi rh$
- **área das bases**: $2A_b = 2\pi r^2$
- **área total**: $A_t = A_\ell + 2A_b = 2\pi r(h + r)$

Volume do cilindro

Considere dois planos distintos e paralelos α e β. Considere ainda um paralelepípedo retângulo e um cilindro ambos de mesma altura e mesma área da base. Pelo princípio de Cavalieri, concluímos que: volume do cilindro = volume do paralelepípedo retângulo.

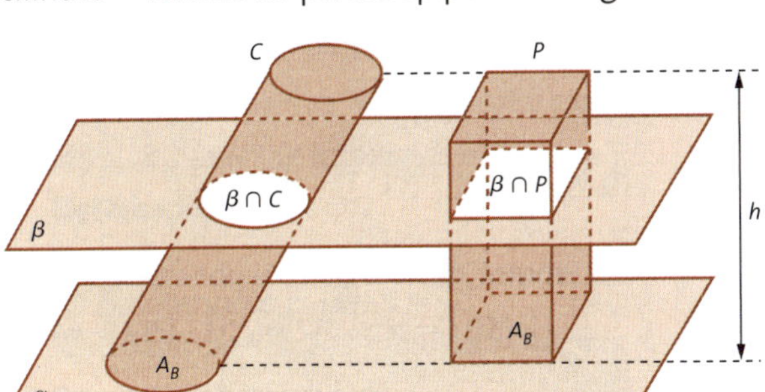

Assim:

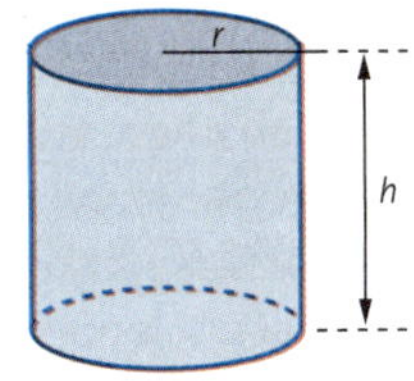

Volume do cilindro: $V = \pi r^2 h$

Exercícios resolvidos

1. (UPM-SP) Num copo, que tem a forma de um cilindro reto de altura 10 cm e raio da base 3 cm, são introduzidos 2 cubos de gelo, cada um com 2 cm de aresta. Supondo $\pi = 3$, o volume máximo de líquido que se pode colocar no copo é:

a) 158 mL.
b) 230 mL.
c) 300 mL.
d) 254 mL.
e) 276 mL.

Resolução

O volume do copo cilíndrico é:

$V = \pi r^2 h = \pi \cdot 3^2 \cdot 10 = 90\pi = 270 \text{ cm}^3$

O volume de cada cubo de gelo é:

$v = a^3 = 2^3 = 8 \text{ cm}^3$

O volume máximo de líquido que se pode colocar no copo é:

$V - 2v = 270 - 2 \cdot 8 = 254 \text{ cm}^3 = 254 \text{ mL}.$

Resposta: alternativa **d**.

2. (Fatec-SP) Um tanque para depósito de combustível tem a forma cilíndrica de dimensões: 10 m de altura e 12 m de diâmetro. Periodicamente, é feita a conservação dele, pintando-se sua superfície lateral externa. Sabe-se que, com uma lata de tinta, pintam-se 14 m² da superfície. Nessas condições, é verdade que a menor quantidade de latas que será necessária para a pintura da superfície lateral do tanque é:

a) 14. b) 23. c) 27. d) 34. e) 54.

Resolução

Como o diâmetro da base é 12 m, o raio dessa base é: $12 : 2 = 6$ m

A área da superfície lateral externa do tanque cilíndrico é:

$A_\ell = 2\pi rh = 2 \cdot \pi \cdot 6 \cdot 10 = 120\pi \text{ m}^2 \simeq 376{,}8 \text{ m}^2$

A quantidade aproximada de latas é:

$\dfrac{376{,}8}{14} = 26{,}91$ latas

Assim, a quantidade mínima e necessária é 27 latas.

Resposta: alternativa **c**.

Exercícios propostos

1. (UFG-GO) Observe a charge a seguir.

Disponível em: <http://veronicauerj.blogspot.com.br>. Acesso em: 28 mar. 2012. [Adaptada].

Considerando-se que as toras de madeira no caminhão são cilindros circulares retos e idênticos, com 10 m de comprimento e que a altura da carga é de 2,7 m acima do nível da carroceria do caminhão, então a carga do caminhão corresponde a um volume de madeira, em metros cúbicos de, aproximadamente:

(Dados: $\sqrt{3} \approx 1{,}7$ e $\pi \approx 3{,}1$.)

a) 17,2.
b) 27,3.
c) 37,4.
d) 46,5.
e) 54,6.

2. (Fasm-SP) A traqueia de uma determinada pessoa, em repouso, pode ser considerada como sendo um tubo cilíndrico com 10 cm de comprimento e 2 cm de diâmetro, conforme ilustram as figuras **1** e **2**.

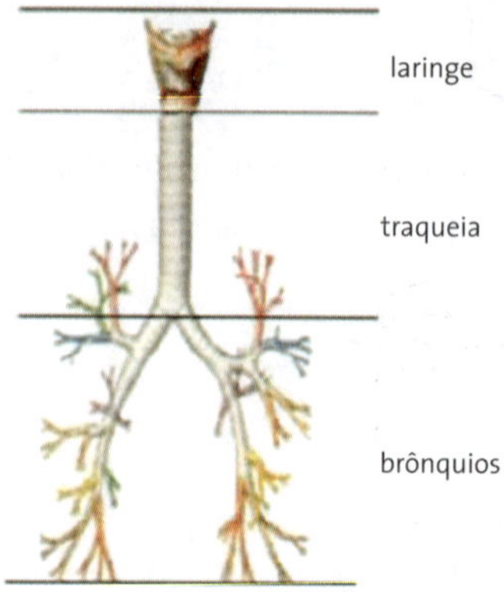

figura 1

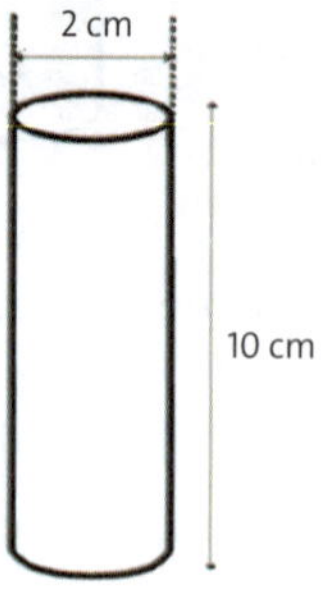

figura 2
(esquema matemático)

Quando essa pessoa tosse, a traqueia sofre uma contração, ocorrendo a redução do diâmetro, o que faz com que a área lateral da traqueia passe a medir 16π cm^2. Sabendo que o comprimento da traqueia não sofre alteração durante a tosse, pode-se concluir, então, que, durante a contração, o raio inicial da traqueia (quando a pessoa está em repouso), sofre uma redução de:

a) 20%.
b) 25%.
c) 35%.
d) 30%.
e) 40%.

3. (Uema) Uma empresa de construção civil deseja construir uma caixa d'água, de forma cilíndrica, de modo que suas paredes sejam delineadas por dois círculos concêntricos de raios $R = 3,5$ m e $r = 3$ m, respectivamente, conforme ilustra o desenho.

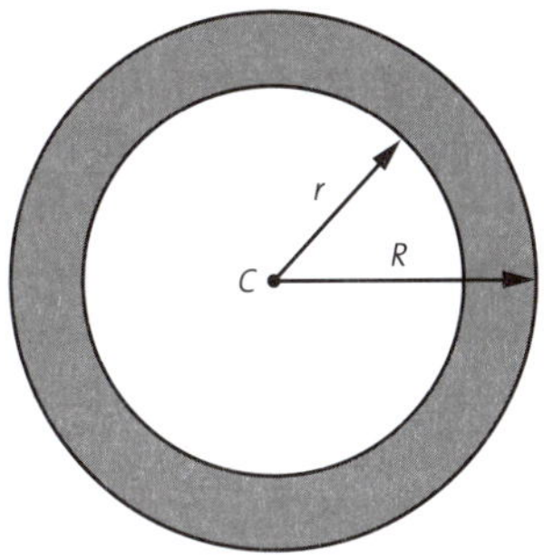

Se esse reservatório tiver altura interna igual a 8 m, o volume de concreto necessário para fazer suas paredes, no espaço compreendido entre o piso e sua parte superior, usando o valor de $\pi = 3,14$ é:

a) 81,64 m^3.
b) 98,00 m^3.
c) 72,00 m^3.
d) 153,86 m^3.
e) 127,16 m^3.

4. (Fuvest-SP) Uma garrafa de vidro tem a forma de dois cilindros sobrepostos. Os cilindros têm a mesma altura de 4 cm e raios das bases R e r, respectivamente.

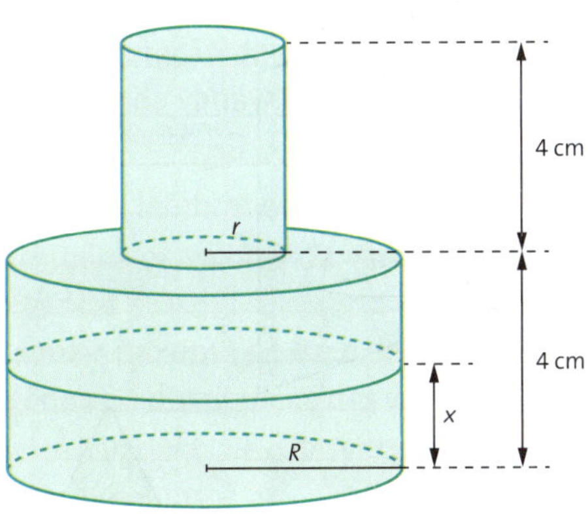

Se o volume $V(x)$ de um líquido que atinge a altura x da garrafa se expressa segundo o gráfico a seguir, quais os valores de R e de r?

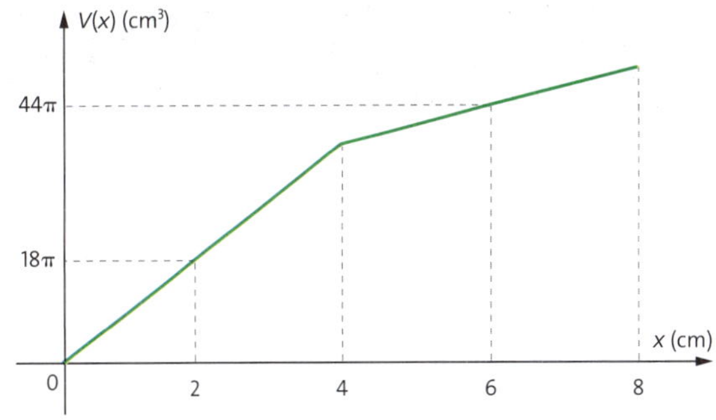

5. (FGV-SP) Um poço cilíndrico circular reto, de profundidade 15 m e diâmetro 6 m, foi escavado por 18 trabalhadores em 25 dias. Admitindo-se sempre proporcionalidade direta ou inversa entre duas das três grandezas envolvidas no problema (volume escavado, número de trabalhadores e dias necessários para o serviço), para aumentar o diâmetro do poço já escavado em mais 2 m, e com 4 trabalhadores a menos, serão necessários e suficientes mais:

a) 20 dias.
b) 21 dias.
c) 23 dias.
d) 24 dias.
e) 25 dias.

MÓDULO 38 • Cones

Construção e definição de cone:

Considere o plano α, uma região circular R e um ponto P não pertencente à α. A reunião de todos os segmentos que ligam cada ponto de R ao ponto P é um sólido chamado **cone circular**.

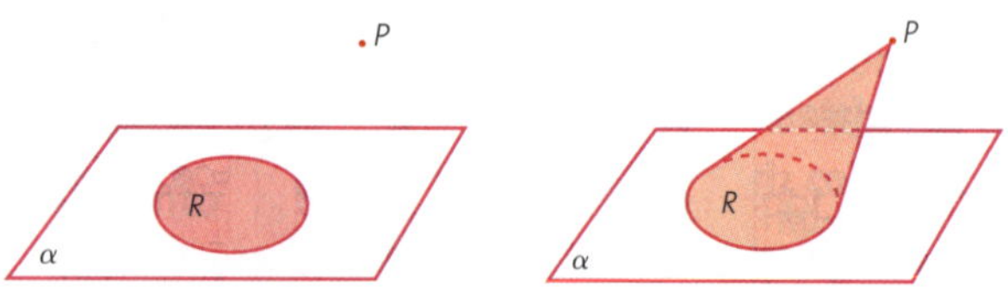

A superfície do cone é formada por uma parte plana, a região circular, que é a sua base, e uma parte não plana, "arredondada", que é a sua superfície lateral.

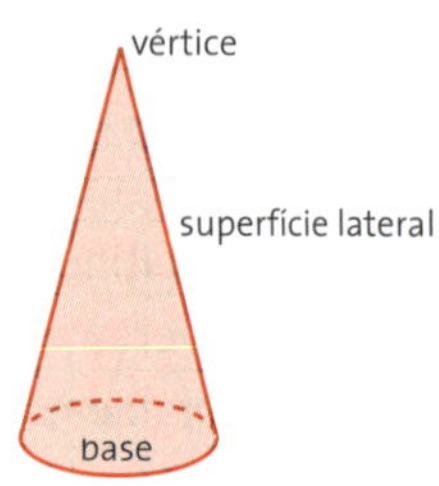

O eixo do cone é o segmento de reta que liga o vértice ao centro da base. Se o eixo é perpendicular à base, o cone denomina-se **cone reto**.

Se o eixo é oblíquo à base, o cone é chamado **cone oblíquo**.

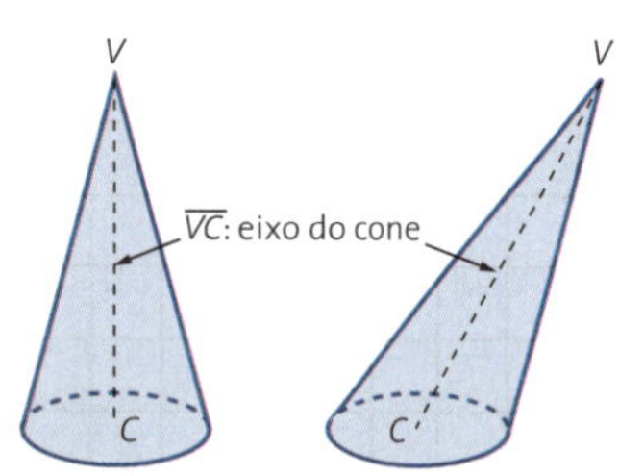

cone reto cone oblíquo

A altura h do cone é o segmento de reta perpendicular traçado do vértice ao plano da base. No cone reto, cada segmento que liga o vértice a um ponto da circunferência da base é chamado **geratriz** do cone.

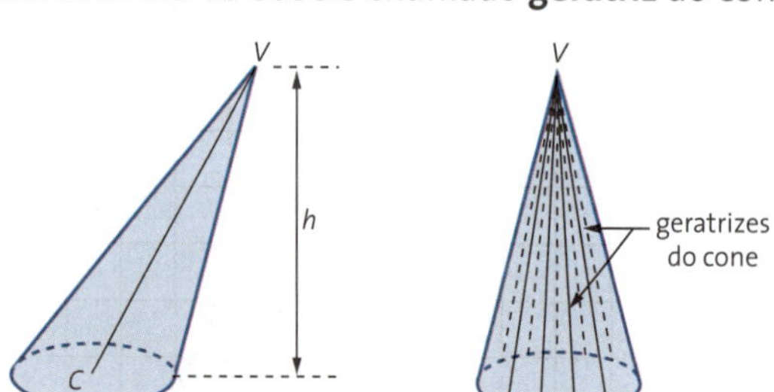

Um cone reto pode ser obtido girando-se uma região triangular cujo contorno é um triângulo retângulo em torno de uma reta que contém um dos catetos. Por isso, o cone reto é considerado um **sólido** ou **corpo de revolução** e é chamado **cone de revolução**.

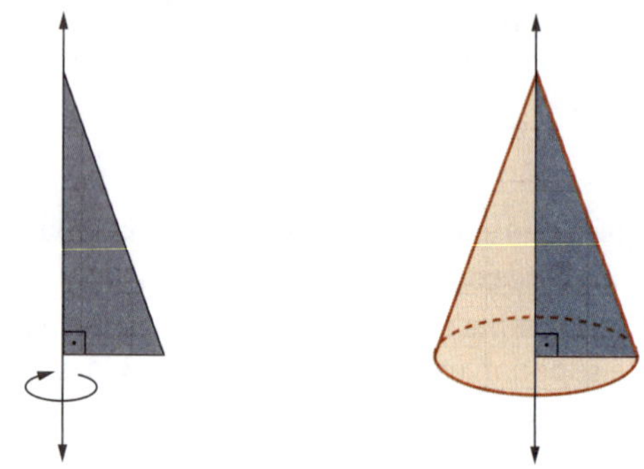

Secções do cone

Secção transversal

É a intersecção do cone com um plano paralelo à sua base. A secção transversal do cone é um círculo.

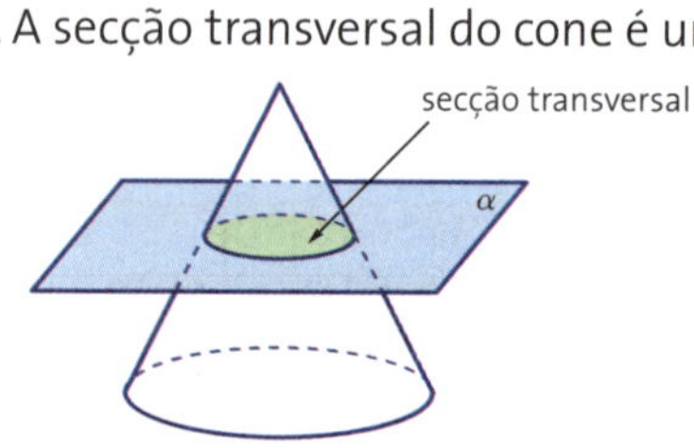

Secção meridiana

É a intersecção do cone com um plano que contém o seu eixo. A secção meridiana de um cone reto é um triângulo isósceles.

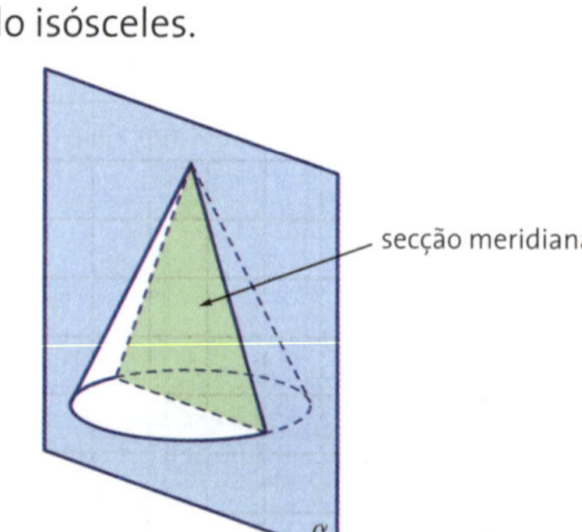

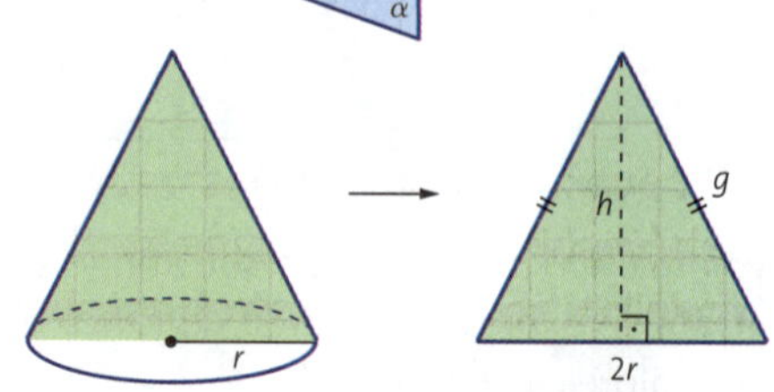

Se a secção meridiana for um triângulo equilátero, dizemos que o cone é **equilátero**. Nesse caso:

$$g = 2r \text{ e } h = r\sqrt{3}$$

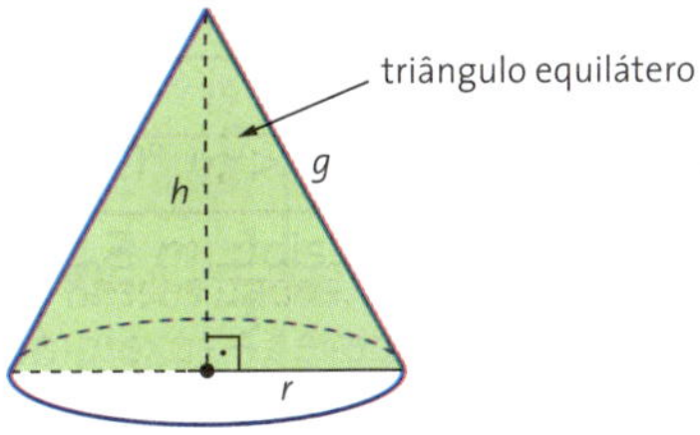

Área da superfície de um cone reto

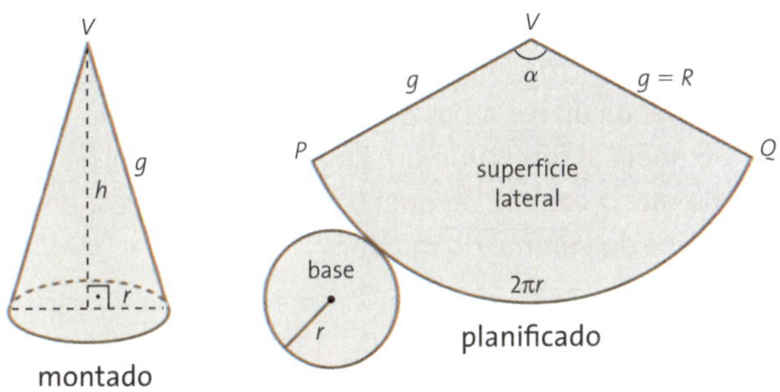

A superfície total de um cone reto é formada pela superfície lateral (um setor circular) mais a superfície da base (um círculo).

Assim:

- **área lateral:** $A_\ell = \pi r g$
- **área das bases:** $A_b = \pi r^2$
- **área total:** $A_t = A_\ell + A_b = \pi r(g + r)$

$$h^2 + r^2 = g^2$$

Volume do cone

Consideramos um cone de altura H e base de área A contida em um plano horizontal α. Consideramos ainda uma pirâmide de altura H e base de área A, também contida em α.

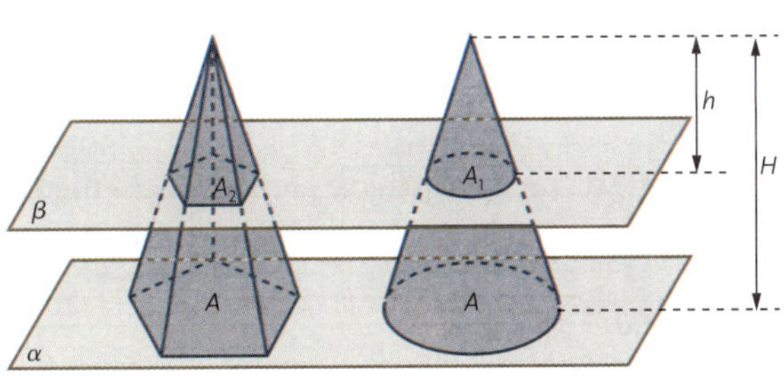

Pelo princípio de Cavalieri podemos afirmar que o cone e a pirâmide iniciais têm o mesmo volume. Assim:

$$V_{cone} = \frac{\text{área da base} \cdot \text{altura}}{3}$$

Para um cone circular reto de raio r e altura h, podemos dizer que:

$$V = \frac{1}{3}A_b h$$

$$V = \frac{1}{3}\pi r^2 h$$

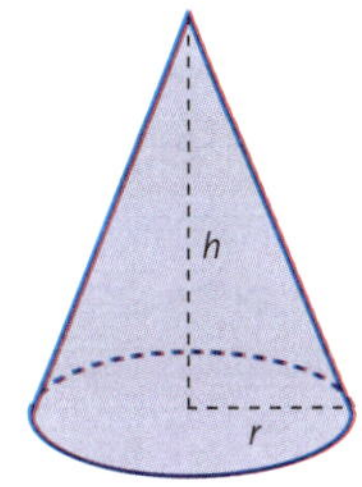

Tronco de cone reto

Vamos considerar um cone circular reto de vértice V e altura h e um plano α paralelo à base que secciona o cone a uma distância d do vértice, conforme a figura:

$\overline{VA} : g_2$

$\overline{AA'} : g_1$

$\overline{VA'} : g$

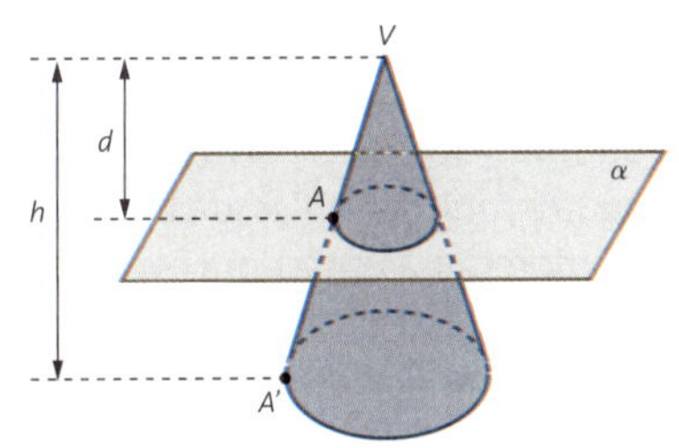

Nesse caso, obtemos dois sólidos; um cone de vértice V e altura d e outro sólido, chamado **tronco** do cone inicial:

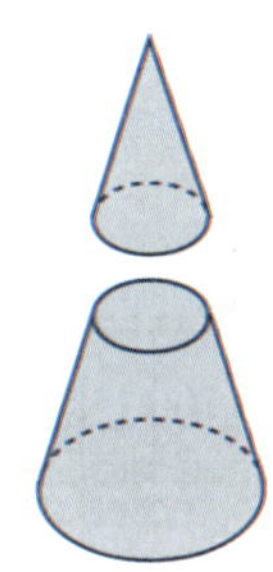

No tronco de cone, destacamos:

- **duas bases**: a base maior (base do cone inicial) e a base menor (secção determinada por α);
- a **altura** (h_1), que é a distância entre as bases ($h_1 = h - d$);
- a **geratriz** cuja medida (g_1) é obtida pela diferença das medidas das geratrizes dos dois cones: ($g_1 = g - g_2$), em que g é a geratriz do cone inicial e g_2 é a geratriz do cone determinado por α.

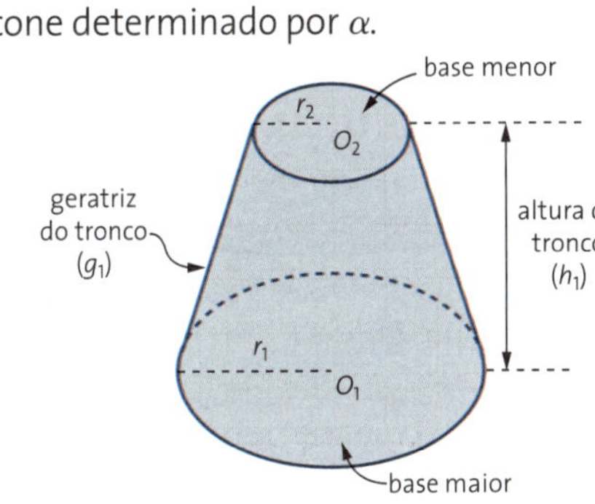

Área e volume do tronco de cone reto

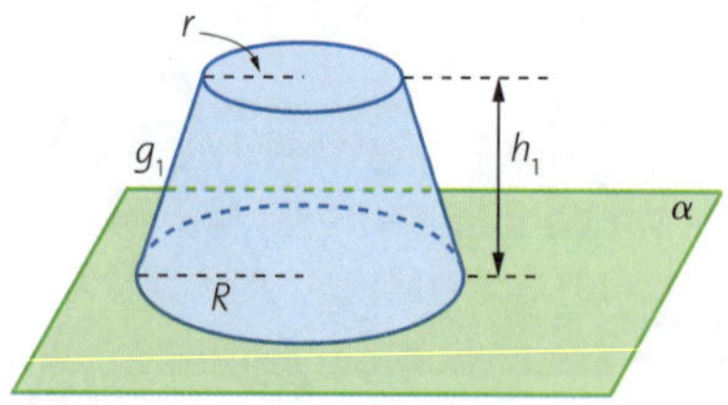

$$A_\ell = \pi g_1(R + r)$$

$$V_{\text{tronco}} = \frac{\pi h_1}{3}(R^2 + Rr + r^2)$$

Exercícios resolvidos

1. (UFPB) A prefeitura de certo município realizou um processo de licitação para a construção de 100 cisternas de placas de cimento para famílias da zona rural do município. Esse sistema de armazenamento de água é muito simples, de baixo custo e não poluente. A empreiteira vencedora estipulou o preço de 40 reais por m^2 construído, tomando por base a área externa da cisterna. O modelo de cisterna pedido no processo tem a forma de um cilindro com uma cobertura em forma de cone, conforme a figura abaixo.

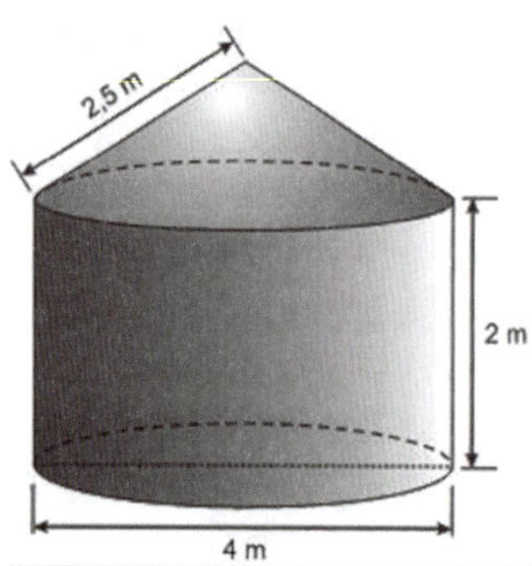

Considerando que a construção da base das cisternas deve estar incluída nos custos, é correto afirmar que o valor, em reais, a ser gasto pela prefeitura na construção das 100 cisternas será, no máximo, de:
(Use: $\pi = 3{,}14$.)

a) 100 960.
b) 125 600.
c) 140 880.
d) 202 888.
e) 213 520.

Resolução

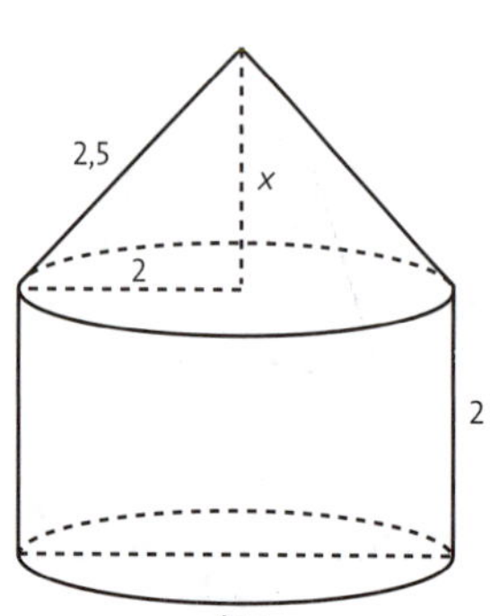

Área da cisterna = área da superfície lateral do cone + área da superfície lateral do cilindro + área do círculo (base)

área da cisterna $= \pi \cdot 2 \cdot 2{,}5 + 2.\ \pi \cdot 2 \cdot 2 + \pi \cdot 2^2 \Rightarrow$
$\Rightarrow$ área da cisterna $= 17\ \pi \cdot m^2$

Área de 100 cisternas $= 1\,700\pi \cdot m^2$

Valor das 100 cisternas $= 40 \cdot 1\,700 \cdot 3{,}14 =$
$=$ R$ 213 520,00

Resposta: alternativa **e**.

2. (FGV-SP) Um ralador de queijo tem a forma de cone circular reto de raio da base 4 cm e altura 10 cm. O queijo é ralado na base do cone e fica acumulado em seu interior (figura 1). Deseja-se retirar uma fatia de um queijo com a forma de cilindro circular reto de raio da base 8 cm e altura 6 cm, obtida por dois cortes perpendiculares à base, partindo do centro da base do queijo e formando um ângulo α (figura 2), de forma que o volume de queijo dessa fatia corresponda a 90% do volume do ralador.

Ralador

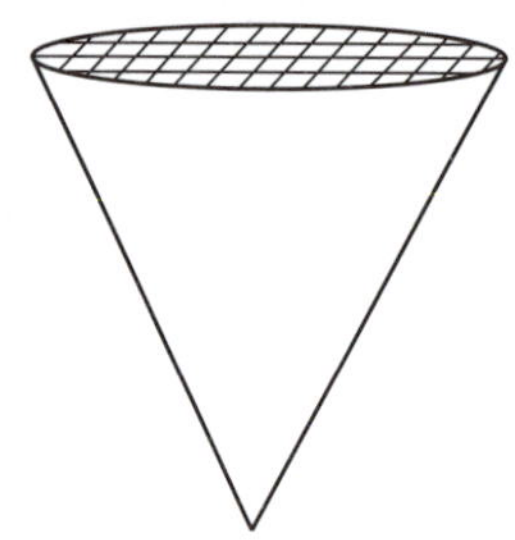

Figura 1

Fatia de queijo

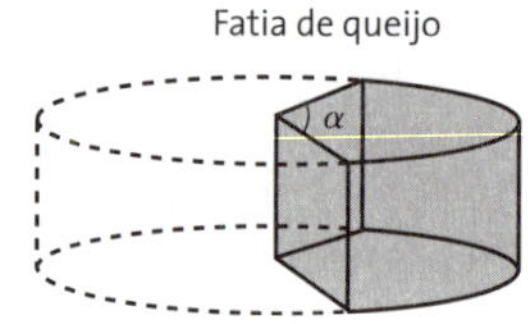

Figura 2

Nas condições do problema, α é igual a:

a) 45°.
b) 50°.
c) 55°.
d) 60°.
e) 65°.

Resolução

O volume do ralador é:

$$V_1 = \frac{1}{3}\pi r^2 h = \frac{1}{3} \cdot \pi \cdot 4^2 \cdot 10 = \frac{160\pi}{3}\ \text{cm}^3$$

O volume da fatia de queijo é proporcional à medida do ângulo α, sendo assim, seu volume será:

$$V_2 = \frac{\alpha}{360°}\pi r^2 h = \frac{\alpha}{360°} \cdot \pi \cdot 8^2 \cdot 6 = \frac{16\alpha\pi}{15°}\ \text{cm}^3$$

Como o volume da fatia corresponde a 90% do volume do ralador, temos:

$$V_2 = 90\%V_1 = \frac{16\alpha\pi}{15°} = 0{,}90 \cdot \frac{16\pi}{3} \Rightarrow \alpha = 45°$$

Resposta: alternativa **a**.

Exercícios propostos

1. (PUCC-SP) Um bloco maciço de pedra com a forma de cubo foi explodido para a produção de areia. Quando essa areia foi descarregada da caçamba do caminhão de transporte, ela formou um cone circular reto maciço de altura 3 metros e perímetro da base 18 metros.

PUC/2013

Adotando $\pi = 3$ nos cálculos finais, a aresta do bloco cúbico de pedra que gerou a areia transportada, em metros, era igual a:

a) 2,8. b) 3,0. c) 3,3. d) 3,6. e) 3,9.

2. (Unifor-CE) A cisterna é uma tecnologia popular para a captação e armazenamento de água da chuva e representa solução de acesso a recursos hídricos para a população rural do semiárido brasileiro, que sofre com os efeitos das secas prolongadas, que chegam a durar oito meses do ano. Por exemplo, no Ceará há quase 54 mil cisternas em funcionamento. Popularmente, a cisterna tem formato de um cilindro reto em que a base superior está acoplada um cone reto (veja a figura abaixo).

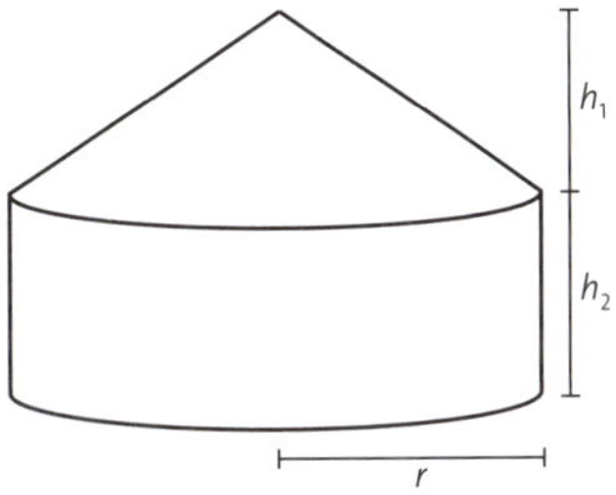

Se o material para a construção do cilindro é de R$ 2,00 por metro quadrado e R$ 3,00 por metro quadrado para o cone, quanto foi gasto para construir cada cisterna? Suponha que os dados são: $r = 4$ m, $h_1 = 3$ m, $h_2 = 1$ m e $\pi = 3,14$.

a) 138,64 reais
b) 238,64 reais
c) 338,64 reais
d) 438,64 reais
e) 538,64 reais

3. (UPM-SP) A área lateral de um cone equilátero que tem 16π de área da base vale:

a) 32π.
c) 8π.
e) 16π.
b) 2π.
d) 4π.

4. (Unirio-RJ) Uma tulipa de chope tem a forma cônica, como mostra a figura abaixo

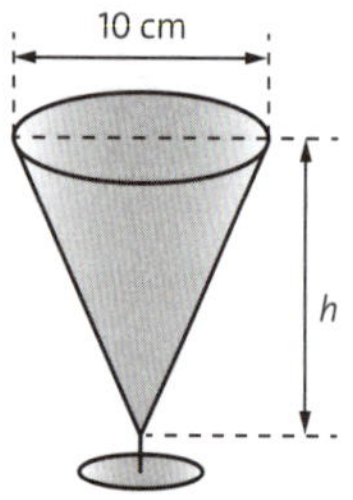

Sabendo-se que sua capacidade é de 100π mL, a altura é igual a:

a) 20 cm.
c) 12 cm.
e) 4 cm.
b) 16 cm.
d) 8 cm.

5. (UPM-SP) Uma mistura de leite batido com sorvete é servida em um copo, como na figura.

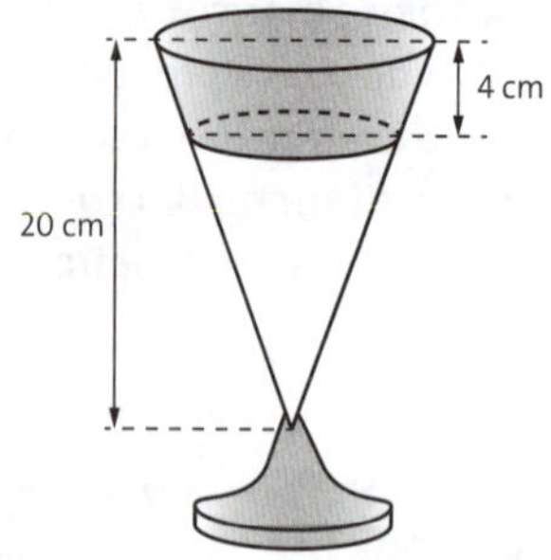

Se na parte superior do copo há uma camada de espuma de 4 cm de altura, então a porcentagem do volume do copo ocupada pela espuma está mais bem aproximada na alternativa:

a) 65%.
c) 50%.
e) 70%.
b) 60%.
d) 45%.

MÓDULO 39 • Esferas: inscrição e circunscrição

Construção e definição de esfera:

Consideremos um ponto C e um número real positivo R qualquer.

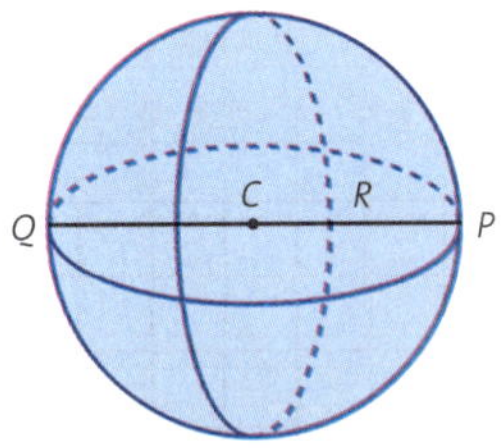

C: centro da esfera
$\overline{CP}$: raio da esfera
$\overline{PQ}$: diâmetro da esfera
R: medida do raio da esfera

A esfera de centro C e raio de medida R é o conjunto de todos os pontos do espaço que estão a uma distância menor ou igual a R do ponto C. A "casquinha" ou a fronteira da esfera chama-se **superfície esférica**.

Área da superfície esférica

A área da superfície esférica é dada pelo quádruplo da área de um dos círculos máximos, ou seja:

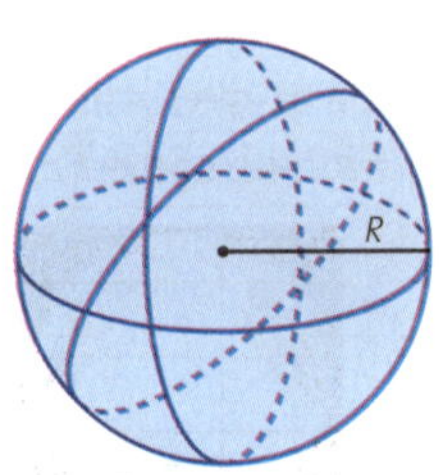

$$A = 4\pi R^2$$

Secção da esfera

Observe a figura abaixo, em que aparece a secção determinada em uma esfera de raio R por um plano β.

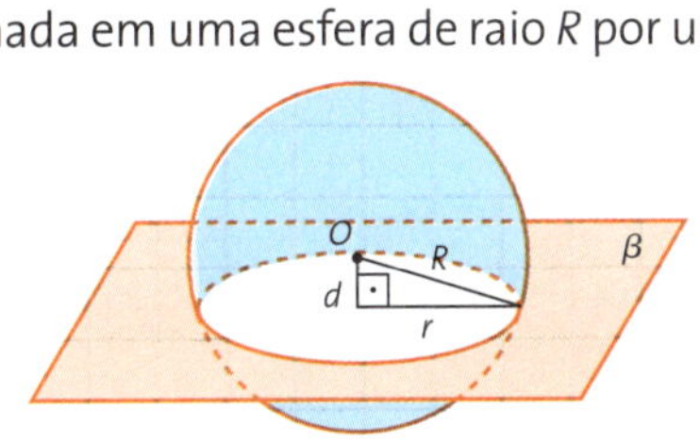

A intersecção do plano β com a esfera é um círculo de raio r. Se d é a distância de O (centro da esfera) ao plano β, temos:

$$r^2 = R^2 - d^2$$

Portanto, a área da secção é dada por:

$$A = (R^2 - d^2)$$

Volume da esfera

O volume de uma esfera de raio R é dado por:

$$V = \frac{4}{3}\pi R^3$$

Fuso esférico

Um fuso esférico é a parte da superfície esférica, gerada pela rotação (de α graus ou radianos) de uma semicircunferência de raio R com as extremidades num eixo. A área desse fuso esférico é dada por:

$$A_{fuso} = \frac{\alpha_{graus}}{360°} \cdot 4\pi R^2 = \frac{\alpha \pi R^2}{90°} \text{ (}\alpha\text{ em graus)}$$

$$A_{fuso} = \frac{\alpha_{rad}}{2\pi} \cdot 4\pi R^2 = 2\alpha R^2 \text{ (}\alpha\text{ em radianos)}$$

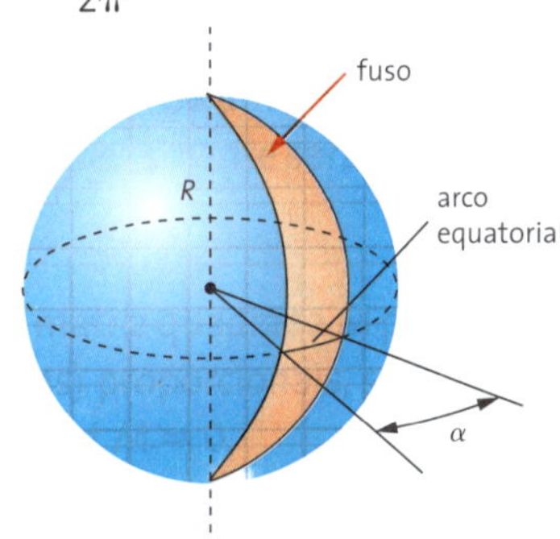

Cunha esférica

Uma cunha esférica é uma parte da esfera, gerada pela rotação (de α graus ou radianos) de um semicírculo de raio R com as extremidades num eixo. O volume dessa cunha é dado por:

$$V_{cunha} = \frac{\alpha_{graus}}{360°} \cdot \frac{4}{3}\pi R^3 = \frac{\alpha \pi R^3}{270°} \text{ (}\alpha\text{ em graus)}$$

$$V_{cunha} = \frac{\alpha_{rad}}{2\pi} \cdot \frac{4}{3}\pi R^3 = \frac{2\alpha R^3}{3} \text{ (}\alpha\text{ em radianos)}$$

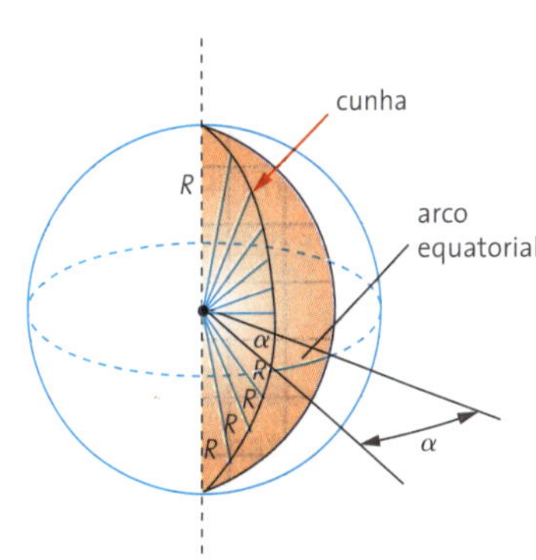

Exercícios resolvidos

1. (IFMG) Considere uma bola de sorvete de 36π cm^3 de volume e uma casquinha cônica de 3 cm de raio. A altura da casquinha, para que o sorvete, ao derreter, ocupe todo o seu espaço, em cm, é:

a) 8.
b) 9.
c) 10.
d) 12.

Resolução

Neste caso, a questão determina que:

$$V_{casquinha} = V_{esfera} \Rightarrow \frac{\pi \cdot 3^2 \cdot h}{2} = 36\pi \Rightarrow$$

$$\Rightarrow \frac{9h}{3} = 36 \Rightarrow h = 12 \text{ cm}$$

Resposta: alternativa **d**.

2. (UFPE) Um cilindro reto de ferro é derretido, e o ferro obtido, que tem o mesmo volume do cilindro, é moldado em esferas com raio igual à metade do raio da base do cilindro. Se a altura do cilindro é quatro vezes o diâmetro de sua base, quantas são as esferas obtidas?

Resolução

$$\pi \cdot R_c^2 \cdot 8R_c = \frac{4}{3}\pi \cdot \frac{Rc^3}{8}n$$

$n = 48$ esferas

$h_c = 4d_c \Rightarrow h_c = 8R_c$

$$R_{esf.} = \frac{R_c}{2}$$

$V_c = n \cdot V_{esf.}$

$$\pi \cdot R_c^2 \cdot h_c = \frac{4}{3}\pi \cdot R^3_{esf.} \cdot n$$

Resposta: 48 esferas.

Exercícios propostos

1. (UFMS) Um recipiente para perfume tem o formato de um cilindro circunscrito numa esfera (sendo essa esfera oca, de capacidade máxima de 32 mililitros), conforme figura a seguir. Se o espaço entre a esfera e o cilindro é preenchido com material translúcido, qual será o volume total, em cm^3, gasto com esse material, desprezando-se as espessuras das superfícies da esfera e do cilindro? (Considere $\pi = 3$)

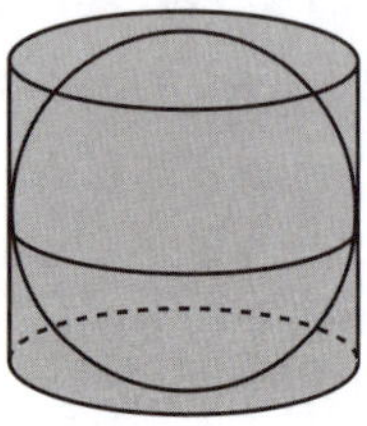

2. (UFF-RJ) Para ser aprovada pela Fifa, uma bola de futebol deve passar por vários testes. Um deles visa garantir a esfericidade da bola: o seu "diâmetro" é medido em dezesseis pontos diferentes e, então, a média aritmética desses valores é calculada. Para passar nesse teste, a variação de cada uma das dezesseis medidas do "diâmetro" da bola com relação à média deve ser no máximo 1,5%. Nesse teste, as variações medidas na Jabulani, bola oficial da Copa do Mundo de 2010, não ultrapassaram 1%.

Fonte: http://footballs.fifa.com/Football-Tests

Se o diâmetro de uma bola tem aumento de 1%, então o seu volume aumenta x%. Dessa forma, é correto afirmar que:

a) $x \in [5, 6)$.
b) $x \in [2, 3)$.
c) $x = 1$.
d) $x \in [3, 4)$.
e) $x \in [4, 5)$.

3. (UFPR) Para testar a eficiência de um tratamento contra o câncer, foi selecionado um paciente que possuía um tumor de formato esférico, com raio de 3 cm. Após o início do tratamento, constatou-se, através de tomografias, que o raio desse tumor diminuiu a uma taxa de 2 mm por mês. Caso essa taxa de redução se mantenha, qual dos valores abaixo se aproxima mais do percentual do volume do tumor original que restará após 5 meses de tratamento?

a) 29,6%
b) 30,0%
c) 30,4%
d) 30,8%
e) 31,4%

4. (Udesc) Seja *S* uma seção de uma esfera determinada pela interseção com um plano, conforme a figura abaixo.

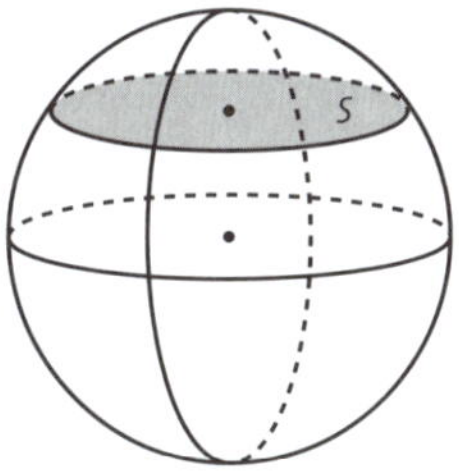

Se *S* está a 3 cm do centro da esfera e tem área igual a 16π cm^2, então o volume desta esfera é:

a) 36π cm^3.
b) $\frac{256\pi}{3}$ cm^3.
c) 100π cm^3.
d) 16π cm^3.
e) $\frac{500\pi}{3}$ cm^3.

5. (ESCS-DF) O gelo, ao derreter, sofre uma contração que reduz de 10% seu volume. Considere um balde com bolas de gelo, esferas perfeitas de diâmetro 4 cm, e um copo cilíndrico de 8 cm de diâmetro da base e 12 cm de altura, com água que ocupa 70% de seu volume, apoiados num plano horizontal.

Quatro bolas de gelo são retiradas do balde e colocadas nesse copo. Depois que o gelo derreteu, constatou-se que:

a) a água derramou do copo;
b) o nível de água ficou exatamente na boca do copo;
c) o nível de água ficou a 1 cm da boca do copo;
d) o nível de água ficou a 1,2 cm da boca do copo;
e) o nível de água ficou a 1,6 cm da boca do copo.

MÓDULO 40 • Poliedros

A noção de poliedro

As figuras espaciais abaixo são exemplos de poliedros:

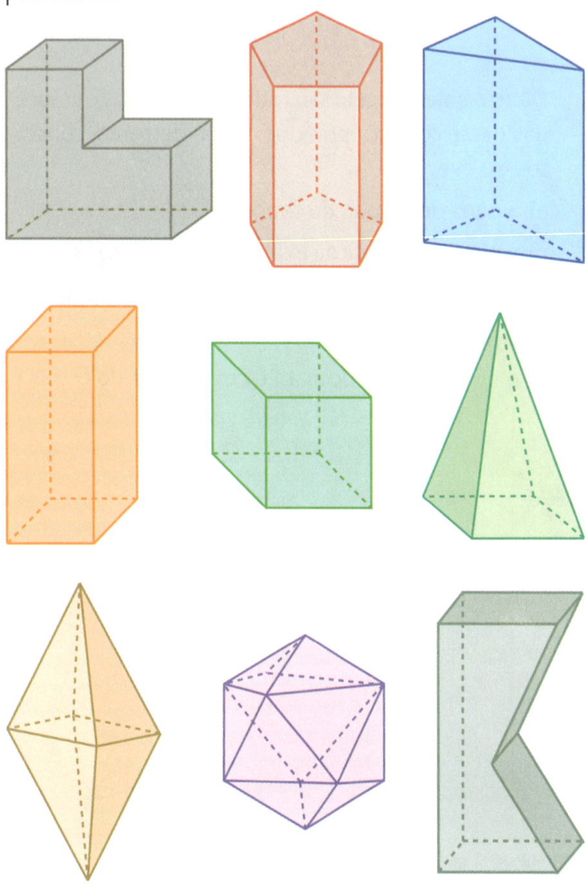

Cada poliedro é formado pela reunião de um número finito de regiões poligonais planas, chamadas **faces**, e a região do espaço limitada por elas. Cada lado de uma dessas regiões poligonais é também lado de uma outra única região poligonal. A intersecção de duas faces quaisquer ou é um lado comum, ou é um vértice, ou é vazia.

Cada lado de uma região poligonal, comum a exatamente duas faces, é chamado **aresta** do poliedro. E cada vértice de uma face é um **vértice** do poliedro.

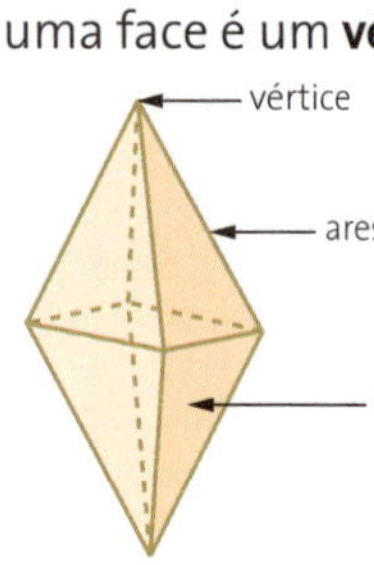

Poliedro convexo e poliedro não convexo

Vamos recordar o que é uma região convexa do plano.

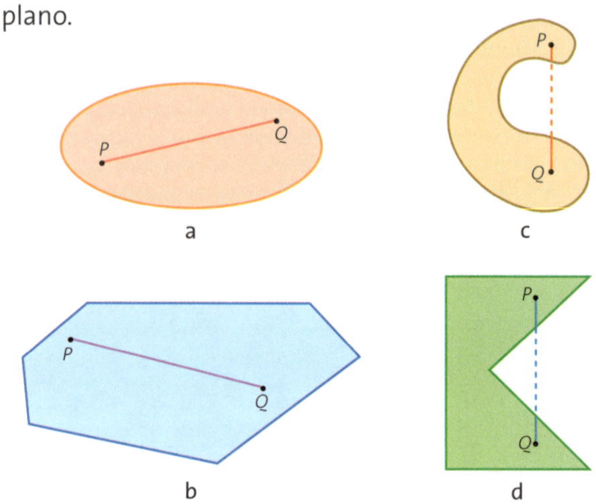

Uma região do plano é convexa quando o segmento de reta que liga dois pontos quaisquer dessa região está inteiramente contido nela. Nas figuras acima, **a** e **b** são regiões convexas e **c** e **d** são regiões não convexas do plano. De modo equivalente podemos dizer também que uma região é convexa se qualquer reta *r* desse plano intersecta seu contorno em, no máximo, dois pontos.

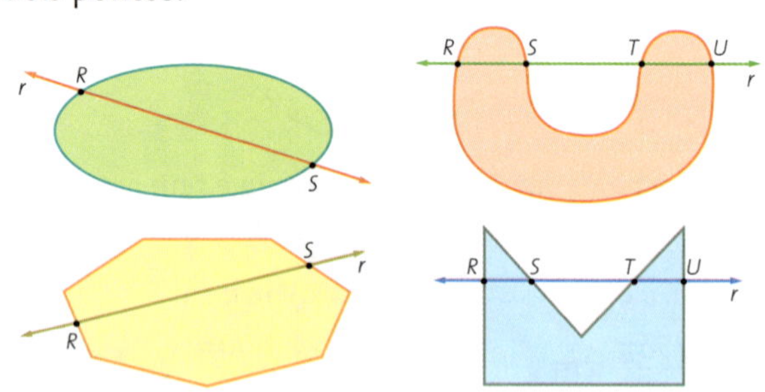

Regiões planas convexas | Regiões planas não convexas

De modo equivalente, podemos dizer que um poliedro é convexo se qualquer reta não paralela a nenhuma das faces intersecta suas faces em, no máximo, dois pontos:

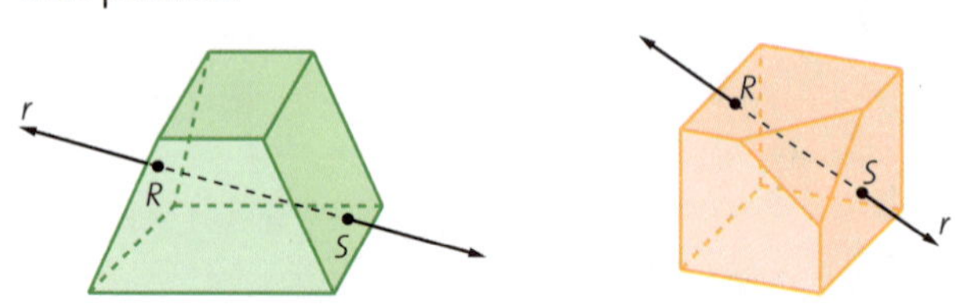

Poliedros convexos

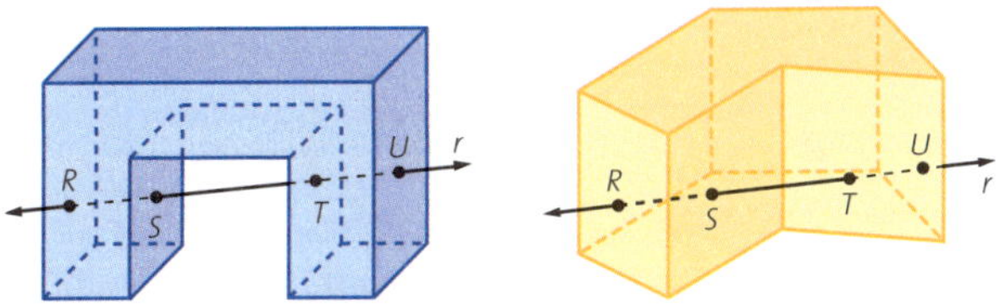

Poliedros não convexos

A relação de Euler

O matemático suíço Leonhard Euler (1707-1783) descobriu uma importante relação entre o número de vértices (V), o número de arestas (A) e o número de faces (F) de um poliedro convexo.

Observe estes exemplos:

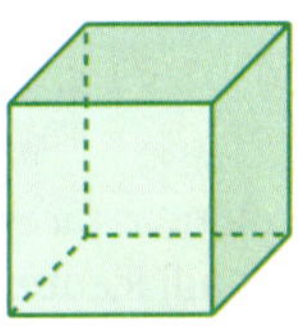
Cubo

$F = 6$
$V = 8$
$A = 12$

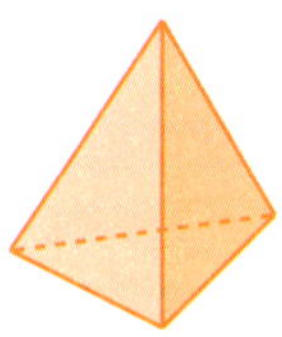
Tetraedro

$F = 4$
$V = 4$
$A = 6$

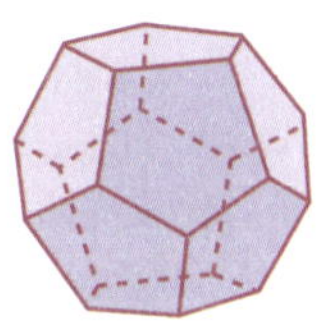
Dodecaedro

$F = 12$
$V = 20$
$A = 30$

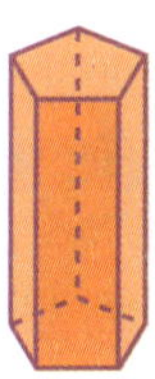
Prisma de base pentagonal

$F = 7$
$V = 10$
$A = 15$

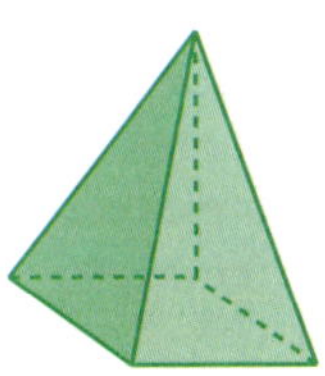
Pirâmide de base quadrangular

$F = 5$
$V = 5$
$A = 10$

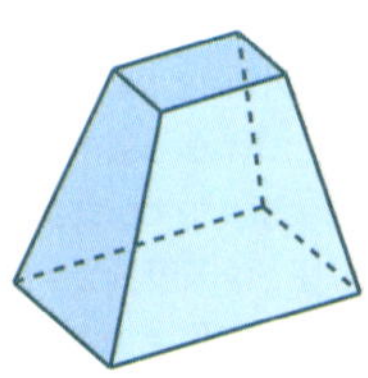
Tronco de pirâmide de base retangular

$F = 6$
$V = 8$
$A = 12$

Veja que, para cada um dos poliedros, o número de arestas é exatamente 2 unidades a menos que a soma do número de faces com o número de vértices.

Essa relação pode ser descrita assim:

$$V - A + F = 2 \text{ (relação de Euler)}$$

O valor 2 dessa expressão é uma característica de todos os poliedros convexos.

Poliedros regulares

Um poliedro convexo é regular quando todas as faces são regiões poligonais regulares e congruentes e em todos os vértices concorre o mesmo número de arestas.

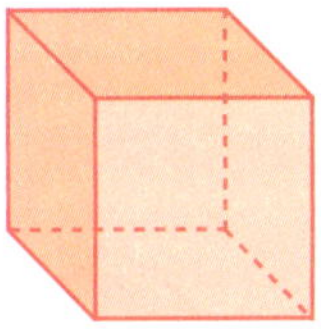
Poliedro regular

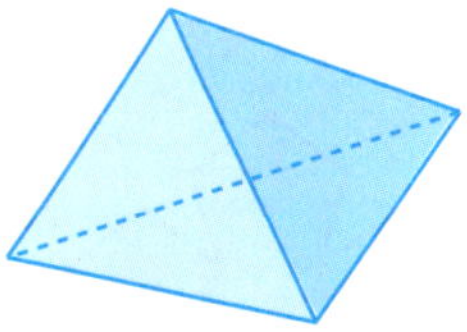
Poliedro regular

Observe agora:

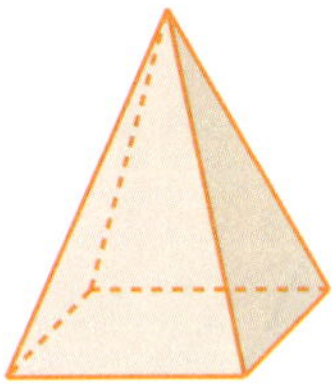
Poliedro não regular: as faces não têm o mesmo número de lados.

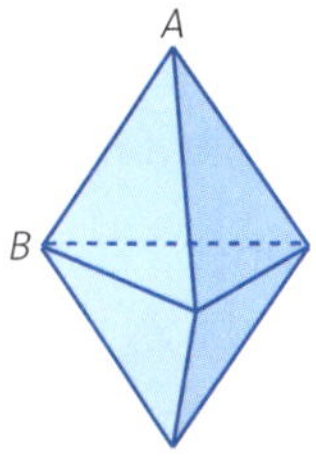

Poliedro não regular: as faces são regulares e congruentes, mas para o vértice A convergem 3 arestas e para o B convergem 4 arestas.

Existem apenas cinco poliedros regulares convexos:

- **Tetraedro**:

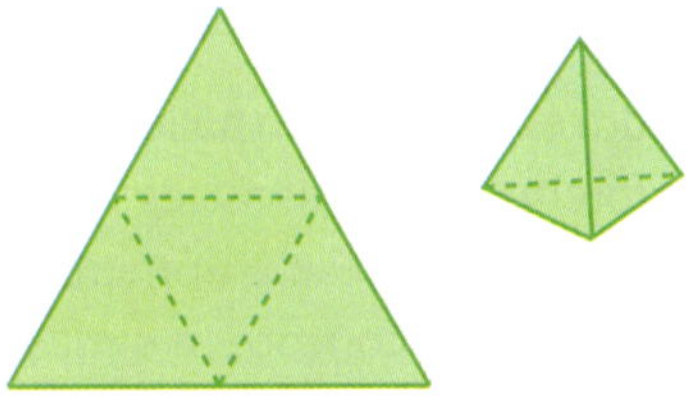

4 faces triangulares equiláteras e 3 arestas que concorrem em cada vértice.

- **Cubo ou hexaedro**:

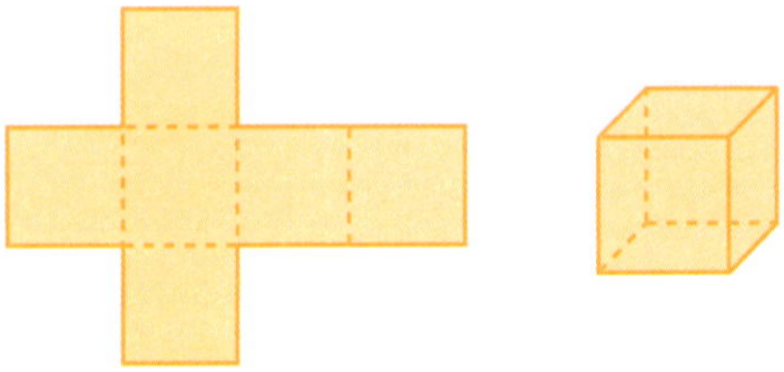

6 faces quadradas e 3 arestas que concorrem em cada vértice.

- **Octaedro**:

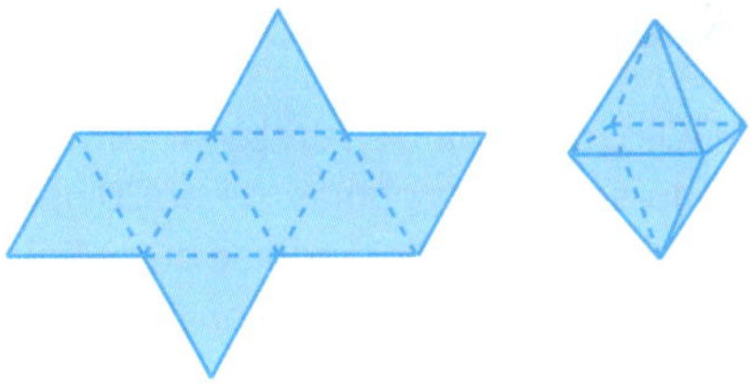

8 faces triangulares equiláteras e 4 arestas que concorrem em cada vértice.

- **Dodecaedro**:

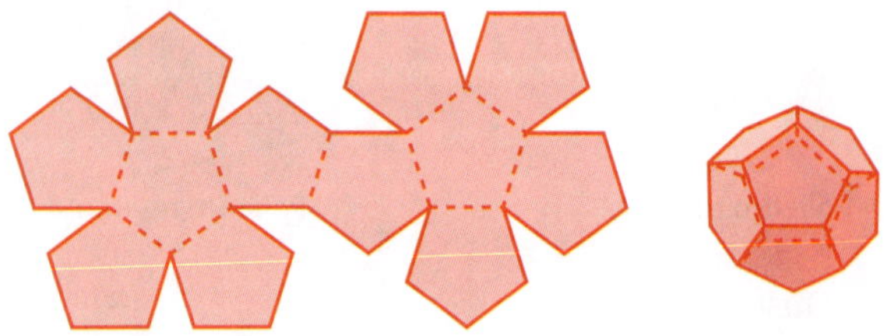

12 faces pentagonais regulares congruentes e 3 arestas que concorrem em cada vértice.

- **Icosaedro**:

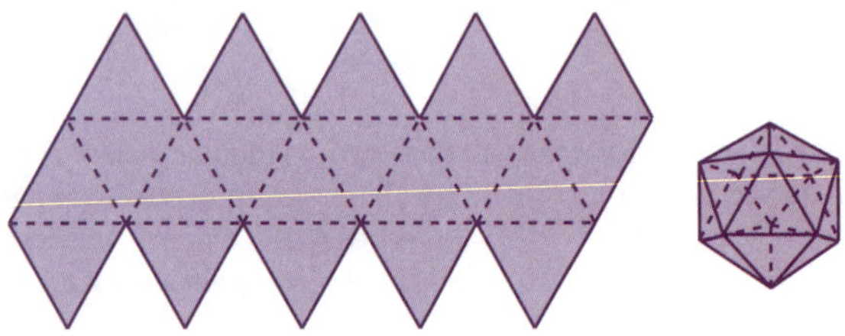

20 faces triangulares equiláteras e 5 arestas que concorrem em cada vértice.

Poliedros de Platão

Um poliedro é denominado poliedro de Platão se, e somente se, forem verificadas as seguintes condições:

- Todas as faces têm o mesmo número de arestas.
- Em todos os vértices concorrem o mesmo número de arestas.
- Vale a relação de Euler: $V - A + F = 2$.

Dessa forma, todos os poliedros regulares convexos são poliedros de Platão. Assim, existem apenas cinco classes de poliedros de Platão: tetraedros, hexaedros, octaedros, dodecaedros e icosaedros.

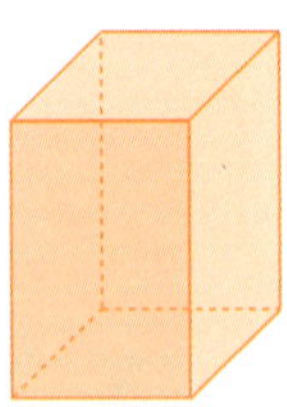

Este hexaedro é poliedro de Platão, mas não é regular, pois não é o cubo.

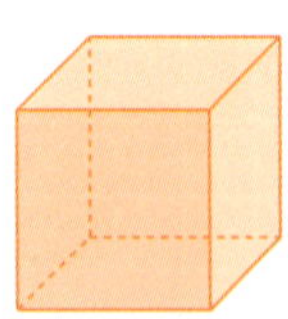

O cubo é poliedro regular e é poliedro de Platão.

Exercícios resolvidos

1. (UEG-GO) Uma bola de futebol foi confeccionada utilizando-se 32 faces planas, sendo 20 hexagonais e 12 pentagonais. Considerando-se que a bola identifica-se com um poliedro assim construído, esse poliedro possui exatamente:

   a) 180 arestas.
   b) 90 vértices.
   c) 60 vértices.
   d) 60 arestas.

Resolução

$2A = 20 \cdot 6 + 12 \cdot 5 \Rightarrow A = 90$

$V - 90 + 32 = 2 \Rightarrow V = 60$

Resposta: alternativa **c**.

2. (Favip-PE) O icosaedro regular ilustrado a seguir, juntamente com sua planificação, tem sua superfície formada por 20 triângulos equiláteros com lado medindo 2 cm. Assinale a alternativa incorreta referente ao icosaedro.

   a) O icosaedro tem 30 arestas.
   b) O icosaedro tem 14 vértices.
   c) A área da superfície do icosaedro mede $20\sqrt{3}$ cm².
   d) O icosaedro tem 66 diagonais.
   e) Usando 5 cores diferentes podemos colorir as faces do icosaedro, de tal maneira que faces adjacentes tenham cores distintas.

Resolução

Como o icosaedro possui 20 faces triangulares, o número de arestas será dado por $A = \dfrac{20 \cdot 3}{2} = 30$ arestas.

Divide-se o cálculo por dois porque ao multiplicar o número de faces pelo número de lados de cada face, estará contando cada aresta duas vezes.

Pela Relação de Euler, temos:

$V + F = A + 2 \Rightarrow V = 30 + 2 - 20 = 12$ vértices

Resposta: alternativa **b**.

Exercícios propostos

1. (UFSM-RS) Um poliedro convexo tem 12 faces triangulares e as demais, pentagonais. Sabendo que o número de arestas é o triplo do número de faces pentagonais, então a soma dos ângulos de todas as faces pentagonais é, em radianos, igual a:

   a) 3π.   b) 12π.   c) 36π.   d) 64π.   e) 108π.

2. (UPE) Até 1985, as únicas formas conhecidas de organização de cadeias carbônicas puras e estáveis eram o diamante e o grafite. Nesse mesmo ano, três pesquisadores revelaram ao mundo a terceira forma estável de carbono além do diamante e do grafite. Os fulerenos, substância cuja molécula possui átomos de carbono nos vértices de um poliedro denominado de icosaedro truncado. Esse poliedro possui 12 faces pentagonais e 20 faces hexagonais. Pode-se afirmar que o número de vértices do icosaedro truncado é igual a:

a) 80. b) 60. c) 70. d) 90. e) 25.

3. (UFJF-MG) A figura a seguir representa a planificação de um poliedro convexo.

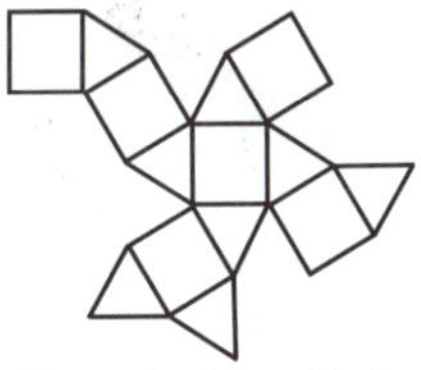

O número de vértices deste poliedro é:

a) 12. b) 14. c) 16. d) 20. e) 22.

4. (IFSP) A figura mostra uma peça feita em 1587 por Stefano Buonsignori, e está exposta no Museu Galileo, em Florença, na Itália. Esse instrumento tem a forma de um dodecaedro regular e, em cada uma de suas faces pentagonais, há a gravação de um tipo diferente de relógio.

(www.europeana.eu/portal/record/02301/09A148E006A2F3B5A6E202BB5B4F79735A2D2B6C.html. Acesso em 15.10.2012. Adaptado)

Em 1758, o matemático Leonard Euler (1707-1783) descobriu o teorema conhecido por relação de Euler: em todo poliedro convexo com V vértices, A arestas e F faces, vale a relação $V - A + F = 2$. Ao se aplicar a relação de Euler no poliedro da figura, o número de arestas não visíveis é:

a) 10. b) 12. c) 15. d) 16. e) 18.

5. (Cefet-PR) Sobre um poliedro convexo com quatro faces pentagonais e duas triangulares, é correto afirmar:

a) O número de arestas é menor que o número de faces.
b) O número de vértices adicionado ao número de faces é menor que o número de arestas.
c) O número total de faces é igual a 8.
d) Não existe tal poliedro.
e) A soma dos ângulos internos das faces é 2 520°.

Exercícios-tarefa

Frente A

MÓDULO 23

1. (IFPR) O pagamento de um produto será feito em 24 parcelas. A primeira parcela é de R$ 535,00 e as seguintes são acrescidas em R$ 6,00 em relação à parcela anterior. O valor total pago pelo produto é de:

a) R$ 679,00.
b) R$ 1 208,00.
c) R$ 14 490,00.
d) R$ 14 496,00.
e) R$ 28 992,00.

2. (Vunesp-SP) Um viveiro clandestino com quase trezentos pássaros foi encontrado por autoridades ambientais. Pretende-se soltar esses pássaros seguindo um cronograma, de acordo com uma progressão aritmética, de modo que no primeiro dia sejam soltos cinco pássaros, no segundo dia sete pássaros, no terceiro nove, e assim por diante. Quantos pássaros serão soltos no décimo quinto dia?

a) 55 b) 43 c) 33 d) 32 e) 30

3. (Ufal) Um atleta fez vários lançamentos de dardo e um fato interessante foi que a cada vez a distância alcançada pelo dardo aumentou em 2 cm. Se ele fez 30 lançamentos e o alcance do último deles foi 15 m, quantos metros foram alcançados no terceiro lançamento?

a) 14,40
b) 14,44
c) 14,46
d) 14,52
e) 14,54

4. (Unifor-CE) Nas casas de uma grande malha quadriculada devem ser colocados grãos de milho, em quantidades que obedecem a uma lei de formação sequencial, conforme é mostrado na figura seguinte.

	→	→	→	→	→	→	→	→	
	2	5	8	11	14	17	20	23	↓
↓	47	44	41	38	35	32	29	28	←
→	50	...	...	...	...	...	...	...	↓
↓	...	...	...	...	...	...	...	...	←
→	...	...	...	...	...	...	...	...	↓
↓	...	...	...	...	...	...	...	...	←
→	...	...	...	...	...	...	...	...	↓
	...	...	...	...	...	...	...	?	←

Segundo essa lei, o total de grãos de milho que devem ser colocados na casa em que se encontra o ponto de interrogação é um número:

a) ímpar.
b) primo.
c) divisível por 9.
d) múltiplo de 5.
e) maior que 200.

5. (PUC-RS) Uma das atrações do MCT – Museu de Ciências e Tecnologia da PUC-RS – é um jogo que sistematiza as operações adição e multiplicação.
Observando um triângulo semelhante ao apresentado abaixo, constatamos que o vértice inferior possui uma peça, que a cada linha de peças sobrepostas a partir do vértice inferior é acrescentada uma peça a mais, e que o total de peças é 55.

PUC/2009

Nessas circunstâncias, concluímos que o número de linhas que compõem o triângulo é:

a) 25.
b) 22.
c) 20.
d) 11.
e) 10.

6. (Uerj) Um cliente, ao chegar a uma agência bancária, retirou a última senha de atendimento do dia, com o número 49. Verificou que havia 12 pessoas à sua frente na fila, cujas senhas representavam uma progressão aritmética de números naturais consecutivos, começando em 37. Algum tempo depois, mais de 4 pessoas desistiram do atendimento e saíram do banco. Com isso, os números das senhas daquelas que permaneceram na fila passaram a formar uma nova progressão aritmética. Se os clientes com as senhas de números 37 e 49 não saíram do banco, o número máximo de pessoas que pode ter permanecido na fila é:

a) 6. b) 7. c) 9. d) 12.

7. (PUC-PR) Um balão viaja a uma altitude de cruzeiro de 6 600 m. Para atingir esta altitude, ele ascende 1 000 m na primeira hora e, em cada hora seguinte, sobe uma altura 50 m menor que a anterior. Quantas horas leva o balonista para atingir a altitude de voo?

a) 112 horas
b) 33 horas
c) 8 horas
d) 20 horas
e) 21 horas

8. (Ufpel-RS) *Os brasileiros estão cada vez mais comprando um computador pessoal, e o objetivo maior dessa compra é a conexão à internet. O acesso à rede mundial de computadores é, hoje, um recurso básico de qualquer equipamento.*
Os valores que expressam o número de brasileiros conectados em janeiro de 2005, setembro de 2005 e maio de 2006, estão em progressão aritmética de razão 1,3 milhão e totalizam 35,7 milhões.

Revista *Veja* – julho de 2006. Adaptado.

Com base no texto e em seus conhecimentos, é correto afirmar que, se os usuários da internet aumentassem na mesma progressão, o número de brasileiros conectados em setembro de 2007 seria de:

a) 15,8 milhões.
b) 11,9 milhões.
c) 14,5 milhões.
d) 19,7 milhões.
e) 17,1 milhões.

9. (Uerj) Um jogo com dois participantes, *A* e *B*, obedece às seguintes regras:

- antes de *A* jogar uma moeda para o alto, *B* deve adivinhar a face que, ao cair, ficará voltada para cima, dizendo "cara" ou "coroa";
- quando *B* errar pela primeira vez, deverá escrever, em uma folha de papel, a sigla UERJ uma única vez; ao errar pela segunda vez, escreverá UERJUERJ, e assim sucessivamente;
- em seu enésimo erro, *B* escreverá *n* vezes a mesma sigla.

Veja o quadro que ilustra o jogo:

Ordem de erro	Letras escritas
1º	UERJ
2º	UERJUERJ
3º	UERJUERJUERJ
4º	UERJUERJUERJUERJ
:	:
nº	UERJUERJUERJUERJ ... UERJ

O jogo terminará quando o número total de letras escritas por *B*, do primeiro ao enésimo erro, for igual a dez vezes o número de letras escritas, considerando apenas o enésimo erro. Determine o número total de letras que foram escritas até o final do jogo.

10. (Acafe-SC) A figura a seguir apresenta um esquema simplificado sobre a perfuração de poços de petróleo no Brasil.

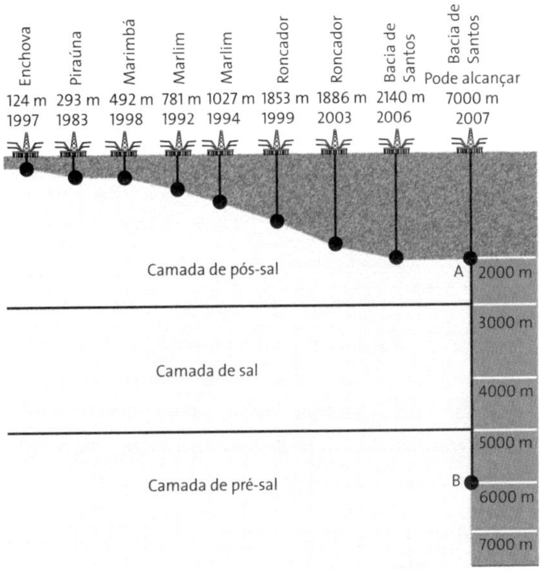

Fonte: Adaptado de *Globo Online*.

Suponha que em 2007, na Bacia de Santos, a perfuração começou a dois mil metros de profundidade em relação ao nível do mar (ponto *A*) e que ao final do primeiro dia de trabalho a perfuração atingiu 125 m. Considere que as perfurações são verticais, como mostra a figura.
Sabendo que ao final do oitavo dia a perfuração tinha alcançado 825 m, e que esse progresso obedece a uma progressão aritmética, analise as afirmações a seguir.

I. Ao final do vigésimo dia de trabalho a camada de sal estará sendo perfurada.
II. Em menos de 45 dias a perfuração atingirá a marca de 6 000 metros (ponto *B*) indicada na figura.
III. A camada de pré-sal será atingida no trigésimo dia de trabalho.

Está(ão) correta(s):

a) Apenas a III.
b) I – II – III.
c) I – II.
d) II – III.

11. (UFABC-SP) *Demografia*

O planeta urbano

Neste ano, pela primeira vez na história, o número de pessoas, no mundo, que vivem nas áreas urbanas ultrapassa o de habitantes da zona rural.
Nesse ritmo de crescimento, se as condições de habitação não mudarem até 2050, o número de favelados dobrará de tamanho.

O gráfico mostra a população mundial em 2000 e 2005, e as previsões para 2015 e 2030.

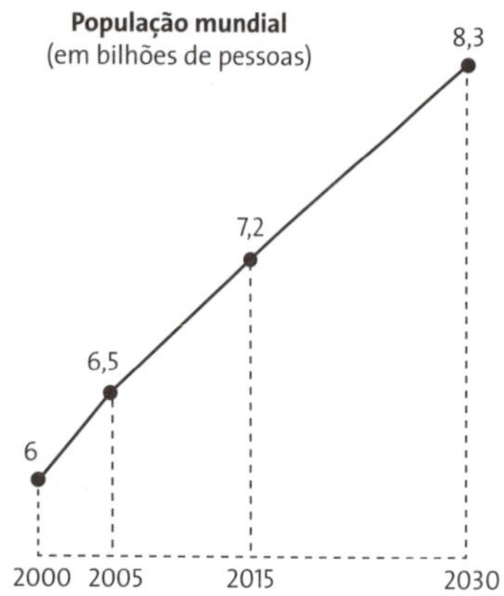

FAO e Ministério da Agricultura, Pecuária e Abastecimento.

Suponha que de 2030 até 2050 (quando se prevê que sete entre dez pessoas no mundo estejam vivendo nas cidades) a população mundial cresça em progressão aritmética, onde p_1 é a população mundial prevista para 2030, p_2 a população mundial prevista para 2031, p_3 a população mundial prevista para 2032, e assim sucessivamente. Se $p_2 = 8{,}37$ bilhões de pessoas, então, em 2050, de acordo com a previsão, a população urbana, em bilhões de pessoas, será, aproximadamente, de:

a) 6,8. b) 7,7. c) 8,6. d) 9,6. e) 10,7.

12. (UEL-PR) Pontes de treliças são formadas por estruturas de barras, geralmente em forma triangular, com o objetivo de melhor suportar cargas concentradas.

UEL/2011

Nas figuras a seguir, há uma sequência com 1, 2 e 3 setores triangulares com as respectivas quantidades de barras de mesmo comprimento.

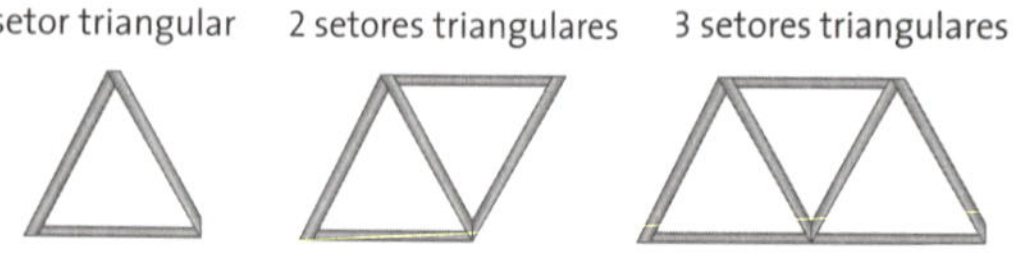

Observando nas figuras que o número de barras é função do número de setores triangulares, qual é o número N de barras para n setores triangulares?

a) $N = 3 + 2^{n-1}$, para $n \geqslant 1$

b) $N = 3n$, para $n \geqslant 1$

c) $N = 3n^2 + 2n$, para $n \geqslant 1$

d) $N = 3 + 2(n^2 - 1)$, para $n \geqslant 1$

e) $N = 1 + 2n$, para $n \geqslant 1$

13. (UFF-RJ) Ao se fazer um exame histórico da presença africana no desenvolvimento do pensamento matemático, os indícios e os vestígios nos remetem à matemática egípcia, sendo o papiro de Rhind um dos documentos que resgatam essa história.

Nesse papiro encontramos o seguinte problema:

"Divida 100 pães entre 5 homens de modo que as partes recebidas estejam em progressão aritmética e que um sétimo da soma das três partes maiores seja igual à soma das duas menores."

UFF/2011

Fragmento do papiro de Rhind

Coube ao homem que recebeu a parte maior da divisão acima a quantidade de:

a) $\frac{115}{3}$ pães. c) 20 pães. e) 35 pães.

b) $\frac{55}{6}$ pães. d) $\frac{65}{6}$ pães.

14. (UEPG–PR) Numa estrada existem dois telefones instalados no acostamento: um no km 3 e outro no km 248. Entre eles serão colocados mais 6 telefones, mantendo-se entre dois telefones consecutivos sempre a mesma distância. Nessas condições, assinale o que for correto.

01) A distância entre cada telefone será de 35 km.

02) Haverá um telefone no km 108.

04) Se um motorista está no km 165, a menor distância que ele terá que percorrer para encontrar um telefone será de 13 km.

08) No km 73 não haverá telefone.

15. (PUC-RS) Devido à epidemia de gripe do último inverno, foram suspensos alguns concertos em lugares fechados. Uma alternativa foi realizar espetáculos em lugares abertos, como parques ou praças. Para uma apresentação, precisou-se compor uma plateia com oito filas, de tal forma que na primeira fila houvesse 10 cadeiras; na segunda, 14 cadeiras; na terceira, 18 cadeiras; e assim por diante. O total de cadeiras foi:

a) 384. b) 192. c) 168. d) 92. e) 80.

MÓDULO 24

1. (Unirio-RJ) Há exatamente um ano, José iniciou uma criação de coelhos e, durante este período, o número de coelhos duplicou a cada 3 meses. Hoje, preocupado com a falta de espaço para os coelhos, José vai vender parte dessa criação, de modo que apenas a quantidade inicial fique com ele. Se n_0 denota a quantidade inicial de coelhos, então a quantidade a ser vendida é:

a) $15n_0$. b) $13n_0$. c) $12n_0$. d) $8n_0$. e) $7n_0$.

2. (UFRN) Carl Friedrich Gauss (1777-1855) é considerado um dos maiores matemáticos de todos os tempos. Aos 10 anos de idade, ele apresentou uma solução genial para somar os números inteiros de 1 a 100. A solução apresentada por Gauss foi 5 050, obtida multiplicando-se 101 por 50, como sugere a figura abaixo.

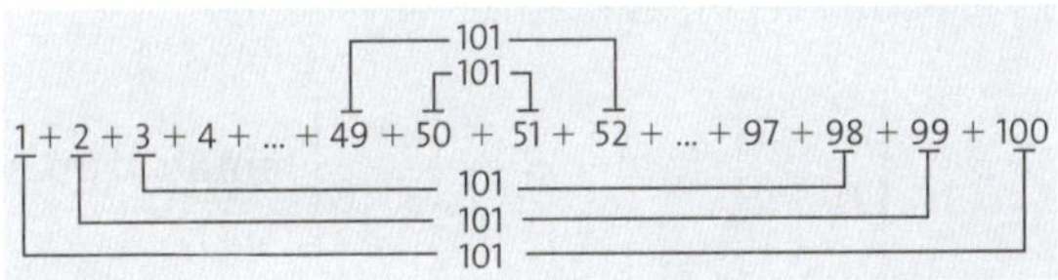

Usando a ideia de Gauss como inspiração, responda quanto vale o produto $1 \cdot 2 \cdot 4 \cdot 8 \cdot 16 \cdot 32 \cdot 64 \cdot 128$?

a) 4^{129} b) 4^{128} c) 129^4 d) 128^4 e) 128^{129}

3. (UFGD-MS) Pafúncio e Marocas tiveram cinco filhos. Colocando as idades dos filhos em ordem crescente, as três primeiras estão em progressão aritmética (PA) e as três últimas estão em progressão geométrica (PG), ambas de razão 2. Sabendo que a idade do mais velho é igual à soma das idades dos demais filhos, pode-se concluir que a diferença de idade entre o mais velho e o caçula é de:

a) 20 anos. c) 22 anos. e) 24 anos.
b) 21 anos. d) 23 anos.

4. (UEPB) Durante os sete dias destinados às inscrições de um concurso, o número de candidatos cresceu em progressão geométrica do primeiro ao sétimo dia. Sabendo que no 1º dia se inscreveram 2 candidatos e no sétimo dia 1458, concluímos que o total de candidatos inscritos para o referido concurso foi de:

a) 2 916. c) 2 186. e) 1 944.
b) 1 460. d) 1458.

5. (Unifor-CE) Sobre a produção quadrimestral de uma indústria, sabe-se que: no primeiro quadrimestre de 2006 foi de 2 000 litros de certo produto e no primeiro quadrimestre de 2007 foi de 6 750 litros do mesmo produto. Sabendo que, a partir do primeiro quadrimestre de 2006, a produção cresceu segundo os termos de uma progressão geométrica, o total de litros produzidos no terceiro quadrimestre de 2006 foi:

a) 4 250. c) 4 750. e) 5 250.
b) 4 500. d) 5 000.

6. (Vunesp-SP) Após o nascimento do filho, o pai comprometeu-se a depositar mensalmente, em uma caderneta de poupança, os valores de R$ 1,00, R$ 2,00, R$ 4,00 e assim sucessivamente, até o mês em que o valor do depósito atingisse R$ 2 048,00. No mês seguinte o pai recomeçaria os depósitos como de início e assim o faria até o 21º aniversário do filho. Não tendo ocorrido falha de depósito ao longo do período, e sabendo-se que $2^{10} = 1\,024$, o montante total dos depósitos, em reais, feitos em caderneta de poupança foi de:

a) 42 947,50. c) 57 330,00. e) 114 660,00.
b) 49 142,00. d) 85 995,00.

7. (PUC-MG) Em um surto epidêmico ocorrido em certa cidade com cerca de 10 000 habitantes, cada indivíduo infectado contaminava 9 outros indivíduos no período de uma semana. Supondo-se que a epidemia tenha prosseguido nesse ritmo, a partir da contaminação do primeiro indivíduo, pode-se estimar que toda a população dessa cidade ficou contaminada em, aproximadamente:

a) 28 dias. b) 35 dias. c) 42 dias. d) 49 dias.

8. (Vunesp-SP) Desejo ter, para minha aposentadoria, 1 milhão de reais. Para isso, faço uma aplicação financeira, que rende 1% de juros ao mês, já descontados o imposto de renda e as taxas bancárias recorrentes. Se desejo me aposentar após 30 anos com aplicações mensais fixas e ininterruptas nesse investimento, o valor aproximado, em reais, que devo disponibilizar mensalmente é:
(Dado: $1{,}01^{361} \approx 36$)

a) 290,00. c) 282,00. e) 274,00.
b) 286,00. d) 278,00.

9. (UPE) Em progressão geométrica estritamente crescente, com razão igual ao triplo do primeiro termo, na qual o quarto termo é igual a 16 875, é correto afirmar que:

a) o terceiro termo é igual a nove vezes o primeiro termo.
b) a soma dos três primeiros termos é igual a 241 vezes o primeiro termo.
c) o segundo termo é igual a 9 vezes o quadrado do primeiro termo.
d) a soma do primeiro e o terceiro termo é igual a 25 vezes o segundo termo.
e) os termos também estão em progressão aritmética.

10. (PUC-PR) Uma formiga minúscula, cujo tamanho é desprezível, faz um percurso linear. Inicialmente, caminha para a direita uma distância de 1 m. Então, ela vira para a esquerda, caminhando metade da distância do seu ponto corrente. Se a formiga continuar caminhando para a direita e para a esquerda, sempre andando a metade da distância previamente caminhada, a formiga percorrerá, a partir da origem, a distância de:

a) 1 m. b) 2 m. c) 4 m. d) 8 m. e) 10 m.

11. (Vunesp-SP) No início de janeiro de 2004, Fábio montou uma página na internet sobre questões de vestibulares. No ano de 2004, houve 756 visitas à página. Supondo que o número de visitas à página, durante o ano, dobrou a cada bimestre, o número de visitas à página de Fábio no primeiro bimestre de 2004 foi:

a) 36. b) 24. c) 18. d) 16. e) 12.

12. (UFF-RJ) A comunicação eletrônica tornou-se fundamental no nosso cotidiano, mas infelizmente, todo dia recebemos muitas mensagens indesejadas: propagandas, promessas de emagrecimento imediato, propostas de fortuna fácil, correntes, etc. Isso está se tornando um problema para os usuários da Internet, pois o acúmulo de "lixo" nos computadores compromete o desempenho da rede!
Pedro iniciou uma corrente enviando uma mensagem pela Internet a dez pessoas, que, por sua vez, enviaram, cada uma, a mesma mensagem a outras dez pessoas. E estas, finalizando a corrente, enviaram, cada uma, a mesma mensagem a outras dez pessoas. O número máximo de pessoas que receberam a mensagem enviada por Pedro é igual a:

a) 30. c) 210. e) 11 110.
b) 110. d) 1 110.

13. (UFRRJ) Uma forte chuva começa a cair na UFRRJ formando uma goteira no teto de uma das salas de aula. Uma primeira gota cai e 30 segundos depois cai uma segunda gota. A chuva se intensifica de tal forma que uma terceira gota cai 15 segundos após a segunda gota. Assim, o intervalo de tempo entre duas quedas de duas gotas consecutivas reduz-se à metade na medida em que a chuva aumenta de intensidade. Se a situação se mantiver, em quanto tempo, aproximadamente, desde a queda da primeira gota, a goteira se transformará em um fio contínuo de água?

14. (Ibmec-SP) Num certo dia de inverno, exatamente às 4h40min, horário em que abre uma determinada estação do metrô de São Paulo, chega um único passageiro para acessar o metrô por esta estação. O próximo passageiro chega sozinho 48 min depois, e o passageiro seguinte chega também solitário 16 min após o segundo.
E assim sucessivamente, os passageiros chegam um a um, sempre um tempo depois do anterior igual a um terço do tempo entre este e aquele que o antecedeu. Em algum momento, o intervalo de tempo entre dois passageiros consecutivos será tão curto, que estarão chegando praticamente juntos. O horário limite para que isto aconteça é:

a) 5h08min. d) 6h14min.
b) 5h30min. e) 6h36min.
c) 5h52min.

15. (UFSC) Na progressão geométrica $\left(10, 2, \frac{2}{5}, \frac{2}{25}, ...\right)$, qual é a posição do termo $\frac{2}{625}$?

MÓDULO 25

1. (Uncisal) Sejam as matrizes $A = \begin{bmatrix} -1 & 2a \\ 3 & b \end{bmatrix}$ e $B = \begin{bmatrix} a^2 & 1 \\ 0 & a \end{bmatrix}$. Se $A + B = \begin{bmatrix} 8 & 7 \\ 3 & 8 \end{bmatrix}$, então A^t (matriz transposta de A) é:

a) $\begin{bmatrix} 0 & 3 \\ 2 & 1 \end{bmatrix}$. c) $\begin{bmatrix} 6 & 3 \\ 1 & 5 \end{bmatrix}$. e) $\begin{bmatrix} -1 & 3 \\ 6 & 5 \end{bmatrix}$.

b) $\begin{bmatrix} 1 & 5 \\ 6 & 3 \end{bmatrix}$. d) $\begin{bmatrix} -6 & 3 \\ 1 & 5 \end{bmatrix}$.

2. (UFSM-RS)

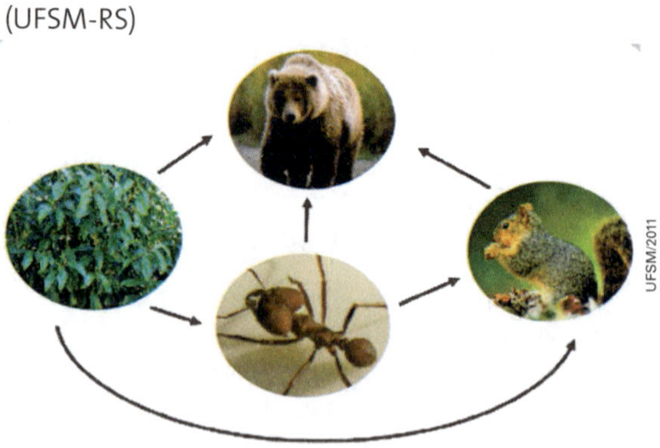

O diagrama dado representa a cadeia alimentar simplificada de um determinado ecossistema. As setas indicam a espécie de que a outra espécie se alimenta. Atribuindo valor 1 quando uma espécie se alimenta de outra e zero, quando ocorre o contrário, tem-se a seguinte tabela:

	Urso	Esquilo	Inseto	Planta
Urso	0	1	1	1
Esquilo	0	0	1	1
Inseto	0	0	0	1
Planta	0	0	0	0

A matriz $A = (a_{ij})_{4 \times 4}$, associada à tabela, possui a seguinte lei de formação:

a) $a_{ij} = \begin{cases} 0, \text{ se } i \leq j \\ 1, \text{ se } i > j \end{cases}$.

b) $a_{ij} = \begin{cases} 0, \text{ se } i = j \\ 1, \text{ se } i \neq j \end{cases}$.

c) $a_{ij} = \begin{cases} 0, \text{ se } i \geq j \\ 1, \text{ se } i < j \end{cases}$.

d) $a_{ij} = \begin{cases} 0, \text{ se } i \neq j \\ 1, \text{ se } i = j \end{cases}$.

e) $a_{ij} = \begin{cases} 0, \text{ se } i < j \\ 1, \text{ se } i > j \end{cases}$.

3. (Ufla-MG) Matrizes são arranjos retangulares de números e possuem inúmeras utilidades. Considere seis cidades *A*, *B*, *C*, *D*, *E* e *F*; vamos indexar as linhas e colunas de uma matriz 6 × 6 por essas cidades e colocar 1 na posição definida pela linha *X* e coluna *Y*, se a cidade *X* possui uma estrada que a liga diretamente à cidade *Y*, e vamos colocar 0 (zero), caso *X* não esteja ligada diretamente por uma estrada à cidade *Y*. Colocaremos também 1 na diagonal principal.

	A	*B*	*C*	*D*	*E*	*F*
A	1	0	0	1	0	1
B	0	1	1	0	1	0
C	0	1	1	0	0	0
D	1	0	0	1	0	1
E	0	1	0	0	1	0
F	1	0	0	1	0	1

Assinale a alternativa incorreta.

a) É possível ir, passando por outras cidades, da cidade *C* até a cidade *E*.

b) É possível ir, passando por outras cidades, da cidade *A* até a cidade *C*.

c) A matriz acima é simétrica.

d) Existem dois caminhos diferentes para ir da cidade *A* para a cidade *D*.

4. (Uesc-BA) O fluxo de veículos que circulam pelas ruas de mão dupla 1, 2 e 3 é controlado por um semáforo, de tal modo que, cada vez que sinaliza a passagem de veículos, é possível que passem até 12 carros, por minuto, de uma rua para outra. Na matriz

$S = \begin{pmatrix} 0 & 90 & 36 \\ 90 & 0 & 75 \\ 36 & 75 & 0 \end{pmatrix}$, cada termo s_{ij} indica o tempo, em segundos, que o semáforo fica aberto, num período de 2 minutos, para que haja o fluxo da rua *i* para a rua *j*. Então, o número máximo de automóveis que podem passar da rua 2 para a rua 3, das 8h às 10h de um mesmo dia, é:

01) 1100.
02) 1080.
03) 900.
04) 576.
05) 432.

5. (UFRN) Considere, a seguir, uma tabela com as notas de quatro alunos em três avaliações e a matriz *M* formada pelos dados dessa tabela.

	Avaliação 1	Avaliação 2	Avaliação 3
Thiago	8	9	6
Maria	6	8	7
Sônia	9	6	6
André	7	8	9

$$M = \begin{pmatrix} 8 & 9 & 6 \\ 6 & 8 & 7 \\ 9 & 6 & 6 \\ 7 & 8 & 9 \end{pmatrix}$$

O produto $\frac{1}{3} M \begin{pmatrix} 1 \\ 1 \\ 1 \end{pmatrix}$ corresponde à média:

a) de todos os alunos na Avaliação 3.

b) de cada avaliação.

c) de cada aluno nas três avaliações.

d) de todos os alunos na Avaliação 2.

6. (ESPM-SP) A distribuição dos *n* moradores de um pequeno prédio de apartamentos é dada pela matriz $\begin{bmatrix} 4 & x & 5 \\ 1 & 3 & y \\ 6 & y & x+1 \end{bmatrix}$, onde cada elemento a_{ij} representa a quantidade de moradores do apartamento *j* do andar *i*. Sabe-se que, no 1º andar, moram 3 pessoas a mais que no 2º e que os apartamentos de número 3 comportam 12 pessoas ao todo. O valor de *n* é:

a) 30.
b) 31.
c) 32.
d) 33.
e) 34.

7. (Unirg-TO) Para comemorar o Dia das Crianças, uma escola decidiu fazer um campeonato de futebol com quatro jogos para cada equipe. As equipes foram formadas por alunos do 5º ao 9º ano. Pelo regulamento, os pontos dados para os resultados obtidos nos jogos foram os seguintes: 4 pontos para vitória, 2 pontos para empate, 0 pontos para a derrota e −1 para a equipe que não comparecesse ao jogo (W.O.). No final da competição, as equipes conseguiram os resultados apresentados na tabela a seguir:

Ano	Vitória	Empate	Derrota	W.O.
5º	3	1	0	0
6º	2	1	1	0
7º	3	0	0	1
8º	1	2	0	1
9º	2	0	0	2

Com o final da competição, foi realizada uma comemoração para premiar a equipe campeã. A matriz com os resultados de cada equipe e a equipe campeã são, respectivamente:

a) $\begin{bmatrix} 14 \\ 10 \\ 11 \\ 7 \\ 6 \end{bmatrix}$ e a equipe campeã é a do 5º ano.

b) $3\begin{bmatrix} 14 \\ 10 \\ 11 \\ 7 \\ 6 \end{bmatrix}$ e a equipe campeã é a do 5º ano.

c) $3\begin{bmatrix} 10 \\ 14 \\ 11 \\ 7 \\ 6 \end{bmatrix}$ e a equipe campeã é a do 7º ano.

d) $\begin{bmatrix} 6 \\ 7 \\ 11 \\ 10 \\ 14 \end{bmatrix}$ e a equipe campeã é a do 7º ano.

8. (Uerj) Observe parte da tabela do quadro de medalhas dos Jogos Pan-americanos do Rio de Janeiro em 2007 (tabela **I**). Com base na tabela, é possível formar a matriz quadrada A cujos elementos a_{ij} representam o número de medalhas do tipo j que o país i ganhou, sendo i e j pertencentes ao conjunto {1, 2, 3}.
Para fazer outra classificação desses países, são atribuídos às medalhas os seguintes valores:

- ouro: 3 pontos;
- prata: 2 pontos;
- bronze: 1 ponto.

Esses valores compõem a matriz $V = \begin{bmatrix} 3 \\ 2 \\ 1 \end{bmatrix}$.

Tabela I – Quadro de medalhas Jogos Pan-americanos RJ 2007

País	Medalhas			
	Tipos			Total
	1) Ouro	2) Prata	3) Bronze	
1) Estados Unidos	97	88	52	237
2) Cuba	59	35	41	135
3) Brasil	54	40	67	161

Determine a partir do cálculo do produto AV, o número de pontos totais obtidos pelos três países separadamente.

9. (UFU-MG) Por recomendação médica, João está cumprindo uma dieta rigorosa com duas refeições diárias. Estas refeições são compostas por dois tipos de alimentos, os quais contêm vitaminas dos tipos A e B nas quantidades fornecidas na seguinte tabela:

	Vitamina A	Vitamina B
Alimento 1	20 unidades/grama	30 unidades/grama
Alimento 2	50 unidades/grama	45 unidades/grama

De acordo com sua dieta, João deve ingerir em cada refeição 13 000 unidades de vitamina A e 13 500 unidades de vitamina B.
Considere nesta dieta:

- x = quantidade ingerida do alimento **1**, em gramas;
- y = quantidade ingerida do alimento **2**, em gramas.

A matriz M, tal que $M\begin{pmatrix} x \\ y \end{pmatrix} = \begin{pmatrix} 13\,000 \\ 13\,500 \end{pmatrix}$, é igual a:

a) $\begin{pmatrix} 30 & 45 \\ 20 & 50 \end{pmatrix}$.

b) $\begin{pmatrix} 20 & 30 \\ 50 & 45 \end{pmatrix}$.

c) $\begin{pmatrix} 20 & 50 \\ 30 & 45 \end{pmatrix}$.

d) $\begin{pmatrix} 30 & 20 \\ 45 & 50 \end{pmatrix}$.

e) $\begin{pmatrix} 30 & 20 \\ 55 & 70 \end{pmatrix}$.

10. (Vunesp-SP) Uma rede de comunicação tem cinco antenas que transmitem uma para a outra, conforme mostrado na matriz $A = (a_{ij})$, onde $a_{ij} = 1$ significa que a antena i transmite diretamente para a antena j, e $a_{ij} = 0$ significa que a antena i não transmite para a antena j.

$$A = \begin{bmatrix} 0 & 1 & 0 & 0 & 0 \\ 1 & 0 & 1 & 0 & 0 \\ 1 & 1 & 0 & 1 & 0 \\ 1 & 1 & 1 & 0 & 1 \\ 1 & 0 & 0 & 1 & 0 \end{bmatrix}$$

Qual o significado do elemento b_{41} da matriz $B = A^2$?

a) Como $b_{41} = 0$, isso significa que a antena 4 não transmite para a antena 1.

b) Como $b_{41} = 1$, isso significa que a antena 4 transmite para a antena 1.

c) Como $b_{41} = 3$, isso significa que a antena 4 transmite para a antena 1.

d) Como $b_{41} = 3$, isso significa que existem 3 maneiras diferentes de a antena 4 transmitir para a antena 1, usando apenas uma retransmissão entre elas.

e) Como $b_{41} = 3$, isso nada significa, pois b_{ij} só pode valer 0 ou 1, conforme definido no enunciado da questão.

11. (UFRN) Uma companhia de aviação pretende fazer manutenção em três de seus aviões e, para isso, definiu o período de 4 dias, a contar da aprovação das propostas, para a conclusão do serviço. Os orçamentos (em milhares de reais) das três empresas que apresentaram propostas estão indicados na matriz $A_{3 \times 3}$ abaixo, onde cada a_{ij} corresponde ao orçamento da empresa *i* para a manutenção do avião *j*.

$$A = \begin{pmatrix} 23 & 66 & 17 \\ 19 & 62 & 12 \\ 28 & 57 & 08 \end{pmatrix}$$

Como cada uma dessas empresas só terá condições de efetuar, no prazo estabelecido, a manutenção de um avião, a companhia terá que escolher, para cada avião, uma empresa distinta. A escolha que a companhia de aviação deverá fazer para que sua despesa seja a menor possível será:

a) empresa **1**: avião **1**; empresa **2**: avião **3** e empresa **3**: avião **2**.

b) empresa **1**: avião **1**; empresa **2**: avião **2** e empresa **3**: avião **3**.

c) empresa **1**: avião **3**; empresa **2**: avião **2** e empresa **3**: avião **1**.

d) empresa **1**: avião **2**; empresa **2**: avião **3** e empresa **3**: avião **1**.

12. (Ufpel-RS) Cada elemento a_{ij} da matriz *T* indica o tempo, em minutos, que um semáforo fica aberto, num período de 2 minutos, para que haja o fluxo de automóveis da rua *i* para a rua *j*, considerando que cada rua tenha mão dupla.

$$T = \begin{pmatrix} 0 & 1{,}5 & 0{,}5 \\ 1{,}5 & 0 & 1 \\ 0{,}5 & 1 & 0 \end{pmatrix}$$

De acordo com a matriz, o semáforo que permite o fluxo de automóveis da via 2 para a 1 fica aberto durante 1,5 min de um período de 2 min.
Com base no texto e admitindo que é possível até 20 carros passarem por minuto cada vez que o semáforo se abre, é correto afirmar que, das 8h às 10h, considerando o fluxo indicado pela matriz *T*, o número máximo de automóveis que podem passar da rua 3 para a 1 é:

a) 300.
b) 1200.
c) 600.
d) 2400.
e) 360.

13. (UFRRJ) Um programa de computador é usado para mover imagens por diferentes pontos do monitor. A cada segundo, ele localiza a figura nos eixos coordenados e multiplica a matriz $\begin{pmatrix} 1 & 0 \\ 0 & -1 \end{pmatrix}$ por cada um dos seus pontos, representando-os em uma nova posição.

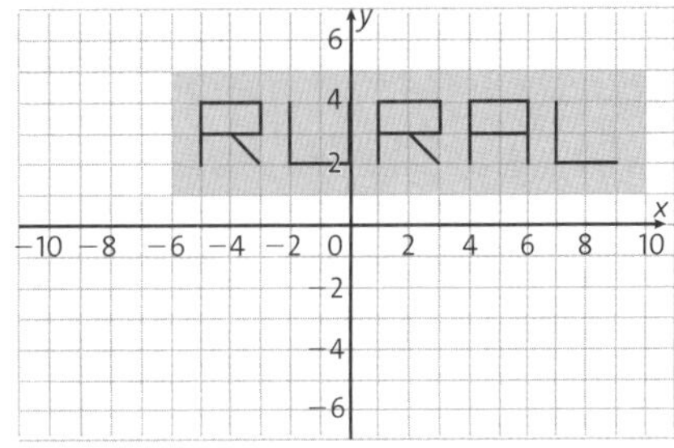

Considerando a figura acima, assinale a alternativa que a represente após 3 segundos.

a)
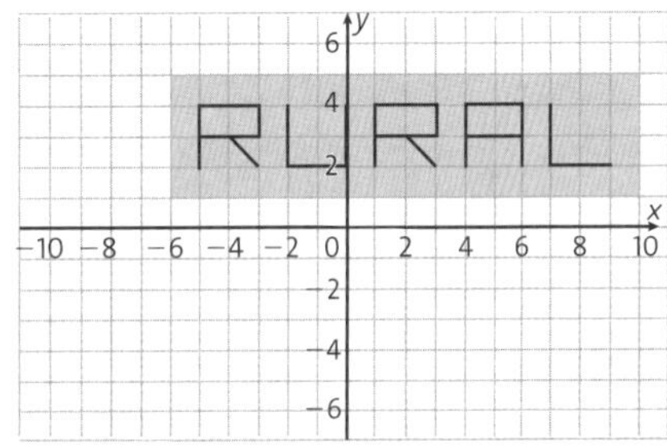

b)
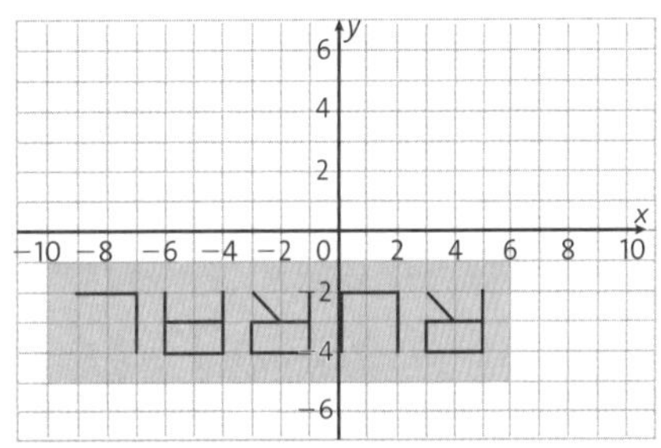

c)
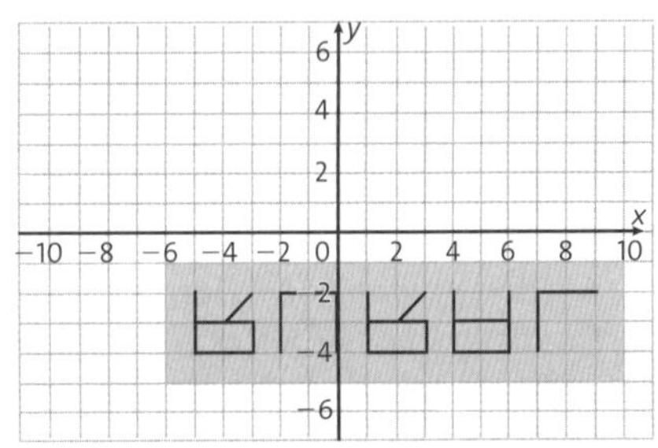

d)
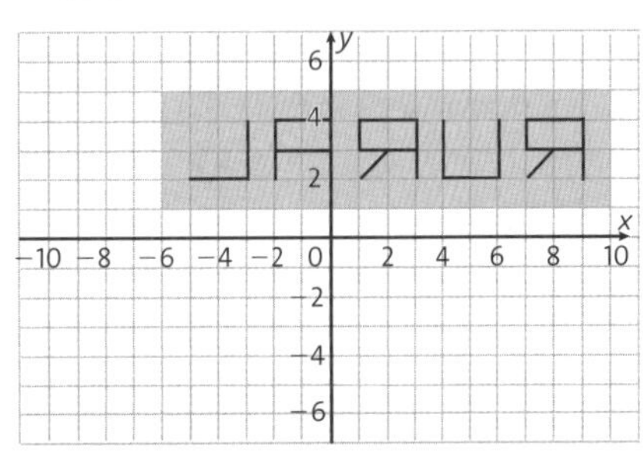

e)
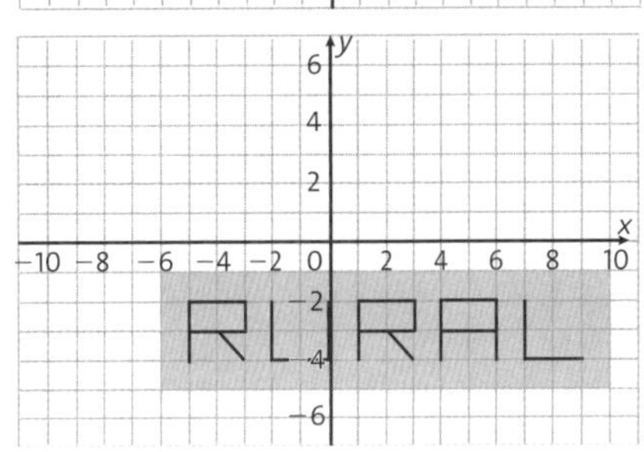

14. (UFF-RJ) Nos processos de digitalização, imagens podem ser representadas por matrizes cujos elementos são os algarismos 0 e 1.

Considere que a matriz linha $L = \begin{pmatrix} 1 & 0 & 1 & 0 & 0 & 1 \end{pmatrix}$ representa a figura a seguir:

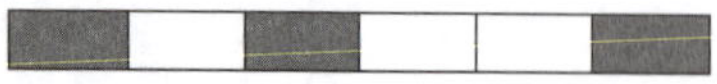

onde 1 representa "quadrinho" escuro e 0 representa "quadrinho" branco.

Seja X a matriz linha dada por $X = LM$, onde M é a matriz $M = (m_{ij})$ com $m_{ij} = \begin{cases} 1, \text{ se } i + j = 7 \\ 0, \text{ se } i + j \neq 7 \end{cases}$, $1 \leqslant i \leqslant 6$; $1 \leqslant j \leqslant 6$.

Dessa forma, a matriz X representa a figura da opção:

a) 

b) 

c) 

d) 

e) 

15. (UFPE) Um método para enviar mensagens codificadas e de difícil decifração é o seguinte. A cada letra do alfabeto associa-se um número, como na tabela abaixo.

A	B	C	D	E	F	G	H	I	J	K	L	M
1	2	3	4	5	6	7	8	9	10	11	12	13

N	O	P	Q	R	S	T	U	V	W	X	Y	Z
14	15	16	17	18	19	20	21	22	23	24	25	26

Para codificar uma palavra de seis letras, dividimos a palavra em dois grupos de três letras, preservando a ordem, e substituímos as letras pelos números correspondentes na tabela, obtendo uma matriz 3×1 para cada grupo. Em seguida, multiplicamos esta matriz pela matriz seguinte: $\begin{pmatrix} 1 & 1 & 1 \\ 1 & 0 & 1 \\ 1 & 1 & 0 \end{pmatrix}$.

Finalmente, substituímos os inteiros da matriz obtida pelas letras correspondentes na tabela e esta é a codificação do grupo de três letras. Por exemplo, se o grupo ordenado de letras for BEM, temos que a matriz correspondente é $\begin{pmatrix} 2 \\ 5 \\ 13 \end{pmatrix}$ que, quando multiplicada pela matriz acima resulta $\begin{pmatrix} 20 \\ 15 \\ 7 \end{pmatrix}$ que corresponde à codificação TOG.

Suponha que a codificação de certa palavra foi ZUWTNO. Encontre a palavra original.

MÓDULO 26

1. (ESPM-SP) Dadas as matrizes $A = \begin{bmatrix} x & 2 \\ 1 & 1 \end{bmatrix}$ e $B = \begin{bmatrix} 1 & x \\ -1 & 2 \end{bmatrix}$ a diferença entre os valores de x, tais que $\det(A \cdot B) = 3x$ pode ser igual a:

a) 3. b) −2. c) 5. d) −4. e) 1.

2. (UFV-MG) O valor do determinante $\begin{vmatrix} 2 & 0 & 1 \\ 1 & 1 & 0 \\ 2 & 1 & 3 \end{vmatrix}$ é:

a) 5. b) 6. c) 7. d) 8.

3. (Feevale-RS) Sendo $\begin{vmatrix} x & y \\ 1 & 1 \end{vmatrix} = 6$, o valor de $\begin{vmatrix} 3x+1 & 8 \\ 3y+1 & 8 \end{vmatrix}$ é:

a) 6. b) 8. c) 24. d) 128. e) 144.

4. (Ifal) Se $A = \begin{pmatrix} 1 & 2 \\ -1 & 0 \end{pmatrix}$ e $B = \begin{pmatrix} 1 & 2 \\ -1 & 0 \end{pmatrix}$. O determinante da matriz $(AB)^{-1}$ é:

a) $-\frac{1}{10}$.

b) $\frac{21}{10}$.

c) $\frac{13}{10}$.

d) $-\frac{13}{10}$.

e) nda.

5. (Fatec-SP) Se x é um número real positivo tal que: $A = \begin{bmatrix} 1 & -1 \\ x & 0 \end{bmatrix}$, $B = \begin{bmatrix} -x & 1 \\ 1 & -1 \end{bmatrix}$ e $\det(A \cdot B) = 2$, então x^{-x} é igual a:

a) −4. b) $\frac{1}{4}$. c) 1. d) 2. e) 4.

6. (Uece) Considere as matrizes M, N e P dadas por:

$$M = \begin{pmatrix} 2 & 1 & 3 \\ 1 & 1 & 1 \end{pmatrix}, N = \begin{pmatrix} 1 & -1 \\ 2 & 1 \\ -1 & 1 \end{pmatrix} \text{ e } P = MN.$$

O valor do determinante da matriz inversa de P é:

a) 3. b) $\frac{1}{3}$. c) −3. d) $-\frac{1}{3}$.

7. (UFV-MG) Considere as matrizes quadradas de ordem 2:

$$A = \begin{pmatrix} 1 & 0 \\ 2 & 1 \end{pmatrix} \text{ e } B = \begin{pmatrix} 2 & 1 \\ 0 & 2 \end{pmatrix}$$

Seja $M = A \cdot B^t$, onde B^t é a matriz transposta de B. O determinante da matriz inversa de M é:

a) $\frac{1}{8}$. b) $\frac{1}{6}$. c) $\frac{1}{4}$. d) $\frac{1}{2}$.

8. (UEPB) Sendo $A = \begin{pmatrix} m & n \\ 2 & -10 \end{pmatrix}$ uma matriz inversível com inversa A^{-1}, suponha que $\det A^{-1} = -\dfrac{1}{6}$, podemos afirmar que:

a) $5m + n = -3$.
b) $5m - n = 3$.
c) $5m + n = 3$.
d) $m + n = 1$.
e) $n - 5m = 3$.

9. (Udesc) Dada a matriz $A = \begin{pmatrix} 1 & 2 \\ 1 & -1 \end{pmatrix}$, seja a matriz B tal que $A^{-1}BA = D$, onde $D = \begin{pmatrix} 2 & 1 \\ -1 & 2 \end{pmatrix}$, então o determinante de B é igual a:

a) 3. b) −5. c) 2. d) 5. e) −3.

10. (UFPB) Maria afirmou para João: "A e B são matrizes tais que o produto AB possui inversa". A partir dessa informação, João concluiu:

I. A matriz B^tA^t possui inversa.
II. As matrizes A e B possuem inversa.
III. O determinante de AB é diferente de **zero**.

A(s) conclusão(ões) verdadeira(s) é(são) apenas:

a) I.
b) II.
c) III.
d) I e II.
e) I e III.

11. (Uneb-BA) Em uma aula de exercícios, um professor de Matemática propôs aos seus alunos a construção do gráfico da função real definida por

$$f(x) = \det \begin{pmatrix} -\text{sen}^2\, x & \cos x \\ -\cos x & 1 \end{pmatrix}, 0 \leq x \leq \pi.$$

Cinco gráficos distintos, dados a seguir, foram esboçados pelos alunos. Dentre eles, o que melhor representa a função f é:

01)
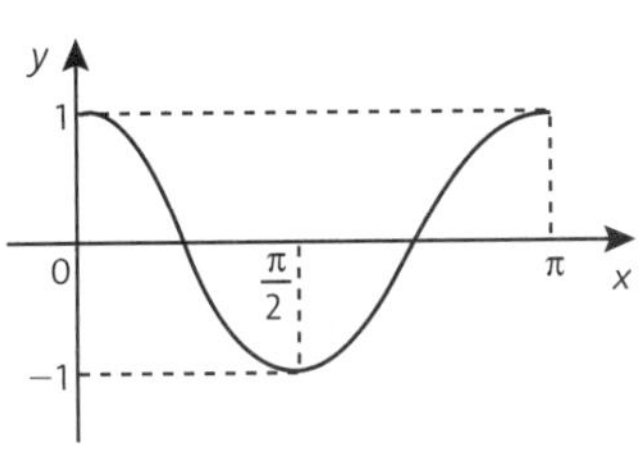

02)
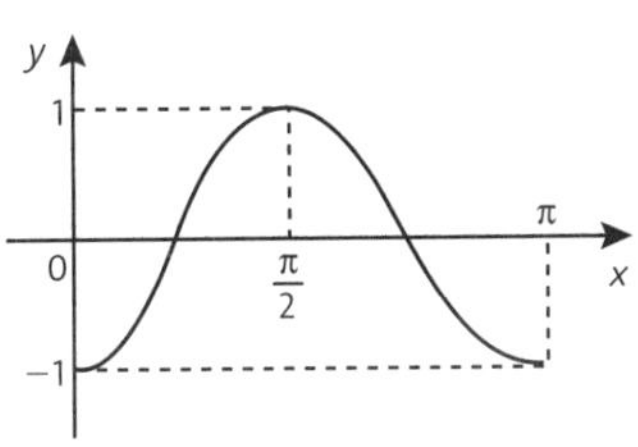

03)
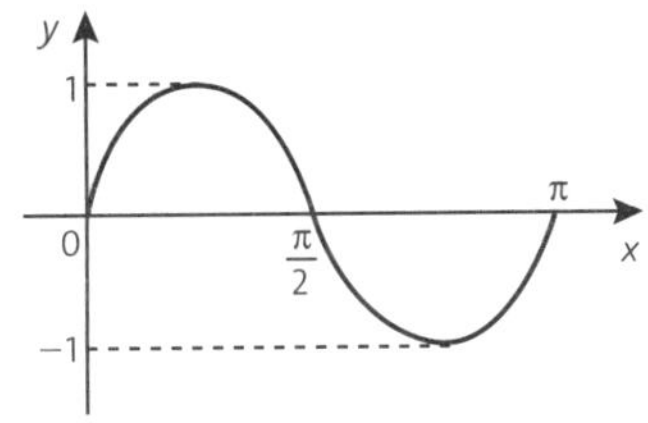

04)
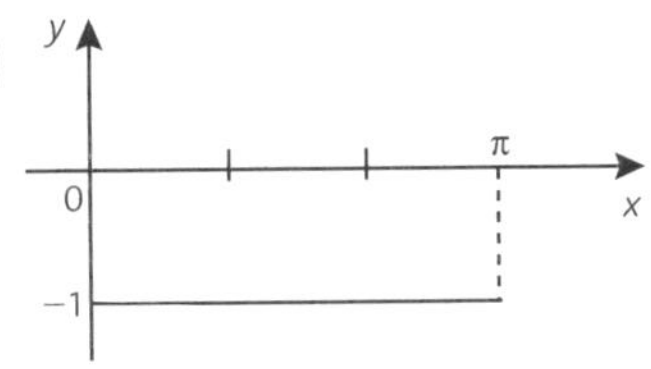

05)
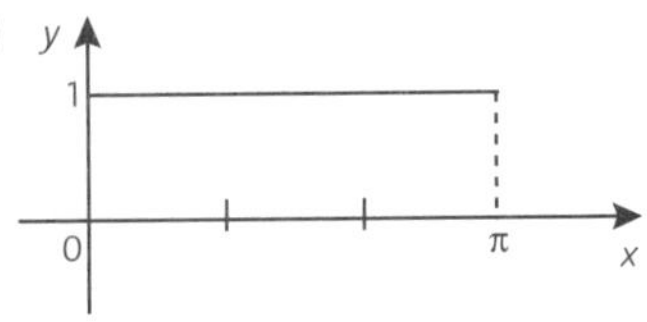

12. (UFCG-PB) Dois alunos estavam trabalhando com a sequência $2^{-5}, 2^{-4}, 2^{-3}, ..., 2^{18}, 2^{19}$, quando um outro aluno aproveitou a oportunidade e construiu uma matriz $A_{n \times n}$ com esses números, sem repetir qualquer deles. Depois disso, lançou um desafio aos amigos, perguntando a relação entre det (2A) e det (A). Qual a resposta a esse desafio?

a) det (2A) = det (A)
b) det (2A) = 3det (A)
c) det (2A) = 16det (A)
d) det (2A) = 32det (A)
e) det (2A) = 81det (A)

13. (UFU-MG) Considere a sequência numérica 1, 2, 3, 5, 8, 13, 21, ... (que, a menos da ausência do primeiro termo, é conhecida com a sequência de Fibonacci), em que um termo, a partir do terceiro, é a soma dos dois anteriores. Seja A uma matriz quadrada de ordem três, formada com quaisquer nove elementos consecutivos desta sequência, dispostos consecutivamente, em A, nas posições $a_{11}, a_{12}, a_{13}, ..., a_{31}, ..., a_{33}$. Qual é o determinante de A?

a) −1 b) 0 c) 1 d) 3 e) 5

14. (Fatec-SP) O traço de uma matriz quadrada é a soma dos elementos de sua diagonal principal. Se os números inteiros x e y são tais que a matriz $\begin{pmatrix} 2 & 1 & 0 \\ 3 & x & 4 \\ 1 & 1 & y \end{pmatrix}$ tem traço igual a 4 e determinante igual a −19, então o produto xy é igual a:

a) −4. b) −3. c) −1. d) 1. e) 3.

15. (UFPB) Um recipiente contendo 6 m^3 de água será esvaziado, de modo que no instante t a quantidade de água restante $V(t)$, em m^3, será dada pela expressão $V(t) = 6[1 - \det A(t)]$, $t \in [0, 30]$ onde $A(t)$ é a matriz:

$$A(t) = \begin{bmatrix} \cos\left(\frac{\pi t}{60}\right) & 0 & \text{sen}\left(\frac{\pi t}{60}\right) \\ \text{sen}\left(\frac{\pi t}{60}\right) & 1 & -\cos\left(\frac{\pi t}{60}\right) \\ \cos\left(\frac{\pi t}{60}\right) & \text{sen}\left(\frac{\pi t}{60}\right) & \text{sen}\left(\frac{\pi t}{60}\right) \end{bmatrix}$$

Com base nessas informações, é correto afirmar que o volume de água, no recipiente, será de 3 m^3 no instante:

a) $t = 12$.
b) $t = 15$.
c) $t = 20$.
d) $t = 10$.
e) $t = 30$.

MÓDULO 27

1. (Unicamp-SP) Uma empresa deve enlatar uma mistura de amendoim, castanha-de-caju e castanha-do-pará. Sabe-se que o quilo de amendoim custa R$ 5,00, o quilo de castanha-de-caju R$ 20,00 e o quilo de castanha-do-pará R$ 16,00. Cada lata deve conter meio quilo da mistura e o custo total dos ingredientes de cada lata deve ser de R$ 5,75. Além disso, a quantidade de castanha-de-caju em cada lata deve ser igual a um terço da soma das outras duas.

a) Escreva o sistema linear que representa a situação descrita acima.
b) Resolva o referido sistema, determinando as quantidades, em gramas, de cada ingrediente.

2. (Udesc) Uma rede de cinemas localizada em um *Shopping Center* oferece a seus clientes filmes em tecnologia 3D e filmes tradicionais (tecnologia 2D) a preços respectivos de 22 e 16 reais cada ingresso. Durante um único final de semana, esta rede faturou 18 840 reais com a venda de 1 200 ingressos. Seus funcionários constataram que um terço dos clientes que optaram por assistir a filmes tradicionais e um quarto dos clientes que escolheram filmes em 3D nesse final de semana eram estudantes e/ou pessoas com idade igual ou superior a 60 anos, por isso pagaram meia-entrada ao adquirir seus ingressos. Portanto, o total de ingressos vendidos com valor integral, durante esse final de semana, foi igual a:

a) 840.
b) 360.
c) 720.
d) 480.
e) 910.

3. (Unifor-CE) Dois casais foram ao centro de convivência na Universidade de Fortaleza para lanchar. O primeiro casal pagou R$ 5,40 por duas latas de refrigerantes e uma porção de batatas fritas. O segundo casal pagou R$ 9,60 por três latas de refrigerantes e duas batatas fritas. Sendo assim, podemos afirmar que, nesse local e nesse dia, a diferença entre o preço de uma lata de refrigerante e o preço de uma porção de batatas fritas era de:

a) R$ 2,00.
b) R$ 1,80.
c) R$ 1,75.
d) R$ 1,50.
e) R$ 1,25.

4. (UFSM-RS) Um feirante comprou, por R$ 3 725,00, 3 toneladas distribuídas entre arroz, feijão e batata, num total de 76 sacas. O peso e o preço de cada saca desses produtos estão mostrados a seguir.

	Batata	Feijão	Arroz
Peso por saca	20 kg	50 kg	60 kg
Preço por saca	R$ 25,00	R$ 100,00	R$ 50,00

Sobre essa compra, é possível afirmar:

I. O feirante comprou exatamente 30 sacas de batata.
II. A quantidade de sacas de arroz é o dobro da quantidade de sacas de feijão.
III. A quantidade de sacas de arroz é menor que a quantidade de sacas de batata.

Está(ão) correta(s):

a) apenas **I**.
b) apenas **II**
c) apenas **III**.
d) apenas **I** e **II**.
e) apenas **II** e **III**.

5. (IFSC) Um cinema recebeu R$ 663,00 (seiscentos e sessenta e três reais) pela venda de ingressos (entrada), durante uma única sessão. Nessa sessão, o número de ingressos vendidos para adultos foi o triplo do número de ingressos vendidos para crianças. O ingresso para adulto custava R$ 12,00 (doze reais) e o das crianças R$ 3,00 (três reais). Considere que x seja o número de ingressos vendidos para os adultos e y, o número de ingressos vendidos para as crianças.

Reprodução/IFSC

Imagem disponível em: <www.google.com.br/imgres?imgurl=http://www.expressodasilhas.sapo.cv/uploads/noticias/big_1281969105_4994_Turma_da_Monica_Cine-Gibi_3.jpg&imgrefurl=http://www.expressodasilhas.sap>. Acesso em: 25 nov. 2010.

Assinale a alternativa que expressa corretamente a equação que permite determinar o número de ingressos vendidos para crianças, bem como para os adultos.

a) $\begin{cases} x = y + 3 \\ 12x + 3y = 663 \end{cases}$

b) $\begin{cases} x = 3y \\ x + y = 663 \end{cases}$

c) $\begin{cases} x = y + 3 \\ x + y = 663 \end{cases}$

d) $\begin{cases} x = 3y \\ 12x + 3y = 663 \end{cases}$

e) $\begin{cases} x = 3y \\ 3x + 12y = 663 \end{cases}$

6. (PUC-PR) Como está aproximando-se o término do desconto do IPI para a linha branca dos eletrodomésticos, uma determinada loja de departamentos, para vender uma geladeira, uma máquina de lavar e uma secadora, propôs a seguinte oferta: a geladeira e a máquina de lavar custam juntas R$ 2 200,00; a máquina de lavar e a secadora, R$ 2 100,00; a geladeira e a secadora, R$ 2 500,00. Quanto pagará um cliente que comprar os três produtos anunciados?

a) R$ 2 266,00
b) R$ 6 800,00
c) R$ 3 200,00
d) R$ 3 400,00
e) R$ 4 800,00

7. (IFMG) Uma loja de ferramentas apresentou os seguintes pacotes promocionais para chaves de fenda e de boca:

Pacote 1
Preço: R$ 31,00

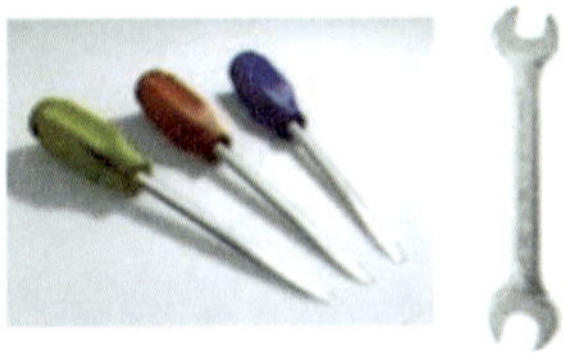

CEFET/2010

Pacote 2
Preço: R$ 44,00

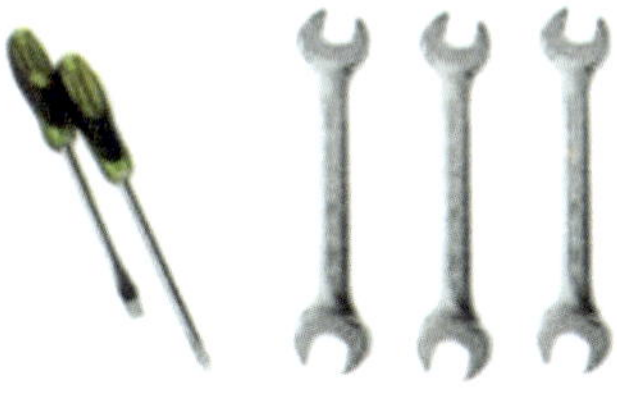

Nessa promoção, o preço de uma chave de boca somado ao de uma chave de fenda, em reais, é igual a:

a) 17.
b) 21.
c) 22.
d) 34.

8. (UFSM-RS) *Fui para a biblioteca, o lugar da casa onde gostava de ficar isolado e como sempre não fiz nada. Abri o volume de pesquisas sobre a mesa, não via as letras e números, eu esperava apenas. Você não para de trabalhar, aposto que os teus sócios não trabalham nem a metade e ganham a mesma coisa, entrou a minha mulher na sala com o copo na mão, já posso mandar servir o jantar?*

A copeira servia à francesa, meus filhos tinham crescido, eu e minha mulher estávamos gordos. É aquele vinho que você gosta, ela estalou a língua com prazer. Meu filho me pediu dinheiro quando estávamos no cafezinho, minha filha me pediu dinheiro na hora do licor. Minha mulher nada pediu, nós tínhamos conta bancária conjunta.

No texto de Rubem Fonseca, o narrador observa que ele e sua mulher estavam preocupados, devido ao excesso de peso.

Durante uma aula de ginástica, três amigas, também com a mesma preocupação, resolveram avaliar o peso de cada uma, utilizando a balança da academia. A pesagem, contudo, foi efetuada duas a duas. Ana e Carla pesaram, juntas, 98 kg; Carla e Márcia, 106 kg; Ana e Márcia, 104 kg. O peso das três amigas, juntas, subtraindo o dobro do peso de Carla, é igual a:

a) 42 kg.
b) 46 kg.
c) 48 kg.
d) 54 kg.
e) 58 kg.

9. (Unifor-CE) Certo dia, dois irmãos – Leda e Moacir – tinham, cada um, uma dada quantia em dinheiro em suas respectivas carteiras. Sabe-se que Leda deu a Moacir uma quantia igual à que ele tinha na carteira e, logo em seguida, Moacir deu a Leda a mesma quantia com que ela ficou. Considerando que após essas duas transações cada um ficou com R$ 48,00, então as quantias que ambos tinham inicialmente em suas carteiras totalizavam:

a) menos do que R$ 40,00.
b) menos do que R$ 60,00 e mais do que R$ 40,00.
c) menos do que R$ 80,00 e mais do que R$ 60,00.
d) menos do que R$ 100,00 e mais do que R$ 80,00.
e) mais do que R$ 100,00.

10. (UFCG-PB) Uma empresa produz latas de uma farinha composta por amendoim, castanha-de-caju e castanha-do-pará. O quilo do amendoim custa R$ 5,00, o quilo da castanha-de-caju custa R$ 20,00 e o quilo da castanha-do-pará custa R$ 16,00. A empresa deseja que cada lata contenha meio quilo da mistura, que o custo total dos ingredientes seja R$ 5,75 e que a quantidade de castanha-de-caju seja $\frac{1}{3}$ da soma da quantidade de amendoim e de castanha-do-pará. De acordo com esses dados, o peso, em gramas, de amendoim, castanha-de-caju e castanha-do-pará, por lata, deve ser, respectivamente:

a) 300 g, 100 g e 100 g.
b) 200 g, 100 g e 100 g.
c) 250 g, 125 g e 125 g.
d) 450 g, 125 g e 100 g.
e) 150 g, 100 g e 150 g.

11. (UEG-GO) Uma conta no valor de R$ 195,00 foi paga com cédulas de dois, de cinco, de dez e de vinte reais, totalizando 30 cédulas. Juntando-se as cédulas de cinco com as de dez reais usadas no pagamento, obteve-se um total de dez cédulas, e a quantidade das cédulas de vinte reais usadas foi de um terço do número de cédulas de dois reais. A quantidade de cédulas de cinco reais usadas para o pagamento da conta foi:

a) 8. b) 7. c) 6. d) 5.

12. (UFPR) Marina será madrinha de casamento de sua irmã e pretende presenteá-la com artigos de cozinha. Na primeira loja por ela visitada, o preço de um conjunto que tem 3 panelas, 2 frigideiras e 1 leiteira é de R$ 169,00; na segunda loja visitada, o preço de um conjunto composto por 4 panelas, 1 frigideira e 1 leiteira é de R$ 179,00; na terceira loja visitada o preço de um conjunto com 3 panelas, 1 frigideira e 1 leiteira é de R$ 144,00. Se o preço de cada panela, da frigideira e da leiteira é o mesmo em todas as lojas por ela visitada, então pode-se afirmar que o preço de um conjunto composto por 4 panelas, 2 frigideiras e 1 leiteira é igual a:

a) R$ 204,00. c) R$ 174,00. e) R$ 74,00.
b) R$ 193,00. d) R$ 109,00.

13. (Ufes) Uma pessoa é submetida a uma dieta na qual são sugeridos três cardápios de café da manhã equivalentes em calorias. A primeira sugestão contém 100 gramas de carboidrato e 30 gramas de proteína. A segunda sugestão contém 80 gramas de carboidrato e 40 gramas de proteína, e a terceira é constituída apenas de carboidrato. A quantidade, em gramas, de carboidrato que a pessoa deve comer no terceiro cardápio é:

a) 120. b) 140. c) 160. d) 180. e) 200.

14. (ITA-SP) Em uma mesa de uma lanchonete, o consumo de 3 sanduíches, 7 xícaras de café e 1 pedaço de torta totalizou R$ 31,50. Em outra mesa, o consumo de 4 sanduíches, 10 xícaras de café e 1 pedaço de torta totalizou R$ 42,00. Então, o consumo de 1 sanduíche, 1 xícara de café e 1 pedaço de torta totaliza o valor de:

a) R$ 17,50. c) R$ 12,50. e) R$ 9,50.
b) R$ 16,50. d) R$ 10,50.

15. (Unifor-CE) Numa pequena granja, são criados coelhos e galinhas, num total de 200 cabeças e 600 pés. Por algum motivo, algumas galinhas têm 1 pé a mais e alguns coelhos têm 1 pé a menos, sendo os demais animais anatomicamente perfeitos. Denotando por x a quantidade de galinhas não defeituosas e denotando por y a quantidade de coelhos não defeituosos, pode-se afirmar que:

a) x pode ser maior que y.
b) x pode ser menor que y.
c) x tem que ser diferente de y.
d) x tem que ser igual a y.
e) Nenhuma das respostas anteriores.

MÓDULO 28

1. (Uerj) A definição apresentada pelo personagem não está correta, pois, de fato, duas grandezas são inversamente proporcionais quando, ao se multiplicar o valor de uma delas por um número positivo, o valor da outra é dividido por esse mesmo número.

O MENINO MALUQUINHO Ziraldo

UERJ/2011

Admita que a nota em Matemática e a altura do personagem da tirinha sejam duas grandezas, x e y, inversamente proporcionais. A relação entre x e y pode ser representada por:

a) $y = \dfrac{3}{x^2}$. c) $y = \dfrac{2}{x + 1}$.

b) $y = \dfrac{5}{x}$. d) $y = \dfrac{2x + 4}{3}$.

2. (Ifal) Uma herança foi dividida entre a viúva, a filha, o filho e o segurança da família. A filha e o filho ficaram com a metade, distribuída na proporção de 4 para 3, respectivamente. A viúva ganhou o dobro do que coube ao filho, e o segurança, R$ 500,00. Calcule o valor da herança.

a) R$ 5 500,00 d) R$ 11 500,00
b) R$ 6 000,00 e) R$ 9 500,00
c) R$ 7 000,00

3. (IFMG) Uma herança de R$ 60 000,00 foi dividida entre três filhos A, B e C, de maneira inversamente proporcional às respectivas idades 10, 15 e 18 anos. A quantia, em reais, que o filho B recebeu foi:

a) 12 000,00. c) 18 000,00.
b) 14 000,00. d) 27 000,00.

4. (UFG-GO) As imagens a seguir são representativas de períodos históricos e, em cada uma delas, foi destacado um par de medidas.

UFG/2011

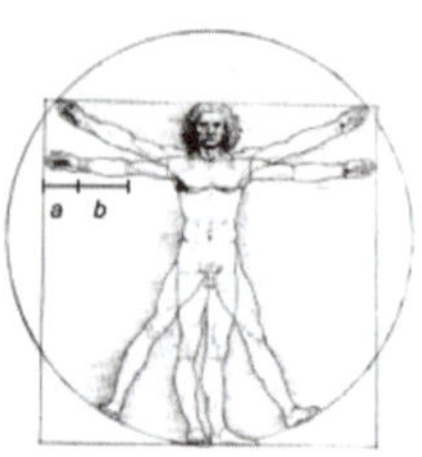

UFG/2011

Em oposição a mitos históricos sobre o uso da razão áurea, esses dois exemplos mostram o uso de proporções vindas de números racionais.

As medidas destacadas na obra da antiguidade clássica estão na proporção $\frac{4}{9}$, enquanto as da obra renascentista, na proporção $\frac{2}{3}$.

Tendo por base estas informações e considerando os períodos históricos a que pertence cada obra, os valores de $\frac{b}{a}$ e $\frac{c}{d}$, com aproximação até a segunda casa decimal, são, respectivamente:

a) 0,44 e 0,67.
b) 0,67 e 0,44.
c) 1,25 e 2,50.
d) 1,50 e 2,25.
e) 2,25 e 1,50.

5. (UFRN) A presença de nitrogênio sob a forma de nitrato em índices elevados oferece risco à saúde e deixa a água imprópria para o consumo humano, ou seja, não potável. Uma Portaria do Ministério da Saúde limita a concentração de nitrato em, no máximo, 10 mg/L. Quando essa concentração ultrapassa tal valor, uma maneira de reduzi-la é adicionar água limpa, livre de nitrato. Uma análise feita na água de um reservatório de 12 000 L constatou a presença de nitrato na concentração de 15 mg/L.

Com base em tais informações, a quantidade mínima de litros de água limpa que se deve acrescentar para que o reservatório volte aos padrões normais de potabilidade é:

a) 6 000 L.
b) 4 000 L.
c) 12 000 L.
d) 18 000 L.

6. (Unifor-CE) Pedro, aluno do curso de Engenharia da Universidade de Fortaleza, emprestou R$ 5 000,00 ao seu colega de classe, Marcos, a uma taxa de juros simples de 3% ao mês. Considerando x o número de meses do empréstimo e $M(x)$ o montante a ser devolvido para Pedro, no final do empréstimo, podemos afirmar que a representação gráfica que melhor representa $M(x)$ é:

a)
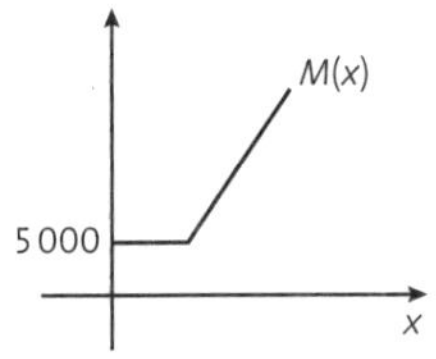

b)
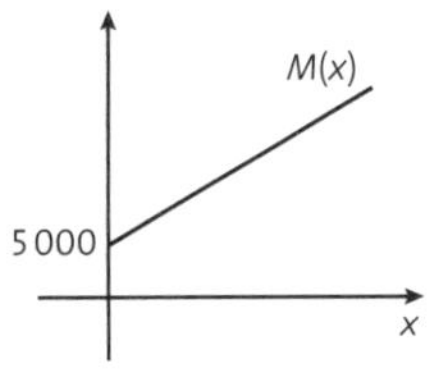

c)
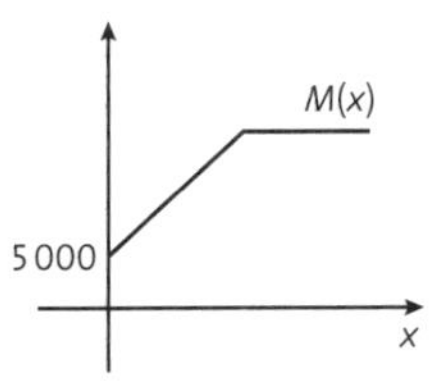

d)
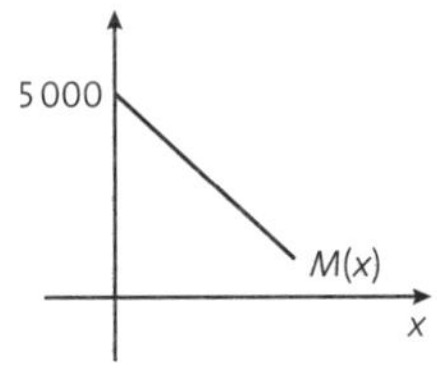

e)
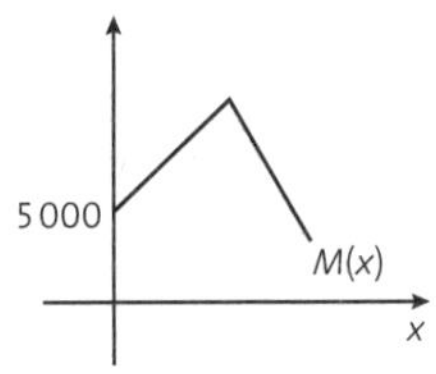

7. (FGV-SP) Sandra fez uma aplicação financeira, comprando um título público que lhe proporcionou, após um ano, um montante de R$ 10 000,00. A taxa de juros da aplicação foi de 10% ao ano. Podemos concluir que o juro auferido na aplicação foi:

a) R$ 1 000,00.
b) R$ 1 009,09.
c) R$ 900,00.
d) R$ 909,09.
e) R$ 800,00.

8. (PUC-RJ) O salário de Paulo sofreu um desconto total de 8%; com isso, ele recebeu R$ 1 518,00. O valor bruto do salário de Paulo é:

a) R$ 1 390,00.
b) R$ 1 550,00.
c) R$ 1 600,00.
d) R$ 1 650,00.
e) R$ 1 680,00.

9. (FPS-PE) Quantos litros de leite com 6% de gordura devem ser misturados ao leite com 3% de gordura, para obtermos 30 litros de leite com 4% de gordura?

a) 8 litros
b) 10 litros
c) 14 litros
d) 16 litros
e) 18 litros

10. (UEFS-BA) Os irmãos X e Y, aos 10 e 14 anos de idade, respectivamente, receberam uma herança de R$ 160 000,00 que foi dividida entre eles, em duas partes aplicadas a uma taxa fixa de juros simples de 10% ao ano. Sobre a aplicação de cada irmão, sabe-se que:

- nenhum depósito ou saque poderá ser feito até que o mesmo complete 18 anos;
- o montante da aplicação de X, quando este completar 18 anos, será o mesmo da aplicação de Y, quando este completar 18 anos.

Assim, é verdade que:

a) X recebeu de herança R$ 65 000,00.
b) Y recebeu de herança R$ 85 000,00.
c) a razão entre os valores recebidos de herança por Y e X é $\frac{7}{5}$.
d) o montante da aplicação de X deverá ser R$ 98 000,00, quando Y completar 18 anos.
e) o montante de sua aplicação deverá ser R$ 112 000,00, quando X completar 18 anos.

11. (Unimontes-MG) A sapataria "Pé Bonito" está dando 20% de desconto na compra à vista e, na compra com cheque para 30 dias, preço normal, sem juros. Se o cliente escolher fazer o pagamento com cheque para 30 dias, estará, na verdade, pagando juros de:

a) 25%. b) 20%. c) 24%. d) 0%.

12. (Uesc-BA) Um automóvel foi comprado e revendido sucessivamente por três pessoas. Cada uma das duas primeiras pessoas obteve, por ocasião da revenda, um lucro de 10%, e a terceira teve um prejuízo de 10% sobre o respectivo preço da compra. Se a terceira pessoa vendeu o automóvel por R$ 13 068,00, então a primeira adquiriu por:

a) R$ 12 000,00.
b) R$ 12 124,00.
c) R$ 12 260,00.
d) R$ 12 389,00.
e) R$ 12 500,00.

13. (UFRN) Uma lanchonete vende, em média, 200 sanduíches por noite ao preço de R$ 3,00 cada um. O proprietário observa que, para cada R$ 0,10 que diminui no preço, a quantidade vendida aumenta em cerca de 20 sanduíches. Considerando o custo de R$ 1,50 para produzir cada sanduíche, o preço de venda que dará o maior lucro ao proprietário é:

a) R$ 2,50.
b) R$ 2,00.
c) R$ 2,75.
d) R$ 2,25.

14. (Unimontes-MG) João aplicou R$ 520,00 a juros simples de 3% ao mês. Seu irmão aplicou R$ 450,00 a uma outra taxa. Ao final do 6º mês, ambos atingiram o mesmo montante. A taxa mensal de juros (simples) aplicada ao dinheiro do irmão de João foi de, aproximadamente:

a) 6% ao mês.
b) 5% ao mês.
c) 4% ao mês.
d) 3,5% ao mês.

15. (Uerj) João abriu uma caderneta de poupança e, em 1º de janeiro de 2006, depositou R$ 500,00 a uma taxa de juros, nesse ano, de 20%. Em 1º de janeiro de 2007, depositou mais R$ 1 000,00. Para que João tenha, nessa poupança, em 1º de janeiro de 2008, um montante de R$ 1 824,00, a taxa de juros do segundo ano deve corresponder a:

a) 12%. b) 14%. c) 16%. d) 18%.

Frente B

MÓDULO 29

1. (UEPB) O quádruplo da área de um triângulo de vértices $B(0, -1)$, $C(1, 2)$ e $D(-3, 1)$ é:

a) $\frac{11}{4}$ u.a.
b) 11 u.a.
c) 22 u.a.
d) 88 u.a.
e) 44 u.a.

2. (FGV-SP) Em um paralelogramo, as coordenadas de três vértices consecutivos são, respectivamente, (1, 4), (–2, 6) e (0, 8). A soma das coordenadas do quarto vértice é:

a) 8. b) 9. c) 10. d) 11. e) 12.

3. (PUC-RJ) O triângulo da figura abaixo é equilátero e tem vértices A, $B = (2, 4)$ e $C = (8, 4)$.

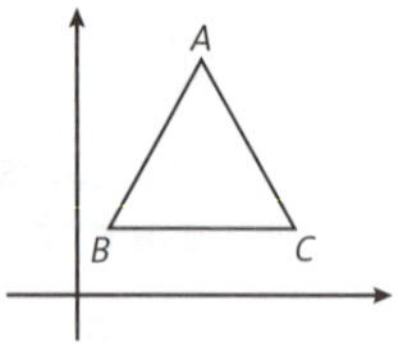

As coordenadas do vértice A são:

a) $\left(5,\ 4 + \sqrt{27}\right)$.
b) (6, 4).
c) (8, 5).
d) $\left(6,\ \sqrt{27}\right)$.
e) $\left(6,\ 5 + \sqrt{27}\right)$.

4. (UFG-GO) Para medir a área de uma fazenda de forma triangular, um agrimensor, utilizando um sistema de localização por satélite, encontrou como vértices desse triângulo os pontos $A(2, 1)$, $B(3, 5)$ e $C(7, 4)$ do plano cartesiano, com as medidas em km.

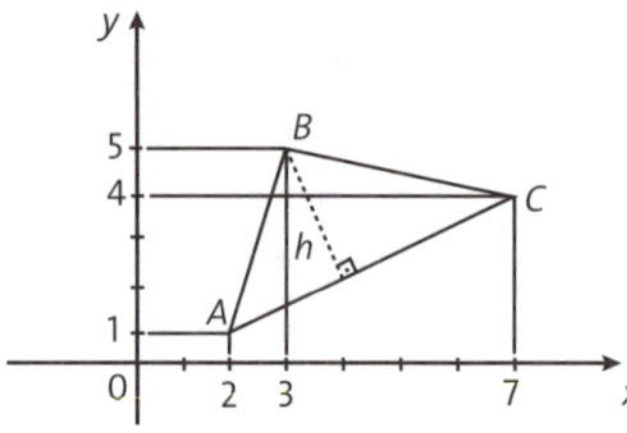

A área dessa fazenda, em km², é de:

a) $\frac{17}{2}$.
b) 17.
c) $2\sqrt{17}$.
d) $4\sqrt{17}$.
e) $\frac{\sqrt{17}}{2}$.

5. (UFTM) Na figura, o gráfico da função $y = mx + b$ é uma reta que passa pelos pontos $A(-3, 0)$ e $B(0, -1)$.

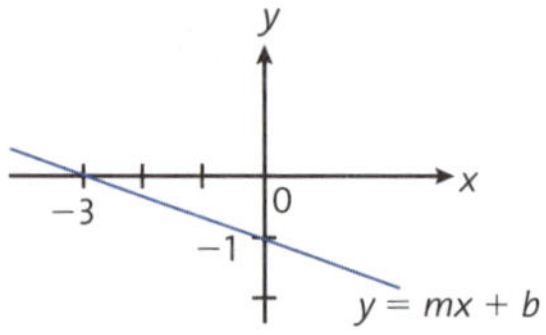

O gráfico que melhor representa a função $y = -3mx + b$ é:

a)
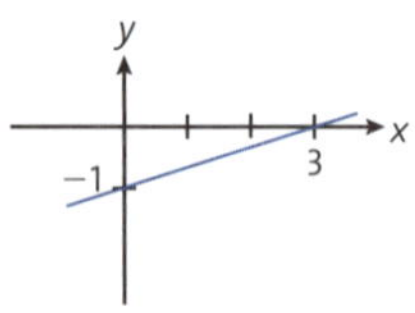

b)
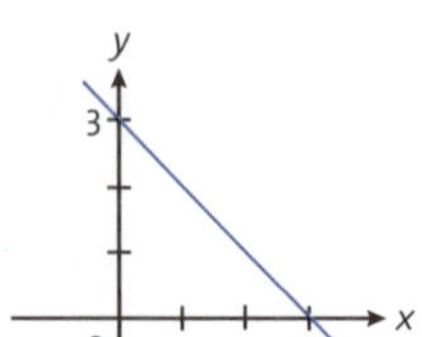

c)
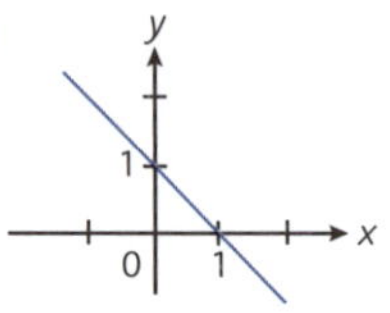

d)
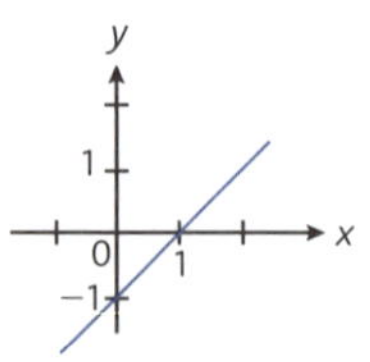

e)
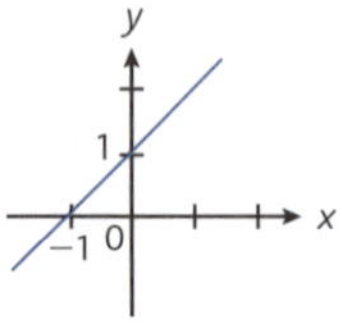

6. (UFRN) Na figura a seguir, tem-se o gráfico de uma reta que representa a quantidade, medida em mL, de um medicamento que uma pessoa deve tomar em função de seu peso, dado em kgf, para tratamento de determinada infecção. O medicamento deverá ser aplicado em seis doses.

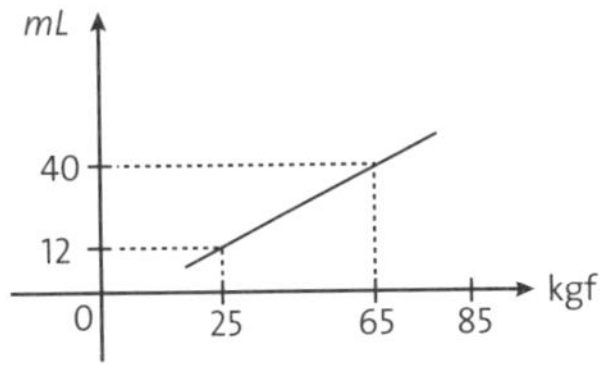

Assim, uma pessoa que pesa 85 kgf receberá em cada dose de:

a) 7 mL.
c) 8 mL.
b) 9 mL.
d) 10 mL.

7. (UCS-RS) Frequentemente se deseja expressar, sob forma matemática, uma relação entre variáveis observada em uma situação real, estabelecendo uma equação que as ligue. Embora não haja uma relação linear perfeita entre os dados da tabela abaixo, representando os pares (x, y) por pontos no sistema de eixos cartesianos, observa-se que a relação entre as variáveis pode ser descrita de forma aproximada por uma equação de reta. A equação da reta que melhor se ajusta aos dados é aquela em que é mínima a soma D dos quadrados das diferenças entre os valores de y da tabela e os encontrados através da equação da reta.

x	2	3	4	5	6	8
y	3	5	6	9	8	11

Considerando a reta determinada pelos pontos (3, 5) e (4, 6), qual é o valor de D?

a) 4 b) 6 c) 8 d) 16 e) 36

8. (Uerj) A promoção de uma mercadoria em um supermercado está representada, no gráfico a seguir, por 6 pontos de uma mesma reta.

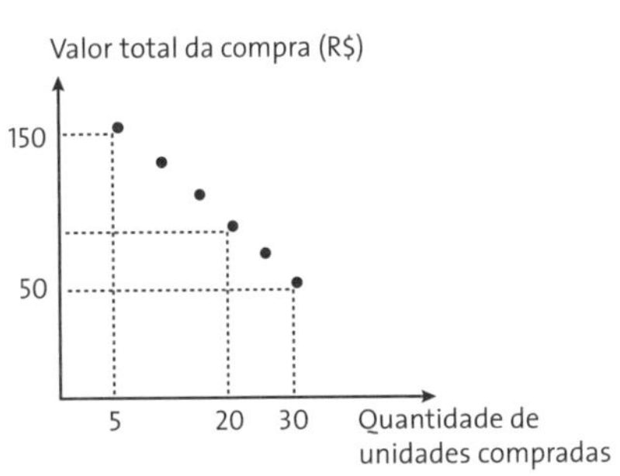

Quem comprar 20 unidades dessa mercadoria, na promoção, pagará por unidade, em reais, o equivalente a:

a) 4,50.
c) 5,50.
b) 5,00.
d) 6,00.

9. (FEI-SP) Num sistema cartesiano ortogonal xOy a equação geral da reta t, que passa pelo ponto de interseção das retas $r: x + y - 5 = 0$ e $s: -3x + 2y = 0$ e que tem coeficiente angular igual a -1 é dada por:

a) $x + y - 5 = 0$.
d) $x + y - 1 = 0$.
b) $x - y + 5 = 0$.
e) $-x - y + 7 = 0$.
c) $x - y + 1 = 0$.

10. (UEFS-BA) Se r é a reta descrita pela equação $x + 2y = 5$ e s é a reta perpendicular a r que passa pela origem dos eixos coordenados, então r e s se intersectam no ponto:

a) (1, 2).
c) $\left(0, \frac{5}{2}\right)$.
e) $\left(\frac{1}{2}, \frac{9}{4}\right)$.
b) $\left(2, \frac{3}{2}\right)$.
d) (3, 1).

11. (UEPB) As bases de um trapézio têm como suporte as retas de equações $x - y - 1 = 0$ e $3y - 3x + 5 = 0$. A altura deste trapézio em cm é:

a) $\frac{\sqrt{2}}{3}$.
c) $\frac{\sqrt{3}}{2}$.
e) $\frac{8}{3\sqrt{2}}$.
b) $\frac{2}{\sqrt{3}}$.
d) $\frac{2}{3}$.

12. (Ufpel-RS) Na arquitetura, a Matemática é usada a todo momento. A Geometria é especialmente necessária no desenho de projetos. Essa parte da Matemática ajuda a definir a forma dos espaços, usando as propriedades de figuras planas e sólidas. Ajuda também a definir as medidas desses espaços. Uma arquiteta é contratada para fazer o jardim de uma residência, que deve ter formato triangular. Analisando a planta baixa, verifica-se que os vértices possuem coordenadas $A(8, 4)$, $B(4, 6)$ e $C(2, 4)$. No ponto médio do lado formado pelos pontos A e C, é colocado um suporte para luminárias.
Considerando o texto e seus conhecimentos, é correto afirmar que a distância do suporte até o ponto B mede, em unidades de comprimento:

a) $\sqrt{37}$.
c) $\sqrt{5}$.
e) $\sqrt{17}$.
b) $\sqrt{3}$.
d) $\sqrt{13}$.

13. (UFCG-PB) Uma barra homogênea AB está presa na extremidade A, representada pelo ponto (2, 0) do sistema cartesiano de eixos. A extremidade B está sustentada por um apoio. Quando este apoio é retirado, a barra cai em direção ao solo, representado pelo eixo das abscissas. Sabendo que o ponto médio M da barra é o ponto $\left(\frac{7}{2}, 2\right)$, as coordenadas da extremidade B, depois da retirada do apoio são:

a) $x = 0, y = 6$.
d) $x = 6\sqrt{2}, y = 3$.
b) $x = 6, y = 0$.
e) $x = 3, y = 0$
c) $x = 7, y = 0$.

14. (Unifor-CE) Sejam as retas *r* e *s* representadas na figura abaixo.

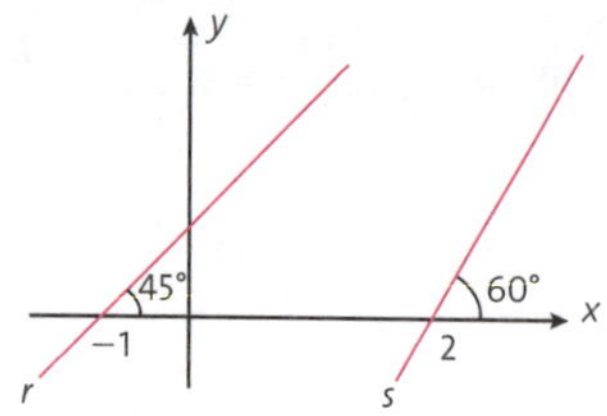

A abscissa do ponto de intersecção de *r* e *s* é:

a) $\frac{-3\sqrt{3}-5}{2}$.

b) $\frac{3\sqrt{3}+7}{2}$.

c) $\frac{3\sqrt{3}-7}{2}$.

d) $\frac{3\sqrt{3}+5}{2}$.

e) $\frac{3\sqrt{3}-5}{2}$.

15. (FEI-SP) A reta *s* é perpendicular à reta *r* e a reta *t* é paralela à reta *s*. Determine a equação da reta *s* e a equação da reta *t*.

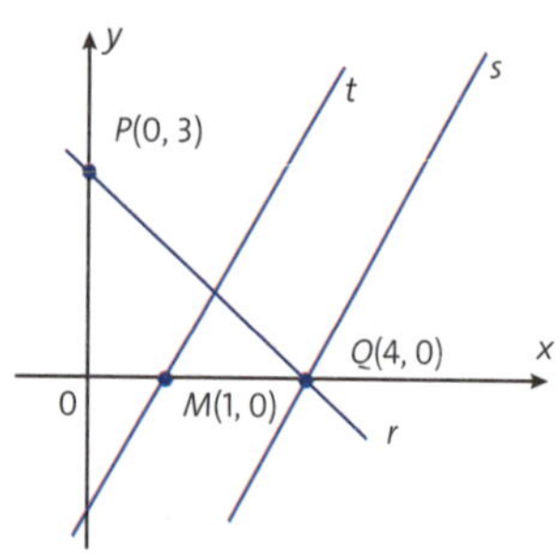

MÓDULO 30

1. (UFV-MG) Considere a circunferência *C* dada pela equação $x^2 + y^2 - 4x - 5 = 0$. O raio desta circunferência é:

a) 3. b) 4. c) 5. d) 6.

2. (IFSC) Dada a figura abaixo cujas medidas estão expressas em centímetros,

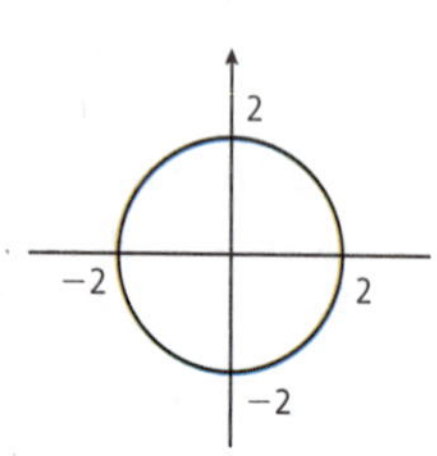

e as proposições:

I. é uma circunferência de diâmetro 2 cm.

II. é uma circunferência de área 4π cm^2.

III. é uma circunferência de equação $x^2 + y^2 = 4$.

Considerando as proposições apresentadas, assinale a alternativa correta:

a) Apenas as proposições I e III são verdadeiras.

b) Apenas as proposições I e II são verdadeiras.

c) Apenas a proposição III é verdadeira.

d) Apenas as proposições II e III são verdadeiras.

e) Apenas a proposição II é verdadeira.

3. (IFG-GO) Qual a equação da reta que passa pela origem e pelo centro da circunferência de equação: $x^2 + y^2 - 6x - 4y + 5 = 0$?

a) $3x - 2y = 0$

b) $2x - 3y = 0$

c) $2x - 3y + 1 = 0$

d) $3x + 2y - 1 = 0$

e) $3x - y + 2 = 0$

4. (Acafe-SC) O comprimento da corda determinada pela reta $x - y = 2$ sobre a circunferência cujo centro é (2, 3) e o raio mede 3 cm é igual a:

a) $4\sqrt{2}$ cm. c) 4 cm.

b) $5\sqrt{3}$ cm. d) $3\sqrt{2}$ cm.

5. (FGV-SP) No plano cartesiano, os pontos *A*(1, 2) e *B*(−2, −2) são extremidades de um diâmetro de uma circunferência; essa circunferência intercepta o eixo das abscissas em dois pontos. Um deles é:

a) (4, 0). c) (3, 0). e) (2, 0).

b) $\left(\frac{7}{2}, 0\right)$. d) $\left(\frac{5}{2}, 0\right)$.

6. (FGV-SP) Dada a circunferência de equação $x^2 + y^2 - 6x - 10y + 30 = 0$ e seja *P* seu ponto de ordenada máxima. A soma das coordenadas de *P* é:

a) 10. c) 11. e) 1.

b) 10,5. d) 11,5.

7. (Uece) A equação da circunferência tangente à reta $x + y - 8 = 0$ e com centro no ponto (2, 1) é:

a) $x^2 + y^2 - 4x - 2y + 7{,}5 = 0$.

b) $x^2 + y^2 - 2x - 4y - 7{,}5 = 0$.

c) $x^2 + y^2 + 4x - 2y - 7{,}5 = 0$.

d) $x^2 + y^2 - 4x - 2y - 7{,}5 = 0$.

8. (FGV-SP) No plano cartesiano, a reta de equação $x - y = 0$ determina, na circunferência $x^2 + y^2 - 4x - 2y + 4 = 0$, uma corda cujo comprimento vale:

a) $\sqrt{2}$. c) 2. e) $\sqrt{6}$.

b) $\sqrt{3}$. d) $\sqrt{5}$.

9. (FFFCMPA-RS) Os laboratórios de Física Nuclear utilizam o cíclotron no qual as partículas são aceleradas em trajetórias circulares. Supondo que uma partícula descreva uma trajetória circular ao longo da circunferência de equação $x^2 + y^2 - 6x + 8y = 0$, então essa partícula percorrendo uma volta sobre essa circunferência terá percorrido, nessa trajetória, uma distância, em unidades de comprimento (u.c.) igual a:

a) 2π. b) 4π. c) 10π. d) 14π. e) 25π.

10. (UEL-PR) Na decoração de uma pré-escola são usadas placas com formas de figuras geométricas. Uma destas placas é formada por uma figura que pode ser definida por $x^2 + y^2 - 8x - 8y + 28 \leqslant 0$ quando projetada em um plano cartesiano *xy*, onde *x* e *y* são dados em metros. Esta placa vai ser pintada usando duas cores, cuja separação é definida pela reta $y = x$ no plano *xy*. Considerando o plano cartesiano *xy* como referência, a região acima da reta será pintada de vermelho e a região abaixo da reta, de verde. Sabendo que a escola vai fazer 12 destas placas e que, é necessária uma lata de tinta para pintar 3 m² de placa, serão necessárias, no mínimo, quantas latas de tinta vermelha?

a) 12 b) 24 c) 26 d) 32 e) 48

11. (Vunesp-SP) Uma aeronave faz sua aproximação final do destino, quando seu comandante é informado pelo controlador de voo que, devido ao intenso tráfego aéreo, haverá um tempo de espera de 15 minutos para que o pouso seja autorizado e que ele deve permanecer em rota circular, em torno da torre de controle do aeroporto, a 1 500 metros de altitude, até que a autorização para o pouso seja dada. O comandante, cônscio do tempo de espera a ser despendido e de que, nessas condições, a aeronave que pilota voa a uma velocidade constante de V_c (km/h), decide realizar uma única volta em torno da torre de controle durante o tempo de espera para aterrissar.

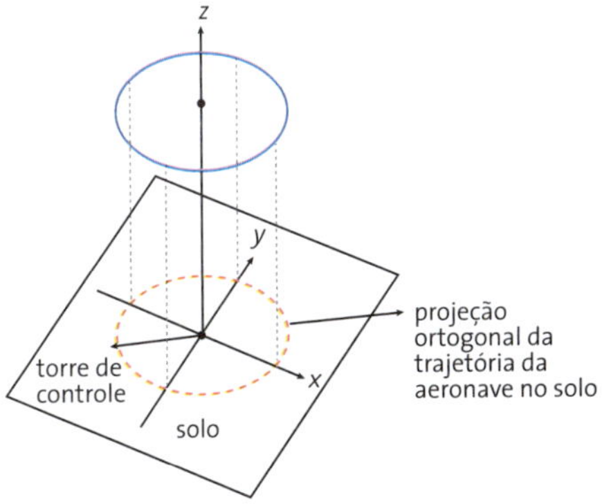

Sabendo que o aeroporto encontra-se numa planície e tomando sua torre de controle como sendo o ponto de origem de um sistema de coordenadas cartesianas, determine a equação da projeção ortogonal, sobre o solo, da circunferência que a aeronave descreverá na altitude especificada.

a) $x^2 + y^2 = \left(\frac{15V_c}{2\pi}\right)^2$

b) $x^2 + y^2 = \left(\frac{2V_c}{\pi}\right)^2$

c) $x^2 + y^2 = \left(\frac{V_c}{2\pi}\right)^2$

d) $x^2 + y^2 = \left(\frac{V_c}{8\pi}\right)^2$

e) $x^2 + y^2 = \left(\frac{V_c}{32\pi}\right)^2$

12. (Uerj)

A feira de Caruaru

A feira de Caruaru
Faz gosto da gente ver
De tudo que há no mundo
Nela tem pra vender

http://luiz-gonzaga.letras.terra.com.br

A cidade a que se refere Luiz Gonzaga em sua canção está indicada no mapa a seguir como a origem de um sistema de eixos ortogonais *xOy*.

Almanaque Abril, 2000. Adaptado.

Considere que a região de influência da feira de Caruaru seja representada, nesse sistema de eixos, pela inequação $x^2 + y^2 \leqslant 2{,}25$, com *x* e *y* medidos em centímetros. Em relação à região de influência da feira, determine sua área, em km², supondo que a escala do mapa seja de 1 : 10 000 000.

13. (UFPB) O Governo pretende construir armazéns com o intuito de estocar parte da produção da safra de grãos, de modo que não haja desperdícios por situações adversas. A seção transversal da cobertura de um desses armazéns tem a forma de um arco de circunferência, apoiado em colunas de sustentação que estão sobre uma viga. O comprimento dessa viga é de 24 m e o comprimento da maior coluna de sustentação é de 8 m, conforme figura a seguir.

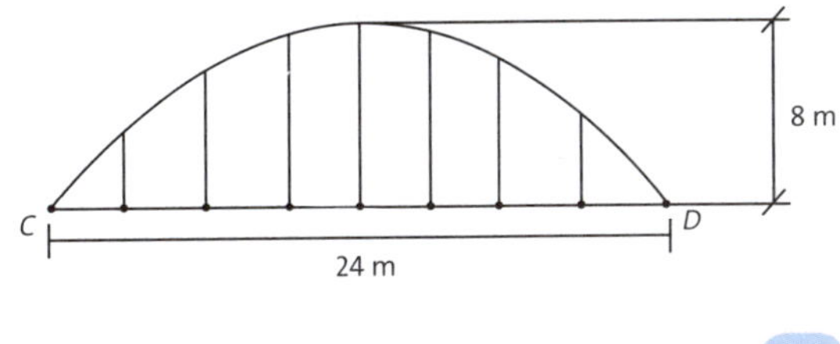

Considerando um sistema cartesiano de eixos ortogonais *xy*, com origem no ponto *C*, de modo que o semieixo *x* positivo esteja na direção *CD* e o semieixo *y* positivo apontando para cima, é correto afirmar que a equação da circunferência que contém o arco *CD* da seção transversal do telhado, com relação ao sistema de eixos *xy*, é dada por:

a) $(x - 12)^2 + (y + 5)^2 = 169$.

b) $(x - 12)^2 + (y - 7)^2 = 193$.

c) $(x - 12)^2 + (y - 6)^2 = 180$.

d) $(x - 12)^2 + (y + 6)^2 = 180$.

e) $(x - 12)^2 + (y - 5)^2 = 169$.

14. (Ufpel-RS)

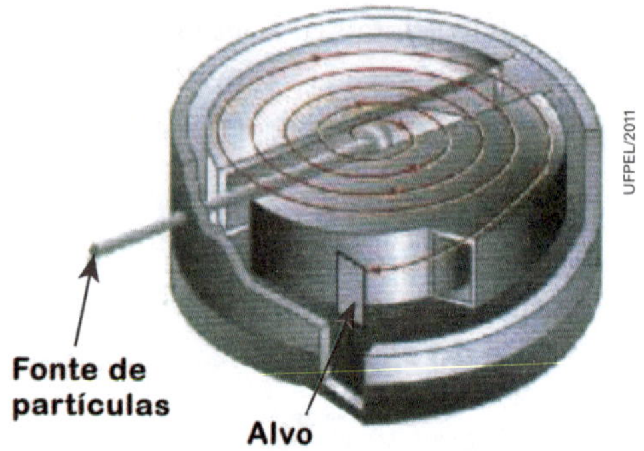

Esquema do ciclotron

Os laboratórios de física nuclear, até 1930, dispunham de aceleradores de partículas apenas na forma linear. O inconveniente desses aceleradores é que necessitam uma extensão muito grande para as partículas atingirem altas velocidades. A partir daquele ano, Ernest Lawrence inventou o cíclotron, no qual as partículas são aceleradas em trajetórias circulares.

Com base no texto e em seus conhecimentos, é correto afirmar que uma partícula que descreve uma trajetória circular sobre uma circunferência de equação $x^2 + y^2 - 16x - 12y = 0$ percorre, nessa trajetória, uma distância igual a:

a) 20π u.c.

b) 10π u.c.

c) 100π u.c.

d) 28π u.c.

e) 56π u.c.

15. (FGV-SP) No plano cartesiano, há duas retas paralelas à reta de equação $3x + 4y + 60 = 0$ e que tangenciam a circunferência $x^2 + y^2 = 4$. Uma delas intercepta o eixo *y* no ponto de ordenada:

a) 2,9.

b) 2,8.

c) 2,7.

d) 2,6.

e) 2,5.

MÓDULO 31

1. (UFRR) Qual dos seguintes gráficos representa uma parábola com vértice na origem?

a) 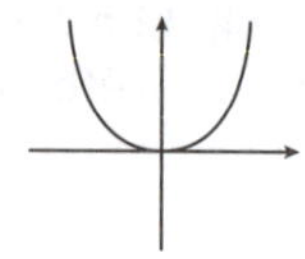

b) 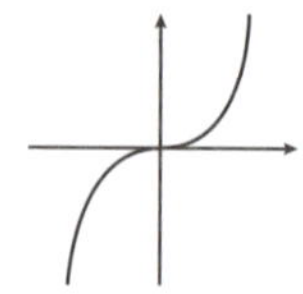

c) 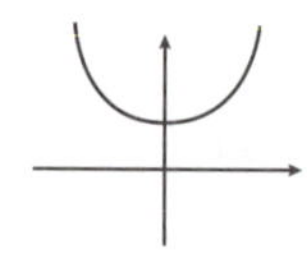

d) 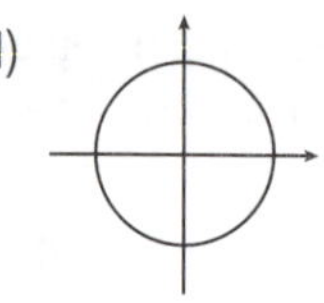

e) 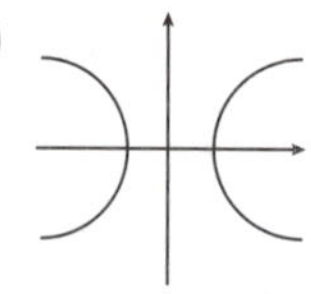

2. (UFF-RJ) Na parede retangular de um palácio renascentista, há um vitral circular e, acima dele, na mesma parede, uma estreita faixa reta, conforme a figura:

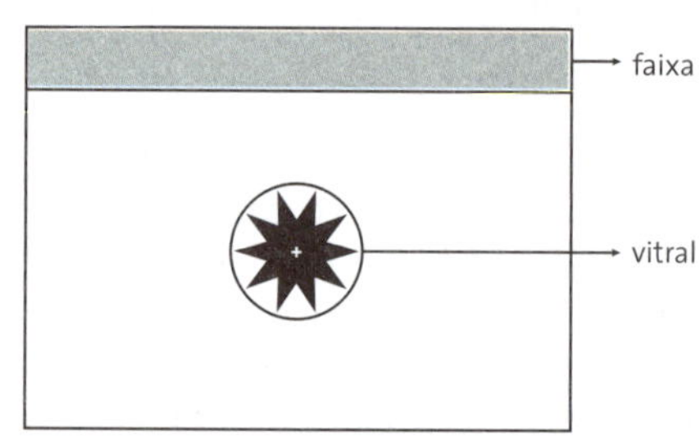

Essa parede foi ornamentada com um elemento decorativo em forma de uma curva que tem a seguinte característica: cada ponto da curva está situado a igual distância do centro do vitral e da faixa. Pode-se afirmar que o elemento decorativo tem a forma de um arco:

a) de elipse.

b) de hipérbole.

c) de parábola.

d) de circunferência.

e) de senoide.

3. (ESCS-DF) A elipse *E* representada a seguir está centrada na origem e seus eixos estão sobre os eixos *x* e *y*.

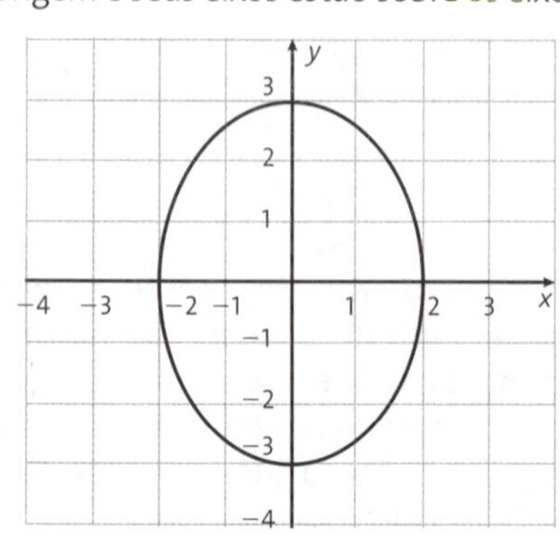

A equação cartesiana de *E* é dada por:

a) $\frac{x^2}{4} + \frac{y^2}{9} = 1.$

b) $\frac{x^2}{9} + \frac{y^2}{4} = 1.$

c) $\frac{x^2}{2} + \frac{y^2}{3} = 1.$

d) $\frac{x^2}{3} + \frac{y^2}{2} = 1.$

e) $\frac{x^2}{9} + \frac{y^2}{16} = 1.$

4. (Vunesp-SP) A equação da elipse de focos $F_1 = (-2, 0)$, $F_2 = (2, 0)$ e eixo maior igual a 6 é dada por:

a) $\frac{x^2}{10} + \frac{y^2}{20} = 1.$

b) $\frac{x^2}{9} + \frac{y^2}{5} = 1.$

c) $\frac{x^2}{9} + \frac{y^2}{15} = 1.$

d) $\frac{x^2}{6} + \frac{y^2}{15} = 1.$

e) $\frac{x^2}{4} + \frac{y^2}{25} = 1.$

5. (UEL-PR) Em uma praça dispõe-se de uma região retangular de 20 m de comprimento por 16 m de largura para construir um jardim. A exemplo de outros canteiros, este deverá ter a forma elíptica e estar inscrito nessa região retangular. Para aguá-lo, serão colocados dois aspersores nos pontos que correspondem aos focos da elipse. Qual será a distância entre os aspersores?

a) 4 m b) 6 m c) 8 m d) 10 m e) 12 m

6. (UFPB) A planta baixa de um projeto paisagístico encontra-se ilustrada na figura abaixo. A região hachurada corresponde à parte gramada e está limitada: internamente, pela circunferência que passa pelo ponto (2, 0), com centro na origem; e, externamente, pela elipse centrada na origem, com dois de seus vértices nos pontos (4, 0) e (0, 3).

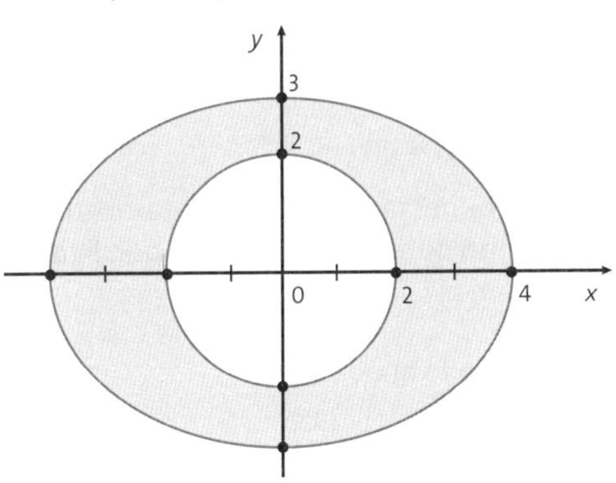

A região hachurada pode ser descrita pelo conjunto:

a) $\{(x, y) \in \mathbb{R}^2 \mid x^2 + y^2 \leqslant 4\}$.

b) $\{(x, y) \in \mathbb{R}^2 \mid 9x^2 + 16y^2 \leqslant 144\}$.

c) $\{(x, y) \in \mathbb{R}^2 \mid x^2 + y^2 \leqslant 4 \text{ e } 9x^2 + 16y^2 \leqslant 144\}$.

d) $\{(x, y) \in \mathbb{R}^2 \mid x^2 + y^2 \leqslant 4 \text{ ou } 9x^2 + 16y^2 \leqslant 144\}$.

e) $\{(x, y) \in \mathbb{R}^2 \mid x^2 + y^2 \leqslant 4 \text{ e } 9x^2 + 16y^2 \leqslant 144\}$.

7. (UFV-MG) Um satélite descreve uma órbita elíptica em torno da Terra. Considerando a Terra como um ponto na origem do sistema de coordenadas, a equação da órbita do satélite é dada por $9x^2 + 25y^2 - 288x - 1\,296 = 0$, onde *x* e *y* são medidos em milhares de quilômetros. Nessas condições, é correto afirmar que:

a) a menor distância do satélite à Terra é 16 000 km.

b) a distância do ponto (16, 12) da órbita do satélite à Terra é 28 000 km.

c) a maior distância do satélite à Terra é 36 000 km.

d) a órbita do satélite passa pelo ponto de coordenadas (0, 36).

e) a excentricidade da órbita do satélite é $\frac{3}{4}$.

8. (Unimontes-MG) Quantos pontos têm em comum a parábola $3x^2 - y + 1 = 0$ e a circunferência $x^2 + y^2 - 4y + 3 = 0$?

a) 2 pontos

b) 1 ponto

c) 4 pontos

d) 3 pontos

9. (FGV-SP) No plano cartesiano, a figura dada pelas equações paramétricas $x = 2 \cos t$ e $y = 2 \text{ sen } t$ em que $t \in \mathbb{R}$ é:

a) uma elipse com excentricidade igual a $\frac{1}{2}$.

b) uma elipse com excentricidade igual a 0,2.

c) uma hipérbole equilátera.

d) uma circunferência que passa pelo ponto $\left(\frac{1}{2}, \frac{1}{2}\right)$.

e) uma circunferência que passa pelo ponto $\left(\sqrt{2}, \sqrt{2}\right)$.

10. (Unimontes-MG) A reta de equação $y = ax + b$ passa pelo centro da circunferência de equação $(x - 2)^2 + y^2 = \pi$ e pelo vértice da parábola $y = x^2 - 5x + 6$. A soma $a + b$ vale:

a) −0,5.

b) 0,25.

c) 0,5.

d) −1,5.

11. (UFRN) O gráfico que melhor representa a equação $ax^2 + by^2 = ab$, com a e b positivos e $a > b$, é:

a)
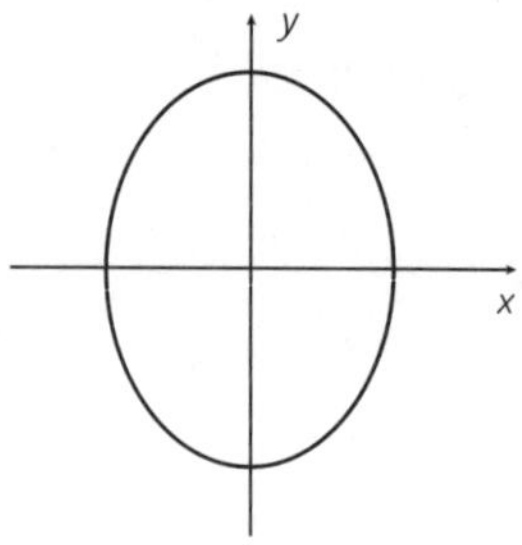

b)
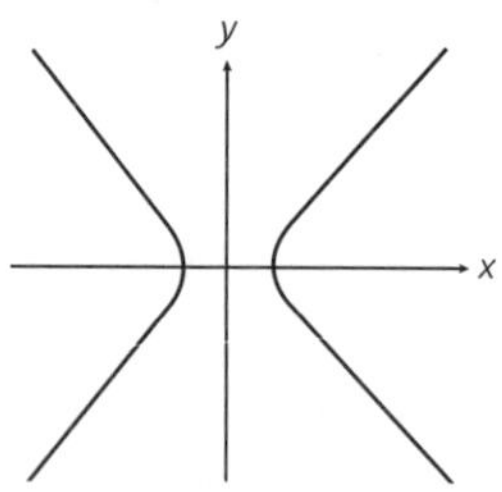

c)
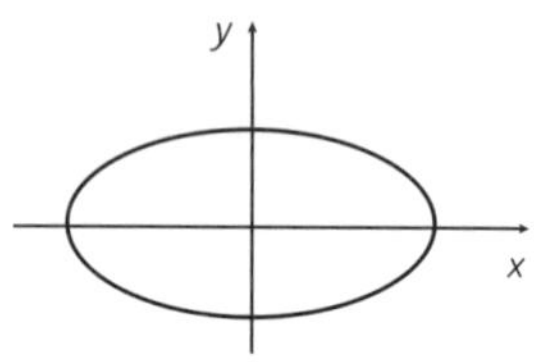

d)
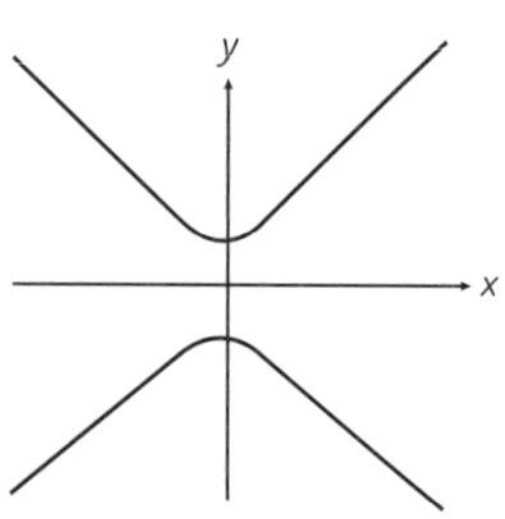

12. (UFTM-MG) Considere um corpo celeste (hipotético) que descreve uma órbita elíptica ao redor do Sol, e que o Sol esteja num foco da elipse. Quando o corpo celeste se encontra no vértice A_2 da elipse da figura, a sua distância ao Sol é de 0,808.

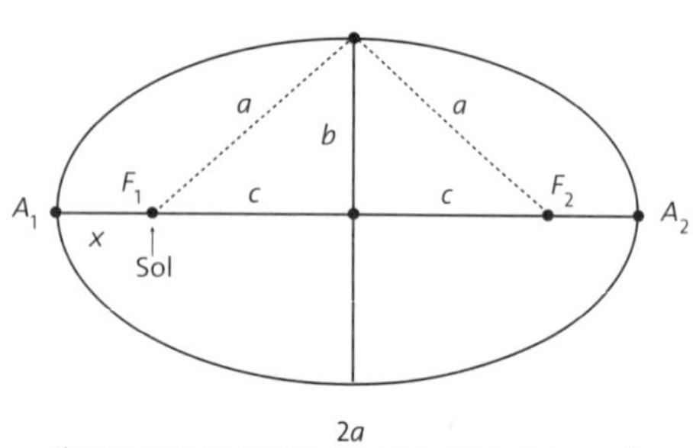

Sabendo-se que F_1 e F_2 são os focos da elipse, e que a excentricidade de sua órbita é $e = 0{,}01$, então a distância x ao Sol, quando o corpo se encontra no vértice A_1 é igual a:

a) 2,203.
b) 0,792.
c) 0,808.
d) 1,616.
e) 0,533.

13. (Unifor-CE) Um aluno, brincando de aviãozinho de papel, observou que a trajetória que seu avião fez foi semelhante à parábola $y = ax^2 + 4x + c$ cujo gráfico pode ser representado como abaixo.

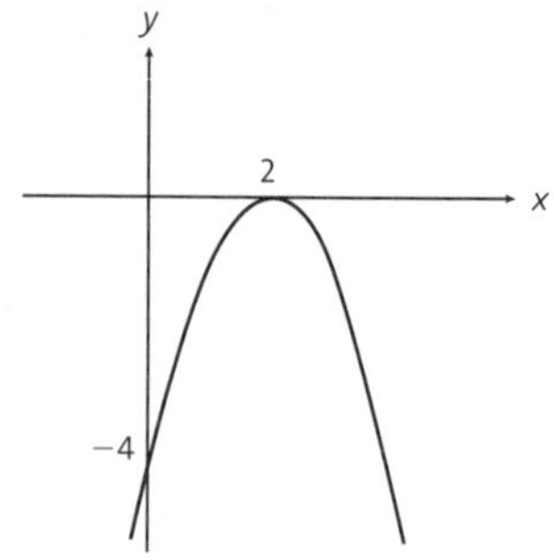

Então, se pode afirmar que:

a) $c = -4a$.
b) $c = 4a$.
c) $c = -a$.
d) $c = a$.
e) $c = -2a$.

14. (UFCG-PB) Uma secção transversal de um refletor parabólico é mostrada na figura abaixo. A lâmpada é colocada no foco F e sabe-se que $|AB| = 8$ cm e $|VE| = 11$ cm, onde V é o vértice da parábola. Considere um sistema de coordenadas em que V seja o ponto (0, 0). Sabe-se que uma equação de uma parábola de vértice $V(0, 0)$ e foco $F(0, c)$ é $x^2 = 4cy$.

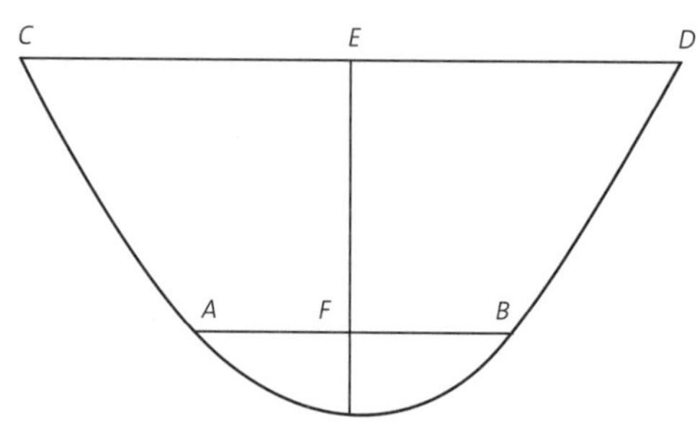

Com essas informações, a equação da parábola e o comprimento $|CD|$ são, respectivamente:

a) $x^2 = 8y$, $|CD| = 11$ cm.
b) $x^2 = 10y$, $|CD| = \sqrt{80}$ cm.
c) $x^2 = -9y$, $|CD| = 9$ cm.
d) $x^2 = 8y$, $|CD| = 4\sqrt{22}$ cm.
e) $x^2 = 8y$, $|CD| = 10$ cm.

Observação: nesta questão denotamos por $|XY|$ o comprimento do segmento de reta que liga o ponto X ao ponto Y.

15. (ITA-SP) Sabendo que $9y^2 - 16x^2 - 144y + 224x - 352 = 0$ é a equação de uma hipérbole, calcule sua distância focal.

MÓDULO 32

1. (UFC-CE) O valor do número complexo $\left(\frac{1+i^9}{1+i^{27}}\right)^{20}$ é:

a) 1.
b) i.
c) −i.
d) −1.
e) 2^{20}.

2. (UFT-TO) Considere i a unidade imaginária dos números complexos. O valor da expressão $(i + 1)^8$ é:

a) 32i.
b) 32.
c) 16.
d) 16i.

3. (FFFCMPA-RS) Seja Z o número complexo dado pelo determinante da matriz $\begin{pmatrix} 1 & i^{2006} \\ i & 3 \end{pmatrix}$. Então, o valor de $|Z|$ é:

a) 2.
b) 4.
c) $\sqrt{2}$.
d) $2\sqrt{2}$.
e) $\sqrt{10}$.

4. (FGV-SP) Sendo i a unidade imaginária, então $(1 + i)^{20} - (1 - i)^{20}$ é igual a:

a) −1 024.
b) −1 024i.
c) 0.
d) 1 024.
e) 1 024i.

5. (UFRGS-RS) Sendo i a unidade imaginária, a soma dos termos da sequência $i^0, i^1, i^2, i^3, i^4, i^5, ..., i^{2\,007}$ é:

a) −1.
b) 0.
c) 1.
d) −i.
e) i.

6. (Vunesp-SP) Sendo i a unidade imaginária e z_1 e z_2 os números complexos $z_1 = i + i^2 + i^3 + ...i^{22}$ e $z_2 = i + i^2 + i^3 + ...i^{78}$, o produto $(z_1 \cdot z_2)$ resulta em:

a) $(1 + i)$.
b) $(1 - i)$.
c) 2i.
d) −2i.
e) 2.

7. (EsPCEx-SP) Sendo $\bar{z}$ o conjugado do número complexo z e i a unidade imaginária, o número complexo z que satisfaz à condição $z + 2\bar{z} = 2 - zi$ é:

a) $z = 0 + 1i$.
b) $z = 0 + 0i$.
c) $z = 1 + 0i$.
d) $z = 1 + i$.
e) $z = 1 - 1i$.

8. (UFF-RJ)

UFF/2009

Rafael Bombelli

No período da "Revolução Científica", a humanidade assiste a uma das maiores invenções da Matemática que irá revolucionar o conceito de número: o número complexo. Rafael Bombelli (1526-1572), matemático italiano, foi o primeiro a escrever as regras de adição e multiplicação para os números complexos.
Dentre as alternativas a seguir, assinale aquela que indica uma afirmação incorreta.

a) O conjugado de $(1 + i)$ é $(1 - i)$.
b) $|1 + i| = \sqrt{2}$
c) $(1 + i)$ é raiz da equação $z^2 - 2z + 2 = 0$.
d) $(1 + i)^{-1} = (1 - i)$
e) $(1 + i)^2 = 2i$

9. (UPM-SP) A solução da equação $|z| + z = 2 + i$ é um número complexo cujo módulo é:

a) $\frac{5}{4}$.
b) $\sqrt{5}$.
c) 1.
d) $\frac{\sqrt{5}}{5}$.
e) $\frac{5}{2}$.

10. (UFPB) O fator de potência de uma unidade consumidora de energia elétrica é definido pelo número cos φ, em que φ é o argumento de um número complexo $S = P + Qi$, denominado potência aparente. O fator de potência é uma medida importante, pois indica se uma unidade consumidora está utilizando a energia elétrica de forma eficiente e econômica. Se uma unidade consumidora tem potência aparente $S = 40 + 30i$, o seu fator de potência é:

a) 0,75.
b) 0,80.
c) 0,85.
d) 0,90.
e) 0,95.

11. (PUC-RS) A superfície e os parafusos de afinação de um tímpano da Orquestra da PUC-RS estão representados no plano complexo Argand-Gauss por um disco de raio 1, centrado na origem, e por oito pontos

FRENTE B MÓDULO 32

uniformemente distribuídos, respectivamente, como mostra a figura:

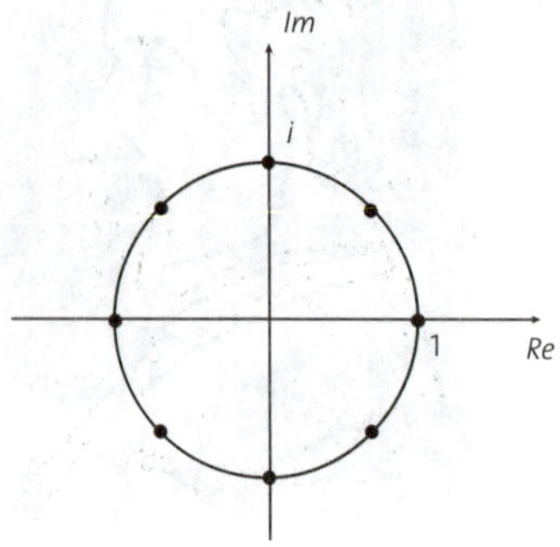

Nessa representação, os parafusos de afinação ocupam os lugares dos números complexos z que satisfazem a equação:

a) $z^8 = i$.
b) $z^8 = -i$.
c) $z^8 = 1$.
d) $z^8 = -1$.
e) $z^8 = 1 + i$.

12. (FGV-SP) Admita que o centro do plano complexo Argand-Gauss coincida com o centro de um relógio de ponteiros, como indica a figura:

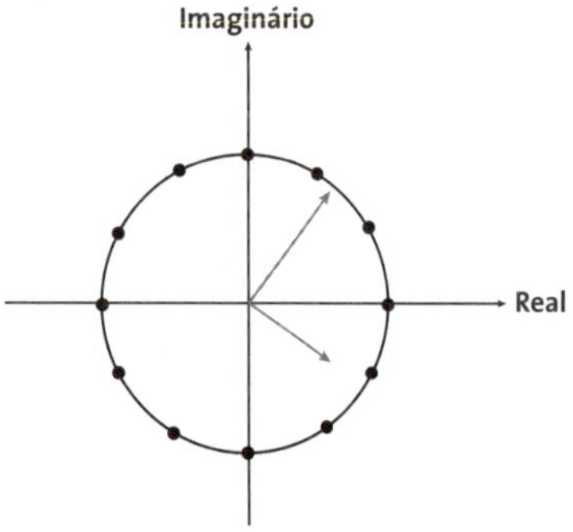

Se o ponteiro dos minutos tem 2 unidades de comprimento, às 11h55 sua ponta estará sobre o número complexo:

a) $-1 + \sqrt{3}\,i$.
b) $1 + \sqrt{3}\,i$.
c) $1 - \sqrt{3}\,i$.
d) $\sqrt{3} - i$.
e) $\sqrt{3} + i$.

13. (Uerj) Um matemático, observando um vitral com o desenho de um polígono inscrito em um círculo, verificou que os vértices desse polígono poderiam ser representados pelas raízes cúbicas complexas do número 8. A área do polígono observado pelo matemático equivale a:

a) $\sqrt{3}$.
b) $2\sqrt{3}$.
c) $3\sqrt{3}$.
d) $4\sqrt{3}$.

14. (UFRJ) No jogo Batalha Complexa são dados números complexos z e w, chamados mira e alvo respectivamente. O tiro certeiro de z em w é o número complexo t tal que $tz = w$.

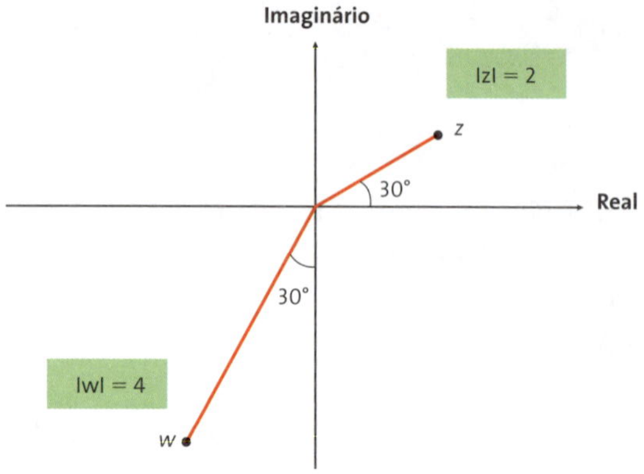

Considere a mira z e o alvo w indicados na figura acima. Determine o tiro certeiro de z em w.

15. (UEPB) Sendo $k \in \mathbb{Z}$, o argumento θ do número complexo $z = 1 - i\sqrt{3}$, é igual a:

a) $\frac{2\pi}{3} + 2k\pi$.
b) $\frac{\pi}{6} + 2k\pi$.
c) $\frac{5\pi}{6} + 2k\pi$.
d) $\frac{5\pi}{3} + 2k\pi$.
e) $\frac{11\pi}{6} + 2k\pi$.

MÓDULO 33

1. (PUC-RS) A função Custo total para produzir x unidades de um certo produto é dada, em reais, por $C(x) = x^3 - 30x^2 + 400x + 500$. O custo de fabricação de 10 unidades é de ______ reais.

a) 500
b) 1 000
c) 2 500
d) 3 500
e) 8 500

2. (UFG-GO) Considere o polinômio:
$p(x) = (x - 1)(x - 3)^2(x - 5)^3(x - 7)^4(x - 9)^5(x - 11)^6$.
O grau de $p(x)$ é igual a:

a) 6.
b) 21.
c) 36.
d) 720.
e) 1 080.

3. (PUCC-SP) Se os graus dos polinômios f, g, h são, respectivamente, 4, 3 e 2, então o grau do polinômio:

a) $f \cdot g$ é 7.
b) $f + h$ é 6.
c) $g - h$ é 1.
d) $3 \cdot f$ é 12.
e) g^2 é 9.

4. (Cesgranrio-RJ) O resto da divisão de $4x^9 + 7x^8 + 4x^3 + 3$ por $x + 1$ vale:

a) 0.
b) 1.
c) 2.
d) 3.
e) 4.

5. (Ufop-MG) O valor de a para que o resto da divisão do polinômio $p(x) = ax^3 - 2x + 1$ por $x - 3$ seja 4 é:

a) 1.
b) $\frac{2}{3}$.
c) $\frac{1}{3}$.
d) $\frac{3}{2}$.
e) 2.

6. (FGV-SP) Desenvolvendo-se o binômio $p(x) = (x + 1)^5$, podemos dizer que a soma de seus coeficientes é:

a) 16.
b) 24.
c) 32.
d) 40.
e) 48.

7. (UPE) Para que o polinômio $6x^3 - 4x^2 + 2mx - (m + 1)$ seja divisível por $x - 3$, o valor da raiz quadrada do módulo de m deve ser igual a:

a) 0.
b) 1.
c) 2.
d) 3.
e) 5.

8. (Fuvest-SP) O polinômio $p(x) = x^3 + ax^2 + bx$, em que a e b são números reais, tem restos 2 e 4 quando dividido por $x - 2$ e $x - 1$, respectivamente. Assim, o valor de a é:

a) −6.
b) −7.
c) −8.
d) −9.
e) −10.

9. (Vunesp-SP) Dado que as raízes da equação $x^3 - 3x^2 - x + k = 0$, onde k é uma constante real, formam uma progressão aritmética, o valor de k é:

a) −5.
b) −3.
c) 0.
d) 3.
e) 5.

10. (UFPR) A respeito do polinômio $p(x) = ax^3 + bx^2 + cx + d$, sendo a, b, c e d números reais, considere as seguintes afirmativas:

I. Se 1 é raiz de $p(x)$, então $a + b + c + d = 0$.
II. O resto da divisão de $p(x)$ por $(x - k)$ é $p(k)$.
III. Se $a = 0$, então $p(x)$ tem duas raízes reais.
IV. Se $d = 0$, então $p(x)$ possui pelo menos uma raiz real.

Assinale a alternativa correta.

a) Somente as afirmativas I, II e IV são verdadeiras.
b) Somente as afirmativas II e IV são verdadeiras.
c) Somente as afirmativas III e IV são verdadeiras.
d) Somente as afirmativas I, II e III são verdadeiras.
e) Somente as afirmativas I e II são verdadeiras.

11. (Unioeste-PR) O capital livre para investimentos, ou o capital de giro, de uma empresa (C) em função dos anos (t) de sua existência no mercado pode ser descrito pela função $C(t) = t^3 - 14t^2 + 56t - 64$. Sabe-se que no 4º ano a empresa apresentou um capital de giro igual a zero. Os demais anos, nos quais a empresa apresentou um capital de giro também igual a zero, somam:

a) 8.
b) 5.
c) 10.
d) 7.
e) 11.

12. (ESPM-SP) Do ano 2000 ($x = 0$) até o ano 2006 ($x = 6$), o número de automóveis numa certa cidade variou conforme a função $v(x) = 9x + 100$, enquanto a população variou, nesse mesmo período, segundo o polinômio $p(x) = 1{,}8x^2 + 47x + 300$, sendo $v(x)$ e $p(x)$ dados em milhares de unidades. Podemos afirmar que, nesse período, o número de habitantes por automóvel variou segundo a função:

a) $y = 0{,}2x + 2{,}4$.
b) $y = 0{,}3x + 1{,}8$.
c) $y = 3x + 0{,}6$.
d) $y = 0{,}2x + 3$.
e) $y = 1{,}2x + 1{,}6$.

13. (UEM-PR) Um quadrado de papelão tem 50 cm de lado. De cada um de seus cantos, é retirado um quadrado cujo lado mede x cm. Após a retirada destes quatro quadrados, o papelão restante é dobrado para formar uma caixa sem tampa, na forma de um paralelepípedo retângulo. Considere $v(x)$ o polinômio que representa o volume da caixa. Sobre o problema, assinale a(s) alternativa(s) correta(s).

01) $v(x)$ é um polinômio de quarto grau.
02) Para que $v(x)$ faça sentido fisicamente, ou seja, represente uma medida de volume, o domínio de v é $\{x \in \mathbb{R} \mid 0 < x < 25\}$.
04) $v(x)$ é divisível por $x - 25$.
08) $v(x)$ possui três raízes distintas.
16) Se a caixa tem área de $2\,100\ cm^2$, então, $x = 10$ cm.

14. (UFPB) Uma organização não governamental desenvolveu um projeto de reciclagem de papel em um bairro popular de uma cidade, com o objetivo de contribuir com a política ambiental e gerar renda para as famílias carentes do bairro. A partir da catação do papel e utilizando um processo artesanal, as famílias produzem folhas de papelão em formato retangular medindo 21 cm × 42 cm. Um empresário local propôs comprar toda a produção mensal da comunidade para produzir caixas de papelão, em formato de paralelepípedo reto-retângulo, com volume igual a 810 cm^3. Cada caixa é construída recortando-se quadrados em dois dos vértices da folha e retângulos nos outros dois vértices. Em seguida, as abas resultantes dos recortes são dobradas nas linhas tracejadas na folha, obtendo-se dessa forma a caixa, conforme representação nas figuras abaixo.

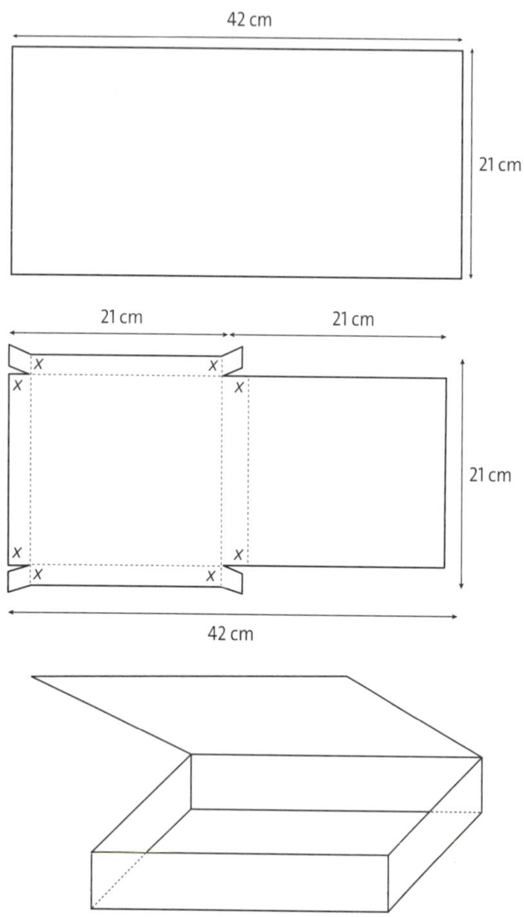

Considerando que uma possibilidade para a medida x do lado do quadrado a ser recortado é 3 cm, é correto afirmar que outro valor possível, em centímetros, para a medida x, pertence ao intervalo:

a) (1, 3).
b) (3, 5).
c) (5, 7).
d) (7, 9).
e) (9, 11).

15. (PUC-SP) O biodiesel resulta da reação química desencadeada por uma mistura de óleo vegetal (soja, milho, mamona, babaçu e outros) com álcool de cana. O ideal é empregar uma mistura do biodiesel com diesel de petróleo, cuja proporção ideal ainda será definida. Quantidades exageradas de biodiesel fazem decair o desempenho do combustível. Seja o desempenho do combustível modelado pela função polinomial g, definida por $g(p) = p^3 - 24p^2 + 144p$, para $0 \leqslant p \leqslant 12$. Essa função:

a) admite uma raiz de multiplicidade 2.
b) admite somente raízes reais simples.
c) é divisível por $p + 6$.
d) admite raízes não reais.
e) é divisível por $(p + 12)^2$.

MÓDULO 34

1. (Udesc) Dois amigos viajaram juntos por um período de sete dias. Durante esse tempo, um deles pronunciou, precisamente, 362 880 palavras. A fim de saber se falara demais, ele se questionou sobre quantas palavras enunciara por minuto. Considerando que ele dormiu oito horas diárias, o número médio de palavras ditas por minuto foi:

a) 54.
b) 36.
c) 189.
d) 264.
e) 378.

2. (IFMG) O gráfico da figura apresenta dados referentes às faltas diárias dos alunos na classe de uma escola, em determinado tempo.

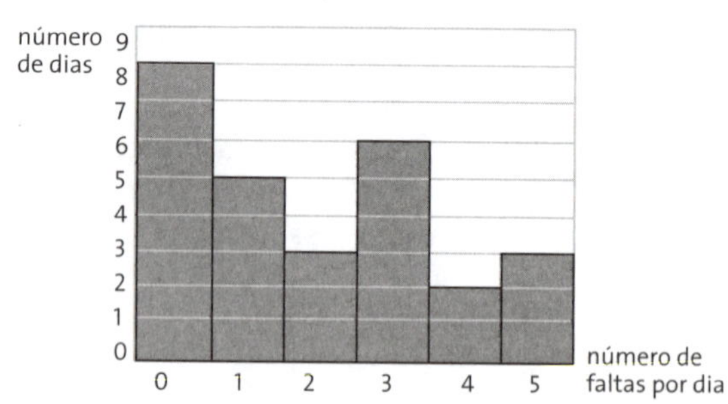

Analisando-se esses dados, é correto concluir que ocorreram:

a) 2 faltas por dia.
b) 19 faltas em 15 dias.
c) 52 faltas em 27 dias.
d) 2 faltas a cada quatro dias.

3. (UFRN) José, professor de Matemática do Ensino Médio, mantém um banco de dados com as notas dos seus alunos.

Após a avaliação do 1º bimestre, construiu as tabelas abaixo, referentes à distribuição das notas obtidas pelas turmas *A* e *B* do 1º ano.

Nota por número de alunos – turma *A*	
Nota	**Número**
30	4
50	5
60	9
70	5
80	2
90	3
100	2

Nota por número de alunos – turma *B*	
Nota	**Número de alunos**
20	2
40	3
50	4
60	6
90	3
100	2

Ao calcular a média das notas de cada turma, para motivar, José decidiu sortear um livro entre os alunos da turma que obteve a maior média. A média da turma que teve o aluno sorteado foi:

a) 63,0. b) 59,5. c) 64,5. d) 58,0.

4. (Unir-RO) Euclides da Cunha, autor de *Os Sertões*, escreveu um livro de versos, *Ondas*, quando tinha 14 anos. Desse livro, é apresentada a terceira estrofe de um soneto.

Acabo de estudar e pálido, cansado,
Dumas dez equações os véus hei arrancado,
Estou cheio de spleen, cheio de tédio e giz.

O histograma de frequência das letras *A*, *E* e *O*, acentuadas ou não, dessa estrofe se assemelha ao gráfico:

a)
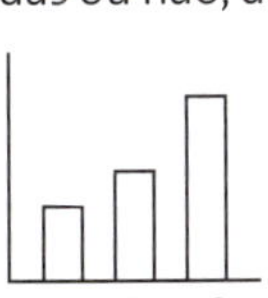

d)
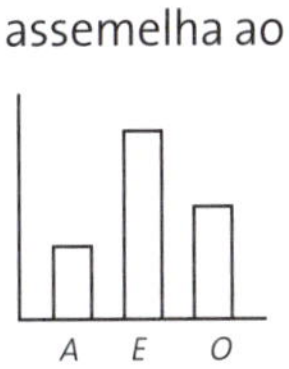

b)

e)
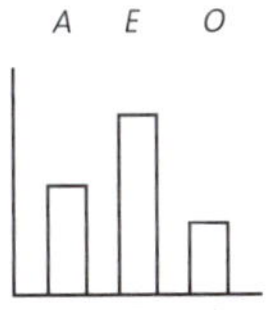

c)
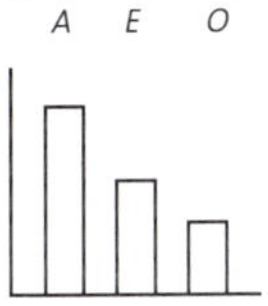

5. (UFPB) A Secretaria de Trabalho e Ação Social de certa cidade fez uma pesquisa com um grupo de desempregados com o objetivo de avaliar as relações entre nível de escolaridade e respectivas faixas etárias, obtendo os resultados da tabela a seguir.

Nível de escolaridade	**Número de desempregados (separados por faixa etária)**			
	18 a 21 anos	**22 a 25 anos**	**26 a 30 anos**	**acima de 30 anos**
Analfabeto	10	9	13	23
Fundamental incompleto	6	9	11	14
Fundamental completo	4	8	12	16
Médio incompleto	3	5	7	10
Médio completo	5	4	4	2
Superior incompleto	2	3	5	5
Superior completo	0	2	3	5

Com base nos dados da tabela, identifique as afirmativas corretas:

I. A pesquisa foi realizada com 200 desempregados.

II. 35% dos desempregados tinham idade inferior a 26 anos.

III. 15% dos desempregados tinham nível de escolaridade acima do ensino médio completo.

IV. 45 desempregados eram analfabetos e tinham idade acima de 21 anos.

V. 85% dos desempregados tinham nível de escolaridade não superior ao ensino médio completo.

6. (FGV-SP) O gráfico seguinte apresenta os lucros (em milhares de reais) de uma empresa ao longo de 10 anos (ano 1, ano 2, até ano 10).

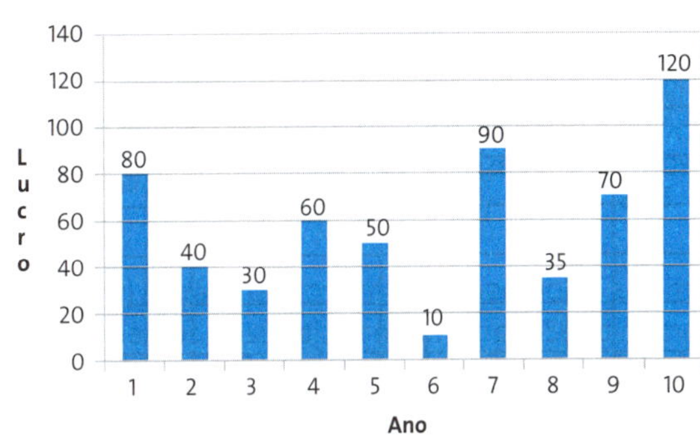

O ano em que o lucro ficou mais próximo da média aritmética dos 10 lucros anuais foi:

a) Ano 2.
b) Ano 3.
c) Ano 4.
d) Ano 5.
e) Ano 9.

7. (UEG-GO) Suponha que o seguinte gráfico representa a evolução populacional de uma determinada região do globo.

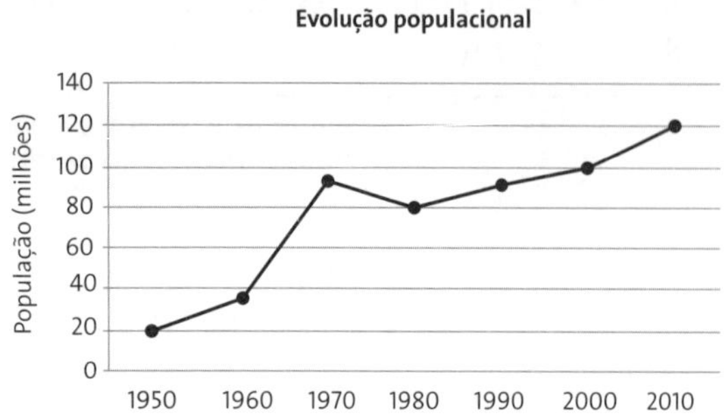

Com base no gráfico, é correto afirmar:

a) o maior crescimento percentual foi no período de 1980 a 1990 e o menor foi entre 1950 e 1960.

b) no período de 1960 a 1970 houve um crescimento absoluto maior que no período de 1980 a 2010.

c) a queda da população entre os anos 1960 e 1980 foi superior àquela registrada entre 1970 e 1980.

d) o crescimento percentual no período de 1950 a 2010 foi de 50%, enquanto entre 1990 e 2000 foi de 4%.

8. (UFU-MG) Em maio de 2010, a Empresa de Pesquisas Energéticas (EPE) divulgou o Plano Decenal de Expansão de Energia no horizonte 2019. Esse documento descreve o planejamento do setor energético brasileiro. Nele encontra-se a figura abaixo. Na representação da matriz de geração de eletricidade prevista para 2019, as termoelétricas participarão com 15% na capacidade de geração de energia. Suponha que essa matriz seja representada não da forma mostrada na figura, mas em um gráfico de setor de raio 3 cm.

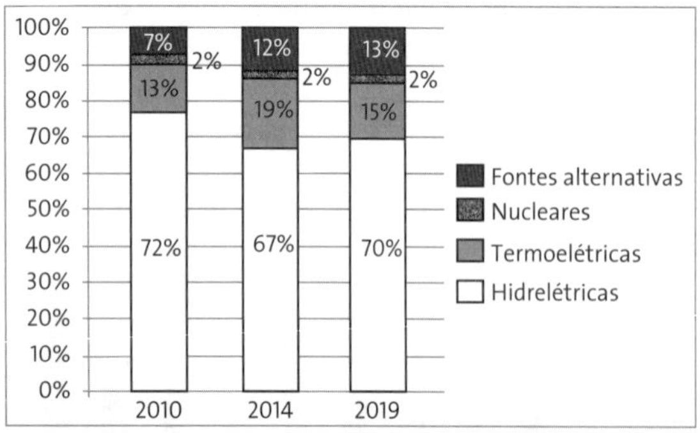

De acordo com a nova representação, a área do setor (em cm^2) correspondente à energia termoelétrica é igual a:

a) $1,15\pi$.

b) $1,35\pi$.

c) 9π.

d) $10,15\pi$.

9. (UEG-GO) A diferença entre as exportações e importações, no estado de Goiás, tem apresentado variações ao longo dos últimos anos, sem caracterizar uma tendência. O quadro a seguir exemplifica essa situação.

Ano	Exportações (em U$)	Importações (em U$)
janeiro de 2004	71 690 496	51 036 030
janeiro de 2005	74 697 050	60 128 736
janeiro de 2006	106 722 084	57 986 290
janeiro de 2007	117 448 962	89 468 711
janeiro de 2008	233 085 285	202 128 400
janeiro de 2009	197 912 662	159 304 255
janeiro de 2010	160 094 999	358 253 770
janeiro de 2011	433 054 934	394 121 488

Fonte: Secretaria de Indústria e Comércio do Estado de Goiás

Com base no quadro acima, os períodos em que a balança comercial apresentou, respectivamente, o maior e o menor saldo foram:

a) janeiro de 2006 e janeiro de 2010.

b) janeiro de 2009 e janeiro de 2010.

c) janeiro de 2010 e janeiro de 2006.

d) janeiro de 2011 e janeiro de 2010.

10. (UEL-PR) Analise a tabela a seguir.

Nome da prova	Espaço percorrido (m)	Tempo de prova
Atletismo Corrida	100	9,69 s
Nado livre	50	21,30 s
Atletismo Corrida	1 500	4 min 01,63 s
Nado livre	1 500	14 min 41,54 s
Volta de classificação de um carro de Fórmula-1	5 200	1 min 29,619 s

De acordo com os dados da tabela e os conhecimentos sobre unidades e escalas de tempo, assinale a alternativa correta.

a) A diferença de tempo entre as provas de 1500 m do nado livre e de 1 500 m do atletismo é de dez minutos, quarenta segundos e novecentos e dez milésimos de segundo.

b) O tempo da prova de 50 m do nado livre é de vinte e um segundos e trinta décimos de segundo.

c) O tempo da prova de 1 500 m do nado livre é de quatorze minutos, quarenta e um segundos e quinhentos e quarenta centésimos de segundo.

d) A diferença de tempo entre as provas de 100 m do atletismo e a de 50 metros do nado livre é de onze segundos e sessenta e um centésimos de segundo.

e) A volta de classificação da Fórmula-1 é de um minuto, vinte e nove segundos e seiscentos e dezenove centésimos de segundo.

11. (UFU-MG) Um time de voleibol possui um plantel formado por jovens atletas, contendo *x* pessoas cuja média aritmética das idades é de 20 anos. O presidente do time resolveu contratar um técnico e um preparador físico experientes, coincidentemente, ambos com 50 anos. Sabendo que, com a entrada destas duas novas pessoas no plantel, a nova média das idades passou para 24 anos, pode-se afirmar que:

a) $10 < x \leq 12$.
b) $12 < x \leq 15$.
c) $x > 16$.
d) $x \leq 9$.

12. (Uneb-BA) Na revisão do texto, contido em 10 páginas de um trabalho escolar, foram identificados erros de digitação, de acordo com a tabela:

Número de erros	Frequência
1	2
3	3
4	3
5	2

A variância do número de erros é igual a:

01) 2,0.
02) 2,2.
03) 3,0.
04) 3,2.
05) 4,0.

13. (UCS-RS) Pretende-se construir um aeroporto num determinado município, e três locais estão sendo cogitados para esse fim: *A*, *B* e *C*. A tabela a seguir resume o resultado de um levantamento de opinião feito entre as lideranças do município acerca do melhor local para essa instalação.

Número de pessoas que se manifestaram a favor							
de um único local			de exatamente 2 a 3 locais			dos 3 locais	de outro local que não *A*, *B* ou *C*
A	*B*	*C*	*A* e *B*	*B* e *C*	*A* e *C*		
1000	600	900	300	500	400	100	300

Pelos dados da tabela e considerando o total de pessoas que responderam à consulta, a porcentagem das que se manifestaram a favor da instalação do aeroporto em outro lugar que não *C* foi, aproximadamente, de:

a) 44,7%.
b) 53,6%.
c) 40,5%.
d) 59,5%.
e) 64%.

14. (Unifor-CE) A tabela abaixo apresenta a distribuição de frequência do número de microcomputadores vendidos em uma promoção feita por certa loja e o número de prestações do parcelamento do preço desses micros.

Classes (número de prestações)	Frequência
0 ⊢ 6	10
6 ⊢ 12	25
12 ⊢ 18	20
18 ⊢ 24	20

Satisfeito com o sucesso da promoção, o proprietário da loja resolveu sortear um brinde entre as pessoas que adquiriram tais micros. Considerando que foi vendido um único micro para cada pessoa, a probabilidade de que o sorteado tenha optado por um parcelamento cujo número de prestações era menor que o número médio de prestações é:

a) $\frac{2}{15}$.
b) $\frac{1}{3}$.
c) $\frac{7}{15}$.
d) $\frac{8}{15}$.
e) $\frac{11}{15}$.

15. (UFT-TO) As Tabelas que seguem apresentam dados do Censo Escolar da Educação Básica de 2009 referentes à matrícula inicial na Educação de Jovens e Adultos (EJA) presencial (incluindo a EJA integrada à educação profissional) das redes estaduais e municipais, urbanas e rurais.

Tabela 1: Número de alunos inicialmente matriculados na Educação Básica na EJA no Brasil – 2009		
Unidades da Federação Municípios Dependência Administrativa	Matrícula inicial	
	EJA	
	EJA Presencial	
	Fundamental	Médio
BRASIL		
Estadual urbana	964 835	1 090 700
Estadual rural	46 946	18 967
Municipal urbana	1 316 494	30 870
Municipal rural	445 015	3 958
Total (estadual e municipal)	2 773 290	1144495

Fonte: www.inep.gov.br

Tabela 2: Número de alunos inicialmente matriculados na Educação Básica na EJA no Estado do Tocantins – 2009		
Unidades da Federação Municípios Dependência Administrativa	Matrícula inicial	
	EJA	
	EJA Presencial	
	Fundamental	Médio
TOCANTINS		
Estadual urbana	3 811	9 383
Estadual rural	555	119
Municipal urbana	7 392	47
Municipal rural	850	0
Total (estadual e municipal)	12 608	9 549

Fonte: www.inep.gov.br

Com base nos dados das tabelas anteriores faz-se as seguintes afirmações:

I. No Estado do Tocantins, o número total de alunos matriculados na rede estadual é menor que o número total de alunos matriculados na rede municipal.

II. No Brasil, o número total de alunos matriculados na rede municipal é menor que o número total de alunos matriculados na rede estadual.

III. No Estado do Tocantins, o número total de alunos matriculados na EJA rural é de 1 524.

Analisando as afirmações anteriores, pode-se concluir que:

a) Apenas a I é falsa.
b) Apenas I e III são falsas.
c) Apenas II e III são falsas.
d) I, II e III são falsas.
e) I, II e III são verdadeiras.

Frente C

MÓDULO 35

1. (IFSP) Em uma empresa, uma sala foi construída em forma de bloco retangular com as seguintes medidas: 6 metros de comprimento, 5 metros de largura e 3 metros de altura. Qual é o volume ocupado por essa sala?

a) 14 m^3
b) 20 m^3
c) 50 m^3
d) 64 m^3
e) 90 m^3

2. (UEPB) A área lateral de um cubo de volume 3 375 cm^3 é:

a) 1 350 cm^2.
b) 900 cm^2.
c) 450 cm^2.
d) 225 cm^2.
e) 640 cm^2.

3. (UFTM) A altura, em centímetros, do nível da água armazenada em um reservatório com a forma de um prisma reto de base retangular é igual a x, conforme mostra a figura.

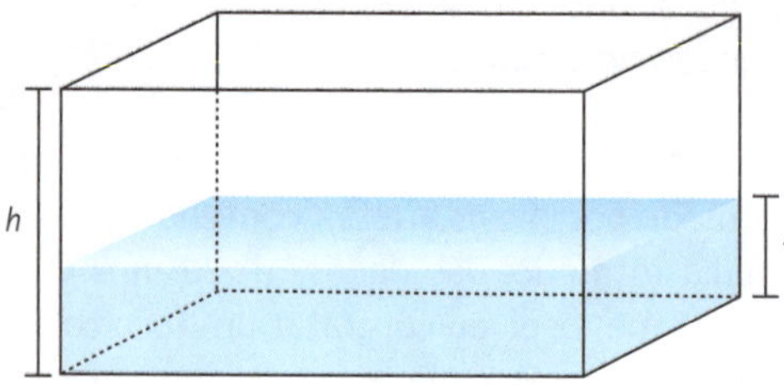

Usando todo esse volume de água armazenado, pode-se encher completamente uma quantidade exata de recipientes com capacidade de 20 litros cada, ou uma quantidade exata de recipientes com capacidade de 50 litros cada. Se $x = \frac{h}{3}$, onde h é a altura do reservatório, então a menor capacidade, em litros, desse reservatório cheio é:

a) 200.
b) 300.
c) 400.
d) 500.
e) 600.

4. (Unifor-CE) Uma fábrica embala 10 latas de palmito em caixas cúbicas de papelão de 20 cm de lado. Estas caixas são colocadas, sem deixar espaços vazios, em caixotes de madeira de 80 cm de largura por 120 cm de comprimento por 60 cm de altura. Qual o número máximo de latas de palmito que cabem em cada caixote?

a) 4 608
b) 2 304
c) 720
d) 576
e) 144

5. (Uerj) As figuras a seguir mostram dois pacotes de café em pó que têm a forma de paralelepípedos retângulos semelhantes.

Se o volume do pacote maior é o dobro do volume do menor, a razão entre a medida da área total do maior pacote e a do menor é igual a:

a) $\sqrt[3]{3}$.
b) $\sqrt[3]{4}$.
c) $\sqrt{6}$.
d) $\sqrt{8}$.

6. (PUC-RS) Uma coleção de Matemática é composta por dez livros, que têm idêntico formato (16 cm por 20 cm), mas espessuras diferentes. Empilhados na forma de um prisma reto, eles ocupam um volume de 9 600 cm^3. Se forem ordenados lado a lado, como é feito nas bibliotecas, eles ocuparão, linearmente, _________ cm.

a) 16
b) 20
c) 30
d) 36
e) 96

7. (Unifor-CE) O Governo do Estado do Ceará tem planos de construir um aquário na orla marítima de Fortaleza. Suponha que o tal aquário tenha a forma de um paralelepípedo de faces retangulares (ou blocos retangulares) com 10 m de comprimento, 6 m de largura e 4 m de altura e contém água, que ocupa $\frac{2}{3}$ de sua capacidade. Um objeto é mergulhado na água, de maneira que o conteúdo do aquário passa a ocupar 175 m^3. Então podemos afirmar que o volume, em metros cúbicos do objeto, é:

a) 10.
b) 15.
c) 17.
d) 20.
e) 22.

8. (UEFS-BA) As áreas das faces de um paralelepípedo reto-retângulo são proporcionais a 3, 5 e 15 e a área total é 184 cm^2. A medida da diagonal desse paralelepípedo, em cm, é igual a:

a) $\sqrt{21}$.
b) $\sqrt{30}$.
c) $2\sqrt{21}$.
d) $2\sqrt{30}$.
e) $2\sqrt{35}$.

9. (Unicamp-SP) Um queijo tem o formato de paralelepípedo, com dimensões 20 cm × 8 cm × 5 cm. Sem descascar o queijo, uma pessoa o divide em cubos com 1 cm de aresta, de modo que alguns cubos ficam totalmente sem casca, outros permanecem com casca em apenas uma face, alguns com casca em duas faces e os restantes com casca em três faces.

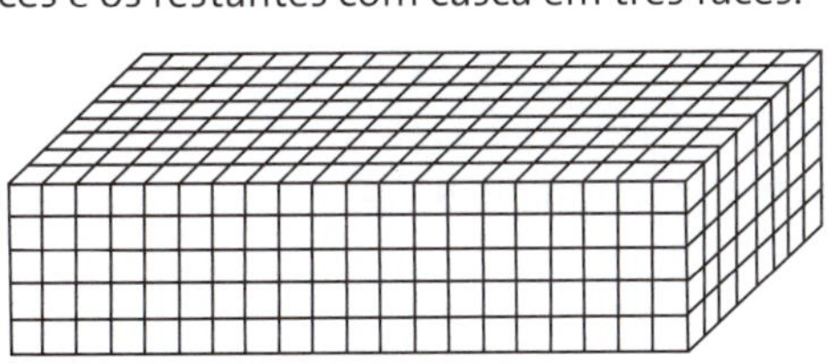

Nesse caso, o número de cubos que possuem casca em apenas uma face é igual a:

a) 360.
b) 344.
c) 324.
d) 368.

10. (Epcar-MG) Um reservatório d'água na forma de um paralelepípedo reto de base quadrada e cuja altura é metade do lado da base, está com 80% de sua capacidade máxima ocupada. Se fosse preciso acabar de encher este reservatório seriam necessários 500 baldes iguais cheios d'água com capacidade de 12 800 mL cada. Com base nesses dados, é correto afirmar que a altura da água que há neste reservatório:

a) é exatamente 15 dm.
b) é exatamente 1 600 mm.
c) NÃO passa de 145 cm.
d) está a 0,5 m de atingir seu máximo.

11. (UFABC-SP)

Impacto Ambiental

Hoje, os produtos da moderna tecnologia estão incorporados ao cotidiano das pessoas, mas a sua fabricação causa impactos nocivos ao meio ambiente. É preciso conhecer sua dimensão para controlá-los.

*Para fabricar um único microchip de 32 megabites de memória (figura **1**) usam-se 1,6 kg de combustível fóssil e 72 gramas de substâncias químicas (*Enciclopédia do Estudante, Estadão*).*

*É necessária ainda toda a água contida em um prisma reto de base quadrada (figura **2**), com sua capacidade total preenchida.*

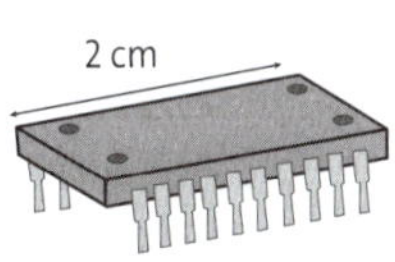

Figura 1

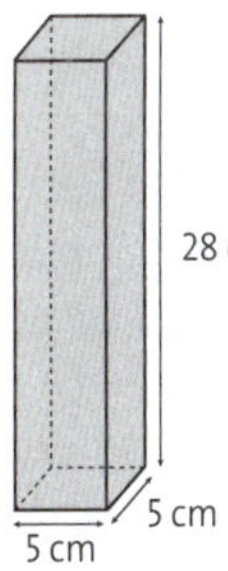

Figura 2

Sabendo-se que a densidade da água, ou massa por unidade de volume, é de 1g/mL, pode-se concluir que a massa da água usada para fabricar esse microchip é igual a:

a) 400 g.
b) 500 g.
c) 550 g.
d) 600 g.
e) 700 g.

12. (Uece) Se um prisma triangular reto é tal que cada uma de suas arestas mede 2 m, então a medida do seu volume é:

a) $3\sqrt{2}$ m^3.
b) $2\sqrt{3}$ m^3.
c) 6 m^3.
d) 8 m^3.

13. (UFPA) Uma indústria de cerâmica localizada no município de São Miguel do Guamá no estado do Pará fabrica tijolos de argila (barro) destinados à construção civil. Os tijolos de 6 furos possuem medidas externas: $9 \times 14 \times 19$ centímetros e espessura uniforme de 8 milímetros, conforme a figura abaixo.

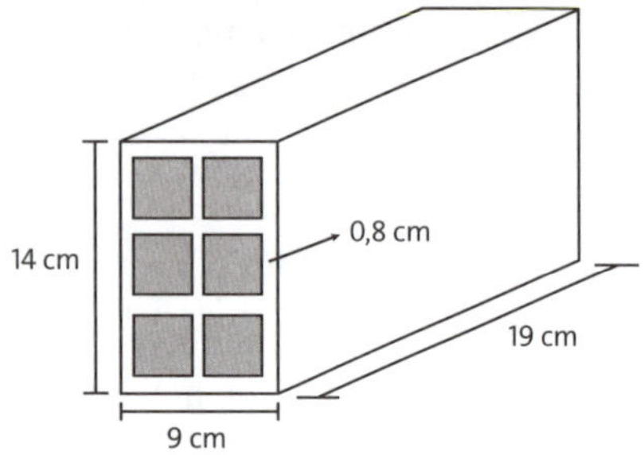

Utilizando 1 metro cúbico de argila, o número de tijolos inteiros que podem ser fabricados é, aproximadamente:

a) 740.
b) 960.
c) 1 020.
d) 1 090.
e) 1 280.

14. (Uece) O volume de um prisma regular reto hexagonal, com 2 m de altura, é $\sqrt{3}$ m^3. A medida da área lateral deste prisma é:

a) $\sqrt{3}$ m^2.
b) $2\sqrt{3}$ m^2.
c) $3\sqrt{3}$ m^2.
d) $4\sqrt{3}$ m^2.

15. (UFG-GO) Leia o texto a seguir.

Era uma laje retangular enorme, uma brutidão de mármore rugoso [...].

É a mãe da pedra, não disse que era o pai da pedra, sim a mãe, talvez porque viesse das profundas, ainda maculada pelo barro da matriz, mãe gigantesca sobre a qual poderiam deitar-se quantos homens, ou ela esmagá-los a eles, quantos, faça as contas quem quiser, que a laje tem de comprimento trinta e cinco palmos, de largura quinze, e a espessura é de quatro palmos, e, para ser completa a notícia, depois de lavrada e polida, lá em Mafra, ficará só um pouco mais pequena, trinta e dois palmos, catorze, três, pela mesma ordem e partes, e quando um dia se acabarem palmos e pés por se terem achado metros na terra, irão outros homens a tirar outras medidas [...].

SARAMAGO, José. *Memorial do convento*. 17. ed. Rio de Janeiro: Bertrand Brasil, 1996. p. 244-245.

No romance citado, Saramago descreve a construção do Palácio e Convento de Mafra (séc. XVIII), em Portugal, no qual a laje (em forma de paralelepípedo retângulo) foi colocada na varanda da casa de Benedictione. Supondo que a medida de um palmo seja 20 cm, então o volume retirado do mármore, após ser polido e lavrado, em m^3, foi de:

a) 0,024.
b) 6,048.
c) 10,752.
d) 16,800.
e) 60,480.

MÓDULO 36

1. (Vunesp-SP) O prefeito de uma cidade pretende colocar em frente à prefeitura um mastro com uma bandeira, que será apoiado sobre uma pirâmide de base quadrada feita de concreto maciço, como mostra a figura.

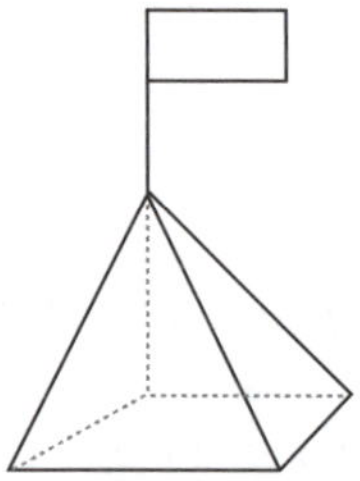

Sabendo-se que a aresta da base da pirâmide terá 3 m e que a altura da pirâmide será de 4 m, o volume de concreto (em m^3) necessário para a construção da pirâmide será:

a) 36.
b) 27.
c) 18.
d) 12.
e) 4.

2. (Uerj) Leia os quadrinhos:

O Globo, março 2000.

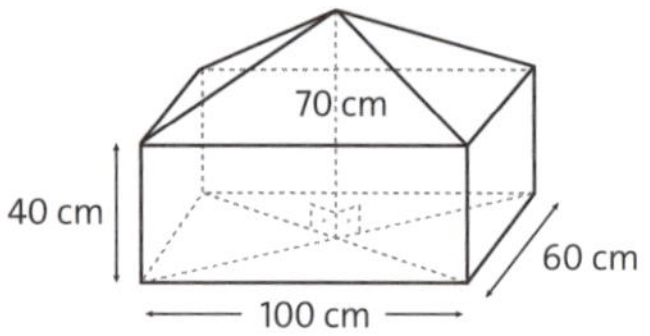

Figura 1

Suponha que o volume de terra acumulada no carrinho de mão do personagem seja igual ao do sólido esquematizado na figura **1**, formado por uma pirâmide reta sobreposta a um paralelepípedo retângulo. Assim, o volume médio de terra que Hagar acumulou em cada ano de trabalho é, em dm^3, igual a:

a) 12.
b) 13.
c) 14.
d) 15.

3. (Ufes) Um grupo de esotéricos deseja construir um reservatório de água na forma de uma pirâmide de base quadrada. Se o lado da base deve ser $\frac{4}{5}$ da altura e o reservatório deve ter capacidade para 720 m^3, qual deverá ser a medida aproximada do lado da base?

a) 8,7 m
b) 12,0 m
c) 13,9 m
d) 15,0 m
e) 16,0 m

4. (UFPE) Uma pirâmide tem base quadrada e faces laterais congruentes, como ilustrado a seguir.

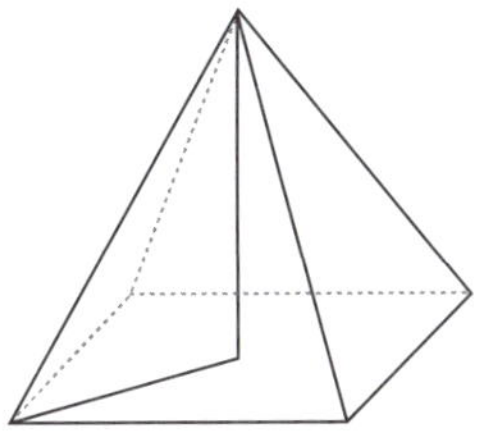

Se as arestas laterais da pirâmide medem 10 cm, e a altura da pirâmide mede 8 cm, qual o volume da pirâmide?

a) $190\ cm^3$
b) $192\ cm^3$
c) $194\ cm^3$
d) $196\ cm^3$
e) $198\ cm^3$

5. (Cefet-PR) O volume da pirâmide de base quadrada, cujas arestas da base valem x e as restantes valem $2x$ é:

a) $\dfrac{x^3\sqrt{14}}{2}$.
b) $\dfrac{x^3\sqrt{14}}{6}$.
c) $\dfrac{x^3\sqrt{14}}{3}$.
d) $\dfrac{x^3\sqrt{7}}{2}$.
e) $\dfrac{x^3\sqrt{7}}{3}$.

6. (Unimontes-MG) Ao se transformar em gelo, o volume da água fica aumentado (aproximadamente) de 9%. Uma pedra de gelo tem a forma de uma pirâmide de base quadrada de aresta $8\sqrt{2}$ cm e aresta lateral da pirâmide 10 cm. Qual é o volume aproximado da água ao derreter-se essa pedra?

a) $256\ cm^3$
b) $279\ cm^3$
c) $223\ cm^3$
d) $233\ cm^3$

7. (Fuvest-SP) Um telhado tem a forma da superfície lateral de uma pirâmide regular, de base quadrada. O lado da base mede 8 m e a altura da pirâmide 3 m. As telhas para cobrir esse telhado são vendidas em lotes que cobrem $1\ m^2$. Supondo que possa haver 10 lotes de telhas desperdiçadas (quebras e emendas), o número mínimo de lotes de telhas a ser comprado é:

a) 90.
b) 100.
c) 110.
d) 120.
e) 130.

8. (PUC-SP) Um imperador de uma antiga civilização mandou construir uma pirâmide que seria usada como seu túmulo. As características dessa pirâmide são:
1º) Sua base é um quadrado com 100 m de lado.
2º) Sua altura é de 100 m.
Para construir cada parte da pirâmide equivalente a $1\,000\ m^3$, os escravos, utilizados como mão de obra, gastavam, em média, 54 dias.
Mantida essa média, o tempo necessário para a construção da pirâmide, medido em anos de 360 dias, foi de:

a) 40 anos.
b) 50 anos.
c) 60 anos.
d) 90 anos.
e) 150 anos.

9. (Ufpel-RS) A nanotecnologia de materiais tem como foco a construção de dispositivos e equipamentos invisíveis, mas muito eficazes. Um exemplo é o mini-microfone. O dispositivo tem tamanho inferior à espessura de um fio de cabelo, é formado por uma pirâmide de silício e capta sons com extrema acuidade. Já tem aplicações práticas como a comunicação entre pilotos e equipes em corrida.

Revista *Veja* Edição Especial, n. 71, julho de 2006. Adaptado.

Considerando que o microfone da figura é uma pirâmide de base quadrangular com lado da base e apótema da pirâmide medindo, internamente, 10 μm e 15 μm, respectivamente, e que $10\ \mu m = 10^{-6}$ m, é correto afirmar que esse microfone, minúsculo como os demais itens do nanomundo, tem altura igual a:

a) $5 \cdot 10^{-6}\sqrt{5}$ m.
b) $10^{-11}\sqrt{2}$ m.
c) $10^{-5}\sqrt{2}$ m.
d) $5 \cdot 10^{12}\sqrt{5}$ m.
e) $10^{-7}\sqrt{2}$ m.

10. (Vunesp-SP) Há 4 500 anos, o Imperador Quéops do Egito mandou construir uma pirâmide regular que seria usada como seu túmulo. As características e dimensões aproximadas dessa pirâmide hoje, são:
1ª) Sua base é um quadrado com 220 metros de lado.
2ª) Sua altura é de 140 metros.
Suponha que, para construir parte da pirâmide equivalente a $1{,}88 \times 10^4\ m^3$, o número médio de operários utilizados como mão de obra gastava em média 60 dias. Dados que $2{,}22 \times 1{,}4 \simeq 6{,}78$ e $2{,}26 : 1{,}88 \simeq 1{,}2$ e mantidas estas médias, o tempo necessário para a construção de toda a pirâmide, medido em anos de 360 dias, foi de, aproximadamente:

a) 20.
b) 30.
c) 40.
d) 50.
e) 60.

11. (PUCC-SP) Um octaedro regular é um poliedro constituído por 8 faces triangulares congruentes entre si e ângulos poliédricos congruentes entre si, conforme mostra a figura a seguir.

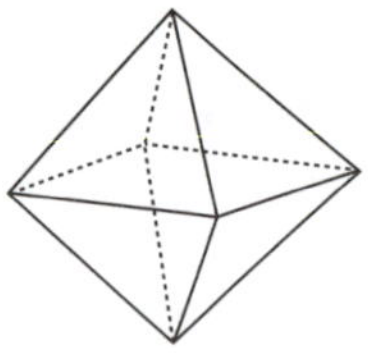

Se o volume desse poliedro é $72\sqrt{2}$ cm^3, a medida de sua aresta, em centímetros, é:

a) $\sqrt{2}$.
b) 3.
c) $3\sqrt{2}$.
d) 6.
e) $6\sqrt{2}$.

12. (UFT-TO) A pirâmide a seguir foi construída com cubos maciços de mesmas dimensões.

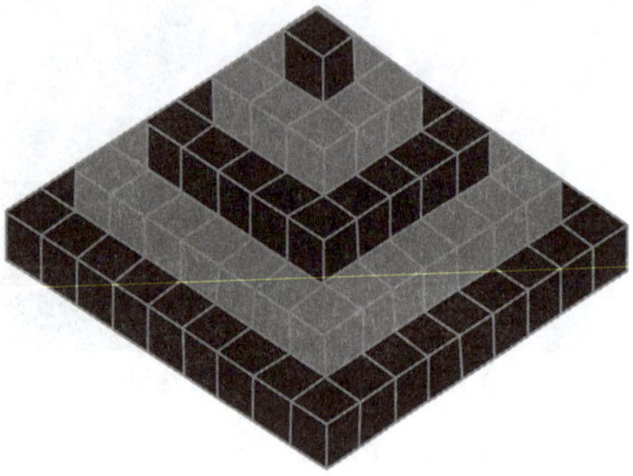

Considerando-se que, na construção da pirâmide não foram deixados espaços vazios em seu interior e que o volume de cada cubo é 1 m^3, pode-se afirmar que o volume total e a altura desta pirâmide são, respectivamente:

a) 5 m^3 e 1 m.
b) 25 m^3 e 5 m.
c) 125 m^3 e 25 m.
d) 165 m^3 e 5 m.
e) 625 m^3 e 25 m.

13. (UFPE) Uma pirâmide hexagonal regular tem a medida da área da base igual à metade da área lateral. Se a altura da pirâmide mede 6 cm, assinale o inteiro mais próximo do volume da pirâmide, em cm^3. Dado: use a aproximação $\sqrt{3} \simeq 1{,}73$.

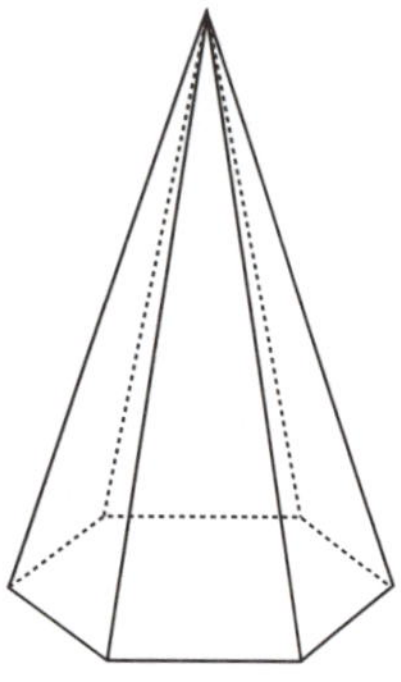

14. (Unimontes-MG) Por uma pirâmide quadrangular regular passa um plano paralelo à base, o qual determina uma secção transversal de 20,25 m^2, cuja distância ao vértice é de 6 m. Se a altura da pirâmide é 8 m, a aresta da base mede:

a) 8 m.
b) 4,5 m.
c) 6 m.
d) 4 m.

15. (UFG-GO) A figura abaixo representa uma torre, na forma de uma pirâmide regular de base quadrada, na qual foi construída uma plataforma, a 60 metros de altura, paralela à base.

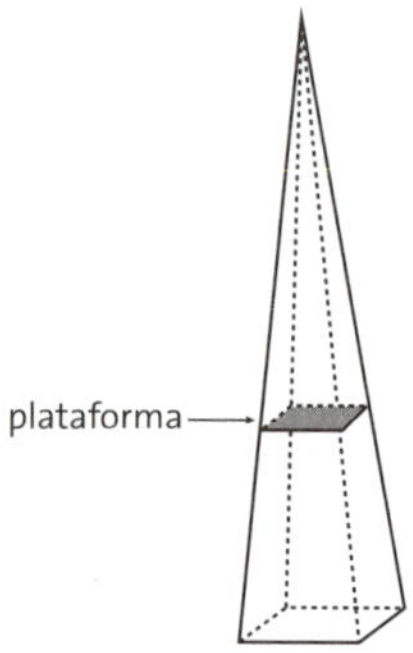

Se os lados da base e da plataforma medem, respectivamente, 18 e 10 metros, a altura da torre, em metros, é:

a) 75.
b) 90.
c) 120.
d) 135.
e) 145.

MÓDULO 37

1. (Cesgranrio-RJ) Um recipiente com a forma de um cilindro reto, cujo diâmetro da base mede 40 cm e altura $\frac{100}{\pi}$ cm, armazena um certo líquido, que ocupa 40% de sua capacidade. O volume do líquido contido nesse recipiente é, em litros, aproximadamente, igual a:

a) 16.
b) 18.
c) 20.
d) 30.
e) 40.

2. (UFRGS-RS) Um pedaço de cano de 30 cm de comprimento e 10 cm de diâmetro interno encontra-se na posição vertical e possui a base inferior vedada. Colocando-se dois litros de água em seu interior, a água:

a) ultrapassa o meio do cano.
b) transborda.
c) não chega ao meio do cano.
d) enche o cano até a borda.
e) atinge exatamente o meio do cano.

3. (ESPM-SP) Um cilindro circular reto de raio da base igual a 4 cm contém água até uma certa altura. Um objeto é colocado no seu interior, ficando totalmente submerso. Se o nível da água no cilindro subiu 3 cm, podemos afirmar que o volume desse objeto é de, aproximadamente:

a) 174 cm^3.
c) 162 cm^3.
e) 151 cm^3.
b) 146 cm^3.
d) 183 cm^3.

4. (Acafe-SC) Um posto de combustíveis abastece mensalmente seu reservatório cilíndrico subterrâneo, cujas medidas estão indicadas no esquema a seguir.

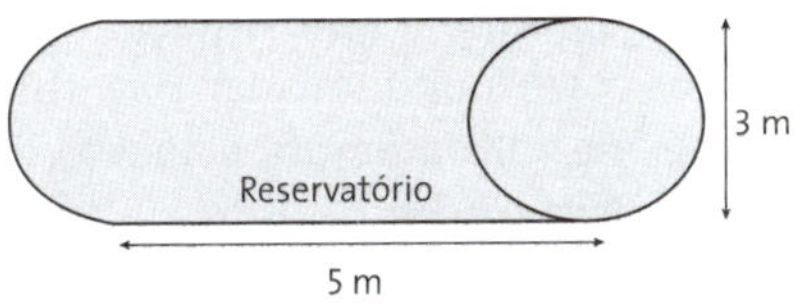

Considerando que o reservatório esteja vazio e que será abastecido com 80% de sua capacidade por um caminhão tanque, a uma vazão de 10 L por segundo, em aproximadamente quantos minutos o reservatório será abastecido?

a) 59 min
c) 47 min
b) 51 min
d) 48 min

5. (PUCC-SP) Uma comunidade deseja construir uma réplica de um templo antigo. Para tanto, devem ser feitas 2 fileiras com 6 colunas em cada uma. O formato de cada uma das colunas é o de um cilindro circular reto, de 4 m de altura e cujo diâmetro da base mede 50 cm. Supondo a aproximação $\pi = 3{,}1$, a soma dos volumes dessas colunas, em metros cúbicos, é:

a) 9,3.
d) 5,24.
b) 7,75.
e) 4,65.
c) 6,5.

6. (UCS-RS) Uma lata sem tampa, de 20 cm de altura, cujo volume é 2 000π cm^3, tem a forma de um cilindro circular reto. Quantos cm^2 de metal serão necessários para confeccionar a lata?

a) 100π
d) 500π
b) 300π
e) 600π
c) 420π

7. (UEPB) A área lateral de um cilindro equilátero cuja secção meridiana é igual a 81 cm^2 mede:

a) 3π cm^2.
d) 27π cm^2.
b) 81π cm^2.
e) 81 cm^2.
c) 9π cm^2.

8. (ESPM-SP) A figura representa uma lata de refrigerante e um copo, ambos cilíndricos. A razão entre os raios internos da lata e do copo é 2 : 1.

Estando a lata completamente cheia, seu conteúdo é transferido para o copo até que as superfícies dos líquidos fiquem na mesma altura de 12 cm.

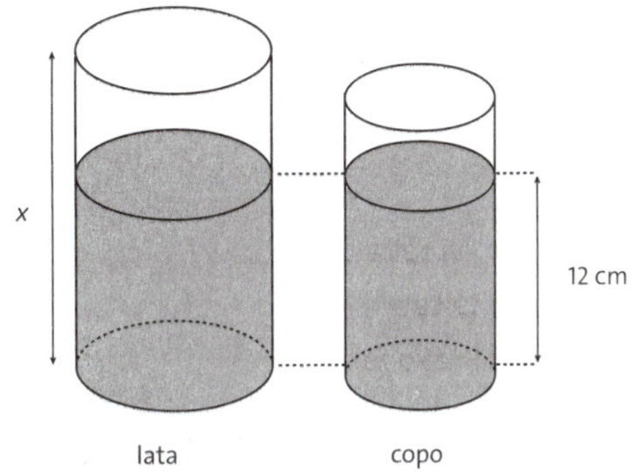

Podemos concluir que a altura x da lata é:

a) 15 cm.
d) 22 cm.
b) 18 cm.
e) 24 cm.
c) 20 cm.

9. (Unisc-RS) Uma indústria de tonéis produz 4 000 unidades mensais. Estes tonéis são cilindros equiláteros de 1 metro de altura. Para pintar a superfície lateral desses cilindros, é utilizada uma tinta cujo rendimento é de 200 gramas por m^2. Calculando a quantidade de tinta consumida a cada mês, encontramos um valor próximo de:
(**Observação**: Utilize o valor da constante π (Pi) = 3,14.)

a) 1 500 kg.
d) 2,2 toneladas.
b) 1 800 kg.
e) 2,5 toneladas.
c) 1 900 kg.

10. (UFPB/PSS) Depois de desistir de retirar a pipa do poste, João foi jogar futebol no quintal de casa. Ao chutar a bola com muita força, fez com que ela caísse num reservatório de água com a forma de um cilindro circular reto, cujo diâmetro é de 96 cm.

Maria percebeu que exatamente a metade da bola ficou submersa, o que elevou o nível da água do reservatório em 0,5 cm (ver desenho). O raio dessa bola é:

a) 10 cm.
d) 13 cm.
b) 11 cm.
e) 14 cm.
c) 12 cm.

FRENTE C
MÓDULO 37

11. (Udesc) A figura abaixo ilustra duas moedas brasileiras, e a de R$ 1,00 e de R$ 0,50, descritas a seguir.
Moeda de R$ 1,00 – As faces da moeda são compostas de dois círculos concêntricos. O diâmetro do círculo maior é igual a 2,8 e o diâmetro do círculo menor é igual a 1,8 cm. A espessura dessa moeda é igual a 1,5 mm.
Moeda de R$ 0,50 – As faces da moeda são compostas de um círculo de diâmetro igual a 2,2 cm. A espessura dessa moeda é igual a 3 mm.

Fotos: Reprodução/ Casa da Moeda do Brasil/ Ministério da Fazenda

Com base nessas informações, analise as proposições abaixo.

I. O volume de metal necessário para cunhar a região situada entre os círculos concêntricos da moeda de R$ 1,00 é aproximadamente $0{,}1725\pi$ cm^3.
II. Para cunhar uma moeda de R$ 1,00 é necessário aproximadamente 0,069 cm^3 de metal a mais que para cunhar uma moeda de R$ 0,50.
III. A área entre os círculos concêntricos da moeda de R$ 1,00 é $0{,}34\pi$ cm^2 maior que a do círculo interno.

Assinale a alternativa correta.

a) Somente as afirmativas II e III são verdadeiras.
b) Somente as afirmativas I e III são verdadeiras.
c) Somente as afirmativas I e II são verdadeiras.
d) Todas as afirmativas são verdadeiras.
e) Todas as afirmativas são falsas.

12. (UFPB) Sr. Ptolomeu construirá em sua chácara um jardim de formato circular com 16 m de diâmetro. Contornando o jardim, haverá uma calçada, medindo 1 m de largura por 0,1 m de altura, conforme figura a seguir:

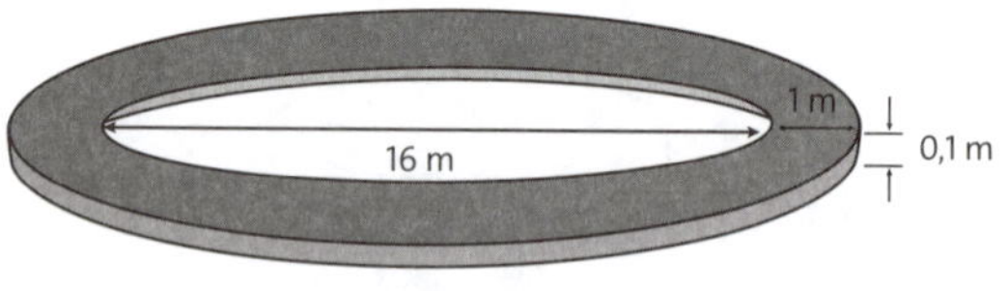

Use: $\pi = 3{,}14$.

Supondo que o preço médio do m^3 da calçada a ser construída é de 100 reais, conclui-se que a despesa do Sr. Ptolomeu com a construção da calçada será, aproximadamente, de:

a) 685,30 reais.
b) 653,80 reais.
c) 583,30 reais.
d) 533,80 reais.
e) 835,30 reais.

13. (Unicamp-SP) Considere um cilindro circular reto. Se o raio da base for reduzido pela metade e a altura for duplicada, o volume do cilindro:

a) é reduzido em 50%.
b) aumenta em 50%.
c) permanece o mesmo.
d) é reduzido em 25%.

14. (Vunesp-SP) A base metálica de um dos tanques de armazenamento de látex de uma fábrica de preservativos cedeu, provocando um acidente ambiental. Nesse acidente, vazaram 12 mil litros de látex. Considerando a aproximação $\pi = 3$, e que 1 000 litros correspondem a 1 m^3, se utilizássemos vasilhames na forma de um cilindro circular reto com 0,4 m de raio e 1 m de altura, a quantidade de látex derramado daria para encher exatamente quantos vasilhames?

a) 12
b) 20
c) 22
d) 25
e) 30

15. (Vunesp-SP) Por ter uma face aluminizada, a embalagem de leite "longa vida" mostrou-se conveniente para ser utilizada como manta para subcoberturas de telhados, com a vantagem de ser uma solução ecológica que pode contribuir para que esse material não seja jogado no lixo. Com a manta, que funciona como isolante térmico, refletindo o calor do sol para cima, a casa fica mais confortável. Determine quantas caixinhas precisamos para fazer uma manta (sem sobreposição) para uma casa que tem um telhado retangular com 6,9 m de comprimento e 4,5 m de largura, sabendo-se que a caixinha, ao ser desmontada (e ter o fundo e o topo abertos), toma a forma aproximada de um cilindro oco de 0,23 m de altura e 0,05 m de raio, de modo que, ao ser cortado acompanhando sua altura, obtemos um retângulo. Nos cálculos, use o valor aproximado $\pi = 3$.

dimensões do telhado

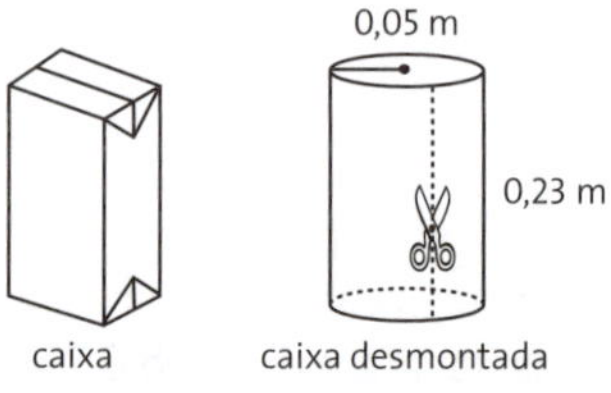

MÓDULO 38

1. (Unisantos-SP) Com um semicírculo de papel, com raio igual a 20 cm, um pipoqueiro faz saquinhos para vender pipocas, com a forma de cone circular reto, o volume desses saquinhos, usando $\pi = 3$, é mais próximo de:

a) $1\,100\ cm^3$.
b) $1\,300\ cm^3$.
c) $1\,500\ cm^3$.
d) $1\,700\ cm^3$.
e) $2\,000\ cm^3$.

2. (Ufla-MG) Parte do líquido de um cilindro completamente cheio é transferida para dois cones idênticos, que ficam totalmente cheios.

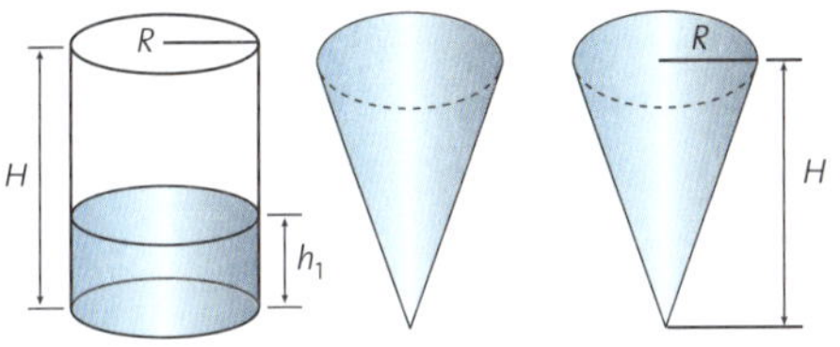

A relação entre as alturas do líquido restante no cilindro (h_1) e a altura (H) do cilindro é:

a) $h_1 = \dfrac{H}{4}$.
b) $h_1 = \dfrac{H}{2}$.
c) $h_1 = \sqrt{\dfrac{H}{2}}$.
d) $h_1 = \dfrac{H}{3}$.
e) $h_1 = \sqrt{\dfrac{H}{3}}$.

3. (FGV-SP) A figura indica a planificação da lateral de um cone circular reto:

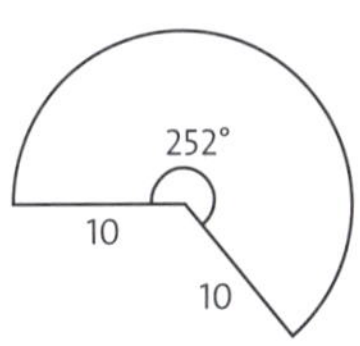

O cone a que se refere tal planificação é:

a)
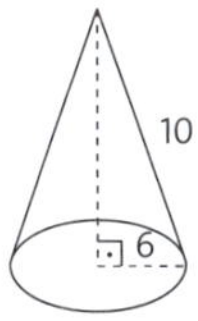

b)
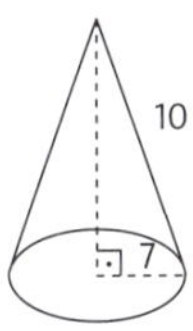

c)
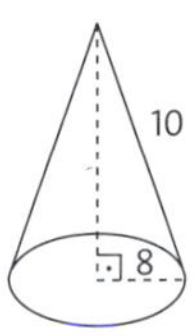

d)
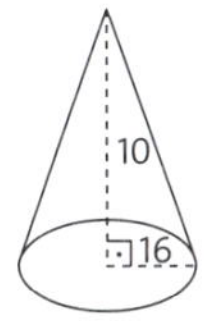

e)
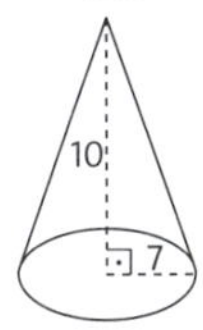

4. (Fuvest-SP) Um cone circular reto está inscrito em um paralelepípedo reto retângulo, de base quadrada, como mostra a figura. A razão $\dfrac{b}{a}$ entre as dimensões do paralelepípedo é $\dfrac{3}{2}$ e o volume do cone é π.

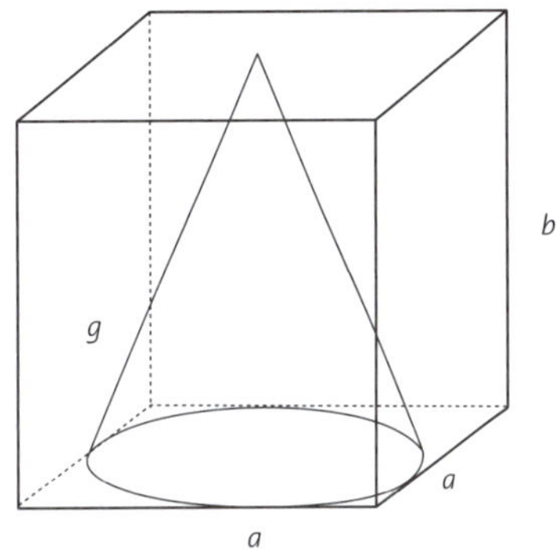

Então, o comprimento g da geratriz do cone é:

a) $\sqrt{5}$.
b) $\sqrt{6}$.
c) $\sqrt{7}$.
d) $\sqrt{10}$.
e) $\sqrt{11}$.

5. (Vunesp-SP) Um paciente recebe por via intravenosa um medicamento à taxa constante de 1,5 mL/min. O frasco do medicamento é formado por uma parte cilíndrica e uma parte cônica, cujas medidas são dadas na figura, e estava cheio quando se iniciou a medicação.

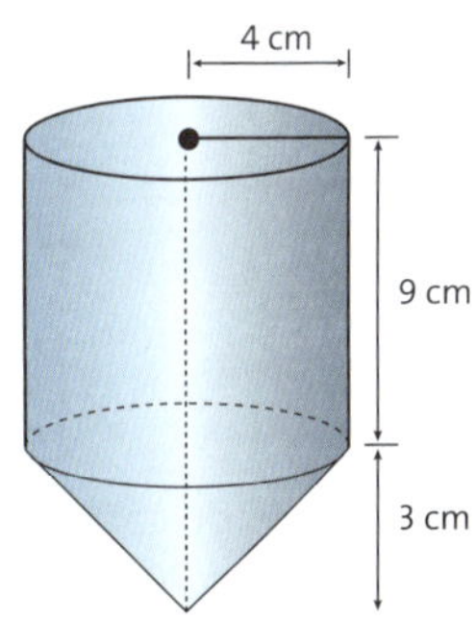

Figura fora de escala

Após 4 h de administração contínua, a medicação foi interrompida. Dado que $1\ cm^3 = 1\ mL$, e usando a aproximação $\pi = 3$, o volume, em mL, do medicamento restante no frasco após a interrupção da medicação é, aproximadamente:

a) 120.
b) 150.
c) 160.
d) 240.
e) 360.

6. (Fatec-SP) A altura de um cone circular reto mede o triplo da medida do raio da base. Se o comprimento da circunferência dessa base é 8π cm, então o volume do cone, em centímetros cúbicos, é:

a) 64π.
b) 48π.
c) 32π.
d) 16π.
e) 8π.

7. (Ueba) Na figura, está representado um cone cuja geratriz g mede $6\sqrt{3}$ cm, e o ângulo que ela faz com a reta que contém a altura do cone mede 30°.

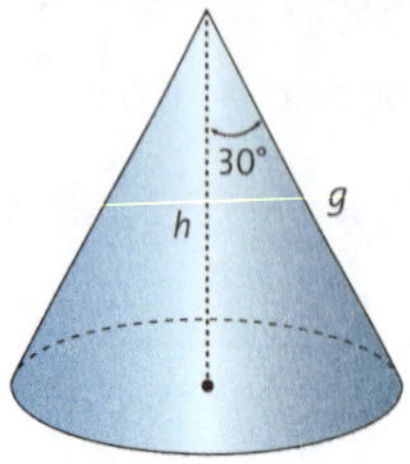

O volume desse sólido, em cm^3, é:

a) 9π.
b) 27π.
c) 54π.
d) 81π.
e) 243π.

8. (PUC-RS) Um desafio matemático construído pelos alunos do Curso de Matemática tem as peças no formato de um cone. A figura abaixo representa a planificação de uma das peças construídas.

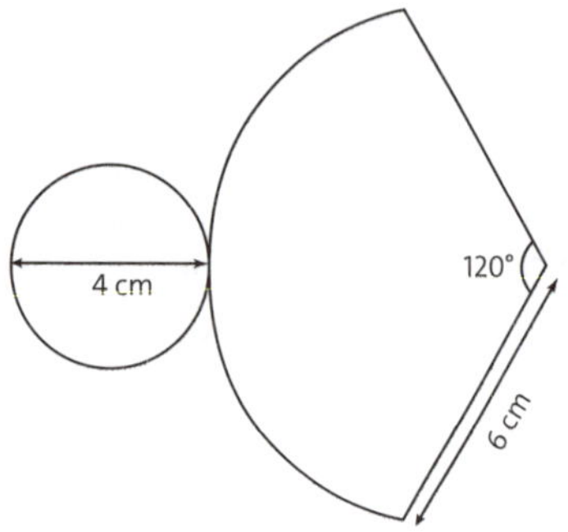

A área dessa peça é de ______ cm^2.

a) 10π
b) 16π
c) 20π
d) 28π
e) 40π

9. (Fuvest-SP) Um pedaço de cartolina possui a forma de um semicírculo de raio 20 cm. Com essa cartolina um menino constrói um chapéu cônico e o coloca com a base apoiada sobre uma mesa. Qual a distância do bico do chapéu à mesa?

a) $3\sqrt{10}$ cm
b) 10 cm
c) $10\sqrt{3}$ cm
d) 20 cm
e) $20\sqrt{2}$ cm

10. (Fuvest-SP) Deseja-se construir um cone circular reto com 4 cm de raio da base e 3 cm de altura. Para isso, recorta-se em cartolina, um setor circular para a superfície lateral e um círculo para a base. A medida do ângulo central do setor circular é:

a) 144°.
b) 192°.
c) 240°.
d) 288°.
e) 336°.

11. (Fuvest-SP) Um copo tem a forma de um cone com altura 8 cm e raio da base 3 cm. Queremos enchê-lo com quantidades iguais de suco e de água.

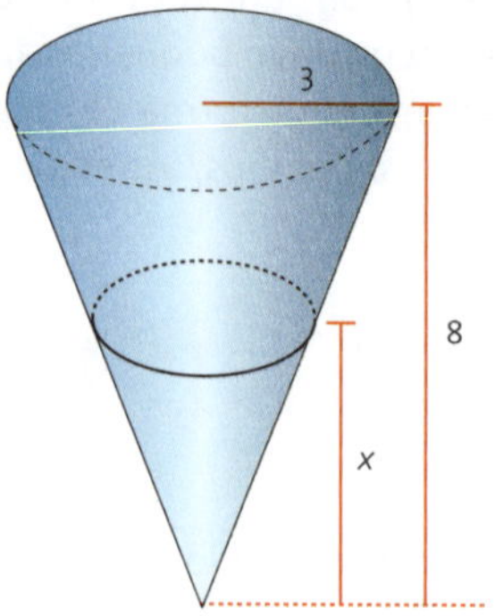

Para que isso seja possível, a altura x atingida pelo primeiro líquido colocado deve ser:

a) $\frac{8}{3}$ cm.
b) 6 cm.
c) 4 cm.
d) $4\sqrt{3}$ cm.
e) $4\sqrt[3]{4}$ cm.

12. (Vunesp-SP) Numa região muito pobre e com escassez de água, uma família usa para tomar banho um chuveiro manual, cujo reservatório de água tem o formato de um cilindro circular reto de 30 cm de altura e base com 12 cm de raio, seguido de um tronco de cone reto cujas bases são círculos paralelos, de raios medindo 12 cm e 6 cm, respectivamente, e altura 10 cm, como mostrado na figura.

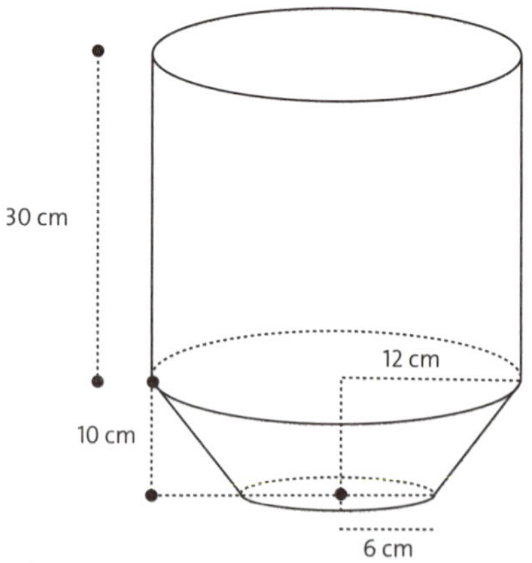

Por outro lado, numa praça de uma certa cidade há uma torneira com um gotejamento que provoca um desperdício de 46,44 litros de água por dia. Considerando a aproximação $\pi = 3$, determine quantos dias de gotejamento são necessários para que a quantidade de água desperdiçada seja igual à usada para 6 banhos, ou seja, encher completamente 6 vezes aquele chuveiro manual.

(Dado: $1\,000\ cm^3 = 1$ litro.)

13. (UPM-SP) Na figura, a base do cone reto está inscrita na face do cubo.

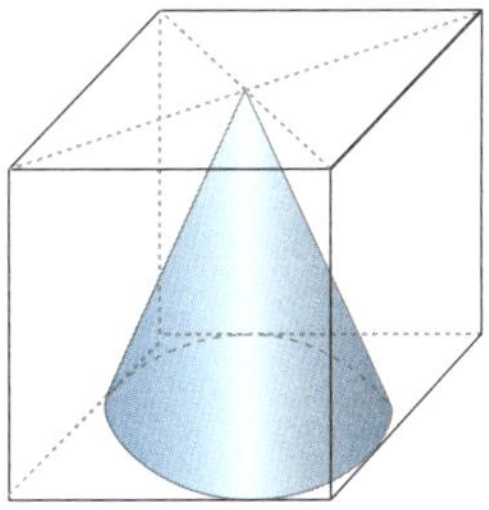

Supondo $\pi = 3$, se a área total do cubo é 54, então o volume do cone é:

a) $\frac{81}{2}$.
b) $\frac{27}{2}$.
c) $\frac{9}{4}$.
d) $\frac{27}{4}$.
e) $\frac{81}{4}$.

14. (Ufam) A geratriz de um cone circular reto mede 10 cm e sua área total é 75π cm^2. Então o raio da base é igual a:

a) 15 cm.
b) 5 cm.
c) 10 cm.
d) 6 cm.
e) 8 cm.

15. (Ufscar-SP) Dois cones de mesma base têm alturas iguais a 18 cm e 6 cm, respectivamente. A razão de seus volumes é:

a) 4.
b) 2.
c) 6.
d) 7.
e) 3.

MÓDULO 39

1. (UFPI) O volume de uma esfera cujo raio mede $\sqrt[3]{6}$ cm é:

a) $\frac{8}{3}\pi$ cm^3.
b) $\frac{4}{3}\pi$ cm^3.
c) 4π cm^3.
d) 8π cm^3.
e) 10π cm^3.

2. (Unimontes-MG) Numa oficina de geometria, os alunos estavam trabalhando com massa de modelar. Com certa quantidade de massa, eles fizeram uma bola de raio *r*. Com a mesma quantidade de massa e reduzindo o raio à metade, o número de bolas que eles fizeram foi:

a) 2.
b) 4.
c) 6.
d) 8.

3. (UFU-MG) Atualmente, ocorre um crescimento mundial no uso de gás natural. Segundo técnicos da área, entre os tanques utilizados para o armazenamento de gás, o de formato esférico é o mais recomendado (ver figura abaixo).

UFU/2011

Como qualquer tanque, esse também necessita ser inspecionado periodicamente para a prevenção de acidentes. Em geral, os tanques de armazenamento são pintados externamente com tinta primária que inibe a corrosão. Sabe-se que 1 litro de tinta rende 6 m^2. Se cada tanque de uma refinaria for considerado como uma esfera de raio 2 m (desprezando as hastes de suporte vistas na figura), é correto afirmar que a quantidade máxima de tanques que podem ser pintados completamente, utilizando-se 200 litros de tinta, está entre:
(Sugestão: Utilize a aproximação $\pi = 3{,}1$.)

a) 18 e 21.
b) 13 e 17.
c) 22 e 26.
d) 27 e 30.

4. (Fatec-SP) A nanotecnologia refere-se à tecnologia utilizada para manipular estruturas muito pequenas, tornando possível a criação de estruturas funcionais que seriam inconcebíveis utilizando-se tecnologia convencional.
Na formação da palavra Nanotecnologia, o termo "tecnologia" refere-se ao desenvolvimento e produção de novos materiais, já o prefixo "nano" está relacionado a uma escala de medida em que um nanômetro (nm) é um bilionésimo do metro.

Estruturas de átomos de carbono na escala nona

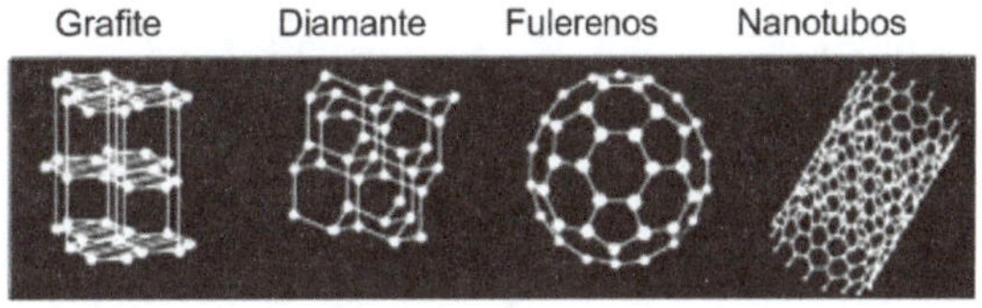

FATEC/2011

Dentre as estruturas apresentadas tem-se o grafite, um semimetal que conduz eletricidade e o diamante, um excelente isolante.

Os fulerenos são conhecidos como moléculas semelhantes à bola de futebol. Um fulereno é feito de 60 átomos de carbono unidos de tal maneira que criam uma esfera oca de 0,7 nm de diâmetro.
Outra estrutura de carbono é o nanotubo no qual os átomos de carbono estão ligados em forma de tubos, ocos como fulerenos, com diâmetros de uma a várias dezenas de nanômetros.

<www.cienciaviva.org.br>. Acesso em: 13.3.2010.

De acordo com o texto, calculando a área da superfície ocupada por um fulereno, tem-se que esta medida é, em metros quadrados, aproximadamente igual a:

(Adote: área da superfície esférica: $A = 4\pi r^2$ e $\pi = 3$.)

a) $4,2 \cdot 10^{-81}$.
b) $5,6 \cdot 10^{-36}$.
c) $3,5 \cdot 10^{-27}$.
d) $1,47 \cdot 10^{-18}$.
e) $2,18 \cdot 10^{-12}$.

5. (UFSM-RS) Oscar Niemayer é um arquiteto brasileiro, considerado um dos nomes mais influentes na arquitetura moderna internacional. Ele contribuiu, através de uma doação de um croqui, para a construção do planetário da UFSM, um marco arquitetônico importante da cidade de Santa Maria.

Reprodução/UFSM-RS

Fonte: Coperves.

Suponha que a cobertura da construção seja uma semiesfera de 28 m de diâmetro, vazada por 12 partes iguais, as quais são aproximadas por semicírculos de raio 3 m. Sabendo que uma lata de tinta é suficiente para pintar 39 m² de área, qual a quantidade mínima de latas de tinta necessária para pintar toda a cobertura do planetário? (Use $\pi = 3$.)

a) 20
b) 26
c) 40
d) 52
e) 60

6. (UFU-MG) Dispõe-se de um cilindro maciço circular reto, feito de alumínio, cujo raio da base mede 4 cm e a altura 10 cm. Esse cilindro será derretido e com o material fundido serão fabricadas esferas de aço de raio 2 cm. Supondo que nesse processo não ocorra perda de material, então o número de esferas a ser fabricadas, a partir do cilindro dado, é igual a:

a) 13.
b) 15.
c) 14.
d) 16.

7. (Uerj) Observe o dado ilustrado abaixo, formado a partir de um cubo, e com suas seis faces numeradas de 1 a 6.

UERJ/2009

Esses números são representados por buracos deixados por semiesferas idênticas retiradas de cada uma das faces. Todo o material retirado equivale a 4,2% do volume total do cubo. Considerando $\pi = 3$, a razão entre a medida da aresta do cubo e a do raio de uma das semiesferas, expressas na mesma unidade, é igual a:

a) 6.
b) 8.
c) 9.
d) 10.

8. (FGV-SP) Um observador colocado no centro de uma esfera de raio 5 m vê o arco AB sob um ângulo α de 72°, como mostra a figura.

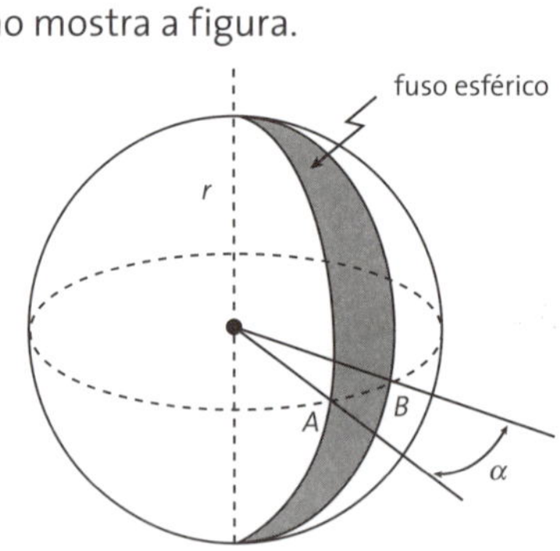

Isso significa que a área do fuso esférico determinado por α é:

a) 20π m².
b) 15π m².
c) 10π m².
d) 5π m².
e) π m².

9. (Unifor-CE) Uma esfera está inscrita em um cilindro circular reto. Se o volume da esfera é igual a 36π cm³, o volume do cilindro, em centímetros cúbicos, é igual a:

a) 48π.
b) 50π.
c) 54π.
d) 57π.
e) 60π.

10. (UFU-MG) Calcule a medida da diagonal de um cubo circunscrito a uma esfera de volume 36π cm^3.

11. (UPM-SP) Bolas de tênis, normalmente, são vendidas em embalagens cilíndricas contendo três unidades que tangenciam as paredes internas da embalagem.

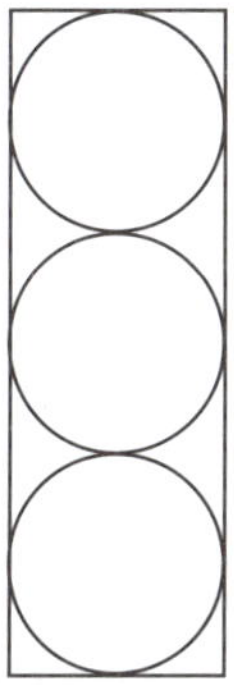

Numa dessas embalagens, se o volume não ocupado pelas bolas é 2π, o volume da embalagem é:

a) 6π.
b) 8π.
c) 10π.
d) 12π.
e) 4π.

12. (Uece) Como mostra a figura, o cilindro reto está inscrito na esfera de raio 4 cm.

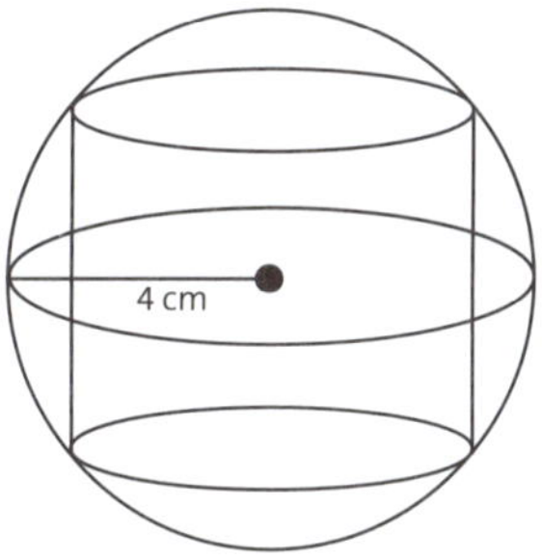

Sabe-se que o diâmetro da base e a altura do cilindro possuem a mesma medida. O volume do cilindro é:

a) $18\pi\sqrt{2}$ cm^3.
b) $24\pi\sqrt{2}$ cm^3.
c) $32\pi\sqrt{2}$ cm^3.
d) $36\pi\sqrt{2}$ cm^3.

13. (IFPE) Um designer criou pesos para papel usando cubos e esferas. Nas peças criadas a esfera está inscrita no cubo, que tem aresta medindo 6 cm. Para dar um efeito visual, ele colocou na parte interna do cubo, e externa à esfera, um líquido vermelho. Com 1 litro desse líquido o designer pode confeccionar no máximo quantas peças?

a) 9
b) 12
c) 18
d) 24
e) 27

14. (Cefet-PR) Num cilindro reto, estão inscritas duas esferas conforme mostra a figura. A soma das superfícies dessas esferas mede 200π m^2.

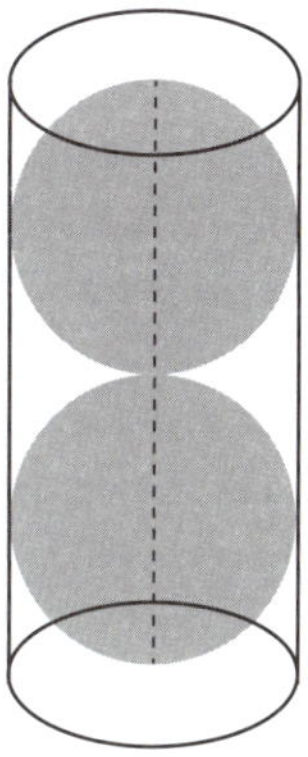

Esse cilindro é cortado por um plano paralelo ao eixo a 3 cm desse eixo, determinando uma secção retangular cuja área mede, em centímetros quadrados:

a) 40.
b) 120.
c) 160.
d) 100.
e) 60.

15. (PUC-SP) De um cristal de rocha, com o formato de uma esfera, foi lapidada uma joia na forma de um octaedro regular, como mostra a figura seguinte.

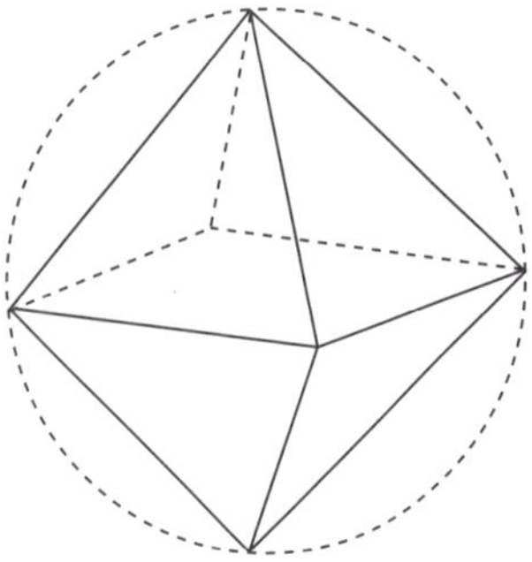

Se tal joia tem $9\sqrt{2}$ cm^3 de volume, quantos centímetros cúbicos de rocha foram retirados do cristal original para lapidá-la? (Use: $\pi = 3$.)

a) $36\sqrt{2}$
b) $32\sqrt{2}$
c) $24\sqrt{2}$
d) $18\sqrt{2}$
e) $12\sqrt{2}$

MÓDULO 40

1. (Uece) Se um poliedro convexo tem exatamente 20 faces e todas são triangulares, então o número de vértices deste poliedro é:

a) 16.
b) 14.
c) 12.
d) 10.

2. (UEPB) Um poliedro convexo tem 25 arestas e todas as suas faces pentagonais. Então o número de faces e de vértices do poliedro são respectivamente:
   a) 14 e 16.
   b) 12 e 14.
   c) 10 e 14.
   d) 10 e 12.
   e) 10 e 17.

3. (Uece) O número de arestas de uma pirâmide que tem 12 faces é:
   a) 14.
   b) 16.
   c) 18.
   d) 22.

4. (Ufam) Um poliedro convexo tem três faces triangulares, uma face quadrangular, uma face pentagonal e duas faces hexagonais. Então o número de vértices desse polígono é igual a:
   a) 7.
   b) 15.
   c) 10.
   d) 12.
   e) 9.

5. (UFC-CE) Um poliedro convexo só tem faces triangulares e quadrangulares. Se ele tem 20 arestas e 10 vértices, então, o número de faces triangulares é:
   a) 12.
   b) 11.
   c) 10.
   d) 9.
   e) 8.

6. (ESPM-SP) A superfície de um poliedro convexo é formada por 3 quadrados e 6 triângulos. O número de vértices desse poliedro é:
   a) 5.
   b) 6.
   c) 7.
   d) 8.
   e) 9.

7. (Uerj) Considere o icosaedro abaixo, construído em plástico inflável, cujos vértices e pontos médios de todas as arestas estão marcados.

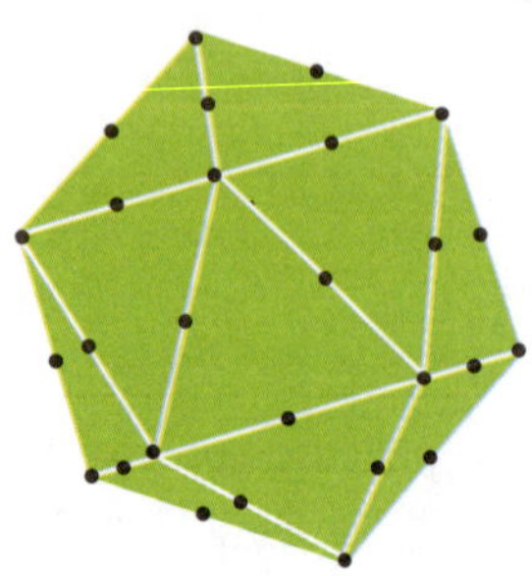

A partir dos pontos médios, quatro triângulos equiláteros congruentes foram formados em cada face do icosaedro.

Admita que o icosaedro é inflado até que todos os pontos marcados fiquem sobre a superfície de uma esfera, e os lados dos triângulos tornem-se arcos de circunferências, como ilustrado a seguir:

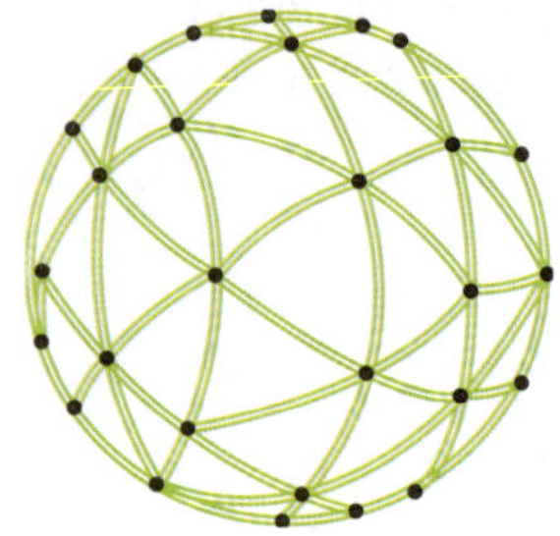

Observe agora que, substituindo-se esses arcos por segmentos de reta, obtém-se uma nova estrutura poliédrica de faces triangulares, denominada geodésica.

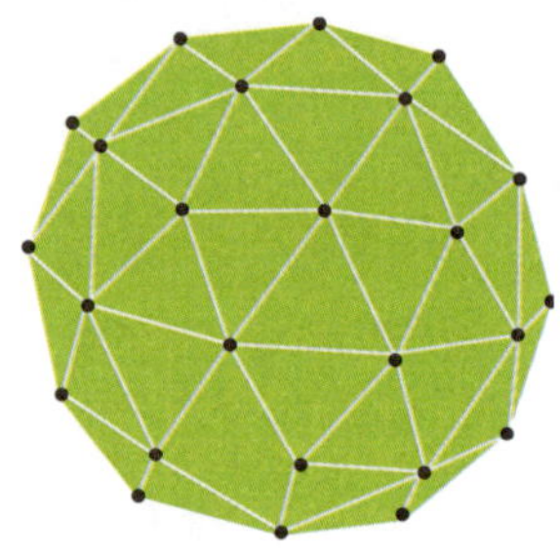

O número de arestas dessa estrutura é igual a:
   a) 90.
   b) 120.
   c) 150.
   d) 180.

8. (Fuvest-SP) O número de faces triangulares de uma pirâmide é 11. Pode-se, então, afirmar que esta pirâmide possui:
   a) 33 vértices e 22 arestas.
   b) 12 vértices e 11 arestas.
   c) 22 vértices e 11 arestas.
   d) 11 vértices e 22 arestas.
   e) 12 vértices e 22 arestas.

9. (UEM–PR) O fulereno é uma molécula de carbono descoberta em 1985, e sua utilização tem sido proposta em muitas áreas, como medicina, bioquímica e física, devido à sua grande estabilidade. O modelo tridimensional da molécula do fulereno C_{60} é um poliedro convexo de faces regulares, que possui 12 faces pentagonais, 20 faces hexagonais e três arestas se encontrando em cada vértice, formando ângulos triédricos. Em cada vértice está situado um átomo de carbono. Baseando-se nessas informações, assinale o que for correto.
   01) O poliedro que representa a molécula possui 120 arestas.
   02) Se A é o número de arestas do poliedro e V o número de vértices do poliedro que representa a molécula, então $3A = 2V$.

04) A soma dos ângulos internos de todas as faces é 58π rad.

08) O fulereno C_{60} apresenta carbonos com hibridização sp^2.

16) O poliedro que representa a molécula possui 60 vértices.

10. (UFRGS-RS) As figuras a seguir representam um octaedro regular e uma de suas planificações.

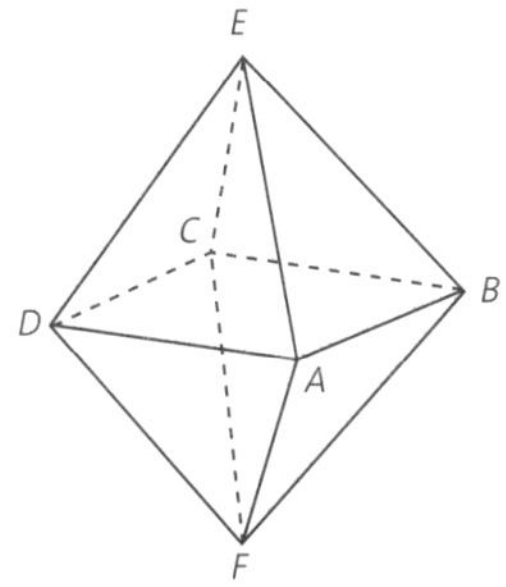

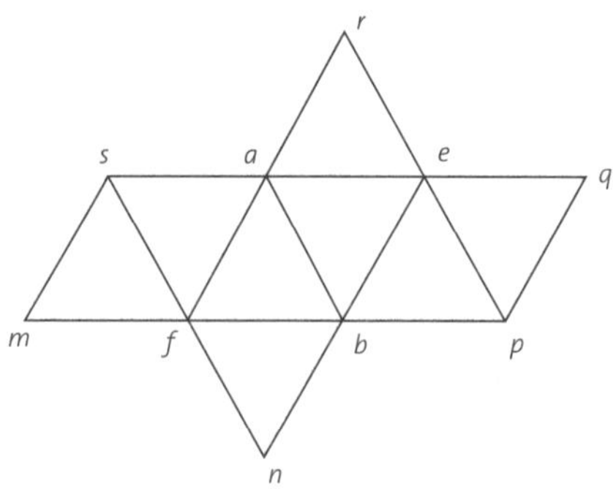

Aos vértices *A*, *B*, *E*, *F* do octaedro correspondem, respectivamente, os pontos *a*, *b*, *e*, *f* da planificação. Ao vértice *D* do octaedro correspondem, na planificação, os pontos:

a) *m*, *n*, *p*.

b) *n*, *p*, *q*.

c) *p*, *q*, *r*.

d) *q*, *r*, *s*.

e) *r*, *s*, *m*.

11. (PUC-PR) Um poliedro convexo é formado por faces quadrangulares e 4 faces triangulares. A soma dos ângulos de todas as faces é igual a 12 retos. Qual o número de arestas desse poliedro?

a) 8

b) 6

c) 4

d) 2

e) 1

12. (UFTM-MG) Um poliedro convexo, com 32 arestas e 14 vértices, possui apenas faces triangulares e quadrangulares.

Sendo *q* o número de faces quadrangulares e *t*, o número de faces triangulares, então os valores de *q* e *t* são, respectivamente:

a) $q = 6$ e $t = 14$.

b) $q = 16$ e $t = 4$.

c) $q = 4$ e $t = 14$.

d) $q = 14$ e $t = 4$.

e) $q = 4$ e $t = 16$.

13. (UFC-CE) Um poliedro convexo de nove vértices possui quatro ângulos triédricos e cinco ângulos tetraédricos. Então o número de faces deste poliedro é:

a) 12.

b) 11.

c) 10.

d) 9.

e) 8.

14. (Ibmec-SP) De cada vértice de um prisma hexagonal regular foi retirado um tetraedro, como exemplificado para um dos vértices do prisma desenhado a seguir.

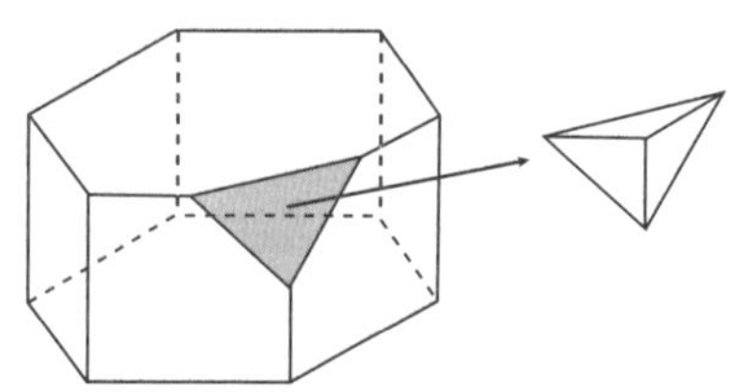

O plano que definiu cada corte feito para retirar os tetraedros passa pelos pontos médios das três arestas que concorrem num mesmo vértice do prisma. O número de faces do poliedro obtido depois de terem sido retirados todos os tetraedros é:

a) 24.

b) 20.

c) 18.

d) 16.

e) 12.

15. (Unifesp-SP) Considere o poliedro cujos vértices são os pontos médios das arestas de um cubo.

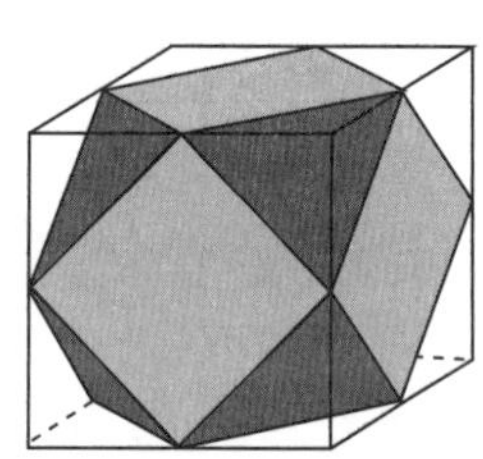

O número de faces triangulares e o número de faces quadradas desse poliedro são, respectivamente:

a) 8 e 8.

b) 8 e 6.

c) 6 e 8.

d) 8 e 4.

e) 6 e 6.

Respostas

Exercícios propostos

FRENTE A

MÓDULO 23
1. $n = 13$ 3. b 5. c
2. b 4. a

MÓDULO 24
1. b 2. b 3. b 4. e
5. III, IV e V

MÓDULO 25
1. b 2. d 3. 03
4. I, II, III e V
5. $B = \begin{bmatrix} 1 & -1 \\ -1 & 2 \end{bmatrix}$, e a palavra original é **sigilo**.

MÓDULO 26
1. b 2. e 3. a 4. a
5. a) $x = \frac{-1}{2}$;
b) $M^{-1} = \begin{bmatrix} 2 & -6 \\ 2 & -8 \end{bmatrix}$

MÓDULO 27
1. c 3. c 5. d
2. a 4. d

MÓDULO 28
1. b 3. d 5. c
2. d 4. e

FRENTE B

MÓDULO 29
1. e 3. d 5. a
2. c 4. c

MÓDULO 30
1. e 2. c 3. d 4. e
5. 10 u. c.

MÓDULO 31
1. (−1, 3) e (3, 11)
2. d 3. d 4. c 5. e

MÓDULO 32
1. b 3. 03 5. a
2. b 4. d

MÓDULO 33
1. e 3. b 5. e
2. d 4. c

MÓDULO 34
1. e 3. d 5. d
2. b 4. d

MÓDULO 35
1. c 3. c
2. e 4. e 5. d

MÓDULO 36
1. d 4. c
2. a 5. e
3. $h = \frac{35\sqrt{2}}{2}$ m

MÓDULO 37
1. d 2. a 3. a
4. $R = 3$ cm e $r = 2$ cm 5. e

MÓDULO 38
1. b 3. a 5. c
2. b 4. c

MÓDULO 39
1. 16 mL 3. a 5. d
2. d 4. e

MÓDULO 40
1. e 3. a 5. e
2. b 4. a

Exercícios-tarefa

FRENTE A

MÓDULO 23
1. d 4. d 7. c
2. c 5. e
3. c 6. b 8. a
9. 760 letras.
10. b 11. a 12. e 13. a
14. 01, 02 e 04 15. b

MÓDULO 24
1. a 5. b 9. b
2. d 6. d 10. b
3. c 7. a 11. e
4. c 8. b 12. d
13. 60 segundos. 14. c
15. 6ª posição

MÓDULO 25
1. e 4. 3 7. a
2. c 5. c
3. b 6. c
8. EUA = 519; Cuba = 288; Brasil = 309.
9. c 11. a 13. c
10. d 12. c 14. b
15. RECIFE

MÓDULO 26
1. c 6. d 11. 01
2. a 7. c 12. d
3. e 8. c 13. b
4. e 9. d 14. b
5. b 10. e 15. d

MÓDULO 27
1. a) $\begin{cases} x + y + z = 0{,}5 \\ x - 3y + z = 0 \\ 5x + 20y + 16z\ 5{,}75 \end{cases}$
b) Amendoim: 250 g;
castanha-de-caju: 125 g;
castanha-do-pará: 125 g.
2. a 7. a 12. a
3. b 8. d 13. c
4. c 9. d 14. d
5. d 10. c 15. d
6. d 11. b

MÓDULO 28
1. b 6. b 11. a
2. c 7. d 12. a
3. c 8. d 13. c
4. d 9. b 14. a
5. a 10. d 15. b

FRENTE B

MÓDULO 29
1. c 6. b 11. a
2. b 7. b 12. c
3. a 8. a 13. c
4. a 9. a 14. b
5. d 10. a
15. $y = \frac{4x}{3} - \frac{4}{3}$

MÓDULO 30
1. a 5. e 9. c
2. d 6. a 10. c
3. b 7. d 11. d
4. d 8. a
12. $22\,500\pi$ km².
13. a 14. a 15. e

MÓDULO 31
1. a 6. c 11. a
2. c 7. c 12. b
3. a 8. d 13. b
4. b 9. e 14. d
5. e 10. c 15. 10

MÓDULO 32
1. a 5. b 9. a
2. c 6. d 10. b
3. e 7. d 11. c
4. c 8. d 12. a
13. c
14. $t = -\sqrt{3} - i$
15. d

MÓDULO 33
1. c 5. c 9. d
2. b 6. c 10. a
3. a 7. e 11. c
4. c 8. a 12. d
13. 02, 04 e 16
14. c 15. a

MÓDULO 34
1. a 2. c 3. a 4. e
5. I, II e IV
6. c 10. d 14. c
7. b 11. b 15. a
8. b 12. 02
9. a 13. b

FRENTE C

MÓDULO 35
1. e 6. c 11. e
2. b 7. b 12. b
3. b 8. e 13. b
4. c 9. a 14. d
5. b 10. b 15. b

MÓDULO 36
1. d 6. d 11. d
2. d 7. a 12. d
3. b 8. b 13. 83 cm³
4. b 9. c 14. c
5. b 10. a 15. d

MÓDULO 37
1. a 6. a 11. b
2. a 7. b 12. d
3. a 8. a 13. a
4. c 9. a 14. b
5. a 10. c
15. 450 caixinhas

MÓDULO 38
1. d 6. a 11. e
2. d 7. d 12. 2 dias
3. b 8. b 13. d
4. d 9. c 14. b
5. a 10. d 15. e

MÓDULO 39
1. d 4. d 7. d
2. d 5. b 8. a
3. c 6. b 9. c
10. $6\sqrt{3}$ cm
11. a 13. a 15. d
12. c 14. c

MÓDULO 40
1. c 6. d 11. a
2. e 7. b 12. e
3. d 8. e 13. d
4. c 9. 24 14. b
5. e 10. d 15. b

PROJETO MÚLTIPLO

Matemática

Ensino Médio

Luiz Roberto Dante

Livre-docente em Educação Matemática pela Unesp – Rio Claro, SP

Doutor em Psicologia da Educação: Ensino da Matemática, pela PUC – São Paulo

Mestre em Matemática pela USP

Pesquisador em ensino e aprendizagem da Matemática pela Unesp – Rio Claro, SP

Ex-professor da rede estadual do Ensino Fundamental e Médio – São Paulo

Autor de vários livros, entre os quais: *Formulação e resolução de problemas de Matemática – Teoria e prática; Didática da Matemática na pré-escola; Projeto* Ápis *– Matemática (1º ao 5º ano); Projeto Teláris Matemática* (6º ao 9º ano); *Projeto Voaz Matemática* (Ensino Médio – volume único); *Matemática – Contextos & Aplicações* (Ensino Médio – volume único)

editora ática

editora ática

Diretoria editorial: Lidiane Vivaldini Olo
Editoria de Ciências Exatas: Cármen Matricardi
Editoras: Monique Matos de Oliveira,
Cibeli de Oliveira Chibante Bueno, Letícia Mancini Martins (estag.)
Colaboradora editorial: Pamela Hellebrekers Seravalli
Supervisor de arte e produção: Sérgio Yutaka
Supervisor de arte e criação: Didier Moraes
Coordenadora de arte e criação: Andréa Dellamagna
Editor de arte: André Gomes Vitale
Diagramação: Bertolucci Estúdio Gráfico
Design gráfico: UC Produção Editorial, Andréa Dellamagna (miolo e capa)
Gerente de revisão: Hélia de Jesus Gonsaga
Equipe de revisão: Rosângela Muricy (coord.), Ana Paula Chabaribery Malfa, Claudia Virgilio, Luís Maurício Boa Nova; Flávia Venézio dos Santos e Gabriela Macedo de Andrade (estags.)
Supervisor de iconografia: Sílvio Kligin
Pesquisadora iconográfica: Cláudia Bertolazzi
Tratamento de imagem: Cesar Wolf e Fernanda Crevin
Foto da capa: Gareth Byrne/Alamy/Glow Images
Grafismos: Shutterstock/Glow Images
(utilizados na capa e aberturas de capítulos e seções)
Ilustrações: Dam d'Souza, Formato Comunicação

Direitos desta edição cedidos à Editora Ática S.A.
Av. das Nações Unidas, 7221, 3º andar, setor C
Pinheiros – São Paulo – SP
CEP 05425-902
Tel.: 4003-3061
www.atica.com.br/editora@atica.com.br

Dados Internacionais de Catalogação na Publicação (CIP)
(Câmara Brasileira do Livro, SP, Brasil)

Dante, Luiz Roberto
Projeto Múltiplo: Matemática : ensino médio / Luiz Roberto Dante. -- São Paulo : Ática, 2014.

Obra em 3 v.

1. Projeto Múltiplo: Matemática (Ensino médio)
I. Título.

14-02256 CDD-510.7

Índice para catálogo sistemático:
1. Matemática : Ensino médio 510.7

2018
ISBN 978 85 08 16751-7 (AL)
ISBN 978 85 08 16752-4 (PR)
Código da obra CL 737771
CAE 501241 (AL)
CAE 501242 (PR)
1ª edição
6ª impressão

Impressão e acabamento: Bercrom Gráfica e Editora

Uma publicação Abril EDUCAÇÃO

Apresentação

Vivemos em um mundo de constantes transformações e inovações, por isso estamos sempre buscando informações para nos manter atualizados.

Pensando nessa constante adaptação, criamos um projeto inovador, que vai viabilizar a criação de condições para que você, aluno, possa compreender as ideias básicas da Matemática desse nível de ensino e ser capaz de atribuir significado ao seu aprendizado e torná-lo aplicável na resolução de problemas do mundo real, além de auxiliá-lo em sua preparação para os processos seletivos de ingresso nos cursos de Educação Superior.

A partir dos princípios gerais da educação – aprender a conhecer, a fazer, a conviver e a ser –, você será levado à experimentação matemática e à percepção da complexidade de acontecimentos significativos do seu cotidiano.

Todos os conceitos básicos próprios do Ensino Médio foram explorados de maneira intuitiva e compreensível nesta obra. As receitas prontas e o formalismo excessivo foram evitados, porém mantivemos o rigor coerente com o nível para o qual ela é proposta.

Espero que você aproveite este momento para ampliar seus conhecimentos e que este projeto contribua para sua formação e seu desenvolvimento social.

Luiz Roberto Dante

Aleks Melnik/Shutterstock/Glow Images

Neste livro você vai encontrar

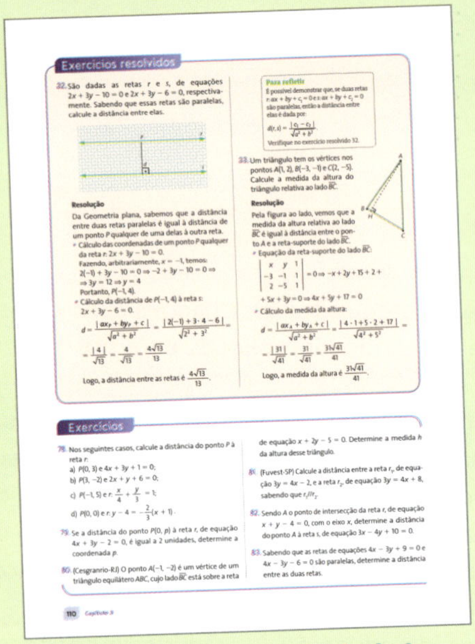

Exercícios resolvidos

Exemplos que ajudam a resolver os exercícios propostos.

Exercícios

Um grande número de exercícios para você treinar e consolidar seus conhecimentos.

Capítulo

A teoria é apresentada com textos dinâmicos e imagens de impacto.

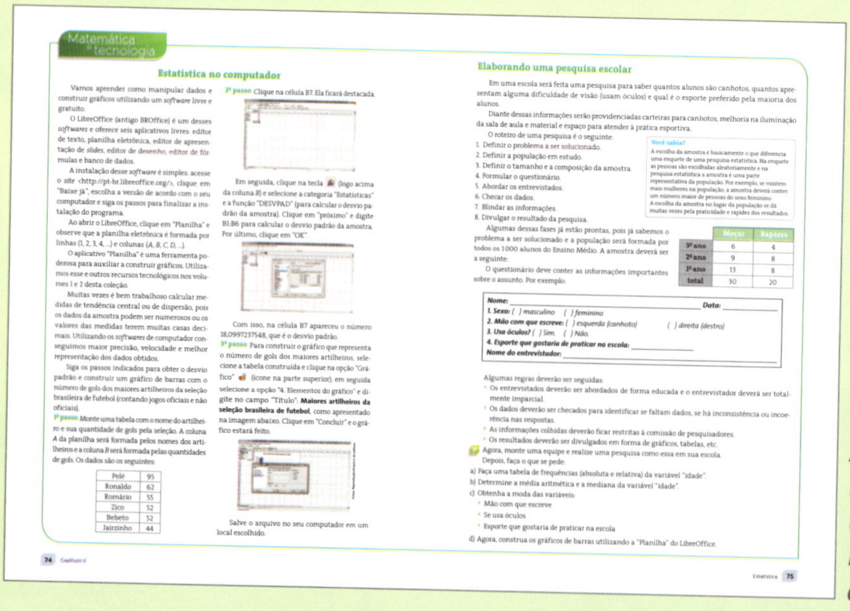

Este ícone indica os Objetos Educacionais Digitais relacionados aos conteúdos do livro. Disponíveis em: <www.projetomultiplo.com.br>.

Matemática e tecnologia

Atividades em que o recurso do computador é utilizado para auxiliar na manipulação e visualização de gráficos e tabelas.

Outros contextos

Textos que evidenciam a relação da Matemática com diversas áreas do conhecimento.

Vestibulares de Norte a Sul

Exercícios de vestibulares de todas as regiões do Brasil com diferentes abordagens dos assuntos.

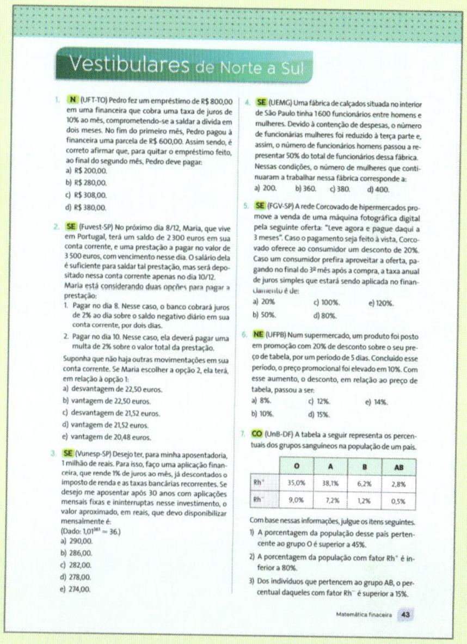

Leitura(s)

Textos que visam ampliar e enriquecer o conteúdo estudado no capítulo.

Enem

Preparamos duas seções especiais que vão aprimorar suas habilidades e competências: ***Pensando no Enem*** *e* ***Caiu no Enem****. Com elas você vai ficar mais do que pronto para encarar esse e outros desafios!*

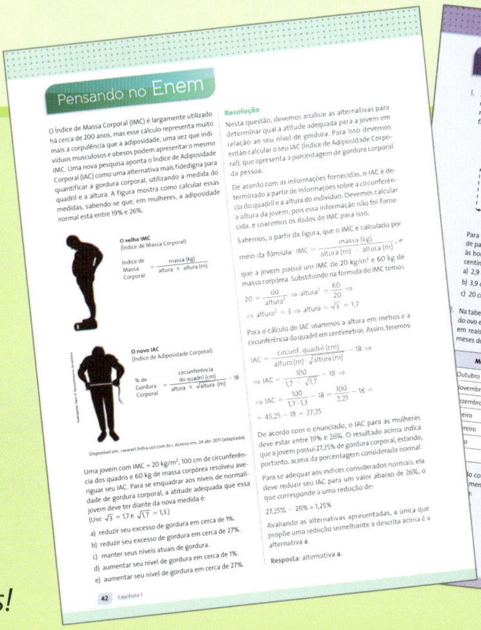

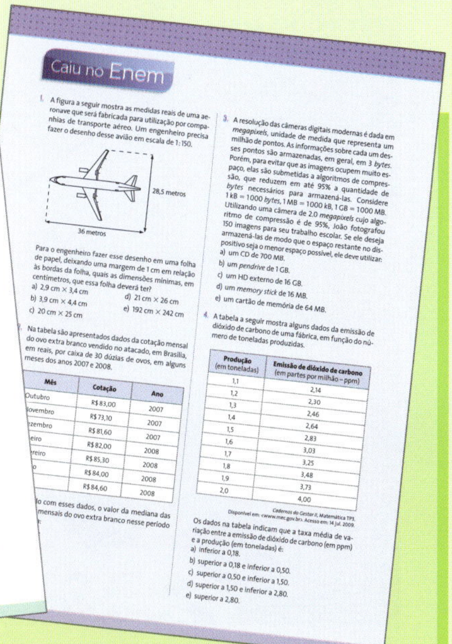

Sumário geral

Parte 1

Ismar Ingber/Pulsar Imagens/Casa da Moeda do Brasil/Ministério da Fazenda

CAPÍTULO 3

Geometria analítica: ponto e reta

CAPÍTULO 4

Geometria analítica: a circunferência

Parte 2

CAPÍTULO 5

Geometria analítica: secções cônicas

CAPÍTULO 6

Números Complexos

CAPÍTULO 7

Polinômios e equações algébricas

CAPÍTULO 8

Princípio de Indução Finita e noções intuitivas sobre derivada

Nick Pavlakis/Shutterstock/Glow Images

Parte 1

Alamy/Other Images

CAPÍTULO

1 Matemática financeira

Edu Lyra/Pulsar Imagens/Casa da Moeda do Brasil/Ministério da Fazenda

A Matemática financeira é utilizada em muitas situações do nosso cotidiano.

1 Situação inicial

Aumento percentual

Entre as inúmeras aplicações da Matemática está a de auxiliar na resolução de problemas de ordem financeira, como cálculo do valor de prestações, pagamento de impostos, rendimento de poupança e outros.

Por exemplo, uma pessoa vai fazer uma compra no valor de R$ 4 000,00, usando o dinheiro que está aplicado em um fundo de investimento que rende 1% ao mês. Ela quer saber, do ponto de vista financeiro, qual destes planos de pagamento é mais vantajoso:

- pagar à vista;

ou

- pagar em duas prestações iguais de R$ 2 005,00, uma delas como entrada e a segunda depois de 1 mês.

Fique atento!
Para calcular 1% de uma quantia, basta dividir essa quantia por 100:

$1\% \text{ de } 5\,000 = \dfrac{5\,000}{100} = 50$

Dam d'Souza/Arquivo da editora

Reúna-se com um colega e tentem resolver esse problema com os conhecimentos que vocês já têm. Considere que vocês têm R$ 4 000,00 e que podem tanto optar por gastar quanto aplicar no fundo de investimento, tirando o dinheiro necessário para o pagamento das prestações.

Esse problema e outros, que envolvem assuntos de Matemática financeira, serão estudados e resolvidos neste capítulo.

2 Revisão de razão e proporção

Vamos, agora, rever as noções de razão e proporção que você já estudou no Ensino Fundamental.

Razão

Em um jogo de futebol, constatou-se que a **razão** entre o número de homens e o número de mulheres presentes no estádio é de 13 para 4.

Observe que foi feita uma comparação entre o "número de homens" e o "número de mulheres", mas não foi informado quais são esses números.

Essa razão 13 para 4 pode ser expressa, por exemplo, por 13 : 4 ou $\dfrac{13}{4}$.

A **razão** entre dois números reais a e b, com $b \neq 0$, é o quociente $a : b$, também representado por $\dfrac{a}{b}$ ou qualquer outra forma equivalente.

É fundamental observar a ordem dos números no cálculo de uma razão.

Na razão entre a e b $\left(\dfrac{a}{b}\right)$ o a é chamado de **antecedente** e o b é chamado de **consequente**.

Razões especiais

Existem algumas razões entre grandezas de mesmo tipo ou grandezas de tipos diferentes que recebem nomes específicos, como estas a seguir.

> **Você sabia?**
> **Grandeza** é tudo o que pode ser medido ou contado. São grandezas, por exemplo, comprimento, tempo, temperatura, massa, preço e idade.

Porcentagem

Porcentagem é uma razão que tem o consequente (2º termo) igual a 100.

Exemplo:

$$40\% = \frac{40}{100} = \frac{4}{10} = \frac{2}{5}$$

razão entre 40 e 100

Portanto, 40% de uma quantidade significa $\frac{2}{5}$ dessa mesma quantidade.

Escala

Escala é a razão entre a medida de comprimento no desenho e a medida de comprimento real correspondente.

Essa razão está presente em mapas, maquetes e outras representações do espaço feitas com redução do tamanho. A escala informa o valor dessa redução.

Exemplo:

Se a planta baixa de uma casa tiver escala de 1 : 80, temos $\frac{1}{80} = \frac{\text{comprimento no desenho}}{\text{comprimento real}}$

Densidade demográfica

Densidade demográfica de uma região é a razão entre o número de habitantes e sua área.

Exemplos:

- O estado de São Paulo tem área de 248 209 km^2 e população estimada de 41 901 219 habitantes. Portanto, sua densidade demográfica é $\frac{\text{número de habitantes}}{\text{área}} = \frac{41\,901\,219}{248\,209} \simeq 168{,}81$ hab./km^2
- O estado do Pará possui área de 1 247 700 km^2 e população estimada de 7 792 561 habitantes. Portanto, sua densidade demográfica é $\frac{\text{número de habitantes}}{\text{área}} = \frac{7\,792\,561}{1\,247\,700} \simeq 6{,}25$ hab./km^2

Com esses dados de 2012, fornecidos pelo IBGE, conclui-se que o estado de São Paulo é bem mais populoso que o do Pará, ou seja, cada quilômetro quadrado do estado de São Paulo é mais intensamente povoado.

A baixa densidade demográfica do Pará é importante para a conservação ambiental, pois nesse estado se encontra o maior corredor de florestas protegidas do mundo.

Razões equivalentes

Dizemos que duas razões são **equivalentes** se, ao serem escritas na forma **irredutível**, elas resultam em um mesmo número.

Exercícios resolvidos

1. A razão $\frac{12}{15}$ é equivalente a:

a) $\frac{6}{3}$. c) $\frac{12}{20}$. e) $\frac{5}{4}$.

b) $\frac{10}{8}$. d) $\frac{8}{10}$.

Resolução

Simplificamos a fração $\frac{12}{15}$ dividindo o numerador e o denominador por 3, obtendo $\frac{4}{5}$ (forma irredutível).

Do mesmo modo, obtemos a forma irredutível da fração indicada em cada alternativa e fazemos a comparação com $\frac{4}{5}$.

a) $\frac{6}{3} = \frac{2}{1} \neq \frac{4}{5}$

b) $\frac{10}{8} = \frac{5}{4} \neq \frac{4}{5}$

c) $\frac{12}{10} = \frac{3}{5} \neq \frac{4}{5}$

d) $\frac{8}{10} = \frac{4}{5}$

e) $\frac{5}{4} \neq \frac{4}{5}$

Logo, a única equivalente a $\frac{12}{15}$ está na alternativa **d**.

2. Em um teste com 30 questões, Sílvia errou 12 delas. Determine a razão entre o número de questões certas e o número total de questões desse teste.

Resolução

Sílvia acertou 30 − 12 = 18 questões. Assim, a razão entre o número de questões certas e o total de questões é $\frac{18}{30} = \frac{3}{5}$.

3. Em uma sala de aula há 50 alunos, dos quais 15 são moças. Escreva as razões:

a) entre o número de rapazes e o de moças;

b) entre o número de moças e o de rapazes.

Resolução

Se em um conjunto de 50 alunos 15 são moças, então há 35 rapazes. Assim:

a) a razão entre o número de rapazes e o de moças é $\frac{35}{15} = \frac{7}{3}$.

b) a razão entre o número de moças e o de rapazes é $\frac{15}{35} = \frac{3}{7}$.

Fique atento!
Observe que as razões das letras **a** e **b** são **inversas**.

Exercícios

1. Uma loja de CDs vendeu 126 CDs de músicas em determinado mês. Se 14 desses CDs vendidos eram de cantores internacionais, qual a razão entre o número de CDs nacionais vendidos e o total de CDs vendidos?

2. Um vendedor sempre gasta mensalmente $\frac{2}{9}$ de seu salário fixo com combustível. Se em um mês ele gastou R$ 230,00 com combustível, qual o valor do salário fixo desse vendedor?

3. A planta de um terreno foi feita na escala 1 : 200. Se, na planta, o terreno tem área de 10 cm^2, sua área real, em metros quadrados, é de:

a) 20. c) 100. e) 400.

b) 40. d) 200.

4. Em uma sala de aula, a razão entre o número de alunos e o de alunas é $\frac{3}{5}$. Seja *n* o número total de estudantes dessa sala. Um possível valor para *n* é:

a) 46. c) 48. e) 50.

b) 47. d) 49.

5. Informações relativas à densidade demográfica de alguns estados brasileiros estimadas em 2013 são apresentadas na tabela abaixo.

Estado	População estimada em 2013	Área (em km^2)	Densidade demográfica (hab./km^2)
Minas Gerais	20 593 366,00	586 522,12	
Alagoas	3 300 938,00	27 778,51	
Rio Grande do Sul	11 164 050,00		39,63
Amapá		142 828,52	5,15
Roraima		224 300,51	2,18
Amazonas	3 807 923,00		2,44
Mato Grosso	3 182 114,00	903 366,19	

Fonte: <www.ibge.gov.br/estadosat/>. Acesso em: 2 set. 2013.

Complete a tabela usando a calculadora. Em seguida, responda:

a) qual desses estados tem maior população?

b) qual tem maior área?

c) qual tem maior densidade demográfica?

Proporção

Em uma maratona, Marina já completou $\frac{15}{20}$ do trajeto, e André completou $\frac{12}{16}$. Observe que essas duas razões são equivalentes. Em casos como esse, as duas razões formam uma **proporção**.

Indicamos essa proporção assim: $\frac{15}{20} = \frac{12}{16}$, e lemos: "15 está para 20 assim como 12 está para 16".

De modo geral, podemos escrever:

> Razões iguais formam uma proporção. Assim, se a razão entre os números a e b é igual à razão entre os números c e d, dizemos que $\frac{a}{b} = \frac{c}{d}$ é uma proporção.

Os termos a e d são denominados **extremos** da proporção, e os termos b e c são os **meios** da proporção.

Propriedade fundamental das proporções

Em toda proporção, o produto dos extremos é igual ao produto dos meios.

A representação simbólica é $\frac{a}{b} = \frac{c}{d} \Rightarrow a \cdot d = b \cdot c$.

Outras propriedades das proporções

1ª) A partir de uma proporção, podemos obter outras trocando a posição de alguns termos. Para isso, basta preservar a propriedade fundamental.

Veja, por exemplo, a proporção $\frac{4}{6} = \frac{10}{15}$, na qual $4 \cdot 15 = 6 \cdot 10$, e algumas transformações a partir dela.

- Trocar os extremos: $\frac{15}{6} = \frac{10}{4}$ $(6 \cdot 10 = 4 \cdot 15)$
- Inverter as duas razões: $\frac{6}{4} = \frac{15}{10}$ $(6 \cdot 10 = 4 \cdot 15)$

2ª) Analise com atenção mais uma importante propriedade das proporções.

> Se $\frac{a}{b} = \frac{c}{d}$, então $\frac{a+b}{b+d} = \frac{a}{b}$ e $\frac{a+c}{b+d} = \frac{c}{d}$ ou $\frac{a-c}{b-d} = \frac{a}{b}$ e $\frac{a-c}{b-d} = \frac{c}{d}$.

Grandezas proporcionais

Duas grandezas são **proporcionais** quando, ao multiplicarmos uma delas por um número, a outra fica **multiplicada** ou **dividida** pelo mesmo número.

Grandezas diretamente proporcionais

Um artesão borda seis camisetas em duas horas. Para produzir o **dobro** desse número de camisetas, ele deverá trabalhar o **dobro** do tempo; para produzir a **metade** desse número de camisetas, deverá trabalhar a **metade** do tempo.

Veja a representação dessa situação de duas maneiras:

- $\frac{6}{2} = \frac{12}{4}$ (× 2 no numerador; × 2 no denominador)
- $\frac{6}{2} = \frac{3}{1}$ (÷ 2 no numerador; ÷ 2 no denominador)

Número de camisetas	Tempo (h)
3	1
6	2
12	4

(÷ 2 de 6 para 3 e de 2 para 1; × 2 de 6 para 12 e de 2 para 4)

As grandezas "número de camisetas" e "horas de trabalho" são **diretamente proporcionais**, pois, se uma das grandezas for **multiplicada** ou **dividida** por um número, a outra grandeza também ficará **multiplicada** ou **dividida** pelo mesmo número.

Grandezas inversamente proporcionais

Quatro operários gastam 10 dias para construir um muro. Se **dobrarmos** o número de operários, o tempo necessário para a construção de um muro idêntico será reduzido à **metade**; se **dividirmos** por **dois** o número de operários, o tempo de construção do muro **dobrará**. Desse modo, temos:

Número de operários	Tempo (dias)
2	20
4	10
8	5

(Número de operários: $\div 2$ de 4 para 2; $\times 2$ de 4 para 8. Tempo: $\times 2$ de 10 para 20; $\div 2$ de 10 para 5.)

- $\dfrac{4}{8} = \dfrac{5}{10}$
- $\dfrac{4}{2} = \dfrac{20}{10}$

As grandezas "número de operários" e "dias trabalhados" são **inversamente proporcionais**, pois, ao **multiplicarmos** uma das grandezas por um número, a outra grandeza fica **dividida** por esse número.

Observação: Quando se investiga a proporcionalidade entre duas grandezas, todas as demais grandezas que poderiam influenciar são consideradas constantes. Observe que no exemplo anterior, da construção do muro, a quantidade de horas trabalhadas por dia, as condições de saúde e a produtividade de cada trabalhador, as condições do tempo, como a chuva, e outros fatores que poderiam influenciar na produção dos operários foram desconsiderados.

Coeficiente de proporcionalidade

O que o número 3 representa em relação ao 6? Representa a metade de 6. Isso vale para o 10, que representa a metade de 20, e o 8, que representa a metade de 16.

Dizemos então que os números 3, 10 e 8 são **diretamente proporcionais** aos números 6, 20 e 16, nessa ordem. Veja:

$$\frac{3}{6} = \frac{10}{20} = \frac{8}{16}$$
$$\downarrow \quad \downarrow \quad \downarrow$$
$$\frac{1}{2} = \frac{1}{2} = \frac{1}{2}$$

Fique atento!

$$\frac{3 + 10 + 8}{6 + 20 + 16} = \frac{21}{42} = \frac{1}{2}$$

Nesse caso, $\frac{1}{2}$ é considerado o **coeficiente de proporcionalidade**.

Podemos então dizer que os números reais não nulos $a, b, c, d, ..., n$ são **diretamente proporcionais** aos números $a', b', c', d', ..., n'$, nessa ordem, se e somente se:

$$\frac{a}{a'} = \frac{b}{b'} = \frac{c}{c'} = \frac{d}{d'} = ... = \frac{n}{n'}$$

Além disso, lembre-se de que:

- a fração irredutível equivalente a $\frac{n}{n'} = k$ é chamada de coeficiente de proporcionalidade ou constante de proporcionalidade;
- a fração $\dfrac{a + b + c + ... + n}{a' + b' + c' + ... + n'} = k$.

Dizemos que os números reais não nulos $a, b, c, ..., n$ são **inversamente proporcionais** aos números reais $a', b', c', ..., n'$, nessa ordem, quando são **diretamente proporcionais** aos números $\frac{1}{a'}, \frac{1}{b'}, \frac{1}{c'}, ..., \frac{1}{n'}$.

Ou seja: $\dfrac{a}{\frac{1}{a'}} = \dfrac{b}{\frac{1}{b'}} = \dfrac{c}{\frac{1}{c'}} = ... = \dfrac{n}{\frac{1}{n'}}$ ou $a \cdot a' = b \cdot b' = c \cdot c' = ... = n \cdot n'$.

Exercícios resolvidos

4. Verifique se os números 15, 20 e 35 são proporcionais (diretamente proporcionais) aos números 12, 16 e 21, nessa ordem.

Resolução

$$\frac{15}{12} = \frac{20}{16} \neq \frac{35}{21}$$

$$\downarrow \quad \downarrow \quad \downarrow$$

$$\frac{5}{4} \quad \frac{5}{4} \quad \frac{5}{3}$$

Logo, 15, 20 e 35 não são proporcionais a 12, 16 e 21.

5. Os números 35, 14 e x são proporcionais aos números y, 16 e 24, nessa ordem. Determine x e y.

Resolução

$$\frac{35}{y} = \frac{14}{16} = \frac{x}{24}$$

$$\frac{14}{16} \rightarrow \frac{7}{8}$$

$$\frac{35}{y} = \frac{7}{8} \Rightarrow 7y = 280 \Rightarrow y = 40$$

$$\frac{x}{24} = \frac{7}{8} \Rightarrow 8x = 168 \Rightarrow x = 21$$

Portanto, $x = 21$ e $y = 40$.

6. Calcule o valor de x e y, sabendo que os números 9, x e 2 são inversamente proporcionais aos números 4, 6 e y, nessa ordem.

Resolução

$$\frac{9}{\frac{1}{4}} = \frac{x}{\frac{1}{6}} = \frac{2}{\frac{1}{y}} \Rightarrow 36 = 6x = 2y$$

$$6x = 36 \Rightarrow x = 6$$

$$2y = 36 \Rightarrow y = 18$$

Logo, $x = 6$ e $y = 18$.

Divisão de uma quantia em partes proporcionais

Analise a situação a seguir.

Três sócios tiveram a seguinte participação em um negócio: o primeiro investiu R$ 5 000,00; o segundo, R$ 4 000,00; e o terceiro, R$ 2 000,00.

No final de um certo período foi apurado um lucro de R$ 3 300,00. Como deve ser repartido esse lucro?

Em casos assim, o lucro deve ser repartido de forma proporcional à quantia que cada um investiu.

Então:

$$\frac{x}{5000} = \frac{y}{4000} = \frac{z}{2000} = \frac{x + y + z}{5000 + 4000 + 2000} = \frac{3300}{11000} = \frac{3}{10}$$

$$\frac{x}{5000} = \frac{3}{10} \Rightarrow 10x = 15000 \Rightarrow x = 1500$$

$$\frac{y}{4000} = \frac{3}{10} \Rightarrow 10y = 12000 \Rightarrow y = 1200$$

$$\frac{z}{2000} = \frac{3}{10} \Rightarrow 10z = 6000 \Rightarrow z = 600$$

Fique atento!
O segundo sócio investiu o dobro do terceiro e por isso deve receber o dobro do terceiro.

O primeiro sócio receberá R$ 1 500,00, o segundo, R$ 1 200,00 e o terceiro, R$ 600,00.

Outra maneira de resolver esse problema é escrevendo $x = 5000k$, $y = 4000k$ e $z = 2000k$; desse modo:

$$5000k + 4000k + 2000k = 3300 \Rightarrow 11000k = 3300 \Rightarrow k = \frac{3}{10}$$

Com isso, temos:

$$x = 5000k = 5000 \cdot \frac{3}{10} \Rightarrow x = 1500$$

$$y = 4000k = 4000 \cdot \frac{3}{10} \Rightarrow y = 1200$$

$$z = 2000k = 2000 \cdot \frac{3}{10} \Rightarrow z = 600$$

Exercícios resolvidos

7. O pai de Tereza, Roberto e Carlos quer deixar em testamento sua fazenda repartida entre os três filhos, de modo que as partes, em hectares (ha), sejam diretamente proporcionais às idades atuais dos filhos. Sabe-se que Tereza e Roberto têm, respectivamente, 12 e 21 anos de idade e, na divisão, 40 ha caberão a Tereza. Carlos receberá 50 ha da fazenda. Nessa situação, assinale a opção correspondente à idade de Carlos e ao tamanho total da fazenda.

a) 15 anos e 160 ha

b) 14 anos e 140 ha

c) 14 anos e 160 ha

d) 13 anos e 140 ha

Resolução

Sejam c a idade de Carlos e k a constante de proporcionalidade das razões. Como Tereza, Roberto e Carlos têm, respectivamente, 12, 21 e c anos, suas partes do terreno corresponderão a:

- Tereza: $12k$
- Roberto: $21k$
- Carlos: ck

Como o enunciado diz que 40 ha caberão a Tereza, podemos escrever:

$$12k = 40 \Rightarrow k = \frac{40}{12} \Rightarrow$$

$$\Rightarrow k = \frac{10}{3}$$

Sabemos também que Carlos receberá 50 ha. Com isso, podemos escrever $ck = 50$.

Como $k = \frac{10}{3}$, obtemos:

$$c \cdot \frac{10}{3} = 50 \Rightarrow c = \frac{50 \cdot 3}{10} \Rightarrow$$

$$\Rightarrow c = 15 \text{ anos}$$

Para finalizar o problema, calculamos o total da área distribuída:

$$12k + 21k + 15k = 48k = 48 \cdot \frac{10}{3} = 160 \text{ ha}$$

Está correta, portanto, a alternativa **a**.

8. Um fazendeiro vendeu sua propriedade por R$ 74 000,00 e pretende distribuir esse valor entre seus três filhos, Pedro, Maria e Ana, na razão inversa da idade de cada filho e na razão direta do número de dependentes que cada filho possui:

- Pedro tem 64 anos e 8 dependentes;
- Maria tem 60 anos e 6 dependentes;
- Ana tem 48 anos e 4 dependentes.

Nessas condições, o maior quinhão distribuído foi de:

a) R$ 28 000,00.

b) R$ 29 000,00.

c) R$ 30 000,00.

d) R$ 26 000,00.

e) R$ 27 000,00.

Resolução

A expressão "na razão inversa" significa "em partes inversamente proporcionais" e, analogamente, "na razão direta" significa "em partes diretamente proporcionais".

Assim, esse problema envolve, simultaneamente, divisões em partes direta e inversamente proporcionais. Vamos resolvê-lo utilizando a constante de proporcionalidade k.

Se um número é diretamente proporcional a 8, podemos escrevê-lo como $8k$, e se é inversamente proporcional a 64, podemos escrevê-lo como $\frac{k}{64}$.

Logo, quando dizemos que um número é tanto diretamente proporcional a 8 quanto inversamente proporcional a 64, podemos escrevê-lo como $\frac{8k}{64}$.

Desse modo, a parte referente a cada filho será:

- Pedro: $\frac{8}{64}k = \frac{k}{8}$
- Maria: $\frac{6}{60}k = \frac{k}{10}$
- Ana: $\frac{4}{48}k = \frac{k}{12}$

Como a soma de todas as parcelas resulta em R$ 74 000,00, temos:

$$\frac{k}{8} + \frac{k}{10} + \frac{k}{12} = 74\,000 \Rightarrow$$

$$\Rightarrow \frac{15k + 12k + 10k}{120} = \frac{8\,880\,000}{120} \Rightarrow$$

$$\Rightarrow 37k = 8\,880\,000 \Rightarrow k = 240\,000$$

O problema pede a maior das partes, que é a parte de Pedro, e vale:

$$\frac{k}{8} = \frac{240\,000}{8} = 30\,000$$

Portanto, está correta a alternativa **c**.

Regra de três

Quando a resolução de um problema envolve a comparação de duas ou mais grandezas proporcionais, podemos usar uma técnica conhecida como **regra de três**, pois, a partir de três números conhecidos de uma proporção, calculamos o quarto número.

Regra de três simples

Se o problema envolve apenas duas grandezas, aplicamos a **regra de três simples**.

Observe estas duas situações:

1ª) Com 1000 kg de ração, uma certa quantidade de vacas pode ser alimentada por 50 dias. A mesma quantidade de vacas, com 800 kg de ração, pode ser alimentada por quantos dias?

Ração (kg)	**Tempo** (dias)
1000	50
800	x

Grandezas diretamente proporcionais:

$$\frac{1000}{800} = \frac{50}{x} \Rightarrow x = 40$$

A mesma quantidade de vacas pode ser alimentada por 40 dias.

2ª) Com um estoque de ração é possível alimentar 30 vacas durante 20 dias. Se fossem 40 vacas, esse estoque de ração daria para quantos dias?

Quantidade de vacas	**Tempo** (dias)
30	20
40	x

Grandezas inversamente proporcionais:

$$\frac{40}{30} = \frac{20}{x} \Rightarrow x = 15$$

Esse estoque de ração daria para 15 dias.

Regra de três composta

Quando um problema envolve mais de duas grandezas que, tomadas duas a duas, são direta ou inversamente proporcionais, aplicamos na resolução a **regra de três composta**.

Analise a seguinte situação:

Com 600 kg de ração é possível alimentar 20 vacas durante 30 dias. Com 800 kg de ração é possível alimentar 25 vacas durante quantos dias?

Você viu nos exemplos anteriores que:

- "Quantidade de ração" e "número de dias" são **diretamente** proporcionais (considerando o mesmo número de vacas).
- "Número de vacas" e "número de dias" são **inversamente** proporcionais (considerando a mesma quantidade de ração).

Ração (kg)	**Número de vacas**	**Tempo** (dias)
600	20	30
800	25	x

Fique atento!
Como a **quantidade de ração** e o **número de vacas** são inversamente proporcionais, invertemos numerador e denominador na razão de um deles.

Analise como é "montada" a proporção:

$$\frac{30}{x} = \frac{600}{800} \cdot \frac{25}{20} \Rightarrow \frac{30}{x} = \frac{15\,000}{16\,000} \Rightarrow$$

$$\Rightarrow 15\,000x = 480\,000 \Rightarrow x = 32$$

Então, com 800 kg de ração é possível alimentar as 25 vacas por 32 dias.

Exercício resolvido

9. Felipe montou o cronograma da construção de uma casa estipulando o prazo de 45 dias para a conclusão da obra, considerando que 30 operários trabalhariam durante 8 horas por dia. No entanto, o proprietário da obra pediu que a casa ficasse pronta em 30 dias. Para isso, Felipe pretende contratar mais 6 operários. Quantas horas por dia deverão trabalhar todos os operários, para a obra ficar pronta em 30 dias?

Resolução

Organizamos as grandezas e respectivos valores em colunas, "montando" as proporções.

Número de operários	Número de horas por dia	Número de dias de trabalho
30	8	45
36	x	30

Em seguida, investigamos a proporcionalidade entre as grandezas, duas a duas.

- "Número de operários" e "Número de horas por dia" são **inversamente** proporcionais (considerando a grandeza "Número de dias de trabalho" constante).
- "Número de horas por dia" e "Número de dias de trabalho" são **inversamente** proporcionais (considerando a grandeza "Número de operários" constante).

Agora, montamos a proporção e calculamos:

$$\frac{8}{x} = \frac{36}{30} \cdot \frac{30}{45} \Rightarrow \frac{8}{x} = \frac{6}{5} \cdot \frac{2}{3} \Rightarrow$$

$$\Rightarrow \frac{8}{x} = \frac{12}{15} \Rightarrow x = 10$$

A casa ficará pronta em 30 dias se cada um dos 36 operários trabalhar 10 horas por dia, ou seja, oito horas da jornada normal de trabalho mais duas horas extras.

Exercícios

6. Verifique se os números são diretamente proporcionais, inversamente proporcionais ou não são proporcionais, na ordem em que aparecem:

a) os números 4, 6 e 14 e os números 6, 9 e 21;

b) os números 10 e 4 e os números 2 e 5;

c) os números 12, 15 e 9 e os números 16, 20 e 12;

d) os números 5 e 8 e os números 6 e 4.

7. Calcule x, y e z sabendo que eles são diretamente proporcionais aos números 4, 10 e 12, nessa ordem, e que $x + y + z = 91$.

8. Se a quantia de R$ 1200,00 rendeu R$ 175,00, quanto rendeu, proporcionalmente, a quantia de R$ 1008,00 no mesmo período?

9. Reparta o número 364 em parcelas proporcionais aos números 16, 40, 32 e 24.

10. Uma pessoa aplicou R$ 840,00 em uma poupança e R$ 560,00 em outra, ambas durante o mesmo período, no mesmo banco. Se no final desse período as duas juntas renderam R$ 490,00, qual foi o rendimento de cada uma?

11. Reparta a quantia de R$ 945,00 em partes inversamente proporcionais aos números 6 e 8.

12. Uma refinaria de petróleo produz 500 litros de gasolina a cada período de 10 minutos. Quantos litros essa refinaria produzirá ao fim de 24 horas?

13. Dois sócios, Paulo e Rafael, repartiram o lucro final de um negócio, que foi de R$ 4900,00, de forma proporcional à quantia que cada um investiu. Sabe-se que Rafael investiu R$ 2000,00 a mais que Paulo e seu lucro foi de R$ 700,00 a mais que o de Paulo. Qual foi o investimento de cada um nesse negócio?

14. Certa máquina produz 90 peças trabalhando durante 50 minutos. Quantas peças ela produzirá em 1 hora e 20 minutos?

15. Uma torneira com defeito desperdiça 200 litros de água em 30 dias. Quantos litros de água serão desperdiçados em 100 dias?

16. Há 40 dias, a torneira do banheiro de Denise vem apresentando um vazamento de 45 gotas por minuto. Sabe-se que um vazamento de 20 gotas por minuto, apresentado pela mesma torneira, desperdiça 100 litros de água em 30 dias. Dessa forma, quantos litros de água já foram desperdiçados pela torneira do banheiro de Denise?

17. Se 8 homens, trabalhando 8 horas por dia, levam 8 dias para fabricar 8 unidades de um artigo, então o número de unidades do mesmo artigo fabricado em 12 dias, por 12 homens que trabalham 12 horas por dia, é:

a) 12.

b) 24.

c) 27.

d) 32.

e) 35.

Porcentagem

A porcentagem é uma forma usada para indicar uma fração de denominador 100 ou qualquer representação equivalente a ela. Veja os exemplos:

> **Fique atento!**
> 100% = 1; 200% = 2; 300% = 3; 400% = 4; etc.

1º) 50% é o mesmo que $\frac{50}{100}$ ou $\frac{1}{2}$ ou 0,50 ou 0,5 (metade)

2º) 75% é o mesmo que $\frac{75}{100}$ ou $\frac{3}{4}$ ou 0,75

3º) 9% é o mesmo que $\frac{9}{100}$ ou 0,09

4º) 0,4 é o mesmo que 0,40 ou $\frac{40}{100}$ ou 40%

5º) $\frac{6}{40}$ é o mesmo que $\frac{3}{20}$ ou $\frac{15}{100}$ ou 15%

6º) 8 pessoas em um grupo de 10 correspondem a $\frac{8}{10}$ ou $\frac{80}{100}$ ou 80% do grupo

7º) Num total de R$ 300,00, a quantia de R$ 21,00 equivale a $\frac{21}{300}$ ou $\frac{7}{100}$ ou 7% do total.

Algumas porcentagens, de uso mais constante, devem ter seus valores bem conhecidos. Observe e procure justificar cada uma delas:

- 100%: total
- 25%: $\frac{1}{4}$ ou 0,25 (quarta parte)
- 1%: $\frac{1}{100}$ ou 0,01
- 200%: o dobro
- 20%: $\frac{1}{5}$ ou 0,2
- 75%: $\frac{3}{4}$ ou 0,75
- 50%: $\frac{1}{2}$ ou 0,5 (metade)
- 10%: $\frac{1}{10}$ ou 0,1

Porcentagem de uma quantia

Se uma mercadoria que custa R$ 450,00 está sendo vendida com desconto de 8%, veja como calcular de quanto é o desconto e por quanto ela está sendo vendida.

Devemos calcular 8% $\left(\frac{8}{100} = \frac{2}{25}\right)$ de 450, ou seja:

$\frac{2}{25}$ de 450 $= \frac{2}{25} \cdot 450 = 36$

$450 - 36 = 414$

Logo, o desconto é de R$ 36,00 e a mercadoria está sendo vendida por R$ 414,00.

Na sentença 8% de R$ 450,00 = R$ 36,00, temos:

8%: porcentagem

R$ 450,00: total (corresponde a 100%)

R$ 36,00: valor correspondente a 8%

Basicamente, as situações com porcentagem são resolvidas usando-se os três problemas exemplificados a seguir. Cada um deles pode ser resolvido de várias formas.

Procure entender cada uma delas.

1º) Qual é o valor de 45% de 60?

- 45% de 60 = ?

$$\frac{45}{100} = \frac{9}{20}$$

$$\frac{9}{20} \cdot 60 = 27$$

- 45% de 60 = ?

0,45

$$0{,}45 \cdot 60 = 27$$

- $\frac{45}{100} = \frac{x}{60} \Rightarrow 100x = 2\,700 \Rightarrow$

$$\Rightarrow x = \frac{2\,700}{100} = 27$$

Logo, 45% de 60 = 27.

2º) 80% de quanto dá 28?

- 80% de ? = 28

$$\frac{80}{100} = \frac{4}{5}$$

$$28 \div 4 = 7$$

$$7 \cdot 5 = 35$$

- 80% de ? = 28

$$0{,}80 = 0{,}8$$

$$28 \div 0{,}8 = 35$$

- $\frac{80}{100} = \frac{28}{x} \Rightarrow 80x = 2\,800 \Rightarrow x = 35$

Portanto, 80% de 35 = 28.

3º) A quantia de R$ 36,00 corresponde a quanto por cento de R$ 120,00?

- ?% de 120 = 36

$$\frac{36}{120} = \frac{6}{20} = \frac{30}{100} \Rightarrow 30\%$$

- ?% de 120 = 36

$$36 \div 120 = 0{,}3$$

$$0{,}3 = 0{,}30 \Rightarrow 30\%$$

- $\frac{x}{100} = \frac{36}{120} \Rightarrow 120x = 3\,600 \Rightarrow x = \frac{3\,600}{120} = 30$

Logo, 30% de R$ 120,00 = R$ 36,00.

> **Fique atento!**
> É importante escolher a forma de resolução mais conveniente para cada problema.

Observação: Para calcular 10% $\left(\frac{1}{10}\right)$ ou 1% $\left(\frac{1}{100}\right)$ de um número, basta "andar com a vírgula" uma ou duas casas para a esquerda, respectivamente.

Exemplos:

1º) 10% de 450 = 45,0 ou 45

2º) 10% de R$ 38,00 = R$ 3,80

3º) 1% de 450 = 4,50 ou 4,5

4º) 1% de R$ 2 000,00 = R$ 20,00

> **Para refletir**
> Qual é o valor de 10% de R$ 8,00 e 1% de R$ 8,00?

Exercícios resolvidos

10. O salário de Felipe é de R$ 2 000,00 por mês e o de Renato corresponde a 85% do salário de Felipe. Qual é o salário de Renato?

Resolução

85% de R$ 2 000,00:

$\frac{85}{100} \cdot 2000 = \frac{17}{100} \cdot 2\,000 = 1\,700$ ou

$0{,}85 \cdot 2\,000 = 1\,700$ ou

$\frac{85}{100} = \frac{x}{2000} \Rightarrow 100x = 170\,000 \Rightarrow x = \frac{170\,000}{100}$

O salário de Renato é de R$ 1 700,00.

11. Leia esta notícia de jornal:

"Após a redução do IPI (Imposto sobre Produtos Industrializados) e a queda de até 10% nos preços, as vendas de automóveis e comerciais leves (camionetes e *vans*) registraram recorde para o mês de junho, desde quando os números começaram a ser medidos, em setembro de 2003.

Segundo fontes do setor, venderam-se 340,3 mil veículos – alta de 24% em relação a maio e de 18,6% sobre junho de 2011."

Venda de carros não reanima indústria. *Folha de S.Paulo*, São Paulo, 3 jul. 2012. p. B1.

De acordo com essa notícia, quantos veículos foram vendidos em maio de 2012?

Resolução

Seja x o número de veículos vendidos em maio de 2012, temos:

$x + 24\%x = 340\,300 \Rightarrow x + \frac{24}{100}x = 340\,300 \Rightarrow$

$\Rightarrow 100x + 24x = 34\,030\,000 \Rightarrow 124x = 34\,030\,000 \Rightarrow$

$\Rightarrow x = 274\,435$

Foram vendidos 274 435 veículos em maio de 2012.

12. Observe esta outra notícia de jornal:

"No Brasil, são 27 milhões de empreendedores, ou 27% da população adulta, com idade entre 18 e 64 anos. O número é 28,5% maior do que o registrado em 2010.

4 milhões têm negócio com até três meses de operação; 11 milhões têm negócio entre três meses e três anos e meio de operação; 12 milhões têm negócio com mais de três anos e meio de operação."

ROLLI, Cláudia. 1 em cada 4 adultos tem ou está abrindo um negócio. *Folha de S.Paulo*, São Paulo, 3 jul. 2012. p. B3.

De acordo com essa notícia, responda:

a) De quanto era a população adulta do Brasil nessa data?

b) Desses 27 milhões de empreendedores, que porcentagem representa os 12 milhões que tinham negócio com mais de três anos e meio de operação?

Resolução

a) 27% → 27 milhões

100% → x milhões

$\frac{27}{100} = \frac{27\,000\,000}{x} \Rightarrow 27x = 2\,700\,000\,000 \Rightarrow$

$\Rightarrow x = 100\,000\,000$

A população adulta era de 100 milhões.

b) *1ª maneira:*

?% de 27 000 000 = 12 000 000

$\frac{12\,000\,000}{27\,000\,000} = \frac{12}{27} = \frac{4}{9} \simeq 0{,}44 = \frac{44}{100} = 44\%$

(aproximadamente)

2ª maneira:

$\frac{x}{100} = \frac{12\,000\,000}{27\,000\,000} \Rightarrow \frac{x}{100} = \frac{12}{27} \Rightarrow$

$\Rightarrow 27x = 1200 \Rightarrow x \simeq 44$

Logo, 44% de 27 milhões é igual a 12 milhões.

13. (UFTM-MG) Com a proximidade do evento e com muitos ingressos disponíveis, um cambista passou a oferecer um desconto de 50% sobre o preço de venda de certo tipo de ingresso. Mesmo dando o desconto, o cambista ainda obteve um lucro de 40% sobre o preço de custo (preço de bilheteria) desse ingresso. Se não tivesse dado o desconto, mas tivesse, mesmo assim, vendido o ingresso, o lucro do cambista seria de:

a) 80%.

b) 90%.

c) 120%.

d) 150%.

e) 180%.

Resolução

Uma estratégia para resolver questões que envolvem apenas porcentagem (questões em que não são apresentados valores fixos) é atribuir um valor para um dos termos.

Considere que o preço do ingresso na bilheteria seja R$ 100,00. Teremos então:

- Lucro do cambista quando este oferece 50% de desconto → R$ 40,00
- Valor do ingresso vendido pelo cambista (com desconto) → R$ 140,00
- Valor do ingresso vendido pelo cambista (sem desconto) → R$ 280,00

Portanto, o lucro do cambista ao vender o ingresso sem desconto é de R$ 180,00 ou 180% do valor da bilheteria. Alternativa **e**.

Exercícios

18. Calcule e responda:

a) Qual é o valor de 60% de 95?

b) Quanto por cento de 70 é igual a 56?

c) 6 é 15% de que número?

d) Quanto vale 3,5% de R$ 650,00?

e) R$ 75,20 correspondem a 20% de que quantia?

f) Em relação a um total de R$ 300,00, a quantia de R$ 171,00 corresponde a quanto por cento?

g) 0,5% de R$ 85,00 dá um valor maior ou menor do que 1% de R$ 170,00?

> **Para refletir**
> Se x indica uma quantia, podemos representar 60% de x por $\frac{60x}{100}$ ou $\frac{3x}{5}$ ou $0{,}6x$. Como se representa 75% de $x + 9$?

19. O salário de Roberto, em 2012, era de R$ 1 200,00 mensais. Em 2013, ele passou a ganhar R$ 1 400,00 mensais. De quanto por cento foi o seu aumento?

20. O volume total de água que entra e sai por dia no nosso organismo varia de 1500 mL a 3 000 mL. Aproximadamente 47% desse volume origina-se das bebidas ingeridas, como água, sucos, refrigerantes, chás, etc. De acordo com esses dados, determine a quantidade mínima e máxima, em mililitros, da água que entra e sai do nosso organismo proveniente de bebidas que ingerimos.

21. *Poupança*

A poupança é a mais tradicional aplicação financeira do mercado. A partir de 2012 a remuneração da poupança passou a depender da data da aplicação. Para depósitos feitos até 3 de maio de 2012, a remuneração continuou de 6,17% ao ano mais a TR. Entretanto, para depósitos feitos a partir de 4 de maio de 2012, sempre que a taxa Selic ficar igual ou menor que 8,5% ao ano, o rendimento da poupança passará a ser 70% da taxa Selic mais a TR.

> **Você sabia?**
> A Taxa Referencial (TR) é um índice criado pelo governo para complementar os juros pagos na poupança.
> A taxa Selic é a taxa básica de juros utilizada como referência pela política monetária do Brasil.

Com base nesse texto, responda:

a) Se a taxa Selic for de 10% ao ano, qual será a remuneração da poupança a ser somada com a TR para um depósito feito em janeiro de 2014?

b) Se a taxa for de 8% ao ano, qual será a remuneração da poupança a ser somada com a TR para um depósito feito em janeiro de 2014?

22. (Enem) A escolaridade dos jogadores de futebol nos grandes centros é maior do que se imagina, como mostra a pesquisa abaixo, realizada com os jogadores profissonais dos quatro principais clubes de futebol do Rio de Janeiro.

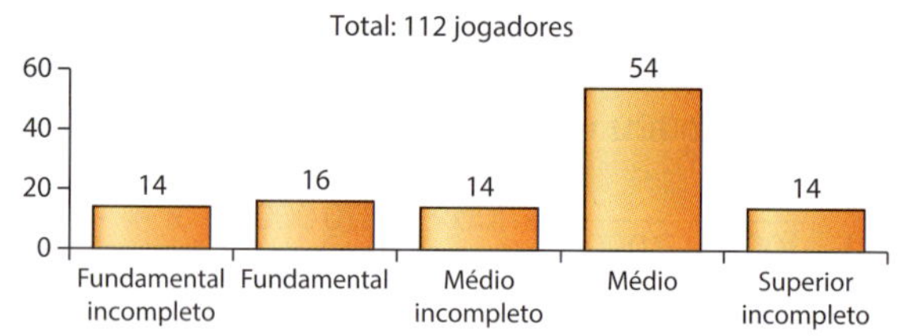

Fonte: *O Globo*, 27 jul. 2005.

De acordo com esses dados, o percentual dos jogadores dos quatro clubes que concluíram o Ensino Médio é de aproximadamente:

a) 14%. b) 48%. c) 54%. d) 60%. e) 68%.

23. O salário líquido de Antonela é de R$ 1 100,00. Sabe-se que são descontados 17% do seu salário para o pagamento de impostos. Qual é o salário bruto de Antonela?

24. *Tomando decisões nas liquidações*

Ana Maria quer aproveitar as liquidações para fazer compras. Observe algumas ofertas que ela encontrou.

a) Qual dessas ofertas vale a pena aproveitar? Discuta com seus colegas.

b) Compare a OFERTA 1 com a OFERTA 3. Em qual delas é mais vantajoso comprar 2 peças?

25. *Biologia*

(Enem) O tabagismo (vício do fumo) é responsável por uma grande quantidade de doenças e mortes prematuras na atualidade. O Instituto Nacional do Câncer divulgou que 90% dos casos diagnosticados de câncer de pulmão e 80% dos casos diagnosticados de enfisema pulmonar estão associados ao consumo de tabaco. Paralelamente, foram mostrados os resultados de uma pesquisa realizada em um grupo de 2 000 pessoas com doenças de pulmão, das quais 1 500 são casos diagnosticados de câncer e 500 são casos diagnosticados de enfisema. Com base nessas informações, pode-se estimar que o número de fumantes desse grupo de 2 000 pessoas é, aproximadamente:

a) 740. b) 1100. c) 1310. d) 1620. e) 1750.

Leitura

Conceito de inflação: o que é e como se forma?

Inflação e hiperinflação

Ismar Ingber/Pulsar Imagens/Casa da Moeda do Brasil/Ministério da Fazenda

A inflação é um conceito econômico que representa o aumento persistente e generalizado do preço de uma cesta de produtos em um país ou região durante um determinado período de tempo. Se, por exemplo, uma cesta de produtos custa R$ 100,00 em julho e passa a ser vendida por R$ 150,00 em agosto, verifica-se uma inflação de 50% no mês. Ela também representa a queda do poder aquisitivo do dinheiro em relação à elevação dos preços de bens e serviços. Quando a inflação está em um nível muito baixo, ocorre a estabilização dos preços e, assim, o valor dos produtos não aumenta.

A inflação já foi o grande drama da economia brasileira, e sempre merece grande atenção e acompanhamento do governo e da sociedade. A partir dos anos 1980, vários planos fracassaram na tentativa de impedir o seu crescimento, mas, desde 1994, com a implantação do Plano Real, ela está relativamente sob controle.

Causas

- Inflação monetária: emissão exagerada e descontrolada de dinheiro por parte do governo.
- Inflação de demanda: demanda nos custos (aumento no consumo) maior do que a capacidade de produção do país.
- Inflação de custos: aumento nos custos de produção (máquinas, matéria-prima, mão de obra) dos produtos.

Indicadores

No Brasil, existem vários índices que medem a inflação e são referências. Os principais são: IGP ou Índice Geral de Preços (calculado pela Fundação Getúlio Vargas), IPC ou Índice de Preços ao Consumidor (medido pela Fipe – Fundação Instituto de Pesquisas Econômicas), INPC ou Índice Nacional de Preços ao Consumidor (medido pelo IBGE) e IPCA ou Índice de Preços ao Consumidor Amplo (também calculado pelo IBGE).

O IPC, por exemplo, considera o consumo de famílias com renda até 33 salários mínimos que vivem no Rio de Janeiro e em São Paulo. O IGP-M é calculado a partir de outros índices. O IPCA, de maior abrangência, pesquisa famílias com renda de até 40 salários mínimos em pelo menos 10 grandes capitais brasileiras. Já o ICV, calculado pelo Dieese, considera apenas os preços de alimentação, transporte, saúde e habitação praticados na cidade de São Paulo.

Adaptado de: <www.oeconomista.com.br/inflacao-o-que-e-e-como-se-forma/>. Acesso em: 6 mar. 2014.

- A inflação brasileira em 2013 foi de 5,91% (IPCA). Assim, se uma cesta de produtos custava R$ 100,00 em dezembro de 2012, quanto ela custava em dezembro de 2013?

3 Fator de atualização

O fator de atualização (f) é a razão entre dois valores de uma grandeza em tempos diferentes (passado, presente ou futuro). Constitui uma ferramenta importante no trabalho com Matemática financeira.

Na divisão entre dois valores quaisquer, só existem três resultados possíveis: ou resulta em 1, ou é maior do que 1 ou menor do que 1.

Quando o resultado da divisão é 1, os dois valores são iguais, portanto, nenhum é maior nem menor do que o outro. Um valor é 100% do outro. Por isso, diz-se que $f = 1$ é o fator neutro.

No caso de a divisão resultar em números maiores do que 1, como $\frac{A}{B} = 1{,}05$, podemos entender o resultado de duas formas diferentes:

1ª) A é 5% maior do que B

ou

2ª) A é 105% de B (portanto, 5% maior)

Ambas as interpretações são corretas e seu uso depende do melhor contexto. No caso de a divisão resultar em número menor do que 1, por exemplo $\frac{A}{B} = 0{,}90$, também podemos entender o resultado de duas formas diferentes:

1ª) A é 10% menor do que B

ou

2ª) A é 90% de B (portanto, 10% menor)

Também aqui a escolha da melhor interpretação depende do contexto.

Na prática, se a opção for pela primeira interpretação, então precisamos aprender a obter a taxa percentual i a partir do valor do fator de atualização.

- Se $f > 1$, $f = 1 + i$; portanto, a taxa é $i = f - 1$, em números decimais.
- Se $f < 1$, $f = 1 - i$, portanto, a taxa é $i = 1 - f$, em números decimais.

Assim:

- $f = 1{,}05$
  $i = f - 1 = 0{,}05 \Rightarrow \text{taxa} = 0{,}05 = \frac{5}{100} = 5\%$ (maior do que...)
- $f = 0{,}90$
  $i = 1 - f = 0{,}10 \Rightarrow \text{taxa} = 0{,}10 = \frac{10}{100} = 10\%$ (menor do que...)

Aumentos e descontos

Na comparação de dois valores diferentes de uma mesma grandeza, $\boldsymbol{f > 1}$ significa **aumento** (ou **acréscimo** de valor) e $\boldsymbol{f < 1}$ significa **desconto** (ou perda de valor), pois o valor da grandeza variou no tempo e o valor mais antigo é a base de comparação. O fator $f = 1$ significa que não houve variação:

$$f = \frac{\text{valor novo}}{\text{valor velho}}$$

$f > 1 \rightarrow$ aumento
$f < 1 \rightarrow$ desconto
$f = 1 \rightarrow$ não houve variação

Aumentos e descontos sucessivos

Para compor vários aumentos e/ou descontos, basta multiplicar os vários fatores individuais e assim obter o fator "acumulado", que nada mais é do que o fator de atualização entre o primeiro e o último valor considerado, independentemente dos valores intermediários.

$$f_{acumulado} = f_1 \cdot f_2 \cdot f_3 \cdot f_4 \cdot ...$$

O fator acumulado é também um fator de atualização e deve ser interpretado como tal.

Exercícios resolvidos

14. (Vunesp-SP) Se a taxa de inflação de janeiro é de 6% e a de fevereiro é de 5%, então a taxa de inflação no bimestre janeiro/fevereiro é de:

a) 11%.

b) 11,1%.

c) 11,2%.

d) 11,3%.

e) 11,4%.

Resolução

$f_1 = 1 + 0,06 = 1,06$
$f_2 = 1 + 0,05 = 1,05$
$f_{acumulado} = f_1 \cdot f_2 \Rightarrow$
$\Rightarrow f_{acumulado} = 1,06 \cdot 1,05 = 1,113$, ou seja, inflação de 11,3%.
Portanto, alternativa **d**.

15. (UEL-PR) Em uma liquidação os preços dos artigos de uma loja são reduzidos em 20% de seu valor. Terminada a liquidação, e pretendendo voltar aos preços originais, de que porcentagem devem ser acrescidos os preços da liquidação?

a) 27,5%

b) 25%

c) 22,5%

d) 21%

e) 20%

Resolução

$f_1 = 1 - 0,20 = 0,80$
$f_2 = ?$
$f_{acumulado} = f_1 \cdot f_2 = 1$ ($f = 1$ significa que não houve alteração: voltou ao valor original)
Assim:
$f_{acumulado} = 0,80 f_2 = 1 \Rightarrow$
$\Rightarrow f_2 = \dfrac{1}{0,8} = 1,25$
Como $f_2 > 1$, então:
$f_2 = 1 + i = 1,25 \Rightarrow i = 0,25 = 25\%$
Assim, alternativa **b**.

16. Uma geladeira, cujo preço à vista é de R$ 680,00, tem um acréscimo de 5% no seu preço se for paga em 3 prestações iguais. Qual é o valor de cada prestação?

Resolução

1ª maneira:
5% de 680 = 0,05 · 680 = 34 (acréscimo)
680 + 34 = 714 (preço em 3 prestações iguais)
714 : 3 = 238 (valor de cada prestação)
2ª maneira:
$t = 5\% = 0,05$ $\quad f = 1 + 0,05 = 1,05$
$680 \cdot 1,05 = 714$ $\quad 714 : 3 = 238$
Então, o valor de cada prestação é de R$ 238,00.

17. A tabela a seguir mostra a variação do preço do dólar em uma semana qualquer, em termos percentuais. No valor acumulado desses 5 dias, o que aconteceu com o preço do dólar? (Subiu? Caiu? Quanto por cento?)

Dia	Variação
Segunda-feira	−2,35%
Terça-feira	1,37%
Quarta-feira	1,05%
Quinta-feira	−0,13%
Sexta-feira	0,21%

Resolução

Temos de compor as cinco variações para poder emitir um julgamento. Para isso, precisamos dos fatores de atualização de cada variação:
$f_1 = 1 - 0,0235 = 0,9765$
$f_2 = 1 + 0,0137 = 1,0137$
$f_3 = 1 + 0,0105 = 1,0105$
$f_4 = 1 - 0,0013 = 0,9987$
$f_5 = 1 + 0,0021 = 1,0021$
$f_{acumulado} = f_1 \cdot f_2 \cdot f_3 \cdot f_4 \cdot f_5 =$
$= 0,9765 \cdot 1,0137 \cdot 1,0105 \cdot 0,9987 \cdot 1,0021 \simeq 1,00107$
Como o fator $f_{acumulado} > 1$, então:
$f = 1 + i \Rightarrow i = 0,00107 = 0,107\%$
Então, o dólar teve uma pequena alta de 0,107%.

Exercícios

26. Escreva o fator de atualização correspondente a cada situação:
    a) 3% de aumento
    b) 3% de desconto
    c) 15% de aumento
    d) 15% de desconto
    e) 230% de aumento
    f) 3 000% de aumento

27. Interprete cada fator de atualização, definindo se é aumento ou desconto e qual o valor da taxa.
    a) $f = 1{,}13$
    b) $f = 0{,}70$
    c) $f = 2$
    d) $f = 0{,}95$
    e) $f = 30$

28. Avalie o efeito acumulado de cada situação a seguir, definindo qual é o aumento ou o desconto equivalente.
    a) Aumento de 3% e aumento de 5%.
    b) Aumento de 10% e desconto de 20%.
    c) Três aumentos de 10%.
    d) Dois aumentos de 6% e três descontos de 4%.

29. Investi R$ 11 000,00 em um fundo de aplicação de um banco e hoje, após 3 meses, tenho R$ 11 440,00. Qual foi o rendimento percentual obtido nesse período de 3 meses?

30. O preço de uma camisa passou de R$ 50,00 para R$ 59,00. Qual foi o aumento percentual desse preço?

31. Um objeto que custava R$ 70,00 teve seu preço aumentado em R$ 10,50. De quanto por cento foi o aumento?

32. Uma mercadoria custava R$ 80,00 e seu preço foi reajustado (aumentado) em 5%. Se sobre o novo preço for dado um desconto de 5%, ela voltará a custar R$ 80,00? Justifique sua resposta. Calcule os preços após o aumento e após o desconto.

33. O mesmo modelo de uma geladeira está sendo vendido em duas lojas do seguinte modo:
    - na 1ª loja, sobre o preço de R$ 800,00 há um desconto de 8%;
    - na 2ª loja, sobre o preço de R$ 820,00 há um desconto de 10%.

    Qual dessas ofertas é a mais conveniente para o cliente?

34. O Índice Bovespa (Índice da Bolsa de Valores de São Paulo – Ibovespa) é o mais importante indicador do desempenho médio das cotações do mercado de ações brasileiro. Ele indica o retorno financeiro (valorização e lucro) de um valor de 100 pontos teoricamente aplicado em ações em 2/1/1968. A tabela abaixo mostra a variação percentual desse índice em 4 anos. Se o Ibovespa fechou o ano de 2011 com 56 754 pontos, com quantos pontos ele estava no fim de 2007 (ou seja, antes de 2008)?

Ano	Variação
2011	−18,11%
2010	1,04%
2009	82,66%
2008	−41,22%

Disponível em: <www.bmfbovespa.com.br/indices/ResumoVariacaoAnual.aspx?Indice=IBOVESPA&idioma=pt-br>. Acesso em: 30 out. 2012.

35. A quantia de R$ 1 890,00 foi repartida entre 3 pessoas da seguinte forma: Marta recebeu 80% da quantia de Luís, e Sérgio recebeu 90% da quantia de Marta. Quanto recebeu cada pessoa?

36. Uma calça teve um aumento de 7% e passou a custar R$ 59,00. Qual era o preço antes do aumento?

37. Um posto de gasolina aumentou seus preços em 5% em fevereiro e 3% em janeiro. Se a gasolina custa agora R$ 2,59, quanto custava antes dos aumentos?

38. O fluxo de veículos em determinada rua passou de 3 por hora para 3 por minuto depois que ela foi asfaltada. Qual foi o aumento percentual do fluxo de veículos nessa rua?

39. O que você prefere quando vai comprar algo: receber um único desconto de 55% ou dois descontos sucessivos de 30%? Justifique do ponto de vista financeiro.

40. O dólar caiu 3% em janeiro. Em fevereiro caiu mais x%. Se no bimestre a queda acumulada foi de 5%, de quanto por cento foi a queda do dólar em fevereiro?

41. Em uma promoção, o preço de um celular passou de R$ 499,00 para R$ 399,00. Qual foi o desconto nessa promoção?

4 Termos importantes de Matemática financeira

Vamos supor que uma pessoa aplique certa quantia (**capital**) em uma poupança por determinado período (**tempo**). A aplicação é semelhante a um **empréstimo** feito no banco. Então, no fim desse período, essa pessoa recebe uma quantia (**juros**) como compensação. O valor dessa quantia é estabelecido por uma porcentagem (**taxa de juros**).

Ao final da aplicação, a pessoa terá em sua conta a quantia correspondente **capital** (***C***) mais os **juros** (***j***), que é conhecida como **montante** (***M***), ou seja, $M = C + j$.

Veja o exemplo:

Um banco oferece rendimento de 0,8% ao mês. Se uma quantia de R$ 600,00 for aplicada nesse banco, vejamos que quantia o cliente terá em sua conta no fim de 1 mês:

0,8% de 600 = $0,008 \cdot 600 = 4,8$

$600,00 + 4,80 = 604,80$

No fim de 1 mês de aplicação a quantia em depósito será de R$ 604,80.

Nesse problema, temos:

- 0,8% ao mês: taxa de juros (i)
- R$ 600,00: capital (C) ou principal
- 1 mês: tempo (t)
- $j = C \cdot i$
- R$ 4,80: juros (j)
- $M = C + j$
- R$ 604,80: montante (M)
- unidade monetária (UM): real

Fique atento!
O valor de uma quantia depende da época à qual ela se refere. Por exemplo, R$ 100,00 hoje provavelmente valem mais do que R$ 100,00 daqui a um ano.

Juros simples

Se um capital C é aplicado durante t unidades de tempo e a taxa i% de juros por unidades de tempo incide apenas sobre o capital inicial, os juros j são chamados **juros simples**:

$j = i \cdot C$: juros obtidos no fim de 1 período

$j = (i \cdot C)t$: juros obtidos no fim de t períodos

Você sabia?
Na internet, pode-se acessar uma calculadora financeira *on-line* em <www.webcalc.com.br/financas/calc_fin.html>. Acesso em: 20 dez. 2013.

Assim, as fórmulas são $j = C \cdot i \cdot t$ e $M = C + j$, embora não sejam necessárias. Evite depender delas.

Exercício resolvido

18. *Parcelar ou não?*

Muitas vezes o comprador possui o dinheiro para pagar à vista, mas escolhe a prazo.

Nesses casos, é comum que sejam cobrados juros que encarecem o produto.

Acompanhe a situação:

Cícero é um chefe de família que decide comprar um berço para seu filho João Gabriel. A loja oferece dois planos de pagamento:

I. À vista por R$ 500,00.

II. Em duas parcelas iguais de R$ 300,00, sendo a primeira no ato da compra e a segunda um mês após a compra.

Caso Cícero opte pelo pagamento a prazo, qual a taxa mensal de juros que ele pagará?

a) 20% b) 25% c) 35% d) 40% e) 50%

Resolução

A 1ª prestação (na compra parcelada) é paga no ato da compra e, dessa forma, não incidem juros sobre ela.

Preço à vista: R$ 500,00 (esse é o valor da mercadoria sem juros)

Preço a prazo: R$ 600,00 = R$ 300,00 + R$ 300,00

Após pagar a 1ª parcela, à vista, o valor que o cliente estará devendo é:

R$ 500,00 − R$ 300,00 = R$ 200,00

Se optar por efetuar o pagamento da 2ª parcela após 1 mês, terá de pagar R$ 300,00 (e não R$ 200,00); logo, os juros cobrados serão $\frac{300 - 200}{200} = 0,50 = 50\%$ ao mês.

Ou ainda $j = C \cdot i \cdot t$, em que $j = 100$, $C = 200$ e $t = 1$.

$100 = 200 \cdot i \cdot 1 \Rightarrow i = 0,5 = 50\%$ ao mês.

Portanto, alternativa **e**.

Juros compostos

Vejamos o seguinte problema:

Um capital de R$ 40 000,00 foi aplicado à taxa de 2% ao mês durante 3 meses. Qual foi o montante no fim dos 3 meses?

No **sistema de juros simples**, calculamos:

2% de 40 000 = 0,02 · 40 000 = 800 (juros produzidos em 1 mês)

800 · 3 = 2 400 (juros produzidos em 3 meses)

40 000 + 2 400 = 42 400 (montante ao final de 3 meses)

Logo, no fim dos 3 meses o montante será de R$ 42 400,00.

No **sistema de juros compostos**, temos:

- No primeiro mês: 2% de 40 000 = 800 (juros produzidos no 1º mês)
  40 000 + 800 = 40 800 (montante no fim do 1º mês)
- No segundo mês: 2% de 40 800 = 816 (juros produzidos no 2º mês)
  40 800 + 816 = 41 616 (montante no fim do 2º mês)
- No terceiro mês: 2% de 41 616 = 832,32 (juros produzidos no 3º mês)
  41 616 + 832,32 = 42 448,32

Você sabia?
É costume usar juros compostos nas aplicações financeiras.

Fique atento!
No regime de juros compostos, os juros em cada período são calculados sobre o montante anterior.

Logo, no fim dos 3 meses o montante será de R$ 42 448,32.

Observe que no sistema de juros simples os juros foram de R$ 2 400,00 e no de juros compostos foram de R$ 2 448,32. O que gerou essa diferença?

Essa diferença foi gerada pelo fato de que, no sistema de juros compostos, deve-se calcular os juros no fim de cada período, **formando um montante sobre o qual se calculam os juros do período seguinte**, até esgotar o tempo da aplicação (é o que chamamos "juros sobre juros").

Além disso, é possível perceber que o método usado na resolução (cálculo mês a mês) não é conveniente para um prazo longo. Vamos então determinar um método mais prático de resolução.

Acompanhe como calcular, no sistema de juros compostos, qual será o montante (*M*), produzido por um capital (*C*), aplicado à taxa *i* ao período, no fim de *t* períodos:

	Início	**Juros**	**Montante no fim do período**
1º período	C	iC	$M_1 = C + iC = C(1 + i)$
2º período	M_1	iM_1	$M_2 = M_1 + iM_1 = M_1(1 + i) = C(1 + i)(1 + i)$ $M_2 = C(1 + i)^2$
3º período	M_2	iM_2	$M_3 = M_2 + iM_2 = M_2(1 + i) = C(1 + i)^2(1 + i)$ $M_3 = C(1 + i)^3$
...			

Fique atento!
Observe que a sequência $(C, M_1, M_2, ...)$ é uma PG de razão $1 + i$.

No fim de *t* períodos o montante será:

$$M = C(1 + i)^t$$

Fique atento!
No regime de juros compostos de taxa *i*, um capital C_0 transforma-se, em *n* períodos de tempo, em um montante $C_n = C(1 + i)^n$.

Podemos então escrever que, no sistema de juros compostos, o capital C, aplicado à taxa i ao período, produz juros j e gera um montante M no fim de t períodos.

$$M = C(1 + i)^t$$

e

$$j = M - C$$

> **Fique atento!**
> Usando fator de atualização, podemos escrever o montante $M = C \cdot f^t$, em que $f = 1 + i$.

Veja a situação que foi resolvida mês a mês, usando agora as fórmulas acima:

C: R$ 40 000,00

i: 2% ao mês (0,02)

t: 3 meses

$M = C(1 + i)^t = 40\,000(1{,}02)^3 = 40\,000 \cdot 1{,}061208 =$ R$ 42 448,32 (montante no fim de 3 meses)

$j = 42\,448{,}32 - 40\,000 =$ R$ 2 448,32 (juros produzidos nos 3 meses)

A história dos bancos e a Matemática financeira

passo a passo: exercício 21

Exercícios resolvidos

19. Quanto receberá de juros, no fim de um semestre, uma pessoa que investiu, a juros compostos, a quantia de R$ 6 000,00 à taxa de 1% ao mês?

Resolução

C: 6 000

t: 1 semestre = 6 meses

i: 1% (0,01) ao mês

$M = 6\,000(1 + 0{,}01)^6 = 6\,369{,}120904$

> **Fique atento!**
> $(1{,}01)^6 = 1{,}0615$ é fator acumulado em 6 meses.

Consideramos $M =$ R$ 6 369,12 e

$j = 6\,369{,}12 - 6\,000{,}00 = 369{,}12$.

Logo, a pessoa receberá R$ 369,12 de juros.

20. O capital de R$ 2 000,00, aplicado a juros compostos, rendeu, após 4 meses, juros de R$ 165,00. Qual foi a taxa de juros mensal?

Resolução

C: 2 000

t: 4 meses

j: 165

M: 2 165 = 2 000 + 165

i: ?

$M = C(1 + i)^t \Rightarrow 2\,165 = 2\,000(1 + i)^4 \Rightarrow$

$\Rightarrow (1 + i)^4 = \dfrac{2\,165}{2\,000} \Rightarrow (1 + i)^4 = 1{,}0825 \Rightarrow$

$\Rightarrow 1 + i = \sqrt[4]{1{,}0825} \Rightarrow 1 + i = 1{,}020015981 \Rightarrow$

$\Rightarrow i = 0{,}020015981 \Rightarrow 2{,}0015981\%$

Portanto, a taxa de juros foi de aproximadamente 2% ao mês.

Resolvido passo a passo

21. (Enem) João deseja comprar um carro cujo preço à vista, com todos os descontos possíveis, é de R$ 21 000,00, e esse valor não será reajustado nos próximos meses. Ele tem R$ 20 000,00, que podem ser aplicados a uma taxa de juros compostos de 2% ao mês, e escolhe deixar todo o seu dinheiro aplicado até que o montante atinja o valor do carro. Para ter o carro, João deverá esperar:

a) dois meses, e terá a quantia exata.

b) três meses, e terá a quantia exata.

c) três meses, e ainda sobrarão, aproximadamente, R$ 225,00.

d) quatro meses, e terá a quantia exata.

e) quatro meses, e ainda sobrarão, aproximadamente, R$ 430,00.

1. Lendo e compreendendo

a) O que é dado no problema?

É dado o preço do carro à vista (21 mil reais), o capital que João tem para investir (20 mil reais) e a taxa de juros que João obterá nesse investimento (2% ao mês).

b) O que se pede?

O tempo que João deverá esperar para comprar o carro pretendido, e se haverá ou não sobra de dinheiro.

2. Planejando a solução

Devemos calcular o montante do investimento de João para 2, 3 e 4 meses, e comparar com o valor à vista do carro para saber quando João conseguirá comprar o carro.

3. Executando o que foi planejado

O montante pode ser obtido pela fórmula
$M = C \cdot (1 + t)^t$, com $C = 20\,000$ (capital)
$i = 0{,}02$ (taxa) e t assumindo os valores 2, 3 e 4.

Assim:

$M_2 = 20\,000 \cdot (1 + 0{,}02)^2 = 20\,808{,}00$

$M_3 = 20\,000 \cdot (1 + 0{,}02)^3 = 21\,224{,}16$

$M_4 = 20\,000 \cdot (1 + 0{,}02)^4 = 21\,648{,}64$

Como $M_2 < 21\,000{,}00$ (preço à vista), concluímos que investir por 2 meses apenas é insuficiente para comprar o carro.

Como $M_3 > 21\,000{,}00$, concluímos que 3 meses é suficiente, e ainda sobram 224,16 reais.

Também percebemos que esperar 4 meses é desnecessário, porém, se assim ocorresse, sobrariam 648,64 reais.

Diante desses resultados, João deverá esperar 3 meses e ainda sobrarão, aproximadamente, 225 reais.

4. Verificando

Vamos acompanhar a evolução do dinheiro aplicado mês a mês até o 3º mês após a aplicação inicial:
No dia da aplicação, temos $C = 20\,000{,}00$.

- Após o 1º mês, temos
  $M_1 = 20\,000{,}00 \cdot 1{,}02 = 20\,400{,}00$.
- Após o 2º mês temos
  $M_2 = 20\,400{,}00 \cdot 1{,}02 = 20\,808{,}00$.
- Após o 3º mês temos
  $M_3 = 20\,808{,}00 \cdot 1{,}02 = 21\,224{,}16$.

Esse valor é suficiente para comprar o carro e sobram quase R$ 225,00. Isso confirma o resultado obtido anteriormente.

5. Emitindo a resposta

Alternativa **c**.

6. Ampliando o problema

a) Qual deveria ser a taxa para que, em apenas 1 mês de investimento, João conseguisse comprar o carro à vista sem sobra de dinheiro?

b) *Discussão em equipe*
Converse com seus colegas sobre a importância de uma boa educação financeira para a população, ou seja, a importância de ensinar as pessoas, de qualquer idade e nível social, a planejar os gastos futuros, economizando dinheiro quando for possível para que ele seja usado mais tarde sem atrapalhar as finanças da família.

22. Em quanto tempo um capital dobrará se for aplicado, a juros compostos, à taxa de 30% ao ano?

Resolução

$M = C \cdot f^t$
$M = 2C$
$2C = C \cdot 1{,}3^t \Rightarrow 1{,}3^t = 2 \Rightarrow \log 1{,}3^t = \log 2 \Rightarrow$
$\Rightarrow t = \dfrac{\log 2}{\log 1{,}3} = 2{,}64$ anos $\simeq$ 2 anos e 8 meses

Logo, o tempo deve ser de aproximadamente 2 anos e 8 meses.

23. Qual deve ser o tempo para que a quantia de R$ 30 000,00 gere o montante de R$ 32 781,81, quando aplicada à taxa de 3% ao mês, no sistema de juros compostos?

Resolução

C: 30 000
M: 32 781,81
i: 3% ao mês (0,03)
t: ?

$M = C(1+i)^t \Rightarrow (1+i)^t = \dfrac{M}{C} \Rightarrow (1{,}03)^t = \dfrac{32\,781{,}81}{30\,000} \Rightarrow$
$\Rightarrow (1{,}03)^t = 1{,}092727 \Rightarrow t = \log_{1{,}03} 1{,}092727 =$
$= \dfrac{\log 1{,}092727}{\log 1{,}03} = 3$

O tempo deve ser de 3 meses.

24. *Situação-problema inicial do capítulo*
Uma pessoa vai fazer uma compra no valor de R$ 4 000,00 usando o que tem depositado na poupança, que está rendendo 1% ao mês. Ela quer saber, do ponto de vista financeiro, qual plano de pagamento é mais vantajoso:

- pagar à vista;

ou

- pagar em duas prestações iguais de R$ 2 005,00 cada uma, com entrada.

Resolução

Pagando à vista: toda a quantia de R$ 4 000,00 será gasta (sobrará 0).
Pagando em duas prestações de R$ 2 005,00: como a poupança utiliza o sistema de juros compostos, após o pagamento da primeira prestação sobrará a quantia de R$ 1 995,00, que renderá juro de 1% até o pagamento da segunda prestação. Veja:
1% de 1 995 = 19,95
$M = 1\,995 + 19{,}95 = 2\,014{,}95$
$2\,014{,}95 - 2\,005 = 9{,}95$
Logo, o segundo plano de pagamento é o melhor, pois ainda sobrará a quantia de R$ 9,95.

Exercícios

42. Quanto renderá a quantia de R$ 600,00, aplicada a juros simples, com a taxa de 2,5% ao mês, ao final de 1 ano e 3 meses?

43. Um capital de R$ 800,00, aplicado a juros simples com uma taxa de 2% ao mês, resultou no montante de R$ 880,00 após certo tempo. Qual foi o tempo de aplicação?

44. Uma dívida de R$ 750,00 foi paga 8 meses depois de contraída e os juros foram de R$ 60,00. Sabendo que o cálculo foi feito usando juros simples, qual foi a taxa de juros?

45. Um capital aplicado a juros simples rendeu, à taxa de 25% ao ano, juros de R$ 110,00 depois de 24 meses. Qual foi esse capital?

46. Se uma mercadoria cujo preço é de R$ 200,00 for paga em 6 meses, com taxa de 20% ao ano, quanto será pago de juros no sistema de juros simples?

47. Calcule o montante produzido por R$ 5 000,00 aplicado à taxa de 6% ao bimestre, após um ano, no sistema de juros compostos.

48. Um capital de R$ 900,00 foi aplicado a juros de 18% ao ano durante 2 anos. Quanto rendeu de juros:

a) em porcentagem?

b) em reais?

49. Uma dívida de R$ 700,00 foi contraída a juros compostos de 2% ao mês para ser quitada em 4 meses.

a) Quanto deverá ser pago para quitar a dívida?

b) Qual a taxa de juros acumulada nesse período de 4 meses?

50. Carlos deixou R$ 800,00 aplicados por 3 anos em um fundo de investimento. Se o rendimento médio desse fundo foi de 1% ao mês, quanto Carlos tinha ao final desse período?

51. Afonso depositará R$ 1 000,00 hoje na poupança, que rende, em média, 0,7% ao mês. Daqui a 6 meses, depositará mais R$ 1 000,00. Daqui a 1 ano, quanto ele terá na poupança?

52. Investindo um capital a juros mensais de 4%, em quanto tempo você triplicará seu capital?

53. Quando Luísa nasceu, seu pai investiu para ela R$ 600,00 em um fundo de investimento que rende, em média, 1,2% ao mês. Em quanto tempo Luísa terá mais de R$ 650,00?

54. Após quanto tempo, à taxa de 4% ao mês, a aplicação de R$ 1 000,00 renderá juros de R$ 170,00 no sistema de juros compostos?

55. Uma pessoa deseja aplicar R$ 10 000,00 a juros compostos e, no fim de 3 meses, obter um montante de R$ 11 248,64. Qual deve ser a taxa de juros?

56. (FGV-SP) Um capital de R$ 10 000,00, aplicado a juro composto de 1,5% ao mês, resgatado ao final de 1 ano e 8 meses no montante, em reais, aproximadamente igual a:

a) 11 605,00.

b) 12 986,00.

c) 13 456,00.

d) 13 895,00.

e) 14 216,00.

Dados:

x	x^{10}
0,8500	0,197
0,9850	0,860
0,9985	0,985
1,0015	1,015
1,0150	1,160
1,1500	4,045

57. (UEMT) Uma financiadora oferece empréstimos, por um período de 4 meses, sob as seguintes condições:

1ª) taxa de 11,4% ao mês, a juros simples;

2ª) taxa de 10% ao mês, a juros compostos.

Marcos tomou um empréstimo de R$ 10 000,00, optando pela primeira condição, e Luís tomou um empréstimo de R$ 10 000,00, optando pela segunda condição. Quanto cada um pagou de juros?

Conexão entre juros e funções

Consideremos uma dívida de R\$ 10 000,00 paga com juros de 40% ao ano.

1º) No sistema de **juros simples**, os juros são obtidos em função do tempo de aplicação, por meio da equação $j = 10\,000 \cdot 0{,}4t$ ou $j = 4\,000t$.
Essa função tem uma equação do tipo da função linear ($f(x) = ax$), estudada no capítulo 3 do volume 1, cujo gráfico é uma "reta" que passa pela origem.
Observe a tabela e o gráfico abaixo:

t	0	1	2	...
$j = f(t) = 4000t$	0	4000	8000	...

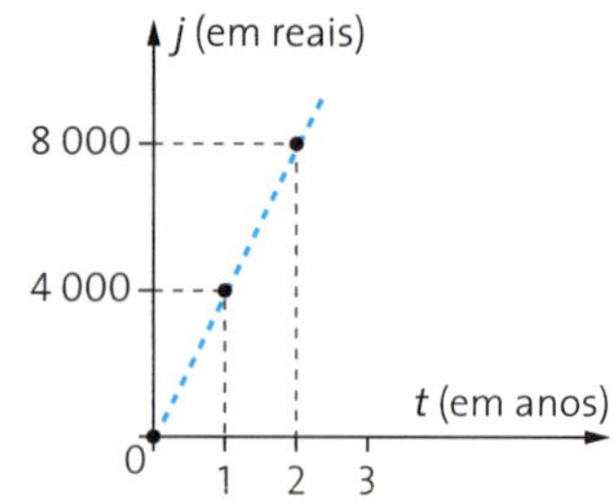

Fique atento!
Em $j = 4\,000t$, os valores de j são diretamente proporcionais aos valores de t e o coeficiente de proporcionalidade é 4 000.

2º) Ainda no sistema de **juros simples**, o montante é obtido em função do tempo e a equação dessa função é $M = 10\,000 + 4\,000t$ ou $M = 4\,000t + 10\,000$, que é do tipo da função afim ($f(x) = ax + b$) estudada no capítulo 3 do volume 1, cujo gráfico é uma "reta" que passa pelo ponto (0, 10 000).
Observe a tabela e o gráfico abaixo:

t	0	1	2	3	4	...
$M = g(t) = 4000t + 10000$	10 000	14 000	18 000	22 000	26 000	...

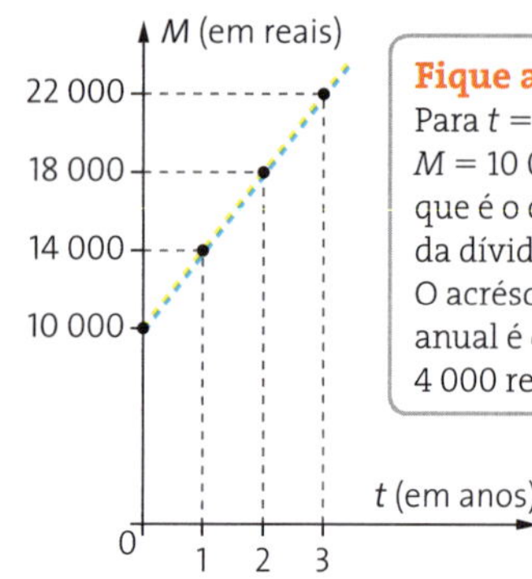

Fique atento!
Para $t = 0$, $M = 10\,000$, que é o capital da dívida.
O acréscimo anual é de 4 000 reais.

A sequência dos montantes a partir do primeiro ano (14 000, 18 000, 22 000, 26 000, ...) é uma PA de razão 4 000 e cujo termo geral é dado por:

$$M_n = M_1 + (n-1)r \Rightarrow M_n = 14\,000 + (n-1) \cdot 4\,000 \Rightarrow$$

$$\Rightarrow M_n = \underbrace{4\,000n}_{\text{aumento anual}} + \underbrace{10\,000}_{\text{capital}}$$

3º) Já no sistema de **juros compostos**, o montante é obtido em função do tempo por meio da equação $M = 10\,000 \cdot 1{,}4^t$, que envolve uma variação do tipo exponencial ($f(x) = a \cdot b^x$), estudada no capítulo 5 do volume 1. Veja a tabela e o gráfico abaixo:

t	0	1	2	3	4	...
$M = h(t) = 10000 \cdot 1{,}4^t$	10 000	14 000	19 600	27 440	38 416	...

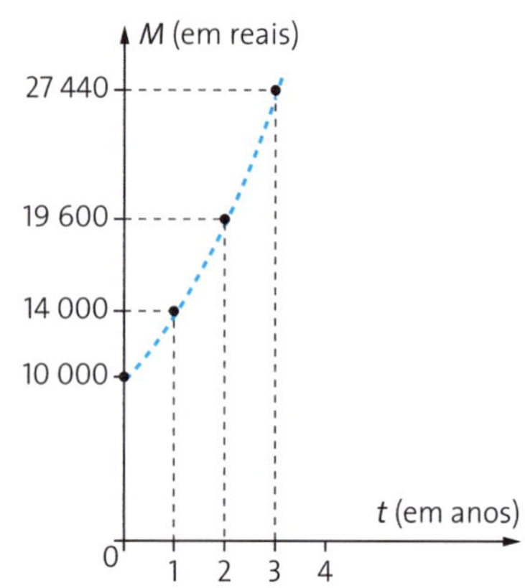

Como já estudamos, a sequência dos montantes a partir do primeiro ano (14 000, 19 600, 27 440, 38 416, ...) é uma PG de razão 1,4 e cujo termo geral é dado por:

$$M_n = M_1 \cdot q^{n-1} \Rightarrow M_n = 14\,000 \cdot 1{,}4^{n-1} \Rightarrow$$

$$\Rightarrow M_n = 14\,000 \cdot \frac{(1{,}4)^n}{1{,}4} = 10\,000 \cdot (1{,}4)^n$$

4º) Vamos agora comparar os gráficos dos itens 2º) e 3º) colocando-os em um mesmo sistema de eixos:

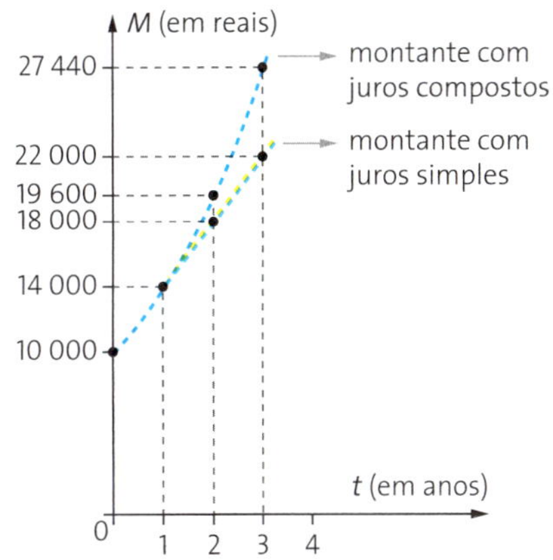

Observe que a intersecção dos gráficos ocorre no ponto (1, 14 000). Isso significa que após o período, nesse caso 1 ano, os montantes a juros simples e a juros compostos coincidem. A partir desse ponto, o gráfico do montante a juros compostos está sempre acima do gráfico do montante a juros simples, ou seja, para qualquer valor de t (em anos), $t > 1$, o montante da dívida a juros compostos é maior do que o montante a juros simples.

5 Equivalência de taxas

Considere a seguinte situação-problema:

Se um investimento rende 3% ao ano, quanto renderá em 10 anos?

$i = 3\% = 0{,}03$

Capital inicial: C_0

Montante após 1 ano: $C_0(1 + 0{,}03)$

Montante após 2 anos: $C_0(1 + 0{,}03)^2$

⋮

Montante após 10 anos: $C_0(1 + 0{,}03)^{10}$

Se I é a taxa de juros acumulada em 10 anos e i é a taxa de juros relativa a 1 ano, temos:

$$1 + I = (1 + i)^{10}$$

pois 10 anos equivalem a 10 períodos iguais a 1 ano.

> **Fique atento!**
> Se i é a taxa de juros relativa a 1 ano, a taxa de juros relativa a n anos é I tal que $1 + I = (1 + i)^n$.

No problema, temos:

$1 + I = (1 + 0{,}03)^{10} \Rightarrow 1 + I = (1{,}03)^{10} \Rightarrow 1 + I \simeq 1{,}3439 \Rightarrow I \simeq 0{,}3439 = 34{,}39\%$

Portanto, o investimento renderá aproximadamente 34,39% em 10 anos.

É possível provar que, se I é a taxa de crescimento de uma grandeza relativa ao período de tempo T e i é a taxa de crescimento relativa ao período t, e se $T = nt$, então:

$$1 + I = (1 + i)^n$$

> **Fique atento!**
> - Taxa de juros é uma taxa de crescimento.
> - Quando dizemos "12% ao ano com capitalização mensal" estamos falando em "1% ao mês".

Exercícios resolvidos

25. Qual é a taxa de juros anual equivalente a uma taxa mensal de 2%?

Resolução

$i = 2\% = 0{,}02$

$1 + I = (1 + 0{,}02)^{12} \Rightarrow 1 + I \simeq 1{,}268 \Rightarrow I \simeq 0{,}268 =$
$= 26{,}8\%$

Portanto, a taxa anual é de 26,8%.

26. Qual é a taxa de juros mensal equivalente a uma taxa anual de 50%?

Resolução

$I = 50\% = 0{,}5$

$1 + 0{,}5 = (1 + i)^{12} \Rightarrow 1{,}5 = (1 + i)^{12} \Rightarrow$

$\Rightarrow 1 + i = \sqrt[12]{1{,}5} = 1{,}034 \Rightarrow i = 0{,}034 = 3{,}4\%$

Portanto, a taxa mensal é de 3,4%.

> **Fique atento!**
> Use uma calculadora científica para extrair a raiz de índice 12.

27. Uma bomba retira, em cada sucção, 3% da água de um poço. Depois de 20 sucções, quanto restará da água inicialmente existente no poço?

Resolução

$i = -3\% = -0{,}03$

$1 + I = (1 - 0{,}03)^{20} \Rightarrow 1 + I = (0{,}97)^{20} \Rightarrow$

$\Rightarrow 1 + I \simeq 0{,}5437 \Rightarrow I \simeq -0{,}4563 = -45{,}63\%$

Portanto, a quantidade de água, após 20 sucções, diminuirá aproximadamente 46%, e restarão cerca de 54% da água existente inicialmente no poço.

28. Paula investe seu dinheiro a juros de 6% ao ano com capitalização mensal. Qual é a taxa anual de juros à qual está investido o capital de Paula?

Resolução

Nesse caso, $i = 0{,}5\%$ ao mês.

I = taxa anual equivalente

$1 + I = (1 + 0{,}005)^{12} \Rightarrow I \simeq 0{,}0617 = 6{,}17\%$

A taxa anual de juros é de 6,17%.

> **Fique atento!**
> Nesse exemplo, a taxa de 6% ao ano é chamada **taxa nominal**. E a taxa de 6,17 ao ano é chamada **taxa efetiva**.

29. Para se proteger contra abusos, as pessoas precisam conhecer o Código de Defesa do Consumidor, instituído pela Lei n. 8 078, de 11 de setembro de 1990. Em relação aos financiamentos, por exemplo, a lei diz que os comerciantes devem informar aos consumidores a taxa de juros mensal e anual e outras informações pertinentes (número de parcelas, total a ser pago, etc.) quando estiverem anunciando uma venda a prazo.

Suponha que o gerente de *marketing* de uma loja que vende mercadorias tenha sugerido que a taxa anual de financiamento exibida nos folhetos publicitários não seja maior do que 70%, pois pesquisas de opinião indicam que taxas maiores do que esse valor assustam o consumidor.

Que taxa mensal máxima essa loja deve cobrar para atender à sugestão do gerente de *marketing*?

Resolução

Temos $i = 70\% = 0{,}7$

$1 + 0{,}7 = (1 + i)^{12} \Rightarrow 1{,}7 = (1 + i)^{12} \Rightarrow$

$\Rightarrow 1 + i = \sqrt[12]{1{,}7} \simeq 1{,}045 \Rightarrow i = 0{,}045 = 4{,}5\%$

Assim, a loja deve cobrar taxa mensal máxima de 4,5% ao mês.

Exercícios

58. Em uma cultura de bactérias, o número delas aumenta à taxa de 20% por minuto. Quanto crescerá esse número em 8 minutos?

59. Uma seringa retira, de cada vez, 2% do remédio de um frasco. Depois de 10 vezes, quanto restará do remédio inicialmente existente no frasco?

60. O número de torcedores de um time de futebol diminui 6% ao ano. Depois de 12 anos, quanto restará dos torcedores inicialmente existentes?

61. Se a população do Brasil continuar crescendo à taxa de 1,32%* ao ano, qual será seu crescimento na próxima década?

62. Qual é a taxa de juros anual equivalente a uma taxa mensal de 1%?

63. Qual é a taxa de juros anual equivalente a uma taxa bimestral de 3%?

64. Qual é a taxa de juros mensal equivalente a uma taxa de juros anual de 130%?

65. A renda *per capita* é definida como o quociente do produto interno bruto (PIB) pela população economicamente ativa. Se nos próximos dez anos a população crescer 1,32%* ao ano, quanto deverá crescer anualmente o PIB para que a renda *per capita* aumente 10% na próxima década?

* Disponível em: <http://tabnet.datasus.gov.br/cgi/idb2010/aø3uf.htm>. Acesso em: 11 abr. 2013.

6 Equivalência de capitais

O valor de uma quantia depende da época à qual ela está referida.

Por exemplo, se meu dinheiro rende 1% ao mês, é indiferente pagar R$ 100,00 agora ou pagar R$ 101,00 daqui a um mês.

Por outro lado, é mais vantajoso pagar R$ 100,50 daqui a um mês do que pagar R$ 100,00 agora. E, também, é mais vantajoso pagar R$ 100,00 agora do que pagar R$ 102,00 daqui a um mês.

Assim, a principal questão em Matemática financeira é deslocar quantias no tempo.

Outra leitura para $C_n = C_0(1 + i)^n$

Podemos ler a fórmula $C_n = C_0(1 + i)^n$ da seguinte maneira: uma quantia, hoje igual a C_0, será transformada, depois de n períodos de tempo, em uma quantia igual a $C_0(1 + i)^n$, à taxa de i% ao período.

Por exemplo, uma quantia cujo valor atual é R$ 1000,00 equivalerá no futuro, depois de n períodos de tempo, a $1000(1 + i)^n$.

Essa é a fórmula fundamental da equivalência de capitais:

> Para obter o **valor futuro**, basta multiplicar o atual por $(1 + i)^n$.
> Para obter o **valor presente**, basta dividir o valor futuro por $(1 + i)^n$.

Exercícios resolvidos

30. Rosângela tomou emprestado R$ 300 000,00 a juros mensais de 12%. Dois meses depois, Rosângela pagou R$ 150 000,00 e, um mês após esse pagamento, liquidou sua dívida. Qual é o valor desse último pagamento?*

Resolução

Os esquemas de pagamento representados abaixo são equivalentes:

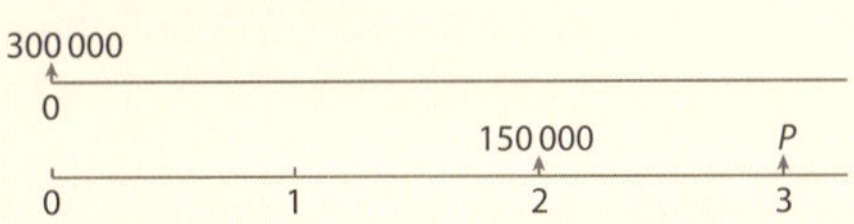

R$ 300 000,00 na data 0 têm o mesmo valor de R$ 150 000,00 dois meses depois mais um pagamento igual a P na data 3.

Igualamos os valores na mesma época (0, por exemplo) dos pagamentos nos dois esquemas e obtemos:

$$300\,000 = \frac{150\,000}{(1+0,12)^2} + \frac{P}{(1+0,12)^3} \Rightarrow$$

$$\Rightarrow \frac{P}{1,404928} = 300\,000 - \frac{150\,000}{1,2544} \Rightarrow$$

$$\Rightarrow \frac{P}{1,404928} = 300\,000,00 - 119\,579,08 \Rightarrow$$

$$\Rightarrow \frac{P}{1,404928} = 180\,420,92 \Rightarrow P = 253\,478,40$$

Portanto, o último pagamento foi de R$ 253 478,40.

31. Hélen tem duas opções de pagamento na compra de um televisor:

- 3 prestações mensais de R$ 150,00 cada;
- 7 prestações mensais de R$ 65,00 cada.

A primeira prestação é paga no ato da compra em ambos os casos. O dinheiro vale 2% ao mês para Hélen. Qual é a melhor opção de compra?

Resolução

Os esquemas de pagamento são:

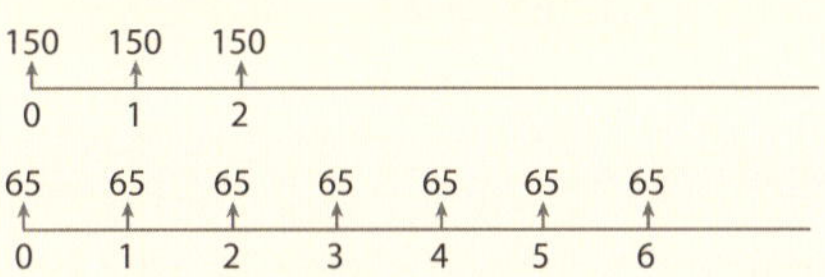

A título de comparação, vamos determinar o valor dos dois conjuntos de pagamentos na mesma época, por exemplo na época 2. Então temos:

$V_1 = 150(1 + 0,02)^2 + 150(1 + 0,02) + 150$ e

$$V_2 = 65(1+0,02)^2 + 65(1+0,02) + 65 + \frac{65}{1+0,02} + \frac{65}{(1+0,02)^2} + \frac{65}{(1+0,02)^3} + \frac{65}{(1+0,02)^4}$$

Calculando esses valores, obtemos $V_1 =$ R$ 459,06 e $V_2 \simeq$ R$ 446,43.

Portanto, a melhor opção para Hélen é fazer o pagamento em 7 prestações.

* Os exercícios resolvidos 30 e 31 foram extraídos e adaptados de: LIMA, Elon L. et al. *A Matemática do Ensino Médio*. v. 2. Rio de Janeiro: SBM, 1998. p. 46. (Coleção do Professor de Matemática.)

32. Na análise de investimentos, chamamos de valor presente (*VP*) o valor do investimento na data zero, ou seja, na data atual, e de valor futuro (*VF*) o valor desse mesmo investimento daqui a *n* períodos, considerando-se uma taxa de juros compostos compatível com o risco do investimento. De certo modo, podemos dizer que o capital é o *VP* de um investimento, e os montantes a cada período são o *VF* do mesmo investimento.

a) Qual o valor futuro, após 4 anos, de um investimento de R$ 23 000,00 a juros mensais de 2%? Use sua calculadora.

b) Qual o valor presente de uma dívida de R$ 1000,00 que deve ser paga em duas partes de R$ 500,00, sendo a primeira em 6 meses e a segunda em 1 ano? Considere o custo de oportunidade em 1,5% a.m.

Observação: No caso, custo de oportunidade é a taxa de juros sobre o capital próprio.

Resolução

a) $1 + i = 1 + 0{,}02 = 1{,}02$

$n = 4$ anos $= 48$ meses

$VF = 23\,000 \cdot 1{,}02^{48} = 59\,502{,}62$

b) $1 + i = 1 + 0{,}015 = 1{,}015$

Temos dois *VF*, portanto o *VP* é composto de duas parcelas, cada uma relativa ao desconto de um *VF*.

VP_1: $n = 6$ meses

$500 = VP_1 \cdot (1{,}015)^6 \Rightarrow VP_1 = 457{,}27$

VP_2: $n = 12$ meses

$500 = VP_2 \cdot (1{,}015)^{12} \Rightarrow VP_2 = 418{,}19$

$VP = VP_1 + VP_2 = 457{,}27 + 418{,}19 = 875{,}46$

$VP =$ R$ 875,46

Na prática, tendo R$ 875,46 disponíveis hoje, e, conseguindo uma remuneração de capital de 1,5% ao mês, quita-se a dívida nos prazos acertados e não sobra nem falta dinheiro.

33. O valor à vista de um produto é, na prática, a soma de todos os valores presentes em suas parcelas, descontado pela taxa de juro do financiamento. Obtenha o valor à vista de um produto vendido em 4 parcelas de R$ 50,00, com juros de 7% a.m.:

a) sendo a primeira à vista (1 + 3);

b) sendo a primeira daqui um mês (0 + 4).

Resolução

a) $1 + i = 1 + 0{,}07 = 1{,}07$

A soma do *VP* das 4 parcelas é:

$$50 + \frac{50}{(1{,}07)^1} + \frac{50}{(1{,}07)^2} + \frac{50}{(1{,}07)^3} = 181{,}21$$

(note que a primeira parcela já é o valor presente, pois é paga à vista)

O valor do produto à vista é R$ 181,21.

b) $1 + i = 1 + 0{,}07 = 1{,}07$

A soma do *VP* das 4 parcelas é:

$$\frac{50}{(1{,}07)^1} + \frac{50}{(1{,}07)^2} + \frac{50}{(1{,}07)^3} + \frac{50}{(1{,}07)^4} = 169{,}36$$

O valor do produto à vista é R$ 169,36.

34. Quando se tem mais de uma alternativa de investimento, mesmo que seja na aquisição de um bem, é necessário comparar o dinheiro em datas iguais para poder tomar uma decisão. A data mais utilizada é a data atual, e a comparação é feita obtendo-se o valor presente das várias alternativas de investimento.

Um vendedor de uma loja oferece três alternativas ao cliente na hora de vender um conjunto de sofás que está sendo oferecido pelo preço de tabela, R$ 800,00:

a) Em duas vezes sem juros* de R$ 400,00.

b) À vista, com 5% de desconto.

c) Sem entrada, em 4 parcelas de R$ 210,00.

Qual é a melhor alternativa a ser escolhida se o custo de oportunidade do cliente é de 1,3%? Use sua calculadora.

Resolução

Para saber a melhor alternativa precisamos obter o *VP* das três opções e escolher o menor.

Opção **a**: $VP = 400 + \dfrac{400}{(1{,}013)^1} = 794{,}87$

Opção **b**: $VP = 800 \cdot 0{,}95 = 760{,}00$

Opção **c**: $VP = \dfrac{210}{(1{,}013)^1} + \dfrac{210}{(1{,}013)^2} + \dfrac{210}{(1{,}013)^3} +$

$+ \dfrac{210}{(1{,}013)^4} = 813{,}40$

Portanto, a opção **b** é a melhor para esse cliente.

* As lojas usam muito a expressão "sem juros" para atrair os clientes, mas, do ponto de vista matemático, se o preço à vista tiver desconto, como no caso acima, então há juros embutidos na opção dita "sem juros".

66. Noemi tem duas opções de pagamento na compra de uma motocicleta:

Margo Harrison/Shutterstock/Glow Images

a) 4 prestações mensais de R$ 1500,00;

b) 9 prestações mensais de R$ 700,00.

Nos dois casos, a primeira prestação é paga no momento da compra. Sabendo que Noemi consegue fazer seu dinheiro render 3% ao mês, qual a melhor opção para ela?

67. Um carro popular custa numa revendedora R$ 22 000,00 à vista. Numa promoção de Natal realizada no mês de dezembro de 2013, com R$ 12 000,00 de entrada, um comprador tem o valor restante financiado em 36 prestações mensais. As prestações pagas num mesmo ano são iguais, e a cada ano o valor da prestação sofre um aumento de 10% em relação à do ano anterior. Sabendo que o valor da primeira prestação — a ser paga em janeiro de 2014 — é R$ 300,00, determine:

Risteski Goce/Shutterstock/Glow Images

a) quanto o comprador do carro desembolsará ao fim de cada ano, excluindo-se a entrada;

b) qual o valor total do carro.

68. Michele comprou uma calça em 4 vezes (1 + 3) de R$ 35,00, e Jaqueline comprou uma calça idêntica em outra loja e pagou em 3 vezes (0 + 3) de R$ 45,00. Suponha que o custo de oportunidade de Michele seja de 1,2% a.m. e o de Jaqueline, que tem conta em outro banco, de 1% a.m. Qual das duas fez melhor negócio?

69. Qual é a melhor opção para Carina, considerando que ela consiga juros de 1,3% a.m. no banco:

a) comprar uma calça à vista por R$ 55,00;

b) comprar a mesma calça em três vezes iguais de R$ 20,00, com entrada (1 + 2)?

70. Na hora de pagar um micro-ondas no valor de R$ 400,00, Rogério descobriu que a loja oferecia duas opções de pagamento:

D. Hurst/Alamy/Glow Images

a) comprar à vista com 4% de desconto;

b) comprar em quatro vezes sem entrada (0 + 4).

Qual é a melhor opção para Rogério, do ponto de vista financeiro, considerando que ele pode conseguir juros de 2,5% ao mês se deixar o dinheiro no banco?

71. No ano de 2010, o governo paulista ofereceu as seguintes condições para o pagamento do IPVA (Imposto sobre a Propriedade de Veículos Automotores):

a) cota única com desconto de 3% para pagamento até dia 15 de janeiro de 2010;

b) cota única sem desconto para pagamento até dia 15 de fevereiro de 2010;

c) pagamento em 3 parcelas iguais, cada uma equivalente a $\frac{1}{3}$ do imposto devido, nas datas de 15 de janeiro, 15 de fevereiro e 15 de março.

Supondo que uma pessoa precisou pagar um IPVA de R$ 900,00 e possuía, no dia 15 de janeiro, recursos financeiros suficientes para escolher qualquer uma das três opções, e que esses recursos estavam aplicados em uma poupança que remunera o capital aplicado em média a 0,6% a.m., responda: Qual das três opções seria a escolha mais acertada para essa pessoa?

72. Um pagamento de R$ 500,00 deverá ser feito daqui a 3 meses. Se eu quiser pagar hoje, qual será o preço justo a pagar, considerando juros de 4% a.m.?

Leitura

O cartão de crédito

Dam d'Souza/Arquivo da editora

O cartão de crédito é um dos principais meios de pagamento atualmente. É um cartão de plástico que pode ou não conter um *chip*. Nos cartões com *chip* o pagamento só é efetuado mediante a digitação de uma senha.

Cada cartão de crédito possui um **limite**, ou seja, um valor máximo que se pode gastar e pagar por isso depois.

Todas as compras que o consumidor faz com o cartão de crédito são acumuladas para serem pagas mensalmente, em data previamente acertada com a empresa de crédito. Essas compras vêm discriminadas no que se chama **fatura** e o consumidor deve pagar pelo menos uma parte do valor total (conhecida como pagamento mínimo). O que não for pago é passado para a fatura do mês seguinte, acrescido de juros.

Os juros cobrados pelos cartões de crédito são os mais altos do mercado financeiro, por isso, pode não compensar passar a dívida para o mês seguinte. O ideal é sempre controlar os gastos e pagar a totalidade da fatura na data certa, todo mês, assim os juros do cartão são evitados.

Como o consumidor não percebe o dinheiro sendo gasto, é comum consumidores inexperientes gastarem demais e depois não conseguirem pagar a fatura, que vem muito alta. Nesses casos, é aconselhável fazer um empréstimo pessoal no banco, ou retirar dinheiro de alguma aplicação financeira, e pagar toda a fatura, para que a dívida não cresça no mês seguinte.

As operadoras de cartão, geralmente os bancos que emitem o cartão de uma empresa de crédito, costumam cobrar do consumidor uma taxa anual (**anuidade**) para manutenção da conta. Essa taxa varia de operadora para operadora, e pode chegar a zero em determinados casos. Sempre vale a pena ligar para a operadora e negociar o valor dessa taxa.

Se o consumidor sempre pagar a fatura total, em dia, o único gasto extra que ele poderá ter é a anuidade do cartão.

O lucro das empresas de crédito vem principalmente dos estabelecimentos comerciais. A empresa de crédito repassa ao lojista os valores das compras feitas com cartão, descontando uma taxa pelo serviço. Por exemplo, se o consumidor usa o cartão para comprar um produto de R$ 100,00 o consumidor pagará R$ 100,00 na fatura do cartão e o lojista receberá R$ 96,00 da empresa de crédito. Nesse caso, a taxa pelo serviço é de 4% sobre o valor da compra. A vantagem para o lojista é que ele sempre receberá da empresa de crédito; assim, se o consumidor não pagar, quem assume o prejuízo é a empresa de crédito, não o lojista. Então, vender no cartão é certeza de recebimento, ainda que recebendo um valor um pouco menor.

Assim, o cartão de crédito geralmente traz facilidades tanto para o consumidor quanto para o vendedor. Esse tipo de pagamento vem se consolidando mundialmente como uma das mais eficientes formas de pagamento, principalmente devido ao crescente comércio *on-line*.

Atividades adicionais

1. Um fogão está sendo vendido nas seguintes condições: 30% de entrada e o restante em 5 prestações iguais de R$ 58,80 cada uma. Qual é o preço desse fogão?

2. Um comerciante comprou uma peça de tecido de 100 m por R$ 800,00. Se ele vender 40 m com lucro de 30%, 50 m com lucro de 10% e 10 m pelo preço de custo, quanto por cento de lucro ele terá na venda de toda a peça?

3. A inflação pode ser entendida como a taxa média com que os preços (de um lugar, país ou região) aumentam. Suponha que num determinado país, as taxas mensais de inflação em cada um dos últimos 3 meses foram, respectivamente, 1,2%, 0,8% e 1,7%. Qual foi a inflação total acumulada nesses 3 meses?

4. Denise deixará R$ 520,00 aplicados na poupança. Se o rendimento médio da poupança for de 0,7% ao mês, quanto Denise terá ao final de 3 meses?

5. Clodoaldo aumentou o preço dos seus serviços em 15%. Como os clientes reclamaram muito, ele decidiu voltar ao preço anterior. Qual é o desconto percentual que precisa ser oferecido para que isso aconteça?

6. Uma loja aumentou o preço dos seus produtos em 5% em julho e 8% em agosto. Qual deve ser o desconto percentual que precisa ser oferecido agora, para que o valor pago com desconto seja igual ao que era antes dos aumentos?

7. Marieta vendeu um lote de 300 ações de uma empresa de telefonia por R$ 36,00 cada ação. Pela venda, precisou pagar 1,5% do total em taxas de corretagem. Quanto recebeu pela venda, descontando-se as taxas pagas?

8. Em 1º/3/2013 uma pessoa emprestou a quantia de R$ 4 000,00, a juros simples, com a taxa de 4% ao mês. Qual era o montante da dívida em 1º/7/2013?

9. Durante quanto tempo um capital deve ser aplicado para que seu valor dobre, no sistema de juros simples, à taxa de 2% ao mês?

10. Se o capital de R$ 300,00 rende mensalmente R$ 12,00, qual é a taxa anual de juros, no sistema de juros simples?

11. Qual será o montante produzido pelo capital de R$ 20 000,00, aplicado a juros compostos, à taxa de 20% ao ano, durante 6 meses? (Lembre-se de que $t = 0{,}5$.)

12. Um capital de R$ 700,00 foi aplicado a juros de 1% ao mês, durante 2 anos. Quanto rendeu de juros:
    a) em porcentagem?
    b) em reais?

13. Eloy deixou R$ 440,00 aplicados por um ano na poupança. Se o rendimento médio da poupança é de 0,7% ao mês, quanto Eloy tinha ao final desse ano?

14. Joana deixou R$ 800,00 aplicados por 3 anos em um fundo de investimento. Se o rendimento médio desse fundo foi de 1% ao mês, no primeiro ano, de 1,4% ao mês no segundo ano e de 0,9% ao mês no terceiro ano, quanto Joana tinha ao final desse período?

15. Caio precisará de R$ 3 000,00 daqui a 2 anos. Quanto ele deverá aplicar hoje, sabendo que o banco oferece 2% ao mês?

16. Célia depositará, a partir de hoje, R$ 100,00 por mês num fundo de investimento que rende, em média, 1% ao mês. Antes de fazer o quarto depósito, quanto Célia já terá nesse fundo?

17. Se Ivan colocar R$ 120,00 na poupança, que rende, em média, 0,8% ao mês, em quantos meses Ivan terá quase R$ 130,00?

18. Se a população de uma cidade cresce 2% ao ano, quanto crescerá em 20 anos?

19. Em uma escola, o número de alunos aumenta 5% ao ano. Quanto aumentará em 15 anos?

20. Uma loja de eletrodomésticos oferece ao cliente duas opções de pagamento:
    a) à vista, com 25% de desconto;
    b) em duas prestações mensais iguais, sem desconto, com a primeira prestação sendo paga no ato da compra.

    Qual a taxa mensal de juros embutidos nas vendas a prazo?

21. Repartindo a quantia de R$ 288,00 em partes proporcionais (diretamente proporcionais) aos números 4, 6 e 8, obtemos respectivamente:
    a) R$ 60,00, R$ 90,00 e R$ 120,00.
    b) R$ 50,00, R$ 138,00 e R$ 100,00.
    c) R$ 66,00, R$ 99,00 e R$ 132,00.
    d) R$ 64,00, R$ 96,00 e R$ 128,00.
    e) R$ 70,00, R$ 88,00 e R$ 130,00.

22. A quantia de R$ 4 640,00 foi distribuída como abono a três funcionários de uma firma, de forma inversamente proporcional ao número de faltas de cada um. Paulo faltou 6 dias, Cláudia faltou 9 dias e Ana faltou 8 dias. O abono que Cláudia recebeu foi de:
    a) R$ 1280,00.
    b) R$ 1920,00.
    c) R$ 1360,00.
    d) R$ 1440,00.
    e) R$ 1420,00.

Pensando no Enem

O Índice de Massa Corporal (IMC) é largamente utilizado há cerca de 200 anos, mas esse cálculo representa muito mais a corpulência que a adiposidade, uma vez que indivíduos musculosos e obesos podem apresentar o mesmo IMC. Uma nova pesquisa aponta o Índice de Adiposidade Corporal (IAC) como uma alternativa mais fidedigna para quantificar a gordura corporal, utilizando a medida do quadril e a altura. A figura mostra como calcular essas medidas, sabendo-se que, em mulheres, a adiposidade normal está entre 19% e 26%.

O velho IMC
(Índice de Massa Corporal)

$$\text{Índice de Massa Corporal} = \frac{\text{massa (kg)}}{\text{altura} \times \text{altura (m)}}$$

O novo IAC
(Índice de Adiposidade Corporal)

$$\text{\% de Gordura Corporal} = \frac{\text{circunferência do quadril (cm)}}{\text{altura} \times \sqrt{\text{altura}}\text{ (m)}} - 18$$

Ilustrações: Dam d' Souza/Arquivo da editora

Disponível em: <www1.folha.uol.com.br>. Acesso em: 24 abr. 2011 (adaptado).

Uma jovem com IMC = 20 kg/m^2, 100 cm de circunferência dos quadris e 60 kg de massa corpórea resolveu averiguar seu IAC. Para se enquadrar aos níveis de normalidade de gordura corporal, a atitude adequada que essa jovem deve ter diante da nova medida é:
(Use $\sqrt{3} = 1{,}7$ e $\sqrt{1{,}7} = 1{,}3$.)

a) reduzir seu excesso de gordura em cerca de 1%.

b) reduzir seu excesso de gordura em cerca de 27%.

c) manter seus níveis atuais de gordura.

d) aumentar seu nível de gordura em cerca de 1%.

e) aumentar seu nível de gordura em cerca de 27%.

Resolução

Nesta questão, devemos analisar as alternativas para determinar qual a atitude adequada para a jovem em relação ao seu nível de gordura. Para isso devemos então calcular o seu IAC (Índice de Adiposidade Corporal), que apresenta a porcentagem de gordura corporal da pessoa.

De acordo com as informações fornecidas, o IAC é determinado a partir de informações sobre a circunferência do quadril e a altura do indivíduo. Devemos calcular a altura da jovem, pois essa informação não foi fornecida, e usaremos os dados do IMC para isso.

Sabemos, a partir da figura, que o IMC é calculado por meio da fórmula: $\text{IMC} = \frac{\text{massa (kg)}}{\text{altura (m)} \cdot \text{altura (m)}}$, e que a jovem possui um IMC de 20 kg/m^2 e 60 kg de massa corpórea. Substituindo na fórmula do IMC temos:

$$20 = \frac{60}{\text{altura}^2} \Rightarrow \text{altura}^2 = \frac{60}{20} \Rightarrow$$
$$\Rightarrow \text{altura}^2 = 3 \Rightarrow \text{altura} = \sqrt{3} = 1{,}7$$

Para o cálculo do IAC usaremos a altura em metros e a circunferência do quadril em centímetros. Assim, teremos:

$$\text{IAC} = \frac{\text{circunf. quadril (cm)}}{\text{altura (m)} \cdot \sqrt{\text{altura (m)}}} - 18 \Rightarrow$$
$$\Rightarrow \text{IAC} = \frac{100}{1{,}7 \cdot \sqrt{1{,}7}} - 18 \Rightarrow$$
$$\Rightarrow \text{IAC} = \frac{100}{1{,}7 \cdot 1{,}3} - 18 = \frac{100}{2{,}21} - 18 =$$
$$= 45{,}25 - 18 = 27{,}25$$

De acordo com o enunciado, o IAC para as mulheres deve estar entre 19% e 26%. O resultado acima indica que a jovem possui 27,25% de gordura corporal, estando, portanto, acima da porcentagem considerada normal.

Para se adequar aos índices considerados normais, ela deve reduzir seu IAC para um valor abaixo de 26%, o que corresponde a uma redução de:

27,25% − 26% = 1,25%

Avaliando as alternativas apresentadas, a única que propõe uma redução semelhante à descrita acima é a alternativa **a**.

Resposta: alternativa **a**.

Vestibulares de Norte a Sul

1. **N** (UFT-TO) Pedro fez um empréstimo de R$ 800,00 em uma financeira que cobra uma taxa de juros de 10% ao mês, comprometendo-se a saldar a dívida em dois meses. No fim do primeiro mês, Pedro pagou à financeira uma parcela de R$ 600,00. Assim sendo, é correto afirmar que, para quitar o empréstimo feito, ao final do segundo mês, Pedro deve pagar:
   a) R$ 200,00.
   b) R$ 280,00.
   c) R$ 308,00.
   d) R$ 380,00.

2. **SE** (Fuvest-SP) No próximo dia 8/12, Maria, que vive em Portugal, terá um saldo de 2 300 euros em sua conta corrente, e uma prestação a pagar no valor de 3 500 euros, com vencimento nesse dia. O salário dela é suficiente para saldar tal prestação, mas será depositado nessa conta corrente apenas no dia 10/12.
   Maria está considerando duas opções para pagar a prestação:
   1. Pagar no dia 8. Nesse caso, o banco cobrará juros de 2% ao dia sobre o saldo negativo diário em sua conta corrente, por dois dias.
   2. Pagar no dia 10. Nesse caso, ela deverá pagar uma multa de 2% sobre o valor total da prestação.

   Suponha que não haja outras movimentações em sua conta corrente. Se Maria escolher a opção 2, ela terá, em relação à opção 1:
   a) desvantagem de 22,50 euros.
   b) vantagem de 22,50 euros.
   c) desvantagem de 21,52 euros.
   d) vantagem de 21,52 euros.
   e) vantagem de 20,48 euros.

3. **SE** (Vunesp-SP) Desejo ter, para minha aposentadoria, 1 milhão de reais. Para isso, faço uma aplicação financeira, que rende 1% de juros ao mês, já descontados o imposto de renda e as taxas bancárias recorrentes. Se desejo me aposentar após 30 anos com aplicações mensais fixas e ininterruptas nesse investimento, o valor aproximado, em reais, que devo disponibilizar mensalmente é:
   (Dado: $1{,}01^{361} \simeq 36$.)
   a) 290,00.
   b) 286,00.
   c) 282,00.
   d) 278,00.
   e) 274,00.

4. **SE** (UEMG) Uma fábrica de calçados situada no interior de São Paulo tinha 1600 funcionários entre homens e mulheres. Devido à contenção de despesas, o número de funcionárias mulheres foi reduzido à terça parte e, assim, o número de funcionários homens passou a representar 50% do total de funcionários dessa fábrica. Nessas condições, o número de mulheres que continuaram a trabalhar nessa fábrica corresponde a:
   a) 200. b) 360. c) 380. d) 400.

5. **SE** (FGV-SP) A rede Corcovado de hipermercados promove a venda de uma máquina fotográfica digital pela seguinte oferta: "Leve agora e pague daqui a 3 meses". Caso o pagamento seja feito à vista, Corcovado oferece ao consumidor um desconto de 20%. Caso um consumidor prefira aproveitar a oferta, pagando no final do 3º mês após a compra, a taxa anual de juros simples que estará sendo aplicada no financiamento é de:
   a) 20% c) 100%. e) 120%.
   b) 50%. d) 80%.

6. **NE** (UFPB) Num supermercado, um produto foi posto em promoção com 20% de desconto sobre o seu preço de tabela, por um período de 5 dias. Concluído esse período, o preço promocional foi elevado em 10%. Com esse aumento, o desconto, em relação ao preço de tabela, passou a ser:
   a) 8%. c) 12%. e) 14%.
   b) 10%. d) 15%.

7. **CO** (UnB-DF) A tabela a seguir representa os percentuais dos grupos sanguíneos na população de um país.

	O	A	B	AB
Rh^+	35,0%	38,1%	6,2%	2,8%
Rh^-	9,0%	7,2%	1,2%	0,5%

   Com base nessas informações, julgue os itens seguintes.
   1) A porcentagem da população desse país pertencente ao grupo O é superior a 45%.
   2) A porcentagem da população com fator Rh^+ é inferior a 80%.
   3) Dos indivíduos que pertencem ao grupo AB, o percentual daqueles com fator Rh^- é superior a 15%.

8. **CO** (UEG-GO) Um fogão custou R$ 600,00 para um comerciante. O comerciante anunciou o preço para venda do fogão de modo que, se sobre esse preço anunciado fosse aplicado 25% de desconto, ao vender o fogão, o comerciante ainda teria um lucro de 25% sobre o preço de custo. O preço anunciado foi de:

a) R$ 1 020,00.
b) R$ 1 000,00.
c) R$ 960,00.
d) R$ 940,00.
e) R$ 900,00.

9. **SE** (Uerj) João abriu uma poupança e, em 1º de janeiro de 2006, depositou R$ 500,00 a uma taxa de juros, nesse ano, de 20%. Em 1º de janeiro de 2007, depositou mais R$ 1000,00. Para que João tenha, nessa poupança, em 1º de janeiro de 2008, um montante de R$ 1824,00, a taxa de juros do segundo ano deve corresponder a:

a) 12%. b) 14%. c) 16%. d) 18%.

10. **NE** (Uece) Em janeiro, João gastava 40% de seu salário com aluguel. Em julho seu salário teve um aumento de 5% e seu aluguel teve um aumento de 20%. Nesta nova situação, o percentual do salário de João gasto com o aluguel está entre:

a) 43,5 % e 44,5%.
b) 44,5 % e 45,5%.
c) 45,5% e 46,5%.
d) 46,5% e 47,5%.

11. **CO** (UFMS) Uma loja vende um produto por R$ 510,00 para pagamento à vista. Um cliente pode pedir um financiamento pelo plano (1 + 1) pagamentos iguais, ou seja, o primeiro pagamento deve ser feito no ato da compra e o segundo, um mês após essa data. Se a taxa de juros praticada pela loja for de 4% ao mês, então o valor de cada uma das prestações será de:

a) R$ 267,60.
b) R$ 265,20.
c) R$ 260,00.
d) R$ 257,50.
e) R$ 270,50.

12. **SE** (Unicamp-SP) A quantia de R$ 1 280,00 deverá ser dividida entre 3 pessoas. Quanto receberá cada uma, se:

a) a divisão for feita em partes diretamente proporcionais a 8, 5 e 7?
b) a divisão for feita em partes inversamente proporcionais a 5, 2 e 10?

13. **SE** (Unicamp-SP) Um capital de R$ 12 000,00 é aplicado a uma taxa anual de 8%, com juros capitalizados anualmente. Considerando que não foram feitas novas aplicações ou retiradas, encontre:

a) o capital acumulado após 2 anos;
b) o número inteiro mínimo de anos necessários para que o capital acumulado seja maior que o dobro do capital inicial. (Se necessário, use $\log_{10} 2 = 0{,}301$ e $\log_{10} 3 = 0{,}477$.)

14. **CO** (Cespe/UnB-DF) Três marceneiros receberam R$ 6 000,00 pela execução conjunta de uma reforma em certo prédio. Um dos artífices trabalhou 5 dias; o outro, 4 dias e meio; e o terceiro, 8 dias. Tinham, respectivamente, idades de 20 anos, 22 anos e 6 meses, 26 anos e 8 meses. Eles haviam acertado repartir entre si a remuneração global em partes diretamente proporcionais ao tempo de trabalho de cada um e inversamente proporcionais às respectivas idades. Com base nessa situação, julgue os itens a seguir.

I. O marceneiro que trabalhou 5 dias recebeu $\frac{2}{3}$ da quantia recebida pelo marceneiro que trabalhou 8 dias.
II. O marceneiro mais jovem foi o que recebeu a menor quantia.
III. O marceneiro que trabalhou 8 dias recebeu $\frac{1}{4}$ da remuneração global.
IV. A soma das quantias recebidas pelo marceneiro mais jovem e pelo marceneiro mais velho perfaz $\frac{11}{15}$ da remuneração global.

A quantidade de itens corretos é:

a) 0. b) 1. c) 2. d) 3. e) 4.

15. **S** (UFSC) Assinale a(s) proposição(ões) correta(s).

01) As promoções do tipo "leve 5 e pague 4", ou seja, levando-se um conjunto de 5 unidades, paga-se o preço de 4, acenam com um desconto de 25%.
02) $\frac{80\%}{2\%} = 40\%$.
04) $(30\%)^2 = 0{,}09$.
08) Uma pedra semipreciosa de 20 g caiu e se partiu em dois pedaços de 4 g e 16 g. Sabendo-se que o valor, em uma certa unidade monetária, desta pedra é igual ao quadrado de sua massa expressa em gramas, a perda é de 32% em relação ao valor da pedra original.
16) Um quadro cujo preço de custo era R$ 1200,00 foi vendido por R$ 1380,00. Nesse caso, o lucro obtido na venda, sobre o preço de custo, foi de 18%.

16. **S** (UEL-PR) Um dos traços característicos dos achados arqueológicos da Mesopotâmia é a grande quantidade de textos, escritos em sua maioria sobre tabuinhas de argila crua. Em algumas dessas tabuinhas foram encontrados textos matemáticos datados de cerca de 2000 a.C. Em um desses textos, perguntava-se "por quanto tempo deve-se aplicar uma determinada quantia de dinheiro a juros compostos de 20% ao ano para que ela dobre?".

Adaptado de: EVES, Howard. *Introdução à história da Matemática.* Campinas: Ed. da Unicamp, 1995. p. 77.

Nos dias de hoje, qual equação seria utilizada para resolver tal problema?

a) $(1{,}2)^t = 2$
b) $2^t = 1{,}2$
c) $(1{,}2)^t = 2$
d) $2^t = 1{,}2$
e) $t^2 = 1{,}2$

CAPÍTULO

2 Estatística

Nonwarit/Shutterstock/Glow Images

A Estatística surgiu como ciência há milênios antes de Cristo, sendo, no início, uma simples compilação de números.

1 Termos de uma pesquisa estatística

O uso da pesquisa é bastante comum nas várias atividades humanas. Veja alguns exemplos:

a) As indústrias costumam realizar pesquisas entre os consumidores antes do lançamento de um novo produto no mercado.

b) As pesquisas eleitorais fornecem elementos para que os candidatos direcionem a campanha.

c) A pesquisa do desempenho dos atletas ou das equipes em uma partida ou em um campeonato ajuda no planejamento dos treinamentos.

d) Emissoras de TV utilizam pesquisas que mostram a preferência dos espectadores para organizar sua programação.

A realização de uma pesquisa envolve muitas etapas, como a escolha da amostra, a coleta e a organização dos dados (informações), o resumo desses dados (em tabelas, gráficos, etc.) e a interpretação dos resultados.

A parte da Matemática que trata desses assuntos é a **Estatística**. Neste capítulo, vamos estudar noções de Estatística, como a construção e a interpretação de gráficos.

» Vamos iniciar uma pesquisa coletando alguns dados da turma. Para isso, façam o que se pede:

a) Anotem a quantidade de irmãos de cada aluno da turma.

b) Organizem os dados em uma tabela. Veja um exemplo:

Quantidade de irmãos	Quantidade de alunos
0	
1	
⋮	

c) Guardem esses dados, pois eles serão usados posteriormente.

População e amostra

Se quisermos saber, por exemplo, qual a matéria favorita entre os alunos de uma classe, podemos consultar todos os alunos da classe.

No entanto, isso não é possível quando queremos pesquisar sobre a intenção de voto dos eleitores do estado de São Paulo, pois não podemos consultar todos os eleitores que constituem a **população** ou o **universo estatístico**.

Recorremos, então, ao que se chama de **amostra**, ou seja, um grupo de eleitores que, consultados, permitem que se chegue ao resultado mais próximo possível da realidade.

É comum aparecer na publicação das pesquisas quantos eleitores foram consultados, pois a escolha da amostra (quantos e quais eleitores) é fundamental para o resultado.

Chamando de *U* o universo estatístico e de *A* uma amostra, temos:

$$A \subset U$$

Para refletir
Em que situação temos $A = U$?

» Na pesquisa feita com os colegas da turma sobre o número de irmãos, temos uma população ou uma amostra?

Indivíduo ou objeto

Cada elemento que compõe a amostra é um **indivíduo** ou **objeto**. No exemplo da intenção de voto, os indivíduos da pesquisa são pessoas. Quando se consideram algumas marcas de lâmpada para testar a durabilidade, cada marca é um objeto da pesquisa.

Variável

Uma indústria automotiva que pretende lançar um novo modelo de carro faz uma pesquisa para sondar a preferência dos consumidores sobre tipo de combustível, número de portas, potência do motor, preço, cor, tamanho, etc. Cada uma dessas características é uma **variável** da pesquisa.

Na variável "tipo de combustível", a escolha pode ser, por exemplo, entre etanol e gasolina. Dizemos que esses são **valores** ou **realizações** da variável "tipo de combustível".

> **Para refletir**
> "Esporte favorito" é uma **variável qualitativa nominal**. Justifique.

Variável qualitativa

Em uma pesquisa que envolve pessoas, por exemplo, as variáveis consideradas podem ser sexo, cor de cabelo, esporte favorito e grau de instrução. Nesse caso dizemos que as variáveis são **qualitativas**, pois apresentam como possíveis valores uma qualidade (ou atributo) dos indivíduos pesquisados.

Além disso, dizemos que as variáveis qualitativas podem ser **ordinais**, quando existe uma ordem nos seus valores, ou **nominais**, quando isso não ocorre.

Por exemplo, "grau de instrução" é uma **variável qualitativa ordinal**, já que seus valores podem ser ordenados (Fundamental, Médio, Superior, etc.).

Variável quantitativa

Quando as variáveis de uma pesquisa são, por exemplo, altura, peso, idade em anos e número de irmãos, dizemos que elas são **quantitativas**, pois seus possíveis valores são números.

As variáveis quantitativas podem ser **discretas**, quando se trata de contagem (números inteiros), ou **contínuas**, quando se trata de medida (números reais).

Por exemplo:

a) "Número de irmãos" é uma variável quantitativa discreta, pois podemos contar (0, 1, 2, etc.).

b) "Altura" é uma variável quantitativa contínua, uma vez que pode ser medida (1,55 m, 1,80 m, 1,73 m, etc.).

Quadro-resumo dos tipos de variável de uma pesquisa:

Variável
- qualitativa
  - nominal
  - ordinal
- quantitativa
  - discreta
  - contínua

> **Fique atento!**
> A idade expressa em anos exatos pode ser considerada uma variável quantitativa discreta (8, 10, 17, etc.).

Exercícios

1. Classifique as variáveis em qualitativas nominais, qualitativas ordinais, quantitativas discretas ou quantitativas contínuas:
   a) número de alunos da sua sala;
   b) altura dos professores;
   c) cor do cabelo de uma determinada pessoa;
   d) número de defeitos observados em um equipamento eletrônico;
   e) tipos de defeitos observados em cada unidade de um determinado produto;
   f) série em que um aluno estuda.

2. Uma concessionária de automóveis tem cadastrados 3 500 clientes e fez uma pesquisa sobre a preferência de compra em relação a "cor" (branco, vermelho ou azul), "preço", "número de portas" (duas ou quatro) e "estado de conservação" (novo ou usado). Foram consultados 210 clientes. Diante dessas informações, responda:
   a) Qual é o universo estatístico e qual é a amostra dessa pesquisa?
   b) Quais são as variáveis e qual é o tipo de cada uma?
   c) Quais os possíveis valores da variável "cor" nessa pesquisa?

Frequência absoluta e frequência relativa

Suponha que entre um grupo de turistas, participantes de uma excursão, tenha sido feita uma pesquisa sobre a nacionalidade de cada um e que o resultado dela tenha sido o seguinte: Pedro: brasileiro; Ana: brasileira; Ramón: espanhol; Laura: espanhola; Cláudia: brasileira; Sérgio: brasileiro; Raúl: argentino; Nélson: brasileiro; Sílvia: brasileira; Pablo: espanhol.

O número de vezes que um valor da variável é citado representa a **frequência absoluta** daquele valor.

Nesse exemplo, a variável é "nacionalidade" e a frequência absoluta de cada um de seus valores é: brasileira, 6; espanhola, 3; e argentina, 1.

Existe também a **frequência relativa**, que registra a frequência absoluta em relação ao total de citações.

Nesse exemplo, temos:

- frequência relativa da nacionalidade brasileira: 6 em 10 ou $\frac{6}{10}$ ou $\frac{3}{5}$ ou 0,6 ou 60%;
- frequência relativa da nacionalidade espanhola: 3 em 10 ou $\frac{3}{10}$ ou 0,3 ou 30%;
- frequência relativa da nacionalidade argentina: 1 em 10 ou $\frac{1}{10}$ ou 0,1 ou 10%.

Fique atento!
A frequência relativa pode ser expressa em fração, decimal ou porcentagem.

Podemos associar a frequência relativa de um evento à probabilidade de que ele ocorra. Se o número total de citações for suficientemente grande, a frequência relativa se estabiliza em torno de um número que expressa a probabilidade de ocorrência desse evento.

Tabela de frequências

A tabela que mostra a variável e suas realizações (valores), com as frequências absoluta (FA) e relativa (FR), é chamada **tabela de frequências**.

Assim, usando o mesmo exemplo, temos:

Nacionalidade	FA	FR
brasileira	6	60%
espanhola	3	30%
argentina	1	10%
total	10	100%

Fique atento!
A soma de todas as frequências relativas de uma amostra totaliza 100% ou 1.

Exercício

3. Um grupo de alunos foi consultado sobre o time pernambucano de sua preferência, e os votos foram registrados assim: Central; |_|; Náutico □; Santa Cruz ⊠ |_|; Sport ⊠|. Construa a tabela de frequências correspondente a essa pesquisa.

Tabelas de frequências das variáveis quantitativas

Já sabemos que a variável quantitativa tem seus possíveis valores indicados por números. Veremos agora que, na elaboração de suas tabelas de frequências, podemos deparar com duas situações.

Para isso, acompanhe o exemplo de um grupo de alunos dos quais foram registrados a idade (em anos), o "peso" (em quilogramas) e a altura (em metros).

Alberto: 14 a, 49 kg e 1,73 m;
Alexandre: 14 a, 46,5 kg e 1,66 m;
Carlos: 16 a, 53 kg e 1,78 m;
Cláudio: 15 a, 50 kg e 1,75 m;
Eduardo: 14 a, 51 kg e 1,68 m;
Flávio: 15 a, 49 kg e 1,70 m;
Geraldo: 14 a, 44 kg e 1,62 m;
Gilberto: 15 a, 51 kg e 1,76 m;
Hélio: 14 a, 48,3 kg e 1,68 m;
José Carlos: 16 a, 52 kg e 1,79 m;
José Luís: 14 a, 49 kg e 1,74 m;
Lúcio: 14 a, 46,5 kg e 1,65 m;
Marcos: 15 a, 48 kg e 1,63 m;
Mário: 14 a, 48,5 kg e 1,69 m;
Maurício: 16 a, 50 kg e 1,70 m;
Mílton: 14 a, 52 kg e 1,75 m;
Renato: 14 a, 46 kg e 1,72 m;
Roberto: 15 a, 47 kg e 1,69 m;
Saul: 14 a, 51 kg e 1,73 m;
Sérgio: 14 a, 49 kg e 1,66 m.

Primeira situação:

Ao elaborar a tabela de frequências da variável "idade", notamos que aparecem como possíveis valores 14 anos, 15 anos e 16 anos:

Idade (anos)	14	15	16	total
Contagem				
FA	12	5	3	20
FR (fração)	$\frac{12}{20} = \frac{3}{5}$	$\frac{5}{20} = \frac{1}{4}$	$\frac{3}{20}$	1
FR (%)	60	25	15	100

Segunda situação:

Para a variável "altura" aparecem muitos valores diferentes, o que torna inviável colocar na tabela uma linha para cada valor. Em casos como esse, agrupamos os valores em intervalos (ou classes), como veremos a seguir:

1º) Calculamos a diferença entre a maior e a menor altura registrada, obtendo a amplitude total (1,79 m − 1,62 m = 0,17 m).

2º) Escolhemos o número de intervalos (geralmente superior a quatro), consideramos um número conveniente (um pouco acima da amplitude total) e determinamos a amplitude de cada intervalo (classe). No exemplo, para 6 intervalos, fazemos 0,18 m : 6 = 0,03 m.

3º) Elaboramos a tabela de frequências:

Altura (em classes)	**Contagem**	**FA**	**FR** (decimal)	**FR** (%)
1,62 ⊢— 1,65 m		2	0,10	10
1,65 ⊢— 1,68 m		3	0,15	15
1,68 ⊢— 1,71 m		6	0,30	30
1,71 ⊢— 1,74 m		3	0,15	15
1,74 ⊢— 1,77 m		4	0,20	20
1,77 ⊢— 1,80 m		2	0,10	10
total		20	1,00	100

Observações:

1ª) As classes (intervalos) foram obtidas, a partir de 1,62 m, fazendo a adição de 0,03 (1,62 + 0,03 = 1,65; 1,65 + 0,03 = 1,68; e assim por diante).

2ª) O símbolo ⊢—— indica intervalo fechado à esquerda e aberto à direita. Assim, a altura 1,68 m não foi registrada em 1,65 ⊢—— 1,68 m. Ela foi registrada no intervalo 1,68 ⊢—— 1,71 m.

» Usando os dados da mesma pesquisa (página anterior), elabore a tabela de frequências da variável "peso" com seus valores agrupados em 5 classes.

Vamos agora retomar os termos de Estatística vistos até aqui por meio da seguinte situação:

Em uma escola com 5 classes de 1º ano do Ensino Médio, cada uma com 45 alunos, foi feita uma pesquisa para traçar o perfil do 1º ano. Para tanto, foram selecionados 5 alunos de cada classe, que responderam a um questionário, a partir do qual foi elaborada a seguinte tabela:

Nome	Sexo	Idade (anos/meses)	Altura (cm)	Peso (kg)	Número de irmãos	Cor do cabelo	*Hobby*	Número do sapato	Manequim	Desempenho em Matemática
Antônio	M	15 a 4 m	156	49	2	castanho	esporte	36	38	ótimo
Artur	M	14 a 7 m	166	48	0	castanho	esporte	39	38	bom
Áurea	F	15 a 2 m	165	66	1	castanho	música	36	42	insuficiente
Bruno	M	14 a 8 m	175	63	0	castanho	patinação	40	42	regular
Carla	F	14 a 5 m	165	57	2	loiro	música	36	40	regular
Cláudia	F	15 a 3 m	164	50	2	loiro	dança	36	38	bom
Domingos	M	14 a 6 m	163	51	1	castanho	esporte	36	38	bom
Edite	F	14 a 7 m	160	60	3	castanho	música	36	40	ótimo
Flávia	F	14 a 7 m	175	65	1	castanho	esporte	37	42	bom
Fúlvio	M	14 a 5 m	150	38	1	ruivo	esporte	34	36	insuficiente
Geraldo	M	15 a 11 m	146	38	0	castanho	aeromodelismo	34	36	regular
José	M	14 a 10 m	165	52	1	castanho	dança	38	38	regular
Laura	F	14 a 0 m	165	53	2	castanho	dança	36	38	bom
Lúcia	F	14 a 8 m	167	65	2	castanho	música	37	42	bom
Mário	M	15 a 4 m	165	50	3	loiro	patinação	36	38	insuficiente
Mauro	M	14 a 11 m	163	54	4	castanho	esporte	38	40	ótimo
Nívea	F	15 a 2 m	164	63	1	loiro	esporte	38	42	bom
Orlando	M	14 a 8 m	159	64	2	castanho	música	37	42	regular
Patrícia	F	15 a 1 m	158	43	1	loiro	dança	36	36	insuficiente
Paula	F	14 a 11 m	163	53	1	castanho	dança	36	38	bom
Renata	F	14 a 3 m	162	52	1	castanho	dança	36	38	ótimo
Roberto	M	14 a 2 m	167	53	0	castanho	esporte	40	38	ótimo
Sandra	F	14 a 10 m	167	58	1	loiro	dança	40	40	ótimo
Teresa	F	15 a 9 m	155	49	0	castanho	patinação	35	36	ótimo
Vânia	F	15 a 2 m	152	41	3	castanho	música	34	36	bom

A partir do enunciado e da tabela da página anterior, podemos afirmar:

1º) O universo estatístico é constituído de 225 alunos.

2º) A amostra dessa pesquisa é constituída de 25 alunos.

3º) "Cor do cabelo" é uma variável qualitativa nominal.

4º) "Número de irmãos" é uma variável quantitativa discreta.

5º) "Desempenho em Matemática" é uma variável qualitativa ordinal.

6º) "Altura" é uma variável quantitativa contínua.

7º) "Dança" é um valor da variável *hobby*, cuja frequência absoluta é 7 e cuja frequência relativa é $\frac{7}{25}$ ou 0,28 ou 28%.

8º) A tabela de frequências da variável "número de irmãos" é a seguinte:

Número de irmãos	Contagem	FA	FR	FR
0	⧄	5	$\frac{5}{25} = 0{,}2$	20%
1	⧄⧄	10	$\frac{10}{25} = 0{,}4$	40%
2	⧄|	6	$\frac{6}{25} = 0{,}24$	24%
3	⊔	3	$\frac{3}{25} = 0{,}12$	12%
4	|	1	$\frac{1}{25} = 0{,}04$	4%
total		25	1	100%

9º) A tabela de frequências da variável "peso" (em quilograma), com os valores em classes:

Amplitude total: $66 - 38 = 28$

Número de intervalos: 5

Amplitude relativa: $30 : 5 = 6$

Peso (kg)	Contagem	FA	FR
$38 \vdash 44$	□	4	16%
$44 \vdash 50$	⊔	3	12%
$50 \vdash 56$	⧄□	9	36%
$56 \vdash 62$	⊔	3	12%
$62 \vdash 68$	⧄|	6	24%
total		25	100%

Fique atento!
Os exercícios 4, 5 e 6 da página seguinte devem ser resolvidos com base nas informações desta página e da anterior.

Exercícios

Fique atento!
Para resolver os exercícios 4, 5 e 6, não se esqueça de consultar a tabela da página 50.

4. Responda:
   a) Das variáveis do quadro, quais são qualitativas nominais?
   b) Quais são os valores da variável "sexo"?
   c) Qual é a frequência absoluta do valor 38 da variável "manequim"? E a frequência relativa (em fração, decimal e porcentagem)?
   d) Qual é o valor da variável "cor do cabelo" cuja frequência relativa é 72%?

5. Elabore a tabela de frequências da variável "desempenho em Matemática".

6. Construa a tabela de frequências da variável "altura" (em centímetros), com os valores em 6 intervalos (classes).

7. A tabela a seguir é resultante de uma pesquisa sobre os "gêneros musicais" mais procurados em um *site* de músicas durante um dia. Copie e complete a tabela.

Gênero musical	FA	FR	FR	FR
sertanejo				30%
MPB		$\frac{6}{25}$		
rock				
clássico			0,14	
total	50			

8. Foi feito o levantamento dos "salários" dos funcionários de uma empresa e, em seguida, foi elaborada a tabela de frequências, com os valores da variável em classes. Copie e complete a tabela.

Salário (R$)	FA	FR
⊢——		10%
⊢——	15	
⊢——	30	50%
⊢——	6	
960 ⊢—— 1050		
total		

9. *Fenótipo*
   O termo "fenótipo" (do grego *pheno*, evidente, brilhante, e *typos*, característico) é o conjunto de características de um indivíduo, sejam elas físicas, morfológicas ou fisiológicas.
   Como exemplos de características do fenótipo temos a cor dos olhos, dos cabelos, da pele, etc.
   O fenótipo de uma pessoa pode ser alterado ao longo de sua vida. Uma pessoa de pele clara, por exemplo, se exposta ao sol todos os dias, terá a sua pele escurecida com o passar dos anos.
   Caso queira, uma pessoa pode alterar o seu fenótipo: pessoas magras podem adquirir massa muscular ao se exercitarem, assim como pessoas loiras podem escurecer os cabelos.
   Vejamos o resultado de uma pesquisa realizada com 50 dos 200 alunos do Ensino Médio de certa escola:

Sexo	Masculino	Feminino
Nº de alunos	20	30

Altura (em metros)	Até 1,50	1,51 a 1,65	1,66 a 1,70	Acima de 1,70
Nº de alunos	8	20	12	10

Cor dos olhos	Azul	Verde	Castanho	Preto
Nº de alunos	4	6	30	10

Cor do cabelo	Castanho	Loiro	Preto	Ruivo
Nº de alunos	20	16	12	2

Tipo sanguíneo	A	B	AB	O
Nº de alunos	10	18	8	14

   a) Identifique nas tabelas acima quais são as variáveis utilizadas.
   b) Classifique cada uma das variáveis.
   c) Os 50 alunos consultados representam uma população ou uma amostra? Justifique.
   d) Qual é a frequência absoluta do sexo feminino? E a frequência relativa?
   e) Qual é a amplitude relativa referente à tabela de frequências da variável "altura"?
   f) Qual é a frequência relativa à cor dos olhos mais comum na amostra? E à cor do cabelo menos frequente?

2 Representação gráfica

A representação gráfica fornece uma visão de conjunto mais rápida que a observação direta dos dados numéricos. Por isso, os meios de comunicação com frequência oferecem a informação estatística por meio de gráficos.

Consideremos uma situação em que, na votação para representante e vice-representante do 1º ano do Ensino Médio, um aluno marca um "×" ao lado do nome do candidato para cada voto que ele recebeu de seus colegas. Ao final da votação, pudemos observar o "desenho" abaixo.

Adriano	× × × × × × × × × × × × ×
Letícia	× × × × × × ×
Luciana	× × × × × × × × × ×
Marino	× × × × × ×
Magda	× × × ×

Não precisamos contar os votos para saber quem foi eleito. Apenas observando os "xis", notamos que Adriano foi o escolhido para representante e Luciana para vice.

Uma simples olhada é suficiente para obter a informação de que necessitamos. Essa é uma característica importante dos gráficos estatísticos.

Gráfico de segmentos

A tabela a seguir mostra a venda de livros em uma livraria no segundo semestre de determinado ano.

Meses do segundo semestre	julho	agosto	setembro	outubro	novembro	dezembro
Número de livros vendidos	350	300	400	400	450	500

Essa situação estabelece uma correspondência que pode ser expressa por pares ordenados (julho, 350), (agosto, 300), etc. Usando eixos cartesianos, localizamos os seis pares ordenados e construímos um gráfico de segmentos.

Os gráficos de segmentos são utilizados principalmente para mostrar a evolução das frequências dos valores de uma variável durante certo período.

A posição de cada segmento indica crescimento, decréscimo ou estabilidade. Já a inclinação do segmento sinaliza a intensidade do crescimento ou do decréscimo.

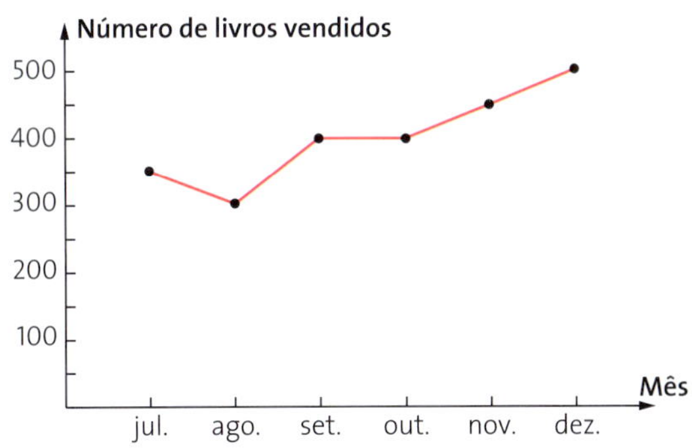

Fique atento!
O gráfico de segmentos é chamado também de gráfico de linhas.

Pelo gráfico acima, podemos observar que:

- de julho para agosto as vendas caíram;
- de setembro para outubro as vendas permaneceram estáveis;
- o crescimento de agosto para setembro foi maior do que o de outubro para novembro;
- o mês com maior número de vendas, desse período, foi dezembro;
- no mês de outubro foram vendidos 400 livros.

Veja outros exemplos de gráficos de segmentos.

a) Crescimento da população brasileira de 1940 a 2010

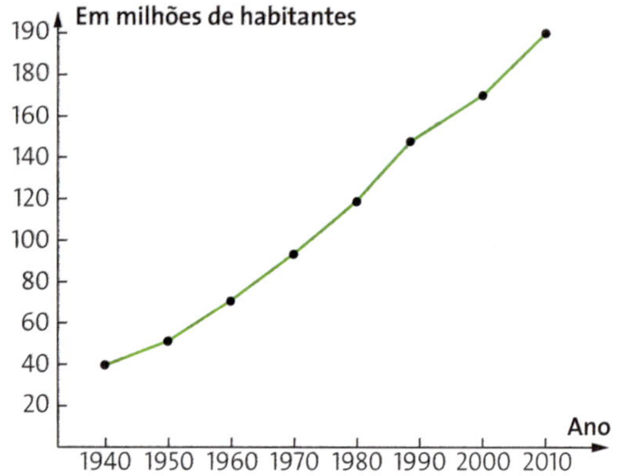

Fonte: IBGE.

b) Número de alunos matriculados no Ensino Superior no Brasil

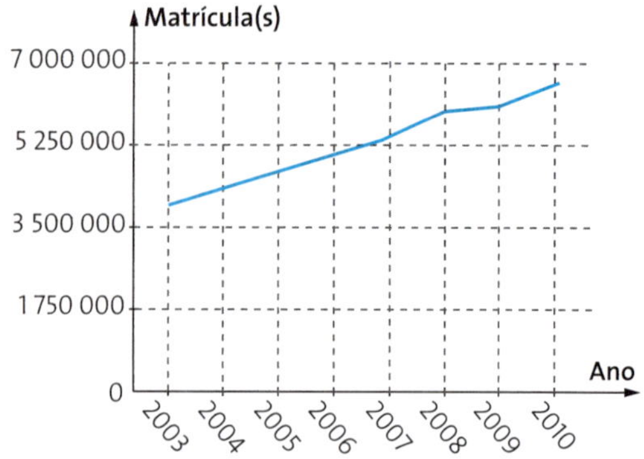

Fonte: <http://painel.mec.gov.br/>. Acesso em: 6 nov. 2012.

Você sabia?

Os dados dos gráficos acima foram obtidos do Censo Demográfico 2010, que é uma pesquisa realizada a cada 10 anos pelo Instituto Brasileiro de Geografia e Estatística (IBGE). O primeiro Censo brasileiro aconteceu em 1872 e chamava-se Recenseamento da População do Império do Brasil. Os pesquisadores do IBGE visitam todos os domicílios do país para aplicar um questionário e posteriormente os dados são analisados e publicados em estudos sobre diversos temas.

Exercícios

10. Utilize o gráfico de segmentos do exemplo dado (venda de livros) na página anterior e responda:

a) Em que períodos do segundo semestre as vendas subiram?

b) Em qual destes dois meses as vendas foram maiores: julho ou outubro?

c) Em que mês do semestre as vendas foram menores?

d) Em que mês foram vendidos 450 livros?

11. Um aluno apresentou durante o ano letivo o seguinte aproveitamento: primeiro bimestre: nota 7,0; segundo bimestre: nota 6,0; terceiro bimestre: nota 8,0; e quarto bimestre: nota 8,0. Construa um gráfico de segmentos correspondente a essa situação e, a partir dele, tire algumas conclusões.

12. Uma professora anotou o número de faltas dos alunos, durante um semestre, de acordo com os dias da semana. Observe as anotações, construa o gráfico de segmentos e tire conclusões: segunda-feira, 64 faltas; terça-feira, 32; quarta-feira, 32; quinta-feira, 48; sexta-feira, 60.

13. Analise o gráfico a seguir e responda:

a) Em qual ano o saldo comercial foi o menor?

b) Em qual ano o saldo foi o maior?

c) O que ocorreu com o saldo comercial de 2007 a 2008?

d) Quantos milhões de dólares cresceu o saldo de 2010 para 2011?

Evolução do saldo comercial do Brasil

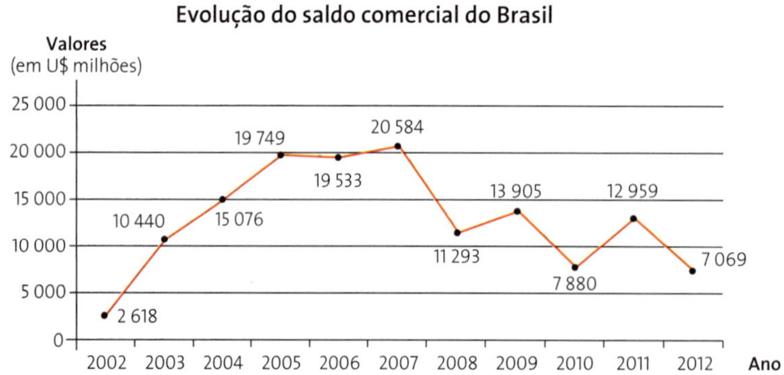

Fonte dos dados: <www.desenvolvimento.gov.br//portalmdic/sitio/> e <www.mdic.gov.br//sitio>. Acessos em: 26 mar. 2014.

Você sabia?

O saldo comercial, ou seja, o saldo da balança comercial, é um termo econômico que representa a diferença entre o que é exportado e o que é importado. Quando o saldo é positivo é porque o país exportou mais do que importou. Caso ocorra o inverso, dizemos que o saldo é negativo.

Gráfico de barras

A verdade nos gráficos

A partir do “desempenho em Química” demonstrado pelos alunos de uma classe, um professor elaborou a tabela abaixo:

Desempenho em Química	insuficiente	regular	bom	ótimo	total
FA	6	10	14	10	40
FR	15%	25%	35%	25%	100%

Com os dados da tabela é possível construir o gráfico de barras:

Para refletir
O gráfico de barras poderia ter relacionado desempenho com frequência absoluta. Faça isso.

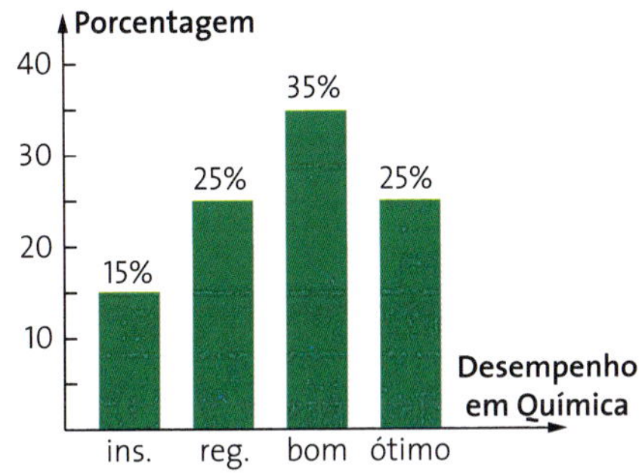

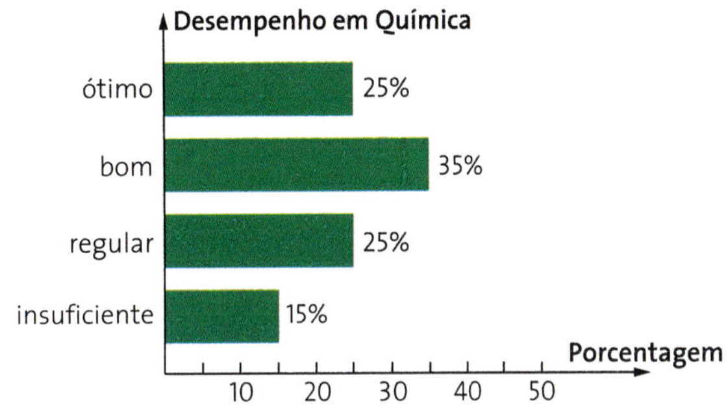

Veja alguns exemplos de gráficos de barras:

a) Livros distribuídos no Brasil pelo Programa Nacional do Livro Didático do Ensino Médio

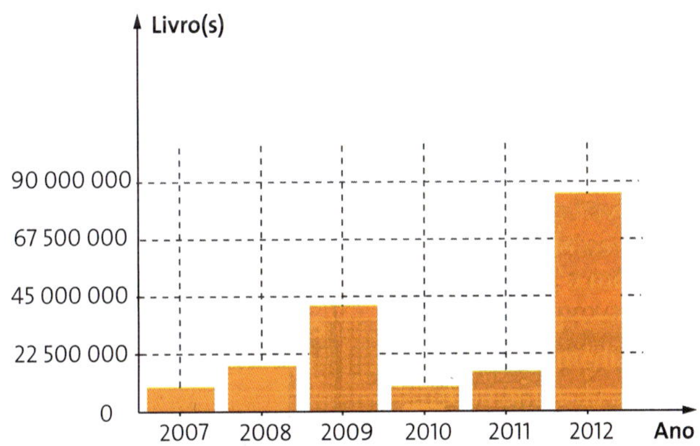

Fonte: <http://painel.mec.gov.br/painel.php?modulo=principal/detalhamentoIndicador&acao=A&detalhes=pais&indid=292>. Acesso em: 7 nov. 2012.

b) Posse de celular por idade

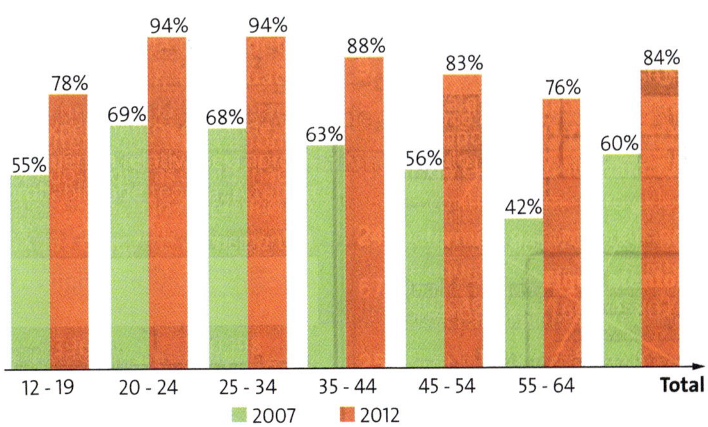

Fonte: Target Group Index BrY13w1. Disponível em: <www.abradi.com.br/wp-content/uploads/2012/08/grafico_ibope_1.jpg>. Acesso em: 7 nov. 2012.

Exercícios

14. A partir da variável "número de irmãos" na tabela da página 50, construa um gráfico de barras.

15. As áreas das superfícies dos estados da região Sudeste do Brasil são, em valores aproximados: São Paulo: 250 000 km^2; Espírito Santo: 46 000 km^2; Rio de Janeiro: 44 000 km^2; Minas Gerais: 590 000 km^2. Construa um gráfico de barras registrando essa distribuição.

16. Em uma eleição para representante de classe, os candidatos foram Ricardo, Paula e Fausto.
Observe o resultado da votação no gráfico de barras, em que estão especificados os votos das mulheres e dos homens, e, em seguida, responda:

a) Quantos alunos votaram?
Desses, quantas mulheres e quantos homens?

b) Quantos votos obteve a candidata Paula?

c) Quantas mulheres votaram em Ricardo?

d) Qual a porcentagem de votos recebidos por Fausto?

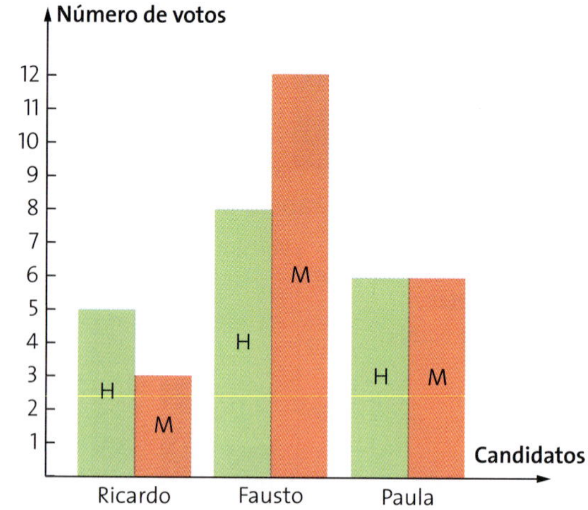

Gráfico de setores

Em um *shopping center* há três salas de cinema, e o número de espectadores em cada uma delas em determinado dia da semana foi de 300 na sala A, 200 na B e 500 na C.

Veja essa situação representada em uma tabela de frequências e depois em gráficos de setores:

Sala	FA	FR	
A	300	$\frac{300}{1000} = \frac{3}{10}$	30%
B	200	$\frac{2}{10} = \frac{1}{5}$	20%
C	500	$\frac{5}{10} = \frac{1}{2}$	50%

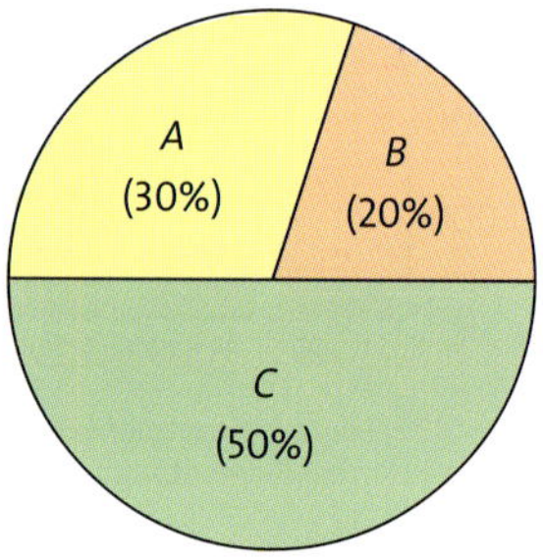

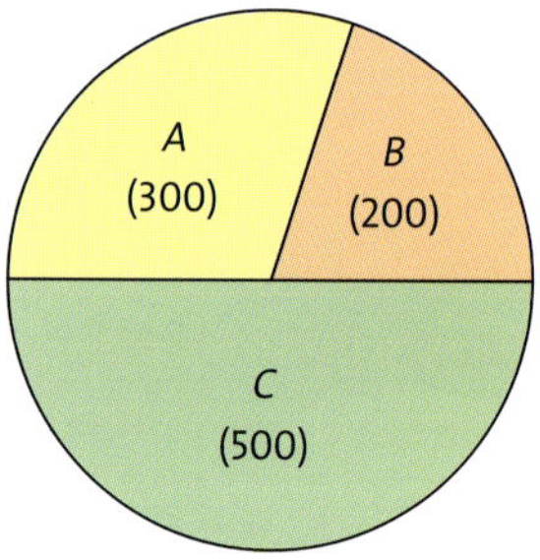

Em cada gráfico de setores o círculo todo indica o total (1000 espectadores ou 100%) e cada setor indica a ocupação de uma sala. Na construção do gráfico de setores, determina-se o ângulo correspondente a cada setor por regra de três. Veja como exemplo o da sala A:

Usando a frequência absoluta, vem:

$$\frac{300}{1000} = \frac{x}{360°} \Rightarrow 1000x = 108\,000° \Rightarrow x = 108°$$

Usando a frequência relativa (em %), temos:

$$\frac{30}{100} = \frac{x}{360°} \Rightarrow 100x = 10\,800 \Rightarrow x = 108°$$

Para refletir
Verifique quais são os ângulos dos setores das salas B e C. Use um transferidor e constate na figura os ângulos de A, B e C.

Veja outros exemplos de gráficos de setores:

a) Bolsas de pós-graduação concedidas no país em 2011 (Capes)

Foram concedidas 71 957 bolsas de pós-graduação em 2011 (Capes).

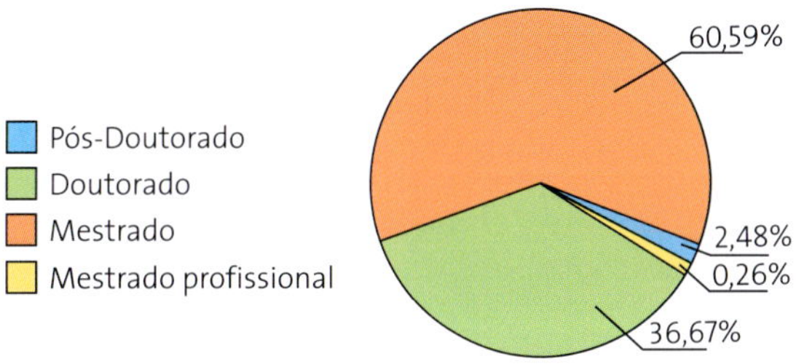

Disponível em: <http://painel.mec.gov.br/detalhamentoIndicador/detalhes/pais/555indid>. Acesso em: 11 mar. 2013.

b) *Pizza* ideal

Há 50 mil pizzarias no Brasil, entre estabelecimentos formais e informais. Metade delas fica em São Paulo, seguida por Rio de Janeiro, Rio Grande do Sul, Minas Gerais e Bahia. Cada cidade tem suas preferências, e uma revista montou a redonda ideal, definida a partir dos sabores mais pedidos nos restaurantes de todo o Brasil, neste gráfico de *pizza* (setores) de *pizzas*.

Fique atento!
Este gráfico também pode ser chamado de **pictórico**.

Fonte: Revista *Superinteressante*, São Paulo, n. 300, jan. 2012. Disponível em: <http://super.abril.com.br/alimentacao/grafico-pizza-676265.shtml>. Acesso em: 11 mar. 2013.

Exercícios

17. Em uma eleição concorreram os candidatos *A*, *B* e *C* e, apurada a primeira urna, os votos foram os seguintes: *A*: 50 votos; *B*: 80 votos; *C*: 60 votos; brancos e nulos (BN): 10 votos.

A partir desses dados construa:

a) a tabela de frequências dessa variável;

b) o gráfico de barras, relacionando os valores da variável com as respectivas frequências absolutas;

c) o gráfico de setores, relacionando os valores da variável com suas porcentagens.

Fique atento!
Neste exercício a variável "nº de votos" é quantitativa discreta.

18. Luísa é muito organizada e para mostrar quanto tempo gasta com suas atividades construiu um gráfico de setores. Observe o gráfico e responda:

a) Quantas horas por dia Luísa estuda em casa?

b) Que porcentagem do dia ela gasta para dormir?

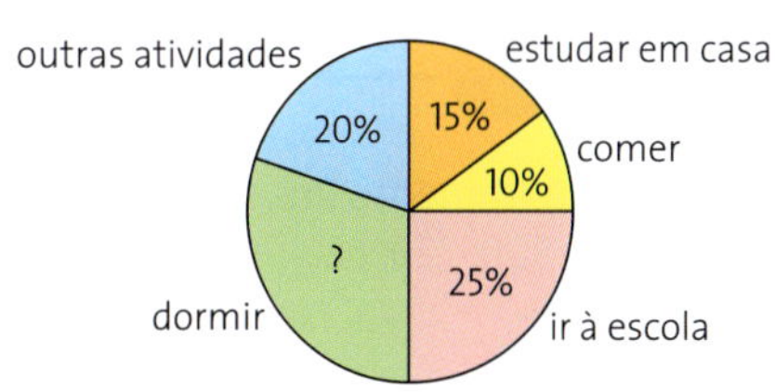

Construa também o gráfico de barras correspondente.

Histograma

Quando uma variável tem seus valores indicados por classes (intervalos), é comum o uso de um tipo de gráfico conhecido por **histograma**.

Por exemplo, consideremos a "altura" (em centímetros) dos alunos de uma classe, agrupada em intervalos, e a seguir os histogramas correspondentes às frequências absolutas e relativas:

Altura (cm)	140 ⊢ 150	150 ⊢ 160	160 ⊢ 170	170 ⊢ 180	180 ⊢ 190
FA	6	10	12	8	4
FR	15%	25%	30%	20%	10%

- histograma com as classes (intervalos) relacionadas às frequências absolutas:

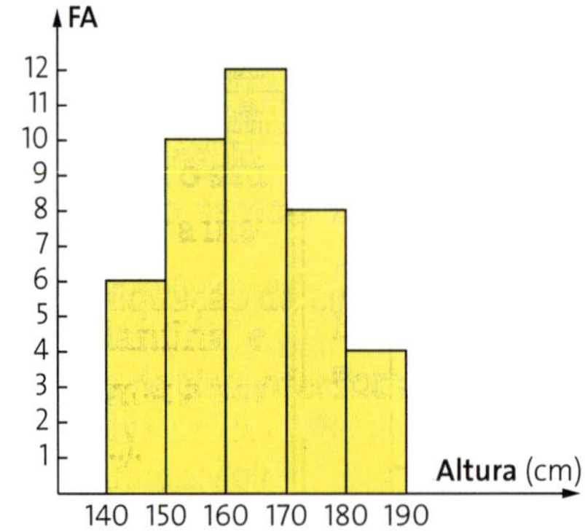

Para refletir
Qual é o número correspondente ao valor médio em cada uma das classes?

- histograma com as classes relacionadas às frequências relativas (em porcentagem):

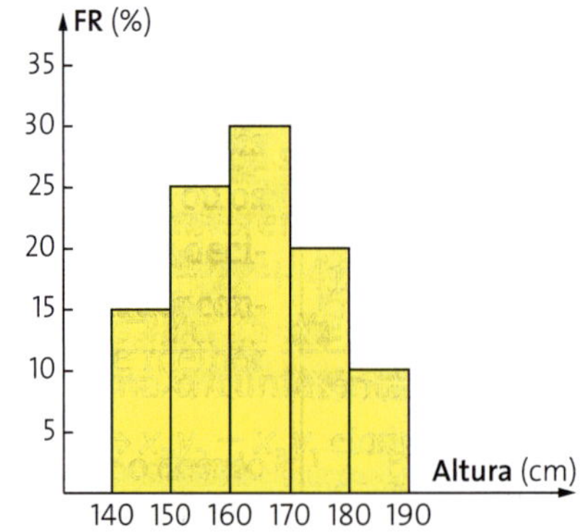

Às vezes usamos como representante de cada classe o valor médio correspondente (por exemplo, 155 representa a classe 150 ⊢ 160).

Os segmentos que ligam em sequência os pontos médios das bases superiores formam um gráfico de segmentos conhecido como **polígono do histograma**, que será usado em assuntos posteriores.

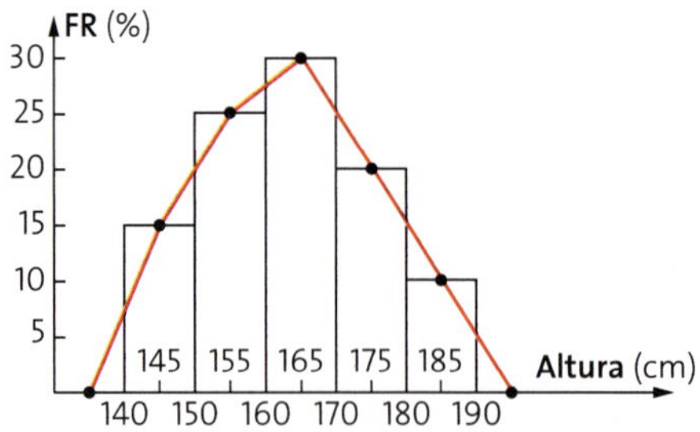

Exercício

19. Fazendo o levantamento dos salários dos vinte funcionários de um escritório, foram obtidos os seguintes valores em reais: 650, 800, 720, 620, 700, 750, 780, 680, 720, 600, 846, 770, 630, 740, 680, 640, 710, 750, 680 e 690. A partir deles, construa:

a) a tabela de frequências com 5 classes;

b) o histograma correspondente relacionando faixa salarial e frequência absoluta.

Construção de gráficos

Construtor de gráficos estatísticos

Veja alguns exemplos de construção de gráficos:

1º) Vamos construir a tabela de frequências e os gráficos de barras e de setores para a variável *hobby* da tabela da página 50.

Hobby	**Contagem**	**FA**	**FR**	
esporte (*E*)	⊠⊔	8	$\frac{8}{25} = 0{,}32$	32%
música (*M*)	⊠|	6	$\frac{6}{25} = 0{,}24$	24%
patinação (*P*)	⊔	3	$\frac{3}{25} = 0{,}12$	12%
dança (*D*)	⊠∟	7	$\frac{7}{25} = 0{,}28$	28%
aeromodelismo (*A*)	|	1	$\frac{1}{25} = 0{,}04$	4%
total		25	1	100%

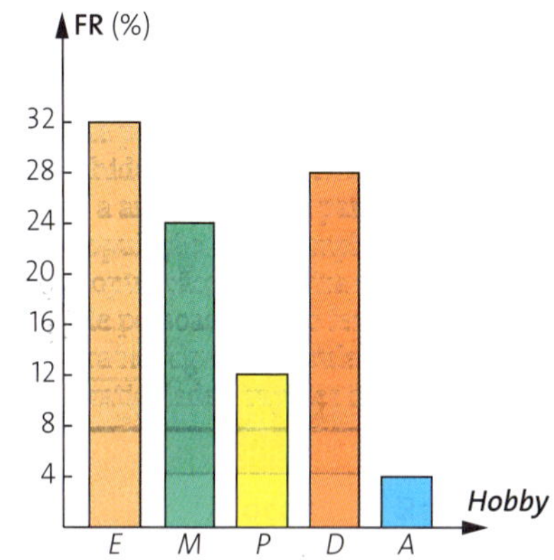

Nesse caso, todas as porcentagens são múltiplas de 4, então podemos usar 4% na escala. Veja:

$$\frac{4}{100} = \frac{x}{360°} \Rightarrow 100x = 1\,440° \Rightarrow x = 14{,}4°$$

A cada 4% corresponde um setor de 14,4°.

E: 32% (8 · 4%) → 8 · 14,4° = 115,2°

M: 24% (6 · 4%) → 6 · 14,4° = 86,4°

P: 12% (3 · 4%) → 3 · 14,4° = 43,2°

D: 28% (7 · 4%) → 7 · 14,4° = 100,8°

A: 4% → 14,4°

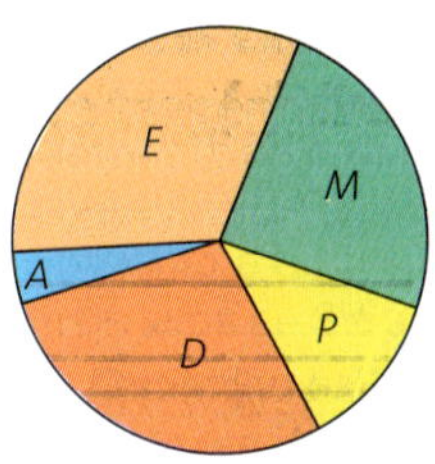

Então:

115,2 + 86,4 + 43,2 + 100,8 + 14,4 = 360,0°

2º) Na realização de uma prova foi anotado o tempo que cada aluno gastou para concluí-la (em minutos): 56; 51; 57; 49; 51; 51; 46; 50; 50; 47; 44; 57; 53; 50; 43; 55; 48; 56; 49; 51; 47; 46; 54; 52; 55; 45; 49; 50; 48; 51.

a) A partir desses dados vamos construir a tabela de frequências com os valores em 5 classes.

Subtraindo o menor valor do maior valor, a amplitude total será:

57 − 43 = 14

Sabendo que são 5 classes e escolhendo o número 15, a amplitude de cada classe será:

15 : 5 = 3

Tempo (min)	**Contagem**	**FA**	**FR**
43 ⊢—— 46	⊔	3	10%
46 ⊢—— 49	⊠|	6	20%
49 ⊢—— 52	⊠⊠∟	12	40%
52 ⊢—— 55	⊔	3	10%
55 ⊢—— 58	⊠|	6	20%
total		30	100%

b) Vamos construir o histograma relacionando as classes e suas frequências absolutas.

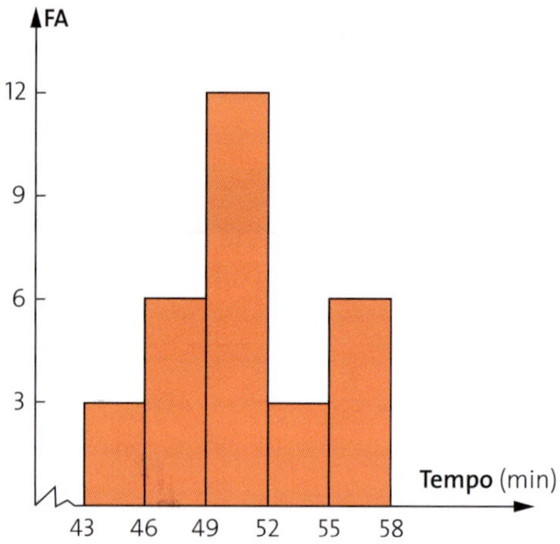

Vimos os vários tipos de gráficos utilizados para representar e interpretar dados estatísticos. É importante que se escolha sempre qual deles é o mais adequado à situação analisada.

É comum, em publicações como revistas, jornais e *sites*, ilustrar os vários tipos de gráficos com figuras relacionadas ao assunto, tornando-os mais atraentes. Esses são os **gráficos pictóricos** (ou **pictogramas**). Veja alguns:

a)

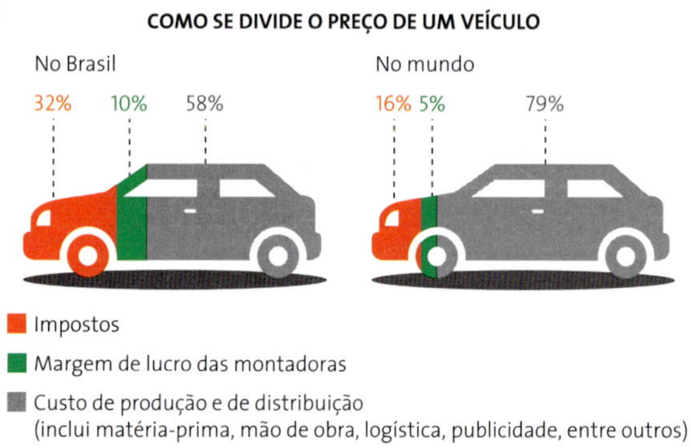

Fonte: <http://oglobo.globo.com/economia/automovel-no-brasil-custa-ate-106-mais-que-la-fora-5928923>. Acesso em: 8 nov. 2012.

b)

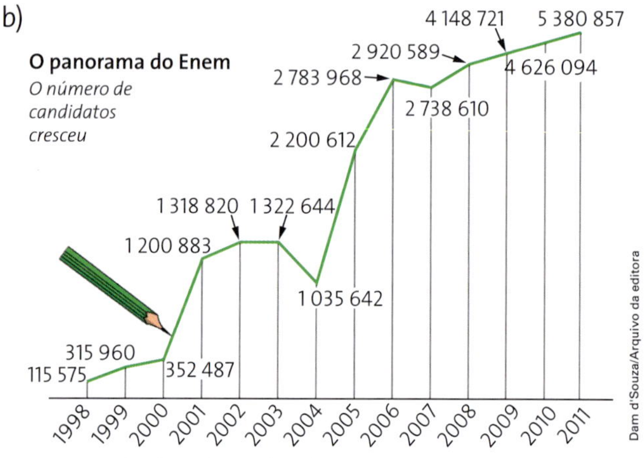

Fonte: Infográfico adaptado de: Erika Onodera, Letícia Alves. Dados do MEC.

Dam d'Souza/Arquivo da editora

Representações gráficas

Exercícios

20. A temperatura máxima do dia em uma cidade foi anotada durante vinte dias e apresentou os seguintes dados: 30 °C; 32 °C; 31 °C; 31 °C; 33 °C; 28,5 °C; 33,5 °C; 27 °C; 30 °C; 34 °C; 30,5 °C; 28 °C; 30,5 °C; 29,5 °C; 26 °C; 31 °C; 31 °C; 29 °C; 32 °C; 31,5 °C.

Construa o histograma correspondente com os valores da variável em 5 intervalos.

21. Os quarenta alunos de uma classe optaram pelo estudo de uma língua estrangeira, entre espanhol, francês, inglês ou italiano. Analise o gráfico de barras ao lado, que registra as escolhas, e, a partir dele, construa a tabela de frequências e o gráfico de setores.

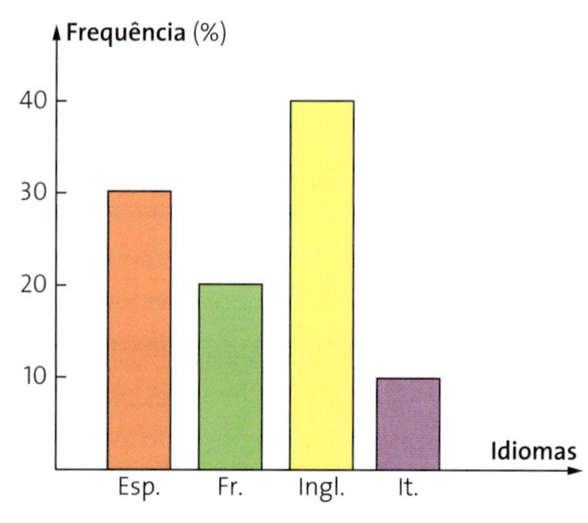

3 Medidas de tendência central

Conceitos estatísticos

A partir da idade das pessoas de um grupo, podemos estabelecer uma única idade que caracteriza o grupo todo. Considerando a temperatura de vários momentos em um mês qualquer, podemos determinar uma só temperatura que fornece uma ideia aproximada de todo o período. Avaliando as notas dos vários trabalhos de um aluno no bimestre, podemos registrar com apenas uma nota seu aproveitamento no bimestre.

Em situações como essas, o número obtido é a **medida da tendência central** dos vários dados utilizados. A **média aritmética** é a mais conhecida entre as medidas de tendência central. Além dela, vamos estudar também a **mediana** e a **moda**.

Média aritmética (*MA*)

Considerando um grupo de pessoas com 22, 20, 21, 24 e 20 anos, observamos que:

$$MA = \frac{22 + 20 + 21 + 24 + 20}{5} = \frac{107}{5} = 21{,}4$$

Dizemos, então, que a média aritmética, ou simplesmente a média de idade do grupo, é 21,4 anos.

Se, ao medir de hora em hora a temperatura em determinado local, registraram-se 14 °C às 6h, 15 °C às 7h, 15 °C às 8h, 18 °C às 9h, 20 °C às 10h e 23 °C às 11h, observamos que:

$$MA = \frac{14 + 15 + 15 + 18 + 20 + 23}{6} = \frac{105}{6} = 17{,}5$$

Dizemos, então, que no período das 6h às 11h a temperatura média foi 17,5 °C.

No caso de um aluno que realizou diversos trabalhos durante o bimestre e obteve as notas 7,5; 8,5; 10,0 e 7,0, observamos que:

$$MA = \frac{7{,}5 + 8{,}5 + 10{,}0 + 7{,}0}{4} = \frac{33}{4} = 8{,}25$$

Dizemos, então, que nesse bimestre o aluno teve média 8,25.

Assim, generalizando, podemos afirmar que, dados os n valores $x_1, x_2, x_3, ..., x_n$ de uma variável, a média aritmética é o número obtido da seguinte forma:

$$MA = \frac{x_1 + x_2 + x_3 + ... + x_n}{n} = \frac{\sum_{i=1}^{n} x_i}{n}$$

Fique atento!

O símbolo $\sum_{i=1}^{n} x_i$ significa o somatório dos números x_i, com i variando de 1 a n.

Média aritmética ponderada (*MP*)

Vejamos, agora, o caso de um aluno que realiza vários trabalhos com pesos diferentes, isto é, com graus de importância diferentes. Se no decorrer do bimestre ele obteve 6,5 na prova (peso 2), 7,0 na pesquisa (peso 3), 6,0 no debate (peso 1) e 7,0 no trabalho de equipe (peso 2), a sua média, que nesse caso é chamada **média aritmética ponderada**, será:

$$MP = \frac{2 \cdot 6{,}5 + 3 \cdot 7{,}0 + 1 \cdot 6{,}0 + 2 \cdot 7{,}0}{2 + 3 + 1 + 2} = \frac{13 + 21 + 6 + 14}{8} = \frac{54}{8} = 6{,}75$$

Quando calculamos a média aritmética de números que se repetem, podemos simplificar. Dessa maneira, para obter a média aritmética de 7, 7, 7, 9, 9, 9, 9, 9, 11 e 11, observamos que:

$$MA = \frac{3 \cdot 7 + 5 \cdot 9 + 2 \cdot 11}{3 + 5 + 2} = \frac{21 + 45 + 22}{10} = \frac{88}{10} = 8{,}8$$

Dizemos, então, que 8,8 é a média aritmética dos números 7, 9 e 11, com frequências 3, 5 e 2, respectivamente.

Observe que esse também é um exemplo de média ponderada, com os pesos sendo as frequências 3, 5 e 2.

A média aritmética é usada como medida de tendência central, ou seja, como forma de, por meio de um único número, dar uma ideia das características de determinado grupo de números. No entanto, é importante ressaltar que em algumas situações a presença de um valor bem maior ou bem menor do que os demais faz com que a média aritmética não consiga traçar o perfil correto do grupo.

Consideremos, por exemplo, um grupo de pessoas com idades de 2, 3, 2, 1, 2 e 50 anos. A média de idade, que é de 10 anos, não demonstra as características desse grupo em termos de idade. Em casos como esse são usadas outras medidas de tendência central, como a **mediana** e a **moda**, que estudaremos nas páginas seguintes.

Exercício resolvido

» Resolvido passo a passo

1. (Ufscar-SP) Em uma pesquisa, foram consultados 600 consumidores sobre sua satisfação em relação a uma certa marca de sabão em pó. Cada consumidor deu uma nota de 0 a 10 para o produto, e a média final das notas foi 8,5. O número mínimo de consumidores que devem ser consultados, além dos que já foram, para que essa média passe para 9, é igual a:

a) 250.

b) 300.

c) 350.

d) 400.

e) 450.

1. Lendo e compreendendo

a) O que é dado no problema?

É dado que 600 consumidores já foram pesquisados e que a atual média é 8,5.

b) O que se pede?

Pede-se o número mínimo de consumidores que devem ser consultados a mais para que a média aumente de 8,5 para 9.

2. Planejando a solução

A pergunta do problema contém uma informação implícita: todos os novos pesquisados deverão dar nota 10 para o produto, a fim de que a quantidade de novos pesquisados seja mínima. Apesar de ser uma hipótese não razoável na vida real (todos darem nota máxima é altamente improvável, apesar de não ser impossível), em termos teóricos essa hipótese permite que calculemos a quantidade mínima de novos pesquisados. Assim, adicionaremos n novos pesquisados, todos dando média 10 ao produto, e faremos a média dos $600 + n$ pesquisados (no total) passar a ser 9.

3. Executando o que foi planejado

Se a média de 600 pesquisados é 8,5, então o somatório das notas desses 600 pesquisados é $600 \cdot 8{,}5 = 5100$.

Com a adição de n novos pesquisados, cada qual por hipótese dando 10 para o produto, teríamos mais $10n$ a serem somados nos 5100 anteriores. Nesse caso, a soma total das notas passa a ser $5100 + 10n$, para um total de $600 + n$ pesquisados.

A nova média é, então, dada por $\frac{5100 + 10n}{600 + n}$ e ela deverá valer 9, segundo o enunciado.

Assim:

$5100 + 10n = (600 + n) \cdot 9 \Rightarrow$

$\Rightarrow 5100 + 10n = 5400 + 9n \Rightarrow n = 300$

4. Emitindo a resposta

A resposta é a alternativa **b**.

5. Ampliando o problema

a) A hipótese de todos os novos entrevistados darem nota 10, usada no cálculo do número mínimo de entrevistados, é razoável em um contexto cotidiano?

b) Se a média das notas dos novos entrevistados for 9,1, quantos novos entrevistados serão necessários para elevar a nota de 8,5 para 9?

c) *Discussão em equipe*

O que vocês acham das pesquisas de opinião? Alguns pontos para debater:

- Elas são confiáveis?
- O que os institutos de pesquisa procuram fazer para tentar obter resultados confiáveis em suas pesquisas?
- Vocês já viram alguma pesquisa de opinião dar resultados muito diferentes da realidade a que ela se propôs pesquisar?

Mediana (*Me*)

A presença de valores que destoem dos demais, por serem muito grandes ou muito pequenos, distorce a média aritmética, fazendo com que ela não caracterize de forma eficiente o conjunto de valores. Por esse motivo é conveniente definirmos outra medida de tendência central, a **mediana**.

Assim, dados n números em ordem crescente ou decrescente, a mediana será:

- o número que ocupar a posição central se n for ímpar;
- a média aritmética dos dois números que estiverem no centro se n for par.

Acompanhe alguns exemplos:

a) Em uma classe, foram anotadas as faltas durante um período de 15 dias: 3, 5, 2, 0, 2, 1, 3, 4, 5, 7, 0, 2, 3, 4 e 7. Em ordem crescente, temos: $\underbrace{0, 0, 1, 2, 2, 2, 3}_{\text{7 valores}}, \underset{\downarrow \atop Me}{3}, \underbrace{3, 4, 4, 5, 5, 7, 7}_{\text{7 valores}}$

Como 15 é ímpar, o termo médio é o 8º.

Logo, a mediana é 3. Simbolicamente, $Me = 3$.

b) As idades dos alunos de uma equipe são 12, 16, 14, 12, 13, 16, 16 e 17 anos.

Para determinar a mediana desses valores, inicialmente, ordenamos os dados (em ordem crescente ou decrescente).

$$12, 12, 13, \underbrace{14, 16}_{\substack{\text{as duas} \\ \text{posições centrais}}}, 16, 16, 17$$

Como temos um número par de valores (8), fazemos a média aritmética entre os dois centrais, que são o 4º e o 5º termos. Logo, a mediana é dada por: $Me = \dfrac{14 + 16}{2} = \dfrac{30}{2} = 15$.

Simbolicamente, $Me = 15$ anos.

Moda (*Mo*)

Em uma pesquisa com um grupo de adolescentes, foi perguntado qual era o esporte preferido de cada um deles, entre futebol, natação, vôlei, basquete ou ciclismo. O resultado foi o seguinte: 14 preferiram futebol, 7 natação, 8 vôlei, 5 basquete e 4 ciclismo. Não seria conveniente querer identificar qual é a média desses resultados ou mesmo qual é a mediana, pois não se trata de resultados numéricos. Para isso, precisamos de uma medida de tendência central conveniente para variáveis qualitativas: a **moda**.

Em Estatística, moda é a medida de tendência central definida como o valor mais frequente de um grupo de valores observados. Dessa forma, a moda da situação anterior é "futebol" (Mo = futebol), com 14 ocorrências.

No exemplo do grupo de pessoas com idades de 2, 3, 2, 1, 2 e 50 anos, a moda é 2 anos ($Mo = 2$) e demonstra mais eficiência para caracterizar o grupo que a média aritmética.

Se a temperatura medida de hora em hora, das 6h às 11h, apresentou os resultados 14 °C, 15 °C, 15 °C, 18 °C, 20 °C e 25 °C, então dizemos que nesse período a moda foi 15 °C, ou seja, $Mo = 15$ °C.

No caso de um aluno que anotou, durante dez dias, o tempo gasto em minutos para ir de sua casa à escola e cujos registros foram 15 min, 14 min, 18 min, 15 min, 14 min, 25 min, 16 min, 15 min, 15 min e 16 min, a moda é 15 min, ou seja, $Mo = 15$ min.

Se as notas obtidas por um aluno foram 6,0; 7,5; 7,5; 5,0; e 6,0, dizemos que a moda é 6,0 e 7,5 e que a distribuição é **bimodal**.

Observação: Quando não há repetição de números, como para os números 7, 9, 4, 5 e 8, não há moda e a distribuição é chamada **amodal**.

> **Para refletir**
> Como é uma distribuição trimodal de números?

Média aritmética, moda e mediana a partir das tabelas de frequências

Utilizando os valores (números ou intervalos) e as frequências absolutas das tabelas de frequências das variáveis quantitativas, podemos calcular a *MA*, a *Mo* e a *Me* de seus valores.

Acompanhe alguns exemplos:

a) Pesquisa sobre "número de irmãos" de cada aluno de uma classe:

Número de irmãos	0	1	2	3	total
FA	8	15	12	5	40

Fique atento!
Embora 1,35 irmão aparentemente seja um absurdo, é correto um valor desse tipo. O mesmo vale para valores como 3,5 gols por partida; 7,2 medalhas por Olimpíada; etc., pois a média aritmética é uma medida de tendência.

Média aritmética:

$$MA = \frac{8 \cdot 0 + 15 \cdot 1 + 12 \cdot 2 + 5 \cdot 3}{40} = \frac{0 + 15 + 24 + 15}{40} = \frac{54}{40} = 1{,}35$$

Moda:

A maior frequência é 15, que corresponde ao valor 1 irmão. Logo, $Mo = 1$ irmão.

Mediana:

Como o total de frequências é 40 (número par), os valores centrais são o 20º e o 21º:

$$\left(\frac{40}{2} = 20 \text{ e } 20 + 1 = 21\right).$$

Se colocados na ordem crescente, teremos os 8 valores correspondentes a 0 irmão, seguidos dos 15 valores de 1 irmão, e assim por diante. Então, o 20º e o 21º valores serão, ambos, 1 irmão. Logo, $Me = \frac{1+1}{2} = 1$.

b) Pesquisa sobre "peso" (em quilogramas) de um grupo de pessoas:

Peso (kg)	40 ⊢ 44	44 ⊢ 48	48 ⊢ 52	52 ⊢ 56	56 ⊢ 60	total
FA	1	3	7	6	3	20

A partir da tabela em que os pesos estão agrupados em classes, consideramos, em cada classe, o seu valor médio (*VM*) e anexamos uma nova linha à tabela. Assim, temos:

$44 - 40 = 48 - 44 = 52 - 48 = 56 - 52 = 60 - 56 = 4$

$\frac{4}{2} = 2$

Fique atento!
O cálculo da média de números inteiros inclui uma divisão que pode não ser exata.

$40 + 2 = 42$ (frequência 1)

$44 + 2 = 46$ (frequência 3)

$48 + 2 = 50$ (frequência 7)

$52 + 2 = 54$ (frequência 6)

$56 + 2 = 58$ (frequência 3)

Peso (kg)	40 ⊢ 44	44 ⊢ 48	48 ⊢ 52	52 ⊢ 56	56 ⊢ 60	total
FA	1	3	7	6	3	20
VM	42	46	50	54	58	

Agora, podemos calcular *MA*, *Mo* e *Me* usando valores médios e suas frequências.

Média aritmética:

$$MA = \frac{1 \cdot 42 + 3 \cdot 46 + 7 \cdot 50 + 6 \cdot 54 + 3 \cdot 58}{20} = \frac{42 + 138 + 350 + 324 + 174}{20} = \frac{1028}{20} = 51{,}4$$

Assim, $MA = 51{,}4$ kg.

Moda:

A frequência maior, 7, indica o intervalo 48 ⊢—— 52, representado por 50, que é o ponto médio.
Logo, $Mo = 50$ kg.

Mediana:

Como o total das frequências é 20 (número par), os dois valores centrais são o 10º e o 11º. Colocados os valores médios em ordem crescente e de acordo com suas frequências, o 10º é 50 kg e o 11º também. Logo,

$$Me = \frac{50 + 50}{2} = 50.$$

Então, $Me = 50$ kg.

Exercícios

22. Um time de futebol realizou algumas partidas e os resultados foram 3 a 1, 4 a 2, 1 a 1, 0 a 0, 3 a 2, 2 a 1 e 1 a 0. Sabendo que o time não perdeu nenhuma partida, calcule a média aritmética dos gols:

a) marcados;

b) sofridos.

23. Se um aluno já fez dois trabalhos e obteve notas 8,5 e 5,0, qual deve ser a nota do terceiro trabalho para que a média aritmética dos três seja 7,0?

24. Qual é a média de idade de um grupo em que há 6 pessoas de 14 anos, 9 de 20 anos e 5 de 16 anos?

25. Calcule a média aritmética ponderada de um aluno que obteve no bimestre 8,0 na prova (peso 2), 7,0 na pesquisa (peso 3), 9,0 no debate (peso 1) e 5,0 no trabalho de equipe (peso 2).

26. A média das idades dos 11 funcionários de uma empresa era de 40 anos. Um dos funcionários se aposentou com 60 anos, saindo da empresa. A média de idade dos 10 funcionários restantes passou a ser:

a) 40 anos. c) 38,9 anos. e) 37,8 anos.

b) 39,8 anos. d) 38 anos.

27. Durante os sete primeiros jogos de um campeonato, um time marcou, respectivamente, 3, 2, 1, 1, 4, 3 e 2 gols. Determine a média de gols por partida (*MA*) e a mediana (*Me*).

28. De segunda-feira a sábado, os gastos com alimentação de uma pessoa foram 15, 13, 12, 10, 14 e 14 reais. Determine a média diária de gastos (*MA*) e a mediana (*Me*).

29. Considere os números 126, 130, 126 e 102 e calcule:

a) a média aritmética (*MA*);

b) a média aritmética ponderada (*MP*), com pesos 2, 3, 1 e 2, respectivamente;

c) a mediana (*Me*);

d) a moda (*Mo*).

30. Determine a *MA*, a *Mo* e a *Me* a partir das tabelas de frequências.

a) "Idade" (em anos) em um grupo de 10 pessoas:

Idade (em anos)	13	14	15	16
FA	3	2	4	1

b) "Altura" (em metros) em um grupo de 21 pessoas:

Altura (m)	1,61 ⊢— 1,65	1,65 ⊢— 1,69	1,69 ⊢— 1,73	1,73 ⊢— 1,77	1,77 ⊢— 1,81
FA	3	6	5	4	3

31. O histograma mostra a distribuição salarial (em reais) dos funcionários de uma empresa. Usando os valores médios dos intervalos, construa o polígono do histograma e, depois, calcule a *MA*, a *Mo* e a *Me*.

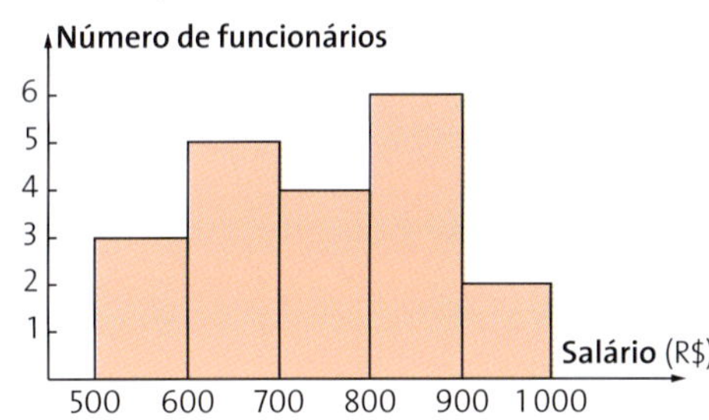

32. Uma prova com 5 testes foi aplicada em uma classe. O levantamento estatístico dos acertos foi registrado no seguinte gráfico:

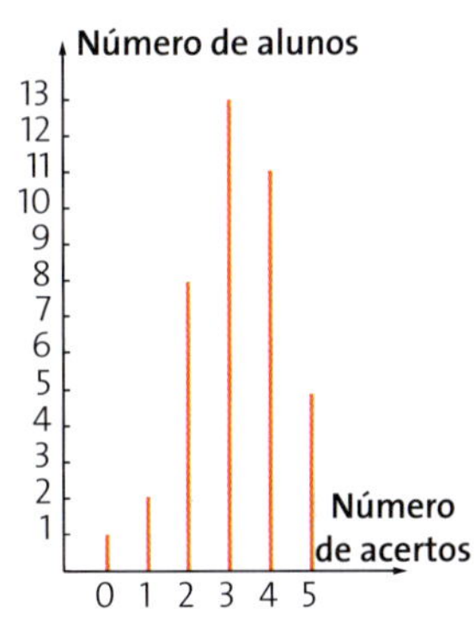

Determine a partir do gráfico:

a) o número de alunos da classe;

b) a porcentagem da classe que acertou os 5 testes;

c) a porcentagem da classe que acertou 3 ou mais testes;

d) a *MA*, a *Mo* e a *Me* de acertos por pessoa.

4 Medidas de dispersão

Já estudamos as medidas de tendência central mais usadas, como a média aritmética, a moda e a mediana. Elas têm como objetivo concentrar em um único número os diversos valores de uma variável quantitativa.

Neste item estudaremos casos em que as medidas de tendência central são insuficientes.

Consideremos a seguinte situação:

O critério de aprovação em um concurso estabelece que o candidato deve realizar 3 provas e obter, com suas notas, média igual ou maior do que 6,0. Nesse caso, a informação de que o candidato obteve média 7,5 é suficiente para concluir que ele está aprovado.

Vejamos agora outra situação:

Uma pessoa é encarregada de organizar atividades de lazer para um grupo de 6 pessoas e recebe a informação de que a média de idade do grupo é 20 anos. Nesse caso, apenas a informação da média não é suficiente para planejar as atividades, pois podemos ter grupos com média de idade de 20 anos e características totalmente diferentes.

Observemos alguns grupos possíveis:

- Grupo A: 20 anos; 20 anos; 20 anos; 20 anos; 20 anos; 20 anos.

$$MA = \frac{20 + 20 + 20 + 20 + 20 + 20}{6} = \frac{120}{6} = 20$$

Logo, $MA = 20$ anos.

- Grupo B: 22 anos; 23 anos; 18 anos; 19 anos; 20 anos; 18 anos.

$$MA = \frac{22 + 23 + 18 + 19 + 20 + 18}{6} = \frac{120}{6} = 20$$

Logo, $MA = 20$ anos.

- Grupo C: 6 anos; 62 anos; 39 anos; 4 anos; 8 anos; 1 ano.

$$MA = \frac{6 + 62 + 39 + 4 + 8 + 1}{6} = \frac{120}{6} = 20$$

Logo, $MA = 20$ anos.

Como a medida de tendência central não é suficiente para caracterizar o grupo C, é conveniente utilizar medidas que expressem o grau de dispersão de um conjunto de dados. As mais usadas são a **variância** e o **desvio padrão**.

Variância (V)

A ideia básica de variância é tomar os desvios dos valores x_i em relação à média aritmética $(x_i - MA)$. Mas a soma desses desvios é igual a 0 (por uma propriedade da média). Uma opção possível, então, é considerar o total dos quadrados dos desvios $\sum_{i=1}^{n}(x_i - MA)^2$ e expressar a variância (V) como a média dos quadrados dos desvios, ou seja:

$$V = \frac{\sum_{i=1}^{n}(x_i - MA)^2}{n}$$

Para refletir

Por que $\sum_{i=1}^{n}(x_i - MA) = 0$?

Por exemplo, vamos descobrir a variância nos grupos *A*, *B* e *C* citados anteriormente:

- Grupo *A* (20; 20; 20; 20; 20; 20)
  $MA = 20$
  Desvios: $20 - 20 = 0$; todos iguais a 0.
  $V = 0$
  Quando todos os valores são iguais, dizemos que não houve dispersão e, por isso, a variância é 0.

- Grupo *B* (22; 23; 18; 19; 20; 18)
  $MA = 20$
  Desvios: $22 - 20 = 2$; $23 - 20 = 3$; $18 - 20 = -2$; $19 - 20 = -1$; $20 - 20 = 0$; $18 - 20 = -2$
  $V = \frac{2^2 + 3^2 + (-2)^2 + (-1)^2 + 0^2 + (-2)^2}{6} =$
  $= \frac{4 + 9 + 4 + 1 + 0 + 4}{6} = \frac{22}{6} \simeq 3{,}6$

Fique atento!
- No grupo *A* não ouve dispersão.
- A dispersão no grupo *B* é menor do que no grupo *C*.
- Dizemos que o grupo *B* é mais homogêneo do que o *C* ou que o grupo *C* é mais heterogêneo do que o *B*.

- Grupo *C* (6; 62; 39; 4; 8; 1)
  $MA = 20$
  Desvios: $6 - 20 = -14$; $62 - 20 = 42$; $39 - 20 = 19$; $4 - 20 = -16$; $8 - 20 = -12$; $1 - 20 = -19$
  $V = \frac{(-14)^2 + 42^2 + 19^2 + (-16)^2 + (-12)^2 + (-19)^2}{6} = \frac{196 + 1764 + 361 + 256 + 144 + 361}{6} =$
  $= \frac{3\,082}{6} \simeq 513{,}6$

A variância é suficiente para diferenciar a dispersão dos grupos: o grupo *A* não tem dispersão ($V = 0$) e o grupo *C* tem uma dispersão maior que a do grupo *B* ($513{,}6 > 3{,}6$).

Porém, não é possível expressar a variância na mesma unidade dos valores da variável, uma vez que os desvios são elevados ao quadrado. Então, definiu-se a medida de dispersão chamada **desvio padrão**.

Desvio padrão (*DP*)

O desvio padrão (*DP*) é a raiz quadrada da variância. Ele facilita a interpretação dos dados, pois é expresso na mesma unidade dos valores observados (do conjunto de dados).

No exemplo que estamos analisando, temos:

- Grupo *A*: $DP = \sqrt{0} = 0$ ano
- Grupo *B*: $DP = \sqrt{3{,}6} \simeq 1{,}9$ ano
- Grupo *C*: $DP = \sqrt{513{,}6} \simeq 22{,}6$ anos

Fique atento!
A variância e o desvio padrão são números positivos ou nulos.

Resumindo, se $x_1, x_2, x_3, ..., x_n$ são os *n* valores de uma variável quantitativa *x*, temos:

- a média aritmética dos valores de *x*: $MA = \frac{\sum_{i=1}^{n} x_i}{n}$
- a variância de *x*: $V = \frac{\sum_{i=1}^{n} (x_i - MA)^2}{n}$
- o desvio padrão de *x*: $DP = \sqrt{V}$

Observações:

1ª) Quando todos os valores da variável são iguais, o desvio padrão é 0.

2ª) Quanto mais próximo de 0 é o desvio padrão, mais homogênea é a distribuição dos valores da variável.

3ª) O desvio padrão é expresso na mesma unidade da variável.

Exercícios resolvidos

2. Em um treinamento de salto em altura, os atletas realizaram 4 saltos cada um. Vejamos as marcas obtidas por três atletas:

- atleta *A*: 148 cm, 170 cm, 155 cm e 131 cm;
- atleta *B*: 145 cm, 151 cm, 150 cm e 152 cm;
- atleta *C*: 146 cm, 151 cm, 143 cm e 160 cm.

a) Qual deles obteve melhor média?

b) Qual deles foi o mais regular?

Resolução

a) Calculando a média de cada atleta, obtemos:

$$\text{Atleta } A\text{: } MA = \frac{148 + 170 + 155 + 131}{4} = \frac{604}{4} = 151$$

$$\text{Atleta } B\text{: } MA = \frac{145 + 151 + 150 + 152}{4} = \frac{598}{4} = 149{,}5$$

$$\text{Atleta } C\text{: } MA = \frac{146 + 151 + 143 + 160}{4} = \frac{600}{4} = 150$$

Logo, o atleta *A* obteve a maior média, 151 cm.

Para refletir

O desvio padrão pode ser igual à variância? E maior do que a variância?

b) A maior regularidade será verificada a partir do desvio padrão. Assim, temos:

Atleta *A*:

$$V = \frac{(148 - 151)^2 + (170 - 151)^2 + (155 - 151)^2 + (131 - 151)^2}{4} = \frac{9 + 361 + 16 + 400}{4} = \frac{786}{4} = 196{,}5$$

$$DP = \sqrt{196{,}5} \simeq 14$$

Atleta *B*:

$$V = \frac{(-4{,}5)^2 + (1{,}5)^2 + (0{,}5)^2 + (2{,}5)^2}{4} = \frac{20{,}25 + 2{,}25 + 0{,}25 + 6{,}25}{4} = \frac{29}{4} = 7{,}25$$

$$DP = \sqrt{7{,}25} \simeq 2{,}7$$

Atleta *C*:

$$V = \frac{(-4)^2 + 1^2 + (-7)^2 + 10^2}{4} = \frac{16 + 1 + 49 + 100}{4} = \frac{166}{4} = 41{,}5$$

$$DP = \sqrt{41{,}5} \simeq 6{,}4$$

Logo, o atleta *B* foi o mais regular, pois seu desvio padrão é o menor, aproximadamente 2,7 cm.

3. O histograma mostra o resultado de uma pesquisa sobre altura (em centímetros) entre os alunos de uma classe. Calcule o desvio padrão dessa variável.

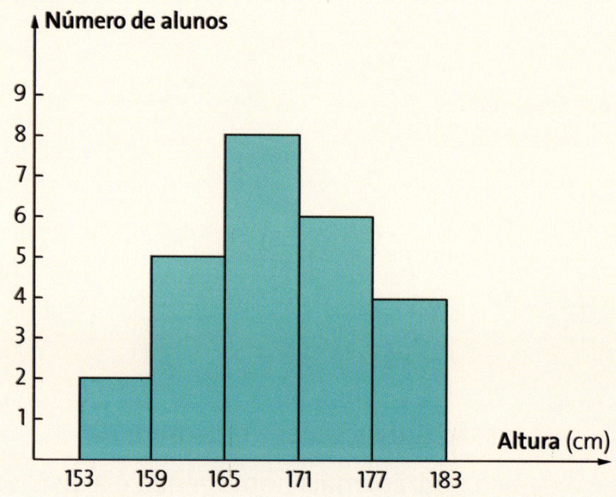

Resolução

No histograma, os valores da variável são intervalos e, por isso, vamos usar os seus pontos médios:

153 ⊢—— 159	159 ⊢—— 165	165 ⊢—— 171	171 ⊢—— 177	177 ⊢—— 183
↓	↓	↓	↓	↓
156 (frequência 2)	162 (frequência 5)	168 (frequência 8)	174 (frequência 6)	180 (frequência 4)

Média aritmética:

$$MA = \frac{2 \cdot 156 + 5 \cdot 162 + 8 \cdot 168 + 6 \cdot 174 + 4 \cdot 180}{2 + 5 + 8 + 6 + 4} =$$

$$= \frac{312 + 810 + 1344 + 1044 + 720}{25} = \frac{4\,230}{25} = 169{,}2$$

Desvios ($x_i - MA$):

$156 - 169{,}2 = -13{,}2$; $162 - 169{,}2 = -7{,}2$; $168 - 169{,}2 = -1{,}2$; $174 - 169{,}2 = 4{,}8$; $180 - 169{,}2 = 10{,}8$

Variância:

$$V = \frac{2(-13{,}2)^2 + 5(-7{,}2)^2 + 8(-1{,}2)^2 + 6(4{,}8)^2 + 4(10{,}8)^2}{25} =$$

$$= \frac{348{,}48 + 259{,}2 + 11{,}52 + 138{,}24 + 466{,}56}{25} = \frac{1224}{25} = 48{,}96$$

Fique atento!
No cálculo da variância foram usadas as frequências.

Desvio padrão: $DP = \sqrt{48{,}96} \simeq 6{,}99$

Assim, o desvio padrão é de 6,99 cm.

Exercícios

33. Em um concurso o critério de aprovação leva em conta a média e o desvio padrão após a realização de 3 provas. Calcule a média e o desvio padrão de um candidato que nas provas obteve, respectivamente, 63 pontos, 56 pontos e 64 pontos.

34. Em uma classe as notas obtidas pelos alunos foram agrupadas da seguinte maneira:
0 ⊢—— 2,0 (1 aluno); 2,0 ⊢—— 4,0 (6 alunos); 4,0 ⊢—— 6,0 (9 alunos); 6,0 ⊢—— 8,0 (8 alunos); 8,0 ⊢—— 10,0 (6 alunos).

A partir desses dados:

a) construa o histograma;

b) construa o polígono do histograma;

c) calcule a média, a moda, a mediana e o desvio padrão.

35. A distribuição dos salários de uma empresa é dada na tabela:

Salário (R$)	**Número de funcionários**
1000,00	10
1500,00	5
2000,00	1
2500,00	10
5500,00	4
11000	1
total	31

a) Qual é a média e qual é a mediana dos salários dessa empresa?

b) Suponha que sejam contratados dois novos funcionários com salários de R$ 2500,00 cada um. A variância da nova distribuição de salários ficará menor, igual ou maior que a anterior?

5 Estatística e probabilidade

A Estatística também é usada para estimar a probabilidade de ocorrência de um evento, principalmente quando ela não pode ser calculada teoricamente pela razão $P = \frac{\text{evento}}{\text{espaço amostral}}$.

Quando se diz que a probabilidade de um avião cair é de uma em um milhão, é porque a frequência relativa de ocorrência de acidentes é de um acidente a cada um milhão de decolagens. Ao longo dos anos, ocorrerão mais decolagens e essa probabilidade pode mudar. Desde os anos 1960, a frequência relativa de acidentes aéreos no mundo diminuiu cerca de 15 vezes. Isso significa que a probabilidade de ocorrer um acidente nos anos 1960 era 15 vezes maior do que agora.

Quanto maior for a quantidade de experimentos, melhor será a estimativa da probabilidade usando-se a frequência relativa. Ao lançar uma moeda duas vezes, é possível que ocorra duas vezes cara. Seria absurdo afirmar que a probabilidade de ocorrer cara é de 100%, pois a quantidade de experimentos é muito pequena e não pode ser utilizada para tal afirmação. Entretanto, ao jogar uma moeda 200 vezes, é possível observar algo como 94 caras e 106 coroas; jogando 2 000 vezes, 1 034 caras e 966 coroas; 20 000 vezes, 10 091 caras e 9 909 coroas.

Número de jogadas	FA cara	FR cara
2	2	100%
200	94	47%
2 000	1 034	51,7%
20 000	10 091	50,45%

Pela tabela acima, portanto, percebe-se que a frequência relativa tende ao valor teórico de 50% para a probabilidade de ocorrer cara e coroa. Isso é chamado **lei dos grandes números**.

Previsões do tempo, resultados eleitorais, mortalidade causada por doenças, entre outras, são probabilidades calculadas usando-se frequências relativas de pesquisas estatísticas. Nesses casos, quanto maior for o histórico de dados a ser analisado, melhor será a previsão.

Exercícios resolvidos

4. O gráfico abaixo mostra a distribuição da população brasileira por regiões de acordo com o Censo demográfico de 2010.

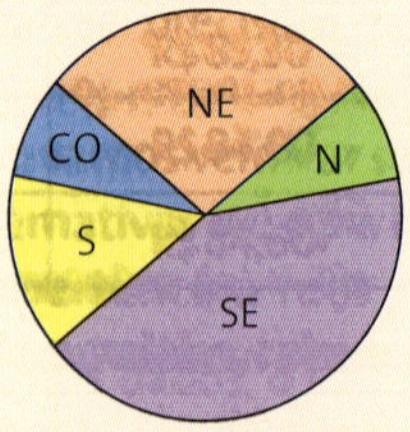

Considerando que a população total do Brasil registrada foi de aproximadamente 191 milhões de habitantes e que no gráfico o ângulo da região Centro-Oeste é de 28,8°, calcule a população da região Centro-Oeste em porcentagem e em número de habitantes.

Resolução

$360° — 100\%$
$28{,}8° — x \quad \Rightarrow x \simeq 8\%$

8% de $191\,000\,000 = 15\,280\,000$

Logo, a população da região Centro-Oeste em 2010 correspondia a aproximadamente 8% da população do Brasil, ou seja, 15 280 000 habitantes.

5. Um dado foi lançado 1200 vezes, obtendo-se o seguinte resultado:

Face	1	2	3	4	5	6
Número de vezes	248	355	175	180	126	116

a) Faça uma tabela de frequências relativas expressando os resultados em porcentagem.

b) Será que o dado jogado é honesto? Justifique.

Resolução

a)

Face	Número de vezes	Frequência relativa
1	248	20,7%
2	355	29,6%
3	175	14,6%
4	180	15,0%
5	126	10,5%
6	116	9,7%

b) Aparentemente há uma tendência maior em sair as faces "1" e "2" do que as outras faces. Como 1200 é um número razoavelmente grande, a frequência relativa deveria ser aproximadamente igual ao valor teórico da probabilidade (que é de 16,6%). Com 1200 jogadas o resultado teórico esperado seria o de sair cerca de 200 vezes cada face. Assim, podemos afirmar que o dado aparenta não ser honesto.

6. Em uma garrafa opaca fechada existem 20 bolinhas, distribuídas entre três cores: preta, vermelha e amarela. Não é possível ver as bolinhas dentro da garrafa, exceto se virarmos a garrafa de ponta-cabeça, quando uma das bolinhas vai para o gargalo e é possível ver sua cor. Ao longo de vários dias, repetiu-se 2000 vezes a seguinte operação: chacoalhava-se e tombava-se a garrafa para então anotar a cor da bolinha que aparecia no gargalo. Os resultados obtidos foram os seguintes:

Cor da bolinha	Número de vezes
preta	396
vermelha	910
amarela	694

Qual deve ser a quantidade de cada bolinha dentro da garrafa?

Resolução

Como a quantidade de experimentos é grande, podemos esperar que a frequência relativa seja aproximadamente igual à probabilidade teórica. A tabela de frequências relativas é:

Cor da bolinha	Número de vezes	Frequência relativa
preta	396	0,198
vermelha	910	0,455
amarela	694	0,347

Assim, se tivermos x bolinhas pretas, y bolinhas vermelhas e z bolinhas amarelas, as probabilidades teóricas serão:

$$\text{P(preta)} = \frac{x}{20}$$

$$\text{P(vermelha)} = \frac{y}{20}$$

$$\text{P(amarela)} = \frac{z}{20}$$

Igualando-se as probabilidades teóricas com as respectivas frequências relativas, temos:

$$\frac{x}{20} = 0{,}198 \Rightarrow x = 3{,}96$$

$$\frac{y}{20} = 0{,}455 \Rightarrow y = 9{,}10$$

$$\frac{z}{20} = 0{,}347 \Rightarrow z = 6{,}94$$

Como as quantidades x, y e z de bolinhas são números inteiros, então $x = 4$, $y = 9$ e $z = 7$.

7. (Fuvest-SP) Numa classe com 20 alunos as notas do exame final podiam variar de 0 a 100 e a nota mínima para aprovação era 70. Realizado o exame, verificou-se que 8 alunos foram reprovados. A média aritmética das notas desses 8 alunos foi 65, enquanto a média dos aprovados foi 77. Após a divulgação dos resultados, o professor verificou que uma questão havia sido mal formulada e decidiu atribuir 5 pontos a mais a todos os alunos. Com essa decisão, a média dos aprovados passou a ser 80 e a dos reprovados 68,8.

a) Calcule a média aritmética das notas da classe toda antes da atribuição dos 5 pontos extras.

b) Com a atribuição dos 5 pontos extras, quantos alunos, inicialmente reprovados, atingiram nota para aprovação?

Resolução

a) $MA = \dfrac{8 \cdot 65 + 12 \cdot 77}{20} = 72{,}2$

$MA = 72{,}2$ pontos

b) Com os cinco pontos extras para todos, a média da classe subiu para 77,2 pontos. Se x alunos continuaram reprovados, então:

$$\frac{x \cdot 68{,}8 + (20 - x) \cdot 80}{20} = 77{,}2 \Rightarrow$$

$$\Rightarrow 68{,}8x + 1600 - 80x = 1544 \Rightarrow$$

$$\Rightarrow -11{,}2x = -56 \Rightarrow x = 5$$

Como antes eram 8 reprovados, e agora são 5, então 3 alunos conseguiram nota para aprovação.

Exercícios

36. Verifique na prática que a probabilidade de ocorrência da face cara no lançamento de uma moeda é $\frac{1}{2}$ e a probabilidade da ocorrência da face coroa também é $\frac{1}{2}$.

a) Qual resultado você espera para 20 lançamentos dessa moeda?

b) Lance a moeda 20 vezes e registre os resultados em uma tabela; em seguida calcule a soma do total de cada face.

c) Você acertou o resultado?

d) Repita a experiência jogando a mesma moeda no mesmo local e com a mesma intensidade de força. Você obteve o mesmo resultado?

e) Por que você acha que isso ocorreu?

f) Se uma moeda for lançada 1000 vezes e todos os resultados forem cara, o que você pode supor a respeito dessa moeda?

37. Um dado foi lançado 1000 vezes, obtendo-se o seguinte resultado:

Face	1	2	3	4	5	6
Número de vezes	157	171	160	166	171	175

a) Faça uma tabela de frequências relativas expressando os resultados em porcentagem.

b) Na sua opinião, o dado jogado é honesto? Justifique.

38. Observe os gráficos comparativos da taxa de urbanização do Brasil (2000/2010) e a população aproximada do Brasil nesses dois anos.

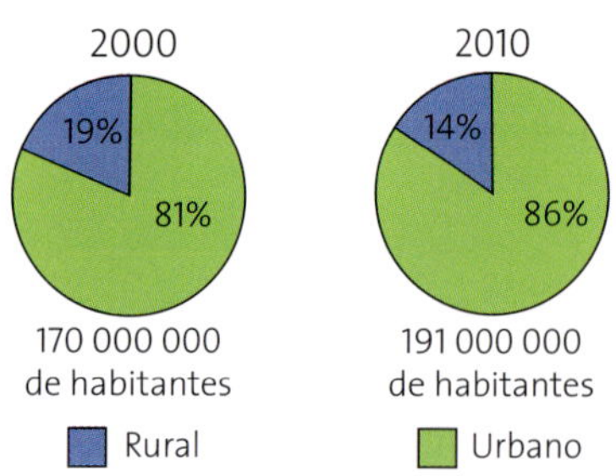

Fonte: IBGE. Disponível em: <www.censo2010.ibge.gov.br>. Acesso em: 8 nov. 2012.

a) De 2000 a 2010 a população rural do Brasil aumentou ou diminuiu? Quanto por cento?

b) Supondo que a taxa de urbanização atual seja equivalente à de 2010, qual seria a probabilidade de, nos dias atuais, escolhendo-se ao acaso um brasileiro, ele morar na zona rural?

39. Em uma garrafa opaca fechada existem 10 bolinhas, distribuídas entre as cores azul e branca. Não é possível ver as bolinhas dentro da garrafa, exceto se virarmos a garrafa de cabeça para baixo, quando uma das bolinhas vai para o gargalo e é possível ver sua cor. Ao longo de vários dias, repetiu-se 2000 vezes a seguinte operação: chacoalhava-se e tombava-se a garrafa para então anotar a cor da bolinha que aparecia no gargalo. Os resultados obtidos foram os seguintes:

Cor da bolinha	**Número de vezes**
azul	624
branca	1376

Na próxima vez em que for repetida essa operação, qual a probabilidade de que a cor da bolinha do gargalo seja azul?

40. (Unicamp-SP-modificado) As mensalidades dos planos de saúde são estabelecidas por faixa etária. A tabela abaixo fornece os valores das mensalidades do plano "Geração Saúde".

Faixa etária	**Mensalidade** (R$)
até 15 anos	120,00
de 16 a 30 anos	180,00
de 31 a 45 anos	260,00
de 46 a 60 anos	372,00
61 anos ou mais	558,00

O gráfico em formato de *pizza* mostra o comprometimento do rendimento mensal de uma pessoa que recebe 8 salários mínimos por mês e aderiu ao plano de saúde "Geração Saúde". Em cada fatia do gráfico, estão indicados o item referente ao gasto e o ângulo correspondente, em graus.

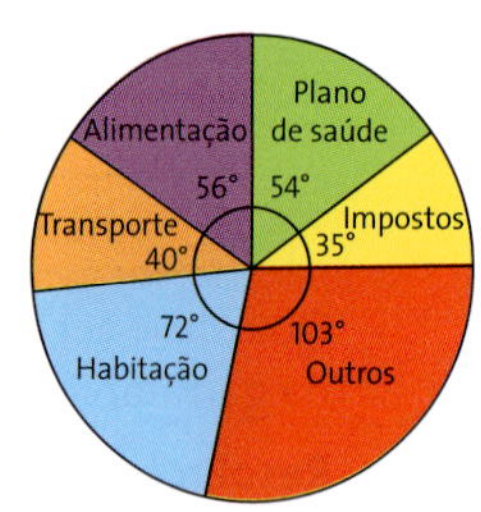

Sabendo que o salário mínimo nacional valia, na época, R$ 465,00, responda às perguntas abaixo.

a) Excetuando-se o item "outros", que não se refere a um gasto específico, qual é o item que consome a maior fatia do salário dessa pessoa?

b) Determine qual é o comprometimento do rendimento mensal dessa pessoa, em porcentagem, com o plano de saúde "Geração Saúde".

c) Determine a que faixa etária pertence essa pessoa.

Pensando no Enem

1. O gráfico mostra a variação da extensão média de gelo marítimo, em milhões de quilômetros quadrados, comparando dados dos anos 1995, 1998, 2000, 2005 e 2007. Os dados correspondem aos meses de junho a setembro.
O Ártico começa a recobrar o gelo quando termina o verão, em meados de setembro. O gelo do mar atua como o sistema de resfriamento da Terra, refletindo quase toda a luz solar de volta ao espaço. Águas de oceanos escuros, por sua vez, absorvem a luz solar e reforçam o aquecimento do Ártico, ocasionando derretimento crescente do gelo.

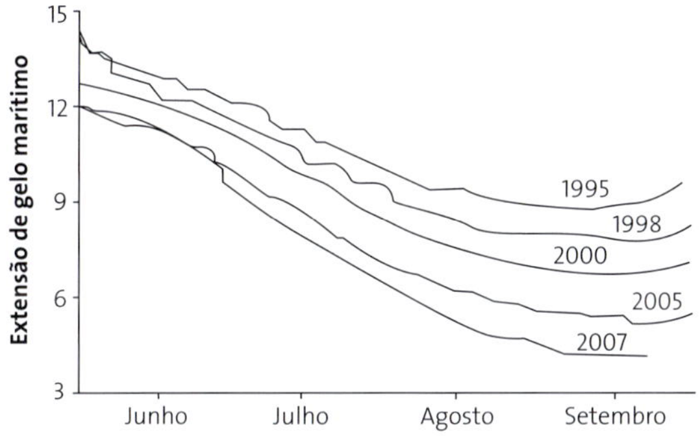

Com base no gráfico e nas informações do texto, é possível inferir que houve maior aquecimento global em:

a) 1995.
b) 1998.
c) 2000.
d) 2005.
e) 2007.

Resolução

De acordo com o trecho "Águas de oceanos escuros, por sua vez, absorvem a luz solar e reforçam o aquecimento do Ártico, ocasionando derretimento crescente do gelo" podemos concluir inicialmente que a menor extensão de gelo estaria associada a um maior aquecimento global e, de acordo com o gráfico, a menor extensão de gelo ocorreu em setembro de 2007, apresentado na alternativa **e**.

No entanto, o gelo do Ártico começa a se refazer quando o verão termina, sendo esse gelo responsável pelo resfriamento da Terra. Se observarmos, então, as variações aproximadas das extensões marítimas ao longo dos anos apresentados no gráfico, podemos escrever a seguinte tabela, onde acrescentamos uma coluna contendo a diferença entre as maiores e menores extensões de gelo durante o ano:

Ano	Maior extensão de gelo (milhões de km^2)	Menor extensão de gelo (milhões de km^2)	Diferença
1995	15	9	$15 - 9 = 6$
1998	15	8	$15 - 8 = 7$
2000	13	7	$13 - 7 = 6$
2005	12	5	$12 - 5 = 7$
2007	12	4	$12 - 4 = 8$

Com base na coluna que representa a diferença entre as extensões de gelo, podemos observar o aumento do degelo do Ártico e, consequentemente, um aumento do aquecimento global. Essa diferença também é maior no ano de 2007, corroborando as conclusões obtidas inicialmente.

Resposta: alternativa **e**.

2. O gráfico apresenta o comportamento de emprego formal surgido, segundo o CAGED, no período de janeiro de 2010 a outubro de 2010.

BRASIL – Comportamento de Emprego Formal no período de janeiro a outubro de 2010 – CAGED

Disponível em: <www.mte.gov.br>. Acesso em: 28 fev. 2012 (adaptado).

Com base no gráfico, o valor da parte inteira da mediana dos empregos formais surgidos no período é:

a) 212 952.
b) 229 913.
c) 240 621.
d) 255 496.
e) 298 041.

Resolução

Primeiramente dispomos os dados do gráfico em ordem crescente:

181 419, 181 796, 204 804, 209 425, **212 952**, **246 875**, 255 415, 290 415, 298 041, 305 088.

Assim, os termos centrais são 212 952 e 246 875, e a média aritmética entre eles, e consequentemente a mediana da distribuição, é igual a:

$$Me = \frac{212\,952 + 246\,875}{2} = 229\,913{,}5$$

Logo, a parte inteira da mediana corresponde a 229 913.

Resposta: alternativa **b**.

Matemática e tecnologia

Estatística no computador

Vamos aprender como manipular dados e construir gráficos utilizando um *software* livre e gratuito.

O LibreOffice (antigo BROffice) é um desses *softwares* e oferece seis aplicativos livres: editor de texto, planilha eletrônica, editor de apresentação de *slides*, editor de desenho, editor de fórmulas e banco de dados.

A instalação desse *software* é simples: acesse o *site* <http://pt-br.libreoffice.org/>, clique em "Baixe já", escolha a versão de acordo com o seu computador e siga os passos para finalizar a instalação do programa.

Ao abrir o LibreOffice, clique em "Planilha" e observe que a planilha eletrônica é formada por linhas (1, 2, 3, 4, ...) e colunas (*A*, *B*, *C*, *D*, ...).

O aplicativo "Planilha" é uma ferramenta poderosa para auxiliar a construir gráficos. Utilizamos esse e outros recursos tecnológicos nos volumes 1 e 2 desta coleção.

Muitas vezes é bem trabalhoso calcular medidas de tendência central ou de dispersão, pois os dados da amostra podem ser numerosos ou os valores das medidas terem muitas casas decimais. Utilizando os *softwares* de computador conseguimos maior precisão, velocidade e melhor representação dos dados obtidos.

Siga os passos indicados para obter o desvio padrão e construir um gráfico de barras com o número de gols dos maiores artilheiros da seleção brasileira de futebol (contando jogos oficiais e não oficiais).

1º passo: Monte uma tabela com o nome do artilheiro e sua quantidade de gols pela seleção. A coluna *A* da planilha será formada pelos nomes dos artilheiros e a coluna *B* será formada pelas quantidades de gols. Os dados são os seguintes:

Pelé	95
Ronaldo	62
Romário	55
Zico	52
Bebeto	52
Jairzinho	44

2º passo: Clique na célula B7. Ela ficará destacada.

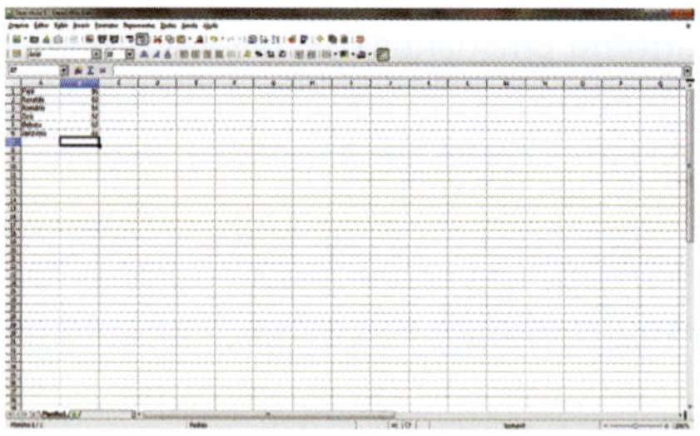

Em seguida, clique na tecla *fx* (logo acima da coluna *B*) e selecione a categoria "Estatísticas" e a função "DESVPAD" (para calcular o desvio padrão da amostra). Clique em "próximo" e digite B1:B6 para calcular o desvio padrão da amostra. Por último, clique em "OK".

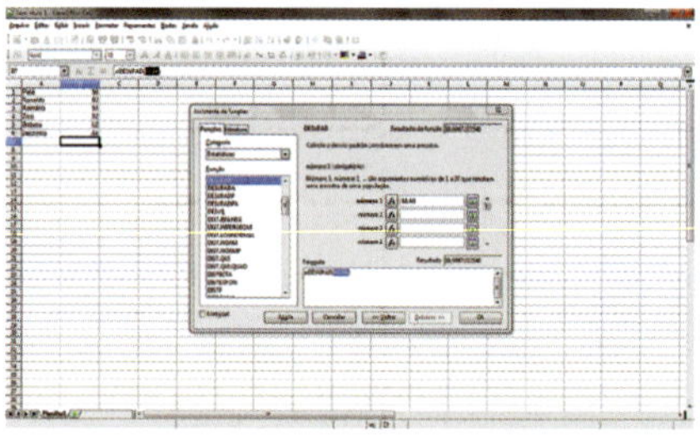

Com isso, na célula B7 apareceu o número 18,0997237548, que é o desvio padrão.

3º passo: Para construir o gráfico que representa o número de gols dos maiores artilheiros, selecione a tabela construída e clique na opção "Gráfico" (ícone na parte superior); em seguida selecione a opção "4. Elementos do gráfico" e digite no campo "Título": **Maiores artilheiros da seleção brasileira de futebol**, como apresentado na imagem abaixo. Clique em "Concluir" e o gráfico estará feito.

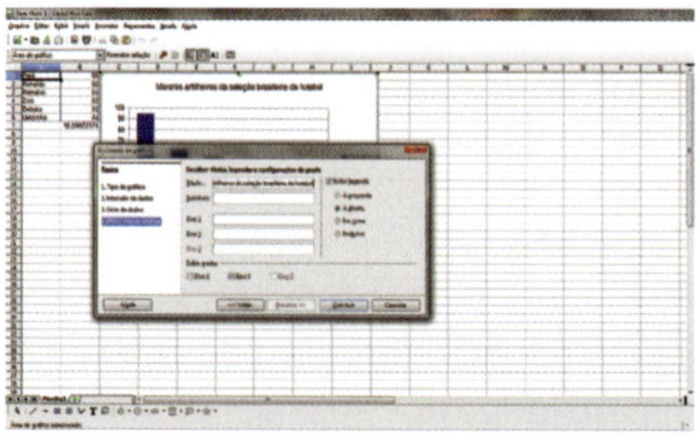

Fotos: Reprodução/Arquivo da editora

Salve o arquivo no seu computador em um local escolhido.

Elaborando uma pesquisa escolar

Em uma escola será feita uma pesquisa para saber quantos alunos são canhotos, quantos apresentam alguma dificuldade de visão (usam óculos) e qual é o esporte preferido pela maioria dos alunos.

Diante dessas informações serão providenciadas carteiras para canhotos, melhoria na iluminação da sala de aula e material e espaço para atender à prática esportiva.

O roteiro de uma pesquisa é o seguinte:

1. Definir o problema a ser solucionado.
2. Definir a população em estudo.
3. Definir o tamanho e a composição da amostra.
4. Formular o questionário.
5. Abordar os entrevistados.
6. Checar os dados.
7. Blindar as informações.
8. Divulgar o resultado da pesquisa.

Você sabia?
A escolha da amostra é basicamente o que diferencia uma enquete de uma pesquisa estatística. Na enquete as pessoas são escolhidas aleatoriamente e na pesquisa estatística a amostra é uma parte representativa da população. Por exemplo, se existem mais mulheres na população, a amostra deverá conter um número maior de pessoas do sexo feminino.
A escolha da amostra no lugar da população se dá muitas vezes pela praticidade e rapidez dos resultados.

Algumas dessas fases já estão prontas, pois já sabemos o problema a ser solucionado e a população será formada por todos os 1000 alunos do Ensino Médio. A amostra deverá ser a seguinte:

	Moças	Rapazes
3º ano	6	4
2º ano	9	8
1º ano	13	8
total	30	20

O questionário deve conter as informações importantes sobre o assunto. Por exemplo:

Nome: ____________________ ***Data:*** __________
1. Sexo: *( ) masculino ( ) feminino*
2. Mão com que escreve: *( ) esquerda (canhoto) ( ) direita (destro)*
3. Usa óculos? *( ) Sim. ( ) Não.*
4. Esporte que gostaria de praticar na escola: __________
Nome do entrevistador: ____________________

Algumas regras deverão ser seguidas:

- Os entrevistados deverão ser abordados de forma educada e o entrevistador deverá ser totalmente imparcial.
- Os dados deverão ser checados para identificar se faltam dados, se há inconsistência ou incoerência nas respostas.
- As informações colhidas deverão ficar restritas à comissão de pesquisadores.
- Os resultados deverão ser divulgados em forma de gráficos, tabelas, etc.

» Agora, monte uma equipe e realize uma pesquisa como essa em sua escola.
Depois, faça o que se pede:

a) Faça uma tabela de frequências (absoluta e relativa) da variável "idade".
b) Determine a média aritmética e a mediana da variável "idade".
c) Obtenha a moda das variáveis:
- Mão com que escreve
- Se usa óculos
- Esporte que gostaria de praticar na escola

d) Agora, construa os gráficos de barras utilizando a "Planilha" do LibreOffice.

Outros contextos

Projeção da população

Projeção da população do Brasil por sexo e idade: 1980-2050

As estimativas populacionais, além de sua fundamental importância para o cálculo de indicadores sociodemográficos e econômicos nos períodos intercensitários, subsidiam ministérios e secretarias estaduais e municipais para a formulação, a implementação e a posterior avaliação de seus respectivos programas de desenvolvimento e, em particular, das ações contidas em suas políticas sociais, constituindo, ainda, o principal parâmetro para o Tribunal de Contas da União (TCU) distribuir as quotas partes relativas ao Fundo de Participação de Estados e Municípios.

Com o objetivo de proporcionar total transparência à sociedade, em geral, e aos usuários destas informações, em especial, o IBGE apresenta os resultados e a metodologia empregada no Sistema de Projeções e Estimativas da População do Brasil, em sua revisão 2008. A atualização empreendida incorpora as informações sobre as tendências observadas da mortalidade, da fecundidade e da migração em nível nacional, no período de 1990 a 2050, e utiliza para tal o Método das Componentes Demográficas.

A análise dos resultados, ilustrada com tabelas e gráficos, destaca as transformações mais relevantes observadas nos indicadores demográficos implícitos nessa projeção, sobretudo com relação ao acelerado processo de envelhecimento da população, resultante do efeito combinado da redução dos níveis da fecundidade e da mortalidade e do aumento da expectativa de vida, a partir de meados da década de 1990.

Disponível em: <www.ibge.gov.br/home/estatistica/populacao/projecao_da_populacao/2008/default.shtm>
Acesso em: 6 mar. 2014.

Pirâmides etárias absolutas

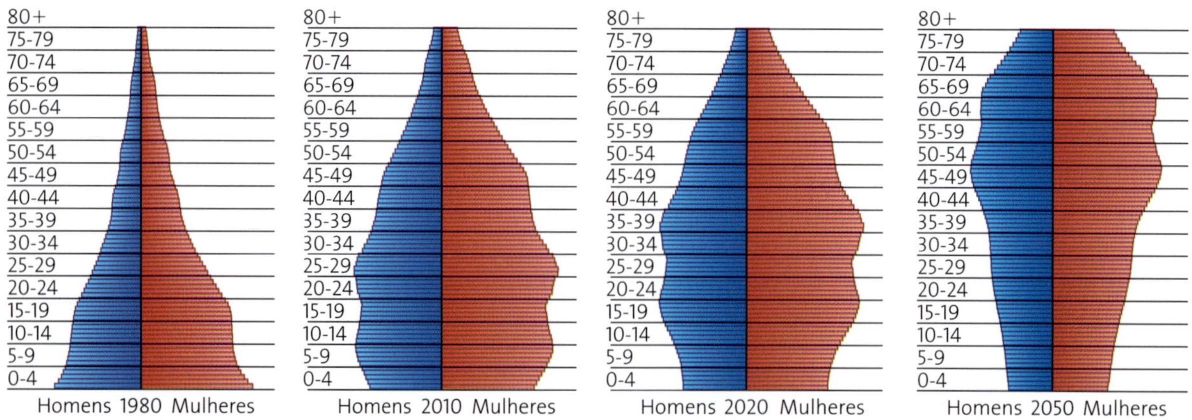

Projeção da população do Brasil por sexo e idade para 2020

Faixa etária	Homens	Mulheres	Ambos os sexos
0 a 9 anos	14 605 258	13 948 594	28 553 852
10 a 19 anos	16 628 874	15 973 609	32 602 483
20 a 29 anos	17 150 828	16 825 254	33 976 082
30 a 39 anos	17 227 313	17 289 534	34 516 847
40 a 49 anos	14 473 620	14 899 708	29 373 328
50 a 59 anos	11 464 141	12 299 980	23 764 121
60 a 69 anos	7 696 976	8 840 978	16 537 954
70 a 79 anos	3 751 497	4 869 660	8 621 157
80 anos ou mais	1 548 202	2 583 349	4 131 551
total	104 546 709	107 530 666	212 077 375

Trabalhando com o texto

1. O texto apresentado anteriormente utiliza uma linguagem culta. Que tipo de texto é esse?

2. Com base no desenvolvimento da pirâmide etária no Brasil, entre 1980 e 2050, o que se pode esperar com respeito à taxa de natalidade e à expectativa de vida nas próximas décadas?

3. Considere a seguinte afirmação: "Existem muito mais mulheres do que homens".

a) Tomando como base a projeção para o ano de 2020, essa proposição é verdadeira?

b) E se for levada em consideração apenas a faixa etária de 20 a 29 anos, essa proposição é verdadeira?

c) Na faixa de 20 a 29 anos, qual é a diferença entre mulheres e homens?

4. Sabe-se que moda é a medida de tendência central definida como o valor mais frequente de um grupo de valores observados. Com base na tabela apresentada no texto, qual a faixa etária modal:

a) para o sexo masculino?

b) para o sexo feminino?

5. Ainda considerando a projeção para o ano de 2020, quais as frequências absolutas e relativas dos sexos masculino e feminino? (Use uma calculadora para determinar as frequências relativas.)

Pesquisando e discutindo

6. Verifique, com as pessoas da sua casa, as médias das idades e das alturas e depois compare esses valores com os resultados obtidos pelos seus colegas.

7. Tendo em vista que a população brasileira está envelhecendo, faz-se necessário adequar as políticas públicas à população idosa. Pesquise e discuta com seus colegas quais políticas de assistência social, saúde, previdência e habitação estão de fato sendo aplicadas na sua cidade.

Veja mais sobre o assunto

Para obter mais informações sobre a população brasileira, pesquise em jornais, revistas e nos *sites*:

- Instituto Brasileiro de Geografia e Estatística: <www.ibge.com.br>;
- Portal do envelhecimento: <www.portaldoenvelhecimento.org.br>;
- Departamento Intersindical de Estatística e Estudos Socioeconômicos: <www.dieese.org.br>. Acessos em: 6 mar. 2014.

Fique atento!
Procure no dicionário as palavras que, porventura, você não conheça.

Atividades adicionais

1. Entre um grupo de funcionários de uma empresa foi feita uma pesquisa sobre salários, tomando como referência o salário mínimo.
Veja os dados obtidos: 5,1; 2,5; 7; 4,3; 3,1; 6; 3,3; 5,5; 4; 6,5; 5; 2,8; 5,7; 4,5; 2; 5; 5,5; 2,9; 5; 1,7; 7; 3; 5,6; 4,2; 3,9.
Elabore a tabela de frequências considerando a variável “salário” com seus valores em seis classes (intervalos).

2. Durante uma hora foram anotados os tipos de veículos que passaram pela rua onde está situada uma escola e foram obtidos os seguintes dados:
T, T, T, M, A, T, T, M, T, B, B, T, T, A, T, T, C, T, M, T, T, T, C, B, T, T, T, T, T, A, T, T, T, M, C, T, T, T, T, B, T, T, M, B, A
Considere:
M: motocicleta;
C: caminhão;
B: bicicleta;
A: ambulância;
T: carro.
Agora, construa um gráfico de barras que corresponda a essa pesquisa.

3. O litro de leite do tipo *A* custa R$ 3,60 e do tipo *B*, R$ 2,00. Misturam-se 5 litros do tipo *A* com 3 litros do tipo *B*.
Quanto deve custar, em reais, o preço do litro da mistura?

4. Em uma classe de 35 alunos há 22 homens e 13 mulheres. Na prova de Matemática a nota média dos homens foi 4,8 e a das mulheres foi 4,0.
Se a média da classe foi igual a *M*, determine o valor de 10*M*.

5. A média aritmética das idades de um grupo de professores e inspetores é 40.
Se a média das idades dos professores é 35 e a média das idades dos inspetores é 50, a razão entre o número de inspetores e o número de professores é igual a:
a) 3 : 2.
b) 3 : 1.
c) 2 : 3.
d) 2 : 1.
e) 1 : 2.

6. A média aritmética dos ângulos internos de um hexágono é igual a:
a) 100°.
b) 120°.
c) 140°.
d) 160°.
e) 180°.

7. Antônio corre 5 km a uma velocidade de 10 km/h e em seguida 10 km a 5 km/h. A velocidade média, em km/h, durante a corrida foi:
a) 6.
b) 6,5.
c) 7.
d) 7,5.
e) 8.

8. Considere uma progressão aritmética em que o primeiro e o último termo são iguais a 10 e 50, respectivamente. Podemos afirmar que a média aritmética de todos os termos é igual a:
a) 20.
b) 25.
c) 30.
d) 35.
e) 40.

9. Em um grupo de pessoas foi pesquisada a variável “década de nascimento”. Os dados obtidos foram: 60, 70, 70, 70, 60, 80, 70, 70, 60, 70, 80, 70, 70, 80, 70.
a) Qual é o tipo da variável?
b) Qual é o número de indivíduos na pesquisa?
c) Quantos e quais são os valores (realizações) da variável?
d) Construa a tabela de frequências, o gráfico de barras e o de setores correspondentes à pesquisa.

10. (UFPR) Dado um conjunto $X = \{x_1, x_2, x_3, ..., x_n\}$ com *n* elementos, definimos a média $\overline{x}$ e o desvio padrão *d* de *X* por:

$$\overline{x} = \frac{x_1 + x_2 + ... + x_n}{n}$$

$$d = \sqrt{\frac{(x_1 - \overline{x})^2 + (x_2 - \overline{x})^2 + ... + (x_n - \overline{x})^2}{n}}$$

Uma informação útil para quem analisa um conjunto de dados como *X* é que a maioria desses dados pertence ao intervalo $C = [\overline{x} - 2d, \overline{x} + 2d]$. Sendo $X = \left\{\frac{5}{2}, 4, \frac{7}{2}, 3\right\}$ um conjunto de dados:
1) Calcule a média $\overline{x}$ e o desvio padrão *d*.
2) Verifique quais dados do conjunto *X* acima pertencem ao intervalo *C*.

Vestibulares de Norte a Sul

1. **N** (UFPA) Suponha que o PSS fosse realizado com 5 disciplinas. Um candidato ao PSS-2007, que fez a 1ª etapa no PSS-2005 e a 2ª etapa no PSS-2006, está interessado em simular suas possibilidades de aprovação em um determinado curso e sabe que o último classificado desse curso no PSS-2006 obteve uma nota final de 662. Para fazer essa simulação, o candidato precisa saber que a nota final (NPF) de cada candidato é

$NPF = \dfrac{NPG_1 + NPG_2 + 2\ NPG_3}{4}$, em que:

NPG_1 é a nota padronizada da primeira fase;
NPG_2 é a nota padronizada da segunda fase;
NPG_3 é a nota padronizada da terceira fase.

Como o candidato já tem conhecimento das notas $NPG_1 = 690$ e $NPG_2 = 680$, é suficiente simular a nota NPG_3, que é calculada pela expressão

$NPG_3 = \dfrac{NP_1 + NP_2 + NP_3 + NP_4 + NP_5}{5}$, em que NP_i é

a nota padronizada de cada matéria dada por

$NP_i = \dfrac{(X_i - M_i)}{S_i} \cdot 100 + 500$, $i = 1, 2, 3, 4, 5$, na qual:

- X_i é a nota bruta do candidato na matéria *i*.
- M_i é a média de acertos na matéria *i*.
- S_i é o desvio padrão na matéria *i*.

Supondo que M_i, S_i e X_i na terceira fase são:

i	Matéria	Nota X_i	Média M_i	Desvio S_i
1	Matemática	3	1	1
2	Física	2	1	1
3	História	5	2	2
4	Língua Portuguesa	5	3	2
5	Redação	8	5	2

Então, o candidato concluirá que sua nota final (NPF) é:

a) 706,93.
b) 705,15.
c) 701,11.
d) 667,31.
e) 662,50.

2. **NE** (UFC-CE) A média aritmética das notas dos alunos de uma turma formada por 25 meninas e 5 meninos é igual a 7. Se a média aritmética das notas dos meninos é igual a 6, a média aritmética das notas das meninas é igual a:

a) 6,05.
b) 7,2.
c) 7,4.
d) 7,8.
e) 8,0.

3. **NE** (Uece) A média aritmética dos elementos de um conjunto de números inteiros e positivos é 14,625. Se *n* é o número de elementos desse conjunto, então o menor valor de *n* é:

a) 4.
b) 6.
c) 8.
d) 16.

4. **CO** (UnB-DF) A tabela abaixo contém informações relativas à precipitação em algumas bacias hidrográficas do Brasil.

Bacia hidrográfica	Precipitação (em 1 000 m^3/s)
Amazônica	*
São Francisco	18
Paraná	40
Paraguai	16
Uruguai	10

Considerando essas informações, julgue os itens seguintes.

a) Considere que a média aritmética das precipitações nas bacias incluídas na tabela seja igual a 115 000 m^3/s. Nessa situação, a precipitação na bacia Amazônica é inferior a 350 000 m^3/s.

b) O desvio padrão das 4 precipitações apresentadas na tabela é superior a 10 000 m^3/s.

c) Considere que x_1, x_2, x_3, x_4, x_5 sejam os valores assumidos por uma variável quantitativa discreta de variância igual a $V(x)$ e que, subtraindo-se 3 unidades de cada uma dessas variáveis, obtêm-se os valores y_1, y_2, y_3, y_4, y_5, assumidos por uma nova variável quantitativa discreta de variância igual a $V(y)$. Nessa situação, tem-se $V(y) = V(x) - 9$.

5. CO (UFMS) O quadro abaixo apresenta a média da idade (em anos) de três grupos de pessoas que foram entrevistadas em uma pesquisa e a quantidade de pessoas de cada grupo.

Grupo	Quantidade de pessoas entrevistadas	Média da idade (em anos)
A	10	*x*
B	20	*y*
C	30	*z*

Admita que a média da idade das pessoas entrevistadas do grupo *B* supera em 3 anos a média da idade das pessoas entrevistadas do grupo *A*, que a diferença entre a média da idade das pessoas entrevistadas do grupo *C* e a média da idade das pessoas entrevistadas do grupo *A* é 2 anos e que a média da idade das pessoas entrevistadas de todos os grupos é 22 anos. A partir dessas informações, é correto afirmar que $x + y + z$ é:

a) 63.
b) 61.
c) 62.
d) 65.
e) 64.

6. SE (Ibmec-SP) Chama-se mediana de um conjunto de 50 dados ordenados em ordem crescente o número *x* dado pela média aritmética entre o 25º e o 26º dado. Observe no gráfico a seguir uma representação para as notas de 50 alunos do primeiro semestre de Ciências Econômicas numa determinada prova.

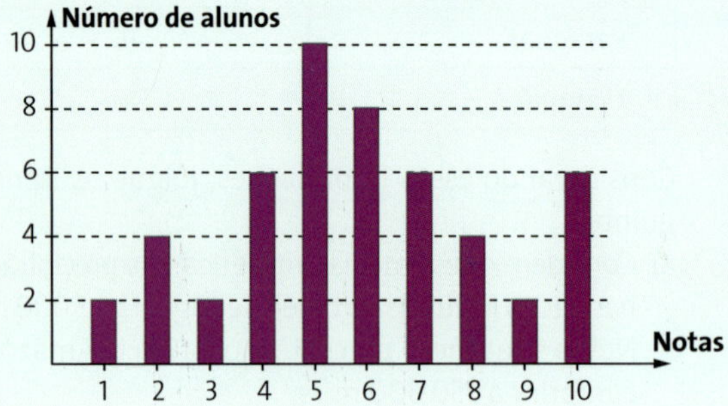

A mediana das notas dos 50 alunos de Ciências Econômicas nesta prova é igual a:

a) 3.
b) 4.
c) 5.
d) 6.
e) 7.

7. SE (FGV-SP)

a) Considere *n* números reais não nulos $x_1, x_2, x_3, ..., x_n$. Em que condição a variância desses números é nula? Justifique.

b) Dados três números reais x_1, x_2 e x_3, qual o valor de *m* que minimiza a expressão $\sum_{i=1}^{3}(x_i - m)^2$?

8. SE (Fuvest-SP) Uma prova continha cinco questões, cada uma valendo 2 pontos. Em sua correção, foram atribuídas a cada questão apenas as notas 0 ou 2, caso a resposta estivesse, respectivamente, errada ou certa. A soma dos pontos obtidos em cada questão forneceu a nota da prova de cada aluno. Ao final da correção, produziu-se a seguinte tabela, contendo a porcentagem de acertos em cada questão:

Questão	Porcentagem
1	30%
2	10%
3	60%
4	80%
5	40%

Logo, a média das notas da prova foi:

a) 3,8.
b) 4,0.
c) 4,2.
d) 4,4.
e) 4,6.

9. S (UFPR) Em 2010, uma loja de carros vendeu 270 carros a mais que em 2009. Abaixo temos um gráfico ilustrando as vendas nesses dois anos.

Nessas condições, pode-se concluir que a média aritmética simples das vendas efetuadas por essa loja durante os dois anos foi de:

a) 540 carros.
b) 530 carros.
c) 405 carros.
d) 270 carros.
e) 135 carros.

CAPÍTULO

3 Geometria analítica: ponto e reta

David Nvnvk/Spl/Latinstock

A estrela nos dá a ideia de ponto e a linha do horizonte, de reta.

1 Introdução à Geometria analítica

A Geometria analítica está fundamentada na ideia de representar os pontos de uma reta por números reais e os pontos de um plano por pares ordenados de números reais. Assim, as linhas no plano (reta, circunferência, elipse, etc.) são descritas por meio de equações. Com isso, é possível tratar algebricamente muitas questões geométricas, como também interpretar de forma geométrica algumas situações algébricas.

Essa integração entre Geometria e Álgebra foi responsável por grandes progressos na Matemática e em outras ciências em geral.

Em Geometria analítica estudaremos várias figuras (incluindo as que não representam funções) e suas propriedades geométricas por meio de processos algébricos (equações, inequações, sistemas, etc.). Para isso, algumas ideias estudadas nos capítulos 2 (Funções) e 3 (Função afim e função modular) do volume 1 serão retomadas e aprofundadas e outras serão introduzidas. Por exemplo:

Uma função $f: \mathbb{R} \rightarrow \mathbb{R}$, definida por $f(x) = ax + b$ (ou $y = ax + b$), com $a \in \mathbb{R}$ e $b \in \mathbb{R}$, tem como gráfico uma reta não paralela ao eixo y.

Pela equação da reta é possível estudar suas características, assim como, a partir de características da reta, pode-se identificar sua equação. Veja exemplos:

a) A reta de equação $y = 3x + 7$ é paralela à reta de equação $y = 3x - 8$.

b) Se a reta passa pela origem $O(0, 0)$, então sua equação é da forma $y = ax$.

» Constate que essas afirmações são verdadeiras.

Correspondência biunívoca – Correspondência um a um, ou seja, que associa os elementos de dois conjuntos, tal que cada elemento de um conjunto tenha um único correspondente no outro.

2 Sistema cartesiano ortogonal

Como vimos no capítulo 3 do volume 1, existe uma **correspondência biunívoca** entre os pontos de um plano e o conjunto dos pares ordenados de números reais, isto é, a cada ponto do plano corresponde um único par ordenado (x, y), e a cada par ordenado (x, y) está associado um único ponto do plano. Essa relação biunívoca não é única, depende do sistema de **eixos ortogonais** adotado.

Para estabelecer uma dessas correspondências biunívocas são usados dois eixos ortogonais (eixo x e eixo y) que formam o **sistema cartesiano ortogonal**. A intersecção dos eixos x e y é o ponto O, chamado **origem** do sistema.

Eixos ortogonais – Retas orientadas que permitem a localização de pontos no plano ou no espaço.

» No sistema cartesiano ortogonal abaixo cada par ordenado está associado a um ponto. Reúna-se a um colega e respondam: a qual ponto está associado cada par ordenado indicado abaixo?

a) (0, 0)
b) (3, 2)
c) (−1, 4)
d) (−2, −3)
e) (2, −1)

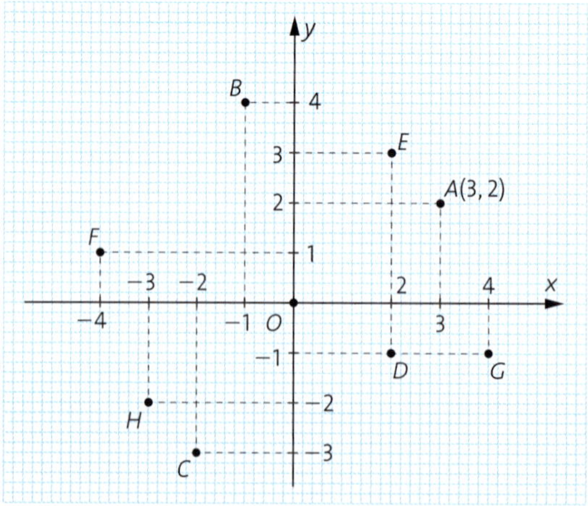

Fique atento!
O sistema cartesiano ortogonal também pode ser chamado de **plano cartesiano**.

Considerando o ponto $A(3, 2)$, dizemos que o número 3 é a coordenada x ou a **abscissa do ponto A**, e o número 2 é a coordenada y ou a **ordenada do ponto A**.

Observações:

1ª) Os eixos x e y chamam-se **eixos coordenados** e dividem o plano em quatro regiões chamadas **quadrantes**, cuja identificação é feita conforme a figura ao lado.

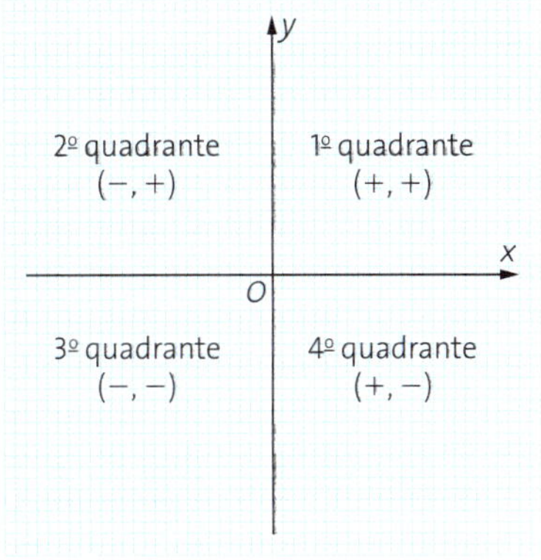

O sinal positivo ou negativo da abscissa e da ordenada de um ponto varia de acordo com o quadrante em que ele está localizado.

Se um ponto P pertence:

- ao 1º quadrante, então $x_p > 0$ e $y_p > 0$;
- ao 2º quadrante, então $x_p < 0$ e $y_p > 0$;
- ao 3º quadrante, então $x_p < 0$ e $y_p < 0$;
- ao 4º quadrante, então $x_p > 0$ e $y_p < 0$.

2ª) Se um ponto P pertence ao eixo x, suas coordenadas são $(a, 0)$, com $a \in \mathbb{R}$.

3ª) Se um ponto P pertence ao eixo y, suas coordenadas são $(0, b)$, com $b \in \mathbb{R}$.

Fique atento!
O ponto $O(0, 0)$ pertence aos dois eixos.

4ª) Se o ponto P pertence à bissetriz dos quadrantes ímpares, suas coordenadas têm ordenada igual à abscissa, ou seja, são do tipo (a, a) com $a \in \mathbb{R}$.

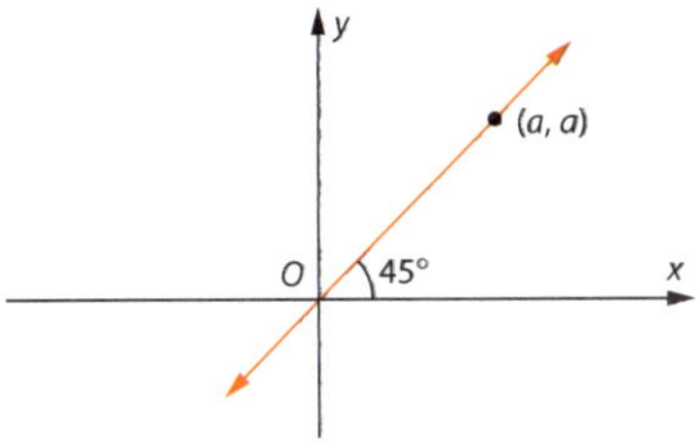

5ª) Se o ponto P pertence à bissetriz dos quadrantes pares, suas coordenadas têm abscissa e ordenada opostas, ou seja, são do tipo $(a, -a)$ com $a \in \mathbb{R}$.

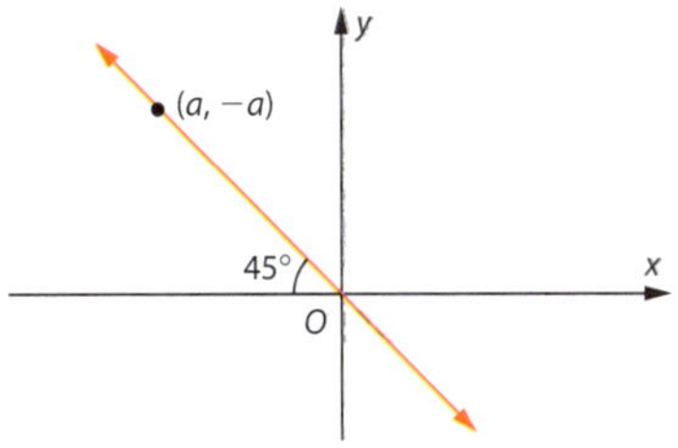

Exercícios

1. Observe a figura e determine os pontos, ou seja, dê suas coordenadas:

a) A

b) B

c) C

d) D

e) E

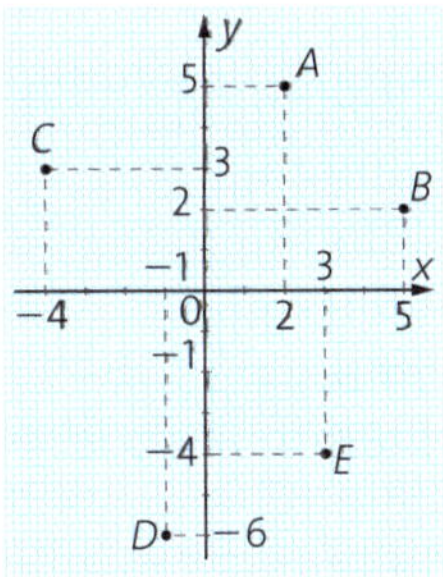

2. Marque em um sistema de coordenadas cartesianas ortogonais os pontos:

a) $A(1, -2)$	d) $B(-3, 3)$	g) $C(4, 4)$
b) $D(0, 3)$	e) $P(-1, -5)$	h) $M(-4, 0)$
c) $Q(3, -2)$	f) $N(0, -4)$	i) $R(3, 0)$

3. No retângulo da figura, $AB = 2a$ e $BC = a$. Dê as coordenadas dos vértices do retângulo.

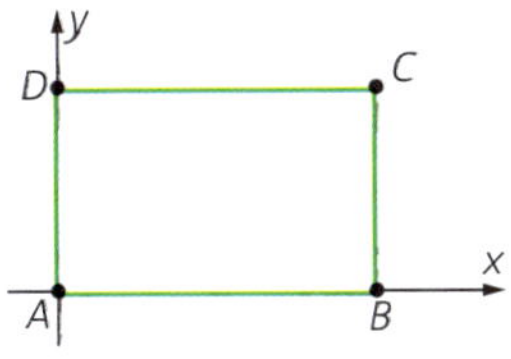

4. O valor de k^2, sabendo que o ponto $P(k - 1, 2k)$ pertence à bissetriz dos quadrantes ímpares, é:

a) -1.

b) 1.

c) $-\frac{1}{3}$.

d) $\frac{1}{3}$.

e) $\frac{1}{9}$.

5. O raio da circunferência abaixo mede 2 unidades. Quais são as coordenadas dos pontos A, B, C e D?

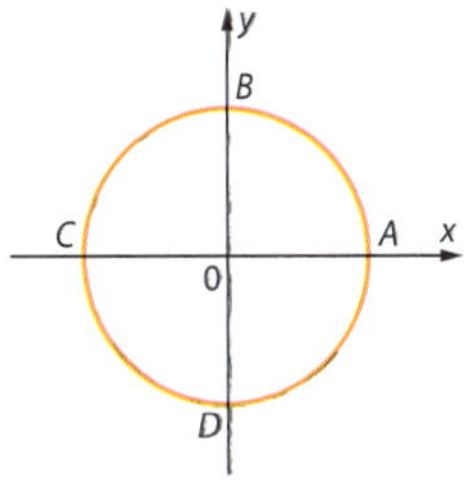

6. Considere o ponto $P(a, b)$, com $ab > 0$. Em que quadrante se encontra o ponto P?

7. Sabendo que $P(2m + 1, -3m - 4)$ pertence ao 3º quadrante, determine os possíveis valores reais de m.

3 Distância entre dois pontos

Como estudamos no volume 2, dados dois pontos, A e B, a distância entre eles, que será indicada por $d(A, B)$, é a medida do segmento de extremidades A e B. Por exemplo:

a)

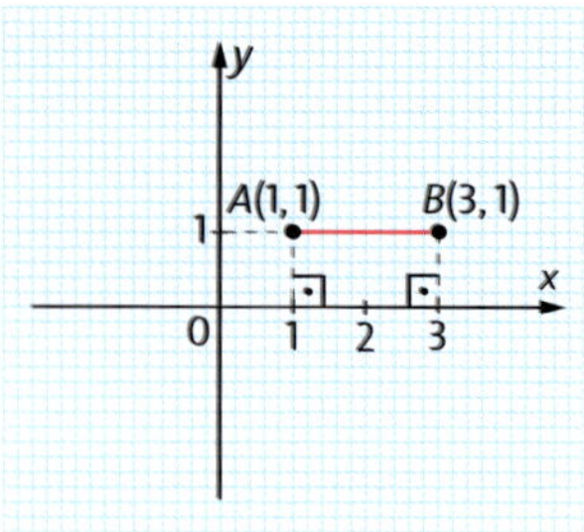

$d(A, B) = |3 - 1| = |2| = 2$

b)

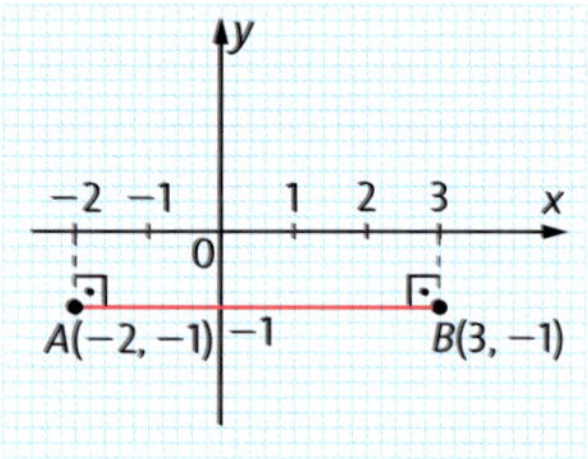

$d(A, B) = |3 - (-2)| = |5| = 5$

c)

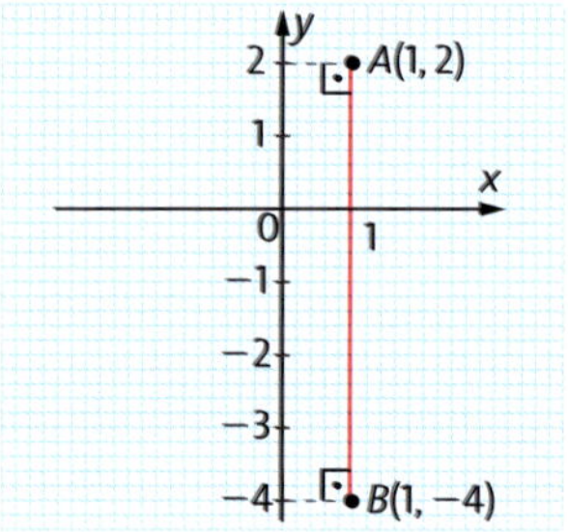

$d(A, B) = |-4 - 2| = |-6| = 6$

d)

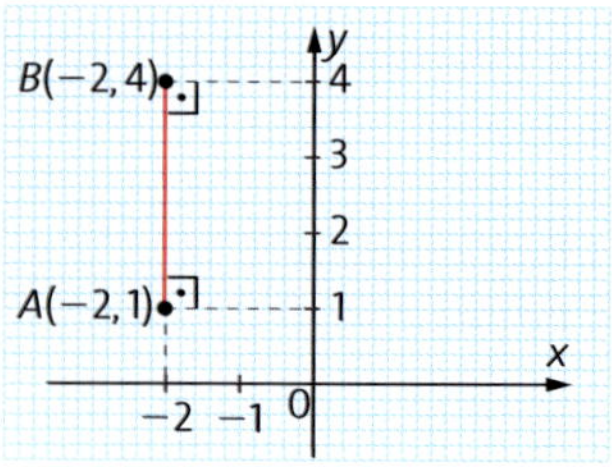

$d(A, B) = |4 - 1| = |3| = 3$

e)

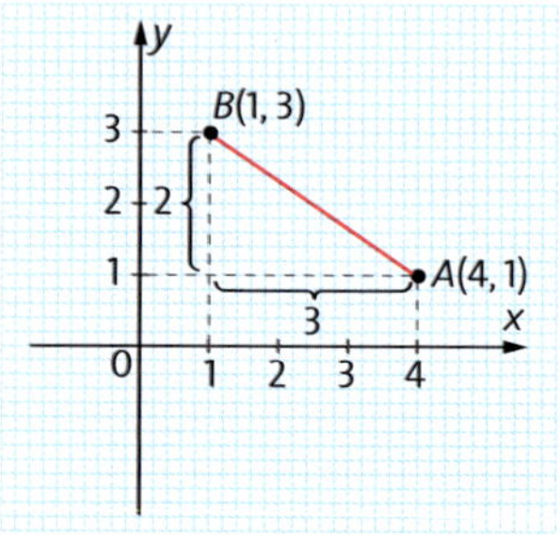

$[d(A, B)]^2 = 3^2 + 2^2 \Rightarrow d(A, B) = \sqrt{13}$

f)

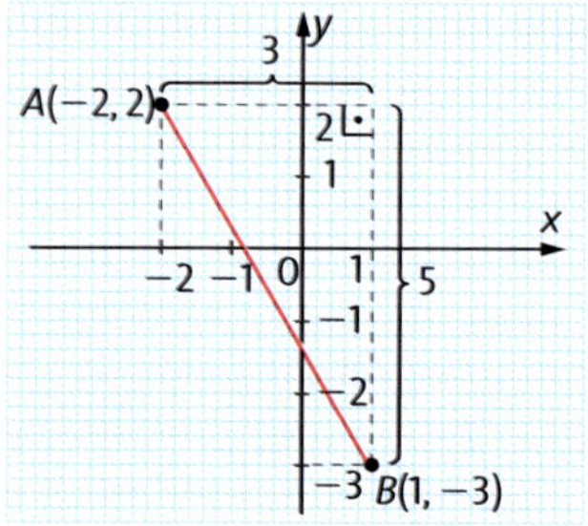

$[d(A, B)]^2 = 3^2 + 5^2 \Rightarrow d(A, B) = \sqrt{34}$

Fique atento!
Nos exemplos **e** e **f** foi usado o *teorema de Pitágoras*.

Você sabia?
Observe nos exemplos **a**, **b**, **c** e **d** que:

- quando o segmento $\overline{AB}$ é paralelo ao eixo das abscissas, a distância entre os pontos A e B é dada por:
$$d(A, B) = |x_B - x_A|;$$
- quando o segmento $\overline{AB}$ é paralelo ao eixo das ordenadas, a distância entre os pontos A e B é dada por:
$$d(A, B) = |y_B - y_A|.$$

Fórmula da distância entre dois pontos

Podemos determinar uma expressão que indica a distância entre os pontos A e B, quaisquer que sejam suas coordenadas $A(x_1, y_1)$ e $B(x_2, y_2)$.

O triângulo ABC é retângulo em C, logo podemos usar o teorema de Pitágoras:

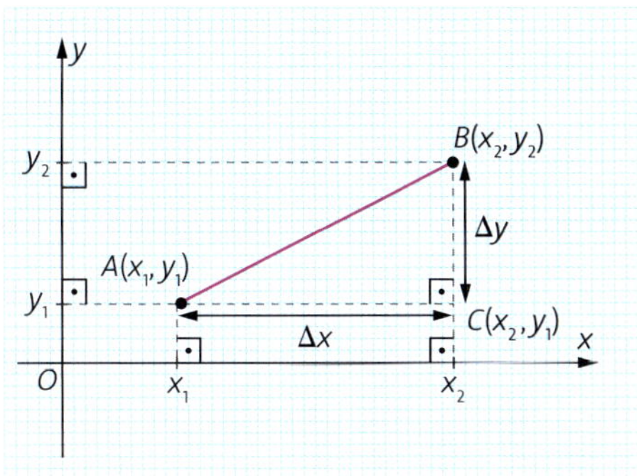

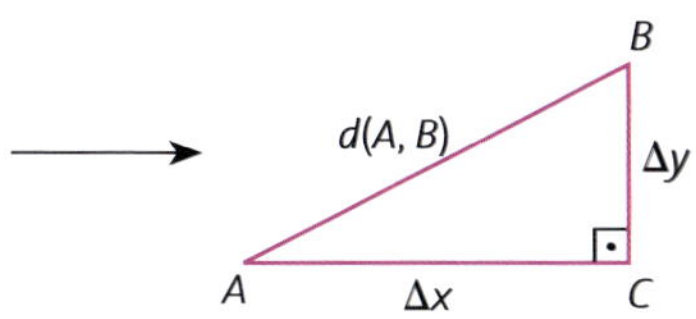

> **Fique atento!**
> $\Delta x = x_2 - x_1$
> $\Delta y = y_2 - y_1$

$$[d(A, B)]^2 = (\Delta x)^2 + (\Delta y)^2 \Rightarrow d(A, B) = \sqrt{(\Delta x)^2 + (\Delta y)^2} = \sqrt{(x_2 - x_1)^2 + (y_2 - y_1)^2}$$

Concluímos, então, que a distância entre dois pontos A e B quaisquer do plano, tal que $A(x_1, y_1)$ e $B(x_2, y_2)$, é dada por:

$$d(A, B) = \sqrt{(x_2 - x_1)^2 + (y_2 - y_1)^2}$$

> **Fique atento!**
> A expressão geral obtida independe da localização de A e B nos quadrantes.

Exercícios resolvidos

1. Um ponto $P(a, 2)$ é equidistante dos pontos $A(3, 1)$ e $B(2, 4)$. Calcule valor de a.

Resolução

Como P é equidistante de A e B, devemos ter:

$$d(P, A) = d(P, B) \Rightarrow \sqrt{(3 - a)^2 + (1 - 2)^2} = \sqrt{(2 - a)^2 + (4 - 2)^2} \Rightarrow \sqrt{(3 - a)^2 + 1} = \sqrt{(2 - a)^2 + 4} \Rightarrow$$

$$\Rightarrow (3 - a)^2 + 1 = (2 - a)^2 + 4 \Rightarrow 9 - 6a + \cancel{a^2} + 1 = 4 - 4a + \cancel{a^2} + 4 \Rightarrow -2a = -2 \Rightarrow 2a = 2 \Rightarrow a = 1$$

2. Demonstre que o triângulo com vértices $A(-2, 4)$, $B(-5, 1)$ e $C(-6, 5)$ é isósceles.

Resolução

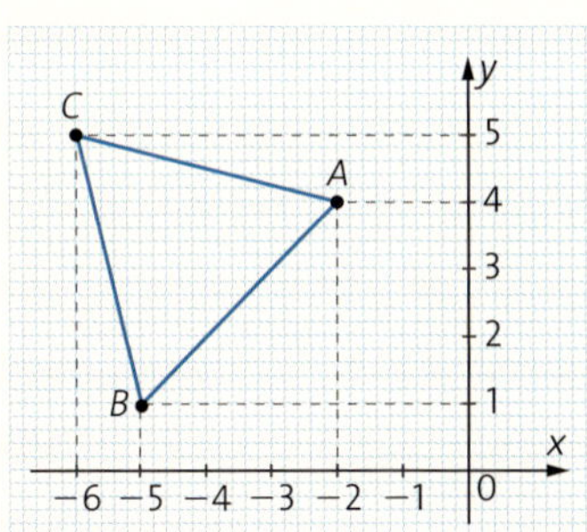

Um triângulo é isósceles quando tem dois lados congruentes (medidas iguais). Vamos calcular, então, as medidas dos lados do triângulo ABC:

- $d(A, B) = \sqrt{(-5 + 2)^2 + (1 - 4)^2} = \sqrt{9 + 9} = \sqrt{18} = 3\sqrt{2}$
- $d(A, C) = \sqrt{(-6 + 2)^2 + (5 - 4)^2} = \sqrt{16 + 1} = \sqrt{17}$
- $d(B, C) = \sqrt{(-6 + 5)^2 + (5 - 1)^2} = \sqrt{1 + 16} = \sqrt{17}$

Como $d(A, C) = d(B, C)$, o triângulo ABC é isósceles.

3. Considerando os vértices $A(-1, -3)$, $B(6, 1)$ e $C(2, -5)$, verifique se o triângulo ABC é retângulo.

Resolução

Para ser triângulo retângulo, o quadrado da medida de um lado deve ser igual à soma dos quadrados das medidas dos outros dois. Vejamos:

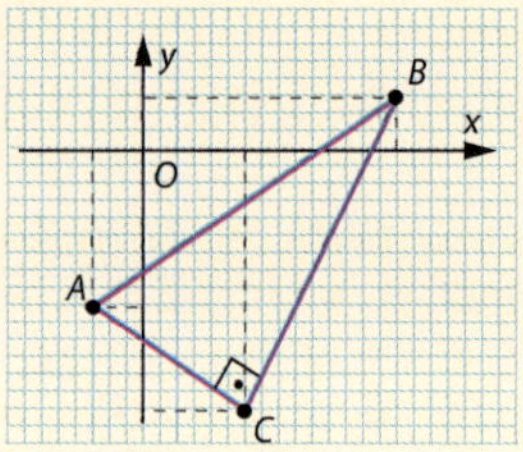

$d(A, B) = \sqrt{(6+1)^2 + (1+3)^2} = \sqrt{49+16} = \sqrt{65} \Rightarrow (\sqrt{65})^2 = 65$

$d(A, C) = \sqrt{(2+1)^2 + (-5+3)^2} = \sqrt{9+4} = \sqrt{13} \Rightarrow (\sqrt{13})^2 = 13$

$d(B, C) = \sqrt{(2-6)^2 + (-5-1)^2} = \sqrt{16+36} = \sqrt{52} \Rightarrow (\sqrt{52})^2 = 52$

Como $65 = 13 + 52$, podemos afirmar que o triângulo ABC é retângulo em C.

4. Considere um ponto $P(x, y)$ tal que a sua distância ao ponto $A(3, 2)$ é sempre duas vezes a sua distância ao ponto $B(-4, 1)$. Nessas condições, determine uma equação que seja satisfeita com as coordenadas do ponto P.

Resolução

De acordo com o problema, devemos ter $d(P, A) = 2d(P, B)$, ou seja, $[d(P, A)]^2 = 4[d(P, B)]^2$.
Assim:

$(3-x)^2 + (2-y)^2 = 4[(-4-x)^2 + (1-y)^2] \Rightarrow 9 - 6x + x^2 + 4 - 4y + y^2 = 4[16 + 8x + x^2 + 1 - 2y + y^2] \Rightarrow$

$\Rightarrow 9 - 6x + x^2 + 4 - 4y + y^2 = 64 + 32x + 4x^2 + 4 - 8y + 4y^2 \Rightarrow -3x^2 - 3y^2 - 38x + 4y - 55 = 0 \Rightarrow$

$\Rightarrow 3x^2 + 3y^2 + 38x - 4y + 55 = 0$

5. A mediatriz de um segmento $\overline{AB}$ é a reta formada pelos pontos que equidistam de A e B. Encontre uma relação entre as coordenadas x e y do ponto $P(x, y)$, sabendo que ele pertence à mediatriz do segmento $\overline{AB}$, com $A(3, 2)$ e $B(-2, -4)$.

Resolução

Se $P(x, y)$ pertence à mediatriz de $\overline{AB}$, então $d(P, A) = d(P, B)$, ou seja, $[d(P, A)]^2 = [d(P, B)]^2$.
Assim:

$(3-x)^2 + (2-y)^2 = (-2-x)^2 + (-4-y)^2 \Rightarrow$

$\Rightarrow 9 - 6x + x^2 + 4 - 4y + y^2 = 4 + 4x + x^2 + 16 + 8y + y^2 \Rightarrow$

$\Rightarrow -10x - 12y - 7 = 0 \Rightarrow 10x + 12y = -7$

Logo, $10x + 12y = 17$ é uma das maneiras de expressar a relação entre x e y.

Exercícios

8. Calcule a distância entre os pontos dados:
   a) $A(3, 7)$ e $B(1, 4)$;
   b) $E(3, -1)$ e $F(3, 5)$;
   c) $H(-2, -5)$ e $O(0, 0)$;
   d) $M(0, -2)$ e $N(\sqrt{5}, -2)$.

9. Determine a distância entre os pares de pontos dados:
   a) $P(3, -3)$ e $Q(-3, 3)$;
   b) $C(-4, 0)$ e $D(0, 3)$.

10. A distância do ponto $A(a, 1)$ ao ponto $B(0, 2)$ é igual a 3. Calcule o valor da abscissa a.

11. Qual é a distância do ponto $A(\cos a, \text{sen } a)$ ao ponto $B(\text{sen } a, -\cos a)$?

12. Um ponto P pertence ao eixo das abscissas e é equidistante dos pontos $A(-1, 2)$ e $B(1, 4)$. Quais são as coordenadas do ponto P?

13. A abscissa de um ponto P é -6 e sua distância ao ponto $Q(1, 3)$ é $\sqrt{74}$. Determine a ordenada de P.

14. Considere um ponto $P(x, y)$ cuja distância ao ponto $A(5, 3)$ é sempre duas vezes a distância de P ao ponto $B(-4, -2)$. Nessas condições, escreva uma equação que seja satisfeita com as coordenadas do ponto P.

15. Mostre que um triângulo com vértices $A(0, 5)$, $B(3, -2)$ e $C(-3, -2)$ é isósceles e calcule seu perímetro.

4 Ponto médio de um segmento de reta

Ponto divisor ou razão de seção

Sejam A, B e P três pontos do plano cartesiano, tal que P divide o segmento $\overline{AB}$ numa razão $r = \frac{AP}{PB}$ denominada *razão de seção*. Observe na figura abaixo que os triângulos APC e PBD são semelhantes.

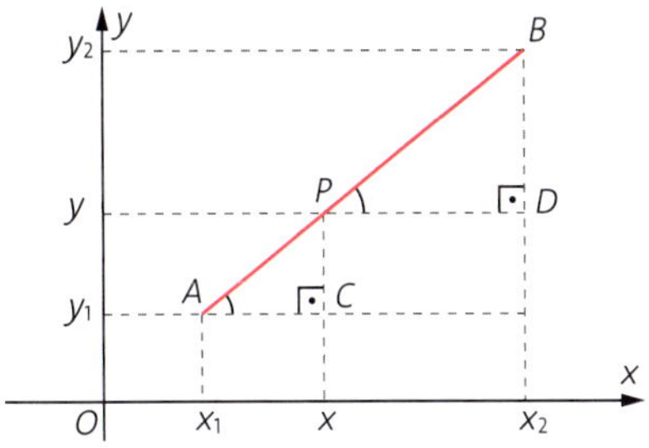

Então, utilizando o teorema de Tales, temos:

$$r = \frac{AP}{PB} = \frac{x - x_1}{x_2 - x} = \frac{y - y_1}{y_2 - y}$$

Fique atento!
Neste estudo, o ponto P está entre os pontos A e B.

Coordenadas do ponto médio de um segmento de reta

Dado um segmento de reta $\overline{AB}$ tal que $A(x_1, y_1)$ e $B(x_2, y_2)$ são pontos distintos, vamos determinar as coordenadas de M, ponto médio de $\overline{AB}$.

O ponto médio é o ponto divisor que divide o segmento em duas partes iguais. Sendo A e B os pontos extremos do segmento $\overline{AB}$, com ponto médio M, teremos $\frac{AM}{MB} = 1$.

Considere:

- um segmento com extremidades $A(x_1, y_1)$ e $B(x_2, y_2)$;
- o ponto $M(x, y)$, ponto médio do segmento $\overline{AB}$.

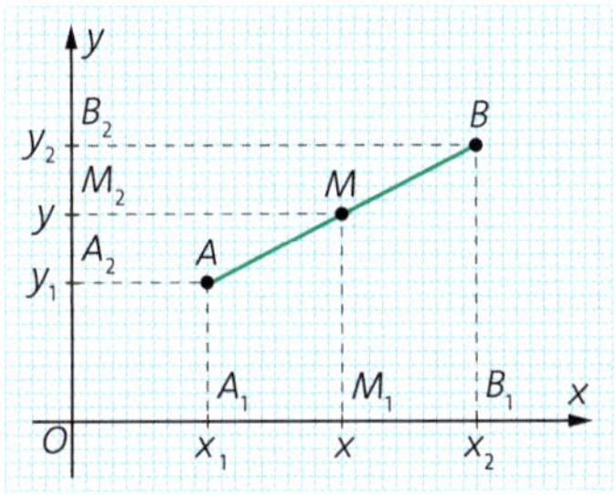

Para refletir
Por que A e B devem ser pontos distintos?

Aplicando o teorema de Tales, temos:

$$\frac{AM}{MB} = \frac{A_1M_1}{M_1B_1} \Rightarrow 1 = \frac{x - x_1}{x_2 - x} \Rightarrow x - x_1 = x_2 - x \Rightarrow 2x = x_2 + x_1 \Rightarrow x = \frac{x_1 + x_2}{2}$$

$$\frac{AM}{MB} = \frac{A_2M_2}{M_2B_2} \Rightarrow 1 = \frac{y - y_1}{y_2 - y} \Rightarrow y - y_1 = y_2 - y \Rightarrow 2y = y_2 + y_1 \Rightarrow y = \frac{y_1 + y_2}{2}$$

Então, podemos concluir que, dado um segmento de extremidades $A(x_1, y_1)$ e $B(x_2, y_2)$:

- a abscissa do ponto médio do segmento é a média aritmética das abscissas das extremidades:

$$x = \frac{x_2 + x_1}{2}$$

- a ordenada do ponto médio do segmento é a média aritmética das ordenadas das extremidades:

$$y = \frac{y_2 + y_1}{2}$$

Fique atento!
- A demonstração independe da localização de A e B nos quadrantes.
- Chamando de M o ponto médio de $\overline{AB}$, temos: $M\left(\frac{x_1 + x_2}{2}, \frac{y_1 + y_2}{2}\right)$.

Coordenadas do baricentro de um triângulo

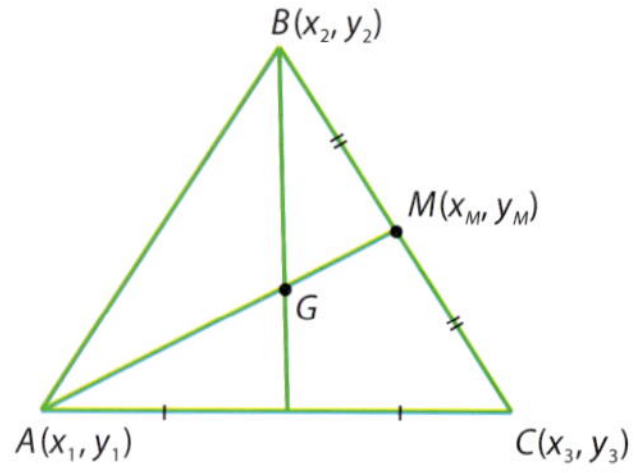

Dado um triângulo ABC de vértices $A(x_1, y_1)$, $B(x_2, y_2)$ e $C(x_3, y_3)$, vamos determinar as coordenadas de G, baricentro do triângulo ABC.

Seja M o ponto médio do lado $\overline{BC}$. Então $x_M = \dfrac{x_2 + x_3}{2}$ e $y_M = \dfrac{y_2 + y_3}{2}$.

Seja $G\ (x_G, y_G)$ o baricentro do triângulo que divide a mediana $\overline{AM}$ em duas partes, em que uma é o dobro da outra. Nesse caso, $\dfrac{AG}{GM} = 2$.

Portanto:

- $\dfrac{AG}{GM} = \dfrac{x_1 - x_G}{x_G - x_M} \Rightarrow 2 = \dfrac{x_1 - x_G}{x_G - x_M} \Rightarrow 2x_G - 2x_M = x_1 - x_G \Rightarrow 3x_G = x_1 + 2x_M \Rightarrow 3x_G = x_1 + 2\dfrac{x_2 + x_3}{2} \Rightarrow$

  $\Rightarrow 3x_G = x_1 + x_2 + x_3 \Rightarrow x_G = \dfrac{x_1 + x_2 + x_3}{3}$

- $\dfrac{AG}{GM} = \dfrac{y_1 - y_G}{y_G - y_M} \Rightarrow 2 = \dfrac{y_1 - y_G}{y_G - y_M} \Rightarrow 2y_G - 2y_M = y_1 - y_G \Rightarrow 3y_G = y_1 + 2y_M \Rightarrow 3y_G = y_1 + 2\dfrac{y_2 + y_3}{2} \Rightarrow$

  $\Rightarrow 3y_G = y_1 + y_2 + y_3 \Rightarrow y_G = \dfrac{y_1 + y_2 + y_3}{3}$

Fique atento!
- A **mediana** de um triângulo é o segmento que tem como extremidades um vértice e o ponto médio do lado oposto.
- Todo triângulo possui três medianas que se cruzam em um ponto chamado **baricentro** do triângulo.

Exercícios resolvidos

6. Determine M, ponto médio de $\overline{AB}$, nos seguintes casos:

a) $A(3, -2)$ e $B(-1, -6)$;

b) $A(-2, -4)$ e $B(-6, -6)$;

c) $A\left(\dfrac{1}{2}, \dfrac{1}{3}\right)$ e $B\left(-1, \dfrac{2}{3}\right)$.

Resolução

a) Considerando $M(x_M, y_M)$, temos:

$$x_M = \frac{3 + (-1)}{2} = \frac{2}{2} = 1$$

$$y_M = \frac{-2 + (-6)}{2} = \frac{-8}{2} = -4$$

Logo, $M(1, -4)$.

b) $x_M = \dfrac{-2 - 6}{2} = \dfrac{-8}{2} = -4$

$y_M = \dfrac{-4 - 6}{2} = \dfrac{-10}{2} = -5$

Logo, $M(-4, -5)$.

c) $x_M = \dfrac{\frac{1}{2} + (-1)}{2} = -\dfrac{1}{4}$; $y_M = \dfrac{\frac{1}{3} + \frac{2}{3}}{2} = \dfrac{1}{2}$

Logo, $M\left(-\dfrac{1}{4}, \dfrac{1}{2}\right)$.

7. Uma das extremidades de um segmento é o ponto $A(7, 13)$ e a outra é o ponto $B(x, y)$. Sendo $M(-3, 24)$ o ponto médio desse segmento, determine as coordenadas da extremidade B.

Resolução

Como $M\left(\dfrac{x_1 + x_2}{2}, \dfrac{y_1 + y_2}{2}\right)$, então:

$$-3 = \frac{7 + x}{2} \Rightarrow 7 + x = -6 \Rightarrow x = -13$$

$$24 = \frac{13 + y}{2} \Rightarrow 13 + y = 48 \Rightarrow y = 35$$

Logo, $B(-13, 35)$.

8. Calcule os comprimentos das medianas de um triângulo de vértices $A(2, -6)$, $B(-4, 2)$ e $C(0, 4)$.

Resolução

Observando a figura:

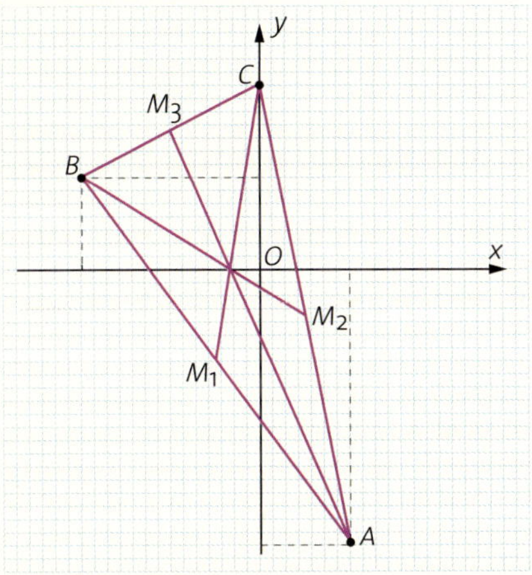

- M_1 é o ponto médio de $\overline{AB}$; calculando suas coordenadas:

$$x = \frac{2-4}{2} = -1 \text{ e } y = \frac{-6+2}{2} = -2$$

Então, $M_1(-1, -2)$.

- M_2 é o ponto médio de $\overline{AC}$; calculando suas coordenadas:

$$x = \frac{2+0}{2} = 1 \text{ e } y = \frac{-6+4}{2} = -1$$

Então, $M_2(1, -1)$.

- M_3 é o ponto médio de $\overline{BC}$; calculando suas coordenadas:

$$x = \frac{-4+0}{2} = -2 \text{ e } y = \frac{2+4}{2} = 3$$

Então, $M_3(-2, 3)$.

Vamos calcular, agora, os comprimentos das medianas:

- mediana $\overline{AM_3}$, sendo $A(2, -6)$ e $M_3(-2, 3)$:

$$d(A, M_3) = \sqrt{(-2-2)^2 + (3+6)^2} =$$
$$= \sqrt{16+81} = \sqrt{97}$$

- mediana $\overline{BM_2}$, sendo $B(-4, 2)$ e $M_2(1, -1)$:

$$d(B, M_2) = \sqrt{(1+4)^2 + (-1-2)^2} =$$
$$= \sqrt{25+9} = \sqrt{34}$$

- mediana $\overline{CM_1}$, sendo $C(0, 4)$ e $M_1(-1, -2)$:

$$d(C, M_1) = \sqrt{(-1-0)^2 + (-2-4)^2} = \sqrt{1+36} =$$
$$= \sqrt{37}$$

9. Dados os pontos $A(5, 12)$ e $B(15, -3)$, determine o ponto P do segmento $\overline{AB}$ tal que a razão entre as medidas de $\overline{AP}$ e $\overline{PB}$ seja igual a $\frac{2}{3}$.

Resolução

$$\frac{AP}{PB} = \frac{2}{3}$$

Fazendo $P(x, y)$, temos:

- $\frac{2}{3} = \frac{x_A - x_P}{x_P - x_B} \Rightarrow \frac{2}{3} = \frac{5-x}{x-15} \Rightarrow$

$\Rightarrow 2(x-15) = 3(5-x) \Rightarrow 2x - 30 = 15 - 3x \Rightarrow$
$\Rightarrow 5x = 45 \Rightarrow x = 9$

- $\frac{2}{3} = \frac{y_A - y_P}{y_P - y_B} \Rightarrow \frac{2}{3} = \frac{12-y}{y-(-3)} \Rightarrow$

$\Rightarrow 2(y+3) = 3(12-y) \Rightarrow 2y + 6 = 36 - 3y \Rightarrow$
$\Rightarrow 5y = 30 \Rightarrow y = 6$

Logo, $P(9, 6)$.

10. Se os vértices de um triângulo são os pontos $A(1, 1)$, $B(-2, 3)$ e $C(-4, -2)$, determine as coordenadas do baricentro desse triângulo.

Resolução

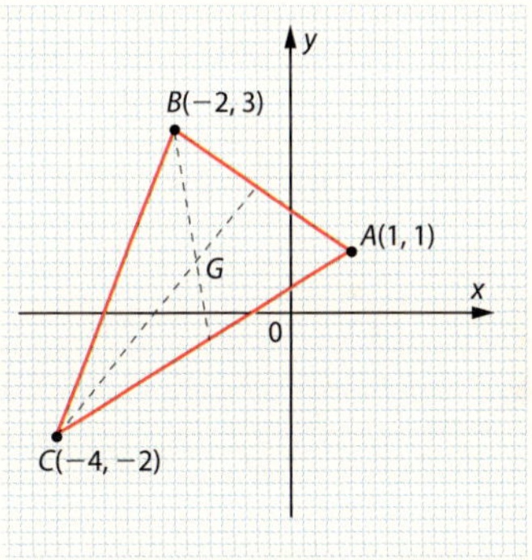

G: baricentro (ponto de encontro das medianas)

Sabemos que $x_G = \frac{x_A + x_B + x_C}{3}$ e

$y_G = \frac{y_A + y_B + y_C}{3}$. Assim:

$$x_G = \frac{1 + (-2) + (-4)}{3} = \frac{-5}{3}$$

$$y_G = \frac{1 + 3 + (-2)}{3} = \frac{2}{3}$$

Logo, as coordenadas do baricentro são $-\frac{5}{3}$ e $\frac{2}{3}$, ou seja, $G\left(-\frac{5}{3}, \frac{2}{3}\right)$.

Exercícios

16. Determine o ponto médio do segmento de extremidades:
a) $A(1, -7)$ e $B(3, -5)$;
b) $A(-1, 5)$ e $B(5, -2)$;
c) $A(-4, -2)$ e $B(-2, -4)$.

17. Uma das extremidades de um segmento é o ponto $A(-2, -2)$. Sabendo que $M(3, -2)$ é o ponto médio desse segmento, calcule as coordenadas do ponto $B(x, y)$, que é a outra extremidade do segmento.

18. Calcule os comprimentos das medianas do triângulo cujos vértices são os pontos $A(0, 0)$, $B(4, 2)$ e $C(2, 4)$.

19. Em um triângulo isósceles, a altura e a mediana relativas à base são segmentos coincidentes. Calcule a medida da altura relativa à base $\overline{BC}$ de um triângulo isósceles de vértices $A(5, 8)$, $B(2, 2)$ e $C(8, 2)$.

20. Em um paralelogramo $ABCD$, $M(1, -2)$ é o ponto de encontro das diagonais $\overline{AC}$ e $\overline{BC}$. Sabe-se que $A(2, 3)$ e $B(6, 4)$ são dois vértices consecutivos. Uma vez que as diagonais se cortam mutuamente ao meio, determine as coordenadas dos vértices C e D.

21. Determine as coordenadas do ponto $P(x, y)$ que divide o segmento $A(2, 0)$ e $B(17, 20)$ na razão $\frac{AP}{PB} = \frac{1}{4}$.

22. Determine as coordenadas dos pontos que dividem o segmento de extremidades $(3, 1)$ e $(18, 7)$ em três partes iguais.

23. Determine o baricentro do triângulo de vértices de coordenadas $(2, 3)$, $(4, 5)$ e $(6, 10)$.

5 Condição de alinhamento de três pontos

Consideremos três pontos A, B e C alinhados:

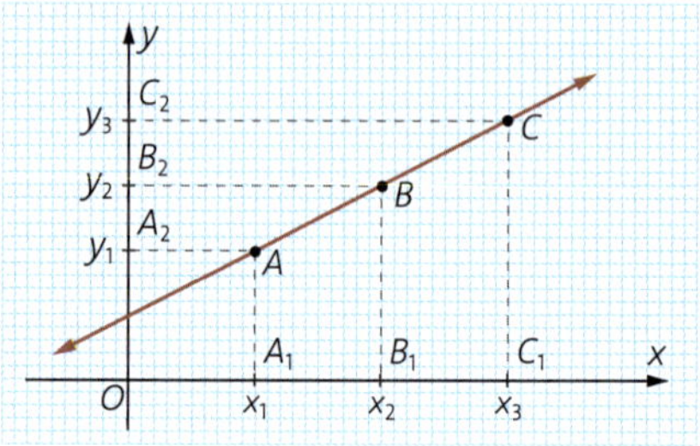

Pelo teorema de Tales:

$$\frac{AB}{AC} = \frac{A_1B_1}{A_1C_1} \Rightarrow \frac{AB}{AC} = \frac{x_2 - x_1}{x_3 - x_1} \quad \text{(I)}$$

$$\frac{AB}{AC} = \frac{A_2B_2}{A_2C_2} \Rightarrow \frac{AB}{AC} = \frac{y_2 - y_1}{y_3 - y_1} \quad \text{(II)}$$

Comparando (I) e (II), temos:

$$\frac{x_2 - x_1}{x_3 - x_1} = \frac{y_2 - y_1}{y_3 - y_1} \Rightarrow \frac{y_2 - y_1}{x_2 - x_1} = \frac{y_3 - y_1}{x_3 - x_1} \Rightarrow \frac{y_2 - y_1}{x_2 - x_1} - \frac{y_3 - y_1}{x_3 - x_1} = 0 \Rightarrow$$

$$\Rightarrow (x_3 - x_1)(y_2 - y_1) - (x_2 - x_1)(y_3 - y_1) = 0 \Rightarrow x_3y_2 - x_3y_1 - x_1y_2 + \cancel{x_1y_1} - x_2y_3 + x_2y_1 + x_1y_3 - \cancel{x_1y_1} = 0 \Rightarrow$$

$$\Rightarrow x_1y_2 - x_1y_3 + x_2y_3 - x_2y_1 + x_3y_1 - x_3y_2 = 0$$

O primeiro termo da igualdade corresponde ao determinante $\begin{vmatrix} x_1 & y_1 & 1 \\ x_2 & y_2 & 1 \\ x_3 & y_3 & 1 \end{vmatrix}$.

Para refletir
Verifique que o primeiro termo da igualdade realmente corresponde ao determinante apresentado.

Daí, podemos dizer que, se três pontos $A(x_1, y_1)$, $B(x_2, y_2)$ e $C(x_3, y_3)$ estão alinhados, então:

$$D = \begin{vmatrix} x_1 & y_1 & 1 \\ x_2 & y_2 & 1 \\ x_3 & y_3 & 1 \end{vmatrix} = 0$$

coluna das ordenadas dos pontos
coluna das abscissas dos pontos

Observação: Fazendo o caminho inverso, podemos verificar também que, se $D = \begin{vmatrix} x_1 & y_1 & 1 \\ x_2 & y_2 & 1 \\ x_3 & y_3 & 1 \end{vmatrix} = 0$, então $A(x_1, y_1)$, $B(x_2, y_2)$ e $C(x_3, y_3)$ são pontos colineares (recíproca da propriedade anterior).

Exercícios resolvidos

11. Verifique se os pontos $A(-3, 5)$, $B(1, 1)$ e $C(3, -1)$ estão alinhados.

Resolução

Usando as coordenadas, calculamos o determinante:

$$D = \begin{vmatrix} -3 & 5 & 1 \\ 1 & 1 & 1 \\ 3 & -1 & 1 \end{vmatrix} = -3 + 15 - 1 - 3 - 5 - 3 = + 15 - 15 = 0$$

Como $D = 0$, os pontos dados estão alinhados.

Observação:

A figura abaixo ilustra, geometricamente, que os pontos dados estão em uma mesma reta, ou seja, estão alinhados, mas é o processo analítico que garante a propriedade.

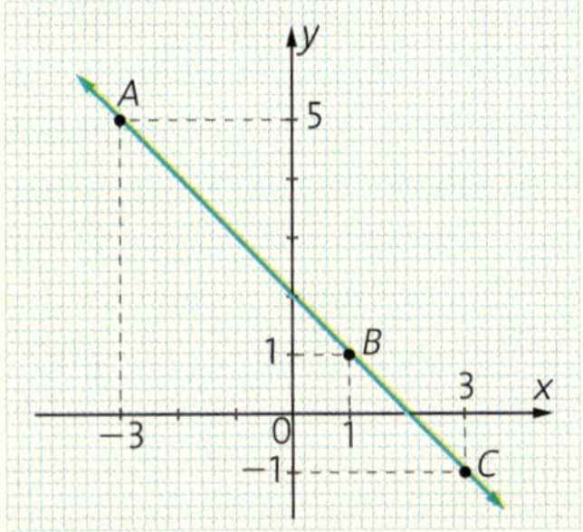

12. Sabendo que os pontos $A(a, -4)$, $B(-1, -2)$ e $C(2, 1)$ estão alinhados, calcule o valor de a.

Resolução

Se os pontos estão alinhados, devemos ter:

$$\begin{vmatrix} a & -4 & 1 \\ -1 & -2 & 1 \\ 2 & 1 & 1 \end{vmatrix} = 0 \Rightarrow$$

$$\Rightarrow -2a - 8 - 1 + \cancel{4} - \cancel{4} - a = 0 \Rightarrow$$

$$\Rightarrow -2a - a = 8 + 1 \Rightarrow 3a = -9 \Rightarrow a = -3$$

13. Determine o valor de x de modo que os pontos $A(-3, 1)$, $B(x, 2)$ e $C(-3, -1)$ sejam os vértices de um mesmo triângulo.

Resolução

Para que A, B e C sejam os vértices de um triângulo, eles não devem estar alinhados.

Então,

$$\begin{vmatrix} -3 & 1 & 1 \\ x & 2 & 1 \\ -3 & -1 & 1 \end{vmatrix} \neq 0 \Rightarrow -\cancel{6} - 3 - x + \cancel{6} - x - 3 \neq 0 \Rightarrow$$

$$\Rightarrow -x - x \neq 3 + 3 \Rightarrow 2x \neq -6 \Rightarrow x \neq -3$$

Logo, $x \neq -3$.

14. O ponto $P(0, r)$ e o ponto $Q(s, 0)$ estão alinhados com o ponto (k, k). Sabe-se que r e s são raízes da equação $x^2 - 10x + 10 = 0$. Nessas condições, qual é o valor de k?

Resolução

$$\begin{vmatrix} 0 & r & 1 \\ k & k & 1 \\ s & 0 & 1 \end{vmatrix} = 0 \Rightarrow rs - ks - kr = 0 \Rightarrow rs = k(r + s) \Rightarrow$$

$$\Rightarrow \frac{rs}{r + s} = k$$

Como rs é o produto das raízes e $r + s$ é a soma das raízes, então:

- $rs = \dfrac{c}{a} = \dfrac{10}{1} = 10$
- $r + s = -\dfrac{b}{a} = -\dfrac{(-10)}{1} = 10$

Logo, $k = \dfrac{rs}{r + s} = \dfrac{10}{10} = 1$.

Exercícios

24. Verifique se os pontos:

a) $A(0, 2)$, $B(-3, 1)$ e $C(4, 5)$ estão alinhados;

b) $A(-1, 3)$, $B(2, 4)$ e $C(-4, 10)$ podem ser os vértices de um mesmo triângulo.

25. Determine x de maneira que os pontos $A(3, 5)$, $B(1, 3)$ e $C(x, 1)$ sejam os vértices de um triângulo.

26. Considerando uma reta r que passa pelos pontos $A(-1, -2)$ e $B(4, 2)$ e intersecta o eixo y no ponto P, determine as coordenadas do ponto P.

27. Uma reta r passa pelos pontos $A(2, 0)$ e $B(0, 4)$. Outra reta s passa pelos pontos $C(-4, 0)$ e $D(0, 2)$. O ponto de intersecção das duas retas é $P(a, b)$. Nessas condições, calcule as coordenadas a e b do ponto P.

28. Dados $A(1, 5)$ e $B(3, -1)$, determine o ponto no qual a reta $\overleftrightarrow{AB}$ intersecta a bissetriz dos quadrantes ímpares.

29. Sabendo que $P(a, b)$, $A(0, 3)$ e $B(1, 0)$ são colineares e P, $C(1, 2)$ e $D(0, 1)$ também são colineares, determine as coordenadas de P.

6 Inclinação de uma reta

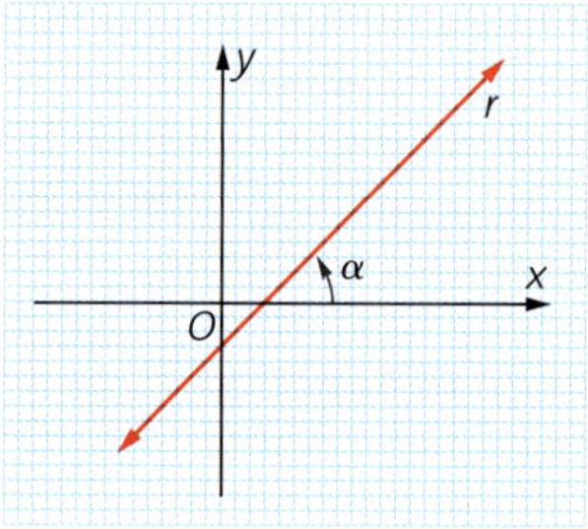

Seja α a medida do ângulo que a reta r forma com o eixo x. A medida α do ângulo é considerada do eixo x para a reta r, no sentido anti-horário, e denomina-se **inclinação** da reta r.

Quanto à inclinação de retas não paralelas ao eixo x, podemos ter:

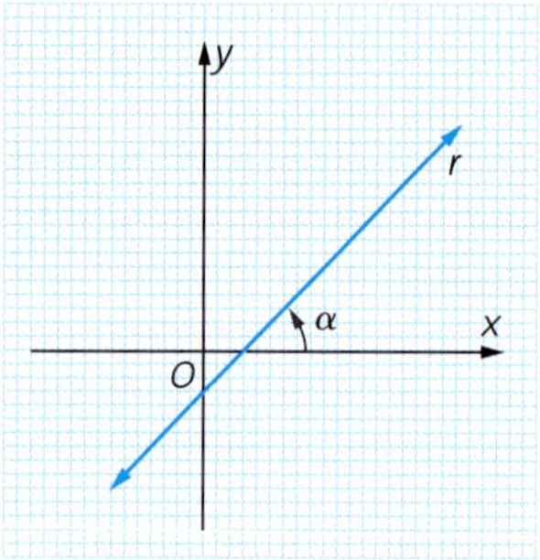

$0° < \alpha < 90°$

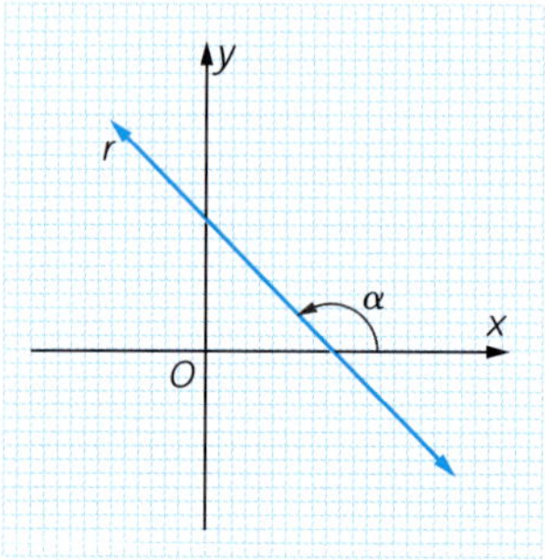

$90° < \alpha < 180°$

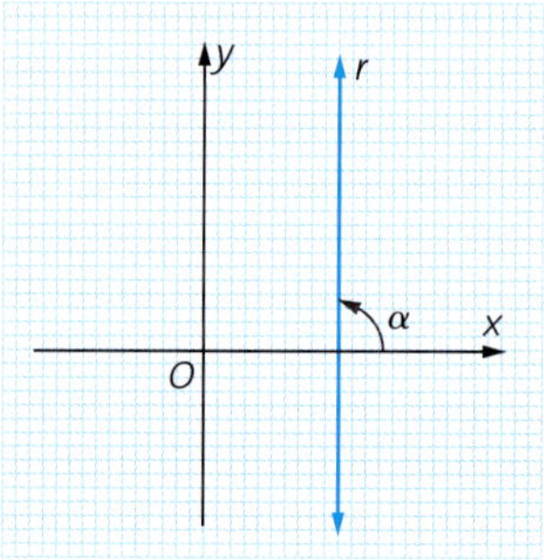

$\alpha = 90°$

Se a reta r é paralela ao eixo x, dizemos que sua inclinação é zero, ou seja, $\alpha = 0°$.

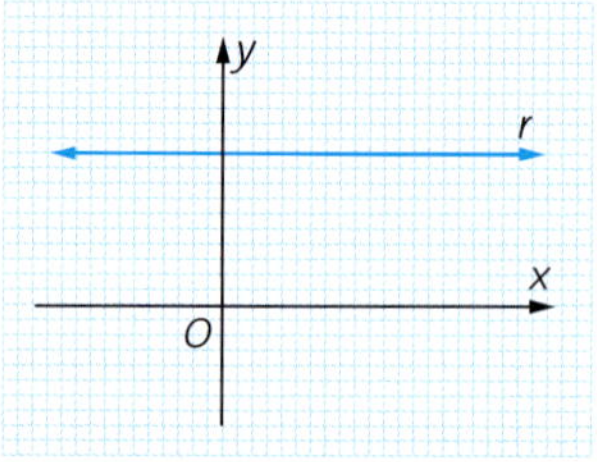

Fique atento!
Entre as retas de inclinação zero, inclui-se o eixo x.

Então, podemos dizer que, para cada reta r, o ângulo de medida α é único e tal que $0° \leq \alpha < 180°$.

7 Coeficiente angular de uma reta

Consideremos uma reta *r* de inclinação α em relação ao eixo *x*.

O **coeficiente angular** ou a **declividade** dessa reta *r* é o número real *m* que expressa a tangente trigonométrica de sua inclinação α, ou seja:

$$m = \text{tg}\,\alpha$$

Vamos observar os vários casos, considerando $0° \leqslant \alpha < 180°$:

1º)

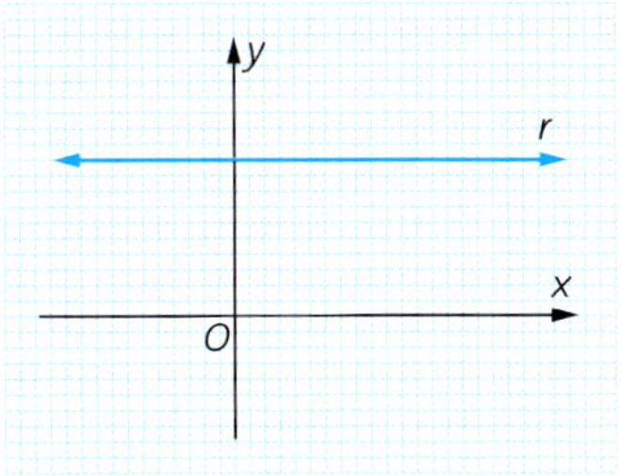

Para $\alpha = 0°$, temos
$m = \text{tg}\,\alpha = \text{tg}\,0° = 0$.

2º)

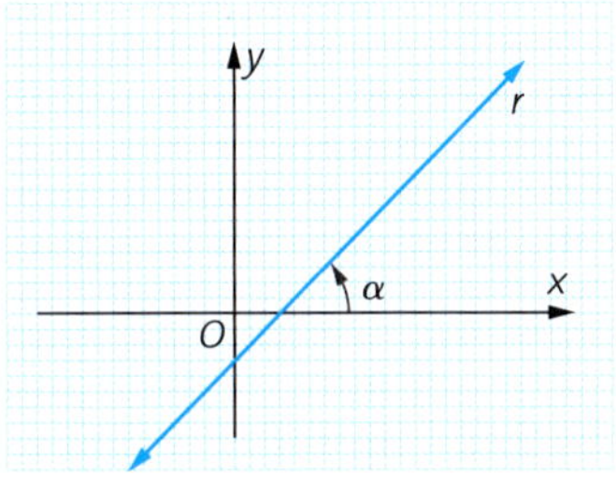

Para $0° < \alpha < 90°$, temos
$\text{tg}\,\alpha > 0 \Rightarrow m > 0$.

3º)

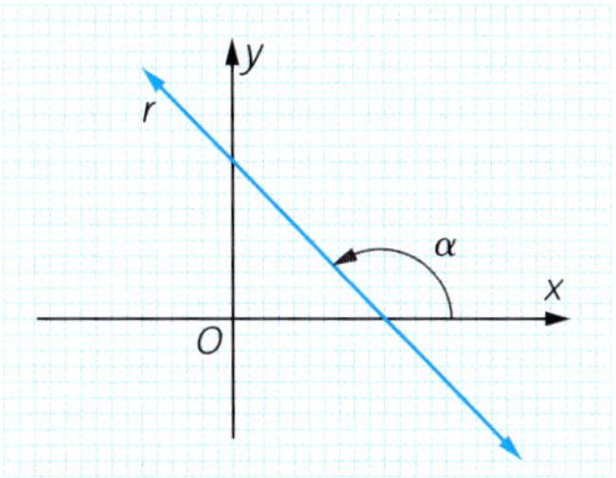

Para $90° < \alpha < 180°$,
temos $\text{tg}\,\alpha < 0 \Rightarrow m < 0$.

4º)

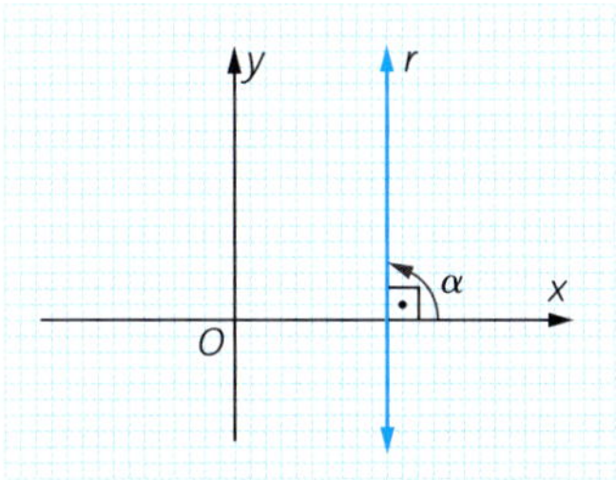

Para $\alpha = 90°$, a $\text{tg}\,\alpha$ não é definida. Dizemos então que, quando $\alpha = 90°$, isto é, quando a reta é vertical, ela não tem declividade.

Vejamos agora como é possível calcular o coeficiente angular de uma reta a partir das coordenadas de dois de seus pontos.

Como para $\alpha = 0°$ (reta horizontal) a declividade é 0 e para $\alpha = 90°$ (reta vertical) não há declividade, vamos analisar os casos de $0° < \alpha < 90°$ e $90° < \alpha < 180°$:

> **Fique atento!**
> Dois pontos distintos determinam uma única reta.

1º) $0° < \alpha < 90°$

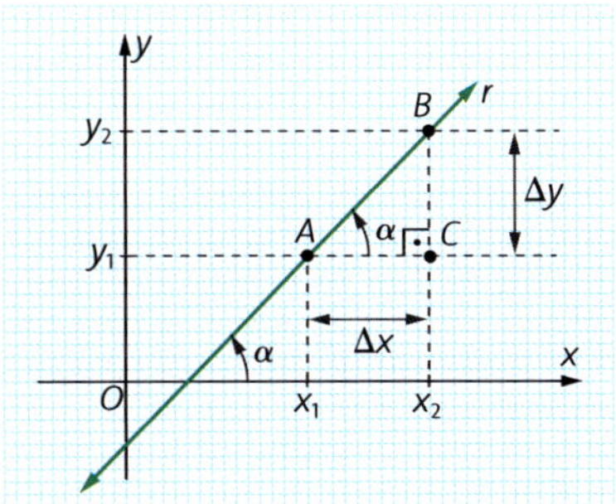

Seja *r* a reta determinada por $A(x_1, y_1)$ e $B(x_2, y_2)$ e seja $C(x_2, y_1)$.

No triângulo retângulo *ABC* ($\hat{C}$ é reto), temos:

$$\text{tg}\,\alpha = \frac{d(C,\ B)}{d(A,\ C)} = \frac{\Delta y}{\Delta x} = \frac{y_2 - y_1}{x_2 - x_1}$$

Então, $m = \dfrac{y_2 - y_1}{x_2 - x_1}$.

2º) $90° < \alpha < 180°$

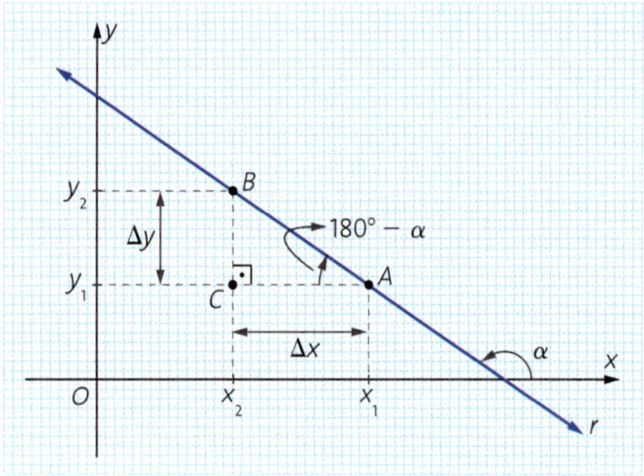

Temos $A(x_1, y_1)$, $B(x_2, y_2)$ e $C(x_2, y_1)$.

No triângulo retângulo ABC ($\hat{C}$ é reto), temos:

$$\text{tg}\,(180° - \alpha) = \frac{d(C,\ B)}{d(C,\ A)} = \frac{\Delta y}{\Delta x} = \frac{y_2 - y_1}{x_1 - x_2}$$

Como $\text{tg}\,(180° - \alpha) = -\text{tg}\,\alpha$, vem:

$$-\text{tg}\,\alpha = \frac{y_2 - y_1}{x_1 - x_2} \Rightarrow \text{tg}\,\alpha = \frac{y_2 - y_1}{-(x_1 - x_2)} \Rightarrow$$

$$\Rightarrow m = \text{tg}\,\alpha = \frac{\Delta y}{\Delta x} = \frac{y_2 - y_1}{x_2 - x_1}$$

Então, $m = \dfrac{y_2 - y_1}{x_2 - x_1}$.

Observe que $x_2 \neq x_1$, já que r não é paralela ao eixo y.

Podemos concluir que, se $A(x_1, y_1)$ e $B(x_2, y_2)$ são dois pontos distintos quaisquer na reta r, que não é paralela ao eixo y ($x_1 \neq x_2$), a declividade ou o coeficiente angular de r é dada por:

$$m = \frac{\Delta y}{\Delta x} = \frac{y_2 - y_1}{x_2 - x_1}$$

> **Fique atento!**
> Podemos usar $y_1 - y_2$ no numerador desde que, no denominador, usemos $x_1 - x_2$.

Assim, temos duas maneiras de obter o coeficiente angular de uma reta, quando ele existir:

- conhecendo a inclinação α da reta, calculamos $m = \text{tg}\,\alpha$;
- conhecendo dois pontos $A(x_1, y_1)$ e $B(x_2, y_2)$ da reta, calculamos $m = \dfrac{y_2 - y_1}{x_2 - x_1}$.

Observação: Agora você pode também utilizar outro método para verificar o alinhamento de três pontos, comparando os coeficientes angulares das retas que passam pelos pontos dois a dois. Por exemplo, na verificação do alinhamento de três pontos, $A(x_1, y_1)$, $B(x_2, y_2)$ e $C(x_3, y_3)$, verificamos se ocorre $\dfrac{y_2 - y_1}{x_2 - x_1} = \dfrac{y_3 - y_2}{x_3 - x_2}$.

Exercício resolvido

15. Calcule o coeficiente angular da reta que passa pelos pontos $A(2, 3)$ e $B(4, 7)$.

Resolução

$$m = \frac{7 - 3}{4 - 2} = \frac{4}{2} = 2 \text{ ou } m = \frac{3 - 7}{2 - 4} = \frac{-4}{-2} = 2$$

> **Para refletir**
> O ângulo α é agudo ($0° < \alpha < 90°$), pois $m > 0$.
> Confirme construindo a figura com os pontos A e B.

Exercícios

30. Determine o coeficiente angular (ou declividade) da reta que passa pelos pontos:

a) $A(3, 2)$ e $B(-3, -1)$;
b) $A(2, -3)$ e $B(-4, 3)$;
c) $P_1(3, 2)$ e $P_2(3, -2)$;
d) $P_1(-1, 4)$ e $P_2(3, 2)$;
e) $P(5, 2)$ e $Q(-2, -3)$;
f) $A(200, 100)$ e $B(300, 80)$.

31. Sendo α a inclinação de uma reta e m sua declividade (ou coeficiente angular), copie e complete a tabela:

α	0°	30°	45°	60°	90°	120°	135°	150°
m								

> **Para refletir**
> Use régua e transferidor para traçar a reta r que passa por $(0, 5)$ e tem coeficiente angular $-\sqrt{3}$.

8 Equação fundamental da reta

Já vimos que dois pontos distintos determinam uma reta, ou seja, dados dois pontos distintos, existe uma única reta que passa pelos dois pontos.

Da mesma forma, um ponto $P_0(x_0, y_0)$ e uma declividade m determinam uma reta r. Considerando $P(x, y)$ um ponto genérico dessa reta, veremos que se pode chegar a uma equação, de incógnitas x e y, a partir dos números x_0, y_0 e m, que será chamada **equação fundamental** da reta r.

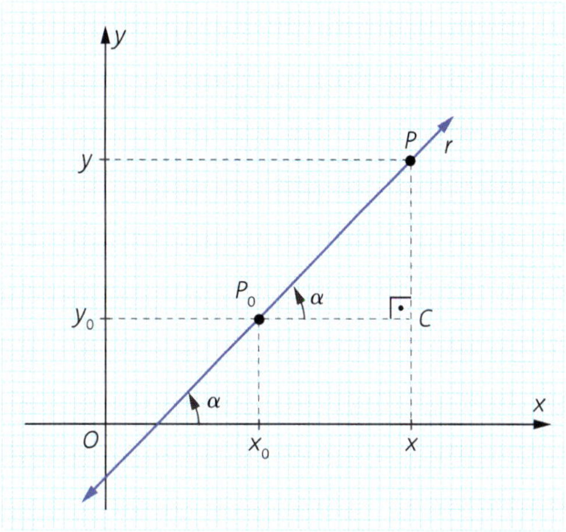

Considerando um ponto $P(x, y)$ qualquer sobre a reta e $\text{tg}\,\alpha = m$, temos:

$$\text{tg}\,\alpha = \frac{d(C,\ P)}{d(P_0,\ C)} \Rightarrow m = \frac{y - y_0}{x - x_0} \Rightarrow \boxed{y - y_0 = m(x - x_0)}$$

Observações:

1ª) A equação $y - y_0 = m(x - x_0)$ independe de m ser positivo ou negativo e da localização do ponto P_0.

2ª) Se a reta é paralela ao eixo x, temos $m = 0$ e a equação da reta será dada por $y = y_0$.

3ª) Se a reta é paralela ao eixo y, todos os pontos da reta têm a mesma abscissa e a equação será dada por $x = x_0$.

Exercícios resolvidos

16. Determine a equação da reta que passa pelo ponto $A(-1, 4)$ e tem coeficiente angular 2.

Resolução

Usando a equação fundamental da reta $(y - y_0) = m(x - x_0)$, temos:

$y - 4 = 2(x - (-1)) \Rightarrow y - 4 = 2(x + 1) \Rightarrow$
$\Rightarrow y - 4 = 2x + 2 \Rightarrow -2x + y - 6 = 0 \Rightarrow$
$\Rightarrow 2x - y + 6 = 0$

A equação procurada é $2x - y + 6 = 0$.

17. Determine a equação da reta que passa pelos pontos $A(-1, -2)$ e $B(5, 2)$.

Resolução

Já sabemos como calcular o coeficiente angular da reta determinada pelos pontos $A(-1, -2)$ e $B(5, 2)$:

$$m = \frac{y_B - y_A}{x_B - x_A} = \frac{2 - (-2)}{5 - (-1)} = \frac{4}{6} = \frac{2}{3}$$

Usando o ponto $A(-1, -2)$, temos:

$$y - (-2) = \frac{2}{3}(x - (-1)) \Rightarrow y + 2 = \frac{2}{3}(x + 1) \Rightarrow$$

$$\Rightarrow 3y + 6 = 2x + 2 \Rightarrow 2x - 3y - 4 = 0$$

A equação da reta $\overleftrightarrow{AB}$ é $2x - 3y - 4 = 0$.

Outra resolução

Chamando de $P(x, y)$ um ponto genérico da reta $\overleftrightarrow{AB}$, podemos afirmar que P, A e B estão alinhados. Logo:

$$\begin{vmatrix} x & y & 1 \\ -1 & -2 & 1 \\ 5 & 2 & 1 \end{vmatrix} = 0 \Rightarrow -2x + 5y - 2 + 10 - 2x + y = 0 \Rightarrow$$

$\Rightarrow -4x + 6y + 8 = 0 \Rightarrow 4x - 6y - 8 = 0 \Rightarrow$
$\Rightarrow 2x - 3y - 4 = 0$

A equação da reta $\overleftrightarrow{AB}$ é $2x - 3y - 4 = 0$.

9 Formas da equação da reta

A partir de agora, estudaremos quatro formas de representar a equação da reta: a equação reduzida, a equação geral, a equação segmentária e a equação paramétrica.

Já vimos que a equação fundamental da reta que passa por um ponto $P(x_0, y_0)$ com declividade m é dada por: $y - y_0 = m(x - x_0)$. Se escolhermos o ponto particular $(0, n)$, isto é, o ponto em que a reta intersecta o eixo y, para o ponto (x_1, y_1), temos:

$$y - n = m(x - 0) \Rightarrow y - n = mx \Rightarrow \boxed{y = mx + n}$$

O número real n, que é a ordenada do ponto em que a reta intersecta o eixo y, é chamado **coeficiente linear** da reta.

$$y = mx + n$$

(m: coeficiente angular; n: coeficiente linear)

Fique atento!
A equação reduzida de uma reta que passa pela origem é da forma $y = mx$. Note que a forma reduzida é uma função afim, assunto já estudado no capítulo 3 do volume 1.

Essa forma é especialmente importante porque permite obter o coeficiente angular de uma reta a partir de uma equação, além de expressar claramente a coordenada y em função de x. Essa equação é conhecida como **equação reduzida** da reta.

Agora, consideremos uma reta r que não passa por $(0, 0)$, intersecta o eixo x no ponto $A(a, 0)$ e intersecta o eixo y no ponto $B(0, b)$.

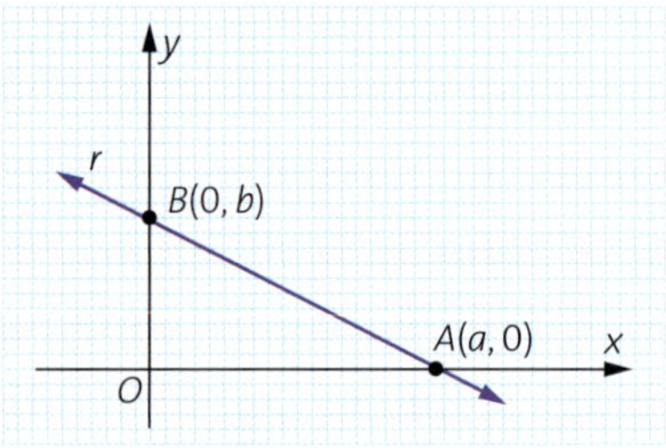

Calculando o coeficiente angular, temos:

$$m = \frac{0 - b}{a - 0} \Rightarrow m = -\frac{b}{a}$$

Usando a forma reduzida $y = mx + n$, em que $m = -\frac{b}{a}$ e $n = b$, vem:

$$y = -\frac{b}{a}x + b \Rightarrow ay = -bx + ab \Rightarrow bx + ay = ab$$

Fique atento!
Podemos chegar ao mesmo resultado considerando um ponto genérico $P(x, y)$ e fazendo $\begin{vmatrix} x & y & 1 \\ a & 0 & 1 \\ 0 & b & 1 \end{vmatrix} = 0$, que é o alinhamento dos três pontos.

Dividindo os dois membros por ab ($a \neq 0$ e $b \neq 0$), temos:

$$\frac{bx}{ab} + \frac{ay}{ab} = \frac{ab}{ab} \Rightarrow \boxed{\frac{x}{a} + \frac{y}{b} = 1}$$

Esta é a **equação segmentária** da reta que não passa por $(0, 0)$ e intersecta os eixos nos pontos $(a, 0)$ e $(0, b)$.

Observamos também que toda reta do plano possui uma equação da forma:

$$ax + by + c = 0$$

na qual a, b e c são constantes e a e b não são simultaneamente nulos. Essa equação é denominada **equação geral** da reta.

Fique atento!
As retas dos eixos x e y têm equações $y = 0$ e $x = 0$, respectivamente.

Por exemplo, a reta:

a) $y = -\frac{3}{4}x + 1$ pode ser escrita na forma geral $3x + 4y - 4 = 0$;

b) $\frac{x}{2} + \frac{y}{5} = 1$ pode ser dada na forma geral $5x + 2y - 10 = 0$;

c) $x = 2$, que é uma reta vertical, pode ser dada por $1x + 0y - 2 = 0$;

d) $y = 5$, que é paralela ao eixo x, pode ser dada por $0x + 1y - 5 = 0$.

Quando as coordenadas x e y dos pontos da reta são dadas em função de uma terceira variável, t, por meio de expressões do 1º grau, tem-se a forma paramétrica. Suponha que um avião da Organização das Nações Unidas (ONU), em uma missão de paz, está com 30 toneladas de suprimentos, como tendas, cobertores, remédios e comida, para dar assistência a um grupo de pessoas que estão em uma região isolada após um desastre natural. Vários pacotes com esses itens são liberados pelo avião. Imagine que um desses pacotes obedeça às seguintes equações horárias do deslocamento (em metros) e da velocidade vertical: $x = 300 + 200t$ e $y = -10t$, respectivamente, em que o tempo é dado em segundos. Dessa forma, o seguinte sistema de equações pode ser formado:

$$\begin{cases} x = 300 + 200t & \text{(I)} \\ y = -10t & \text{(II)} \end{cases}$$

Com essas equações pode-se obter o deslocamento em função da velocidade vertical do pacote. Isolando t na equação (II), temos:

$$y = -10t \Rightarrow t = -\frac{y}{10}$$

Substituindo $t = -\frac{y}{10}$ na equação (I), vem:

$$x = 300 + 200 \cdot \left(-\frac{y}{10}\right) \Rightarrow x = 300 - \frac{200y}{10} \Rightarrow x = 300 - 20y \Rightarrow x + 20y - 300 = 0$$

As equações $x = 300 + 200t$ e $y = -10t$ são chamadas **equações paramétricas** da reta, em que a variável t é chamada **parâmetro** das equações paramétricas.

As equações paramétricas são formas de representar retas por meio de um parâmetro, ou seja, uma variável vai fazer a ligação entre duas equações que foram obtidas da equação de uma mesma reta.

$$\begin{cases} x = f(t) \\ y = g(t) \end{cases}$$

Se $f(t)$ e $g(t)$ são funções afins, então essas equações representam uma reta.

Observações:

1ª) Vimos que a equação da reta pode ser escrita de várias formas. Na resolução de exercícios devemos escolher a mais conveniente em relação aos dados e à proposta do problema.

Assim:

- na forma $y - y_0 = m(x - x_0)$, identificamos a inclinação α da reta ($m = \text{tg}\,\alpha$) e um ponto (x_0, y_0) da reta;
- na forma reduzida $y = mx + n$, identificamos a inclinação α ($m = \text{tg}\,\alpha$), o ponto de intersecção da reta com o eixo y, $(0, n)$, e ainda o ponto $(1, m + n)$;
- na forma segmentária $\frac{x}{a} + \frac{y}{b} = +1$, identificamos os pontos de intersecção da reta com os eixos: $(a, 0)$ e $(0, b)$;
- quando fazemos $\begin{vmatrix} x & y & 1 \\ x_1 & y_1 & 1 \\ x_2 & y_2 & 1 \end{vmatrix} = 0$, identificamos sem fazer cálculos dois pontos da reta (x_1, y_1) e (x_2, y_2);
- a forma geral $ax + by + c = 0$ pode ser obtida a partir de qualquer uma das anteriores.

2ª) A mesma reta pode ter diversas representações na forma geral, por exemplo, $x + 2y - 1 = 0$, $2x + 4y - 2 = 0$, $-x - 2y + 1 = 0$ e infinitas equações equivalentes a essas. Por essa razão, é preferível escrever "obter **uma** equação geral da reta" a "obter **a** equação geral da reta".

3ª) Dada uma equação geral da reta r: $ax + by + c = 0$, seu coeficiente angular pode ser obtido rapidamente usando $m_r = \frac{-a}{b}$, e seu coeficiente linear usando $n_r = \frac{-c}{b}$.

4ª) A reta r tal que $ax + by + c = 0$ intersecta os eixos nos pontos $\left(-\frac{c}{a}, 0\right)$ e $\left(0, -\frac{c}{b}\right)$.

Exercícios resolvidos

18. Escreva nas formas reduzida, segmentária e geral a equação da reta que passa pelo ponto (1, −6) e tem inclinação de 135°.

Resolução

Pelos dados é mais conveniente escrever inicialmente a equação na forma $(y - y_0) = m(x - x_0)$.

Como $\alpha = 135°$, então:

$m = \text{tg}\ \alpha = \text{tg}\ 135° = -1$

E, como a reta passa por (1, −6), temos:

$y + 6 = -1(x - 1)$

Daí vem:

- forma reduzida:
  $y + 6 = -x + 1 \Rightarrow y = -x + 1 - 6 \Rightarrow y = -x - 5$
- forma segmentária:
  $y + 6 = -x + 1 \Rightarrow x + y = -5 \Rightarrow \dfrac{x}{-5} + \dfrac{y}{-5} = 1$
- forma geral:
  $y + 6 = -x + 1 \Rightarrow x + y - 1 + 6 = 0 \Rightarrow x + y + 5 = 0$

Para refletir

- Essa reta tem inclinação de 135°, passa pelo ponto (1, −6) e corta os eixos em (−5, 0) e (0, −5). Desenhe-a.
- O triângulo que ela determina com os eixos é um triângulo retângulo isósceles. Calcule a medida da hipotenusa.

19. Sabendo-se que as equações paramétricas de uma reta são $\begin{cases} x = 3 - t \\ y = 2 + t \end{cases}$, obtenha uma equação geral dessa reta.

Resolução

Isolando t na equação $x = 3 - t$, temos $t = 3 - x$.

Substituindo $t = 3 - x$ na equação $y = 2 + t$, obtemos a equação geral da reta:

$y = 2 + 3 - x \Rightarrow x + y - 5 = 0$

Exercícios

32. Determine o coeficiente angular e o coeficiente linear da reta de equação $2x + 3y = 1$.

33. Determine a equação reduzida da reta que passa pelos pontos $A(-1, 5)$ e $B(-3, -1)$.

34. Determine a equação reduzida da reta que corta os eixos nos pontos (−5, 0) e (0, 3).

35. Determine a equação reduzida da reta r que passa pela origem e tem inclinação de 60°.

36. Determine a equação da reta que satisfaz às seguintes condições:

a) a declividade é 4 e passa pelo ponto $A(2, -3)$;

b) a inclinação é de 45° e passa pelo ponto $P(4, 1)$;

c) passa pelo ponto $M(-2, -5)$ e tem coeficiente angular 0;

d) passa pelos pontos $A(3, 1)$ e $B(-5, 4)$;

e) passa pelo ponto $P(-3, -4)$ e é paralela ao eixo y;

f) tem coeficiente angular $-\dfrac{1}{2}$ e passa pelo ponto $A(2, -3)$;

g) passa pelo ponto $P(1, -7)$ e é paralela ao eixo x.

h) passa pelos pontos $A(1, 1)$ e $B(-2, -2)$;

i) a inclinação é de 150° e passa pela origem.

37. Verifique se o ponto $P(2, 3)$ pertence à reta r que passa pelos pontos $A(1, 1)$ e $B(0, -3)$.

38. DESAFIO (Fuvest-SP) Determine a equação da reta que passa pelo ponto $P(2, 3)$ e pelo ponto Q, simétrico de P em relação à origem.

39. Determine uma equação geral da reta que passa pelos pontos $A(1, 4)$ e $B(3, -3)$.

40. Na figura dada, o ponto O é a origem do sistema cartesiano ortogonal e $ABCD$ é um quadrado de lado $3\sqrt{2}$. Escreva uma equação geral da reta determinada pelos pontos A e D.

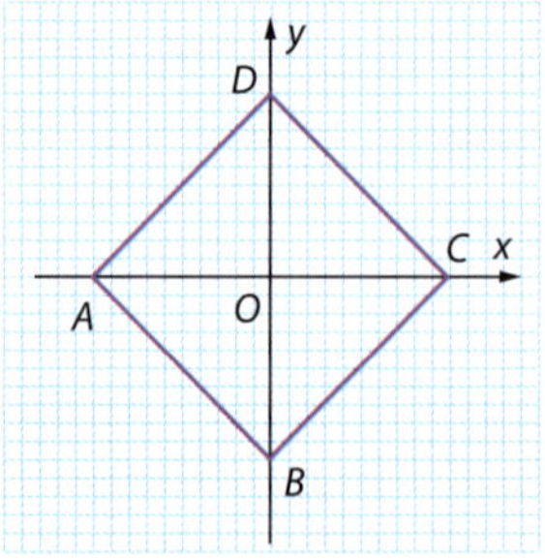

41. Se um triângulo tem como vértices os pontos $A(1, 1)$, $B(-2, -2)$ e $C(-3, 4)$, determine a forma geral das equações das retas-suporte dos lados desse triângulo.

42. Em cada caso, escreva uma equação geral da reta definida pelos pontos A e B:

a) $A(-1, 6)$ e $B(2, -3)$;

b) $A(-1, 8)$ e $B(-5, -1)$;

c) $A(5, 0)$ e $B(-1, -4)$;

d) $A(3, 3)$ e $B(1, -5)$.

43. Uma reta passa pelo ponto $P(-1, -5)$ e tem coeficiente angular $m = \frac{1}{2}$. Escreva a equação da reta na forma reduzida.

44. Passe a equação da reta para a forma indicada:

a) $\frac{x}{3} + \frac{y}{2} = 1$ para a forma reduzida;

b) $y - 6 = \frac{1}{2}(x + 4)$ para a forma geral;

c) $3x + 9y - 36 = 0$ para a forma segmentária;

d) $\begin{cases} x = 3 - t \\ y = t + 2 \end{cases}$ para a forma geral.

45. As equações paramétricas de uma reta r são $\begin{cases} x = 5 + 2t \\ y = 7 - t \end{cases}$. Obtenha a equação reduzida dessa reta.

46. Escreva na forma reduzida a equação da reta que passa pelos pontos $P_1(2, 7)$ e $P_2(-1, -5)$.

47. Escreva na forma segmentária a equação da reta que passa pelos pontos $(3, -1)$ e $(-2, -4)$.

48. Determine os pontos de intersecção da reta de equação $3x - 2y - 12 = 0$ com os eixos x e y.

49. Escreva na forma segmentária a equação da reta que satisfaz as seguintes condições:

a) passa pelos pontos $A(3, 0)$ e $B(0, 2)$;

b) passa pelos pontos $A(5, 0)$ e tem declividade 2;

c) passa pelos pontos $P_1(4, -3)$ e $P_2(-2, 6)$;

d) sua equação reduzida é $y = -x + 5$.

50. Na figura dada, o ponto O é a origem do sistema de coordenadas ortogonais e $OABC$ é um quadrado de lado 3.

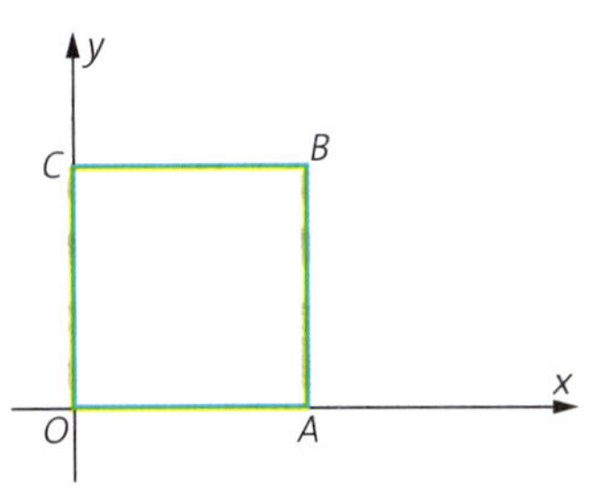

Escreva a equação da reta-suporte da diagonal $\overline{AC}$.

51. Escreva a equação:

a) da reta bissetriz dos quadrantes ímpares;

b) da reta bissetriz dos quadrantes pares;

c) do eixo x;

d) do eixo y.

52. Dada a reta que tem equação $3x + 4y = 7$, determine seu coeficiente angular.

53. Determine a equação da reta de coeficiente angular $m = -2$ e que intersecta o eixo y no ponto $A(0, -3)$.

54. Se os pontos $A(3, 5)$ e $B(-3, 8)$ determinam uma reta, calcule o valor de a para que o ponto $C(4, a)$ pertença a essa reta.

55. Na figura dada, $ABCD$ é um paralelogramo. Determine uma equação geral da reta-suporte de cada diagonal, $\overline{AC}$ e $\overline{BD}$.

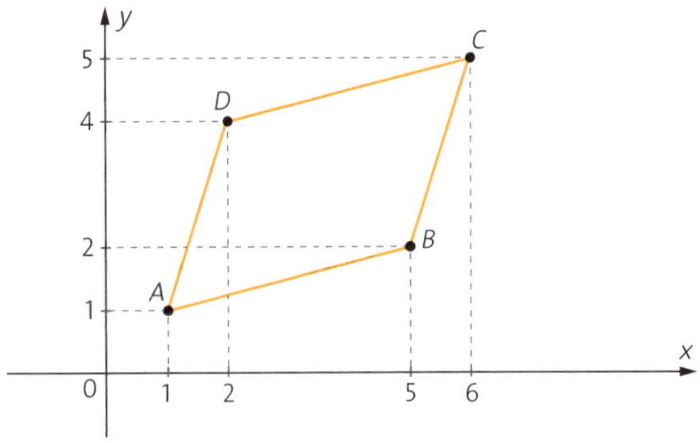

56. Sabendo que o ponto $P(2, 1)$ pertence à reta de equação $3kx + (k - 3)y = 4$, determine o valor de k e escreva uma forma geral da equação dessa reta.

57. Se um triângulo tem como vértices os pontos $A(2, 3)$, $B(4, 1)$ e $C(6, 7)$, determine uma equação geral da reta-suporte da mediana relativa ao lado $\overline{BC}$.

58. Na figura dada, o ponto O é a origem do sistema de coordenadas ortogonais e $OABC$ é um quadrado de lado 4.

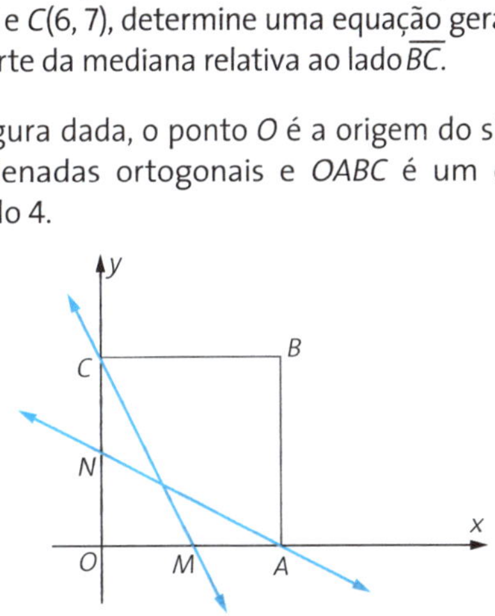

Sabendo que M é o ponto médio de $\overline{OA}$ e N é o ponto médio de $\overline{OC}$, escreva a equação da reta que passa por C e M e a equação da reta que passa por A e N.

10 Posições relativas de duas retas no plano

Duas retas, *r* e *s*, contidas no mesmo plano são paralelas ou concorrentes.

Retas paralelas

Sendo α_1 a inclinação da reta *r* e α_2 a inclinação da reta *s*, temos:

$$m_1 = m_2 \Rightarrow \text{tg } \alpha_1 = \text{tg } \alpha_2 \Rightarrow \alpha_1 = \alpha_2$$

Então, se as inclinações são iguais, as retas são paralelas ($r \parallel s$).

Veja as figuras a seguir, que mostram duas retas distintas e não verticais, que são paralelas:

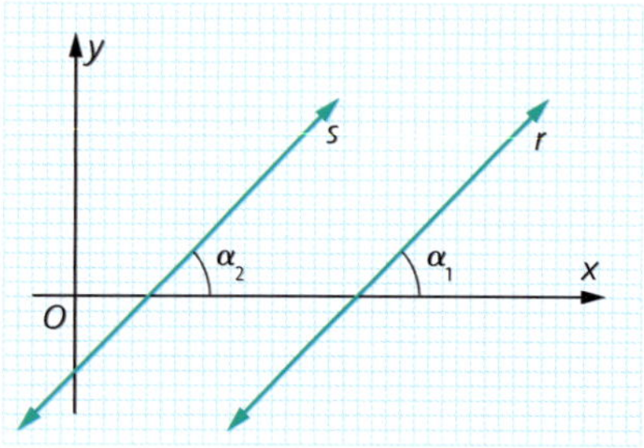

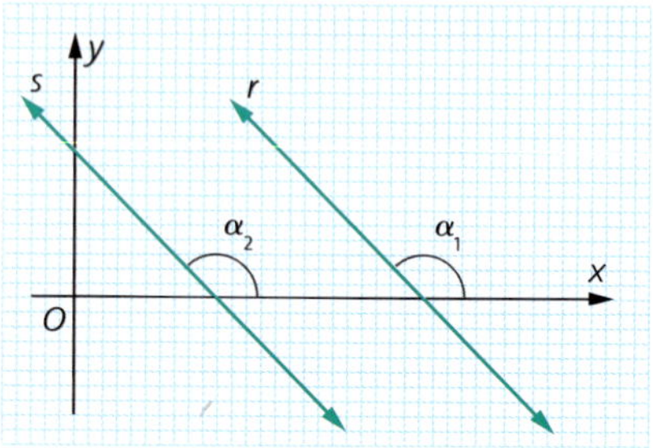

$$\alpha_1 = \alpha_2 \Leftrightarrow \text{tg } \alpha_1 = \text{tg } \alpha_2 \Leftrightarrow m_1 = m_2 \Leftrightarrow r \parallel s$$

Duas retas distintas e não verticais, *r* e *s*, são paralelas se, e somente se, seus coeficientes angulares são iguais ($m_1 = m_2$).

Fique atento!
Se, além do mesmo coeficiente angular, elas tiverem também o mesmo coeficiente linear, as retas serão coincidentes (paralelas iguais).

Retas concorrentes

Duas retas do mesmo plano com coeficientes angulares diferentes não são paralelas; logo, são concorrentes.

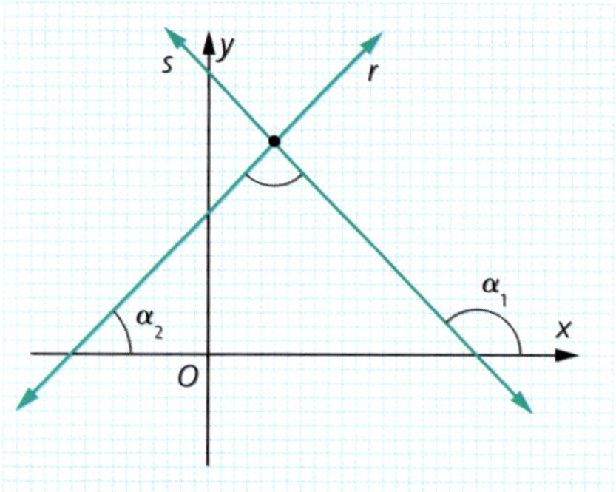

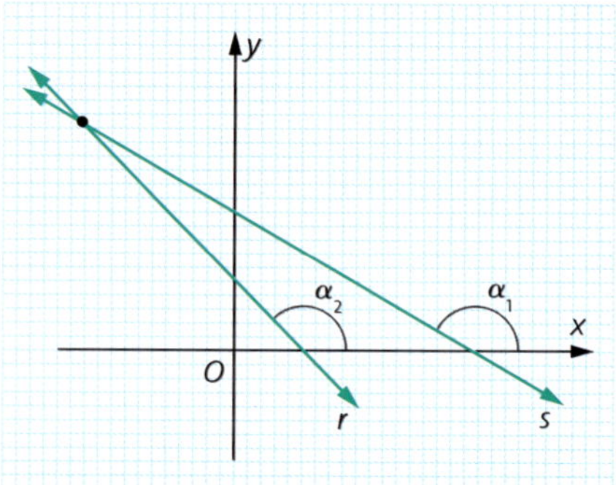

$$\alpha_1 \neq \alpha_2 \Leftrightarrow \text{tg } \alpha_1 \neq \text{tg } \alpha_2 \Leftrightarrow m_1 \neq m_2 \Leftrightarrow r \text{ e } s \text{ são concorrentes}$$

Duas retas distintas e não verticais, *r* e *s*, são concorrentes se, e somente se, seus coeficientes angulares são diferentes ($m_1 \neq m_2$).

Observação: Uma maneira prática de verificar o paralelismo de duas retas é comparar suas equações gerais. Dadas duas retas, r e s, tal que $r: ax + by + c = 0$ e $s: a'x + b'y + c' = 0$, então basta compararmos as razões $\frac{a}{a'}$, $\frac{b}{b'}$ e $\frac{c}{c'}$.

- Se $\frac{a}{a'} = \frac{b}{b'} = \frac{c}{c'}$, então temos a mesma reta representada de duas formas gerais diferentes, em geral conhecidas como paralelas iguais ou coincidentes.
- Se $\frac{a}{a'} = \frac{b}{b'} \neq \frac{c}{c'}$, então temos duas retas paralelas distintas.
- Se $\frac{a}{a'} \neq \frac{b}{b'}$, então temos duas retas concorrentes.

A expressão *paralelas iguais* (ou *coincidentes*) só permite que se use $\frac{a}{a'} = \frac{b}{b'}$ para definir paralelismo sem nenhuma exceção.

Assim, podemos dizer que, se duas retas $r: ax + by + c = 0$ e $s: a'x + b'y + c' = 0$ são tais que $\frac{a}{a'} = \frac{b}{b'}$, ou seja, $ab' = a'b$, então elas são paralelas e vice-versa. É muito importante compreender que, se duas retas são ditas "paralelas iguais" ou "paralelas coincidentes", significa que elas *não são* duas retas, e sim uma só reta, representada de duas formas gerais diferentes.

Exercícios resolvidos

20. Verifique a posição relativa das retas dadas pelas equações:

a) $r: 3x - y + 2 = 0$

$s: \frac{x}{4} + \frac{y}{10} = 1$

b) $r: y = \frac{2}{3}x - 1$

$s: 4x - 6y + 5 = 0$

c) $r: x = 8$

$s: y - 5 = 3(x - 4)$

Resolução

a) Vamos determinar o coeficiente angular de r e s usando a equação na forma reduzida:

$r: 3x - y + 2 = 0 \Rightarrow -y = -3x - 2 \Rightarrow$

$\Rightarrow y = 3x + 2 \Rightarrow m_1 = 3$

$s: \frac{x}{4} + \frac{y}{10} = 1 \Rightarrow 5x + 2y = 20 \Rightarrow$

$\Rightarrow 2y = -5x + 20 \Rightarrow y = \frac{-5}{2}x + 10 \Rightarrow$

$\Rightarrow m_2 = -\frac{5}{2}$

Como $m_1 \neq m_2$, r e s são concorrentes.

b) $r: y = \frac{2}{3}x - 1 \Rightarrow m_1 = \frac{2}{3}$

$s: 4x - 6y + 5 = 0 \Rightarrow 6y = 4x + 5 \Rightarrow$

$\Rightarrow y = \frac{4}{6}x + \frac{5}{6} \Rightarrow y = \frac{2}{3}x + \frac{5}{6} \Rightarrow m_2 = \frac{2}{3}$

Como $m_1 = m_2$, r e s são paralelas. Como $-1 \neq \frac{5}{6}$, elas são paralelas e distintas.

c) $r: x = 8$ (r é paralela ao eixo y)

$s: y - 5 = 3(x - 4) \Rightarrow m = 3$ (s não é paralela a nenhum dos eixos)

Logo, r e s são concorrentes.

21. Dadas as retas de equações $(k - 1)x + 3y - 1 = 0$ e $2kx - 2y + 5 = 0$, encontre os valores de k para os quais essas retas são concorrentes.

Resolução

Vamos determinar os coeficientes angulares:

$(k - 1)x + 3y - 1 = 0 \Rightarrow 3y = -(k - 1)x + 1 \Rightarrow$

$\Rightarrow y = \frac{-k + 1}{3}x + \frac{1}{3} \Rightarrow m_1 = \frac{-k + 1}{3}$

$2kx - 2y + 5 = 0 \Rightarrow 2y = 2kx + 5 \Rightarrow$

$\Rightarrow y = kx + \frac{5}{2} \Rightarrow m_2 = k$

Para que as retas sejam concorrentes devemos ter $m_1 \neq m_2$:

$m_1 \neq m_2 \Rightarrow \frac{-k + 1}{3} \neq k \Rightarrow 3k \neq -k + 1 \Rightarrow$

$\Rightarrow 4k \neq 1 \Rightarrow k \neq \frac{1}{4}$

Para refletir

O que acontece quando $k = \frac{1}{4}$?

22. Determine uma equação geral da reta que passa pelo ponto $P(2, -3)$ e é paralela à reta de equação $5x - 2y + 1 = 0$.

Resolução

Vamos calcular o coeficiente angular m da reta cuja equação é dada:

$5x - 2y + 1 = 0 \Rightarrow -2y = -5x - 1 \Rightarrow$

$\Rightarrow 2y = 5x + 1 \Rightarrow y = \frac{5}{2}x + \frac{1}{2} \Rightarrow m = \frac{5}{2}$

De acordo com o problema, a reta procurada deve passar pelo ponto $P(2, -3)$ e ter o mesmo coeficiente angular da reta dada, ou seja, $m = \frac{5}{2}$.

Daí, temos:

$y - y_0 = m(x - x_0) \Rightarrow y + 3 = \frac{5}{2}(x - 2) \Rightarrow$

$\Rightarrow y + 3 = \frac{5}{2}x - \frac{10}{2} \Rightarrow$

$\Rightarrow 2y + 6 = 5x - 10 \Rightarrow$

$\Rightarrow 5x - 2y - 16 = 0$

Logo, a equação procurada pode ser $5x - 2y - 16 = 0$.

Outra resolução:

Queremos determinar uma reta paralela à reta $5x - 2y + 1 = 0$. Então, a reta procurada é da forma $5x - 2y + c = 0$.

Como $P(2, -3)$ pertence a ela, temos:

$5(2) - 2(-3) + c = 0 \Rightarrow$

$\Rightarrow 10 + 6 + c = 0 \Rightarrow$

$\Rightarrow c = -16$

Logo, a equação procurada é $5x - 2y - 16 = 0$.

23. Na figura, $ABCD$ é um paralelogramo. Determine a equação da reta-suporte do lado $\overline{AB}$.

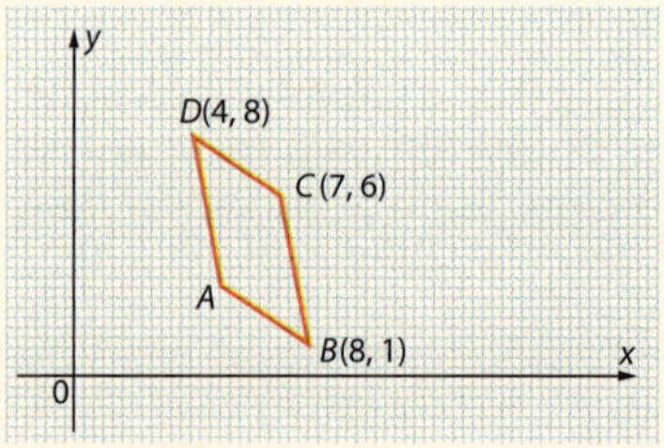

Resolução

Sendo $ABCD$ um paralelogramo, temos $\overline{AB} \parallel \overline{CD}$ e $\overline{AD} \parallel \overline{BC}$. Então, nosso problema consiste em determinar a equação da reta que passa pelo ponto B e é paralela à reta-suporte do lado $\overline{CD}$.

Equação da reta-suporte do lado $\overline{CD}$:

$\begin{vmatrix} x & y & 1 \\ 7 & 6 & 1 \\ 4 & 8 & 1 \end{vmatrix} = 0 \Rightarrow 6x + 4y + 56 - 24 - 7y - 8x = 0 \Rightarrow$

$\Rightarrow -2x - 3y + 32 = 0 \Rightarrow 2x + 3y - 32 = 0$

Cálculo do coeficiente angular dessa reta:

$2x + 3y - 32 = 0 \Rightarrow 3y = -2x + 32 \Rightarrow$

$\Rightarrow y = -\frac{2}{3}x + \frac{32}{3} \rightarrow m = -\frac{2}{3}$.

Determinamos a equação da reta que passa por $B(8, 1)$ e também tem coeficiente angular $m = -\frac{2}{3}$:

$y - y_0 = m(x - x_0) \Rightarrow y - 1 = -\frac{2}{3}(x - 8) \Rightarrow$

$\Rightarrow y - 1 = -\frac{2}{3}x + \frac{16}{3} \Rightarrow 2x + 3y - 19 = 0$

Logo, a equação da reta pedida é $2x + 3y - 19 = 0$.

Exercícios

59. Qual é a posição da reta r: $15x + 10y - 3 = 0$, em relação à reta s: $9x + 6y - 1 = 0$?

60. Se as retas de equações $(a + 3)x + 4y - 5 = 0$ e $x + ay + 1 = 0$ são paralelas, calcule o valor de a.

61. Em cada caso, determine a equação da reta que passa pelo ponto P e é paralela à reta da equação dada:

a) $P(1, 2)$ e $8x + 2y - 1 = 0$;

b) $P(-4, 2)$ e $y - 2 = 0$;

c) $P(-1, 3)$ e $2x - 5y + 7 = 0$.

62. A figura abaixo mostra um trapézio $ABCD$. Determine a equação da reta-suporte da base menor do trapézio.

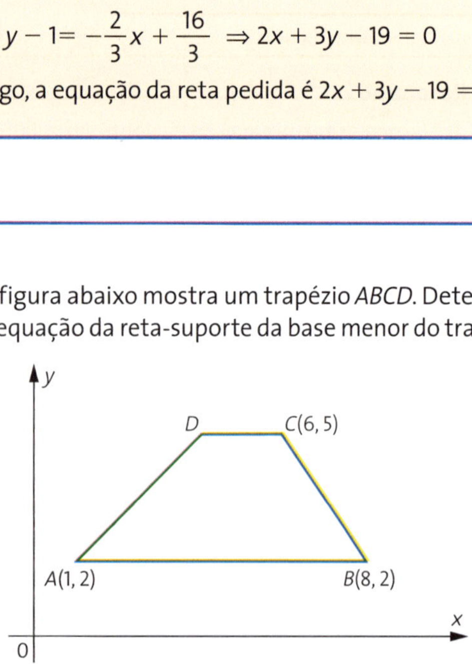

Intersecção de duas retas

A figura ao lado mostra duas retas, r e s, do mesmo plano, que se intersectam no ponto $P(a, b)$.

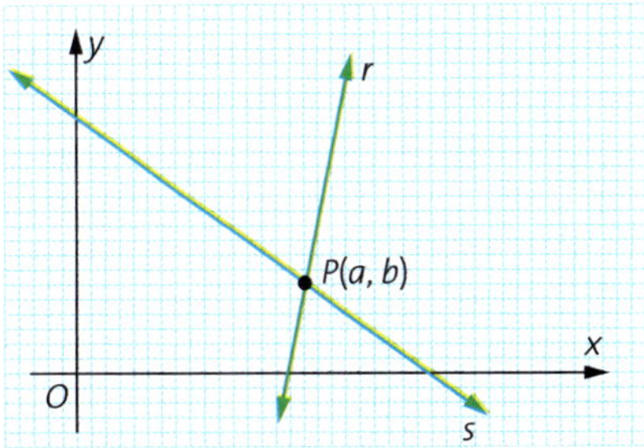

Como P pertence às duas retas, suas coordenadas devem satisfazer simultaneamente às equações dessas duas retas. Logo, para determinar as coordenadas de P, basta resolver o sistema formado pelas equações das duas retas.

Observação: Pela resolução de sistemas podemos verificar a posição relativa de duas retas de um mesmo plano. Assim, temos:

- sistema possível e determinado (uma única solução): retas concorrentes (um único ponto comum);
- sistema possível e indeterminado (infinitas soluções): retas coincidentes (infinitos pontos comuns);
- sistema impossível (nenhuma solução): retas paralelas distintas (nenhum ponto comum).

Exercício resolvido

24. Determine as coordenadas do ponto P, intersecção das retas r e s de equações $3x + 2y - 7 = 0$ e $x - 2y - 9 = 0$, respectivamente.

Resolução

Nosso problema consiste em resolver o sistema formado pelas equações das duas retas:

$$\begin{cases} 3x + 2y - 7 = 0 \\ x - 2y - 9 = 0 \end{cases}$$

$$4x - 16 = 0 \Rightarrow 4x = 16 \Rightarrow x = 4$$

Substituindo $x = 4$ na segunda equação, por exemplo, temos:

$$4 - 2y - 9 = 0 \Rightarrow -2y = 5 \Rightarrow 2y = -5 \Rightarrow y = -\frac{5}{2}$$

Logo, as coordenadas do ponto de intersecção são 4 e $-\frac{5}{2}$, ou seja, $P\left(4, -\frac{5}{2}\right)$.

Exercícios

63. Determine o ponto de intersecção das retas cujas equações são:

a) $2x + 3y - 8 = 0$ e $2x - 4y + 13 = 0$;

b) $y = \frac{7}{3}x - \frac{2}{3}$ e $y = -\frac{3}{2}x + 7$;

c) $y = x + 3$ e $\begin{cases} x = t - 4 \\ y = t - 1 \end{cases}$.

64. Quais são as coordenadas dos vértices de um triângulo, sabendo que as equações das retas-suporte de seus lados são $x + 2y - 1 = 0$, $x - 2y - 7 = 0$ e $y - 5 = 0$?

65. Demonstre que as retas de equações $2x + 3y - 1 = 0$, $3x + 4y - 1 = 0$ e $x + y = 0$ concorrem num mesmo ponto.

66. A figura dada mostra um trapézio $ABCD$. Sendo M o ponto de intersecção das diagonais do trapézio, determine as coordenadas do ponto M.

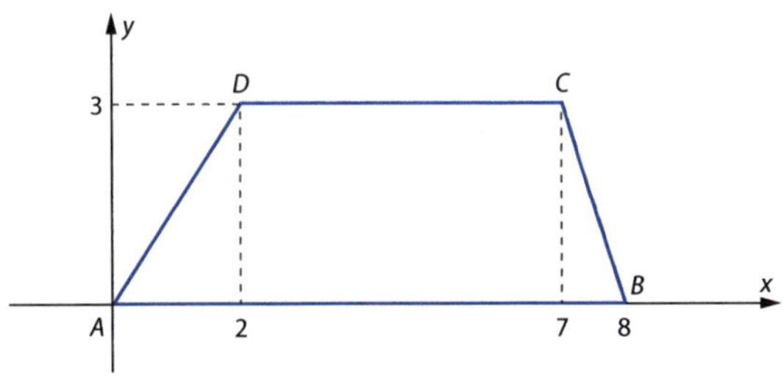

67. Qual é a equação da reta r que passa pelo ponto de intersecção das retas t_1 e t_2 de equações $x - y + 2 = 0$ e $3x - y + 6 = 0$, respectivamente, e é paralela à reta s, cuja equação é $y = \frac{1}{2}x - 1$?

11 Perpendicularidade de duas retas

A figura mostra a reta *r*, de inclinação α_1, e a reta *s*, de inclinação α_2, tal que *r* e *s* são perpendiculares.

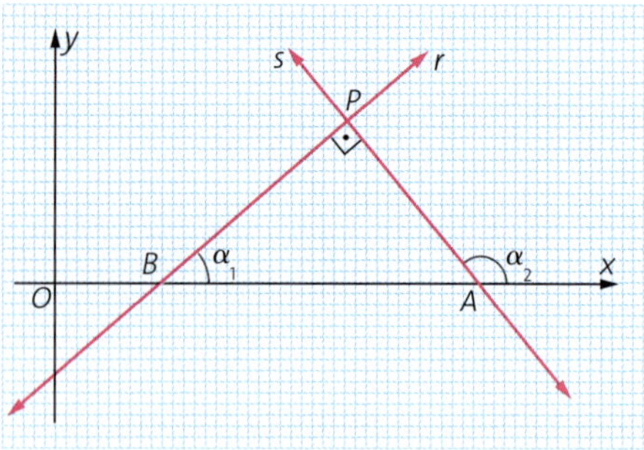

Pela Geometria plana, no triângulo *APB* temos:

$\alpha_2 = \alpha_1 + 90° \Rightarrow \text{tg}\ \alpha_2 = \text{tg}\ (\alpha_1 + 90°) \Rightarrow$

$\Rightarrow \text{tg}\ \alpha_2 = \dfrac{\text{sen}\ (\alpha_1 + 90°)}{\cos\ (\alpha_1 + 90°)} =$

$= \dfrac{\text{sen}\ \alpha_1 \cdot \cos\ 90° + \text{sen}\ 90° \cdot \cos\ \alpha_1}{\cos\ \alpha_1 \cdot \cos\ 90° - \text{sen}\ \alpha_1 \cdot \text{sen}\ 90°}$

Como sen 90° = 1 e cos 90° = 0, temos:

$$\text{tg}\ \alpha_2 = \frac{0 + \cos\ \alpha_1}{0 - \text{sen}\ \alpha_1} = \frac{\cos\ \alpha_1}{-\text{sen}\ \alpha_1} = -\text{cotg}\ \alpha_1 = -\frac{1}{\text{tg}\ \alpha_1}$$

Sabendo que $\text{tg}\ \alpha_2 = m_2$ e $\text{tg}\ \alpha_1 = m_1$, temos:

$$m_2 = -\frac{1}{m_1} \text{ e com } m_1 \text{ e } m_2 \neq 0$$

Então, se uma reta *s*, com coeficiente angular m_2, é perpendicular a uma reta *r*, com coeficiente angular m_1, temos:

$$m_2 = -\frac{1}{m_1} \quad (\text{com } m_1 \text{ e } m_2 \neq 0)$$

Reciprocamente, pode-se provar que, dadas uma reta *s*, de coeficiente angular m_2, e uma reta *r*, de coeficiente angular m_1, se $m_2 = -\frac{1}{m_1}$, então *s* é perpendicular a *r*.

Podemos concluir então que, dadas as retas *r* e *s*, de coeficientes angulares m_1 e m_2, temos:

$$r \perp s \Leftrightarrow m_2 = -\frac{1}{m_1} \quad \text{ou} \quad r \perp s \Leftrightarrow m_1 m_2 = -1$$

Geometria analítica: ponto e reta

Observação: Uma maneira prática de verificar o perpendicularismo de duas retas *r* e *s*, dadas por suas equações gerais, tal que *r*: $ax + by + c = 0$ e *s*: $a'x + b'y + c' = 0$, é verificar se $a \cdot a' + b \cdot b' = 0$. Se isso ocorrer, então as retas são perpendiculares.

Para refletir

Verifique que $aa' + bb' = 0$, a partir de $m_2 = -\frac{1}{m_1}$.

Exercícios resolvidos

» **passo a passo**: exercício 28

25. Mostre que as retas de equações $2x + 3y - 5 = 0$ e $3x - 2y + 9 = 0$ são perpendiculares.

Resolução

Cálculo do coeficiente angular m_1 da reta de equação $2x + 3y - 5 = 0$:

$2x + 3y - 5 = 0 \Rightarrow 3y = -2x + 5 \Rightarrow$

$\Rightarrow y = -\frac{2}{3}x + \frac{5}{3} \Rightarrow m_1 = -\frac{2}{3}$

Cálculo do coeficiente angular m_2 da reta de equação $3x - 2y + 9 = 0$:

$3x - 2y + 9 = 0 \Rightarrow -2y = -3x - 9 \Rightarrow$

$\Rightarrow 2y = 3x + 9 \Rightarrow y = \frac{3}{2}x + \frac{9}{2} \Rightarrow m_2 = \frac{3}{2}$

Usando a condição de perpendicularismo:

$m_1 m_2 = \left(-\frac{2}{3}\right)\left(\frac{3}{2}\right) = -1$

Logo, as retas são perpendiculares.

26. Dada a reta r com equação $3x - 2y + 4 = 0$ e o ponto $P(1, -3)$, determine uma equação da reta s que passa pelo ponto P e é perpendicular à reta r.

Resolução

Cálculo do coeficiente angular m_1 da reta r:

$3x - 2y + 4 = 0 \Rightarrow -2y = -3x - 4 \Rightarrow$

$\Rightarrow 2y = 3x + 4 \Rightarrow y = \frac{3}{2}x + 2 \rightarrow m_1 = \frac{3}{2}$

Cálculo do coeficiente angular m_2 da reta s, sendo $s \perp r$:

$$m_2 = -\frac{1}{m_1} \Rightarrow m_2 = -\frac{1}{\frac{3}{2}} \Rightarrow m_2 = -\frac{2}{3}$$

Equação da reta s:

$y - y_1 = m_2(x - x_1) \Rightarrow y + 3 = -\frac{2}{3}(x - 1) \Rightarrow$

$\Rightarrow y + 3 = -\frac{2}{3}x + \frac{2}{3} \Rightarrow 3y + 9 = -2x + 2 \Rightarrow$

$\Rightarrow 2x + 3y + 7 = 0$

Logo, uma equação geral da reta procurada é $2x + 3y + 7 = 0$.

27. Determine a equação da mediatriz do segmento cujas extremidades são os pontos $A(3, 2)$ e $B(-2, -4)$.

Resolução

Pela Geometria plana, sabemos que a mediatriz de um segmento é uma reta perpendicular ao segmento no seu ponto médio. Na figura, M é o ponto médio de $\overline{AB}$.

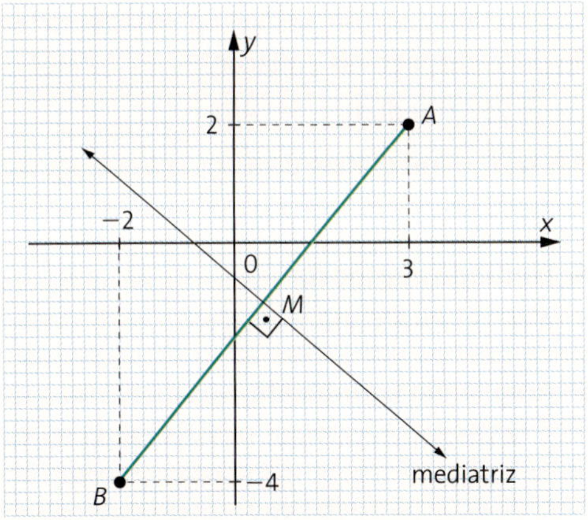

- Equação da reta-suporte do segmento $\overline{AB}$:

$$\begin{vmatrix} x & y & 1 \\ 3 & 2 & 1 \\ -2 & -4 & 1 \end{vmatrix} = 0 \Rightarrow$$

$\Rightarrow 2x - 2y - 12 + 4 + 4x - 3y = 0 \Rightarrow$

$\Rightarrow 6x - 5y - 8 = 0$

- Cálculo do coeficiente angular m_1 da reta-suporte:

$6x - 5y - 8 = 0 \Rightarrow -5y = -6x + 8 \Rightarrow$

$\Rightarrow 5y = 6x - 8 \Rightarrow y = \frac{6}{5}x - \frac{8}{5} \rightarrow m_1 = \frac{6}{5}$

- Cálculo do coeficiente angular m_2 da mediatriz:

$$m_2 = -\frac{1}{\frac{6}{5}} = -\frac{5}{6}$$

- Cálculo das coordenadas do ponto M:

$$x = \frac{3 - 2}{2} = \frac{1}{2}$$

$$y = \frac{2 - 4}{2} = -\frac{2}{2} = -1$$

O problema, agora, fica reduzido a determinar uma equação da reta que passa pelo ponto $M\left(\frac{1}{2}, -1\right)$ e que tem coeficiente angular $-\frac{5}{6}$:

$y - y_1 = m_2(x - x_1) \Rightarrow y + 1 = -\frac{5}{6}\left(x - \frac{1}{2}\right) \Rightarrow$

$\Rightarrow y + 1 = -\frac{5x}{6} + \frac{5}{12} \Rightarrow 12y + 12 = -10x + 5 \Rightarrow$

$\Rightarrow 10x + 12y + 7 = 0$

Logo, uma equação geral da mediatriz do segmento é $10x + 12y + 7 = 0$.

Para refletir

A mediatriz de $\overline{AB}$ é o lugar geométrico dos pontos $P(x, y)$ tal que $d(P, A) = d(P, B)$, isto é, dos pontos equidistantes de A e B. Resolva este exercício usando essa informação.

» Resolvido passo a passo

28. (Ibmec-SP) Os pontos A, B, C e D do plano abaixo representam 4 cidades.

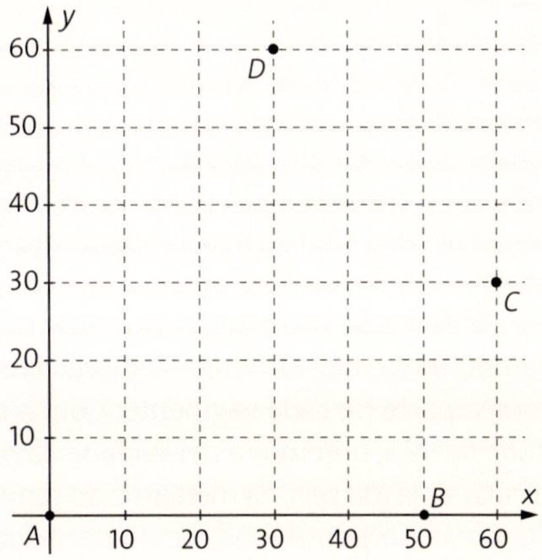

Uma emissora de televisão quer construir uma estação transmissora numa localização tal que:

- a distância entre a estação e a cidade localizada em A seja igual à distância entre a estação e a cidade localizada em B;
- a distância entre a estação e a cidade localizada em C seja igual à distância entre a estação e a cidade localizada em D.

Considerando as coordenadas do plano, a localização da estação deverá ser o ponto:

a) (10, 10).
b) (10, 20).
c) (25, 10).
d) (20, 20).
e) (25, 25).

1. Lendo e compreendendo

a) O que é dado no problema?

A localização das quatro cidades: $A(0, 0)$, $B(50, 0)$, $C(60, 30)$ e $D(30, 60)$; as regras de localização da estação transmissora (equidistante de A e B, e equidistante de C e D).

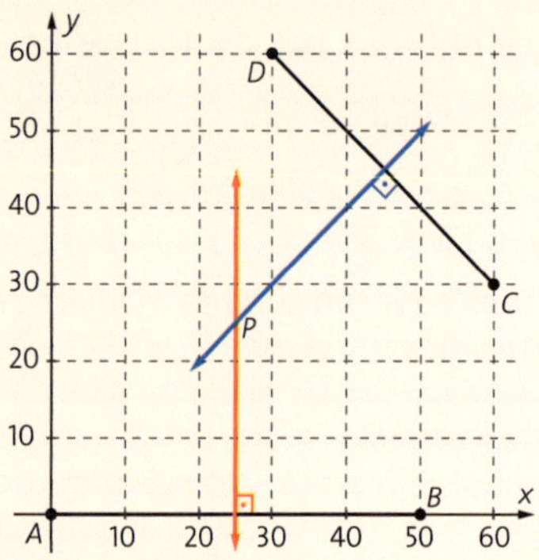

b) O que se pede?

Pede-se a localização da estação transmissora de televisão, de acordo com as regras enunciadas no texto.

2. Planejando a solução

De acordo com o que foi estudado, sabemos que, se queremos localizar um ponto P equidistante de outros dois (A e B, por exemplo), esse ponto P estará na mediatriz do segmento $\overline{AB}$. Assim, a estação transmissora (o ponto P) estará na intersecção das mediatrizes do segmento $\overline{AB}$ e do segmento $\overline{CD}$.

Para obter cada mediatriz, vamos fazer o seguinte: obtemos o ponto médio e a declividade m da reta-suporte de cada segmento. Com a declividade da reta, obtemos a declividade da perpendicular a ela (ou seja, da mediatriz do segmento). De posse do ponto médio e da declividade da mediatriz, obtemos a equação de cada mediatriz.

Tendo a equação de cada mediatriz, obtemos o ponto de intersecção P, que é a solução do problema proposto.

3. Executando o que foi planejado

- Mediatriz do segmento $\overline{AB}$

Inicialmente vamos obter o ponto M, médio de $\overline{AB}$. Sabemos que $A(0, 0)$ e $B(50, 0)$. Assim:

$$M\left(\frac{0+50}{2}, \frac{0+0}{2}\right) \Rightarrow M(25, 0)$$

Como o segmento $\overline{AB}$ é horizontal, sua mediatriz é vertical, passando pelo ponto M. Retas verticais são do tipo $x = x_0$, portanto a mediatriz procurada é $x = 25$.

- Mediatriz do segmento $\overline{CD}$

Inicialmente vamos obter o ponto N, médio de $\overline{CD}$. Sabemos que $C(60, 30)$ e $D(30, 60)$. Assim:

$$N\left(\frac{60+30}{2}, \frac{30+60}{2}\right) \Rightarrow N(45, 45)$$

A declividade do segmento $\overline{CD}$ é dada por:

$$m_1 = \frac{60-30}{30-60} = \frac{30}{-30} = -1$$

A declividade m_2 da mediatriz do segmento $\overline{CD}$ é dada por $m_2 = -\frac{1}{m_1}$. Assim, $m_2 = -\frac{1}{(-1)} = 1$.

Com o ponto N e a declividade m_2, podemos obter a equação da reta, usando uma equação do tipo $y - y_0 = m(x - x_0)$. Assim, a equação será:

$$y - 45 = 1(x - 45) \Rightarrow y - 45 = x - 45 \Rightarrow y = x$$

Essa é a equação da mediatriz do segmento $\overline{CD}$.

Finalmente, vamos obter o ponto de intersecção das duas mediatrizes, resolvendo o sistema formado pelas respectivas equações:

$$\begin{cases} x = 25 & \text{(mediatriz de } \overline{AB}\text{)} \\ y = x & \text{(mediatriz de } \overline{CD}\text{)} \end{cases} \Rightarrow$$

$$\Rightarrow x = 25 \text{ e } y = 25 \rightarrow P(25, 25)$$

4. Emitindo a resposta

A resposta é a alternativa **e**.

5. Ampliando o problema

a) A estação transmissora ficará mais perto das cidades A e B ou das cidades C e D?

b) Uma estação transmissora de TV emite sinal para todas as direções, com determinada potência capaz de fazer com que o sinal seja captado nos lugares desejados. Supondo que não haja interferência na qualidade dos sinais, qual é a área mínima que o sinal dessa estação transmissora localizada em P deverá cobrir, de forma que o sinal seja captado nas quatro cidades do texto?

c) *Discussão em equipe*

Desde dezembro de 2007 o Brasil entrou na era da TV digital. Da mesma forma como aconteceu com a introdução das transmissões em cores (que, apesar de ter começado em 1962, só se firmou definitivamente a partir de 1972), a mudança do sinal analógico para o digital é uma revolução no modo como se assiste TV. De acordo com os cronogramas oficiais, se não ocorrerem alterações, a transição para a TV digital ocorrerá até junho de 2016, quando se encerram as transmissões analógicas no Brasil. A partir dessa data, apenas quem possuir televisor adequado para sintonizar a TV digital conseguirá assistir televisão.

Entre as vantagens da TV digital estão a melhor qualidade de imagem e som, a interatividade do telespectador com os programas de TV, a TV móvel (nos celulares, por exemplo), além de muitas outras.

Diante disso, converse com seus colegas, discutam esse assunto e respondam:

- Vale a pena mudar o sistema de transmissão de TV e obrigar todos a se adequar ao novo modo?
- As vantagens compensam?

29. Para qual valor do coeficiente a as retas de equações $3x + y - 15 = 0$ e $4x + ay + 1 = 0$ são perpendiculares entre si?

Resolução

Cálculo do coeficiente angular m_1 da reta de equação $3x + y - 15 = 0$:

$3x + y - 15 = 0 \Rightarrow y = -3x + 15 \rightarrow m_1 = -3$

Cálculo do coeficiente angular m_2 da reta de equação $4x + ay + 1 = 0$:

$4x + ay + 1 = 0 \Rightarrow ay = -4x - 1 \Rightarrow$

$$\Rightarrow y = -\frac{4x}{a} - \frac{1}{a},\ a \neq 0 \rightarrow m_2 = -\frac{4}{a},\ a \neq 0$$

Pela condição de perpendicularismo, temos:

$$m_2 = -\frac{1}{m_1} \Rightarrow -\frac{4}{a} = -\frac{1}{-3} \Rightarrow -\frac{4}{a} = +\frac{1}{3} \Rightarrow$$

$$\Rightarrow a = -12$$

30. Determine as coordenadas do ponto B, simétrico do ponto $A(4, 2)$ em relação à reta r, de equação $x + 3y + 10 = 0$.

Resolução

A figura é um esboço do ponto B simétrico do ponto A em relação à reta r:

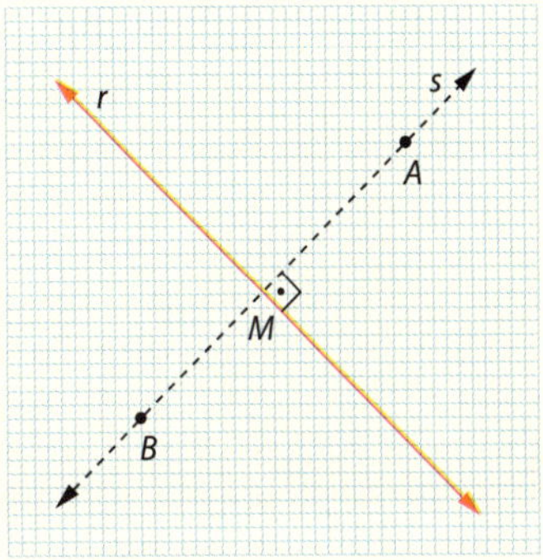

> **Fique atento!**
> A figura serve apenas para ajudar na resolução do problema, por isso não há necessidade dos eixos.

- a reta s passa por A e é perpendicular à reta r;
- M é o ponto de intersecção das retas r e s;
- M é o ponto médio do segmento $\overline{AB}$.

Cálculo do coeficiente angular m_1 da reta r:

$x + 3y + 10 = 0 \Rightarrow 3y = -x - 10 \Rightarrow$

$$\Rightarrow y = -\frac{1}{3}x - \frac{10}{3} \rightarrow m_1 = -\frac{1}{3}$$

Cálculo do coeficiente angular m_2 da reta s:

$$m_2 = -\frac{1}{m_1} = -\frac{1}{-\frac{1}{3}} = 3$$

Equação da reta s:

$y - y_1 = m_2(x - x_1) \Rightarrow y - 2 = 3(x - 4) \Rightarrow$

$\Rightarrow y - 2 = 3x - 12 \Rightarrow 3x - y - 10 = 0$

Cálculo das coordenadas do ponto M:

$$\begin{cases} x + 3y + 10 = 0 \\ 3x - y - 10 = 0 \cdot (3) \end{cases} \Rightarrow$$

$$\Rightarrow \begin{cases} x + \cancel{3y} + 10 = 0 \\ 9x - \cancel{3y} - 30 = 0 \end{cases}$$

$$10x - 20 = 0 \Rightarrow 10x = 20 \Rightarrow x = 2$$

Substituindo $x = 2$ na segunda equação, vem:

$6 - y - 10 = 0 \Rightarrow y = -4$

Portanto, $M(2, -4)$.

Sendo M o ponto médio de $\overline{AB}$, vamos determinar $B(x, y)$:

$$2 = \frac{4 + x}{2} \Rightarrow 4 = 4 + x \Rightarrow x = 0$$

$$-4 = \frac{2 + y}{2} \Rightarrow -8 = 2 + y \Rightarrow y = -10$$

Logo, o simétrico do ponto A em relação à reta r é $B(0, -10)$.

31. Considerando o ponto $P(4, 6)$ e a reta r de equação $x + y - 1 = 0$, determine as coordenadas da projeção ortogonal de P sobre a reta r.

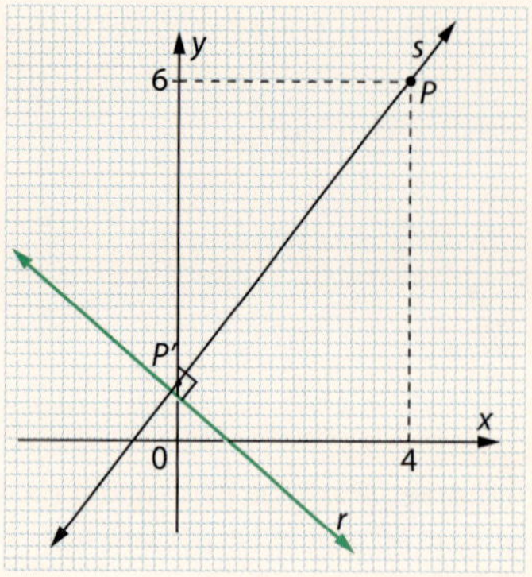

Resolução

A figura mostra o ponto P', projeção ortogonal de P sobre a reta r. P' é o ponto de encontro da reta r com a reta s, perpendicular a r pelo ponto P.

Cálculo do coeficiente angular m_1 da reta r:

$x + y - 1 = 0 \Rightarrow y = -x + 1 \rightarrow m_1 = -1$

Cálculo do coeficiente angular m_2 da reta s:

$m_2 = -\dfrac{1}{m_1} = -\dfrac{1}{-1} = 1$

Equação da reta que passa por $P(4, 6)$ e tem coeficiente angular 1:

$y - y_1 = m_2(x - x_1) \Rightarrow y - 6 = 1(x - 4) \Rightarrow$

$\Rightarrow y - 6 = x - 4 \Rightarrow x - y + 2 = 0$

Cálculo das coordenadas do ponto P' (intersecção de s com r):

$$\begin{cases} x + y - 1 = 0 \\ x - y + 2 = 0 \end{cases}$$

$2x + 1 = 0 \Rightarrow x = -\dfrac{1}{2}$

$-\dfrac{1}{2} + y - 1 = 0 \Rightarrow y = 1 + \dfrac{1}{2} = \dfrac{3}{2}$

Logo, as coordenadas do ponto P' são $-\dfrac{1}{2}$ e $\dfrac{3}{2}$, ou seja, $P\left(-\dfrac{1}{2}, \dfrac{3}{2}\right)$.

Você sabia?

A projeção ortogonal P' de P sobre r é conhecida como pé da perpendicular a r que passa por P.

Exercícios

68. Determine a equação da reta que passa pelo ponto P e é perpendicular à reta r em cada um dos seguintes casos:

a) $P(-3, 2)$ e equação de r: $3x + 4y - 4 = 0$;

b) $P(2, 6)$ e equação de r: $2x - y + 3 = 0$;

c) $P(3, 5)$ e equação de r: $y - 4 = 0$.

69. (Fuvest-SP) São dados os pontos $A(2, 3)$ e $B(8, 5)$. Determine a equação de mediatriz de $\overline{AB}$.

70. Se um triângulo tem como vértices os pontos $A(2, 1)$, $B(-2, -4)$ e $C(0, 2)$, determine a equação da reta-suporte da altura relativa ao lado $\overline{AB}$ do triângulo.

71. O quadrilátero da figura é um losango, e seus vértices são os pontos $A(a, b)$, $B(a + 4, b + 3)$, $C(a + 7, b + 7)$ e $D(a + 3, b + 4)$. Mostre que as retas que contêm as diagonais desse losango são perpendiculares.

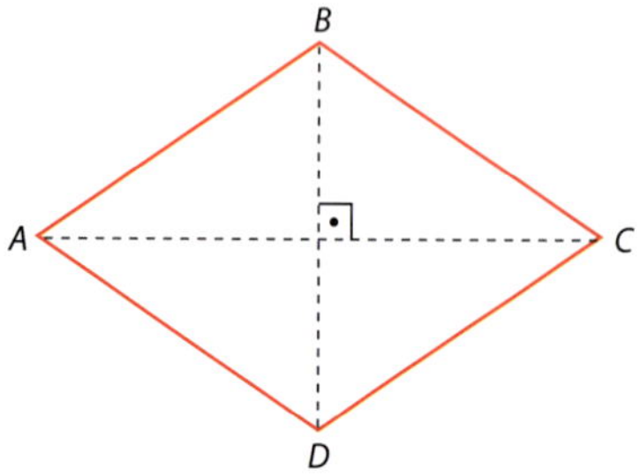

72. Determine um ponto P, da reta $x - y + 1 = 0$, equidistante dos pontos $A(3, 0)$ e $B(7, 2)$.

73. (Fuvest-SP) Os pontos de intersecção da reta r, de equação $y = \dfrac{x}{2} + 2$, com os eixos de coordenadas, determinam um segmento. Qual é a equação da mediatriz desse segmento?

74. Determine as coordenadas do ponto N, simétrico ao ponto $M(2, 4)$ em relação à reta r, de equação $x - y - 6 = 0$.

75. (FEI-SP) Num triângulo retângulo ABC, de hipotenusa $\overline{BC}$, tem-se $B(1, 1)$ e $C(3, 2)$. O cateto que passa pelo vértice B é paralelo à reta ℓ, cujo coeficiente angular é $\dfrac{3}{4}$. Determine as equações das retas-suporte dos catetos $\overline{AB}$ e $\overline{AC}$.

76. Qual deve ser o valor de k para que as retas r e s, de equações $kx + y + 5 = 0$ e $3x + (k + 1)y - 9 = 0$, respectivamente, sejam perpendiculares?

77. Dados a reta r, de equação $x - y + 1 = 0$, e o ponto $P(3, 2)$, quais são as coordenadas da projeção ortogonal de P sobre a reta r?

12 Distância de um ponto a uma reta

Devemos recordar, da Geometria plana, que a distância de um ponto A a uma reta r é a medida do segmento de extremidades em A e B, em que B é a projeção ortogonal de A sobre r.

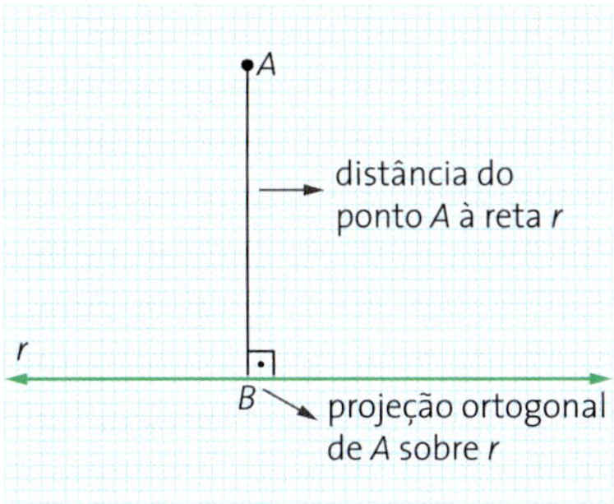

Vamos, por exemplo, determinar a distância do ponto $A(3, 5)$ à reta r, de equação $x + 2y - 8 = 0$.

A figura a seguir mostra que a distância do ponto A à reta r é a distância entre os pontos A e A', sendo que A' é a projeção ortogonal do ponto A sobre a reta r.

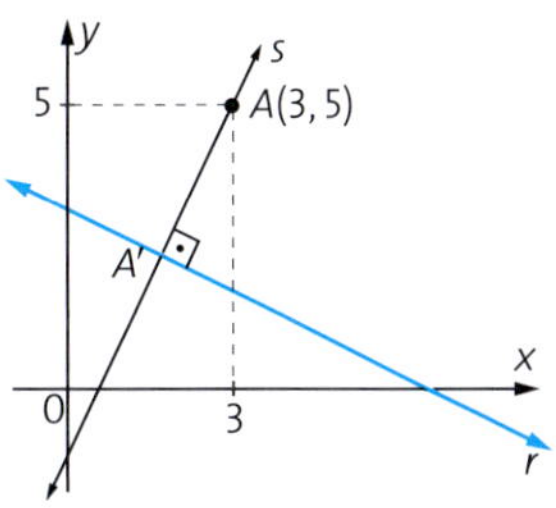

- Coeficiente angular de r:

$$x + 2y - 8 = 0 \Rightarrow 2y = -x + 8 \Rightarrow$$
$$\Rightarrow y = -\frac{1}{2}x + 4 \rightarrow m = -\frac{1}{2}$$

- Equação da reta s:

$$m_2 = -\frac{1}{m_1} = -\frac{1}{-\frac{1}{2}} = 2$$

$$y - y_1 = m_2(x - x_1) \Rightarrow y - 5 = 2(x - 3) \Rightarrow y - 5 = 2x - 6 \Rightarrow 2x - y - 1 = 0 \text{ (equação geral da reta)}$$

- Coordenadas de A' são aquelas do ponto de intersecção de r e s:

$$\begin{cases} x + 2y - 8 = 0 \\ 2x - y - 1 = 0 \quad \cdot (2) \end{cases} \Rightarrow \begin{cases} x + \cancel{2y} - 8 = 0 \\ 4x - \cancel{2y} - 2 = 0 \end{cases}$$
$$5x - 10 = 0 \Rightarrow 5x = 10 \Rightarrow x = 2$$

Substituindo $x = 2$ na segunda equação, por exemplo, temos:

$$2(2) - y - 1 = 0 \Rightarrow y = 3$$

Portanto, $A'(2, 3)$.

- Cálculo da distância entre A e A':

$$d = \sqrt{(2-3)^2 + (3-5)^2} = \sqrt{1+4} = \sqrt{5}$$

Logo, a distância do ponto A à reta r é $\sqrt{5}$.

Fórmula da distância de um ponto a uma reta

Com o mesmo procedimento do exemplo anterior, para um ponto $P(x_P, y_P)$ e uma reta r de equação $ax + by + c = 0$, chegamos a uma fórmula que facilita o cálculo da distância d de P a r. Veja:

$$d = \frac{|ax_P + by_P + c|}{\sqrt{a^2 + b^2}}$$

Para refletir
Quando temos $d = 0$?

Exercícios resolvidos

32. São dadas as retas r e s, de equações $2x + 3y - 10 = 0$ e $2x + 3y - 6 = 0$, respectivamente. Sabendo que essas retas são paralelas, calcule a distância entre elas.

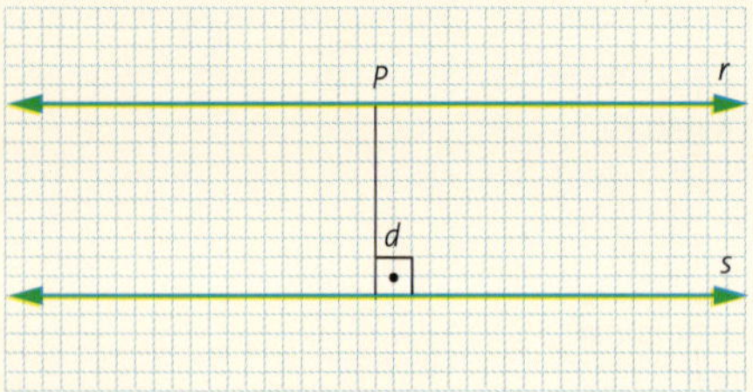

Resolução

Da Geometria plana, sabemos que a distância entre duas retas paralelas é igual à distância de um ponto P qualquer de uma delas à outra reta.

- Cálculo das coordenadas de um ponto P qualquer da reta r: $2x + 3y - 10 = 0$.
  Fazendo, arbitrariamente, $x = -1$, temos:
  $2(-1) + 3y - 10 = 0 \Rightarrow -2 + 3y - 10 = 0 \Rightarrow$
  $\Rightarrow 3y = 12 \Rightarrow y = 4$
  Portanto, $P(-1, 4)$.
- Cálculo da distância de $P(-1, 4)$ à reta s: $2x + 3y - 6 = 0$.

$$d = \frac{|ax_P + by_P + c|}{\sqrt{a^2 + b^2}} = \frac{|2(-1) + 3 \cdot 4 - 6|}{\sqrt{2^2 + 3^2}} =$$

$$= \frac{|4|}{\sqrt{13}} = \frac{4}{\sqrt{13}} = \frac{4\sqrt{13}}{13}$$

Logo, a distância entre as retas é $\frac{4\sqrt{13}}{13}$.

Para refletir

É possível demonstrar que, se duas retas $r: ax + by + c_1 = 0$ e $s: ax + by + c_2 = 0$ são paralelas, então a distância entre elas é dada por:

$$d(r, s) = \frac{|c_1 - c_2|}{\sqrt{a^2 + b^2}}.$$

Verifique no exercício resolvido 32.

33. Um triângulo tem os vértices nos pontos $A(1, 2)$, $B(-3, -1)$ e $C(2, -5)$. Calcule a medida da altura do triângulo relativa ao lado $\overline{BC}$.

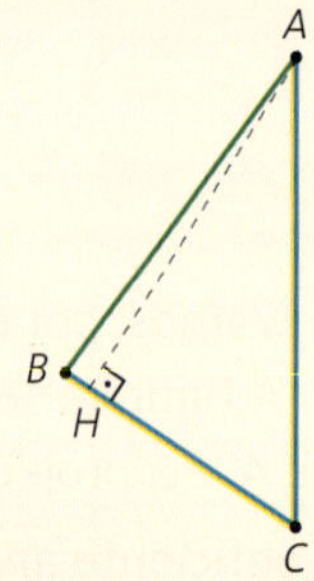

Resolução

Pela figura ao lado, vemos que a medida da altura relativa ao lado $\overline{BC}$ é igual à distância entre o ponto A e a reta-suporte do lado $\overline{BC}$.

- Equação da reta-suporte do lado $\overline{BC}$:

$$\begin{vmatrix} x & y & 1 \\ -3 & -1 & 1 \\ 2 & -5 & 1 \end{vmatrix} = 0 \Rightarrow -x + 2y + 15 + 2 +$$

$$+ 5x + 3y = 0 \Rightarrow 4x + 5y + 17 = 0$$

- Cálculo da medida da altura:

$$d = \frac{|ax_A + by_A + c|}{\sqrt{a^2 + b^2}} = \frac{|4 \cdot 1 + 5 \cdot 2 + 17|}{\sqrt{4^2 + 5^2}} =$$

$$= \frac{|31|}{\sqrt{41}} = \frac{31}{\sqrt{41}} = \frac{31\sqrt{41}}{41}$$

Logo, a medida da altura é $\frac{31\sqrt{41}}{41}$.

Exercícios

78. Nos seguintes casos, calcule a distância do ponto P à reta r:

a) $P(0, 3)$ e $4x + 3y + 1 = 0$;

b) $P(3, -2)$ e $2x + y + 6 = 0$;

c) $P(-1, 5)$ e r: $\frac{x}{4} + \frac{y}{3} = 1$;

d) $P(0, 0)$ e r: $y - 4 = -\frac{2}{3}(x + 1)$.

79. Se a distância do ponto $P(0, p)$ à reta r, de equação $4x + 3y - 2 = 0$, é igual a 2 unidades, determine a coordenada p.

80. (Cesgranrio-RJ) O ponto $A(-1, -2)$ é um vértice de um triângulo equilátero ABC, cujo lado $\overline{BC}$ está sobre a reta de equação $x + 2y - 5 = 0$. Determine a medida h da altura desse triângulo.

81. (Fuvest-SP) Calcule a distância entre a reta r_1, de equação $3y = 4x - 2$, e a reta r_2, de equação $3y = 4x + 8$, sabendo que $r_1 // r_2$.

82. Sendo A o ponto de intersecção da reta r, de equação $x + y - 4 = 0$, com o eixo x, determine a distância do ponto A à reta s, de equação $3x - 4y + 10 = 0$.

83. Sabendo que as retas de equações $4x - 3y + 9 = 0$ e $4x - 3y - 6 = 0$ são paralelas, determine a distância entre as duas retas.

13 Ângulo formado por duas retas

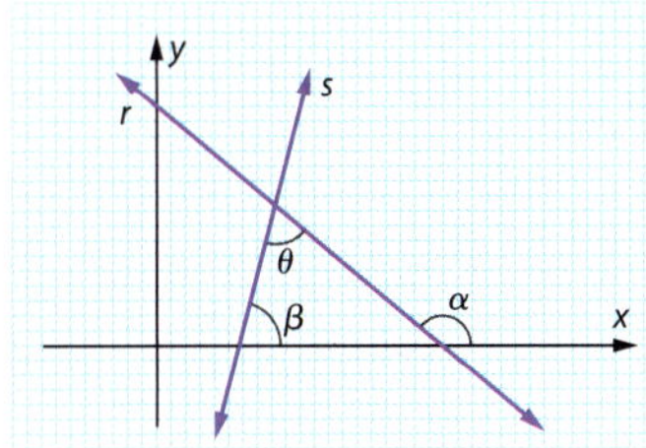

Vamos considerar duas retas concorrentes *r* e *s* oblíquas aos eixos coordenados e não perpendiculares entre si, de coeficientes angulares m_1 e m_2, respectivamente. Elas formam entre si o ângulo θ.

Então:

$$\theta + \beta = \alpha \Rightarrow \theta = \alpha - \beta \Rightarrow \text{tg}\,\theta = \text{tg}\,(\alpha - \beta) = \frac{\text{tg}\alpha - \text{tg}\beta}{1 + \text{tg}\alpha \cdot \text{tg}\beta} = \frac{m_1 - m_2}{1 + m_1 m_2}$$

Para θ agudo, temos:

$$\text{tg}\,\theta = \left|\frac{m_1 - m_2}{1 + m_1 m_2}\right|$$

- Se *r* e *s* forem paralelas, então $m_1 = m_2$ e $\theta = 0°$.
- Se *r* e *s* forem perpendiculares, então $m_1 m_2 = -1$ e $\theta = 90°$.
- Se uma das retas for vertical, então temos:

$$\theta + \alpha = 90° \Rightarrow \theta = 90° - \alpha \Rightarrow$$

$$\Rightarrow \text{tg}\,\theta = \text{tg}\,(90° - \alpha) = \text{cotg}\,\alpha = \frac{1}{\text{tg}\,\alpha} = \frac{1}{m}$$

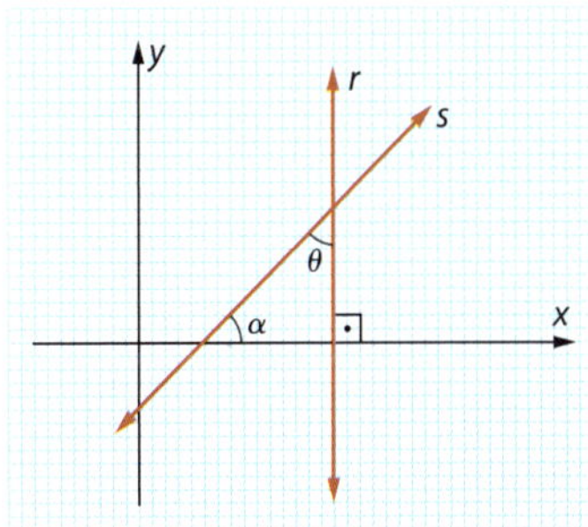

$$\text{tg}\,\theta = \left|\frac{1}{m}\right|$$

Exercício resolvido

34. Determine a medida do ângulo agudo formado pelas retas *r*: $y - 4 = 3(x - 5)$ e *s*: $2x + y - 7 = 0$.

Resolução

- $y - 4 = 3(x - 5) \rightarrow m_1 = 3$
- $2x + y - 7 = 0 \Rightarrow y = -2x + 7 \rightarrow m_2 = -2$

Logo:

$$\text{tg}\,\theta = \left|\frac{3 - (-2)}{1 + 3(-2)}\right| = \left|\frac{5}{-5}\right| = |-1| = 1 \Rightarrow \theta = 45°$$

Fique atento!
As retas *r* e *s* deste exercício formam dois ângulos de 45° e dois ângulos de 135°.

Exercícios

84. Dadas as equações de *r* e *s*, determine θ, um dos ângulos formados por elas.

a) *r*: $y = 7$
s: $2x - 3y + 5 = 0$

b) *r*: $y = 4x - 6$
s: $y - 3 = -\frac{1}{4}(x + 5)$

c) *r*: $5x + y - 1 = 0$
s: $3x - y + 7 = 0$

d) *r*: $4x - 3 = 0$
s: $y = -9$

e) *r*: $y = -5x$
s: $\begin{cases} x = t - 3 \\ y = 2t \end{cases}$

f) *r*: $\frac{x}{2} + \frac{y}{6} = 1$
s: $15x - 5y + 2 = 0$

85. Determine a equação da reta que passa pelo ponto $P(2, 1)$ e forma um ângulo de 45° com a reta de equação $y = 5x + 3$.

14 Área de uma região triangular

Vejamos como determinar a área de uma região triangular ABC a partir dos pontos A, B e C.

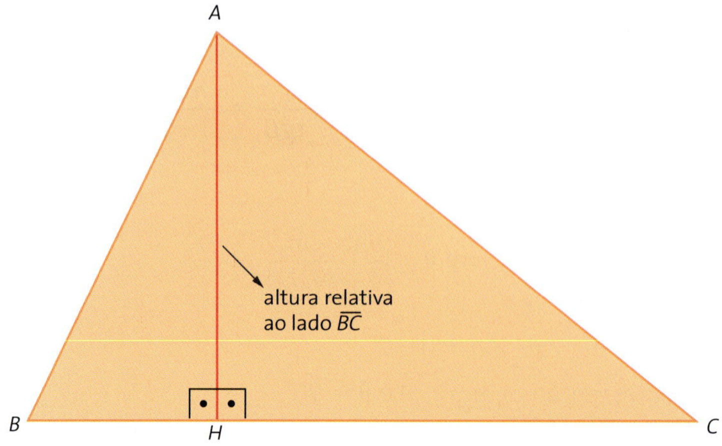

Pela Geometria plana, sabemos que a área da região triangular da figura é dada por:

$$S = \frac{1}{2}(BC) \cdot (AH)$$

Em Geometria analítica, temos:

- $d(B, C)$ expressa a medida do lado $\overline{BC}$;
- a distância de A à reta-suporte do lado $\overline{BC}$ expressa a medida da altura $\overline{AH}$.

Exercício resolvido

35. Calcule a área de uma região triangular ABC que tem como vértices os pontos $A(1, 2)$, $B(-3, 1)$ e $C(0, -1)$.

Resolução

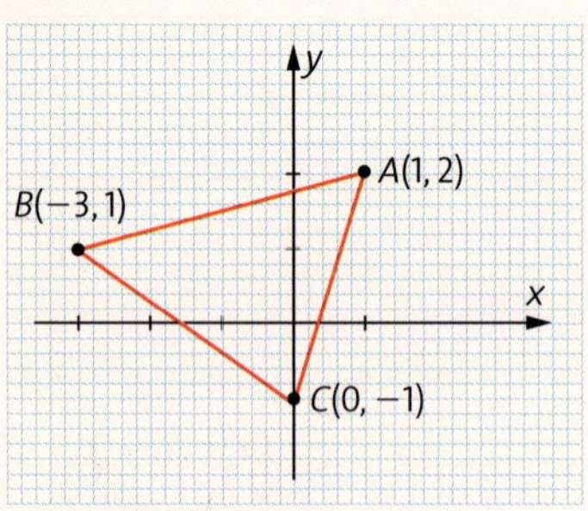

- Cálculo da medida do lado $\overline{BC}$:

$d(B, C) = \sqrt{(0+3)^2 + (-1-1)^2} =$
$= \sqrt{9+4} = \sqrt{13}$

- Cálculo da distância entre o vértice A e a reta-suporte do lado $\overline{BC}$:

$$\begin{vmatrix} x & y & 1 \\ -3 & 1 & 1 \\ 0 & -1 & 1 \end{vmatrix} = 0 \Rightarrow$$

$\Rightarrow x + 3 + x + 3y = 0 \Rightarrow 2x + 3y + 3 = 0$

Então:

$$d = \frac{|ax_A + by_A + c|}{\sqrt{a^2+b^2}} = \frac{|2 \cdot 1 + 3 \cdot 2 + 3|}{\sqrt{2^2+3^2}} = \frac{|11|}{\sqrt{13}} = \frac{11}{\sqrt{13}}$$

- Cálculo da área da região triangular:

$$S = \frac{1}{2} \cdot \cancel{\sqrt{13}} \cdot \frac{11}{\cancel{\sqrt{13}}} = \frac{11}{2} = 5{,}5$$

Logo, a área da região triangular é $\frac{11}{2} = 5{,}5$ unidades de área.

Fórmula da área de uma região triangular

Com o mesmo procedimento do exemplo anterior e considerando os pontos não alinhados $A(x_1, y_1)$, $B(x_2, y_2)$ e $C(x_3, y_3)$, chegamos a uma fórmula que facilita o cálculo da área de uma região triangular.

Se os vértices de um triângulo são os pontos $A(x_1, y_1)$, $B(x_2, y_2)$ e $C(x_3, y_3)$, então a área dessa região triangular é dada por:

$$S = \frac{1}{2}|D| \qquad \text{em que } D = \begin{vmatrix} x_1 & y_1 & 1 \\ x_2 & y_2 & 1 \\ x_3 & y_3 & 1 \end{vmatrix}.$$

(1ª coluna: coluna das abscissas; 2ª coluna: coluna das ordenadas)

Fique atento!
O símbolo $|D|$ indica o módulo do determinante D.

Note que esse determinante é o mesmo que foi estudado no item 5 para verificar o alinhamento de três pontos. A conexão entre os dois assuntos está no fato de que, se três pontos que seriam os vértices de um triângulo estiverem alinhados, o triângulo se degenera em um segmento de reta; nesse caso, é natural que sua área seja zero.

Vejamos como fica o cálculo da área da região triangular ABC com $A(1, 2)$, $B(-3, 1)$ e $C(0, -1)$, já feito no exercício resolvido 35:

$$D = \begin{vmatrix} 0 & 0 & 1 \\ 0 & 4 & 1 \\ -5 & 0 & 1 \end{vmatrix} = 1 + 3 + 1 + 6 = 11$$

$$S = \frac{1}{2}|D| = \frac{1}{2}|11| = \frac{1}{2} \cdot 11 = \frac{11}{2} = 5{,}5$$

Logo, a área da região triangular é $\frac{11}{2} = 5{,}5$ unidades de área.

Exercícios

86. Determine a área da região triangular que tem como vértices os pontos $A(4, 0)$, $B(-1, 1)$ e $C(-3, 3)$.

87. Um triângulo tem como vértices os pontos $A(5, 3)$, $B(4, 2)$ e $C(2, k)$. A área da região triangular ABC é 8 unidades. Nessas condições, calcule o valor de k.

88. Na figura, a reta r tem equação $x + 2y - 4 = 0$. Determine a área da região triangular AOB.

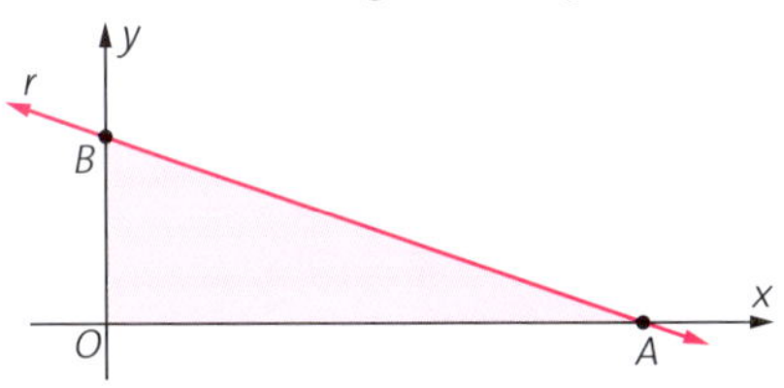

89. Calcule a área do quadrilátero de vértices $A(4, 0)$, $B(6, 2)$, $C(2, 4)$ e $D(0, 2)$.

90. As retas-suporte dos lados de um triângulo têm como equações $x + 2y - 1 = 0$, $y - 5 = 0$ e $x - 2y - 7 = 0$. Calcule a área da região triangular.

91. (UFMG) Na figura a seguir, temos que $AO = OB$ e a área do triângulo OAB é 8 unidades. Determine a equação da reta que passa por A e B.

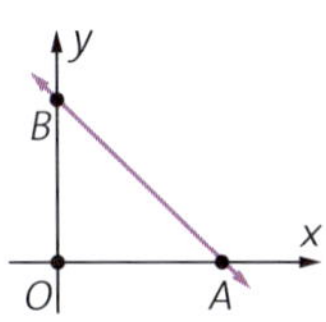

92. Determine a área do quadrilátero de vértices (0, 0), (5, 7), (8, 2), (3, −3).

93. A área da figura colorida ao lado é:

a) 4.

b) 3,5.

c) 3.

d) 5.

e) 4,5.

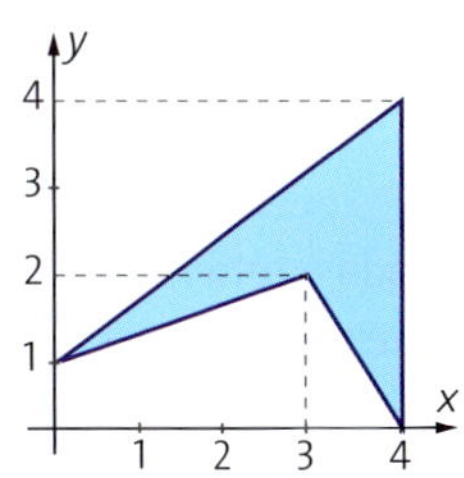

15 Aplicações à Geometria plana

Vamos escolher um sistema de eixos coordenados adequado e resolver, usando Geometria analítica, o seguinte problema de Geometria plana:

Seja ABC um triângulo retângulo de catetos $\overline{AB}$ medindo m, $\overline{AC}$ medindo n e hipotenusa $\overline{BC}$. Mostre que a mediana $\overline{AM}$ mede a metade da hipotenusa.

O mais conveniente é colocar os dois catetos sobre os eixos coordenados; portanto, o vértice A deve coincidir com a origem:

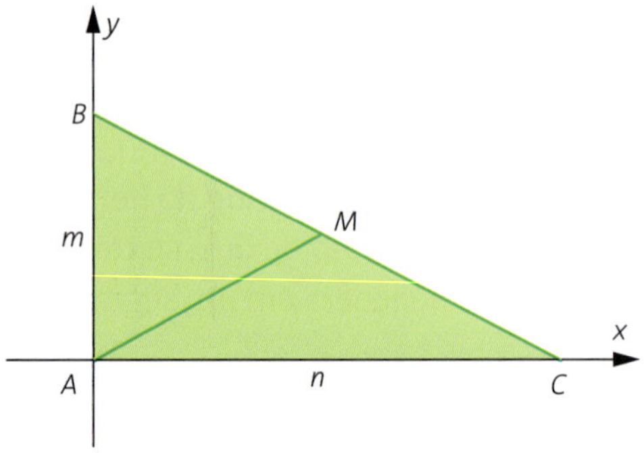

Assim, $A(0, 0)$, $B(0, m)$ e $C(n, 0)$ são as coordenadas dos vértices, e $M\left(\frac{n}{2}, \frac{m}{2}\right)$. O comprimento da hipotenusa $\overline{BC}$ é $d(B, C) = \sqrt{m^2 + n^2}$, e o comprimento da mediana $\overline{AM}$ é:

$$d(A, M) = \sqrt{\left(\frac{m}{2}\right)^2 + \left(\frac{n}{2}\right)^2} = \sqrt{\frac{m^2}{4} + \frac{n^2}{4}} = \frac{1}{2}\sqrt{m^2 + n^2}$$

Então, $d(A, M) = \frac{1}{2}\, d(B, C)$, como queríamos mostrar.

Exercícios

94. Em um retângulo qualquer, considere um ponto genérico P pertencente a um dos lados do retângulo de lados a e b. Mostre que a soma das distâncias de P às diagonais desse retângulo é constante.

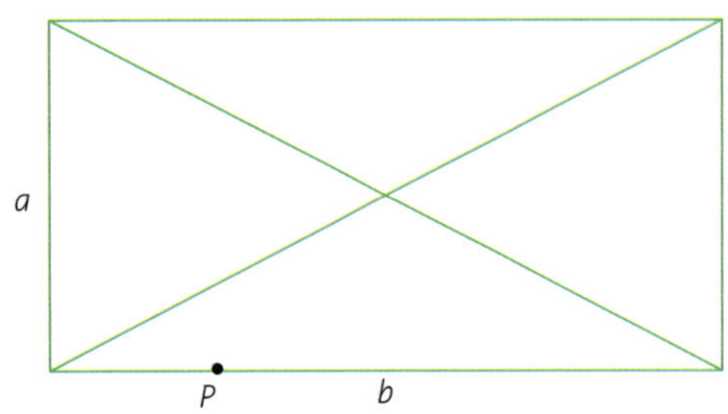

95. Dada a reta r: $2x + 3y - 1 = 0$, obtenha uma equação que represente:

a) um feixe de retas paralelas a r;

b) um feixe de retas perpendiculares a r.

96. Mostre que o segmento que une os pontos médios de dois lados de um triângulo:

a) é paralelo ao terceiro lado;

b) tem comprimento igual à metade do comprimento do terceiro lado.

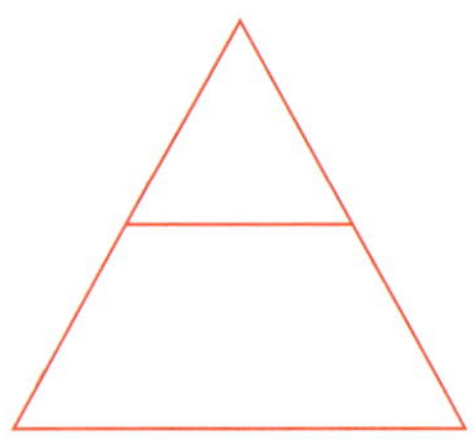

97. Dados o ponto $P(x_0, y_0)$ e a reta r: $ax + by + c = 0$, com $P \notin r$, obtenha a equação da reta s:

a) paralela a r e que passa por P;

b) perpendicular a r e que passa por P.

Atividades adicionais

1. O ponto $(a, -b)$ pertence ao 2º quadrante. Os pontos $(-a, b)$ e $(-a, -b)$ pertencem, respectivamente, aos quadrantes:
   a) 1º e 3º.
   b) 4º e 1º.
   c) 3º e 1º.
   d) 4º e 3º.
   e) 3º e 4º.

2. Determine o ponto pertencente à bissetriz dos quadrantes ímpares, que é equidistante dos pontos (4, 8) e (6, 2).

3. Demonstre que os comprimentos das diagonais de um retângulo de lados a e b são iguais. (*Dica*: Estabeleça um sistema de eixos coordenados e trabalhe com os vértices do retângulo.)

4. Demonstre que os pontos $A(6, -13)$, $B(-2, 2)$, $C(13, 10)$ e $D(21, -5)$ são os vértices consecutivos de um quadrado. (*Sugestão*: Verifique que os lados são congruentes e que os ângulos são retos.)

5. Encontre uma equação que seja satisfeita com as coordenadas de qualquer ponto $P(x, y)$ cuja distância ao ponto $A(2, 3)$ é sempre igual a 3.

6. Considere um triângulo com lados que medem a, b e c, sendo a a medida do lado maior. Lembre-se de que:
   - $a^2 = b^2 + c^2 \Leftrightarrow$ triângulo retângulo
   - $a^2 < b^2 + c^2 \Leftrightarrow$ triângulo acutângulo
   - $a^2 > b^2 + c^2 \Leftrightarrow$ triângulo obtusângulo

   Dados $A(4, -2)$, $B(2, 3)$ e $C(6, 6)$, verifique o tipo do triângulo ABC quanto aos lados (equilátero, isósceles ou escaleno) e quanto aos ângulos (retângulo, acutângulo ou obtusângulo).

7. Considere os pontos que dividem o segmento $\overline{AB}$ em quatro partes iguais, sendo $A(3, 2)$ e $B(15, 10)$. Um desses pontos é:
   a) (4, 3).
   b) (5, 2).
   c) (12, 8).
   d) (−3, 5).
   e) (−5, 6).

8. Até que ponto o segmento de extremidades $A(4, -2)$ e $B\left(\frac{2}{3}, -1\right)$ deve ser prolongado no sentido $\overrightarrow{AB}$ para que seu comprimento triplique?
   a) (−6, 1)
   b) (−5, 0)
   c) (−4, 1)
   d) (−3, 2)
   e) (−2, 3)

9. O comprimento da mediana $\overline{AM}$ do triângulo ABC, cujos vértices são $A(0, 0)$, $B(3, 7)$ e $C(5, -1)$, é:
   a) 2.
   b) 3.
   c) 4.
   d) 5.
   e) 6.

10. O ponto $P(x_0, y_0)$ divide o segmento $\overline{AB}$, com $A(1, 5)$ e $B(16, -5)$, na razão $\frac{AP}{PB} = \frac{3}{7}$. O valor de $x_0 \cdot y_0$ é:
    a) 10.
    b) 11.
    c) 12.
    d) 13.
    e) 14.

11. O baricentro de um triângulo é $G(5, 1)$ e dois de seus vértices são $A(9, -3)$ e $B(1, 2)$. O terceiro vértice desse triângulo é:
    a) (4, 3).
    b) (5, 4).
    c) (6, 4).
    d) (7, 5).
    e) (8, 6).

12. Sejam $A(1, 2)$, $B(0, -1)$ e $C\left(\frac{1}{3}, 2\right)$ vértices de um triângulo. Se M, N e P são os pontos médios dos lados do triângulo ABC, o produto das coordenadas do baricentro do triângulo MNP é:
    a) $\frac{3}{9}$.
    b) $\frac{4}{9}$.
    c) $\frac{6}{7}$.
    d) $\frac{5}{7}$.
    e) $\frac{1}{3}$.

13. Uma reta r passa pelos pontos $A(2, 0)$ e $B(0, 4)$. Uma outra reta s passa pelos pontos $C(-4, 0)$ e $D(0, 2)$. O ponto de intersecção das duas retas é $P(a, b)$. Nessas condições, calcule as coordenadas a e b do ponto P.

14. Mostre que, para todos os valores reais de a e b, os pontos $A(2 + 4a, 3 - 5a)$, $B(2, 3)$ e $C(2 + 4b, 3 - 5b)$ estão alinhados.

15. Dados $A(1, 5)$ e $B(3, -1)$, determine o ponto no qual a reta $\overleftrightarrow{AB}$ intersecta a bissetriz dos quadrantes ímpares.

16. Sabendo que $P(a, b)$, $A(0, 3)$ e $B(1, 0)$ são colineares e P, $C(1, 2)$ e $D(0, 1)$ também são colineares, determine as coordenadas de P.

17. Considere os pontos $A(6, 2)$, $B(-2, 12)$ e $C(4, 6)$ e o triângulo ABC. Determine o coeficiente angular da reta que contém a mediana obtida a partir do vértice A.

18. Determine a equação da reta que satisfaz as seguintes condições:

a) tem coeficiente angular $-\dfrac{1}{2}$ e passa pelo ponto $A(2, -3)$;

b) passa pelo ponto $P(1, -7)$ e é paralela ao eixo x;

c) passa pelos pontos $A(1, 1)$ e $B(-2, -2)$;

d) a inclinação é de 150° e passa pela origem.

19. Na figura dada, o ponto O é a origem do sistema de coordenadas ortogonais e $OABC$ é um retângulo. Nessas condições, escreva a equação da reta-suporte da diagonal $\overline{AC}$.

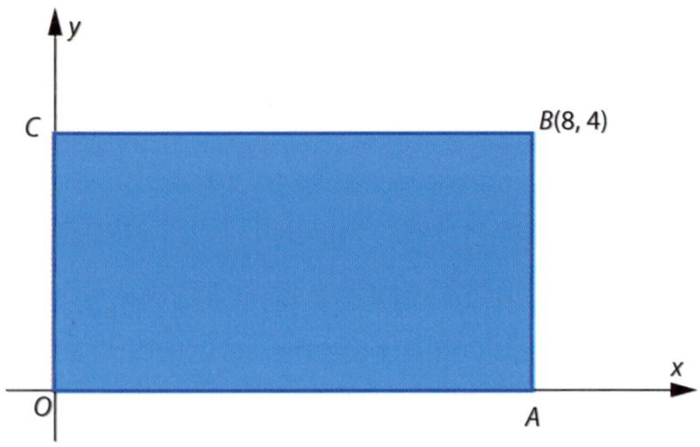

20. Se a reta de equação geral $5x - y - 5 = 0$ passa pelo ponto $A(k, k + 3)$, calcule as coordenadas do ponto A.

21. Na figura dada, o ponto O é origem do sistema de coordenadas cartesiano ortogonal, OAB é um triângulo equilátero de lado 8 e $BCDE$ é um quadrado de lado 8.

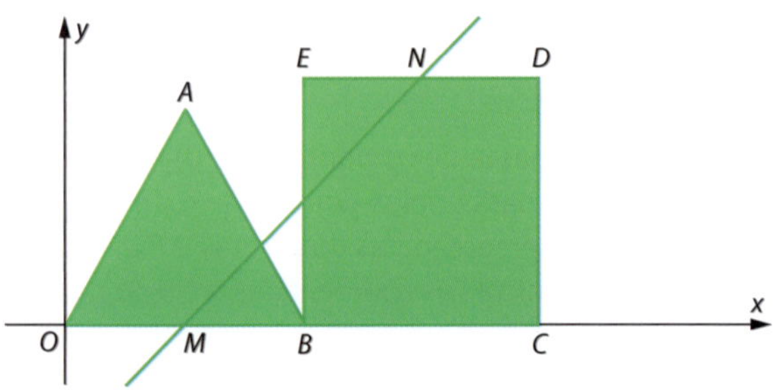

Se M é ponto médio de $\overline{OB}$ e N é ponto médio de $\overline{DE}$, determine uma equação geral da reta que passa por M e N.

22. Passe a equação da reta de uma das formas conhecidas para outra:

a) $\dfrac{x}{5} + \dfrac{y}{3} = -2$, para a forma reduzida;

b) $y + 2 = -2(x - 1)$, para a forma geral;

c) $x - 2y + 6 = 0$, para a forma segmentária;

d) $\begin{cases} x = t + 2 \\ y = 1 - t \end{cases}$, para a forma geral.

23. As coordenadas dos pontos de um segmento de reta r são dadas por $x = \dfrac{2t + 1}{3}$ e $y = t + 2$, em que $0 \leqslant t \leqslant 7$. Determine a maior distância possível entre dois pontos dessa reta.

24. Dê a posição da reta r, de equação $\dfrac{x}{2} + \dfrac{y}{5} = 1$, em relação à reta s, de equação definida por $\begin{cases} x = \dfrac{t}{2} \\ y = t + 5 \end{cases}$.

25. Em cada caso, determine a equação da reta que passa pelo ponto P e é paralela à reta da equação dada:

a) $P(4, -4)$ e $x + y - 5 = 0$;

b) $P(-1, 3)$ e $2x - 5y + 7 = 0$;

c) $P(-4, 2)$ e $y - 2 = 0$.

26. Consideremos a reta r, de equação $\dfrac{x}{4} + \dfrac{y}{5} = 1$. Determine a equação de uma reta s que é paralela à reta r e passa pelo ponto $A(3, 10)$.

27. Se uma reta r passa pelo ponto $A(-1, 2)$ e é paralela a uma reta s, determinada pelos pontos $B(2, 3)$ e $C(-1, -4)$, escreva a equação da reta r.

28. Na figura, $ABCD$ é um quadrado.

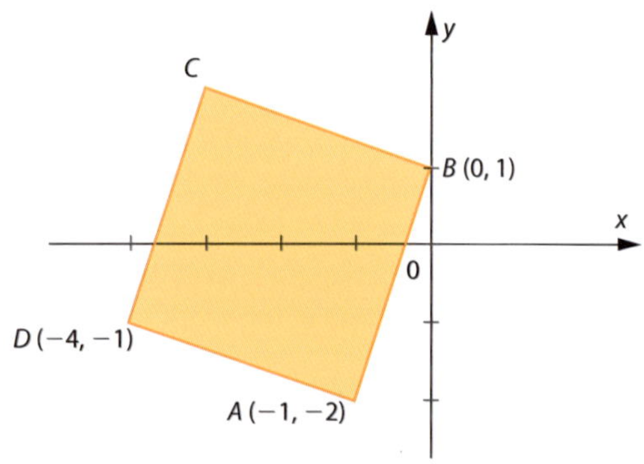

Determine a equação da reta-suporte do lado $\overline{BC}$.

29. Encontre a equação da reta simétrica à reta dada por $2x + 3y - 8 = 0$ em relação à reta $x + 2y - 2 = 0$.

30. Se um triângulo tem como vértices os pontos $A(2, 4)$, $B(-6, 2)$ e $C(0, -2)$, qual é a área do triângulo ABC?

Sugestão:

$$\left(S = \frac{\text{medida de um lado} \cdot \text{medida da altura relativa}}{2}\right)$$

31. Lembrando que bissetriz de um ângulo é a reta formada por todos os pontos que equidistam dos lados do ângulo, encontre as equações das bissetrizes dos ângulos formados pelas retas $2x + 3y - 1 = 0$ e $3x + 2y + 1 = 0$.

32. Encontre a medida em graus do ângulo agudo formado pelas retas $y - x = 1$ e $y + (2 - \sqrt{3})x = 10$.

33. Sabendo que os vértices de um triângulo são os pontos $A(d, d)$, $B(d, -d)$ e $C(0, 0)$, determine a área da região triangular ABC em função de d.

34. Obtenha a altura relativa ao lado $\overline{AC}$ do triângulo ABC, sabendo que $A(1, 2)$, $B(2, 4)$ e $C(5, 3)$.

35. Encontre a área do triângulo cujas equações das retas-suporte dos lados são $2x + y - 6 = 0$, $x + y - 8 = 0$ e $x - y = 4$.

36. Na figura, M é o ponto médio do lado $\overline{AC}$ e N é o ponto médio do lado $\overline{BC}$. Demonstre, analiticamente, que o comprimento do segmento $\overline{MN}$ é igual à metade do comprimento do lado $\overline{AB}$.

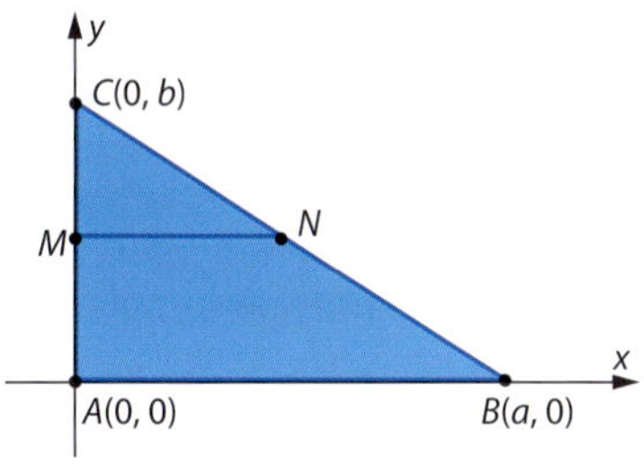

37. A figura mostra um triângulo retângulo ABC no qual M é o ponto médio da hipotenusa.

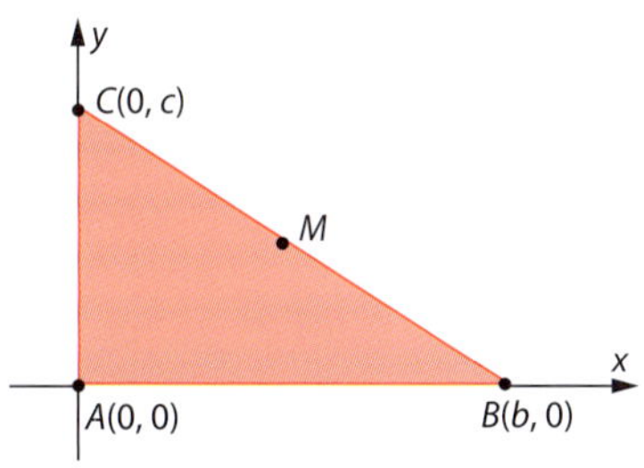

Prove que o comprimento da mediana relativa à hipotenusa é igual à metade do comprimento dessa hipotenusa.

38. Consideremos que um míssil (projétil guiado, dotado de autopropulsão) tenha sido lançado e, imediatamente após seu lançamento, foi emitida uma ordem para que ele fosse destruído. A trajetória do primeiro míssil é dada pela equação do 2º grau $y = 2x^2 + 10x$.

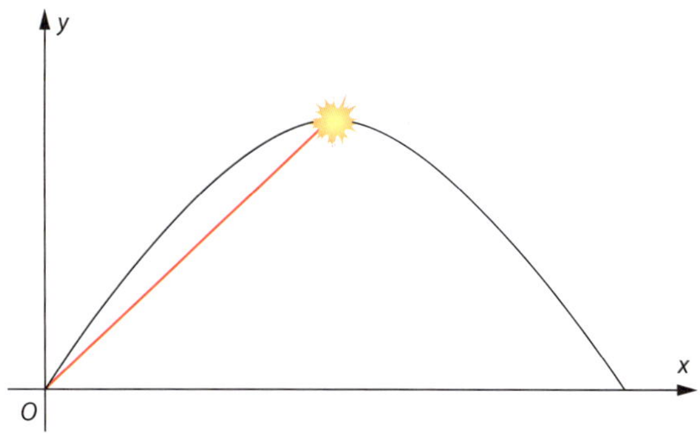

O segundo míssil, que deve destruir o primeiro no ponto mais alto da trajetória deste, foi lançado do mesmo ponto que o primeiro. Supondo que sua trajetória seja retilínea, a equação reduzida da reta-suporte da trajetória do segundo míssil é:

a) $y = 6x$.

b) $y = 5x$.

c) $y = 4x$.

d) $y = 3x$.

e) $y = 2x$.

39. Quando se adquire um bem móvel, em geral existe uma desvalorização natural do bem ao longo dos anos — chamada depreciação —, decorrente de fatores como o desgaste. Para simplificar os cálculos, costuma-se utilizar nas estimativas, para certos intervalos de tempo, a variação linear de valores.
Suponha que Carlos adquiriu um automóvel novo por R$ 50 000,00, e que segundo estimativas um automóvel desse tipo desvalorize R$ 4 500,00 por ano, nos primeiros 2 anos, e R$ 2 250,00 por ano, nos 8 anos seguintes. Para desenhar a relação do valor de seu carro com o tempo, em um plano cartesiano, Carlos pegou uma folha de papel milimetrado e decidiu que cada milímetro do eixo y representaria R$ 1 000,00 e cada centímetro do eixo x representaria 1 ano. Terminado o desenho, o comprimento do segmento que representa a desvalorização dos últimos 8 anos mediu exatamente:

a) 8,2 cm.

b) 8,3 cm.

c) 8,4 cm.

d) 8,5 cm.

e) 8,6 cm.

Pensando no Enem

1. Um bairro de uma cidade foi planejado em uma região plana, com ruas paralelas e perpendiculares, delimitando quadras de mesmo tamanho. No plano de coordenadas cartesianas seguinte, esse bairro localiza-se no segundo quadrante, e as distâncias nos eixos são dadas em quilômetros.

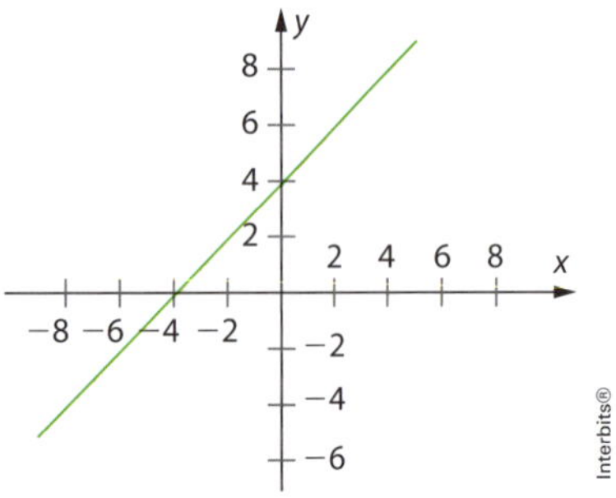

A reta de equação $y = x + 4$ representa o planejamento do percurso da linha do metrô subterrâneo que atravessará o bairro e outras regiões da cidade. No ponto $P(-5, 5)$, localiza-se um hospital público. A comunidade solicitou ao comitê de planejamento que fosse prevista uma estação do metrô de modo que sua distância ao hospital, medida em linha reta, não fosse maior que 5 km.
Atendendo ao pedido da comunidade, o comitê argumentou corretamente que isso seja automaticamente satisfeito, pois já estava prevista a construção de uma estação no ponto:

a) $(-5, 0)$ b) $(-3, 1)$ c) $(-2, 1)$ d) $(0, 4)$ e) $(2, 6)$

Resolução

Uma vez que o bairro descrito no problema se encontra localizado no segundo quadrante (caracterizado por pontos com abscissa negativa e ordenada positiva), podemos descartar os pontos $(-5, 0)$, $(0, 4)$ e $(2, 6)$ que estão localizados sobre o eixo das abscissas, sobre o eixo das ordenadas e no primeiro quadrante, respectivamente.

Os pontos restantes precisam pertencer à reta $y = x + 4$, pois ela representa a rota do metrô a ser construído. Assim, vamos verificar se os pontos apresentados nas alternativas **b** e **c** pertencem à reta.

O ponto $(-3, 1)$ pertence à reta $y = x + 4$, pois $1 = -3 + 4$.

O ponto $(-2, 1)$ **não** pertence à reta $y = x + 4$, pois $1 \neq -2 + 4$.

Além disso, a distância entre o ponto $(-3, 1)$ e o hospital, localizado no ponto $(-5, 5)$, será:

$$d(A, P) = \sqrt{(x_P - x_A)^2 + (y_P - y_A)^2} =$$
$$= \sqrt{[-5 - (-3)]^2 + (5 - 1)^2} = \sqrt{(-2)^2 + 4^2} = \sqrt{20} < 5$$

Resposta: alternativa **b**.

2. A figura a seguir é a representação de uma região por meio de curvas de nível, que são curvas fechadas representando a altitude da região, com relação ao nível do mar. As coordenadas estão expressas em graus de acordo com a longitude, no eixo horizontal, e a latitude, no eixo vertical. A escala em tons de cinza desenhada à direita está associada à altitude da região.

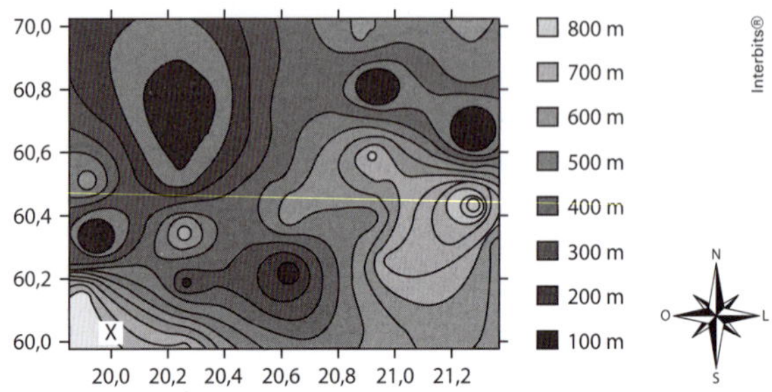

Um pequeno helicóptero, usado para reconhecimento, sobrevoa a região a partir do ponto $X = (20; 60)$. O helicóptero segue o percurso: 0,8° L → 0,5° N → → 0,2° O → 0,1° S → 0,4° N → 0,3° L.

De acordo com as orientações, o helicóptero pousou em um local cuja altitude é:

a) menor ou igual a 200 m.
b) maior que 200 m e menor ou igual a 400 m.
c) maior que 400 m e menor ou igual a 600 m.
d) maior que 600 m e menor ou igual a 800 m.
e) maior que 800 m.

Resolução

De acordo com o percurso proposto no enunciado, observe que para deslocamentos a Leste (L) adicionamos e a Oeste (O) subtraímos valores das abscissas; deslocamentos ao Norte (N) adicionamos e ao Sul (S) subtraímos valores das ordenadas. Assim, obtemos os seguintes pontos:

Iniciando em	Deslocamento	Posição final
(20; 60)	0,8° L	(20,8; 60)
(20,8; 60)	0,5° N	(20,8; 60,5)
(20,8; 60,5)	0,2° O	(20,6; 60,5)
(20,6; 60,5)	0,1° S	(20,6; 60,4)
(20,6; 60,4)	0,4° N	(20,6; 60,8)
(20,6; 60,8)	0,3° L	(20,9; 60,8)

Dessa forma, o helicóptero pousará no ponto (20,9; 60,8), localizado na região mais escura do mapa, com altitude aproximada de 100 m.

Resposta: alternativa **a**.

Vestibulares de Norte a Sul

1. **NE** (UFC-CE) Sejam $P(2, 3)$ e $Q(-4, 5)$ dois pontos do plano. Se o segmento $\overline{PQ}$ é prolongado de seu próprio comprimento até o ponto M, que se encontra à esquerda de Q, então o ponto M é:
a) $(-10, 7)$.
b) $\left(-\frac{21}{2}, 7\right)$.
c) $\left(-10, \frac{15}{2}\right)$.
d) $\left(-\frac{21}{2}, \frac{15}{2}\right)$.

2. **N** (Ufam) Dadas as equações das retas r: $5x + y - 5 = 0$ e s: $x + 5y + 10 = 0$, podemos afirmar:
I. que a reta r passa pelos pontos $(0, 5)$ e $(2, -5)$.
II. que a reta s passa pelos pontos $(10, 0)$ e $(5, 5)$.
III. que r e s são paralelas.
IV. que r e s são perpendiculares.

Está(ão) correta(s):
a) I apenas.
b) II apenas.
c) II e IV apenas.
d) III e IV apenas.
e) II e III apenas.

3. **NE** (UFRN) Uma formiga se desloca num plano, ao longo de uma reta. Passa pelo ponto $(1, -2)$ e percorre a **menor** distância até interceptar a trajetória retilínea de outra formiga, nesse mesmo plano, descrita pela equação $y + 2x = 8$. A equação da reta que representa a trajetória da primeira formiga é:
a) $2y - x + 5 = 0$.
b) $y - x + 3 = 0$.
c) $y + x + 1 = 0$.
d) $2y + x + 2 = 0$.

4. **N** (UFPA) Considere um terreno que tenha a forma de um paralelogramo. Sabendo-se que as coordenadas de três vértices deste paralelogramo são $A(2, 3)$, $B(8, 9)$ e $C(6, 5)$, é correto afirmar que o quarto vértice é um dos pontos de coordenadas:
a) (12, 11), (4, 7) e (0, 1).
b) (12, 10), (4, 7) e (0, −1).
c) (12, 10), (3, 7) e (0, −1).
d) (12, 11), (4, 7) e (0, −1).
e) (12, 10), (3, 7) e (0, 1).

5. **N** (Ufam) Se as retas de equações $(m + 1)x + 2y - 3 = 0$ e $x + my + 2 = 0$ são paralelas, então o valor de m é igual a:
a) −1 ou 3.
b) 1 ou 2.
c) −3 ou 1.
d) −2 ou 1.
e) 2 ou −3.

6. **NE** (UFBA) Um dos vértices de um quadrado $ABCD$ é $A(-2, -1)$. Uma circunferência inscrita no quadrado tem centro $(1, 3)$. A medida da diagonal do quadrado é:
a) $5\sqrt{2}$.
b) 5.
c) $\frac{5\sqrt{2}}{2}$.
d) $\sqrt{10}$.
e) 10.

7. **CO** (UEMT) Observe os três pares de pontos: P_1: $(4, 15)$; P_2: $(12, 11)$ e P_3: $(18, k)$. O valor de k para que os três pontos estejam sobre a mesma reta é:
a) 8.
b) 16.
c) −4.
d) 4.
e) −8.

8. **CO** (UFG-GO) Em um sistema de coordenadas cartesianas considere os pontos $A(-1, 4)$, $D(-1, 1)$ e $M(1, 1)$. Determine os vértices B e C do triângulo ABC, sabendo que o segmento $\overline{AD}$ é a altura relativa ao lado $\overline{BC}$, M é o ponto médio do lado $\overline{BC}$ e a área do triângulo ABC é 12.

9. **SE** (FEI-SP) A reta s é perpendicular à reta r, e a reta t é paralela à reta s. Determine a equação da reta s e a equação da reta t.

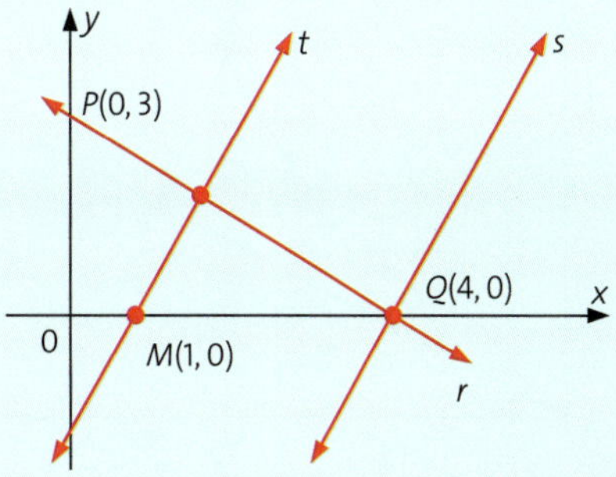

10. **SE** (Uerj) Em uma folha de fórmica retangular $ABCD$, com 15 dm de comprimento $\overline{AB}$ por 10 dm de largura $\overline{AD}$, um marceneiro traça dois segmentos de reta, $\overline{AE}$ e $\overline{BD}$. No ponto F, onde o marceneiro pretende fixar um prego, ocorre a interseção desses segmentos. A figura abaixo representa a folha de fórmica no primeiro quadrante de um sistema de eixos coordenados.

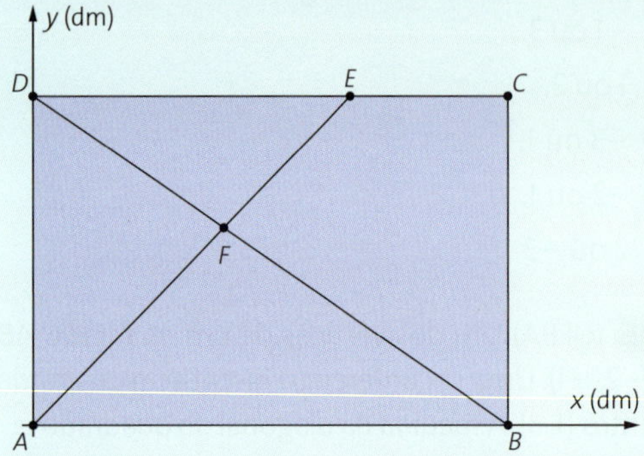

Considerando a medida do segmento $\overline{EC}$ igual a 5 dm, determine as coordenadas do ponto F.

11. **SE** (UFMG) No plano cartesiano, o ponto $A(1, 11)$ é vértice do quadrado $ABCD$, cuja diagonal $\overline{BD}$ está sobre a reta de equação $y = \frac{1}{2}x + 3$.

Considerando essas informações:

a) determine as coordenadas do centro M do quadrado $ABCD$;

b) determine as coordenadas do vértice C;

c) determine as coordenadas dos vértices B e D.

12. **SE** (FGV-SP) A reta $x + 3y - 3 = 0$ divide o plano determinado pelo sistema cartesiano de eixos em dois semiplanos opostos. Cada um dos pontos $(-2, 2)$ e $(5, b)$ está situado em um desses dois semiplanos. Um possível valor de b é:

a) $\frac{1}{4}$.
b) $-\frac{1}{4}$.
c) $\frac{3}{4}$.
d) $-\frac{3}{4}$.
e) $-\frac{1}{2}$.

13. **S** (UFPR) Um balão de ar quente foi lançado de uma rampa inclinada. Utilizando o plano cartesiano, a figura abaixo descreve a situação de maneira simplificada.

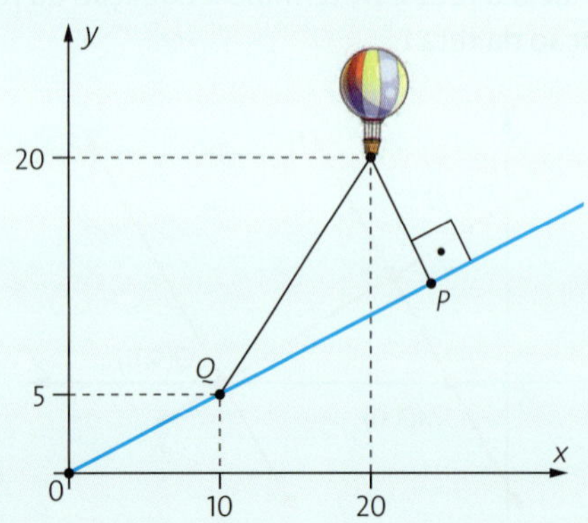

Ao ser lançado, o balão esticou uma corda presa aos pontos P e Q, mantendo-se fixo no ar. As coordenadas do ponto P, indicado na figura, são, então:

a) (21, 7).
b) (22, 8).
c) (24, 12).
d) (25, 13).
e) (26, 15).

14. **S** (UEL-PR) Um pássaro sobrevoa uma rampa conforme mostra a figura. A ave faz seu voo em linha reta e paralela à calçada.

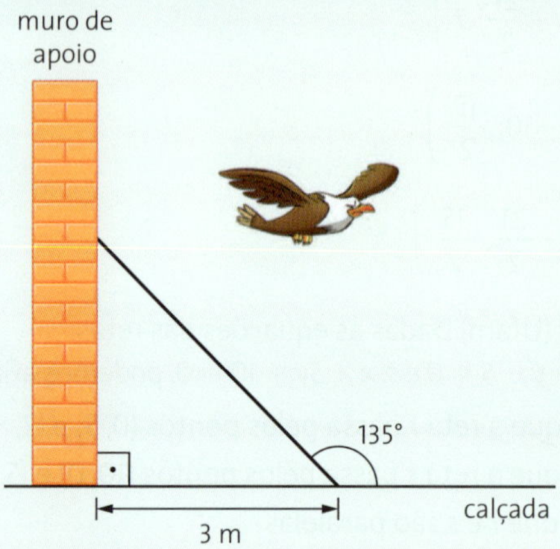

Ilustrações: Dam d'Souza/Arquivo da editora

a) Sabendo-se que a rampa forma um ângulo de 135° com a calçada, conforme mostra a figura, e que a distância do muro de apoio até o pé da rampa é de 3 metros, calcule o comprimento da rampa.

b) Determine a menor distância entre o pássaro e a rampa no instante em que o pássaro se encontra a 5 metros do muro e a 6 metros da calçada em que se apoia a rampa. Apresente os cálculos realizados na resolução de cada item.

15. **S** (UFPR) Suponha que duas partículas P e Q se movem no plano cartesiano, de modo que em cada instante t a partícula P está no ponto $(2t, 3 - t)$ e a partícula Q está no ponto $(4t, 3t - 2)$. Com base nessas informações, avalie as seguintes afirmativas:

I. As partículas colidem uma com a outra no instante $t = \frac{5}{4}$.

II. Ambas as partículas passam pelo ponto (4, 1).

III. No instante $t = 1$, a distância entre as partículas é $\sqrt{5}$.

Assinale a alternativa correta.

a) Somente a afirmativa II é verdadeira.
b) Somente a afirmativa III é verdadeira.
c) Somente as afirmativas I e II são verdadeiras.
d) Somente as afirmativas I e III são verdadeiras.
e) Somente as afirmativas II e III são verdadeiras.

CAPÍTULO

4 Geometria analítica: a circunferência

A London Eye, ou Millennium Wheel, localizada em Londres, capital do Reino Unido, tem 135 metros de diâmetro.

1 Definição e equação

Uma circunferência com centro $O(a, b)$ e raio r é o conjunto de todos os pontos $P(x, y)$ do plano equidistantes de O, ou seja:

$$d(P, O) = \sqrt{(x - a)^2 + (y - b)^2} = r$$

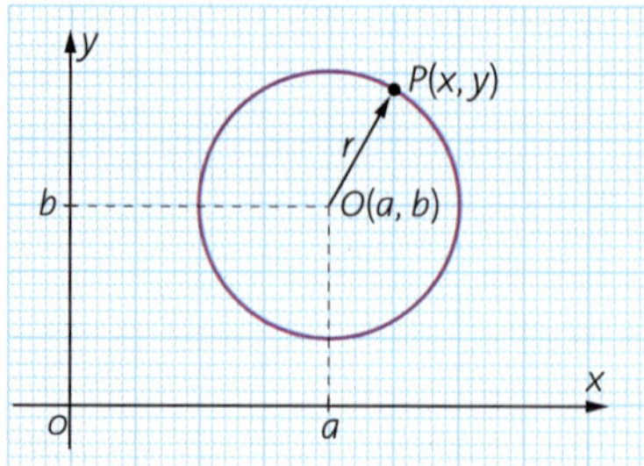

Fique atento!
Às vezes referimo-nos ao raio como sendo o segmento de reta e às vezes a sua medida, dependendo do contexto.

Elevando ambos os membros ao quadrado, temos:

$(x - a)^2 + (y - b)^2 = r^2$ Equação da circunferência de centro (a, b) e raio r.

Observação: No caso particular de o centro da circunferência estar na origem, ou seja, $a = b = 0$, a equação da circunferência de raio r é $x^2 + y^2 = r^2$.

Equação geral da circunferência

Ao desenvolver a equação da circunferência $(x - a)^2 + (y - b)^2 = r^2$ obtemos o que se chama equação **geral** ou **normal** da circunferência:

$$x^2 - 2ax + a^2 + y^2 - 2by + b^2 - r^2 = 0\text{, ou seja, } x^2 + y^2 - 2ax - 2by + (a^2 + b^2 - r^2) = 0$$

É muito comum na prática que as circunferências sejam representadas por sua equação geral, como, por exemplo, a circunferência $x^2 + y^2 - 2x + 4y - 4 = 0$. À primeira vista, essa equação não nos permite identificar nem o centro nem o raio da circunferência em questão. Precisamos, portanto, aprender a obter o raio e o centro de uma circunferência a partir de sua equação geral. Temos dois métodos que podem ser utilizados:

1º) Método de completar os quadrados

Nesse método, o objetivo é obter os quadrados perfeitos $(x - a)^2$ e $(y - b)^2$ a partir das informações apresentadas na equação geral.

Vejamos como ele funciona com a equação geral $x^2 + y^2 - 2x + 4y - 4 = 0$:

- agrupam-se na equação geral os termos em x e os termos em y, isolando no outro membro o termo independente. É interessante deixar um espaço depois dos termos em x e dos termos em y, e dois espaços no outro termo:

$$x^2 - 2x + \underline{\qquad} + y^2 + 4y + \underline{\qquad} = 4 + \underline{\qquad} + \underline{\qquad}$$

- somam-se a ambos os termos da equação valores convenientes, de modo que os termos em x e os termos em y se transformem, cada qual, em um quadrado perfeito. Na prática, usamos os espaços vagos para escrever esses números. O número que completa o quadrado perfeito em x é o quadrado da metade do coeficiente de x, se o coeficiente de x^2 for 1. Assim, como o coeficiente de x é -2, metade de -2 é -1 e o quadrado de -1 é 1, somamos 1 em ambos os membros:

$$x^2 - 2x + 1 + y^2 + 4y + \underline{\qquad} = 4 + 1 + \underline{\qquad}$$

- da mesma forma, o número que completa o quadrado perfeito em y é o quadrado da metade do coeficiente de y, se o coeficiente de y^2 for 1. Assim, como o coeficiente de y é 4, metade de 4 é 2 e o quadrado de 2 é 4, somamos 4 em ambos os membros:

$$x^2 - 2x + 1 + y^2 + 4y + 4 = 4 + 1 + 4$$

Assim, temos os seguintes quadrados perfeitos:

$$\underbrace{x^2 - 2x + 1}_{(x-1)^2} + \underbrace{y^2 + 4y + 4}_{(y+2)^2} = \underbrace{4 + 1 + 4}_{3^2}$$

Portanto, a equação $x^2 + y^2 - 2x + 4y - 4 = 0$ representa uma circunferência de centro $(1, -2)$ e raio 3.

Observação: Se os coeficientes de x^2 e y^2 não forem 1, basta dividir toda a equação geral por um número conveniente de forma a torná-los 1.

2º) Método da comparação

Nesse método, devemos comparar os coeficientes dos termos das duas equações: a equação teórica e a equação dada:

$$x^2 + y^2 - 2ax - 2by + (a^2 + b^2 - r^2) = x^2 + y^2 - 2x + 4y - 4$$

Dessa forma:

$-2a = -2 \Rightarrow a = 1$

$-2b = 4 \Rightarrow b = -2$

$a^2 + b^2 - r^2 = -4 \Rightarrow 1^2 + (-2)^2 - r^2 = -4 \Rightarrow 1 + 4 - r^2 = -4 \Rightarrow r^2 = 9 \Rightarrow r = 3$ (não existe raio negativo)

Então, o centro da circunferência é $(1, -2)$ e o raio é 3.

O método de completar quadrados é mais conveniente, pois não envolve memorização da forma teórica da equação geral e oferece a possibilidade de trabalhar da mesma forma com outras equações (não só a da circunferência). Mas fica a seu critério a escolha do método para resolver os exercícios.

Condições de existência

Consideremos a equação genérica $Ax^2 + By^2 + Cxy + Dx + Ey + F = 0$. Para que ela represente uma circunferência é necessário que sejam atendidas três condições:

- *1ª condição*: $A = B \neq 0$, ou seja, o coeficiente de x^2 tem de ser igual ao coeficiente de y^2.
- *2ª condição*: $C = 0$, ou seja, não pode existir o produto xy.
- *3ª condição*: $D^2 + E^2 - 4AF > 0$, ou seja, garantimos que o raio é raiz de um número positivo e, portanto, um número real.

» **passo a passo**: exercício 5

Exercícios resolvidos

1. Determine a equação de uma circunferência com centro no ponto $O(-3, 1)$ e raio 3.

Resolução

Nesse caso, temos:
$a = -3, b = 1, r = 3$
Usando a equação, vem:
$(x - a)^2 + (y - b)^2 = r^2 \Rightarrow (x + 3)^2 + (y - 1)^2 = 3^2 \Rightarrow x^2 + y^2 + 6x - 2y + 1 = 0$
Logo, a equação é $(x + 3)^2 + (y - 1)^2 = 9$ ou $x^2 + y^2 + 6x - 2y + 1 = 0$.

Fique atento!
$(x + 3)^2 + (y - 1)^2 = 9$ é a equação da circunferência na forma reduzida e $x^2 + y^2 + 6x - 2y + 1 = 0$ é a equação na forma geral.

2. Determine a equação da circunferência com centro no ponto $A(1, -2)$ e que passa pelo ponto $P(2, 3)$.

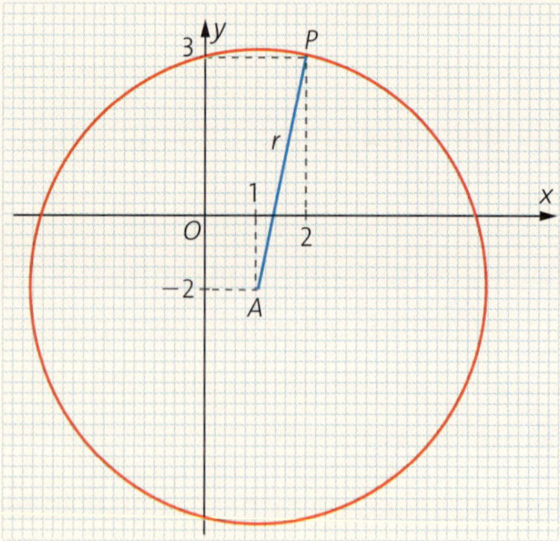

Resolução

Pela figura, $r = d(P, A)$.

Então:

$d(P, A) = \sqrt{(2-1)^2 + (3+2)^2} = \sqrt{1 + 25} =$

$= \sqrt{26} \Rightarrow r = \sqrt{26}$

Pela equação $(x - a)^2 + (y - b)^2 = r^2$, temos:

$(x - 1)^2 + (y + 2)^2 = \left(\sqrt{26}\right)^2 \Rightarrow$

$\Rightarrow (x - 1)^2 + (y + 2)^2 = 26 \Rightarrow$

$\Rightarrow x^2 + y^2 - 2x + 4y - 21 = 0$

Logo, a equação é $(x - 1)^2 + (y + 2)^2 = 26$ ou $x^2 + y^2 - 2x + 4y - 21 = 0$.

Generalizando: Em uma circunferência de centro $C(a, b)$ e raio r seus pontos satisfazem a equação $(x - a)^2 + (y - b)^2 = r^2$. Reciprocamente, uma equação de variáveis x e y escrita nessa forma representa uma circunferência de centro $C(a, b)$ e raio $r > 0$.

3. Verifique se a equação $x^2 + y^2 + 2x - 2y + 6 = 0$ representa uma circunferência. Em caso afirmativo, determine as coordenadas do centro e o raio.

Resolução

$x^2 + y^2 + 2x - 2y + 6 = 0 \Rightarrow x^2 + 2x + y^2 - 2y = -6 \Rightarrow$

$\Rightarrow x^2 + 2x + 1 + y^2 - 2y + 1 = -6 + 1 + 1 \Rightarrow$

$\Rightarrow (x + 1)^2 + (y - 1)^2 = -4$

Como $(x + 1)^2$ é sempre positivo ou nulo, bem como $(y - 1)^2$, a soma $(x + 1)^2 + (y - 1)^2$ nunca é negativa; então, não há ponto que satisfaça a relação $(x + 1)^2 + (y - 1)^2 = -4$.

Logo, a equação $x^2 + y^2 + 2x - 2y + 6 = 0$ não representa uma circunferência.

4. Obtenha o raio e o centro da circunferência $x^2 + y^2 + 6x - 4y - 12 = 0$.

Resolução

1ª maneira: Método de completar quadrados

$x^2 + 6x + \_\_\_ + y^2 - 4y + \_\_\_ =$

$= 12 + \_\_\_ + \_\_\_$

$$\underbrace{x^2 + 6x + 9}_{(x+3)^2} + \underbrace{y^2 - 4y + 4}_{(y-2)^2} = \underbrace{12 + 9 + 4}_{5^2}$$

Portanto, a equação $x^2 + y^2 + 6x - 4y - 12 = 0$ representa uma circunferência de centro $(-3, 2)$ e raio 5.

2ª maneira: Método da comparação

$x^2 + y^2 - 2ax - 2by + (a^2 + b^2 - r^2) =$

$= x^2 + y^2 + 6x - 4y - 12 = 0$ (circunferência de centro (a, b) e raio r)

$-2a = 6 \Rightarrow a = -3$

$-2b = -4 \Rightarrow b = 2$

$a^2 + b^2 - r^2 = -12 \Rightarrow (-3)^2 + 2^2 - r^2 = -12 \Rightarrow$

$\Rightarrow 9 + 4 - r^2 = -12 \Rightarrow r^2 = 25 \Rightarrow$

$\Rightarrow r = 5$ (não existe raio negativo)

Então, o centro da circunferência é $(-3, 2)$ e o raio é 5.

» Resolvido passo a passo

5. (UEL-PR-adaptado) Na decoração de uma escola infantil são usadas placas com formas de figuras geométricas. Uma dessas placas é formada por uma figura que pode ser definida por $x^2 + y^2 - 8x - 8y + 28 \leqslant 0$ quando projetada em um plano cartesiano xy, onde x e y são dados em metros. Essa placa vai ser pintada usando duas cores, cuja separação é definida pela reta $y = x$ no plano xy. Considerando o plano cartesiano xy como referência, a região acima da reta será pintada de vermelho e a região abaixo da reta, de verde. Sabendo que a escola vai fazer 12 dessas placas e que é necessária uma lata de tinta para pintar 3 m² de placa, serão necessárias, no mínimo, quantas latas de tinta vermelha?

a) 12 b) 24 c) 26 d) 32 e) 48

1. Lendo e compreendendo

a) O que é dado no problema?

É dado o formato da placa pela equação $x^2 + y^2 - 8x - 8y + 28 \leqslant 0$; é dada a reta $(y = x)$ que delimita a parte vermelha da placa; é dada a quantidade de placas (12); é dada a área que uma lata de tinta cobre (3 m²).

b) O que se pede?

O número necessário de latas de tinta vermelha para pintar as 12 placas.

2. Planejando a solução

Devemos usar a equação dada e descobrir qual é o formato da placa, bem como os elementos que definem sua localização e tamanho. Em seguida, devemos fazer a intersecção da curva que define a placa com a reta para descobrir que parte será vermelha. Sabendo que parte de cada placa será vermelha, descobrimos o total multiplicando por 12 placas e fazemos a conversão para o número de latas de tinta.

3. Executando o que foi planejado

A equação $x^2 + y^2 - 8x - 8y + 28 = 0$ define uma circunferência. Assim, é importante determinarmos seu centro e raio. Faremos isso por completamento de quadrados.

Agrupam-se na equação normal os termos em x e os termos em y, isolando no outro membro o termo independente. É interessante deixar um espaço depois dos termos em x e dos termos em y, e dois espaços no outro termo:

$$x^2 - 8x + \_\_ + y^2 - 8y + \_\_ = -28 + \_\_ + \_\_$$

Somam-se a ambos os termos da equação valores convenientes de modo que os termos em x e os termos em y se transformem, cada qual, em um quadrado perfeito. O número que completa o quadrado perfeito em x é o quadrado da metade do coeficiente de x, pois o coeficiente de x^2 é 1. Assim, como o coeficiente de x é -8, a metade de -8 é -4 e o quadrado de -4 é 16, somamos 16 a ambos os membros:

$$x^2 - 8x + 16 + y^2 - 8y + \_\_ = -28 + 16 + \_\_$$

Da mesma forma, o número que completa o quadrado perfeito em y é o quadrado da metade do coeficiente de y, pois o coeficiente de y^2 é 1. Assim, como o coeficiente de y é -8, a metade de -8 é -4 e o quadrado de -4 é 16, somamos 16 a ambos os membros:

$$x^2 - 8x + \mathbf{16} + y^2 - 8y + 16 = -28 + \mathbf{16} + 16$$

Assim, temos os seguintes quadrados perfeitos:

$$\underbrace{x^2 - 8x + 16}_{(x-4)^2} + \underbrace{y^2 - 8y + 16}_{(y-4)^2} = \underbrace{-28 + 16 + 16}_{2^2}$$

Portanto, a equação $x^2 + y^2 - 8x - 8y + 28 = 0$ representa uma circunferência de centro (4, 4) e raio 2. E a equação $x^2 + y^2 - 8x - 8y + 28 \leq 0$ representa toda a região interna à circunferência de centro (4, 4) e raio 2, incluindo a própria circunferência.

Um método alternativo para obter o centro e o raio é por comparação da equação normal dada com a equação normal genérica.

$-2a = -8 \Rightarrow a = 4$

$-2b = -8 \Rightarrow b = 4$

$a^2 + b^2 - r^2 = 28 \Rightarrow 4^2 + 4^2 - r^2 = 28 \Rightarrow$

$\Rightarrow 16 + 16 - r^2 = 28 \Rightarrow r^2 = 4 \Rightarrow r = 2$

Então o centro da circunferência é (4, 4) e o raio é 2.

A reta $y = x$ intersecta a circunferência, delimitando uma região que será pintada de vermelho e outra que será pintada de verde.

Devemos notar que o centro da circunferência pertence à reta $y = x$, pois, no centro, $x = 4$ e $y = 4$, respeitando a equação $y = x$. E, se o centro pertence à reta dada, essa reta passa por um diâmetro da placa, dividindo-a em duas semicircunferências exatas, uma cuja área interna será vermelha e outra verde.

Dessa forma, teremos 12 semicírculos vermelhos, equivalentes a 6 círculos. A área de cada círculo é $A = \pi r^2$, de forma que a área total a ser pintada de vermelho será $A = 6(\pi 2^2) = 24\pi\ m^2$.

Como cada lata de tinta cobre 3 m^2, então para pintar os $24\pi\ m^2$ precisamos de $\frac{24\pi}{3} = 8\pi$ latas.

Usando $\pi = 3{,}14$, obtemos o valor de 25,12 latas. Assim, o mínimo necessário será 26 latas.

4. Emitindo a resposta

A resposta é a alternativa **c**.

5. Ampliando o problema

a) Suponha que entre a parte vermelha e a verde será pintada uma faixa branca de 1 cm de largura. Qual será a área total de tinta branca nas 12 placas em m^2?

b) *Discussão em equipe*

Quando se fala em decoração, frequentemente entra-se no campo da arte, mais especificamente no campo da pintura de quadros.

Discuta com seus colegas o que, na opinião de cada um, faz determinados quadros terem alto valor de mercado, isto é, quando postos em leilão, as pessoas aceitam pagar por eles incríveis somas em dinheiro. Por exemplo, em 2004, o quadro *Garçon à la pipe*, de Pablo Picasso, foi vendido por 104,1 milhões de dólares.

Exercícios

1. Dê as coordenadas do centro e o raio das circunferências representadas pelas equações:
   a) $(x - 5)^2 + (y - 4)^2 = 1$
   b) $(x + 2)^2 + (y + 6)^2 = 5$
   c) $(x - 2)^2 + y^2 = 4$
   d) $(x + 3)^2 + (y - 1)^2 = 16$
   e) $x^2 + (y - 4)^2 = 1$
   f) $x^2 + y^2 = 10$

2. Determine uma equação da circunferência que tem:
   a) centro em $C(2, 5)$ e raio 3;
   b) centro em $M(-1, -4)$ e raio $\sqrt{2}$;
   c) centro em $Q(0, -2)$ e raio 4;
   d) centro em $D(4, 0)$ e raio 5.

3. Obtenha o raio e o centro das circunferências a seguir.
   a) $2x^2 + 2y^2 - 8x + 12y - 6 = 0$
   b) $x^2 + y^2 - 6x - 2y - 6 = 0$
   c) $x^2 + y^2 - 4x - 8y + 16 = 0$
   d) $x^2 + y^2 + 12x - 4y - 9 = 0$
   e) $x^2 + y^2 + 8x + 11 = 0$
   f) $x^2 + y^2 - 6x + 8y + 5 = 0$
   g) $x^2 + y^2 - 4y = 0$
   h) $x^2 + y^2 - 2x - 2y = 0$

4. Verifique quais das equações abaixo representam circunferência:
   a) $x^2 + y^2 - 8x + 6y + 1 = 0$
   b) $x^2 + y^2 + xy + 4x + 6y - 3 = 0$
   c) $2x^2 + y^2 + 4x - 2y + 1 = 0$
   d) $3x^2 + 3y^2 - 12x - 15y - 6 = 0$
   e) $4x^2 - 4y^2 = 0$
   f) $(x - 5)^2 (y - 3)^2 = -5$

5. Verifique entre os pontos $A(0, 3)$, $B(7, 2)$ e $C(-1, 3)$ quais pertencem à circunferência de equação $(x - 3)^2 + (y + 1)^2 = 25$.

6. O centro de uma circunferência é o ponto médio do segmento AB, sendo $A(2, -5)$ e $B(-2, -3)$. Se o raio dessa circunferência é $\sqrt{2}$, determine a sua equação.

7. Verifique se a equação $x^2 + y^2 + 2x + 2y - 2 = 0$ representa uma circunferência. Em caso afirmativo, dê as coordenadas do centro e o raio da circunferência.

8. Uma circunferência de centro no ponto $Q(2, 0)$ passa pelo ponto de encontro das retas r e s de equações $x - y - 2 = 0$ e $x + y - 6 = 0$, respectivamente. Qual é a equação dessa circunferência?

9. Os pontos $A(4, -2)$ e $B(2, 0)$ são as extremidades do diâmetro de uma circunferência de centro $C(a, b)$ e raio r. Determine uma equação dessa circunferência.

10. Quais são os valores que k pode assumir para que a equação $x^2 + y^2 - 2x + 10y + 13k = 0$ represente uma circunferência?

11. Determine a equação de cada circunferência abaixo:
   a)
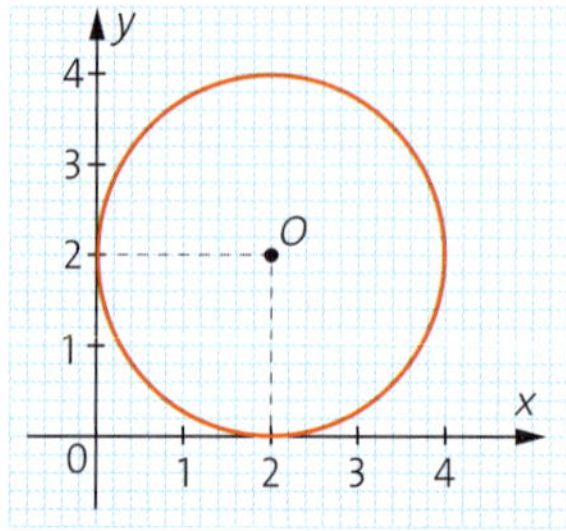

   b)
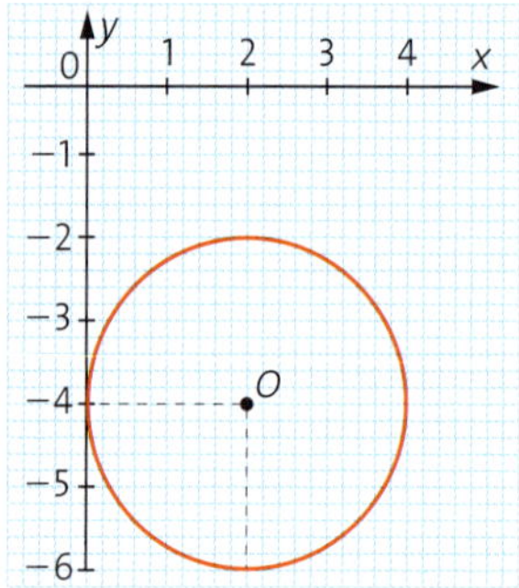

12. (PUC-SP) O ponto $P(3, b)$ pertence à circunferência de centro no ponto $C(0, 3)$ e raio 5. Calcule o valor da coordenada b.

13. (FEI-SP) Quais são o centro e o raio da circunferência de equação $x^2 + y^2 = 2(x - y) + 1$?

14. (FGV-SP) Determine uma equação da reta que passa pelo centro da circunferência de equação $x^2 + y^2 - 4x - 4y + 4 = 0$ e é paralela à reta r, de equação $2x + 3y = 0$.

15. (Vunesp-SP) Considere o quadrado de lados paralelos aos eixos coordenados e circunscrito à circunferência de equação $x^2 + y^2 - 6x - 4y + 12 = 0$. Determine as equações das retas que contêm as diagonais desse quadrado.

16. Determine uma equação da circunferência que passa pelos pontos $A(5, 0)$, $B(4, 3)$ e $C(-4, -3)$. (*Sugestão*: Chame o centro de $O(a, b)$ e use o fato de que $d(A, O) = d(B, O) = d(C, O) = r$)

Para refletir
Dados três pontos, qual a condição para que exista uma circunferência que passe pelos três?

2 Posições relativas entre ponto e circunferência

Quando temos um ponto $P(x_1, y_1)$ e uma circunferência λ, de centro $C(a, b)$ e raio r, as possíveis posições relativas de P e λ são:

1ª) O ponto pertence à circunferência:

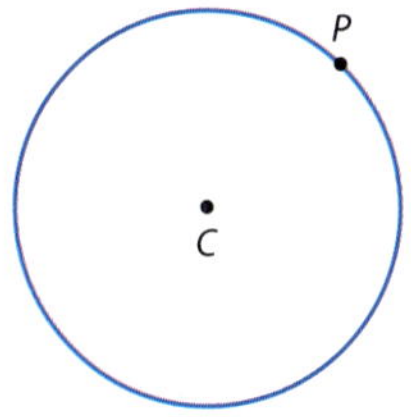

Nesse caso, as coordenadas do ponto devem satisfazer a equação da circunferência, e a distância entre P e C é igual a r.

2ª) O ponto é interno à circunferência:

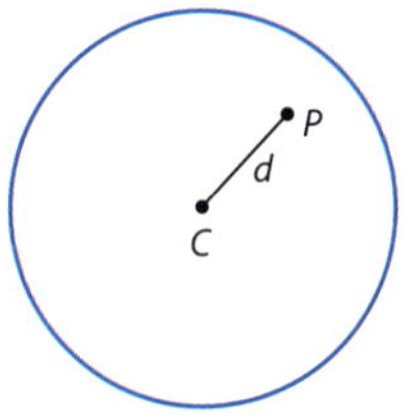

Nesse caso, a distância do ponto ao centro é menor que o raio.

3ª) O ponto é externo à circunferência:

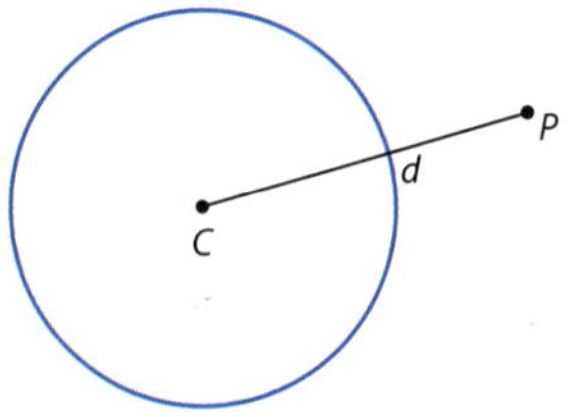

Nesse caso, a distância do ponto ao centro é maior que o raio.

Considerando que a equação da circunferência (reduzida ou geral) é obtida a partir da condição $d(P, C) = r$, podemos escrever:

- $d(P, C) = r \Leftrightarrow (x_1 - a)^2 + (y_1 - b)^2 = r^2 \Leftrightarrow (x_1 - a)^2 + (y_1 - b)^2 - r^2 = 0 \Leftrightarrow P \in \lambda$
- $d(P, C) < r \Leftrightarrow (x_1 - a)^2 + (y_1 - b)^2 < r^2 \Leftrightarrow (x_1 - a)^2 + (y_1 - b)^2 - r^2 < 0 \Leftrightarrow$ P é interno a λ
- $d(P, C) > r \Leftrightarrow (x_1 - a)^2 + (y_1 - b)^2 > r^2 \Leftrightarrow (x_1 - a)^2 + (y_1 - b)^2 - r^2 > 0 \Leftrightarrow$ P é externo a λ

Exercícios resolvidos

6. Dê a posição do ponto P relativa à circunferência λ:

a) $P(3, 2)$ e $\lambda: x^2 + y^2 - 6x + 5 = 0$

b) $P(5, -1)$ e $\lambda: x^2 + y^2 - 6x - 2y + 8 = 0$

c) $P(4, 3)$ e $\lambda: x^2 + y^2 = 36$

d) $P(-2, -3)$ e $\lambda: (x + 1)^2 + (y + 4)^2 = (\sqrt{5})^2$

Resolução

a) $P(3, 2)$ e $\lambda: x^2 + y^2 - 6x + 5 = 0$

Substituindo:

$3^2 + 2^2 - 6 \cdot 3 + 5 = 9 + 4 - 18 + 5 =$

$= 18 - 18 = 0$

Então, $P \in \lambda$.

b) $P(5, -1)$ e $\lambda: x^2 + y^2 - 6x - 2y + 8 = 0$

Substituindo:

$5^2 + (-1)^2 - 6 \cdot 5 - 2(-1) + 8 =$

$= 25 + 1 - 30 + 2 + 8 = 36 - 30 = 6 > 0$

Então, P é externo a λ.

c) $P(4, 3)$ e $\lambda: x^2 + y^2 = 36$

Substituindo:

$4^2 + 3^2 - 36 = 16 + 9 - 36 = -11 < 0$

Então, P é interno a λ.

d) $P(-2, -3)$ e $\lambda: (x + 1)^2 + (y + 4)^2 = (\sqrt{5})^2$

Substituindo:

$(-2 + 1)^2 + (-3 + 4)^2 - (\sqrt{5})^2 = 1 + 1 - 5 = -3 < 0$

Então, P é interno a λ.

7. Determine uma equação da circunferência circunscrita ao triângulo de vértices $A(1, 2)$, $B(0, 3)$ e $C(-7, -4)$.

Resolução

A equação da circunferência é λ:

$(x - a)^2 + (y - b)^2 = r^2$.

- $A(1, 2) \in \lambda$: $(1 - a)^2 + (2 - b)^2 = r^2$ (I)
- $B(0, 3) \in \lambda$: $(0 - a)^2 + (3 - b)^2 = r^2$ (II)
- $C(-7, -4) \in \lambda$: $(-7 - a)^2 + (-4 - b)^2 = r^2$ (III)

Igualando (I) e (II), temos:

$1 - 2a + a^2 + 4 - 4b + b^2 = a^2 + 9 - 6b + b^2 \Rightarrow$

$\Rightarrow -2a + 2b = 4 \Rightarrow -a + b = 2$

Igualando (II) e (III), temos:

$a^2 + 9 - 6b + b^2 = 49 + 14a + a^2 + 16 + 8b + b^2 \Rightarrow$

$\Rightarrow -14a - 14b = 56 \Rightarrow a + b = -4$

Resolvendo o sistema $\begin{cases} -a + b = 2 \\ a + b = -4 \end{cases}$ encontramos

$a = -3$ e $b = -1$.

Assim, λ: $(x + 3)^2 + (y + 1)^2 = r^2$.

Para encontrar o valor de r usamos, por exemplo, a equação (I):

$(1 - a)^2 + (2 - b)^2 = r^2 \Rightarrow$

$\Rightarrow (1 + 3)^2 + (2 + 1)^2 = r^2 \Rightarrow r^2 = 25$

Portanto, a equação procurada é

$(x + 3)^2 + (y + 1)^2 = 25$.

Outra resolução:

Da Geometria plana, lembramos que o centro da circunferência circunscrita a um triângulo é o circuncentro, ou seja, é o encontro das mediatrizes do triângulo. Então, vamos obter a equação de duas mediatrizes e o ponto de intersecção delas. O centro da circunferência será esse ponto e o raio será a distância do centro a um dos três vértices.

Mediatriz do lado $\overline{AB}$:

$$m_1 = \frac{3 - 2}{0 - 1} = -1$$

$$m_2 = -\frac{1}{m_1} = \frac{-1}{-1} = 1$$

Ponto médio de $\overline{AB}$: $M\left(\frac{1}{2}, \frac{5}{2}\right)$

Então, a reta que passa por M com coeficiente angular $m_2 = 1$ é:

$$y - \frac{5}{2} = 1\left(x - \frac{1}{2}\right) \Rightarrow 2y - 5 = 2x - 1 \Rightarrow$$

$$\Rightarrow 2x - 2y + 4 = 0 \Rightarrow x - y + 2 = 0$$

Mediatriz do lado $\overline{BC}$:

$$m_3 = \frac{-4 - 3}{-7 - 0} = 1$$

$$m_4 = -\frac{1}{m_3} = -\frac{1}{1} = -1$$

Ponto médio de $\overline{BC}$: $N\left(-\frac{7}{2}, -\frac{1}{2}\right)$

Então, a reta que passa por N com coeficiente angular $m_4 = -1$ é:

$$y + \frac{1}{2} = -1\left(x + \frac{7}{2}\right) \Rightarrow 2y + 1 = -2x - 7 \Rightarrow$$

$$\Rightarrow 2x + 2y + 8 = 0 \Rightarrow x + y + 4 = 0$$

Centro O da circunferência:

A intersecção das duas mediatrizes (que são retas concorrentes) é obtida pela resolução do sistema

$$\begin{cases} x - y + 2 = 0 \\ x + y + 4 = 0 \end{cases}$$

Resolvendo esse sistema, encontramos $x = -3$ e $y = -1$. Logo, $O(-3, -1)$.

Raio da circunferência:

Distância do centro ao vértice B (poderia ser qualquer um dos três vértices):

$$d(O, B) = \sqrt{(-3 - 0)^2 + (-1 - 3)^2} = \sqrt{9 + 16} = 5$$

Portanto, raio $= 5$.

Então, a equação procurada é $(x + 3)^2 + (y + 1)^2 = 25$.

Exercícios

17. Dados o ponto P e a circunferência λ, determine a posição de P em relação a λ.

a) $P(-1, 2)$ e λ: $(x - 3)^2 + (y + 1)^2 = 5^2$

b) $P(2, 2)$ e λ: $x^2 + y^2 - 10x + 8y - 1 = 0$

c) $P(3, 1)$ e λ: $x^2 + y^2 - 8x - 5 = 0$

18. Dada a circunferência de equação $x^2 + y^2 - 2x + 4y - 3 = 0$, qual é a posição do ponto $P(3, -4)$ em relação a essa circunferência?

19. Encontre a equação da circunferência que passa pelos pontos $P(0, 0)$, $Q(3, 3)$ e $R(0, 8)$.

3 Posições relativas entre reta e circunferência

Consideremos as três possíveis posições de uma reta em relação a uma circunferência:

1ª) A reta t é secante à circunferência:

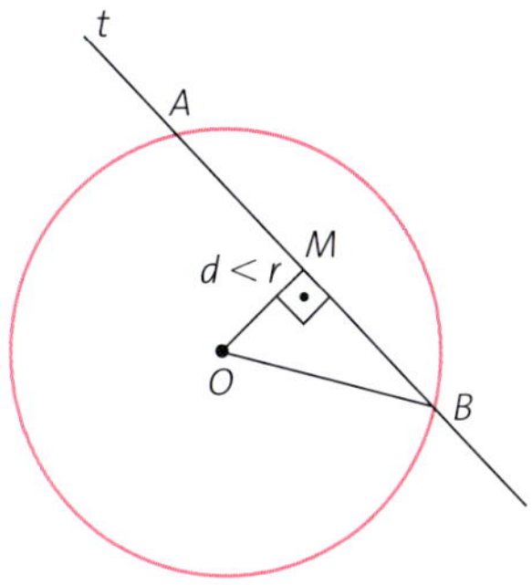

Nesse caso, a distância do centro da circunferência à reta é menor que o raio. A reta e a circunferência têm dois pontos comuns.

Observação: Propriedades de reta e da circunferência secantes:

- $\overline{OM} \perp \overline{AB}$
- M é ponto médio de $\overline{AB}$ ($AB = 2AM$)
- Teorema de Pitágoras: $(OM)^2 + (BM)^2 = (BO)^2$

2ª) A reta t é tangente à circunferência:

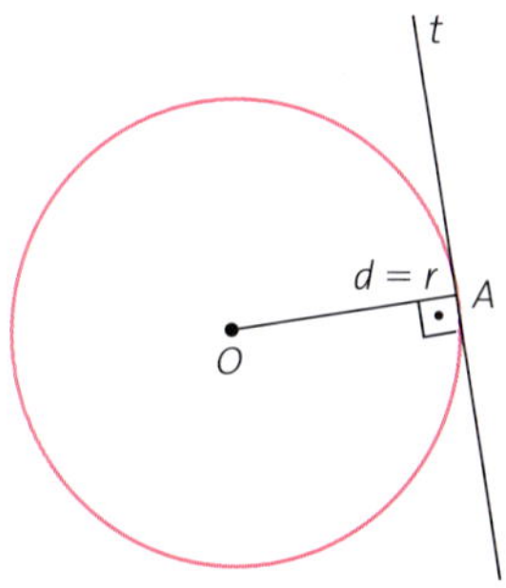

Fique atento!
Note que $t \perp \overline{OA}$.

Nesse caso, a distância do centro da circunferência à reta é igual ao raio. A reta e a circunferência têm um único ponto comum.

3ª) A reta t é exterior à circunferência:

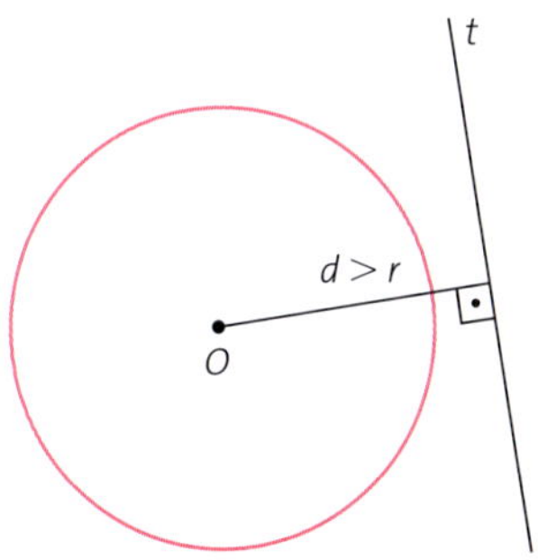

Nesse caso, a distância do centro da circunferência à reta é maior que o raio. A reta e a circunferência não têm ponto comum.

Vejamos, a partir das equações, como identificar qual desses casos se verifica.

Exercícios resolvidos

8. São dadas a reta r, de equação $2x + y - 1 = 0$, e a circunferência equação $x^2 + y^2 + 6x - 8y = 0$. Qual é a posição da reta r em relação à circunferência?

Resolução

Vamos calcular, inicialmente, as coordenadas do centro e o raio da circunferência:

$$x^2 + y^2 + 6x - 8y = 0 \Rightarrow x^2 + 6x + y^2 - 8y = 0 \Rightarrow x^2 + 6x + 9 + y^2 - 8y + 16 = 9 + 16 \Rightarrow$$
$$\Rightarrow (x + 3)^2 + (y - 4)^2 = 25$$

Então, $C(-3, 4)$ e $r = 5$.

Agora vamos determinar a distância do centro à reta:

$$d = \frac{|2(-3) + 1(4) - 1|}{\sqrt{2^2 + 1^2}} = \frac{|-3|}{\sqrt{5}} = \frac{3}{\sqrt{5}} \simeq \frac{3}{2,2} \simeq 1,3$$

Comparando d e r, temos $d < r$, pois $1,3 < 5$.
Logo, a reta r é secante à circunferência.

Outra resolução:
Os pontos comuns à reta e à circunferência, se houver, são as soluções do sistema formado por suas equações:

$$\begin{cases} 2x + y - 1 = 0 \Rightarrow y = 1 - 2x \\ x^2 + y^2 + 6x - 8y = 0 \end{cases}$$

Substituindo y na segunda equação, temos:

$$x^2 + y^2 + 6x - 8y = 0 \Rightarrow x^2 + (1 - 2x)^2 + 6x - 8(1 - 2x) = 0 \Rightarrow$$
$$\Rightarrow x^2 + 1 - 4x + 4x^2 + 6x - 8 + 16x = 0 \Rightarrow 5x^2 + 18x - 7 = 0$$

O cálculo de Δ será suficiente para determinar quantos pontos comuns têm a reta e a circunferência e daí a posição relativa. Então:

$\Delta = 18^2 + 140 = 324 + 140 = 464 > 0$

O valor de $\Delta > 0$ indica a existência de dois valores reais e distintos de x e, consequentemente, dois pontos comuns à reta e à circunferência.
Logo, a reta é secante à circunferência.

Observação: A resolução completa do sistema permite descobrir quais são os dois pontos comuns à reta e à circunferência.

> **Fique atento!**
> Para $\Delta = 0$, há um só ponto comum (reta tangente à circunferência).
> Para $\Delta < 0$, não há ponto comum (reta exterior à circunferência).

9. Qual o comprimento da corda determinada pela reta s: $3y - 4x + 1 = 0$ na circunferência $x^2 + y^2 = 25$?

Resolução

Os pontos comuns à reta e à circunferência são as extremidades A e B da corda AB procurada. Assim, vamos resolver o sistema e obter os pontos A e B da corda AB.

$$\begin{cases} x^2 + y^2 = 25 \\ 3y - 4x + 1 = 0 \Rightarrow y = \dfrac{4x}{3} - \dfrac{1}{3} \end{cases}$$

Substituindo y na 1ª equação, temos:

$$x^2 + \left(\frac{4x}{3} - \frac{1}{3}\right)^2 = 25 \Rightarrow x^2 + \frac{16x^2}{9} - \frac{8x}{9} + \frac{1}{9} = 25 \Rightarrow \frac{25x^2}{9} - \frac{8x}{9} - \frac{224}{9} = 0 \Rightarrow 25x^2 - 8x - 224 = 0$$

Resolvendo a equação:

$\Delta = (-8)^2 - 4 \cdot 25 \cdot (-224) = 22464$

$$x = \frac{-(-8) \pm \sqrt{22464}}{2 \cdot 25} = \frac{8 \pm 24\sqrt{39}}{50} \Rightarrow x_1 = \frac{4 + 12\sqrt{39}}{25} \text{ e } x_2 = \frac{4 - 12\sqrt{39}}{25}$$

Para $x_1 = \dfrac{4 + 12\sqrt{39}}{25}$, temos: $y_1 = \dfrac{4}{3}\left(\dfrac{4 + 12\sqrt{39}}{25}\right) - \dfrac{1}{3} = \dfrac{-3 + 16\sqrt{39}}{25}$

Então, $A\left(\dfrac{4 + 12\sqrt{39}}{25}, \dfrac{-3 + 16\sqrt{39}}{25}\right)$.

Para $x_2 = \dfrac{4 - 12\sqrt{39}}{25}$, temos: $y_2 = \dfrac{4}{3}\left(\dfrac{4 - 12\sqrt{39}}{25}\right) - \dfrac{1}{3} = \dfrac{-3 - 16\sqrt{39}}{25}$

Então, $B\left(\dfrac{4 - 12\sqrt{39}}{25}, \dfrac{-3 - 16\sqrt{39}}{25}\right)$.

Finalmente, obtemos a distância d_{AB} entre os pontos A e B:

$$d_{AB} = \sqrt{\left(\frac{4 + 12\sqrt{39}}{25} - \frac{4 - 12\sqrt{39}}{25}\right)^2 + \left(\frac{-3 + 16\sqrt{39}}{25} - \frac{-3 - 16\sqrt{39}}{25}\right)^2} =$$

$$= \sqrt{\left(\frac{24\sqrt{39}}{25}\right)^2 + \left(\frac{32\sqrt{39}}{25}\right)^2} = \sqrt{\frac{1600 \cdot 39}{625}} = \frac{40\sqrt{39}}{25} = \frac{8\sqrt{39}}{5}$$

Outra resolução:

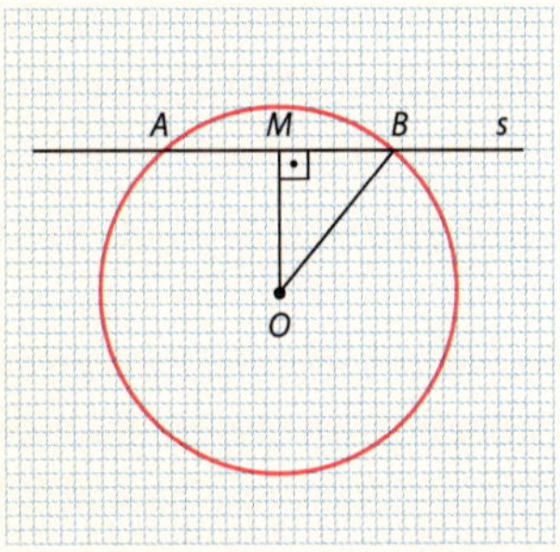

O ponto O tem coordenadas (0, 0). O segmento $\overline{OB}$ mede 5 (raio).

$\overline{OM}$ é a distância de O a s. Então: $OM = \dfrac{|0 - 0 + 1|}{\sqrt{3^2 + (-4)^2}} = \dfrac{1}{5}$.

Logo:

$(MB)^2 + (MO)^2 = (OB)^2 \Rightarrow (MB)^2 + \dfrac{1}{25} = 25 \Rightarrow MB = \dfrac{4\sqrt{39}}{5}$

Assim:

$AB = 2MB = \dfrac{8\sqrt{39}}{5}$

Exercícios

20. (UFBA) Determine o comprimento da corda determinada pela intersecção da reta r, de equação $x + y - 1 = 0$, com a circunferência de equação $x^2 + y^2 + 2x + 2y - 3 = 0$.

21. A reta r de equação $x + y - 3 = 0$ e a circunferência de equação $(x + 2)^2 + (y - 1)^2 = 10$ são secantes nos pontos A e B. Determine a área do triângulo cujos vértices são o centro da circunferência e os pontos A e B.

22. Consideremos a reta r, de equação $x + y - 3 = 0$ e a circunferência de equação $x^2 + y^2 - 2x - 2y - 3 = 0$. Qual é a posição da reta r em relação à circunferência?

23. Dadas uma reta r e uma circunferência λ, verifique a posição relativa de r e λ. Se houver pontos comuns (tangente ou secante), determine esses pontos:

a) r: $2x - y + 1 = 0$ e λ: $x^2 + y^2 - 2x = 0$

b) r: $y = x$ e λ: $x^2 + y^2 + 2x - 4y - 4 = 0$

24. Determine as coordenadas dos pontos em que a reta r, de equação $y = -x + 5$, intersecta a circunferência de equação $x^2 + y^2 - 10x - 2y + 21 = 0$.

25. A reta $x + y - 1 = 0$ secciona a circunferência $x^2 + y^2 + 2x - 3 = 0$ nos pontos A e B. Calcule a distância do centro C à corda AB.

4 Problemas de tangência

Para resolver problemas que envolvem retas tangentes à circunferência, devemos lembrar dois detalhes já vistos:

- Quando a reta é tangente à circunferência, a **distância do centro** da circunferência à **reta** tangente é o **raio**.
- A reta tangente é sempre **perpendicular** ao raio no ponto de tangência.

Em razão disso, talvez seja uma boa ideia revisitar o capítulo 3, itens Posições relativas de duas retas no plano, Perpendicularidade de duas retas e Distância de um ponto a uma reta.

Acompanhe nos exercícios resolvidos a seguir as situações mais comuns que envolvem tangência.

Exercícios resolvidos

10. A reta de equação $x - y + k = 0$ é tangente à circunferência de equação $x^2 + y^2 = 9$. Calcule o valor de k.

Resolução

Se a reta é tangente à circunferência, a distância do centro até a reta é igual ao raio.

Centro e raio da circunferência:

$x^2 + y^2 = 9 \Rightarrow (x - 0)^2 + (y - 0)^2 = 3^2$

Então, $C(0, 0)$ e $r = 3$.

Distância do centro $(0, 0)$ à reta $1x - 1y + k = 0$:

$$d = \frac{|1 \cdot 0 - 1 \cdot 0 + k|}{\sqrt{1^2 + 1^2}} = \frac{|k|}{\sqrt{2}}$$

Cálculo de k, sabendo que $d = r$:

$$\frac{|k|}{\sqrt{2}} = 3 \Rightarrow |k| = 3\sqrt{2} \Rightarrow k = \pm 3\sqrt{2}$$

> **Fique atento!**
> Se há dois valores para k, existem duas retas, $x - y + 3\sqrt{2} = 0$ e $x - y - 3\sqrt{2} = 0$, que satisfazem à condição imposta.

Outra resolução:

Se a reta é tangente à circunferência, então o sistema formado pelas duas equações tem uma única solução:

$$\begin{cases} x - y + k = 0 \Rightarrow x = y - k \\ x^2 + y^2 = 9 \end{cases}$$

Substituindo x na segunda equação, temos:

$x^2 + y^2 = 9 \Rightarrow (y - k)^2 + y^2 = 9 \Rightarrow$

$\Rightarrow y^2 - 2ky + k^2 + y^2 - 9 = 0 \Rightarrow$

$\Rightarrow 2y^2 - 2ky + k^2 - 9 = 0$

Para que a solução seja única devemos ter $\Delta = 0$:

$\Delta = 4k^2 - 8(k^2 - 9) = 0 \Rightarrow 4k^2 - 8k^2 + 72 = 0 \Rightarrow$

$\Rightarrow -4k^2 + 72 = 0 \Rightarrow k^2 = \frac{72}{4} = 18 \Rightarrow$

$\Rightarrow k = \pm\sqrt{18} = \pm 3\sqrt{2}$

11. O ponto $P(5, 2)$ pertence à circunferência de equação $x^2 + y^2 + 2x - 6y - 27 = 0$. Determine a equação da reta t tangente a essa circunferência em P.

Lembre-se de que, se uma reta t tangencia uma circunferência de centro C e raio r em P, então t é perpendicular à reta-suporte de $\overline{CP}$.

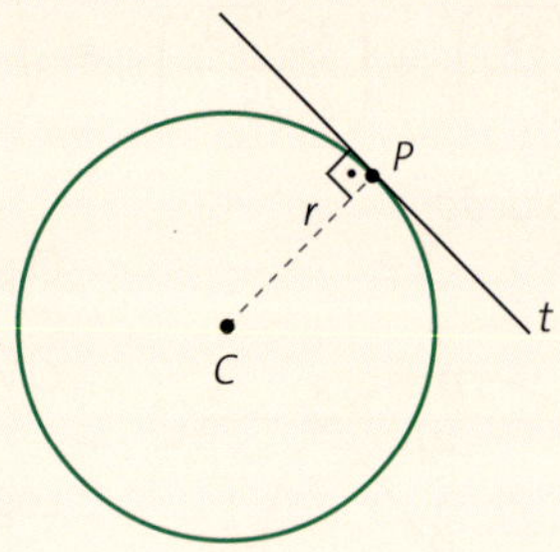

Resolução

Calculando as coordenadas do centro C e o raio r, temos:

$x^2 + y^2 + 2x - 6y - 27 = 0 \Rightarrow$

$\Rightarrow x^2 + 2x + y^2 - 6y = 27 \Rightarrow$

$\Rightarrow x^2 + 2x + 1 + y^2 - 6y + 9 = 27 + 1 + 9 \Rightarrow$

$\Rightarrow (x + 1)^2 + (y - 3)^2 = 37$

Então, $C(-1, 3)$ e $r = \sqrt{37}$.

Vamos determinar o coeficiente angular m_1 da reta que passa pelos pontos $C(-1, 3)$ e $P(5, 2)$:

$$m_1 = \frac{2 - 3}{5 + 1} = -\frac{1}{6}$$

Vamos determinar o coeficiente angular m_2 da reta t perpendicular à reta que passa pelos pontos C e P:

$$m_2 = -\frac{1}{m_1} = -\frac{1}{-\frac{1}{6}} = 6$$

Calculamos agora a equação da reta t que passa pelo ponto $P(5, 2)$ e tem declividade 6:

$y - 2 = 6(x - 5) \Rightarrow y - 2 = 6x - 30 \Rightarrow$

$\Rightarrow 6x - y - 28 = 0$

Logo, a equação pedida é $6x - y - 28 = 0$.

12. O ponto $P(1, -2)$ é externo à circunferência de equação $(x - 1)^2 + (y - 2)^2 = 8$. Determine as equações das retas tangentes à circunferência e que passam por P.

Resolução

Pela equação dada, temos $C(1, 2)$ e $r = \sqrt{8}$.

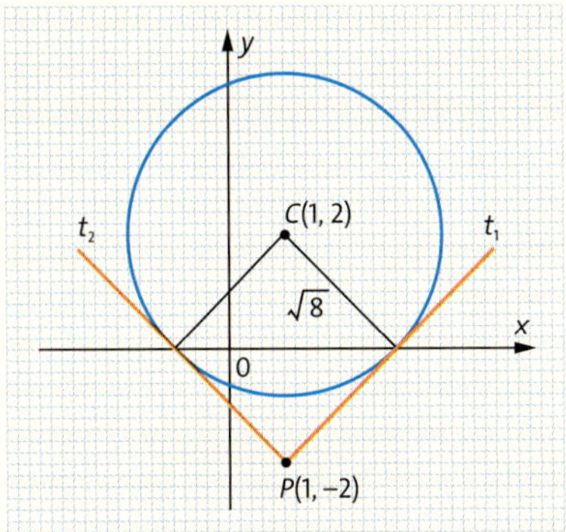

Fique atento!

Se P pertence à circunferência, existe uma só reta que passa por P e é tangente à circunferência.

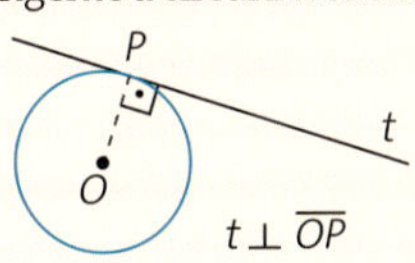

Se P é externo, há duas tangentes.

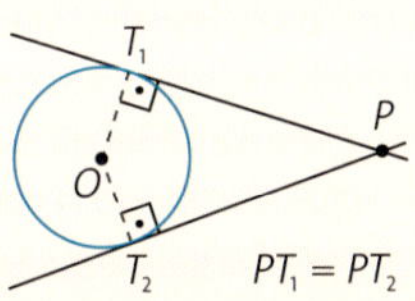

Se P é interno, não existe tangente.

Considerando o coeficiente angular m das retas t_1 e t_2, podemos escrever a equação geral dessas retas, lembrando que passam por $P(1, -2)$.

$y + 2 = m(x - 1) \Rightarrow y + 2 = mx - m \Rightarrow$

$\Rightarrow mx - y - 2 - m = 0$

Como a distância entre o centro $C(1, 2)$ e a reta de equação $mx - y - 2 - m = 0$ deve ser igual ao raio r, temos:

$$\frac{|m(1) - 1(2) - 2 - m|}{\sqrt{m^2 + 1}} = \sqrt{8} \Rightarrow$$

$$\Rightarrow \frac{|m - 2 - 2 - m|}{\sqrt{m^2 + 1}} = \sqrt{8} \Rightarrow$$

$$\Rightarrow \frac{|-4|}{\sqrt{m^2 + 1}} = \sqrt{8} \Rightarrow \frac{4}{\sqrt{m^2 + 1}} = \sqrt{8} \Rightarrow$$

$$\Rightarrow \frac{16}{m^2 + 1} = 8 \Rightarrow 8m^2 + 8 = 16 \Rightarrow 8m^2 - 8 = 0 \Rightarrow$$

$$\Rightarrow m^2 - 1 = 0 \Rightarrow m^2 = 1 \Rightarrow m' = 1 \text{ e } m'' = -1$$

Vamos calcular, agora, as equações das retas t_1 e t_2, substituindo o valor de m por m' e por m'' na equação geral $mx - y - 2 - m = 0$.

Para $m' = 1$, temos:

$(1)x - y - 2 - 1 = 0 \Rightarrow x - y - 3 = 0$

Para $m'' = -1$, vem:

$(-1)x - y - 2 - (-1) = 0 \Rightarrow -x - y - 1 = 0 \Rightarrow$

$\Rightarrow x + y + 1 = 0$

Logo, as equações das retas tangentes t_1 e t_2 são $x - y - 3 = 0$ e $x + y + 1 = 0$.

Fique atento!

Se houver duas retas tangentes, porém um único valor para m, significa que uma das retas é vertical.

Exercícios

26. Sabendo que a reta $y = mx$ é tangente à circunferência de equação $x^2 + y^2 - 10x + 16 = 0$, calcule os valores de m.

27. O ponto $A(2, 3)$ pertence à circunferência de equação $x^2 + y^2 - 2x - 2y - 3 = 0$. Determine a equação da reta tangente à circunferência no ponto A.

28. Pelo ponto $P(0, 3)$, exterior à circunferência de equação $(x - 1)^2 + (y - 1)^2 = 4$, passam as retas t_1 e t_2, que são tangentes à circunferência dada. Determine as equações das retas t_1 e t_2.

29. A circunferência com centro $C(1, 1)$ é tangente à reta t de equação $x + y - 10 = 0$. Determine a equação da circunferência.

30. Qual é a equação da circunferência de centro no ponto $C(4, -4)$ e que é tangente aos dois eixos de coordenadas?

31. Determine a equação de uma circunferência tangente ao eixo y e à reta de equação $x = 4$, e que tem o centro no eixo x.

5 Posições relativas de duas circunferências

Duas circunferências distintas podem ter dois, um ou nenhum ponto comum. Veja as possíveis posições relativas:

1ª) Dois pontos comuns:

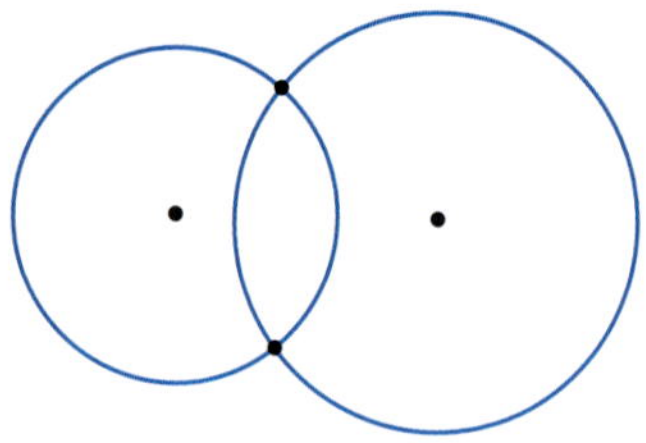

secantes

2ª) Um ponto comum:

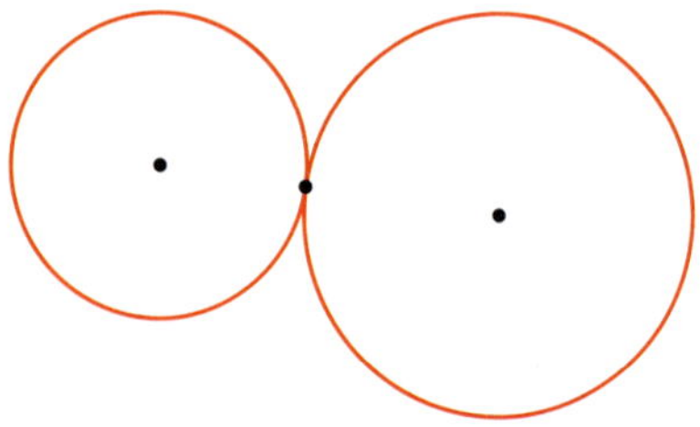

tangentes exteriormente

ou

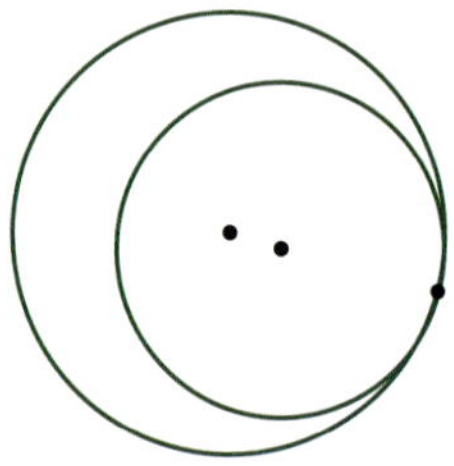

tangentes interiormente

Fique atento!
No 2º caso, os dois centros e o ponto de tangência são colineares.

3ª) Nenhum ponto comum:

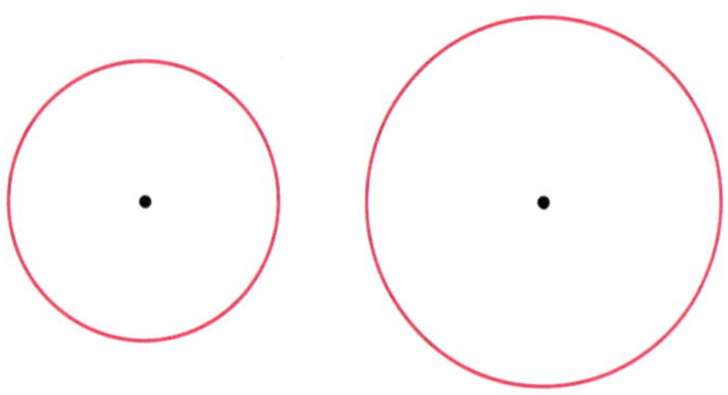

circunferências externas

ou

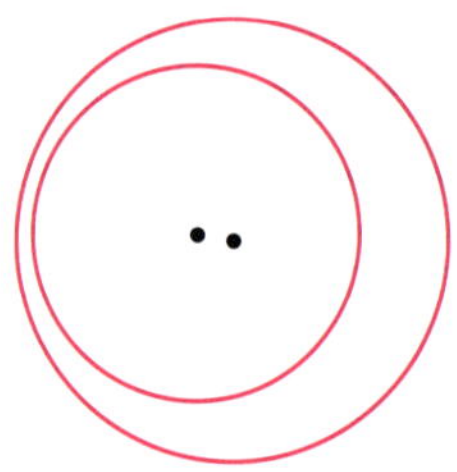

uma circunferência interna à outra

ou

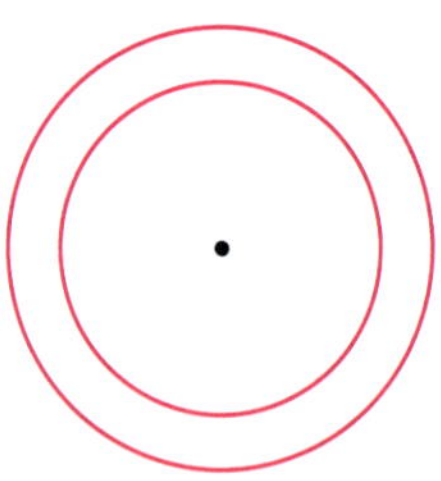

circunferências concêntricas

A partir das equações das duas circunferências podemos descobrir quantos e quais são os pontos comuns resolvendo o sistema formado por elas. Além disso, no segundo caso (um ponto comum) e no terceiro caso (nenhum ponto comum) podemos identificar a posição relativa usando os dois raios e a distância entre os centros.

Fique atento!
Possíveis posições relativas entre duas circunferências:
- externas: $d(C_1, C_2) > r_1 + r_2$
- tangentes externas: $d(C_1, C_2) = r_1 + r_2$
- secantes: $|r_1 - r_2| < d(C_1, C_2) < r_1 + r_2$
- tangentes internas: $d(C_1, C_2) = |r_1 - r_2|$
- uma interna à outra: $d(C_1, C_2) < |r_1 - r_2|$
- concêntricas: $C_1 \equiv C_2$, $d(C_1, C_2) = 0$

Vamos verificar a posição relativa das circunferências:

a) $x^2 + y^2 = 30$ e $(x - 3)^2 + y^2 = 9$

Resolvendo o sistema formado pelas duas equações, temos:

$$\begin{cases} x^2 + y^2 = 30 \\ (x - 3)^2 + y^2 = 9 \Rightarrow x^2 + y^2 - 6x = 0 \Rightarrow 30 - 6x = 0 \Rightarrow 6x = 30 \Rightarrow x = 5 \end{cases}$$

Substituindo x na primeira equação, vem:

$x^2 + y^2 = 30 \Rightarrow 25 + y^2 = 30 \Rightarrow y^2 = 5 \Rightarrow y = \pm\sqrt{5}$

Logo, as duas circunferências são secantes e seus pontos comuns são $(5, \sqrt{5})$ e $(5, -\sqrt{5})$.

b) $x^2 + y^2 - 20x - 2y + 100 = 0$ e $x^2 + y^2 - 2x - 2y - 98 = 0$

Resolvendo o sistema, temos:

$$\begin{cases} x^2 + y^2 - 20x - 2y + 100 = 0 \\ x^2 + y^2 - 2x - 2y - 98 = 0 \quad \cdot(-1) \end{cases} \Rightarrow \begin{cases} \cancel{x^2} + \cancel{y^2} - 20x - \cancel{2y} + 100 = 0 \\ -\cancel{x^2} - \cancel{y^2} + 2x + \cancel{2y} + 98 = 0 \end{cases}$$

$$-18x + 198 = 0 \Rightarrow 18x = 198 \Rightarrow$$

$$\Rightarrow x = \frac{198}{18} \Rightarrow x = 11$$

Substituindo x na primeira equação, vem:

$x^2 + y^2 - 20x - 2y + 100 = 0 \Rightarrow 11^2 + y^2 - 20 \cdot 11 - 2y + 100 = 0 \Rightarrow y^2 - 2y + 121 - 220 + 100 = 0 \Rightarrow$

$\Rightarrow y^2 - 2y + 1 = 0 \Rightarrow y = \dfrac{2 \pm 0}{2} = 1$

(11, 1) é o único ponto comum às duas circunferências, portanto elas são tangentes.

Como já vimos, as circunferências tangentes podem ser externas ou internas. Podemos determinar a sua posição relativa por meio da distância entre os centros das circunferências e por meio de seus raios (lembrando que os centros das circunferências e o ponto de tangência estão sempre alinhados).

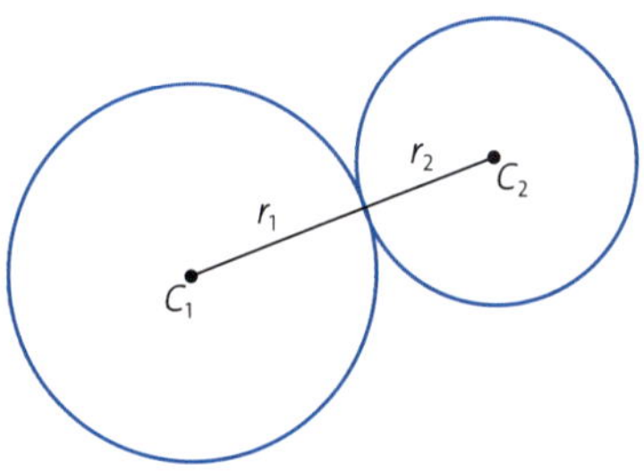

circunferências tangentes externamente
$d(C_1, C_2) = r_1 + r_2$

ou

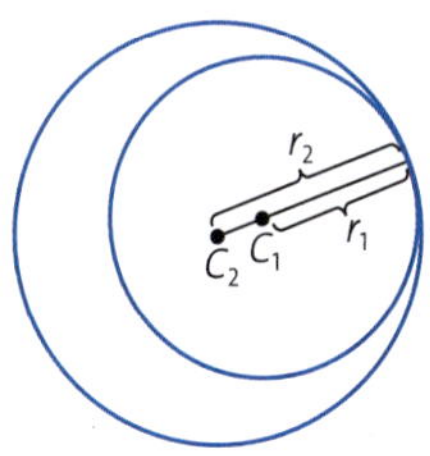

circunferências tangentes internamente
$d(C_1, C_2) = |r_1 - r_2|$

Considerando a primeira equação, temos:

$x^2 + y^2 - 20x - 2y + 100 = 0 \Rightarrow x^2 - 20x + 100 + y^2 - 2y + 1 = -100 + 100 + 1 \Rightarrow$

$\Rightarrow (x - 10)^2 + (y - 1)^2 = 1^2$

Então, $C_1(10, 1)$ e $r_1 = 1$.

Agora, pela segunda, vem:

$x^2 + y^2 - 2x - 2y - 98 = 0 \Rightarrow x^2 - 2x + 1 + y^2 - 2y + 1 = 98 + 1 + 1 \Rightarrow$

$\Rightarrow (x - 1)^2 + (y - 1)^2 = 100 = 10^2$

Então, $C_2(1, 1)$ e $r_2 = 10$.

Calculamos, então, a distância entre os centros C_1 e C_2:

$d(C_1, C_2) = \sqrt{(10 - 1)^2 + (1 - 1)^2} = \sqrt{81} = 9$

Como os raios medem $r_1 = 1$ e $r_2 = 10$ e $9 = |1 - 10|$, temos $d(C_1, C_2) = |r_1 - r_2|$.

Logo, as circunferências são tangentes internamente e o ponto comum é (11, 1).

Equação da circunferência

Exercício resolvido

13. Determine a equação da circunferência de centro em (8, 4) e que tangencia exteriormente a circunferência $x^2 + y^2 - 4x + 8y - 16 = 0$.

Resolução

Nesse caso, a distância entre os centros é igual à soma dos raios.

Inicialmente, calculamos o centro (C_1) e o raio (r_1) da circunferência dada abaixo:

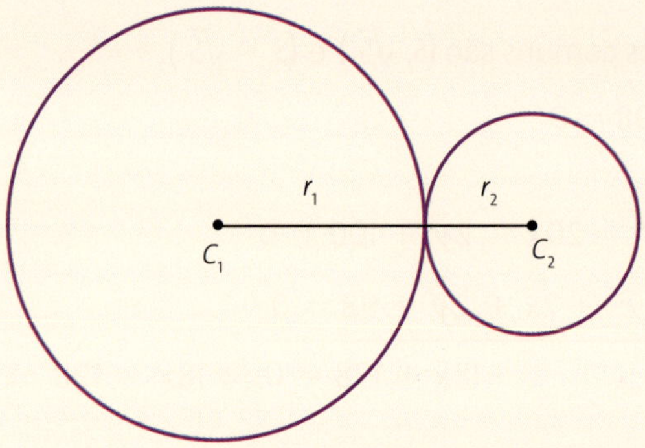

$d(C_1, C_2) = r_1 + r_2$

$x^2 - 4x + 4 + y^2 + 8y + 16 = 16 + 4 + 16 \Rightarrow$

$\Rightarrow (x - 2)^2 + (y + 4)^2 = 36$

Então, $C_1(2, -4)$ e $r_1 = 6$.

Agora, calculamos a distância entre os centros $C_1(2, -4)$ e $C_2(8, 4)$:

$d = \sqrt{6^2 + 8^2} = \sqrt{100} = 10$

Como $d = r_1 + r_2$, podemos calcular o raio r_2:

$d = r_1 + r_2 \Rightarrow 10 = 6 + r_2 \Rightarrow r_2 = 4$

A equação procurada é a da circunferência de raio 4 e centro (8, 4):

$(x - 8)^2 + (y - 4)^2 = 4^2$ ou $x^2 + y^2 - 16x - 8y + 64 = 0$

Exercícios

32. Dadas as circunferências λ_1 e λ_2, descubra suas posições relativas e seus pontos comuns (se houver):

a) λ_1: $x^2 + y^2 - 4x - 8y - 5 = 0$
λ_2: $x^2 + y^2 - 2x - 6y + 1 = 0$

b) λ_1: $x^2 + y^2 - 8x - 4y + 10 = 0$
λ_2: $x^2 + y^2 - 2x - 10y + 22 = 0$

c) λ_1: $(x - 2)^2 + (y - 1)^2 = 4$
λ_2: $(x - 2)^2 + (y + 2)^2 = 1$

d) λ_1: $x^2 + y^2 = 16$
λ_2: $x^2 + y^2 + 4y = 0$

33. λ_1 e λ_2 são duas circunferências concêntricas, com λ_1 interna à λ_2. Sabendo que a equação de λ_1 é $x^2 + y^2 - 6x - 8y = 0$ e que a área do anel circular formado por λ_1 e λ_2 é igual a 24π, determine a equação de λ_2 na forma geral.

34. Determinando-se o centro e o raio das circunferências $x^2 + y^2 - 2y - 8 = 0$ e $x^2 + y^2 - 4x - 2y + 4 = 0$, pode-se garantir que:

a) elas não têm ponto em comum.
b) elas são secantes.
c) elas são tangentes exteriormente.
d) elas são tangentes interiormente.

35. As circunferências de equação $x^2 + y^2 - 2x + 2y - 10 = 0$ e $(x - 1)^2 + (y - 1)^2 = 4$ são:

a) secantes.
b) tangentes internas.
c) tangentes externas.
d) exteriores, sem ponto comum.
e) interiores, sem ponto comum.

36. Sabendo que o ponto $M(1, -3)$ não pertence à circunferência de equação $x^2 + y^2 - 2x + 4y - 3 = 0$, determine se o ponto M é interno ou externo à circunferência.

37. Sejam S_1 e S_2 duas circunferências tangentes externamente, tal que S_1 tem como equação $x^2 + y^2 - 2x - 4y + 4 = 0$ e S_2 tem centro no ponto $C(5, -1)$. Calcule o raio da circunferência S_2.

6 Aplicações à Geometria plana

Acompanhe a seguinte situação:

Um engenheiro precisa construir uma ponte em forma de arco de circunferência, semelhante à que aparece na fotografia ao lado. O vão livre sobre o rio a ser vencido pela ponte é de 24 m, e a pilastra central, segundo o arquiteto, deverá ter 4 m de altura. O engenheiro, usando seus conhecimentos de Geometria plana, já calculou que o raio do arco de circunferência projetado pelo arquiteto é de 20 m. Agora ele precisa calcular o tamanho das outras quatro pilastras menores (duas à esquerda e duas à direita da pilastra central). Segundo o projeto, todas as pilastras estão a 4 m uma da outra.

Alamy/Other Images

Ponte em Hamburgo, Alemanha.

Com base nas informações do problema, vamos escolher um sistema de eixos coordenados conveniente e obter a altura dessas quatro pilastras menores.

Escolhendo um sistema de eixos cartesianos que coloque a pilastra central no eixo y e o vão da ponte no eixo x, o centro da circunferência será $C(0, -16)$, pois o raio tem 20 m e a pilastra maior tem 4 m. Para obter o tamanho das pilastras pedidas, precisamos apenas das ordenadas dos pontos A e B, cujas abscissas são respectivamente 4 e 8. Nesse exemplo, a escolha do sistema de eixos cartesianos adequado é muito importante para facilitar a resolução.

Modelo matemático

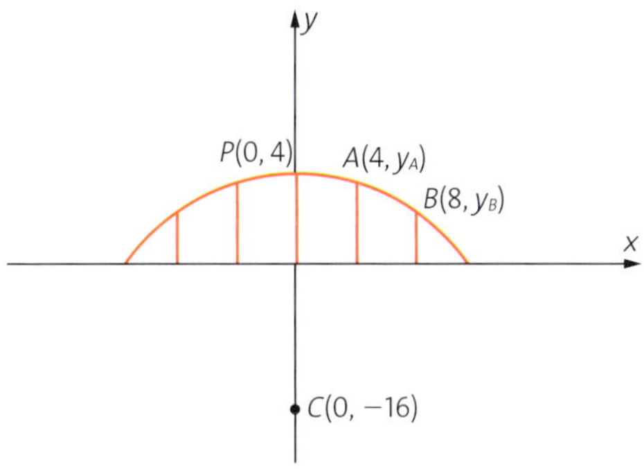

A equação da circunferência é, então, $x^2 + (y + 16)^2 = 400$. Para obtermos a ordenada y_A do ponto A, basta substituir a abscissa $x_A = 4$ na equação da circunferência:

$$4^2 + (y_A + 16)^2 = 400 \Rightarrow (y_A + 16)^2 = 384 \Rightarrow y_A + 16 = \sqrt{384} \simeq 19{,}60 \Rightarrow y_A \simeq 3{,}60 \text{ m}$$

Da mesma forma, para obtermos a ordenada y_B do ponto B, basta substituir a abscissa $x_B = 8$ na equação da circunferência:

$$8^2 + (y_B + 16)^2 = 400 \Rightarrow (y_B + 16)^2 = 336 \Rightarrow y_B + 16 = \sqrt{336} \simeq 18{,}33 \Rightarrow y_B \simeq 2{,}33 \text{ m}$$

Por causa da simetria da ponte, as duas pilastras do lado esquerdo terão o mesmo tamanho de suas correspondentes no lado direito. Assim, as pilastras são tais que duas têm, aproximadamente, 2,33 m e duas têm 3,60 m, e a central, como já sabíamos, tem 4 m.

Exercícios

Escolha um sistema de eixos coordenados adequado e resolva, usando Geometria analítica, os seguintes problemas de Geometria plana:

38. Obtenha o raio da circunferência inscrita em um triângulo retângulo cujos catetos meçam 3 cm e 4 cm.

> Dica: Coloquem o vértice do ângulo reto do triângulo retângulo na origem.

39. Uma circunferência L está inscrita em um triângulo equilátero de lado $2\sqrt{3}$. Mostre que, para todo ponto de L, a soma dos quadrados de suas distâncias aos três vértices do triângulo é constante.

Outros contextos

Olimpíadas

Competição entre os melhores atletas do mundo, confraternização entre os povos e, acima de tudo, a grande festa do esporte. As Olimpíadas são um dos mais importantes eventos do planeta, mobilizando populações de centenas de países e emocionando a todos com vitórias, recordes e histórias de superação. De quatro em quatro anos, uma cidade do mundo tem o privilégio de sediar os jogos, onde competidores e torcedores se misturam e, durante pouco mais de duas semanas, ajudam a preservar e fortalecer o espírito olímpico.

A bandeira olímpica

A bandeira olímpica é o mais importante símbolo das Olimpíadas. Ela é formada por cinco anéis de cores diferentes (azul, vermelho, preto, amarelo e verde) entrelaçados e localizados no centro da bandeira. Esta bandeira representa a universalidade do olimpismo. Ela tem fundo branco e os anéis representam os cinco continentes habitados no mundo. As seis cores, contando com o branco, aparecem em todas as bandeiras dos países em 1896.

A bandeira é hasteada na cerimônia de abertura das Olimpíadas e é levada, na posição horizontal, ao estádio olímpico por atletas e hasteada em um mastro. Enquanto a chama olímpica queima no estádio ela permanece hasteada. Na cerimônia de encerramento a bandeira é recolhida e entregue ao prefeito da cidade-sede das Olimpíadas para os jogos seguintes.

Disponível em: <www.suapesquisa.com/olimpiadas/bandeira_olimpica.htm>. Acesso em: 6 mar. 2014.

Alguns esportes olímpicos

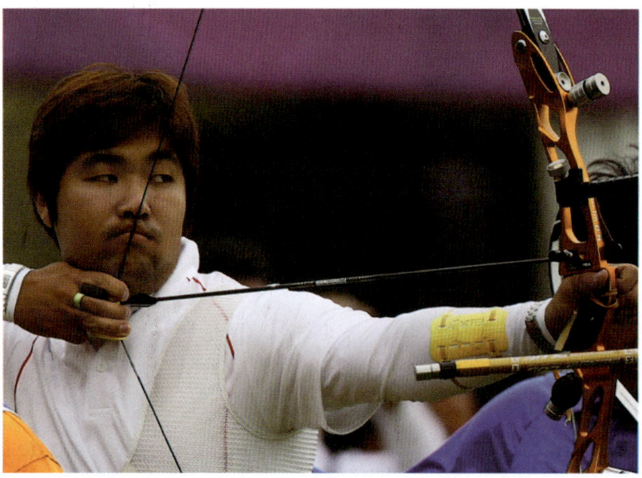

Suhaib Salem/Reuters/Latinstock

Prova de tiro com arco, Londres, 2012.

Tiro com arco

Tiro com arco

O tiro com arco é disputado em duas categorias — individual e por equipes —, na distância de 70 m em relação ao alvo, que tem 1,22 m de diâmetro e é formado por dez círculos concêntricos. O círculo mais central — a mosca — vale 10 pontos; cada círculo seguinte perde um ponto em valor. Para vencer, o competidor tem de somar o maior número possível de pontos. A disputa é eliminatória e, a cada etapa, o atleta dispara 36 flechas — seis séries de seis flechas com quatro minutos cada.

Ciclismo

Nos jogos olímpicos e pan-americanos, as corridas de ciclismo têm provas individuais e por equipes, com disputas de velocidade, contra o cronômetro e perseguição. Nos jogos olímpicos, o esporte é dividido em quatro modalidades: pista, estrada, *mountain bike* e BMX. A categoria pista tem o maior número de provas: dez diferentes; na estrada há duas provas — de velocidade e contra o relógio; na *mountain bike* há apenas uma — a *cross-country*; a BMX, versão ciclística do *motocross*, também tem apenas uma prova — a de corrida em pistas com saltos e obstáculos.

Adaptado de: Comitê Olímpico Brasileiro (COB).
Disponível em: <http://timebrasil.cob.org/esportes#>.
Acesso em: 29 jan. 2013.

Eddie Keogh/Reuters/Latinstock

Prova de ciclismo de pista, Londres, 2012.

Trabalhando com o texto

1. Em que ano e onde foi a última Olimpíada?
2. No tiro com arco temos circunferências no alvo; no ciclismo, na roda das bicicletas também. Em quais outros esportes podemos identificar circunferências?
3. No tiro com arco, o círculo central (mosca) pode ser descrito pela equação $x^2 + y^2 - 36 \leq 0$, em que x e y são dados em centímetros. Qual é a área desse círculo?
4. Tomando o centro do alvo como centro do sistema de coordenadas cartesianas, e o raio do alvo dado em centímetros, qual é a equação da maior circunferência pertencente ao alvo?
5. Em uma competição de ciclismo onde a pista é circular, um competidor dá cinco voltas completas em 2 minutos e trinta segundos.
   a) Sabendo que durante essas 5 voltas o ciclista percorre uma distância de 400π m, qual é o raio da pista?
   b) Esse raio é numericamente igual ao raio da circunferência de equação $x^2 + y^2 + 20x + 40y - 1100 = 0$?

Pesquisando e discutindo

6. Os Jogos Olímpicos geralmente aumentam a quantidade de turistas nas cidades-sede, então essas cidades devem se preparar para receber o evento. Pesquise quais medidas a cidade do Rio de Janeiro terá de tomar para receber as Olimpíadas de 2016.
7. As mulheres começaram a participar da disputa de tiro com arco já na edição de 1904, em Saint Louis, nos Estados Unidos, o que torna o tiro com arco um dos primeiros esportes a incluir provas femininas nos Jogos Olímpicos. Pesquise a trajetória das mulheres nesses jogos.

Veja mais sobre o assunto

Procure mais informações em jornais, revistas e nos *sites*:

- Comitê Olímpico Brasileiro: <www.cob.org.br>;
- Ministério do Esporte: <www.esporte.gov.br>;
- Notícias sobre as Olimpíadas: <www.olimpiadas.uol.com.br>. Acessos em: 6 mar. 2014.

Vestibulares de Norte a Sul

1. **S** (UEL-PR) São dados: uma circunferência de centro $C\left(\frac{3}{2}, 1\right)$; um ponto $T\left(\frac{3}{2}, 1\right)$, que pertence à circunferência.
A equação da circunferência dada é:
a) $4x^2 + 4y^2 - 12x - 8y - 3 = 0$.
b) $4x^2 + 4y^2 - 12x - 8y - 4 = 0$.
c) $3x^2 + y^2 - 6x - 4y - 2 = 0$.
d) $3x^2 + y^2 - 6x - 4y - 4 = 0$.
e) $x^2 + y^2 - \frac{3}{2}x - y = 0$.

2. **SE** (UFRJ) Os pontos $(-6, 2)$, $(3, -1)$ e $(-5, -5)$ pertencem a uma circunferência. Determine o raio dessa circunferência.

3. **N** (Uepa) A linha de produção tecnológica de uma famosa fábrica de bicicletas, na Ásia, utiliza em suas pesquisas modelos matemáticos que visam ao aprimoramento do desempenho de seus produtos. A figura abaixo ilustra uma dessas pesquisas que busca aperfeiçoar as relações entre as duas engrenagens utilizadas para movimentar uma bicicleta. A engrenagem E_1, **representada pela circunferência menor**, está centrada no sistema de coordenadas cartesianas e tem raio r. A engrenagem E_2, **representada pela circunferência maior**, está deslocada à direita e tem raio R.

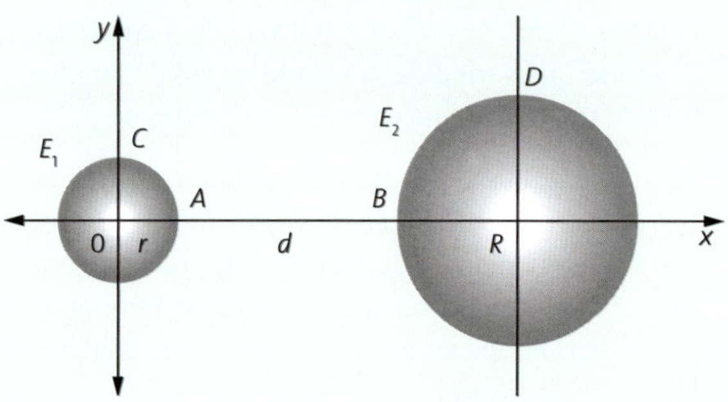

Sabendo que a medida do segmento $\overline{AB}$ vale d e que o diâmetro de E_2 é $d + r$, a equação da circunferência que representa E_2 é:
a) $(x + 2R)^2 + y^2 = R^2$.
b) $(x - R)^2 + y^2 = R^2$.
c) $(x + 3R)^2 + y^2 = R^2$.
d) $(x - 3R)^2 + y^2 = R^2$.
e) $(x - 2R)^2 + y^2 = R^2$.

4. **NE** (UFPB) Um arquiteto fez o projeto de uma praça em formato elíptico, com quadras poliesportivas, um anfiteatro e alguns quiosques, e desenhou a planta dessa praça em um plano cartesiano, tendo o metro como unidade de comprimento.
O anfiteatro, em forma de círculo, tem um palco que está delimitado por um arco de circunferência que contorna o anfiteatro e por uma corda dessa circunferência, situada sobre a reta cuja equação é $3x - y + 4 = 0$. Sabendo-se que a equação da circunferência é $x^2 + y^2 - 10x - 8y + 16 = 0$, é correto afirmar que essa corda tem o comprimento de:
a) 2 m.
b) $\sqrt{26}$ m.
c) 8 m.
d) $\sqrt{12}$ m.
e) $\sqrt{10}$ m.

5. **SE** (ITA-SP) Sejam C uma circunferência de raio $R > 4$ e centro $(0, 0)$ e $\overline{AB}$ uma corda de C. Sabendo que $(1, 3)$ é o ponto médio de $\overline{AB}$, então uma equação da reta que contém $\overline{AB}$ é:
a) $y + 3x - 6 = 0$.
b) $3y + x - 10 = 0$.
c) $2y + x - 7 = 0$.
d) $y + x - 4 = 0$.
e) $2y + 3x - 9 = 0$.

6. **NE** (UFPE) Calcule a distância d entre os pontos de intersecção das circunferências com equações:
$x^2 + y^2 - 2x - 2y + 1 = 0$ e
$x^2 + y^2 - 4x - 2y + 4 = 0$. Indique $4d^2$.

7. **NE** (UFRN) Uma praça, em formato retangular, tem uma fonte luminosa de forma circular no seu centro. Suponha que as coordenadas dos cantos da praça sejam $(0, 0)$, $(40, 0)$, $(0, 60)$ e $(40, 60)$ e que o raio da circunferência da fonte seja $r = 3$. Em relação aos pontos $P(22, 32)$ e $Q(17, 29)$, pode-se afirmar:
a) P está fora da fonte e Q está dentro.
b) P está dentro da fonte e Q também.
c) P está dentro da fonte e Q está fora.
d) P está fora da fonte e Q também.

8. **SE** (ITA-SP) Considere as circunferências
C_1: $(x - 4)^2 + (y - 3)^2 = 4$ e
C_2: $(x - 10)^2 + (y - 11)^2 = 9$. Seja r uma reta tangente interna a C_1 e C_2, isto é, r tangencia C_1 e C_2 e intercepta o segmento de reta $\overline{O_1O_2}$, definido pelos centros O_1 de C_1 e O_2 de C_2. Os pontos de tangência definem um segmento sobre r que mede:

a) $5\sqrt{3}$.
b) $4\sqrt{5}$.
c) $3\sqrt{6}$.
d) $\frac{25}{3}$.
e) 9.

9. **SE** (Fuvest-SP) No plano cartesiano, os pontos (0, 3) e (−1, 0) pertencem à circunferência C. Uma outra circunferência, de centro em $\left(-\frac{1}{2}, 4\right)$, é tangente a C no ponto (0, 3). Então, o raio de C vale:

a) $\frac{\sqrt{5}}{8}$.
b) $\frac{\sqrt{5}}{4}$.
c) $\frac{\sqrt{5}}{2}$.
d) $\frac{3\sqrt{5}}{4}$.
e) $\sqrt{5}$.

10. **SE** (UFRRJ) Em um circo, no qual o picadeiro tem — no plano cartesiano — a forma de um círculo de equação igual a $x^2 + y^2 - 12x - 16y - 300 \leqslant 0$, o palhaço acidentou-se com o fogo do malabarista e saiu desesperadamente do centro do picadeiro, em linha reta, em direção a um poço com água localizado no ponto (24, 32). Calcule a distância d percorrida pelo palhaço, a partir do momento em que sai do picadeiro até o momento em que chega ao poço.

11. **S** (UFSM-RS) Uma luminária foi instalada no ponto $C(-5, 10)$. Sabe-se que a circunferência iluminada por ela é tangente à reta que passa pelos pontos $P(30, 5)$ e $Q(-30, -15)$. O comprimento da linha central do passeio correspondente ao eixo y, que é iluminado por essa luminária, é:

a) 10 m.
b) 20 m.
c) 30 m.
d) 40 m.
e) 50 m.

12. **CO** (UFG-GO) Na figura a seguir, a circunferência C_1 tem raio 1 e a circunferência C_2, de centro (2, 4), tem raio 2. A reta r forma um ângulo de 30° com o eixo das ordenadas e passa pelo centro das duas circunferências.

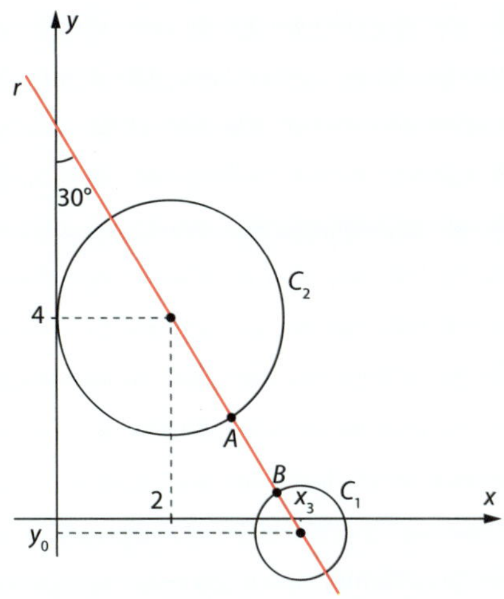

Sabendo que a distância entre os pontos A e B é igual a 2, as coordenadas (x_0, y_0) do centro da circunferência C_1 são:

a) $\left(\frac{9}{2}, 4 - \frac{5\sqrt{3}}{2}\right)$.
b) $\left(\frac{15}{4}, 3 - 2\sqrt{3}\right)$.
c) $\left(\frac{7}{2}, 4 - \frac{3\sqrt{3}}{2}\right)$.
d) $\left(\frac{17}{4}, 5 - 3\sqrt{3}\right)$.
e) $\left(\frac{19}{4}, 2 - \frac{3\sqrt{3}}{2}\right)$.

13. **SE** (Fuvest-SP) No plano cartesiano Oxy, a circunferência C tem centro no ponto $A = (-5, 1)$ e é tangente à reta t de equação $4x - 3y - 2 = 0$ em um ponto P. Seja ainda Q o ponto de intersecção da reta t com o eixo Ox. Assim:

a) Determine as coordenadas do ponto P.
b) Escreva uma equação para a circunferência C.
c) Calcule a área do triângulo APQ.

14. **SE** (UFMG) Considere uma circunferência de equação $(x - a)^2 + (y - b)^2 = r^2$, em que a e b são números reais e r é um número real positivo.
Sabe-se que:

- a reta de equação $y = x + 5$ tangencia essa circunferência no ponto $T = (1, 6)$; e
- a reta de equação $y = x + 3$ determina, nessa circunferência, uma corda PQ de comprimento $2\sqrt{30}$.

Determine os valores de a, b e r.

Caiu no Enem

1. A figura a seguir mostra as medidas reais de uma aeronave que será fabricada para utilização por companhias de transporte aéreo. Um engenheiro precisa fazer o desenho desse avião em escala de 1:150.

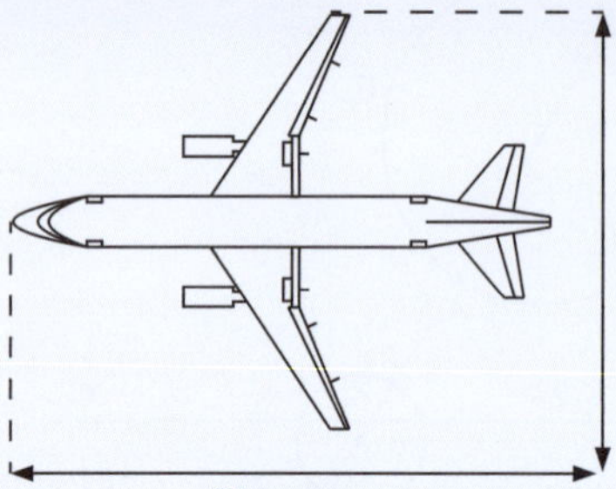

Para o engenheiro fazer esse desenho em uma folha de papel, deixando uma margem de 1 cm em relação às bordas da folha, quais as dimensões mínimas, em centímetros, que essa folha deverá ter?

a) 2,9 cm × 3,4 cm
b) 3,9 cm × 4,4 cm
c) 20 cm × 25 cm
d) 21 cm × 26 cm
e) 192 cm × 242 cm

2. Na tabela são apresentados dados da cotação mensal do ovo extra branco vendido no atacado, em Brasília, em reais, por caixa de 30 dúzias de ovos, em alguns meses dos anos 2007 e 2008.

Mês	Cotação	Ano
Outubro	R$ 83,00	2007
Novembro	R$ 73,10	2007
Dezembro	R$ 81,60	2007
Janeiro	R$ 82,00	2008
Fevereiro	R$ 85,30	2008
Março	R$ 84,00	2008
Abril	R$ 84,60	2008

De acordo com esses dados, o valor da mediana das cotações mensais do ovo extra branco nesse período era igual a:

a) R$ 73,10.
b) R$ 81,60.
c) R$ 82,00.
d) R$ 83,00.
e) R$ 85,30.

3. A resolução das câmeras digitais modernas é dada em *megapixels*, unidade de medida que representa um milhão de pontos. As informações sobre cada um desses pontos são armazenadas, em geral, em 3 *bytes*. Porém, para evitar que as imagens ocupem muito espaço, elas são submetidas a algoritmos de compressão, que reduzem em até 95% a quantidade de *bytes* necessários para armazená-las. Considere 1 kB = 1000 *bytes*, 1 MB = 1000 kB, 1 GB = 1000 MB. Utilizando uma câmera de 2.0 *megapixels* cujo algoritmo de compressão é de 95%, João fotografou 150 imagens para seu trabalho escolar. Se ele deseja armazená-las de modo que o espaço restante no dispositivo seja o menor espaço possível, ele deve utilizar:

a) um CD de 700 MB.
b) um *pendrive* de 1 GB.
c) um HD externo de 16 GB.
d) um *memory stick* de 16 MB.
e) um cartão de memória de 64 MB.

4. A tabela a seguir mostra alguns dados da emissão de dióxido de carbono de uma fábrica, em função do número de toneladas produzidas.

Produção (em toneladas)	**Emissão de dióxido de carbono** (em partes por milhão – ppm)
1,1	2,14
1,2	2,30
1,3	2,46
1,4	2,64
1,5	2,83
1,6	3,03
1,7	3,25
1,8	3,48
1,9	3,73
2,0	4,00

Cadernos do Gestar II, Matemática TP3.
Disponível em: <www.mec.gov.br>. Acesso em: 14 jul. 2009.

Os dados na tabela indicam que a taxa média de variação entre a emissão de dióxido de carbono (em ppm) e a produção (em toneladas) é:

a) inferior a 0,18.
b) superior a 0,18 e inferior a 0,50.
c) superior a 0,50 e inferior a 1,50.
d) superior a 1,50 e inferior a 2,80.
e) superior a 2,80.

5. Brasil e França têm relações comerciais há mais de 200 anos. Enquanto a França é a 5ª nação mais rica do planeta, o Brasil é a 10ª, e ambas se destacam na economia mundial. No entanto, devido a uma série de restrições, o comércio entre esses dois países ainda não é adequadamente explorado, como mostra a tabela seguinte, referente ao período 2003-2007.

Investimentos bilaterais (em milhões de dólares)

Ano	Brasil na França	França no Brasil
2003	367	825
2004	357	485
2005	354	1458
2006	539	744
2007	280	1214

Os dados da tabela mostram que, no período considerado, os valores médios dos investimentos da França no Brasil foram maiores que os investimentos do Brasil na França em um valor:

a) inferior a 300 milhões de dólares.
b) superior a 300 milhões de dólares, mas inferior a 400 milhões de dólares.
c) superior a 400 milhões de dólares, mas inferior a 500 milhões de dólares.
d) superior a 500 milhões de dólares, mas inferior a 600 milhões de dólares.
e) superior a 600 milhões de dólares.

6. Suponha que a etapa final de uma gincana escolar consista em um desafio de conhecimentos. Cada equipe escolheria 10 alunos para realizar uma prova objetiva, e a pontuação da equipe seria dada pela mediana das notas obtidas pelos alunos. As provas valiam, no máximo, 10 pontos cada. Ao final, a vencedora foi a equipe Ômega, com 7,8 pontos, seguida pela equipe Delta, com 7,6 pontos.
Um dos alunos da equipe Gama, a qual ficou na terceira e última colocação, não pôde comparecer, tendo recebido nota zero na prova. As notas obtidas pelos 10 alunos da equipe Gama foram 10; 6,5; 8; 10; 7; 6,5; 7; 8; 6; 0. Se o aluno da equipe Gama que faltou tivesse comparecido, essa equipe:

a) teria a pontuação igual a 6,5 se ele obtivesse nota 0.
b) seria a vencedora se ele obtivesse nota 10.
c) seria a segunda colocada se ele obtivesse nota 8.
d) permaneceria na terceira posição, independentemente da nota obtida pelo aluno.
e) empataria com a equipe Ômega na primeira colocação se o aluno obtivesse nota 9.

7. O gráfico apresenta a quantidade de gols marcados pelos artilheiros das Copas do Mundo desde a Copa de 1930 até a de 2006.

Quantidade de gols dos artilheiros das Copas do Mundo

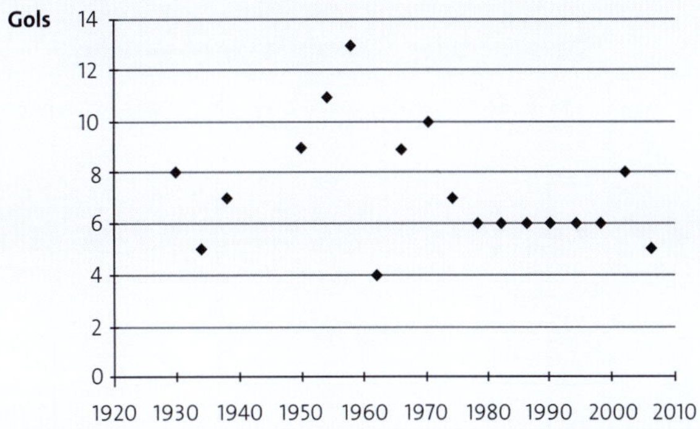

Disponível em: <www.suapesquisa.com>.
Acesso em: 23 abr. 2010 (adaptado).

A partir dos dados apresentados, qual a mediana das quantidades de gols marcados pelos artilheiros das Copas do Mundo?

a) 6 gols.
b) 6,5 gols.
c) 7 gols.
d) 7,3 gols.
e) 8,5 gols.

8. Marco e Paulo foram classificados em um concurso. Para classificação no concurso, o candidato deveria obter média aritmética na pontuação igual ou superior a 14. Em caso de empate na média, o desempate seria em favor da pontuação mais regular. No quadro a seguir são apresentados os pontos obtidos nas provas de Matemática, Português e Conhecimentos gerais, a média, a mediana e o desvio padrão dos dois candidatos.

Dados dos candidatos no concurso

	Matemática	Português	Conhecimentos gerais	Média	Mediana	Desvio padrão
Marco	14	15	16	15	15	0,32
Paulo	8	19	18	15	18	4,97

O candidato com pontuação mais regular, portanto mais bem classificado no concurso, é:

a) Marco, pois a média e a mediana são iguais.
b) Marco, pois obteve menor desvio padrão.
c) Paulo, pois obteve a maior pontuação da tabela, 19 em Português.
d) Paulo, pois obteve maior mediana.
e) Paulo, pois obteve maior desvio padrão.

9. O quadro seguinte mostra o desempenho de um time de futebol no último campeonato. A coluna da esquerda mostra o número de gols marcados e a coluna da direita informa em quantos jogos o time marcou aquele número de gols.

Gols marcados	Quantidade de partidas
0	5
1	3
2	4
3	3
4	2
5	2
7	1

Se *X*, *Y* e *Z* são, respectivamente, a média, a mediana e a moda desta distribuição, então:

a) $X = Y < Z$.
b) $Z < X = Y$.
c) $Y < Z < X$.
d) $Z < X < Y$.
e) $Z < Y < X$.

10. O hábito de comer um prato de folhas todo dia faz proezas para o corpo. Uma das formas de variar o sabor das saladas é experimentar diferentes molhos. Um molho de iogurte com mostarda contém 2 colheres de sopa de iogurte desnatado, 1 colher de sopa de mostarda, 4 colheres de sopa de água e 2 colheres de sopa de azeite.

DESGUALDO, P. Os segredos da supersalada. *Revista Saúde*. Jan. 2010.

Considerando que uma colher de sopa equivale a aproximadamente 15 mL, qual é o número máximo de doses desse molho que se faz utilizando 1,5 L de azeite e mantendo a proporcionalidade das quantidades dos demais ingredientes?

a) 5
b) 20
c) 50
d) 200
e) 500

11. As Olimpíadas de 2016 serão realizadas na cidade do Rio de Janeiro. Uma das modalidades que trazem esperanças de medalhas para o Brasil é a natação. Aliás, a piscina olímpica merece uma atenção especial devido às suas dimensões. Piscinas olímpicas têm 50 metros de comprimento por 25 metros de largura.
Se a piscina olímpica fosse representada em uma escala de 1:100, ela ficaria com as medidas de:

a) 0,5 centímetro de comprimento e 0,25 centímetro de largura.
b) 5 centímetros de comprimento e 2,5 centímetros de largura.
c) 50 centímetros de comprimento e 25 centímetros de largura.
d) 500 centímetros de comprimento e 250 centímetros de largura.
e) 200 centímetros de comprimento e 400 centímetros de largura.

12. Em uma corrida de regularidade, a equipe campeã é aquela em que o tempo dos participantes mais se aproxima do tempo fornecido pelos organizadores em cada etapa. Um campeonato foi organizado em 5 etapas, e o tempo médio de prova indicado pelos organizadores foi de 45 minutos por prova. No quadro, estão representados os dados estatísticos das cinco equipes mais bem classificadas.

Dados estatísticos das equipes mais bem classificadas (em minutos)			
Equipes	**Média**	**Moda**	**Desvio padrão**
Equipe I	45	40	5
Equipe II	45	41	4
Equipe III	45	44	1
Equipe IV	45	44	3
Equipe V	45	47	2

Utilizando os dados estatísticos do quadro, a campeã foi a equipe:

a) I.
b) II.
c) III.
d) IV.
e) V.

13. No monte de Cerro Armazones, no deserto do Atacama, no Chile, ficará o maior telescópio da superfície terrestre, o Telescópio Europeu Extremamente Grande (E-ELT). O E-ELT terá um espelho primário de 42 m de diâmetro, "o maior olho do mundo voltado para o céu".

Disponível em: <http://estadao.com.br>. Acesso em: 27 abr. 2010 (adaptado).

Ao ler esse texto em sala de aula, uma professora fez uma suposição de que o diâmetro do olho humano mede aproximadamente 2,1 cm.
Qual a razão entre o diâmetro aproximado do olho humano, suposto pela professora, e o diâmetro do espelho primário do telescópio citado?

a) 1:20
b) 1:100
c) 1:200
d) 1:1000
e) 1:2000

14. Uma pessoa aplicou certa quantia em ações. No primeiro mês, ela perdeu 30% do total do investimento e, no segundo mês, recuperou 20% do que havia perdido. Depois desses dois meses, resolveu tirar o montante de R$ 3 800,00 gerado pela aplicação.
A quantia inicial que essa pessoa aplicou em ações corresponde ao valor de:

a) R$ 4 222,22.
b) R$ 4 523,80.
c) R$ 5 000,00.
d) R$ 13 300,00.
e) R$ 17 100,00.

15. Os dados do gráfico foram coletados por meio da Pesquisa Nacional por Amostra de Domicílios (Pnad).

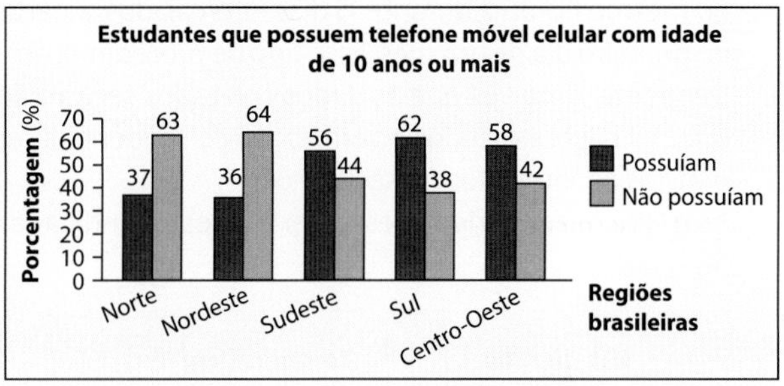

Fonte: IBGE. Disponível em: <http://ibge.gov.br>. Acesso em: 28 abr. 2010 (adaptado).

Supondo-se que, no Sudeste, 14 900 estudantes foram entrevistados nessa pesquisa, quantos deles possuíam telefone móvel celular?

a) 5 513
c) 7 450
e) 9 536
b) 6 556
d) 8 344

16. Em 7 de abril de 2004, um jornal publicou o *ranking* de desmatamento, conforme gráfico abaixo, da chamada Amazônia Legal, integrada por nove estados.

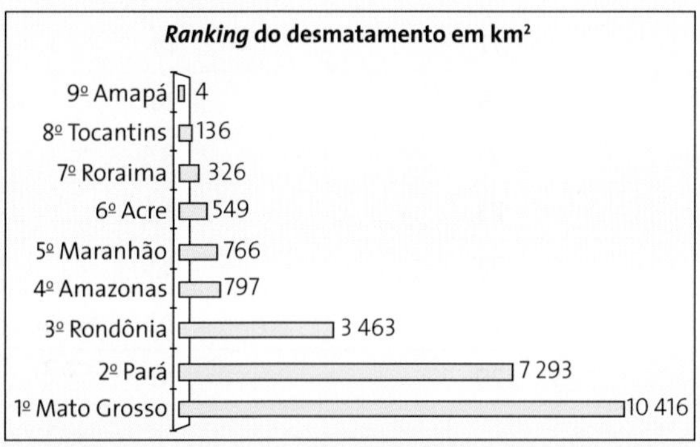

Disponível em: <www.folhaonline.com.br>. Acesso em: 30 abr. 2010 (adaptado).

Considerando-se que até 2009 o desmatamento cresceu 10,5% em relação aos dados de 2004, o desmatamento médio por estado em 2009 está entre:

a) 100 km^2 e 900 km^2.
b) 1 000 km^2 e 2 700 km^2.
c) 2 800 km^2 e 3 200 km^2.
d) 3 300 km^2 e 4 000 km^2.
e) 4 100 km^2 e 5 800 km^2.

17. Cerca de 20 milhões de brasileiros vivem na região coberta pela caatinga, em quase 800 mil km^2 de área. Quando não chove, o homem do sertão e sua família precisam caminhar quilômetros em busca de água dos açudes. A irregularidade climática é um dos fatores que mais interferem na vida do sertanejo.

Disponível em: <http://wwf.org.br>. Acesso em: 23 abr. 2010.

Segundo este levantamento, a densidade demográfica da região coberta pela caatinga, em habitantes por km^2, é de:

a) 250.
b) 25.
c) 2,5.
d) 0,25.
e) 0,025.

18. Um jovem investidor precisa escolher qual investimento lhe trará maior retorno financeiro em uma aplicação de R$ 500,00. Para isso, pesquisa o rendimento e o imposto a ser pago em dois investimentos: poupança e CDB (Certificado de Depósito Bancário). As informações obtidas estão resumidas no quadro:

	Rendimento mensal (%)	**IR** (Imposto de Renda)
Poupança	0,560	isento
CDB	0,876	4% (sobre o ganho)

Para o jovem investidor, ao final de um mês, a aplicação mais vantajosa é:

a) a poupança, pois totalizará um montante de R$ 502,80.
b) a poupança, pois totalizará um montante de R$ 500,56.
c) o CDB, pois totalizará um montante de R$ 504,38.
d) o CDB, pois totalizará um montante de R$ 504,21.
e) o CDB, pois totalizará um montante de R$ 500,87.

19. Considere que uma pessoa decida investir uma determinada quantia e que sejam apresentadas três possibilidades de investimento, com rentabilidades líquidas garantidas pelo período de um ano, conforme descritas:
Investimento *A*: 3% ao mês.
Investimento *B*: 36% ao ano.
Investimento *C*: 18% ao semestre.
As rentabilidades, para esses investimentos, incidem sobre o valor do período anterior. O quadro fornece algumas aproximações para a análise das rentabilidades:

n	$1{,}03^n$
3	1,093
6	1,194
9	1,305
12	1,426

Para escolher o investimento com maior rentabilidade anual, essa pessoa deverá:

a) escolher qualquer um dos investimentos *A*, *B* ou *C*, pois as suas rentabilidades anuais são iguais a 36%.
b) escolher os investimentos *A* ou *C*, pois suas rentabilidades anuais são iguais a 36%.
c) escolher o investimento *A*, pois a sua rentabilidade anual é maior que as rentabilidades anuais dos investimentos *B* e *C*.
d) escolher o investimento *B*, pois sua rentabilidade de 36% é maior que as rentabilidades de 3% do investimento *A* e de 18% do investimento *C*.
e) escolher o investimento *C*, pois sua rentabilidade de 39% ao ano é maior que a rentabilidade de 36% ao ano dos investimentos *A* e *B*.

20. Para uma atividade realizada no laboratório de Matemática, um aluno precisa construir uma maquete da quadra de esportes que tem 28 m de comprimento por 12 m de largura. A maquete deverá ser construída na escala de 1:250.
Que medidas de comprimento e largura, em cm, o aluno utilizará na construção da maquete?
a) 4,8 e 11,2
b) 7,0 e 3,0
c) 11,2 e 4,8
d) 28,0 e 12,0
e) 30,0 e 70,0

21. Sabe-se que a distância real, em linha reta, de uma cidade *A*, localizada no estado de São Paulo, a uma cidade *B*, localizada no estado de Alagoas, é igual a 2000 km. Um estudante ao analisar um mapa verificou com sua régua que a distância entre essas duas cidades, *A* e *B*, era 8 cm. Os dados nos indicam que o mapa observado pelo estudante está na escala de:
a) 1:250.
b) 1:2500.
c) 1:25000.
d) 1:250000.
e) 1:25000000.

22. José, Carlos e Paulo devem transportar em suas bicicletas uma certa quantidade de laranjas. Decidiram dividir o trajeto a ser percorrido em duas partes, sendo que ao final da primeira parte eles redistribuiriam a quantidade de laranjas que cada um carregava dependendo do cansaço de cada um. Na primeira parte do trajeto, José, Carlos e Paulo dividiram as laranjas na proporção 6:5:4, respectivamente. Na segunda parte do trajeto, José, Carlos e Paulo dividiram as laranjas na proporção 4:4:2, respectivamente. Sabendo-se que um deles levou 50 laranjas a mais no segundo trajeto, qual a quantidade de laranjas que José, Carlos e Paulo, nessa ordem, transportaram na segunda parte do trajeto?
a) 600, 550, 350
b) 300, 300, 150
c) 300, 250, 200
d) 200, 200, 100
e) 100, 100, 50

23. Um biólogo mediu a altura de cinco árvores distintas e representou-as em uma mesma malha quadriculada, utilizando escalas diferentes, conforme indicações na figura a seguir.

I 1:100 — II 2:100 — III 2:300 — IV 1:300 — V 2:300

Qual é a árvore que apresenta a maior altura real?
a) I
b) II
c) III
d) IV
e) V

24. Uma equipe de especialistas do centro meteorológico de uma cidade mediu a temperatura do ambiente, sempre no mesmo horário, durante 15 dias intercalados, a partir do primeiro dia de um mês. Esse tipo de procedimento é frequente, uma vez que os dados coletados servem de referência para estudos e verificação de tendências climáticas ao longo dos meses e anos.
As medições ocorridas nesse período estão indicadas no quadro:

Dia do mês	**Temperatura** (em °C)
1	15,5
3	14
5	13,5
7	18
9	19,5
11	20
13	13,5
15	13,5
17	18
19	20
21	18,5
23	13,5
25	21,5
27	20
29	16

Em relação à temperatura, os valores da média, mediana e moda são, respectivamente, iguais a:
a) 17 °C, 17 °C e 13,5 °C.
b) 17 °C, 18 °C e 13,5 °C.
c) 17 °C, 13,5 °C e 18 °C.
d) 17 °C, 18 °C e 21,5 °C.
e) 17 °C, 13,5 °C e 21,5 °C.

25. Um produtor de café irrigado em Minas Gerais recebeu um relatório de consultoria estatística, constando, entre outras informações, o desvio padrão das produções de uma safra dos talhões de suas propriedades. Os talhões têm a mesma área de 30 000 m^2 e o valor obtido para o desvio padrão foi de 90 kg/talhão. O produtor deve apresentar as informações sobre a produção e a variância dessas produções em sacas de 60 kg por hectare (10 000 m^2).
A variância das produções dos talhões expressa em $(\text{sacas/hectare})^2$ é:
a) 20,25.
b) 4,50.
c) 0,71.
d) 0,50.
e) 0,25.

26. Arthur deseja comprar um terreno de Cléber, que lhe oferece as seguintes possibilidades de pagamento:

Opção 1: Pagar à vista, por R$ 55 000,00.

Opção 2: Pagar a prazo, dando uma entrada de R$ 30 000,00, e mais uma prestação de R$ 26 000,00 para dali a 6 meses.

Opção 3: Pagar a prazo, dando uma entrada de R$ 20 000,00, mais uma prestação de R$ 20 000,00, para dali a 6 meses e outra de R$ 18 000,00 para dali a 12 meses da data da compra.

Opção 4: Pagar a prazo, dando uma entrada de R$ 15 000,00 e o restante em 1 ano da data da compra, pagando R$ 39 000,00.

Opção 5: Pagar a prazo, dali a um ano, o valor de R$ 60 000,00.

Arthur tem o dinheiro para pagar à vista, mas avalia se não seria melhor aplicar o dinheiro do valor à vista (ou até um valor menor), em um investimento, com rentabilidade de 10% ao semestre, resgatando os valores à medida que as prestações da opção escolhida fossem vencendo.

Após avaliar a situação do ponto de vista financeiro e das condições apresentadas, Arthur concluiu que era mais vantajoso financeiramente escolher a opção:

a) 1. b) 2. c) 3. d) 4. e) 5.

27. Nos últimos anos, a televisão tem passado por uma verdadeira revolução, em termos de qualidade de imagem, som e interatividade com o telespectador. Essa transformação se deve à conversão do sinal analógico para o sinal digital. Entretanto, muitas cidades ainda não contam com essa nova tecnologia. Buscando levar esses benefícios a três cidades, uma emissora de televisão pretende construir uma nova torre de transmissão, que envie sinal às antenas *A*, *B* e *C*, já existentes nessas cidades. As localizações das antenas estão representadas no plano cartesiano:

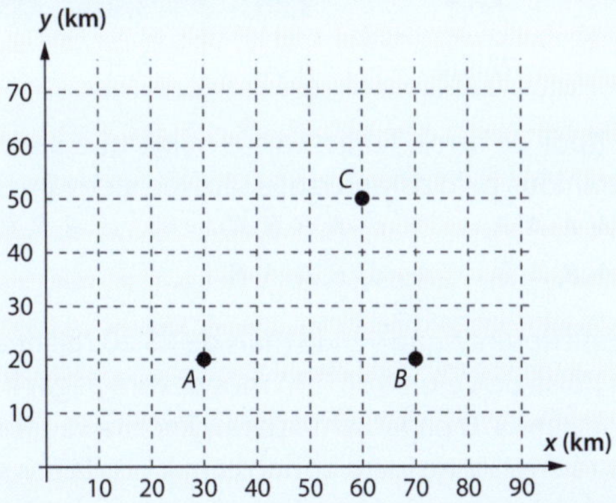

A torre deve estar situada em um local equidistante das três antenas. O local adequado para a construção dessa torre corresponde ao ponto de coordenadas:

a) (65, 35).

b) (53, 30).

c) (45, 35).

d) (50, 20).

e) (50, 30).

28. Uma falsa relação

O cruzamento da quantidade de horas estudadas com o desempenho no Programa Internacional de Avaliação de Estudantes (Pisa) mostra que mais tempo na escola não é garantia de nota acima da média.

Notas no Pisa e carga horária (países relacionados)*

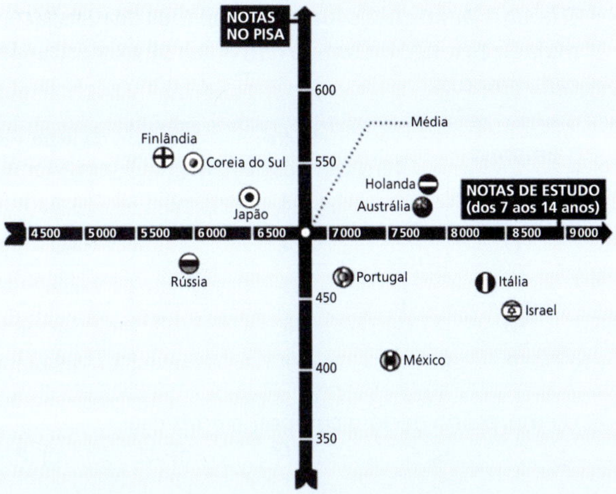

* Considerando as médias de cada país no exame de Matemática.

Nova Escola. São Paulo, dez. 2010 (adaptado).

Dos países com notas abaixo da média nesse exame, aquele que apresenta maior quantidade de horas de estudo é:

a) Finlândia.

b) Holanda.

c) Israel.

d) México.

e) Rússia.

29. A cidade de Guarulhos (SP) tem o 8º PIB municipal do Brasil, além do maior aeroporto da América do Sul. Em proporção, possui a economia que mais cresce em indústrias, conforme mostra o gráfico.

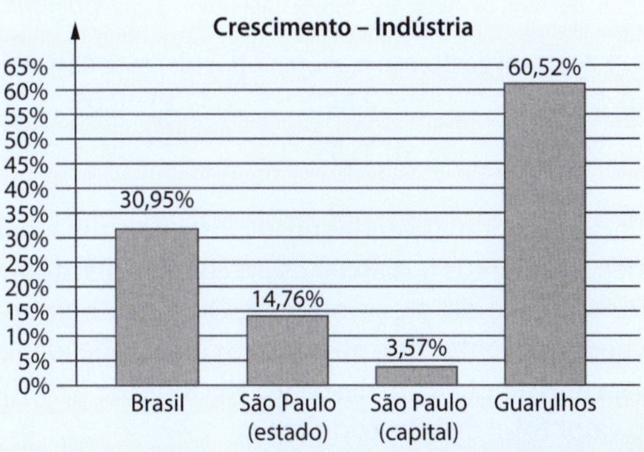

Fonte: IBGE, 2002-2008 (adaptado).

Analisando os dados percentuais do gráfico, qual a diferença entre o maior e o menor centro em crescimento no polo das indústrias?

a) 75,28

b) 64,09

c) 56,95

d) 45,76

e) 30,07

30. Cinco empresas de gêneros alimentícios encontram-se à venda. Um empresário, almejando ampliar os seus investimentos, deseja comprar uma dessas empresas. Para escolher qual delas irá comprar, analisa o lucro (em milhões de reais) de cada uma delas, em função de seus tempos (em anos) de existência, decidindo comprar a empresa que apresente o maior lucro médio anual.
O quadro apresenta o lucro (em milhões de reais) acumulado ao longo do tempo (em anos) de existência de cada empresa.

Empresa	Lucro (em milhões de reais)	Tempo (em anos)
F	24	3,0
G	24	2,0
H	25	2,5
M	15	1,5
P	9	1,5

O empresário decidiu comprar a empresa:
a) *F*. b) *G*. c) *H*. d) *M*. e) *P*.

31. Deseja-se postar cartas não comerciais, sendo duas de 100 g, três de 200 g e uma de 350 g. O gráfico mostra o custo para enviar uma carta não comercial pelos Correios:

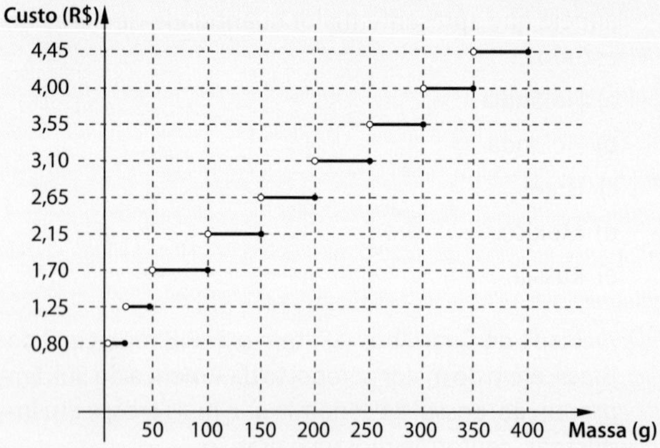

Disponível em: <www.correios.com.br>. Acesso em: 2 ago. 2012 (adaptado).

O valor total gasto, em reais, para postar essas cartas é de:
a) 8,35. c) 14,40. e) 18,05.
b) 12,50. d) 15,35.

32. Para aumentar as vendas no início do ano, uma loja de departamentos remarcou os preços de seus produtos 20% abaixo do preço original. Quando chegam ao caixa, os clientes que possuem o cartão fidelidade da loja têm direito a um desconto adicional de 10% sobre o valor total de suas compras.
Um cliente deseja comprar um produto que custava R$ 50,00 antes da remarcação de preços. Ele não possui o cartão fidelidade da loja.
Caso esse cliente possuísse o cartão fidelidade da loja, a economia adicional que obteria ao efetuar a compra, em reais, seria de:
a) 15,00. b) 14,00. c) 10,00. d) 5,00. e) 4,00.

33. Foi realizado um levantamento nos 200 hotéis de uma cidade, no qual foram anotados os valores, em reais, das diárias para um quarto padrão de casal e a quantidade de hotéis para cada valor da diária. Os valores das diárias foram: A = R$ 200,00; B = R$ 300,00; C = R$ 400,00 e D = R$ 600,00. No gráfico, as áreas representam as quantidades de hotéis pesquisados, em porcentagem, para cada valor da diária.

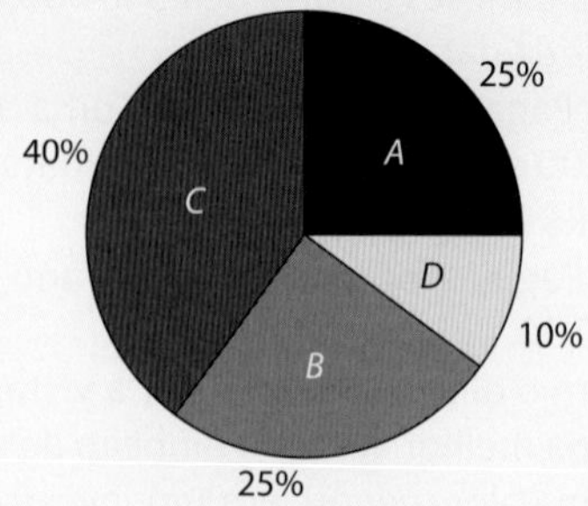

O valor mediano da diária, em reais, para o quarto padrão de casal nessa cidade, é:
a) 300,00. c) 350,00. e) 400,00.
b) 345,00. d) 375,00.

34. Um comerciante visita um centro de vendas para fazer cotação de preços dos produtos que deseja comprar. Verifica que se aproveita 100% da quantidade adquirida de produtos do tipo *A*, mas apenas 90% de produtos do tipo *B*. Esse comerciante deseja comprar uma quantidade de produtos, obtendo o menor custo/benefício em cada um deles. O quadro mostra o preço por quilograma, em reais, de cada produto comercializado.

Produto	Tipo *A*	Tipo *B*
Arroz	2,00	1,70
Feijão	4,50	4,10
Soja	3,80	3,50
Milho	6,00	5,30

Os tipos de arroz, feijão, soja e milho que devem ser escolhidos pelo comerciante são, respectivamente:
a) *A, A, A, A*. c) *A, B, B, A*. e) *B, B, B, B*.
b) *A, B, A, B*. d) *B, A, A, B*.

35. O contribuinte que vende mais de R$ 20 mil de ações em Bolsa de Valores em um mês deverá pagar imposto de Renda. O pagamento para a Receita Federal consistirá em 15% do lucro obtido com a venda das ações.
Disponível em: <www1.folha.uol.com.br>. Acesso em: 26 abr. 2010 (adaptado).

Um contribuinte que vende R$ 34 mil em um lote de ações que custou R$ 26 mil terá de pagar de Imposto de Renda à Receita Federal o valor de:
a) R$ 900,00. d) R$ 3 900,00.
b) R$ 1 200,00. e) R$ 5 100,00.
c) R$ 2 100,00.

Respostas

Capítulo 1

Matemática financeira

1. $\frac{8}{9}$
2. R$ 1035,00
3. **b**
4. **c**
5. a) Minas Gerais.
   b) Amazonas.
   c) Alagoas.
6. a) Diretamente proporcionais.
   b) Inversamente proporcionais.
   c) Diretamente proporcionais.
   d) Não são diretamente nem inversamente proporcionais.
7. $x = 14; y = 35; z = 42.$
8. R$ 147,00
9. 52; 130; 104; 78.
10. R$ 294,00 e R$ 196,00.
11. R$ 540,00 e R$ 405,00.
12. 72 000 litros.
13. Rafael: R$ 8 000,00; Paulo: R$ 6 000,00.
14. 144 peças.
15. Aproximadamente 667 litros.
16. 300 litros.
17. **e**
18. a) 57
    b) 80%
    c) 40
    d) R$ 22,75
    e) R$ 376,00
    f) 57%
    g) Menor.
19. Aproximadamente 16,7%.
20. 705 mL a 1410 mL.
21. a) 6,17% ao ano. b) 5,6% ao ano.
22. **d**
23. R$ 1325,30
24. a) Ofertas 1 e 3. b) Oferta 3.
25. **e**

Leitura

R$ 105,91

26. a) $f = 1,03$
    b) $f = 0,97$
    c) $f = 1,15$
    d) $f = 0,85$
    e) $f = 3,3$
    f) $f = 31$
27. a) Aumento de 13%.
    b) Desconto de 30%.
    c) Aumento de 100%.
    d) Desconto de 5%.
    e) Aumento de 2 900%.
28. a) Aumento de 8,15%.
    b) Desconto de 12%.
    c) Aumento de 33,1%.
    d) Desconto de 0,6%.
29. 4%
30. 18%
31. O aumento foi de 15%.
32. Após o aumento: R$ 84,00 e após o desconto: R$ 79,80.
33. A da 1ª loja.
34. Aproximadamente 63 890 pontos.
35. Luís R$ 750,00, Marta R$ 600,00 e Sérgio R$ 540,00.
36. R$ 55,14
37. R$ 2,39
38. 5 900%
39. O desconto de 55% é maior.
40. 2,06%
41. Aproximadamente 20%.

Resolvido passo a passo

6. a) 5% ao mês.

42. R$ 225,00 de juros.
43. 5 meses.
44. 1% ao mês.
45. R$ 220,00
46. R$ 20,00
47. R$ 7 092,59
48. a) 39,24% b) R$ 353,16
49. a) R$ 757,70 b) 8,24%
50. R$ 1144,62
51. R$ 2 130,05
52. 28 meses.
53. 7 meses.
54. 4 meses.
55. 4% ao mês.
56. **c**
57. Marcos pagou R$ 4 560,00 e Luís, R$ 4 641,00.
58. 329,98%
59. 81,71%
60. 47,59%
61. 14,01%
62. 12,68%
63. 19,4%
64. 7,2%
65. 2,29%
66. A opção **b**.
67. a) 2014: R$ 3 600,00; 2015: R$ 3 960,00; 2016: R$ 4 356,00.
    b) R$ 23 916,00
68. Jaqueline.
69. Pagar à vista.
70. Parcelar a compra.
71. Opção **a**.
72. R$ 444,50

Atividades adicionais

1. R$ 420,00
2. 17%
3. 3,74%
4. R$ 530,92
5. 13,04%
6. 11,82%
7. R$ 10 638,00
8. R$ 4 640,00
9. 50 meses.
10. 48% ao ano.
11. R$ 21 908,90
12. a) 26,97% b) R$ 188,81
13. R$ 478,42
14. R$ 1186,03
15. R$ 1865,21
16. R$ 306,04
17. 10 meses.
18. 48,6%
19. 107,83%
20. 100%
21. **d**
22. **a**

Vestibulares de Norte a Sul

1. **c**
2. **c**
3. **b**
4. **d**
5. **c**
6. **c**
7. 1) Errado. 2) Errado. 3) Correto.
8. **b**
9. **b**
10. **c**
11. **c**
12. a) R$ 512,00; R$ 320,00; R$ 448,00.
    b) R$ 320,00; R$ 800,00; R$ 160,00.
13. a) R$ 13 996,80 b) 10
14. **b**
15. 01) Errada. 02) Errada. 04) Correta. 08) Correta. 16) Errada.
16. **a**

Para refletir

Página 22

R$ 0,80 e R$ 0,08.

Página 24

$0,75x + 6,75$

Capítulo 2
Estatística

Questão da p. 46
População.

1. a) Quantitativa discreta.
b) Quantitativa contínua.
c) Quantitativa nominal.
d) Quantitativa discreta.
e) Quantitativa nominal.
f) Quantitativa ordinal.

2. a) 3 500 clientes; 210 clientes.
b) Cor (qualitativa nominal); preço (quantitativa contínua); número de portas (quantitativa discreta); estado de conversão (qualitativa ordinal).
c) Branca, vermelha e azul.

4. a) Sexo, cor do cabelo, *hobby*.
b) M (masculino) e F (feminino).
c) 10; $\frac{10}{25}$; 0,4 e 40%.
d) Castanho.

Questão da p. 50
Amplitude total: $53 - 9 = 44$
Amplitude de cada classe: $\frac{10}{5} = 2$

9. a) Sexo, altura, cor dos olhos, cor dos cabelos e tipo sanguíneo.
b) Sexo: quantitativa discreta.
Altura: quantitativa contínua.
Cor dos olhos e cabelo: nominal.
Tipo sanguíneo: qualitativa nominal.
c) Amostra. A população é de 200 alunos.
d) $FA = 30$; $FR = \frac{30}{50} = 60\%$
e) 0,20 m
f) $\frac{30}{50} = 60\%$; $\frac{2}{50} = 4\%$

10. a) De agosto a setembro e de outubro a dezembro.
b) Outubro. d) Novembro.
c) Agosto.

13. a) 2002 c) Decresceu.
b) 2007 d) 5 079 milhões de dólares.

16. a) 40 alunos; 21 mulheres e 19 homens.
b) 12
c) 3
d) 50%

18. a) 3,6 h b) 30%

Resolvido passo a passo
5. a) Não.
b) 3 000

22. a) 2 b) 1
23. 7,5
24. 17,2 anos.
25. 7,0
26. **d**
27. $MA = 2{,}3$ e $Me = 2$.
28. $MA = 13$ reais e $Me = 13{,}5$ reais.
29. a) 121 b) 121,5 c) 126 d) 126
30. a) $MA = 14{,}3$; $Mo = 15$; $Me = 14{,}5$.
b) $MA = 1{,}71$; $Mo = 1{,}67$; $Me = 1{,}71$.
31. $MA = 745$; $Mo = 850$; $Me = 750$.
32. a) 40 b) 12,5% c) 72,5%
d) $MA = 3{,}15$; $Mo = 3$; $Me = 3$.
33. Média: 61; desvio padrão: 3,56.
34. c) $MA = 5{,}8$; $Mo = 5{,}0$; $Me = 5{,}0$; $DP \simeq 2{,}4$.
35. a) $MA =$ R$ 2 500,00 e $Me =$ R$ 2 000,00.
b) Menor.
38. a) Diminuiu 17,21%. b) 14%
39. 30%
40. a) Habitação. b) 15%
c) 61 anos ou mais.

Outros contextos
1. Texto informativo.
2. A taxa de natalidade tende a diminuir e a expectativa de vida tende a aumentar.
3. a) Sim. b) Não. c) 325 574
4. a) De 30 a 39 anos.
b) De 30 a 39 anos.
Masculino → FA: 104 546 709; FR: 49,30%.
Feminino → FA: 107 530 666; FR: 50,70%.

Atividades adicionais
3. R$ 3,00
4. 45
5. **e**
6. **b**
7. **a**
8. **c**
9. a) Quantitativa discreta.
b) 15 indivíduos.
c) 3 valores (60, 70 ou 80).
10. 1) $\bar{x} = 3{,}25$; $d = \frac{\sqrt{5}}{4}$.
2) Todos os elementos do conjunto X pertencem ao intervalo C.

Vestibulares de Norte a Sul
1. **e**
2. **b**
3. **c**
4. a) F b) V c) F
5. **d**
6. **d**
7. a) A variância é nula se todos os valores forem iguais, pois, neste caso, todos os valores individuais são iguais a média.
b) m é a média aritmética entre x_1, x_2, x_3.
8. **d**
9. **a**

Para refletir
Página 46
Quando todos os elementos do universo estatístico são pesquisados.

Página 56
Sala B: 72°; Sala C: 180°.

Página 58
$140 \vdash 150$: valor médio 145
$150 \vdash 160$: valor médio 155
$160 \vdash 170$: valor médio 165
$170 \vdash 180$: valor médio 175
$180 \vdash 190$: valor médio 185

Página 63
É uma distribuição em que a moda se repete três vezes.

Página 66
Porque essa é a propriedade das médias aritméticas.

Página 68
Se a variância for 0 ou 1, o desvio padrão também será, respectivamente, 0 ou 1. E se a variância pertencer ao intervalo (0, 1), então o desvio padrão será maior do que a variância.

Capítulo 3
Geometria analítica: ponto e reta

Questão da p. 82
a) O d) C
b) A e) D
c) B

1. a) (2, 5) d) (−1, −6)
b) (5, 2) e) (3, −4)
c) (−4, 3)
3. $A(0, 0)$; $B(2a, 0)$; $C(2a, a)$; $D(0, a)$.
4. **a**
5. $A(2, 0)$; $B(0, 2)$; $C(-2, 0)$; $D(0, -2)$.
6. $P \in 1^{\underline{o}}$ quadrante ou $P \in 3^{\underline{o}}$ quadrante.
7. $m \in \mathbb{R} \mid -\frac{4}{3} < m < -\frac{1}{2}$
8. a) $\sqrt{13}$ b) 6 c) $\sqrt{29}$ d) $\sqrt{5}$
9. a) $6\sqrt{2}$ b) 5
10. $\pm 2\sqrt{2}$
11. $\sqrt{2}$
12. $P(3, 0)$
13. −2 ou 8
14. $3x^2 + 3y^2 + 42x + 22y + 46 = 0$

15. Perímetro: $2\sqrt{58} + 6$

16. a) $M(2, -6)$ c) $M(-3, -3)$

b) $M(2, \frac{3}{2})$

17. $B(8, -2)$

18. Mediana AM_3: 3; mediana BM_2: 3; mediana CM_1: 3.

19. 6

20. $C(0, -7)$ e $D(-4, -8)$.

21. $P(5, 4)$ 22. $C(8, 3)$ e $D(13, 5)$.

23. (4, 6)

24. a) Não. b) Sim.

25. $x \neq -1$ 26. $P(0, -\frac{6}{5})$

27. $P\left(\frac{4}{5}, \frac{12}{5}\right)$ 28. $P(2, 2)$

29. $P\left(\frac{1}{2}, \frac{3}{2}\right)$

30. a) $\frac{1}{2}$ d) $-\frac{1}{2}$

b) -1 e) $\frac{5}{7}$

c) Não há. f) $-\frac{1}{5}$

32. $m = -\frac{2}{3}; n = \frac{1}{3}$.

33. $y = 3x + 8$

34. $y = \frac{3}{5}x + 3$

35. $y = \sqrt{3}\,x$

36. a) $4x - y - 11 = 0$

b) $x - y - 3 = 0$

c) $y = -5$

d) $3x + 8y - 17 = 0$

e) $x = -3$

f) $x + 2y + 4 = 0$

g) $y = -7$

h) $y = x$

i) $y = -\frac{\sqrt{3}}{3}x$

37. $P \notin \overline{AB}$

38. $3x - 2y = 0$

39. $7x + 2y - 15 = 0$

40. $x - y + 3 = 0$

41. Reta-suporte do lado $\overline{AB}$: $x - y = 0$; reta-suporte do lado $\overline{AC}$: $3x + 4y - 7 = 0$; reta-suporte do lado $\overline{BC}$: $6x + y + 14 = 0$.

42. a) $3x + y - 3 = 0$

b) $9x - 4y + 41 = 0$

c) $2x - 3y - 10 = 0$

d) $4x - y - 9 = 0$

43. $y = \frac{1}{2}x - \frac{9}{2}$

44. a) $y = -\frac{2x}{3} + 2$ c) $\frac{x}{12} + \frac{y}{4} = 1$

b) $x - 2y + 16 = 0$ d) $x + y - 5 = 0$

45. $y = \frac{x - 1}{2}$

46. $y = 4x - 1$

47. $\frac{x}{\frac{14}{3}} + \frac{y}{\frac{-14}{5}} = 1$

48. (4, 0) e (0, −6)

49. a) $\frac{x}{3} + \frac{y}{2} = 1$

b) $\frac{x}{5} + \frac{y}{-10} = 1$

c) $\frac{x}{2} + \frac{y}{3} = 1$

d) $\frac{x}{5} + \frac{y}{5} = 1$

50. $\frac{x}{3} + \frac{y}{3} = 1$

51. a) $y = x$ ou $x - y = 0$.

b) $y = -x$ ou $x + y = 0$.

c) $y = 0$

d) $x = 0$

52. $-\frac{3}{4}$ 53. $y = -2x - 3$

54. $\frac{9}{2}$

55. $\overline{AC}$: $4x - 5y + 1 = 0$;

$\overline{BD}$: $2x + 3y - 16 = 0$.

56. $k = 1 \rightarrow 3x - 2y - 4 = 0$

57. $x - 3y + 7 = 0$

58. $\overline{CM}$: $\frac{x}{2} + \frac{y}{4} = 1$

$\overline{AN}$: $\frac{x}{4} + \frac{y}{2} = 1$

59. Paralelas. 60. −4 ou 1.

61. a) $y = -4x + 6$ c) $y = \frac{2x}{5} = \frac{17}{5}$

b) $y = 2$

62. $y = 5$

63. a) $P(-\frac{1}{2}, 3)$ b) $P(2, 4)$

c) Todos os pontos são comuns.

64. $(-9, 5)$; $(17, 5)$ e $\left(4, -\frac{3}{2}\right)$.

66. $M\left(\frac{56}{13}, \frac{24}{13}\right)$ 67. $y = \frac{x}{2} + 1$

Resolvido passo a passo

5. a) Ficará à mesma distância de todas as cidades.

b) $1\,250\pi$ km²

68. a) $4x - 3y + 18 = 0$

b) $x + 2y - 14 = 0$

c) $x = 3$

69. $y + 3x - 19 = 0$

70. $4x + 5y - 10 = 0$

72. $P\left(3\frac{1}{3}, 4\frac{1}{3}\right)$

73. $2x + y + 3 = 0$

74. $N(10, -4)$

75. $\overline{AB}$: $y = \frac{3x}{4} + \frac{1}{4}$;

$\overline{AC}$: $y = -\frac{4x}{3} + 6$.

76. $k = -\frac{1}{4}$ 77. (2, 3)

78. a) 2 b) $2\sqrt{5}$ c) 1 d) $\frac{10\sqrt{13}}{13}$

79. 4 ou $-\frac{8}{3}$.

80. $2\sqrt{5}$ 81. 2

82. $\frac{22}{5}$ 83. 3

84. a) $\text{tg}\,\theta = \frac{2}{3}$

b) Retas perpendiculares.

c) $\text{tg}\,\theta = \frac{4}{7}$

d) Retas perpendiculares.

e) $\text{tg}\,\theta = \frac{7}{9}$

f) $\text{tg}\,\theta = \frac{3}{4}$

85. $y = -\frac{3x}{2} + 4$ e $y = \frac{2x}{3} - \frac{1}{3}$.

86. 4 87. $k = 16$ ou $k = -16$.

88. 4 89. 12

90. 84,5 91. $x + y - 4 = 0$

92. 38 93. **e**

95. a) $2x + 3y + k = 0, k \in \mathbb{R}$

b) $3 - 2y + k = 0, k \in \mathbb{R}$

97. a) $ax + by - (ax_0 + by_0) = 0$

b) $bx - ay + (ay_0 - by_0) = 0$

Atividades adicionais

1. **b** 2. (5, 5)

5. $x^2 + y^2 - 4x - 6y + 4 = 0$

6. Triângulo escaleno obtusângulo.

7. **c** 8. **a**

9. **d** 10. **b**

11. **b** 12. **b**

13. $a = \frac{4}{5}; b = \frac{12}{5}$.

15. (2, 2)

16. $P\left(\frac{1}{2}, \frac{3}{2}\right)$

17. $-\frac{7}{5}$

18. a) $x + 2y + 4 = 0$ c) $y = x$

b) $y = -7$ d) $y = -\frac{\sqrt{3}}{3}x$

19. $y = -\frac{x}{2} + 4$

20. $A(2, 5)$

21. $x - y - 4 = 0$

22. a) $y = -\frac{3x}{5} - 6$ c) $-\frac{x}{7} + \frac{y}{3} = 1$

b) $2x + y = 0$ d) $x + y - 3 = 0$

23. 8,4 24. Concorrentes.

25. a) $y = -x$ c) $y = 2$

b) $y = \frac{2x}{5} + \frac{17}{5}$

26. $y = -\frac{5x}{4} + \frac{55}{4}$

27. $y = \frac{7x}{3} + \frac{13}{3}$

28. $y = -\frac{x}{3} + 1$

29. $2x - 3y + 38 = 0$

30. 22

31. $x - y + 2 = 0$ e $x + y = 0$.

32. 60° 33. d^2

34. $\frac{7\sqrt{17}}{17}$ 35. $\frac{64}{3}$

38. **b** 39. **b**

Vestibulares de Norte a Sul

1. **a** 5. **d**
2. **a** 6. **e**
3. **a** 7. **a**
4. **d** 8. $(-3, 1)$; $(5, 1)$.
9. $s: y = \frac{4x}{3} - \frac{16}{3}$ e $t: y = \frac{4x}{3} - \frac{4}{3}$.
10. $F(6, 6)$
11. a) $M(4, 5)$ c) $B(10, 8)$; $D(-2, 2)$.

b) $C(7, -1)$

12. **d** 13. **c**
14. a) $3\sqrt{2}$ m

b) $4\sqrt{2}$ m

15. **e**

Para refletir

Página 87

Porque se A coincidir com B não há segmento. Portanto não há ponto médio.

Página 98

$5\sqrt{2}$

Página 101

As retas são paralelas (coincidentes ou distintas).

Página 109

Quando $P \in r$.

Capítulo 4

Geometria analítica: a circunferência

Resolvido passo a passo

5. 0,48 m^2

1. a) $C(5, 4)$ e $r = 1$.

b) $C(-2, -6)$ e $r = \sqrt{5}$.

c) $C(2, 0)$ e $r = 2$.

d) $C(-3, 1)$ e $r = 4$.

e) $C(0, 4)$ e $r = 1$.

f) $C(0, 0)$ e $r = \sqrt{10}$.

2. a) $(x - 2)^2 + (y - 5)^2 = 9$

b) $(x + 1)^2 + (y + 4)^2 = 2$

c) $x^2 + (y + 2)^2 = 16$

d) $(x - 4)^2 + y^2 = 25$

3. a) $r = 4$ e $C(2, -3)$.

b) $r = 4$ e $C(3, 1)$.

c) $C(2, 4)$ e $r = 2$.

d) $C(-6, 2)$ e $r = 7$.

e) $r = \sqrt{5}$ e $C(-4, 0)$.

f) $r = \sqrt{20}$ e $C(3, -4)$.

g) $C(0, 2)$ e $r = 2$.

h) $C(1, 1)$ e $r = \sqrt{2}$.

4. **a** e **d**. 5. A e B.
6. $x^2 + (y + 4)^2 = 2$
7. $C(-1, -1)$ e raio = 2.
8. $(x - 2)^2 + y^2 = 8$
9. $(x - 3)^2 + (y + 1)^2 = 2$
10. $k \in \mathbb{R} \mid k < 2$
11. a) $(x - 2)^2 + (y - 2)^2 = 4$

b) $(x - 2)^2 + (y - 4)^2 = 4$

12. $b = 7$ ou $b = -1$.
13. $C(1, -1)$ e $r = \sqrt{3}$.
14. $2x + 3y - 10 = 0$
15. $x - y - 1 = 0$ e $x + y - 5 = 0$.
16. $x^2 + y^2 = 25$
17. a) P pertence a λ;

b) P é externo a λ;

c) P é interno a λ.

18. P pertence à circunferência.
19. $(x + 1)^2 + (y - 4)^2 = 17$
20. $\sqrt{2}$
21. $S = 4$; $A(1, 2)$ e $B(-1, 4)$.
22. Secante.
23. a) Exterior à circunferência.

b) Secante; $(2, 2)$ e $(-1, -1)$.

24. $(6, -1)$ e $(3, 2)$. 25. $\sqrt{2}$
26. $m = \pm\frac{3}{4}$
27. $x + 2y - 8 = 0$
28. $y = 3$ e $3y - 4x - 9 = 0$.
29. $(x - 1)^2 + (y - 1)^2 = 32$
30. $(x - 4)^2 + (y + 4)^2 = 16$
31. $(x - 2)^2 + y^2 = 4$
32. a) λ_2 é interior a λ_1; não há ponto em comum.

b) Secantes; $(3, 5)$ e $(1, 3)$.

c) Tangentes externas; $(2, -1)$.

d) Tangentes internas; $(0, -4)$.

33. $x^2 + y^2 - 6x - 8y - 24 = 0$
34. **d** 35. **a**
36. Interno. 37. 4
38. 1 cm

Outros contextos

1. Resposta de acordo com o ano corrente.
2. Por exemplo, nas marcações dos campos de futebol, basquete, entre outros.
3. 36π u.a. 4. $x^2 + y^2 = (61)^2$
5. a) 40 m b) Sim.

Vestibulares de Norte a Sul

1. **a** 2. 5
3. **d** 4. **e**
5. **b** 6. $d = \sqrt{3}$; $4d^2 = 12$
7. **c** 8. **a**
9. **e** 10. 10 m
11. **c** 12. **a**
13. a) $P(-1, -2)$ c) $\frac{25}{4}$

b) $(x + 5)^2 + (y - 1)^2 = 5^2$

14. $a = 9$; $b = -2$; $r = 8\sqrt{2}$.

Para refletir

Página 126

Os três pontos devem ser distintos e não colineares.

Caiu no Enem

1. **d** 2. **d**
3. **e** 4. **d**
5. **d** 6. **d**
7. **b** 8. **b**
9. **e** 10. **c**
11. **c** 12. **c**
13. **e** 14. **c**
15. **d** 16. **c**
17. **b** 18. **d**
19. **c** 20. **c**
21. **e** 22. **b**
23. **d** 24. **b**
25. **e** 26. **d**
27. **e** 28. **c**
29. **c** 30. **b**
31. **d** 32. **e**
33. **c** 34. **d**
35. **b**

Parte 2

Nick Pavlakis/Shutterstock/Glow Images

CAPÍTULO

5 Geometria analítica: secções cônicas

Marco Cristofori/Corbis/Latinstock

Museu oceanográfico em Valência, Espanha.

1 Reconhecendo formas

As cônicas e a realidade

Consideremos as seguintes situações:

- A trajetória de um projétil, em queda livre, é um arco de **parábola**.

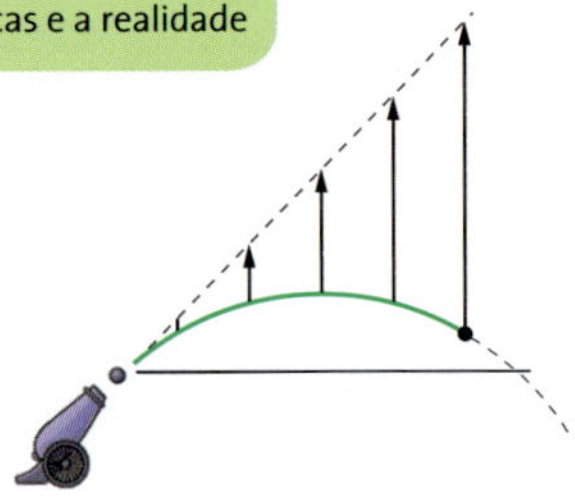

- Os planetas giram em torno do Sol em uma trajetória cuja forma é uma **elipse**.

- O gráfico que relaciona pressão (*P*) e volume (*V*) de um gás à temperatura constante, como o da figura, é um ramo de **hipérbole**.

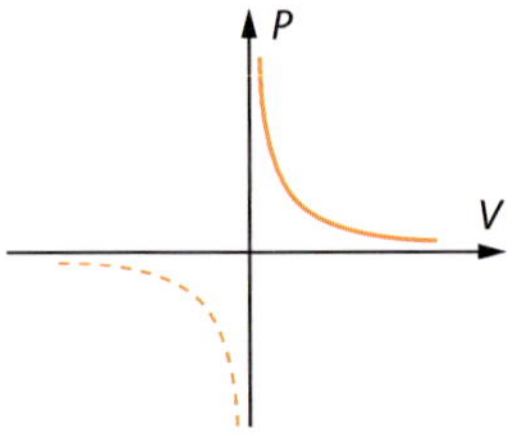

Vejamos mais algumas situações em que aparecem a parábola, a elipse e a hipérbole. Tente associar cada figura a seguir a uma das cônicas citadas.

Ilustrações: Dam d'Souza/Arquivo da editora

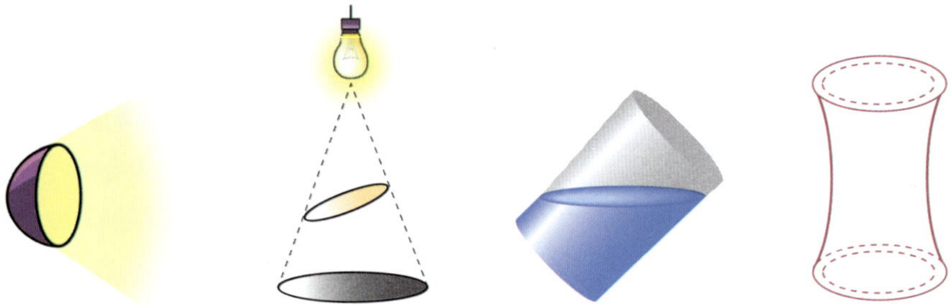

2 Parábola*

Origem

Vamos considerar um cone circular reto seccionado por um plano paralelo à geratriz, como mostram as ilustrações seguintes:

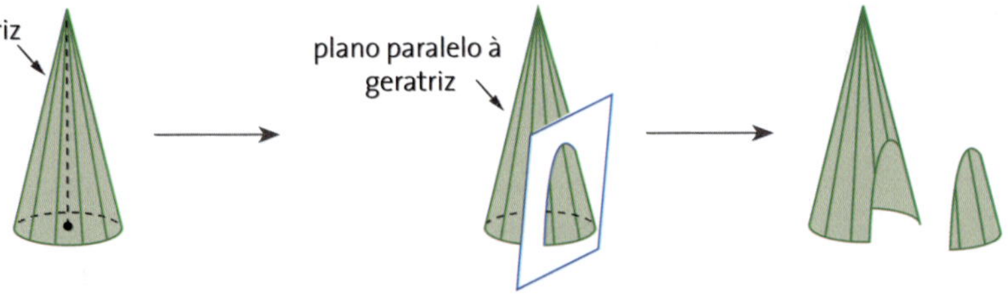

Nesse caso, dizemos que foi obtida uma secção cônica chamada **parábola**:

* Vamos retomar e aprofundar o que você já estudou no capítulo 4 do volume 1 – Função quadrática.

Definição e elementos

Inicialmente consideremos, no plano do papel, uma reta *d* e um ponto *F* que não pertence a ela.

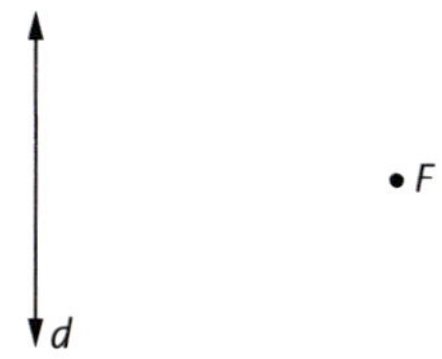

Vamos marcar, agora, uma série de pontos que estão a uma mesma distância do ponto fixado *F* e da reta *d*. Na prática, isso pode ser feito com o auxílio de uma régua, um esquadro, lápis, alfinete e barbante. Veja:

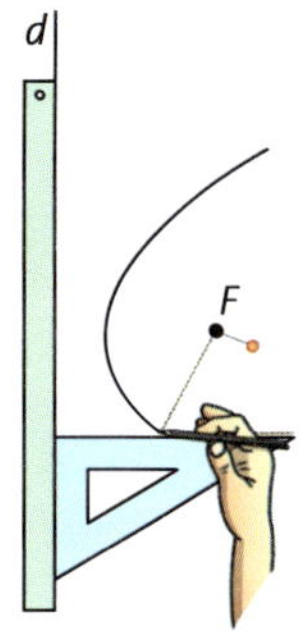

Dam d' Souza/Arquivo da editora

Construindo o gráfico ponto a ponto teremos:

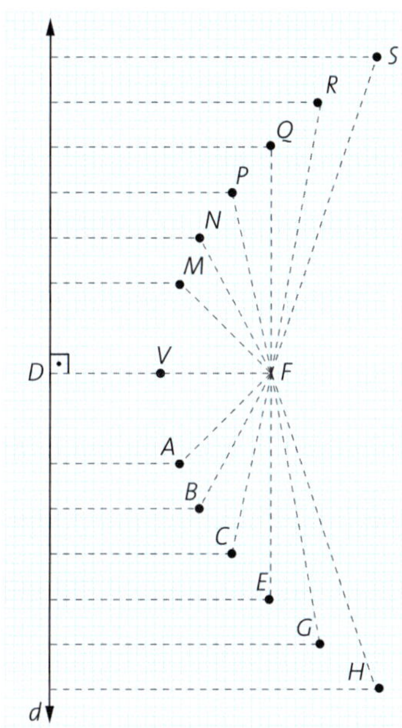

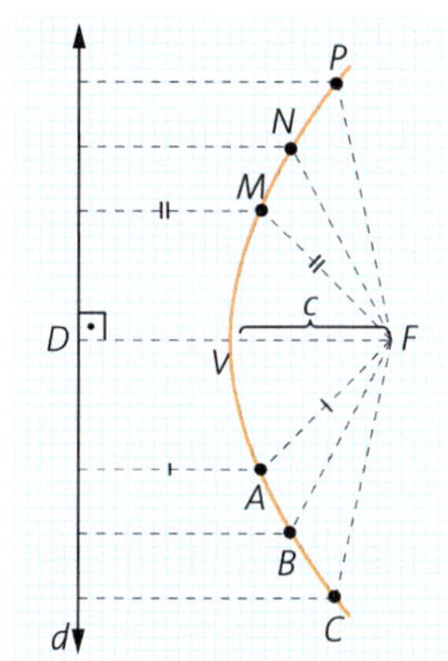

Fique atento!

$$VF = \frac{FD}{2} = c$$

A parábola é o conjunto de todos os pontos do plano que estão à mesma distância de *F* e *d*.

Fique atento!
Todo ponto da parábola tem essa propriedade e todo ponto do plano que possui essa propriedade pertence à parábola.

Na figura devemos destacar:

- o ponto *F*, foco da parábola;
- a reta *d*, diretriz da parábola;
- o ponto *V*, vértice da parábola (ponto médio de $\overline{FD}$, distância de *F* até *d*);
- a reta que passa por *F*, perpendicular à diretriz *d*, que se chama eixo de simetria da parábola;
- a medida de $\overline{FD}$, parâmetro ($2c$) da parábola.

Assim, definimos que parábola é o lugar geométrico dos pontos do plano que distam igualmente de uma reta fixa *d*, chamada **diretriz**, e de um ponto fixo *F*, não pertencente à diretriz, chamado **foco**.

Equação da parábola

Equação da parábola com vértice na origem

A partir do foco (F) e da diretriz (d), podemos chegar à equação da parábola formada por todos os pontos $P(x, y)$ do plano tais que $d(P, F) = d(P, d)$.

1º caso: diretriz $x = -c$ e foco $F(c, 0)$

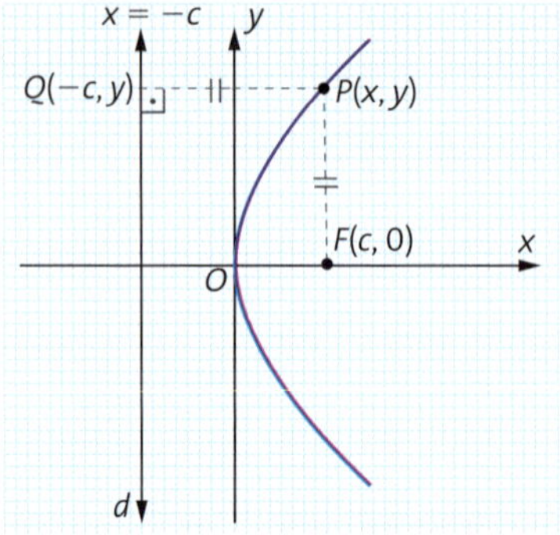

> **Fique atento!**
> c indica a distância do foco ao vértice e é sempre positivo. Logo, $-c$ indica um número negativo.

$$d(P, F) = d(P, Q) \Rightarrow \sqrt{(x - c)^2 + (y - 0)^2} = \sqrt{(x + c)^2 + (y - y)^2} \Rightarrow (x - c)^2 + y^2 = (x + c)^2 \Rightarrow$$

$$\Rightarrow \cancel{x^2} - 2cx + \cancel{c^2} + y^2 = \cancel{x^2} + 2cx + \cancel{c^2} \Rightarrow \boxed{y^2 = 4cx}$$

Nesse caso, o vértice está na origem e a parábola é simétrica em relação ao eixo Ox, que é o eixo da parábola.

2º caso: diretriz $y = -c$ e foco $F(0, c)$

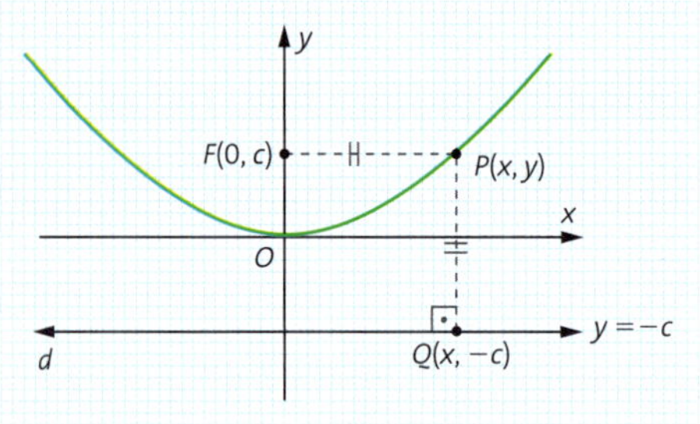

$$d(P, F) = d(P, Q) \Rightarrow \sqrt{(x - 0)^2 + (y - c)^2} = \sqrt{(x - x)^2 + (y + c)^2} \Rightarrow x^2 + (y - c)^2 = (y + c)^2 \Rightarrow$$

$$\Rightarrow x^2 + \cancel{y^2} - 2cy + \cancel{c^2} = \cancel{y^2} + 2cy + \cancel{c^2} \Rightarrow \boxed{x^2 = 4cy}$$

Nesse caso, o vértice está na origem e a parábola é simétrica em relação ao eixo Oy, que é o eixo da parábola.

3º caso: diretriz $x = c$ e $F(-c, 0)$

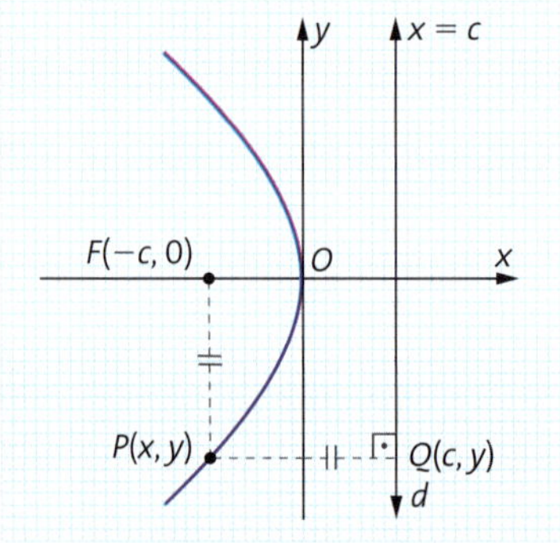

$$\boxed{y^2 = -4cx}$$

4º caso: diretriz $y = c$ e $F(0, -c)$

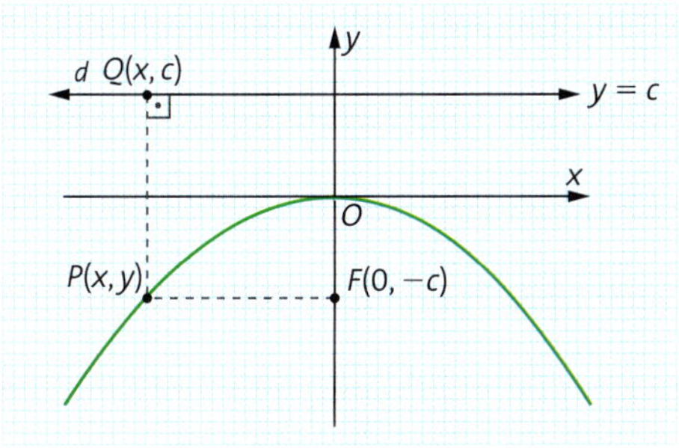

Fique atento!
O valor do coeficiente c indica a distância do foco ao vértice e, consequentemente, a concavidade da parábola.

$$x^2 = -4cy$$

Assim, parábolas com foco em um dos eixos, diretriz paralela ao outro eixo e vértice $V(0, 0)$ têm essas equações. Vale também a recíproca do que foi visto: as equações $y^2 = 4cx$, $x^2 = 4cy$, $y^2 = -4cx$ e $x^2 = -4cy$, com $c > 0$, representam parábolas com foco em um dos eixos, diretriz paralela ao outro eixo e vértice $V(0, 0)$.

Exercícios resolvidos

1. Determine a equação da parábola de foco $F(0, -5)$ e diretriz $y = 5$.

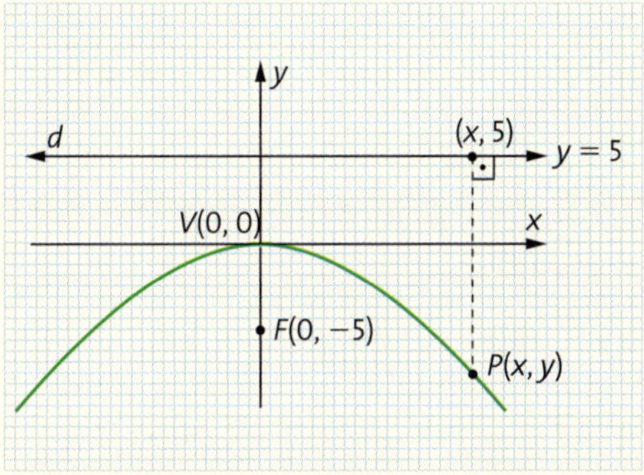

Resolução

Usando a propriedade de todo ponto $P(x, y)$ da parábola, temos:

$d(P, F) = \sqrt{(x - 0)^2 + (y + 5)^2} = \sqrt{x^2 + (y + 5)^2}$

A distância de P à reta $y = 5$ é igual à distância de P até $(x, 5)$, que é igual a $\sqrt{(x - x)^2 + (y - 5)^2}$.

Como as distâncias são iguais, temos:

$x^2 + (y + 5)^2 = 0^2 + (y - 5)^2 \Rightarrow$

$\Rightarrow x^2 + \cancel{y^2} + 10y + \cancel{25} = \cancel{y^2} - 10y + \cancel{25} \Rightarrow x^2 = -20y$

2. Determine o foco e a diretriz da parábola de equação $y^2 = 5x$.

Resolução

Podemos escrever $y^2 = 5x$ como $y^2 = 4 \cdot \frac{5}{4}\ x$.

A distância do vértice $(0, 0)$ ao foco é $c = \frac{5}{4}$.

Logo, $F\left(\frac{5}{4},\ 0\right)$ e a diretriz é $x = -\frac{5}{4}$.

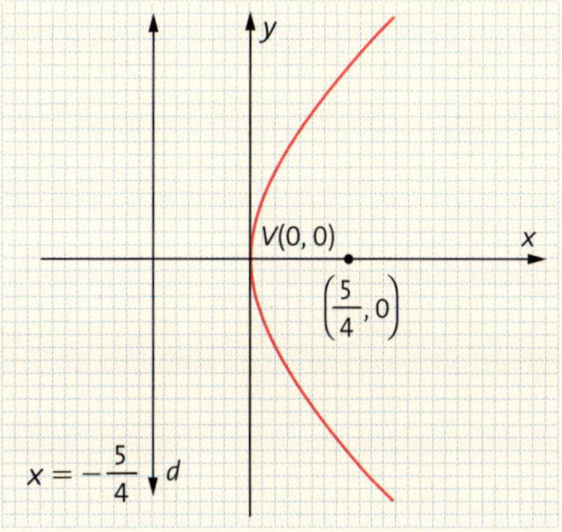

3. Esboce os gráficos das parábolas de equação:

a) $y^2 = x = 4 \cdot \frac{1}{4}x$ b) $y^2 = 4x = 4 \cdot 1x$ c) $y^2 = 8x = 4 \cdot 2x$

Resolução

a)

x	y
0	0
1	1
1	−1
4	2
4	−2

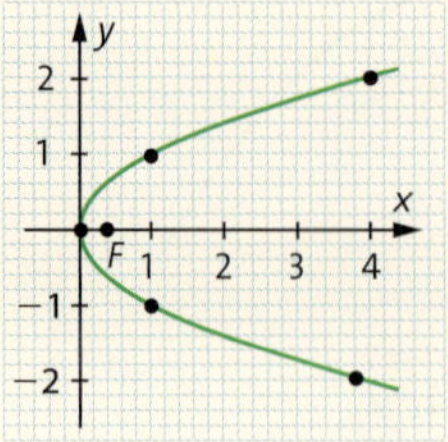

$F\left(\frac{1}{4}, 0\right)$

b)

x	y
0	0
1	2
1	−2
4	4
4	−4

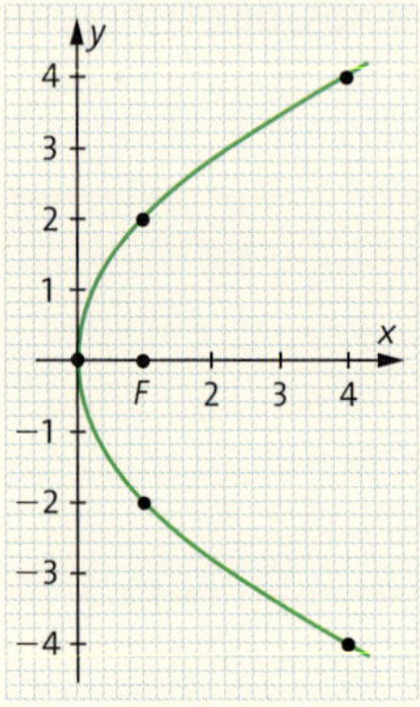

$F(1, 0)$

c)

x	y
0	0
$\frac{1}{2}$	2
$\frac{1}{2}$	−2
2	4
2	−4

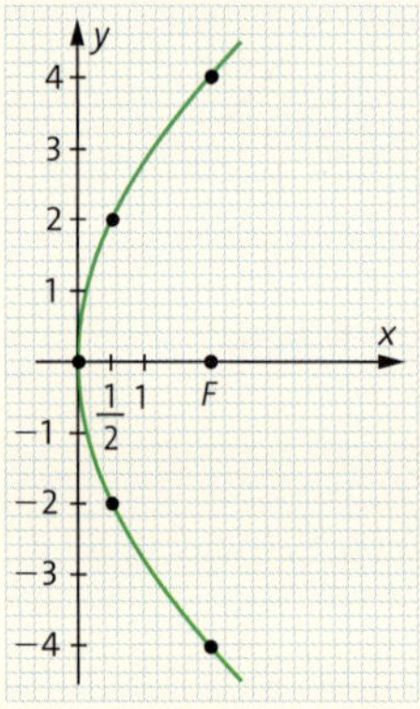

$F(2, 0)$

Observação: Como o valor do coeficiente c indica a distância do foco ao vértice e a concavidade da parábola, compare as parábolas do exercício resolvido 3: em $y^2 = 8x$ ($c = 2$), a concavidade é maior que em $y^2 = 4x$ ($c = 1$), pois $2 > 1$.

Exercícios

1. Determine a equação da parábola de foco F e diretriz d nos seguintes casos:

a) $F(9, 0)$ e d: $x = -9$

b) $F(0, -6)$ e d: $y = 6$

c) $F(0, 7)$ e d: $y = -7$

d) $F(-5, 0)$ e d: $x = 5$

2. Determine o foco, o vértice e a diretriz da parábola a partir das equações:

a) $y^2 = 28x$

b) $x^2 = -4y$

c) $x^2 = 10y$

d) $y^2 = -16x$

Equação da parábola com vértice em um ponto qualquer

Vamos determinar a equação da parábola que tem como diretriz a reta de equação $x = -4$ e como foco o ponto $F(6, 2)$:

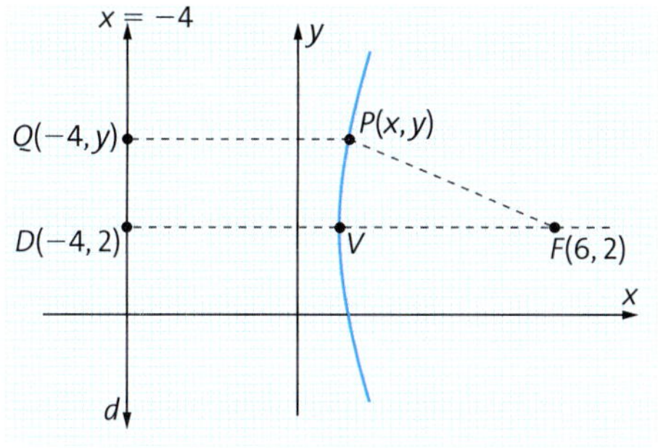

Nesse caso, o vértice é o ponto médio do segmento FD, no qual $F(6, 2)$ e $D(-4, 2)$:

$$V\left(\frac{6-4}{2}, \frac{2+2}{2}\right) \Rightarrow V(1, 2)$$

Pela distância de V até F encontramos o valor de c:

$$c = \sqrt{(6-1)^2 + (2-2)^2} = 5$$

Os pontos $P(x, y)$ da parábola são tais que $d(P, F) = d(P, Q)$, em que $Q(-4, y)$:

$$d(P, F) = d(P, Q) \Rightarrow \sqrt{(x-6)^2 + (y-2)^2} = \sqrt{(x+4)^2 + (y-y)^2} \Rightarrow$$

$$\Rightarrow (x-6)^2 + (y-2)^2 = (x+4)^2 \Rightarrow (y-2)^2 = (x+4)^2 - (x-6)^2 =$$

$$= \cancel{x^2} + 8x + 16 - \cancel{x^2} + 12x - 36 = 20x - 20 \Rightarrow (y-2)^2 = 20(x-1)$$

Observemos que na equação obtida aparecem as coordenadas do vértice $x_V = 1$ e $y_V = 2$ e também o valor $c = 5$:

$$(y-2)^2 = 20\,(x-1)$$

$y_v \leftarrow 2$; $20 \rightarrow 4 \cdot 5 \rightarrow c$; $1 \rightarrow x_v$

Reciprocamente, a partir da equação da parábola, $(y-2)^2 = 20(x-1)$, podemos chegar ao vértice e ao valor de c (distância de V a F ou de V à diretriz d) e, daí, ao foco e à diretriz:

$$(y-2)^2 = 20(x-1) = 4 \cdot 5(x-1)$$

em que $V(1, 2)$ e $c = 5$.

Esboçando o gráfico, vem:

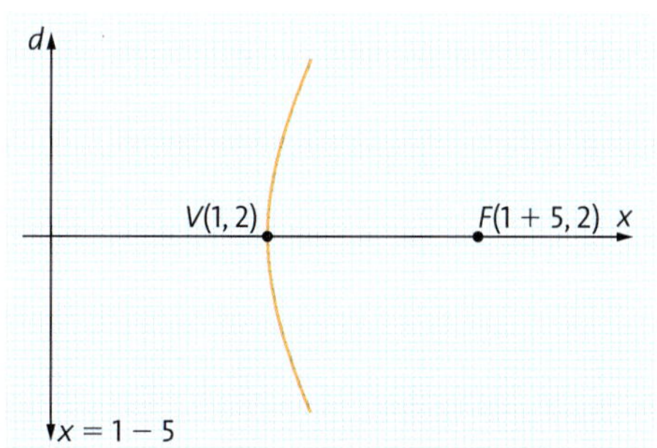

Logo, $F(6, 2)$ e diretriz $x = -4$.

Generalizando, podemos dizer que, a partir do foco e da diretriz, é possível determinar o vértice $V(x_V, y_V)$ e o valor de c e, daí, a equação da parábola e a posição correspondente.

Veja os casos possíveis:

1º caso

$$(y - y_V)^2 = 4c(x - x_V)$$

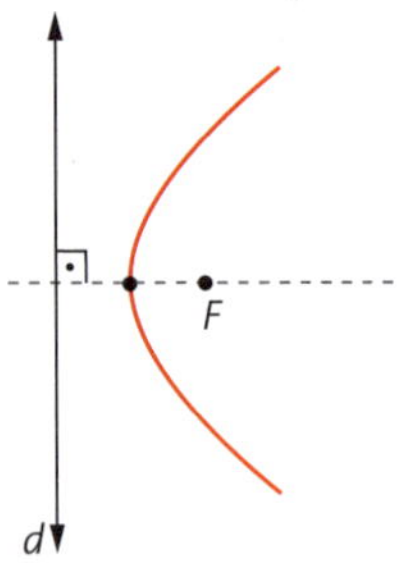

2º caso

$$(y - y_V)^2 = -4c(x - x_V)$$

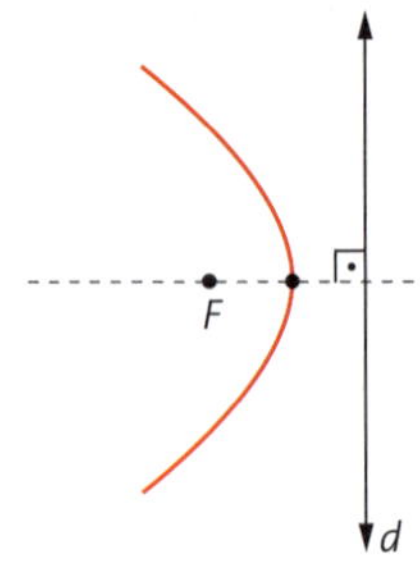

3º caso

$$(x - x_V)^2 = 4c(y - y_V)$$

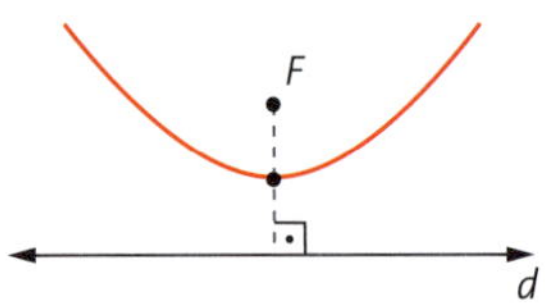

4º caso

$$(x - x_V)^2 = -4c(y - y_V)$$

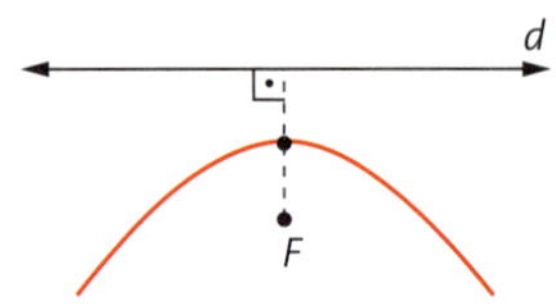

> **Para refletir**
> Quando estudamos a parábola como gráfico de uma função quadrática, não havia possibilidade de o eixo de simetria ser horizontal. Por quê?

Devemos lembrar que vale a recíproca: a partir da equação da parábola podemos chegar ao vértice e ao valor de c e, daí, ao foco e à diretriz.

Observação: No volume 1 desta coleção, estudamos as funções quadráticas $y = ax^2 + bx + c$, cujos gráficos são parábolas. Neste capítulo, estudaremos parábolas como aquelas, pois, quando usamos a técnica de completar quadrados, podemos transformar qualquer equação do tipo $y = ax^2 + bx + c$, vista no volume 1, em uma do tipo $(x - x_V)^2 = \pm 4c(y - y_V)$, como temos trabalhado neste volume.

> **Fique atento!**
> Cuidado!
> O c de $y = ax^2 + bx + c$ não é o mesmo c de $y - y_V = \pm 4c(x - x_V)^2$.

Exercícios resolvidos

4. Determine a equação e as coordenadas do vértice da parábola que tem foco no ponto $F(1, 5)$ e a reta diretriz de equação $y = -3$.

Resolução

Os dados do problema permitem fazer um esboço do gráfico e, assim, identificar o tipo da equação:

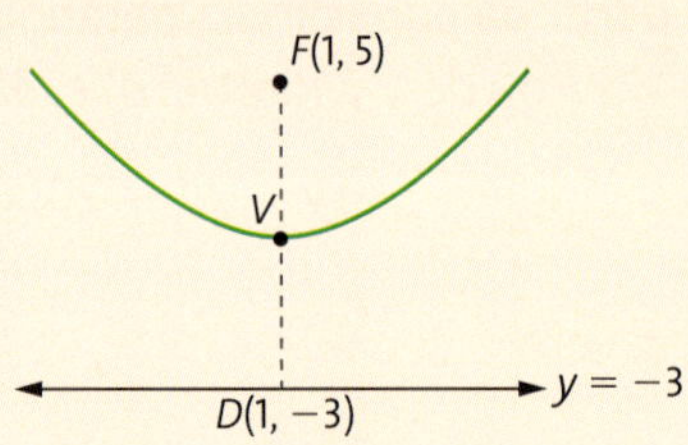

$$(x - x_V)^2 = 4c(y - y_V)$$

O vértice é o ponto médio de $\overline{FD}$. Então:

$$V\left(\frac{1 + 1}{2}, \frac{5 - 3}{2}\right) \Rightarrow V(1, 1)$$

Pela distância de V a F encontramos o valor de c:

$$c = \sqrt{(1 - 1)^2 + (5 - 1)^2} = \sqrt{0 + 16} = 4$$

Podemos escrever agora a equação procurada:

$(x - x_V)^2 = 4c(y - y_V) \Rightarrow (x - 1)^2 = 4 \cdot 4(y - 1) \Rightarrow (x - 1)^2 = 16(y - 1)$

Logo, a equação é $(x - 1)^2 = 16(y - 1)$ e $V(1, 1)$.

5. Se uma parábola tem como equação $x^2 - 4x - 12y - 8 = 0$, determine as coordenadas do vértice, as coordenadas do foco, a equação da reta diretriz da parábola e a equação do eixo de simetria.

Resolução

Completando os quadrados perfeitos, temos:

$x^2 - 4x - 12y - 8 = 0 \Rightarrow x^2 - 4x = 12y + 8 \Rightarrow x^2 - 4x + \underset{\dots}{4} = 12y + 8 + \underset{\dots}{4} \Rightarrow \underbrace{x^2 - 4x + 4}_{(x-2)^2} = \underbrace{12y + 12}_{12(y+1)} \Rightarrow$

$\Rightarrow (x - 2)^2 = 4 \cdot 3(y + 1)$ em que $x_V = 2$, $y_V = -1$ e $c = 3$

Fazendo um esboço do gráfico, vem:

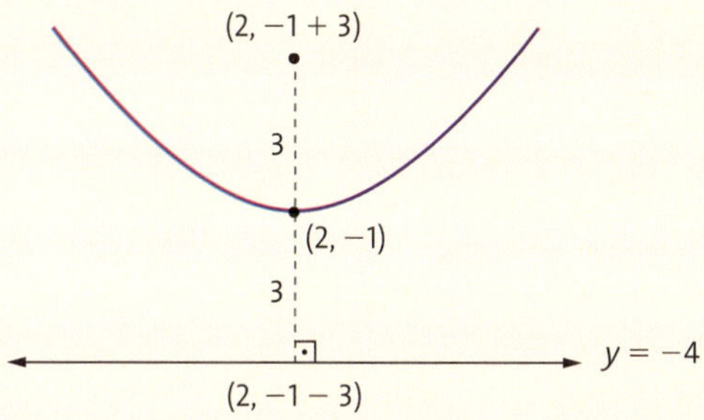

Logo, $V(2, -1)$, $F(2, 2)$, a diretriz é $y = -4$ e o eixo de simetria é $x = 2$.

6. Determine a equação, o foco F e a diretriz d da parábola com vértice $V(-2, -3)$, sabendo que o foco está no quarto quadrante, d é paralela ao eixo y e o parâmetro, p $(2c)$, é 8.

Resolução

$p = 8$ indica que $c = 4$, pois $c = \frac{p}{2}$.

As informações do problema levam a um esboço do gráfico abaixo.

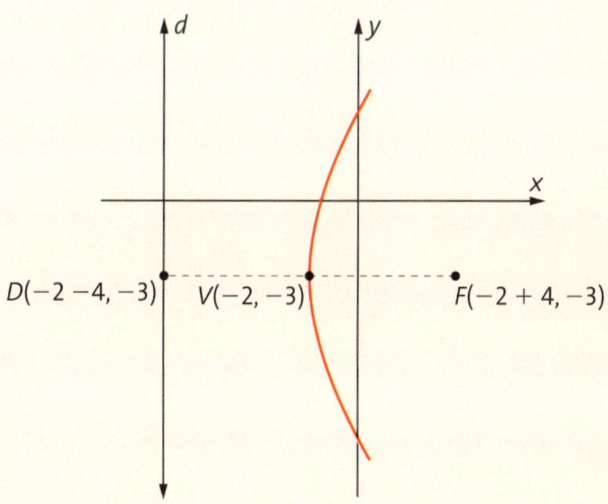

A posição da parábola indica que a equação é da forma $(y - y_V)^2 = 4c(x - x_V)$.

Daí, vem:

$V(-2, -3)$

$c = 4$

$F(-2 + 4, -3) \Rightarrow F(2, -3)$

$D(-2 - 4, -3) \Rightarrow D(-6, -3)$

diretriz $x = -6$

Substituindo as informações na fórmula, temos:

$(y - y_V)^2 = 4c(x - x_V) \Rightarrow (y + 2)^2 = 4 \cdot 4(x + 3) \Rightarrow (y + 2)^2 = 16(x + 3)$

Logo, a parábola tem equação $(y + 2)^2 = 16(x + 3)$, $F(2, -3)$ e diretriz $x = -6$.

7. Determine a equação da parábola com eixo de simetria perpendicular ao eixo Ox, vértice no ponto $V(0, 4)$ e que passa pelo ponto $P(2, 1)$.

Resolução

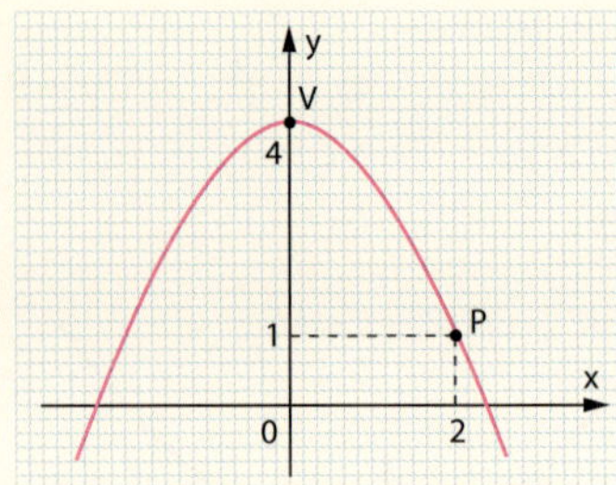

$(x - x_V)^2 = -4c(y - y_V)$

Substituindo $x_V = 0$ e $y_V = 4$ na equação, temos:

$(x - 0)^2 = -4c(y - 4) \Rightarrow x^2 = -4c(y - 4)$

Como a parábola passa por $P(2, 1)$, vem:

$2^2 = -4c(1 - 4) \Rightarrow 12c = 4 \Rightarrow c = \frac{1}{3}$

Logo, a equação da parábola é $x^2 = -\frac{4}{3}(y - 4)$.

Exercícios

3. Esboce os gráficos das parábolas de equação:
   a) $(x - 1)^2 = -8y$
   b) $(x + 3)^2 = 4(y - 1)$
   c) $y^2 = 2(x + 1)$
   d) $(y + 2)^2 = -4(x + 2)$

4. Dadas duas parábolas, de equações $x^2 = -12y$ e $x^2 = -2y$, qual delas tem concavidade maior? Esboce seus gráficos.

5. Determine a equação da parábola que tem:
   a) foco no ponto $F(3, 0)$ e diretriz de equação $x = -3$;
   b) diretriz de equação $y = 3$ e vértice $V(0, 0)$;
   c) foco no ponto $F(1, 2)$ e diretriz de equação $x = -2$;
   d) diretriz de equação $x = 2$ e vértice $V(-1, -3)$.

6. A parábola de equação $x^2 - 6x + y + 8 = 0$ intersecta o eixo x nos pontos A e B. Sendo V o vértice da parábola, determine a área do triângulo VAB.

7. Uma parábola tem foco no ponto $F(3, 1)$ e sua diretriz é a reta de equação $x = -1$. Determine a equação da parábola e os pontos em que a reta de equação $x - y = 0$ intersecta a parábola.

8. Determine as coordenadas do foco e a equação da reta diretriz das parábolas que têm por equação:
   $\left(\textit{Sugestão}\text{: Lembre-se, por exemplo, de que } 2 = 4\left(\frac{1}{2}\right).\right)$
   a) $x^2 = 4y$
   b) $y^2 = 2x$
   c) $x = -\frac{1}{8}y^2$
   d) $y^2 = -4x$
   e) $x^2 = y$

9. Encontre as coordenadas do vértice, as coordenadas do foco, a equação da reta diretriz e a equação do eixo de simetria das parábolas de equações:
   a) $y^2 - 6y - 12x + 21 = 0$
   b) $x^2 - 2x - y + 4 = 0$

10. Determine a equação das parábolas:
    a) de vértice $V(-1, 4)$, eixo paralelo ao eixo y e que passa pelo ponto $A(3, 0)$;
    b) de vértice $V(4, 2)$ e foco $F(4, 5)$.

11. Verifique se os pontos $A(3, 8)$, $B(1, -4)$, $C(4, 2)$ e $D(-8, -10)$ pertencem ou não à parábola P de vértice $V(4, 2)$ e foco $F(1, 2)$.

3 Elipse

Origem

Vamos considerar um cone circular reto.

Utilizando um plano inclinado em relação ao eixo e que intersecte todas as geratrizes do cone, faremos um corte como mostram os desenhos seguintes:

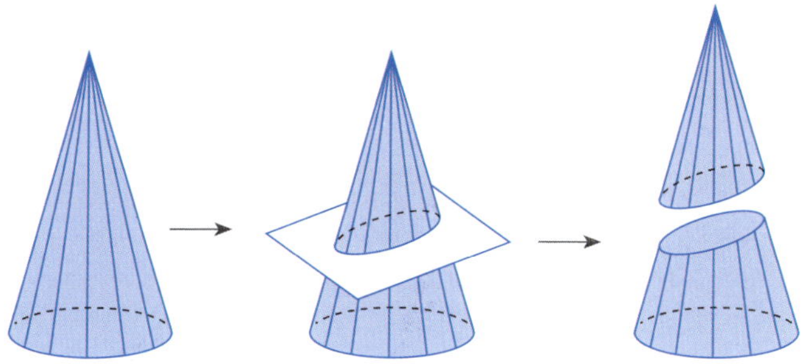

Fique atento!
Se o plano for paralelo ao plano da base, obteremos uma circunferência, que também é uma secção cônica.

Nesse caso, a secção cônica obtida é chamada **elipse**:

elipse

Você sabia?
As órbitas dos planetas descrevem elipses.

Definição e elementos

Consideremos, inicialmente, no plano do papel, dois pontos fixos, F_1 e F_2, tais que a distância entre eles seja $2c$.

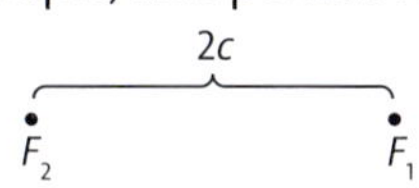

Imagine que vamos marcar uma série de pontos tais que a soma de suas distâncias aos pontos fixos F_1 e F_2 seja sempre constante e maior do que $2c$. Na prática, isso pode ser feito com o auxílio de um lápis, dois alfinetes e barbante. Veja:

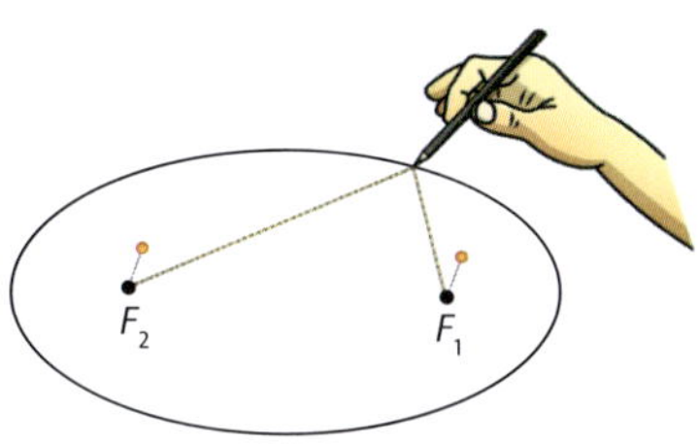

Dam d' Souza/Arquivo da editora

Fique atento!
No desenho ao lado, o barbante tem comprimento $2a$.

Construindo o gráfico ponto a ponto teremos:

$AF_1 + AF_2 = BF_1 + BF_2 = CF_1 + CF_2 = ... = JF_1 + JF_2 = ... = LF_1 + LF_2 = ... = 2a$ (constante), sendo $2a > 2c$.

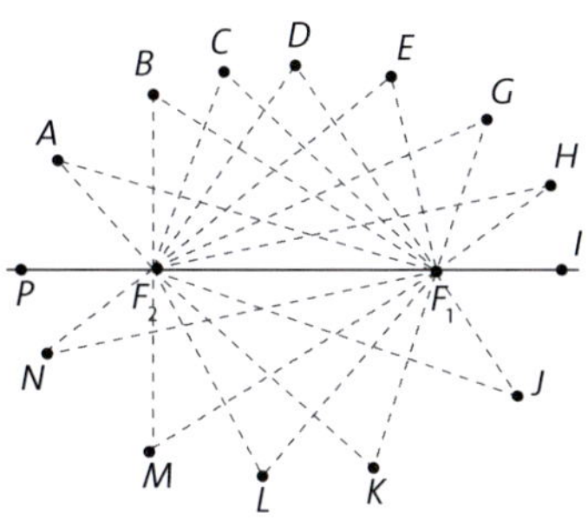

A elipse é o conjunto de todos os pontos do plano que satisfazem essa propriedade.

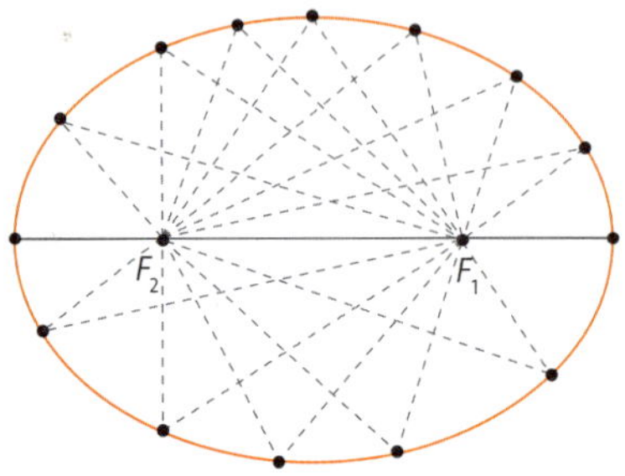

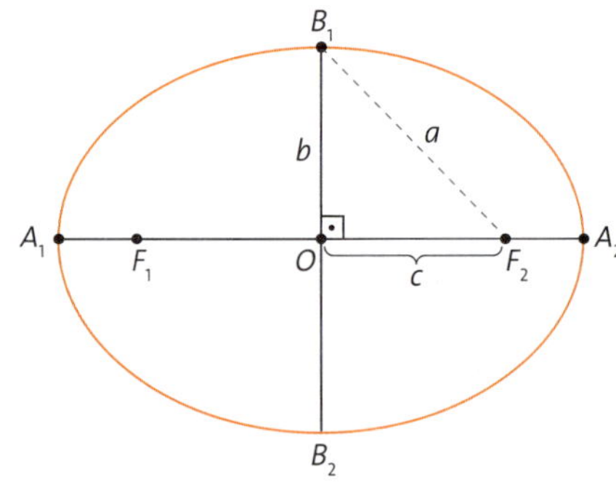

Assim, definimos que elipse é o lugar geométrico dos pontos de um plano tais que a soma de suas distâncias a dois pontos fixos, F_1 e F_2, denominados focos, seja constante, igual a $2a$ e maior que a distância entre os focos ($2a > 2c$).

Na figura acima, temos:

- F_1 e F_2 são os focos da elipse e a distância entre eles é a distância focal ($2c$);
- $\overline{A_1A_2}$ é o eixo maior da elipse e sua medida é a soma que consta da definição ($2a$);
- $\overline{B_1B_2}$ é o eixo menor da elipse cuja medida é $2b$;
- O é o centro da elipse (intersecção dos eixos da elipse e ponto médio de $\overline{F_1F_2}$, $\overline{A_1A_2}$ e $\overline{B_1B_2}$);
- o número $e = \dfrac{c}{a}$ chama-se **excentricidade** da elipse ($0 < e < 1$).

Observações:

1ª) $\overline{B_1F_2} \cong \overline{OA_2}$, pois ambos têm medida a.

2ª) No $\triangle B_1OF_2$ podemos notar que $b^2 + c^2 = a^2$. Essa relação é fundamental na determinação dos elementos da elipse.

Fique atento!
A excentricidade indica quanto a elipse se aproxima de um segmento ou de uma circunferência, conforme seu valor se aproxima de 1 ou de 0, respectivamente.

Equação da elipse

Vamos inicialmente considerar a elipse com as extremidades do eixo maior nos pontos $A_1(-a, 0)$ e $A_2(a, 0)$, do eixo menor em $B_1(0, b)$ e $B_2(0, -b)$ e, consequentemente, o centro em $O(0, 0)$.

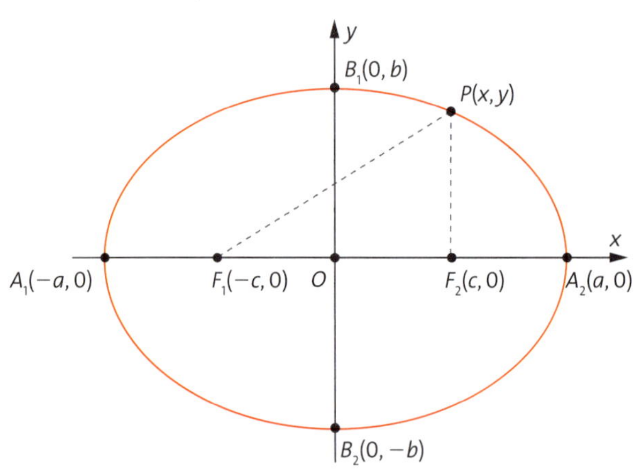

Consideremos um ponto $P(x, y)$ qualquer da curva.

Pela definição observamos que:

$$PF_1 + PF_2 = A_1F_1 + A_1F_2 = A_1A_2 = 2a$$

Daí, temos:

$$PF_2 + PF_1 = 2a \Rightarrow \sqrt{(x-c)^2+(y-0)^2} = \sqrt{(x+c)^2+(y-0)^2} = 2a \Rightarrow$$

$$\Rightarrow \sqrt{(x-c)^2+y^2} + \sqrt{(x+c)^2+y^2} = 2a \Rightarrow \sqrt{(x+c)^2+y^2} = 2a - \sqrt{(x-c)^2+y^2} \Rightarrow$$

$$\Rightarrow (x+c)^2 + y^2 = 4a^2 - 4a\sqrt{(x-c)^2+y^2} + (x-c)^2 + y^2 \Rightarrow$$

$$\Rightarrow 4a\sqrt{(x-c)^2+y^2} = 4a^2 + (x-c)^2 + \cancel{y^2} - (x+c)^2 - \cancel{y^2} \Rightarrow$$

$$\Rightarrow 4a\sqrt{(x-c)^2+y^2} = 4a^2 + \cancel{x^2} - 2cx + \cancel{c^2} - \cancel{x^2} - 2cx - \cancel{c^2} \Rightarrow$$

$$\Rightarrow \cancel{4}a\sqrt{(x-c)^2+y^2} = \cancel{4}a^2 - \cancel{4}cx \Rightarrow a\sqrt{(x-c)^2+y^2} = a^2 - cx \Rightarrow$$

$$\Rightarrow a^2[(x-c)^2 + y^2] = (a^2 - cx)^2 \Rightarrow a^2[x^2 - 2cx + c^2 + y^2] = a^4 - 2a^2cx + c^2x^2 \Rightarrow$$

$$\Rightarrow a^2x^2 - \cancel{2a^2cx} + a^2c^2 + a^2y^2 = a^4 - \cancel{2a^2cx} + c^2x^2 \Rightarrow a^2x^2 - c^2x^2 + a^2y^2 = a^4 - a^2c^2 \Rightarrow$$

$$\Rightarrow (a^2 - c^2)x^2 + a^2y^2 = a^2(a^2 - c^2)$$

Na elipse, temos:

$$a^2 = b^2 + c^2 \Rightarrow a^2 - c^2 = b^2$$

Substituindo na equação, obtemos:

$$b^2x^2 + a^2y^2 = a^2b^2$$

Uma vez que $ab \neq 0$, vem:

$$\frac{b^2x^2}{a^2b^2} + \frac{a^2y^2}{a^2b^2} = \frac{a^2b^2}{a^2b^2} \Rightarrow \frac{x^2}{a^2} + \frac{y^2}{b^2} = 1$$

Fique atento!
A recíproca é verdadeira: equações da forma $\frac{x^2}{a^2} + \frac{y^2}{b^2} = 1$, com $a \neq b$, representam elipses, ou seja, apenas os pontos de uma elipse satisfazem essa equação.

em que $a = OA_1 = OA_2$, $c = OF_1 = OF_2$ e b tal que $b^2 = a^2 - c^2$. Essa equação é denominada **equação reduzida da elipse** de focos no eixo Ox e centro na origem.

Vejamos agora:

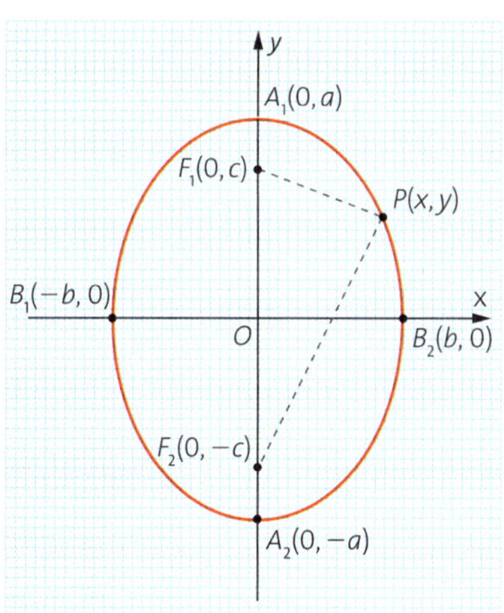

Se os focos da elipse estão sobre o eixo Oy e o centro na origem, conforme a figura, a equação reduzida da elipse é dada por:

$$\frac{x^2}{b^2} + \frac{y^2}{a^2} = 1$$

Analogamente, chegamos às equações da elipse com centro qualquer. Assim, temos as seguintes equações, considerando o centro um ponto qualquer, $O(x_0, y_0)$, e os eixos paralelos aos eixos x e y:

1ª) $\overline{F_1F_2}$ é paralelo ao eixo x, $a = OA_1$, $b = OB_1$ e $a > b$.

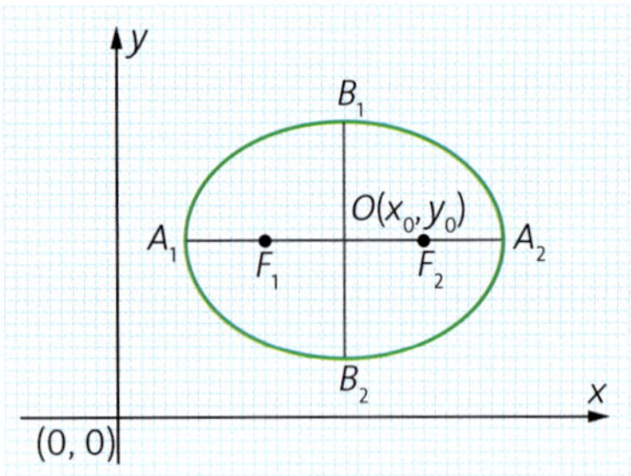

$$\frac{(x - x_0)^2}{a^2} + \frac{(y - y_0)^2}{b^2} = 1$$

2ª) $\overline{F_1F_2}$ é paralelo ao eixo y, $a = OA_1$, $b = OB_1$ e $a > b$.

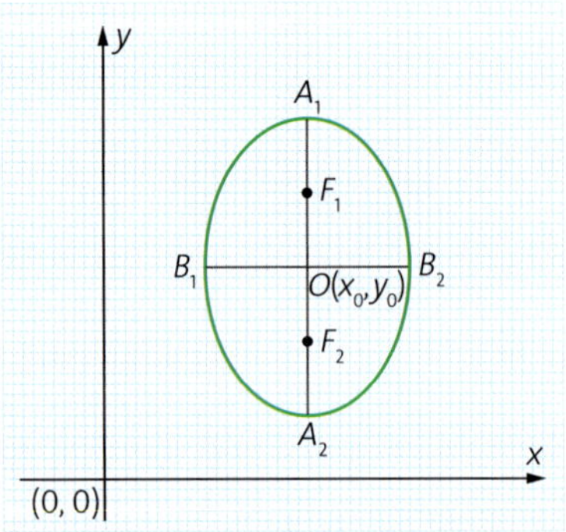

$$\frac{(x - x_0)^2}{b^2} + \frac{(y - y_0)^2}{a^2} = 1$$

» **passo a passo**: exercício 11

Exercícios resolvidos

8. Determine a equação da elipse de focos $F_1(3, 0)$ e $F_2(-3, 0)$ e vértices, que são as extremidades do eixo maior, $A_1(5, 0)$ e $A_2(-5, 0)$.

Resolução

Pelos dados do problema, os focos estão no eixo Ox e temos $a = 5$ e $c = 3$.

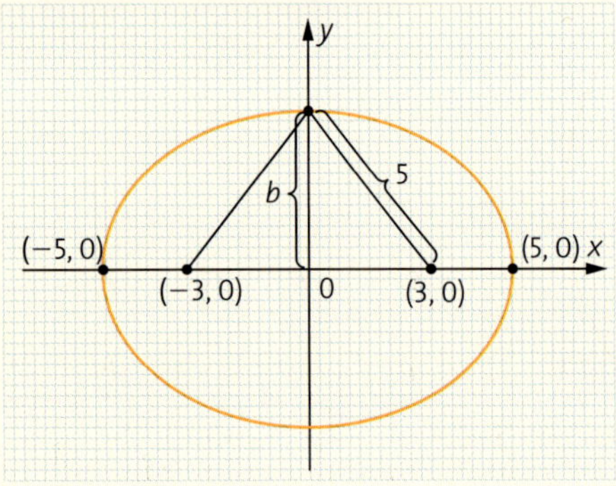

$a^2 = b^2 + c^2 \Rightarrow 25 = b^2 + 9 \Rightarrow b^2 = 16$

Nesse caso, a equação reduzida é: $\frac{x^2}{a^2} + \frac{y^2}{b^2} = 1 \Rightarrow$

$\Rightarrow \frac{x^2}{25} + \frac{y^2}{16} = 1.$

Logo, a equação procurada é $\frac{x^2}{25} + \frac{y^2}{16} = 1.$

9. Uma elipse tem os focos nos pontos $F_1(0, 3)$ e $F_2(0, -3)$. Se o comprimento do eixo menor da elipse é 2, determine a equação dessa elipse.

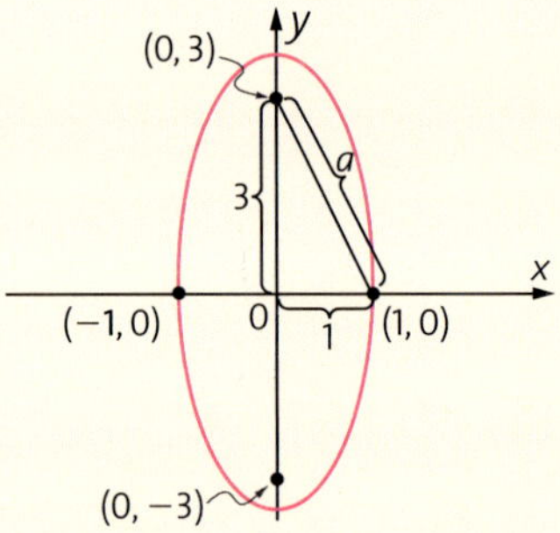

Resolução

Pelos dados do problema, temos: $C(0, 0)$; $c = 3$; $2b = 2 \Rightarrow b = 1$; $a^2 = b^2 + c^2 \Rightarrow a^2 = 1 + 9 = 10$

Como os focos estão localizados no eixo y e $C(0, 0)$:

$\frac{x^2}{b^2} + \frac{y^2}{a^2} = 1 \Rightarrow \frac{x^2}{1} + \frac{y^2}{10} = 1 \Rightarrow 10x^2 + y^2 = 10$

Logo, a equação procurada é $x^2 + \frac{y^2}{10} = 1$ ou $10x^2 + y^2 = 10$.

10. Determine os focos e as extremidades do eixo maior da elipse de equação $4x^2 + 25y^2 = 100$.

Resolução

$$4x^2 + 25y^2 = 100 \Rightarrow \frac{4x^2}{100} + \frac{25y^2}{100} = \frac{100}{100} \Rightarrow$$

$$\Rightarrow \frac{x^2}{25} + \frac{y^2}{4} = 1$$

Como $25 > 4$, e $C(0,0)$, o eixo maior está no eixo Ox. Então:

$a^2 = 25 \Rightarrow a = 5$

$b^2 = 4 \Rightarrow b = 2$

$a^2 = b^2 + c^2 \Rightarrow 25 = 4 + c^2 \Rightarrow c^2 = 21 \Rightarrow c = \sqrt{21}$

Logo, os focos são os pontos $F_1\left(\sqrt{21}, 0\right)$ e $F_2\left(-\sqrt{21}, 0\right)$ e as extremidades do eixo maior são $A_1(5, 0)$ e $A_2(-5, 0)$.

> **Para refletir**
> Quais são as extremidades do eixo menor?

» Resolvido passo a passo

11. (UEL-PR) Em uma praça dispõe-se de uma região retangular de 20 m de comprimento por 16 m de largura para construir um jardim. A exemplo de outros canteiros, este deverá ter a forma elíptica e estar inscrito nessa região retangular. Para aguá-lo, serão colocados dois aspersores nos pontos que correspondem aos focos da elipse. Qual será a distância entre os aspersores?

a) 4 m
b) 6 m
c) 8 m
d) 10 m
e) 12 m

1. Lendo e compreendendo

a) O que se pede?

A distância entre os dois aspersores de água do canteiro descrito no enunciado.

b) O que é dado no problema?

São dadas as dimensões de um retângulo (20 m × 16 m) no qual será inscrito um canteiro de forma elíptica. É dito que os aspersores ocupam o lugar dos focos da elipse.

2. Planejando a solução

Com as dimensões do retângulo, vamos obter os elementos da elipse que permitirão calcular a distância entre os focos.

3. Executando o que foi planejado

Se a elipse está inscrita em um retângulo de dimensões 20 m × 16 m, então o eixo maior da elipse mede 20 m e o eixo menor mede 16 m. Assim, $2a = 20$ e $2b = 16$, ou seja, $a = 10$ e $b = 8$.

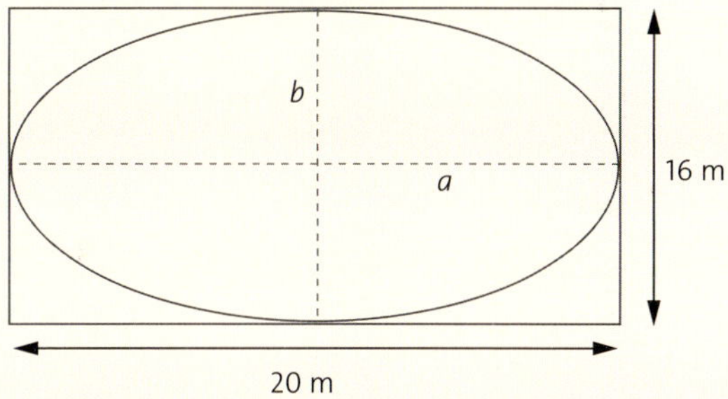

Nas elipses, a distância focal é dada por $2c$.
De $a^2 = b^2 + c^2$, obtemos o valor de c.
Assim:
$10^2 = 8^2 + c^2 \Rightarrow 100 = 64 + c^2 \Rightarrow c^2 = 36 \Rightarrow c = 6$
Então a distância focal é $2c = 12$; 12 m.

4. Emitindo a resposta

A resposta é a alternativa **e**.

5. Ampliando o problema

a) A área de uma elipse é dada pela fórmula $A = \pi \cdot a \cdot b$, em que a e b são os semieixos maior e menor. Estime a área total desse canteiro em m^2.

b) *Discussão em equipe*

Qual é a importância de uma cidade ter parques, ruas arborizadas, praças bem cuidadas e canteiros de flores?

12. Calcule a excentricidade $e = \frac{c}{a}$ e faça o esboço do gráfico de cada elipse:

a) $\frac{x^2}{25} + \frac{y^2}{4} = 1$

b) $\frac{x^2}{25} + \frac{y^2}{9} = 1$

Resolução

a) $a^2 = 25 \Rightarrow a = 5$

$b^2 = 4 \Rightarrow b = 2$

$c^2 = a^2 - b^2 = 25 - 4 = 21 \Rightarrow c = \sqrt{21}$

$$e = \frac{\sqrt{21}}{5} \simeq \frac{4{,}58}{5} \simeq 0{,}91$$

x	y
0	2
0	−2
5	0
−5	0
2	1,8
2	−1,8

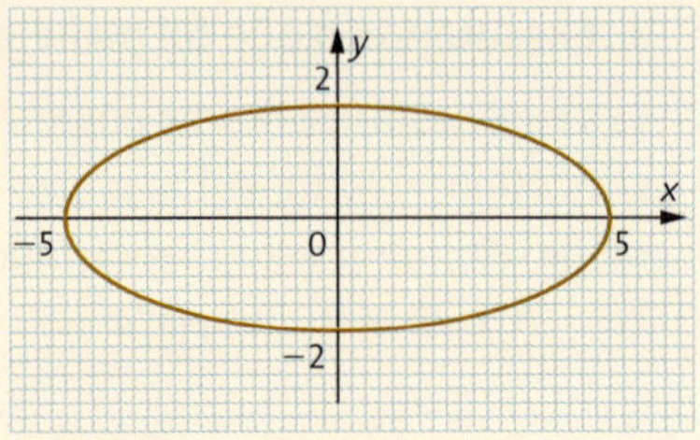

b) $a^2 = 25 \Rightarrow a = 5$

$b^2 = 9 \Rightarrow b = 3$

$c^2 = 25 - 9 = 16 \Rightarrow c = 4$

$e = \frac{4}{5} = 0{,}8$

x	y
0	3
0	−3
5	0
−5	0
2	2,7
2	−2,7

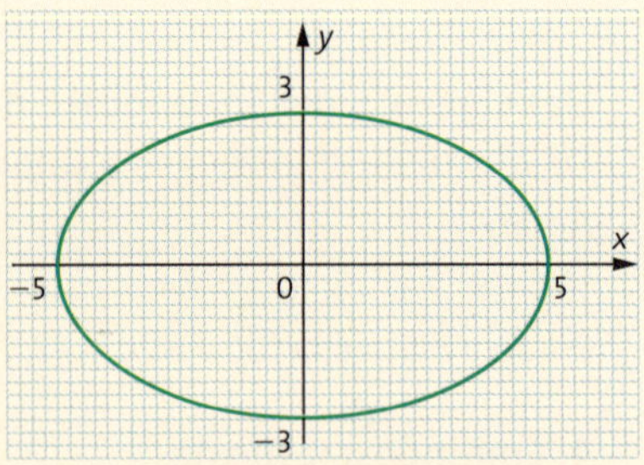

Observação: Quanto maior o valor de $e = \frac{c}{a}$, mais próxima de um segmento é a elipse correspondente.

Para refletir
O que acontece com a elipse à medida que o valor de e tende a zero?

13. Conhecendo os focos $F_1\left(0, \sqrt{3}\right)$ e $F_2\left(0, -\sqrt{3}\right)$ e a excentricidade $e = \frac{1}{2}$, determine a equação da elipse.

Resolução

De acordo com os dados do problema, temos:

$c = \sqrt{3}$

$e = \frac{c}{a} = \frac{1}{2} \Rightarrow a = 2c = 2\sqrt{3}$

$a^2 = b^2 + c^2 \Rightarrow \left(2\sqrt{3}\right)^2 = b^2 + \left(\sqrt{3}\right)^2 \Rightarrow$

$\Rightarrow 12 = b^2 + 3 \Rightarrow b^2 = 9$

Segundo os dados do problema, os focos estão localizados no eixo Oy. Assim, vem:

$\frac{x^2}{b^2} + \frac{y^2}{a^2} = 1 \Rightarrow \frac{x^2}{9} + \frac{y^2}{12} = 1 \Rightarrow 4x^2 + 3y^2 = 36$

Logo, a equação procurada é $\frac{x^2}{9} + \frac{y^2}{12} = 1$ ou $4x^2 + 3y^2 = 36$.

14. Numa elipse, as extremidades do eixo maior são os pontos $A_1(6, 0)$ e $A_2(-6, 0)$. Sabendo que a elipse passa pelo ponto $P(3, 2)$, determine sua equação.

Resolução

Pelos dados do problema temos $a = 6$.

Como o eixo maior está sobre o eixo Ox, temos:

$\frac{x^2}{a^2} + \frac{y^2}{b^2} = 1 \Rightarrow \frac{x^2}{36} + \frac{y^2}{b^2} = 1$

Como a elipse passa pelo ponto $P(3, 2)$, temos:

$\frac{9}{36} + \frac{4}{b^2} = 1 \Rightarrow \frac{1}{4} + \frac{4}{b^2} = 1 \Rightarrow \frac{4}{b^2} = 1 - \frac{1}{4} \Rightarrow$

$\Rightarrow \frac{4}{b^2} = \frac{3}{4} \Rightarrow b^2 = \frac{16}{3}$

Substituindo na equação original, vem:

$\frac{x^2}{36} + \frac{y^2}{\frac{16}{3}} = 1 \Rightarrow \frac{x^2}{36} + \frac{3y^2}{16} = 1 \Rightarrow$

$\Rightarrow 4x^2 + 27y^2 = 144$

Logo, a equação procurada é $\frac{x^2}{36} + \frac{3y^2}{16} = 1$ ou $4x^2 + 27y^2 = 144$.

15. A equação $5x^2 + 9y^2 - 20x - 18y - 16 = 0$ representa uma elipse de eixo maior paralelo ao eixo Ox. Determine o centro e os focos dessa elipse.

Resolução

Desenvolvendo a equação dada, temos:

$5x^2 + 9y^2 - 20x - 18y - 16 = 0 \Rightarrow$

$\Rightarrow 5x^2 - 20x + 9y^2 - 18y = 16 \Rightarrow$

$\Rightarrow 5(x^2 - 4x) + 9(y^2 - 2y) = 16 \Rightarrow$

$\Rightarrow 5(x^2 - 4x + 4) + 9(y^2 - 2y + 1) = 16 + 20 + 9 \Rightarrow$

$\Rightarrow 5(x - 2)^2 + 9(y - 1)^2 = 45 \Rightarrow$

$\Rightarrow \frac{(x - 2)^2}{9} + \frac{(y - 1)^2}{5} = 1$

Da equação, concluímos que:

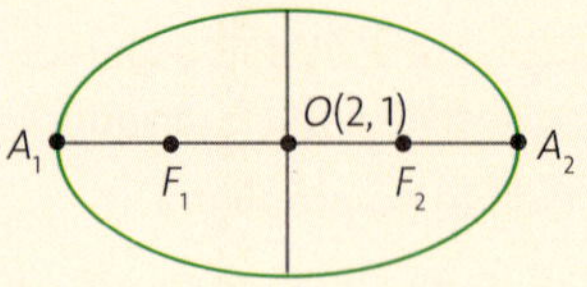

centro: $O(2, 1)$

$a^2 = 9 \Rightarrow a = 3$

$b^2 = 5 \Rightarrow b = \sqrt{5}$

Então, $c^2 = 9 - 5 = 4 \Rightarrow c = 2$

Daí, temos:

$F_1(2 - 2, 1) \Rightarrow F_1(0, 1)$ e $F_2(2 + 2, 1) \Rightarrow F_2(4, 1)$

Logo, essa elipse tem centro $O(2, 1)$ e focos $F_1(0, 1)$ e $F_2(4, 1)$.

Exercícios

12. Determine a equação da elipse conhecendo:

a) os focos $F_1(3, 0)$ e $F_2(-3, 0)$ e o comprimento do eixo maior, 8;

b) os focos $F_1(0, 4)$ e $F_2(0, -4)$ e as extremidades do eixo maior $A_1(0, 6)$ e $A_2(0, -6)$;

c) os focos $F_1(0, 4)$ e $F_2(0, -4)$ e a excentricidade $e = \frac{\sqrt{3}}{3}$;

d) os vértices $A_1(5, 0)$ e $A_2(-5, 0)$ e a excentricidade $e = \frac{\sqrt{5}}{5}$.

13. Determine as coordenadas dos focos, as coordenadas das extremidades do eixo maior e a excentricidade das elipses de equação:

a) $\frac{x^2}{144} + \frac{y^2}{81} = 1$

b) $\frac{x^2}{25} + \frac{y^2}{9} = 1$

c) $2x^2 + y^2 = 2$

d) $4x^2 + 9y^2 = 36$

14. Qual é a medida do eixo maior de uma elipse de equação $\frac{x^2}{36} + \frac{y^2}{25} = 1$?

15. O eixo maior de uma elipse está contido no eixo *Ox*. Sabendo que o centro é (0, 0), o comprimento do eixo menor é 6 e a distância focal é 10, determine a equação da elipse.

16. Dois dos vértices de um quadrilátero são os focos da elipse de equação $x^2 + 5y^2 = 20$. Os outros dois vértices são as extremidades do eixo menor da elipse. Calcule a área do quadrilátero.

17. Dadas as elipses (I) $\frac{x^2}{9} + \frac{y^2}{4} = 1$ e (II) $\frac{(x+3)^2}{8} + \frac{(y-1)^2}{3} = 1$, qual delas tem maior excentricidade?

18. Em uma elipse, o centro é (−2, 4), um dos focos é (−2, 7) e uma das extremidades do eixo menor é (−3, 4). Determine a equação dessa elipse.

19. Quais são as extremidades do eixo menor da elipse de equação $x^2 + 4y^2 - 4x - 8y + 4 = 0$?

20. A equação da elipse que passa pelos pontos (2, 0), (−2, 0) e (0, 1) é:

a) $x^2 + 4y^2 = 4$.

b) $x^2 + \frac{y^2}{4} = 1$.

c) $2x^2 - 4y^2 = 1$.

d) $x^2 - 4y^2 = 4$.

e) $x^2 + y^2 = 4$.

21. A reta $y = ax + 1$ intersecta a elipse $x^2 + 4y^2 = 1$ somente em um ponto. Calcule $8a^2$.

22. Encontre a equação da elipse abaixo:

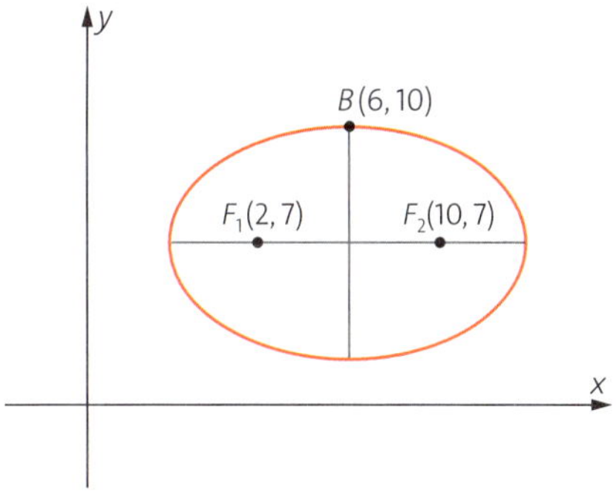

23. (UPM-SP) Se $A(10, 0)$ e $B(-5, 3\sqrt{3})$ são pontos de uma elipse cujos focos são $F_1(8, 0)$ e $F_2(-8, 0)$, calcule a área do triângulo BF_1F_2.

24. (FGV-SP) Dada a elipse de equação $9x^2 + 16y^2 - 144 = 0$, quais são as coordenadas de seus focos?

25. *Física*

A tabela abaixo mostra a excentricidade da órbita elíptica ao redor do Sol dos oito planetas do Sistema Solar. Qual dos planetas tem a órbita mais parecida com uma circunferência? Para esse planeta, calcule a diferença percentual entre o tamanho do semieixo menor e do maior.

Planeta	Excentricidade da órbita
Mercúrio	0,206
Vênus	0,007
Terra	0,017
Marte	0,093
Júpiter	0,048
Saturno	0,056
Urano	0,046
Netuno	0,009

26. *Física*

Sabendo que a órbita de Mercúrio em torno do Sol tem excentricidade 0,206; que o Sol é sempre um dos focos da elipse das órbitas planetárias; que a unidade astronômica (u.a.) vale 1 para a distância média entre o Sol e a Terra; que o ponto da órbita em que o planeta está mais afastado do Sol chama-se afélio e, no afélio, Mercúrio está a 0,47 u.a. do Sol; e que o ponto da órbita em que o planeta está mais próximo do Sol chama-se periélio, obtenha, em unidades astronômicas, a distância de Mercúrio ao Sol no periélio. Use calculadora se desejar.

Matemática e tecnologia

Construção de gráficos de parábolas e elipses no computador

Agora, vamos aprender, ou relembrar, como construir gráficos de parábolas e elipses usando o *software* livre Geogebra.

Trata-se de um *software* matemático, criado por Markus Hohenwarter, que reúne Álgebra e Geometria. Ele pode ser utilizado em todos os níveis de ensino e já recebeu diversos prêmios na Europa e nos Estados Unidos.

A instalação desse *software* é simples:

- Acesse o *site* <www.geogebra.org/cms/pt_BR> e clique em "Download";

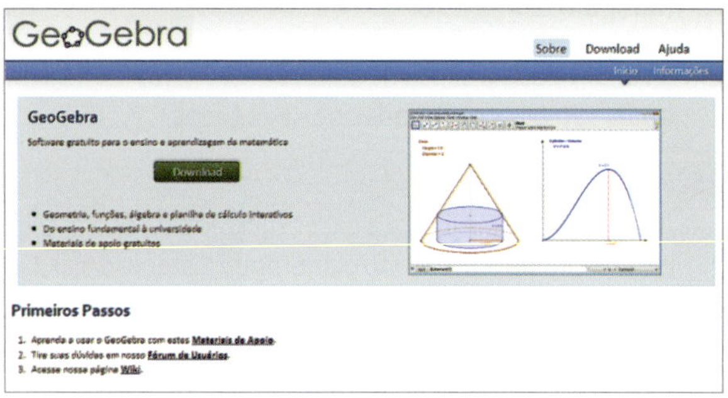

- Clique na opção do sistema operacional que preferir, faça o *download* e siga os passos automáticos de instalação do programa.

Depois disso, você já pode usá-lo.

Ao abrir o programa, você verá a seguinte tela:

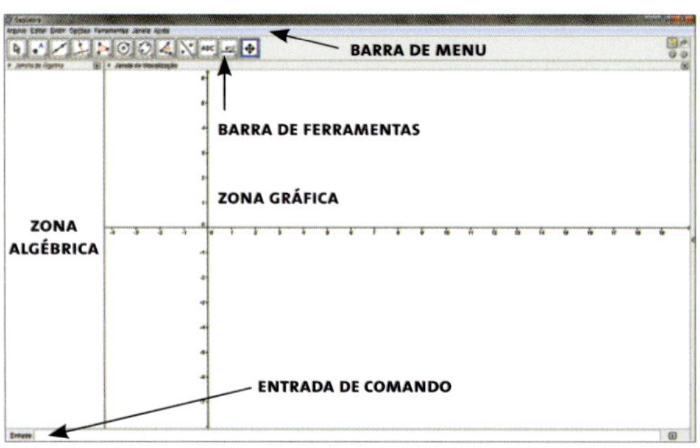

Depois de ter o programa instalado, faça os exercícios a seguir.

1. Clique com o botão direito do *mouse* sobre a zona gráfica do Geogebra e escolha a opção "Eixos".

Com isso, os eixos coordenados deixarão de ser vistos na construção.

1º passo: Utilizando o botão que indica "Reta definida por dois pontos", construa uma reta horizontal com dois pontos quaisquer, que automaticamente serão nomeados como *A* e *B*.

2º passo: Na opção "Novo ponto", crie dois novos pontos: o ponto *C* sobre a reta criada e o ponto *D* acima dela.

3º passo: Utilizando o botão que indica "Segmento definido por dois pontos", que está dentro da opção "Reta definida por dois pontos", crie o segmento de reta *CD*. Para isso, clique no ponto *C* e, em seguida, no ponto *D*.

4º passo: Utilizando o botão de "Mediatriz", que fica dentro da opção "Reta perpendicular", clique sobre o segmento de reta *CD*. Com isso, a reta mediatriz do segmento *CD* será criada. Veja uma construção possível:

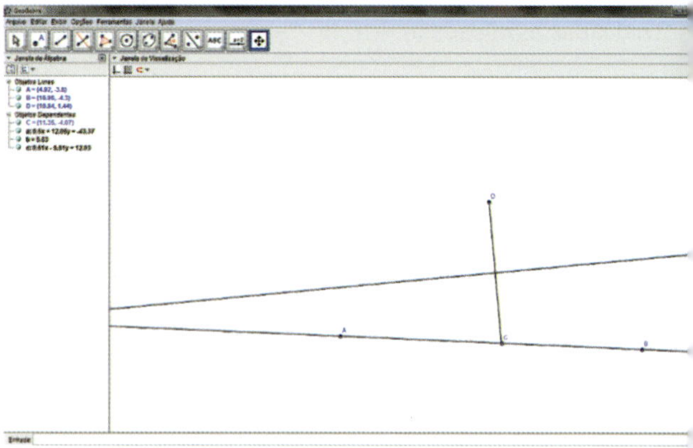

5º passo: Clique com o botão direito do *mouse* sobre a mediatriz e escolha a opção "Habilitar rastro".

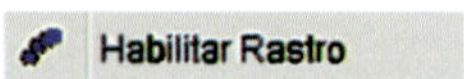

6º passo: Clique na opção “Mover” e, em seguida, movimente o ponto C, assim você obterá uma parábola.

Com a opção “Habilitar rastro”, uma parábola foi obtida com os rastros da mediatriz ao movimentar o ponto C. Agora, responda:

a) Qual é a relação do ponto D e da reta AB com a parábola?

b) Qual é a posição relativa das mediatrizes em relação à parábola?

c) O que se pode concluir sobre a concavidade da parábola se o ponto D estiver abaixo da reta AB?

2. Clique com o botão direito do *mouse* sobre a zona gráfica do Geogebra e escolha a opção “Malha”.

1º passo: Na barra de ferramentas, clique com o botão esquerdo do *mouse*, inicialmente na opção “Controle deslizante” e, em seguida, clique em qualquer ponto da janela de visualização (zona gráfica) e tecle “Enter”. Nesse instante aparecerá o parâmetro a (com valor inicial igual a 1) .

Repita a operação e insira novos parâmetros (b, c e d).

2º passo: Com o botão direito do *mouse*, clique sobre o parâmetro a e selecione a opção “Propriedades” e, em seguida, coloque 0 (zero) para a opção “min” (mínimo) dentro da janela “Intervalo”. Faça o mesmo procedimento com os parâmetros b, c e d.

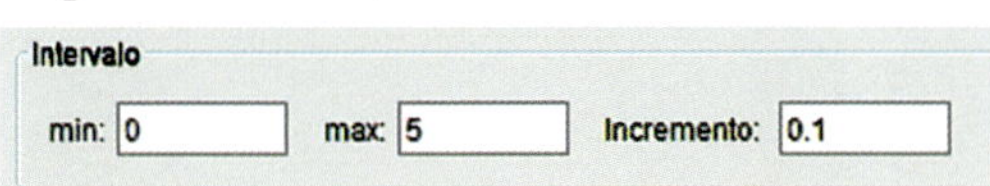

3º passo: No campo “Entrada” (situado na parte inferior da tela) insira:

$(x - c)$^2 / a^2 + $(y - d)$^2 / b^2 = 1

e tecle “Enter”. Observe que “^” significa a operação de potenciação.

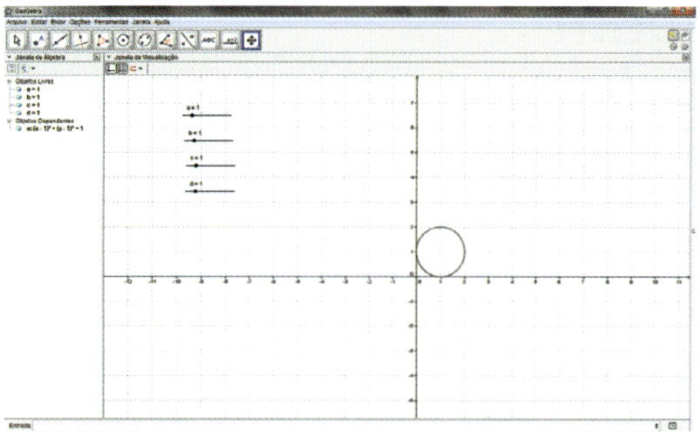

4º passo: Para melhorar a visualização, clique com o botão direito do *mouse* na elipse. Na aba que será apresentada, clique em “Propriedades”. Clique na aba “cor” e escolha uma nova cor para o seu gráfico. Em seguida, clique na aba “estilo” e coloque a espessura da linha igual a 5. Feche a janela e observe que o gráfico ficou destacado.

5º passo: Observe significados importantes para os parâmetros a, b, c e d. Para isso, clique na bolinha do controle deslizante de a e altere lentamente o seu valor (basta arrastar a bolinha para um dos lados). Observe o que acontece com o gráfico da elipse. Repita a operação para os controles deslizantes de b, c e d (utilize um controle deslizante por vez).

6º passo: Digite “Excentricidade[e]” no campo “Entrada”. Note que aparecerá a letra f na zona algébrica. O número que está à direita do f representa a excentricidade da elipse.

Agora, responda às perguntas tendo como base a elipse:

$$\frac{(x - c)^2}{a^2} + \frac{(y - d)^2}{b^2} = 1$$

a) Qual é o efeito dos parâmetros a e b no gráfico da elipse?

b) Qual é o efeito dos parâmetros c e d no gráfico da função?

c) Ao movimentar os parâmetros a e b, o que se pode concluir sobre o gráfico da elipse quando o valor da excentricidade está próximo de zero? E quando o valor da excentricidade está próximo de 1?

Fique atento!
Salve sua atividade em um local escolhido do seu computador.

4 Hipérbole

Origem

Vamos considerar um cone duplo e um plano qualquer que seccione as duas folhas do cone conforme mostram as figuras:

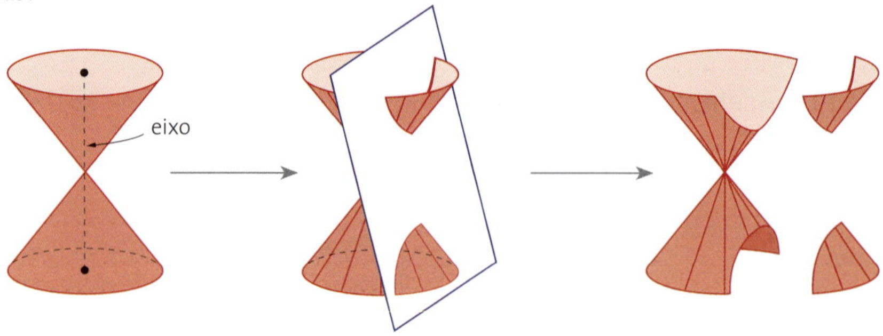

Nesse caso, a secção cônica obtida é denominada **hipérbole**.

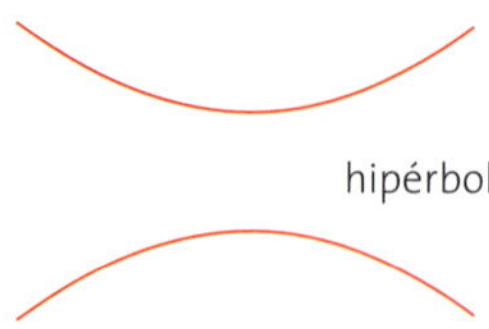

Definição e elementos

Consideremos, inicialmente, dois pontos fixos, F_1 e F_2, de um plano cuja distância $d(F_1, F_2) = 2c$.

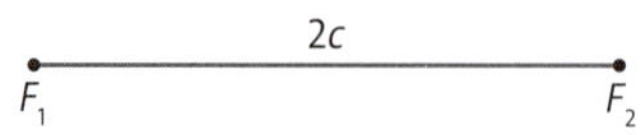

Imagine que vamos marcar no plano uma série de pontos tais que a diferença (em módulo) de suas distâncias aos pontos fixos F_1 e F_2 seja sempre constante e menor que $2c$. Na prática, isso pode ser feito com o auxílio de régua, lápis, alfinetes e barbante.

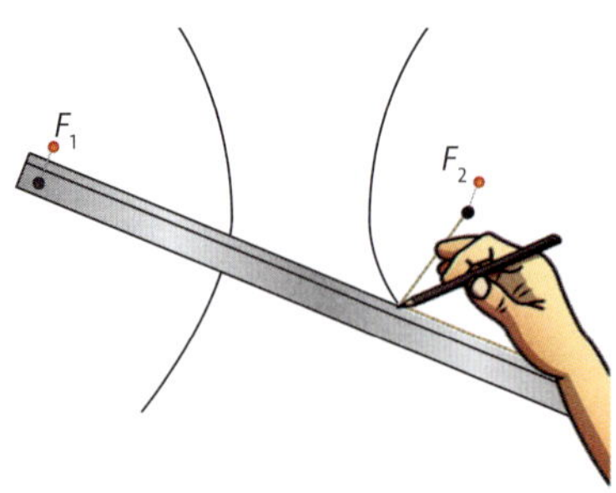

Formato Comunicação/Arquivo da editora

Construindo o gráfico ponto a ponto, teremos:

$$|AF_1 - AF_2| = |BF_1 - BF_2| = |CF_1 - CF_2| = ... = |TF_1 - TF_2| = 2a \text{ (constante), com } 2a < 2c$$

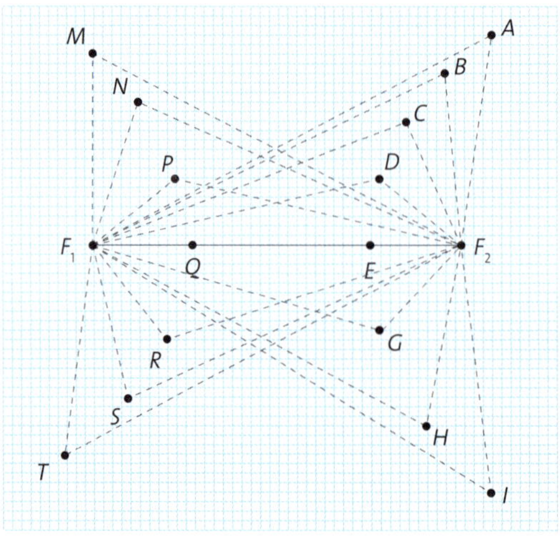

O conjunto de todos os pontos do plano com essa propriedade chama-se **hipérbole**.

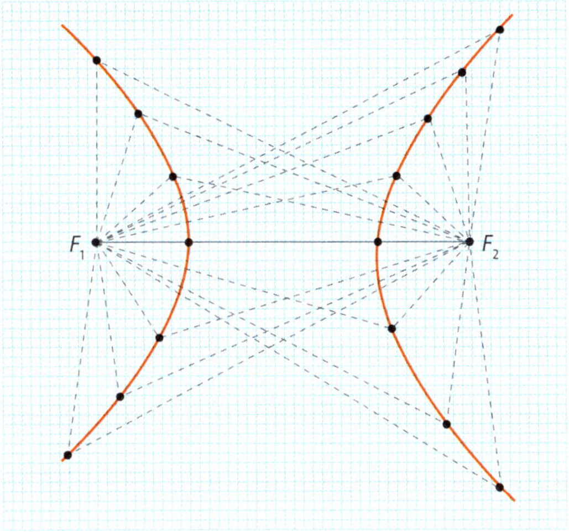

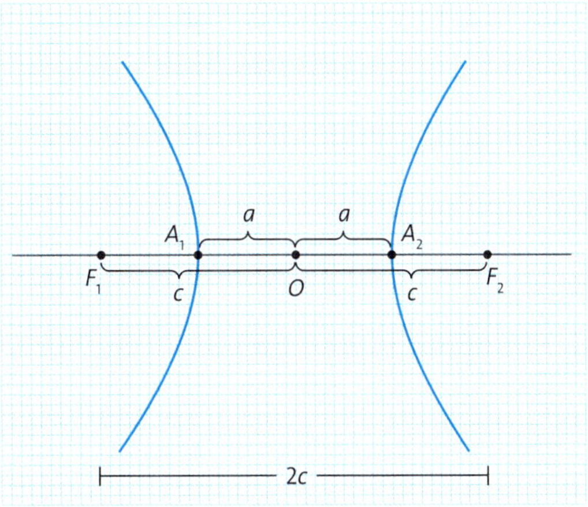

> Assim, definimos que hipérbole é o lugar geométrico dos pontos $P(x, y)$ de um plano tais que a diferença (em módulo) de suas distâncias a dois pontos fixos, F_1 e F_2, é constante $(2a < 2c)$, com $F_1F_2 = 2c$.

Na figura anterior, temos:

- F_1 e F_2 são os focos da hipérbole, sendo $F_1F_2 = 2c$ a distância focal;
- A_1 e A_2 são os vértices da hipérbole, sendo $A_1A_2 = A_1F_2 - A_1F_1 = 2a$ (constante da definição);
- O é o centro da hipérbole (ponto médio de $\overline{F_1F_2}$ e de $\overline{A_1A_2}$);
- o número $e = \dfrac{c}{a}$, que é a excentricidade da hipérbole (note que $e > 1$, pois $c > a$).

Fique atento!
Quanto mais próximo de 1 for a excentricidade, mais a hipérbole se aproxima de duas retas paralelas (perpendiculares ao eixo x real). E se a excentricidade for cada vez maior, tendendo ao infinito, a hipérbole se aproxima de duas semirretas opostas (com origem em A_1 e A_2).

Observação: Considerando uma hipérbole de focos F_1 e F_2 e vértices A_1 e A_2, vimos que $F_1F_2 = 2c$ e $A_1A_2 = 2a$. Então, $OF_2 = c$ e $OA_2 = a$.

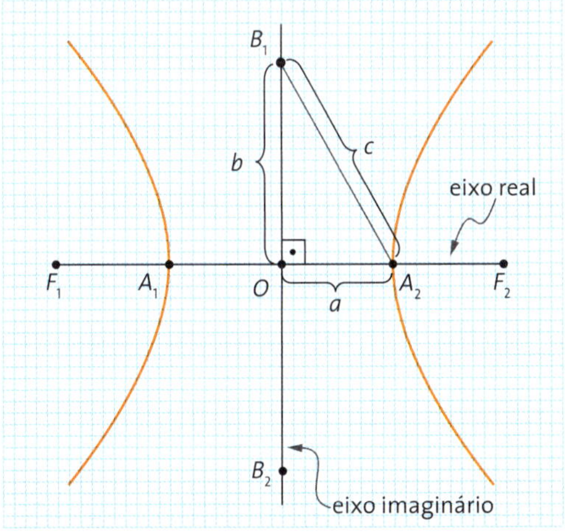

Seja B_1 um ponto da mediatriz de $\overline{A_1A_2}$ tal que o triângulo B_1OA_2 seja retângulo em O, com o cateto $\overline{OA_2}$ medindo a e a hipotenusa $\overline{B_1A_2}$ medindo c. Assim, chamando de b a medida do cateto $\overline{OB_1}$, temos $a^2 + b^2 = c^2$ ou $b^2 = c^2 - a^2$.

Fique atento!
- Nas mesmas condições de B_1 existe B_2, sobre a mediatriz de $\overline{A_1A_2}$, tal que $B_1B_2 = 2b$.
- $\overline{A_1A_2}$ é chamado **eixo real** e $\overline{B_1B_2}$, **eixo imaginário** da hipérbole.

Equação da hipérbole

Consideremos inicialmente a hipérbole da figura, na qual os focos pertencem ao eixo Ox e o centro é a origem $O(0, 0)$.

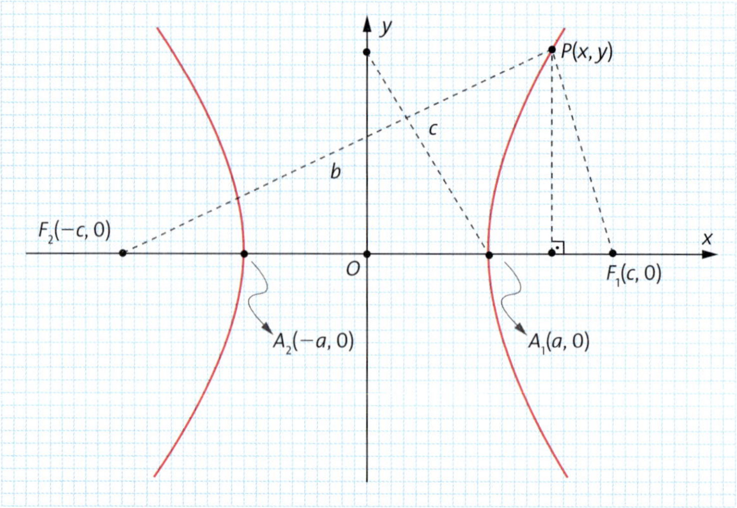

Um ponto $P(x, y)$ qualquer da curva deve satisfazer, de acordo com a definição, a seguinte condição:

$$|PF_2 - PF_1| = 2a$$

Como $PF_2 = \sqrt{(x + c)^2 + (y - 0)^2}$ e $PF_1 = \sqrt{(x - c)^2 + (y - 0)^2}$, temos:

$$\left|\sqrt{(x+c)^2 + y^2} - \sqrt{(x - c)^2 + y^2}\right| = 2a \Rightarrow \sqrt{(x + c)^2 + y^2} - \sqrt{(x-c)^2 + y^2} = \pm 2a \Rightarrow$$

$$\Rightarrow \sqrt{(x + c)^2 + y^2} = \sqrt{(x-c)^2 + y^2} \pm 2a$$

Elevando ambos os membros ao quadrado, vem:

$$(x + c)^2 + y^2 = (x - c)^2 + y^2 \pm 4a\sqrt{(x - c)^2 + y^2} + 4a^2 \Rightarrow$$

$$\Rightarrow (x + c)^2 + y^2 - (x - c)^2 - y^2 - 4a^2 = \pm 4a\sqrt{(x - c)^2 + y^2} \Rightarrow$$

$$\Rightarrow \cancel{x^2} + 2cx + \cancel{c^2} + \cancel{y^2} - \cancel{x^2} + 2cx - \cancel{c^2} - \cancel{y^2} - 4a^2 = \pm 4a\sqrt{(x - c)^2 + y^2} \Rightarrow$$

$$\Rightarrow 4cx - 4a^2 = \pm 4a\sqrt{(x - c)^2 + y^2} \Rightarrow cx - a^2 = \pm a\sqrt{(x - c)^2 + y^2}$$

Elevando novamente os dois membros ao quadrado, obtemos:

$$c^2x^2 - 2a^2cx + a^4 = a^2[(x - c)^2 + y^2] \Rightarrow c^2x^2 - 2a^2cx + a^4 = a^2[x^2 - 2cx + c^2 + y^2] \Rightarrow$$

$$\Rightarrow c^2x^2 - \cancel{2a^2cx} + a^4 = a^2x^2 - \cancel{2a^2cx} + a^2c^2 + a^2y^2 \Rightarrow c^2x^2 - a^2x^2 - a^2y^2 = a^2c^2 - a^4 \Rightarrow$$

$$\Rightarrow (c^2 - a^2)x^2 - a^2y^2 = a^2(c^2 - a^2)$$

Mas:

$$c^2 = a^2 + b^2 \Rightarrow c^2 - a^2 = b^2$$

Substituindo $(c^2 - a^2)$ na equação anterior, temos $b^2x^2 - a^2y^2 = a^2b^2$.

Como $ab \neq 0$, vem:

$$\frac{b^2x^2}{a^2b^2} - \frac{a^2y^2}{a^2b^2} = \frac{a^2b^2}{a^2b^2} \Rightarrow \boxed{\frac{x^2}{a^2} - \frac{y^2}{b^2} = 1}$$

Fique atento!
A recíproca é verdadeira: equações dessa forma representam hipérboles, ou seja, apenas pontos de uma hipérbole satisfazem essa equação.

em que $a = OA_1 = OA_2$, $c = OF_1 = OF_2$ e b é tal que $b^2 = c^2 - a^2$.

Essa fórmula é denominada **equação reduzida da hipérbole**, quando os focos estão sobre o eixo x e são equidistantes da origem.

Veja agora:

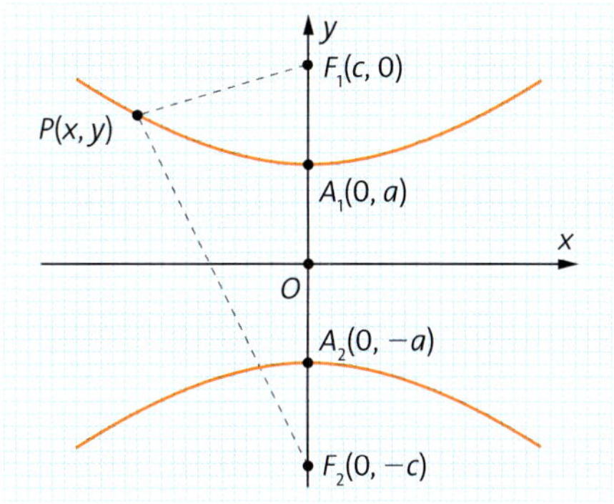

Caso os focos estejam sobre o eixo y e também equidistantes da origem, a equação reduzida da hipérbole será:

$$\frac{y^2}{a^2} - \frac{x^2}{b^2} = 1$$

Analogamente, podemos generalizar essa equação para um centro qualquer.

Considerando o centro da hipérbole $O(x_0, y_0)$ e os eixos (real e imaginário) paralelos aos eixos x e y, temos:

1º) Eixo real paralelo ao eixo x:

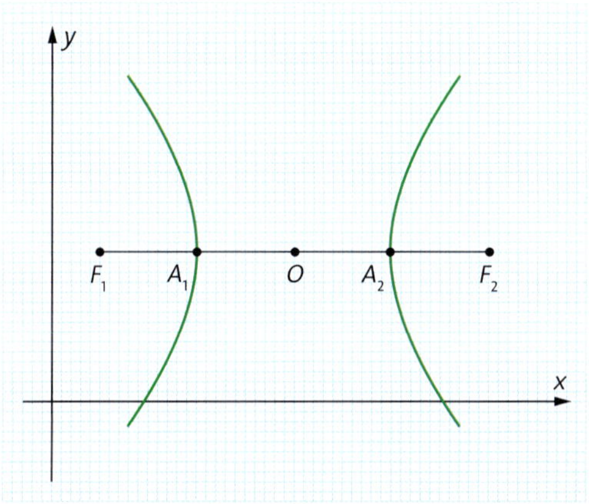

$$\frac{(x - x_0)^2}{a^2} - \frac{(y - y_0)^2}{b^2} = 1$$

2º) Eixo real paralelo ao eixo y:

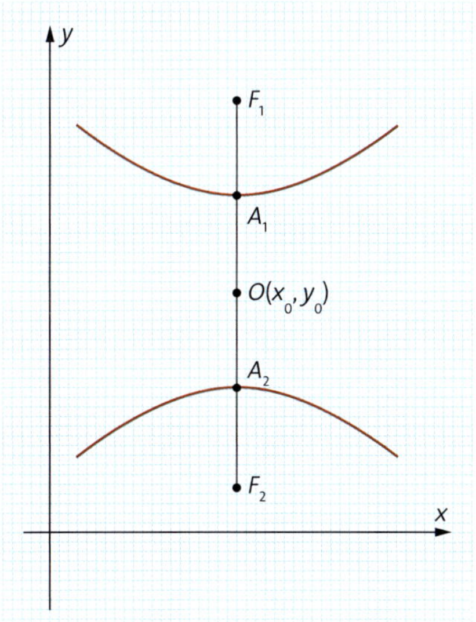

$$\frac{(y - y_0)^2}{a^2} - \frac{(x - x_0)^2}{b^2} = 1$$

Assíntotas da hipérbole

Consideremos a figura abaixo.

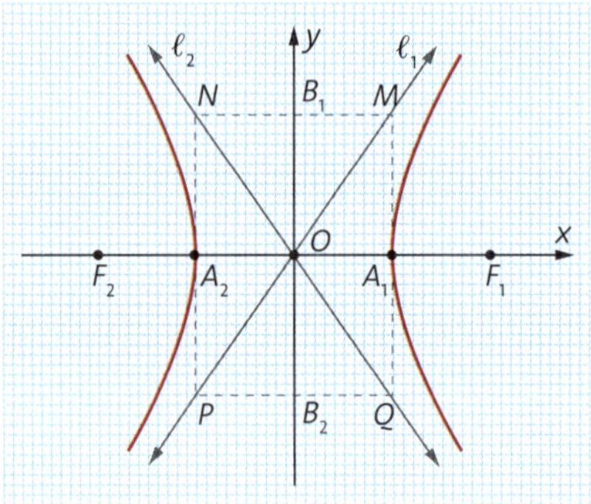

Obtendo as secções cônicas

Podemos construir o retângulo *MNPQ*, de dimensões $2a$ e $2b$. Observe que suas diagonais estão contidas nas retas ℓ_1 e ℓ_2, as quais são denominadas **assíntotas** da hipérbole.

Logo, as equações das retas assíntotas são $bx - ay = 0$ ou $y = \frac{b}{a}x$ e $bx + ay = 0$ ou $y = -\frac{b}{a}x$.

Exercícios resolvidos

16. Determine a equação da hipérbole de focos $F_1(5, 0)$ e $F_2(-5, 0)$ e de vértices $A_1(3, 0)$ e $A_2(-3, 0)$.

Resolução

Pelos dados do problema, temos:

$c = 5$

$a = 3$

$c^2 = a^2 + b^2 \Rightarrow 25 = 9 + b^2 \Rightarrow b^2 = 16$

Como os focos estão sobre o eixo x, vem:

$$\frac{x^2}{a^2} - \frac{y^2}{b^2} = 1 \Rightarrow \frac{x^2}{9} - \frac{y^2}{16} = 1 \Rightarrow$$

$$\Rightarrow 16x^2 - 9y^2 = 144$$

Logo, a equação da hipérbole é $\frac{x^2}{9} - \frac{y^2}{16} = 1$ ou $16x^2 - 9y^2 = 144$.

17. Determine a equação da hipérbole de focos $F_1(6, 0)$ e $F_2(-6, 0)$ e de excentricidade igual a $\frac{3}{2}$.

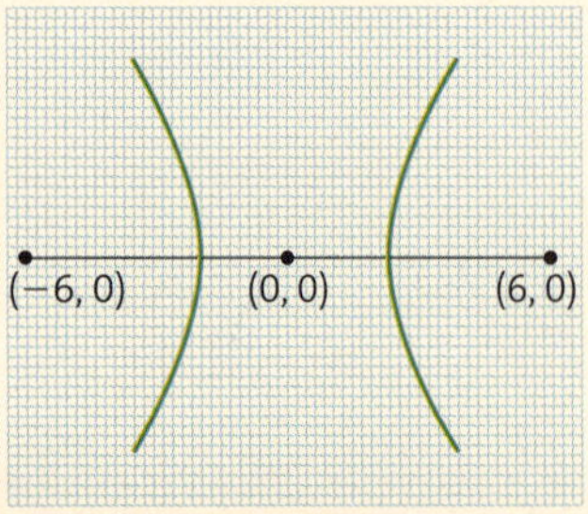

Resolução

Pelos dados do problema, temos:

$c = 6$

$$e = \frac{3}{2} \Rightarrow \frac{c}{a} = \frac{3}{2} \Rightarrow a = \frac{2c}{3} = \frac{2 \cdot 6}{3} = 4$$

$c^2 = a^2 + b^2 \Rightarrow 36 = 16 + b^2 \Rightarrow b^2 = 20$

Como os focos estão sobre o eixo Ox e $O(0, 0)$, vem:

$$\frac{x^2}{a^2} - \frac{y^2}{b^2} = 1 \Rightarrow \frac{x^2}{16} - \frac{y^2}{20} = 1 \Rightarrow 5x^2 - 4y^2 = 80$$

Logo, a equação da hipérbole é $\frac{x^2}{16} - \frac{y^2}{20} = 1$ ou $5x^2 - 4y^2 = 80$.

18. Determine o centro, os focos e os vértices da hipérbole de equação $3x^2 - y^2 + 18x + 8y + 38 = 0$.

Resolução

Transformando inicialmente a equação, temos:

$3x^2 - y^2 + 18x + 8y + 38 = 0 \Rightarrow$

$\Rightarrow 3(x^2 + 6x) - (y^2 - 8y) = -38 \Rightarrow$

$\Rightarrow 3(x^2 + 6x + 9) - (y^2 - 8y + 16) =$

$= -38 + 27 - 16 \Rightarrow 3(x + 3)^2 - 1(y - 4)^2 = -27 \Rightarrow$

$\Rightarrow 1(y - 4)^2 - 3(x + 3)^2 = 27 \Rightarrow$

$$\Rightarrow \frac{(y - 4)^2}{27} - \frac{(x + 3)^2}{9} = 1$$

Da equação obtida, vem:

centro: $O(-3, 4)$

$a^2 = 27 \Rightarrow a = \sqrt{27} = 3\sqrt{3}$

$b^2 = 9 \Rightarrow b = \sqrt{9} = 3$

$c^2 = a^2 + b^2 = 27 + 9 = 36 \Rightarrow c = 6$

Esboçando o gráfico, temos:

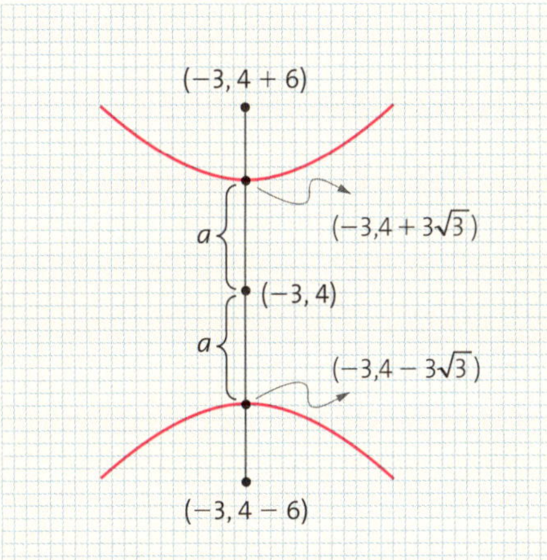

Logo, a hipérbole tem centro $O(-3, 4)$, vértices $\left(-3{,}4 + 3\sqrt{3}\right)$ e $\left(-3{,}4 - 3\sqrt{3}\right)$ e focos $(-3, 10)$ e $(-3, -2)$.

19. Em uma hipérbole de centro $O(5, 5)$, a distância focal é $2c = 6$ e o eixo real $2a = 2$ é paralelo ao eixo Ox. Determine a equação dessa hipérbole.

Resolução

Do enunciado, vem:

centro: $O(5, 5)$

$2c = 6 \Rightarrow c = 3$

$2a = 2 \Rightarrow a = 1$

$b^2 = c^2 - a^2 = 3^2 - 1^2 = 8$

Se o eixo real é paralelo ao eixo Ox, a equação é do tipo:

$$\frac{(x - x_0)^2}{a^2} - \frac{(y - y_0)^2}{b^2} = 1$$

Logo, a equação é $\dfrac{(x-5)^2}{1} - \dfrac{(y-5)^2}{8} = 1$.

20. Uma hipérbole tem equação $9x^2 - 16y^2 = 144$. Determine as coordenadas dos focos, as coordenadas dos vértices e a excentricidade da hipérbole.

Resolução

$$9x^2 - 16y^2 = 144 \Rightarrow \frac{9x^2}{144} - \frac{16y^2}{144} = \frac{144}{144} \Rightarrow$$

$$\Rightarrow \frac{x^2}{16} - \frac{y^2}{9} = 1$$

A equação indica que os focos estão sobre o eixo Ox com centro $(0, 0)$, daí:

$a^2 = 16 \Rightarrow a = 4$

$b^2 = 9 \Rightarrow b = 3$

$c^2 = a^2 + b^2 = 16 + 9 = 25 \Rightarrow c = 5$

$e = \dfrac{c}{a} = \dfrac{5}{4}$

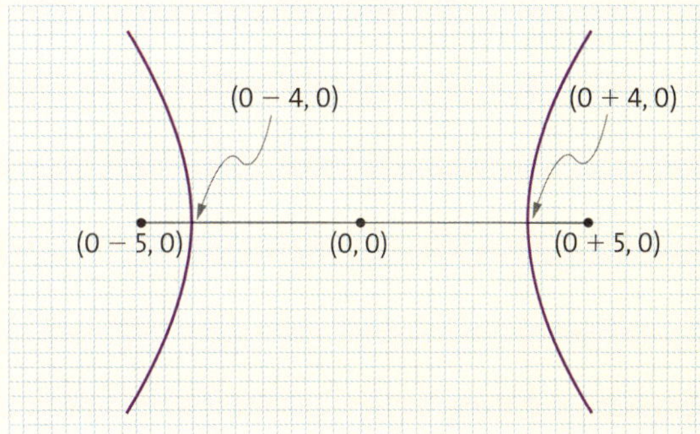

Logo: $F_1(5, 0)$ e $F_2(-5, 0)$, $A_1(4, 0)$ e $A_2(-4, 0)$ e a excentricidade $e = \dfrac{5}{4}$.

21. Uma hipérbole tem focos nos pontos $F1(3, 0)$ e $F_2(-3, 0)$ e passa pelo ponto $P\left(\sqrt{5}, 2\right)$. Qual é a equação dessa hipérbole?

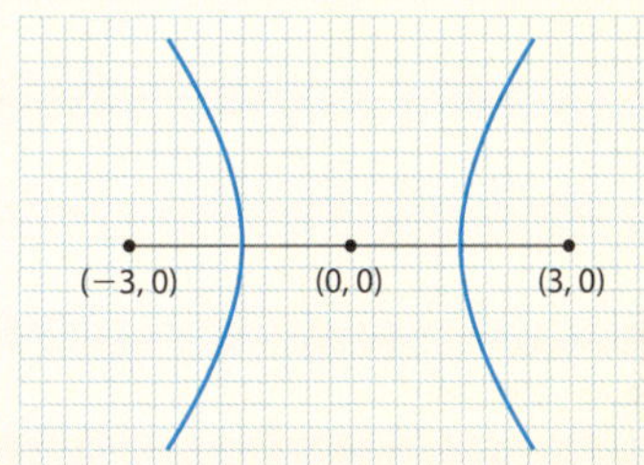

Resolução

Como os focos estão sobre o eixo x e o centro em $(0, 0)$, temos:

$$\frac{x^2}{a^2} - \frac{y^2}{b^2} = 1$$

Como a hipérbole passa pelo ponto $P\left(\sqrt{5}, 2\right)$ vem:

$$\frac{\left(\sqrt{5}\right)^2}{a^2} - \frac{(2)^2}{b^2} = 1 \Rightarrow \frac{5}{a^2} - \frac{4}{b^2} = 1 \quad \text{(I)}$$

Como $c^2 = a^2 + b^2$ e $c = 3$, obtemos:

$$9 = a^2 + b^2 \Rightarrow a^2 = 9 - b^2 \quad \text{(II)}$$

Substituindo (I) em (II), temos:

$$\frac{5}{9 - b^2} - \frac{4}{b^2} = 1 \Rightarrow 5b^2 - 36 + 4b^2 = 9b^2 - b^4 \Rightarrow$$

$$\Rightarrow b^4 + \cancel{5b^2} + \cancel{4b^2} - \cancel{9b^2} - 36 = 0 \Rightarrow$$

$$\Rightarrow b^4 - 36 = 0 \Rightarrow b^4 = 36 \Rightarrow b^2 = 6$$

Mas:

$a^2 = 9 - b^2 = 9 - 6 = 3$

Substituindo esse valor na equação reduzida da hipérbole, vem:

$$\frac{x^2}{a^2} - \frac{y^2}{b^2} = 1 \Rightarrow \frac{x^2}{3} - \frac{y^2}{6} = 1 \Rightarrow 2x^2 - y^2 = 6$$

Logo, a equação da hipérbole é $\dfrac{x^2}{3} - \dfrac{y^2}{6} = 1$ ou $2x^2 - y^2 = 6$.

Hipérbole equilátera

Observemos a figura:

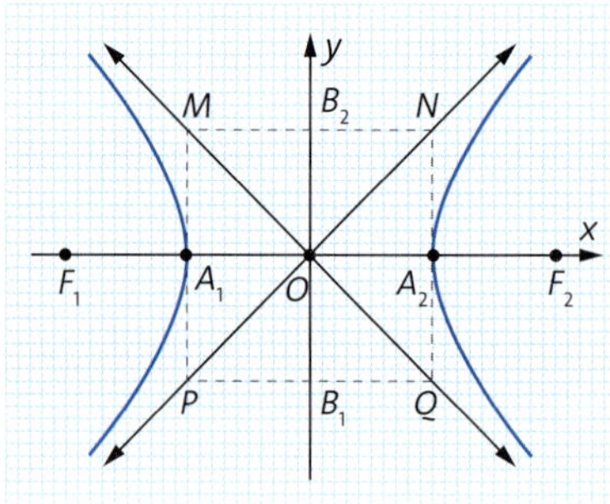

Quando $b = a$, o retângulo $MNPQ$ tem a forma de um quadrado. Nesse caso, as assíntotas são perpendiculares e a hipérbole é denominada **hipérbole equilátera**.

A equação dessa hipérbole equilátera de centro $O(x_0, y_0)$ é:

Equações das cônicas

$$\frac{(x - x_0)^2}{a^2} - \frac{(y - y_0)^2}{a^2} = 1$$

Fique atento!
Se o centro dessa hipérbole for $O(0, 0)$, sua equação será: $\frac{x^2}{a^2} - \frac{y^2}{a^2} = 1$ ou $x^2 - y^2 = a^2$.

Você sabia?

Uma das hipérboles equiláteras mais famosas é a que descreve a relação entre a pressão e o volume de um gás perfeito a temperatura constante, conhecida como lei de Boyle, segundo a qual o produto da pressão pelo volume é sempre constante em condições isotérmicas: $PV = k$.

Entretanto, a equação $xy = k$ não se parece nada com as hipérboles estudadas até aqui. O detalhe é que todas as hipérboles estudadas têm os eixos real e imaginário paralelos aos eixos x e y. Se os eixos real e imaginário não forem paralelos aos eixos x e y, aparecerá o termo xy na equação da hipérbole e, mais particularmente, se as assíntotas de uma hipérbole equilátera forem os eixos x e y (e portanto os eixos real e imaginário estão sobre as retas $y = x$ e $y = -x$), então a equação da hipérbole se reduz à forma $xy = \frac{a^2}{2}$.

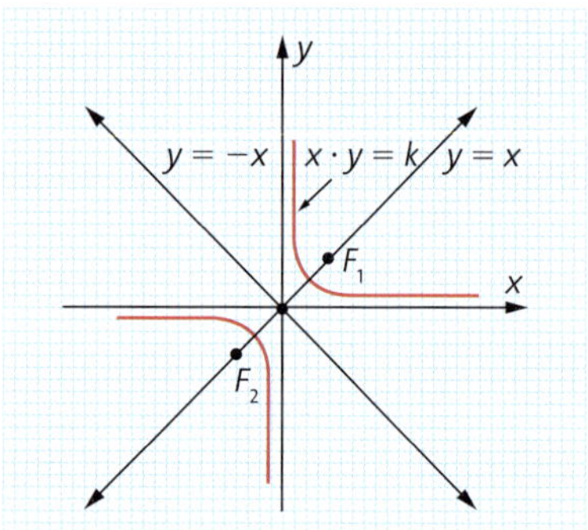

Dessa forma, o gráfico da lei de Boyle é realmente uma hipérbole equilátera tal como as estudadas neste capítulo, com a diferença de ter um sistema de coordenadas rotacionado de 45° em relação ao sistema de coordenadas mais adequado, que é o paralelo aos eixos real e imaginário e adotado neste capítulo.

Exercício resolvido

22. Os focos de uma hipérbole equilátera são $F_1(1, 8)$ e $F_2(1, 0)$. Determine a equação dessa hipérbole.

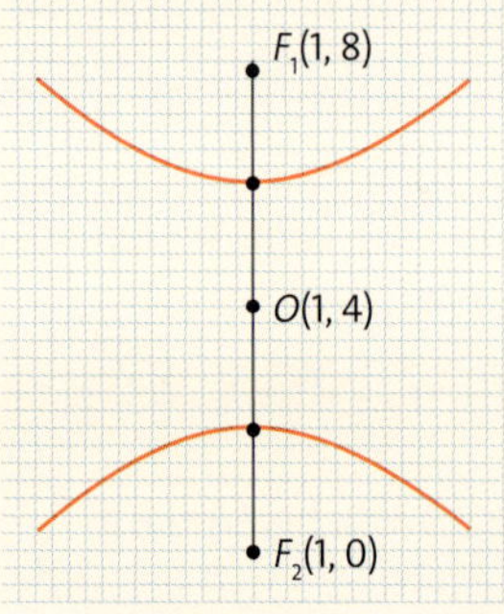

Resolução

Pelos dados do problema, deduzimos:

- centro: $O(1, 4)$, o ponto médio de $\overline{F_1F_2}$
- posição da hipérbole: o eixo real é paralelo ao eixo y
- valor da distância focal: $2c = 8 \Rightarrow c = 4$
- tipo de equação: $\frac{(y - y_0)^2}{a^2} - \frac{(x - x_0)^2}{a^2} = 1$

Como a hipérbole é equilátera, temos:
$c^2 = a^2 + a^2 \Rightarrow 2a^2 = 16 \Rightarrow a^2 = 8$

Logo, a equação é $\frac{(y - 4)^2}{8} - \frac{(x - 1)^2}{8} = 1$.

Exercícios

27. Determine a equação da hipérbole, dados:

a) os focos $F_1(8, 0)$ e $F_2(-8, 0)$ e os vértices $A_1(5, 0)$ e $A_2(-5, 0)$;

b) os vértices $A_1(3, 0)$ e $A_2(-3, 0)$ e a distância entre os focos igual a 8;

c) os vértices $A_1(3, 0)$ e $A_2(-3, 0)$ e a excentricidade igual a 2;

d) os focos $F_1(0, 5)$ e $F_2(0, -5)$ e a excentricidade igual a $\frac{5}{3}$.

28. Determine a equação da hipérbole que passa pelo ponto $P(4\sqrt{2}, 3)$ e tem os focos nos pontos $F_1(5, 0)$ e $F_2(-5, 0)$.

29. Determine as coordenadas dos focos, as coordenadas dos vértices e a excentricidade das hipérboles de equações:

a) $4x^2 - 25y^2 = 100$

b) $\frac{x^2}{16} - \frac{y^2}{25} = 1$

c) $3x^2 - 4y^2 = 36$

30. Calcule o comprimento do segmento A_1A_2 (os pontos A_1 e A_2 são os vértices) em uma hipérbole de equação $4x^2 - 2y^2 = 100$.

31. Calcule o valor de m para que a hipérbole de equação $\frac{x^2}{m^2} - \frac{y^2}{4} = 1$ passe pelo ponto $P(\sqrt{15}, 4)$.

32. Em uma hipérbole de excentricidade igual a $\sqrt{5}$, os vértices são os pontos $A_1(2, 0)$ e $A_2(-2, 0)$. Determine as coordenadas de seus focos.

33. Consideremos a hipérbole de equação $4y^2 - x^2 = 16$. Qual é a equação de uma circunferência cujo centro coincide com o centro da hipérbole e que passa pelos focos da hipérbole?

34. Calcule a excentricidade $e = \frac{c}{a}$, esboce o gráfico de cada uma das hipérboles e relacione o valor de e com a respectiva figura:

a) $\frac{x^2}{1} - \frac{y^2}{8} = 1$

b) $\frac{x^2}{1} - \frac{y^2}{5} = 1$

c) $\frac{x^2}{1} - \frac{y^2}{3} = 1$

35. Determine a equação da hipérbole cujos focos são $F_1(3, 6)$ e $F_2(3, -6)$ e o eixo imaginário é $2b = 6$.

36. O centro de uma hipérbole é o ponto $(4, -3)$, seu eixo real é $2a = 6$ e o eixo imaginário é $2b = 4$. Determine a equação dessa hipérbole e seus focos F_1 e F_2, sabendo ainda que $\overline{F_1F_2}$ é paralelo ao eixo x.

37. Qual é a distância focal na hipérbole cuja equação é $4x^2 - 25y^2 - 32x - 100y - 136 = 0$?

38. Determine as equações das assíntotas da hipérbole de equação:

a) $9x^2 - 16y^2 = 144$

b) $\frac{x^2}{25} - \frac{y^2}{4} = 1$

c) $\frac{(x-3)^2}{16} - \frac{(y-2)^2}{9} = 1$

39. As equações das assíntotas de uma hipérbole são $y = 2x$ e $y = -2x$. Se a hipérbole tem vértices $A_1(3, 0)$ e $A_2(-3, 0)$, determine a equação da hipérbole.

40. Determine a equação da hipérbole equilátera:

a) de focos $F_1(6, 0)$ e $F_2(-6, 0)$;

b) de centro $(2, 4)$ e um dos vértices em $(2, 2)$.

41. Determine as coordenadas dos focos e as coordenadas dos vértices da hipérbole equilátera de equação $x^2 - y^2 = 25$.

42. Em uma hipérbole equilátera com centro em $(0, 0)$, a distância entre os vértices é 8. Sabendo que os focos estão sobre o eixo y, determine a equação dessa hipérbole.

43. Considere uma hipérbole equilátera, com centro em $(0, 0)$, cujos focos F_1 e F_2 estão no eixo x e que passa pelo ponto $P(13, -12)$. Nessas condições, calcule a área do triângulo PF_1F_2.

44. Considere que uma praça foi construída de forma que os gramados são separados do caminho de passeio por dois ramos de uma hipérbole, conforme o esquema abaixo:

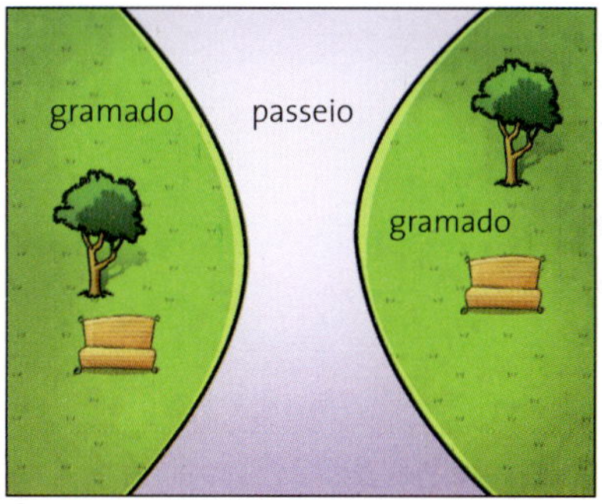

Dam d'Souza/Arquivo da editora

Considere ainda que, de acordo com a origem do sistema de coordenadas adotado pelo arquiteto responsável pela obra, a equação dessa hipérbole seja $\frac{(x-50)^2}{400} - \frac{(y-30)^2}{225} = 1$. A menor largura do passeio dessa praça, em metros, é:

a) 20.

b) 25.

c) 30.

d) 35.

e) 40.

Rali das cônicas

Outros contextos

Kepler, a elipse e as proporções

Muitos cálculos e descobertas astronômicas não seriam possíveis sem o auxílio da Matemática, que em diversas ocasiões foi impulsionada pelas necessidades dos astrônomos. Isto é, Matemática e Astronomia sempre andaram juntas.

Johannes Kepler (1571-1630), astrônomo alemão, passou 17 anos estudando e pesquisando dados precisos acumulados em 20 anos de observações pelo então matemático imperial dinamarquês Tycho Brahe (1546-1601), cargo que Kepler assumiu após a morte de Brahe. Desses estudos surgiram as leis de Kepler, que explicam o movimento planetário.

Johannes Kepler

Na 1ª lei, Kepler refuta as ideias de que as órbitas planetárias seriam circulares conforme diziam Nicolau Copérnico (1473-1543) e seus antecessores, ao provar que elas são na verdade elípticas, e o Sol ocupa um de seus focos (e não o centro de uma circunferência). Ele percebeu também que essas elipses eram quase circunferências, ou seja, suas excentricidades eram próximas de zero.

A excentricidade orbital terrestre é $e = 0{,}017$, muito perto à de uma circunferência. O planeta com maior excentricidade é Mercúrio, com $e = 0{,}206$. Veja a seguir a tabela com a excentricidade dos planetas do Sistema Solar:

Planeta	Excentricidade
Mercúrio	0,206
Vênus	0,007
Terra	0,017
Marte	0,093
Júpiter	0,048
Saturno	0,056
Urano	0,046
Netuno	0,010

Fique atento!
Lembre-se de que a excentricidade varia entre 0 e 1 e que uma circunferência tem excentricidade nula ($e = 0$).

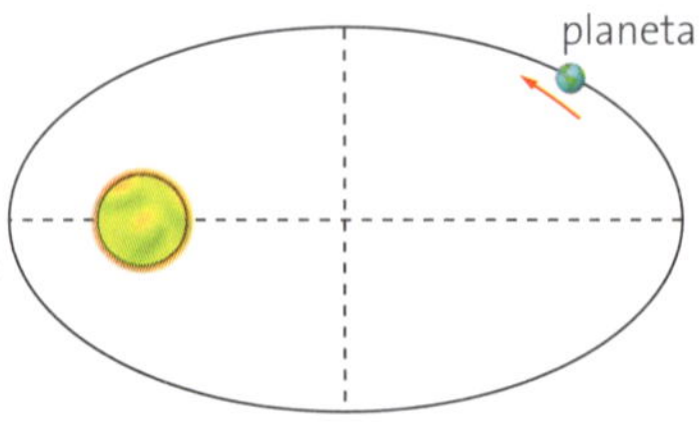

1ª lei de Kepler: todo planeta descreve uma elipse em torno do Sol, que ocupa um de seus focos.

Fique atento!
Nesta figura a excentricidade está exagerada para melhor visualização.

De acordo com a 2ª lei de Kepler, a linha imaginária que une o centro do Sol ao do planeta varre áreas iguais no mesmo intervalo de tempo, consequentemente o planeta se move mais rapidamente quando está mais próximo do Sol do que quando está afastado.

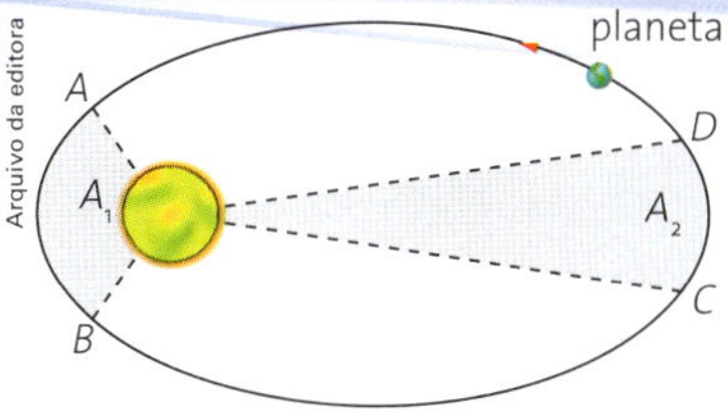

Dam d'Souza/ Arquivo da editora

2ª lei de Kepler: as áreas A_1 e A_2 são iguais.

Já a 3ª lei de Kepler diz que o quadrado do período da órbita de um planeta é proporcional ao cubo do semieixo maior da elipse orbital desse planeta. Em outras palavras, se a é o semieixo maior da elipse orbital e T é o período da órbita planetária, então $\frac{T^2}{a^3}$ é constante para todos os planetas que orbitam a estrela. A Terra leva um ano para dar uma volta ao redor do Sol, e o semieixo maior de sua órbita é igual a 1 UA (unidade astronômica). O semieixo maior da órbita de Netuno é 30 UA (é o planeta mais afastado do Sol) e leva 165 anos para completar uma volta em torno do Sol. Utilizando a 3ª lei de Kepler para os dois planetas obteremos, aproximadamente, o mesmo resultado.

Terra: $\frac{T^2}{a^3} = \frac{1^2}{1^3} = 1$ Netuno: $\frac{T^2}{a^3} = \frac{165^2}{30^3} \simeq 1$

As leis de Kepler são apenas um exemplo da frutífera parceria entre a Matemática e a Astronomia ao longo dos séculos.

Trabalhando com o texto

1. De acordo com a 2ª lei de Kepler, a reta que une um planeta ao Sol varre áreas iguais em tempos iguais, ou seja, os planetas se movem mais rapidamente quando próximos ao Sol. Segundo a figura abaixo, em qual ponto a velocidade do planeta é menor?

a) A
b) B
c) C
d) D
e) E

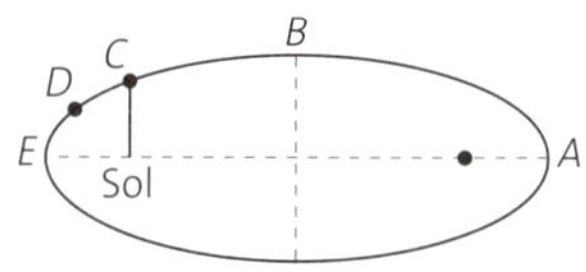

2. Sabendo que as distâncias entre o Sol e o periélio (ponto da órbita mais próximo do Sol) e entre o Sol e o afélio (ponto da órbita mais afastado do Sol) no movimento de translação da Terra são, respectivamente, 147×10^6 km e 152×10^6 km, calcule a medida da distância focal da trajetória elíptica sabendo que a excentricidade da curva é $\frac{1}{50}$.

3. Com as seguintes informações a respeito da trajetória elíptica de dois planetas em determinado sistema solar, qual planeta tem a trajetória mais próxima de um movimento circular? Por quê?

a) Planeta A de excentricidade 0,205.
b) Planeta B de excentricidade 0,018.

Pesquisando e discutindo

4. Compare a excentricidade das órbitas da Lua, do cometa Lexell e da Terra e indique qual delas possui um formato mais próximo de uma circunferência e qual é mais alongada.

Veja mais sobre o assunto

Procure mais informações em jornais, revistas e nos *sites*:

- Astronomia e Astrofísica: <http://astro.if.ufrgs.br>;
- Instituto de Astronomia e Pesquisas Espaciais (Inape): <www.inape.org.br/astronomia-astrofisica>;
- Sociedade Brasileira dos Amigos da Astronomia: <www.sbaa.com.br>.

Acessos em: 13 mar. 2014.

Atividades adicionais

1. Determine a equação da parábola que tem:

a) foco no ponto $F(0, 4)$ e vértice $V(0, 0)$;

b) foco no ponto $F(3, 5)$ e diretriz de equação $y = -1$;

c) foco no ponto $F(2, -2)$ e vértice $V(2, -4)$.

2. Determine as coordenadas do foco e a equação da reta diretriz das parábolas que têm por equação:

(*Sugestão*: Lembre-se, por exemplo, de que $2 = 4\left(\frac{1}{2}\right)$.)

a) $y^2 = -6x$

b) $x^2 = -8y$

c) $y^2 = 20x$

d) $y = \frac{1}{12}x^2$

3. Encontre as coordenadas do vértice, as coordenadas do foco, a equação da reta diretriz e a equação do eixo de simetria das parábolas de equações:

a) $x^2 + 4x + 8y + 12 = 0$;

b) $y^2 + 2y - 5x + 11 = 0$.

4. Os valores de b para os quais a parábola $y = x^2 + bx$ tem um único ponto em comum com a reta $y = x - 1$ são:

a) -1 e 3.

b) -1 e 2.

c) -3 e -1.

d) 0 e -1.

e) 0 e 2.

5. Os gráficos de $f(x) = x - 1$ e $g(x) = 2x^2 - 3x + m$ se interceptam em um ponto apenas. O gráfico de $g(x)$ corta o eixo y no ponto de ordenada:

a) 1,5.

b) 0,5.

c) 0.

d) $-1{,}0$.

e) 1,0.

6. Seja $V(h, k)$ o vértice da parábola de equação $x^2 - 4x - 4y + 12 = 0$. A reta de equação $y = 3$ intercepta a parábola nos pontos A e B. Determine a área do triângulo VAB.

7. Dada a função quadrática $y = x^2 + 6x + 5$, obtenha as coordenadas do foco da parábola que representa o gráfico dessa função.

8. Sejam F_1 e F_2 os focos da elipse $\frac{x^2}{25} + \frac{y^2}{9} = 1$. Quais as equações das circunferências que passam pela origem e têm centros F_1 e F_2?

9. Encontre as equações das parábolas:

a)

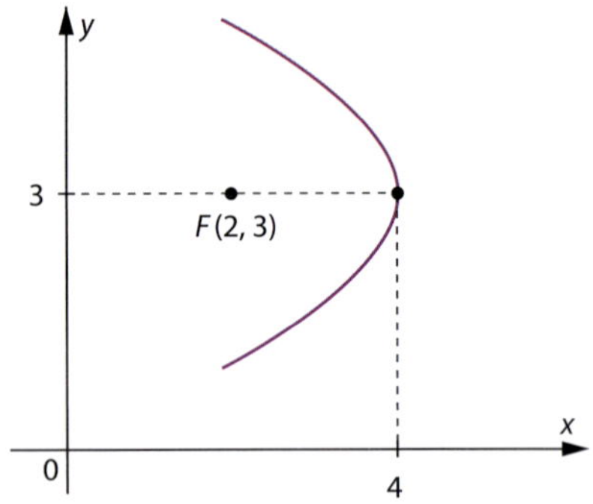

b)

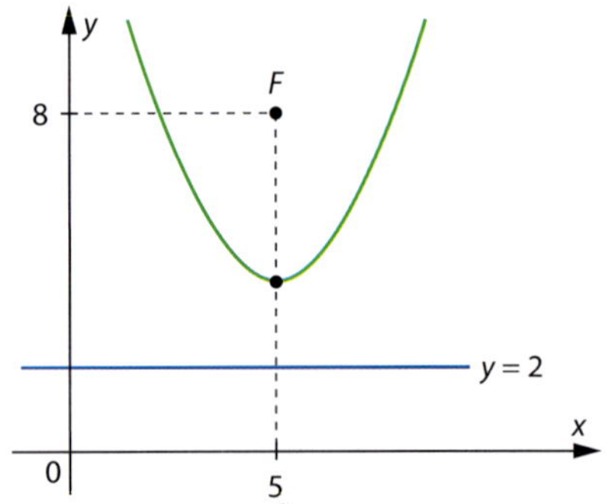

c)

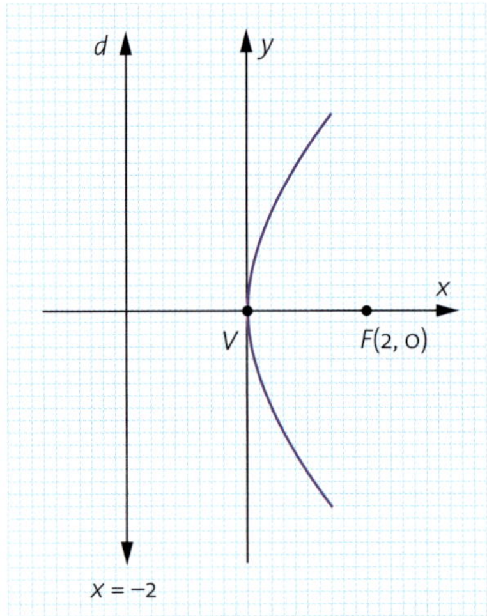

d)

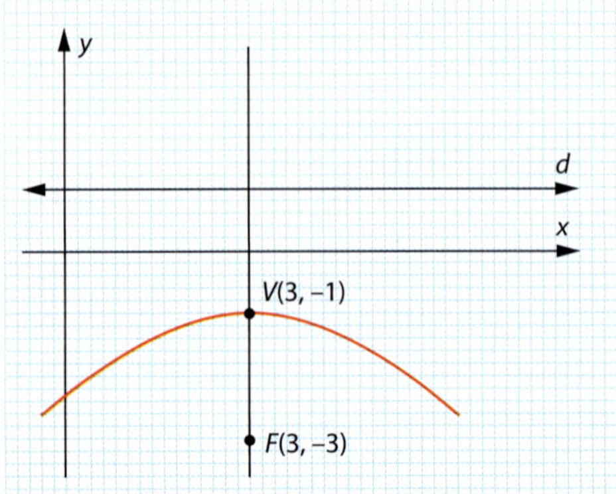

10. Um arquiteto projetou no salão central de um espaço cultural duas paredes parabólicas, opostas uma à outra, de forma que duas pessoas, com suas cabeças posicionadas cada uma no respectivo foco da parábola de sua parede, poderiam conversar normalmente, sem precisar gritar. Sua obra virou um sucesso, com todos os visitantes do espaço cultural querendo experimentar o tal "telefone de parede". Entretanto, alguns visitantes têm dificuldade de encontrar o ponto correto onde a conversação é perfeita (no foco da parábola) e ficam mexendo a cabeça até conseguir.

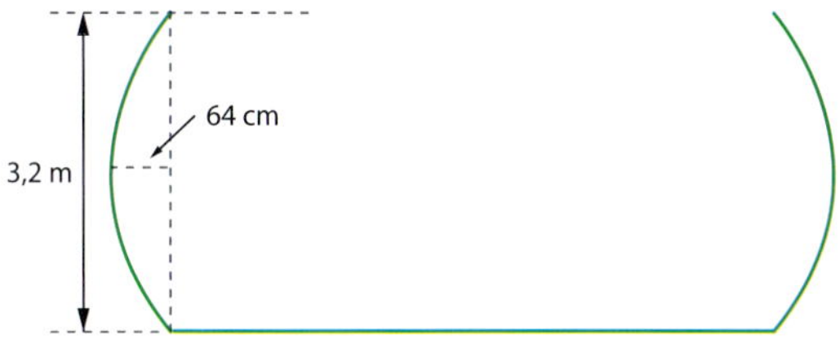

O pé direito do salão (distância entre o chão e o teto) tem 3,2 m. Considerando uma linha vertical pelos pontos no chão e no teto onde a parede parabólica começa e acaba, o ponto da parede mais afastado dessa vertical está a 64 cm. Além disso, as duas paredes parabólicas são iguais e têm eixo de simetria horizontal passando a 1,60 m do chão. Qual é o melhor lugar para se posicionar a cabeça para uma conversação perfeita, em relação à vertical citada?

11. Antenas parabólicas são usadas na recepção de sinais de UHF e micro-ondas, pois possuem a capacidade de concentrar num único ponto (foco) o sinal recebido, melhorando a qualidade da recepção. Geometricamente, a antena parabólica é uma superfície tridimensional chamada paraboloide de revolução. Quando se secciona uma paraboloide pelo plano que contém seu eixo de simetria (onde fica o foco da antena parabólica), obtém-se uma parábola cuja rotação em torno desse eixo dá origem à paraboloide. Considere que uma antena parabólica seja seccionada pelo plano que contém seu eixo, conforme ilustração abaixo, e que a equação de sua parábola seja dada por $x^2 - 4x - 4y + 8 = 0$, de acordo com um sistema de coordenadas devidamente escolhido.

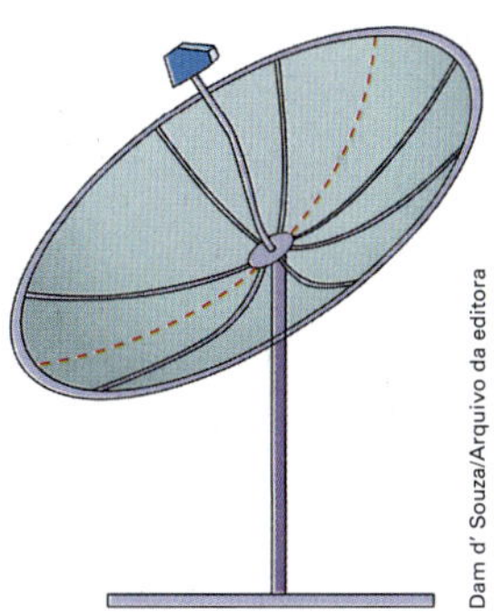

Dam d' Souza/Arquivo da editora

Analise as afirmações seguintes e diga qual é a verdadeira, considerando o mesmo sistema de coordenadas.

a) O receptor de ondas (foco) dessa antena deve estar nas coordenadas $(-2, 2)$.

b) O eixo de simetria dessa antena possui como equação a reta $x = 1$.

c) A equação da reta diretriz da parábola que representa essa antena é $x = 0$.

d) A soma das coordenadas do vértice dessa parábola é 3.

e) A equação reduzida da parábola cuja equação foi apresentada no enunciado é $(x + 2)^2 = 4(y - 1)$.

12. Determine a equação das elipses abaixo:

a)

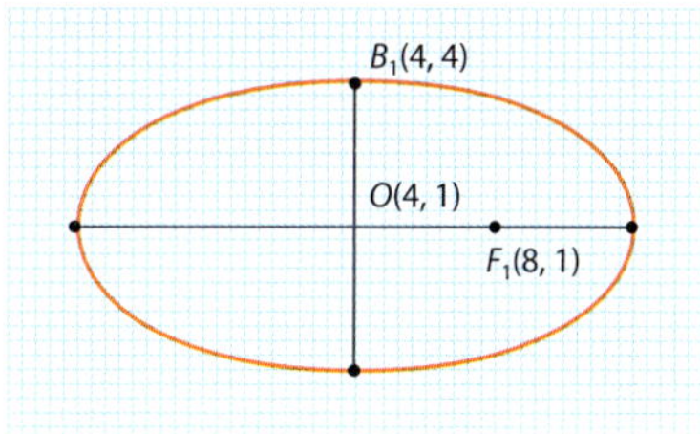

b)

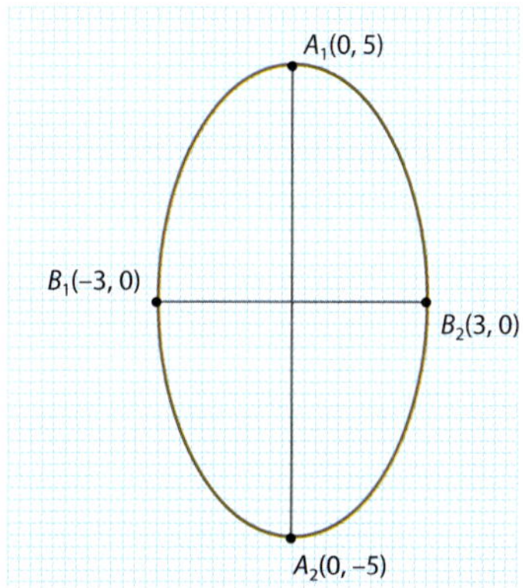

13. Determine as coordenadas dos focos, as coordenadas das extremidades do eixo maior e a excentricidade das elipses de equação:

a) $25(x - 3)^2 + 16y^2 = 400$

b) $x^2 + 2y^2 = 50$

c) $\dfrac{x^2}{3} + \dfrac{y^2}{6} = 1$

14. O centro da hipérbole de equação $3x^2 - 2y^2 - 18x + 15 = 0$ é o ponto C tal que:

a) $C(0, 3)$.

b) $C(3, 0)$.

c) $C(0, -3)$.

d) $C(-3, 0)$.

e) $C(-3, 3)$.

15. A figura a seguir representa as órbitas ao redor do Sol dos planetas telúricos ou sólidos (Mercúrio, Vênus, Terra e Marte) e do planeta anão Ceres. Todas essas órbitas têm excentricidade mais próxima de 0 que de 1, visto que suas órbitas são bem arredondadas. Para referência, a distância média entre a Terra e o Sol é de 150 milhões de km ou 1 UA (unidade astronômica).

Formato Comunicação/Arquivo da editora

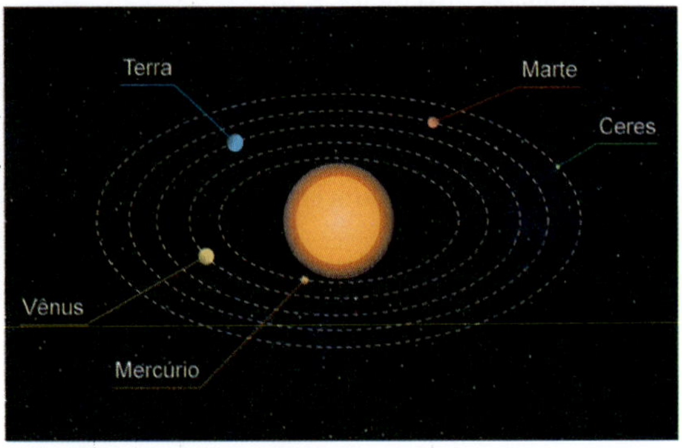

As órbitas na figura acima estão em escala. Os planetas e o Sol não estão em escala.

Suponhamos que um dos planetas do Sistema Solar tivesse como órbita uma elipse cuja equação fosse dada por $\frac{(x-2)^2}{25} + \frac{(y-4)^2}{9} = 1$ e que o Sol estivesse sobre um dos focos. O centro dessa elipse e as coordenadas do ponto onde o planeta está mais próximo do Sol seriam, respectivamente:

a) $(-2, -4)$ e $(7, 4)$.

b) $(0, 0)$ e $(-4, 2)$.

c) $(2, 4)$ e $(7, 4)$.

d) $(2, 4)$ e $(5, 3)$.

e) $(-2, -4)$ e $(5, 3)$.

16. Ache o centro, os focos, os vértices e as equações das assíntotas da hipérbole $9x^2 - 16y^2 - 36x - 32y - 124 = 0$.

17. Os pontos A_1, A_2, B_1 e B_2 são, respectivamente, as extremidades do eixo real e imaginário da hipérbole de equação $\frac{(y+2)^2}{36} - \frac{(x-1)^2}{64} = 1$. Nesse caso a área do quadrilátero A_1, A_2, B_1 e B_2 é:

a) 96.

b) 48.

c) 24.

d) 64.

e) 192.

18. Determine as coordenadas dos focos, as coordenadas dos vértices e a excentricidade das hipérboles de equações:

a) $x^2 - \frac{y^2}{4} = 1$

b) $4x^2 - 9y^2 = 36$

c) $\frac{y^2}{9} - \frac{x^2}{4} = 1$

19. Encontre as equações das hipérboles:

a)

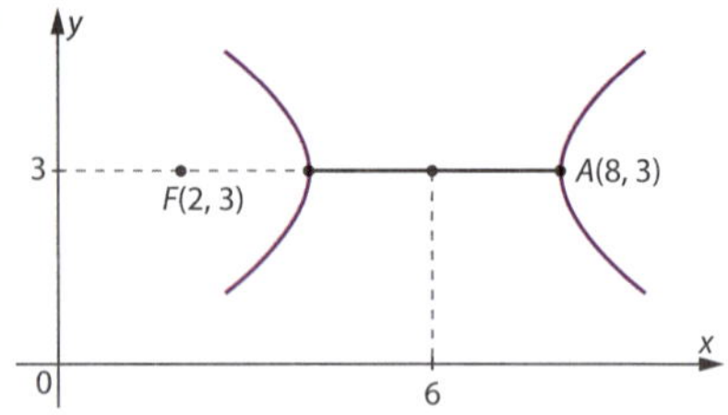

b)

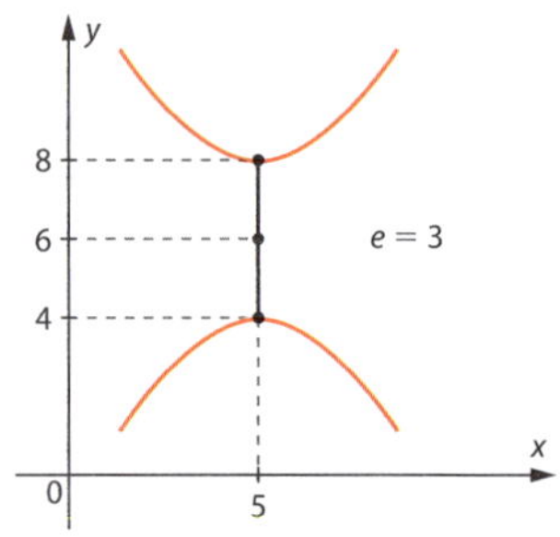

c)

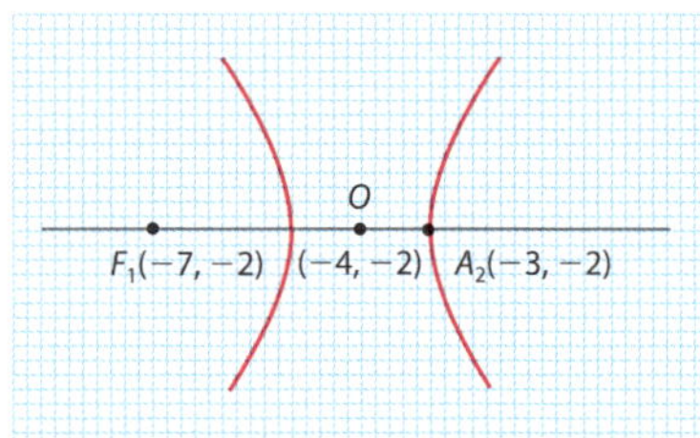

20. A cônica representada pela equação $3x^2 - 4y^2 + 8y - 16 = 0$ é:

a) uma parábola.

b) uma hipérbole.

c) uma elipse.

d) uma circunferência.

e) duas retas.

21. Entre as cinco equações abaixo, há uma circunferência, uma elipse, uma parábola e uma hipérbole. Identifique cada uma delas.

a) $x^2 + y^2 = 16$

b) $x^2 - y = 0$

c) $x^2 - y^2 = 0$

d) $4x^2 + y^2 = 16$

e) $x^2 - y^2 = 16$

Vestibulares de Norte a Sul

1. **N** (Ufam) Uma parábola tem foco no ponto $F(3, 5)$ e sua diretriz é a reta de equação $y = -3$. Então a sua equação é igual a:
a) $(x - 3)^2 = 8(y - 1)$.
b) $(x - 3)^2 = -16(y - 1)$.
c) $(x - 3)^2 = 16(y - 1)$.
d) $(x - 3)^2 = -8(y - 1)$.
e) $(x - 3)^2 = 8(y + 1)$.

2. **N** (Ufam) Uma parábola com foco $F\left(0, -\frac{7}{2}\right)$ e vértice $V(0, 0)$, então a equação da parábola é igual a:
a) $y = 14x^2$
b) $y = -14x^2$
c) $y = -\frac{x^2}{14}$
d) $y = \frac{x^2}{14}$
e) $y = x^2 - 14$

3. **N** (UFPA) Determine a distância entre os focos da elipse $5x^2 + 9y^2 - 10x - 31 = 0$.

4. **NE** (UFC-CE) O número de pontos de intersecção das curvas $x^2 + y^2 = 4$ e $\frac{x^2}{15} + \frac{y^2}{2} = 1$ é igual a:
a) 0.
b) 3.
c) 4.
d) 5.
e) 6.

5. **NE** (Unifor-CE) Na figura abaixo tem-se uma elipse.

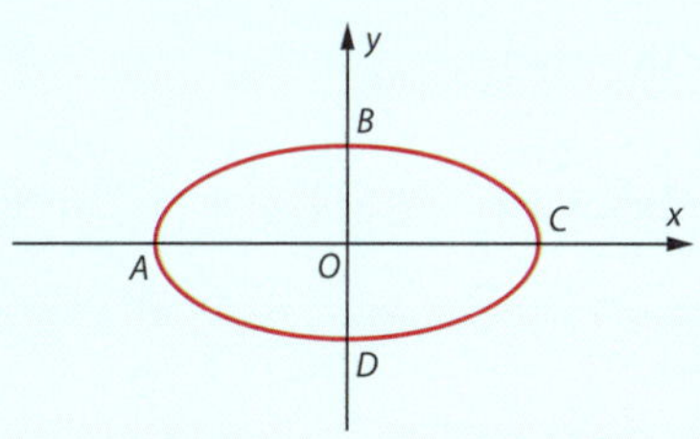

Se $OB = 2$ cm e $OC = 4$ cm, a equação dessa elipse é:
a) $\frac{x^2}{12} + \frac{y^2}{4} = 1$.
b) $\frac{x^2}{4} + \frac{y^2}{2} = 1$.
c) $\frac{x^2}{16} + \frac{y^2}{4} = 1$.
d) $\frac{x^2}{2} + \frac{y^2}{4} = 1$.
e) $\frac{x^2}{4} + \frac{y^2}{16} = 1$.

6. **CO** (UFG-GO) A região do plano cartesiano, destacada na figura abaixo, é determinada por uma parábola, com vértice na origem, e duas retas.

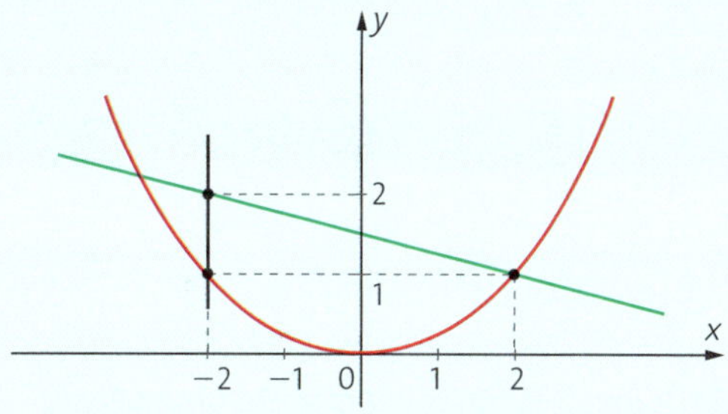

Esta região pode ser descrita como o conjunto dos pares ordenados $(x, y) \in \mathbb{R} \times \mathbb{R}$, satisfazendo:
a) $-2 \leqslant x \leqslant 2$ e $\frac{x^2}{4} \leqslant y \leqslant -\frac{x}{4} + \frac{3}{2}$.
b) $-2 \leqslant x \leqslant 2$ e $-\frac{x^2}{4} \leqslant y \leqslant \frac{x}{4} + \frac{3}{2}$.
c) $-2 \leqslant x \leqslant 2$ e $4x^2 \leqslant y \leqslant -\frac{x}{4} + \frac{3}{2}$.
d) $-2 \leqslant x \leqslant 2$ e $-4x^2 \leqslant y \leqslant -\frac{x}{4} + \frac{3}{2}$.
e) $-2 \leqslant x \leqslant 2$ e $\frac{x^2}{4} \leqslant y \leqslant \frac{x}{4} + \frac{3}{2}$.

7. **NE** (UFRN) O gráfico que melhor representa a equação $ax^2 + by^2 = ab$, com a e b positivos e $a > b$, é:

a)
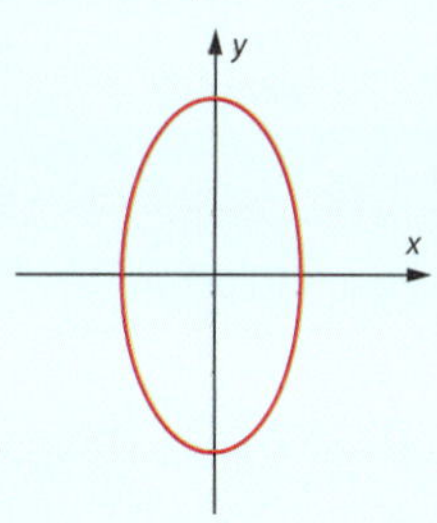

c)
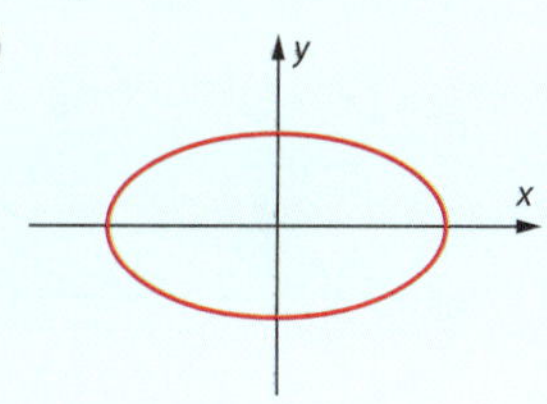

b)
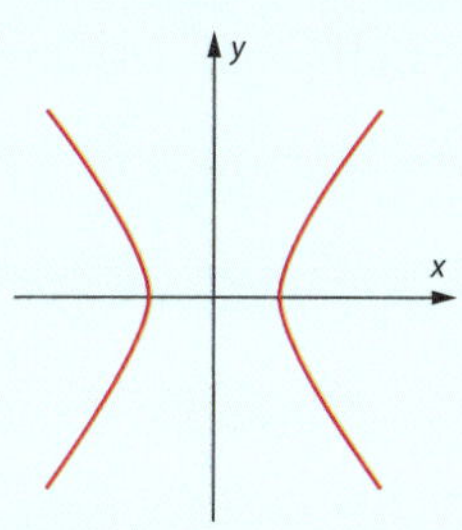

d)
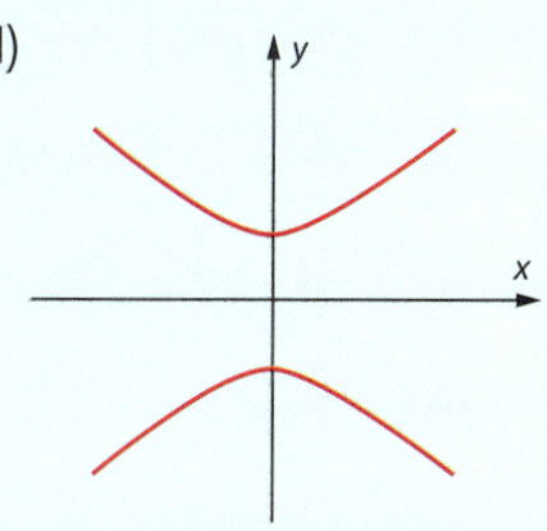

8. **NE** (UEPB) Se $P(0, -7)$ e $Q(x, y)$ são pontos de uma elipse de focos $F_1(0, -5)$, $F_2(0, 5)$, o perímetro do triângulo QF_1F_2, em cm, é:
a) 20.
b) 22.
c) 26.
d) 28.
e) 24.

9. **S** (Udesc) A equação que descreve a curva que passa pelos pontos $A(0, 3)$ e $B(2, 0)$ é:

a) $\frac{x^2}{4} + \frac{y}{9} = 1.$

b) $\frac{x^2}{9} + \frac{y^2}{4} = 1.$

c) $\frac{x^2}{4} + \frac{y^2}{9} = 1.$

d) $\frac{x^2}{4} - \frac{y^2}{9} = 1.$

e) $\frac{x^2}{9} - \frac{y^2}{4} = 1.$

10. **SE** (Vunesp) A figura representa uma elipse.

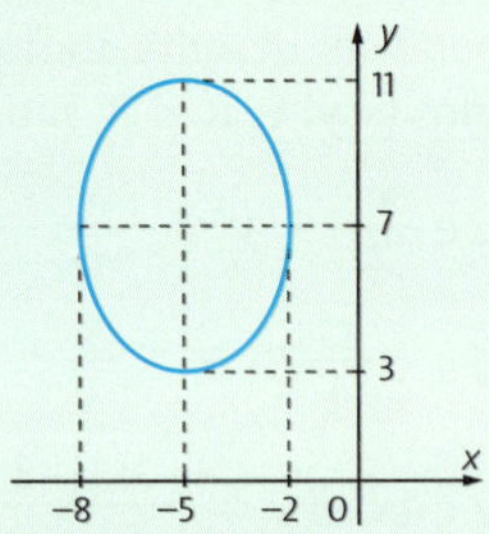

A partir dos dados disponíveis, a equação dessa elipse é:

a) $\frac{x^2}{5} + \frac{y^2}{7} = 1.$

b) $\frac{(x+5)^2}{9} + \frac{(y-7)^2}{16} = 1.$

c) $(x-5)^2 + (y-7)^2 = 1.$

d) $\frac{(x-5)^2}{9} + \frac{(y+7)^2}{16} = 1.$

e) $\frac{(x+3)^2}{5} + \frac{(y-4)^2}{7} = 1.$

11. **SE** (Fuvest-SP) A elipse $x^2 + \frac{y^2}{2} = \frac{9}{4}$ e a reta $y = 2x + 1$, do plano cartesiano, se interceptam nos pontos A e B. Pode-se, pois, afirmar que o ponto médio do segmento AB é:

a) $\left(\frac{-2}{3}, \frac{-1}{3}\right).$

b) $\left(\frac{2}{3}, \frac{-7}{3}\right).$

c) $\left(\frac{1}{3}, \frac{-5}{3}\right).$

d) $\left(\frac{-1}{3}, \frac{1}{3}\right).$

e) $\left(\frac{-1}{4}, \frac{1}{2}\right).$

12. **SE** (ITA-SP) A distância entre o vértice e o foco da parábola de equação
$2x^2 - 4x - 4y + 3 = 0$ é igual a:

a) 2.
b) $\frac{3}{2}$.
c) 1.
d) $\frac{3}{4}$.
e) $\frac{1}{2}$.

13. **S** (UPF-RS) Sejam P e Q os pontos de intersecção das funções definidas por $y = -2x + 1$ e $y = x^2 + 4x - 6$. Nestas condições, a distância entre os pontos P e Q vale:

a) $8\sqrt{5}$.
b) 10.
c) $10\sqrt{2}$.
d) $8\sqrt{3}$.
e) 13.

14. **NE** (UFMA) No plano cartesiano, como se vê na figura abaixo, uma parábola intersecta a circunferência $x^2 + y^2 = 1$ nos pontos A e B e passa pela origem do sistema de coordenadas. Além disso, o eixo de simetria da parábola é perpendicular ao eixo x.

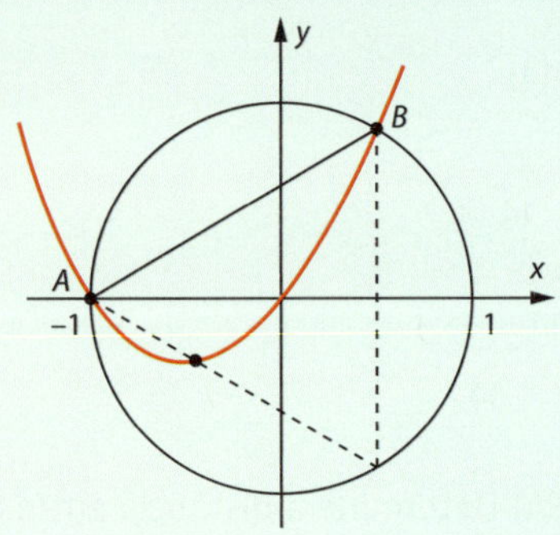

Se o segmento AB é o lado de um triângulo equilátero inscrito na circunfêrencia, qual é a equação da parábola?

a) $\frac{2\sqrt{3}}{3}(x^2 + x)$.

b) $\frac{2\sqrt{3}}{3}(x^2 - x)$.

c) $\frac{\sqrt{3}}{3}(x^2 + x)$.

d) $\frac{\sqrt{3}}{3}(x^2 - x)$.

e) $\frac{2\sqrt{3}}{3}x^2$.

15. **SE** (FGV-SP) No plano cartesiano, a curva de equações paramétricas $x = 2 \cos t$ e $y = 5 \text{ sen } t$ com $t \in \mathbb{R}$ é:

a) uma senoide.
b) uma cossenoide.
c) uma hipérbole.
d) uma circunferência.
e) uma elipse.

CAPÍTULO 6 Números complexos

Andrew Parque/Shutterstock/Glow Images

Exemplo de fractal que pode ser criado utilizando números complexos.

1 Retomando: conjuntos numéricos

Neste capítulo, estudaremos mais um conjunto numérico: o **conjunto dos números complexos** ($\mathbb{C}$).

» Para entender alguns aspectos relevantes da necessidade desse novo conjunto, reúna-se com um colega e resolvam as equações abaixo, respeitando os conjuntos indicados em cada item.
Por exemplo, ao resolver uma equação em $\mathbb{N}$, não é possível obter resultados negativos nem fracionários, pois esses números não existem no conjunto $\mathbb{N}$.

a) Em $\mathbb{N}$: $x^2 - 25 = 0$;
b) em $\mathbb{Z}$: $x^2 - 25 = 0$;
c) em $\mathbb{N}$: $4x^2 - 25 = 0$;
d) em $\mathbb{Z}$: $4x^2 - 25 = 0$;
e) em $\mathbb{Q}$: $4x^2 - 25 = 0$;
f) em $\mathbb{N}$: $x^2 - 7 = 0$;
g) em $\mathbb{Z}$: $x^2 - 7 = 0$;
h) em $\mathbb{Q}$: $x^2 - 7 = 0$;
i) em $\mathbb{R}$: $x^2 - 7 = 0$;
j) em $\mathbb{N}$: $x^2 + 1 = 0$;
k) em $\mathbb{Z}$: $x^2 + 1 = 0$;
l) em $\mathbb{Q}$: $x^2 + 1 = 0$;
m) em $\mathbb{R}$: $x^2 + 1 = 0$.

Entre os conjuntos numéricos já conhecidos tínhamos inicialmente o conjunto dos números naturais:

$$\mathbb{N} = \{0, 1, 2, 3, ..., n, ...\}$$

Para que a subtração fosse sempre possível, ele foi estendido e obtivemos o conjunto dos números inteiros:

$$\mathbb{Z} = \{..., -n, ..., -2, -1, 0, 1, 2, ..., n, ...\}$$

Para que também a divisão fosse possível, estendemos este último e obtivemos o conjunto dos números racionais, que podem ser escritos na forma de fração, com numerador e denominador inteiros e denominador diferente de zero.

$$\mathbb{Q} = \left\{x = \frac{a}{b}, \text{ com } a \in \mathbb{Z}, b \in \mathbb{Z} \text{ e } b \neq 0\right\}$$

Fique atento!
Em $\mathbb{Q}$, a única divisão impossível é a divisão por 0.

Em $\mathbb{Q}$, a equação $x^2 = 2$ não pode ser resolvida, ou seja, as soluções $x = \sqrt{2}$ e $x = -\sqrt{2}$ não podem ser representadas por uma fração $\frac{a}{b}$, com $b \neq 0$ e a e b pertencentes a $\mathbb{Z}$. $\sqrt{2}$ e $-\sqrt{2}$ são exemplos dos números chamados de irracionais ($\mathbb{I}r$).

Da união dos racionais com os irracionais surgem os números reais ($\mathbb{R}$):

$$\mathbb{R} = \mathbb{Q} \cup \mathbb{I}r$$

Portanto, podemos identificar $\mathbb{N}$ como uma parte de $\mathbb{Z}$, $\mathbb{Z}$ como uma parte de $\mathbb{Q}$ e $\mathbb{Q}$ como uma parte de $\mathbb{R}$ e escrever:

$$\mathbb{N} \subset \mathbb{Z} \subset \mathbb{Q} \subset \mathbb{R}$$

Sabemos que, se $x \in \mathbb{R}$, então $x^2 \geqslant 0$. Assim, a equação $x^2 + 1 = 0$ não tem solução em $\mathbb{R}$, pois:

$$x^2 + 1 = 0 \Rightarrow x^2 = -1 \Rightarrow x = \pm\sqrt{-1}$$

e não existe um número real x que elevado ao quadrado resulte -1. Por isso, temos de estender o conjunto dos números reais para obter um novo conjunto chamado de conjunto dos números complexos.

2 Conjunto dos números complexos ($\mathbb{C}$)

Os números imaginários

O conjunto $\mathbb{C}$ é um conjunto cujos elementos — os números complexos — devem ser tais que possam ser adicionados e multiplicados, e também possibilitem a extração da raiz quadrada de um número negativo. Logicamente, os números reais precisam ser elementos desse conjunto $\mathbb{C}$, e as operações de adição e multiplicação realizadas com os números reais no conjunto $\mathbb{C}$ devem ser as mesmas já conhecidas. Note que, se isso não fosse observado, o conjunto $\mathbb{R}$ não seria um subconjunto de $\mathbb{C}$.

Ao longo do tempo, os elementos do conjunto $\mathbb{C}$, os números complexos, foram definidos de várias formas. Gauss, por exemplo, definiu os complexos como pares ordenados de números reais.

Hoje, a notação preferida para definir os elementos do conjunto complexo é a forma algébrica.

Forma algébrica

Todo número complexo z pode ser escrito de maneira única na forma:

$$z = a + bi \quad (a \in \mathbb{R}, b \in \mathbb{R} \text{ e } i^2 = -1)$$

Essa é a **forma algébrica** ou **forma binomial** de escrever um número complexo. Observemos que um número complexo escrito nessa forma tem duas partes:

$$z = \underbrace{a}_{\text{parte real de } z} + \underbrace{b}_{\text{parte imaginária de } z} i$$

$$\text{Re}(z) = a \qquad \text{Im}(z) = b$$

> **Fique atento!**
> - Como $i^2 = -1$, é comum encontrar a definição $i = \sqrt{-1}$. Neste livro preferimos usar $i^2 = -1$.

i é a unidade imaginária, tal que $i^2 = -1$.

A existência do i é que permite que no conjunto $\mathbb{C}$ exista raiz de índice par de números negativos, não definida no conjunto $\mathbb{R}$.

Por exemplo, se $x \in \mathbb{C}$ e $x^2 = -25$, então $x = \pm 5i$, pois:

$$-25 = (i^2) \cdot 25 = i^2 5^2 = (5i)^2$$

Se o número complexo possui a unidade imaginária (ou seja, se $b \neq 0$), ele é também chamado **imaginário**.

Devemos observar também que, se $b = 0$, temos $z = a$ (número real); e se $a = 0$ e $b \neq 0$, temos $z = bi$, que é um número **imaginário puro**.

Exemplos:

a) Em $z = 2 + 3i$, temos $\text{Re}(z) = 2$ e $\text{Im}(z) = 3$.

b) Em $z = 3$, temos $\text{Re}(z) = 3$ e $\text{Im}(z) = 0$. Portanto, z é real.

c) Em $z = -2i$, temos $\text{Re}(z) = 0$ e $\text{Im}(z) = -2$. Portanto, z é um número imaginário puro.

Usando a forma algébrica, as operações de adição, subtração e multiplicação são intuitivas. Na multiplicação, por exemplo, basta aplicar a mesma propriedade distributiva usada na multiplicação de binômios, porém observando que i^2 é um número real e vale -1. Não há necessidade de decorar fórmulas.

Exemplos:

a) $(2 + 3i) + (-3 + 4i) = (2 - 3) + (3 + 4)i = -1 + 7i$

b) $(1 + 2i)(2 - 3i) = 1 \cdot 2 + 1(-3i) + (2i)(2) + (2i)(-3i) = 2 - 3i + 4i - 6i^2 = 2 + i - 6(-1) = 2 + i + 6 = 8 + i$

c) $(1 + i) - (3 + 2i) = (1 - 3) + (1 - 2)i = -2 - 1i = -2 - i$

Igualdade entre números complexos

Os números complexos $z = a + bi$ e $w = c + di$, com a, b, c e d reais, são iguais se, e somente se, suas **partes reais** forem iguais e suas **partes imaginárias** também forem iguais.

$$a + bi = c + di \Leftrightarrow \begin{cases} a = c, \text{ isto é, } \text{Re}(z) = \text{Re}(w) \\ b = d, \text{ isto é, } \text{Im}(z) = \text{Im}(w) \end{cases}$$

Potências de i

A definição da unidade imaginária implica a existência de quatro valores, apenas, para as potências de i com expoentes inteiros. Veja:

- $i^0 = 1$
- $i^1 = i$
- $i^2 = -1$
- $i^3 = i^2 \cdot i = (-1) \cdot i = -i$

A partir desses valores, temos:

- $i^4 = i^2 \cdot i^2 = (-1) \cdot (-1) = 1$
- $i^6 = i^4 \cdot i^2 = 1 \cdot (-1) = -1$
- $i^5 = i^4 \cdot i = 1 \cdot i = i$
- $i^7 = i^4 \cdot i^3 = 1 \cdot (-i) = -i$

Note então que, usando o mesmo raciocínio, temos:

- $i^0 = i^4 = i^8 = i^{12} = ... = 1$
- $i^2 = i^6 = i^{10} = i^{14} = ... = -1$
- $i^1 = i^5 = i^9 = i^{13} = ... = i$
- $i^3 = i^7 = i^{11} = i^{15} = ... = -i$

Observe que as potências de i começam a se repetir depois de i^4. Logo, o resultado pode ser generalizado da seguinte forma:

$i^n = i^p$, em que p é o resto da divisão de n por 4.

Exercícios resolvidos

1. Dados os números complexos $z_1 = 1 + 3i$ e $z_2 = -2 + i$, calcule as operações indicadas:

a) $z_1 + z_2$

b) z_1z_2

c) z_1^2

d) $z_1 + z_2^2$

Resolução

a) $z_1 + z_2 = (1 + 3i) + (-2 + i) =$
$= (1 - 2) + (3 + 1)i = -1 + 4i$

b) $z_1z_2 = (1 + 3i)(-2 + i) =$
$= 1(-2) + 1 \cdot i + 3i(-2) + 3i \cdot i =$
$= -2 + i - 6i + 3i^2 = -2 - 5i + 3(-1) =$
$= -2 -5i -3 = -5 - 5i$

c) $z_1^2 = (1 + 3i)^2 = 1^2 + 2 \cdot 1 \cdot 3i + (3i)^2 =$
$= 1 + 6i + 9i^2 = 1 + 6i + 9(-1) = -8 + 6i$

d) $z_1 + z_2^2 = (1 + 3i) + (-2 + i)^2 =$
$= (1 + 3i) + [4 - 4i + i^2] =$
$= (1 + 3i) + [4 - 4i + (-1)] =$
$= (1 + 3i) + (3 - 4i) = (1 + 3) + (3 - 4)\, i = 4 - i$

2. Determine o valor real de x para que o número complexo:

a) $z = (1 - 2x) + 3i$ seja um número imaginário puro.

b) $z = 6 - (3x - 5)i$ seja um número real.

Resolução

a) Para que z seja um número imaginário puro é necessário que $\text{Re}(z) = 0$ e $\text{Im}(z) \neq 0$.

$\text{Re}(z) = 0 \Rightarrow 1 - 2x = 0 \Rightarrow x = \frac{1}{2}$; $\text{Im}(z) = 3 \neq 0$

Verificando, vem:

$z = \left(1 - 2 \cdot \frac{1}{2}\right) + 3i = (1 - 1) + 3i = 0 + 3i = 3i$

Logo, $x = \frac{1}{2}$.

b) Para que z seja real é necessário que $\text{Im}(z) = 0$:

$\text{Im}(z) = 0 \Rightarrow -(3x - 5) = 0 \Rightarrow x = \frac{5}{3}$

Verificando, vem:

$z = 6 - \left(3 \cdot \frac{5}{3} - 5\right)i = 6 - (5 - 5)i = 6 - 0i = 6$

Logo, $x = \frac{5}{3}$.

3. Efetue as operações indicadas nos itens abaixo:

a) $(1 + i)(1 - i)$

b) $(2 - 3i)^2 - (3 - i)2i$

Resolução

a) $(1 + i)(1 - i) = 1 \cdot 1 - \cancel{i} + \cancel{i} - i^2 = 1 - i^2 =$
$= 1 - (-1) = 1 + 1 = 2$

b) $(2 - 3i)^2 - (3 - i)2i =$
$= 2^2 - 2 \cdot 2 \cdot 3i + (3i)^2 - (6i - 2i^2) =$
$= 4 - 12i + 9i^2 - 6i + 2i^2 = 4 - 18i - 11 =$
$= -7 - 18i$

4. Calcule o valor de:

a) i^{49}

b) i^{100}

c) $3i^{15} - i^{16}$

Resolução

a) $i^{49} = i^{48} \cdot i = (i^4)^{12} \cdot i = i$
Ou, de outra maneira:
$i^{49} = i^{48} \cdot i = (i^2)^{24} i = (-1)^{24} i = 1i = i$
Portanto, $i^{49} = i$.

b) $i^{100} = (i^2)^{50} = (-1)^{50} = 1$
Ou, de outra maneira:
$i^{100} = (i^4)^{25} \cdot i^0 = i^0 = 1$
Portanto, $i^{100} = 1$.

c) $i^{15} = i^{14} \cdot i = (i^2)^7 i = (-1)^7 i = -1i = -i$
$i^{16} = (i^2)^8 = (-1)^8 = 1$
Então, temos:
$3i^{15} - i^{16} = 3(-i) - 1 = -3i - 1$
Portanto, $3i^{15} - i^{16} = -1 - 3i$.

Fique atento!

$i^{49} = i^1 = i$ — $49 \div 4$: quociente 12, resto 1 (49 | 4; 09 12; 1)

$i^{100} = i^0 = 1$ — $100 \div 4$: quociente 25, resto 0 (100 | 4; 20 25; 0)

$i^{15} = i^3 = -i$ — $15 \div 4$: quociente 3, resto 3 (15 | 4; 3 3)

$i^{74} = i^2 = -1$ — $74 \div 4$: quociente 18, resto 2 (74 | 4; 34 18; 2)

5. Resolva a equação $x^2 + 4x + 5 = 0$.

Resolução

$$x = \frac{-4 \pm \sqrt{16 - 20}}{2} = \frac{-4 \pm \sqrt{-4}}{2}$$

(impossível em $\mathbb{R}$)
Em $\mathbb{C}$ podemos resolvê-la. Assim, temos:

$$x = \frac{-4 \pm \sqrt{(-1)4}}{2} = \frac{-4 \pm \sqrt{i^2 \cdot 4}}{2} = \frac{-4 \pm 2i}{2} =$$

$$\Rightarrow x' = \frac{-4 + 2i}{2} = -2 + i \text{ e } x'' = \frac{-4 - 2i}{2} = -2 - i$$

Verificando, vem:
$S = x' + x'' = (-2 + i) + (-2 - i) = -4$
$P = x'x'' = (-2 + i)(-2 - i) =$
$= 4 + 2i - 2i - i^2 = 4 - (-1) = 5$
Satisfazendo então $x^2 - Sx + P = 0$, ou seja, $x^2 + 4x + 5 = 0$. Logo, $S = \{-2 + i, -2 - i\}$.

6. Encontre em cada item o número complexo z indicado.

a) $4z = z - (-9 + 6i)$

b) $z - i^{36} = i^{43} - z$

c) $iz = z - 1 + 5i$

Resolução

a) $4z = z - (-9 + 6i) \Rightarrow$
$\Rightarrow 4z - z = -(-9 + 6i) \Rightarrow$
$\Rightarrow 3z = 9 - 6i \Rightarrow z = 3 - 2i$

b) $i^{36} = (i^4)^9 = 1$
$i^{43} = i^{40} \cdot i^3 = (i^4)^{10} \cdot i^3 = -i$
Então:
$z - i^{36} = i^{43} - z \Rightarrow z + z = i^{43} + i^{36} \Rightarrow$
$\Rightarrow 2z = -i + 1 \Rightarrow z = \frac{1}{2} - \frac{i}{2}$

c) Para $z = a + bi$, $a, b \in \mathbb{R}$, temos:
$i(a + bi) = a + bi - 1 + 5i \Rightarrow$
$\Rightarrow -b + ai = (a - 1) + (b + 5)i \Rightarrow \begin{cases} -b = a - 1 \\ a = b + 5 \end{cases}$
Então:
$-b = b + 5 - 1 \Rightarrow -2b = 4 \Rightarrow b = -2$
$a = -2 + 5 = 3$
Logo, $z = 3 - 2i$.

7. Calcule o valor de:

a) $(1 + i)^{20}$

b) $(1 + i)^{21}$

Resolução

a) $(1 + i)^{20} = [(1 + i)^2]^{10} = [1 + 2i + i^2]^{10} =$
$= [2i]^{10} = 2^{10} \cdot i^{10} = 1024 \cdot i^2 = -1024$

b) $(1 + i)^{21} = (1 + i)^{20} \cdot (1 + i) =$
$= -1024 \cdot (1 + i) = -1024 - 1024i$

8. Determine as raízes quadradas de $3 - 4i$.

Resolução

Determinar as raízes quadradas de $3 - 4i$ significa determinar os complexos $z = a + bi$, com a e b reais, tais que $z^2 = 3 - 4i$. Então, temos:

$z^2 = 3 - 4i \Rightarrow (a + bi)^2 = 3 - 4i \Rightarrow$

$\Rightarrow a^2 - b^2 + 2abi = 3 - 4i$

Logo, para que essa última igualdade seja verdadeira, devemos ter:

$$\begin{cases} a^2 - b^2 = 3 \quad \text{(I)} \\ 2ab = -4 \Rightarrow b = -\dfrac{2}{a} \quad \text{(II)} \end{cases}$$

Substituindo (II) em (I), obtemos:

$$a^2 - \frac{4}{a^2} = 3 \Rightarrow a^4 - 3a^2 - 4 = 0$$

Considerando $a^2 = x$, temos $x^2 - 3x - 4 = 0$. Essa equação tem como raízes $x = 4$ ou $x = -1$, logo $a^2 = 4$ ou $a^2 = -1$. Como a é um número real, temos apenas $a = 2$ ou $a = -2$ e, consequentemente:

$$b = -\frac{2}{2} = -1 \text{ ou } b \, \frac{-2}{-1} = 1$$

Portanto, as raízes quadradas de $3 - 4i$ são $(2 - i)$ e $(-2 + i)$.

Exercícios

1. Resolva em $\mathbb{C}$ cada equação:

a) $x^2 + 25 = 0$
b) $2x^2 + 98 = 0$
c) $x^2 - 2x + 2 = 0$
d) $x^2 - 10x + 40 = 0$

2. Dados os números complexos $z_1 = 1 + 2i$, $z_2 = -1 + 3i$ e $z_3 = 2 - 2i$, calcule:

a) $z_1 + z_2$
b) $z_1 - z_2$
c) $z_1 z_2$
d) $(z_1 + z_2)z_3$
e) $(z_1 + z_2) + z_3$

3. Determine o número complexo z em cada caso:

a) $3z + 4i = z - 6i^{20}$
b) $3zi = z + i$

4. Efetue:

a) i^9
b) i^{14}
c) i^{60}
d) i^{99}
e) i^{1035}
f) $(-i)^{16}$

5. Sendo $z = 2 - 2i$, calcule:

a) z^2
b) z^8
c) z^9

6. Resolva o sistema $\begin{cases} 3z_1 - z_2 = 1 - i \\ 5z_1 - 2z_2 = 1 + 3i \end{cases}$ de variáveis z_1 e z_2.

7. Determine o valor do número real x para que o número complexo:

a) $(x^2 - x) + 3i$ seja um número imaginário puro;
b) $x + (x^2 - 4)i$ seja um número real;
c) $x + xi$ seja o número real 0;
d) $(x^2 - 1) + i$ seja um número imaginário puro;
e) $(x^2 - 4x + 3) + (x - 2)i$ seja um número imaginário puro;
f) $x + (x^2 - 7x + 12)i$ seja um número real;
g) $(1 - xi)(x + i)$ seja um número real.

8. Mostre que os números complexos $z_1 = 1 + i$ e $z_2 = 1 - i$ são soluções da equação $z_2 - 2z_1 + 2 = 0$.

9. Verifique as seguintes igualdades:

a) $(2 - 3i)(-2 + i) = -1 + 8i$
b) $(3 + i)(3 - i)\left(\frac{1}{5} + \frac{1}{10}i\right) = 2 + i$
c) $\left(\sqrt{2} - i\right) - i\left(1 - i\sqrt{2}\right) = -2i$
d) $(1 - i)^4 = -4$

10. Encontre a expressão geral da adição e da multiplicação de números complexos na forma algébrica, supondo que $z_1 = a_1 + b_1 i$ e $z_2 = a_2 + b_2 i$.

11. Prove que, se z é um número complexo, então $(1 + z)^2 = 1 + 2z + z^2$.

12. Mostre que a soma de quatro potências de i consecutivas é igual a zero.

13. Mostre que o produto de quatro potências de i consecutivas é igual a −1.

14. Calcule o valor da expressão $E = i + i^2 + i^3 + i^4 + \ldots + i^{100}$.

15. Determine o valor da expressão $E = i \cdot i^2 \cdot i^3 \cdot i^4 \cdot \ldots \cdot i^{100}$.

16. Sabendo que x é um número real e que a parte imaginária do número complexo $(3 + i) \cdot (x - 2i)$ é zero, qual é o valor de x?

17. Determine os números reais x e y de modo que $x + y + 4i = 7 - (3y - 2x)i$.

3 Conjugado de um número complexo

A propriedade do inverso multiplicativo pode ser escrita da seguinte maneira: se $z \neq 0$, existe um único número complexo $\frac{1}{z}$ tal que $z \cdot \frac{1}{z} = 1$.

Como podemos determinar o número $\frac{1}{z}$ na forma algébrica?

Para isso, precisamos definir o que vem a ser o conjugado de um número complexo.

O conjugado de um número complexo $z = a + bi$ é o número complexo $\overline{z} = a - bi$.

Exemplos:

a) Se $z = 2 + 3i$, então $\overline{z} = 2 - 3i$.

b) Se $z = -3 - 4i$, então $\overline{z} = -3 + 4i$.

c) Se $z = 2$, então $\overline{z} = 2$.

d) Se $z = 5i$, então $\overline{z} = -5i$.

e) Se $z = i$, então $\overline{z} = -i$.

f) Se $z = 0$, então $\overline{z} = 0$.

> **Para refletir**
> Em que casos temos $z = \overline{z}$?

Propriedades do conjugado

1ª) Se z é um número complexo, então:

$$\overline{\overline{z}} = z$$

Demonstração:

Se $z = a + bi$, temos $\overline{\overline{z}} = (\overline{a - bi}) = a + bi = z$.

2ª) Se $z = a + bi$, então:

$$z\overline{z} = a^2 + b^2$$

(que é real, positivo ou nulo).

Demonstração:

Se $z = a + bi$ e $\overline{z} = a - bi$, temos:

$z\overline{z} = (a + bi)(a - bi) = a^2 - (bi)^2 = a^2 - (-1)b^2 = a^2 + b^2$

3ª) Para o número complexo z, temos:

$$z = \overline{z} \Leftrightarrow z \text{ é número real}$$

Demonstração:

Se $z = a + bi$, temos:

$z = \overline{z} \Leftrightarrow a + bi = a - bi \Leftrightarrow bi = -bi \Leftrightarrow b = 0 \Leftrightarrow z$ é real

4ª) Se z_1 e z_2 são números complexos, então:

$$\overline{z_1 + z_2} = \overline{z}_1 + \overline{z}_2$$

(o conjugado da soma é igual à soma dos conjugados).

Demonstração:

Se $z_1 = a + bi$ e $z_2 = c + di$, temos:

$$\overline{z_1 + z_2} = \overline{(a + bi) + (c + di)} = \overline{(a + c) + (b + d)i} = (a + c) - (b + d)i = a + c - bi - di =$$
$$= (a - bi) + (c - di) = \overline{z}_1 + \overline{z}_2$$

5ª) Se z_1 e z_2 são números complexos, então:

$$\overline{z_1 z_2} = \overline{z}_1 \cdot \overline{z}_2$$

(o conjugado do produto é igual ao produto dos conjugados).

Demonstração:

Se $z_1 = a + bi$ e $z_2 = c + di$, temos:

$z_1 z_2 = (ac - bd) + (bc + ad)i \Rightarrow \overline{z_1 z_2} = (ac - bd) - (bc + ad)i$ (I)

Sabemos também que $\overline{z}_1 = a - bi$ e $\overline{z}_2 = c - di$. Portanto:

$\overline{z}_1 \cdot \overline{z}_2 = (a - bi)(c - di) = (ac - bd) - (bc + ad)i$ (II)

Comparando (I) e (II), concluímos que $\overline{z_1 z_2} = \overline{z}_1 \cdot \overline{z}_2$.

Exercícios resolvidos

9. Determine o número complexo z tal que $2z - 1 = \overline{z} + i$.

Resolução

Consideremos $z = a + bi$.

Então:

$2z - 1 = \overline{z} + i \Rightarrow 2(a + bi) - 1 = (a - bi) + i \Rightarrow$
$\Rightarrow 2a + 2bi - 1 = a - bi + i \Rightarrow$
$\Rightarrow (2a - 1) + 2bi = a + (-b + 1)i$

Igualando as partes reais e imaginárias, temos:

$2a - 1 = a \Rightarrow a = 1$

$2b = -b + 1 \Rightarrow 3b = 1 \Rightarrow b = \frac{1}{3}$

Logo, $z = 1 + \frac{1}{3}i$.

10. Dado $z \neq 0$, determine $\frac{1}{z}$ na forma $a + bi$ de modo que $z \cdot \frac{1}{z} = 1$ (questão proposta anteriormente).

Resolução

Basta multiplicar numerador e denominador de $\frac{1}{z}$ por $\overline{z}$, ou seja, pelo conjugado de z, que é diferente de 0, pois $z \neq 0$. Assim:

$$\frac{1}{z} = \frac{\overline{z}}{z\overline{z}} = \frac{a - bi}{(a + bi)(a - bi)} = \frac{a - bi}{a^2 + b^2} =$$
$$= \frac{a}{a^2 + b^2} - \frac{b}{a^2 + b^2}i$$

Logo:

$$\frac{1}{z} = \frac{a}{a^2 + b^2} - \frac{b}{a^2 + b^2}i = \frac{\overline{z}}{a^2 + b^2}$$

Fique atento!

Se $z \neq 0$, $\frac{1}{z}$ é o inverso multiplicativo de z e pode ser indicado também por z^{-1}.

11. Dado $z = 1 + 2i$, encontre o inverso multiplicativo de $z\left(\text{ou seja, } \frac{1}{z} \text{ ou } z^{-1}\right)$.

Resolução

1ª maneira:

$$\frac{1}{z} = \frac{1}{1 + 2i} = \frac{1 - 2i}{(1 + 2i)(1 - 2i)} =$$
$$= \frac{1 - 2i}{1^2 - (2i)^2} = \frac{1 - 2i}{1 + 4} = \frac{1 - 2i}{5} = \frac{1}{5} - \frac{2}{5}i$$

Logo, $\frac{1}{z} = \frac{1}{5} - \frac{2}{5}i$.

2ª maneira:

$$\frac{1}{z} = \frac{\overline{z}}{a^2 + b^2} = \frac{1 - 2i}{1 + 4} = \frac{1 - 2i}{5} = \frac{1}{5} - \frac{2}{5}i$$

4 Divisão de números complexos

O quociente $\frac{z_1}{z_2}$ entre dois números complexos, com $z_2 \neq 0$, é dado por $\frac{z_1}{z_2} = \frac{z_1\bar{z}_2}{z_2\bar{z}_2}$.

Exercícios resolvidos

12. Escreva na forma $a + bi$ o número complexo $w = \frac{1}{3 - i}$.

Resolução

$$w = \frac{1}{3 - i} = \frac{3 + i}{(3 - i)(3 + i)} = \frac{3 + i}{9 + 1} = \frac{3 + i}{10} = \frac{3}{10} + \frac{1}{10}i$$

13. Efetue $\frac{z_1}{z_2}$ sabendo que $z_1 = 1 + 2i$ e $z_2 = 2 + 5i$.

Resolução

$$\frac{z_1}{z_2} = \frac{1 + 2i}{2 + 5i} = \frac{(1 + 2i)(2 - 5i)}{(2 + 5i)(2 - 5i)} = \frac{2 - 5i + 4i - 10i^2}{2^2 + 5^2} = \frac{12 - i}{29} = \frac{12}{29} - \frac{1}{29}i$$

Logo, $\frac{z_1}{z_2} = \frac{12}{29} - \frac{1}{29}i$.

Exercícios

18. Determine $\bar{z}$ para:

a) $z = 1 + 5i$

b) $z = 2i$

c) $z = 0$

d) $z = -4 + 2i$

e) $z = 5$

f) $z = 3 + 3i$

g) $z = -1 - i$

h) $z = \sqrt{2} - 2i$

19. Calcule $z\bar{z}$ nos casos:

a) $z = 3 - 4i$

b) $z = 7i$

c) $z = -1 - i$

20. Encontre z tal que $\bar{z} + 2zi - 1 = 2$.

21. Determine o inverso multiplicativo de z, sabendo que:

a) $z = 2 + 4i$

b) $z = -1 - 2i$

c) $z = i$

22. Efetue as divisões indicadas:

a) $\frac{2 + 3i}{1 + 2i}$

b) $\frac{1}{3 + 2i}$

c) $\frac{1 + 3i}{1 - i}$

d) $\frac{1 + i}{i}$

e) $\frac{1 - i}{1 + i}$

23. Escreva na forma $z = a + bi$ os números complexos:

a) $z = \frac{1}{1 + i}$

b) $z = \frac{(3 - 4i)(4 - 3i)}{3 - 2i}$

24. (Fuvest-SP) Determine os números complexos $z + \bar{z} = 4$ e $z \cdot \bar{z} = 13$, em que $\bar{z}$ é conjugado de z.

25. Determine z tal que:

a) $i \cdot z = 4$

b) $(1 + i) \cdot z = 5 - i$

c) $(1 - 2i) \cdot z = 5$

5 Representação geométrica dos números complexos

Conforme foi dito anteriormente, os números complexos podem ser representados de várias formas. Até agora vimos a forma algébrica $a + bi$. Outra maneira de representar um complexo z é por meio de um par ordenado de números reais. Assim, se $z = a + bi$, podemos escrever que $z = (a, b)$. (Gauss só usava essa notação.)

Também sabemos que a cada par de números reais (a, b) está associado um único ponto do plano. Logo, podemos associar a cada número complexo $z = a + bi$ um único ponto P do plano, de coordenadas a e b, isto é, $P(a, b)$.

O plano cartesiano no qual estão representados os números complexos é denominado **plano complexo** ou **plano de Argand-Gauss**. Dizemos que o ponto $P(a, b)$ é o **afixo** do número complexo $a + bi$.

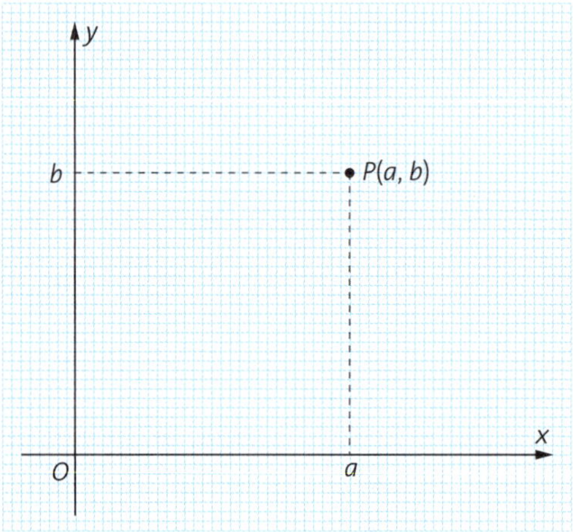

Argand-Gauss – Jean Robert Argand (1768-1822), matemático suíço, e Johann Karl Friedrich Gauss (1777-1855), matemático alemão. Argand e Gauss, de forma independente e em épocas diferentes, tiveram a mesma ideia sobre a representação dos números complexos no plano. Porém, Argand não era um matemático suficientemente conhecido para que suas publicações tivessem algum destaque, de forma que somente quando Gauss publicou seu próprio trabalho, cerca de 30 anos depois de Argand, é que essas ideias foram aceitas. O reconhecimento a Argand foi póstumo.

Por exemplo, observe a representação geométrica dos seguintes números complexos: $z_1 = 3 - 2i$, $z_2 = 5$, $z_3 = -2i$, $z_4 = 2 + i$ e $z_5 = -2 + i$.

$z_1 = 3 - 2i \rightarrow (3, -2)$

$z_2 = 5 \rightarrow (5, 0)$

$z_3 = -2i \rightarrow (0, -2)$

$z_4 = 2 + i \rightarrow (2, 1)$

$z_5 = -2 + i \rightarrow (-2, 1)$

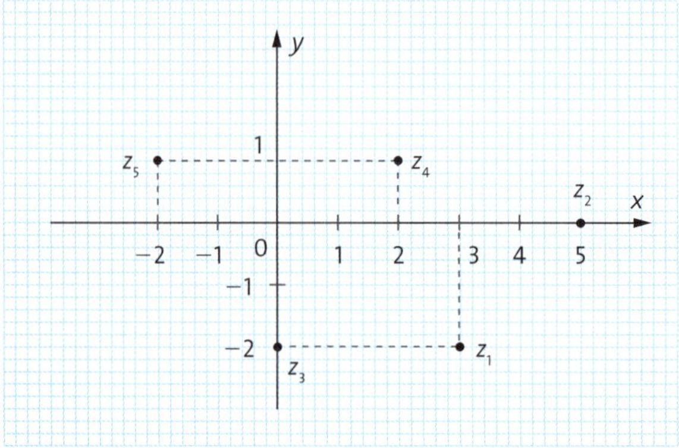

Observações:

1ª) Os números complexos reais pertencem ao eixo x, mantendo a correspondência segundo a qual para cada número real existe um ponto da reta.

2ª) Os números imaginários puros têm parte real igual a zero e pertencem ao eixo y.

3ª) Os demais números complexos ($a + bi$, com $a \neq 0$ e $b \neq 0$) pertencem aos quatro quadrantes do plano, de acordo com os sinais de a e b.

4ª) Para cada número complexo existe um único ponto do plano e vice-versa.

5ª) Podemos associar a cada complexo $z = a + bi$ um único vetor com extremidades no ponto O, origem do plano complexo, e no ponto $P(a, b)$.

No plano complexo abaixo, além do número complexo $z = a + bi$, estão representados outros dois números complexos, z_1 e z_2, e a soma deles, $z_1 + z_2$ (diagonal do paralelogramo formado por z_1 e z_2).

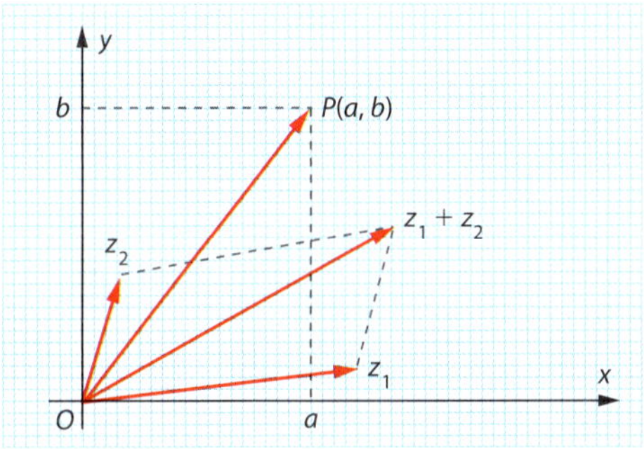

6ª) A associação dos números complexos $z = a + bi$ aos vetores permite o uso dos números complexos em diversos campos nos quais as grandezas são vetoriais. Um exemplo disso é o estudo da eletricidade em nível superior; o aluno que optar por um curso superior na área de Exatas descobrirá que nos conceitos corrente elétrica, voltagem, impedância, etc. são utilizados os números complexos.

Interpretação geométrica do conjugado

Geometricamente, o conjugado $\overline{z}$ de z é representado pelo simétrico de z em relação ao eixo x.

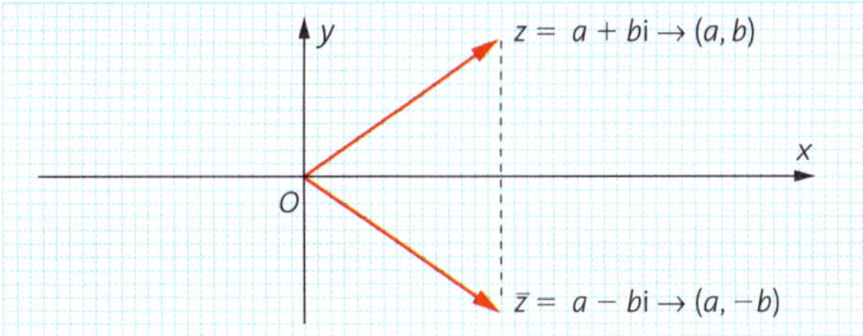

Exercícios resolvidos

14. Dados os números complexos $z_1 = -4 + 2i$, $z_2 = -3i$ e $z_3 = 4$, localize, no plano complexo, os pontos correspondentes a cada número.

Resolução

$z_1 = -4 + 2i \rightarrow (-4, 2)$

$z_2 = -3i \rightarrow (0, -3)$

$z_3 = 4 \rightarrow (4, 0)$

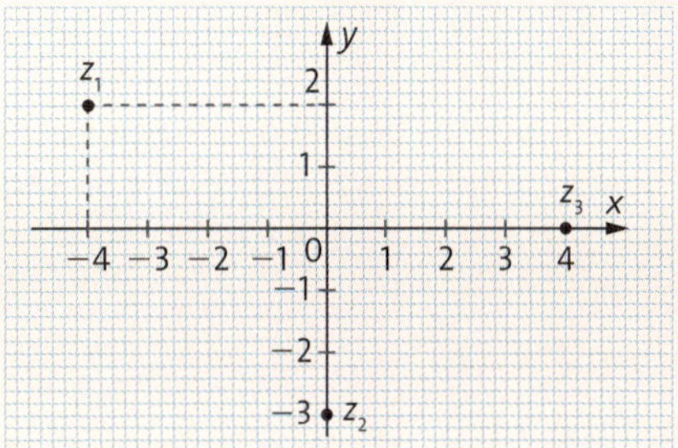

15. Determine os números complexos correspondentes aos pontos *A*, *B*, *C*, *D* e *E* na figura abaixo.

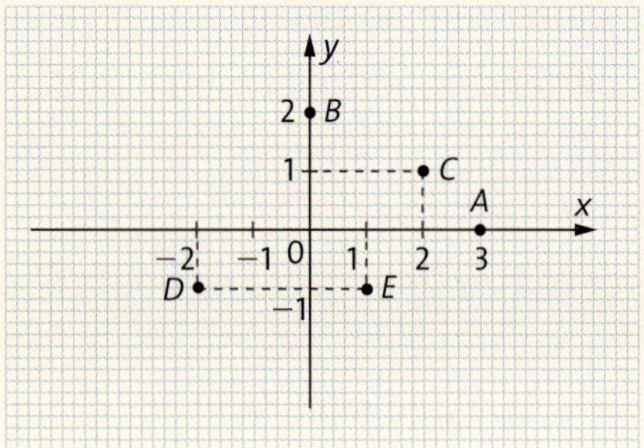

Resolução

$A(3, 0) \rightarrow z_1 = 3$

$B(0, 2) \rightarrow z_2 = 2i$

$C(2, 1) \rightarrow z_3 = 2 + i$

$D(-2, -1) \rightarrow z_4 = -2 - i$

$E(1, -1) \rightarrow z_5 = 1 - i$

16. Dados os pontos correspondentes aos números complexos z_1 e z_2, descubra os pontos correspondentes aos números $-z_1$ e $-z_2$.

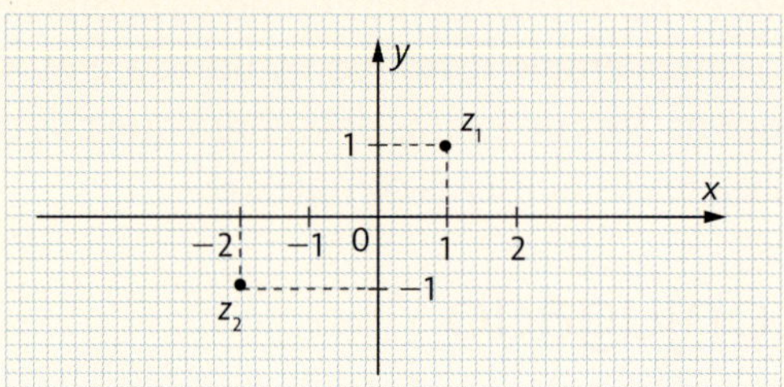

Resolução

$P(1, 1) \rightarrow z_1 = 1 + i \Rightarrow -z_1 = -1 - i \rightarrow P'(-1, -1)$

$Q(-2, -1) \rightarrow z_2 = -2 - i \Rightarrow -z_2 = 2 + i \rightarrow Q'(2, 1)$

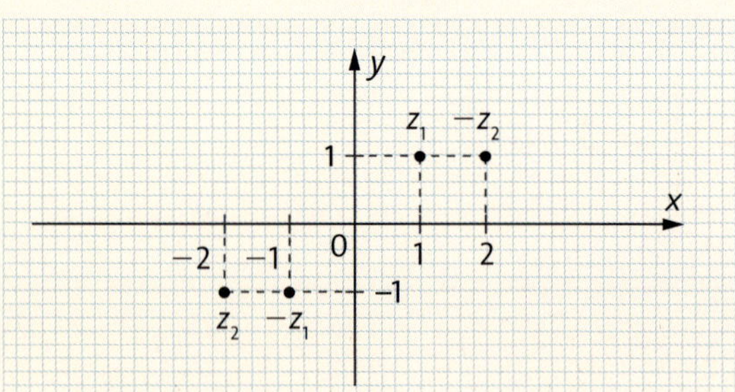

17. Localize os pontos do plano correspondentes aos números complexos $z = a + bi$ nos seguintes casos:

a) $a = 3$

b) $a \geqslant 0$ e $b \leqslant 0$

c) $a < 0$ e $b = 0$

Resolução

a) Pontos $z = a + bi$, com $a = 3$ e b qualquer:

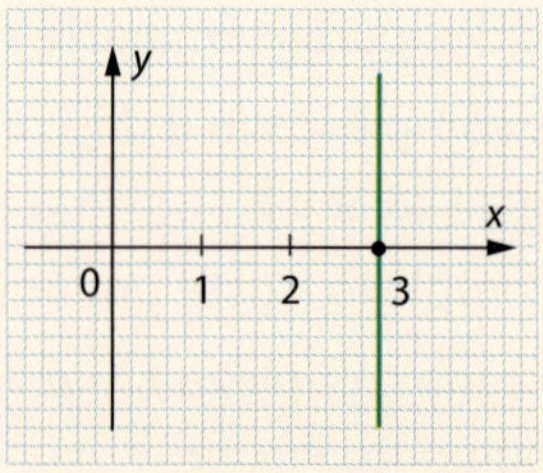

b) Pontos $z = a + bi$, com $a \geqslant 0$ e $b \leqslant 0$:

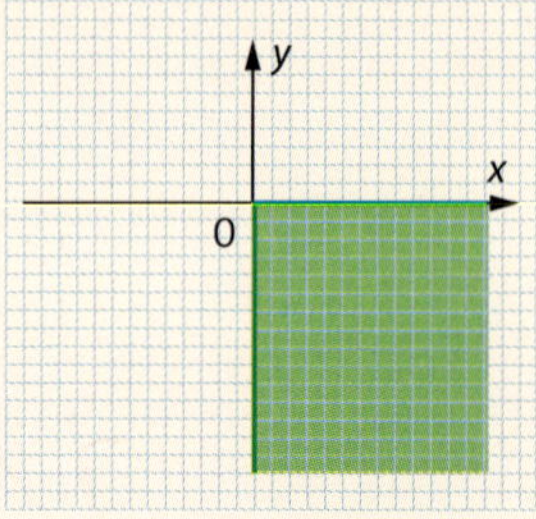

c) Pontos $z = a + bi$, com $a < 0$ e $b = 0$:

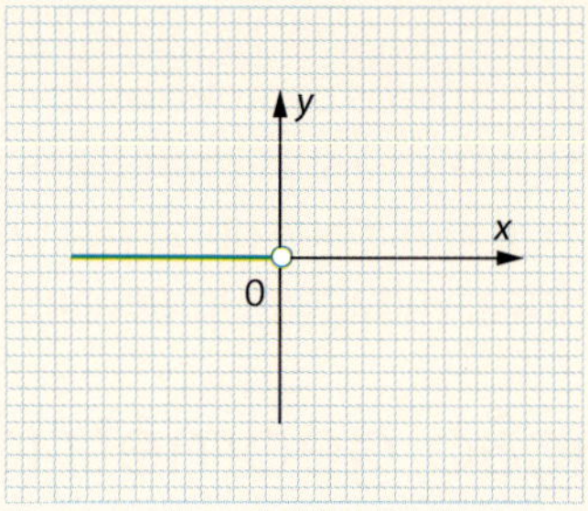

18. Efetue algébrica e geometricamente a adição dos números complexos $z_1 = 1 + 2i$ e $z_2 = 4 + i$.

Resolução

Algebricamente, temos:

$z_1 + z_2 = (1 + 2i) + (4 + i) = 5 + 3i = z_3$

Geometricamente, vem:

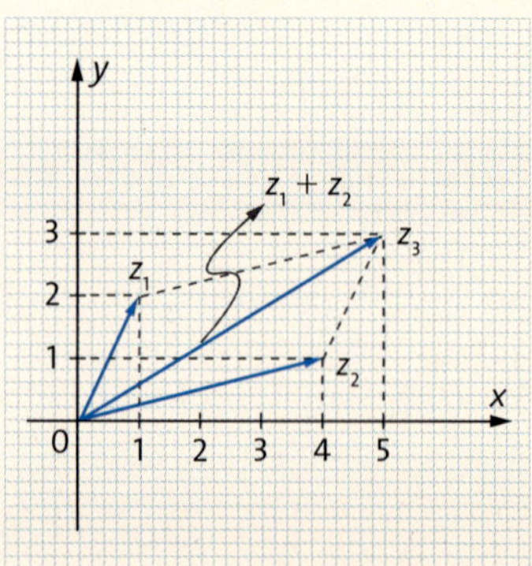

Observe que z_3 corresponde ao ponto (5, 3), ou seja, ao número complexo $z_3 = 5 + 3i$.

6 Módulo de um número complexo

Geometricamente, o módulo de um número complexo z é a distância da origem O do plano complexo ao afixo de z.

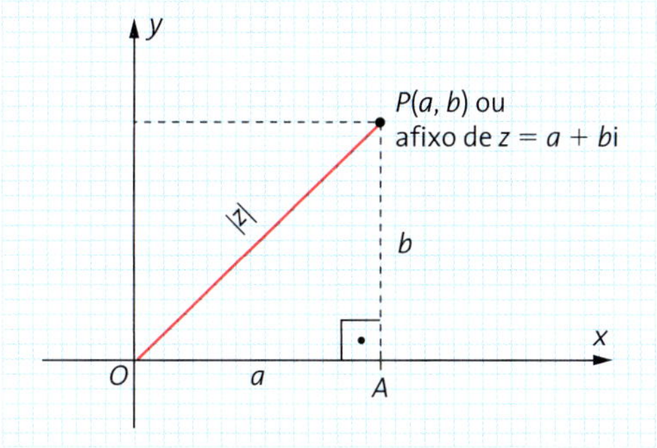

Aplicando o teorema de Pitágoras no triângulo OAP, temos:

$$|z|^2 = a^2 + b^2 \Rightarrow |z| = \sqrt{a^2 + b^2}$$

Observemos que essa igualdade vale também para os pontos situados nos eixos e nos demais quadrantes.

Então podemos dizer que, dado um número complexo $z = a + bi$, chama-se **módulo** de z e indica-se por $|z|$ o número real positivo ou nulo dado por:

$$|z| = \sqrt{a^2 + b^2}$$

Observação: Uma conexão interessante com a Geometria analítica é que, pensando nos complexos z e w como pontos no plano, o **módulo** da diferença é a distância entre os dois pontos: $|z - w| = d(z, w)$.

Explorando as propriedades dos números complexos

Exercícios resolvidos

19. Determine o módulo dos seguintes números complexos:

a) $z = 2 + 3i$

b) $z = 3i$

c) $z = -1 - 2i$

d) $z = \frac{1}{2}$

e) $z = -3$

f) $z = 0$

Resolução

a) $|z| = |2 + 3i| = \sqrt{2^2 + 3^2} = \sqrt{4 + 9} = \sqrt{13}$

b) $|z| = |3i| = \sqrt{0^2 + 3^2} = \sqrt{9} = 3$

c) $|z| = |-1 - 2i| = \sqrt{(-1)^2 + (-2)^2} = \sqrt{1 + 4} = \sqrt{5}$

d) $|z| = \left|\frac{1}{2}\right| = \sqrt{\left(\frac{1}{2}\right)^2 + 0^2} = \frac{1}{2}$

e) $|z| = |-3| = \sqrt{(-3)^2 + 0^2} = 3$

f) $|z| = |0| = \sqrt{0^2 + 0^2} = 0$

20. Descubra a distância do ponto $A(1, 2)$ ao ponto $B(5, -1)$.

Resolução

1ª maneira:

$d(A, B) = \sqrt{(1 - 5)^2 + (-1 - 2)^2} = \sqrt{16 + 3} =$

$= \sqrt{25} = 5$

2ª maneira:

$z = 1 + 2i$ e $w = 5 - i$

$z - w = (1 - 5) + (2 - (-1))\,i = -4 + 3i$

Então:

$d(A, B) = |z - w| = |-4 + 3i| = \sqrt{(-4)^2 + 3^2} =$

$= \sqrt{16 + 9} = \sqrt{25} = 5$

Propriedades envolvendo módulo

1ª) Se z é um número complexo, então: $z\overline{z} = |z|^2$.

Demonstração:

Se $z = a + bi$, sabemos que:

$z\overline{z} = (a + bi)(a - bi) = a^2 + b^2$

$|z| = \sqrt{a^2 + b^2}$

Logo:

$|z|^2 = \left(\sqrt{a^2 + b^2}\right)^2 = a^2 + b^2 = z\overline{z}$

Portanto, $z\overline{z} = |z|^2$.

2ª) Se z é um número complexo, então: $|z| = |\overline{z}|$.

Para refletir
Quando $|z| = 1$, o que ocorre com z^{-1}?

Demonstração:

Dado $z = a + bi$, temos:

$\overline{z} = a - bi$

$|z| = \sqrt{a^2 + b^2}$

$|\overline{z}| = \sqrt{a^2 + (-b)^2} = \sqrt{a^2 + b^2}$

Portanto, $|z| = |\overline{z}|$.

3ª) Se z_1 e z_2 são números complexos, então: $|z_1z_2| = |z_1||z_2|$.

Demonstração:

Usando a primeira propriedade, temos:

$|z_1z_2|^2 = (z_1z_2)(\overline{z_1z_2})$ (I)

Mas sabemos que:

$\overline{z_1z_2} = \overline{z}_1\overline{z}_2$ (II)

Então, substituindo (II) em (I), vem:

$|z_1z_2|^2 = z_1z_2\overline{z}_1\overline{z}_2 = (z_1\overline{z}_1)(z_2\overline{z}_2) = |z_1|^2|z_2|^2 = (|z_1||z_2|)^2$

Como o módulo é um número positivo ou nulo, podemos extrair a raiz quadrada em ambos os membros e chegamos ao que queríamos demonstrar:

$|z_1z_2| = |z_1||z_2|$

4ª) Se z_1 e z_2 são números complexos, com $z_2 \neq 0$, então: $\left|\frac{z_1}{z_2}\right| = \frac{|z_1|}{|z_2|}$.

Para refletir
Demonstre a 4ª propriedade.

5ª) Se z é um número complexo, então: $|z^n| = |z|^n$.

Demonstração:

$|z^n|^2 = z^n \cdot \overline{z^n} = z^n \cdot (\overline{z})^n = (z \cdot \overline{z})^n = (|z|^2)^n = (|z|^n)^2$

Portanto, $|z^n| = |z|^n$.

7 Forma trigonométrica dos números complexos

Sabemos que um número complexo $z = a + bi$ é representado por um ponto P do plano, de coordenadas (a, b). Essas são as coordenadas cartesianas do ponto P. Veremos agora que esse mesmo ponto pode ser representado por suas **coordenadas polares**, que são:

1ª) o módulo do vetor $\overrightarrow{OP}$, indicado por $|z|$ ou ρ, representando a distância do ponto P à origem do plano (supondo $|z| \neq 0$);

2ª) o ângulo θ, em que $0 \leqslant \theta < 2\pi$, que o vetor $\overrightarrow{OP}$ forma com o eixo x. Esse ângulo θ é chamado **argumento** de z (ou **argumento principal** de z) e indicado por $\arg(z)$.

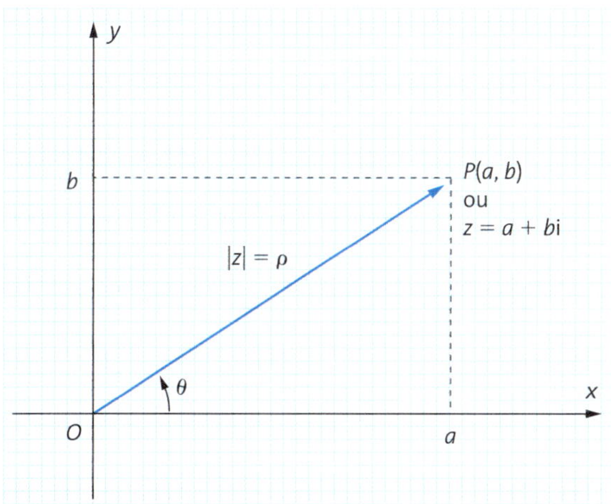

Fique atento!
Devemos considerar θ a partir do eixo x, no sentido anti-horário.

$z = a + bi,\ z \neq 0$

$|z| = \rho = \sqrt{a^2 + b^2}$

$\arg(z) = \theta$

Já vimos em Trigonometria que:

$$\cos\theta = \frac{a}{|z|}$$

$$\text{sen}\,\theta = \frac{b}{|z|}$$

(com $0 \leqslant \theta < 2\pi$)

Essas igualdades levam a:

$$\cos\theta = \frac{a}{|z|} \Rightarrow a = |z| \cdot \cos\theta$$

$$\text{sen}\,\theta = \frac{b}{|z|} \Rightarrow b = |z| \cdot \text{sen}\,\theta$$

Substituindo esses valores em $z = a + bi$, temos:

$$z = a + bi = |z| \cdot \cos\theta + (|z| \cdot \text{sen}\,\theta)\,i = |z|(\cos\theta + i \cdot \text{sen}\,\theta)$$

Portanto:

$$z = |z|(\cos\theta + i \cdot \text{sen}\,\theta),$$

que é chamada **forma trigonométrica** ou **forma polar** de z.

Exercícios resolvidos

21. Determine a representação geométrica e a forma trigonométrica do número complexo:

a) $z = 1 + i\sqrt{3}$

b) $z = -1 + i$

c) $z = 2i$

d) $z = -3$

Resolução

a) $a = 1$ e $b = \sqrt{3}$

Então:

$$|z| = \left|1 + i\sqrt{3}\right| = \sqrt{1^2 + (\sqrt{3})^2} = \sqrt{4} = 2$$

$$\left.\begin{array}{l} \cos\theta = \dfrac{a}{|z|} = \dfrac{1}{2} \\ \\ \operatorname{sen}\theta = \dfrac{b}{|z|} = \dfrac{\sqrt{3}}{2} \\ \\ 0 \leqslant \theta < 2\pi \end{array}\right\} \Rightarrow \theta = \arg(z) = \frac{\pi}{3}$$

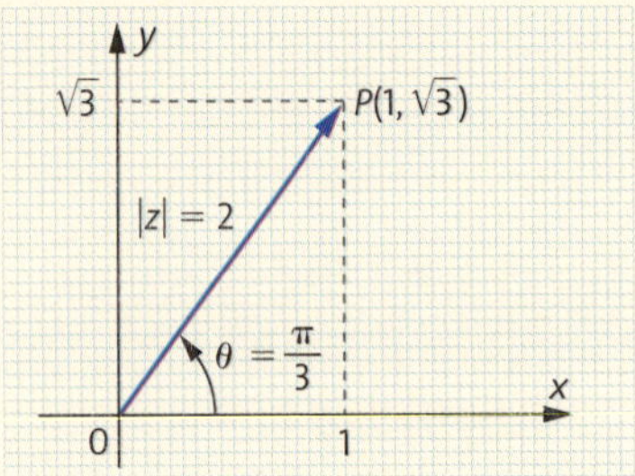

Portanto, a forma trigonométrica é dada por:

$$z = |z|(\cos\theta + i \cdot \operatorname{sen}\theta) = 2\left(\cos\frac{\pi}{3} + i \cdot \operatorname{sen}\frac{\pi}{3}\right)$$

b) $a = -1$ e $b = 1$

Então:

$$|z| = |-1 + i| = \sqrt{(-1)^2 + 1^2} = \sqrt{2}$$

$$\left.\begin{array}{l} \cos\theta = \dfrac{a}{|z|} = \dfrac{-1}{\sqrt{2}} = -\dfrac{\sqrt{2}}{2} \\ \\ \operatorname{sen}\theta = \dfrac{b}{|z|} = \dfrac{1}{\sqrt{2}} = \dfrac{\sqrt{2}}{2} \\ \\ 0 \leqslant \theta < 2\pi \end{array}\right\} \Rightarrow \theta = \arg(z) = \frac{3\pi}{4}$$

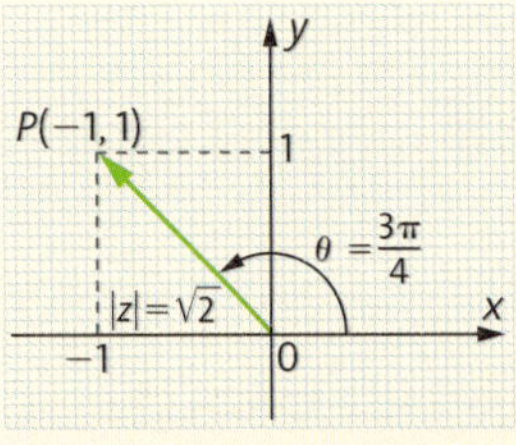

Logo, a forma trigonométrica é dada por:

$$z = |z|(\cos\theta + i \cdot \operatorname{sen}\theta) =$$

$$= \sqrt{2}\left(\cos\frac{3\pi}{4} + i \cdot \operatorname{sen}\frac{3\pi}{4}\right)$$

c) $a = 0$ e $b = 2$

Então:

$$|z| = |2i| = \sqrt{0^2 + 2^2} = \sqrt{4} = 2$$

$$\left.\begin{array}{l} \cos\theta = \dfrac{a}{|z|} = \dfrac{0}{2} = 0 \\ \\ \operatorname{sen}\theta = \dfrac{b}{|z|} = \dfrac{2}{2} = 1 \\ \\ 0 \leqslant \theta < 2\pi \end{array}\right\} \Rightarrow \theta = \arg(z) = \frac{\pi}{2}$$

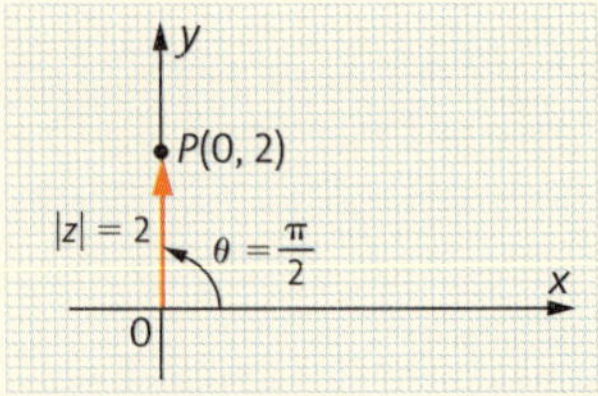

Logo, a forma trigonométrica é dada por:

$$z = |z|(\cos\theta + i \cdot \operatorname{sen}\theta) = 2\left(\cos\frac{\pi}{2} + i \cdot \operatorname{sen}\frac{\pi}{2}\right)$$

d) $a = -3$ e $b = 0$

Então:

$$|z| = |-3| = \sqrt{(-3)^2 + 0^2} = 3$$

$$\left.\begin{array}{l} \cos\theta = \dfrac{a}{|z|} = \dfrac{-3}{3} = -1 \\ \\ \operatorname{sen}\theta = \dfrac{b}{|z|} = \dfrac{0}{3} = 0 \\ \\ 0 \leqslant \theta < 2\pi \end{array}\right\} \Rightarrow \theta = \arg(z) = \pi$$

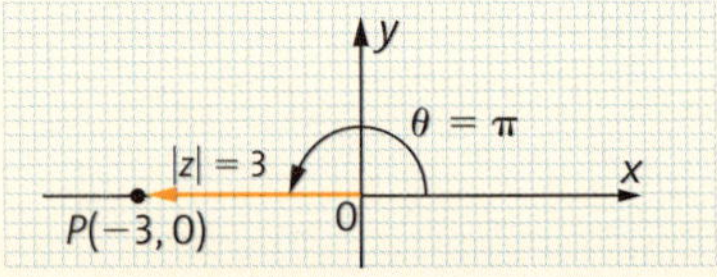

Logo, a forma trigonométrica é dada por:

$$z = |z|(\cos\theta + i \cdot \operatorname{sen}\theta) = 3(\cos\pi + i \cdot \operatorname{sen}\pi)$$

22. Escreva na forma algébrica os seguintes números complexos:

a) $z = 2\left(\cos\dfrac{\pi}{4} + i \cdot \operatorname{sen}\dfrac{\pi}{4}\right)$

b) $z = 8\left(\cos\dfrac{7\pi}{6} + i \cdot \operatorname{sen}\dfrac{7\pi}{6}\right)$

Resolução

a) $z = 2\left(\dfrac{\sqrt{2}}{2} + i \cdot \dfrac{\sqrt{2}}{2}\right) = \sqrt{2} + i\sqrt{2}$

b) $z = 8\left[-\cos\dfrac{\pi}{6} + i\left(-\operatorname{sen}\dfrac{\pi}{6}\right)\right] =$

$= 8\left[-\dfrac{\sqrt{3}}{2} + i\left(-\dfrac{1}{2}\right)\right] = -4\sqrt{3} - 4i$

Exercícios

26. Em um mesmo plano complexo, localize os pontos correspondentes aos seguintes números complexos:

a) $z_1 = -3 + 3i$;
d) $z_4 = -4i$;
g) $z_7 = -4$.
b) $z_2 = 1 + 4i$;
e) $z_5 = 2 - 3i$;
c) $z_3 = 2i$;
f) $z_6 = 3$;

27. Escreva os números complexos correspondentes aos pontos *A*, *B*, *C*, *D*, *E* e *F* do plano:

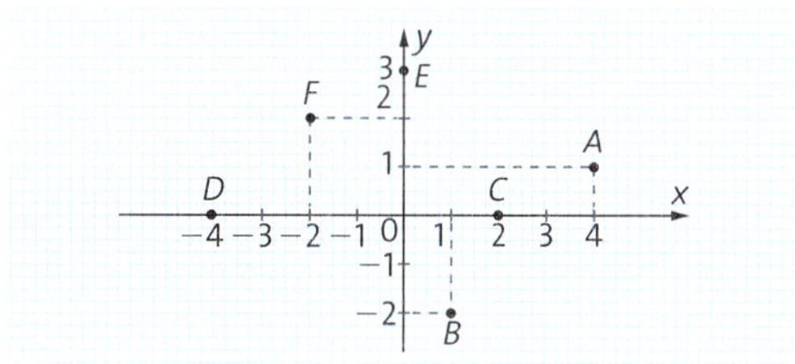

28. Dados os pontos correspondentes aos números complexos z_1, z_2 e z_3, descubra os pontos correspondentes aos números complexos $-z_1$, $-z_2$ e $-z_3$.

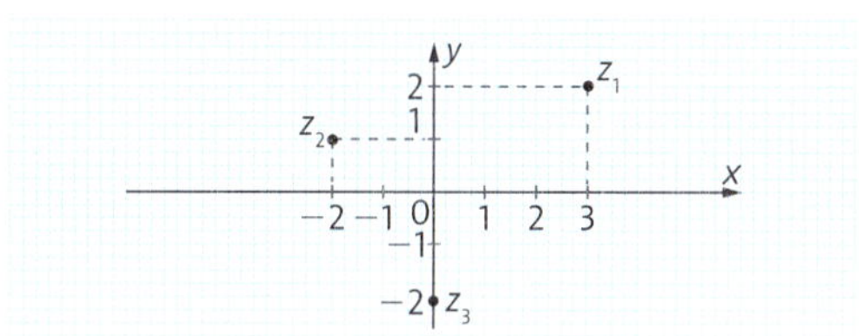

29. Localize os pontos do plano correspondentes aos números complexos $z = a + bi$ nos seguintes casos:

a) $b = -2$
b) $a = -1$ e $b > 0$
c) $a = 0$ e $b > 0$
d) $a \leqslant 3$ e $b \geqslant -3$
e) $a > 0$
f) $a > 2$ e $b \geqslant 3$

30. Localize no plano complexo os números complexos dados abaixo e seus respectivos conjugados:

a) $z_1 = 1 + 3i$
b) $z_2 = -1 - i$
c) $z_3 = 3i$
d) $z_4 = 3$
e) $z_5 = 3 - 2i$

31. Determine o módulo de cada número complexo:

a) $z = 1 + i$
b) $z = -3 - 2i$
c) $z = -7$
d) $z = \sqrt{3} - \sqrt{2}i$
e) $\dfrac{3 + 4i}{2 + i}$
f) $z = -\sqrt{2} - i\sqrt{2}$
g) $(3 - i)(2 + 2i)$
h) $\dfrac{(2 + 3i)^2}{i}$
i) $z = 3i$
j) $\dfrac{(1 + i)\overline{(2 + 3i)}}{1 - i}$

32. Se $z_1 = 1 - 3i$ e $z_2 = 2 + 5i$, determine:

a) $|z_1| + |z_2|$
b) $|z_1 z_2|$
c) $|z_1 + z_2|$
d) $|z_1||z_2|$

33. DESAFIO Localize graficamente o número complexo *z* tal que:

a) $|z| = 4$
b) $|z| > 4$
c) *z* é imaginário puro e $|z| \geqslant 4$
d) $|z| \leqslant 2$
e) *z* é imaginário puro e $|z| < 3$

34. Dê a representação geométrica e a forma trigonométrica dos seguintes números complexos:

a) $\sqrt{3} + i$
b) $-\sqrt{3} + i$
c) $\sqrt{3} - i$
d) $-\sqrt{3} - i$

35. Escreva na forma trigonométrica os seguintes números complexos:

a) $6i$
b) $2 + 2i$
c) $-8\sqrt{3} + 8i$
d) 4
e) $2 - 2i$
f) -3
g) i

36. Escreva na forma algébrica os seguintes números complexos:

a) $2\left(\cos\dfrac{\pi}{6} + i \cdot \text{sen}\dfrac{\pi}{6}\right)$
b) $5(\cos 0 + i \cdot \text{sen } 0)$
c) $\cos\dfrac{3\pi}{2} + i \cdot \text{sen}\dfrac{3\pi}{2}$
d) $4(\cos \pi + i \cdot \text{sen } \pi)$
e) $2\left(\cos\dfrac{\pi}{4} + i \cdot \text{sen}\dfrac{\pi}{4}\right)$

37. Determine o valor de arg(*z*) dos números complexos:

a) $z = \dfrac{-2}{1 + i\sqrt{3}}$
b) $z = \dfrac{i}{-2 - 2i}$

38. Dados os números complexos $z_1 = 1 + \sqrt{3}i$ e $z_2 = 3i$:

a) coloque-os na forma trigonométrica;
b) efetue o produto $z_1 z_2$ e coloque-o na forma trigonométrica;
c) constate que $|z_1 z_2| = |z_1||z_2|$ e que $\arg(z_1 z_2) = \arg(z_1) + \arg(z_2)$.

Multiplicação de números complexos na forma trigonométrica

Consideremos os números complexos z_1 e z_2, dados na forma trigonométrica:

$$z_1 = |z_1|(\cos \theta_1 + i \cdot \text{sen } \theta_1)$$

$$z_2 = |z_2|(\cos \theta_2 + i \cdot \text{sen } \theta_2)$$

O produto $z_1 z_2$ é dado por:

$$z_1 z_2 = |z_1|(\cos \theta_1 + i \cdot \text{sen } \theta_1)|z_2|(\cos \theta_2 + i \cdot \text{sen } \theta_2) =$$

$$= |z_1||z_2|(\cos \theta_1 + i \cdot \text{sen } \theta_1)(\cos \theta_2 + i \cdot \text{sen } \theta_2) =$$

$$= |z_1||z_2|[(\cos \theta_1 \cdot \cos \theta_2 - \text{sen } \theta_1 \cdot \text{sen } \theta_2) + i(\text{sen } \theta_1 \cdot \cos \theta_2 + \text{sen } \theta_2 \cdot \cos \theta_1)] =$$

$$= |z_1||z_2|[\cos (\theta_1 + \theta_2) + i \cdot \text{sen } (\theta_1 + \theta_2)]$$

Portanto:

$$z_1 z_2 = |z_1||z_2|[\cos (\theta_1 + \theta_2) + i \cdot \text{sen } (\theta_1 + \theta_2)]$$

Assim, o produto de dois números complexos escritos na forma trigonométrica é o número complexo cujo módulo é igual ao produto dos módulos dos fatores e cujo argumento é igual à soma dos argumentos dos fatores, reduzida à primeira volta ($0 \leq \arg(z_1 z_2) < 2\pi$).

Observação: A fórmula da multiplicação de dois números complexos, segundo a qual *basta multiplicar os módulos e adicionar seus argumentos*, também é válida para um número qualquer finito de valores. Isso nos levará à potenciação de números complexos.

Divisão de números complexos na forma trigonométrica

Dados os números complexos z_1 e z_2 na forma trigonométrica:

$$z_1 = |z_1|(\cos \theta_1 + i \cdot \text{sen } \theta_1)$$

$$z_2 = |z_2|(\cos \theta_2 + i \cdot \text{sen } \theta_2)$$

podemos obter o quociente $\frac{z_1}{z_2}$, para $z_2 \neq 0$, assim:

$$\frac{z_1}{z_2} = \frac{|z_1|}{|z_2|}[\cos (\theta_1 - \theta_2) + i \cdot \text{sen } (\theta_1 - \theta_2)]$$

A demonstração dessa relação pode ser feita mostrando que o produto de $\frac{|z_1|}{|z_2|}[\cos (\theta_1 - \theta_2) + i \cdot \text{sen } (\theta_1 - \theta_2)]$ por z_2 é igual a z_1.

Para refletir
Faça a demonstração mencionada.

Assim, o quociente de dois números complexos na forma trigonométrica, com o segundo número diferente de 0, é o número complexo cujo módulo é o quociente dos módulos e cujo argumento é a diferença dos argumentos dos dois números na ordem dada, reduzida à primeira volta $\left(0 \leq \arg\left(\frac{z_1}{z_2}\right) < 2\pi\right)$.

Exercício resolvido

23. Sendo $z_1 = 2\left(\cos\frac{\pi}{4} + i \cdot \text{sen}\frac{\pi}{4}\right)$ e $z_2 = 3\left(\cos\frac{\pi}{2} + i \cdot \text{sen}\frac{\pi}{2}\right)$, calcule:

a) $z_1 z_2$

b) $\frac{z_1}{z_2}$

Resolução

a) $z_1z_2 = 2 \cdot 3\left[\cos\left(\frac{\pi}{4} + \frac{\pi}{2}\right) + i \cdot \text{sen}\left(\frac{\pi}{4} + \frac{\pi}{2}\right)\right] =$

$= 6\left(\cos\frac{3\pi}{4} + i \cdot \text{sen}\frac{3\pi}{4}\right)$

Fazendo a interpretação geométrica desse problema, obtemos:

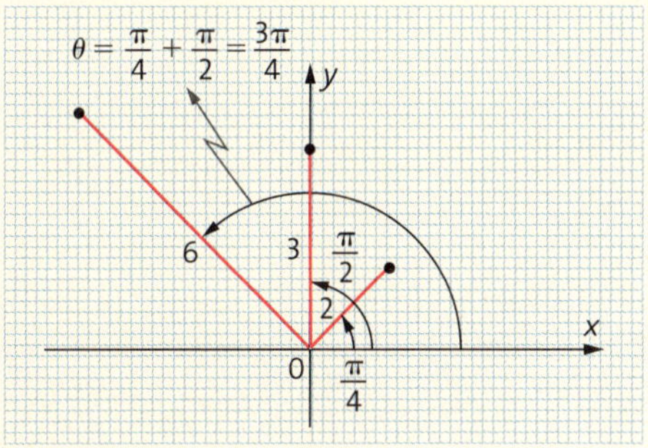

Em z_1z_2 houve uma rotação positiva a z_1 de um ângulo igual ao ângulo de z_2. Ou seja, nesse caso houve uma rotação de $\frac{\pi}{2}$ a z_1. Como o argumento de z_1 era $\frac{\pi}{4}$ e z_1 recebeu uma rotação de $\frac{\pi}{2}$, o produto $z_1 z_2$ passa a ter argumento igual a $\frac{\pi}{4} + \frac{\pi}{2} = \frac{3\pi}{4}$. Já o módulo z_1z_2 é 6, que corresponde a $2 \cdot 3$ ou $|z_1||z_2|$.

b) $\frac{z_1}{z_2} = \frac{2}{3}\left[\cos\left(\frac{\pi}{4} - \frac{\pi}{2}\right) + i \cdot \text{sen}\left(\frac{\pi}{4} - \frac{\pi}{2}\right)\right] =$

$= \frac{2}{3}\left[\cos\left(-\frac{\pi}{4}\right) + i \cdot \text{sen}\left(-\frac{\pi}{4}\right)\right] =$

$= \frac{2}{3}\left(\cos\frac{7\pi}{4} + i \cdot \text{sen}\frac{7\pi}{4}\right)$

Logo, $\frac{z_1}{z_2} = \frac{2}{3}\left(\cos\frac{7\pi}{4} + i \cdot \text{sen}\frac{7\pi}{4}\right)$

Você sabia?

$\frac{7\pi}{4}$ é o ângulo côngruo de $-\frac{\pi}{4}$ tal que $0 \leqslant \frac{7\pi}{4} < 2\pi$.

Potenciação de números complexos na forma trigonométrica — a primeira fórmula de De Moivre*

A potência z^n, $n \in \mathbb{N}^*$, é dada por $z^n = \underbrace{z \cdot z \cdot ... \cdot z}_{n \text{ fatores}}$.

Assim, se um número complexo z está escrito na forma trigonométrica $z = |z|(\cos\theta + i \cdot \text{sen}\,\theta)$, temos:

$$z^n = \underbrace{z \cdot z \cdot ... \cdot z}_{\substack{\text{multiplicação} \\ \text{de } n \text{ fatores}}} = \underbrace{|z| \cdot |z| \cdot ... \cdot |z|}_{\substack{\text{produto de} \\ n \text{ módulos}}}[\cos(\underbrace{\theta + \theta + ... + \theta}_{\substack{\text{soma de } n \\ \text{argumentos}}}) + i \cdot \text{sen}(\underbrace{\theta + \theta + ... + \theta}_{\substack{\text{soma de } n \\ \text{argumentos}}})] \Rightarrow$$

$\Rightarrow$ $z^n = |z|^n[\cos(n\theta) + i \cdot \text{sen}(n\theta)]$ primeira fórmula de De Moivre

Para $n = 0$, temos:

$$z^0 = |z|^0[\cos(0 \cdot \theta) + i \cdot \text{sen}(0 \cdot \theta)] = 1(\cos 0 + i \cdot \text{sen}\,0) = 1(1 + 0) = 1$$

Assim, podemos dizer que a potência de ordem n de um número complexo escrito na forma trigonométrica é o número complexo cujo módulo é igual ao módulo do número elevado a n e cujo argumento é igual ao argumento do número multiplicado por n, reduzido à primeira volta ($0 \leqslant \arg(z^n) < 2\pi$).

* Abraham de Moivre (1667-1754), matemático francês.

» **passo a passo**: exercício 27

Exercícios resolvidos

24. Dado o número $z = 2\left(\cos\frac{\pi}{4} + i \cdot \text{sen}\frac{\pi}{4}\right)$, determine z^7.

Resolução

Na forma trigonométrica, temos:

$$z^7 = \left[2\left(\cos\frac{\pi}{4} + i \cdot \text{sen}\frac{\pi}{4}\right)\right]^7 =$$

$$= 2^7\left[\cos\left(7 \cdot \frac{\pi}{4}\right) + i \cdot \text{sen}\left(7 \cdot \frac{\pi}{4}\right)\right] =$$

$$= 128\left(\cos\frac{7\pi}{4} + i \cdot \text{sen}\frac{7\pi}{4}\right)$$

Logo, $z^7 = 128\left(\cos\frac{7\pi}{4} + i \cdot \text{sen}\frac{7\pi}{4}\right)$.

Na forma algébrica, vem:

$$z = 2\left(\cos\frac{\pi}{4} + i \cdot \text{sen}\frac{\pi}{4}\right) = 2\left(\frac{\sqrt{2}}{2} + i \cdot \frac{\sqrt{2}}{2}\right) =$$

$$= \sqrt{2} + i\sqrt{2}$$

$$z^7 = 128\left(\cos\frac{7\pi}{4} + i \cdot \text{sen}\frac{7\pi}{4}\right) =$$

$$= 128\left(\frac{\sqrt{2}}{2} - \frac{\sqrt{2}i}{2}\right) = 64\sqrt{2} - 64\sqrt{2}i$$

Logo, $z^7 = 64\sqrt{2} - 64\sqrt{2}i$.

25. Calcule a potência $(1 - i)^{10}$.

Resolução

Uma das maneiras é multiplicar $(1 - i)$ por ele mesmo, usando dez fatores. Outra é desenvolver a expressão $(1 - i)^{10}$ usando o binômio de Newton. Uma terceira maneira é escrever o número complexo $(1 - i)$ na forma trigonométrica e usar a primeira fórmula de De Moivre. Assim, temos: $z = 1 - i$, $a = 1$ e $b = -1$.

Então:

$$|z| = \sqrt{(1)^2 + (-1)^2} = \sqrt{2}$$

$$\left.\begin{array}{l} \cos\theta = \dfrac{a}{|z|} = \dfrac{1}{\sqrt{2}} = \dfrac{\sqrt{2}}{2} \\ \text{sen}\theta = \dfrac{b}{|z|} = \dfrac{-1}{\sqrt{2}} = -\dfrac{\sqrt{2}}{2} \\ 0 \leqslant \theta < 2\pi \end{array}\right\} \Rightarrow \theta = \arg(z) = \frac{7\pi}{4}$$

Assim:

$$z = 1 - i = \sqrt{2}\left(\cos\frac{7\pi}{4} + i \cdot \text{sen}\frac{7\pi}{4}\right)$$

Logo:

$$z^{10} = (1 - i)^{10} =$$

$$= \left(\sqrt{2}\right)^{10}\left[\cos\left(10 \cdot \frac{7\pi}{4}\right) + i \cdot \text{sen}\left(10 \cdot \frac{7\pi}{4}\right)\right]$$

Mas:

$$\left(\sqrt{2}\right)^{10} = \left(2^{\frac{1}{2}}\right)^{10} = 2^{\frac{10}{2}} = 2^5$$

$$10 \cdot \frac{7\pi}{4} = \frac{70\pi}{4} = \frac{35\pi}{2}$$

$\frac{35\pi}{2}$ corresponde a oito voltas mais $\frac{3\pi}{2}$, isto é:

$$\frac{35\pi}{2} = \frac{32\pi}{2} + \frac{3\pi}{2} = 16\pi + \frac{3\pi}{2} = 8 \cdot 2\pi + \frac{3\pi}{2}$$

Ou seja, $\frac{35\pi}{2}$ é côngruo de $\frac{3\pi}{2}$.

Portanto:

$$z^{10} = (1 - i)^{10} = 2^5\left(\cos\frac{3\pi}{2} + i \cdot \text{sen}\frac{3\pi}{2}\right)$$

Na forma algébrica, temos:

$$z^{10} = (1 - i)^{10} = 32[0 + i(-1)] = 32 \cdot 0 - 32i = -32i$$

26. Determine o menor valor de $n \in \mathbb{N}^*$, para o qual $\left(2\sqrt{3}i + 2\right)^n$ é real e positivo.

Resolução

Passando o número $z = 2\sqrt{3}i + 2$ para a forma trigonométrica:

$$|z| = \sqrt{2^2 + \left(2\sqrt{3}\right)^2} = \sqrt{4 + 12} = 4$$

$$\left.\begin{array}{l} \cos\,\theta = \dfrac{a}{|z|} = \dfrac{2}{4} = \dfrac{1}{2} \\ \text{sen}\,\theta = \dfrac{b}{|z|} = \dfrac{2\sqrt{3}}{4} = \dfrac{\sqrt{3}}{2} \end{array}\right\} \Rightarrow \theta = \arg(z) = \frac{\pi}{3}$$

Usando a primeira fórmula de De Moivre, temos:

$$z^n = 4^n\left(\cos\frac{n\pi}{3} + i \cdot \text{sen}\frac{n\pi}{3}\right)$$

Para que z^n seja real e positivo, devemos ter:

$$\text{sen}\,\frac{n\pi}{3} = 0 \text{ e } \cos\,\frac{n\pi}{3} > 0$$

Como $n \in \mathbb{N}^*$, fazemos:

$$n = 1 \Rightarrow \text{sen}\,\frac{1\pi}{3} = \frac{\sqrt{3}}{2} \neq 0$$

$$n = 2 \Rightarrow \text{sen}\,\frac{2\pi}{3} = \frac{\sqrt{3}}{2} \neq 0$$

$n = 3 \Rightarrow \text{sen } \frac{3\pi}{3} = \text{sen } \pi = 0$ e $\cos \frac{3\pi}{3} = \cos \pi =$

$= -1 < 0$

$\vdots$

$n = 6 \Rightarrow \text{sen } \frac{6\pi}{3} = \text{sen } 2\pi = 0$ e $\cos \frac{6\pi}{3} =$

$= \cos 2\pi = 1 > 0$

Logo, o menor valor de $n \in \mathbb{N}^*$ é 6.

Nesse caso, temos:

$$\left(2\sqrt{3}i + 2\right)^6 = 4^6(\cos 2\pi + i \cdot \text{sen } 2\pi) = 4\,096$$

(real positivo)

Para refletir
Verifique para $n = 4$ e $n = 5$.

» Resolvido passo a passo

27. (UFRJ) Um jantar secreto é marcado para a hora em que as extremidades dos ponteiros do relógio forem representadas pelos números complexos z e w a seguir: $z = \alpha\left[\cos\left(\frac{\pi}{2}\right) + i \cdot \text{sen}\left(\frac{\pi}{2}\right)\right]$, $w = z^2$, sendo α um número real fixo, $0 < \alpha < 1$. Determine a hora do jantar.

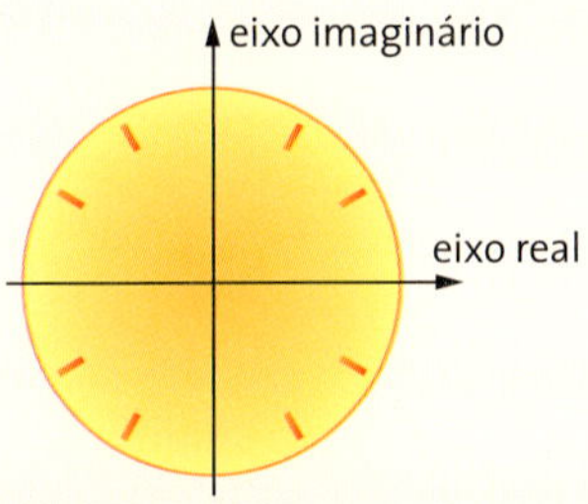

1. Lendo e compreendendo

a) O que é dado no problema?

São dados dois números complexos, z e w, e se diz que a representação deles no plano equivale às extremidades dos ponteiros das horas e dos minutos (não necessariamente nessa ordem).

b) O que se pede?

Pede-se a hora marcada para o jantar secreto por meio da interpretação dos números complexos z e w dados.

2. Planejando a solução

Vamos obter a forma algébrica dos dois números complexos para representá-los no plano complexo e descobrir que horas os ponteiros marcam.

3. Executando o que foi planejado

- $z = \alpha\left[\cos\left(\frac{\pi}{2}\right) + i \cdot \text{sen}\left(\frac{\pi}{2}\right)\right]$

Como $\cos\left(\frac{\pi}{2}\right) = 0$ e $\text{sen}\left(\frac{\pi}{2}\right) = 1$, então $z = \alpha\,[0 + i] = \alpha i$.

- $w = z^2$

Para obter w vamos usar o valor algébrico de z: $w = z^2 = (\alpha i)^2 = \alpha^2 \cdot i^2$. Como $i^2 = -1$, então $w = -\alpha^2$.

A imagem de $z = \alpha i$ é o ponto $(0, \alpha)$ e a imagem de w é o ponto $(-\alpha^2, 0)$. E como $0 < \alpha < 1$, podemos afirmar que $\alpha^2 < \alpha$, de forma que o módulo de w é menor que o módulo de z. Assim, a representação obtida é:

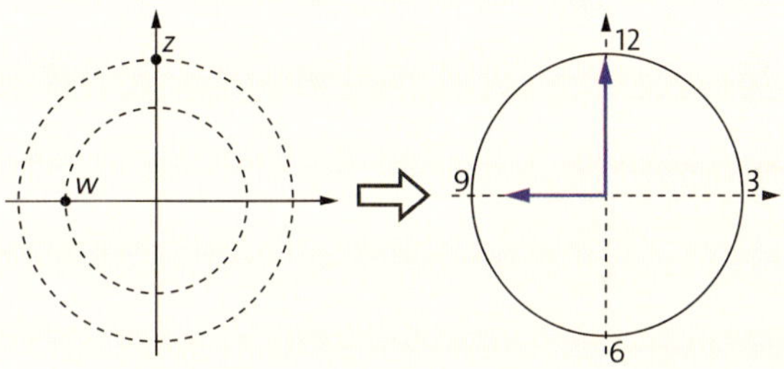

Como o ponteiro das horas é sempre o ponteiro menor, deduzimos que ele é w, e o ponteiro dos minutos é z. Assim, o relógio marca 9h (ou 21h, já que se trata de um jantar).

4. Verificando

Se o horário secreto é 21h (9h), então o menor ponteiro deve estar no 9 (e portanto deve ser um número complexo de argumento π) e o maior ponteiro deve estar no 12 (e portanto deve ser um número complexo de argumento $\frac{\pi}{2}$, além de ter módulo maior do que o outro número complexo).

Analisando z e w, temos que:

$z = \alpha\left[\cos\left(\frac{\pi}{2}\right) + i \cdot \text{sen}\left(\frac{\pi}{2}\right)\right]$, ou seja, tem módulo α e argumento $\frac{\pi}{2}$.

Usando a primeira fórmula de De Moivre, temos que:

$$w = z^2 = \alpha^2\left[\cos\left(2 \cdot \frac{\pi}{2}\right) + i \cdot \text{sen}\left(2 \cdot \frac{\pi}{2}\right)\right] =$$
$$= \alpha^2\,[\cos \pi + i \cdot \text{sen } \pi]$$

Assim, $w = \alpha^2\,[\cos \pi + i \cdot \text{sen } \pi]$, ou seja, tem módulo α^2 e argumento π. Como $\alpha < 1$, então $\alpha^2 < \alpha$. Isso verifica todas as condições necessárias para que z e w indiquem o horário secreto das 21h.

5. Emitindo a resposta

O jantar será às 21h (9 horas da noite).

6. Ampliando o problema

a) Se $\alpha > 1$, o horário do jantar seria diferente?

b) *Discussão em equipe*

Em todas as épocas, houve necessidade de mandar mensagens secretas que deveriam ser lidas apenas pelo destinatário da mensagem, motivando o aparecimento de determinados processos que impedissem terceiros de conhecer o conteúdo da mensagem. Esses processos compõem um ramo da Matemática chamado Criptografia (do grego *kryptós*, 'escondido', e *gráphein*, 'escrita'). Hoje, a Criptografia está presente em vários momentos do nosso cotidiano, na maioria das vezes sem que percebamos. Por exemplo, quando você se cadastra em um *site* da internet, a senha é criptografada antes de ser armazenada no banco de dados. Assim, se um *hacker* roubar o banco de dados com as senhas, ele não conseguirá lê-las.

Conversem com seus colegas e opinem sobre outras possíveis situações em que a Criptografia está presente na vida moderna. Reflitam sobre quais informações são restritas e não devem ser de conhecimento de terceiros.

Exercícios

39. Dados os números complexos $z = 6(\cos 150° + i \cdot \text{sen } 150°)$ e $w = 3(\cos 45° + i \cdot \text{sen } 45°)$, calcule zw, w^2, $\frac{z}{w}$ e $\frac{w}{z}$.

40. Determine o número complexo z_1, sabendo que:
$z_2 = 10(\cos 20° + i \cdot \text{sen } 20°)$ e
$z_1z_2 = 20\sqrt{3}\,(\cos 170° + i \cdot \text{sen } 170°)$.

> **Fique atento!**
> Os números obtidos devem ter seus argumentos tal que $0 \leqslant \theta < 2\pi$ $(0° \leqslant \theta < 360°)$.

41. Determine o produto z_1z_2 e o quociente $\frac{z_1}{z_2}$ para:

a) $z_1 = 2\left(\cos\frac{2\pi}{3} + i \cdot \text{sen}\frac{2\pi}{3}\right)$ e
$z_2 = 3\left(\cos\frac{\pi}{4} + i \cdot \text{sen}\frac{\pi}{4}\right)$;

b) $z_1 = 4\left(\cos\frac{\pi}{6} + i \cdot \text{sen}\frac{\pi}{6}\right)$ e
$z_2 = 2\left(\cos\frac{3\pi}{4} + i \cdot \text{sen}\frac{3\pi}{4}\right)$.

42. Determine o produto z_1z_2 e dê a sua interpretação geométrica nos casos:

a) $z_1 = 2\left(\cos\frac{\pi}{3} + i \cdot \text{sen}\frac{\pi}{3}\right)$
e $z_2 = 5\left(\cos\frac{\pi}{2} + i \cdot \text{sen}\frac{\pi}{2}\right)$;

b) $z_1 = \cos\frac{3\pi}{4} + i \cdot \text{sen}\frac{3\pi}{4}$
e $z_2 = \cos\frac{2\pi}{3} + i \cdot \text{sen}\frac{2\pi}{3}$.

43. Calcule os valores das potências z^2, z^3 e z^9, sabendo que $z = 2\left(\cos\frac{\pi}{3} + i \cdot \text{sen}\frac{\pi}{3}\right)$.

44. Usando a primeira fórmula de De Moivre, calcule as potências:

a) $(1 - i)^3$

b) $\left(1 + \sqrt{3}i\right)^4$

c) $(3 - 3i)^5$

d) $\left(\sqrt{2} + i\sqrt{2}\right)^7$

e) $\left(-1-\sqrt{3}i\right)^{100}$

f) $\left(\sqrt{3}+i\right)^9$

g) $\left(-\frac{1}{2}+\frac{\sqrt{3}}{2}i\right)^8$

h) $(-3i)^{17}$

45. Sabendo que $z_1 = 2(\cos 30° + i \cdot \text{sen } 30°)$ e $z_2 = 3(\cos 150° + i \cdot \text{sen } 150°)$, determine:

a) z_1z_2

b) $\frac{z_1}{z_2}$

c) z_1^3

d) z_2^{99}

Radiciação — raízes enésimas de números complexos

Dado um número complexo z e um número natural n, $n > 1$, definimos em $\mathbb{C}$:

> Raiz enésima de z é um número complexo ω tal que $\omega^n = z$.

Exemplos:

a) 2, -2, 2i e -2i são as raízes quartas do número complexo 16.
- 2, pois $2^4 = 16$
- -2, pois $(-2)^4 = 16$
- 2i, pois $(2i)^4 = 16$
- -2i, pois $(-2i)^4 = 16$

Há, portanto, em $\mathbb{C}$, quatro raízes quartas de 16.

b) i e $-$i são as raízes quadradas do número complexo -1.
- i, pois $i^2 = -1$
- $-$i, pois $(-i)^2 = -1$

Há, portanto, em $\mathbb{C}$, duas raízes quadradas de -1.

c) 3 e -3 são as raízes quadradas do número complexo 9.
- 3, pois $3^2 = 9$
- -3, pois $(-3)^2 = 9$

Há, portanto, em $\mathbb{C}$, duas raízes quadradas de 9.

d) 1, -1, i e $-$i são as raízes quartas do número complexo 1.
- 1, pois $1^4 = 1$
- -1, pois $(-1)^4 = 1$
- i, pois $i^4 = 1$
- $-$i, pois $(-i)^4 = 1$

Há, portanto, em $\mathbb{C}$, quatro raízes quartas de 1.

e) A única raiz quinta de 0 é 0, pois 0 é o único número complexo tal que $0^5 = 0$.

A pergunta então é: Quantas são as raízes enésimas de um número complexo z, $z \neq 0$, e como podemos determiná-las? Veremos isso com a **segunda fórmula de De Moivre**.

A segunda fórmula de De Moivre

Consideremos o número complexo z, $z \neq 0$, tal que $z = |z|(\cos\theta + i \cdot \text{sen}\,\theta)$. Encontrar as raízes enésimas de z significa determinar todos os números complexos distintos do tipo:

$$\omega = |\omega|(\cos\alpha + i \cdot \text{sen}\,\alpha)$$

de modo que $\omega^n = z$, para $n > 1$, ou seja, procurar números ω tal que:

$$[|\omega|(\cos\alpha + i \cdot \text{sen}\,\alpha)]^n = |z|(\cos\theta + i \cdot \text{sen}\,\theta)$$

Aplicando a primeira fórmula de De Moivre, temos:

$$|\omega|^n(\cos n\alpha + i \cdot \text{sen}\,n\alpha) = |z|(\cos\theta + i \cdot \text{sen}\,\theta)$$

Da igualdade vem:

$$|\omega|^n = |z|,\ \cos n\alpha = \cos\theta \text{ e } \text{sen}\,n\alpha = \text{sen}\,\theta$$

De $|\omega|^n = |z|$, temos $|\omega| = \sqrt[n]{|z|}$ (sempre real e positivo).

De $\cos n\alpha = \cos\theta$ e $\text{sen}\,n\alpha = \text{sen}\,\theta$, temos $n\alpha = \theta + 2k\pi \Rightarrow \alpha = \dfrac{\theta + 2k\pi}{n}$ (com $k \in \mathbb{Z}$).

Mas, para que $0 \leqslant \alpha < 2\pi$, é necessário que $0 \leqslant k \leqslant n - 1$.

Assim, concluímos que, para $k = 0, 1, 2, ..., (n - 1)$, a raiz ω_k do número complexo Z é:

$$\omega_k = \sqrt[n]{|z|}\left(\cos\frac{\theta + 2k\pi}{n} + i \cdot \text{sen}\frac{\theta + 2k\pi}{n}\right)$$ segunda fórmula de De Moivre

Após $k = n - 1$, os valores começam a se repetir. Então, de 0 a $n - 1$, temos n raízes distintas.

Observemos que essa fórmula também pode ser escrita assim:

$$\omega_k = \sqrt[n]{|z|}\left[\cos\left(\frac{\theta}{n} + k \cdot \frac{2\pi}{n}\right) + i \cdot \text{sen}\left(\frac{\theta}{n} + k \cdot \frac{2\pi}{n}\right)\right]$$

Assim, qualquer número complexo z, não nulo, admite n raízes enésimas distintas. Todas elas têm módulo igual a $\sqrt[n]{|z|}$ e seus argumentos formam uma progressão aritmética de primeiro termo $\frac{\theta}{n}$ e razão $\frac{2\pi}{n}$.

Geometricamente, as n raízes são vértices de um polígono regular de n lados.

Logo, sabendo uma delas e sabendo quantas são no total, é possível obter as outras $n - 1$ raízes.

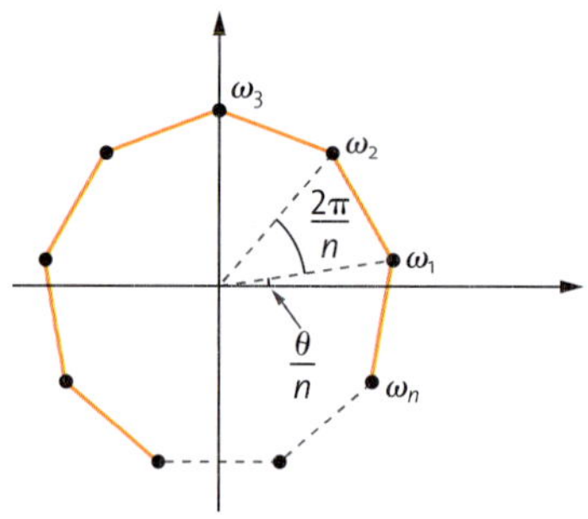

Exercícios resolvidos

28. Determine as raízes cúbicas de $z = -i$ e interprete-as geometricamente.

Resolução

Escrevendo z na forma trigonométrica, temos:

$a = 0$

$b = -1$

$|z| = \sqrt{0^2 + (-1)^2} = \sqrt{1} = 1$

$$\left.\begin{array}{l} \cos\theta = \frac{0}{1} = 0 \\ \text{sen}\theta = \frac{-1}{1} = -1 \\ 0 \leq \theta < 2\pi \end{array}\right\} \Rightarrow \theta = \arg(z) = \frac{3\pi}{2}$$

> **Fique atento!**
> Números complexos da forma $z = ai$ têm argumento $\frac{\pi}{2}$ para $a > 0$ e $\frac{3\pi}{2}$ para $a < 0$.

Portanto:

$$z = 1\left(\cos\frac{3\pi}{2} + i \cdot \text{sen}\frac{3\pi}{2}\right)$$

Usando a segunda fórmula de De Moivre, vem:

$$\omega_k = \sqrt[n]{|z|}\left(\cos\frac{\theta + 2k\pi}{n} + i \cdot \text{sen}\frac{\theta + 2k\pi}{n}\right) = \sqrt[3]{1}\left(\cos\frac{\frac{3\pi}{2} + 2k\pi}{3} + i \cdot \text{sen}\frac{\frac{3\pi}{2} + 2k\pi}{3}\right)$$

Para o módulo de ω_k, temos:

$\sqrt[3]{1} = 1$ (real positivo)

Para os argumentos, como $n = 3$, então k poderá ser 0, 1 ou 2. Assim, temos:

- para $k = 0$:

$$\frac{\frac{3\pi}{2} + 2k\pi}{3} = \frac{\frac{3\pi}{2}}{3} = \frac{3\pi}{6} = \frac{\pi}{2}\left(= \frac{3\pi}{6}\right)$$

- para $k = 1$:

$$\frac{\frac{3\pi}{2} + 2k\pi}{3} = \frac{\frac{3\pi}{2} + 2\pi}{3} = \frac{\frac{7\pi}{2}}{3} = \frac{7\pi}{6}$$

- para $k = 2$:

$$\frac{\frac{3\pi}{2} + 2k\pi}{3} = \frac{\frac{3\pi}{2} + 4\pi}{3} = \frac{\frac{11\pi}{2}}{3} = \frac{11\pi}{6}$$

Observe que $\frac{3\pi}{6}, \frac{7\pi}{6}, \frac{11\pi}{6}$ é uma PA de razão $\frac{4\pi}{6}$.

Assim, as raízes cúbicas de $-$i são:

$$\omega_0 = 1\left(\cos\frac{\pi}{2} + i \cdot \text{sen}\frac{\pi}{2}\right) = \cos\frac{\pi}{2} + i \cdot \text{sen}\frac{\pi}{2} = 0 + i \cdot 1 = i$$

$$\omega_1 = 1\left(\cos\frac{7\pi}{6} + i \cdot \text{sen}\frac{7\pi}{6}\right) = \cos\frac{7\pi}{6} + i \cdot \text{sen}\frac{7\pi}{6} = -\frac{\sqrt{3}}{2} + i\left(-\frac{1}{2}\right) = -\frac{\sqrt{3}}{2} - \frac{1}{2}i$$

$$\omega_2 = 1\left(\cos\frac{11\pi}{6} + i \cdot \text{sen}\frac{11\pi}{6}\right) = \cos\frac{11\pi}{6} + i \cdot \text{sen}\frac{11\pi}{6} = \frac{\sqrt{3}}{2} + i\left(-\frac{1}{2}\right) = \frac{\sqrt{3}}{2} - \frac{1}{2}i$$

Interpretando geometricamente, as três raízes cúbicas estão sobre uma circunferência de raio $|\omega| = 1$ e dividem a circunferência em três arcos congruentes de $\frac{4\pi}{6}$ rad, formando um triângulo equilátero de vértices P_0, P_1 e P_2. Se calculássemos ω_3, encontraríamos $\omega_3 = \omega_0$ e P_3 coincidiria com P_0. E assim por diante: $P_4 \equiv P_1$, $P_5 \equiv P_2$, etc.

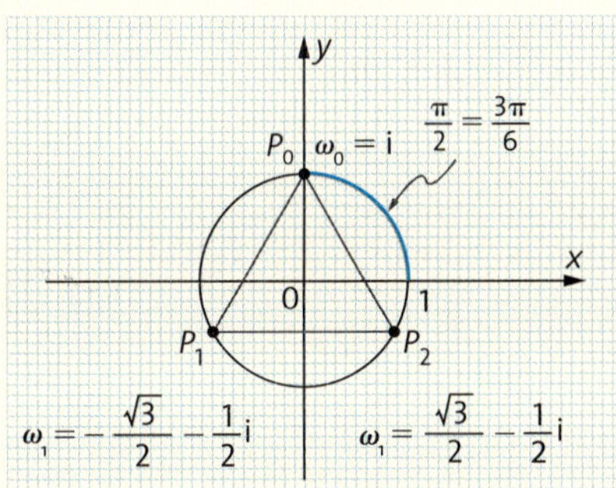

29. Encontre as raízes quartas do número complexo 1 + i.

Resolução

Sendo $z = 1 + i$, temos:

$a = 1$

$b = 1$

$|z| = \sqrt{1^2 + 1^2} = \sqrt{2}$

$$\left.\begin{array}{l} \cos\theta = \frac{1}{\sqrt{2}} = \frac{\sqrt{2}}{2} \\ \text{sen}\,\theta = \frac{1}{\sqrt{2}} = \frac{\sqrt{2}}{2} \\ 0 \leqslant \theta < 2\pi \end{array}\right\} \Rightarrow \theta = \arg(z) = \frac{\pi}{4}$$

Fique atento!

Para $a > 0$, temos:

$a + ai \Leftrightarrow$ argumento $\frac{\pi}{4}$; $-a + ai \Leftrightarrow$ argumento $\frac{3\pi}{4}$;

$-a - ai \Leftrightarrow$ argumento $\frac{5\pi}{4}$; $a - ai \Leftrightarrow$ argumento $\frac{7\pi}{4}$.

Portanto:

$$z = \sqrt{2}\left(\cos\frac{\pi}{4} + i \cdot \text{sen}\frac{\pi}{4}\right)$$

Aplicando a segunda fórmula de De Moivre, temos:

$$\omega_k = \sqrt[n]{|z|}\left(\cos\frac{\theta + 2k\pi}{n} + i \cdot \text{sen}\frac{\theta + 2k\pi}{n}\right) = \sqrt[4]{\sqrt{2}}\left(\cos\frac{\frac{\pi}{4} + 2k\pi}{4} + i \cdot \text{sen}\frac{\frac{\pi}{4} + 2k\pi}{4}\right)$$

Para o módulo de ω_k, temos:

$$\sqrt[4]{\sqrt{2}} = \sqrt[8]{2}$$

Para o argumento, como $n = 4$, então k poderá ser 0, 1, 2 e 3. Assim, temos:

- para $k = 0$:

$$\frac{\frac{\pi}{4} + 0}{4} = \frac{\frac{\pi}{4}}{4} = \frac{\pi}{16}$$

- para $k = 1$:

$$\frac{\frac{\pi}{4} + 2\pi}{4} = \frac{\frac{9\pi}{4}}{4} = \frac{9\pi}{16}$$

- para $k = 2$:

$$\frac{\frac{\pi}{4} + 4\pi}{4} = \frac{\frac{17\pi}{4}}{4} = \frac{17\pi}{16}$$

- para $k = 3$:

$$\frac{\frac{\pi}{4} + 6\pi}{4} = \frac{\frac{25\pi}{4}}{4} = \frac{25\pi}{16}$$

Observe que os argumentos $\frac{\pi}{16}$, $\frac{9\pi}{16}$, $\frac{17\pi}{16}$, $\frac{25\pi}{16}$ formam uma PA de razão $\frac{8\pi}{16}$. Assim, as raízes quartas de z são dadas por:

$$\omega_0 = \sqrt[8]{2}\left(\cos\frac{\pi}{16} + i \cdot \text{sen}\frac{\pi}{16}\right)$$

$$\omega_1 = \sqrt[8]{2}\left(\cos\frac{9\pi}{16} + i \cdot \text{sen}\frac{9\pi}{16}\right)$$

$$\omega_2 = \sqrt[8]{2}\left(\cos\frac{17\pi}{16} + i \cdot \text{sen}\frac{17\pi}{16}\right)$$

$$\omega_3 = \sqrt[8]{2}\left(\cos\frac{25\pi}{16} + i \cdot \text{sen}\frac{25\pi}{16}\right)$$

Geometricamente, as quatro raízes quartas estão sobre uma circunferência de raio $\sqrt[8]{2}$ e dividem a circunferência em quatro arcos congruentes a $\frac{8\pi}{16}$ rad, formando um quadrado de vértices P_0, P_1, P_2 e P_3.

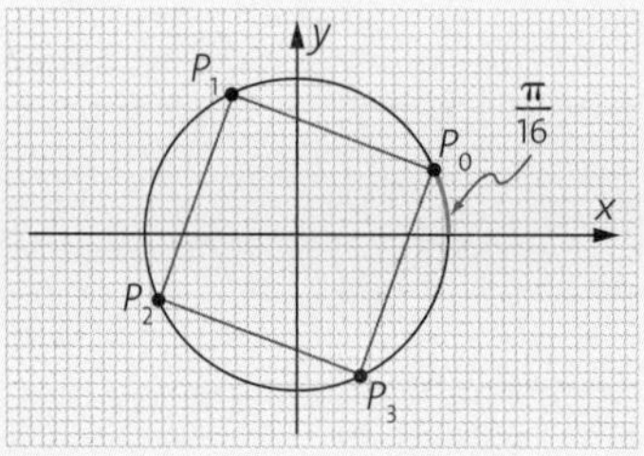

30. Determine as raízes enésimas do número complexo 1.

Resolução

Sendo $z = 1$, temos:

$a = 1$

$b = 0$

$|z| = |1| = 1$

> **Fique atento!**
> Todo número real positivo ou nulo tem argumento 0 e todo número real negativo tem argumento π.

$$\left.\begin{array}{l} \cos\theta = \frac{1}{1} = 1 \\ \text{sen}\theta = \frac{0}{1} = 0 \\ 0 \leqslant \theta < 2\pi \end{array}\right\} \Rightarrow \theta = \arg(z) = 0$$

Portanto:

$z = 1(\cos 0 + i \cdot \text{sen } 0)$

Pela segunda fórmula de De Moivre, temos:

$$\omega_k = \sqrt[n]{1}\left(\cos\frac{0 + 2k\pi}{n} + i \cdot \text{sen}\frac{0 + 2k\pi}{n}\right), \text{ em que } k = 0, 1, 2, 3, ..., (n - 1).$$

Portanto, as raízes enésimas da unidade são dadas por:

$$\sqrt[n]{1} = 1\left(\cos\frac{2k\pi}{n} + i \cdot \text{sen}\frac{2k\pi}{n}\right), k = 0, 1, 2, 3, ..., n - 1$$

Por exemplo, as raízes quartas da unidade são obtidas por ($n = 4$, $k = 0$, $k = 1$, $k = 2$, $k = 3$):

- para $k = 0$:
  $\omega_0 = 1(\cos 0 + i \cdot \text{sen } 0) = 1$
- para $k = 1$:
  $$\omega_1 = 1\left(\cos\frac{2\pi}{4} + i \cdot \text{sen}\frac{2\pi}{4}\right) = 1(0 + i) = i$$
- para $k = 2$:
  $$\omega_2 = 1\left(\cos\frac{4\pi}{4} + i \cdot \text{sen}\frac{4\pi}{4}\right) = 1(-1 + i \cdot 0) = -1$$
- para $k = 3$:
  $$\omega_3 = 1\left(\cos\frac{6\pi}{4} + i \cdot \text{sen}\frac{6\pi}{4}\right) = 1[0 + i(-1)] = -i$$

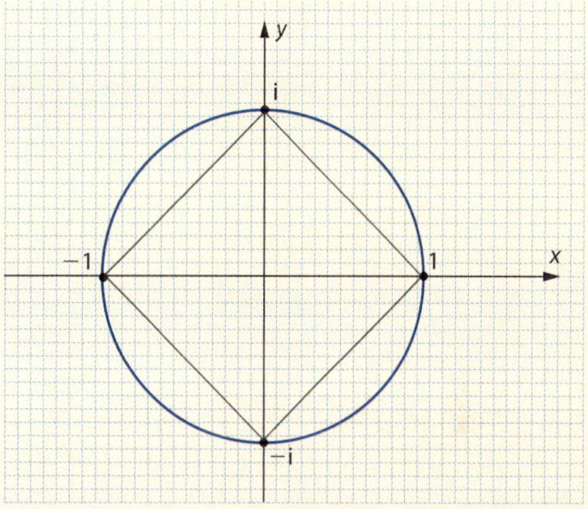

Geometricamente, as n raízes enésimas da unidade estão sobre a circunferência de raio 1 e dividem a circunferência em n partes congruentes a $\frac{2\pi}{n}$. No exemplo ao lado, a circunferência ficou dividida em quatro arcos congruentes a $\frac{\pi}{2}$.

Observação: Se ω é uma das raízes enésimas de um número complexo z e $\mu_1, \mu_2, ..., \mu_n$ são raízes enésimas da unidade, então $\omega\mu_1, \omega\mu_2, ..., \omega\mu_n$ são as raízes enésimas de z. Por exemplo, para determinar as raízes quartas de 81:

$3^4 = 81 \Rightarrow \omega = 3$ (é uma raiz quarta de 81)

Como as raízes quartas da unidade são $\mu_1 = 1$, $\mu_2 = i$, $\mu_3 = -1$ e $\mu_4 = -i$, então as quatro raízes quartas de 81 são:

$\omega\mu_1 = 3 \cdot 1 = 3$ $\quad\omega\mu_2 = 3 \cdot i = 3i$ $\quad\omega\mu_3 = 3(-1) = -3$ $\quad\omega\mu_4 = 3(-i) = -3i$

Exercícios

46. Determine as raízes quadradas dos seguintes números complexos e dê sua representação geométrica:

a) -4

b) $-i$

c) $1 - i$

d) $1 - \sqrt{3}i$

47. Determine as raízes quartas dos seguintes números complexos e dê sua representação geométrica:

a) -1

b) $-1 - \sqrt{3}i$

c) $-i$

d) $-8 - 8\sqrt{3}i$

e) $\sqrt{3} + i$

48. Calcule as raízes sextas de 729.

49. Encontre as raízes cúbicas dos seguintes números complexos e dê sua representação geométrica:

a) 125

b) -27

c) $8i$

d) $1 - i$

50. Calcule e represente geometricamente as raízes:

a) cúbicas da unidade;

b) quintas da unidade;

c) sextas da unidade.

51. Um hexágono regular está inscrito na circunferência de equação $x^2 + y^2 = 4$ e um de seus vértices é o afixo de $z = 2i$. Determine os outros cinco vértices.

8 Equações binômias e trinômias

Qualquer equação que possa ser reduzida à forma:

$$ax^n + b = 0 \quad (\text{com } a \text{ e } b \in \mathbb{C}, a \neq 0 \text{ e } n \in \mathbb{N})$$

é chamada *equação binômia*.

Para resolvê-la, isolamos x^n no primeiro membro e aplicamos a segunda fórmula de De Moivre:

$$ax^n + b = 0 \Leftrightarrow x^n = \frac{-b}{a}$$

Essa equação admite n raízes enésimas de $\frac{-b}{a}$.

Outro tipo muito comum de equação que envolve números complexos é o que se pode reduzir à chamada *equação trinômia*:

$$ax^{2n} + bx^n + c = 0 \quad (\text{com } a, b \text{ e } c \in \mathbb{C}, a \neq 0, b \neq 0 \text{ e } n \in \mathbb{N})$$

Para resolvê-la, fazemos uma mudança de variável, $x^n = y$, obtendo uma equação do 2º grau:

$$ay^2 + by + c = 0$$

cujas soluções são y' e y''.

Recaímos, então, nas equações anteriores, pois $y' = x^n$ e $y'' = x^n$.

Resolvendo-as, temos as raízes da equação inicial.

Exercício resolvido

31. Resolva as equações em $\mathbb{C}$:

a) $2x^3 - 16i = 0$

b) $x^6 + 26x^3 - 27 = 0$

c) $x^4 - i = 0$

Resolução

a) $2x^3 - 16i = 0 \Rightarrow 2x^3 = 16i \Rightarrow x^3 = 8i$

Vamos procurar as raízes cúbicas de $z = 8i$:

$$|z| = \sqrt{0^2 + 8^2} = 8$$

$$\left.\begin{array}{l} \cos\theta = \frac{0}{8} = 0 \\ \text{sen}\,\theta = \frac{8}{8} = 1 \\ 0 \leq \theta < 2\pi \end{array}\right\} \Rightarrow \theta = \arg(z) = \frac{\pi}{2}$$

Portanto:

$$z = 8i = 8\left(\cos\frac{\pi}{2} + i \cdot \text{sen}\frac{\pi}{2}\right)$$

$$\omega_k = \sqrt[n]{8}\left(\cos\frac{\frac{\pi}{2} + 2k\pi}{n} + i \cdot \text{sen}\frac{\frac{\pi}{2} + 2k\pi}{n}\right)$$

Como $n = 3$, $k = 0$, $k = 1$, $k = 2$ e $\sqrt[3]{8} = 2$, temos:

$$\omega_0 = 2\left(\cos\frac{\pi}{6} + i \cdot \text{sen}\frac{\pi}{6}\right) = \sqrt{3} + i$$

$$\omega_1 = 2\left(\cos\frac{5\pi}{6} + i \cdot \text{sen}\frac{5\pi}{6}\right) = -\sqrt{3} + i$$

$$\omega_2 = 2\left(\cos\frac{9\pi}{6} + i \cdot \text{sen}\frac{9\pi}{6}\right) = -2i$$

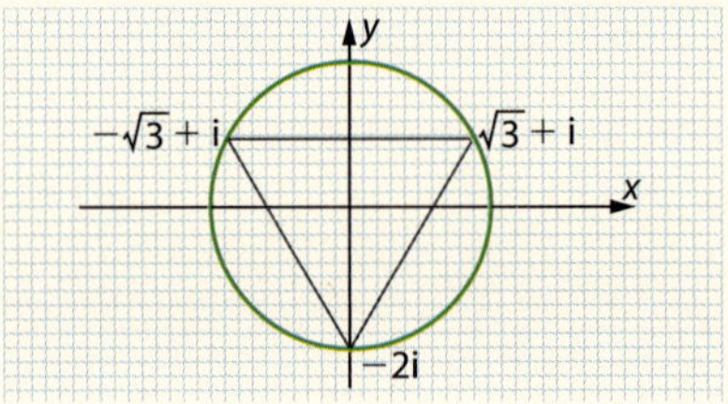

Logo, o conjunto solução da equação $2x^3 - 16i = 0$ é $S = \{\sqrt{3} + i, -\sqrt{3} + i, -2i\}$.

b) Fazendo a mudança de variável $x^3 = y$, temos:

$x^6 + 26x^3 - 27 = 0 \Rightarrow y^2 + 26y - 27 = 0 \Rightarrow$

$$\Rightarrow y = \frac{-26 \pm \sqrt{26^2 - 4 \cdot 1(-27)}}{2} =$$

$$= \frac{-26 \pm \sqrt{784}}{2} = \frac{-26 \pm 28}{2} \Rightarrow$$

$\Rightarrow y' = 1$ e $y'' = -27$

Agora, precisamos resolver as equações binômias $x^3 = 1$ e $x^3 = -27$, ou seja, precisamos encontrar as raízes cúbicas de 1 e de -27.

- $x^3 = 1$

$z = 1 \Rightarrow |z| = 1$

$\theta = \arg(z) = 0$

Portanto:

$$\omega_k = \sqrt[n]{1}\left(\cos\frac{0 + 2k\pi}{n} + i \cdot \text{sen}\frac{0 + 2k\pi}{n}\right)$$

Para $n = 3$, $k = 0$, $k = 1$ e $k = 2$:

$$\omega_0 = 1(\cos 0 + i \cdot \text{sen } 0) = 1$$

$$\omega_1 = 1\left(\cos\frac{2\pi}{3} + i \cdot \text{sen}\frac{2\pi}{3}\right) = -\frac{1}{2} + \frac{\sqrt{3}}{2}i$$

$$\omega_2 = 1\left(\cos\frac{4\pi}{3} + i \cdot \text{sen}\frac{4\pi}{3}\right) = -\frac{1}{2} - \frac{\sqrt{3}}{2}i$$

- $x^3 = -27$

$z = -27 \Rightarrow |z| = 27$

$\theta = \arg(z) = \pi$

Portanto:

$$\omega_k = \sqrt[n]{27}\left(\cos\frac{\pi + 2_k\pi}{n} + i \cdot \text{sen}\frac{\pi + 2k\pi}{n}\right)$$

Para $n = 3$, $k = 0$, $k = 1$, $k = 2$ e $\sqrt[3]{27} = 3$:

$$\omega_0 = 3\left(\cos\frac{\pi}{3} + i \cdot \text{sen}\frac{\pi}{3}\right) = \frac{3}{2} + \frac{3}{2}\sqrt{3}i$$

$$\omega_1 = 3(\cos \pi + i \cdot \text{sen } \pi) = -3$$

$$\omega_2 = 3\left(\cos\frac{5\pi}{3} + i \cdot \text{sen}\frac{5\pi}{3}\right) = \frac{3}{2} - \frac{3}{2}\sqrt{3}i$$

Logo, o conjunto solução da equação $x^6 + 26x^3 - 27 = 0$ é:

$$S = \left\{1,\ -\frac{1}{2} + \frac{\sqrt{3}}{2}i,\ -\frac{1}{2} - \frac{\sqrt{3}}{2}i,\ \frac{3}{2} + \frac{3}{2}\sqrt{3}i,\ -3,\ \frac{3}{2} - \frac{3}{2}\sqrt{3}i\right\}$$

c) $x^4 - i = 0 \Rightarrow x^4 = i$

Vamos calcular as raízes quartas de i:

$$i = 0 + 1i = 1\left(\cos\frac{\pi}{2} + i \cdot \text{sen}\frac{\pi}{2}\right)$$

$$w_k = \sqrt[4]{1}\left(\cos\frac{\frac{\pi}{2} + 2k\pi}{4} + i \cdot \text{sen}\frac{\frac{\pi}{2} + 2k\pi}{4}\right)$$

$$w_0 = 1\left(\cos\frac{\frac{\pi}{2} + 0}{4} + i \cdot \text{sen}\frac{\frac{\pi}{2} + 0}{4}\right) =$$

$$= \cos\frac{\pi}{8} + i \cdot \text{sen}\frac{\pi}{8}$$

As demais raízes têm módulo 1 e os argumentos vão aumentando $\frac{\pi}{2}$, ou seja, $\frac{4\pi}{8}$.

$$w_1 = \cos\frac{5\pi}{8} + i \cdot \text{sen}\frac{5\pi}{8}$$

$$w_2 = \cos\frac{9\pi}{8} + i \cdot \text{sen}\frac{9\pi}{8}$$

$$w_3 = \cos\frac{13\pi}{8} + i \cdot \text{sen}\frac{13\pi}{8}$$

Logo:

$$S = \left\{\cos\frac{\pi}{8} + i \cdot \text{sen}\frac{\pi}{8};\ \cos\frac{5\pi}{8} + i \cdot \text{sen}\frac{5\pi}{8};\ \cos\frac{9\pi}{8} + i \cdot \text{sen}\frac{9\pi}{8}; \cos\frac{13\pi}{8} + i \cdot \text{sen}\frac{13\pi}{8}\right\}$$

Exercícios

52. Resolva as equações em $\mathbb{C}$:

a) $x^3 - 8 = 0$

b) $x^2 - i = 0$

c) $x^4 + 1 = 0$

d) $x^4 - i = 0$

e) $x^6 + 729 = 0$

f) $2x^5 - 64 = 0$

g) $x^4 - (1 + i) = 0$

h) $x^2 + 4x + 5 = 0$

i) $x^4 - 10x^2 + 9 = 0$

j) $x^8 - 17x^4 + 16 = 0$

k) $x^2 - 2ix + 3 = 0$

l) $x^6 + 7x^3 - 8 = 0$

m) $x^6 - 26x^3 - 27 = 0$

53. Constate que $1 + i\sqrt{3}$ é uma das seis soluções da equação $x^6 + 9x^3 + 8 = 0$.

9 Aplicação à Geometria

Uma aplicação importante da multiplicação de números complexos na forma trigonométrica é possibilitar a rotação de coordenadas no plano. No volume 2 desta coleção vimos algumas aplicações de matrizes à computação gráfica, sendo uma delas a rotação de pontos em relação à origem. Esse mesmo papel anteriormente exercido por uma matriz de rotação pode ser desempenhado pelos números complexos, pois na multiplicação de dois complexos na forma trigonométrica multiplicam-se os módulos e adicionam-se os argumentos. Portanto, se um ponto (a, b) deve ser rotacionado em relação à origem, em α graus no sentido anti-horário, basta multiplicar o número complexo $a + bi$ pelo complexo $1(\cos \alpha + i \cdot \text{sen } \alpha)$.

Exercícios resolvidos

32. Encontre as novas coordenadas do segmento $\overline{AB}$, com $A(1, 1)$ e $B(3, 4)$, após uma rotação de 90° no sentido anti-horário em relação ao ponto A.

Resolução

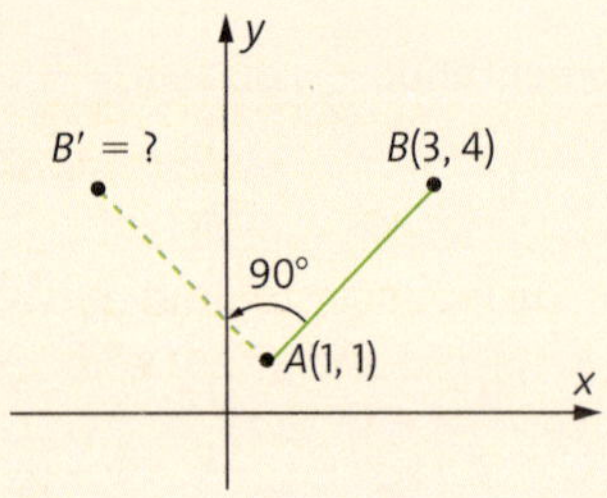

O ponto $A(1, 1)$ e o ponto $B(3, 4)$ representam geometricamente os complexos $w = 1 + i$ e $z = 3 + 4i$. Como a rotação é em torno do ponto A, devemos rotacionar apenas o número complexo t que equivale à diferença $z - w$ (no caso, $t = z - w = 2 + 3i$) e depois adicioná-lo novamente com w. Assim, para haver uma rotação de 90° no sentido anti-horário, precisamos multiplicar por $1(\cos 90° + i \cdot \text{sen } 90°) = 1(0 + i \cdot 1) = i$, obtendo t', e depois adicionar $t' + w$, pois a rotação é em torno de w:

$t' = (2 + 3i) \cdot i = -3 + 2i$

$t' + w = -3 + 2i + 1 + i = -2 + 3i$

Assim, as novas coordenadas do ponto B são -2 e 3, ou seja, o ponto $A(1, 1)$ se mantém após a rotação e $B'(-2, 3)$.

33. Encontre as novas coordenadas do segmento $\overline{AB}$, com $A(-1, 0)$ e $B(5, -4)$, após uma rotação de 60° no sentido anti-horário em relação ao ponto A.

Resolução

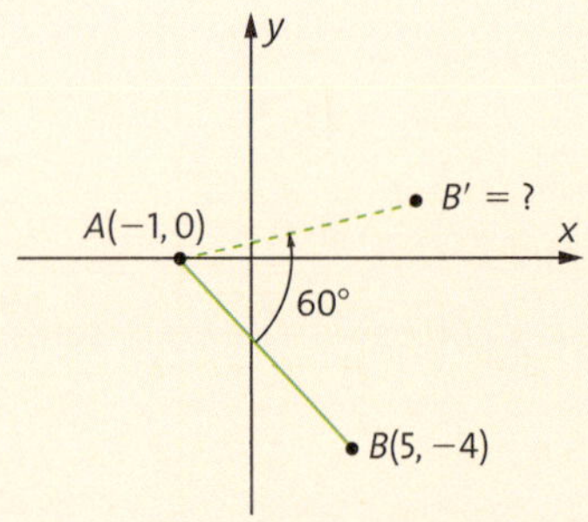

O complexo responsável pela rotação pedida é

$1(\cos 60° + i \cdot \text{sen } 60°) = \frac{1}{2} + \frac{\sqrt{3}}{2}i.$

$A(-1, 0) = w = -1$

$B(5, -4) = z = 5 - 4i$

O complexo t que representa $\overline{AB}$ é $(5 - 4i) - (-1) = 6 - 4i$.

Efetuando a rotação de t, temos:

$$t' = (6 - 4i)\left(\frac{1}{2} + \frac{\sqrt{3}}{2}i\right) =$$

$$= 3 + 3\sqrt{3}i - 2i + 2\sqrt{3} =$$

$$= \left(2\sqrt{3} + 3\right) + \left(3\sqrt{3} - 2\right)i$$

Então:

$$w + t' = -1 + \left(2\sqrt{3} + 3\right) + \left(3\sqrt{3} - 2\right)i =$$

$$= \left(2\sqrt{3} + 2\right) + \left(3\sqrt{3} - 2\right)i, \text{ ou seja,}$$

$$B'\left(2\sqrt{3} + 2, 3\sqrt{3} - 2\right)$$

O ponto A se mantém $A(-1, 0)$ após a rotação.

Exercícios

54. Qual número complexo, na forma algébrica, deve ser usado para se conseguir uma rotação de:

a) 45° anti-horário?

b) 180° anti-horário?

c) 90° horário?

55. Dado $\overline{AB}$, lado de um triângulo equilátero ABC, com $A(2, 1)$ e $B(6, 3)$, obtenha o vértice C sabendo que ele pertence ao 1º quadrante.

Atividades adicionais

1. Efetue as operações indicadas, escrevendo o resultado na forma algébrica $z = a + bi$.
   a) $(1 - 3i) + (2 + 5i)$
   b) $(-3 + i) + (-2 - 5i)$
   c) $\left(\frac{1}{2} + i\right) + \left(\frac{1}{3} - i\right) + i$
   d) $(1 - 5i) - (2 - 7i)$
   e) $(1 - i) + (3 + i) - (2 - i)$
   f) $i + (3 - i) - 2$
   g) $(-2 - i) - (-3 - i) - (2 + i)$
   h) $\left(1 + \frac{1}{3}i\right) - \left(2 - \frac{1}{4}i\right) + \left(1 + \frac{1}{6}i\right)$
   i) $\left(1 + \frac{1}{3}i\right) + (-1 - 2i)$
   j) $(-2 + 3i) + (1 - 2i) + (3 - 5i)$
   k) $(2 + 4i) - (1 + 2i)$
   l) $\left(\frac{1}{3} - i\right) - \left(\frac{1}{2} + 2i\right)$
   m) $(3 - i) - (-2 - i) + (-1 - i)$
   n) $3 + (-4 - i) - i$
   o) $\left(\frac{1}{2} + i\right) - \left(\frac{1}{3} - i\right) + \left(\frac{1}{5} + i\right)$
   p) $2i - (1 - i) - 3$

2. Efetue as operações indicadas, escrevendo o resultado na forma algébrica $z = a + bi$.
   a) $(3 + 2i)(2 - 4i)$
   b) $(1 - 2i)(2 - 5i)$
   c) $(1 + 3i)(2 - 2i)(1 - 2i)$
   d) $(2 + 3i)(3i)$
   e) $\left(\frac{1}{2} + 2i\right)\left(\frac{1}{3} - 3i\right)$
   f) $(\sqrt{2} - i)(\sqrt{2} + 2i)$
   g) $(3 - 2i)^3$
   h) $(6 + 3i)(3 - 4i) + (5 - i)(1 + 3i)$
   i) $(1 - i)^2(1 + i) - (1 - i)(1 + i)^2$
   j) $(2 - 5i)(1 + 3i)$
   k) $(1 - i)^2$
   l) $(1 + i)^3$
   m) $3(1 + i)(2 - i)$
   n) $(-1 - i)^2(2 - i)$
   o) $(3 - \sqrt{3}i)(2i - 1)^2$
   p) $(2 - i) + i - (4 + 3i)i$
   q) $(1 + i)(1 + i)^3(1 + i)^{-1}$
   r) $3(7 + 2i) - [(5 + 4i) + 1]i$

3. Qual o valor de m para que o produto $(2 + mi)(3 + i)$ seja um imaginário puro?
   a) 5 c) 7 e) 10
   b) 6 d) 8

4. Determine os números reais a e b tais que $(9 - a) + b \cdot i = (b + 1) + a \cdot i$.

5. Determine $x \in \mathbb{R}$ e $y \in \mathbb{R}$ para que $(x + y \cdot i)(1 - 3 \cdot i) = -13 - i$.

6. Determine o número complexo $z = x + y \cdot i$ tal que $z^2 = 8i$.

7. O valor de $i^{19981999876543210}$ é:
   a) 0.
   b) 1.
   c) −1.
   d) i.
   e) −i.

8. O valor da soma $1 + i + i^2 + i^3 + ... + i^{1996}$, em que i é a unidade imaginária, é igual a:
   a) 0. c) 1. e) −i.
   b) −1. d) i.

9. Calculando o valor da expressão
   $$\frac{i + i^2 + i^5 + i^6 + ... + i^{41} + i^{42}}{i^3 + i^4 + i^7 + i^8 + ... + i^{43} + i^{44}}$$, obtemos:
   a) 1. c) $i - 1$. e) $-i + 1$.
   b) −1. d) $i + 1$.

10. Simplificando $\frac{(2 + i)^{101} \cdot (2 - i)^{50}}{(-2 - i)^{100} \cdot (i - 2)^{49}}$, temos:
   a) 1. c) 2 − 1. e) −5.
   b) 2 + i. d) 5.

11. Calcule $(1 + i)^{10} - (1 - i)^{10}$.
   a) 32 c) 64i e) 32 + 32i
   b) 32i d) 64

12. Escreva na forma $z = a + bi$ os números complexos:
   a) $z = \frac{3 + i\sqrt{2}}{2 - i\sqrt{2}}$
   b) $z = \frac{(2 + i)^2}{1 + i}$
   c) $z = \left(\frac{\sqrt{3}}{2 + i}\right)^3$

13. Calcule:
   a) $\frac{1 - i}{1 + i} + \frac{1 + i}{1 - i}$
   b) $\frac{2 + i}{i} - \frac{(1 - 2i)^2}{1 + i}$

14. Prove que:

a) $\overline{z_1 - z_2} = \overline{z}_1 - \overline{z}_2$ (isto é, o conjugado da diferença é igual à diferença dos conjugados).

b) $z + \overline{z} = 2\text{Re}(z)$ (isto é, se $z = a + bi$, então $z + \overline{z} = 2a$).

c) $z - \overline{z} = 2\text{Im}(z)$ (isto é, se $z = a + bi$, então $z - \overline{z} = 2bi$).

d) $\overline{\overline{z}} = z$ (isto é, o conjugado do conjugado de um número complexo é igual ao próprio número).

15. Determine o número complexo z tal que:

a) $i \cdot z + 3(\overline{z} - 1) = 6 + 11i$

b) $(1 + i)z - (1 + 2i)\,\overline{z} = -9 + 5i$

16. Resolva a equação $3z + 2 = 2\overline{z} - 3$.

17. Efetue algébrica e geometricamente a adição dos números complexos z_1 e z_2 quando:

a) $z_1 = 2 + 2i$ e $z_2 = 4 + 3i$;

b) $z_1 = 1$ e $z_2 = 4$;

c) $z_1 = 4 - 2i$ e $z_2 = 1 - i$;

d) $z_1 = -2 + i$ e $z_2 = -1 + 4i$.

18. Dê exemplo de operação que seja:

a) impossível em $\mathbb{N}$ e possível em $\mathbb{Z}$;

b) impossível em $\mathbb{Z}$ e possível em $\mathbb{Q}$;

c) impossível em $\mathbb{Q}$ e possível em $\mathbb{R}$;

d) impossível em $\mathbb{R}$ e possível em $\mathbb{C}$.

19. Calcule a distância dos pontos $(-1, -4)$ e $(0, 3)$, usando dois processos diferentes.

20. Encontre o número z tal que $z^2 = 15 - 8i$.

21. Determine z tal que:

a) $z - 1^{27} = 2z + i^{20}$ b) $2\overline{z} + i^4 = z - 6i^{28}$

22. Calcule os valores reais de a e b para que $z = 3a - bi + 2ai - 6$ seja imaginário puro.

23. Marque no plano complexo os números complexos $z = a + bi$ tal que:

a) $a = 2$ e $b < 3$ b) $2a + b = 5$

24. Em que quadrante fica o ponto correspondente ao número complexo $z = \dfrac{2 - i^{35}}{3 + i}$?

25. Calcule os valores de:

a) $(2i)^4$ b) $(-i)^{23}$ c) i^{-1} d) $i^{\frac{2}{5}}$

26. Determine o valor de $(1 - i)^2$.

27. Usando o resultado do exercício anterior, determine $(1 - i)^{10}$ e $(1 - i)^{11}$.

28. Resolva em $\mathbb{C}$ a equação $x^2 - 6x + 10 = 0$.

29. Determine uma equação do 2º grau que, em $\mathbb{C}$, tenha como raízes $-5 + 2i$ e $-5 - 2i$.

30. Preencha as tabelas das operações de adição e multiplicação no conjunto $A = \{-1, 1, -i, i, 0\}$.

+	−1	1	−i	i	0
−1					
1					
−i					
i					
0					

×	−1	1	−i	i	0
−1					
1					
−i					
i					
0					

31. O conjunto A da questão anterior é fechado para a adição, isto é, a adição de dois números de A dá sempre um número de A? E para a multiplicação? Justifique.

32. Escreva as expressões na forma $a + bi$:

a) $1 - 5i + (\overline{2 + 3i})$ b) $(2 + 4i)(\overline{4 - 2i})$

33. Trace o vetor correspondente a cada um dos números complexos abaixo e determine seu módulo:

a) $z_1 = 1 + 4i$

b) $z_2 = 5 - 3i$

c) $z_3 = \dfrac{\sqrt{2}}{2} + \dfrac{\sqrt{2}}{2}i$

34. Prove que o ponto médio do segmento de reta de extremos z_1 e z_2 é representado por $\dfrac{z_1 + z_2}{2}$.

35. Verifique, com alguns exemplos, que, para quaisquer dois números complexos z_1 e z_2, temos sempre $|z_1 + z_2| \leqslant |z_1| + |z_2|$. Depois, tente provar.

36. O módulo do número complexo $z = \left(\dfrac{1 + i}{1 - 2i}\right)^2$ é:

a) $\dfrac{6}{5}$.

b) 1.

c) $\dfrac{4}{5}$.

d) $\dfrac{3}{5}$.

e) $\dfrac{2}{5}$.

37. Escreva na forma trigonométrica os seguintes números complexos:

a) $\sqrt{2} + i\sqrt{2}$

b) $-i$

c) $\dfrac{1}{1 + i}$

d) $(1 + i)(1 - i)$

e) $\dfrac{1}{i} + (1 + i)$

f) $\dfrac{1 - i}{1 + i} + (1 + i)$

38. Escreva na forma algébrica os seguintes números complexos:

a) $\sqrt{2}\left(\cos\dfrac{3\pi}{4} + i \cdot \text{sen}\dfrac{3\pi}{4}\right)$

b) $3\left(\cos\dfrac{\pi}{2} + i \cdot \text{sen}\dfrac{\pi}{2}\right)$

c) $6\left(\cos\dfrac{5\pi}{4} + i \cdot \text{sen}\dfrac{5\pi}{4}\right)$

39. No plano cartesiano abaixo, representamos um relógio marcando 10 horas.

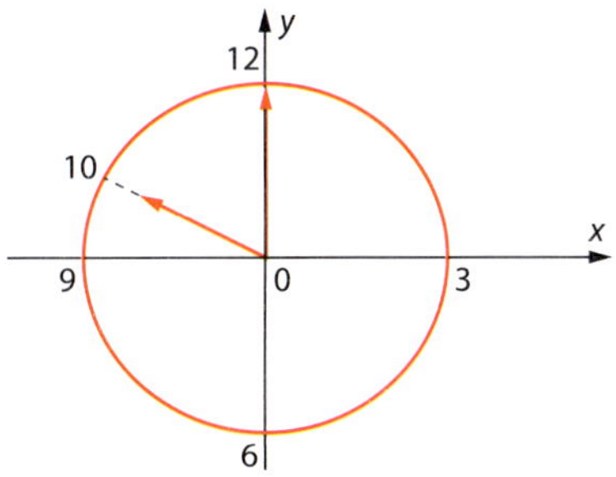

Se o ponteiro das horas mede 5 cm e o ponteiro dos minutos mede 8 cm, então os números complexos que indicam a extremidade do ponteiro das horas e do ponteiro dos minutos, diferente da origem, são, respectivamente, iguais a:

a) $5(\cos 30° + i \cdot \text{sen } 30°)$ e $8i$.

b) $5(\cos 30° - i \cdot \text{sen } 30°)$ e $8i$.

c) $5(\cos 150° + i \cdot \text{sen } 150°)$ e $8(\cos 90° - i \cdot \text{sen } 90°)$.

d) $5(\cos 150° + i \cdot \text{sen } 150°)$ e $8(\cos 90° + i \cdot \text{sen } 90°)$.

e) $5(\text{sen } 150° + i \cdot \cos 150°)$ e $8i$.

40. Considere o seguinte gráfico que representa o número complexo $z = a + bi$.

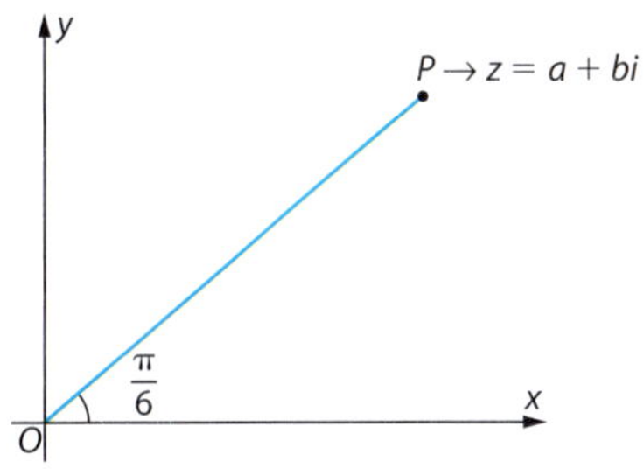

Sabendo que o segmento $\overline{OP}$ mede duas unidades de comprimento, assinale a alternativa correta:

a) $z = \sqrt{2} + i$

b) $z = \sqrt{3} + i$

c) $z = 1 + \sqrt{3}i$

d) $z = \sqrt{2} + \sqrt{2}i$

e) $z = 1 - \sqrt{3}i$

41. A representação de todos os números complexos que têm o módulo igual a uma constante, como, por exemplo, $|z| = 2$, é igual a:

a) um quadrado.

b) um semicírculo.

c) uma circunferência.

d) uma elipse.

e) uma reta.

42. Represente, no plano de Argand-Gauss, todos os complexos tais que:

a) $|z + 1 - i| = 1$

b) $|z + 1 - i| \leqslant 1$

43. Dos números complexos z que satisfazem a condição $|z - 2 - 2i| = 2$, determine:

a) o de maior argumento principal;

b) o de maior módulo.

44. Representando no plano de Argand-Gauss os complexos z, tal que $|z - 1 + i| \leqslant 1$, obtemos:

a) uma circunferência de raio 1.

b) um círculo de centro (1, −1) e raio 1.

c) uma reta horizontal.

d) a bissetriz dos quadrantes pares.

e) um semicírculo.

45. No plano complexo, o conjunto dos pontos $z = x + yi$ tal que $|z| \leqslant 1$ e $y \geqslant 0$ é:

a) uma circunferência.

b) um círculo.

c) um quadrado centrado na origem.

d) um semicírculo.

e) um segmento de reta.

46. Calcule o valor das seguintes potências:

a) $\left(\dfrac{1 - i}{i^5}\right)^8$

b) $\dfrac{(1 + i)^3}{(1 - i)^2}$

c) $\left(\dfrac{\sqrt{3} - i}{1 - i}\right)^{200}$

47. Calcule as raízes quadradas de $z = 5 + 12i$. (*Sugestão*: Obtenha $w = a + bi$ de modo que $w^2 = 5 + 12i$.)

48. Sendo $u = 1 + i$ uma das raízes quartas de um complexo z, determine as outras três raízes.

49. As raízes quadradas do número $3 + 4i$, em que $i = \sqrt{-1}$, são:

a) $\{2 + i, -2 - i\}$.

b) $\{1 + i, -1 - i\}$.

c) $\{3 + i, -3 - i\}$.

d) $\{4 + i, -4 - i\}$.

50. Uma das raízes quartas de um número complexo z é $3i$. As outras três raízes são:

a) $\sqrt{3} + \sqrt{3}i$, $\sqrt{3}i$, $\sqrt{3} - \sqrt{3}i$.

b) $\sqrt{3} + 3i$, $\sqrt{3} - 3i$, $-3i$.

c) $3, -3, -3i$.

d) $\sqrt{3}$, $-\sqrt{3}$, $-\sqrt{3}i$.

51. Dados os números complexos $z = 1 - 3i$ e $w = 1 - i$, determine:

a) $\overline{z}$

b) $|z|$

c) $\arg(w)$

d) o quadrante do afixo de w

e) $z + w$

f) $w - z$

g) zw

h) z^2

i) $\dfrac{z}{w}$

j) $-w$

k) $\dfrac{1}{w}$

l) w na forma trigonométrica

52. Escreva na forma $a + bi$ o número complexo

$$z = \left[2^{\frac{1}{9}}\left(\cos\frac{\pi}{12} + i \cdot \text{sen}\frac{\pi}{12}\right)\right]^{36}.$$

53. Encontre o número complexo z tal que $2z + i^2 = \overline{z} \cdot i^{39}$.

54. Resolva as seguintes equações em $\mathbb{C}$:

a) $2x^2 - 6x + 5 = 0$

b) $x^2 + 2ix - 5 = 0$

55. Determine equações do segundo grau com raízes:

a) $3 - 2i$ e $3 + 2i$

b) $-2i$ e i

56. Dado o número complexo $z = -1 + \sqrt{3}i$, calcule:

a) z^5

b) as raízes quartas de z

57. Os pontos A, B e C são os afixos dos números complexos $z_1 = (1 - i)^2$, $z_2 = \frac{1}{1 - i}$ e $z_3 = (1 + i)(1 - i)$, respectivamente. A área do triângulo ABC é igual a:

a) 2.

b) 4.

c) $\frac{1}{2}$.

d) $\frac{1}{4}$.

e) 8.

58. *Física*

Uma aplicação muito importante dos números complexos se dá no estudo e dimensionamento de componentes eletrônicos. O circuito RLC (formado por um resistor, um indutor e um capacitor) é um dos mais utilizados. Nele, a resistência é chamada de impedância (z) e é expressa por um número complexo.

Quando um sistema de som automotivo é projetado, por exemplo, utiliza-se mais de um alto-falante conectado a um rádio ou amplificador. A instalação precisa ser avaliada com cuidado, para que os equipamentos não sejam danificados. Se utilizarmos dois alto-falantes em uma disposição em paralelo, a impedância total será dada por:

$$z_{total} = \left|\frac{z_1 z_2}{z_1 + z_2}\right|$$

Considere que as impedâncias dos alto-falantes sejam $z_1 = 10 - 2i$ e $z_2 = 4 + 3i$, e que, quanto maior a impedância, menor é a potência do som.

a) Determine a impedância total do sistema.

b) Sabendo que a impedância máxima suportada é de 5 Ω, a instalação é viável?

59. Seja k um número positivo e O a origem do plano complexo. A inversão de centro O e potência k^2 é uma transformação do plano nele mesmo, que a cada ponto P associa um ponto P' tal que P' e P estão na mesma semirreta de origem O e $OP \cdot OP' = k^2$.

A função $f(z) = \frac{k^2}{\overline{z}}$ transforma cada complexo z em seu inverso, com centro de inversão O (origem) e potência k^2. A figura abaixo mostra um golfinho e seu inverso, onde a inversão tem centro na origem O e potência 1.

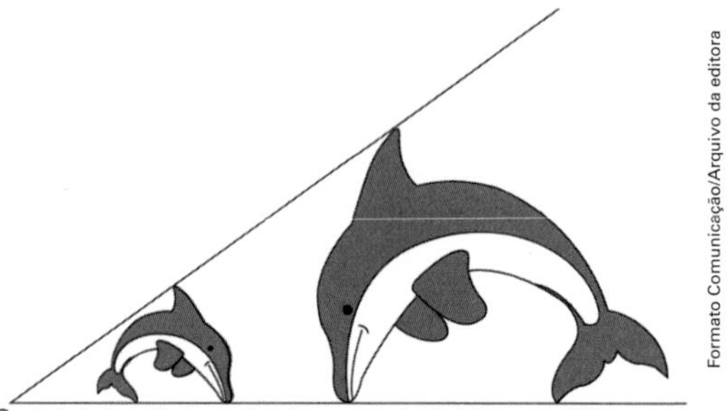

Formato Comunicação/Arquivo da editora

Sabendo que o olho do golfinho maior está representado no plano pelo número complexo $z = 3 + 4i$, podemos afirmar que o olho do golfinho menor está representado pelo número complexo:

a) $4 + 3i$.

b) $4 - 3i$.

c) $\frac{1}{3} + \frac{1}{4}i$.

d) $\frac{3}{25} + \frac{4}{25}i$.

e) $\frac{4}{25} - \frac{3}{25}i$.

60. Na Física, para facilitar determinados cálculos, é comum estudar o centro de massa de um sistema considerando-o plano, no plano de Argand-Gauss. Sendo assim, o centro de massa de um conjunto de pontos materiais de massas m_1, m_2 e m_3 localizados, respectivamente, nos afixos dos números complexos z_1, z_2 e z_3 é dado pelo afixo do número complexo $z = \frac{m_1 \cdot z_1 + m_2 \cdot z_2 + m_3 \cdot z_3}{m_1 + m_2 + m_3}$. Com base no exposto e considerando três pontos materiais de massas 1 kg, 3 kg e 4 kg, localizados no plano de Argand-Gauss, nos afixos dos números complexos $z_1 = 1 + i$, $z_2 = 5 + i$ e $z_3 = 4 + 3i$, respectivamente, pode-se inferir que o centro de massa desse sistema é o afixo do número complexo:

a) $2 + 4i$.

b) $4 + 2i$.

c) $5 + 3i$.

d) $32 + 16i$.

e) $16 + 32i$.

Vestibulares de Norte a Sul

1. **SE** (Fuvest-SP) Determine os números complexos z tal que $z + \bar{z} = 4$ e $z\bar{z} = 13$, em que $\bar{z}$ é conjugado de z.

2. **N** (Ufac) Considere x um número real. Dados os números complexos $w_1 = (x - 7)i$ e $w_2 = -2 + (x + 7)i$, o único caso em que ocorre a igualdade $|w_1| = |w_2|$ é quando:

a) $x = 0$.
b) $x = \frac{1}{7}$.
c) $x = -\frac{1}{7}$.
d) $x = -\frac{\sqrt{2}}{2}$.
e) $x = \frac{2\sqrt{3}}{3}$.

3. **NE** (UFMA) Considere o seguinte gráfico que representa o número complexo z.

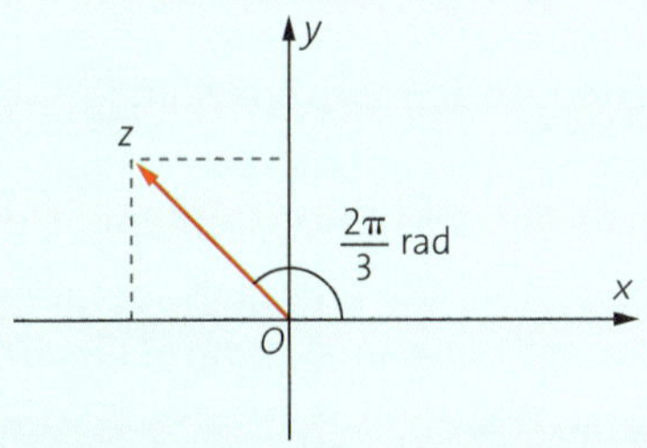

Se $|z| = \sqrt{2}$, assinale a única alternativa correta.

a) $z = -\frac{\sqrt{2}}{2} + \frac{\sqrt{3}}{2}i$
b) $z = -\frac{\sqrt{2}}{2} + \frac{\sqrt{6}}{2}i$
c) $z = -\frac{1}{2} + \frac{\sqrt{3}}{2}i$
d) $z = -\frac{\sqrt{6}}{2} + \frac{\sqrt{2}}{2}i$
e) $z = -\frac{\sqrt{3}}{2} + \frac{1}{2}i$

4. **NE** (UFC-CE) Se i representa o número complexo cujo quadrado é igual a –1, determine o valor numérico da soma $1 + i + i^2 + i^3 + ... + i^{27}$.

5. **NE** (UFPI) Considere o número complexo $z = i$. Pode-se afirmar que o valor da soma $z^0 + z^1 + z^2 + ... + z^{2008}$ é:

a) –1.
b) 0.
c) 1.
d) i.
e) –i.

6. **NE** (Uece) No plano complexo o número $z = 2 - 3i$ é o centro de um quadrado e $w = 5 - 5i$ é um de seus vértices. O vértice do quadrado não consecutivo a w é o número complexo:

a) $2 - 2i$.
b) $1 - i$.
c) $-1 - i$.
d) $-2 - 2i$.

7. **SE** (Vunesp-SP) Considere o número complexo $u = \frac{\sqrt{3}}{2} + \frac{1}{2}i$, em que $i = \sqrt{-1}$. Encontre o número complexo v cujo módulo é igual a 2 e cujo argumento principal é o triplo do argumento principal de u.

8. **NE** (Ufal) Seja $f: \mathbb{C} \to \mathbb{C}$, com $\mathbb{C}$ denotando o conjunto dos números complexos, a função dada por $f(z) = iz$, com i sendo a unidade imaginária e $z \in \mathbb{C}$. No gráfico a seguir, estão representados os complexos z e iz.

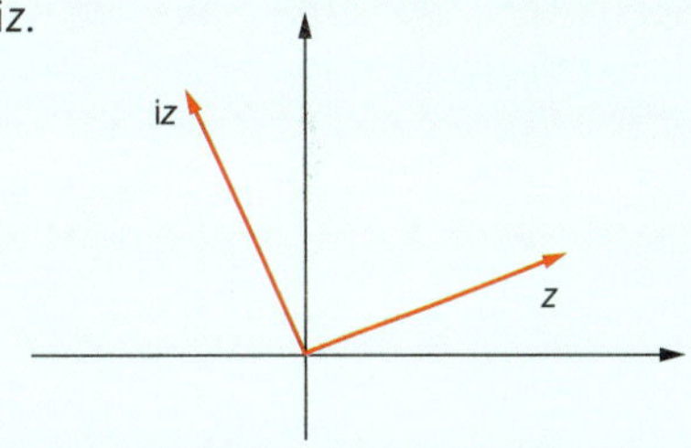

Considerando estas informações, assinale a alternativa incorreta.

a) $f(a + bi) = -b + ai$, para quaisquer reais de a e b.
b) Para $z \neq 0$, os afixos de z, $f(z)$ e zero são vértices de um triângulo retângulo isósceles.
c) $f(z) = z$ se, e somente se, $z = 0$.
d) $f(f(f(i))) = -1$.
e) $f(f(z)) = -z$, para todo $z \in \mathbb{C}$.

9. **NE** (UFC-CE) O valor do número complexo $\left(\frac{1 + i^9}{1 + i^{27}}\right)^{20}$ é:

a) 1.
b) i.
c) –i.
d) –1.
e) 2^{20}.

10. **SE** (ITA-SP) Considere, no plano cartesiano, um polígono regular cujos vértices são as soluções da equação $z^6 = 1$. A área desse polígono, em unidades de área, é igual a:

a) $\sqrt{3}$.
b) 5.
c) π.
d) $\frac{3\sqrt{3}}{2}$.
e) 2π.

11. **S** (UFRGS-RS) O ângulo formado pelas representações geométricas dos números complexos $z = \sqrt{3} + i$ e z^4 é:

a) $\frac{\pi}{6}$.
b) $\frac{\pi}{4}$.
c) $\frac{\pi}{3}$.
d) $\frac{\pi}{2}$.
e) π.

12. **CO** (UFG-GO) O número complexo $z = x + yi$ pode ser representado no plano, como abaixo:

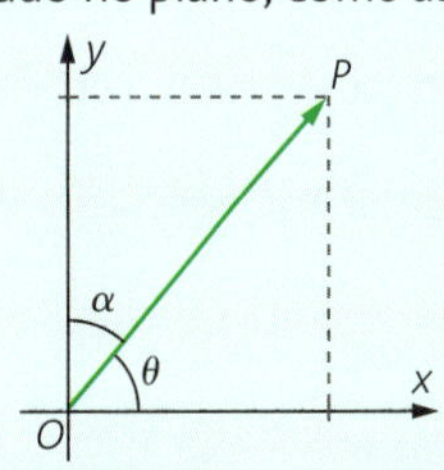

Considere $r = \sqrt{x^2 + y^2}$ o módulo de z. O número complexo z pode ser escrito como:

a) $z = r(\cos \alpha + i \operatorname{sen} \alpha)$
b) $z = r(\cos \alpha - i \operatorname{sen} \alpha)$
c) $z = r(\operatorname{sen} \theta + i \cos \theta)$
d) $z = r(\operatorname{sen} \alpha - i \cos \alpha)$
e) $z = r(\cos \theta + i \operatorname{sen} \theta)$

13. **S** (UEL-PR) O número complexo z que verifica a equação $iz - 2\bar{z} + (1 + i) = 0$ é:

a) $z = 1 + i$.
b) $z = \frac{1}{3} - i$.
c) $z = \frac{1 - i}{3}$.
d) $z = 1 + \frac{i}{3}$.
e) $z = 1 - i$.

14. **SE** (UFRJ) No jogo *Batalha Complexa* são dados números complexos z e w, chamados mira e alvo, respectivamente. O tiro certeiro de z em w é o número complexo t tal que $tz = w$.

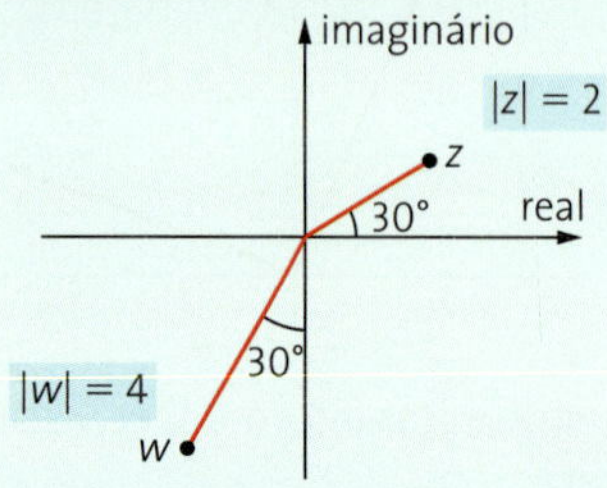

Considere a mira z e o alvo w indicados na figura acima. Determine o tiro certeiro de z em w.

15. **SE** (Unifesp) No plano de Argand-Gauss (figura), o ponto A é chamado afixo do número complexo $z = x + yi$, cujo módulo (indicado por $|z|$) é a medida do segmento $\overline{OA}$, no sentido anti-horário, a partir do eixo Re (z). O número complexo $z = i$ é chamado "unidade imaginária".

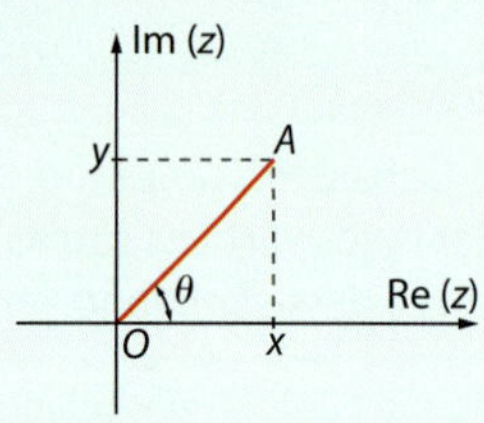

a) Determine os números reais x tal que $z = (x + 2i)^4$ seja um número real.
b) Se uma das raízes quartas de um número complexo z é o complexo z_0 cujo afixo é o ponto $(0, a)$, $a > 0$, determine $|z|$.

16. **SE** (ITA-SP) Se $a = \cos\frac{\pi}{5}$ e $b = \text{sen}\frac{\pi}{5}$, então o número complexo $\left(\cos\frac{\pi}{5} + i \cdot \text{sen}\,\frac{\pi}{5}\right)^{54}$ é igual a:

a) $a + bi$.
b) $-a + bi$.
c) $(1 - 2a^2b^2) + ab(1 + b^2)i$.
d) $a - bi$.
e) $1 - 4a^2b^2 + 2ab(1 - b^2)i$.

17. **S** (UEL-PR) Seja z um número complexo de módulo 2 e argumento principal 120°. O conjugado de z é:

a) $2 - 2i\sqrt{3}$.
b) $2 + 2i\sqrt{3}$.
c) $-1 - i\sqrt{3}$.
d) $-1 + i\sqrt{3}$.
e) $1 + i\sqrt{3}$.

18. **NE** (UFPI) Se $\bar{z} = x - yi$ é o conjugado complexo de $z = x + yi$, então a equação $z\bar{z} + z + \bar{z} = 0$ representa:

a) uma reta paralela ao eixo imaginário.
b) uma circunferência com centro na origem.
c) a semirreta bissetriz do primeiro quadrante.
d) um segmento de reta de comprimento quatro.
e) uma circunferência com centro no ponto $(-1, 0)$.

19. **NE** (UFSE) Para analisar as sentenças dadas, considere os números complexos $u = \cos\frac{3\pi}{4} + i \cdot \text{sen}\,\frac{3\pi}{4}$, $v = 1 + i$ e $w = (1 - i)^n$, em que n é um número natural.

0-0) Se n é um número par, então w é um número imaginário puro.

1-1) O conjugado de u^{11} é igual a $\frac{\sqrt{2}}{2} - i \cdot \frac{\sqrt{2}}{2}$.

2-2) No plano de Argand-Gauss, o ponto imagem de v^3 pertence ao terceiro quadrante.

3-3) Se x e y são números reais tal que $x \cdot u^2 + y \cdot v = 2 - 3 \cdot i$, então $x + y = 7$.

4-4) Os argumentos principais das raízes cúbicas de v constituem uma progressão aritmética de razão $\frac{2\pi}{3}$.

20. **SE** (Vunesp-SP) Se a, b, c são números inteiros positivos tais que $c = (a + bi)^2 - 14i$, em que $i^2 = -1$, o valor de c é:

a) 48. b) 36. c) 24. d) 14. e) 7.

21. **N** (Ufam) Na figura a seguir os números complexos z_1, z_2, z_3, z_4, z_5 e z_6 estão representados pelos vértices de um hexaedro regular. Podemos afirmar que $\frac{z_2 \cdot z_3}{z_5 \cdot z_6}$ é:

a) 1.
b) -1.
c) 2.
d) -2.
e) 3.

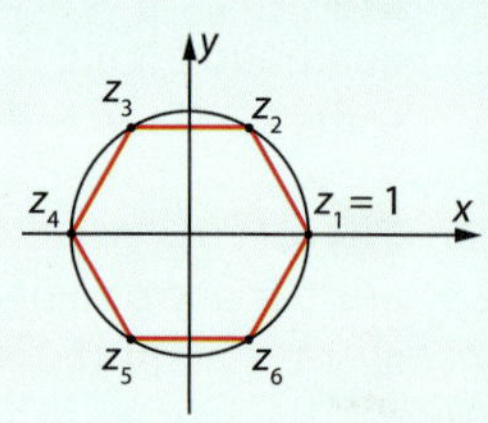

22. **SE** (FGV-SP) Admita que o centro do plano complexo Argand-Gauss coincida com o centro de um relógio de ponteiros, como indica a figura. Se o ponteiro dos minutos tem 2 unidades de comprimento, às 11h 55 sua ponta estará sobre o número complexo:

a) $-1 + \sqrt{3}i$.
b) $1 + \sqrt{3}i$.
c) $1 - \sqrt{3}i$.
d) $\sqrt{3} - i$.
e) $\sqrt{3} + i$.

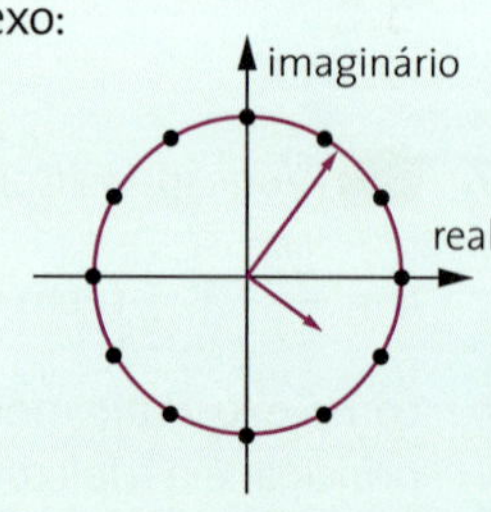

CAPÍTULO

7 Polinômios e equações algébricas

Hans. Slegers/Shutterstock/Glow Images

Em Engenharia, as equações algébricas são utilizadas para calcular o tamanho de uma obra.

1 Definição de polinômios

Na resolução de problemas é comum ocorrerem situações em que a leitura e a compreensão do enunciado nos levam a formular expressões e equações que nos ajudam a resolver o problema. Imagine por exemplo que, em determinados problemas, os enunciados nos levem às seguintes figuras e suas dimensões:

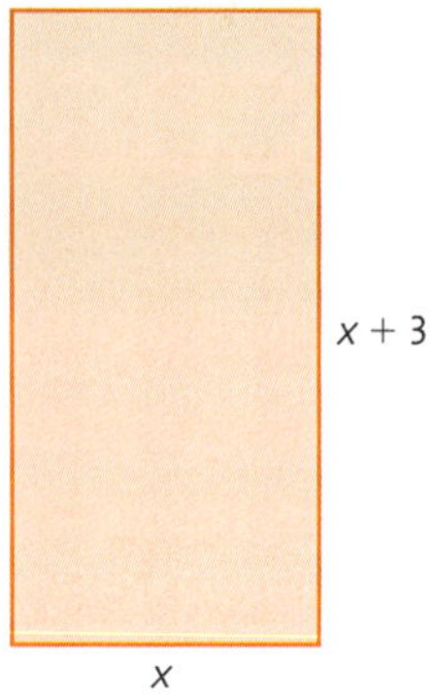

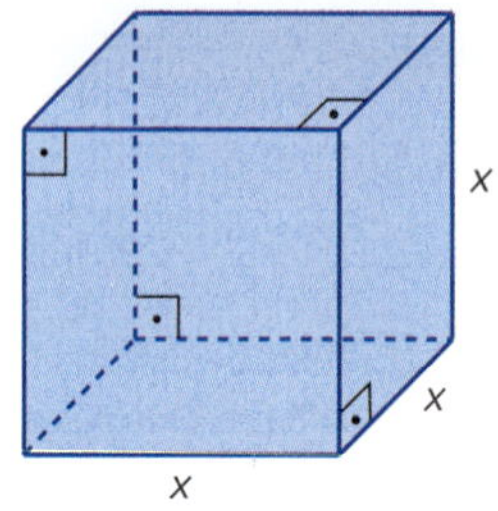

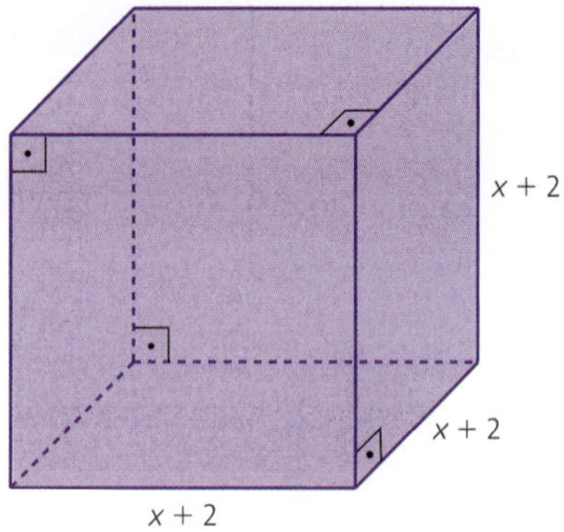

» Reúna-se com um colega e façam o que se pede:

a) A primeira figura é uma região retangular de dimensões x e $x + 3$. Determinem as expressões do perímetro e da área dessa figura.

b) A segunda figura é um cubo com arestas de medida x. Determinem as expressões da área e do volume dessa figura.

c) A terceira figura é outro cubo, com arestas $x + 2$. Determinem as expressões da área total e do volume dessa figura.

Fique atento!
Os polinômios não são novidade. Eles já foram vistos tanto no Ensino Fundamental II, durante o estudo de monômios, binômios, polinômios e as operações que os envolvem, como no volume 1 desta coleção, quando estudamos função afim e funções quadráticas.
Agora, retomaremos os conceitos básicos e os aprofundaremos, possibilitando o trabalho com outros graus de funções polinomiais.

Todas essas expressões são chamadas **expressões polinomiais ou polinômios**.

Chamamos expressão polinomial ou polinômio na variável complexa x toda expressão da forma:

$$a_nx^n + a_{n-1}x^{n-1} + a_{n-2}x^{n-2} + ... + a_2x^2 + a_1x + a_0$$

em que:

- $a_n, a_{n-1}, a_{n-2}, ..., a_2, a_1, a_0$ são números complexos denominados coeficientes;
- n é um número inteiro positivo ou nulo;
- o maior expoente de x, com coeficiente não nulo, é o grau da expressão.

Veja, por exemplo, as expressões polinomiais:

a) $4x + 6$: expressão polinomial do 1º grau (grau 1).

b) $x^2 + 3x$: expressão polinomial do 2º grau (grau 2).

c) x^3: expressão polinomial do 3º grau (grau 3).

d) $6x^2 + (1 - i)x + 5$: expressão polinomial do 2º grau (grau 2).

Fique atento!
Representamos o grau de um polinômio $p(x)$ por gr(p). Assim, se $p(x)$ é um polinômio de grau n, então gr(p) $= n$.

Pela definição, **não** são expressões polinomiais:

- $x^{-2} + 3x^{-1} + 1$, pois o expoente da variável x não pode ser negativo.
- $x^3 + \frac{1}{x^2} + \frac{1}{x}$, pois a variável x não pode aparecer em denominador.
- $x^{\frac{2}{3}} + 5x^{\frac{1}{2}} + 6$, pois o expoente da variável x não pode ser fracionário.
- $\sqrt[3]{x} + 6\sqrt{x} + 2$, pois a variável x não pode aparecer sob radical.

2 Função polinomial

> As funções complexas $f: \mathbb{C} \rightarrow \mathbb{C}$ definidas por expressões polinomiais são denominadas **funções polinomiais**.

Assim:

a) $f(x) = 2x - 1$ é uma função polinomial de grau 1.

b) $g(x) = 3x^2 - 2x - 1$ é uma função polinomial de grau 2.

c) $h(x) = x^3 - 6x^2 + x - 1$ é uma função polinomial de grau 3.

d) $p(x) = x^4 - ix^2$ é uma função polinomial de grau 4.

Fique atento!
Para simplificar, falamos "função polinomial de grau 1", mas, de fato, o polinômio associado a ela é de grau 1.

Então, toda função definida por:

$$f(x) = a_n x^n + a_{n-1} x^{n-1} + \dots + a_2 x^2 + a_1 x + a_0$$

para todo x complexo, é denominada função polinomial de grau n, em que n é um número inteiro positivo ou nulo e a_n é diferente de 0.

Se o grau de uma função polinomial for 0, então a função é definida por $f(x) = a_0$, com $a_0 \neq 0$.

Exemplos:

a) $f(x) = 5$

b) $p(x) = -2$

Observação: No volume 1 desta coleção estudamos dois casos importantíssimos de funções polinomiais: a função afim (capítulo 3) e a função quadrática (capítulo 4). Aqui elas são chamadas, respectivamente, de função polinomial de grau 1 e função polinomial de grau 2. Lembre-se de que tudo que foi aprendido anteriormente continua válido e pode ser usado neste capítulo.

Polinômio

A cada função polinomial associa-se um único polinômio (ou expressão polinomial) e vice-versa, de forma que não há confusão em nos referirmos indistintamente às funções polinomiais ou aos polinômios.

Exemplos:

a) $p(x) = 5$ é um polinômio de grau 0 ou polinômio constante.

b) $p(x) = 2x + 1$ é um polinômio do 1º grau.

c) $p(x) = x^2 - 5x + 6$ é um polinômio do 2º grau.

Polinômio identicamente nulo

Define-se polinômio identicamente nulo como o polinômio cujos coeficientes são todos nulos. Assim, $p(x) = a_n x^n + a_{n-1} x^{n-1} + \dots + a_1 x + a_0$ é polinômio nulo se, e somente se, $a_n = a_{n-1} = \dots = a_1 = a_0 = 0$.

Observação: Como o polinômio identicamente nulo não tem coeficiente não nulo, não se define grau para ele.

Exercícios resolvidos

1. Dado o polinômio:
$p(x) = (m^2 - 1)x^3 + (m + 1)x^2 - x + 4$, com $m \in \mathbb{R}$, discuta o seu grau.

Resolução

Fazendo os coeficientes de x^3 e x^2 iguais a 0, temos:
$m^2 - 1 = 0 \Rightarrow m^2 = 1 \Rightarrow m = \pm 1$
$m + 1 = 0 \Rightarrow m = -1$
Analisando, obtemos:
- Se $m \neq 1$ e $m \neq -1$, o polinômio será do 3º grau.
- Se $m = 1$, o polinômio será do 2º grau.
- Se $m = -1$, o polinômio será do 1º grau.

2. Calcule os valores de a, b e c para os quais o polinômio $p(x) = (a + b)x^2 + (a - b - 4)x + (b + 2c - 6)$ seja nulo.

Resolução

$$\text{Se } p(x) = 0 \Rightarrow \begin{cases} a + b = 0 \text{ (I)} \\ a - b - 4 = 0 \text{ (II)} \\ b + 2c - 6 = 0 \text{ (III)} \end{cases}$$

Reunindo (I) e (II), temos:

$$\begin{cases} a + b = 0 \\ a - b = 4 \end{cases}$$

Resolvendo o sistema, obtemos $a = 2$ e $b = -2$.
Substituindo b em (III), temos:
$b + 2c - 6 = 0 \Rightarrow -2 + 2c - 6 = 0 \Rightarrow 2c = 8 \Rightarrow$
$\Rightarrow c = 4$
Logo, $a = 2$, $b = -2$ e $c = 4$.

Exercícios

1. Verifique se são polinômios:
a) $p(x) = 2x^3 + x + 4$
b) $s(x) = \sqrt{x^3} + 2\sqrt{x} - 1$
c) $r(x) = x^{-2} + 3x^{-1} + 4$
d) $q(x) = x^3 - x^2 + 2x - 2$
e) $h(x) = x^5 - 1$
f) $q(x) = 4x^5 - 1$
g) $p(x) = 2$
h) $g(x) = \dfrac{1}{x^2} - 3x$

2. Em que condições o grau do polinômio $p(x) = (a + 2)x^2 + (b - 3)x + (c - 1)$ é 0?

3. Discuta, para $m \in \mathbb{R}$, o grau dos polinômios:
a) $p(x) = (m - 4)x^3 + (m + 2)x^2 + x + 1$.
b) $p(x) = (m^2 - 4)x^4 + (m - 2)x + m$.
c) $p(x) = (m^2 - 1)x^4 + (m + 1)x^3 + x^2 + 3$.

3 Valor numérico de um polinômio

Considere um polinômio $p(x)$ e um número real α.

O valor numérico do polinômio $p(x)$ para $x = \alpha$ é o número que se obtém substituindo x por α e efetuando os cálculos necessários. Indica-se por $p(\alpha)$.

Então, $p(\alpha)$ é o valor numérico de $p(x)$ para $x = \alpha$.

> **Fique atento!**
> O valor numérico do polinômio nulo é 0 para qualquer valor de x. Ele equivale à imagem de uma função para um dado valor do domínio, como estudamos nos capítulos iniciais do volume 1 desta coleção.

Exemplos:

a) O valor numérico de $p(x) = 2x^2 - 3x + 5$ para $x = 4$ é:

$p(4) = 2(4)^2 - 3(4) + 5 = 32 - 12 + 5 = 25$

Logo, $p(4) = 25$.

b) Dado $p(x) = 4x^3 - 3x^2 + 5x - 10$, o valor de $p(x)$ para $x = 3$ é:

$p(3) = 4(3)^3 - 3(3)^2 + 5(3) - 10 = 108 - 27 + 15 - 10 = 86$

Logo, $p(3) = 86$.

c) Se $p(x) = 3x^2 - 7$, então, para $x = i$, o valor numérico de $p(x)$ é $p(i) = 3(i)^2 - 7 = -3 - 7 = -10$.

Assim, de modo geral, dado o polinômio: $p(x) = a_nx^n + a_{n-1}x^{n-1} + a_{n-2}x^{n-2} + ... + a_1x + a_0$ o valor numérico de $p(x)$ para $x = \alpha$ é:

$$p(\alpha) = a_n\alpha^n + a_{n-1}\alpha^{n-1} + a_{n-2}\alpha^{n-2} + ... + a_1\alpha + a_0$$

Observações:

1ª) Se $\alpha = 1$, o valor numérico de $p(x)$ é a soma de seus coeficientes:

$$p(1) = a_n \cdot 1^n + a_{n-1} \cdot 1^{n-1} + a_{n-2} \cdot 1^{n-2} + ... + a_1 \cdot 1 + a_0 \Rightarrow p(1) = a_n + a_{n-1} + a_{n-2} + ... + a_1 + a_0$$

2ª) Se $\alpha = 0$, o valor numérico de $p(x)$ é o termo independente:

$$p(0) = a_n \cdot 0^n + a_{n-1} \cdot 0^{n-1} + a_{n-2} \cdot 0^{n-2} + ... + a_1 \cdot 0 + a_0 \Rightarrow p(0) = a_0$$

Exercícios resolvidos

3. Dado o polinômio $p(x) = 2x^3 - x^2 + x + 5$, calcule $p(2) - p(-1)$.

Resolução

Calculando $p(2)$ e $p(-1)$ separadamente, temos:
$p(2) = 2(2)^3 - (2)^2 + 2 + 5 = 16 - 4 + 2 + 5 = 19$
$p(-1) = 2(-1)^3 - (-1)^2 + (-1) + 5 = -2 - 1 - 1 + 5 = 1$
Assim:
$p(2) - p(-1) = 19 - 1 = 18$

4. Dado o polinômio, na forma fatorada, $p(x) = (x^2 + 2)^2(x^3 - 2)^5$, determine:

a) a soma dos seus coeficientes;

b) o termo independente.

Resolução

a) Para obter a soma dos coeficientes, basta fazer:
$p(1) = (1^2 + 2)^2(1^3 - 2)^5 = 3^2 \cdot (-1)^5 = -9$

b) Para obter o termo independente, basta fazer:
$p(0) = (0^2 + 2)^2(0^3 - 2)^5 = 2^2 \cdot (-2)^5 =$
$= 4(-32) = -128$

5. Um polinômio $p(x)$ é do 2º grau. Sabendo que $p(2) = 0$, $p(-1) = 12$ e $p(0) = 6$, escreva o polinômio e determine $p(5)$.

Resolução

Se $p(x)$ é um polinômio do 2º grau, sua forma é: $p(x) = ax^2 + bx + c$. Então:
$p(2) = 0 \Rightarrow a(2)^2 + b(2) + c = 0 \Rightarrow$
$\Rightarrow 4a + 2b + c = 0$ (I)
$p(-1) = 12 \Rightarrow a - b + c = 12$ (II)
$p(0) = 6 \Rightarrow a(0)^2 + b(0) + c = 6 \Rightarrow c = 6$ (III)
Substituindo (III) em (I) e (II), temos:

$$\begin{cases} 4a + 2b = -6 \\ a - b = 6 \end{cases} \Rightarrow \begin{cases} 2a + b = -3 \\ a - b = 6 \end{cases} \Rightarrow a = 1 \text{ e } b = -5.$$

Sabendo que $a = 1$, $b = -5$ e $c = 6$, vamos escrever $p(x)$:
$p(x) = ax^2 + bx + c = x^2 - 5x + 6$

Agora, vamos calcular $p(5)$:

$p(5) = (5)^2 - 5(5) + 6 = 25 - 25 + 6 = 6$

Logo, $p(x) = x^2 - 5x + 6$ e $p(5) = 6$.

Exercícios

4. Dado $p(x) = x^4 - x - 3$, calcule $p(-2)$.

5. Dados $p(x) = -3x^3 + x^2 + x - 2$ e $g(x) = x^3 - x^2 + x - 1$, calcule $p(-1) + g(1)$.

6. Calcule o valor de $p(x) = x^4 - 3x^2 + 5$ para $x = \sqrt{3}$.

7. Consideremos o polinômio $p(x) = 2x^3 - 6x^2 + mx + n$. Se $p(2) = 0$ e $p(-1) = -6$, calcule os valores de m e n.

8. Sabendo que $p(-1) = 0$, calcule o valor de a em $p(x) = -2x^3 - 4x^2 - 3x + 2a$.

9. Determine o polinômio $p(x)$ do 1º grau tal que $p(5) = 13$ e $p(3) = 7$.

10. Calcule a soma dos coeficientes do polinômio $p(x) = (x - 2)^{13}(x^6 - x + 2)^5$.

11. Calcule o termo independente do polinômio $p(x)$ obtido desenvolvendo-se a expressão $(x^2 - 3x + 2)^4(8x^4 - 8x^2 - 1)^8$.

12. Considere o polinômio $p(x) = ax^8 + bx^5 + cx^2 + d$. Se $p(1) = 7$ e $p(0) = 2$, qual o valor de $a + b + c$?

13. Se $p(x) = 2x^3 - kx^2 + 3x - 2k$, para que valores de k temos $p(2) = 4$?

14. Sabendo que $p(2) = 0$ e $p(x) = x^2 - mx + 6$, calcule o valor de m.

15. (UPM-SP) Calcule os valores de m, n e ℓ para os quais o polinômio $p(x) = (2m - 1)x^3 - (5n - 2)x^2 + (3 - 2\ell)$ é nulo.

4 Igualdade de polinômios

Dizemos que dois polinômios são iguais ou idênticos se, e somente se, seus valores numéricos são iguais para todo $\alpha \in \mathbb{C}$. Assim:

$$p(x) = q(x) \Leftrightarrow p(\alpha) = q(\alpha) \text{ qualquer que seja } \alpha \in \mathbb{C}$$

Fique atento!
Polinômios de graus diferentes nunca são iguais.

Para que isso aconteça, sua diferença $p(x) - q(x)$ deve ser o polinômio identicamente nulo. Assim, dois polinômios $p(x)$ e $q(x)$ são iguais se, e somente se, têm coeficientes respectivamente iguais (os coeficientes dos termos de mesmo grau são todos iguais).

Por exemplo, dados os polinômios $p(x) = ax^3 + bx^2 + cx + d$ e $q(x) = 2x^3 + 5x^2 - 4x + 3$, temos:
$p(x) = q(x) \Leftrightarrow a = 2, b = 5, c = -4$ e $d = 3$

5 Raiz de um polinômio

Já sabemos que $p(\alpha)$ é o valor numérico do polinômio $p(x)$ para $x = \alpha$.

Se um número complexo α é tal que $p(\alpha) = 0$, então esse número α é chamado **raiz** do polinômio $p(x)$.

Exemplos:

a) Dado o polinômio $p(x) = x^2 - 7x + 10$, temos:
$p(5) = 0 \Rightarrow 5$ é raiz de $p(x)$
$p(3) = -2 \Rightarrow 3$ não é raiz de $p(x)$

b) Dado o polinômio $p(x) = x^3 - 3x^2 + 2$, temos:
$p(1) = 0 \Rightarrow 1$ é raiz de $p(x)$
$p(3) = 2 \Rightarrow 3$ não é raiz de $p(x)$

c) O número i é raiz do polinômio $p(x) = x^2 + 1$, pois $p(\text{i}) = -1 + 1 = 0$.

Exercícios resolvidos

6. Determine os valores de a, b, c, d e e de modo que os polinômios $p(x) = ax^4 + 5x^2 + dx - b$ e $g(x) = 2x^4 + (b - 3)x^3 + (2c - 1)x^2 + x + e$ sejam iguais.

Resolução

Para que $p(x) = g(x)$, devemos ter:
$a = 2$
$0 = b - 3 \Rightarrow b = 3$
$5 = 2c - 1 \Rightarrow 2c = 6 \Rightarrow c = 3$
$d = 1$
$e = -b = -3$

Logo, $a = 2$, $b = 3$, $c = 3$, $d = 1$, $e = -3$.

7. Sabendo que -3 é raiz de $p(x) = x^3 - 4x^2 - ax + 48$, calcule o valor de a.

Resolução

Se -3 é raiz de $p(x)$, então $p(-3) = 0$.
Então:
$p(-3) = (-3)^3 - 4(-3)^2 - a(-3) + 48 = 0 \Rightarrow$
$\Rightarrow -27 - 36 + 3a + 48 = 0 \Rightarrow 3a = 15 \Rightarrow a = 5$
Logo, $a = 5$.

8. O polinômio $p(x) = x^3 + ax^2 + bx$ admite as raízes 6 e 1. Calcule os coeficientes a e b.

Resolução

Se $p(x)$ admite a raiz 6, então $p(6) = 0$.
$p(6) = 6^3 + a(6)^2 + b(6) = 0 \Rightarrow$
$\Rightarrow 216 + 36a + 6b = 0 \Rightarrow 36 + 6a + b = 0$
Se $p(x)$ admite a raiz 1, então $p(1) = 0$.
$p(1) = 1^3 + a(1)^2 + b(1) = 0 \Rightarrow 1 + a + b = 0$
Vamos formar, então, o sistema:

$$\begin{cases} 6a + b = -36 \\ a + b = -1 \end{cases}$$

Resolvendo o sistema, obtemos $a = -7$ e $b = 6$.
Logo, $a = -7$ e $b = 6$.

6 Operações com polinômios

Por meio de exemplos, vamos retomar operações já estudadas no Ensino Fundamental II e no volume 1 desta coleção no estudo de expressões algébricas e funções, como adição, subtração e multiplicação de polinômios, além da multiplicação de um número real por um polinômio. Em seguida, estudaremos mais detalhadamente a divisão de polinômios.

a) Se $p(x) = 3x^2 + 2x - 1$ e $q(x) = -x^3 + 4x^2 - 2x - 5$, temos:

$p(x) + q(x) = 3x^2 + 2x - 1 - x^3 + 4x^2 - 2x - 5 = -x^3 + (3 + 4)x^2 + (2 - 2)x + (-1 - 5) = -x^3 + 7x^2 - 6$

b) Se $p(x) = 3x^2 - 4x + 1$ e $q(x) = 5x^2 - 3x + 4$, temos:

$p(x) - q(x) = 3x^2 - 4x + 1 - 5x^2 + 3x - 4 = -2x^2 - x - 3$

c) Dado $p(x) = 2x^3 - 4x^2 + 5x - 3$, temos:

$7 \cdot p(x) = 7(2x^3 - 4x^2 + 5x - 3) = 14x^3 - 28x^2 + 35x - 21$

d) Dados $p(x) = 3x - 4$ e $q(x) = -2x + 5$, temos:

$p(x) \cdot q(x) = (3x - 4)(-2x + 5) = -6x^2 + 15x + 8x - 20 = -6x^2 + 23x - 20$

Fique atento!
Sejam:
- $gr(p)$ = grau de $p(x)$;
- $gr(q)$ = grau de $q(x)$.

Então:
- $gr(p \pm q) \leqslant$ maior valor entre $gr(p)$ e $gr(q)$;
- $gr(p \cdot q) = gr(p) + gr(q)$.

Exercícios resolvidos

9. Determine os valores de a, b e c para que se verifique a igualdade
$[ax^2 + (2a + b)x + 2b] + [cx^2 + (3 - 2c)x - 6] =$
$= 2x^2 - 4$.

Resolução

O polinômio $[ax^2 + (2a + b)x + 2b] + [cx^2 + (3 - 2c)x - 6]$ pode ser escrito na forma:
$(a + c)x^2 + (2a + b + 3 - 2c)x + 2b - 6$
Logo, temos:
$(a + c)x^2 + (2a + b + 3 - 2c)x + 2b - 6 = 2x^2 - 4$
Vamos formar, então, o sistema:

$$\begin{cases} a + c = 2 & \text{(I)} \\ 2a + b + 3 - 2c = 0 & \text{(II)} \\ 2b - 6 = -4 & \text{(III)} \end{cases}$$

Da equação (III), temos:
$2b - 6 = -4 \Rightarrow 2b = 2 \Rightarrow b = 1$
Substituindo na equação (II), obtemos o novo sistema:

$$\begin{cases} a + c = 2 \\ 2a - 2c = -4 \end{cases} \Rightarrow \begin{cases} a + c = 2 \\ a - c = -2 \end{cases}$$

Resolvendo o sistema, temos $a = 0$, $b = 1$ e $c = 2$.

10. Sabendo que $\dfrac{a}{x + 2} + \dfrac{b}{x - 1} = \dfrac{7x + 8}{x^2 + x - 2}$, determine os valores de a e b.

Resolução

Como $(x + 2)(x - 1) = x^2 + x - 2$, temos:

$$\frac{a(x - 1) + b(x + 2)}{(x + 2)(x - 1)} = \frac{7x + 8}{x^2 + x - 2} \Rightarrow$$

$$\Rightarrow \frac{ax - a + bx + 2b}{(x + 2)(x - 1)} = \frac{7x + 8}{x^2 + x - 2} \Rightarrow$$

$$\Rightarrow \frac{(a + b)x + (-a + 2b)}{(x + 2)(x - 1)} = \frac{7x + 8}{x^2 + x - 2}$$

Para que a igualdade se verifique, devemos ter:

$$\begin{cases} a + b = 7 \\ -a + 2b = 8 \end{cases}$$

Resolvendo o sistema, obtemos $a = 2$ e $b = 5$.

11. Se os polinômios p, q e r têm, respectivamente, graus 3, 5 e 1, determine o grau de:

a) $p + q$; b) $p \cdot q$; c) $p \cdot r - q$.

Resolução

a) Na soma de um polinômio de grau 3 com um de grau 5 prevalece o maior grau. Logo, o grau de $(p + q)$ é 5.

b) No produto de um polinômio de grau 3 com um de grau 5 o resultado terá grau $3 + 5 = 8$.

c) O grau do produto $p \cdot r$ é $3 + 1 = 4$. Na subtração $p \cdot r - q$ prevalece o maior grau entre o grau 4 de $p \cdot r$ e o grau 5 de q. Assim, o grau de $(p \cdot r - q)$ é 5.

Exercícios

16. Determine os valores de a e b para que sejam iguais os polinômios $p(x) = 3x + 2$ e
$q(x) = (a + b)x^2 + (a + 3)x + (2 - b)$.

17. Dados $p(x) = (mx^2 + nx + p)(x + 1)$ e
$g(x) = 2x^3 + 3x^2 - 2x - 3$, determine os valores de m, n e p para que se tenha $p(x) = g(x)$.

18. (FEI-SP) Determine os valores de a, b e c sabendo que
$$\frac{1}{x^3 - 1} = \frac{a}{x - 1} + \frac{bx + c}{x^2 + x + 1}.$$

19. (Faap-SP) Calcule os valores de a, b e c para que o polinômio $p_1(x) = a(x + c)^3 + b(x + d)$ seja idêntico a $p_2(x) = x^3 + 6x^2 + 15x + 14$.

20. Verifique se o número 3 é raiz do polinômio
$p(x) = x^3 - 3x^2 + 2x - 6$.

21. Determine o valor de k no polinômio:
a) $p(x) = x^3 + 7x^2 - kx + 3$, sabendo que $x = -1$ é raiz do polinômio.
b) $p(x) = 4x^4 - 8x^3 - (k + 5)x^2 + (3k - 2)x + 5 - k$, sabendo que $x = 2$ é raiz do polinômio.

22. Calcule os valores de a e b no polinômio:
a) $p(x) = x^3 + (a - 2)x^2 + (b - 4)x - 3$, sabendo que 1 e -1 são raízes do polinômio.
b) $p(x) = x^3 + ax^2 + (b - 18)x + 1$, sabendo que 1 é raiz do polinômio e $p(2) = 25$.

23. Determine o valor de a para que o número $1 - i$ seja raiz do polinômio $p(x) = x^2 - 2x + a$.

24. Dados os polinômios $p(x) = x^2 - 4x + 3$, $q(x) = -2x + 4$ e $r(x) = 2x^3 - 4x + 5$, calcule:
a) $p(x) + r(x)$
b) $q(x) - p(x)$
c) $-4 \cdot r(x)$
d) $p(x) \cdot q(x)$
e) $[q(x)]^2$

25. Dados os polinômios $p(x) = ax^2 - 8x + b$ e $q(x) = 3x^2 - bx + a - c$, determine a, b e c para os quais $p(x) + q(x)$ é um polinômio nulo.

26. Dado $\frac{a}{x} + \frac{bx + c}{x - 3} = \frac{1}{x^2 - 3x}$, com $x \neq 0$ e $x \neq 3$, calcule os valores de a, b e c.

27. Determine os valores reais de a e b para que o binômio $2x^2 + 17$ seja igual à expressão
$(x^2 + b)^2 - (x^2 + a^2)(x^2 - a^2)$.

28. Sabendo que $p(x) = \begin{vmatrix} a & b & c \\ -1 & x & 0 \\ 0 & -1 & x \end{vmatrix}$ e
$g(x) = \frac{1}{4}(x - 3)(x + 5)$, determine os valores de a e b para que $p(x) = g(x)$.

29. Se os polinômios p, q e r têm graus 2, 3 e 4, respectivamente, então o grau do polinômio $p \cdot q + r$ é:
a) igual a 10.
b) igual a 9.
c) igual a 5.
d) menor ou igual a 5.
e) menor ou igual a 4.

Divisão de polinômios

Dados dois polinômios, $p(x)$ e $h(x)$, com $h(x)$ não nulo, dividir $p(x)$ por $h(x)$ significa encontrar dois polinômios $q(x)$ e $r(x)$ que satisfaçam as seguintes condições:

1ª) $p(x) = h(x) \cdot q(x) + r(x)$;

2ª) o grau de $r(x)$ não pode ser igual nem maior do que o grau de $h(x)$ ou então $r(x) = 0$.

Assim, dizemos que:

- $p(x)$ é o dividendo;
- $h(x)$ é o divisor;
- $q(x)$ é o quociente;
- $r(x)$ é o resto.

Para efetuar a divisão de polinômios usaremos o método da chave, semelhante ao empregado para números inteiros.

Método da chave

Consideremos a seguinte divisão de números inteiros:

<table>
<tr>
<td>

1º) $\begin{array}{r|l} \overset{\frown}{33}7 & 8 \\ \hline & 4 \end{array}$

$33 : 8 \to 4$

</td>
<td>

3º) $\begin{array}{r|l} \overset{\frown}{33}7 & 8 \\ \hline -32 & 42 \\ \hline 17 & \end{array}$

$17 : 8 \to 2$

</td>
</tr>
<tr>
<td>

2º) $\begin{array}{r|l} \overset{\frown}{33}7 & 8 \\ \hline -32 & 4 \\ \hline 1 & \end{array}$

$4 \cdot 8 = 32$
Subtraindo (ou somando com o sinal trocado):
$33 - 32 = 1$

</td>
<td>

4º) $\begin{array}{r|l} \overset{\frown}{33}7 & 8 \\ \hline -32 & 42 \\ \hline 17 & \\ -16 & \\ \hline 1 & \end{array}$

$2 \cdot 8 = 16$
$17 - 16 = 1$

</td>
</tr>
</table>

Observemos que:

$$\underbrace{337}_{\text{dividendo}} = \underbrace{8}_{\text{divisor}} \cdot \underbrace{42}_{\text{quociente}} + \underbrace{1}_{\text{resto}}$$

Vamos utilizar a mesma técnica para a divisão de polinômios:

<table>
<tr>
<td>

1º) $\begin{array}{r|l} x^2 - 5x + 6 & x - 3 \\ \hline & x \end{array}$

$x^2 : x = x$

</td>
<td>

3º) $\begin{array}{r|l} x^2 - 5x + 6 & x - 3 \\ \hline -x^2 + 3x \quad\;\; & x - 2 \\ \hline -2x + 6 & \end{array}$

$-2x : x = -2$

</td>
</tr>
<tr>
<td>

2º) $\begin{array}{r|l} x^2 - 5x + 6 & x - 3 \\ \hline -x^2 + 3x \quad\;\; & x \\ \hline -2x + 6 & \end{array}$

$x(x - 3) = x^2 - 3x$
Trocando o sinal: $-x^2 + 3x$

</td>
<td>

4º) $\begin{array}{r|l} x^2 - 5x + 6 & x - 3 \\ \hline -x^2 + 3x \quad\;\; & x - 2 \\ \hline -2x + 6 & \\ 2x - 6 & \\ \hline 0 & \end{array}$

$-2(x - 3) = -2x + 6$
Trocando o sinal: $2x - 6$

Fique atento!
Quando $r(x) = 0$, dizemos que a divisão é exata e o polinômio $p(x)$ é divisível pelos polinômios $h(x)$ e $q(x)$.

</td>
</tr>
</table>

Verificamos que:

$$p(x) = h(x) \cdot q(x) + r(x)$$

$$\underbrace{x^2 - 5x + 6}_{\text{dividendo}} = \underbrace{(x - 3)}_{\text{divisor}}\ \underbrace{(x - 2)}_{\text{quociente}} + \underbrace{0}_{\text{resto}}$$

Fique atento!
O grau de $q(x)$ é a diferença entre os graus de $p(x)$ e $h(x)$.

Vejamos outra divisão de polinômios:

1º)
$$\begin{array}{l|l} x^4 + x^3 - 7x^2 + 9x - 1 & x^2 + 3x - 2 \\ \hline & x^2 \end{array}$$

$$x^4 : x^2 = x^2$$

2º)
$$\begin{array}{r|l} x^4 + x^3 - 7x^2 + 9x - 1 & x^2 + 3x - 2 \\ -x^4 - 3x^3 + 2x^2 & x^2 \\ \hline -2x^3 - 5x^2 + 9x - 1 & \end{array}$$

$$x^2(x^2 + 3x - 2) = x^4 + 3x^3 - 2x^2$$

Trocando o sinal: $-x^4 - 3x^3 + 2x^2$

3º)
$$\begin{array}{r|l} x^4 + x^3 - 7x^2 + 9x - 1 & x^2 + 3x - 2 \\ -x^4 - 3x^3 + 2x^2 & x^2 - 2x \\ \hline -2x^3 - 5x^2 + 9x - 1 & \end{array}$$

$$-2x^3 : x^2 = -2x$$

4º)
$$\begin{array}{r|l} x^4 + x^3 - 7x^2 + 9x - 1 & x^2 + 3x - 2 \\ -x^4 - 3x^3 + 2x^2 & x^2 - 2x \\ \hline -2x^3 - 5x^2 + 9x - 1 & \\ 2x^3 + 6x^2 - 4x & \\ \hline x^2 + 5x - 1 & \end{array}$$

$$-2x(x^2 + 3x - 2) = -2x^3 - 6x^2 + 4x$$

Trocando o sinal: $2x^3 + 6x^2 - 4x$

5º)
$$\begin{array}{r|l} x^4 + x^3 - 7x^2 + 9x - 1 & x^2 + 3x - 2 \\ -x^4 - 3x^3 + 2x^2 & x^2 - 2x + 1 \\ \hline -2x^3 - 5x^2 + 9x - 1 & \\ 2x^3 + 6x^2 - 4x & \\ \hline x^2 + 5x - 1 & \end{array}$$

$$x^2 : x^2 = 1$$

6º)
$$\begin{array}{r|l} x^4 + x^3 - 7x^2 + 9x - 1 & x^2 + 3x - 2 \\ -x^4 - 3x^3 + 2x^2 & x^2 - 2x + 1 \\ \hline -2x^3 - 5x^2 + 9x - 1 & \\ 2x^3 + 6x^2 - 4x & \\ \hline x^2 + 5x - 1 & \\ -x^2 - 3x + 2 & \\ \hline 2x + 1 & \end{array}$$

$$1(x^2 + 3x - 2) = x^2 + 3x - 2$$

Trocando o sinal: $-x^2 - 3x + 2$

Podemos verificar que:

$$\underbrace{x^4 + x^3 - 7x^2 + 9x - 1}_{\text{dividendo}} = \underbrace{(x^2 + 3x - 2)}_{\text{divisor}}\underbrace{(x^2 - 2x + 1)}_{\text{quociente}} + \underbrace{(2x + 1)}_{\text{resto}}$$

Exercícios resolvidos

12. Efetue a divisão de $p(x) = 2x^4 - 2x^3 - 13x^2 + 10x - 1$ por $h(x) = 2x^2 + 4x - 3$ e faça a verificação.

Resolução

$$\begin{array}{rl|l}
& 2x^4 - 2x^3 - 13x^2 + 10x - 1 & 2x^2 + 4x - 3 \\
\hline
& -2x^4 - 4x^3 + 3x^2 & x^2 - 3x + 1 \\
\hline
& -6x^3 - 10x^2 + 10x - 1 & \\
& 6x^3 + 12x^2 - 9x & \\
\hline
& 2x^2 + x - 1 & \\
& -2x^2 - 4x + 3 & \\
\hline
& -3x + 2 &
\end{array}$$

Fazendo a verificação, temos:

$q(x) \cdot h(x) + r(x) = (x^2 - 3x + 1)(2x^2 + 4x - 3) +$
$+ (-3x + 2) = (2x^4 - 2x^3 - 13x^2 + 13x - 3) +$
$+ (-3x + 2) = 2x^4 - 2x^3 - 13x^2 + 10x - 1 = p(x)$

13. Usando o método da chave, efetue a divisão do polinômio $p(x) = x^3 + x^2 - 6x - 8$ por $h(x) = x^2 - x - 4$.

Resolução

$$\begin{array}{r|l}
x^3 + x^2 - 6x - 8 & x^2 - x - 4 \\
\hline
-x^3 + x^2 + 4x & x + 2 \\
\hline
2x^2 - 2x - 8 & \\
-2x^2 + 2x + 8 & \\
\hline
0 &
\end{array}$$

Lembre-se de que, como $r(x) = 0$, $p(x)$ é divisível por $h(x)$.

14. O polinômio $p(x) = x^3 - 4x^2 - x + 4$ é divisível por $h(x) = x^2 - 3x - 4$. Nessas condições, resolva a equação $x^3 - 4x^2 - x + 4 = 0$.

$$\begin{array}{r|l}
x^3 - 4x^2 - x + 4 & x^2 - 3x - 4 \\
\hline
-x^3 - 3x^2 + 4x & x - 1 \\
\hline
-x^2 + 3x + 4 & \\
+x^2 - 3x - 4 & \\
\hline
0 &
\end{array}$$

Então:

$x^3 - 4x^2 - x + 4 = (x^2 - 3x - 4)(x - 1)$

Como $x^3 - 4x^2 - x + 4 = 0$, temos:

$(x^2 - 3x - 4)(x - 1) = 0$.

Portanto, a resolução da equação dada recai na resolução de equações de graus menores, que já sabemos fazer:

$$(x^2 - 3x - 4)(x - 1) = 0 \Rightarrow \begin{cases} x^2 - 3x - 4 = 0 \\ x - 1 = 0 \end{cases} \Rightarrow$$

$$\Rightarrow \begin{cases} x = 4 \text{ ou } x = -1 \\ x = 1 \end{cases}$$

Logo, $S = \{-1, 1, 4\}$.

» Resolvido passo a passo

15. (ESPM-SP) Do ano 2000 ($x = 0$) até o ano 2006 ($x = 6$), o número de automóveis numa certa cidade variou conforme a função $V(x) = 9x + 100$, enquanto a população variou, nesse mesmo período, segundo o polinômio $P(x) = 1{,}8x^2 + 47x + 300$, sendo $V(x)$ e $P(x)$ dados em milhares de unidades. Podemos afirmar que, nesse período, o número de habitantes por automóvel variou segundo a função:

a) $y = 0{,}2x + 2{,}4$

b) $y = 0{,}3x + 1{,}8$

c) $y = 3x + 0{,}6$

d) $y = 0{,}2x + 3$

e) $y = 1{,}2x + 1{,}6$

1. Lendo e compreendendo

a) O que é dado no problema?

São dadas a função $V(x) = 9x + 100$, que mais expressa a variação do número de automóveis, e o polinômio $P(x) = 1{,}8x^2 + 47x + 300$, que expressa a variação da população.

b) O que se pede?

Pede-se a função que determina a variação do número de habitantes por automóvel.

2. Planejando a solução

Vamos usar os dados do problema para obter a variação do número de habitantes por automóvel, ou seja, o quociente entre $P(x)$ e $V(x)$.

3. Executando o que foi planejado

Utilizando o método da chave para obter o quociente entre $P(x)$ e $V(x)$, o qual chamaremos de y, temos:

$$\begin{array}{r|l}
1{,}8x^2 + 47x + 300 & 9x + 100 \\
\hline
-1{,}8x^2 - 20x & 0{,}2x + 3 \\
\hline
27x + 300 & \\
-27x - 300 & \\
\hline
0 &
\end{array}$$

Como era de se esperar, o resto é igual a zero, ou seja, $P(x)$ é divisível por $V(x)$. Como queríamos o quociente y, temos $y = 0{,}2x + 3$.

4. Emitindo a resposta

Alternativa **d**.

5. Ampliando o problema

a) No ano de 2005 qual foi a quantidade de habitantes e de carros nessa cidade?

b) Obtenha a razão entre o número de habitantes e o número de carros no ano de 2005, utilizando os valores obtidos no item **a**, compare com o resultado obtido na questão original. O que você verificou?

16. O polinômio $p(x) = x^3 - 4x^2 - x + 4$ é divisível por $h(x) = x^2 - 3x - 4$. Nessas condições, resolva a equação $x^3 - 4x^2 - x + 4 = 0$.

Resolução

$$
\begin{array}{r|l}
x^3 - 4x^2 - x + 4 & x^2 - 3x - 4 \\
\cline{2-2}
-x^3 - 3x^2 + 4x & x - 1 \\
\hline
-x^2 + 3x + 4 & \\
+x^2 - 3x - 4 & \\
\hline
0 &
\end{array}
$$

Então:

$x^3 - 4x^2 - x + 4 = (x^2 - 3x - 4)(x - 1)$

Como $x^3 - 4x^2 - x + 4 = 0$, temos:

$(x^2 - 3x - 4)(x - 1) = 0$.

Portanto, a resolução da equação dada recai na resolução de equações de graus menores, que já sabemos fazer:

$(x^2 - 3x - 4)(x - 1) = 0 \Rightarrow x^2 - 3x - 4 = 0$ ou $x - 1 = 0$

Resolvendo a primeira equação, temos:

$x^2 - 3x - 4 = 0 \Rightarrow x' = 4$ e $x'' = -1$

Resolvendo a segunda, obtemos:

$x - 1 = 0 \Rightarrow x = 1$

Logo, $S = \{-1, 1, 4\}$.

17. Calcule os valores de m e n de modo que o resto da divisão de $p(x) = x^4 + mx^3 - x^2 + nx + 1$ por $h(x) = x^2 + x + 1$ seja igual a $r(x) = x + 2$.

Resolução

Indicando o quociente por $q(x)$, temos:

$p(x) = h(x) \cdot q(x) + r(x)$

Como o grau de $p(x)$ é 4 e o grau de $h(x)$ é 2, então o grau de $q(x)$ é 2. Portanto, $q(x) = ax^2 + bx + c$.

Assim:

$$\underbrace{x^4 + mx^3 - x^2 + nx + 1}_{p(x)} =$$

$$= \underbrace{(x^2 + x + 1)}_{h(x)}\underbrace{(ax^2 + bx + c)}_{q(x)} + \underbrace{(x + 2)}_{r(x)} =$$

$= ax^4 + (a + b)x^3 + (a + b + c)x^2 + (b + c)x + c + x + 2 = ax^4 + (a + b)x^3 + (a + b + c)x^2 + (b + c + 1)x + c + 2$

Pela igualdade de polinômios, temos:

$a = 1$ (I)

$a + b = m$ (II)

$a + b + c = -1$ (III)

$b + c + 1 = n$ (IV)

$c + 2 = 1 \Rightarrow c = -1$ (V)

Conhecidos $a = 1$ e $c = -1$, temos:

$\cancel{1} + b - \cancel{1} = -1 \Rightarrow b = -1$

Substituindo em (II), temos:

$1 - 1 = m \Rightarrow m = 0$

Substituindo em (IV), temos:

$-1 - \cancel{1} + \cancel{1} = n \Rightarrow n = -1$

Logo, $m = 0$ e $n = -1$.

18. Considere a divisão de $p(x)$ por $d(x)$, com quociente $q(x)$ e resto $r(x)$ não nulo. Se o grau de $p(x)$ é 7 e o grau de $d(x)$ é 2, o que podemos deduzir sobre o grau de $q(x)$ e o grau de $r(x)$?

Resolução

O grau de $q(x)$ é a diferença entre o grau de $p(x)$ e de $d(x)$. Assim, o grau de $q(x)$ é $7 - 2 = 5$.

O grau de $r(x)$ é menor que o grau de $d(x)$, portanto pode ser 1 ou 0.

Exercícios

30. Efetue a divisão de $p(x)$ por $h(x)$ quando:

a) $p(x) = x^2 + 4x + 3$ e $h(x) = x + 1$.

b) $p(x) = x^3 + x^2 - x + 1$ e $h(x) = x + 4$.

c) $p(x) = x^4 - 10x^3 + 24x^2 + 10x - 24$ e $h(x) = x^2 - 6x + 5$.

31. Calcule os valores de m e n para que seja exata a divisão do polinômio $p(x) = 2x^3 + mx^2 + nx - 1$ por $h(x) = 2x^2 - x - 1$.

32. Dividindo $p(x) = x^3 - 4x^2 + 7x - 3$ por certo polinômio $h(x)$, obtemos o quociente $q(x) = x - 1$ e o resto $r(x) = 2x - 1$.

Determine o polinômio $h(x)$.

33. Sabendo que o polinômio $p(x) = x^3 - 6x^2 + 3x + 10$ é divisível por $h(x) = x - 2$, resolva a equação:

$x^3 - 6x^2 + 3x + 10 = 0$.

Divisão por $(x - a)$: dispositivo prático de Briot-Ruffini

Há um dispositivo que permite efetuar as divisões por polinômios do tipo $x - a$ de uma maneira muito simples e rápida: é o chamado **dispositivo prático** ou **algoritmo de Briot-Ruffini**.

termo constante do divisor, com sinal trocado	coeficientes de x do dividendo $p(x)$	termo constante do dividendo $p(x)$
	coeficientes do quociente	resto

Vejamos o roteiro desse dispositivo prático, efetuando a divisão de $p(x) = 3x^3 - 5x^2 + x - 2$ por $h(x) = x - 2$.

1º)

2	3	−5	1	−2

2º) Repetimos (ou "abaixamos") o primeiro coeficiente do dividendo.

2	3	−5	1	−2
	3			

3º) Multiplicamos o termo repetido pelo divisor e somamos o produto com o próximo termo do dividendo.

2	3	−5	1	−2
		6 + (−5)		
	3	1		

$3 \cdot 2 = 6$ e $6 + (-5) = 1$

4º) Repetimos o processo para obter o novo termo do quociente.

2	3	−5	1	−2
		6 + (−5)	2 + 1	
	3	1	3	

$1 \cdot 2 = 2$ e $2 + 1 = 3$

5º) E repetimos novamente o processo para obter o resto.

2	3	−5	1	−2
		6 + (−5)	2 + 1	6 + (−2)
	3	1	3	4

$3 \cdot 2 = 6$ e $6 + (-2) = 4$

Pelo quadro, temos:

$$q(x) = 3x^2 + x + 3$$

$$r(x) = 4$$

Fique atento!
Na divisão por $x - a$, o resto é sempre uma constante, pois $x - a$ é um polinômio do 1º grau.

Logo: $3x^3 - 5x^2 + x - 2 = (x - 2)(3x^2 + x + 3) + 4$

Exercícios resolvidos

19. Divida $p(x) = 2x^4 + 7x^3 - 4x + 5$ por $h(x) = x + 3$.

Resolução

-3	2	7	0	-4	5
	↓	$-6 + 7$	$-3 + 0$	$9 + (-4)$	$-15 + 5$
	2	1	-3	5	-10

Quociente: $q(x) = 2x^3 + x^2 - 3x + 5$

Resto: $r(x) = -10$

Logo, $2x^4 + 7x^3 - 4x + 5 =$
$= (x + 3)(2x^3 + x^2 - 3x + 5) - 10$.

20. Determine o quociente e o resto da divisão de $p(x) = 2x^2 - 5x + 2$ por $h(x) = 2x - 1$.

Resolução

Observe que, nesse caso, o coeficiente de x no binômio não é igual a 1. Para obter o quociente e o resto pedidos, devemos dividir todos os coeficientes de $p(x)$ e de $h(x)$ por 2. Assim, obtemos o quociente procurado $q(x)$, enquanto o resto também ficará dividido por $2\left(\text{ou seja, encontramos } \frac{r(x)}{2}\right)$.

Então, temos:

$$\frac{p(x)}{2} = x^2 - \frac{5}{2}x + 1 \text{ e } \frac{h(x)}{2} = x - \frac{1}{2}$$

Aplicando o dispositivo prático, obtemos:

$\frac{1}{2}$	1	$-\frac{5}{2}$	1
	↓	$\frac{1}{2} + \left(-\frac{5}{2}\right)$	$-1 + 1$
	1	-2	0

Quociente: $q(x) = x - 2$

Resto: $\frac{r(x)}{2} = 0 \Rightarrow r(x) = 0$

Logo, $2x^2 - 5x + 2 = (x - 2)(2x - 1)$.

Fique atento!

$$p(x) = \overbrace{(ax - b)}^{h(x)}\, q(x) + r(x)$$

dividido por $a \neq 0$:

$$\frac{p(x)}{a} = \frac{(ax - b)q(x)}{a} + \frac{r(x)}{a} \Rightarrow$$

$$\Rightarrow \frac{p(x)}{a} = \overbrace{\left(x - \frac{b}{a}\right)}^{\frac{h(x)}{a}} q(x) + \frac{r(x)}{a}$$

Exercícios

34. Aplicando o dispositivo prático de Briot-Ruffini, calcule o quociente e o resto da divisão de:

a) $p(x) = 5x^2 - 3x + 2$ por $h(x) = x + 3$.

b) $p(x) = x^4 + 3x^2 + x - 5$ por $h(x) = x + 2$.

c) $p(x) = 2x^3 - 7x^2 + 2x + 1$ por $h(x) = x - 4$.

d) $p(x) = 2x^3 - 10x^2 + 8x - 3$ por $h(x) = x - 5$.

e) $p(x) = 2x^3 - 3x^2 + x + 2$ por $h(x) = 2x - 1$.

35. Calcule o valor de a, sabendo que:

a) $p(x) = 2x^3 + 4x^2 - 5x + a$ é divisível por $h(x) = x - 1$.

b) $p(x) = 2x^3 + ax^2 + (2a + 1)x + a + 3$ é divisível por $x + 4$.

36. Nos esquemas seguintes foi aplicado o dispositivo prático de Briot-Ruffini; calcule, então, o dividendo $p(x)$, o divisor $h(x)$, o quociente $q(x)$ e o resto $r(x)$.

a)

2	a	b	c	d
	1	3	-2	1

b)

3	m	n	p	q	r
	2	-1	1	-2	1

37. (PUC-SP) Calcule os valores de a e b para que o polinômio $p(x) = x^3 + ax + b$ seja divisível por $g(x) = (x - 1)^2$.

38. Efetue a divisão do polinômio $p(x) = 3x^3 - 2x^2 + ix - 3i$ por $(x + i)$.

39. Determine o resto da divisão do polinômio $p(x) = 6x^3 - 2x^2 + x + 1$ por $q(x) = 3x - 6$.

Teorema do resto

Este teorema diz que o resto da divisão de um polinômio $p(x)$ por $x - a$ é $p(a)$.

Antes de fazer a demonstração, vamos verificar o teorema por meio de um exercício.

Vamos determinar o resto da divisão de $p(x) = x^3 - x^2 - 2x + 3$ por $x + 2$ e compará-lo com $p(-2)$.

- Usando o método da chave:

$$\begin{array}{r|l} x^3 - x^2 - 2x + 3 & x + 2 \\ \cline{2-2} -x^3 - 2x^2 & x^2 - 3x + 4 \\ \cline{1-1} -3x^2 - 2x + 3 & \\ 3x^2 + 6x & \\ \cline{1-1} 4x + 3 & \\ -4x - 8 & \\ \cline{1-1} \text{resto} \longrightarrow -5 & \end{array}$$

- Utilizando o dispositivo prático de Briot-Ruffini:

$$\begin{array}{r|rrr:r} -2 & 1 & -1 & -2 & 3 \\ \hline & 1 & -3 & 4 & -5 \longleftarrow \text{resto} \end{array}$$

- Verificando o teorema:

$$p(-2) = (-2)^3 - (-2)^2 - 2(-2) + 3 = -8 - \cancel{4} + \cancel{4} + 3 = -5$$

Agora faremos a demonstração.

Considerando que da divisão de $p(x)$ por $x - a$ resulta um quociente $q(x)$ e um resto r, temos:

$$p(x) = (x - a)\,q(x) + r$$

> **Fique atento!**
> Na substituição de x por a o resto r não muda, pois é um valor constante.

Fazendo $x = a$, vem:

$$p(a) = (a - a)\,q(a) + r = 0 \cdot q(a) + r = r \Rightarrow \boxed{r = p(a)}$$

Como consequência do teorema do resto, temos o teorema de D'Alembert enunciado da seguinte maneira:

Um polinômio $p(x)$ é divisível por $x - a$ se, e somente se, a é raiz de $p(x)$, isto é, $p(a) = 0$.

Exercícios resolvidos

21. Calcule o resto da divisão de $p(x) = 2x^3 - x^2 + 5x - 3$ por $h(x) = x - 4$.

Resolução

De acordo com o teorema do resto:

$p(4) = 2(4)^3 - (4)^2 + 5(4) - 3 =$
$= 128 - 16 + 20 - 3 = 129$

Logo, o resto dessa divisão é 129.

22. Determine o valor de a de modo que o polinômio $p(x) = 2x^3 + 5x^2 - ax + 2$ seja divisível por $h(x) = x - 2$.

Resolução

Se $p(x)$ é divisível por $h(x)$, o resto da divisão é 0.

Então, pelo teorema de D'Alembert, temos:

$p(2) = 0 \Rightarrow 2(2)^3 + 5(2)^2 - a(2) + 2 = 0 \Rightarrow$
$\Rightarrow 16 + 20 - 2a + 2 = 0 \Rightarrow 2a = 38 \Rightarrow a = 19$

Logo, $a = 19$.

23. Um polinômio $p(x)$ é do 2º grau. Quando dividimos $p(x)$ por x, por $x - 1$ e por $x + 2$, obtemos restos 1, 0 e 4, respectivamente. Determine o polinômio $p(x)$.

Resolução

De acordo com o problema, $p(x)$ é um polinômio do 2º grau. Então, ele é da forma $p(x) = ax^2 + bx + c$.

Segundo o teorema de D'Alembert, temos:

$p(0) = 1 \Rightarrow a(0)^2 + b(0) + c = 1 \Rightarrow c = 1$ (I)

$p(1) = 0 \Rightarrow a(1)^2 + b(1) + c = 0 \Rightarrow$

$\Rightarrow a + b + 1 = 0$ (II)

$p(-2) = 4 \Rightarrow a(-2)^2 + b(-2) + c = 4 \Rightarrow$

$\Rightarrow 4a - 2b + 1 = 4$ (III)

Reunindo (II) e (III), obtemos:

$$\begin{cases} a + b = -1 \\ 4a - 2b = 3 \end{cases}$$

Resolvendo o sistema, temos $a = \dfrac{1}{6}$ e $b = -\dfrac{7}{6}$.

Logo, $p(x) = \dfrac{1}{6}x^2 - \dfrac{7}{6}x + 1$.

Teorema do fator

Se c é uma raiz de um polinômio $p(x)$, de grau $n > 0$, então $x - c$ é um fator de $p(x)$.

Pelo teorema de D'Alembert, a divisão de $p(x)$ por $x - c$ resulta um quociente $q(x)$ e um resto $p(c)$ tal que:

$$p(x) = (x - c)q(x) + p(c)$$

Se c é uma raiz de $p(x)$, então $p(c) = 0$ e temos:

$$p(x) = (x - c)q(x)$$

> **Para refletir**
> Demonstre a recíproca: se $x - c$ é um fator de $p(x)$, então c é raiz de $p(x)$.

Portanto, $x - c$ é um fator de $p(x)$.

Como consequência, podemos dizer que $p(x)$ é divisível por $(x - a)$ e por $(x - b)$, com $a \neq b$, se, e somente se, $p(x)$ for divisível por $(x - a)(x - b)$.

Divisões sucessivas

Como consequência do teorema do fator podem ocorrer estas duas situações:

1ª) Seja $P(x)$ um polinômio de grau maior que 1, com a e b números complexos. Quando $P(x)$ é divisível por $x - a$, e o quociente dessa divisão é divisível por $x - b$, dizemos que $P(x)$ é divisível por $(x - a)(x - b)$.

Demonstração:

$$\begin{array}{l|l} P(x) & x - a \\ \hline R = 0 & q(x) \;\big|\; x - b \\ & \quad r = 0 \quad q'(x) \end{array}$$

Da primeira divisão, temos $P(x) = (x - a)q(x)$ (I)

Da segunda divisão, temos $q(x) = (x - b)q'(x)$ (II)

Substituindo a equação (II) na equação (I), temos:

$P(x) = (x - a)(x - b)q'(x)$

Logo, $P(x)$ é divisível por $(x - a)(x - b)$.

2ª) Se $P(x)$ é divisível por $(x - a)$ e por $(x - b)$ separadamente, com a e b números complexos e $a \neq b$, $P(x)$ é divisível por $(x - a)(x - b)$.

Demonstração:

Ao efetuar a divisão de $P(x)$ por $(x - a)(x - b)$, obtemos um quociente $q(x)$ e um resto $R(x) = mx + n$ (pois o grau do resto é menor que o grau do divisor, que por sua vez é igual a 2).

$$\begin{array}{l|l} P(x) & (x - a)(x - b) \\ \hline R(x) & \quad q(x) \end{array} \Rightarrow P(x) = (x - a)(x - b)q(x) + R(x) \Rightarrow P(x) = (x - a)(x - b)q(x) + mx + n \quad \text{(I)}$$

Queremos mostrar que $R(x) = mx + n$ é identicamente nulo.

Temos por hipótese que:

- $P(x)$ é divisível por $x - a$, logo, pelo teorema de D'Alembert, $P(a) = 0$;
- $P(x)$ é divisível por $x - b$, logo, pelo teorema de D'Alembert, $P(b) = 0$.

Na equação (I), temos:

$P(a) = (a - a)(a - b)q(a) + ma + n \Rightarrow ma + n = 0$ (II)

$P(b) = (b - a)(b - b)q(b) + mb + n \Rightarrow mb + n = 0$ (III)

Fazendo (III) − (II), temos $m(a - b) = 0$; como $a \neq b$, segue que $m = 0$, logo $n = 0$. Portanto $R(x) = 0$ para todo x complexo.

Exercícios resolvidos

24. Mostre que $x - 6$ é um fator de $p(x) = x^3 - 6x^2 + x - 6$ e calcule o quociente da divisão de $p(x)$ por $x - 6$.

Resolução

Aplicando o dispositivo prático de Briot-Ruffini, temos:

6	1	−6	1	−6
	1	0	1	0

Logo, $p(6) = 0$, $q(x) = x^2 + 1$ e $p(x) = (x - 6)(x^2 + 1)$.

25. Verifique se é exata a divisão de $p(x) = x^3 + 2x^2 - x - 2$ por $(x + 2)(x + 1)$.

Resolução

Se $p(-2) = 0$ e $p(-1) = 0$, a divisão será exata.

$p(-2) = (-2)^3 + 2(-2)^2 - (-2) - 2 =$
$= -8 + 8 + 2 - 2 = 0$

$p(-1) = (-1)^3 + 2(-1)^2 - (-1) - 2 =$
$= -1 + 2 + 1 - 2 = 0$

Logo, a divisão é exata.

26. Dado $p(x) = x^3 + x^2 - 10x + 8$, determine $p(x)$ para $x = 3$, $x = 2$ e $x = 0$. A seguir, escreva $p(x)$ como produto de dois fatores.

Resolução

- $p(3) = (3)^3 + (3)^2 - 10(3) + 8 = 27 + 9 - 30 + 8 = 14$
- $p(2) = (2)^3 + (2)^2 - 10(2) + 8 = 8 + 4 - 20 + 8 = 0$
- $p(0) = (0)^3 + (0)^2 - 10(0) + 8 = 8$

Como $p(2) = 0$, então $x - 2$ é um fator de $p(x)$. Então, vamos aplicar o dispositivo prático de Briot-Ruffini:

2	1	1	−10	8
	1	3	−4	0

Logo, $q(x) = x^2 + 3x - 4$.

Então:

$p(x) = (x - 2)(x^2 + 3x - 4)$

27. Determine os valores de a e b para que o polinômio $p(x) = x^3 + ax^2 + bx + 20$ seja divisível por $(x + 1)(x - 4)$.

Resolução

Para que $p(x)$ seja divisível por $(x + 1)(x - 4)$, ele deve ser divisível por $(x + 1)$ e por $(x - 4)$.

Se $p(x)$ é divisível por $x + 1$, temos:

$p(-1) = 0 \Rightarrow (-1)^3 + a(-1)^2 + b(-1) + 20 = 0 \Rightarrow$
$\Rightarrow -1 + a - b + 20 = 0 \Rightarrow a - b = -19$

Se $p(x)$ é divisível por $x - 4$, obtemos:

$p(4) = 0 \Rightarrow (4)^3 + a(4)^2 + b(4) + 20 = 0 \Rightarrow$
$\Rightarrow 64 + 16a + 4b + 20 = 0 \Rightarrow 4a + b = -21$

Então, temos:

$$\begin{cases} a - b = -19 \\ 4a + b = -21 \end{cases}$$

Resolvendo o sistema, obtemos $a = -8$ e $b = 11$.

Exercícios

40. Calcule o resto da divisão de:

a) $p(x) = 2x^3 - 4x^2 + x - 1$ por $h(x) = x - 1$.

b) $p(x) = x^4 + 2x^2 - x - 5$ por $h(x) = x + 3$.

41. Verifique se o polinômio $p(x) = x^2 - 3x + 2$ é divisível por $x + 3$.

42. Calcule o valor de a a fim de que o polinômio $p(x) = x^2 - ax + 2$ seja divisível por $h(x) = x - 2$.

43. Determine b e c de modo que o polinômio $p(x) = x^4 + x^2 + bx + c$ seja divisível por $h(x) = x - 2$, mas, quando dividido por $g(x) = x + 2$, deixe resto igual a 4.

44. Determine o polinômio $p(x)$ do 3º grau que se anula para $x = 1$ e que, dividido por $x + 1$, $x - 2$ e $x + 2$, apresenta resto igual a 6.

45. Considere o polinômio $p(x) = 3x^3 - 2x^2 - 12x + k$ e responda:

a) Se -2 é raiz de $p(x)$, qual é o valor de k?

b) Se $k = 1$, qual é o resto da divisão de $p(x)$ por $x - 3$?

c) Se $k = 1 - i$, então $2i$ é ou não é raiz de $p(x)$?

46. Mostre que $x + 4$ é fator do polinômio $p(x) = x^3 - x^2 - 18x + 8$ e calcule o quociente de $p(x)$ por $x + 4$.

47. Dado $p(x) = 2x^3 + x^2 - 5x + 2$, determine $p(x)$ para $x = -2$, $x = -1$, $x = 0$, $x = 1$ e $x = 2$. A seguir, escreva os fatores de $p(x)$.

48. (Fumec-MG) Determine m e n de modo que $p(x) = 2x^4 - x^3 + mx^2 - nx + 2$ seja divisível por $(x - 2)(x + 1)$.

7 Equações polinomiais ou algébricas: definição e elementos

História das equações algébricas

Você sabia?
As equações do 1º grau e do 2º grau estudadas no volume 1 são casos particulares de equações algébricas.

Reúna-se com um colega e resolvam as equações a seguir, ou seja, determinem as raízes de cada uma delas:

a) $x + 3 = 0$

b) $2x - 5 = 0$

c) $x^2 - 9 = 0$

d) $2x^2 + 8r = 0$

e) $x^2 - 4x + 3 = 0$

f) $x^2 + 3x - 10 = 0$

Denomina-se **equação polinomial** ou **algébrica** toda equação que pode ser escrita na forma:

$$a_n x^n + a_{n-1}x^{n-1} + ... + a_2x^2 + a_1x + a_0 = 0 \text{ (com } a_n \neq 0)$$

em que os a_i (a_n, a_{n-1}, ..., a_2, a_1, a_0) são elementos do conjunto dos números complexos, $n \in \mathbb{N}^*$ e n é o grau da equação.

Exemplos:

a) $3x + 1 = 0$ é uma equação algébrica do 1º grau.

b) $x^2 - 3x - 4 = 0$ é uma equação algébrica do 2º grau.

c) $x^3 - 2x^2 + x - 2 = 0$ é uma equação algébrica do 3º grau.

d) $x^4 - 8x = 0$ é uma equação algébrica do 4º grau.

e) $3x^2 - 2ix + 1 = 0$ é uma equação algébrica do 2º grau.

Raiz de uma equação polinomial ou algébrica

Denomina-se **raiz** da equação algébrica

$$a_n x^n + a_{n-1}x^{n-1} + ... + a_2x^2 + a_1x + a_0 = 0$$

o valor α de x que satisfaz a igualdade, ou seja, o valor tal que:

$$a_n \alpha^n + a_{n-1}\alpha^{n-1} + ... + a_1\alpha + a_0 = 0$$

Exemplos:

a) $x^2 - 7x + 10 = 0$ admite $x = 5$ como raiz, pois $(5)^2 - 7(5) + 10 = 25 - 35 + 10 = 0$.

b) $x^3 - 3x^2 + 2 = 0$ admite $x = 1$ como raiz, pois $(1)^3 - 3(1)^2 + 2 = 1 - 3 + 2 = 0$.

c) $x^4 + x^3 - x^2 - 4 = 0$ admite $x = -2$ como raiz, pois $(-2)^4 + (-2)^3 - (-2)^2 - 4 = 16 - 8 - 4 - 4 = 0$.

d) $x^2 + 1 = 0$ admite $x = i$ como raiz, pois $i^2 + 1 = -1 + 1 = 0$.

Fique atento!
- Se a soma dos coeficientes do polinômio for nula, então 1 é a raiz do polinômio.
- Se o termo independente for nulo, então 0 é raiz.

Conjunto solução de uma equação algébrica

Denomina-se **conjunto solução** de uma equação algébrica o conjunto das raízes da equação.

Exemplos:

a) $x^2 - 7x + 10 = 0$

$S = \{2, 5\}$

b) $3x - 5 = 0$

$S = \left\{\frac{5}{3}\right\}$

c) $x^3 + x^2 - 4x - 4 = 0$

$S = \{-2, -1, 2\}$

d) $x^2 + 1 = 0$

$S = \{-i, i\}$

Exercícios

49. Verifique se o x indicado é raiz da equação dada:

a) $x = 2$; equação $x^3 - 2x^2 - x + 2 = 0$

b) $x = -3$; equação $x^3 + 6x^2 + 11x + 6 = 0$

c) $x = -1$; equação $x^4 - x^3 + 2x^2 - 1 = 0$

d) $x = 2 + 3i$; equação $x^2 - 4x + 13 = 0$

50. Encontre o conjunto solução da equação
$x^3 - 7x^2 + 14x - 8 = 0$, sabendo que ele é um subconjunto de $A = \{0, 1, 2, 3, 4\}$.

Determinação das raízes de uma equação algébrica

Nosso objetivo é determinar o conjunto solução formado pelas raízes de uma equação algébrica, ou seja, resolver equações da forma $p(x) = 0$, em que $p(x)$ é um polinômio.

Já sabemos resolver equações do 1º e do 2º grau por meio de fórmulas simples, além de algumas de grau maior do que 2 por meio de fatoração ou outro artifício:

- $ax + b = 0$ (com $a \neq 0$) $\Rightarrow x = -\dfrac{b}{a}$ (raiz da equação de 1º grau);
- $ax^2 + bx + c = 0$ (com $a \neq 0$) $\Rightarrow x = \dfrac{-b \pm \sqrt{\Delta}}{2a}$ (raízes da equação do 2º grau), em que $\Delta = b^2 - 4ac$.

Durante muito tempo, esforços foram feitos para encontrar fórmulas que permitissem resolver qualquer equação algébrica de grau maior do que 2, por exemplo:

- $x^3 - 6x^2 - 7x + 60 = 0$
- $x^4 - 8x^3 - 25x^2 + 44x + 60 = 0$

Verificou-se, por fim, que o melhor meio de resolver essas equações polinomiais seria fazer estimativas de possíveis soluções.

Neste tópico, nosso objetivo é examinar alguns métodos que nos permitam estimar uma ou mais raízes de uma equação polinomial e, assim, determinar todas elas.

Exercícios

51. Calcule as raízes das seguintes equações algébricas:

a) $3x - 12 = 0$.

b) $\sqrt{2}x - 1 = 0$.

c) $x^2 - 6x + 10 = 0$.

d) $10x + 5 = 0$.

e) $x^2 - 4x - 5 = 0$.

52. Utilizando a fatoração, calcule as raízes das equações algébricas:

a) $x^3 - 4x^2 + 3x = 0$.

b) $x^3 + 2x^2 + x + 2 = 0$.

c) $x^3 + 2x^2 + 9x + 18 = 0$.

d) $x^3 - 2x^2 + 2x = 0$.

(*Sugestões*: No item **a**, $x(x^2 - 4x + 3) = 0$; no item **b**, $x^2(x + 2) + 1(x + 2) = 0 \Rightarrow (x + 2)(x^2 + 1) = 0$.)

Fique atento!
Se o produto é nulo, pelo menos um dos fatores é nulo.
Exemplo: $(x + 2)(x^2 - 1) = 0 \Rightarrow x + 2 = 0$ ou $x^2 - 1 = 0$.

53. Resolva as equações algébricas em $\mathbb{R}$:

a) $x^4 - 5x^2 + 4 = 0$

b) $x^6 - 3x^3 + 2 = 0$

(*Sugestões*: No item **a**, chame x^2 de p; no item **b**, chame x^3 de p.)

8 Teorema fundamental da Álgebra

O **teorema fundamental da Álgebra**, que admitiremos sem demonstração, diz que:

> Toda equação algébrica $p(x) = 0$ de grau n ($n \geq 1$) possui pelo menos uma raiz complexa (real ou não).

Esse teorema foi demonstrado em 1799 pelo matemático Carl F. Gauss, então com 21 anos, em sua tese de doutorado.

9 Decomposição em fatores de 1º grau

Usando o **teorema fundamental da Álgebra**, é possível demonstrar que:

> Todo polinômio $p(x) = a_n x^n + a_{n-1}x^{n-1} + ... + a_2x^2 + a_1x + a_0$ (com $n \geq 1$ e $a_n \neq 0$) pode ser decomposto em um produto de n fatores de 1º grau.
>
> $$p(x) = a_n(x - x_1)(x - x_2)(x - x_3) \cdot ... \cdot (x - x_n)$$

Naturalmente:

$$p(x) = 0 \Rightarrow a_n(x - x_1)(x - x_2)(x - x_3) \cdot ... \cdot (x - x_n) = 0,$$

ou seja, toda equação polinomial de grau n tem exatamente n raízes complexas (reais ou não).

Exercícios resolvidos

28. Uma das raízes da equação $2x^3 - 4x^2 - 2x + 4 = 0$ é 1. Resolva essa equação.

> **Fique atento!**
> Lembre-se de que resolver a equação significa determinar seu conjunto solução, que neste caso é formado pelo número 1 e pelas demais raízes.

Resolução

Se 1 é raiz de $p(x) = 0$, temos:

$p(x) = (x - 1)q_1(x) = 0 \Rightarrow x - 1 = 0$ ou $q_1(x) = 0$

Observando que o grau de $q_1(x)$ é 2 e sabendo resolver uma equação do 2º grau, podemos dizer que $q_1(x) = 0$ fornece as outras raízes.

Determinando $q_1(x)$ pelo dispositivo prático de Briot-Ruffini, temos:

1	2	−4	−2	4
	2	−2	−4	0

$q_1(x) = 2x^2 - 2x - 4$

Determinando as raízes de $q_1(x) = 0$, obtemos:

$2x^2 - 2x - 4 = 0$

$\Delta = 4 + 32 = 36$

$x = \dfrac{2 \pm 6}{4} \Rightarrow x' = 2$ e $x'' = -1$

Logo, as outras raízes são 2 e −1 e o conjunto solução da equação é $S = \{-1, 1, 2\}$.

> **Fique atento!**
> O polinômio $2x^3 - 4x^2 - 2x + 4$ pode ser decomposto assim: $2(x + 1)(x - 1)(x - 2)$.

29. Escreva um polinômio cujas raízes são apenas 1, −1 e 2 de tal modo que cada uma apareça uma única vez.

Resolução

Como o polinômio tem três raízes diferentes, e cada uma aparece uma única vez, $p(x)$ é do 3º grau:

$p(x) = a_n(x - x_1)(x - x_2)(x - x_3)$

Fazendo $a_n = 1$, $x_1 = 1$, $x_2 = -1$ e $x_3 = 2$, temos:

$p(x) = 1(x - 1)(x + 1)(x - 2) = x^3 - 2x^2 - x + 2$

Logo, $p(x) = x^3 - 2x^2 - x + 2$.

30. Qual é a forma fatorada do polinômio $3x^3 - 15x^2 - 3x + 15$, cujas raízes são 1, −1 e 5?

Resolução

Pela decomposição, temos:

$p(x) = 3(x - 1)(x + 1)(x - 5)$

31. Resolva a equação $x^4 - x^3 - 7x^2 + x + 6 = 0$, sabendo que -2 e 1 são raízes da equação.

Resolução

Se -2 e 1 são raízes de $p(x)$, temos:

$p(x) = (x + 2)(x - 1)q_1(x) = 0$

Pelo dispositivo prático de Briot-Ruffini, dividindo $p(x)$ por $x + 2$ e, em seguida, dividindo o quociente dessa divisão por $x - 1$, obtemos:

−2	1	−1	−7	1	6
1	1	−3	−1	3	0
	1	−2	−3	0	

$q_1(x) = x^2 - 2x - 3$

Determinando as raízes de $q_1(x) = 0$, obtemos:

$x^2 - 2x - 3 = 0$

$\Delta = 16$

$x = \dfrac{2 \pm 4}{2} \Rightarrow x' = 3 \text{ e } x'' = -1$

Logo, $S = \{-2, -1, 1, 3\}$.

32. Determine os valores de a, b e c, sabendo que as raízes da equação $3x^3 + ax^2 + bx + c = 0$ são 1, -1 e 5.

Resolução

Se 1, -1 e 5 são raízes da equação $p(x) = 0$, então $p(x)$ é divisível por $x - 1$, $x + 1$ e $x - 5$. Assim, temos:

1	3	a	b	c
−1	3	$3 + a$	$3 + a + b$	$3 + a + b + c$
5	3	a	$3 + b$	
	3	$15 + a$		

Como os restos devem ser iguais a zero, obtemos:

$$\begin{cases} 3 + a + b + c = 0 \\ 3 + b = 0 \Rightarrow b = -3 \\ 15 + a = 0 \Rightarrow a = -15 \end{cases}$$

Substituindo os valores de a e b na primeira equação, temos:

$\cancel{3} + (-15) + (-\cancel{3}) + c = 0 \Rightarrow c = 15$

Logo, $a = -15$, $b = -3$ e $c = 15$.

Para refletir

Substitua os valores de a, b e c encontrados e escreva o polinômio do 1º membro como um produto de quatro fatores.

Exercícios

54. Sabendo que 2 é raiz da equação $x^3 + 2x^2 - 5x + c = 0$, calcule o valor de c e o conjunto solução da equação.

55. Resolva as equações abaixo:

a) $x^4 - 2x^3 + x^2 + 2x - 2 = 0$, sabendo que duas de suas raízes são -1 e 1.

b) $x^3 - 7x^2 + 36 = 0$, sabendo que -2 é uma de suas raízes.

56. Dada a equação $2x^3 - mx^2 - 2x + 4 = 0$, calcule o valor de m para que uma das raízes da equação seja 2. A seguir, calcule as outras raízes dessa equação.

57. Encontre os valores de a, b e c sabendo que 2, 4 e -3 são raízes da equação $x^3 + ax^2 + bx + c = 0$.

58. Determine o conjunto solução das equações:

a) $x^4 - 8x^3 - 25x^2 + 44x + 60 = 0$, sabendo que -1 e 2 são duas de suas raízes.

b) $x^3 - ix^2 + 4x - 4i = 0$, sabendo que i é uma de suas raízes.

59. (PUC-SP) Dado o polinômio

$$f = \begin{vmatrix} x & x & x \\ x + 1 & -2 & x - 1 \\ x & 0 & 1 \end{vmatrix}, \text{ pedem-se:}$$

a) as raízes de f;

b) o quociente e o resto da divisão de f por $x^2 - 1$.

Multiplicidade da raiz

Na decomposição de um polinômio $p(x)$ de grau $n > 0$ em um produto de n fatores do 1º grau, podemos encontrar dois ou mais fatores idênticos.

Então em uma equação algébrica de grau n, obtemos n raízes, das quais algumas podem ser iguais, ou seja, toda equação algébrica de grau $n > 0$ tem, no máximo, n raízes distintas.

O número de vezes que uma mesma raiz aparece indica a multiplicidade da raiz.

> **Fique atento!**
> De cada fator do 1º grau, obtemos uma raiz.

Exemplos:

a) No polinômio $p(x) = x^2 - 6x + 9 = (x - 3)^2 = (x - 3)(x - 3)$, há dois fatores idênticos a $(x - 3)$. Nesse caso, dizemos que 3 é **raiz dupla** ou de **multiplicidade 2**.

b) No polinômio $p(x) = x^3 - 3x - 2 = (x + 1)(x + 1)(x - 2) = (x + 1)^2(x - 2)$, há dois fatores idênticos a $(x + 1)$ e um fator $(x - 2)$. Nesse caso, dizemos que -1 é **raiz dupla** ou de **multiplicidade 2**, e 2 é **raiz simples** ou de **multiplicidade 1**.

c) No polinômio $p(x) = x^5 - 7x^4 + 10x^3 + 18x^2 - 27x - 27 = (x - 3)^3(x + 1)^2 = (x - 3)(x - 3)(x - 3)(x + 1)(x + 1)$, há três fatores idênticos a $(x - 3)$ e dois fatores idênticos a $(x + 1)$. Nesse caso, dizemos que 3 é **raiz tripla** ou de **multiplicidade 3**, e -1 é **raiz dupla** ou de **multiplicidade 2**.

Exercícios resolvidos

33. Qual é a multiplicidade da raiz 2 do polinômio $p(x) = x^4 - 5x^3 + 6x^2 + 4x - 8$?

Resolução

Vamos eliminar a raiz 2 do polinômio sucessivas vezes, até que isso não seja mais possível.

sim →	2	1	−5	6	4	−8
sim →	2	1	−3	0	4	0
sim →	2	1	−1	−2	0	
não →	2	1	1	0		
		1	$3 \neq 0$			

Então:
$p(x) = (x - 2)^3(x + 1)$
Logo, 2 é raiz tripla ou de multiplicidade 3.

34. Resolva a equação $x^4 - 3x^3 - 3x^2 + 7x + 6 = 0$ sabendo que -1 é raiz dupla.

Resolução

Se -1 é raiz dupla da equação, esta pode ser escrita na forma $(x + 1)^2q(x) = 0$.

Para determinar $q(x)$, devemos eliminar da equação a raiz -1 duas vezes sucessivas:

−1	1	−3	−3	7	6
−1	1	−4	1	6	0
	1	−5	6	0	

(1, −5, 6: coeficientes de $q(x)$)

$q(x) = x^2 - 5x + 6$
Teremos a equação $x^2 - 5x + 6 = 0$.
Resolvendo-a, temos $x' = 3$ e $x'' = 2$.
Logo, $S = \{-1, 2, 3\}$.

35. Dada a equação $x^3 + ax^2 - 8x + b = 0$, calcule os valores de a e b de forma que 2 seja raiz dupla da equação.

Resolução

Eliminando a raiz 2 duas vezes sucessivas, temos:

2	1	a	-8	b
2	1	$2 + a$	$2a - 4$	$4a - 8 + b$
	1	$4 + a$	$4a + 4$	

Fazendo os restos iguais a zero, obtemos:

$$\begin{cases} 4a + 4 = 0 \quad \text{(I)} \\ 4a - 8 + b = 0 \quad \text{(II)} \end{cases}$$

Da equação (I), temos: $4a + 4 = 0 \Rightarrow 4a = -4 \Rightarrow$
$\Rightarrow a = -1$
Substituindo $a = -1$ na equação (II), obtemos:
$-4 - 8 + b = 0 \Rightarrow b = 12$
Logo, $a = -1$ e $b = 12$.

36. Determine uma equação algébrica do 4º grau que tenha -1 como raiz de multiplicidade 3 e 2 como outra raiz.

Resolução

Pelos dados do problema, temos:
$(x + 1)(x + 1)(x + 1)(x - 2) = 0 \Rightarrow$
$\Rightarrow (x + 1)^3(x - 2) = 0 \Rightarrow$
$\Rightarrow (x^3 + 3x^2 + 3x + 1)(x - 2) = 0 \Rightarrow$
$\Rightarrow x^4 + x^3 - 3x^2 - 5x - 2 = 0$
Logo, a equação procurada é $x^4 + x^3 - 3x^2 - 5x - 2 = 0$, ou qualquer outra equivalente a ela, como $2x^4 + 2x^3 - 6x^2 - 10x - 4 = 0$.

Exercícios

60. Na equação $(x - 3)^3(x + 4)^2(x - 1)^5 = 0$, quais são as multiplicidades de suas raízes?

61. Qual é a multiplicidade da raiz -1 na equação $x^3 + x^2 - 3x - 3 = 0$?

62. Resolva a equação polinomial $x^5 + 5x^4 + 6x^3 - 2x^2 - 7x - 3 = 0$, sabendo que -1 é raiz tripla da equação.

63. O número 3 é raiz dupla da equação $x^4 - 7x^3 + 13x^2 + 3x - 18 = 0$. Determine as outras duas raízes da equação.

64. (Fuvest-SP) O número 2 é raiz dupla da equação $ax^3 + bx + 16 = 0$. Calcule os valores de a e b.

65. Considerando a equação $(x - 2)^2(x - 1)^3(x^2 + 3x - 4) = 0$, qual é a multiplicidade da raiz 1?

66. Sabendo que 1 é raiz dupla da equação $x^3 + ax^2 - 2x + b = 0$, determine o valor de $a + b$.

67. Determine uma equação polinomial do 3º grau com $S = \{3, 5\}$, em que 3 é raiz de multiplicidade 2.

Observação: Quando resolvemos a equação $ax^2 + bx + c = 0$ $(a \neq 0)$:

- em $\mathbb{R}$, isto é, com incógnitas e coeficientes reais, podemos ter:
  $\Delta > 0 \Rightarrow$ duas raízes reais distintas;
  $\Delta = 0 \Rightarrow$ duas raízes reais iguais, ou seja, uma raiz real de multiplicidade 2;
  $\Delta < 0 \Rightarrow$ nenhuma raiz real.
- em $\mathbb{C}$, isto é, com incógnita e coeficientes complexos, podemos ter:
  $\Delta = 0 \Rightarrow$ uma raiz complexa de multiplicidade 2;
  $\Delta \neq 0 \Rightarrow$ duas raízes complexas distintas.

Fique atento!
Quando dizemos raiz complexa significa número real ou não, pois $\mathbb{R} \subset \mathbb{C}$.

10 Relações de Girard

As relações de Girard* são fórmulas matemáticas que relacionam os coeficientes e as raízes de uma equação algébrica. Vejamos algumas situações.

Na equação do 2º grau

Consideremos a equação algébrica do 2º grau $ax^2 + bx + c = 0$ $(a \neq 0)$ e sejam x_1 e x_2 as suas raízes.

A decomposição do primeiro membro em fatores do 1º grau é:

$$ax^2 + bx + c = a(x - x_1)(x - x_2)$$

Desenvolvendo o produto, temos:

$$ax^2 + bx + c = a[x^2 - (x_1 + x_2)x + x_1x_2]$$

Dividindo todos os termos por a, obtemos:

$$x^2 + \frac{b}{a}x + \frac{c}{a} = x^2 - (x_1 + x_2)x + x_1x_2$$

Pela igualdade de polinômios, temos:

$$x_1 + x_2 = -\frac{b}{a} \qquad x_1x_2 = \frac{c}{a}$$

Fique atento!
x_1 e x_2 podem ser distintas ou não. As relações de Girard nas equações do 2º grau são a soma e o produto, já estudados no capítulo 4 do volume 1.

* Albert Girard, matemático francês (1595-1632).

Na equação do 3º grau

Consideremos a equação algébrica do 3º grau $ax^3 + bx^2 + cx + d = 0$ ($a \neq 0$) e sejam x_1, x_2 e x_3 as suas raízes.

A sua decomposição em fatores do 1º grau é:

$$ax^3 + bx^2 + cx + d = a(x - x_1)(x - x_2)(x - x_3)$$

Desenvolvendo o produto, temos:

$$ax^3 + bx^2 + cx + d = a[x^3 - (x_1 + x_2 + x_3)x^2 + (x_1x_2 + x_1x_3 + x_2x_3)x - x_1x_2x_3]$$

Dividindo todos os termos por a, vem:

$$x^3 + \frac{b}{a}x^2 + \frac{c}{a}x + \frac{d}{a} = x^3 - (x_1 + x_2 + x_3)x^2 + (x_1x_2 + x_1x_3 + x_2x_3)x - x_1x_2x_3$$

Pela igualdade de polinômios, temos:

$$x_1 + x_2 + x_3 = -\frac{b}{a}$$

$$x_1x_2 + x_1x_3 + x_2x_3 = \frac{c}{a}$$

$$x_1x_2x_3 = -\frac{d}{a}$$

Na equação do 4º grau

O roubo da fórmula

Consideremos, agora, a equação algébrica do 4º grau $ax^4 + bx^3 + cx^2 + dx + e = 0$ ($a \neq 0$) e sejam x_1, x_2, x_3 e x_4 as suas raízes.

A sua decomposição em fatores do 1º grau é:

$$ax^4 + bx^3 + cx^2 + dx + e = a(x - x_1)(x - x_2)(x - x_3)(x - x_4)$$

Usando o mesmo raciocínio para o desenvolvimento, obtemos:

$$x_1 + x_2 + x_3 + x_4 = -\frac{b}{a}$$

$$x_1x_2 + x_1x_3 + x_1x_4 + x_2x_3 + x_2x_4 + x_3x_4 = \frac{c}{a}$$

$$x_1x_2x_3 + x_1x_2x_4 + x_1x_3x_4 + x_2x_3x_4 = -\frac{d}{a}$$

$$x_1x_2x_3x_4 = \frac{e}{a}$$

Fique atento!

Partindo de $-\left(\frac{b}{a}\right)$, alternamos os sinais de $-$ e $+$ para $\frac{b}{a}, \frac{c}{a}, \frac{d}{a}, \frac{e}{a}, \frac{f}{a}$, e assim por diante, de acordo com o grau da equação.

Na equação de grau *n*

De forma análoga, considerando a equação algébrica de grau *n*:

$$a_nx^n + a_{n-1}x^{n-1} + a_{n-2}x^{n-2} + ... + a_2x^2 + a_1x + a_0 = 0$$

de raízes $x_1, x_2, x_3, x_4, ..., x_n$, são válidas as seguintes relações entre as raízes e os coeficientes, conhecidas como *relações de Girard*:

1ª) A soma das raízes é: $x_1 + x_2 + x_3 + ... + x_n = -\dfrac{a_{n-1}}{a_n}$

2ª) O produto das *n* raízes é: $x_1x_2x_3 \cdot ... \cdot x_n = (-1)^n \dfrac{a_0}{a_n}$

3ª) A soma dos produtos das raízes, quando tomadas:

a) duas a duas, é: $x_1x_2 + x_1x_3 + ... + x_{n-1}x_n = \dfrac{a_{n-2}}{a_n}$

b) três a três, é: $x_1x_2x_3 + x_1x_2x_4 + ... + x_{n-2}x_{n-1}x_n = -\dfrac{a_{n-3}}{a_n}$

c) quatro a quatro, é: $x_1x_2x_3x_4 + x_1x_2x_3x_5 + ... + x_{n-3}x_{n-2}x_{n-1}x_n = \dfrac{a_{n-4}}{a_n}$

Exercícios resolvidos

37. Escreva as relações de Girard para a equação algébrica $x^3 + 7x^2 - 3x + 5 = 0$, considerando x_1, x_2 e x_3 as raízes da equação.

Resolução

Pela equação, temos:

$a_n = 1$

$a_{n-1} = 7$

$a_{n-2} = -3$

$a_0 = 5$

Assim, obtemos as seguintes relações:

- $x_1 + x_2 + x_3 = -\dfrac{a_{n-1}}{a_n} = -\dfrac{7}{1} = -7$
- $x_1x_2 + x_1x_3 + x_2x_3 = \dfrac{a_{n-2}}{a_n} = \dfrac{-3}{1} = -3$
- $x_1x_2x_3 = (-1)^n \dfrac{a_0}{a_n} = (-1)^3 \dfrac{5}{1} = -5$

Fazendo da forma prática, temos:

- $x_1 + x_2 + x_3 = -\left(\dfrac{7}{1}\right) = -7$
- $x_1x_2 + x_1x_3 + x_2x_3 = +\left(\dfrac{-3}{1}\right) = -3$
- $x_1x_2x_3 = -\left(\dfrac{5}{1}\right) = -5$

38. Uma equação algébrica do 3º grau tem raízes −1, 1 e 2. Sabendo que o coeficiente do termo de 3º grau é 2, determine os outros coeficientes e escreva a equação.

Resolução

Se a equação é do 3º grau, tem a forma $ax^3 + bx^2 + cx + d = 0$, com $a = 2$. Então, temos:
$2x^3 + bx^2 + cx + d = 0$

Assim, temos:

$x_1 + x_2 + x_3 = -1 + 1 + 2 = 2 = -\left(\frac{b}{2}\right) \Rightarrow$
$\Rightarrow b = -4$

$x_1x_2 + x_1x_3 + x_2x_3 = -1 - 2 + 2 = -1 = +\left(\frac{c}{2}\right) \Rightarrow$
$\Rightarrow c = -2$

$x_1x_2x_3 = (-1)1 \cdot 2 = -2 = -\left(\frac{d}{2}\right) \Rightarrow d = 4$

Logo, os outros coeficientes são $b = -4$, $c = -2$ e $d = 4$ e a equação pedida é $2x^3 - 4x^2 - 2x + 4 = 0$.

Para refletir
Podemos escrever a equação com $a = 1$ e depois multiplicar todos os seus termos por 2. Faça isso e confira.

39. Escreva as relações de Girard para a equação algébrica $3x^4 - 2x^3 - 5x^2 + 3x + 7 = 0$, sendo x_1, x_2, x_3 e x_4 as quatro raízes.

Resolução

$x_1 + x_2 + x_3 + x_4 = -\left(\frac{-2}{3}\right) = \frac{2}{3}$

$x_1x_2 + x_1x_3 + x_1x_4 + x_2x_3 + x_2x_4 + x_3x_4 =$
$= +\left(\frac{-5}{3}\right) = -\frac{5}{3}$

$x_1x_2x_3 + x_1x_2x_4 + x_1x_3x_4 + x_2x_3x_4 = -\left(\frac{3}{3}\right) = -1$

$x_1x_2x_3x_4 = +\left(\frac{7}{3}\right) = \frac{7}{3}$

40. Sendo x_1, x_2 e x_3 as raízes da equação $x^3 - 2x^2 - 4x + 1 = 0$, calcule $x_1^2 + x_2^2 + x_3^2$.

Resolução

Pelas relações de Girard, sabemos que:
$x_1 + x_2 + x_3 = 2$ (I)
$x_1x_2 + x_1x_3 + x_2x_3 = -4$ (II)
$x_1x_2x_3 = -1$ (III)

Considerando a relação (I), vamos elevar ambos os membros ao quadrado:
$(x_1 + x_2 + x_3)^2 = 2^2 \Rightarrow$
$\Rightarrow x_1^2 + x_2^2 + x_3^2 + 2x_1x_2 + 2x_1x_3 + 2x_2x_3 = 4 \Rightarrow$
$\Rightarrow x_1^2 + x_2^2 + x_3^2 + 2(x_1x_2 + x_1x_3 + x_2x_3) = 4$

Como $x_1x_2 + x_1x_3 + x_2x_3 = -4$, temos:
$x_1^2 + x_2^2 + x_3^2 + 2(-4) = 4 \Rightarrow$
$\Rightarrow x_1^2 + x_2^2 + x_3^2 - 8 = 4 \Rightarrow x_1^2 + x_2^2 + x_3^2 = 12$

Logo, $x_1^2 + x_2^2 + x_3^2 = 12$.

41. Resolva a equação $x^3 - 5x^2 + 7x - 3 = 0$, sabendo que uma raiz é dupla.

Resolução

Como uma raiz é dupla, vamos indicar as raízes por x_1, x_1 e x_2.

Usando as relações de Girard, temos:

- $x_1 + x_1 + x_2 = 5 \Rightarrow 2x_1 + x_2 = 5$ (I)
- $x_1x_1 + x_1x_2 + x_1x_2 = 7 \Rightarrow x_1^2 + 2x_1x_2 = 7$ (II)
- $x_1x_1x_2 = 3 \Rightarrow x_1^2x_2 = 3$ (III)

Da relação (I), temos:
$2x_1 + x_2 = 5 \Rightarrow x_2 = 5 - 2x_1$

Substituindo em (II), obtemos:
$x_1^2 + 2x_1x_2 = 7 \Rightarrow x_1^2 + 2x_1(5 - 2x_1) = 7 \Rightarrow$
$\Rightarrow x_1^2 + 10x_1 - 4x_1^2 - 7 = 0 \Rightarrow -3x_1^2 + 10x_1 - 7 = 0 \Rightarrow$
$\Rightarrow 3x_1^2 - 10x_1 + 7 = 0$
$\Delta = 16$
$x_1 = \frac{10 \pm 4}{6} \Rightarrow x_1' = \frac{7}{3}$ e $x_1'' = 1$

Vamos verificar qual dos valores de x_1 é raiz da equação inicial:

$p\left(\frac{7}{3}\right) = -\frac{32}{27} \Rightarrow \frac{7}{3}$ não é raiz da equação

$p(1) = 0 \Rightarrow 1$ é a raiz dupla da equação

Assim, se $x_1 = 1$, obtemos $x_2 = 5 - 2(1) = 3$.

Logo, $S = \{1, 3\}$.

42. Resolva a equação $x^3 - 9x^2 + 23x - 15 = 0$ sabendo que suas raízes estão em PA.

Resolução

Sendo x_1, x_2 e x_3 as raízes da equação, vamos representá-las por:
$x_1 = \alpha - r$; $x_2 = \alpha$; $x_3 = \alpha + r$

Pela relação de Girard, temos:
$x_1 + x_2 + x_3 = 9 \Rightarrow \alpha - \cancel{r} + \alpha + \alpha + \cancel{r} = 9 \Rightarrow$
$\Rightarrow 3\alpha = 9 \Rightarrow \alpha = 3$

Como $x_2 = \alpha = 3$ é uma das raízes, temos:

$$p(x) = (x - 3)q(x) = 0$$

3	1	−9	23	−15
	1	−6	5	0

$$q(x) = x^2 - 6x + 5 = 0$$

Resolvendo a equação, obtemos $x' = 5$ e $x'' = 1$.

Logo, $S = \{1, 3, 5\}$.

43. As raízes da equação $8x^3 - kx^2 + 7x - 1 = 0$, com $k \in \mathbb{R}$, são três números reais em PG. Determine essas raízes.

Resolução

Se as raízes estão em PG, podem ser representadas por $\frac{r}{q}$, r e rq $(q \neq 0)$.

Usando uma das relações de Girard, temos:

$$\frac{r}{q} \cdot r \cdot rq = -\left(\frac{-1}{8}\right) \Rightarrow r^3 = \frac{1}{8} \Rightarrow r = \frac{1}{2}$$

(uma das raízes)

Substituindo a raiz $\frac{1}{2}$ na equação, obtemos:

$$8\left(\frac{1}{2}\right)^3 - k\left(\frac{1}{2}\right)^2 + 7 \cdot \frac{1}{2} - 1 = 0 \Rightarrow$$

$$\Rightarrow 1 - \frac{k}{4} + \frac{7}{2} - 1 = 0 \Rightarrow \frac{k}{4} = \frac{7}{2} \Rightarrow k = 14$$

Se $k = 14$, a equação é $8x^3 - 14x^2 + 7x - 1 = 0$ e $\frac{1}{2}$ é uma das raízes. Podemos então obter as outras raízes:

$\frac{1}{2}$	8	−14	7	−1
	8	−10	2	0

$8x^2 - 10x + 2 = 0 \Rightarrow 4x^2 - 5x + 1 = 0$

$\Delta = 9$

$x = \frac{5 \pm 3}{8} \Rightarrow x' = 1$ e $x'' = \frac{1}{4}$.

Logo, as raízes são $\frac{1}{4}$, $\frac{1}{2}$ e 1.

Exercícios

68. A equação $3x^3 + 2x^2 - x - 3 = 0$ admite raízes x_1, x_2 e x_3. Escreva as relações de Girard para essa equação.

69. Consideremos a equação polinomial $x^3 - 2x^2 + ax + b = 0$. Sabendo que os números 1 e −3 são raízes da equação, calcule a terceira raiz e escreva a equação.

70. As raízes da equação polinomial $x^3 - 15x^2 + 71x - 105 = 0$ estão em PA. Calcule essas raízes.

71. Resolva a equação algébrica $x^3 - 3x^2 - 6x + 8 = 0$, sabendo que a soma de duas de suas raízes é igual a 5.

72. Sendo a, b e c as raízes da equação $2x^3 + 13x^2 - 5x + 1 = 0$, determine o valor de $a^2 + b^2 + c^2$.

73. Os números a, b e c são as raízes da equação $2x^3 - 4x^2 + 3x - 1 = 0$. Nessas condições, qual é o valor da expressão $\frac{1}{ab} + \frac{1}{ac} + \frac{1}{bc}$?

74. Qual é o valor de k na equação algébrica $x^3 - 3x^2 - 6x + k = 0$ para que as raízes da equação estejam em PA?

75. Calcule o determinante da matriz $\begin{vmatrix} a & a & -c \\ 0 & b & c \\ 1 & 0 & 1 \end{vmatrix}$, sabendo que a, b e c são as raízes da equação $x^3 - 5x^2 + 4 = 0$.

76. (ITA-SP) Os números a, b e c são raízes da equação $x^3 - 2x^2 + 3x - 4 = 0$. Nessas condições, calcule o valor de $\frac{1}{a} + \frac{1}{b} + \frac{1}{c}$.

77. (EEM-SP) Determine as raízes da equação $x^3 - 3x - 2 = 0$, sabendo que uma delas é dupla.

78. (EEM-SP) Dada a equação algébrica $3x^3 - 16x^2 + 23x - 6 = 0$ e sabendo que o produto de duas de suas raízes é igual a 1, calcule as raízes da equação.

79. (UPM-SP) As raízes da equação $x^3 - 6x^2 + kx + 64 = 0$ estão em PG. Nessas condições, calcule o coeficiente k.

80. Os números −2 e 3 são duas raízes da equação $2x^3 - x^2 + mx + n = 0$, em que $m \in \mathbb{R}$, $n \in \mathbb{R}$. Determine a terceira raiz da equação e os valores de m e n.

11 Pesquisa de raízes racionais de uma equação algébrica de coeficientes inteiros

As equações polinomiais de grau maior do que 2 não têm um processo determinado de resolução por meio de fórmulas. Devemos procurar, então, uma ou mais raízes para com elas encontrar todas as raízes.

Neste item vamos estudar uma propriedade que nos auxiliará na pesquisa das raízes racionais de uma equação algébrica de coeficientes inteiros.

Se o número racional $\frac{p}{q}$, com p e q primos entre si, é raiz de uma equação algébrica de coeficientes inteiros:

$$a_n x^n + a_{n-1}x^{n-1} + a_{n-2}x^{n-2} + ... + a_2x^2 + a_1x + a_0 = 0$$

então p é divisor de a_0, e q é divisor de a_n.

Fique atento!

Dizer que o número racional $\frac{p}{q}$ tem p e q inteiros e primos entre si equivale a dizer que $\frac{p}{q}$ é uma fração irredutível.

passo a passo: exercício 47

Exercícios resolvidos

44. Pesquise as raízes racionais da equação $3x^3 + 2x^2 - 7x + 2 = 0$.

Resolução

Na equação dada, temos $a_0 = 2$ e $a_n = 3$.

p é divisor de 2 $\rightarrow p \in \{-1, 1, -2, 2\}$

q é divisor de 3 $\rightarrow q \in \{-1, 1, -3, 3\}$

Pela propriedade, as prováveis raízes racionais são:

$$\frac{p}{q} \in \left\{-1, 1, -2, 2, -\frac{1}{3}, \frac{1}{3}, -\frac{2}{3}, \frac{2}{3}\right\}$$

Fazendo a verificação, temos:

$p(-1) = 8 \rightarrow -1$ não é raiz

$p(1) = 0 \rightarrow 1$ é raiz

A partir da raiz descoberta, obtemos:

1	3	2	−7	2
	3	5	−2	0

$3x^2 + 5x - 2 = 0$

$\Delta = 25 + 24 = 49$

$$x = \frac{-5 \pm 7}{6} \Rightarrow x' = \frac{2}{6} = \frac{1}{3} \text{ e } x'' = \frac{-12}{6} = -2$$

Logo, $S = \left\{-2, \frac{1}{3}, 1\right\}$.

Observação: Como as outras duas raízes, além de 1, também são números racionais, elas seriam descobertas se a pesquisa das raízes racionais prosseguisse:

$p(-2) = 0 \rightarrow -2$ é raiz

$p(2) = 20 \rightarrow 2$ não é raiz

$p\left(-\frac{1}{3}\right) = \frac{40}{9} \rightarrow -\frac{1}{3}$ não é raiz

$p\left(\frac{1}{3}\right) = 0 \rightarrow \frac{1}{3}$ é raiz

$p\left(-\frac{2}{3}\right) = \frac{20}{3} \rightarrow -\frac{2}{3}$ não é raiz

$p\left(\frac{2}{3}\right) = -\frac{8}{9} \rightarrow \frac{2}{3}$ não é raiz

Fique atento!

- Nem todo número $\frac{p}{q}$ obtido é raiz da equação;
- essa pesquisa de raízes racionais só pode ser feita em equações com todos os coeficientes inteiros.

45. Resolva a equação $x^4 + x^3 - 7x^2 - x + 6 = 0$.

Resolução

Pela equação dada, temos $a_0 = 6$ e $a_n = 1$.

p é divisor de 6 $\rightarrow p \in \{-1, 1, -2, 2, -3, 3, -6, 6\}$

q é divisor de 1 $\rightarrow q \in \{-1, 1\}$

Pela propriedade, as possíveis raízes racionais são:

$$\frac{p}{q} \in \{-1, 1, -2, 2, -3, 3, -6, 6\}$$

Fazendo a pesquisa, temos:

$p(-1) = 0 \rightarrow -1$ é raiz

$p(1) = 0 \rightarrow 1$ é raiz

Observando que −1 e 1 são raízes da equação, vamos obter as outras duas raízes:

−1	1	1	−7	−1	6
1	1	0	−7	6	0
	1	1	−6	0	

Assim, temos:

$p(x) = (x + 1)(x - 1)q(x) = 0$ e $q(x) = x^2 + x - 6$

Fazendo $x^2 + x - 6 = 0$ e resolvendo a equação, obtemos $x' = 2$ e $x'' = -3$.

Logo, $S = \{-1, -3, 1, 2\}$.

46. Determine as raízes inteiras da equação algébrica $2x^3 + 5x^2 - x - 6 = 0$.

Resolução

Pela equação dada, temos $a_0 = -6$ e $a_n = 2$.

p é divisor de $-6 \Rightarrow p \in \{-1, 1, -2, 2, -3, 3, -6, 6\}$

q é divisor de $2 \Rightarrow q \in \{-1, 1, -2, 2\}$

Pela propriedade, as possíveis raízes racionais são:

$$\frac{p}{q} \in \left\{-1, 1, -2, 2, -3, 3, -6, 6, -\frac{1}{2}, \frac{1}{2}, -\frac{3}{2}, \frac{3}{2}\right\}$$

Como foram pedidas apenas as raízes inteiras, temos:

$p(-1) = -2 \Rightarrow -1$ não é raiz

$p(1) = 0 \Rightarrow 1$ é raiz

Vamos determinar, agora, as outras duas raízes:

1	2	5	−1	−6
	2	7	6	0

$p(x) = (x - 1)q(x)$ e $q(x) = 2x^2 + 7x + 6$

Fazendo $2x^2 + 7x + 6 = 0$ e resolvendo a equação, obtemos $x' = -\frac{3}{2}$ e $x'' = -2$.

Logo, as raízes inteiras da equação são 1 e −2.

Resolvido passo a passo

47. (FGV-SP) Durante o último jogo da seleção brasileira, brinquei com meu primo, apostando quem conseguiria colocar mais pipocas na boca. Comecei colocando duas na boca e fui aumentando r pipocas por vez, como em uma PA. Ele começou colocando 1 na boca e foi multiplicando por r, como numa PG. Na quarta vez em que colocamos pipocas na boca, descobrimos que a quantidade colocada por nós dois foi a mesma. Nessa nossa brincadeira, o valor de r é:

a) um número quadrado perfeito.

b) um número maior que 3.

c) um divisor de 15.

d) um múltiplo de 3.

e) um número primo.

1. Lendo e compreendendo

a) O que é dado no problema?

São dadas uma PA cujo primeiro termo é 2 e uma PG de primeiro termo 1, ambas de razão r. É informado que o 4º termo de ambas é igual.

b) O que se pede?

O valor de r, que, segundo o enunciado, é a razão das sequências descritas no texto.

2. Planejando a solução

Vamos obter o 4º termo de cada sequência, igualá-los e resolver a equação cúbica resultante. Para tal, precisaremos obter uma raiz.

3. Executando o que foi planejado

Vamos construir a PA e a PG, de acordo com o enunciado:

PA $(2, 2 + r, 2 + 2r, 2 + 3r, ...)$

PG $(1, r, r^2, r^3, ...)$

Como o 4º termo das duas sequências é igual, então $r^3 = 2 + 3r$.

Para obter o valor de r, precisamos resolver a equação $r^3 - 3r - 2 = 0$. Vamos então pesquisar as prováveis raízes racionais dessa equação:

p é divisor de $2 \rightarrow p \in \{-1, 1, -2, 2\}$

q é divisor de $1 \rightarrow q \in \{-1, 1\}$

Então, $\frac{p}{q} \in \{-1, 1, -2, 2\}$.

Fazendo a verificação:

$p(-1) = (-1)^3 - 3(-1) - 2 \Rightarrow$

$\Rightarrow p(-1) = -1 + 3 - 2 = 0$

Como $p(-1) = 0$, então −1 é raiz.

Vamos eliminar a raiz −1 utilizando o dispositivo de Briot-Ruffini e obter as raízes restantes:

−1	1	0	−3	−2
	1	−1	−2	0

Portanto, as duas raízes restantes são as raízes da equação $r^2 - r - 2 = 0$:

$\Delta = (-1)^2 - 4 \cdot 1 \cdot (-2) = 9$

$$r = \frac{-(-1) \pm \sqrt{9}}{2 \cdot 1} = \frac{1 \pm 3}{2} \Rightarrow r = 2 \text{ ou } r = -1$$

Assim, o conjunto solução dessa equação é $S = \{-1, 2\}$. Porém, para haver coerência com o enunciado, somente a raiz positiva pode ser a razão das sequências apresentadas (não há "pipocas negativas"). Desse modo, $r = 2$; portanto, r é um número primo.

4. Emitindo a resposta

A resposta é a alternativa **e**.

5. Ampliando o problema

a) Quantas pipocas o narrador colocou na boca até o momento relatado no texto? E o primo?

b) Se os rapazes continuarem a brincadeira, seguindo as mesmas regras, qual dos dois (o narrador ou o primo) conseguirá continuar pondo pipocas na boca por mais vezes?

Exercícios

81. Pesquise as raízes racionais das equações algébricas:

a) $2x^3 - x^2 - 2x + 1 = 0$

b) $4x^4 - 4x^3 - 3x^2 + 4x - 1 = 0$

c) $4x^3 - 5x + 1 = 0$

d) $2x^3 - 7x^2 + 7x - 2 = 0$

82. (PUC-SP) Quais são as raízes da equação $3x^3 - 13x^2 + 13x - 3 = 0$?

83. (FEI-SP) Resolva a equação cúbica $x^3 - 2x^2 - 3x + 6 = 0$.

84. (ITA-SP) Quais são as raízes inteiras da equação $x^3 + 4x^2 + 2x - 4 = 0$?

12 Raízes complexas não reais em uma equação algébrica de coeficientes reais

Consideremos a equação algébrica $x^2 - 2x + 2 = 0$, que tem todos os coeficientes reais e pode ser resolvida pela chamada fórmula de Bhaskara:

$$x = \frac{2 \pm \sqrt{-4}}{2} = \frac{2 \pm 2i}{2} \Rightarrow x' = 1 + i \text{ e } x'' = 1 - i$$

$$S = \{1 + i, 1 - i\}$$

Observemos que a raiz $1 + i$ é um número complexo não real e a outra raiz, $1 - i$, é o seu conjugado. É possível demonstrar que:

> Se uma equação polinomial de coeficientes reais admite como raiz o número complexo $a + bi$, com $b \neq 0$, então o complexo conjugado $a - bi$ também é raiz da equação.

Antes de fazer a demonstração, vamos lembrar as propriedades do conjugado de um número complexo vistas no capítulo anterior.

Dados os números complexos z_1 e z_2 e sendo $\overline{z_1}$ e $\overline{z_2}$ os seus respectivos conjugados, temos:

- $z_1 = z_2 \Leftrightarrow \overline{z_1} = \overline{z_2}$
- $\overline{z_1 z_2} = \overline{z_1}\,\overline{z_2}$
- $\overline{z_1 + z_2} = \overline{z_1} + \overline{z_2}$
- $\overline{z_1^n} = (\overline{z_1})^n$
- $z_1 = \overline{z_1} \Leftrightarrow z_1$ é número real

Consideremos, agora, a equação algébrica de grau $n > 1$, com todos os coeficientes reais:

$$a_n x^n + a_{n-1}x^{n-1} + ... + a_1 x + a_0 = 0$$

Vamos supor que o número complexo não real z seja raiz dessa equação e demonstrar que $\overline{z}$ também é. Procure justificar cada passagem.

z é raiz $\Rightarrow a_n z^n + a_{n-1}z^{n-1} + ... + a_1 z + a_0 = 0 \Rightarrow$

$\Rightarrow \overline{a_n z^n + a_{n-1}z^{n-1} + ... + a_1 z + a_0} = \overline{0} \Rightarrow$

$\Rightarrow \overline{a_n z^n} + \overline{a_{n-1}z^{n-1}} + ... + \overline{a_1 z} + \overline{a_0} = 0 \Rightarrow$

$\Rightarrow a_n \overline{z^n} + a_{n-1}\overline{z^{n-1}} + ... + a_1 \overline{z} + a_0 = 0 \Rightarrow$

$\Rightarrow a_n(\overline{z})^n + a_{n-1}(\overline{z})^{n-1} + ... + a_1\overline{z} + a_0 = 0 \Rightarrow \overline{z}$ é raiz

Fique atento!
Em uma equação algébrica de coeficientes reais, se z é raiz de multiplicidade m, $\overline{z}$ também é raiz de multiplicidade m.

Uma diferença importante entre equação algébrica de coeficientes reais de graus par e ímpar é que a de grau ímpar tem no mínimo uma raiz real. Observe os gráficos abaixo, que mostram três funções polinomiais do 3º grau. Note que haverá no mínimo uma raiz real.

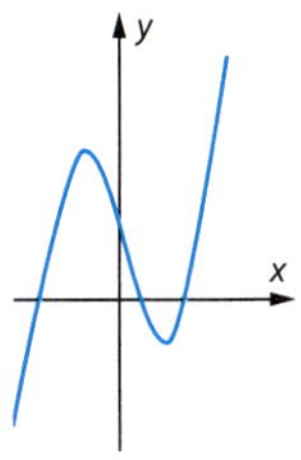

$p(x) = x^3 - 3x + 1$

3 raízes reais

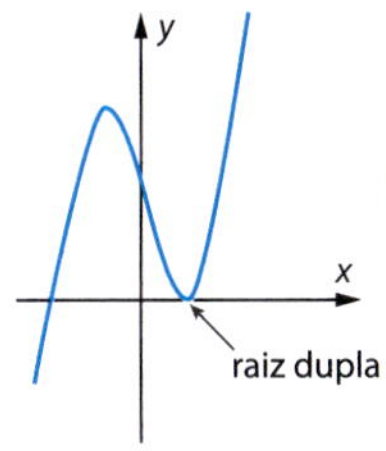

$p(x) = x^3 - 3x + 2$

3 raízes reais

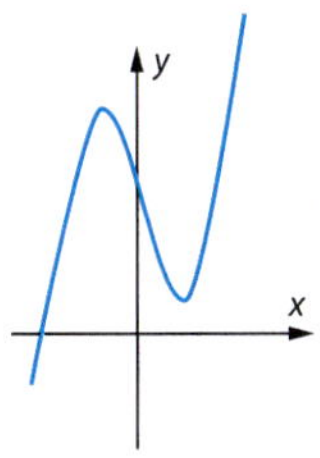

$p(x) = x^3 - 3x + 3$

1 raiz real

As próximas figuras mostram o gráfico de seis funções polinomiais do 4º grau. Note que não há necessidade de haver raiz real; quando há, existem duas ou quatro, pois as imaginárias vêm aos pares.

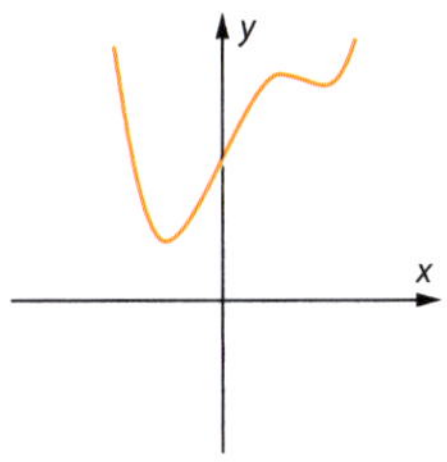

$p(x) = 3x^4 + 4x^3 - 12x^2 + 36$

Nenhuma raiz real

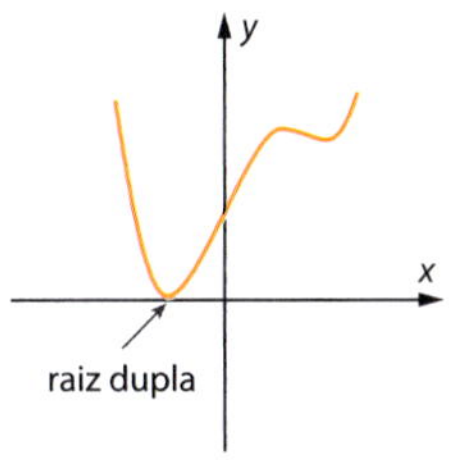

$p(x) = 3x^4 + 4x^3 + 12x^2 + 32$

2 raízes reais

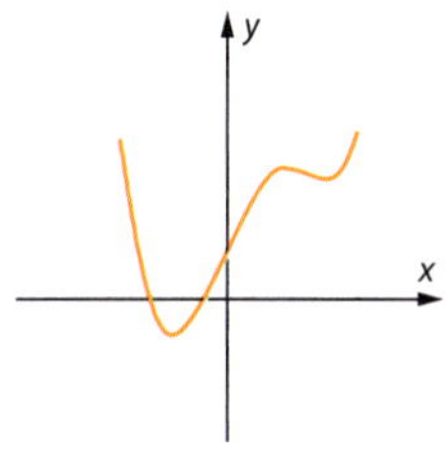

$p(x) = 3x^4 + 4x^3 - 12x^2 + 24$

2 raízes reais

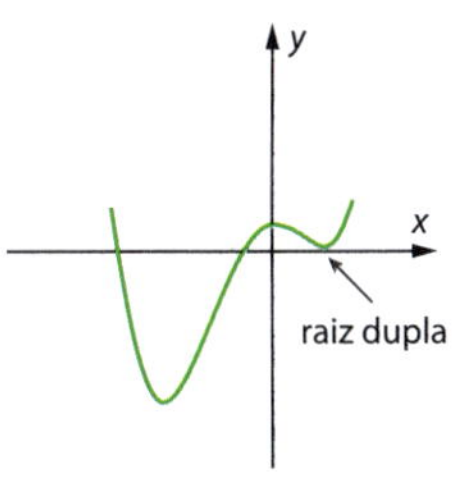

$p(x) = 3x^4 + 4x^3 - 12x^2 + 5$

4 raízes reais

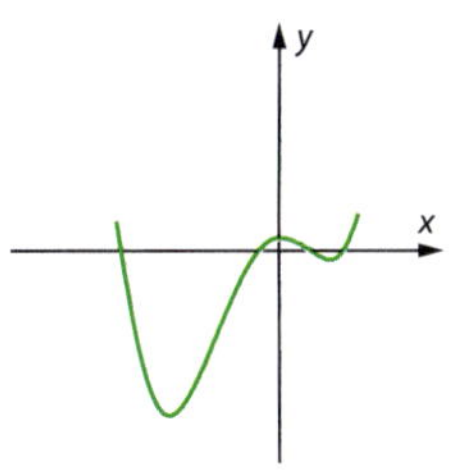

$p(x) = 3x^4 + 4x^3 - 12x^2 + 4$

4 raízes reais

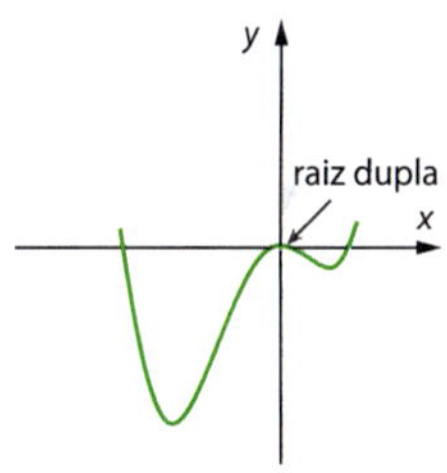

$p(x) = 3x^4 + 4x^3 - 12x^2$

4 raízes reais

Exercícios resolvidos

48. Resolva as equações abaixo:

a) $x^4 - 9x^3 + 30x^2 - 42x + 20 = 0$, sabendo que $3 + i$ é uma raiz da equação;

b) $x^5 - 3x^4 + 5x^3 - 15x^2 + 4x - 12 = 0$, sabendo que i e 2i são raízes.

Resolução

a) $x^4 - 9x^3 + 30x^2 - 42x + 20 = 0$

Se $3 + i$ é raiz da equação dada, então seu conjugado $3 - i$ é também raiz da equação. Logo:

$p(x) = [x - (3 + i)][x - (3 - i)]q(x) =$

$= [(x - 3) - i][(x - 3) + i]q(x) =$

$= [(x - 3)^2 - i^2]q(x) = (x^2 - 6x + 10)q(x)$

Vamos calcular $q(x)$, dividindo $p(x)$ por $x^2 - 6x + 10$:

$x^4 - 9x^3 + 30x^2 - 42x + 20$	$x^2 - 6x + 10$
$-x^4 + 6x^3 - 10x^2$	$x^2 - 3x + 2$
$-3x^3 + 20x^2 - 42x + 20$	
$+3x^3 - 18x^2 + 30x$	
$2x^2 - 12x + 20$	
$-2x^2 + 12x - 20$	
0	

Então, $q(x) = x^2 - 3x + 2$.

Fazendo $x^2 - 3x + 2 = 0$ e resolvendo a equação, obtemos $x' = 2$ e $x'' = 1$.

Logo, $S = \{3 + i, 3 - i, 2, 1\}$.

b) $x^5 - 3x^4 + 5x^3 - 15x^2 + 4x - 12 = 0$

Se i e 2i são raízes, como todos os coeficientes são números reais, podemos garantir que seus conjugados −i e −2i também são raízes. Resta descobrir a quinta raiz, que é um número real:

i	1	−3	5	−15	4	−12
−i	1	−3 + i	4 − 3i	−12 + 4i	−12i	0
2i	1	−3	4	−12	0	
−2i	1	−3 + 2i	−6i	0		
	1	−3	0			

$x - 3 = 0 \Rightarrow x = 3$

Logo, $S = \{i, -i, 2i, -2i, 3\}$.

Para refletir

O que garante ser a quinta raiz um número real?

49. Cortando-se quadrados de 2 cm de lado nos cantos de uma folha quadrada de papelão de 14 cm de lado e dobrando-os conforme a figura a seguir, obtém-se uma caixa sem tampa cujo volume é igual a 200 cm³. Existe algum outro valor do lado do quadrado a ser recortado em cada canto para o qual o volume da caixa resultante também seja igual a 200 cm³? Qual é esse valor, caso ele exista?

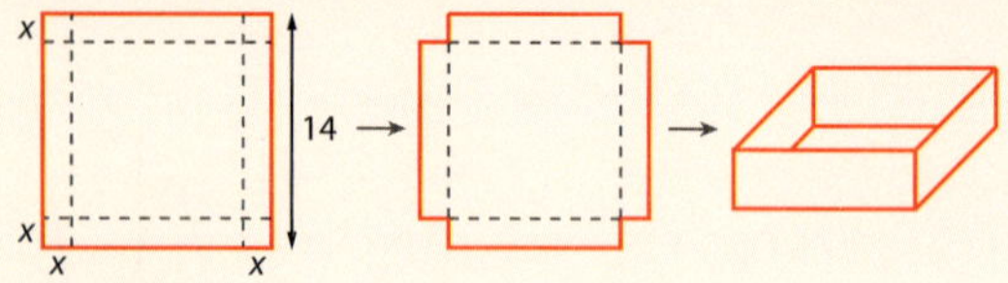

Resolução

O volume da caixa é dado por:

$A_B \cdot h = (14 - 2x)^2 \cdot x = 200 \Rightarrow$

$\Rightarrow (196 - 56x + 4x^2)x - 200 = 0 \Rightarrow$

$\Rightarrow 4x^3 - 56x^2 + 196x - 200 = 0$

Dividindo por 4, temos a equação equivalente $x^3 - 14x^2 + 49x - 50 = 0$.

Do enunciado, sabemos que $x = 2$ é uma raiz dessa equação, então $x^3 - 14x^2 + 49x - 50$ é divisível por $(x - 2)$.

Usando o dispositivo prático de Briot-Ruffini, temos:

2	1	−14	49	−50
	1	−12	25	0

Assim, temos que $x^3 - 14x^2 + 49x - 50 = (x - 2)(x^2 - 12x + 25)$. As raízes de $x^2 - 12x + 25 = 0$ são $6 + \sqrt{11}$ e $6 - \sqrt{11}$.

Como o lado x do quadrado recortado deve ser menor que a metade do lado do quadrado maior, então $6 + \sqrt{11}$ não é aceitável. Assim, apenas $6 - \sqrt{11}$ (aproximadamente 2,68 cm) é solução do problema.

Logo, esse valor existe; é $\left(6 - \sqrt{11}\right)$ cm (aproximadamente 2,68 cm).

Exercícios

85. Determine as raízes das equações abaixo, sabendo que i é uma das raízes:

a) $x^4 - x^3 - 11x^2 - x - 12 = 0$

b) $x^4 - 4x^3 + 6x^2 - 4x + 5 = 0$

86. Qual deve ser o valor de a para que 2i seja uma das raízes da equação $x^4 - 3x^3 + 6x^2 + ax + 8 = 0$?

87. Os números 1 e 2 + i são raízes da equação algébrica $x^3 + ax^2 + bx - c = 0$, em que a, b e c são coeficientes reais. Calcule o valor do coeficiente c.

88. O número 2 + i é uma das raízes da equação $3x^3 - 14x^2 + mx - 10 = 0$. Nessas condições, calcule o valor de m e a raiz real da equação.

Matemática e tecnologia

Gráfico de funções polinomiais

Para construir gráficos de funções polinomiais vamos novamente utilizar o Geogebra. Caso você ainda não tenha o programa instalado, volte ao capítulo 5, siga as instruções de *download* e veja os primeiros passos de utilização do *software*.

Vamos construir o gráfico de uma função polinomial do quarto grau $p(x) = ax^4 + bx^3 + cx^2 + dx + e$ com coeficientes variáveis. Para isso siga os passos abaixo.

1º passo: Na barra de ferramentas, clique com o botão esquerdo do *mouse*, inicialmente, na opção "Controle deslizante": [a=2].
Em seguida, clique em qualquer ponto da janela de visualização (Zona gráfica) e tecle "*Enter*". Nesse instante aparecerá o parâmetro a (com valor inicial igual a 1) a=1 .
Repita a operação e insira novos parâmetros (b, c, d e e).

2º passo: No campo "Entrada" (situado na parte inferior da tela) digite o polinômio:
$p(x) = a*x^4 + b*x^3 + c*x^2 + d*x + e$, em seguida, tecle "*Enter*". Observe que "*" significa a operação de multiplicação e "^" significa a operação de potenciação.

3º passo: Para melhorar a visualização, clique com o botão direito do *mouse* no gráfico da função polinomial. Na aba que será apresentada clique em "Propriedades". Clique na aba "Cor" e escolha uma nova cor para o seu gráfico. Em seguida, clique na aba "Estilo" e coloque a espessura da linha igual a 5. Feche a janela e observe que o gráfico ficou destacado.

4º passo: Na barra de ferramentas (parte superior da tela) clique na aba "Exibir" e depois em "Malha".

5º passo: Para observar significados importantes para os coeficientes a, b e c, clique na bolinha do controle deslizante de a e altere lentamente o seu valor (basta arrastar a bolinha para um dos lados). Observe o que acontece com o gráfico da função polinomial. Repita a operação para os controles deslizantes de b, c, d e e (utilize um controle deslizante por vez). Por exemplo, se $a = 2$, $b = -1$, $c = -4$, $d = 2$ e $e = 1$, a curva é a seguinte:

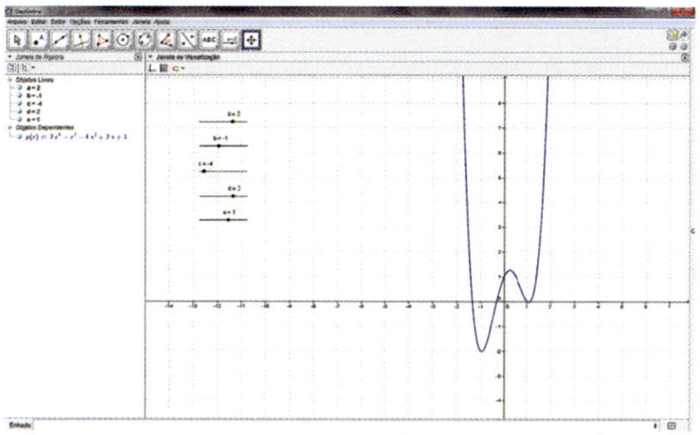

6º passo: Para determinar os pontos em que a curva intersecta os eixos coordenados, deve-se digitar no campo de entrada Intersecção [p, $x = 0$] e teclar "*Enter*" para obter o ponto em que a curva intersecta o eixo das ordenadas (eixo y) e Intersecção [p, $y = 0$] e teclar "*Enter*" para obter o ponto em que a curva intersecta o eixo das abscissas (eixo x).

Observação: Para obter as raízes do polinômio, basta analisar as abscissas dos pontos obtidos ao digitar intersecção [p, $y = 0$] ou Raiz [p].

Você pode mover, ampliar ou reduzir sua imagem utilizando o botão [✥].

Outra opção para aumentar ou diminuir o *zoom* é utilizar o *scroll* do *mouse* (aquela "bolinha" que fica na parte superior da maioria dos *mouses*).

Agora, utilizando o controle deslizante, faça o que se pede.

1. Tendo como base a função polinomial $p(x) = ax^4 + bx^3 + cx^2 + dx + e$, qual é o efeito do parâmetro e no gráfico da função?

2. Obtenha o gráfico das funções polinomiais a seguir, obtendo, se existirem, suas raízes reais:
a) $p(x) = x^4 - 2x^3 - x^2 + 2x$
b) $p(x) = 2x^4 + x^3 - x^2 - x - 1$
c) $p(x) = 3x^4 - x^3 + x^2 - 3x + 2$

Salve suas atividades em um local escolhido do seu computador.

Outros contextos

Poesia matemática

A folhas tantas
do livro matemático,
um Quociente apaixonou-se,
um dia,
doidamente
por uma Incógnita.
Olhou-a com seu olhar inumerável
e viu-a, do ápice à base,
uma figura ímpar;
olhos romboides,
boca trapezoide,
corpo retangular,
seios esferoides.

Fez de sua uma vida
paralela à dela
até que se encontraram
no infinito.
"Quem és tu?",
indagou ele
em ânsia radical.
"Sou a soma do quadrado dos catetos.
Mas pode me chamar de Hipotenusa."
E de falarem descobriram que eram
(o que em aritmética corresponde
a almas irmãs)
primos entre si.

E assim se amaram
ao quadrado da velocidade da luz
numa sexta potenciação
traçando
ao sabor do momento
e da paixão
retas, curvas, círculos e linhas senoidais
nos jardins da quarta dimensão.
Escandalizaram os ortodoxos das fórmulas euclidianas
e os exegetas do Universo Finito.
Romperam convenções newtonianas e pitagóricas.
E enfim resolveram se casar
constituir um lar,
mais que um lar,
um perpendicular.
Convidaram para padrinhos
o Poliedro e a Bissetriz.
E fizeram planos, equações e diagramas para o futuro
sonhando com uma felicidade
integral e diferencial.
E se casaram e tiveram uma secante e três cones
muito engraçadinhos.
E foram felizes
até aquele dia
em que tudo vira afinal
monotonia.
Foi então que surgiu
O Máximo Divisor Comum
frequentador de círculos concêntricos,
viciosos.
Ofereceu-lhe, a ela,
uma grandeza absoluta
e reduziu-a a um denominador comum.
Ele, Quociente, percebeu
que com ela não formava mais um todo,
uma unidade.
Era o triângulo,
tanto chamado amoroso.
Desse problema ela era uma fração,
a mais ordinária.
Mas foi então que Einstein descobriu a Relatividade
e tudo que era espúrio passou a ser moralidade
como aliás em qualquer
sociedade.

FERNANDES, Millôr. *Poesia matemática*. Rio de Janeiro: Desiderata, 2009.

Trabalhando com o texto

1. Depois de ler o poema, identifique os termos matemáticos e escreva os seus respectivos significados. Há termos que você não conhece? Pesquise-os.
2. Em equipe, representem o texto por meio de desenhos. Pode ser uma história em quadrinhos.
3. Agora é sua vez. Escreva um poema com elementos matemáticos e apresente para a classe.

Pesquisando e discutindo

4. Pesquise a biografia de Millôr Fernandes (1923-2012) e as principais características das suas obras. Depois, tente verificar essas características no poema.
5. Existem outros artistas brasileiros (poetas, músicos, etc.) que têm obras cujo tema se refere à Matemática. Pesquise alguns exemplos.
6. Em 1906, Adam C. Orr, publicou na revista norte-americana *Literary Digest* os seguintes versos:

   Now I, even I, would celebrate
   In rhymes unapt, the great
   Immortal Syracusan, rivaled nevermore,
   Who in his wondrous lore,
   Passed on before,
   Left men guindance,
   How to circles mensurate.

   a) De maneira breve e jocosa, esses versos homenageiam um importante matemático grego da Antiguidade, referido como o "Imortal de Siracusa" (*Immortal Syracusan*), que chegou a um valor aproximado do número irracional π ($\pi = 3{,}1415926...$), o que explica o último verso. Quem foi esse matemático?
   b) Esses versos ainda têm uma curiosidade implícita muito interessante. Conte o número de letras de cada uma das palavras do poema e as coloque em ordem. Que número você obteve?

Marcos de Paula/Agência Estado

Millôr Fernandes

Veja mais sobre o assunto

Procure mais informações em jornais, revistas e nos *sites*:

- Página "Millôr *On-line*": <www2.uol.com.br/millor/index.htm>;
- Outros poemas matemáticos: <www.somatematica.com.br/poemas.php>;
- Passeios pela Matemática: <www.passeiospelamatematica.net/index.htm>. Acessos em: 14 mar. 2014.

Um matemático que não é também um pouco poeta nunca será um matemático completo.

Karl Weierstrass (1815-1897), matemático alemão.

Atividades adicionais

1. Para que valores de $a \in \mathbb{R}$ o polinômio $p(x) = (a^2 - 9)x^2 + (a + 3)x + 5$ é do 1º grau?

2. Um polinômio $p(x)$ é do 2º grau. Sendo $p(1) = 0$, $p(2) = 7$ e $p(-1) = 4$, escreva o polinômio $p(x)$ e calcule $p(0)$.

3. Calcule a soma dos coeficientes e o termo independente de cada polinômio abaixo:
   a) $p(x) = 3(x - 2)^5$
   b) $q(x) = (x^2 + x - 3)^4(x + 1)^2$

4. Calcule a e b para que os polinômios $p(x) = ax^2 - 3x + b$ e $q(x) = (2 + i)x^2 - 3x + a - b$ sejam iguais.

5. Sabendo que a função $f(x) = \dfrac{ax^3 + bx + c}{2x^3 + dx^2 + 4x + 5}$ independe de x e que $f(\pi) = 3$, determine o valor de $a + b - c$.

6. Sejam f e g dois polinômios não nulos de coeficientes reais. Assinale a alternativa correta.
   a) grau (fg) = grau $(f) \cdot$ grau (g)
   b) grau $(f) \geqslant$ grau (fg)
   c) grau (fg) = grau (f) + grau (g)
   d) grau $(f + g)$ = grau (f) + grau (g)
   e) grau $(f + g)$ = máx. {grau (f), grau (g)}

7. Sejam os polinômios $f = (x + 1)^2$, $g = x^2 - 1$ e $h = x^4 - 2x^3 + x^2 - 2x - 1$. Calcule o polinômio $fg - h$.

8. Determine o valor de k, sabendo que o polinômio $4x^2 - 12x + k$ é um quadrado perfeito.

9. Calcule os valores reais de x para que $x^3 + 2x^2 + 8x + 7 = 0$, sabendo que o polinômio $p(x) = x^3 + 2x^2 + 8x + 7$ é divisível por $x + 1$.

10. Calcule os valores reais de m sabendo que o resto da divisão de:
    a) $p(x) = x^3 + 3x^2 + 5x + m$ por $h(x) = x - m$ é igual a m^3;
    b) $p(x) = m^2x^2 - 5mx + 6$ por $h(x) = x - 1$ é menor do que 2.

11. Calcule as raízes das seguintes equações algébricas:
    a) $-x^2 + 9 = 0$.
    b) $-3x + 2 = 0$.
    c) $x^2 + 4x + 4 = 0$.
    d) $x^2 - 2x + 2 = 0$.

12. Um polinômio inteiro em x, quando dividido por $x + 2$ dá resto 5 e quando dividido por $x - 2$ dá resto 13. Qual é o resto da divisão desse polinômio por $x^2 - 4$?

13. Dados os polinômios $p(x) = (a - 1)x^2 - (a - b)x + (2a - b + c)$ e $q(x) = 4x^2 - 5x + 1$, determine a, b e c para que:
    a) se tenha $p(x) = q(x)$;
    b) $p(x)$ seja um polinômio nulo;
    c) $p(x)$ seja um polinômio do 1º grau.

14. Dados os polinômios $p(x) = 9x^3 - 18x^2 + 11x - 6$ e $q(x) = 3x^2 - 4x + 1$, calcule:
    a) $p(x) + q(x)$.
    b) $p(x) - q(x)$.
    c) $3p(x)$.
    d) $p(x)q(x)$.
    e) $[q(x)]^2$.
    f) $p(x) : q(x)$.

15. Resolva as equações algébricas:
    a) $x^3 - x^2(5 + i) + x(6 + 5i) - 6i = 0$, sabendo que i é uma das raízes;
    b) $4x^4 + 16x^3 + 15x^2 - 4x - 4 = 0$, sabendo que -2 é raiz de multiplicidade 2;
    c) $x^4 - 6x^3 + 11x^2 - 6x + 10 = 0$, sabendo que $3 + i$ é uma de suas raízes;
    d) $2x^3 - x^2 - 4x + 2 = 0$.

16. Quando um reservatório está parcialmente cheio, uma torneira é aberta para enchê-lo. Depois de aberta a torneira, o volume de água que ainda falta para encher o reservatório, em metros cúbicos, é dado pela função $V(t) = t^3 - 2t^2 - 4t + 8$, com t dado em horas. Sendo assim, o volume, em m^3, da água contida no reservatório no momento em que a torneira foi aberta e o tempo (em horas) necessário para que o reservatório fique completamente cheio são, respectivamente, iguais a:
    a) 8 e 2.
    b) 2 e 8.
    c) 4 e 6.
    d) 3 e 6.
    e) 6 e 3.

17. Cortando-se quadrados de lado 3 cm nos cantos de uma folha quadrada de papelão de 20 cm de lado e dobrando conforme a figura, formamos uma caixa sem tampa, cujo volume é igual a 588 cm^3. Existe algum outro valor do lado do quadrado a ser recortado em cada canto para o qual o volume da caixa resultante também seja igual a 588 cm^3?

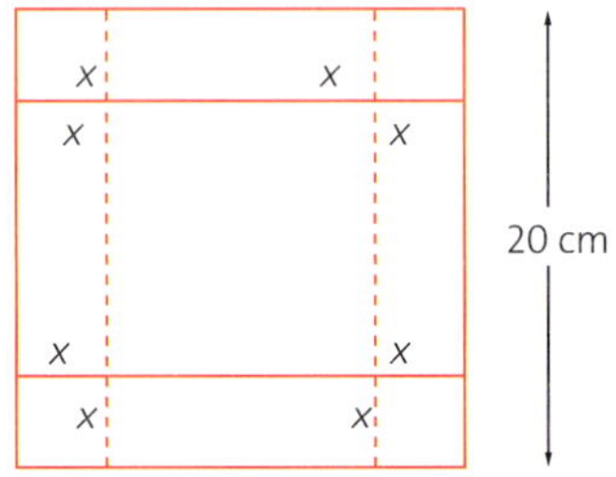

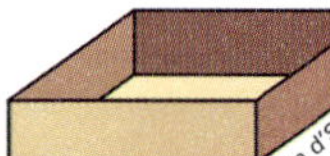

Dam d'Souza/Arquivo da editora

Vestibulares de Norte a Sul

1. **N** (Ufac) Um polinômio com coeficientes reais (na variável x) $p(x)$ é divisível por $(x - \alpha)$ se, e somente se, $p(\alpha) = 0$ [J. R. d'Alembert (1717-1783)]. Admitindo este resultado, se temos $x^4 - 2x^3 + mx^2 - 64x + n$ divisível por $x^2 - 6x + 5$, vale que:
   a) $m = n = 5$.
   b) $m + n = 68$.
   c) $m = 70$ e $n = 10$.
   d) $m = -5$ e $n = 70$.
   e) $m = 60$ e $n = 5$.

2. **N** (UFPA) Considere o polinômio $P(x) = x^3 + 2x^2 + mx + n$, com $m, n \in \mathbb{R}$. Sabendo que $P(x) + 2$ é divisível por $x + 2$ e $P(x) - 2$ é divisível por $x - 2$, determine os valores de m e n.

3. **N** (UFRR) Sejam r_1, r_2 e r_3 as raízes da equação $x^3 + 11x^2 - 160x + r = 0$, $r \in P$. Sabe-se que uma das raízes da equação é -20. Então:
   a) as outras duas raízes são 3 e -4.
   b) as outras duas raízes são -4 e 5.
   c) as outras duas raízes são 4 e 5.
   d) as outras duas raízes são -3 e -5.
   e) as outras duas raízes são 3 e 5.

4. **N** (Ufam) Sabe-se que 2 é a raiz da equação $x^4 - 4x^3 + x^2 + 6x = 0$. A forma fatorada dessa equação é:
   a) $x(x - 2)(x - 1)(x + 3)$.
   b) $x(x - 2)(x - 1)(x - 3)$.
   c) $x(x + 2)(x + 1)(x - 3)$.
   d) $x(x - 2)(x + 1)(x - 3)$.
   e) $x(x + 2)(x - 1)(x - 3)$.

5. **NE** (Uece) Coloque **V** (verdadeira) ou **F** (falsa) nas seguintes proposições:
   I. ( ) O quociente da divisão de um polinômio de grau $n + 2$ por um polinômio de grau $n - 1$ é um polinômio de grau 4.
   II. ( ) O resto da divisão de um polinômio de grau $n + 1$ por um polinômio de grau n é um polinômio de grau menor que n ou é o polinômio identicamente nulo.
   III. ( ) O resto da divisão de um polinômio de grau 25 por um polinômio de grau 17 pode ser um polinômio de grau 19.
   IV. ( ) A soma dos coeficientes do polinômio $x^5(x^5 + 5) - x^2(10x - 1) + 8$ é igual a 5.

   A sequência correta, de cima para baixo, é:
   a) VFFV.
   b) FVFV.
   c) VFVF.
   d) FVVF.

6. **NE** (UFPB) Na inauguração da praça, foram realizadas várias atividades recreativas e culturais. Dentre elas, no anfiteatro, um professor de Matemática proferiu uma palestra para vários alunos do Ensino Médio e propôs o seguinte problema: Encontrar valores para a e b, de modo que o polinômio
   $p(x) = ax^3 + x^2 + bx + 4$ seja divisível por
   $q(x) = x^2 - x - 2$. Alguns alunos resolveram corretamente esse problema e, além disso, constataram que a e b satisfazem a relação:
   a) $a^2 + b^2 = 73$.
   b) $a^2 - b^2 = 33$.
   c) $a + b = 6$.
   d) $a^2 + b = 15$.
   e) $a - b = 12$.

7. **NE** (UFC-CE) O produto das raízes reais da equação $4x^2 - 14x + 6 = 0$ é igual a:
   a) $-\frac{3}{2}$.
   b) $-\frac{1}{2}$.
   c) $\frac{1}{2}$.
   d) $\frac{3}{2}$.
   e) $\frac{5}{2}$.

8. **NE** (UFRN) A respeito do polinômio $P(x) = x^3 - 4x^2 + 2x - 1$, é correto afirmar:
   a) É divisível por $(x - 1)$.
   b) Possui uma raiz real.
   c) O produto de suas raízes é igual a 2.
   d) Quando dividido por $(x + 2)$, deixa resto igual a -5.

9. **CO** (UFG-GO) Considere o polinômio
   $p(x) = (x - 1)(x - 3)^2 (x - 5)^3 (x - 7)^4 (x - 9)^5 (x - 11)^6$.
   O grau de $p(x)$ é igual a:
   a) 6.
   b) 21.
   c) 36.
   d) 720.
   e) 1080.

10. **CO** (UFMS) Sabendo-se que o polinômio $p(x) = x^3 - x^2 + mx - n$ é divisível pelo polinômio $q(x) = x^2 + x - 2$, é correto afirmar que:

a) $m + n = 0$.
b) $m = 2n$.
c) $m = -\frac{4}{3}$.
d) $m - 2n = 4$.
e) $m = n + 1$.

11. **CO** (UFG-GO) Considere o polinômio $P(x) = (x^2 + 1)(x^2 + bx + c)$, onde b e c são números reais, e julgue os itens abaixo.

1) ( ) O polinômio $P(x)$ tem, no máximo, duas raízes reais.
2) ( ) Se 1 e -2 são raízes de $P(x)$, então $b = 1$ e $c = -2$.
3) ( ) Se na divisão de $x^2 + bx + c$ por $x - 3$ e $x - 1$ obtêm-se restos 0 e 2, respectivamente, então $P(x) = (x^2 + 1)(x^2 - 5x + 6)$.
4) ( ) Se $b = -1$ e $c = -6$, então $P(x) > 0$, para $-2 > x > 3$.

12. **CO** (UFMS) Sejam x_1, x_2 e x_3 as raízes da equação $x^3 + 7x^2 - 5x - 35 = 0$. Calcular $|x_1 + x_2 + x_3|$.

13. **SE** (FGV-SP) O quociente da divisão do polinômio $P(x) = (x^2 + 1)^4 \cdot (x^3 + 1)^3$ por um polinômio de grau 2 é um polinômio de grau:

a) 5.
b) 10.
c) 13.
d) 15.
e) 18.

14. **SE** (UFMG) As dimensões a, b e c, em cm, de um paralelepípedo retângulo são as raízes do polinômio $p(x) = 6x^3 - 44x^2 + 103x - 77$.

a) Calcule o volume desse paralelepípedo.
b) Calcule a soma das áreas das faces desse paralelepípedo.
c) Calcule o comprimento da diagonal desse paralelepípedo.

15. **SE** (FGV-SP) A figura mostra o gráfico da função $f(x) = 1 + x - 2x^3$.

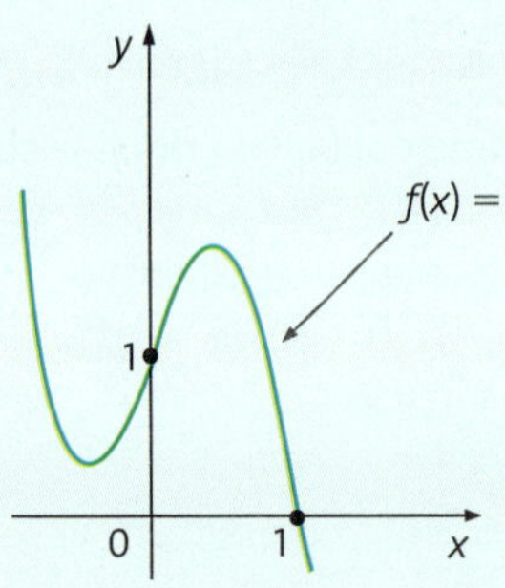

a) Determine as soluções que não são números reais da equação $f(x) = 0$.
b) Resolva a inequação: $f(x) \geqslant 1$.

16. **SE** (UFMG) Os polinômios $P_1(x) = x^2 - 4$ e $P_2(x) = x^2 - 7x + 10$ dividem o polinômio $P(x) = ax^3 + bx^2 - 12x + c$, em que a, b e c são números reais. Determine a, b e c.

17. **S** (ESPM-RS) Na divisão do polinômio $p(x)$ por $x - 3$, encontramos o quociente $q(x)$ e resto 2. Sabendo-se que $q(7) = 10$, o valor de $p(7)$ é igual a:

a) 36.
b) 32.
c) 28.
d) 42.
e) 46.

18. **S** (UEPG-PR) Assinale o que for correto.

01. O número 2 é raiz do polinômio $p(x) = x^3 - 5x^2 + 12$.
02. O resto da divisão do polinômio $r(x) = -x^3 + x^2 - x - 2$ por $q(x) = x + 1$ é igual a 1.
04. O polinômio $p(x) = (a^2 - 1)x^2 + ax + 3$ tem grau 2 se $a = -1$.
08. Sabendo-se que os polinômios $p(x) = (a + b)x^2 + (a + 2)x + (4 + b)$ e $r(x) = 3x + 3$ são idênticos, então $a \cdot b = 1$.

19. **S** (UFRGS-RS) Na figura abaixo está representado o gráfico de um polinômio de grau 3.

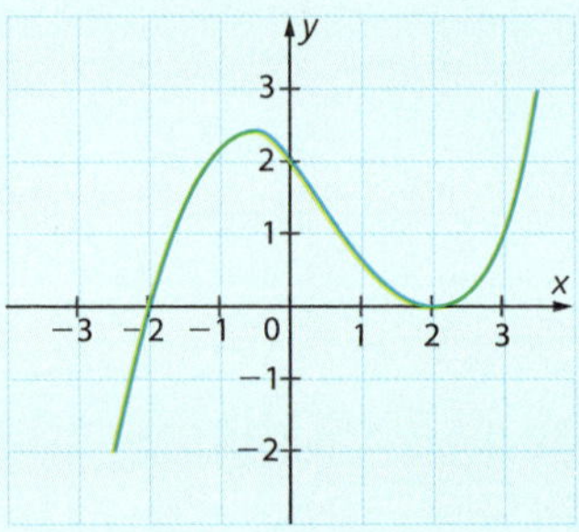

A soma dos coeficientes desse polinômio é:

a) 0,5.
b) 0,75.
c) 1.
d) 1,25.
e) 1,5.

20. **S** (UEL-PR) A equação $x^3 - 10x^2 + ax + b = 0$ tem uma raiz igual a $3 + 2i$. Nela, a e b são números reais. Sobre essa equação, é correto afirmar:

a) $-3 + 2i$ também é raiz da equação.
b) A equação não possui raízes reais.
c) A equação possui uma raiz irracional.
d) O valor de a é -37.
e) O valor de b é -52.

CAPÍTULO

8 Princípio de Indução Finita e noções intuitivas sobre derivada

Monkey Business Images/Shutterstock/Glow Images

O Princípio de Indução Finita pode ser explicado pela queda de uma série de peças de dominó.

1 Demonstrações em Matemática

A essência do método matemático é o **raciocínio dedutivo**, que leva a uma **demonstração**. Na lógica clássica de Aristóteles, uma das primeiras inferências dedutivas é conhecida por **silogismo**. Observe um exemplo de silogismo:

Todo homem é mortal.
Sócrates é homem.] premissas ou hipóteses

Portanto, Sócrates é mortal.] conclusão

Estátua de Sócrates (c. 470-399 a.C.)

Nesse caso, com base em duas premissas chegamos, por raciocínio lógico dedutivo, à conclusão. Esse é um exemplo de raciocínio dedutivo.

Há muitos outros tipos de demonstrações em Matemática. Por exemplo, vamos demonstrar (ou provar) que:

"A soma de dois números naturais pares é um número natural par".

Sabemos que um número natural par é divisível por 2 e pode ser representado por $2n$, com $n \in \mathbb{N}^* = \{1, 2, 3, 4, ...\}$. Por exemplo, $10 = 2 \cdot 5$; $6 = 2 \cdot 3$; $24 = 2 \cdot 12$; etc.

Consideremos dois números naturais pares a e b. Eles podem ser representados por:

$$\left.\begin{array}{l} a = 2n, n \in \mathbb{N}^* \\ b = 2m, m \in \mathbb{N}^* \end{array}\right] \text{hipóteses}$$

$$a + b = 2k, k \in \mathbb{N}^* \;] \text{conclusão}$$

Demonstração:

A soma de dois números naturais é sempre um número natural (propriedade do fechamento da adição de números naturais).

$a + b = 2n + 2m = 2\underbrace{(n + m)}_{k} = 2k$, $k \in \mathbb{N}^*$, ou seja, $a + b = 2k, k \in \mathbb{N}^*$, o que prova que $a + b$ é um número natural par, ou seja, deduzimos que "a soma de dois números naturais pares é um número natural par".

Entretanto, nem sempre é possível utilizar métodos diretos, como fizemos acima. Nesses casos, pode-se usar um raciocínio que se baseia na análise de uma variedade de casos ou em uma amostra ou um conjunto de dados, calculando probabilidades de ocorrência e tirando conclusões. É o chamado **raciocínio indutivo**.

Esse método é utilizado, por exemplo, por cientistas, quando fazem experimentos para descobrir leis da natureza, e por estatísticos, quando tiram conclusões de um conjunto de dados.

O raciocínio indutivo leva a uma **conjectura**, uma afirmação que é verdadeira para um número significativo de casos, mas que ainda não foi provada se é verdadeira ou falsa para todos os casos, nem nunca será.

O raciocínio indutivo prova-se falso quando é encontrada uma exceção à regra, pois o fato de uma proposição ser verdadeira para alguns valores particulares não significa que ela é verdadeira para **qualquer** valor ou para **todos** os valores em questão.

Fermat (1601-1665) conjecturou que a fórmula $p = 2^{2^n} + 1$, para $n \in \mathbb{N} = \{0, 1, 2, 3, 4, ...\}$, gerava apenas números primos para qualquer $n \in \mathbb{N}$. É provável que ele tenha verificado até $n = 4$, encontrando, de fato, os primos:

- para $n = 0$, temos $p = 2^{2^0} + 1 = 3$;
- para $n = 1$, temos $p = 2^{2^1} + 1 = 5$;
- para $n = 2$, temos $p = 2^{2^2} + 1 = 17$;
- para $n = 3$, temos $p = 2^{2^3} + 1 = 257$;
- para $n = 4$, temos $p = 2^{2^4} + 1 = 65\,537$.

Mas Euler (1707-1783) provou que essa conjectura é falsa para $n = 5$. Observe que para $n = 5$ temos $p = 2^{2^5} + 1 = 2^{32} + 1 = 4\,294\,967\,297 = 641 \cdot 6\,700\,417$, que é divisível por 641 e, portanto, não é primo.

Esse exemplo mostra que as afirmações matemáticas não combinam com o raciocínio indutivo. Elas requerem, necessariamente, o raciocínio dedutivo, pois queremos que tal propriedade seja verdadeira para **todo** o universo considerado.

Um dos métodos de dedução que nos permite concluir se uma proposição matemática é verdadeira ou falsa é o **Princípio de Indução Finita** (P.I.F.). Ele se aplica quando as proposições dizem respeito aos números naturais.

Fique atento!
O P.I.F. não é um tipo de raciocínio indutivo, apesar de o nome conter a palavra "indução". O P.I.F. é um tipo de raciocínio dedutivo.

2 O Princípio de Indução Finita (P.I.F.)

Consideremos $\mathbb{N}^*$ o conjunto dos números naturais sem o zero, ou dos inteiros positivos. Seja $P(n)$ uma propriedade ou uma proposição aplicável aos números desse conjunto $\mathbb{N}^*$.

> Se
> (1) ***P*(1)** (para $n = 1$) é verdadeira
> e se
> (2) ***P*(*k*)** verdadeira acarretar que ***P*(*k* + 1)** também é verdadeira, para **qualquer** $k \in \mathbb{N}^*$,
> então
> ***P*(*n*)** é verdadeira, para **qualquer** $n \in \mathbb{N}^*$.

Exercícios resolvidos

» **passo a passo**: exercício 6

1. Demonstre que a proposição $1 + 3 + 5 + 7 + ... + (2n - 1) = n^2$ é verdadeira, qualquer que seja $n \in \mathbb{N}^*$.

Resolução

(1) Notamos que $P(1)$ é verdadeira, pois para $n = 1$ temos $1 = 1^2$.

(2) Suponhamos que $P(k)$:
$1 + 3 + 5 + 7 + ... + (2k - 1) = k^2$, $k \in \mathbb{N}^*$, seja verdadeira.

Vamos provar que $P(k + 1)$ também é verdadeira.

Sabemos que $1 + 3 + 5 + 7 + ... + (2k - 1) = k^2$ (hipótese).

Adicionando $(2k + 1)$ a ambos os membros da igualdade acima, temos:

$1 + 3 + 5 + 7 + ... + (2k - 1) + (2k + 1) =$
$= k^2 + (2k + 1) = (k + 1)^2$

Assim, $P(k + 1)$ é verdadeira. Portanto, pelo Princípio de Indução Finita, a proposição $1 + 3 + 5 + 7 + ... + (2n - 1) = n^2$ é verdadeira para **qualquer** $n \in \mathbb{N}^*$.

2. Prove que a proposição

$1 + 2 + 3 + ... + n = \dfrac{n(n + 1)}{2}$ é verdadeira

qualquer que seja $n \in \mathbb{N}^*$.

Resolução

(1) Observamos que $P(1)$ é verdadeira, pois para $n = 1$, temos:

$$\frac{n(n + 1)}{2} = \frac{1(1 + 1)}{2} = \frac{2}{2} = 1 \therefore 1 = 1$$

(2) Hipótese do P.I.F.:

$P(k) = 1 + 2 + 3 + ... + k = \dfrac{k(k + 1)}{2}$ (é verdadeira) (I)

Devemos provar que:

$P(k + 1)$: $1 + 2 + 3 + \ldots + k + k + 1 = \dfrac{(k + 1)(k + 2)}{2}$

é verdadeira.

Adicionando $(k + 1)$ a ambos os membros de (I), temos:

$$1 + 2 + 3 + ... + k + (k + 1) = \frac{k(k + 1)}{2} + (k + 1) \Rightarrow$$

$$\Rightarrow 1 + 2 + 3 + ... + k + (k + 1) = \frac{k(k + 1) + 2(k + 1)}{2} \Rightarrow$$

$$\Rightarrow 1 + 2 + 3 + ... + k + (k + 1) = \frac{(k + 1)(k + 2)}{2},$$

que constitui $P(k + 1)$.

Portanto, pelo Princípio de Indução Finita, a proposição $1 + 2 + 3 + ... + n = \dfrac{n(n + 1)}{2}$ é verdadeira para **qualquer** que seja $n \in \mathbb{N}^*$.

3. Demonstre que $n^3 + 2n$ é divisível por 3, qualquer que seja $n \in \mathbb{N}^*$.

Resolução

(1) Para $n = 1$, temos $1^3 + 2 \cdot 1 = 3$, que é divisível por 3 (verdadeiro).
(2) Para $n = k$, temos $k^3 + 2k$, que é divisível por 3 (hipótese).
Para $n = k + 1$, temos: $(k + 1)^3 + 2(k + 1)$ (vamos provar que é divisível por 3).

$$(k+1)^3 + 2(k+1) = k^3 + 3k^2 + 3k + 1 + 2k + 2 = \underbrace{k^3 + 2k} + \underbrace{3(k^2 + k + 1)}$$

Sabemos que $k^3 + 2k$ é divisível por 3 (por hipótese). Temos que $3(k^2 + k + 1)$ também é divisível por 3.
Logo, $P(k + 1)$ é verdadeira.
Portanto, a proposição "$n^3 + 2n$ é divisível por 3" é verdadeira **qualquer** que seja $n \in \mathbb{N}^*$.

4. Demonstre a proposição $P(n)$: $2^n > n$, para qualquer $n \in \mathbb{N}^*$.

Resolução

(1) Notamos que $P(1)$ é verdadeira, pois $2^1 = 2 > 1$.
(2) Hipótese: para algum $k > 1$, vale a desigualdade $2^k > k$.
Vamos provar que $2^{k+1} > k + 1$, ou seja, que $P(k + 1)$ é verdadeira.
$2^k > k$ (hipótese)
Multiplicando ambos os membros por 2, temos:
$2 \cdot 2^k > 2k \Rightarrow 2^{k+1} > k + k \geqslant k + 1 \Rightarrow 2^{k+1} > k + 1$
Assim, $P(k + 1)$ é verdadeira. Portanto, pelo Princípio de Indução Finita, a proposição $2^n > n$ é verdadeira para **qualquer** $n \in \mathbb{N}^*$.

5. Demonstre que $5^{2n} - 1$ é divisível por 24, qualquer que seja $n \in \mathbb{N}^*$.

Resolução

(1) Para $n = 1$, temos $5^2 - 1 = 25 - 1 = 24$ (que é divisível por 24).
(2) Pela hipótese de indução, supomos que exista um $k \in \mathbb{N}^*$, tal que $5^{2k} - 1$ é divisível por 24, ou seja, $5^{2k} - 1 = 24x$, com $x \in \mathbb{N}$.
Provaremos que essa proposição é válida para $k + 1 \in \mathbb{N}^*$.
$5^{2k} - 1 = 24x \Rightarrow 5^2(5^{2k} - 1) = 5^2(24x) \Rightarrow 5^{2k+2} - 25 = 24 \cdot 25x \Rightarrow 5^{2k+2} - 1 = 24 \cdot 25x + 24 \Rightarrow$
$\Rightarrow 5^{2(k+1)} - 1 = 24(25x + 1)$, que é divisível por 24.
Portanto, pelo Princípio de Indução Finita, $5^{2n} - 1$ é divisível por 24, **qualquer** que seja $n \in \mathbb{N}^*$.

» Resolvido passo a passo

6. Torre de Hanói, também conhecida como Torre do Fim do Mundo, é um quebra-cabeça formado por uma base com três pinos, em um dos quais são colocados alguns discos uns sobre os outros, em ordem decrescente de diâmetro, de baixo para cima. O desafio consiste em passar todos os discos do primeiro pino para outro qualquer, usando um dos pinos como auxiliar. Mas só é permitido movimentar um disco de cada vez, um disco maior não pode ficar sobre um menor e um disco deve estar sempre num dos três pinos ou em movimento. O número de discos pode variar, e no jogo mais simples há apenas três discos.
O jogo Torre de Hanói foi criado em 1883 pelo matemático francês Édouard Lucas (1842-1891). Para acompanhar o jogo, Lucas se inspirou em uma curiosa lenda sobre uma torre que havia sido criada no início dos tempos pelo deus Brahma. Nessa torre havia 64 discos de ouro e mais duas estacas equilibradas sobre uma plataforma. Os monges deviam mover todos os discos de uma estaca para outra de forma que apenas um disco poderia ser movido por vez e nunca um disco maior deveria ficar por cima de um disco menor. Quando todos os discos fossem transferidos de uma estaca para a outra, o mundo acabaria.

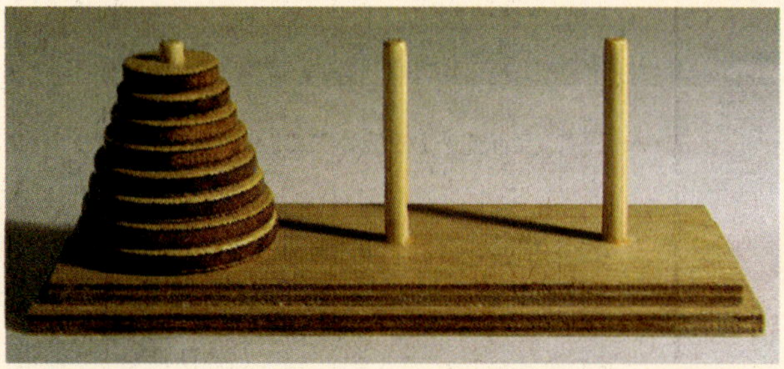
Wikimedia Commons/Arquivo da editora

Torre de Hanói com 8 discos

Por exemplo, a transferência de 3 discos é feita do seguinte modo:

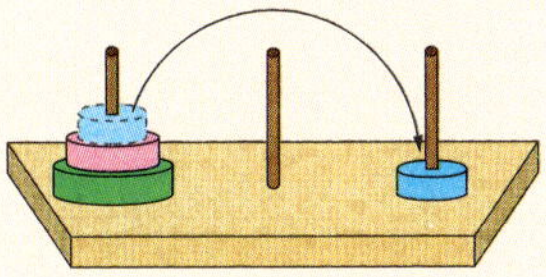

movimento 1

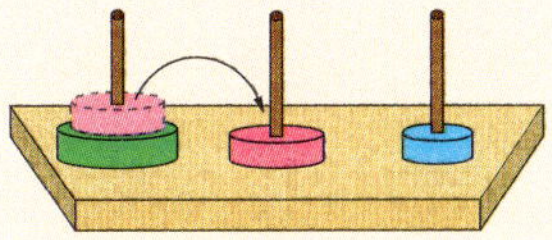

movimento 2

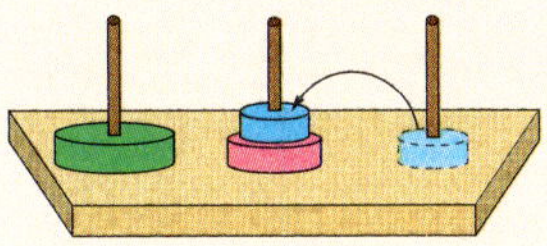

movimento 3

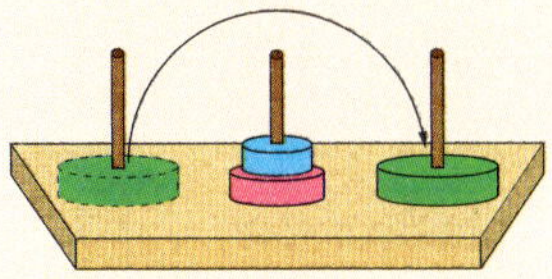

movimento 4

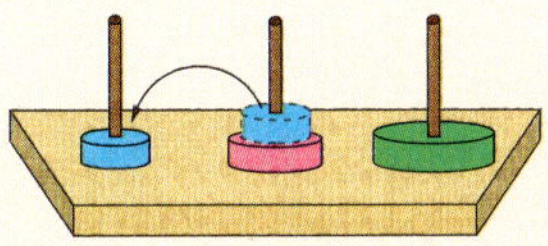

movimento 5

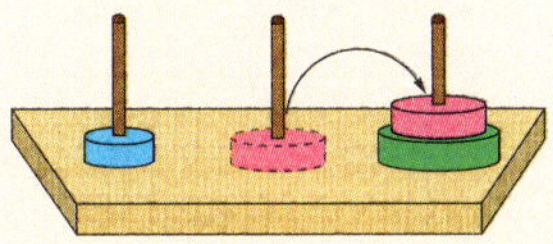

movimento 6

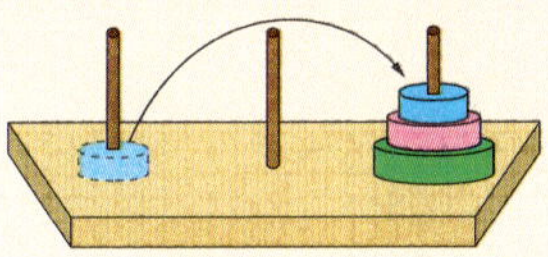

movimento 7

Perceba que foram efetuados sete movimentos. Com 64 discos, como na lenda, seriam necessários pelo menos 18 446 744 073 709 551 615 movimentos. Se cada movimento fosse feito em 1 segundo, levaríamos algo como 585 bilhões de anos para transferir todos os 64 discos de uma estaca para outra.

Vamos provar que é possível resolver um Hanói de n discos com um mínimo de $2^n - 1$ movimentos.

1. Lendo e compreendendo

a) O que é dado no problema?

É dada a hipótese que se pretende provar, ou seja, a fórmula $2^n - 1$, em que n é o número de discos da Torre de Hanói.

b) O que se pede?

A prova de que o número mínimo de movimentos para se resolver um Hanói de n discos é $2^n - 1$.

2. Planejando a solução

Usaremos indução finita para provar essa hipótese.

3. Executando o que foi planejado

Vamos chamar de $H(n)$ o número mínimo de movimentos para se resolver um Hanói de n discos.

Inicialmente, devemos provar que a hipótese é válida para $n = 1$.

Como, para mover um único disco, basta um único movimento, então sabemos que $H(1) = 1$.

Pela hipótese:

$H(n) = 2^n - 1 \Rightarrow H(1) = 2^1 - 1 \Rightarrow H(1) = 1$.

Portanto, a hipótese é verdadeira para $n = 1$.

Agora, precisamos provar que a hipótese é verdadeira para $H(n + 1)$, desde que seja válida para $H(n)$.

Então, devemos mostrar que $H(n + 1) = 2^{n+1} - 1$ é verdadeiro.

Para isso, consideremos $n + 1$ discos na torre 1, sendo um maior (o que está mais embaixo) e os n que estão acima deste. Para movimentar os n discos que estão em cima do maior disco da torre 1 para a torre 2, gastamos $H(n)$ movimentos (por hipótese). Após esse procedimento, teremos o disco maior na torre 1 e os n discos na torre 2, por exemplo. Com mais um movimento, colocamos o disco maior na torre 3. Agora, com mais $H(n)$ movimentos, colocamos os n discos da torre 2 na torre 3, terminando a transferência dos $n + 1$ discos da torre 1 para a torre 3. Nesse processo, usamos um total de $H(n) + 1 + H(n) = 2H(n) + 1$ movimentos.

Como $H(n) = 2^n - 1$ por hipótese, então:

$2H(n) + 1 = 2(2^n - 1) + 1 = 2^{n+1} - 2 + 1 =$
$= 2^{n+1} - 1$.

Assim, por experimentação, mostramos que $H(n + 1) = 2^{n+1} - 1$ é verdadeiro, terminando a demonstração por indução finita.

4. Emitindo a resposta

A tese foi demonstrada.

5. Ampliando o problema

a) Qual é o número mínimo de movimentos para se resolver um Hanói de 4 discos? E um de 5 discos?

b) Um Hanói de n discos precisa de 1023 movimentos, no mínimo, para ser resolvido. Quantos são os discos desse Hanói?

c) *Discussão em equipe*

Confiram no *site* do laboratório virtual da USP um jogo *on-line* da Torre de Hanói: <www.ideiasnacaixa.com/laboratoriovirtual/torreHanoi.html>. (Acesso em: 27 ago. 2013.) Vejam quem consegue resolver o problema, no menor número de movimentos, com um Hanói de 4 discos. Se a turma começar a ficar craque na resolução do Hanói de 4 discos, tentem com 5. Não é tão simples quanto parece!

Exercícios

1. Demonstre que:

a) $1 + q + q^2 + ... + q^n = \frac{1 - q^{n+1}}{1 - q} (q \neq 1)$

b) $\frac{1}{1 \cdot 2} + \frac{1}{2 \cdot 3} + \frac{1}{3 \cdot 4} + ... + \frac{1}{n(n+1)} = \frac{n}{n+1}$

c) $1^3 + 2^3 + 3^3 + ... + n^3 = \frac{n^2(n+1)^2}{4}$

d) $1 \cdot 2 + 2 \cdot 3 + 3 \cdot 4 + ... + n(n+1) =$
$= \frac{n(n+1)(n+2)}{3}$

e) $2^0 + 2^1 + 2^2 + 2^3 + 2^4 + ... + 2^{n-1} = 2^n - 1$

2. Prove que:

a) $2^n > n^2$, qualquer que seja $n \geq 5$.

b) $2^n > n^3$, qualquer que seja $n \geq 10$.

c) $3^n - 1$ é divisível por 2, qualquer que seja $n \in \mathbb{N}^*$.

d) $n^3 - n$ é divisível por 6, qualquer que seja $n \in \mathbb{N}^*$.

3. Demonstre que
$1^3 + 3^3 + 5^3 + ... + (2n - 1)^3 = n^2 \cdot (2n^2 - 1)$ para qualquer $n \in \mathbb{N}^*$.

4. Demonstre que, para $n \in \mathbb{N}$ e $x \geq 1$, vale a desigualdade $(1 + x)^n \geq 1 + nx$ (desigualdade de Bernoulli – Jacques Bernoulli, 1654-1705).

3 Noção intuitiva de derivada de uma função

Estudar o comportamento de uma função significa obter informações, como taxa de variação, intervalos de seu domínio nos quais ela é crescente ou decrescente, pontos de máximo e de mínimo, sem necessariamente conhecer seu gráfico.

Significa, portanto, descrever suas características. Para isso, é possível utilizar a derivada.

Para compreender o conceito de derivada, é preciso estudar as noções de incremento de uma variável, de incremento de uma função e de taxa de variação. Usaremos a ideia intuitiva de limite, sem desenvolvê-la sistematicamente.

Incremento de uma variável

Qualquer acréscimo ou variação em uma variável x é chamado de **incremento**. O incremento pode ser positivo, negativo ou zero.

Por exemplo, se a temperatura era 25 °C às 12 horas e 29 °C às 15 horas, então o incremento (ou a variação) na temperatura foi de 4 °C. Se a temperatura era 26 °C às 16 horas e 23 °C às 23 horas, então o incremento (ou a variação) na temperatura foi de −3 °C. Se a temperatura era 23 °C às 10 horas e 23 °C às 12 horas, então o incremento (ou a variação) na temperatura foi de 0 °C.

Como já vimos em outros tópicos de Matemática e também em Física, a letra grega Δ (delta) simboliza uma diferença (subtração), e como um incremento é a diferença entre dois valores, também aqui o símbolo Δ é adequado. Assim, um incremento (ou uma variação) em x é escrito como Δx. Por exemplo, se $x_1 = 5$ e $x_2 = 8$, então:

$$\Delta x = x_2 - x_1 = 8 - 5 = 3 \therefore \Delta x = 3$$

Quando uma temperatura T varia de −2 °C para 10 °C, seu incremento ΔT é positivo:

$$\Delta T = T_2 - T_1 = 10 - (-2) = 10 + 2 = 12 \therefore \Delta T = 12 \text{ °C}$$

Fique atento!
O símbolo ∴ indica 'portanto'.

Incremento de uma função

Quando uma variável y é dada em função de outra variável x ($y = f(x)$), então, para qualquer incremento (acréscimo) Δx dado a x, há um incremento Δy correspondente em y dado por:

$$\Delta y = f(x + \Delta x) - f(x)$$

Por exemplo, para a função definida por $y = f(x) = x^2 + 2x$, se x varia de 3 para 7, a função y varia de 15 a 63, pois:

- para $x_1 = 3$, temos $f(3) = 3^2 + 2 \cdot 3 = 9 + 6 = 15$
- para $x_2 = 7$, temos $f(7) = 7^2 + 2 \cdot 7 = 49 + 14 = 63$

Assim:

$\Delta x = x_2 - x_1 = 7 - 3 = 4 \therefore \Delta x = 4$

$\Delta y = f(x_2) - f(x_1) = f(x_1 + \Delta x) - f(x_1) = f(3 + 4) - f(3) = f(7) - f(3) = 63 - 15 = 48 \therefore \Delta y = 48$

Razão entre incrementos: taxa média de variação

A razão entre o incremento de uma função y e o incremento de uma variável x é dada por:

$$\frac{\Delta y}{\Delta x} = \frac{f(x + \Delta x) - f(x)}{\Delta x}$$

Fique atento!
Δx é diferente de zero, pois, se $\Delta x = 0$, teríamos $\frac{0}{0}$, que é indeterminado.

Essa razão chama-se **razão incremental**.

Na função $y = f(x) = x^2 + 2x$, quando x varia de 3 para 7, a função varia de $f(3) = 15$ para $f(3 + 4) = f(7) = 63$. Assim, $\Delta x = 4$ e $\Delta y = f(3 + 4) - f(3) = 63 - 15 = 48$. Daí, temos:

$$\frac{\Delta y}{\Delta x} = \frac{f(3 + 4) - f(3)}{4} = \frac{48}{4} = 12$$

O número 12 representa a **taxa média de variação** da função y quando x varia de 3 para 7.

Fique atento!
Podemos dizer **taxa média de variação** ou **taxa de variação média**.

Exemplo:

Vamos supor que o odômetro de um carro em movimento em uma rodovia indique 13 600 km às 8 horas da manhã e 13 840 km às 10 horas.

Para determinar a taxa média de variação da distância em relação ao tempo, ou seja, a velocidade média do carro, chamamos de S a distância em quilômetros (km) e t o tempo em horas (h), e vemos que:

- $\Delta t = t_2 - t_1 = 10 - 8 = 2 \therefore \Delta t = 2$ horas
- $\Delta S = S_2 - S_1 = 13\,840 - 13\,600 = 240 \therefore \Delta S = 240$ km

Assim, a taxa média de variação, ou velocidade média, é dada por $\frac{\Delta S}{\Delta t} = \frac{240}{2} = 120$ km/h.

Isto é, a taxa média de variação da distância é de 120 km para cada variação de 1 hora no tempo, ou seja, a velocidade média é de 120 km/h.

Observação: A taxa média de variação **não** informa como o veículo foi conduzido em cada momento, pois ele pode ter rodado, por exemplo, a 100 km/h em certo intervalo de tempo e a 140 km/h em outro; a velocidade média de 120 km/h não indica a velocidade em determinado instante. Para obter uma informação precisa da velocidade em determinado instante, precisamos de um novo conceito, que é o de **taxa de variação instantânea**, que será estudado a seguir.

Exercícios

5. Determine a taxa média de variação de cada uma das funções:
   a) $f(x) = x^2$; de $x = 5$ a $x = 8$;
   b) $i(t) = t^2 + 2t$; de $t = 2$ a $t = 2{,}5$;
   c) $v(t) = t^2 - t$; de $t = 2{,}6$ a $t = 3{,}2$;
   d) $P(i) = 15i^2$; de $i = 5$ a $i = 6{,}5$.

6. Se a temperatura em Natal (RN) era 28 °C às 10 horas e 33 °C às 14 horas, num mesmo dia, determine a taxa média de variação da temperatura por hora, nesse dia.

7. Uma corrente elétrica varia de 6,0 ampères para 5,4 ampères em 0,5 segundo. Qual é a taxa média de variação da corrente por segundo?

8. O odômetro de um carro numa rodovia mostra 15 000 km às 10 horas e 15 300 km às 13 horas. Determine a velocidade média, por hora, nesse intervalo de tempo.

9. Um objeto cai em queda livre aproximadamente pela função $S(t) = 4{,}9t^2$, em que S representa a distância em metros (m) e t representa o tempo em segundos (s). Determine a velocidade média desse objeto no intervalo de $t = 3$ a $t = 6$ segundos.

10. O velocímetro de um carro mostra 80 km/h às 10 horas e 90 km/h, 30 segundos mais tarde. Determine a aceleração média (taxa média da variação da velocidade) durante esse intervalo de 30 segundos.

Taxa de variação instantânea

Já vimos como calcular a **taxa média de variação** de uma função. Acompanhe nos exemplos seguintes a necessidade de estudarmos o significado de taxa de variação instantânea.

Exemplos:

1º) Para um objeto em queda livre, a distância S (em metros) percorrida em função do tempo t (em segundos) é dada, aproximadamente, pela função $S(t) = 4{,}9t^2$. Quando $t = 3$ s, temos que $S = 44{,}1$ m; quando $t = 5$ s, temos $S = 122{,}5$ m. Assim:

$\Delta t = 2$ s e $\Delta S = 78{,}4$ m.

Já vimos que a **velocidade média** é dada por $\dfrac{\Delta S}{\Delta t} = \dfrac{78{,}4}{2} = 39{,}2$ m/s durante o intervalo de 2 segundos.

Vamos supor agora que queiramos a velocidade do objeto exatamente no instante $t = 4$ s. Isto é o que se chama de **velocidade instantânea** no instante $t = 4$ s. Para um objeto em queda livre a velocidade varia continuamente. No instante $t = 4$ s, a velocidade não é a mesma que no instante $t = 4{,}1$ s. Assim, precisaremos aprender a calcular a **taxa de variação instantânea**.

2º) Suponhamos que num circuito elétrico a potência (P) seja dada por $P(i) = 20i^2$. Quando $i = 4$ ampères, $P = 320$ watts; quando $i = 7$ ampères, $P = 980$ watts. Assim:

$\Delta i = 3$ ampères e $\Delta P = 660$ watts.

Então, a taxa média de variação da potência P com relação à corrente i é dada por:

$$\frac{\Delta P}{\Delta i} = \frac{660 \text{ watts}}{3 \text{ ampères}} = 220 \text{ watts por ampère}$$

Esse resultado significa que a potência varia em média 220 watts para cada variação de 1 ampère na corrente.

Entretanto, se quisermos saber a taxa de variação da potência num particular instante, novamente precisaremos da **taxa de variação instantânea**.

3º) No caso da colisão de um carro com um poste, o estrago causado depende da **velocidade instantânea** no momento do impacto e não da velocidade média da viagem.

Como podemos observar, nessas situações precisamos conhecer a **taxa de variação instantânea**, ou seja, a taxa de variação em um determinado instante. E isso acontecerá também em muitas outras situações.

Significado e cálculo da taxa de variação instantânea

Vamos ver agora o significado da **taxa de variação instantânea** de uma função e como podemos determiná-la.

Consideremos a função $y = f(x) = x^2$.

Vamos iniciar com o valor $x = 4$. Faremos a variável x sofrer incrementos Δx cujos valores sejam cada vez menores, isto é, faremos Δx "tender a zero" e veremos o que ocorre com Δy e com a razão incremental.

$$\frac{\Delta y}{\Delta x} = \frac{f(x + \Delta x) - f(x)}{\Delta x} = \frac{(x + \Delta x)^2 - x^2}{\Delta x} = \frac{(4 + \Delta x)^2 - 4^2}{\Delta x} = \frac{8 \cdot \Delta x + (\Delta x)^2}{\Delta x} = 8 + \Delta x$$

Observe a tabela:

Δx	Novo x $x + \Delta x$	Novo y $y + \Delta y$	Δy	$\frac{\Delta y}{\Delta x}$
3	7	49	33	11
2	6	36	20	10
1	5	25	9	9
0,5	4,5	20,25	4,25	8,5
0,1	4,1	16,81	0,81	8,1
0,01 ↓ 0	4,01 ↓ 4	16,0801 ↓ 16	0,0801 ↓ 0	8,01 ↓ ?

Vemos na tabela que, quando Δx tende a zero, Δy também tende a zero, e a razão incremental $\frac{\Delta y}{\Delta x}$, nesse caso, tende a uma constante que é igual a 8.

Esse valor 8 é chamado **taxa de variação instantânea** da função $y = f(x) = x^2$ no ponto $x = 4$, ou a **derivada** da função $y = f(x) = x^2$ no ponto $x = 4$.

4 Derivada

Na quinta coluna da tabela acima há vários valores da razão incremental $\frac{\Delta y}{\Delta x}$, que, como visto, tendem para um valor constante (no caso, para o valor 8).

Quando Δx tende a zero e a razão incremental se aproxima de um valor finito m, dizemos que m é o limite da razão incremental com Δx tendendo a zero, e escrevemos:

$m = \lim\limits_{\Delta x \to 0} \frac{\Delta y}{\Delta x}$, que se lê "limite de $\frac{\Delta y}{\Delta x}$ quando Δx tende a zero".

Definição de derivada

Consideremos uma função $f\colon I \to \mathbb{R}$, definida em um intervalo I, e x_0 um ponto desse intervalo.

A razão incremental em x_0 é dada por:

$$\frac{\Delta y}{\Delta x} = \frac{f(x_0 + \Delta x) - f(x_0)}{\Delta x}$$

A **derivada** da função $y = f(x)$, em x_0, é o limite, se existir, da razão incremental quando Δx tende a zero:

$$\lim_{\Delta x \to 0} \frac{\Delta y}{\Delta x} = \lim_{\Delta x \to 0} \frac{f(x_0 + \Delta x) - f(x_0)}{\Delta x}$$

Esse limite é chamado **derivada de f em x_0** e é representado assim:

$$f'(x_0)$$

Então:

$$f'(x_0) = \lim_{\Delta x \to 0} \frac{f(x_0 + \Delta x) - f(x_0)}{\Delta x}$$

Fique atento!
A notação $f'(x_0)$ significa "derivada da função $y = f(x)$ no ponto x_0".

Para facilitar a notação, vamos substituir o Δx por h, ou seja:

$$f'(x_0) = \lim_{h \to 0} \frac{f(x_0 + h) - f(x_0)}{h}$$

Observação: Quando falamos em derivada de uma função $y = f(x)$ em um ponto genérico x do domínio da função, referimo-nos a ela simplesmente como derivada da função f.

Cálculo da derivada

Vamos determinar a derivada $f'(x_0)$ da função $y = f(x) = x^2$, no ponto x_0.

1ª maneira:

- Substituímos x por $(x + h)$ e y por $(y + \Delta y)$ na equação $y = x^2$ (I) e fazemos o desenvolvimento:
  $y + \Delta y = (x + h)^2 = x^2 + 2xh + h^2$ (II)
- Subtraímos (I) de (II) para obter o valor de Δy:

$$\begin{array}{rl} & y + \Delta y = x^2 + 2xh + h^2 \\ - & y = x^2 \\ \hline & \Delta y = 2xh + h^2 \end{array}$$

- Dividimos ambos os membros por h:
  $$\frac{\Delta y}{h} = 2x + h$$
- Fazemos h tender a zero. No primeiro membro aparecerá o limite, que é a derivada. No segundo membro aparecerá o valor da derivada:
  $$\lim_{h \to 0} \frac{\Delta y}{h} = 2x \text{ ou } f'(x) = 2x$$

Fique atento!
Já vimos que h é sempre diferente de zero.

Portanto, a derivada da função $f(x) = x^2$ é $f'(x) = 2x$ e, no ponto x_0, $f'(x_0) = 2x_0$.

Observação: Na página 271 construímos uma tabela para a função $y = x^2$, tomamos o valor inicial $x = 4$ e chegamos ao valor da derivada igual a 8, o que confere, pois:

$f'(x) = 2x$

$f'(4) = 2 \cdot 4 = 8$

No ponto $x = 6$, a derivada é 12, pois:

$f'(x) = 2x$

$f'(6) = 2 \cdot 6 = 12$

E, num ponto qualquer $x = x_0$, a derivada da função $y = f(x) = x^2$ é dada por:

$f'(x_0) = 2x_0$

2ª maneira:

- Sabemos que $y = f(x) = x^2$ e:

$$f'(x) = \lim_{h \to 0} \frac{\Delta y}{h} = \lim_{h \to 0} \frac{f(x+h) - f(x)}{h}$$

- Calculamos $\Delta y = f(x + h) - f(x)$:

$\Delta y = (x + h)^2 - x^2 \Rightarrow \Delta y = x^2 + 2xh + h^2 - x^2 \Rightarrow \Delta y = 2xh + h^2$

- Dividimos o resultado por h:

$$\frac{\Delta y}{h} = \frac{2xh + h^2}{h} = 2x + h$$

- Calculamos o limite quando h tende a zero:

$$\lim_{h \to 0} \frac{\Delta y}{h} = \lim_{h \to 0} \frac{f(x+h) - f(x)}{h} = \lim_{h \to 0} 2x + h = 2x$$

Portanto, $f'(x) = 2x$. E, no ponto x_0, $f'(x_0) = 2x_0$.

> **Fique atento!**
> Nos exercícios você escolhe qual maneira usar para resolvê-los.

Quadro-resumo para determinar a derivada
1ª maneira
1. Substituir x por $(x + h)$ e y por $(y + \Delta y)$. Desenvolver a expressão, se necessário.
2. Subtrair a função original para isolar o valor de Δy.
3. Dividir ambos os membros por h para obter a razão incremental $\frac{\Delta y}{h}$.
4. Fazer h tender a zero determinando o limite: $\lim_{h \to 0} \frac{\Delta y}{h} = f'(x)$.
2ª maneira
1. Escrever $f(x)$ e $f(x + h)$.
2. Calcular $\Delta y = f(x + h) - f(x)$.
3. Dividir o resultado por h para obter a razão incremental $\frac{\Delta y}{h}$.
4. Fazer h tender a zero determinando o limite: $\lim_{h \to 0} \frac{\Delta y}{h} = f'(x)$.

Exercícios resolvidos

7. Qual é a derivada da função $f(x) = x^3$ no ponto $x = 2$?

Resolução

1ª maneira:

- Substituímos x por $(x + h)$ e y por $(y + \Delta y)$ na função $y = f(x) = x^3$ (I):

$y + \Delta y = (x + h)^3$

Fazemos o desenvolvimento:

$y + \Delta y = x^3 + 3x^2h + 3xh^2 + h^3$ (II)

- Subtraímos (I) de (II) para isolar o valor de Δy:

$$\begin{array}{rl} & y + \Delta y = x^3 + 3x^2h + 3xh^2 + h^3 \\ - & y = x^3 \\ \hline & \Delta y = 3x^2h + 3xh^2 + h^3 \end{array}$$

- Dividimos ambos os membros por h:

$$\frac{\Delta y}{h} = 3x^2 + 3xh + h^2$$

- Fazemos h tender a zero:

$$\lim_{h \to 0} \frac{\Delta y}{h} = 3x^2$$

Portanto, $f'(x) = 3x^2$.

No ponto $x = 2$, temos $f'(2) = 3 \cdot 2^2 = 12$.

2ª maneira:

$y = f(x) = x^3$

- Calculamos $\Delta y = f(x + h) - f(x)$:

$$\Delta y = f(x + h) - f(x) = (x + h)^3 - x^3 \Rightarrow$$
$$\Rightarrow \Delta y = x^3 + 3x^2h + 3xh^2 + h^3 - x^3 \Rightarrow$$
$$\Rightarrow \Delta y = 3x^2h + 3xh^2 + h^3$$

- Dividimos por h para obter a razão incremental $\frac{\Delta y}{h}$:

$$\frac{\Delta y}{h} = 3x^2 + 3xh + h^2$$

- Fazemos h tender a zero:

$$\lim_{h \to 0} \frac{\Delta y}{h} = 3x^2$$

Portanto, $f'(x) = 3x^2$.

No ponto $x = 2$, temos $f'(2) = 3 \cdot 2^2 = 3 \cdot 4 = 12$.

8. Determine a derivada $f'(x)$ da função

$f(x) = \frac{5}{x - 1}$ $(x \neq 1)$ para $x = 5$.

Resolução

- Substituímos x por $(x + h)$ e y por $(y + \Delta y)$ na função $y = f(x) = \frac{5}{x - 1}$ $(x \neq 1)$:

$$y + \Delta y = \frac{5}{x + h - 1}$$

- Subtraímos a expressão original:

$$y + \Delta y = \frac{5}{x + h - 1}$$
$$-y = \frac{5}{x - 1}$$

$$\Delta y = \frac{5(x - 1) - 5(x + h - 1)}{(x + h - 1)(x - 1)} \Rightarrow$$

$$\Rightarrow \Delta y = \frac{\cancel{5x} - \cancel{5} - \cancel{5x} - 5h + \cancel{5}}{(x + h - 1)(x - 1)} =$$

$$= \frac{-5h}{(x + h - 1)(x - 1)}$$

- Dividimos ambos os membros por h:

$$\frac{\Delta y}{h} = \frac{\frac{-5\cancel{h}}{(x + h - 1)(x - 1)}}{\cancel{h}} =$$

$$= \frac{-5}{(x + h - 1)(x - 1)}$$

- Fazemos h tender a zero, obtendo a derivada:

$$f'(x) = \lim_{h \to 0} \frac{\Delta y}{h} = \frac{-5}{(x + 0 - 1)(x - 1)} =$$

$$= \frac{-5}{(x - 1)(x - 1)} = \frac{-5}{(x - 1)^2}$$

Portanto, a derivada da função $f(x) = \frac{5}{x - 1}$ $(x \neq 1)$ é dada por $f'(x) = \frac{-5}{(x - 1)^2}$.

Para $x = 5$, temos $f'(5) = \frac{-5}{16}$.

9. Determine a derivada da função quadrática $y = f(x) = ax^2 + bx + c$ $(a \neq 0)$.

Resolução

Sabemos que $f'(x) = \lim_{h \to 0} \frac{\Delta y}{h} =$

$$= \lim_{h \to 0} \frac{f(x + h) - f(x)}{h}$$

- Calculamos $f(x + h)$:

$$f(x + h) = a(x + h)^2 + b(x + h) + c =$$
$$= a(x^2 + 2xh + h^2) + bx + bh + c =$$
$$= ax^2 + 2axh + ah^2 + bx + bh + c$$

- Calculamos $\Delta y = f(x + h) - f(x)$:

$$\Delta y = f(x + h) - f(x) =$$
$$= ax^2 + 2axh + ah^2 + bx + bh +$$
$$+ c - (ax^2 + bx + c) =$$
$$= \cancel{ax^2} + 2axh + ah^2 + \cancel{bx} + bh +$$
$$+ \cancel{c} - \cancel{ax^2} - \cancel{bx} - \cancel{c} =$$
$$= 2axh + ah^2 + bh$$

- Dividimos ambos os membros por h:

$$\frac{\Delta y}{h} = \frac{2axh + ah^2 + bh}{h} =$$
$$= \frac{(2ax + ah + b)\cancel{h}}{\cancel{h}} = 2ax + ah + b$$

- Fazemos h tender a zero:

$$\lim_{h \to 0} \frac{\Delta y}{h} = 2ax + a \cdot 0 + b = 2ax + b$$

Portanto, a derivada da função quadrática $y = f(x) = ax^2 + bx + c$ $(a \neq 0)$ é dada por $f'(x) = 2ax + b$.

Num ponto $x = x_0$, teremos $f'(x_0) = 2ax_0 + b$.

10. Determine a derivada $f'(x)$ da função $y = f(x) = x^2 + 2x - 3$ no ponto $x = 3$.

Resolução

1ª maneira:

- Substituímos x por $(x + h)$ e y por $(y + \Delta y)$:

$$y + \Delta y = (x + h)^2 + 2(x + h) - 3 \Rightarrow$$
$$\Rightarrow y + \Delta y = x^2 + 2xh + h^2 + 2x + 2h - 3$$

- Subtraímos a função original:

$$\begin{array}{rcl} y + \Delta y & = & x^2 + 2xh + h^2 + 2x + 2h - 3 \\ - \quad y & = & x^2 + 2x - 3 \\ \hline \Delta y & = & 2xh + h^2 + 2h \end{array}$$

- Dividimos ambos os membros por h:

$$\frac{\Delta y}{h} = 2x + h + 2$$

- Fazemos h tender a zero:

$$\lim_{h \to 0} \frac{\Delta y}{h} = 2x + 2$$

Portanto, a derivada da função $y = f(x) = x^2 + 2x - 3$ é dada por $f'(x) = 2x + 2$.

Para $x = 3$, temos:

$f'(3) = 2 \cdot 3 + 2 = 8$

2ª maneira:

$y = f(x) = x^2 + 2x - 3$

- Calculamos Δy:

$$\Delta y = f(x + h) - f(x) \Rightarrow \Delta y =$$
$$= (x + h)^2 + 2(x + h) - 3 - (x^2 + 2x - 3) \Rightarrow$$
$$\Rightarrow \Delta y = \cancel{x^2} + 2xh + h^2 + \cancel{2x} + 2h - \cancel{3} - \cancel{x^2} - \cancel{2x} + \cancel{3} \Rightarrow$$
$$\Rightarrow \Delta y = 2xh + h^2 + 2h$$

- Dividimos por h:

$$\frac{\Delta y}{h} = 2x + h + 2$$

- Fazemos h tender a zero:

$$\lim_{h \to 0} \frac{\Delta y}{h} = 2x + 2$$

Portanto, $f'(x) = 2x + 2$.

Para $x = 3$, temos $f'(3) = 2 \cdot 3 + 2 = 8$.

3ª maneira:

De acordo com o exercício resolvido 9, a derivada de $f(x) = ax^2 + bx + c$ $(a \neq 0)$ num ponto $x = x_0$ é $f'(x_0) = 2ax_0 + b$.

Assim, como $f(x) = y = x^2 + 2x - 3$, temos $f'(3) = 2 \cdot 1 \cdot 3 + 2 = 8$.

11. Determine $f'(2)$ sabendo que $f(x) = x^2 + x$.

Resolução

Sabemos que, se $y = f(x) = x^2 + x$, então $f'(x) = 2x + 1$.

Assim, $f'(2) = 2 \cdot 2 + 1 = 5$.

Exercícios

11. Determine a derivada de cada uma das funções usando a maneira que quiser:

a) $y = x^2 - 3$

b) $f(x) = 2 - x^2$

c) $y = x^2 + 4x - 1$

d) $f(x) = \dfrac{2}{x + 3}$

e) $y = \dfrac{4}{x}$

f) $f(x) = \dfrac{3}{2 - 3x}$

g) $P(x) = 10x^2$

h) $S(t) = t^2 + 3t - 2$

i) $V(r) = 8r^3$

12. Determine a derivada de cada uma das funções nos valores indicados:

a) $y = x^2 - 5x + 4$ para $x = 3$;

b) $S(t) = t^2 + 4t + 3$ para $t = 1$;

c) $f(x) = \dfrac{5}{x}$ para $x = 4$;

d) $y = 1 - 3x - 2x^2$ para $x = 3$;

e) $S(t) = \dfrac{10}{t + 1}$ para $t = 2$;

f) $f(x) = 2 - x$ para $x = 1$.

13. Se $A(r) = \pi r^2$, determine $A'(r)$ quando $r = 5$.

14. Se $S(t) = 4{,}9t^2$, determine a taxa de variação instantânea no instante $t = 10$ s.

Derivadas de algumas funções elementares

Agora que já aprendemos a determinar a derivada de uma função pela definição, ou seja, obtendo o limite da razão $\frac{\Delta y}{\Delta x}$ para quando Δx tende a zero, podemos começar a generalizar as derivadas mais comuns e aprender algumas propriedades operatórias.

Dessa forma, a obtenção das derivadas será mais ágil e prática, evidenciando ainda mais o enorme potencial dessa importante ferramenta matemática.

Derivada da função afim $f(x) = ax + b$

Fique atento!
O limite de uma constante é igual a essa constante.

Considerando $f(x) = ax + b$ ($a \in \mathbb{R}^*$, $b \in \mathbb{R}$), temos:

$$\frac{f(x+h) - f(x)}{h} = \frac{a(x+h) + b - (ax+b)}{h} = \frac{a\cancel{h}}{\cancel{h}} = a$$

Então, $f'(x) = \lim\limits_{h \to 0} a = a$.

Logo, podemos escrever que:

Se $f(x) = ax + b$, então $f'(x) = a$.

Exemplos:

a) Se $f(x) = 2x + 3$, então $f'(x) = 2$.

b) Se $f(x) = -\frac{1}{2}x + 5$, então $f'(x) = -\frac{1}{2}$.

Caso particular: derivada da função identidade $f(x) = x$

Se na função afim dada anteriormente fizermos $a = 1$ e $b = 0$, teremos a função identidade $f(x) = x$ e poderemos escrever que:

Se $f(x) = x$, então $f'(x) = 1$.

Caso particular: derivada da função constante $f(x) = k$

Se na função afim $f(x) = ax + b$ fizermos $a = 0$ e $b = k$ ($k \in \mathbb{R}$), teremos $f'(x) = a = 0$. Assim:

Se $f(x) = k$, então $f'(x) = 0$.

Exemplos:

a) Se $f(x) = 8$, então $f'(x) = 0$.

b) Se $f(x) = \sqrt{3}$, então $f'(x) = 0$.

Derivada da função potência com expoente natural $f(x) = x^n$

Consideremos a função $f: \mathbb{R} \to \mathbb{R}$ definida por $f(x) = x^n$, $n \in \mathbb{N}$. Admitiremos sem demonstração que:

Se $f(x) = x^n$, $n \in \mathbb{N}$, então $f'(x) = nx^{n-1}$.

Exemplos:

a) Se $f(x) = x^6$, então $f'(x) = 6x^5$.

b) Se $f(x) = x^2$, então $f'(x) = 2x$.

Derivada da função quadrática $f(x) = ax^2 + bx + c$

Consideremos a função $f: \mathbb{R} \rightarrow \mathbb{R}$ definida por $f(x) = ax^2 + bx + c$, com $a \neq 0$. Admitiremos sem demonstração que:

Se $f(x) = ax^2 + bx + c$, com $a \neq 0$, então $f'(x) = 2ax + b$.

Exemplos:
a) $f(x) = x^2 + 2x + 1$, então $f'(x) = 2x + 2$.
b) $f(x) = 5x^2 + 3x$, então $f'(x) = 2 \cdot 5 \cdot x + 3 = 10x + 3$.

Quadro-resumo das derivadas	
Função	**Derivada**
$f(x) = ax + b\ (a, b \in \mathbb{R})$	$f'(x) = a$
$f(x) = x$	$f'(x) = 1$
$f(x) = k\ (k \in \mathbb{R})$	$f'(x) = 0$
$f(x) = x^n\ (n \in \mathbb{N})$	$f'(x) = nx^{n-1}$
$f(x) = ax^2 + bx + c\ (a, b, c \in \mathbb{R}, a \neq 0)$	$f'(x) = 2ax + b$

Propriedades operatórias das derivadas

Vejamos, agora, duas propriedades operatórias das derivadas, que admitiremos verdadeiras sem demonstração. O conhecimento dessas propriedades facilita o cálculo das derivadas.

Derivada de uma soma (ou diferença) de funções

A derivada da soma (ou diferença) de duas funções é igual à soma (ou diferença) das derivadas dessas funções. Ou seja, se f e g são funções deriváveis no ponto x, então $f + g$ (ou $f - g$) também é derivável nesse ponto, e:

$$(f + g)'(x) = f'(x) + g'(x)$$
$$(f - g)'(x) = f'(x) - g'(x)$$

Derivada do produto de uma constante por uma função $g(x) = k \cdot f(x)$

Admitiremos sem demonstração que:

Se $g(x) = c \cdot f(x)$, então $g'(x) = c \cdot f'(x)$.

Exemplos:

a) Se $f(x) = 3 \cdot x^6$, então $f'(x) = 3 \cdot 6 \cdot x^5 = 18x^5$.

b) Se $f(x) = a \cdot x^n$, então $f'(x) = a \cdot n \cdot x^{n-1}$.

Para refletir
Utilizando essa propriedade, prove que a derivada de uma função quadrática é $f'(x) = 2ax + b$.

Exercício resolvido

12. Determine $f'(x)$ das funções a seguir.

a) $f(x) = x^2 + x + 1$

b) $f(x) = 3x^5$

c) $f(x) = 3x^2 + 2x + 1$

Resolução

a) $f(x) = x^2 + x + 1$

$f'(x) = (x^2 + x + 1)' = (x^2)' + x' + 1' = 2x + 1 + 0 = 2x + 1$

Logo, $f'(x) = 2x + 1$.

b) $f(x) = 3x^5$

Neste caso, $k = 3$ e $g(x) = x^5$.

Então, $f(x) = 3 \cdot g(x)$. Logo:

$f'(x) = 3 \cdot g'(x) = 3 \cdot 5x^4 = 15x^4$

Ou, ainda:

$f'(x) = (3x^5)' = 3(x^5)' = 3 \cdot 5x^4 = 15x^4$

Logo, $f'(x) = 15x^4$.

c) $f(x) = 3x^2 + 2x + 1$

$f'(x) = (3x^2 + 2x + 1)' = (3x^2)' + (2x)' + 1' = 3(x^2)' + 2x' + 1' = 3 \cdot 2x + 2 \cdot 1 + 0 = 6x + 2$

Logo, $f'(x) = 6x + 2$.

Exercício

15. Determine as derivadas das seguintes funções:

a) $f(x) = 100$

b) $f(x) = -x^4$

c) $f(x) = x^2 + x - 4$

d) $f(x) = 3x^4$

e) $f(x) = \sqrt{2}x^3 - 2x$

f) $f(x) = -10x^3 + 2x^2$

5 Aplicações da derivada

Velocidade média

Já vimos que a velocidade média é dada pela taxa média de variação da distância em relação ao tempo.

Por exemplo, vamos supor que um veículo passe pelo ponto *A* num determinado instante e, 5 segundos mais tarde, passe pelo ponto *B*, sendo a distância entre *A* e *B* de 200 metros.

Se $S = S(t)$ representa a distância percorrida antes de *A*, então, a distância *AB* será chamada de ΔS (o incremento na distância). O tempo de 5 segundos é Δt (o incremento no tempo). Sabemos que a velocidade média é dada por:

$$\frac{\Delta S}{\Delta t} = \frac{200 \text{ m}}{5 \text{ s}} = 40 \text{ m/s}$$

Velocidade instantânea em um ponto

Para obter a velocidade instantânea no ponto A, fazemos Δt cada vez menor e tendendo a zero. Assim, ΔS também tende a zero.

A velocidade instantânea no ponto A será o limite da razão $\frac{\Delta S}{\Delta t}$ quando Δt tende a zero, isto é:

$$\text{velocidade instantânea } v = \lim_{\Delta t \to 0} \frac{\Delta S}{\Delta t}$$

ou seja, a velocidade instantânea num ponto é a derivada de S em relação a t nesse ponto. Indicamos por:

$$v(t) = \frac{\Delta S}{\Delta t} = S'(t)$$

Exercícios resolvidos

13. Um ponto material se move sobre uma trajetória qualquer segundo a função horária $S(t) = t^2 - 2t + 5$, em que S é dado em metros (m) e t é dado em segundos (s). Determine a velocidade instantânea do ponto material no instante $t = 3$ s.

Resolução

A velocidade instantânea é dada pela derivada da função $S(t)$ no instante $t = 3$ s.

$S(t) = t^2 - 2t + 5$

$S'(t) = 2t - 2$

$v(t) = 2t - 2$

Para $t = 3$ s, temos:

$v(3) = 2 \cdot 3 - 2 = 4$

Portanto, a velocidade instantânea desse ponto material no instante $t = 3$ s é de 4 m/s.

14. Um objeto, a uma distância razoável da Terra, cai em queda livre, aproximadamente, segundo a função $S(t) = 4{,}9t^2$, em que S representa a distância em metros e t representa o tempo em segundos. Que distância ele percorre e qual é a velocidade instantânea no final de 5 segundos?

Resolução

Vamos calcular a velocidade instantânea:

$S(t) = 4{,}9t^2$

$S'(t) = 2 \cdot 4{,}9t = 9{,}8t$

Como a derivada da função espaço é a função velocidade, temos:

$v(t) = 9{,}8t$

Para $t = 5$ s, temos:

$v(5) = 9{,}8 \cdot 5 = 49$ m/s

Para determinar a distância percorrida calculamos $S(5)$:

$S(5) = 4{,}9 \cdot 5^2 = 122{,}5$ m

Portanto, no final de 5 segundos, o objeto percorreu 122,5 m e está a uma velocidade de 49 m/s.

15. Do topo de um prédio uma bola é lançada para cima. A distância (em metros) da bola até o chão no tempo de t segundos é dada pela função $S(t) = 16 + 24t - 4t^2$. Determine (desprezando a resistência do ar):

a) a altura do prédio;

b) a velocidade inicial da bola;

c) a altura máxima atingida pela bola.

Resolução

Vamos, inicialmente, calcular a derivada da distância para obter a velocidade.

$S(t) = 16 + 24t - 4t^2$

$S'(t) = 0 + 1 \cdot 24 - 2 \cdot 4t = 24 - 8t$

$v(t) = 24 - 8t$

Portanto, a função velocidade é dada por $v(t) = 24 - 8t$.

Quando a bola deixa o topo do prédio (ao ser lançada para cima), temos $t = 0$. Então:

a) $S(0) = 16 + 24 \cdot 0 - 4 \cdot 0^2 = 16$ m (altura do prédio)

b) $v(0) = 24 - 8 \cdot 0 = 24$ m/s (velocidade inicial da bola)

c) Quando a bola atinge o máximo de sua altura, sua velocidade é zero. Então, $24 - 8t = 0$ e, portanto, $t = 3$ segundos.

Isso significa que a bola atinge o máximo da sua altura no final de 3 segundos.

Para encontrar a altura máxima atingida pela bola, substituímos t por 3 na função

$S(t) = 16 + 24t - 4t^2$.

$S(3) = 16 + 24 \cdot 3 - 4 \cdot 3^2 = 16 + 72 - 36 = 52$ m (altura máxima atingida)

Aceleração

O conceito de **aceleração** está relacionado com a variação de velocidade: sempre que a velocidade de um ponto material varia é porque ele foi acelerado. Mas não basta saber quanto variou a velocidade; é necessário saber também em que intervalo de tempo essa variação ocorreu.

Aceleração média

Inicialmente vamos considerar a **aceleração média** por meio de um exemplo.

Suponha dois carros em movimento, cada um com velocidade de 5 metros por segundo. Algum tempo mais tarde cada um está viajando a 30 metros por segundo. Entretanto, um carro requer 20 segundos para fazer essa mudança e o outro necessita de 5 segundos. Indicamos assim:

Δv: mudança na velocidade

Δt: mudança no tempo

A **aceleração média** é dada pela razão $\frac{\Delta v}{\Delta t}$.

Observe a tabela:

	v_1	v_2	Δv	Δt	$\frac{\Delta v}{\Delta t}$
1º carro	5 m/s	30 m/s	25 m/s	20 s	1,25 m/s²
2º carro	5 m/s	30 m/s	25 m/s	5 s	5 m/s²

A última coluna mostra a aceleração média durante o intervalo de tempo:

- aceleração média do 1º carro: 1,25 m/s²;
- aceleração média do 2º carro: 5 m/s².

Observação: Dizer que um móvel tem aceleração média de 5 m/s² equivale a dizer que a cada segundo sua velocidade varia de 5 m/s.

Aceleração instantânea

Sabemos que a **aceleração média** é a aceleração do móvel calculada em certo intervalo de tempo; **aceleração instantânea** é a aceleração do móvel em determinado instante, ou seja, num intervalo de tempo infinitamente pequeno, isto é, quando Δt tende a zero.

Para obter a aceleração instantânea num ponto, fazemos Δt tender a zero. Assim, Δv também tende a zero. Ao limite da razão $\frac{\Delta v}{\Delta t}$, quando Δt tende a zero, chamamos de **aceleração instantânea** a e indicamos por:

$$a = \lim_{\Delta t \to 0} \frac{\Delta v}{\Delta t} = v' \text{ (derivada da velocidade)}$$

Concluindo:

- velocidade é a derivada da distância S, ou seja, $v = \frac{\Delta S}{\Delta t}$;
- aceleração é a derivada da velocidade v, ou seja, $a = \frac{\Delta v}{\Delta t}$.

Observação: Quando nos referimos simplesmente à **aceleração**, estamos nos referindo à **aceleração instantânea**.

Exercícios resolvidos

Resolvido passo a passo

16. (UEL-PR) A equação horária de um móvel é $y = \dfrac{t^3}{3} + 2t$, sendo y sua altura em relação ao solo, medida em metros, e t o número de segundos transcorridos após sua partida. Sabe-se que a velocidade do móvel no instante $t = 3$ s é dada por $y'(3)$, ou seja, é a derivada de y calculada em 3. Essa velocidade é igual a:

a) 6 m/s.

b) 11 m/s.

c) 15 m/s.

d) 27 m/s.

e) 29 m/s.

1. Lendo e compreendendo

a) O que é dado no problema?

É fornecida a equação horária do móvel, que relaciona a altura dele em relação ao solo com o instante de tempo t; é dada a informação de que a velocidade instantânea pode ser obtida pela derivada da função horária no instante desejado.

b) O que se pede?

A velocidade do móvel no instante $t = 3$ s.

2. Planejando a solução

Vamos obter a derivada da equação horária e, depois, o valor da derivada no ponto $t = 3$.

3. Executando o que foi planejado

A equação horária do móvel é $y = \dfrac{t^3}{3} + 2t$.
Derivando, temos:

$$y' = 3 \cdot \frac{t^2}{3} + 2 = t^2 + 2$$

No ponto $t = 3$, temos:
$y'(3) = 3^2 + 2 = 11$ m/s

4. Verificando

Para verificar o resultado obtido para $y'(3)$, faremos uma tabela com os valores de y e t no entorno de $t = 3$, que nos permitirá calcular as velocidades médias em intervalos de tempo muito pequenos antes e depois do instante $t = 3$. Assim:

t (segundos)	**y** (metros)
2,999	14,989003
3	15
3,001	15,011003

A velocidade média entre os instantes $t = 2{,}999$ e $t = 3$ é:

$$v_1 = \frac{15 - 14{,}989003}{3 - 2{,}999} = \frac{0{,}010997}{0{,}001} = 10{,}997 \text{ m/s}$$

A velocidade média entre os instantes $t = 3$ e $t = 3{,}001$ é:

$$v_2 = \frac{15{,}011003 - 15}{3{,}001 - 3} = \frac{0{,}011003}{0{,}001} = 11{,}003 \text{ m/s}$$

Era esperado que a maneira escolhida não fosse exatamente a resposta obtida, pois em vez de calcularmos a velocidade instantânea no ponto $t = 3$, calculamos a velocidade média num intervalo de tempo de 1 milésimo antes e depois de $t = 3$.

Entretanto, como $y'(3)$ é tal que $v_1 < y'(3) < v_2$, então podemos garantir que a resposta obtida no item 3 está verificada.

5. Emitindo a resposta

A resposta é a alternativa **b**.

6. Ampliando o problema

a) Qual é a altura desse móvel em relação ao solo nos instantes $t = 3$ s e $t = 9$ s?

b) Qual é a aceleração desse móvel nos instantes $t = 3$ s e $t = 9$ s? Sabe-se que a aceleração de um móvel é a derivada da função velocidade.

c) A velocidade da luz no vácuo é de 299 792 458 m/s. Entretanto, para a pergunta a seguir, suponha que ela seja 299 982 402 m/s. Em que instante esse móvel atingirá a velocidade da luz? Use uma calculadora para fazer as contas.

d) *Discussão em equipe*

Observe suas respostas para os itens **a**, **b** e **c**, e use-as como base para discutir com seus colegas a situação proposta no enunciado original do exercício.

Por exemplo, percebam o que está acontecendo com a altura, a velocidade e a aceleração do móvel com o passar do tempo. Imaginem a situação passados 1 minuto, 1 hora, 1 dia, ... O que acontecerá com esse móvel descrito no enunciado?

17. Uma partícula se move de acordo com a função $S(t) = t^3 - 6t^2 + 9t - 5$ (S em metros e t em segundos). Determine:

a) a posição, a velocidade e a aceleração para $t = 0$ e $t = 2$;

b) quando e onde a partícula para.

Resolução

Vamos calcular a velocidade instantânea, ou seja, a derivada de S.

$S(t) = t^3 - 6t^2 + 9t - 5$

$S'(t) = 3t^2 - 2 \cdot 6t + 9 = 3t^2 - 12t + 9$

Portanto, $v(t) = 3t^2 - 12t + 9$.

Vamos calcular agora a aceleração instantânea, ou seja, a derivada de v.

$v(t) = 3t^2 - 12t + 9$

$v'(t) = 2 \cdot 3t - 12 = 6t - 12$

$a(t) = 6t - 12$

Assim, temos as equações:

- do espaço: $S(t) = t^3 - 6t^2 + 9t - 5$
- da velocidade: $v(t) = 3t^2 - 12t + 9$
- da aceleração: $a(t) = 6t - 12$

E podemos determinar o que o problema pede:

a) Para encontrar a posição, a velocidade e a aceleração quando $t = 0$ s, substituímos t por 0 nas respectivas equações e obtemos:

$S(0) = 0^3 - 6 \cdot 0^2 + 9 \cdot 0 - 5 = -5$ m

$v(0) = 3 \cdot 0^2 - 12 \cdot 0 + 9 = 9$ m/s

$a(0) = 6 \cdot 0 - 12 = -12$ m/s^2

Para encontrar a posição, a velocidade e a aceleração quando $t = 2$ s, substituímos t por 2 nas respectivas equações e obtemos:

$S(2) = 2^3 - 6 \cdot 2^2 + 9 \cdot 2 - 5 = -3$ m

$v(2) = 3 \cdot 2^2 - 12 \cdot 2 + 9 = -3$ m/s

$a(2) = 6 \cdot 2 - 12 = 0$ m/s^2

b) A partícula para quando $v = 0$, isto é, $3t^2 - 12t + 9 = 0$.

Resolvendo essa equação, encontramos $t = 1$ e $t = 3$.

Então, a partícula para quando:

- $t = 1$ s, na posição $S = -1$ m;
- $t = 3$ s, na posição $S = -5$ m.

Exercícios

16. Em cada um dos itens abaixo, determine a distância S, a velocidade v e a aceleração a, quando $t = 0$ s e quando $t = 1$ s (S é dado em metros e t é dado em segundos).

a) $S(t) = 4t + 5$

b) $S(t) = t^2 - 5t - 4$

c) $S(t) = 8 + 3t - t^2$

d) $S(t) = t^3 - 6t^2 + 15t$

17. Uma partícula se movimenta de acordo com a função $S(t) = t^3 - 9t^2 + 15t - 4$ (S é dado em metros e t é dado em segundos).

a) Determine a posição, a velocidade e a aceleração quando $t = 0$ s e quando $t = 4$ s.

b) Quando e onde a partícula para?

18. Do topo de um prédio uma bola é lançada para cima e sua distância (em metros) ao chão é dada pela função $S(t) = 20 + 24t - 4t^2$ (t é dado em segundos). Determine (desprezando a resistência do ar):

a) a altura do prédio;

b) a velocidade inicial da bola;

c) o número de segundos que ela leva para atingir o ponto mais alto;

d) a altura máxima atingida pela bola;

e) a velocidade quando ela chega ao chão.

19. O movimento de uma partícula é dado pela função $S(t) = 10 - 9t + 6t^2 - t^3$ (S é dado em metros e t é dado em segundos).

a) Determine a posição, a velocidade e a aceleração no instante $t = 0$.

b) Quando e onde a partícula para?

c) Qual é a aceleração quando $v = 0$?

20. Um objeto é solto de um avião que está a 2 592,1 m de altitude em relação à Terra. A função que representa esse movimento é $S(t) = 4{,}9t^2$ (S dado em metros e t dado em segundos). (Despreze a resistência do ar e considere a aceleração da gravidade $g = 9{,}8$ m/s^2.)

a) Determine a distância percorrida e a velocidade do objeto no final de 10 segundos.

b) Determine a velocidade do objeto no momento do impacto com a Terra.

6 Interpretação geométrica da derivada

Declividade ou coeficiente angular de uma reta

Já estudamos, no capítulo 3, a declividade de uma reta. Vimos que, dada uma reta *r*, sua declividade (coeficiente angular) é dada por:

$$m = \frac{\Delta y}{\Delta x} = \frac{y_2 - y_1}{x_2 - x_1}$$

em que $P_1(x_1, y_1)$ e $P_2(x_2, y_2)$ são dois pontos quaisquer da reta *r*. Chamando de α o ângulo que *r* forma com o eixo *x*, a declividade é a tangente de α, ou seja:

$$m = \text{tg}\ \alpha$$

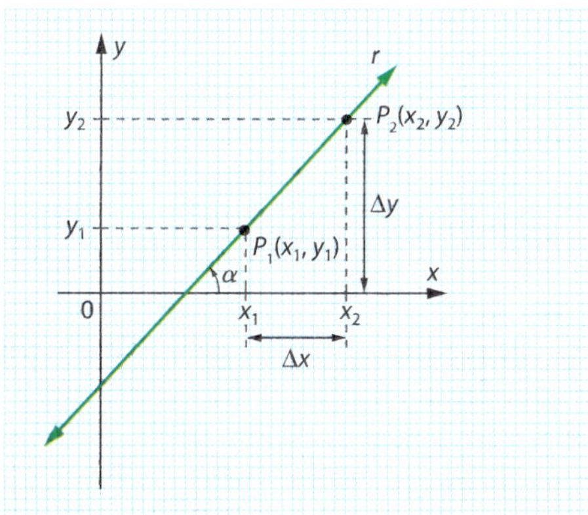

Fique atento!

- Consideramos α a partir do eixo *x*, em direção a *r* no sentido anti-horário.
- Não existe *m* quando *r* é paralela ao eixo *y*.

Exemplo:

A declividade da reta que passa pelos pontos (4, 2) e (0, −2) é dada por:

$$m = \frac{-2 - 2}{0 - 4} = \frac{-4}{-4} = 1$$

Já vimos também que a equação da reta de declividade *m* que passa pelo ponto (x_0, y_0) é dada por $m = \frac{y - y_0}{x - x_0}$, ou seja, $y - y_0 = m(x - x_0)$.

Assim, a equação da reta de declividade $m = 1$ que passa pelo ponto (4, 2) é dada por:

$y - 2 = 1(x - 4) \Rightarrow y = x - 4 + 2 \Rightarrow y = x - 2$

Observe que $m = \text{tg}\ \alpha = 1$. Então, $\alpha = 45°$.

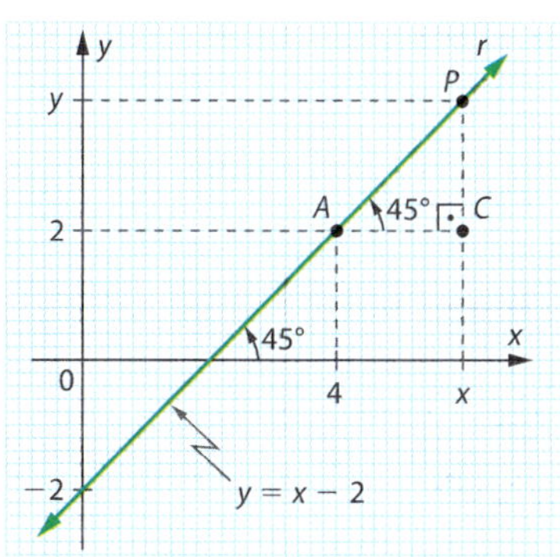

Reta tangente a uma curva num ponto

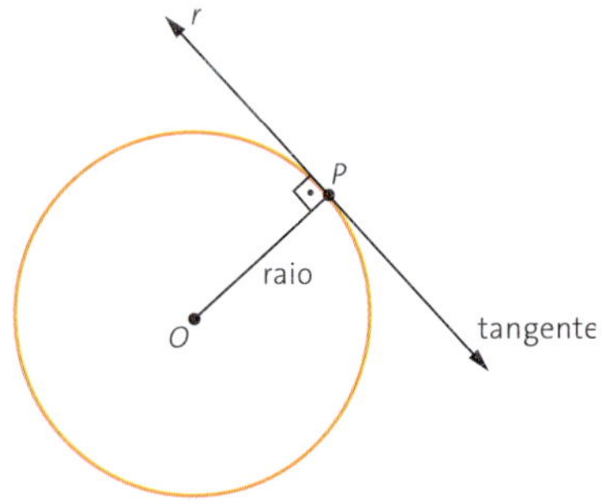

A reta tangente a uma circunferência num ponto P é a reta que intersecta essa circunferência somente nesse ponto; ou, de modo equivalente, a tangente à circunferência num ponto P é a reta que passa por P e é perpendicular ao segmento $\overline{OP}$.

E como definir uma reta tangente a uma curva qualquer em determinado ponto dela?

Reta tangente, declividade de uma curva e derivada

Considere a curva abaixo como o gráfico de uma função qualquer f. Seja $P(x, y)$ um ponto qualquer da curva por onde pretendemos traçar a tangente. Agora, vamos dar a x um incremento $\Delta x = MN$. Consequentemente, y vai variar de um incremento $\Delta y = RQ$. Observe que o ponto Q da curva tem coordenadas $Q(x + \Delta x, y + \Delta y)$.

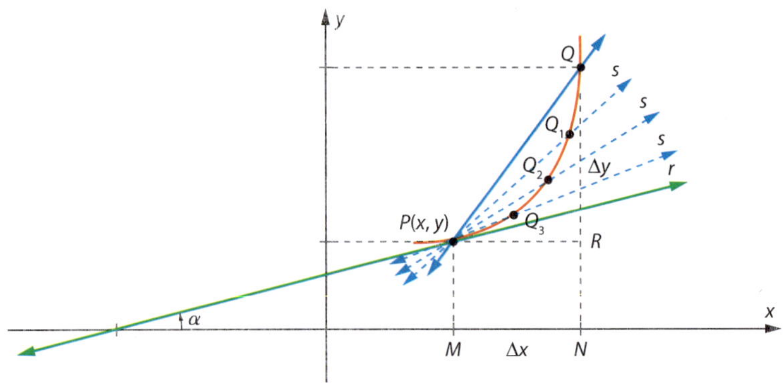

A declividade da reta secante $\overline{PQ}$ é dada pela razão incremental:

$$\frac{\Delta y}{\Delta x} = \frac{f(x + \Delta x) - f(x)}{\Delta x} = \frac{RQ}{PR}$$

Fique atento!
Δx é sempre diferente de zero, pois, se $\Delta x = 0$, teríamos $\frac{0}{0}$, que é indeterminado.

Agora imagine que o ponto Q se mova sobre a curva aproximando-se cada vez mais de P (P permanece fixo), mas sem atingi-lo, passando pelas posições Q_1, Q_2, Q_3, etc. A secante $\overline{PQ}$ assume as posições $\overline{PQ_1}$, $\overline{PQ_2}$, $\overline{PQ_3}$, etc. É esperado que a razão incremental, que é a declividade da secante, se aproxime de determinado valor m, à medida que Q se aproxima de P. Quando isso ocorre, definimos **reta tangente** à curva no ponto P como aquela que passa por P e cuja declividade é m.

P aproxima-se de Q quando fazemos Δx tender a zero. Quando Δx tende a zero e a razão incremental se aproxima de um valor finito m, podemos escrever:

$$\lim_{\Delta x \to 0} \frac{\Delta y}{\Delta x} = \lim_{\Delta x \to 0} \frac{f(x + \Delta x) - f(x)}{\Delta x} = m$$

Observe que, existindo o limite acima, ele é a **derivada** da função f no ponto P, como já havíamos visto.

Portanto, $f'(x) = \text{declividade da reta tangente}$.

Assim, existindo a derivada da função f num ponto x_0, existirá a reta tangente no ponto $(x_0, f(x_0))$ e:

$$f'(x_0) = m = \text{tg}\,\alpha$$

Equação da reta tangente

Podemos concluir, então, que a equação da reta tangente ao gráfico de $y = f(x)$ em um ponto $(x_0, f(x_0))$ é dada por:

$$f'(x_0) = \frac{y - f(x_0)}{x - x_0} \quad \text{ou} \quad y - f(x_0) = f'(x_0)(x - x_0)$$

Fique atento!
A declividade m da reta tangente depende do ponto considerado.

Observação: Nem toda curva admite reta tangente em determinado ponto. Para admitir reta tangente em determinado ponto, o gráfico da função não pode dar "salto" (não pode ser descontínuo) nem mudar bruscamente de direção (formar "bico") nesse ponto. Não admitem reta tangente no ponto de abscissa x_0 os seguintes gráficos de funções:

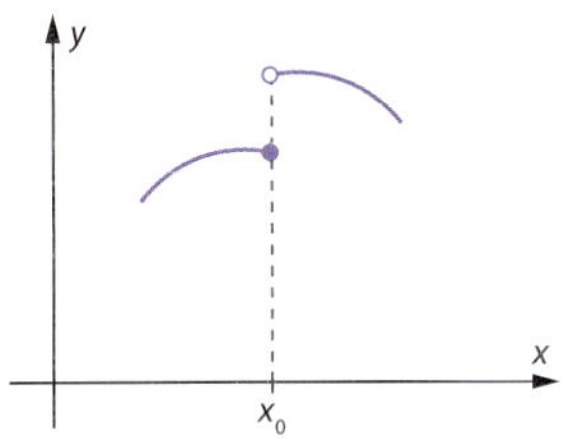

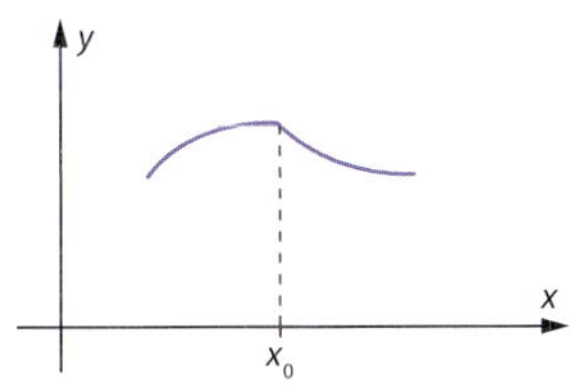

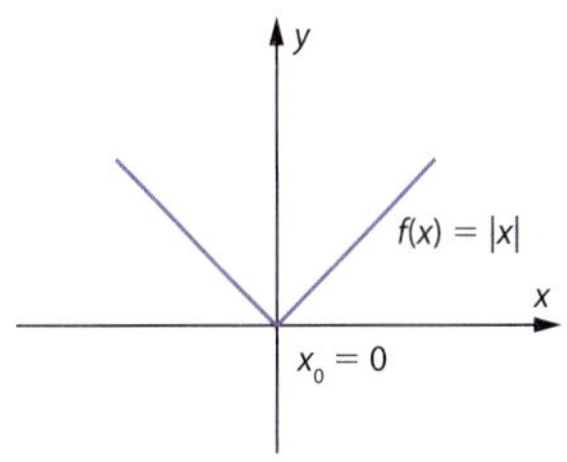

Exercícios resolvidos

18. Determine a equação da reta tangente ao gráfico da função $f(x) = x^2$ no ponto P de abscissa $x = 1$.

Resolução

Para a função $f(x) = x^2$, temos $f(1) = 1$ e $P(1, 1)$.
Temos que $f'(x) = 2x$. Portanto, $f'(1) = 2$.
Conhecendo $m = 2$, podemos escrever a equação da reta tangente à curva no ponto $P(1, 1)$.

$y - f(x_0) = f'(x_0)(x - x_0) \Rightarrow$

$\Rightarrow y - 1 = m(x - 1) \Rightarrow$

$\Rightarrow y - 1 = 2(x - 1) \Rightarrow y = 2x - 1$

Portanto, a equação da reta tangente à curva no ponto $P(1, 1)$ é $y = 2x - 1$.
Essa reta tem declividade $m = 2$, corta o eixo Ox no ponto de abscissa $x = \frac{1}{2}$ e o eixo Oy no ponto de ordenada $y = -1$.

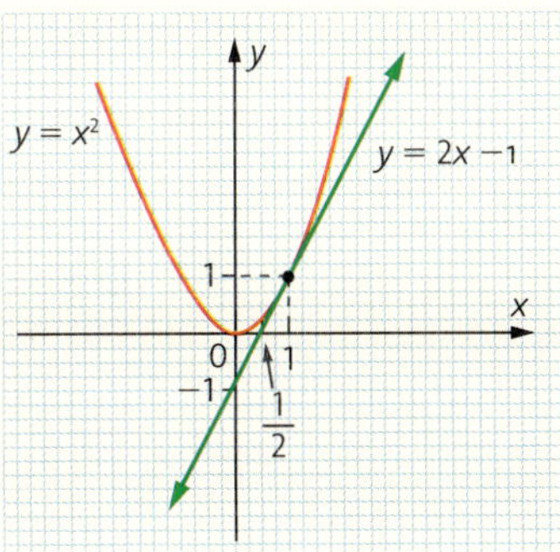

19. Escreva a equação da reta tangente ao gráfico da função $f(x) = x^3$ no ponto P de abscissa $x = 2$.

Resolução

Para a função $f(x) = x^3$, temos $f(2) = 8$ e $P(2, 8)$.

Temos que $f'(x) = 3x^2$.
Assim, $f'(2) = 3 \cdot 2^2 = 12 = m$.
A equação da reta tangente à curva no ponto (2, 8) é dada por:

$y - f(x_0) = f'(x_0)(x - x_0) \Rightarrow$

$\Rightarrow y - 8 = 12(x - 2) \Rightarrow y = 12x - 16$

Essa reta tem declividade $m = 12$, corta o eixo Ox no ponto de abscissa $x = \frac{4}{3}$ e o eixo Oy no ponto de ordenada $y = -16$.

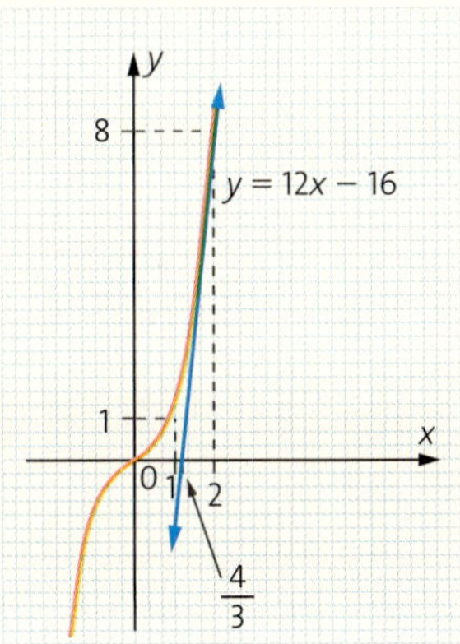

20. Determine a equação da reta tangente ao gráfico da função $f(x) = x^2 - 4x - 5$ no ponto $(3, -8)$.

Resolução

Vamos determinar m, ou seja, a derivada $f'(x)$ no ponto $x = 3$.

$f(x) = x^2 - 4x - 5$

Derivando a função f, obtemos $f'(x) = 2x - 4$:

$f'(3) = 2 = m$

Equação da reta tangente no ponto $(3, -8)$:

$y - f(x_0) = f'(x_0)(x - x_0) \Rightarrow$

$\Rightarrow y + 8 = 2(x - 3) \Rightarrow y = 2x - 14$

Essa reta tem declividade (coeficiente angular) $m = 2$, corta o eixo Ox no ponto de abscissa $x = 7$ e o eixo Oy no ponto de ordenada $y = -14$.

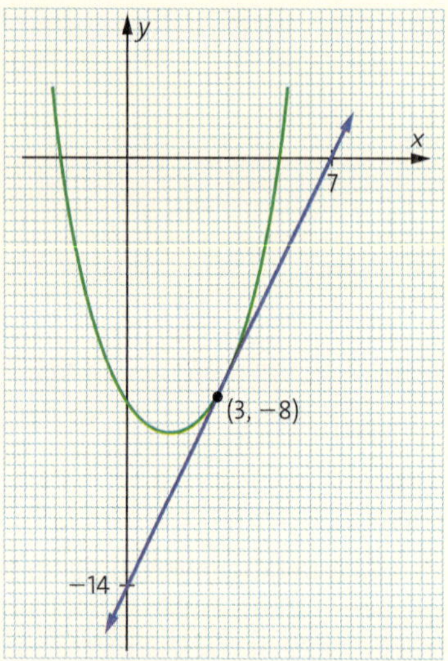

21. Em que ponto a curva $y = x^2 - 6x + 8$ tem uma tangente horizontal?

Resolução

Para ter tangente horizontal, m tem de ser zero.
Vamos determinar a derivada da função:

$y = x^2 - 6x + 8$

$y' = 2x - 6$

Para $2x - 6 = 0$, temos $x = 3$.
Para $x = 3$, temos $y = 3^2 - 6 \cdot 3 + 8 = -1$.
Portanto, a curva tem declividade zero, ou seja, a tangente é horizontal no ponto $(3, -1)$.

22. Dada a função $y = x^3 - 3x^2 - 9x + 12$, vamos determinar:

a) os pontos do gráfico onde $m = 0$;

b) a reta tangente para $x = 2$.

Resolução

Vamos determinar a derivada da função:

$y = x^3 - 3x^2 - 9x + 12$

$y' = f'(x) = 3x^2 - 6x - 9$

a) Para $m = 0$, temos $3x^2 - 6x - 9 = 0$. Resolvendo essa equação, obtemos $x = -1$ e $x = 3$.
- Para $x = -1$: $y = (-1)^3 - 3(-1)^2 - 9(-1) + 12 = 17$
- Para $x = 3$: $y = 3^3 - 3 \cdot 3^2 - 9 \cdot 3 + 12 = -15$

Assim, a declividade m é zero nos pontos $(-1, 17)$ e $(3, -15)$.

b) Para $x = 2$, temos $m = 3 \cdot 2^2 - 6 \cdot 2 - 9 = -9$ e $y = 2^3 - 3 \cdot 2^2 - 9 \cdot 2 + 12 = -10$.
Então, a equação da reta tangente no ponto $(2, -10)$ é:

$y - f(x_0) = m(x - x_0) \Rightarrow$

$\Rightarrow y + 10 = -9(x - 2) \Rightarrow y = -9x + 8$

Exercícios

21. Determine a declividade de cada uma das curvas nos pontos dados:

a) $y = x^2 - 2x - 3$ nos pontos $(2, -3)$ e $(-1, 0)$

b) $f(x) = 2x^3 + 4x^2 - 5x - 3$ nos pontos $(1, -2)$ e $(0, -3)$.

22. Escreva a equação da reta tangente à curva nos pontos dados:

a) $y = x^2 - x - 2$ para $x = 1$;

b) $f(x) = 4 - 2x - x^2$ para $x = -1$;

c) $y = x^2 - x + 3$ no ponto $(1, 3)$;

d) $f(x) = 3x^2 - 2x + 6$ no ponto $(1, 7)$.

23. Dadas as funções abaixo, determine os pontos do gráfico onde $m = 0$.

a) $y = x^2 - 4x - 3$

b) $f(x) = x^3 - 3x^2 - 9x + 10$

c) $y = 2x^2 - 5x + 3$

d) $f(x) = 4 + 15x + 6x^2 - x^3$

24. Determine o valor de y quando $f'(t) = 0$ nos casos:

a) $y = f(t) = t^2 - 3t + 2$

b) $y = f(t) = t^3 - 9t^2 + 15t + 5$

c) $y = f(t) = t^4 + 2t^3$

7 Estudo do comportamento das funções

Podemos estudar o comportamento de uma função por meio das derivadas: para quais intervalos do seu domínio a função é crescente ou decrescente e quais são seus valores máximos ou mínimos, quando existirem.

Recordemos que, se f é definida no conjunto dos números reais ou em um intervalo, dizemos que f é **crescente** se ela varia no mesmo sentido que x, isto é, $f(x)$ cresce à medida que x cresce, e decresce à medida que x decresce. Escrevemos isso assim:

Se $x_2 > x_1$, então $f(x_2) > f(x_1)$.

De modo análogo, dizemos que uma função f é **decrescente** se x e $f(x)$ variam em sentidos contrários, ou seja, se x cresce, então $f(x)$ decresce e, se x decresce, então $f(x)$ cresce. Indicamos isso assim:

Se $x_2 < x_1$, então $f(x_2) < f(x_1)$.

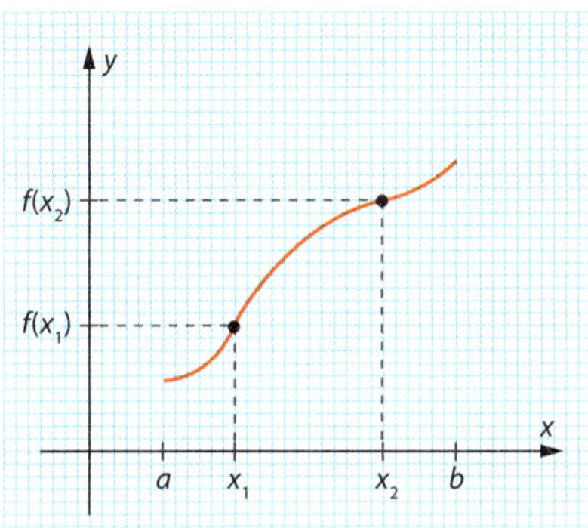

f é crescente em $[a, b]$, pois, para $x_1 < x_2$, temos $f(x_1) < f(x_2)$.

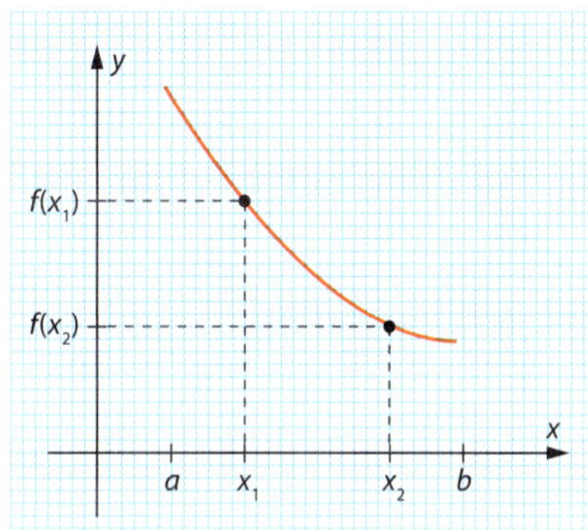

f é decrescente em $[a, b]$, pois, para $x_1 < x_2$, temos $f(x_1) > f(x_2)$.

Observemos agora os seguintes gráficos:

a)

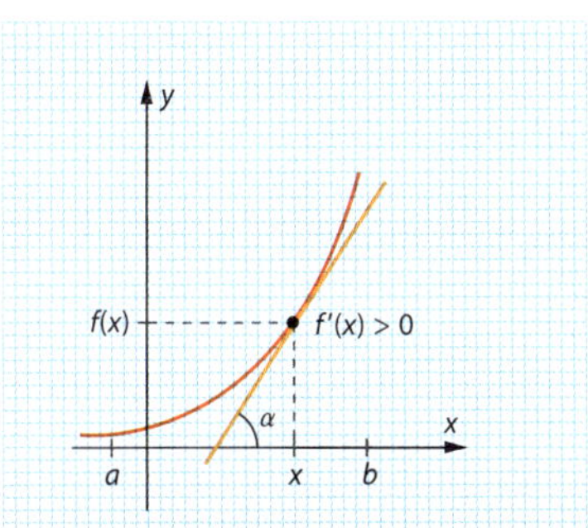

$f'(x) = \text{tg}\,\alpha > 0\left(0 < \alpha < \frac{\pi}{2}\right)$

f é crescente em $[a, b]$.

b)

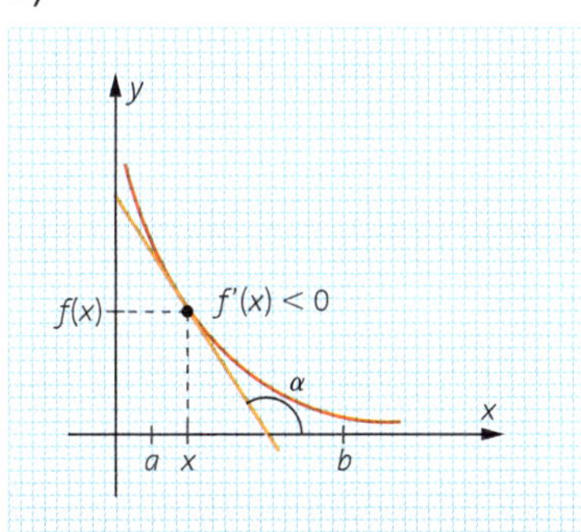

$f'(x) = \text{tg}\,\alpha < 0\left(\frac{\pi}{2} < \alpha < \pi\right)$

f é decrescente em $[a, b]$.

c)

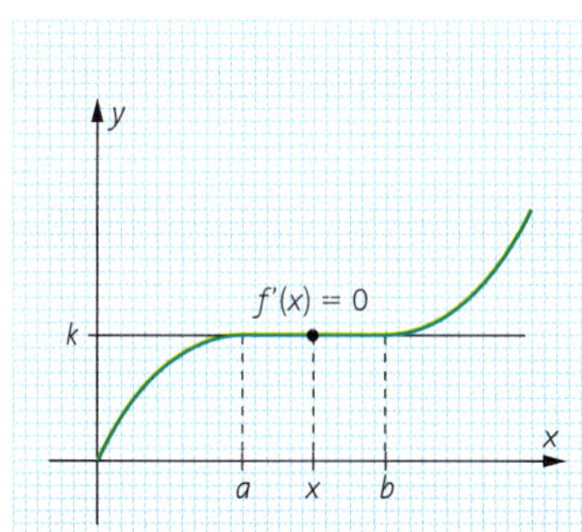

$f'(x) = \text{tg}\,\alpha = 0$

f é constante em $[a, b]$.

Demonstra-se matematicamente o que os gráficos anteriores sugerem:

- se a derivada da função é positiva em um intervalo, a função é crescente nesse mesmo intervalo. Basta ver no gráfico do item **a** que a declividade da reta tangente no ponto $(x, f(x))$ é positiva e, nas vizinhanças desse ponto, o gráfico de f é ascendente. Assim:

Se $f'(x) > 0$ para qualquer $x \in [a, b]$, então f é crescente em $x \in [a, b]$.

- se a derivada da função é negativa em um intervalo, a função é decrescente nesse mesmo intervalo. Observe no gráfico do item **b** que a declividade da reta tangente no ponto $(x, f(x))$ é negativa e, nas vizinhanças desse ponto, o gráfico de f é descendente. Assim:

Se $f'(x) < 0$ para qualquer $x \in [a, b]$, então f é decrescente em $x \in [a, b]$.

- se a derivada da função é zero em um intervalo $[a, b]$, então a função é constante nesse mesmo intervalo. Observe isso no gráfico do item **c**. Assim:

Se $f'(x) = 0$ para qualquer $x \in [a, b]$, então $f(x) = k$ em $x \in [a, b]$.

Comportamento da função afim $f(x) = ax + b$

Você já estudou no capítulo 3 do volume 1 que o gráfico da função afim $y = ax + b$ $(a \neq 0)$ é uma reta crescente se $a > 0$, e decrescente se $a < 0$.

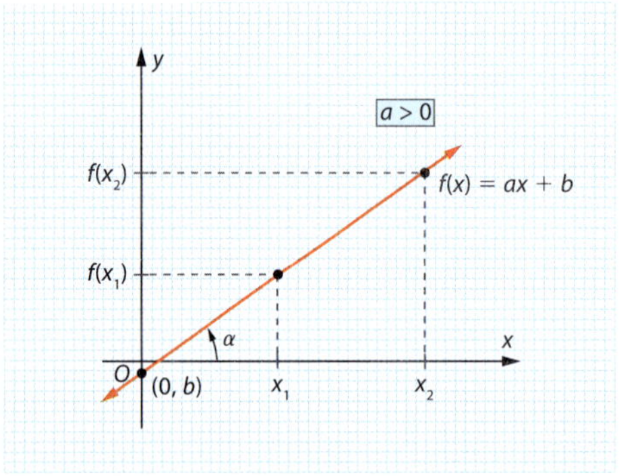

$x_2 > x_1 \Rightarrow f(x_2) > f(x_1)$

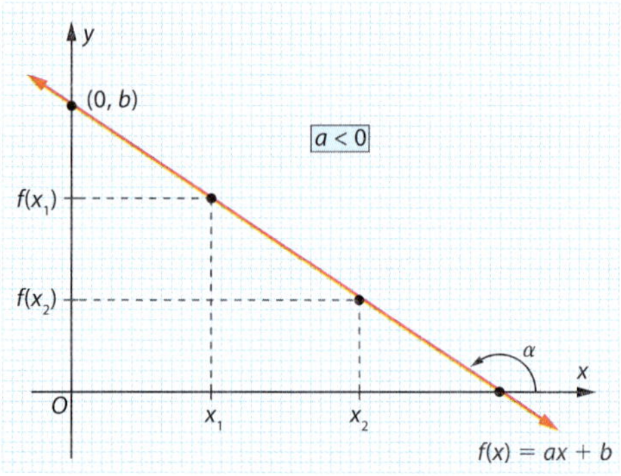

$x_2 > x_1 \Rightarrow f(x_2) < f(x_1)$

No caso de $a = 0$, o valor de $f(x)$ permanece constante, $f(x) = b$, e o gráfico de f é a reta paralela ao eixo x que passa pelo ponto $(0, b)$.

Agora vamos confirmar esse estudo calculando a derivada da função afim $y = ax + b$.

$$y = ax + b$$
$$y' = a$$

Portanto, a derivada de $f(x) = ax + b$ é:

$$f'(x) = a$$

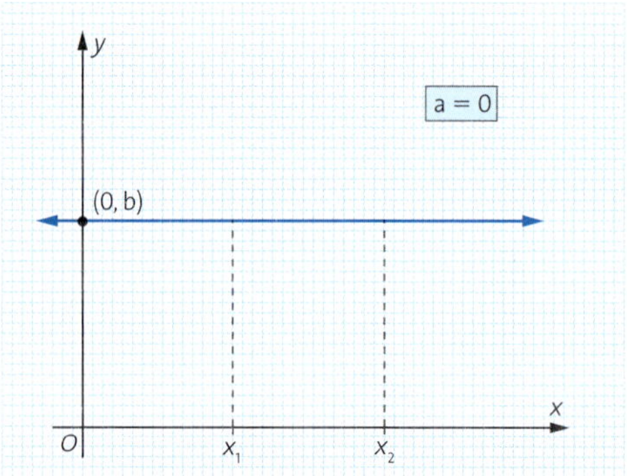

$f(x) = b$ para qualquer x real

Assim:

- se $a > 0$, então $f'(x) > 0$ e, como vimos, $f(x)$ é crescente no intervalo em que a função estiver definida;
- se $a < 0$, então $f'(x) < 0$ e $f(x)$ é decrescente no intervalo em que a função estiver definida.

Portanto, com o uso da derivada, comprovamos o que já havíamos estudado no 1º ano do Ensino Médio.

Exercícios resolvidos

23. Dada a função afim $f(x) = 2x + 3$ para $x \in \mathbb{R}$, verifique em que conjunto ela é crescente.

Resolução

Nesse caso, $a = 2$.
Como $f'(x) = a$, então temos $f'(x) = 2$ e assim $f'(x) > 0$ para qualquer $x \in \mathbb{R}$.
Logo, $f(x) = 2x + 3$ é crescente em $\mathbb{R}$.

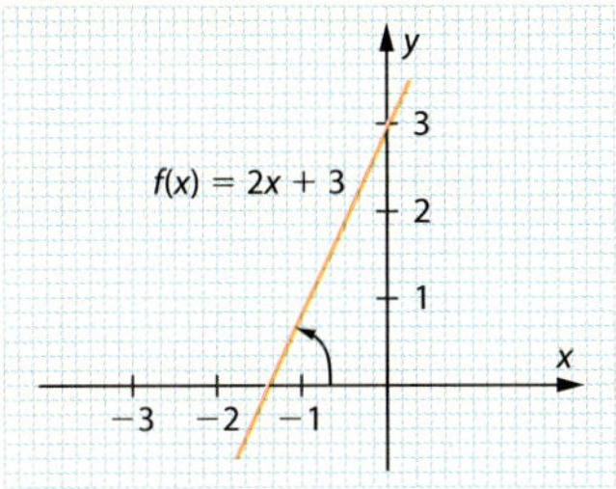

24. Em que conjunto $f(x) = -2x + 2$, $x \in \mathbb{R}$, é decrescente?

Resolução

Nesse caso, $a = -2$.
Como $f'(x) = a$, então temos $f'(x) = -2$ e assim $f'(x) < 0$ para qualquer $x \in \mathbb{R}$.
Logo, $f(x) = -2x + 2$ é decrescente em $\mathbb{R}$.

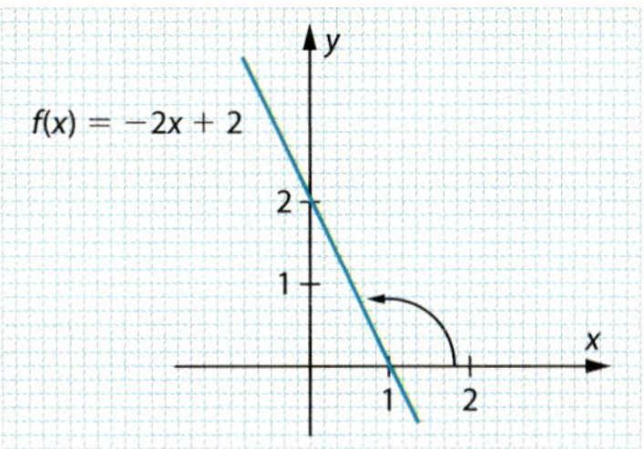

Comportamento da função quadrática $f(x) = ax^2 + bx + c$

Você já estudou no capítulo 4 do volume 1 o sinal da função quadrática $y = f(x) = ax^2 + bx + c$ $(a \neq 0)$, analisando os sinais de a e de $\Delta = b^2 - 4ac$.

Agora, usando derivada, vamos estudar a variação do sinal e do valor da função quadrática.

Exercício resolvido

25. Estude o comportamento das seguintes funções quadráticas:

a) $y = f(x) = x^2 - 5x + 6$ b) $y = f(x) = -x^2 + 4x - 3$

> **Fique atento!**
> A derivada da função quadrática $y = ax^2 + bx + c$ é dada por $f'(x) = 2ax + b$. A raiz da equação da derivada é exatamente a abscissa do vértice da representação gráfica dessa função quadrática.

Resolução

a) Nesse caso, a é positivo.

Vamos calcular a derivada.

$y = x^2 - 5x + 6$

$y' = f'(x) = 2x - 5$

Como: $2x - 5 > 0 \Rightarrow 2x > 5 \Rightarrow x > \frac{5}{2}$ e $2x - 5 < 0 \Rightarrow 2x < 5 \Rightarrow x < \frac{5}{2}$,

temos $f'(x)$ positiva para $x > \frac{5}{2}$ e negativa para $x < \frac{5}{2}$.

Portanto, a função é crescente para $x > \frac{5}{2}$ e decrescente para $x < \frac{5}{2}$, ou seja, a função decresce quando x varia de $-\infty$ até $x = \frac{5}{2}$ e cresce quando x varia de $x = \frac{5}{2}$ até $+\infty$. Logo, ela atinge seu **valor mínimo** em $x = \frac{5}{2}$, que é dado por $f\left(\frac{5}{2}\right) = \left(\frac{5}{2}\right)^2 - 5 \cdot \frac{5}{2} + 6 = -\frac{1}{4}$.

Nesse ponto $\left(\frac{5}{2}, -\frac{1}{4}\right)$, a tangente é horizontal, pois $f'\left(\frac{5}{2}\right) = 2 \cdot \frac{5}{2} - 5 = 0$. Essa função não tem valor máximo.

Os zeros da função, isto é, onde a função se anula ($y = 0$), são:

$y = 0 \Rightarrow x^2 - 5x + 6 = 0 \Rightarrow x = 2$ e $x = 3$ (raízes da equação)

O gráfico de $y = f(x) = x^2 - 5x + 6$ está decrescendo quando passa por $x = 2$ e crescendo quando passa por $x = 3$. Assim, y é positivo para $x < 2$ e $x > 3$, e negativo para x no intervalo das raízes ($2 < x < 3$).

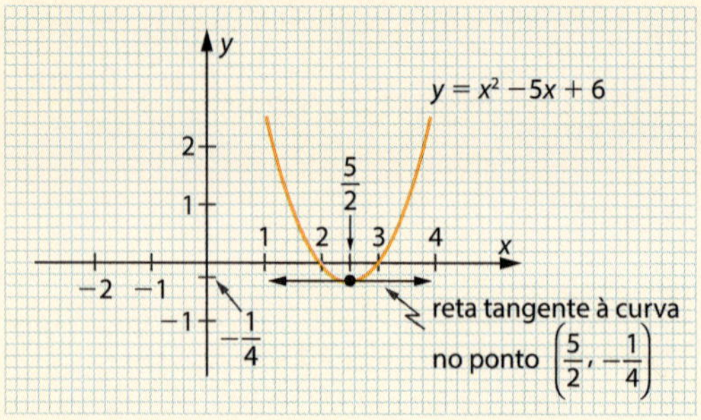

A derivada $f'(x) = 2x - 5$ é uma função crescente ($a = 2 > 0$) para todo x real. Assim, a declividade da reta tangente ao gráfico de f cresce com o crescer de x. Geometricamente, isso mostra que a reta tangente vai girando no sentido anti-horário com o crescer de x (veja a figura ao lado) e o gráfico tem sua **concavidade** voltada para cima.

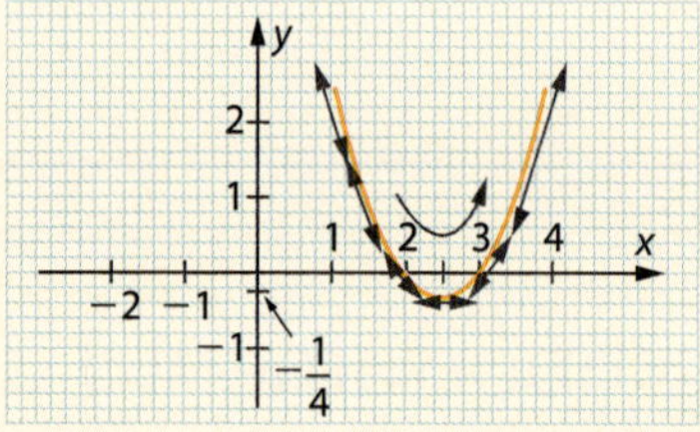

b) Nesse caso, a é negativo.

Vamos calcular a derivada.

$y = -x^2 + 4x - 3$

$y' = f'(x) = -2x + 4$

Assim:

- $-2x + 4 > 0 \Rightarrow -2x > -4 \Rightarrow x < 2$
- $-2x + 4 < 0 \Rightarrow -2x < -4 \Rightarrow x > 2$

Logo:

f' é positiva para $x < 2$ e negativa para $x > 2$.

Portanto, a função é crescente para $x < 2$ e decrescente para $x > 2$, ou seja, a função cresce quando x varia de $-\infty$ até $x = 2$ e decresce quando x varia de $x = 2$ até $+\infty$. Logo, ela atinge seu valor máximo em $x = 2$. Esse valor máximo é dado por $f(2) = -2^2 + 4 \cdot 2 - 3 = 1$.

No ponto (2, 1) a tangente é horizontal, pois $f'(2) = -2x + 4 = -2 \cdot 2 + 4 = 0$.

Essa função não tem valor mínimo. Os zeros da função ($y = 0$) são $x = 1$ e $x = 3$.

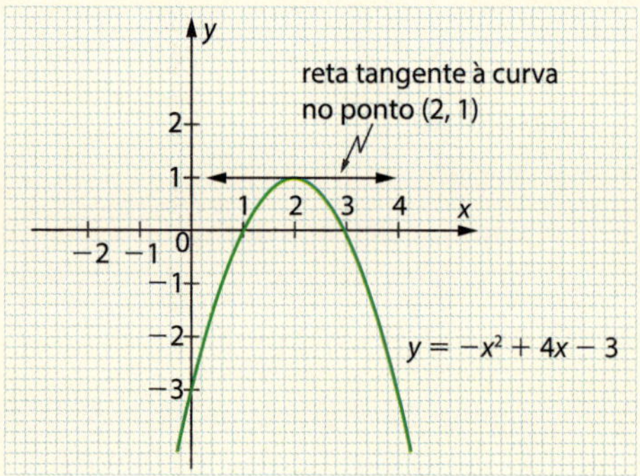

O gráfico de $y = f(x) = -x^2 + 4x - 3$ está crescendo quando passa por $x = 1$ e decrescendo quando passa por $x = 3$. Nesse caso, y é negativo para $x < 1$ e $x > 3$ e positivo para x no intervalo das raízes ($1 < x < 3$). Veja o primeiro gráfico ao lado.

A derivada $f'(x) = -2x + 4$ é uma função decrescente ($a = -2 < 0$) para todo x real. Logo, a declividade da reta tangente ao gráfico de f decresce à medida que x cresce. A interpretação geométrica disso é que a reta tangente vai girando no sentido horário (veja a figura ao lado) quando x cresce e o gráfico tem sua concavidade voltada para baixo.

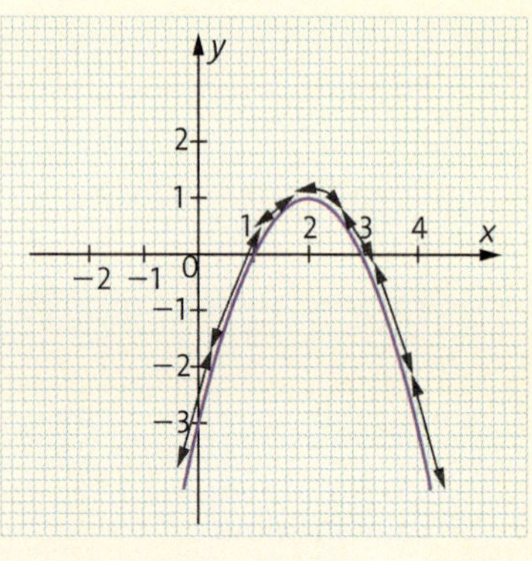

Observação: O estudo do comportamento de qualquer função quadrática $y = f(x) = ax^2 + bx + c$ ($a \neq 0$) ou recai no caso do primeiro exemplo (quando $a > 0$) ou recai no caso do segundo exemplo (quando $a < 0$).

Exercícios

25. Em quais conjuntos as funções abaixo, definidas em $\mathbb{R}$, são crescentes ou decrescentes?

a) $f(x) = 3x + 6$

b) $f(x) = -3x + 1$

c) $f(x) = -x^2 + x(x + 2) + 5$

d) $g(x) = (x - 3)^2 - x^2$

26. Estude o comportamento de cada uma das funções quadráticas. Esboce o gráfico de cada uma delas.

a) $y = x^2 - 2x - 3$

b) $f(x) = -x^2 + 4x + 12$

c) $y = x^2 - 6x + 8$

d) $f(x) = 2x - 2x^2 - 3$

e) $y = -x^2 + 2x + 3$

f) $f(x) = 12x - 9 - 4x^2$

27. O século XVII assistiu a um importante avanço na área da Geometria analítica: a sistematização do cálculo diferencial e integral, que vem se tornando um instrumento cada vez mais indispensável por sua grande aplicabilidade em diversos campos da ciência. O físico e matemático inglês Isaac Newton, por exemplo, foi um dos responsáveis pelo surgimento do processo matemático chamado **derivação de funções**, que permite obter certas grandezas instantâneas, como a que se pede a seguir.

Em uma competição de marcha atlética, durante os 5 primeiros segundos, Sofia movimentou-se conforme a equação horária dos espaços $S = 0{,}35t^2$ (com espaço em metros e tempo em segundos). Após os 5 segundos iniciais, manteve sua velocidade constante.

PCN Photography/Alamy/Glow Images

Com que velocidade ela cruzou a linha de chegada?

a) 35 km/h

b) 23 km/h

c) 9,6 km/h

d) 10,8 km/h

e) 12,6 km/h

28. Um ponto material se desloca segundo o gráfico abaixo:

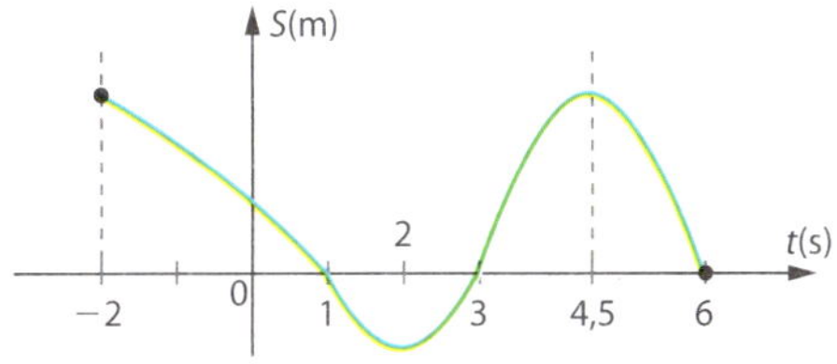

a) Em que instantes a função S é uma função crescente do tempo?

b) Em que instantes a função S é uma função decrescente do tempo?

29. Um ponto material se move de acordo com a função horária $S(t) = 2t^3 - 24t^2 + 72t + 3$ (S dado em metros e t dado em segundos).

Determine em que instantes o ponto material tem velocidade:

a) crescente;

b) decrescente.

30. É comum nas grandes cidades depararmos com as "lombadas eletrônicas" que exibem a **velocidade instantânea** do veículo e possuem em destaque a velocidade máxima.

Fernando Donasci/FolhaPress

Definimos a velocidade instantânea como o limite $\lim\limits_{\Delta t \to 0} \dfrac{\Delta S}{\Delta t}$. Suponha que uma pessoa dirija um carro segundo a função horária $S(t) = 5t^3 - 8t$, a partir do instante $t_0 = 0$, com o tempo medido em horas, e passe pela lombada após 2 horas do início do movimento. Considerando que o limite de velocidade é de 60 km/h, ao passar pela lombada eletrônica, essa pessoa:

a) atingiu o limite de velocidade.

b) ultrapassou o limite de velocidade em mais de 10%.

c) ultrapassou o limite de velocidade em menos de 8%.

d) teve uma velocidade aproximadamente 13% inferior à velocidade permitida.

e) não atingiu metade da velocidade permitida.

34. a) $z = 2\left(\cos\frac{\pi}{6} + i \cdot \text{sen}\,\frac{\pi}{6}\right)$

b) $z = 2\left(\cos\frac{5\pi}{6} + i \cdot \text{sen}\,\frac{5\pi}{6}\right)$

c) $z = 2\left(\cos\frac{11\pi}{6} + i \cdot \text{sen}\,\frac{11\pi}{6}\right)$

d) $z = 2\left(\cos\frac{7\pi}{6} + i \cdot \text{sen}\,\frac{7\pi}{6}\right)$

35. a) $z = 6\left(\cos\frac{\pi}{2} + i \cdot \text{sen}\,\frac{\pi}{2}\right)$

b) $z = 2\sqrt{2}\left(\cos\frac{\pi}{4} + i \cdot \text{sen}\,\frac{\pi}{4}\right)$

c) $z = 16\left(\cos\frac{5\pi}{6} + i \cdot \text{sen}\,\frac{5\pi}{6}\right)$

d) $z = 4(\cos 0 + i \cdot \text{sen}\,0)$

e) $z = 2\sqrt{2}\left(\cos\frac{7\pi}{4} + i \cdot \text{sen}\,\frac{7\pi}{4}\right)$

f) $z = 3(\cos\pi + i \cdot \text{sen}\,\pi)$

g) $z = 1\left(\cos\frac{\pi}{2} + i \cdot \text{sen}\,\frac{\pi}{2}\right)$

36. a) $z = \sqrt{3} + i$

b) $z = 5$

c) $z = -i$

d) $z = -4$

e) $z = \sqrt{2} + \sqrt{2}i$

37. a) $\frac{2\pi}{3}$

b) $\frac{5\pi}{4}$

38. a) $z_1 = 2\left(\cos\frac{\pi}{3} + i \cdot \text{sen}\,\frac{\pi}{3}\right)$;

$z_2 = 3\left(\cos\frac{\pi}{2} + i \cdot \text{sen}\,\frac{\pi}{2}\right)$

b) $6\left(\cos\frac{5\pi}{6} + i \cdot \text{sen}\,\frac{5\pi}{6}\right)$

Resolvido passo a passo

6. a) Sim.

39. $zw = 18(\cos 195° + i \cdot \text{sen}\,195°)$;

$w^2 = 36(\cos 300° + i \cdot \text{sen}\,300°)$;

$\frac{z}{w} = 2(\cos 105° + i \cdot \text{sen}\,105°)$;

$\frac{w}{z} = \frac{1}{2}(\cos 255° + i \cdot \text{sen}\,255°)$.

40. $z_1 = 2\sqrt{3}\left(\cos\frac{5\pi}{6} + i \cdot \text{sen}\,\frac{5\pi}{6}\right)$

41. a) $z_1z_2 = 6\left(\cos\frac{11\pi}{12} + i \cdot \text{sen}\,\frac{11\pi}{12}\right)$;

$\frac{z_1}{z_2} = \frac{2}{3}\left(\cos\frac{5\pi}{12} + i \cdot \text{sen}\,\frac{5\pi}{12}\right)$

b) $z_1z_2 = 8\left(\cos\frac{11\pi}{12} + i \cdot \text{sen}\,\frac{11\pi}{12}\right)$;

$\frac{z_1}{z_2} = 2\left(\cos\frac{17\pi}{12} + i \cdot \text{sen}\,\frac{17\pi}{12}\right)$

42. a) $z_1z_2 = 10\left(\cos\frac{5\pi}{6} + i \cdot \text{sen}\,\frac{5\pi}{6}\right)$

b) $z_1z_2 = 1\left(\cos\frac{17\pi}{12} + i \cdot \text{sen}\,\frac{17\pi}{12}\right)$

43. $z^2 = -2 + 2\sqrt{3}i$, $z^3 = -8$; $z^9 = -512$

44. a) $-2 - 2i$

b) $-8 - 8\sqrt{3}i$

c) $-972 + 972i$

d) $64\sqrt{2} - 64\sqrt{2}i$

e) $-2^{99} - 2^{99}\sqrt{3}i$

f) $-512i$

g) $-\frac{1}{2} - \frac{\sqrt{3}}{2}i$

h) -3^{17}

45. a) -6

b) $-\frac{1}{3} - \frac{\sqrt{3}}{3}i$

c) $8i$

d) 3^{99}

46. a) $w_0 = 2i$; $w_1 = -2i$

b) $w_0 = -\frac{\sqrt{2}}{2} + \frac{\sqrt{2}}{2}i$;

$w_1 = \frac{\sqrt{2}}{2} - \frac{\sqrt{2}}{2}i$

c) $w_0 = \sqrt[4]{2}\left(\cos\frac{7\pi}{8} + i \cdot \text{sen}\,\frac{7\pi}{8}\right)$;

$w_1 = \sqrt[4]{2}\left(\cos\frac{15\pi}{8} + i \cdot \text{sen}\,\frac{15\pi}{8}\right)$

d) $w_0 = -\frac{\sqrt{6}}{2} + \frac{\sqrt{2}}{2}i$;

$w_1 = \frac{\sqrt{6}}{2} - \frac{\sqrt{2}}{2}i$

47. a) $w_0 = \frac{\sqrt{2}}{2} + \frac{\sqrt{2}}{2}i$;

$w_1 = -\frac{\sqrt{2}}{2} + \frac{\sqrt{2}}{2}i$;

$w_2 = -\frac{\sqrt{2}}{2} - \frac{\sqrt{2}}{2}i$;

$w_3 = \frac{\sqrt{2}}{2} - \frac{\sqrt{2}}{2}i$

b) $w_0 = \sqrt[4]{2}\left(\cos\frac{\pi}{3} + i \cdot \text{sen}\,\frac{\pi}{3}\right)$;

$w_1 = \sqrt[4]{2}\left(\cos\frac{5\pi}{6} + i \cdot \text{sen}\,\frac{5\pi}{6}\right)$;

$w_2 = \sqrt[4]{2}\left(\cos\frac{4\pi}{3} + i \cdot \text{sen}\,\frac{4\pi}{3}\right)$;

$w_3 = \sqrt[4]{2}\left(\cos\frac{11\pi}{6} + i \cdot \text{sen}\,\frac{11\pi}{6}\right)$

c) $w_0 = 1\left(\cos\frac{3\pi}{8} + i \cdot \text{sen}\,\frac{3\pi}{8}\right)$;

$w_1 = 1\left(\cos\frac{7\pi}{8} + i \cdot \text{sen}\,\frac{7\pi}{8}\right)$;

$w_2 = 1\left(\cos\frac{11\pi}{8} + i \cdot \text{sen}\,\frac{11\pi}{8}\right)$;

$w_3 = 1\left(\cos\frac{15\pi}{8} + i \cdot \text{sen}\,\frac{15\pi}{8}\right)$

d) $w_0 = 2\left(\cos\frac{\pi}{3} + i \cdot \text{sen}\,\frac{\pi}{3}\right)$;

$w_1 = 2\left(\cos\frac{5\pi}{6} + i \cdot \text{sen}\,\frac{5\pi}{6}\right)$;

$w_2 = 2\left(\cos\frac{4\pi}{3} + i \cdot \text{sen}\,\frac{4\pi}{3}\right)$;

$w_3 = 2\left(\cos\frac{11\pi}{6} + i \cdot \text{sen}\,\frac{11\pi}{6}\right)$

e) $w_0 = \sqrt[4]{2}\left(\cos\frac{\pi}{24} + i \cdot \text{sen}\,\frac{\pi}{24}\right)$;

$w_1 = \sqrt[4]{2}\left(\cos\frac{13\pi}{24} + i \cdot \text{sen}\,\frac{13\pi}{24}\right)$;

$w_2 = \sqrt[4]{2}\left(\cos\frac{25\pi}{24} + i \cdot \text{sen}\,\frac{25\pi}{24}\right)$;

$w_3 = \sqrt[4]{2}\left(\cos\frac{37\pi}{24} + i \cdot \text{sen}\,\frac{37\pi}{24}\right)$

48. 3; -3; $\frac{3}{2} \pm \frac{3\sqrt{3}}{2}i$; $-\frac{3}{2} \pm \frac{3\sqrt{3}}{2}i$

49. a) 5; $-\frac{5}{2} + \frac{5\sqrt{3}}{2}i$; $-\frac{5}{2} - \frac{5\sqrt{3}}{2}i$

b) $\frac{3}{2} + \frac{3\sqrt{3}}{2}i$; -3; $\frac{3}{2} - \frac{3\sqrt{3}}{2}i$

c) $\sqrt{3} + i$; $-\sqrt{3} + i$; $-2i$

d) $\sqrt[6]{2}\left(\cos\frac{7\pi}{12} + i \cdot \text{sen}\,\frac{7\pi}{12}\right)$;

$\sqrt[6]{2}\left(\cos\frac{5\pi}{4} + i \cdot \text{sen}\,\frac{5\pi}{4}\right)$;

$\sqrt[6]{2}\left(\cos\frac{23\pi}{12} + i \cdot \text{sen}\,\frac{23\pi}{12}\right)$

50. a) $w_0 = 1$; $w_1 = -\frac{1}{2} + \frac{\sqrt{3}}{2}i$;

$w_2 = -\frac{1}{2} - \frac{\sqrt{3}}{2}i$

b) $w_0 = 1$;

$w_1 = 1\left(\cos\frac{2\pi}{5} + i \cdot \text{sen}\,\frac{2\pi}{5}\right)$;

$w_2 = 1\left(\cos\frac{4\pi}{5} + i \cdot \text{sen}\,\frac{4\pi}{5}\right)$;

$w_3 = 1\left(\cos\frac{6\pi}{5} + i \cdot \text{sen}\,\frac{6\pi}{5}\right)$;

$w_4 = 1\left(\cos\frac{8\pi}{5} + i \cdot \text{sen}\,\frac{8\pi}{5}\right)$

c) $w_0 = 1$; $w_1 = \frac{1}{2} + \frac{\sqrt{3}}{2}i$;

$w_2 = -\frac{1}{2} + \frac{\sqrt{3}}{2}i$;

$w_3 = -1$; $w_4 = -\frac{1}{2} - \frac{\sqrt{3}}{2}i$;

$w_5 = \frac{1}{2} - \frac{\sqrt{3}}{2}i$

51. $(0, 2)$; $(-\sqrt{3}, 1)$; $(-\sqrt{3}, -1)$; $(0, -2)$; $(\sqrt{3}, -1)$; $(\sqrt{3}, 1)$

52. a) $S = \{2, -1 + \sqrt{3}i, -1 - \sqrt{3}i\}$

b) $S = \left\{\frac{\sqrt{2}}{2} + \frac{\sqrt{2}}{2}i, -\frac{\sqrt{2}}{2} - \frac{\sqrt{2}}{2}i\right\}$

c) $S = \left\{\frac{\sqrt{2}}{2} \pm \frac{\sqrt{2}}{2}i, -\frac{\sqrt{2}}{2} \pm \frac{\sqrt{2}}{2}i\right\}$

d) $S = \left\{\cos\frac{\pi}{8} + i \cdot \text{sen}\,\frac{\pi}{8};\right.$

$\cos\frac{5\pi}{8} + i \cdot \text{sen}\,\frac{5\pi}{8}$;

$\cos\frac{9\pi}{8} + i \cdot \text{sen}\,\frac{9\pi}{8}$;

$\left.\cos\frac{13\pi}{8} + i \cdot \text{sen}\,\frac{13\pi}{8}\right\}$

e) $S = \left\{3i, -3i, \frac{3\sqrt{3}}{2} + \frac{3}{2}i,\right.$

$\frac{3\sqrt{3}}{2} - \frac{3}{2}i, -\frac{3\sqrt{3}}{2} + \frac{3}{2}i,$

$\left.-\frac{3\sqrt{3}}{2} - \frac{3}{2}i\right\}$

f) $S = \left\{2; 2\left(\cos\frac{2\pi}{5} + i \cdot \text{sen}\,\frac{2\pi}{5}\right);\right.$

$2\left(\cos\frac{4\pi}{5} + i \cdot \text{sen}\,\frac{4\pi}{5}\right)$;

$2\left(\cos\frac{6\pi}{5} + i \cdot \text{sen}\,\frac{6\pi}{5}\right)$;

$\left.2\left(\cos\frac{8\pi}{5} + i \cdot \text{sen}\,\frac{8\pi}{5}\right)\right\}$

g) $S = \left\{\sqrt[8]{2}\left(\cos\frac{\pi}{6} + i \cdot \text{sen}\,\frac{\pi}{6}\right);\right.$
$\sqrt[8]{2}\left(\cos\frac{9\pi}{16} + i \cdot \text{sen}\,\frac{9\pi}{16}\right);$
$\sqrt[8]{2}\left(\cos\frac{17\pi}{16} + i \cdot \text{sen}\,\frac{17\pi}{16}\right);$
$\left.\sqrt[8]{2}\left(\cos\frac{25\pi}{16} + i \cdot \text{sen}\,\frac{25\pi}{16}\right)\right\}$

h) $S = \{-2 + i, -2 - i\}$

i) $S = \{1, -1, 3, -3\}$

j) $S = \{-2i, 2i, -i, i, -2, 2, -1, 1\}$

k) $S = \{3i, -i\}$

l) $S = \left\{1 + \sqrt{3}i; -2; 1 - \sqrt{3}i; 1; -\frac{1}{2} + \frac{\sqrt{3}}{2}i; -\frac{1}{2} - \frac{\sqrt{3}}{2}i\right\}$

m) $S = \left\{3; -\frac{3}{2} + \frac{3\sqrt{3}}{2}i; -\frac{3}{2} - \frac{3\sqrt{3}}{2}i; \frac{1}{2} + \frac{\sqrt{3}}{2}i; \frac{1}{2} - \frac{\sqrt{3}}{2}i; -1\right\}$

54. a) $\frac{\sqrt{2}}{2} + \frac{\sqrt{2}}{2}i$
b) -1
c) -1

55. $C(4 - \sqrt{3}, 2\sqrt{3} + 2)$

Para refletir

Página 195

• Quando z for real.

Página 202

• $z^{-1} = \bar{z}$

Atividades adicionais

1. a) $3 + 2i$
b) $-5 - 4i$
c) $\frac{5}{6} + i$
d) $-1 + 2i$
e) $2 + i$
f) 1
g) $-1 - i$
h) $\frac{3}{4}i$
i) $-\frac{5}{3}i$
j) $2 - 4i$
k) $1 + 2i$
l) $-\frac{1}{6} - 3i$
m) $4 - i$
n) $-1 - 2i$
o) $\frac{11}{30} + 3i$
p) $-4 + 3i$

2. a) $14 - 8i$
b) $-8 - 9i$
c) $16 - 12i$
d) $-9 + 6i$
e) $\frac{37}{6} - \frac{5}{6}i$
f) $4 + \sqrt{2}i$
g) $-9 - 46i$
h) $38 - i$
i) $-4i$
j) $17 + i$
k) $-2i$
l) $-2 + 2i$
m) $9 + 3i$
n) $2 + 4i$
o) $(-9 - 4\sqrt{3}) + (-12 + 3\sqrt{3})i$
p) $5 - 4i$
q) $-2 + 2i$
r) 25

3. **b**

4. $a = b = 4$

5. $x = -1; y = -4$

6. $z = 2 + 2i$ ou $z = -2 - 2i$

7. **c**

8. **c**

9. **b**

10. **e**

11. **c**

12. a) $\frac{2}{3} + \frac{5\sqrt{2}}{6}i$
b) $\frac{7}{2} + \frac{1}{2}i$
c) $\frac{6\sqrt{3}}{125} - \frac{33\sqrt{3}}{125}i$

13. a) 0
b) $\frac{9}{2} - \frac{3}{2}i$

15. a) $z = 2 - 3i$
b) $z = 1 + 3i$

16. -5

17. a) $6 + 5i$
b) 5
c) $5 - 3i$
d) $-3 + 5i$

18. a) Ex.: $4 - 6$; $1 - 9$; etc.
b) Ex.: $2 : 3$; $(-2) : 5$; etc.
c) Ex.: $\sqrt{2}$, $\sqrt[4]{7}$, $\sqrt[3]{3}$, etc.
d) Ex.: $\sqrt{-1}$, $\sqrt[4]{-16}$, etc.

19. $5\sqrt{2}$

20. $z_1 = -4 + i$; $z_2 = 4 - i$

21. a) $z = -1 + i$
b) $z = -7$

22. $a = 2, b \neq 4$

24. 1º quadrante.

25. a) 16
b) i
c) $-i$
d) -1

26. $-2i$

27. $-32i$; $-32 - 32i$

28. $S = \{3 + i, 3 - i\}$

29. $x^2 + 10x + 29 = 0$

31. O conjunto A não é fechado em relação à adição porque, por exemplo, $-1 \in A$, $-i \in A$ e $-1 - i \notin A$. O conjunto A é fechado em relação à multiplicação porque qualquer produto de elementos de A resulta em um elemento de A.

32. a) $3 - 8i$
b) $20i$

33. a) $|z_1| = \sqrt{17}$
b) $|z_2| = \sqrt{34}$
c) $|z_3| = 1$

36. **e**

37. a) $z = 2\left(\cos\frac{\pi}{4} + i \cdot \text{sen}\,\frac{\pi}{4}\right)$
b) $z = 1\left(\cos\frac{3\pi}{2} + i \cdot \text{sen}\,\frac{3\pi}{2}\right)$
c) $z = \frac{\sqrt{2}}{2}\left(\cos\frac{7\pi}{4} + i \cdot \text{sen}\frac{7\pi}{4}\right)$
d) $z = 2(\cos 0 + i \cdot \text{sen}\, 0)$
e) $z = 1(\cos 0 + i \cdot \text{sen}\, 0)$
f) $z = 1(\cos 0 + i \cdot \text{sen}\, 0)$

38. a) $-1 + i$
b) $3i$
c) $-3\sqrt{2} - 3\sqrt{2}i$

39. **d**

40. **b**

41. **c**

43. a) $z = 2i$
b) $z = (2 + \sqrt{2}) + (2 + \sqrt{2})i$

44. **b**

45. **d**

46. a) 16
b) $-1 - i$
c) $-2^{99} + 2^{99}\sqrt{3}i$

47. $w = 3 + 2i$ e $w = -3 - 2i$

48. $z = \{1 + i, -1 + i, -1 - i, 1 - i\}$

49. **a**

50. **c**

51. a) $1 + 3i$
b) $\sqrt{10}$
c) $\frac{7\pi}{4}$
d) 4º quadrante.
e) $2 - 4i$
f) $2i$
g) $-2 - 4i$
h) $-8 - 6i$
i) $2 - i$
j) $-1 + i$
k) $\frac{1}{2} + \frac{1}{2}i$
l) $w = \sqrt{2}\left(\cos\frac{7\pi}{4} + i \cdot \text{sen}\frac{7\pi}{4}\right)$

52. -16

53. $z = \frac{2}{3} - \frac{1}{3}i$

54. a) $S = \left\{\frac{3}{2} + \frac{1}{2}i, \frac{3}{2} - \frac{1}{2}i\right\}$

b) $S = \{2 - i, -2 - i\}$

55. a) $x^2 - 6x + 13 = 0$

b) $x^2 + ix + 2 = 0$

56. a) $-16 - 16\sqrt{3}i$

b) $w_0 = \sqrt[4]{2}\left(\cos\frac{\pi}{6} + i \cdot \text{sen}\frac{\pi}{6}\right)$;

$w_1 = \sqrt[4]{2}\left(\cos\frac{2\pi}{3} + i \cdot \text{sen}\frac{2\pi}{3}\right)$;

$w_2 = \sqrt[4]{2}\left(\cos\frac{7\pi}{6} + i \cdot \text{sen}\frac{7\pi}{6}\right)$;

$w_3 = \sqrt[4]{2}\left(\cos\frac{5\pi}{3} + i \cdot \text{sen}\frac{5\pi}{3}\right)$

57. **a**

58. a) $\frac{\sqrt{313}}{4} \simeq 4,4\ \Omega$

b) Sim, pois $z_{total} \simeq 4,4\ \Omega < 5\ \Omega$.

59. **d**

60. **b**

Vestibulares de Norte a Sul

1. $2 + 3i$ e $2 - 3i$
2. **c**
3. **b**
4. 0
5. **c**
6. **c**
7. $v = 2i$
8. **d**
9. **a**
10. **d**
11. **d**
12. **e**
13. **e**
14. $-\sqrt{3} - i$
15. a) $x = 0$ ou $x = -2$ ou $x = 2$
    b) $|z| = a^4$
16. **b**
17. **c**
18. **e**
19. F, F, F, V, V
20. **a**
21. **a**
22. **a**

Capítulo 7

Polinômios e equações algébricas

Questão da p. 226

a) Perímetro: $2x + 2(x + 3)$ ou $4x + 6$; área: $x(x + 3)$ ou $x^2 + 3x$

b) Área: $6x^2$; volume: x^2

c) Área total: $6(x + 2)^2$ ou $6(x^2 + 4x + 4)$ ou $6x^2 + 24x + 24$; volume: $(x + 2)^3$ ou $x^3 + 6x^2 + 12x + 8$

1. a) Sim.
   b) Não.
   c) Não.
   d) Sim.
   e) Sim.
   f) Sim.
   g) Sim.
   h) Não.
2. $a = -2, b = 3$ e $c \neq 1$
3. a) Para $m = 4$, o polinômio será do 2º grau; para $m \neq 4$, o polinômio será do 3º grau.
   b) Para $m \neq \pm 2$, o grau do polinômio será 4; para $m = 2$, o grau do polinômio será 0; para $m = -2$, o grau do polinômio será 1.
   c) Para $m \neq \pm 1$, o grau do polinômio será 4; para $m = 1$, o grau do polinômio será 3; para $m = -1$, o grau do polinômio será 2.
4. 15
5. 1
6. 5
7. $m = 2$ e $n = 4$
8. $a = -\frac{1}{2}$
9. $p(x) = 3x - 2$
10. -32
11. -16
12. 5
13. $k = 3$
14. $m = 5$
15. $m = \frac{1}{2}, n = \frac{2}{5}$ e $\ell = \frac{3}{2}$
16. $a = 0$ e $b = 0$
17. $m = 2, n = 1$ e $p = -3$
18. $a = \frac{1}{3}, b = -\frac{1}{3}, c = -\frac{2}{3}$
19. $a = 1, b = 3$ e $c = 2$
20. Sim.
21. a) -9
    b) 19
22. a) $a = 5$ e $b = 3$
    b) $a = 10$ e $b = 6$
23. 2
24. a) $2x^3 + x^2 - 8x + 8$
    b) $-x^2 + 2x + 1$
    c) $-8x^3 + 16x - 20$
    d) $-2x^3 + 12x^2 - 22x + 12$
    e) $4x^2 - 16x + 16$
25. $a = -3, b = -8$ e $c = -11$
26. $a = -\frac{1}{3}, b = 0$ e $c = \frac{1}{3}$
27. $a = \pm 2, b = 1$
28. $a = \frac{1}{4}$ e $b = \frac{1}{2}$
29. **c**

Resolvido passo a passo

5. a) 580 mil habitantes; 145 mil carros.
   b) São iguais.

30. a) $q(x) = x + 3; r(x) = 0$
    b) $q(x) = x^2 - 3x + 11; r(x) = -43$
    c) $q(x) = x^2 - 4x - 5; r(x) = 1$
31. $m = 1$ e $n = -2$
32. $h(x) = x^2 - 3x + 2$
33. $S = \{-1, 2, 5\}$
34. a) $q(x) = 5x - 18; r(x) = 56$
    b) $q(x) = x^3 - 2x^2 + 7x - 13; r(x) = 21$
    c) $q(x) = 2x^2 + x + 6; r(x) = 25$
    d) $q(x) = 2x^2 + 8; r(x) = 37$
    e) $q(x) = x^2 - x; r(x) = 2$
35. a) -1
    b) $\frac{43}{3}$
36. a) $p(x) = x^3 + x^2 - 8x + 5$; $h(x) = x - 2$; $q(x) = x^2 + 3x - 2$; $r(x) = 1$
    b) $p(x) = 2x^4 - 7x^3 + 4x^2 - 5x + 7$; $h(x) = x - 3$; $q(x) = 2x^3 - x^2 + x - 2$; $r(x) = 1$
37. $a = -3$ e $b = 2$
38. $q(x) = 3x^2 + (-2 - 3i)x + (-3 + 3i)$; $r(x) = 3$
39. $r(x) = 43$
40. a) -2
    b) 97
41. Não.
42. $a = 3$
43. $b = -1$ e $c = -18$
44. $x^3 + x^2 - 4x + 2$
45. a) 8
    b) 28
    c) Não.
46. $q(x) = x^2 - 5x + 2$
47. $p(-2) = 0; p(-1) = 6; p(0) = 2; p(1) = 0; p(2) = 12$; fatores: $(x + 2)$, $(x - 1)$ e $(2x - 1)$
48. $m = -6$ e $n = 1$
49. a) Sim.
    b) Sim.
    c) Não.
    d) Sim.

50. $S = \{1, 2, 4\}$

51. a) $x = 4$
b) $x = \frac{\sqrt{2}}{2}$
c) $x' = 3 + i$ e $x'' = 3 - i$
d) $x = -\frac{1}{2}$
e) $x' = 5$ e $x'' = -1$

52. a) $x = 0$ ou $x = 1$ ou $x = 3$
b) $x = -2$ ou $x = \pm i$
c) $x = -2$ ou $x = \pm 3i$
d) $x = 0$ ou $x = 1 + i$ ou $x = 1 - i$

53. a) $S = \{1, -1, 2, -2\}$
b) $S = \{1, \sqrt[3]{2}\}$

54. $c = -6$; $S = \{-3, -1, 2\}$

55. a) $S = \{-1, 1, 1 + i, 1 - i\}$
b) $S = \{-2, 3, 6\}$

56. $m = 4$; raízes: 2, 1 e -1

57. $a = -3$; $b = -10$ e $c = 24$

58. a) $S = \{-1, 2, 10, -3\}$
b) $S = \{i, 2i, -2i\}$

59. a) $x' = 0$ e $x'' = \pm\sqrt{3}$
b) $q(x) = x$; $r(x) = -2x$

60. 3 tem multiplicidade 3, -4 tem multiplicidade 2 e 1 tem multiplicidade 5.

61. 1

62. $S = \{-1, 1, -3\}$

63. $x' = 2$ e $x'' = -1$

64. $a = 1$ e $b = -12$

65. 4

66. 1

67. $x^3 - 11x^2 + 39x - 45 = 0$

68. $x_1 + x_2 + x_3 = -\frac{2}{3}$;
$x_1x_2 + x_1x_3 + x_2x_3 = -\frac{1}{3}$; $x_1x_2x_3 = 1$

69. $x_3 = 4$; $x^3 - 2x^2 - 11x + 12 = 0$

70. 3, 5 e 7

71. $S = \{1, -2, 4\}$

72. $\frac{189}{4}$

73. 4

74. $k = 8$

75. 0

76. $\frac{3}{4}$

77. -1 (multiplicidade 2) e 2 (raiz simples)

78. $\frac{1}{3}$, 2 e 3

79. $k = -24$

80. $x_3 = -\frac{1}{2}$; $m = -13$ e $n = -6$

Resolvido passo a passo

5. a) 20; 15
b) O narrador.

81. a) 1, -1 e $\frac{1}{2}$
b) 1, -1 e $\frac{1}{2}$
c) 1
d) 1, 2 e $\frac{1}{2}$

82. 1, 3 e $\frac{1}{3}$

83. $S = \{2, \sqrt{3}, -\sqrt{3}\}$

84. -2

85. a) $i, -i, -3$ e 4
b) $i, -i, 2 + i$ e $2 - i$

86. $a = -12$

87. $c = 5$

88. $m = 23$; raiz real: $\frac{2}{3}$

Para refletir

Página 245
$3(x - 1)(x + 1)(x - 5)$

Página 250
$2x^3 - 4x^2 - 2x + 4 = 0$

Página 256
Como o grau é ímpar e igual a 5, temos cinco raízes. Se a quinta raiz fosse complexa, então o conjunto desta raiz seria também raiz da equação e teríamos uma equação do 5º grau com seis raízes, o que é impossível. Logo, a última raiz é real.

Outros contextos

6. a) Arquimedes de Siracusa (287 a.C.--212 a.C.).

Atividades adicionais

1. $a = 3$

2. $p(x) = 3x^2 - 2x - 1$; $p(0) = 1$

3. a) -3; -96
b) 4; 81

4. $a = 2 + i$; $b = \frac{2 + i}{2}$

5. 3

6. **c**

7. $-x^2$

8. $k = 9$

9. $x = -1$

10. a) $m = 0$ ou $m = -2$
b) $\{m \in \mathbb{R} \mid 1 < m < 4\}$

11. a) $x = \pm 3$
b) $x = \frac{2}{3}$
c) $x' = x'' = -2$
d) $x' = 1 + i$ e $x'' = 1 - i$

12. $r(x) = 2x + 9$

13. a) $a = 5$, $b = 0$ e $c = -9$
b) $a = 1$, $b = 1$ e $c = -1$
c) $a = 1$, $b \neq 1$ e c é qualquer número complexo.

14. a) $9x^3 - 15x^2 + 7x - 5$
b) $9x^3 - 21x^2 + 15x - 7$
c) $27x^3 - 54x^2 + 33x - 18$
d) $27x^5 - 90x^4 + 114x^3 - 80x^2 + 35x - 6$
e) $9x^4 - 24x^3 + 22x^2 - 8x + 1$
f) $q(x) = 3x - 2$; $r(x) = -4$

15. a) $S = \{i; 2; 3\}$
b) $S = \left\{-2; \frac{1}{2}; -\frac{1}{2}\right\}$
c) $S = \{3 + i; 3 - i; -i\}$
d) $S = \left\{\frac{1}{2}; \sqrt{2}; -\sqrt{2}\right\}$

16. **a**

17. Sim; $\frac{17 - \sqrt{93}}{2}$ cm

Vestibulares de Norte a Sul

1. **d**
2. $m = -3$ e $n = -8$
3. **c**
4. **d**
5. **b**
6. **a**
7. **d**
8. **b**
9. **b**
10. **d**
11. V, V, V, F
12. 7
13. **d**
14. a) $\frac{77}{6}$ cm^3
b) $\frac{103}{3}$ cm^2
c) $\frac{5\sqrt{7}}{3}$ cm
15. a) $x = \frac{-1 + i}{2}$; $x = \frac{-1 - i}{2}$
b) $x \leq -\frac{\sqrt{2}}{2}$ ou $0 \leq x \leq \frac{\sqrt{2}}{2}$
16. $a = 3$, $b = -15$ e $c = 60$
17. **d**
18. 01; 02
19. **b**
20. **e**

Capítulo 8

Princípio de Indução Finita e noções intuitivas sobre derivada

Resolvido passo a passo

5. a) No mínimo 15 movimentos; no mínimo 31 movimentos.
b) 10

5. a) 13
b) 6,5
c) 4,8
d) 172,5

6. 1,25 °C/h

7. −1,2 A/s

8. 100 km/h

9. 44,1 m/s

10. 0,09 m/s^2

11. a) $2x$
b) $-2x$
c) $2x + 4$
d) $-\dfrac{2}{(x+3)^2}$
e) $-\dfrac{4}{x^2}$
f) $\dfrac{9}{(2-3x)^2}$
g) $20x$
h) $2t + 3$
i) $24r^2$

12. a) 1
b) 6
c) −0,3125
d) −15
e) $\simeq -1{,}11$
f) −1

13. 10π

14. 98

15. a) 0
b) $-4x^3$
c) $2x + 1$
d) $12x^3$
e) $3\sqrt{2}x^2 - 2$
f) $-30x^2 + 4x$

Resolvido passo a passo

6. a) 11 m; 245 m
b) 6 m/s^2; 18 m/s^2
c) 4 h 48 min 40 s

16. a) $S(0) = 5$ m; $v(0) = 4$ m/s; $a(0) = 0$ m/s^2; $S(1) = 9$ m; $v(1) = 4$ m/s; $a(1) = 0$ m/s^2
b) $S(0) = -4$ m; $v(0) = -5$ m/s; $a(0) = 2$ m/s^2; $S(1) = -8$ m; $v(1) = -3$ m/s; $a(1) = 2$ m/s^2
c) $S(0) = 8$ m; $v(0) = 3$ m/s; $a(0) = -2$ m/s^2; $S(1) = 10$ m; $v(1) = 1$ m/s; $a(1) = -2$ m/s^2
d) $S(0) = 0$ m; $v(0) = 15$ m/s; $a(0) = -12$ m/s^2; $S(1) = 10$ m; $v(1) = 6$ m/s; $a(1) = -6$ m/s^2

17. a) $S(0) = 24$ m; $v(0) = 15$ m/s; $a(0) = -18$ m/s^2; $S(4) = -24$ m; $v(4) = -9$ m/s; $a(4) = 6$ m/s^2
b) $t = 1$ s, $S = 3$ m; $t = 5$ s, $S = -29$ m

18. a) 20 m
b) 24 m/s
c) 3 s
d) 56 m
e) 30 m/s

19. a) $S(0) = 10$ m; $V(0) = -9$ m/s; $a(0) = 12$ m/s^2
b) $t = 1$ s, $S = 6$ m; $t = 3$ s, $S = 10$ m
c) 6 m/s^2 no instante 1 s; 26 m/s^2 no instante 3 s.

20. a) 490 m; 98 m/s
b) 225,4 m/s

21. a) $m = 2$; $m = -4$
b) $m = 9$; $m = -5$

22. a) $y = x - 3$
b) $y = 5$
c) $y = x + 2$
d) $y = 4x + 3$

23. a) (2, −7)
b) (−1, 15) e (3, −17)
c) $\left(\dfrac{5}{4}, -\dfrac{1}{8}\right)$
d) (−1, −4) e (5, 104)

24. a) $-\dfrac{1}{4}$
b) 12 e −20
c) 0 e $-\dfrac{32}{81}$

25. a) Crescente.
b) Decrescente.
c) Crescente.
d) Decrescente.

27. **e**

28. a) [2; 4,5]
b) [−2; 2] e [4,5; 6]

29. a) $t > 4$
b) $t < 4$

30. **d**

Atividades adicionais

1. a) $v(t) = -2t + 1$
b) −1 m/s
c) $a(t) = -2$
d) −2 m/s^2

2. a) $v(t) = \cos t + 1$
b) $\dfrac{3}{2}$ m/s
c) $a(t) = -\operatorname{sen} t$
d) $-\dfrac{\sqrt{2}}{2}$ m/s^2

3. a) $-2x^{-3}$
b) $5x^{-6}$

4. a) Crescente no intervalo $\left(-\infty, \dfrac{3}{2}\right]$ e decrescente no intervalo $\left[\dfrac{3}{2}, +\infty\right)$.
b) Crescente em todo o domínio $\mathbb{R}$.

5. a) Em nenhum ponto de $\mathbb{R}$.
b) Em todo o domínio $\mathbb{R}$.

9. (1, 2)

10. A área máxima ocorre quando todo o barbante é usado para fazer a circunferência.

11. 1

12. a) 28
b) $6x - 2$

13. a) $\dfrac{2}{3}$
b) $2x$
c) $20x^3 - 24x$

14. a) $v(t) = 6t^2 - 2t$; $v(3) = 48$ m/s
b) $a(t) = 12t - 2$; $a(2) = 22$ m/s

Vestibulares de Norte a Sul

3. **d**

8. $\dfrac{1-q^{2010}}{1-q} + \dfrac{r \cdot q(1-q^{2009})}{(1-q)^2} - \dfrac{2009 \cdot p \cdot q^{2010}}{1-q}$

10. **a**

11. $\dfrac{b^{2n+2}-1}{b^2-1}$

12. **d**

13. **a**

14. **e**

15. **b**

16. **c**

17. **c**

18. **b**

19. **e**

20. **b**

21. **b**

22. **a**

23. **c**

24. **a**

25. **a**

Caiu no Enem

e

ugestões de leitura

- ***Como a Matemática explica o mundo – O poder dos números no cotidiano.***
  James D. Stein. Tradução de Marcio de Paula S. Hack. Rio de Janeiro: Elsevier, 2008.
  Problemas insolúveis ocorreram com alguma frequência ao longo da História e muitas vezes o resultado não é o fracasso, mas a descoberta de algo quase sempre interessante e, algumas vezes, com enorme valor prático. As histórias desses "fracassos" e dos surpreendentes avanços que ocorreram por causa deles formam o tema central deste livro.

- ***Guia mangá de Estatística.***
  Shin Takahashi. Tradução de Lia Gabriele Regius. São Paulo: Novatec, 2010.
  A proposta deste guia é ajudar o leitor a superar o sentimento de "não ser bom em Matemática", colocando-o no caminho certo para aprender Estatística. Inclui exercícios (e respostas) para que ele possa praticar o que aprende.

- ***Mania de Matemática – Diversão e jogos de lógica e Matemática.***
  Ian Stewart. Tradução de Maria Luiza X. A. Borges. Rio de Janeiro: Jorge Zahar, 2008.
  Uma grande variedade de desafios, construídos em torno de um relato ficcional. Em histórias atraentes, incitantes e muito divertidas, somos apresentados a importantes problemas matemáticos e personagens bem curiosos.

- ***Números notáveis.***
  Salahoddin Shokranian. Brasília: Ed. da UnB, 2008.
  Neste livro o tema central são os números primos, números de extrema importância para a Criptografia, ciência tão atual. Também trata de outros números interessantes, como números geométricos (triangular, quadrado, hexagonal) e números perfeitos.

- ***O romance das equações algébricas.***
  Gilberto C. Garbi. São Paulo: Livraria da Física, 2009.
  Obra destinada a despertar nos jovens vocação para uma ciência que ainda hoje, injustificadamente, costuma ser tratada com mistério e encarada com infundado temor.

- ***O Universo e a xícara de chá – A Matemática da verdade e da beleza.***
  K. C. Cole. Tradução de Elizabeth Leal. Rio de Janeiro: Record, 2006.
  O livro mostra como enxergar a Matemática do mundo em que vivemos. Não as fórmulas e números abstratos da Matemática ensinada na escola, mas a lógica que existe, muitas vezes insuspeita, na maioria das situações de nossa vida.

Bibliografia

ÁVILA, G. *Cálculo das funções de uma variável*. 7. ed. Rio de Janeiro: Livros Técnicos e Científicos, 2003. v. 1.

BORBA, Marcelo de Carvalho; PENTEADO, Mirian de Godói. *Informática e educação*. Belo Horizonte: Autêntica, 2002. (Coleção Tendências em Educação Matemática).

BOYER, Carl B. *História da Matemática*. 3. ed. São Paulo: Edgard Blücher/Edusp, 2010.

COLEÇÃO do professor de Matemática. Rio de Janeiro: SBM, 2003. 26 v.

D'AMBROSIO, U. *Da realidade à ação:* reflexões sobre Educação Matemática. Campinas: Ed. da Unicamp, 1986.

DANTE, L. R. *Didática da resolução de problemas de Matemática*. 12. ed. São Paulo: Ática, 2002.

DAVIS, P. J.; HERSH, R. *A experiência matemática*. 2. ed. Lisboa: Gradiva, 2013.

EVES, H. *Introdução à história da Matemática*. Campinas: Ed. da Unicamp, 2004.

KRULIK, Stephen; REYS, Robert E. (Org.). *A resolução de problemas na Matemática escolar*. Tradução de Hygino H. Domingues e Olga Cobro. São Paulo: Atual, 1997.

LIMA, E. L. et al. *A Matemática do Ensino Médio*. Rio de Janeiro: SBM, 1997. (Coleção do Professor de Matemática, v. 1 e 2).

LOURENÇO, Marcos. *Cabri-Geomètre:* introdução e atividades. Catanduva: Fafica, 2000.

MIORIN, M. Â. *O ensino de Matemática:* evolução e modernização. Tese (Doutorado) – Faculdade de Educação Unicamp, Campinas, 1998.

MORETTIN, P. A.; BUSSAB, W. O. *Estatística básica*. 7. ed. São Paulo: Saraiva, 2011.

POLYA, G. *A arte de resolver problemas*. Rio de Janeiro: Interciência, 1995.

_______. *Mathematical Discovery on Understanding, Learning and Teaching Problem Solving*. New York: John Wiley & Sons, 2009. 2 v.

REVISTA do Professor de Matemática. São Paulo: SBM, 1982-2013. v. 1 a 80.

PROJETO MÚLTIPLO

Caderno de Estudo

Matemática

Ensino Médio

Luiz Roberto Dante

Livre-docente em Educação Matemática pela Unesp – Rio Claro, SP.
Doutor em Psicologia da Educação: Ensino da Matemática, pela PUC – São Paulo.
Mestre em Matemática pela USP.
Pesquisador em ensino e aprendizagem da Matemática pela Unesp – Rio Claro, SP.
Ex-professor da rede estadual do Ensino Fundamental e Médio – São Paulo.
Autor de vários livros, entre os quais: *Formulação e resolução de problemas de Matemática – Teoria e prática; Didática da Matemática na pré-escola; Projeto Ápis – Matemática* (1º ao 5º ano); *Projeto Teláris Matemática* (6º ao 9º ano); *Projeto Voaz Matemática* (Ensino Médio – volume único); *Matemática – Contextos & Aplicações* (Ensino Médio – volume único).

editora ática

editora ática

Diretoria editorial: Lidiane Vivaldini Olo
Editoria de Ciências Exatas: Cármen Matricardi
Editoras: Monique Matos de Oliveira,
Cibeli de Oliveira Chibante Bueno, Letícia Mancini Martins (estag.)
Colaboradora editorial: Pamela Hellebrekers Seravalli
Supervisor de arte e produção: Sérgio Yutaka
Supervisor de arte e criação: Didier Moraes
Coordenadora de arte e criação: Andréa Dellamagna
Editor de arte: André Gomes Vitale
Diagramação: Wander Camargo
Design gráfico: UC Produção Editorial, Andréa Dellamagna (miolo e capa)
Gerente de revisão: Hélia de Jesus Gonsaga
Equipe de revisão: Rosângela Muricy (coord.), Ana Paula Chabaribery Malfa, Claudia Virgilio, Luís Maurício Boa Nova; Flávia Venézio dos Santos e Gabriela Macedo de Andrade (estags.)
Supervisor de iconografia: Sílvio Kligin
Pesquisadora iconográfica: Cláudia Bertolazzi
Tratamento de imagem: Cesar Wolf e Fernanda Crevin
Foto da capa: Gareth Byrne/Alamy/Glow Images
Grafismos: Shutterstock/Glow Images
Ilustrações: Theo Szczepansk

Direitos desta edição cedidos à Editora Ática S.A.
Av. das Nações Unidas, 7221, 3º andar, setor C
Pinheiros – São Paulo – SP
CEP 05425-902
Tel.: 4003-3061
www.atica.com.br/editora@atica.com.br

Dados Internacionais de Catalogação na Publicação (CIP)
(Câmara Brasileira do Livro, SP, Brasil)

Dante, Luiz Roberto
Projeto Múltiplo: Matemática : ensino médio / Luiz Roberto Dante. -- São Paulo : Ática, 2014.

Obra em 3 v.

1. Projeto Múltiplo: Matemática (Ensino médio)
I. Título.

14-02256 CDD-510.7

Índice para catálogo sistemático:
1. Matemática : Ensino médio 510.7

2018
ISBN 978 85 08 16751-7 (AL)
ISBN 978 85 08 16752-4 (PR)
Código da obra CL 737771
CAE 501241 (AL)
CAE 501242 (PR)
1ª edição
6ª impressão

Impressão e acabamento: Bercrom Gráfica e Editora

Uma publicação Abril EDUCAÇÃO

Apresentação

O Ensino Médio é a época na qual a maioria dos adolescentes faz uma escolha que os acompanhará por toda a vida: a da profissão que desejam seguir.

Além da profissão, a escolha da universidade também é um fator decisivo para o seu futuro sucesso profissional. E para que você tenha um bom desempenho no exame vestibular da universidade que escolher, além de conhecer muito bem todo o conteúdo do Ensino Médio, você deve ter uma ótima habilidade em resolver exercícios. Por esse motivo, este caderno reúne mais de 200 questões das mais renomadas universidades do país, questões de níveis complexos, que, no todo, representam um momento único de preparação para o vestibular. Para auxiliá-lo com as resoluções, cada sequência de exercícios de um mesmo tema é precedida por quadros-resumos que sintetizam os principais tópicos do conteúdo.

Encare o período de estudo com este caderno como oportunidade de aperfeiçoar sua capacidade de resolver exercícios de forma rápida e segura.

Utilize este caderno como um instrumento de aperfeiçoamento de suas habilidades e não desista dos seus sonhos.

Boa sorte!

Sumário

Vestibular em foco

Theo Szczepanski/Arquivo da editora

MATEMÁTICA FINANCEIRA

Revisão

Razão

A razão entre dois números reais a e b, com $b \neq 0$, é o quociente $a : b$, também representado por $\frac{a}{b}$ ou qualquer outra forma equivalente.

Razões especiais

- Porcentagem
- Escala
- Densidade demográfica

Razões equivalentes

Duas razões são **equivalentes** se, ao serem escritas na forma **irredutível**, elas resultam em um mesmo número.

Proporção

Se a razão entre os números a e b é igual à razão entre os números c e d, dizemos que $\frac{a}{b} = \frac{c}{d}$ é uma proporção.

Propriedade fundamental das proporções

$$\frac{a}{b} = \frac{c}{d} \Rightarrow a \cdot d = b \cdot c$$

Grandezas proporcionais

Duas grandezas são **proporcionais** quando, ao multiplicarmos uma delas por um número, a outra fica **multiplicada** ou **dividida** pelo mesmo número. Elas podem ser classificadas por:

- grandezas diretamente proporcionais;
- grandezas inversamente proporcionais.

Regra de três

A regra de três pode ser utilizada na resolução de um problema envolvendo a comparação de duas ou mais grandezas proporcionais.

Regra de três simples

Utilizada na resolução de problemas envolvendo apenas duas grandezas.

Regra de três composta

Utilizada na resolução de problemas envolvendo mais de duas grandezas que, tomadas duas a duas, são direta ou inversamente proporcionais.

Porcentagem

É uma forma usada para indicar uma fração de denominador 100. Para representar uma porcentagem $\frac{x}{100}$ usamos a notação $x\%$.

Fator de atualização (f)

É a razão entre dois valores de uma grandeza em tempos diferentes (passado, presente ou futuro).

Aumentos e descontos

$$f = \frac{\text{valor novo}}{\text{valor velho}}$$

- $f > 1 \rightarrow$ aumento
- $f < 1 \rightarrow$ desconto
- $f = 1 \rightarrow$ não houve alteração

$f = 1 + i$

Aumentos e descontos sucessivos

$f_{acumulado} = f_1 \cdot f_2 \cdot f_3 \cdot f_4 \cdot ...$

Termos importantes

- C: capital
- M: montante
- j: juros
- i: taxa de juros
- t: tempo

Juros simples

$j = C \cdot i \cdot t$ e $M = C + j$

Juros compostos

$M = C(1 + i)^t$ e $j = M - C$

Exercícios

1. (UFPE) A população de pobres de um certo país, em 1981, era de 4 400 000, correspondendo a 22% da população total. Em 2001, este número aumentou para 5 400 000, correspondendo a 20% da população total. Indique a variação percentual da população do país no período.

2. (Vunesp-SP) Os professores de Matemática e Educação Física de uma escola organizaram um campeonato de damas entre os alunos. Pelas regras do campeonato, cada colocação admitia apenas um ocupante. Para premiar os três primeiros colocados, a direção da escola comprou 310 chocolates, que foram divididos entre os 1º, 2º e 3º colocados no campeonato, em quantidades inversamente proporcionais aos números 2, 3 e 5, respectivamente. As quantidades de chocolates recebidas pelos alunos premiados, em ordem crescente de colocação no campeonato, foram:

a) 155, 93 e 62. b) 155, 95 e 60. c) 150, 100 e 60. d) 150, 103 e 57. e) 150, 105 e 55.

3. (IFMG) Um tanque possui duas torneiras, sendo uma de entrada, que o enche em 5 horas, e outra de saída, que o esvazia em 7 horas. Supondo que esse tanque esteja totalmente vazio e que as torneiras sejam abertas, ao mesmo tempo, às 15 horas, então, ele ficará totalmente cheio às:

a) 8h 30min.
b) 8h 50min.
c) 20h 30min.
d) 20h 50min.

4. (Unicamp-SP) Considere três modelos de televisores de tela plana, cujas dimensões aproximadas são fornecidas na tabela abaixo, acompanhadas dos preços dos aparelhos.

Modelo	**Largura** (cm)	**Altura** (cm)	**Preço** (R$)
23″	50	30	750,00
32″	70	40	1 400,00
40″	90	50	2 250,00

Com base na tabela, pode-se afirmar que o preço por unidade de área da tela:

a) aumenta à medida que as dimensões dos aparelhos aumentam.
b) permanece constante do primeiro para o segundo modelo, e aumenta do segundo para o terceiro.
c) aumenta do primeiro para o segundo modelo, e permanece constante do segundo para o terceiro.
d) permanece constante.

5. (PUC-SP) Duas máquinas, m_1 e m_2, foram disponibilizadas para tirar x cópias de um documento. Suponha que, se operarem juntas, em 10 horas de funcionamento elas serão capazes de tirar $\frac{5}{6}$ das x cópias pretendidas, enquanto que, operando sozinha, m_1 levará 3 horas para tirar $\frac{x}{5}$ cópias. Assim sendo, quantas horas m_2 levará para, sozinha, tirar $\frac{1}{3}$ das x cópias?

a) 24 b) 20 c) 18 d) 15 e) 12

6. (Acafe-SC) "Infelizmente, durante a ocupação do Brasil, a maior parte de sua vegetação, principalmente na região sudeste, foi sendo derrubada para a extração da madeira e, depois, plantio de diversas culturas como o café. [...] A saída então, uma vez que não podemos voltar no tempo e reverter a situação, é tentar recuperar a região devastada através do reflorestamento. E zelar para que ninguém mais destrua."

Disponível em: <www.infoescola.com/ecologia/reflorestamento>. Acesso em: 30 abr. 2011.

Suponha que trinta agricultores reflorestam uma área de três hectares em 16 horas de trabalho. Quantos agricultores são necessários, no mínimo, para que uma área de quatro hectares seja reflorestada em 10 horas de trabalho?

a) 50 b) 46 c) 84 d) 64

7. (Uece) Lúcia comprou um vestido pagando em duas prestações mensais, sendo a primeira de R$ 119,34, paga um mês após a compra, e a segunda de R$ 260,10. Se a loja atualiza, a cada mês, o valor devido em 2%, qual o preço do vestido se pago à vista?

a) R$ 365,00 b) R$ 367,00 c) R$ 369,00 d) R$ 371,00

8. (FGV-SP) Lúcio emprestou R$ 10 000,00 a César, cobrando juros de 10% ao ano sobre o saldo devedor do ano anterior. César pagou R$ 3 000,00 um ano após o empréstimo e R$ 4 000,00 dois anos após o empréstimo. O valor da terceira parcela, que quitou a dívida, paga três anos após a concessão do empréstimo, foi:

a) R$ 5 180,00. b) R$ 5 280,00. c) R$ 5 380,00. d) R$ 5 480,00. e) R$ 5 580,00.

9. (FGV-SP) No início do ano 2000, Alberto aplicou certa quantia a juros compostos, ganhando 20% ao ano. No início de 2009, seu montante era de R$ 5 160,00. Se ele deixar o dinheiro aplicado, nas mesmas condições, o juro recebido entre o início de 2010 e o início de 2011 será aproximadamente de:

a) R$ 929,99. b) R$ 1 032,00. c) R$ 1 135,00. d) R$ 1 238,00. e) R$ 1 341,00.

10. (Unifor-CE) Ana Paula pretende comprar uma TV LCD de 32" para assistir todos os jogos da Copa do Mundo de Futebol de 2010 na África do Sul. Em uma loja o preço da TV é R$ 1 500,00 para pagamento à vista ou então com 30% de entrada mais uma parcela de R$ 1 200,00 após 3 meses. A taxa de juros simples, se Ana Paula decidir comprar sua televisão financiada, é:

a) 3,76%. b) 4,76%. c) 5,47%. d) 6,47%. e) 7,47%.

11. (UEFS-BA) A despesa mensal de uma empresa na produção de um bem é composta por uma parcela fixa e uma parcela variável, proporcional ao número de peças produzidas.
Sabe-se que:

- o custo unitário de produção dessas peças é de R$ 1,50;
- o preço unitário de venda das peças produzidas é de R$ 2,40;
- não há lucro nem prejuízo na produção de 800 unidades mensais.

Com base nessas informações e sabendo-se que a empresa investe mensalmente R$ 95 000,00, pode-se afirmar que a produção mensal mínima, para que o lucro mensal total nas vendas seja de, pelo menos, 8% do valor investido no mês, é de *n* peças, para *n* igual a:

a) 9 074. b) 9 120. c) 9 245. d) 9 400. e) 9 502.

12. (FGV-SP) Um capital *A* de R$ 10 000,00 é aplicado a juros compostos, à taxa de 20% ao ano; simultaneamente, um outro capital *B*, de R$ 5 000,00, também é aplicado a juros compostos, à taxa de 68% ao ano. Utilize a tabela abaixo para resolver.

x	1	2	3	4	5	6	7	8	9
log x	0	0,30	0,48	0,60	0,70	0,78	0,85	0,90	0,96

Depois de quanto tempo os montantes se igualam?

a) 22 meses b) 22,5 meses c) 23 meses d) 23,5 meses e) 24 meses

13. (UFPE) Uma loja de eletrônicos oferece duas opções de pagamento:

- à vista, com 10% de desconto no preço anunciado;
- em duas prestações mensais iguais, sem desconto sobre o preço anunciado, sendo a primeira prestação paga no momento da compra.

Qual a taxa de juros mensais embutida nas vendas a prazo?

a) 10% b) 15% c) 20% d) 25% e) 30%

14. (Fuvest-SP) Há um ano, Bruno comprou uma casa por R$ 50 000,00. Para isso, tomou emprestados R$ 10 000,00 de Edson e R$ 10 000,00 de Carlos, prometendo devolver-lhes o dinheiro, após um ano, acrescido de 5% e 4% de juros, respectivamente. A casa valorizou 3% durante este período de um ano. Sabendo-se que Bruno vendeu a casa hoje e pagou o combinado a Edson e Carlos, o seu lucro foi de:

a) R$ 400,00. b) R$ 500,00. c) R$ 600,00. d) R$ 700,00. e) R$ 800,00.

15. (Fuvest-SP) No próximo dia 8/12, Maria, que vive em Portugal, terá um saldo de 2 300 euros em sua conta corrente, e uma prestação a pagar no valor de 3 500 euros, com vencimento nesse dia. O salário dela é suficiente para saldar tal prestação, mas será depositado nessa conta corrente apenas no dia 10/12. Maria está considerando duas opções para pagar a prestação:

1. pagar no dia 8. Nesse caso, o banco cobrará juros de 2% ao dia sobre o saldo negativo diário em sua conta corrente por dois dias;
2. pagar no dia 10. Nesse caso, ela deverá pagar uma multa de 2% sobre o valor total da prestação.

Suponha que não haja outras movimentações em sua conta corrente. Se Maria escolher a opção 2, ela terá, em relação à opção 1:

a) desvantagem de 22,50 euros.
b) vantagem de 22,50 euros.
c) desvantagem de 21,52 euros.
d) vantagem de 21,52 euros.
e) vantagem de 20,48 euros.

16. (FGV-SP) Certo automóvel vale hoje R$ 10 000,00 e seu valor diminui 20% por ano. Carlos tem hoje uma poupança de R$ 5 000,00 aplicada com um rendimento de 10% ao ano. Quanto faltará para Carlos comprar esse mesmo automóvel daqui a dois anos?

a) R$ 2 000,00
b) R$ 350,00
c) R$ 1 000,00
d) R$ 0,00
e) R$ 700,00

17. (UFG-GO) Analise o gráfico ao lado.

Analisando-se os dados apresentados, conclui-se que o número de voos:

a) diminuiu em 2007 e 2008.

b) sofreu uma queda mais acentuada em 2008 do que em 2007.

c) teve aumento mais acentuado em 2009 do que em 2010.

d) é mais que o dobro em 2010, comparado a 2009.

e) é mais que o dobro em 2011 (estimativa), comparado a 2009.

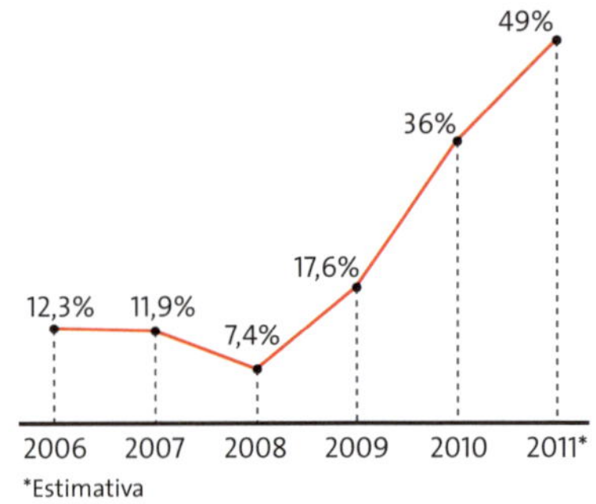

Crescimento dos voos domésticos no Brasil, por ano, em relação ao ano anterior, no período de 2006 a 2011.

Entre o céu e o inferno. *Veja*, São Paulo, n. 2159, 7 abr. 2010, p. 70. Adaptado.

18. (Unisc-RS) As substâncias radioativas emitem partículas e apresentam uma tendência natural a se desintegrarem. Assim, com o passar do tempo, sua massa vai diminuindo. Suponha que um certo material radioativo perde, todo dia, 5% da massa que possuía no dia anterior. Se hoje ele tem 15 g, que massa terá, aproximadamente, daqui a 2 dias?

a) 13 g b) 13,54 g c) 8,4 g d) 12,22 g e) 9,85 g

19. (Vunesp-SP) Cássia aplicou o capital de R$ 15 000,00 a juros compostos, pelo período de 10 meses e à taxa de 2% a.m. (ao mês). Considerando a aproximação $(1{,}02)^5 = 1{,}1$, Cássia computou o valor aproximado do montante a ser recebido ao final da aplicação. Esse valor é:

a) R$ 18 750,00. b) R$ 18 150,00. c) R$ 17 250,00. d) R$ 17 150,00. e) R$ 16 500,00.

20. (UEL-PR) Um automóvel zero km é comprado por R$ 32 000,00. Ao final de cada ano, seu valor diminui 10% em função da depreciação do bem. O valor aproximado do automóvel, após seis anos, é de:

a) R$ 15 006,00. b) R$ 19 006,00. c) R$ 16 006,00. d) R$ 12 800,00. e) R$ 17 006,00.

ESTATÍSTICA

Termos estatísticos

- População ou universo estatístico
- Amostra
- Indivíduo ou objeto
- Variável
  - qualitativa
    - nominal
    - ordinal
  - quantitativa
    - discreta
    - contínua
- Frequência absoluta
- Frequência relativa

Representação gráfica

- Gráfico de segmentos
- Gráfico de barras
- Gráfico de setores
- Histograma

Medidas de tendência central

Média aritmética (*MA*)

$$MA = \frac{x_1 + x_2 + x_3 + ... + x_n}{n} = \frac{\sum_{i=1}^{n} x_i}{n}$$

Média ponderada (*MP*)

$$MP = \frac{p_1 \cdot x_1 + p_2 \cdot x_2 + p_3 \cdot x_3 + ... + p_n \cdot x_n}{p_1 + p_2 + p_3 + ... + p_n}$$

Mediana (*Me*)

Dados n números em ordem crescente ou decrescente, a mediana será:

- o número que ocupar a posição central se n for ímpar;
- a média aritmética dos dois números que estiverem no centro se n for par.

Moda (*Mo*)

É a medida de tendência central definida como o valor mais frequente de um grupo de valores observados.

Medidas de dispersão

Variância (*V*)

$$V = \frac{\sum_{i=1}^{n} (x_i - MA)^2}{n}$$

Desvio Padrão (*DP*)

$$DP = \sqrt{V}$$

Exercícios

1. (UFG-GO) Um estudante encontrou um fragmento de jornal que apresentava o resultado da votação na Unesco sobre a admissão da Palestina como Estado-membro. Porém, as quantidades de abstenções e de votos contrários estavam ilegíveis, como indica a figura ao lado. Curioso para saber quantos países votaram contra e observando que se trata de um gráfico de setores, o estudante mediu com um transferidor o ângulo do setor circular correspondente aos votos contrários e obteve, aproximadamente, 29°. Com base nesta informação, determine o número de países que votaram contra a admissão da Palestina na Unesco.

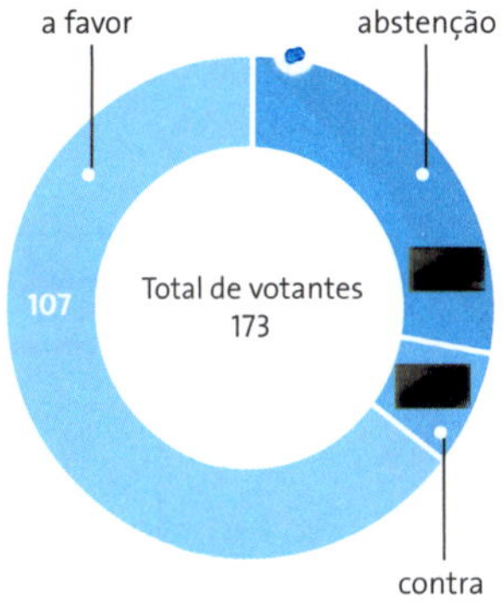

Folha de S.Paulo, São Paulo, 1º nov. 2011. Adaptado.

2. (Acafe-SC) O gráfico ao lado representa a quantidade de lixo reciclável (em toneladas) produzido pelos bairros *A* e *B* durante cinco meses.
Analisando o gráfico 1, é correto afirmar:
   a) O bairro *A* produziu duas toneladas a mais de lixo do que o bairro *B* nesses cinco meses.
   b) A maior diferença (em toneladas) entre os dois bairros ocorreu no mês de março.
   c) O bairro *B* produziu mais lixo que o bairro *A* durante todos os cinco meses.
   d) A média de produção de lixo foi de 5 t/mês para o bairro *A* e 7 t/mês para o bairro *B*.

Gráfico 1: Quantidades mensais de lixo reciclável produzido nos bairros *A* e *B*

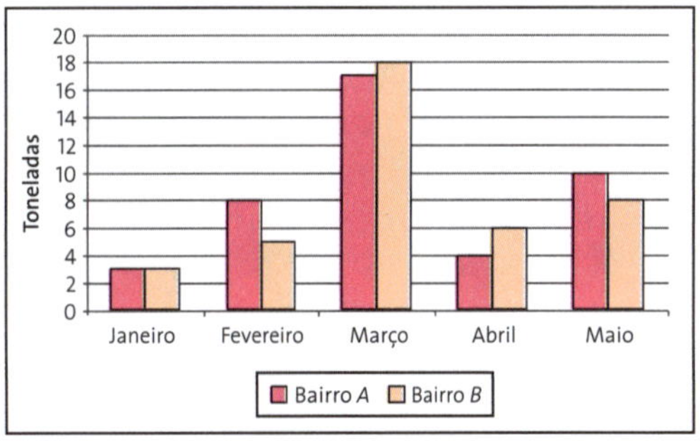

Texto para as questões 3 e 4.

Brasileiros dispostos a pagar diárias que podem chegar a € 11 mil (R$ 30,69 mil) por uma suíte são a bola da vez no mercado mundial de hotelaria de luxo.

Disputada pelos mais requintados hotéis, a clientela do Brasil ocupa a terceira posição do *ranking* de reservas do The Leading Hotels of the World (LHW). O selo reúne alguns dos mais sofisticados estabelecimentos do mundo.

De 2010 para 2011, o faturamento local do LHW cresceu 16,26%.

No ano passado, o escritório brasileiro bateu o recorde de US$ 31 milhões (R$ 66,96 milhões) em reservas.

Turista, 2012, p. B3.

Turista brasileiro "AAA" é 3º do mundo

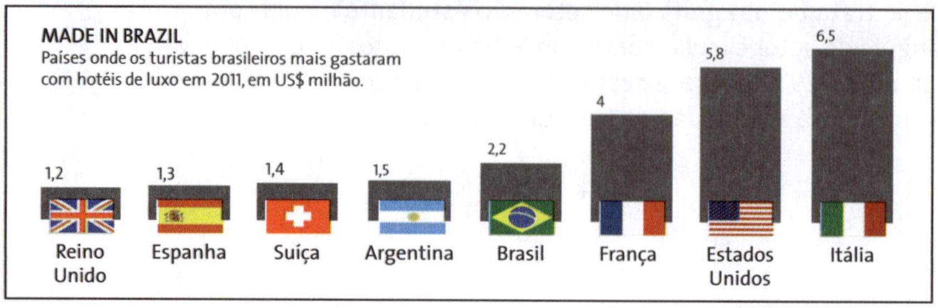

Cotações do câmbio turismo do dia 1º nov. 2012.

Fonte: Leading Hotels of the World.

3. (Uneb-BA) De acordo com os textos, pode-se afirmar que quando os turistas brasileiros saíram do país em 2011, o gasto médio com hotéis de luxo, em milhões de euros, foi igual a:

01) 2,1. 02) 2,2. 03) 2,3. 04) 2,4. 05) 2,5.

4. (Uneb-BA) A mediana dos gastos, em milhões de reais, dos turistas brasileiros com hotéis de luxo, em 2011, é igual a:

01) 3,764. 02) 3,846. 03) 3,888. 04) 3,924. 05) 3,996.

5. (UFRN) A Olimpíada Brasileira de Matemática das Escolas Públicas (Obmep) é um projeto realizado com alunos do Ensino Básico que tem como objetivo estimular o estudo da Matemática por meio de resoluções de problemas motivantes, que despertem o interesse e a curiosidade de professores e alunos.

O quadro abaixo apresenta dados da Obmep referentes aos anos em que o Programa está em vigor.

Escolas, alunos e percentual de municípios participantes da Obmep por ano

	2005	2006	2007	2008	2009
Escolas	31 030	32 655	38 450	40 397	43 854
Alunos	10 520 830	14 181 705	17 341 732	18 326 029	19 198 710
Município	93,5%	94,5%	98,1%	98,7%	99,1%

Disponível em: <www.obmep.org.br>. Acesso em: 20 jun. 2010.

Admitindo que, para a aplicação das provas, cada escola utilize 20 pessoas como pessoal de apoio e que a população do Brasil seja de aproximadamente 192 870 418 pessoas, pode-se afirmar que, em 2009, o número de:

a) alunos, somado ao de pessoal de apoio, foi superior a 10% da população brasileira.

b) alunos, somado ao de pessoal de apoio, foi inferior a 10% da população brasileira.

c) escolas participantes foi 10% maior que em 2008.

d) alunos participantes foi 10% maior que em 2008.

6. (FGV-SP) Um pesquisador fez um conjunto de medidas em um laboratório e construiu uma tabela com as frequências relativas (em porcentagem) de cada medida, conforme se vê a seguir:

Valor medido	Frequência relativa (%)
1,0	3,5
1,2	7,5
1,3	45
1,7	12,5
1,8	5
	Total = 100

Assim, por exemplo, o valor 1,0 foi obtido em 30% das medidas realizadas. A menor quantidade possível de vezes que o pesquisador obteve o valor medido maior que 1,5 é:

a) 6. b) 7. c) 8. d) 9. e) 10.

7. (FGV-SP) O gráfico de barras indica como informação principal o número de pessoas atendidas em um pronto-socorro, por faixa etária, em um determinado dia. Outra informação apresentada no gráfico, por meio das linhas verticais, é a frequência acumulada. Em virtude de um rasgo na folha em que o gráfico estava desenhado, as informações referentes à última barra, e apenas elas, foram perdidas, como se vê na figura.

A média de idade do total de pessoas de 0 a 20 anos que frequentou o pronto-socorro nesse dia foi 12,4 anos. Nessas condições, na folha intacta do gráfico original, o comprimento da linha vertical posicionada na última barra, que indica a frequência acumulada até 20 anos de idade, em centímetros, era igual a:

a) 8,8. b) 9,6. c) 10,4. d) 11,2. e) 12,0.

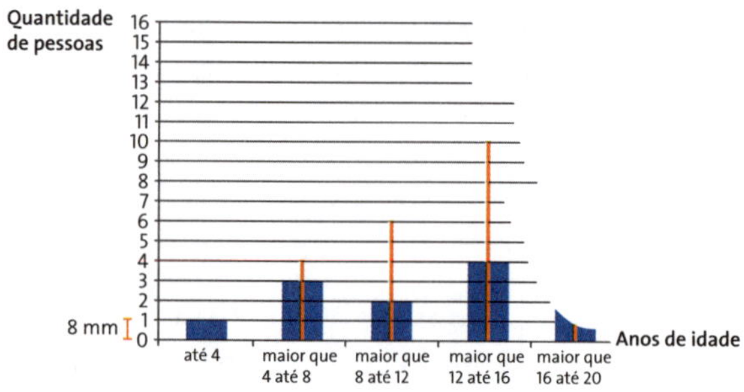

8. (FGV-SP) Ao conjunto $\{5, 6, 10, 11\}$ inclui-se um número natural n, diferente dos quatro números que compõem esse conjunto. Se a média aritmética dos cinco elementos do novo conjunto é igual a sua mediana, então, a soma de todos os possíveis valores de n é igual a:

a) 20.
b) 22.
c) 23.
d) 24.
e) 26.

9. (Uece) A média aritmética das idades dos 45 alunos do 6º ano do Colégio S. Narcísio IV é $\frac{188}{15}$. Se a média aritmética das idades das meninas é 12 anos e a dos meninos é 13 anos, então, o produto do número de meninos pelo número de meninas é:

a) 494.
b) 500.
c) 504.
d) 506.

Observação: Considere as idades dos alunos em número inteiro de anos. Por exemplo, se a idade de João é 12 anos, 7 meses e 4 dias, a idade a ser considerada é 12 anos.

10. (Uerj) Na tabela abaixo, estão indicados os preços do rodízio de *pizzas* de um restaurante.

Dias da semana	Valor unitário do rodízio
segunda-feira, terça-feira, quarta-feira e quinta-feira	18,50
sexta-feira, sábado e domingo	22,00

Considere um cliente que foi a esse restaurante todos os dias de uma mesma semana, pagando um rodízio em cada dia. Determine o valor médio que esse cliente pagou, em reais, pelo rodízio nessa semana.

11. (UPE) O gráfico ao lado mostra o número de competições de natação das últimas olimpíadas e o número de recordes mundiais quebrados em cada uma delas.

De acordo com esse gráfico:

Fonte: *Veja*, n. 2281, de 8 ago. 2012.

a) sem considerar a Olimpíada de 2012 em Londres, a maior razão entre o número de provas e o número de recordes quebrados aconteceu na Olimpíada de 2008, em Pequim.

b) para que a razão entre o número de provas e o número de recordes quebrados da Olimpíada de Londres se equipare à de Pequim, seriam necessários mais 4 recordes mundiais quebrados.

c) caso não seja quebrado mais nenhum recorde na Olimpíada de Londres, o número de recordes quebrados na Olimpíada de Sydney seria o mesmo do número de recordes quebrados em Atenas e Londres, juntos.

d) a média de recordes quebrados nas Olimpíadas de Sydney, Atenas e Pequim é de 17 recordes quebrados por olimpíada.

e) nas Olimpíadas de Sydney e Atenas, foram quebrados, ao todo, 64 recordes mundiais.

12. (UFG-GO) O gráfico ao lado representa, em um semicírculo, como foi a evolução do Ideb (Índice de Desenvolvimento da Educação Básica) de 2011 em comparação ao Ideb de 2007, considerando-se as 2 700 escolas públicas brasileiras que obtiveram as menores notas em 2007. Pelo gráfico, sabe-se que as escolas que melhoraram, mas não atingiram a média nacional são representadas pelo setor circular determinado por um ângulo de 140° e que os setores circulares que indicam as escolas que mantiveram a mesma nota e as que pioraram correspondem a $\frac{2}{35}$ e $\frac{1}{7}$, respectivamente, da área do setor circular que indica as escolas que tiveram melhora, mas não atingiram a média nacional.
Diante do exposto, determine o número das escolas que melhoraram e atingiram a média, das que mantiveram a nota e das que pioraram.

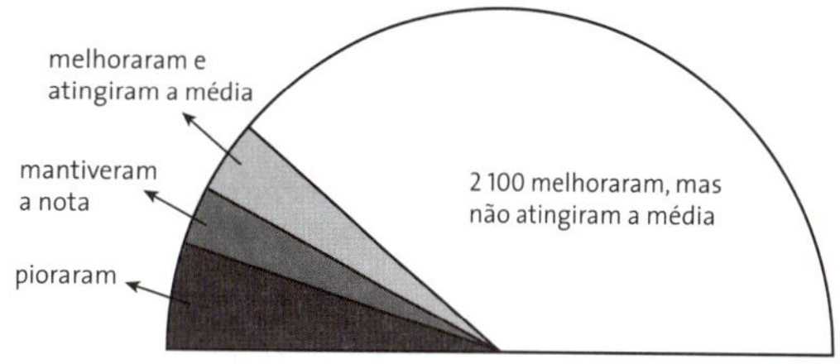

Folha de S.Paulo. Em 4 anos, 15% das piores escolas não se recuperaram. São Paulo, 2 out. 2012, p. C4. Adaptado.

13. (Ibmec-SP) Chama-se mediana de um conjunto de 50 dados ordenados em ordem crescente o número x dado pela média aritmética entre o 25º e o 26º. Observe no gráfico ao lado uma representação para as notas de 50 alunos do primeiro semestre de Ciências Econômicas numa determinada prova. A mediana das notas dos 50 alunos de Ciências Econômicas nesta prova é igual a:

a) 3. b) 4. c) 5. d) 6. e) 7.

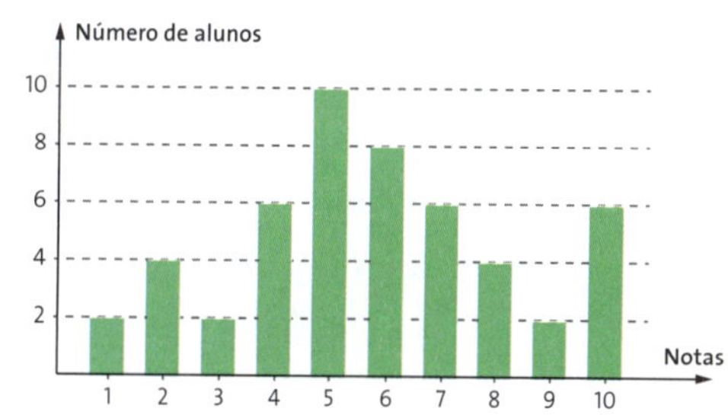

14. (Uneb-BA) O XVI Campeonato Mundial de Basquete Masculino foi realizado na Turquia, entre 28 de agosto a 12 de setembro de 2010, nas cidades de Ancara, Esmirna, Istambul e Kayseri. Novamente o Brasil decepcionou a torcida, conseguindo apenas o 9º lugar.
O gráfico mostra a *performance* da seleção brasileira ao longo das 15 edições anteriores da competição.
Considerando-se as informações do texto e do gráfico, pode-se concluir que o Brasil, ao longo de todos os anos, nessa competição, ocupou uma posição média correspondente à:

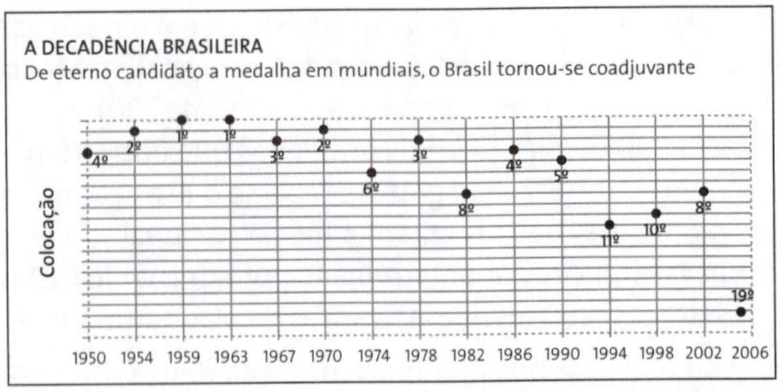

01) 5ª colocação.
02) 6ª colocação.
03) 7ª colocação.
04) 8ª colocação.
05) 9ª colocação.

15. (FGV-SP) A média aritmética de 20 números reais é 30, e a média aritmética de 30 outros números reais é 20. A média aritmética desses 50 números é:

a) 27.
b) 26.
c) 25.
d) 24.
e) 23.

16. (UEPB) O salário médio, em reais, dos funcionários de uma empresa, conforme nos mostra a tabela de distribuição abaixo, é:

Faixa salarial (em reais)	**Número de funcionários**
800 ⊢ 1100	300
1100 ⊢ 1400	600
1400 ⊢ 1700	150
1700 ⊢ 2 000	50
2 000 ⊢ 2 300	30
2 300 ⊢ 2 600	20

a) 1 408,60. b) 1 380,60. c) 1 281,30. d) 1 283,50. e) 1 285,50.

17. (UFPA) A precipitação pluviométrica média mensal em Belém, entre os anos de 1961 e 1990, está representada na tabela abaixo, com valores em mm.

Jan.	**Fev.**	**Mar.**	**Abr.**	**Maio**	**Jun.**	**Jul.**	**Ago.**	**Set.**	**Out.**	**Nov.**	**Dez.**
366,5	417,5	436,2	360	304,4	140,2	152,1	131,1	140,8	116,1	111,8	216,4

Considerando os dados da tabela, podemos afirmar:

a) Não existe um período de alta precipitação pluviométrica.

b) A soma das três médias mensais de maior precipitação corresponde a mais de 50% da média da precipitação total.

c) As quatro médias mensais de menor precipitação correspondem a menos de 20% da precipitação total.

d) A soma das médias mensais dos seis meses de menores precipitações corresponde a menos de um quarto da precipitação média anual.

e) Apenas quatro das médias mensais ficam acima de um doze avos da precipitação média anual.

18. (UFF-RJ) O Índice de Liberdade Econômica (Index of Economic Freedom) é um indicador elaborado pelo The Wall Street Journal e The Heritage Foundation, que avalia o grau de liberdade econômica de um país. Esse índice varia de zero a cem. Quanto maior o seu valor, maior a "liberdade econômica" do país. Tal índice é uma média da liberdade econômica em dez âmbitos: negócios; comércio; liberdade fiscal; intervenção do governo; monetário; investimentos; financeiro; corrupção; trabalho; direitos de propriedade. A tabela a seguir fornece os índices de quatro países, no período de 2000 a 2009, e suas respectivas posições no *ranking* em 2009 (ano em que 179 países foram avaliados).

Posição em 2009	**País**		**Índice de liberdade econômica**									
			2009	**2008**	**2007**	**2006**	**2005**	**2004**	**2003**	**2002**	**2001**	**2000**
1	Hong Kong		90,0	89,7	89,9	88,6	89,5	90,0	89,8	89,4	89,9	89,5
6	Estados Unidos		80,7	81,0	81,2	81,2	79,9	78,7	78,2	78,4	79,1	76,4
105	Brasil		56,7	56,2	56,2	60,9	61,7	62,0	63,4	61,5	61,9	61,1
179	Coreia do Norte		2,0	3,0	3,0	4,0	8,0	8,9	8,9	8,9	8,9	8,9

Fonte: <www.heritage.org/Index/Explore.aspx?view=by-region-country-year>.

Com base nessa tabela, pode-se afirmar que o índice de liberdade econômica do Brasil:

a) teve um aumento superior a 1%, do ano de 2000 para o ano de 2001.

b) teve um decréscimo de 0,1%, no período de 2001 a 2004.

c) teve um aumento superior a 13%, do ano de 2003 para o ano de 2008.

d) teve um decréscimo de 30%, do ano de 2004 para o ano de 2005.

e) cresceu, ano a ano, no período de 2003 a 2008.

19. (UFSM-RS) No ano de 2009, foi realizada a 17ª edição do Rally dos Sertões. A disputa começou em Goiânia-GO, passou por 7 estados brasileiros, terminando em Natal-RN. O percurso total do Rally foi de 5 038 km, divididos em 10 etapas; por sua vez, cada etapa possuía uma parte especial. A tabela a seguir apresenta o percurso total e o especial de cada etapa.

Etapa	Total da etapa	Especial da etapa
1ª	327 km	256 km
2ª	469 km	334 km
3ª	636 km	393 km
4ª	762 km	487 km
5ª	538 km	300 km
6ª	558 km	364 km
7ª	543 km	235 km
8ª	421 km	213 km
9ª	439 km	184 km
10ª	350 km	114 km

A média aritmética das cinco primeiras etapas do percurso especial é:

a) 304 km. b) 310 km. c) 322 km. d) 348 km. e) 354 km.

20. (UFCG-PB) A tabela ao lado foi extraída de dados do IBGE e representa o aumento da população brasileira ao longo dos anos de 1872 a 2000.

Analisando os dados apresentados nessa tabela, pode-se deduzir que:

a) A população brasileira teve um aumento linear ao longo dos anos.

b) A tendência da população brasileira é crescer e depois decrescer.

c) A taxa de crescimento da população brasileira entre os anos de 1940 e 1950 foi menor do que entre os anos de 1970 e 1980.

d) De cem em cem anos o número de habitantes duplica.

e) A taxa de crescimento da população brasileira de dez em dez anos se mantém constante.

População total recenseada no Brasil (1872-2000)

Fonte: Censo Demográfico 2000: Resultados do universo.

21. (FGV-SP) Um time de futebol tem 11 jogadores cuja média das idades é 24 anos. Álvaro tem 35 anos. Se Álvaro for excluído do time, a média das idades dos 10 jogadores restantes será:

a) 22,9 anos. b) 22,8 anos. c) 22,7 anos. d) 22,6 anos. e) 22,5 anos.

22. (Vunesp-SP) Durante o ano letivo, um professor de Matemática aplicou cinco provas para seus alunos. A tabela apresenta as notas obtidas por um determinado aluno em quatro das cinco provas realizadas e os pesos estabelecidos pelo professor para cada prova.

Prova	I	II	III	IV	V
Nota	6,5	7,3	7,5	?	6,2
Peso	1	2	3	2	2

Se o aluno foi aprovado com média final ponderada igual a 7,3, calculada entre as cinco provas, a nota obtida por esse aluno na prova **IV** foi:

a) 9,0. b) 8,5. c) 8,3. d) 8,0. e) 7,5.

23. (Insper-SP) A tabela a seguir mostra as quantidades de alunos que acertaram e que erraram as 5 questões de uma prova aplicada em duas turmas. Cada questão valia dois pontos.

Questão	Acertos turma A	Erros turma A	Acertos turma B	Erros turma B
1	32	8	42	18
2	28	12	48	12
3	36	4	48	12
4	16	24	24	36
5	20	20	30	30

A média dos alunos da turma *A* e a média dos alunos da turma *B* nesta prova foram, respectivamente:

a) 6,80 e 6,20.
b) 6,60 e 6,40.
c) 6,40 e 6,60.
d) 6,20 e 6,80.
e) 6,00 e 7,00.

24. (UFF-RJ) Diz-se que uma família vive na pobreza extrema se sua renda mensal por pessoa é de, no máximo, 25% do salário mínimo nacional. Segundo levantamento do Instituto de Pesquisa Econômica Aplicada (Ipea), mais de treze milhões de brasileiros saíram da pobreza extrema entre 1995 e 2008. No entanto, a diminuição generalizada nas taxas de pobreza extrema nesse período não ocorreu de forma uniforme entre as grandes regiões geográficas do país, conforme ilustra o gráfico ao lado. Tendo em vista o gráfico, verifica-se que a taxa nacional de pobreza extrema caiu 49,8%, passando de 20,9% para 10,5%. Pode-se concluir, então, que a região em que a taxa de pobreza extrema (em %) caiu mais de 50% foi:

a) a região Norte.
b) a região Sudeste.
c) a região Nordeste.
d) a região Centro-Oeste.
e) a região Sul.

Taxas de pobreza extrema no Brasil e nas suas grandes regiões em 1995 e 2008 (em %)

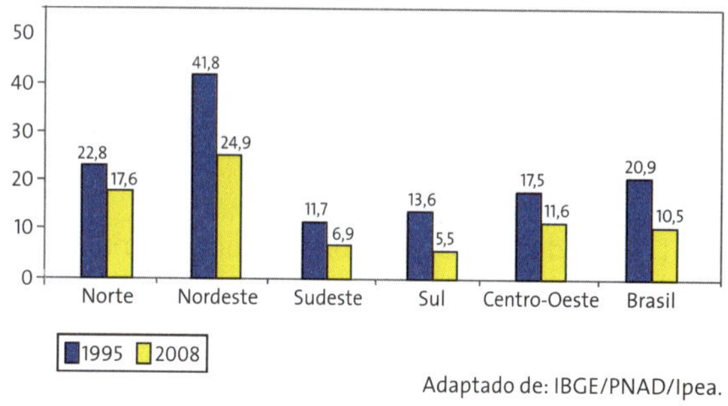

Adaptado de: IBGE/PNAD/Ipea.

25. (Vunesp-SP) A revista *Superinteressante* trouxe uma reportagem sobre o custo de vida em diferentes cidades do mundo. A tabela mostra o *ranking* de cinco das 214 cidades pesquisadas pela "Mercer LLC", empresa americana, em 2010. Observando as informações, numéricas e coloridas, contidas na tabela, analise as afirmações:

I. O custo do aluguel em Luanda é o mais alto do mundo.
II. O custo do cafezinho em Tóquio é o mais alto do mundo.
III. O custo do jornal importado em São Paulo é o mais alto do mundo.
IV. O custo do lanche em Libreville é o mais alto do mundo.
V. O custo da gasolina em Tóquio é o mais alto do mundo.

Estão corretas as afirmações:

a) I, III e V, apenas.
b) II, III e IV, apenas.
c) I, II, III e IV, apenas.
d) I, III, IV e V, apenas.
e) I, II, III, IV e V.

Cidade mais cara do mundo fica na África

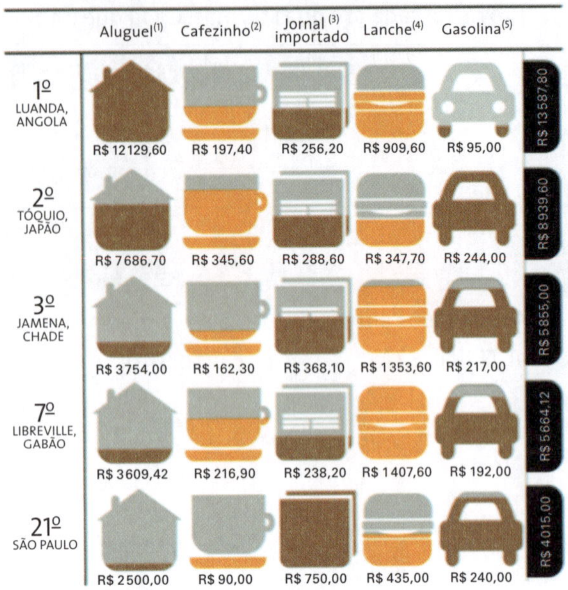

(1) apartamento de dois quartos num bairro de classe média alta;
(2) 30 cafezinhos;
(3) 30 exemplares do New York Times;
(4) lanches do McDonald's;
(5) 100 litros.

Superinteressante, janeiro de 2011. Adaptado.

26. (UFG-GO) Uma das características das maiores usinas hidrelétricas do Brasil é a formação de grandes lagos através de barragens para a geração de energia, conforme se visualiza no quadro.

Brasil: usinas hidrelétricas por área alagada e potência gerada – 2009		
Usina	**Área alagada** (km^2)	**Potência** (mv)
Tucuruí	2 430	4 200
Sobradinho	4 214	1 050
Itaipu	1 350	12 600
Ilha Solteira	1 077	3 330
Furnas	1 450	1 320

Fonte: Aneel, 2009.

De acordo com o quadro, é correto afirmar:

a) Ilha Solteira e Furnas em conjunto alagam uma área superior a 2 500 km^2 e geram juntas $\frac{2}{3}$ da energia produzida por Tucuruí.
b) em relação à área alagada e à produção de energia, a usina de Itaipu apresenta o melhor custo-benefício.
c) a usina de Sobradinho possui a maior área alagada, sendo a terceira colocada em produção de energia.
d) a proporção de geração de energia da usina de Tucuruí é de exatamente 2 mv/km^2.

27. (UFRGS-RS) A propagação do vírus H1N1, causador da gripe A, foi preocupação mundial em 2009. Quatro meses após a eclosão dos casos da gripe nos Estados Unidos e no México, foi feita uma avaliação dos danos causados pela moléstia, com a utilização de dados de 28 países.

Os quadros ao lado, publicados no jornal *Zero Hora* de 27/8/2009, apresentam os países onde havia ocorrido mais óbitos até aquela data e as maiores taxas de mortalidade, por 100 mil habitantes.

Com base nessas informações, é correto afirmar que, naquela data:

A moléstia no mundo

País	Óbitos
Brasil	557
EUA	522
Argentina	439
México	179
Austrália	132
Chile	128
Tailândia	119
Peru	80
Canadá	71
Malásia	69

País	Taxa de Mortalidade*
Argentina	1,08
Chile	0,75
Costa Rica	0,67
Uruguai	0,65
Austrália	0,61
Paraguai	0,61
Brasil	0,29
Peru	0,27
Malásia	0,24
Canadá	0,21

* Por 100 mil habitantes

a) o Uruguai havia registrado mais de 70 óbitos.

b) a taxa de mortalidade no Peru era de 27%.

c) a população da Austrália era maior que a população do Paraguai.

d) a população da Argentina era superior a 50 milhões de habitantes.

e) o Brasil era o país mais populoso dentre os citados.

28. (UFRN) O gráfico ao lado, visto por um consumidor em uma revista especializada em Mecânica, corresponde às distribuições de frequência de substituição de uma peça de automóvel fornecida por dois fabricantes, em função do tempo. A curva contínua refere-se à peça feita pelo fabricante *A*, enquanto a curva tracejada corresponde ao produto do fabricante *B*. A partir da leitura do gráfico, o consumidor deve concluir que:

a) as peças do fabricante *A* duram menos.

b) as peças dos dois fabricantes duram, em média, o mesmo tempo, mas a duração do produto do fabricante *A* varia menos.

c) as peças dos dois fabricantes duram, em média, o mesmo tempo, mas a duração do produto do fabricante *B* varia menos.

d) as peças do fabricante *B* duram menos.

GEOMETRIA ANALÍTICA: PONTO E RETA

Distância entre dois pontos

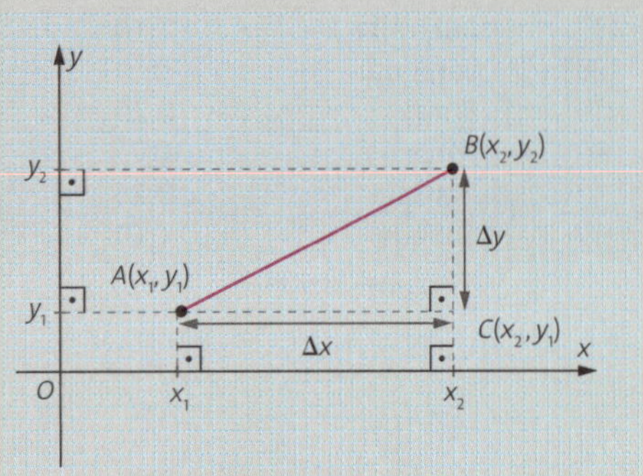

$$d(A, B) = \sqrt{(\Delta x)^2 + (\Delta y)^2} = \sqrt{(x_2 - x_1)^2 + (y_2 - y_1)^2}$$

Coordenadas do ponto médio de um segmento de reta

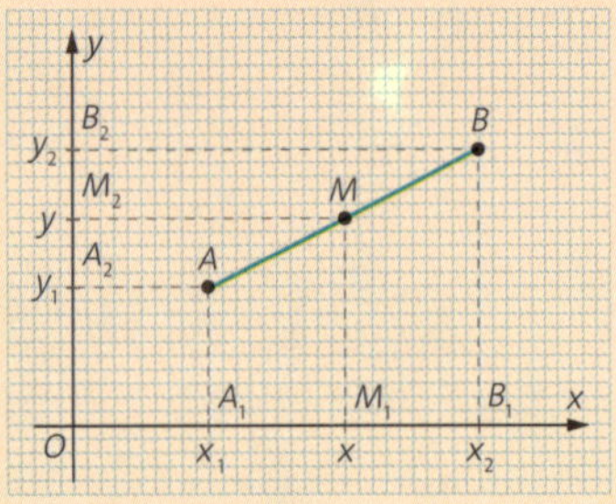

$$M\left(\frac{x_1 + x_2}{2}, \frac{y_1 + y_2}{2}\right)$$

Coordenadas do baricentro de um triângulo

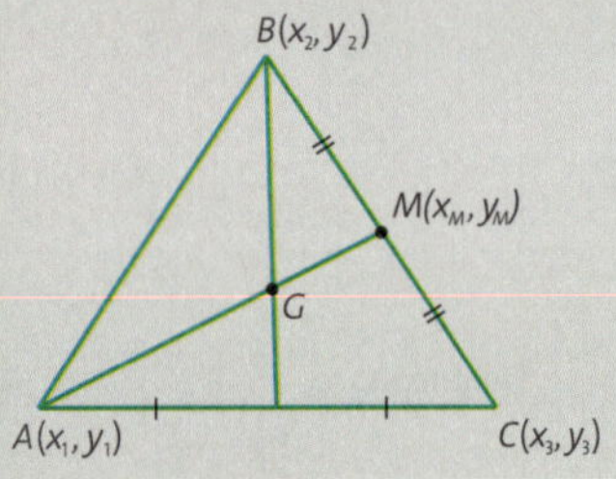

$$G\left(\frac{x_1 + x_2 + x_3}{3}, \frac{y_1 + y_2 + y_3}{3}\right)$$

Condição de alinhamento de três pontos

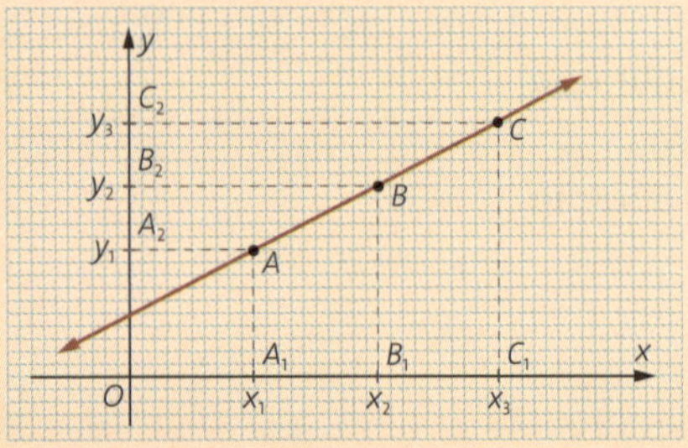

$$D = \begin{vmatrix} x_1 & y_1 & 1 \\ x_2 & y_2 & 1 \\ x_3 & y_3 & 1 \end{vmatrix} = 0$$

Área de uma região triangular

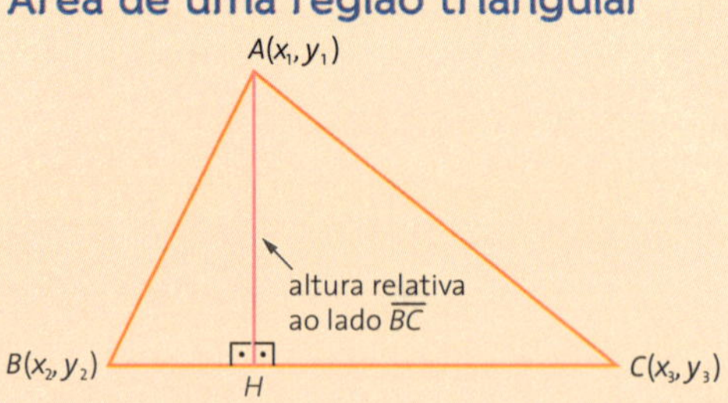

$$S = \frac{1}{2}(\overline{BC}) \cdot (\overline{AH})$$

ou

$$S = \frac{1}{2}|D| \text{ em que } D = \begin{vmatrix} x_1 & y_1 & 1 \\ x_2 & y_2 & 1 \\ x_3 & y_3 & 1 \end{vmatrix}, \text{ sendo } D \neq 0$$

Coeficiente angular de uma reta

$m = \text{tg}\ \alpha$

$\alpha = 0°$

$m = \text{tg}\ \alpha = \text{tg}\ 0° = 0$

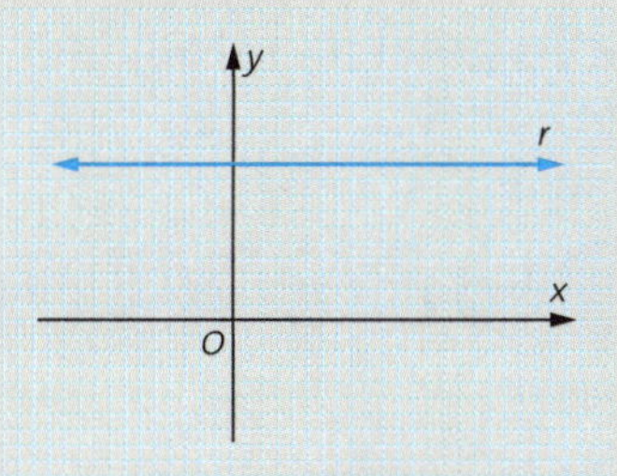

$90° < \alpha < 180°$

$\text{tg}\ \alpha < 0 \Rightarrow m < 0$

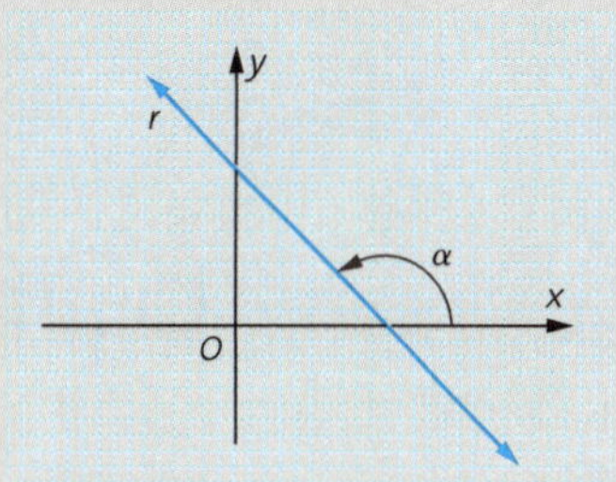

$0° < \alpha < 90°$

$\text{tg}\ \alpha > 0 \Rightarrow m > 0$

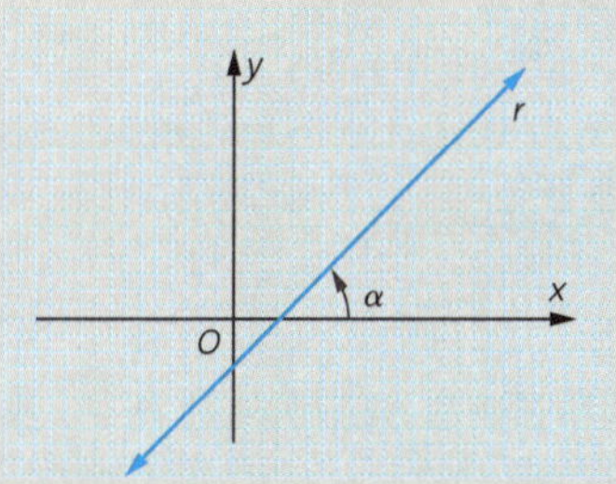

$\alpha = 90°$

$\text{tg}\ \alpha$ não é definida $\Rightarrow$ não existe m

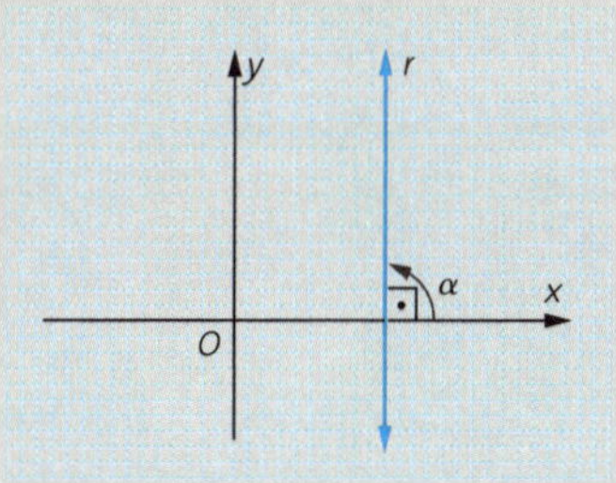

$$m = \frac{\Delta y}{\Delta x} = \frac{y_2 - y_1}{x_2 - x_1}$$

$0° < \alpha < 90°$

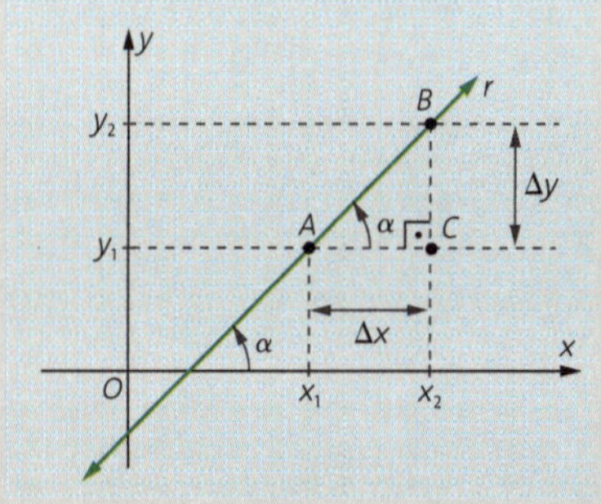

$90° < \alpha < 180°$

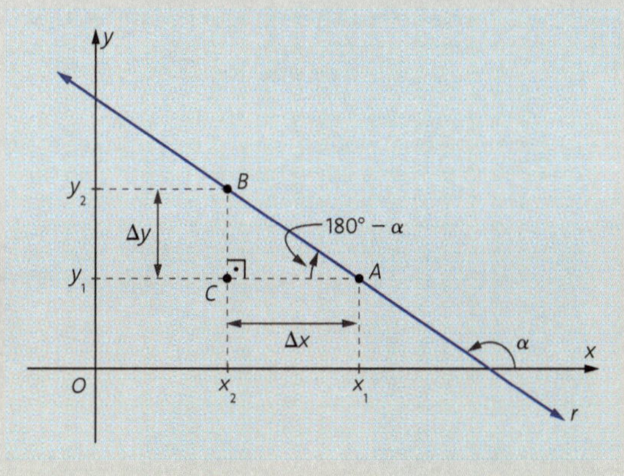

Formas da equação da reta

Equação reduzida

$y = mx + n$

(m: coeficiente angular; n: coeficiente linear)

Equação fundamental da reta

$y - y_0 = m(x - x_0)$

Equação geral da reta

$ax + by + c = 0$

Forma segmentária da equação de reta

Usando a forma reduzida $y = mx + n$, em que $m = -\frac{b}{a}$ e $n = b$, temos:

$\frac{x}{a} + \frac{y}{b} = 1$

Equações paramétricas

São formas de representar retas por meio de um parâmetro, nesse caso t.

$$\begin{cases} x = f(t) \\ y = g(t) \end{cases}$$

Se $f(t)$ e $g(t)$ são funções afins, então essas equações representam uma reta.

Posições relativas de duas retas

Retas paralelas

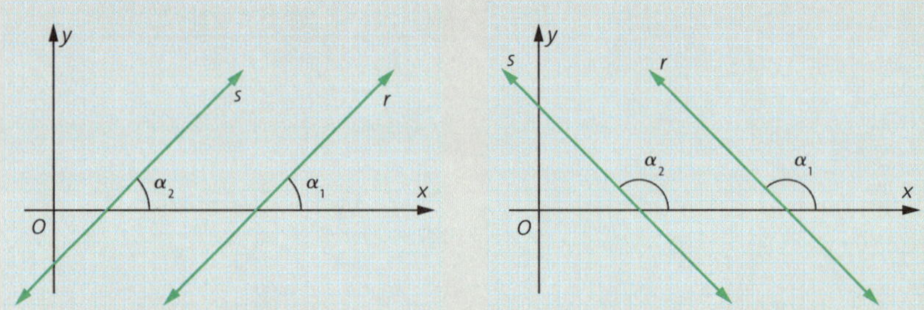

$\alpha_1 = \alpha_2 \Leftrightarrow \text{tg } \alpha_1 = \text{tg } \alpha_2 \Leftrightarrow m_1 = m_2 \Leftrightarrow r \,//\, s$

Retas concorrentes

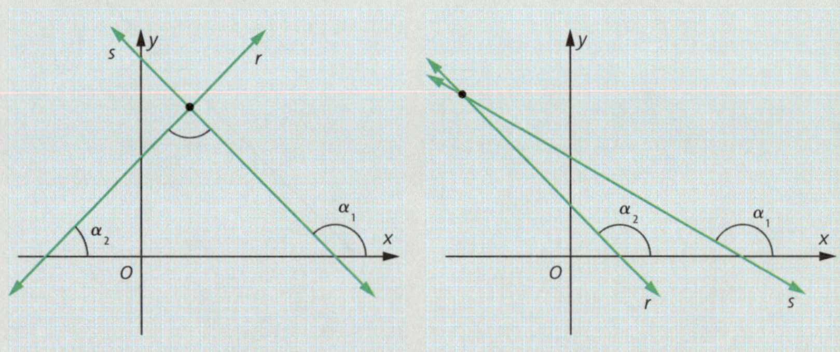

$\alpha_1 \neq \alpha_2 \Leftrightarrow \text{tg } \alpha_1 \neq \text{tg } \alpha_2 \Leftrightarrow m_1 \neq m_2 \Leftrightarrow r$ e s: concorrentes

Retas perpendiculares

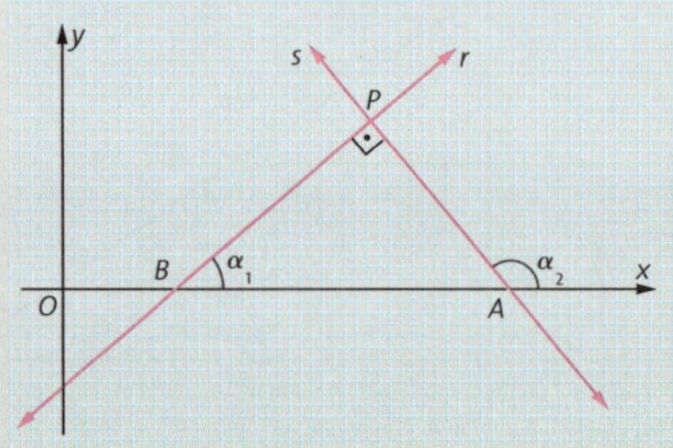

$r \perp s \Leftrightarrow m_2 = -\frac{1}{m_1}$

ou

$r \perp s \Leftrightarrow m_1 m_2 = -1$

Distância de um ponto a uma reta

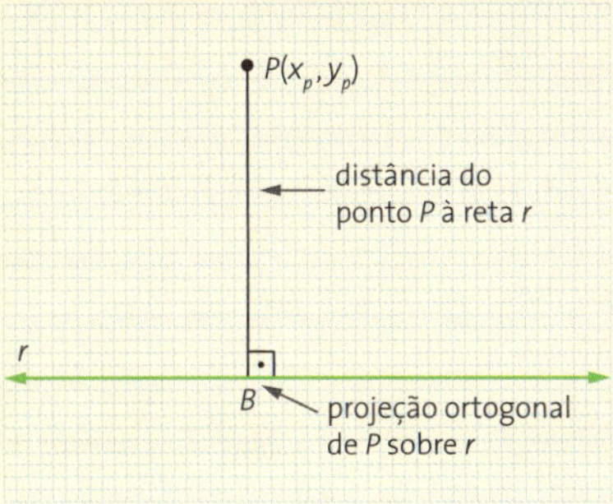

$$d = \frac{|ax_p + by_p + c|}{\sqrt{a^2 + b^2}}$$

Ângulo formado por duas retas

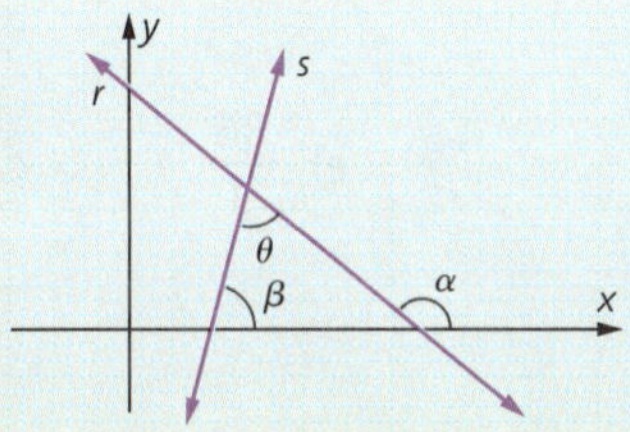

$$\text{tg}\,\theta = \text{tg}\,(\alpha - \beta) = \frac{\text{tg}\,\alpha - \text{tg}\,\beta}{1 + \text{tg}\,\alpha \cdot \text{tg}\,\beta} = \left|\frac{m_1 - m_2}{1 + m_1 m_2}\right|$$

Exercícios

1. (Udesc) A região sombreada na figura tem como limitantes as retas $y = 0$, $y = 2x$, $y = x + 2$, $y = 7$ e $y = 25 - 3x$.

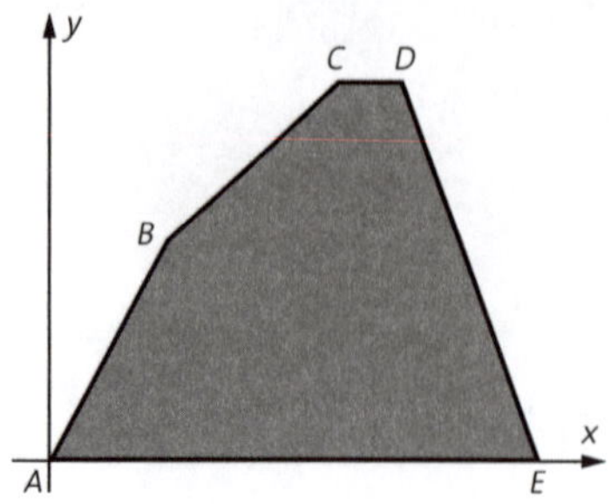

A área da região sombreada é:

a) $\frac{152}{3}$.

b) $\frac{319}{6}$.

c) $\frac{107}{3}$.

d) $\frac{214}{3}$.

e) $\frac{86}{3}$.

2. (Unimontes-MG) A área do pentágono cujos vértices são $A(0, 0)$, $B(3, 2)$, $C(2, 3)$, $D(1, 5)$ e $E(-2, 1)$ é:

a) 14,5.
b) 10,5.
c) 12,5.
d) 11,5.

3. (ESPM-SP) O triângulo de vértices $A(0, 4)$, $B(2, 0)$ e $C(x, 0)$ é isósceles de base AB. Sua área mede:

a) 8.
b) 10.
c) 12.
d) 14.
e) 16.

4. (Unicamp-SP) A figura ao lado apresenta parte do mapa de uma cidade, no qual estão identificadas a catedral, a prefeitura e a câmara de vereadores. Observe que o quadriculado não representa os quarteirões da cidade, servindo apenas para a localização dos pontos e retas no plano cartesiano. Nessa cidade, a Avenida Brasil é formada pelos pontos equidistantes da catedral e da prefeitura, enquanto a Avenida Juscelino Kubitschek (não mostrada no mapa) é formada pelos pontos equidistantes da prefeitura e da câmara de vereadores. Sabendo que a distância real entre a catedral e a prefeitura é de 500 m, podemos concluir que a distância real, em linha reta, entre a catedral e a câmara de vereadores é de:

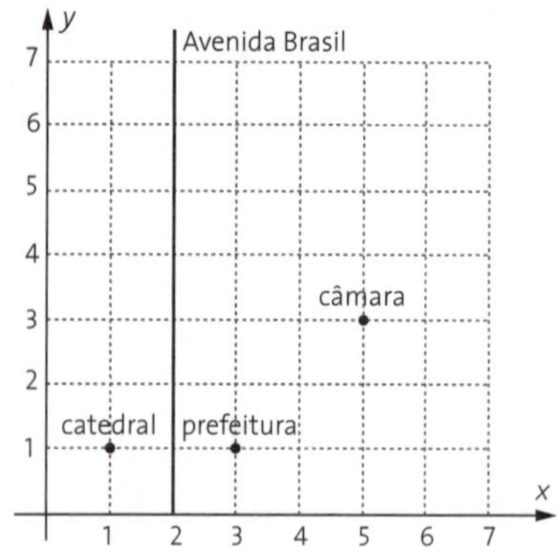

a) 1 500 m.

b) $500\sqrt{5}$ m.

c) $1\,000\sqrt{2}$ m.

d) $500 + 500\sqrt{2}$ m.

5. (UEPB) Uma chapa metálica triangular é suspensa por um fio de aço, fixado em um ponto *P* de sua superfície, de sorte que a mesma fique em equilíbrio no plano horizontal determinado pelo sistema de eixos cartesiano *xy*. Se os vértices da chapa estão nos pontos *A*(1, 1), *B*(1, 5), *C*(4, 3), então as coordenadas *x*, *y* do ponto *P* são, respectivamente:

a) 2 e 5.

b) 2 e 3.

c) 3 e 3.

d) 2 e 4.

e) 4 e 3.

6. (UFU-MG) A "bocha" é um esporte trazido ao Brasil pelos imigrantes italianos. Ele consiste no lançamento de "bochas" (bolas), a partir de uma região delimitada, para situá-las o mais próximo possível de um "bolim" (bola pequena) previamente lançado. A "cancha", local onde o jogo é praticado, é uma espécie de raia e pode ser interpretada como uma porção de um plano, o qual assumiremos estar munido de um sistema de coordenadas cartesianas *xOy*.

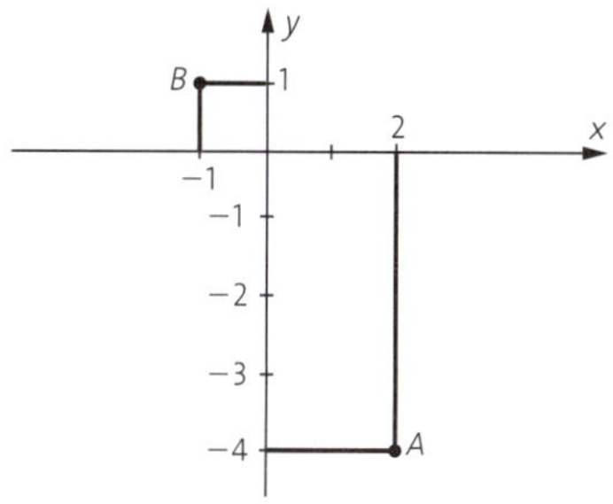

Sabe-se que:

1) O bolim está localizado no ponto $A(2, -4)$.
2) Uma bocha já arremessada está localizada no ponto $B(-1, 1)$.

Um jogador deseja arremessar uma nova bocha que deverá colidir com a bocha em *B*, empurrando-a para próximo do bolim em *A*. Para facilitar o seu arremesso, ele busca posicionar-se na cancha em um ponto *C*, de maneira que *A*, *B* e *C* estejam alinhados. Se $C(h, 2)$, então, de acordo com as condições dadas, pode-se afirmar que:

a) $-2{,}1 \leq h < -1{,}9$.   b) $-1{,}9 \leq h < -1{,}7$.   c) $-1{,}7 \leq h < -1{,}5$.   d) $-1{,}5 \leq h \leq -1{,}3$.

7. (PUC-RJ) Se os pontos $A = (-1, 0)$, $B = (1, 0)$ e $C = (x, y)$ são vértices de um triângulo equilátero, então a distância entre *A* e *C* é:

a) 1.   b) 2.   c) 4.   d) $\sqrt{2}$.   e) $\sqrt{3}$.

8. (Ufop-MG) A reta *r* contém os pontos $(-1, -3)$ e $(2, 3)$. O valor de *m*, de modo que o ponto $(m, 7)$ pertença a *r*, é:

a) 1.   b) 2.   c) 3.   d) 4.

9. (Unisa-SP) Na figura, $ABCD$ é um quadrado.

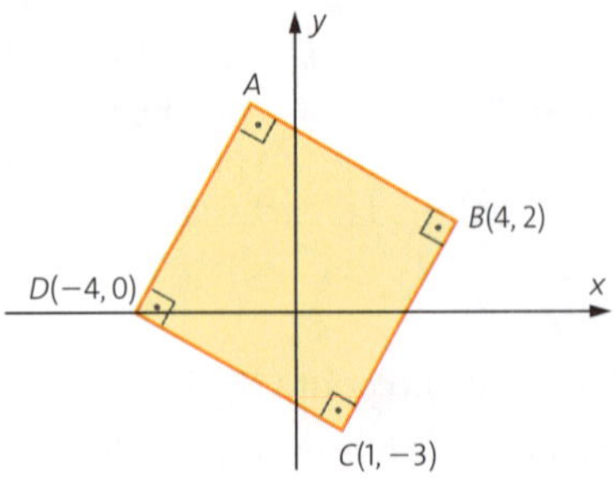

A distância do ponto A ao ponto (0, 0) é:

a) $\sqrt{30}$.
b) $\sqrt{46}$.
c) $\sqrt{26}$.
d) $\sqrt{22}$.
e) $\sqrt{38}$.

10. (UFRN) O piso de um salão de 4 m de largura por 6 m de comprimento é revestido com pedras de granito quadradas, como mostra a figura abaixo. Em cada uma das posições – P_1, P_2, P_3 e P_4 – existe uma pessoa.

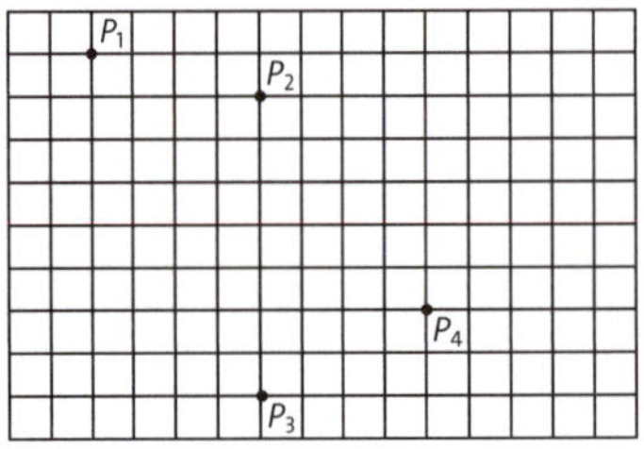

As distâncias entre P_2 e P_3 e entre P_1 e P_4 são, respectivamente:

a) 2,8 m e 4,0 m.
b) 2,8 m e 3,4 m.
c) 3,2 m e 3,2 m.
d) 3,0 m e 3,6 m.

11. (UPE) A reta *r* da figura possui equação $2x - 3y + 6 = 0$, e o trapézio *OBCD* tem área igual a 9 unidades de área. Qual é a equação da reta *s*?

a) $x - 2,5 = 0$
b) $x - 3 = 0$
c) $x - 3,5 = 0$
d) $x - 4 = 0$
e) $x - 4,5 = 0$

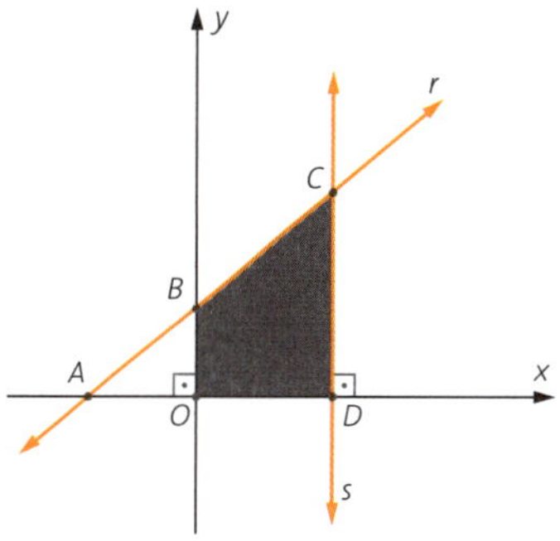

12. (Unicamp-SP) A área do triângulo *OAB* esboçado na figura ao lado é:

a) $\frac{21}{4}$.
b) $\frac{23}{4}$.
c) $\frac{25}{4}$.
d) $\frac{27}{4}$.

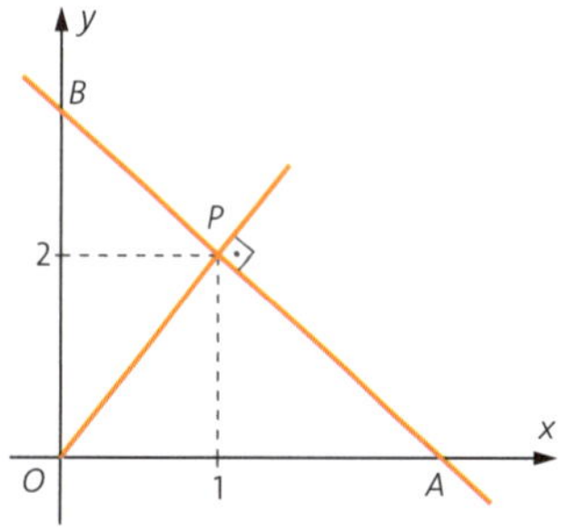

13. (PUC-RJ) Quais os vértices do triângulo cujos lados são as retas $x + y = 0$, $y = x$ e $y = 3$?

a) (2, 2), (2, −2) e (3, 3)

b) (1, 1), (2, 2) e (3, −3)

c) (3, 3), (0, 0) e (−3, 3)

d) (3, 3), (−1, −1) e (2, 2)

e) (0, 0), (3, 3) e (3, 0)

14. (UERN) Uma reta tem coeficiente angular igual a −2 e passa pelos pontos (3, 4) e (4, k). A soma do coeficiente linear da reta com o valor de k é:

a) 5. b) 7. c) 12. d) 14.

15. (Unemat-MT) Dado o gráfico da figura abaixo:

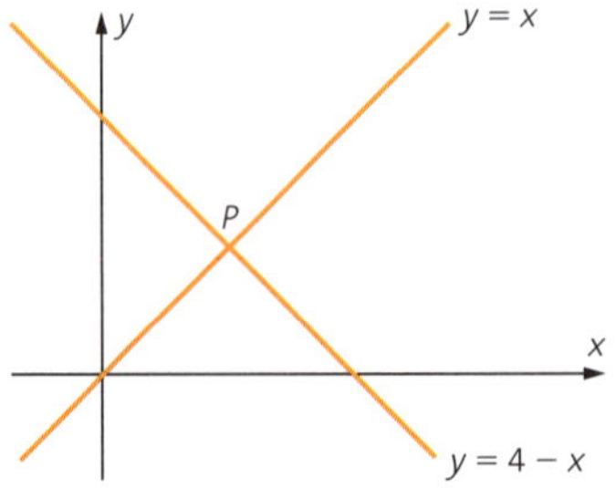

Seja o ponto P intersecção das duas retas, seu par ordenado será dado por:

a) $P(1, 3)$. b) $P(2, 2)$. c) $P(2, 3)$. d) $P\left(\frac{2}{3}, 2\right)$. e) $P(2, 4)$.

16. (FGV-SP) No plano cartesiano, o triângulo de vértices $A(1, 2)$, $B(m, 4)$ e $C(0, 6)$ é retângulo em A. O valor de m é igual a:

a) 7. b) 8. c) 9. d) 50. e) 51.

17. (Furg-RS) As retas $(r)\ y = 2x - 1$ e $(s)\ y = ax + b$ são perpendiculares no ponto $A(2, y)$. Os valores de a e b são:

a) $-\dfrac{1}{2}$ e 2.
b) $-\dfrac{1}{2}$ e -4.
c) $-\dfrac{1}{2}$ e -1.
d) $-\dfrac{1}{2}$ e 4.
e) $\dfrac{1}{2}$ e 2.

18. (Ufam) No gráfico abaixo, a reta s que passa pelo ponto P é paralela à reta r e tem como equação:

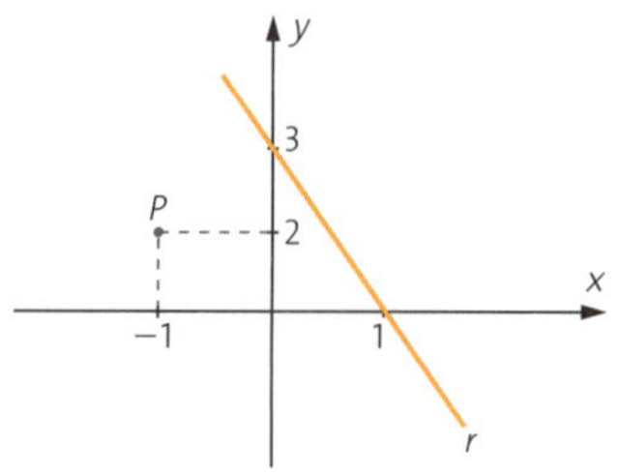

a) $3x - y - 1 = 0$.
b) $3x + y - 3 = 0$.
c) $x + 3y + 1 = 0$.
d) $3x + y - 1 = 0$.
e) $3x + y + 1 = 0$.

19. (UFPR) Um balão de ar quente foi lançado de uma rampa inclinada. Utilizando o plano cartesiano, a figura ao lado descreve a situação de maneira simplificada. Ao ser lançado, o balão esticou uma corda presa aos pontos *P* e *Q*, mantendo-se fixo no ar. As coordenadas do ponto *P*, indicado na figura, são, então:

a) (21, 7). b) (22, 8). c) (24, 12). d) (25, 13). e) (26, 15).

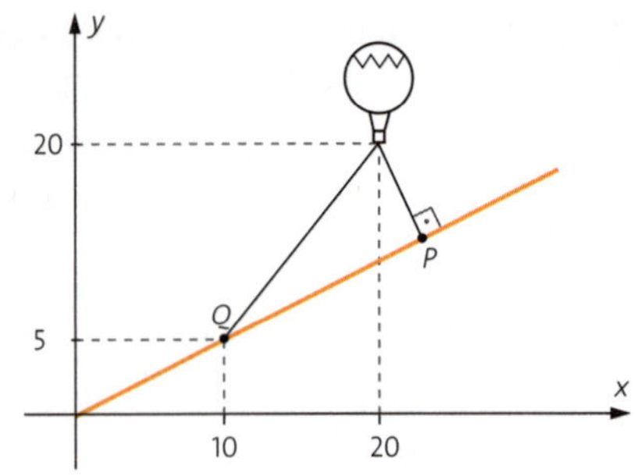

20. (Fepecs-DF) Um avião taxia (preparando para decolar) a partir do ponto que a torre de controle do aeroporto considera a origem dos eixos coordenados, com escala em metros. Ele segue em linha reta até o ponto (300, −400), onde realiza uma curva de 90° no sentido anti-horário, seguindo, a partir daí, em linha reta. Após algum tempo, o piloto acusa defeito no avião, relatando a necessidade de abortar a decolagem. Se, após a mudança de direção, o avião percorre 1 000 metros até parar, as coordenadas do ponto para o qual a torre deve encaminhar a equipe de resgate são:

a) (1 400, 400). b) (1 300, 600). c) (1 200, 300). d) (1 100, 200). e) (1 000, 500).

21. (UFPB) A figura ao lado mostra, no plano cartesiano, a vista superior de um museu que possui a forma de um quadrado. Como parte do sistema de segurança desse museu, há, localizado no ponto (0, 0), um emissor de raios retilíneos o qual detecta a presença de pessoas. Os raios emitidos são paralelos ao plano do piso e descrevem trajetórias paralelas às semirretas $y = \lambda x$, com $x \geqslant 0$, onde λ é um parâmetro que ajusta a direção dos raios, de acordo com o ponto que se deseja proteger. No museu, só existem entradas nos lados oeste e sul, os quais devem ficar totalmente protegidos pelo sistema de segurança. De acordo com essas informações, o parâmetro λ deve variar, pelo menos, no intervalo:

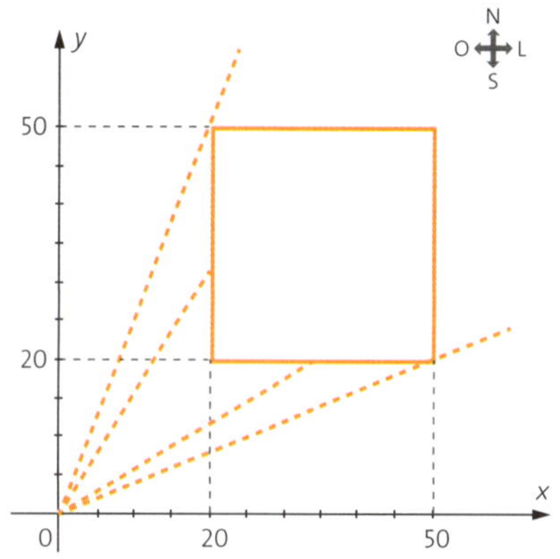

a) $\left[\frac{2}{7}, 2\right]$. b) $\left[\frac{2}{5}, \frac{5}{2}\right]$. c) $\left[3, \frac{7}{2}\right]$. d) $[8, 10]$. e) $[11, 13]$.

22. (Uerj) Sabedoria egípcia

Há mais de 5 000 anos os egípcios observaram que a sombra no chão provocada pela incidência dos raios solares de um gnômon (um tipo de vareta) variava de tamanho e de direção. Com medidas feitas sempre ao meio-dia, notaram que a sombra, com o passar dos dias, aumentava de tamanho. Depois de chegar a um comprimento máximo, ela recuava até perto da vareta. As sombras mais longas coincidiam com dias frios. E as mais curtas, com dias quentes.

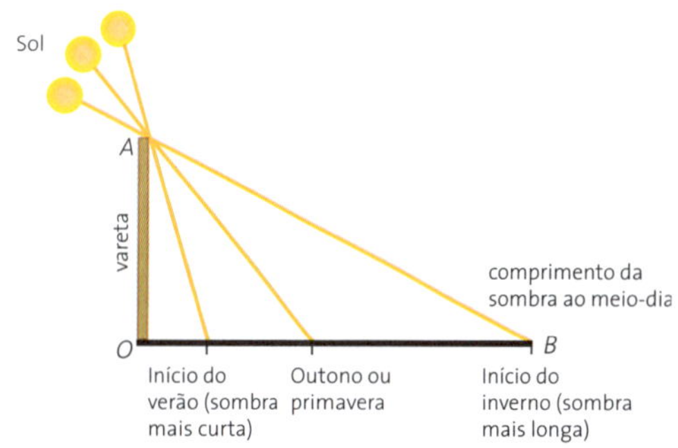

Adaptado de: Revista *Galileu*, janeiro de 2001.

Um estudante fez uma experiência semelhante à descrita no texto, utilizando uma vareta OA de 2 metros de comprimento. No início do inverno, mediu o comprimento da sombra OB, encontrando 8 metros. Utilizou, para representar sua experiência, um sistema de coordenadas cartesianas, no qual o eixo das ordenadas (y) e o eixo das abscissas (x) continham, respectivamente, os segmentos de reta que representavam a vareta e a sombra que ela determinava no chão. Esse estudante pôde, assim, escrever a seguinte equação da reta que contém o segmento AB:

a) $y = 8 - 4x$.
b) $x = 6 - 3y$.
c) $x = 8 - 4y$.
d) $y = 6 - 3x$.

23. (Ufes) Numa região plana e horizontal, um jovem encontra-se em um ponto *J* distante 30 metros de um cavalo que está em um ponto *C*. Um fumante encontra-se em um ponto *F* distante 20 metros do ponto *C*. A distância do ponto *J* à reta que passa pelos pontos *C* e *F* mede $15\sqrt{3}$ cm.

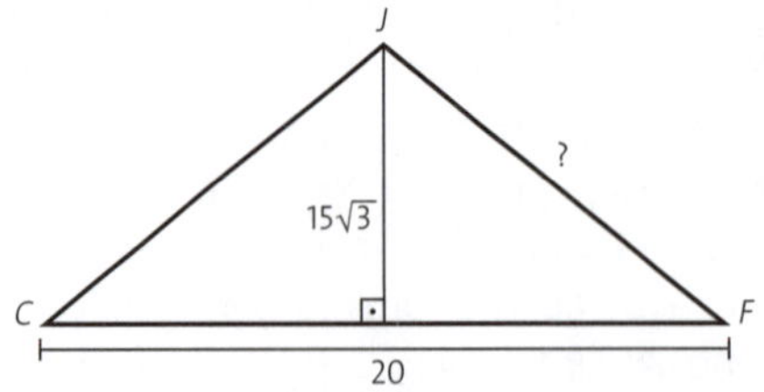

A distância, em metros, entre o jovem e o fumante é:

a) $9\sqrt{3}$.
b) $8\sqrt{5}$.
c) $10\sqrt{5}$.
d) $10\sqrt{6}$.
e) $10\sqrt{7}$.

24. (Uesc-BA) Os pontos *A*, *B*, *C* e *D* representam, no sistema de coordenadas cartesianas, a localização de quatro cidades, e a poligonal *ABCD* representa a trajetória de um automóvel que vai de *A* até *D*, passando por *B* e *C*. Sabe-se que *B* é o ponto médio do segmento *AC*, cuja reta-suporte é $r: y = -\sqrt{3}(x - 1)$, e que a reta-suporte do segmento *AD* faz com o eixo das abscissas um ângulo $\theta = 135°$. Com base nessas informações, pode-se concluir que a distância de *A* até *D* é dada por um número:

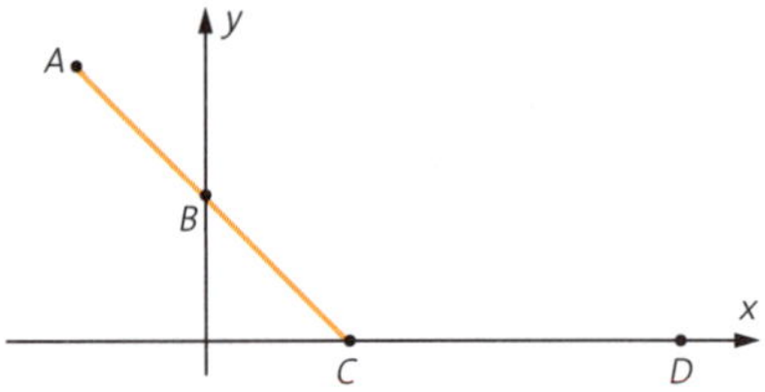

01) divisível por 20.
02) divisível por 12.
03) divisor de 20.
04) divisor de 12.
05) irracional.

25. (Furg-RS) Dada uma reta *r* cuja equação é $y = -x + 4$, seja *s* uma reta que não intercepta *r* e passa pelo ponto $(3, -1)$. Então, a equação da reta *s* é dada por:

a) $y = 2x - 7$.
b) $y = x - 4$.
c) $y = -2x + 5$.
d) $y = -3x + 8$.
e) $y = -x + 2$.

26. (Ufam) Considere as equações:

I. $2x - y - 5 = 0$
II. $5x + 2y + 4 = 0$
III. $5x - 2y + 4 = 0$
IV. $4x - 2y + 7 = 0$

Qual das afirmações é verdadeira?

a) II e III representam retas coincidentes.
b) I e III representam retas perpendiculares.
c) II e III representam retas paralelas.
d) I e IV representam retas paralelas.
e) I e III representam retas paralelas.

GEOMETRIA ANALÍTICA: A CIRCUNFERÊNCIA

Definição

Uma circunferência com centro $O(a, b)$ e raio r é o conjunto de todos os pontos $P(x, y)$ do plano equidistante de O, ou seja:

$$d(P, O) = \sqrt{(x-a)^2 + (y-b)^2} = r$$

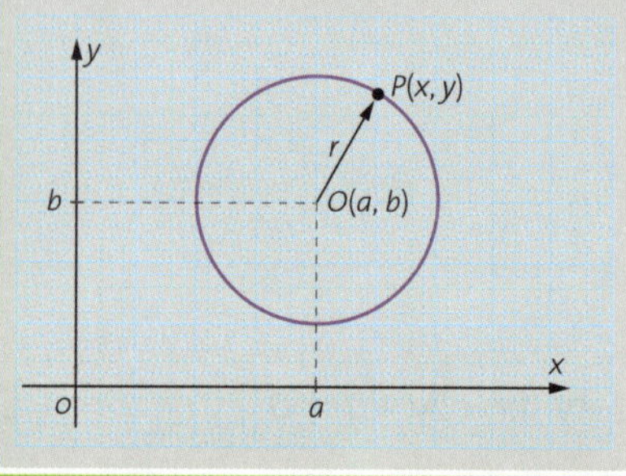

Equação reduzida da circunferência

$(x - a)^2 + (y - b)^2 = r^2$

Equação geral da circunferência

$x^2 + y^2 - 2ax - 2by + (a^2 + b^2 - r^2) = 0$

Posições relativas entre ponto e circunferência

Ponto pertence à circunferência

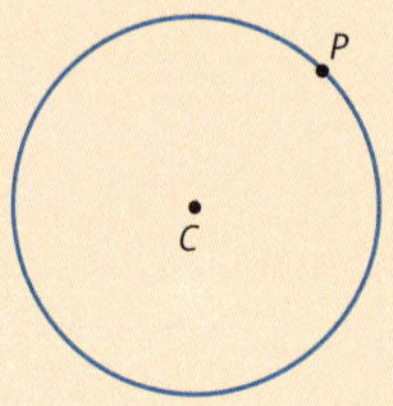

$d(P, C) = r \Leftrightarrow (x - a)^2 + (y - b)^2 = r^2 \Leftrightarrow (x - a)^2 + (y - b)^2 - r^2 = 0$

Ponto interno à circunferência

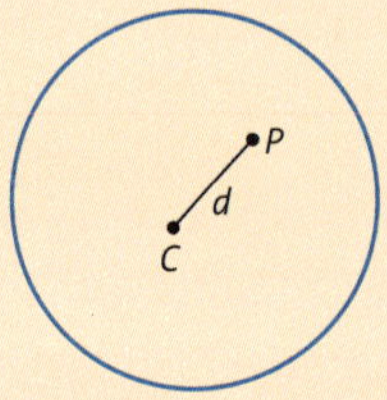

$d(P, C) < r \Leftrightarrow (x - a)^2 + (y - b)^2 < r^2 \Leftrightarrow (x - a)^2 + (y - b)^2 - r^2 < 0$

Ponto externo à circunferência

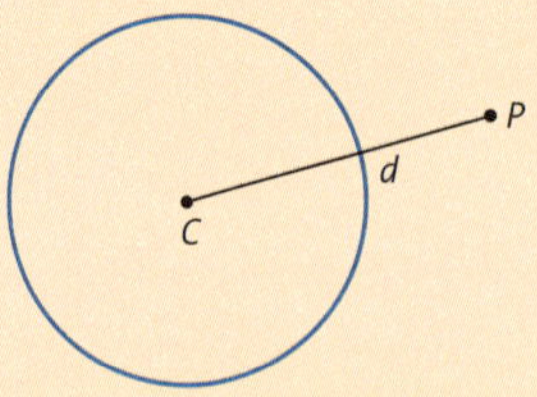

$d(P, C) > r \Leftrightarrow (x - a)^2 + (y - b)^2 > r^2 \Leftrightarrow (x - a)^2 + (y - b)^2 - r^2 > 0$

Posições relativas entre reta e circunferência

Reta secante à circunferência

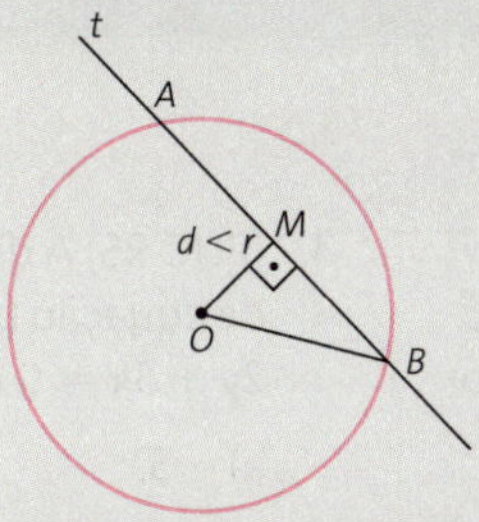

$d(O, t) < r$

Reta exterior à circunferência

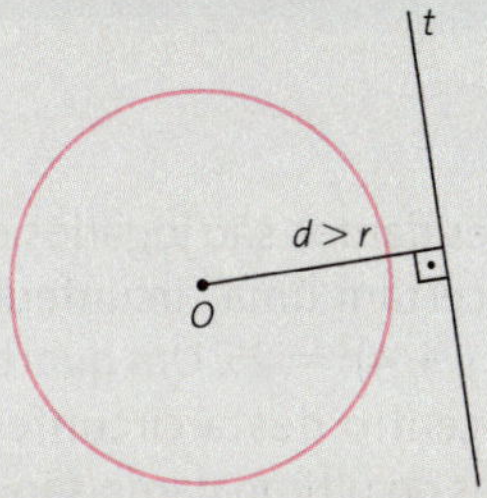

$d(O, t) > r$

Reta tangente à circunferência

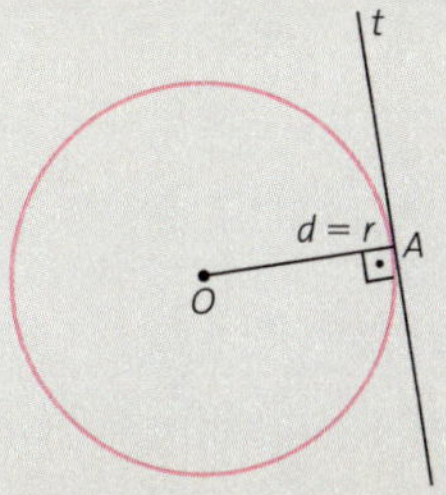

$d(O, t) = r$

Posições relativas de duas circunferências

Secantes

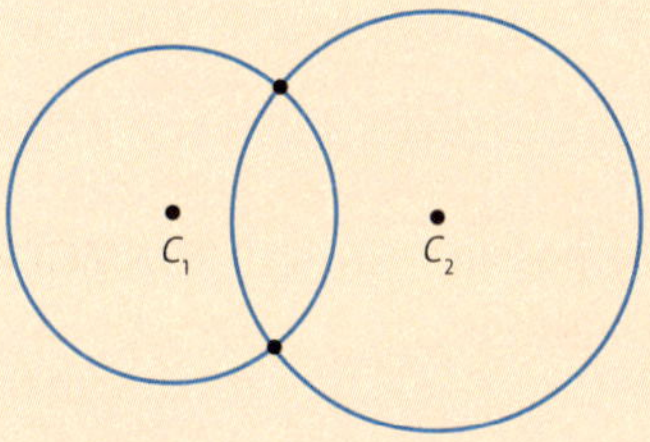

$|r_1 - r_2| < d(C_1, C_2) < r_1 + r_2$

Externas

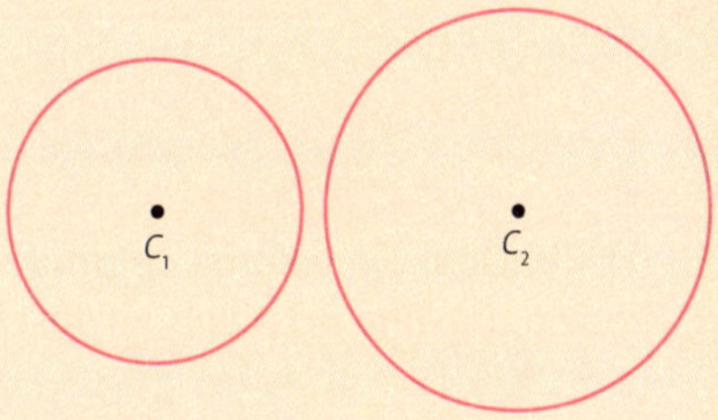

$d(C_1, C_2) > r_1 + r_2$

Tangentes externas

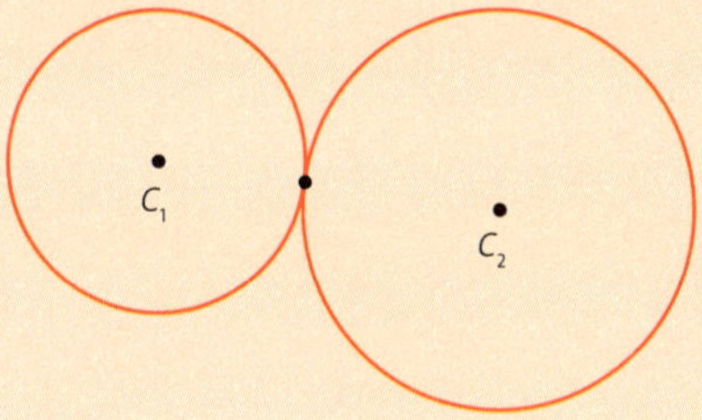

$d(C_1, C_2) = r_1 + r_2$

Internas

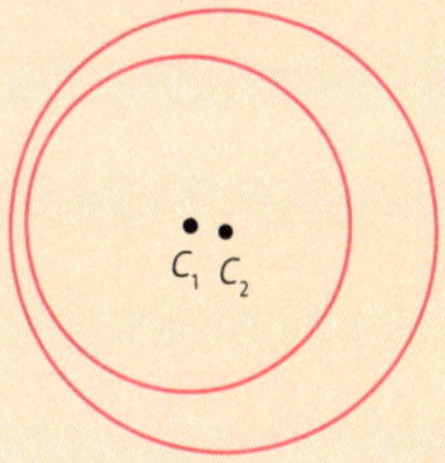

$d(C_1, C_2) < |r_1 - r_2|$

Tangentes internas

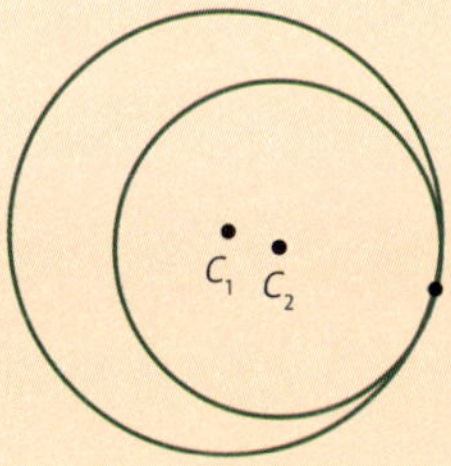

$d(C_1, C_2) = |r_1 - r_2|$

Concêntricas

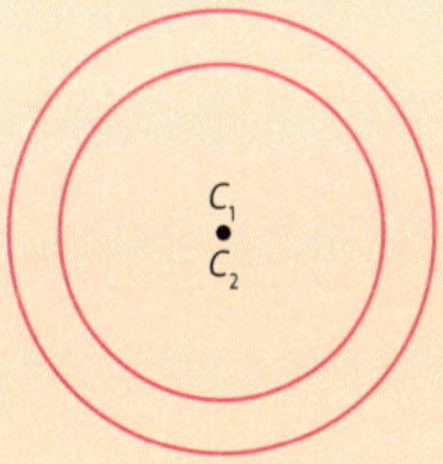

$C_1 \equiv C_2$, $d(C_1, C_2) = 0$

Exercícios

1. (PUC-RS) Três dardos são jogados em um plano cartesiano e acertam uma circunferência de equação $(x - 9)^2 + (y + 4)^2 = 25$. Um quarto dardo é jogado e acerta o centro desta circunferência. Então, as coordenadas do último dardo são:

   a) $(-3, 2)$.
   b) $(3, -2)$.
   c) $(9, -4)$.
   d) $(-9, 4)$.
   e) $(-5, -5)$.

2. (UFRR) Qual é o volume de uma esfera que possui círculo máximo no plano *xy* descrito pela equação $(x - 2)^2 + (y - 1)^2 = 1$?

   a) $\frac{1}{3}\pi$
   b) $\frac{3}{4}\pi$
   c) $\frac{4}{3}\pi$
   d) $\frac{1}{4}\pi$
   e) π

3. (PUC-RS) A distância entre o centro da circunferência de equação $(x - 2)^2 + (y + 5)^2 = 9$ e a reta de equação $2y + 5x = 0$ é:

   a) -5.
   b) 0.
   c) 2.
   d) 5.
   e) 9.

4. (UFSJ-MG) No plano cartesiano, a reta de equação $2y = x + 2$ intercepta o eixo *y* no ponto *C*. A equação da circunferência que tem centro em *C* e raio 2 é:

   a) $x^2 + y^2 - 2x - 3 = 0$.
   b) $x^2 + y^2 - 2y - 3 = 0$.
   c) $x^2 + y^2 + 2y - 3 = 0$.
   d) $x^2 + y^2 + 2x - 3 = 0$.

5. (UFPR) Qual das seguintes retas passa pelo centro da circunferência $x^2 + y^2 + 4y - 3 = 0$?

a) $x + 2y = 4$
b) $5x - y = 2$
c) $x + y = 0$
d) $x - 5y = -2$
e) $2x + y = 7$

6. (Uece) O centro da circunferência $x^2 + 2x + y^2 = 1$ pertence à reta r e esta reta é perpendicular à reta $x + y = 8$. Um ponto pertencente à reta r é o ponto:

a) (3, 5).
b) (2, 4).
c) (3, 4).
d) (5, −5).

7. (Uespi) Suponha que x e y são reais e satisfazem $x^2 + y^2 = 6x + 6y - 10$. Qual o valor máximo de $x + y$?

a) 6
b) 7
c) 8
d) 9
e) 10

8. (EsPCEx-SP) O ponto da circunferência $x^2 + y^2 + 2x + 6y + 1 = 0$ que tem ordenada máxima é:

a) (0, −6).
b) (−1, −3).
c) (−1, 0).
d) (2, 3)
e) (2, −3).

9. (Fatec-SP) A área do quadrilátero determinado pelos pontos de intersecção da circunferência de equação $(x + 3)^2 + (y - 3)^2 = 10$ com os eixos coordenados, em unidades de área, é igual a:

a) 4.
b) 6.
c) 8.
d) 10.
e) 12.

10. (IFMG) O lado do quadrado circunscrito à circunferência de equação $x^2 + y^2 - 4x - 5 = 0$ é:

a) 3.
b) 4.
c) 5.
d) 6.

11. (FGV-SP) No plano cartesiano, a reta de equação $x = k$ tangencia a circunferência de equação $(x - 2)^2 + (y - 3)^2 = 1$. Os valores de k são:

a) −2 ou 0.
b) −1 ou 1.
c) 0 ou 2.
d) 1 ou 3.
e) 2 ou 4.

12. (UEL-PR) Determine a equação da circunferência centrada no vértice da parábola $y = x^2 - 6x + 8$ e que passa pelos pontos em que a parábola corta o eixo x.

a) $(x - 2)^2 + (y - 4)^2 = 4$
b) $(x - 3)^2 + (y + 1)^2 = 2$
c) $(x - 1)^2 + (y - 3)^2 = 9$
d) $(x + 1)^2 + (y - 3)^2 = \sqrt{2}$
e) $(x - 2)^2 + (y - 3)^2 = 4$

13. (FGV-SP) Considere a circunferência de equação $x^2 - y^2 = 7$. A quantidade de pontos (x, y) de coordenadas inteiras que estão no interior dessa circunferência é:

a) 25. b) 21. c) 14. d) 7. e) 28.

14. (UFTM-MG) Sabe-se que M, ponto médio do segmento AB, é centro de uma circunferência que passa pela origem (0, 0). Sendo $A(-1, 4)$ e $B(5, 2)$, conclui-se que o raio dessa circunferência é igual a:

a) $4\sqrt{5}$.
b) $3\sqrt{5}$.
c) $4\sqrt{2}$.
d) $\sqrt{17}$.
e) $\sqrt{13}$.

15. (Unifran-RS) Considere o triângulo de vértices $A(1, 4)$, $B(0, 2)$ e $C(6, 2)$ e a circunferência de centro em C e cujo raio é a metade do lado BC. A equação da reta que passa por A e pelo ponto da circunferência que tem a maior ordenada é:

a) $y = x + 4$. b) $y = 0{,}2x + 3{,}8$. c) $y = 2x + 4$. d) $y = x + 3{,}8$. e) $y = 0{,}2x + 4$.

16. (UFU-MG) Inúmeras pinturas e desenhos em tela fazem uso de sobreposição de formas circulares, conforme ilustra a figura ao lado. Para a representação gráfica desses trabalhos artísticos, faz-se necessária a determinação de elementos geométricos associados. Suponha que, relativamente a um sistema de coordenadas cartesianas xOy, duas circunferências, presentes no desenho, sejam dadas pelas equações $x^2 + y^2 - 6y + 5 = 0$ e $x^2 + y^2 - 6x - 2y = -6$.
Assim sendo, a reta que passa pelos centros dessas circunferências pode ser representada pela equação:

a) $2x + 3y = 9$.
b) $2x + 3y = -9$.
c) $x + 2y = 4$.
d) $x + 2y = -4$.

UFU/2012

Pinturas circulares. Robert Delaunay.

Disponível em: <www.google.com.br>. Acesso em: 1º jul. 2012.

17. (ESPM-SP) No plano cartesiano de origem O, a reta de equação $2x + y - 10 = 0$ intercepta a circunferência de equação $x^2 + y^2 = 25$ nos pontos A e B. A área do triângulo OAB é igual a:

a) 10.
b) 12.
c) 8.
d) 5.
e) 15.

18. (FGV-SP) No plano cartesiano, o ponto $C(2, 3)$ é o centro de uma circunferência que passa pelo ponto médio do segmento $\overline{CP}$, em que P é o ponto de coordenadas $(5, 7)$. A equação da circunferência é:

a) $4x^2 + 4y^2 - 16x - 24y + 27 = 0$.

b) $x^2 + y^2 - 4x - 6y + 7 = 0$.

c) $4x^2 + 4y^2 - 16x - 24y + 29 = 0$.

d) $x^2 + y^2 - 4x - 6y + 8 = 0$.

e) $4x^2 + 4y^2 - 16x - 24y + 31 = 0$.

19. (UFC-CE) Em um sistema cartesiano de coordenadas, o valor positivo de b tal que a reta $y = x + b$ é tangente ao círculo de equação $x^2 + y^2 = 1$ é:

a) 2.

b) 1.

c) $\sqrt{2}$.

d) $\frac{1}{\sqrt{2}}$.

e) 3.

20. (Unir-RO) Uma circunferência tem centro (a, b) no primeiro quadrante e raio r tangente aos eixos coordenados. Nessas condições, é correto afirmar:

a) $a = b$.

b) $a > b$.

c) $a < b$.

d) $a^2 + b^2 = r^2$.

e) $a^2 + b^2 = r$.

21. (UFSM-RS) A massa utilizada para fazer pastéis folheados, depois de esticada, é recortada em círculos (discos) de igual tamanho. Sabendo que a equação matemática da circunferência que limita o círculo é $x^2 + y^2 - 4x - 6y - 36 = 0$ e adotando $\pi = 3,14$, o diâmetro de cada disco e a área da massa utilizada para confeccionar cada pastel são, respectivamente:

a) 7 e 113,04.

b) 7 e 153,86.

c) 12 e 113,04.

d) 14 e 113,04.

e) 14 e 153,86.

22. (PUC-RS) Observe o logotipo da Biblioteca Central da PUC-RS a seguir:

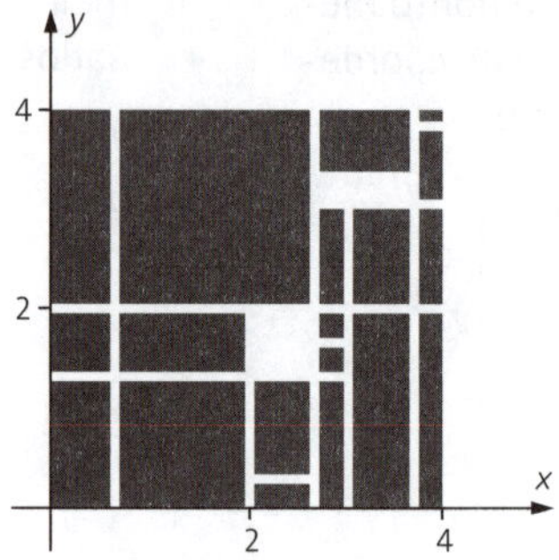

A circunferência inscrita no quadrado que circunscreve o logotipo tem equação:

a) $(x - 2)^2 + (y - 2)^2 = 4.$

b) $(x + 2)^2 + (y + 2)^2 = 4.$

c) $(x - 2)^2 + (y - 2)^2 = 8.$

d) $(x + 2)^2 + (y + 2)^2 = 8.$

e) $(x + 4)^2 + (y + 4)^2 = 8.$

23. (UFRN) Uma praça, em formato retangular, tem uma fonte luminosa de forma circular no seu centro. Suponha que as coordenadas dos cantos da praça sejam (0, 0), (40, 0), (0, 60) e (40, 60) e que o raio da circunferência da fonte seja $r = 3$. Em relação aos pontos $P(22, 32)$ e $Q(17, 29)$, pode-se afirmar:

a) P está fora da fonte e Q está dentro.

b) P está dentro da fonte e Q também.

c) P está dentro da fonte e Q está fora.

d) P está fora da fonte e Q também.

24. (UFSM-RS) A construção da cobertura de um palanque usado na campanha política, para o 1º turno das eleições passadas, foi realizada conforme a figura ao lado. Para fixação da lona sobre a estrutura de anéis, foram usados rebites assim dispostos: 4 no primeiro anel, 16 no segundo, 64 no terceiro e assim sucessivamente.

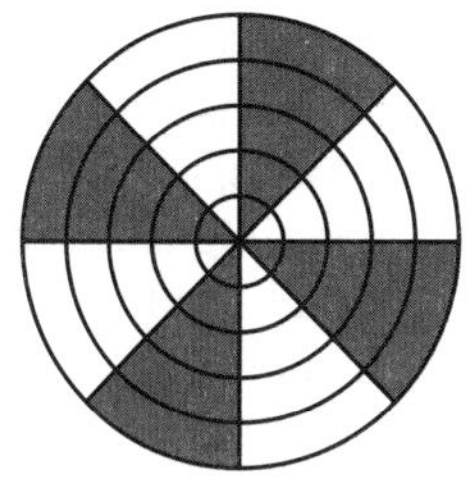

Se, no plano cartesiano, a equação da circunferência externa do anel externo da figura é $x^2 + y^2 - 12x + 8y + 43 = 0$, então o centro e o raio dessa circunferência são, respectivamente:

a) $(6, -4)$ e 3.

b) $(-6, 4)$ e 9.

c) $(6, -4)$ e 9.

d) $(-6, 4)$ e 3.

e) $(6, 4)$ e 3.

25. (UFSM-RS) Um terreno retangular que mede 30 m na frente e nos fundos e 40 m nas laterais está sendo preparado para receber uma feira de produtos orgânicos. Inicialmente o terreno foi cercado por muros, e a única entrada é um portão com 10 m de largura localizado numa das extremidades de sua frente. A fim de viabilizar e organizar o tráfego de pessoas e mercadorias, decidiu-se demarcar, no terreno, uma circunferência e duas retas perpendiculares. A circunferência tem raio 7 m, e seu centro está situado a 15 m da frente do terreno e a 10 m da lateral imediatamente próxima ao portão de entrada. As duas retas passam pelo centro da circunferência, e uma delas se inicia no ponto médio do vão do portão. Considerando o terreno perfeitamente plano, desprezando as espessuras dos muros e do portão e sabendo que cada unidade dos eixos corresponde a 1 m, identifique, no plano cartesiano, a figura que melhor representa o terreno com a circunferência e as retas nele demarcadas.

a) 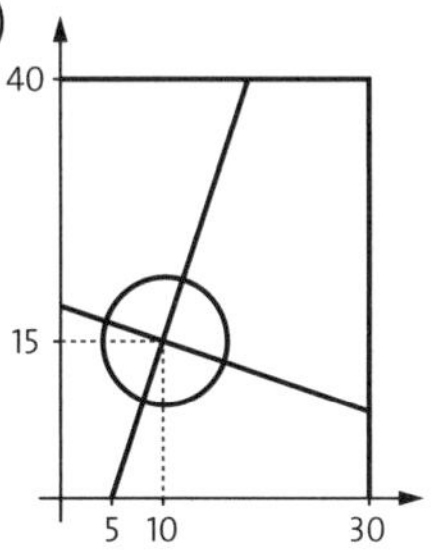

b) 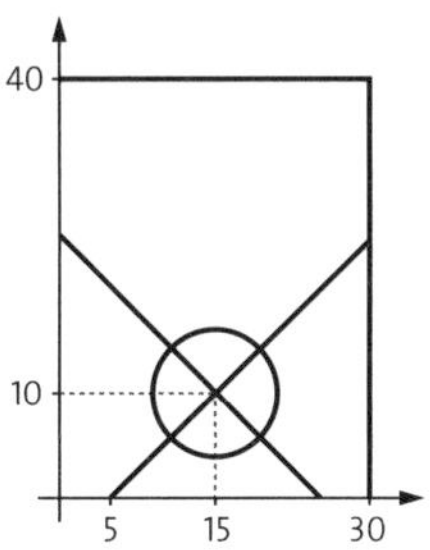

c) 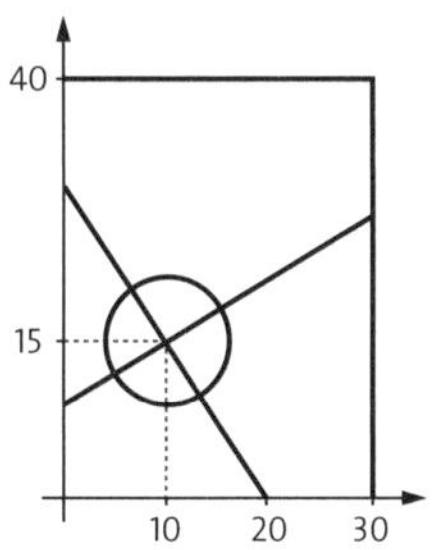

d) 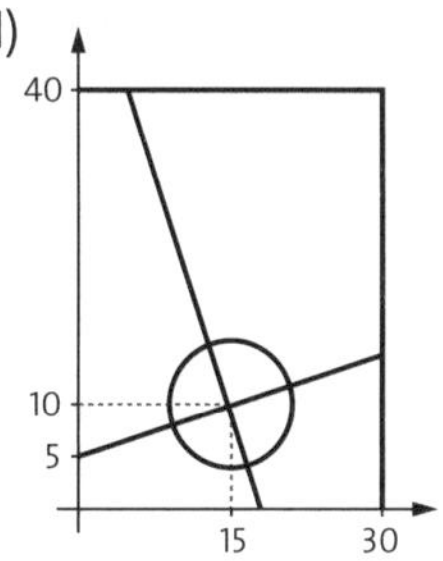

e) 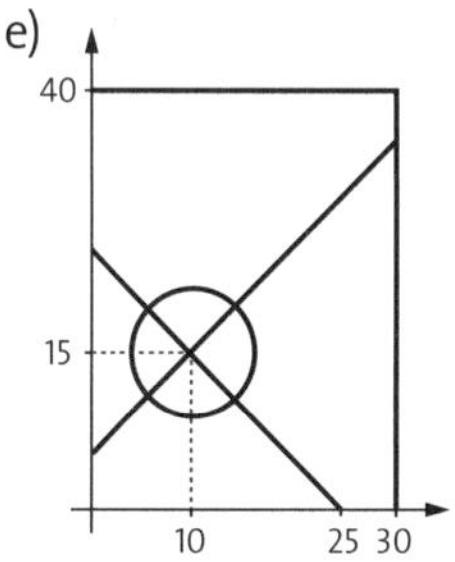

26. (Ufpel-RS) No chamado meio ambiente urbano, as praças públicas são bens de uso comum, contribuindo para o embelezamento das cidades, auxiliando sobremaneira na melhoria das condições sanitárias e higiênicas dos núcleos urbanos e promovendo o intercâmbio social e cultural. Na figura ao lado, observa-se que algumas ruas atravessam a praça, outras a tangenciam em um único ponto e outras nem passam por ela. Considere uma praça circular delimitada por uma circunferência de equação $x^2 + y^2 - 4x + 8y - 16 = 0$ e uma das ruas representada pela equação $4x + 3y - 4 = 0$. De acordo com o texto e seus conhecimentos, é correto afirmar que a rua representada pela equação acima:

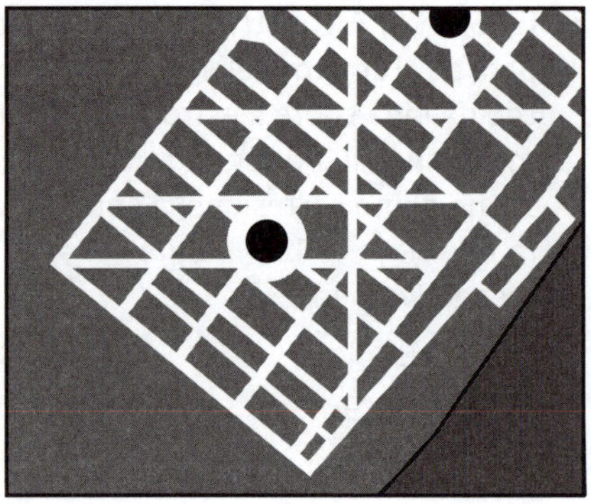

a) tangencia a praça no ponto $A(2, -4)$.

b) tangencia a praça no ponto $A(-4, 8)$.

c) não atravessa a praça.

d) tangencia a praça no ponto $A(-2, 4)$.

e) atravessa a praça.

27. (Unicamp-SP) A figura ao lado apresenta parte do mapa de uma cidade, no qual estão identificadas a catedral, a prefeitura e a câmara de vereadores. Observe que o quadriculado não representa os quarteirões da cidade, servindo apenas para a localização dos pontos e retas no plano cartesiano.

Nessa cidade, a Avenida Brasil é formada pelos pontos equidistantes da catedral e da prefeitura, enquanto a Avenida Juscelino Kubitschek (não mostrada no mapa) é formada pelos pontos equidistantes da prefeitura e da câmara de vereadores. O ponto de interseção das avenidas Brasil e Juscelino Kubitschek pertence à região definida por:

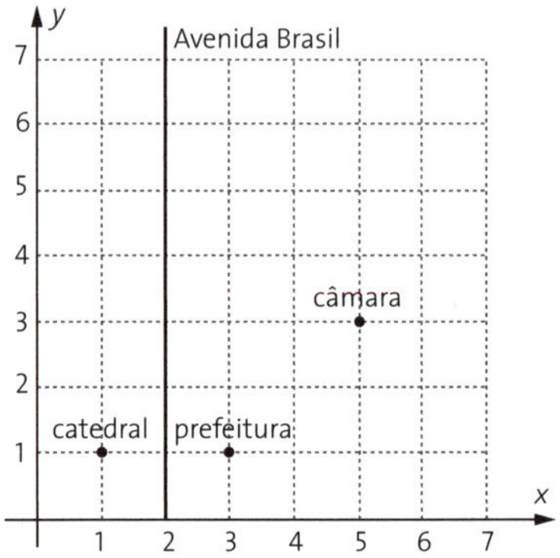

a) $(x - 2)^2 + (y - 6)^2 \leq 1$.

b) $(x - 1)^2 + (y - 5)^2 \leq 2$.

c) $x \in]1, 3[, y \in]4, 6[$.

d) $x = 2, y \in [5, 7]$.

28. (UFSM-RS) Uma luminária foi instalada no ponto $C(-5, 10)$. Sabe-se que a circunferência iluminada por ela é tangente à reta que passa pelos pontos $P(30, 5)$ e $Q(-30, -15)$. O comprimento da linha central do passeio correspondente ao eixo y, que é iluminado por essa luminária, é:

a) 10 m.
b) 20 m.
c) 30 m.
d) 40 m.
e) 50 m.

29. (UFCG-PB) Uma piscina na forma circular será construída em um terreno na forma de um trapézio, segundo o desenho ao lado. Sabe-se que num sistema de coordenadas em que o ponto O é a origem e o ponto D está sobre o eixo x, a equação da reta que passa pelos pontos A e B é $3x - 4y + 6 = 0$, com as variáveis x e y medidas em metro. Dessa maneira, o raio r e o centro C da piscina são, respectivamente:

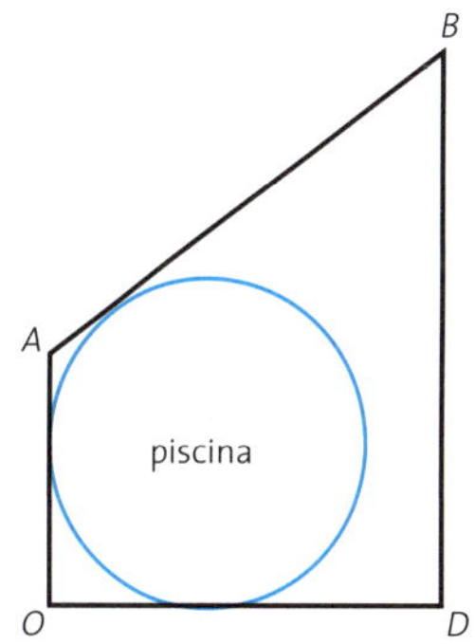

a) $r = \frac{6}{5}$ m e $C\left(\frac{6}{5}, \frac{6}{5}\right)$.
b) $r = 1{,}2$ m e $C\left(\frac{6}{5}, 1\right)$.
c) $r = 0{,}9$ m e $C(1, 1)$.
d) $r = 1{,}0$ m e $C(1, 1)$.
e) $r = 1{,}1$ m e $C\left(\frac{3}{5}, 1\right)$.

30. (UFSM-RS) A equipe de arquitetos e decoradores que fez o projeto de um *shopping* deseja circunscrever uma circunferência ao quadrado maior Q_1, que possui lado de 10 m. Se as coordenadas do centro da circunferência forem dadas pelo ponto (10, 8) e se forem usadas a parede da porta de entrada (x) e a lateral esquerda (y) como eixos coordenados referenciais, a equação da circunferência será:

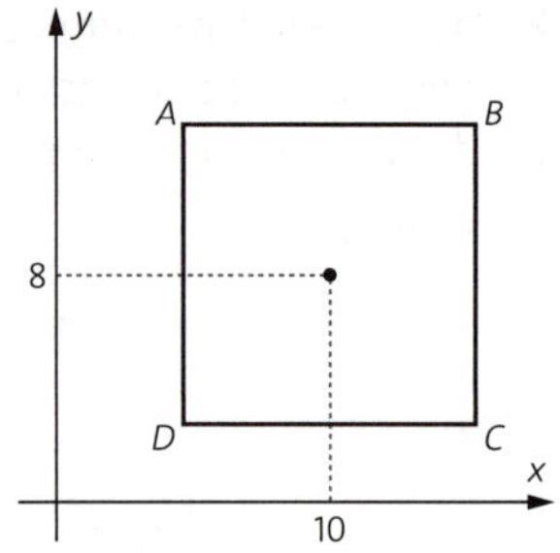

a) $x^2 + y^2 - 20x - 16y + 139 = 0.$

b) $x^2 + y^2 - 20x - 16y + 64 = 0.$

c) $x^2 + y^2 - 20x - 16y + 114 = 0.$

d) $x^2 + y^2 - 20x - 16y - 36 = 0.$

e) $x^2 + y^2 - 16x - 20y + 139 = 0.$

31. (PUC-RS) Uma formiga caminha sobre um plano onde está localizado um referencial cartesiano. Inicia seu deslocamento S em um ponto sobre a curva de equação $x^2 + y^2 = 1$ (x e y em cm) na qual está se movimentando, e NÃO passa por um mesmo ponto mais de uma vez. Então, S é um número real tal que:

a) $0 \leq S \leq 2\pi.$

b) $\pi \leq S \leq 2\pi.$

c) $0 \leq S \leq \pi.$

d) $0 \leq S < 2\pi.$

e) $\pi \leq S < 2\pi.$

32. (Insper-SP) Num *show* de patinação no gelo, o casal que se apresenta está inicialmente sobre o ponto A indicado na figura. Ambos partem de A ao mesmo tempo, o rapaz sobre a reta de equação $y = 1 + 0{,}5x$ e a moça sobre a reta de equação $y = 1 + 2x$, os dois no sentido dos valores positivos de x e y. Com velocidade maior, o rapaz se desloca sobre a reta até chegar no ponto de tangência de sua trajetória com a circunferência de equação $(x - 5)^2 + (y - 6)^2 = 5$. A partir daí, ele passa a patinar sobre o perímetro desta circunferência, a caminho do ponto em que sua nova trajetória tangencia a reta sobre a qual patina a sua parceira, onde ambos se encontram novamente. Neste plano cartesiano, a distância que foi percorrida pela moça nesta *performance* foi:

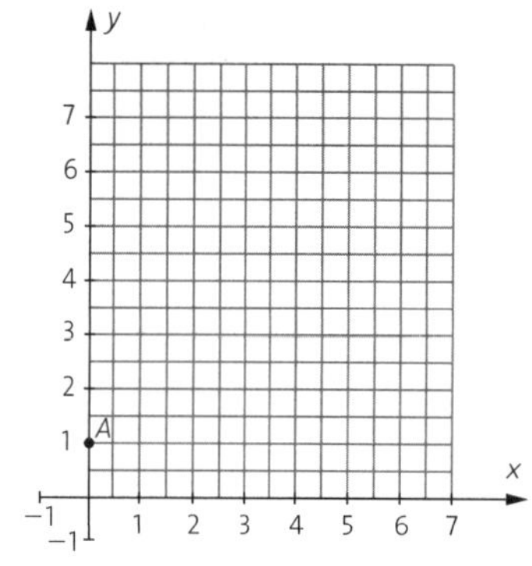

a) $2\sqrt{3}$.
b) $2\sqrt{5}$.
c) $3\sqrt{5}$.
d) $2\sqrt{6}$.
e) $3\sqrt{6}$.

33. (Unifor-CE) Considere a circunferência de equação $x^2 + y^2 - 4x + 3 = 0$. Então podemos afirmar que uma das retas que é tangente à circunferência e que passa pela origem tem como equação:

a) $y = x$.
b) $y = -x$.
c) $y = \dfrac{\sqrt{3}}{3}x$.
d) $y = \dfrac{\sqrt{3}}{2}x$.
e) $y = 2x$.

Parábola

Elementos

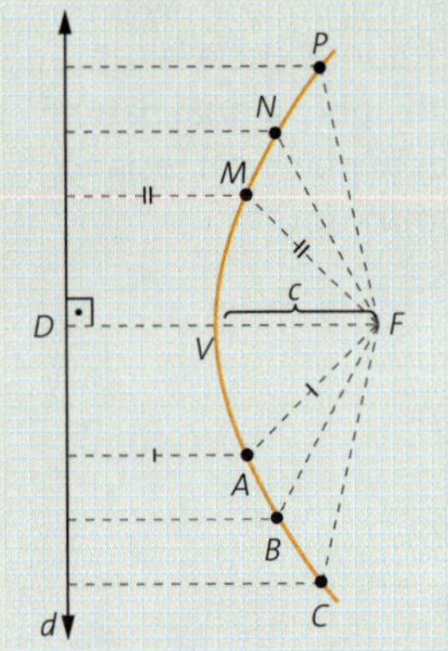

- ponto F: foco da parábola;
- reta d: diretriz da parábola;
- ponto V: vértice da parábola;
- reta que passa por F, perpendicular à diretriz d: eixo de simetria da parábola;
- medida de $\overline{FD}$: parâmetro da parábola ($2c$).

Definição

Parábola é o lugar geométrico dos pontos do plano que distam igualmente de uma reta fixa d, a diretriz, e de um ponto fixo F, não pertencente à diretriz, o foco.

Equações da parábola com vértice na origem

1º caso

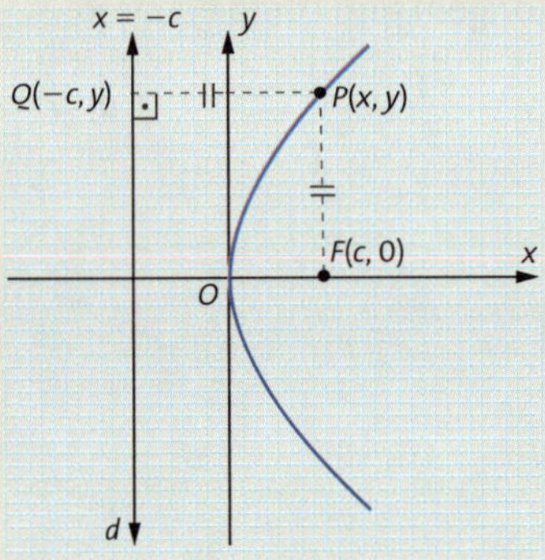

$y^2 = 4cx$

3º caso

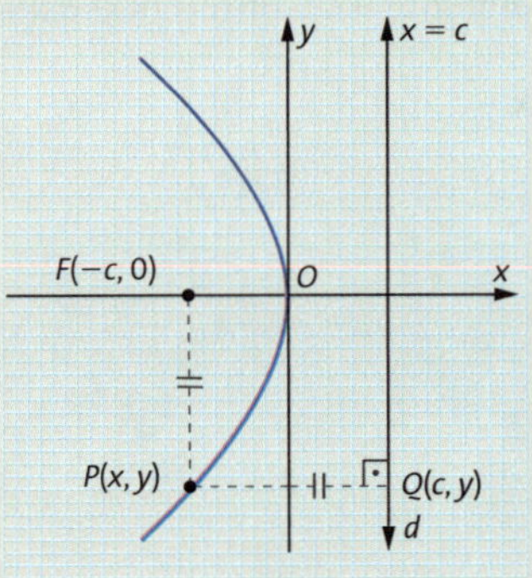

$y^2 = -4cx$

2º caso

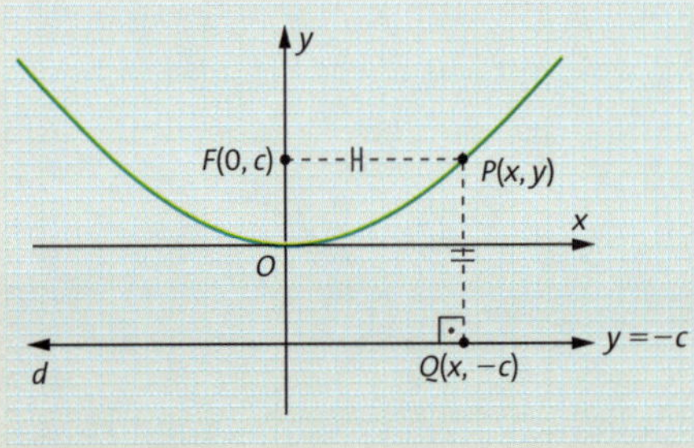

$x^2 = 4cy$

4º caso

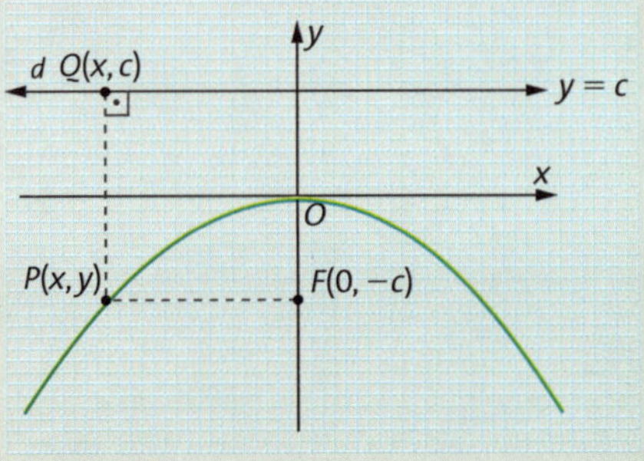

$x^2 = -4cy$

Parábola

Equações da parábola com vértice em um ponto qualquer

1º caso

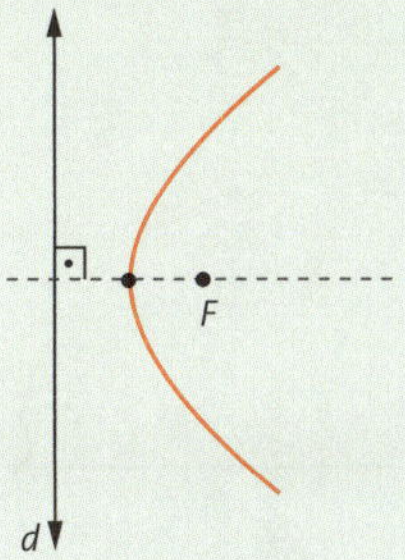

$(y - y_v)^2 = 4c(x - x_v)$

3º caso

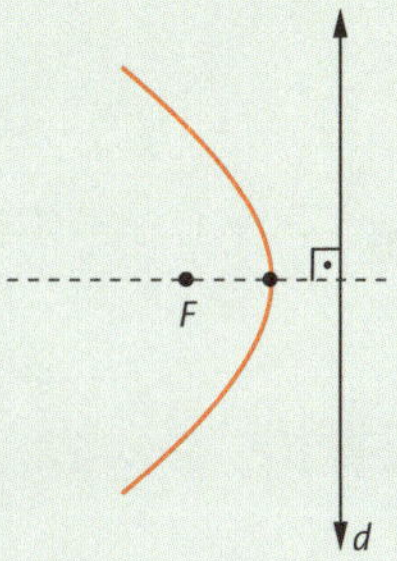

$(y - y_v)^2 = -4c(x - x_v)$

2º caso

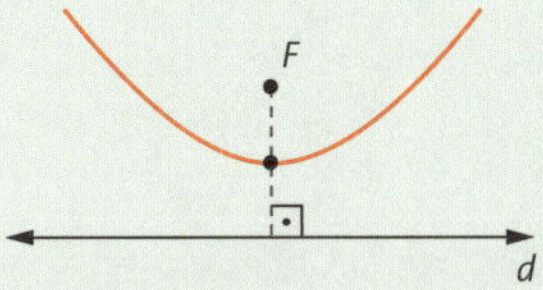

$(x - x_v)^2 = 4c(y - y_v)$

4º caso

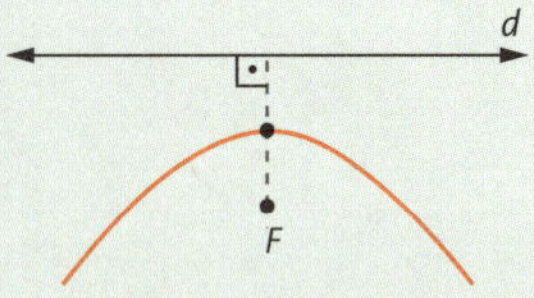

$(x - x_v)^2 = -4c(y - y_v)$

Elipse

Elementos

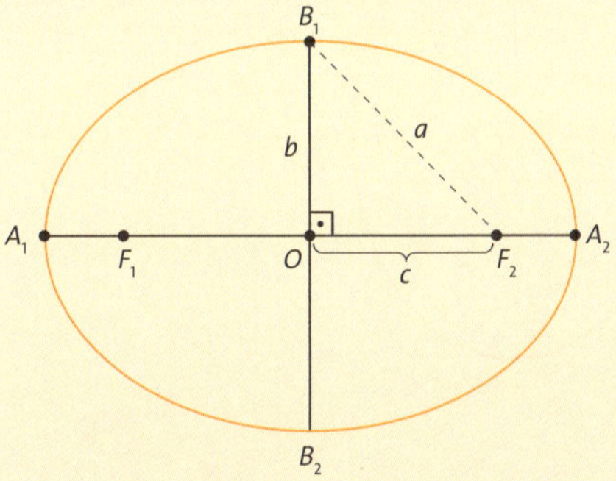

- F_1 e F_2: focos da elipse; distância focal igual a $2c$;
- $\overline{A_1A_2}$: eixo maior da elipse cuja medida é $2a$;
- $\overline{B_1B_2}$: eixo menor da elipse cuja medida é $2b$;
- O: centro da elipse.

Excentricidade da elipse

$e = \dfrac{c}{a}\ (0 < e < 1)$

Definição

Elipse é o lugar geométrico dos pontos de um plano tais que a soma de suas distâncias a dois pontos fixos, F_1 e F_2, denominados focos, seja constante, igual a $2a$ e maior que a distância entre os focos ($2a > 2c$).

Elipse

Equações da elipse com centro na origem

1º caso

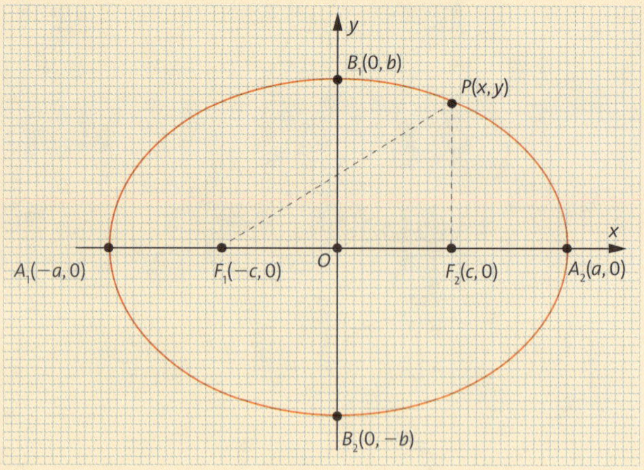

$$\frac{x^2}{a^2} + \frac{y^2}{b^2} = 1$$

2º caso

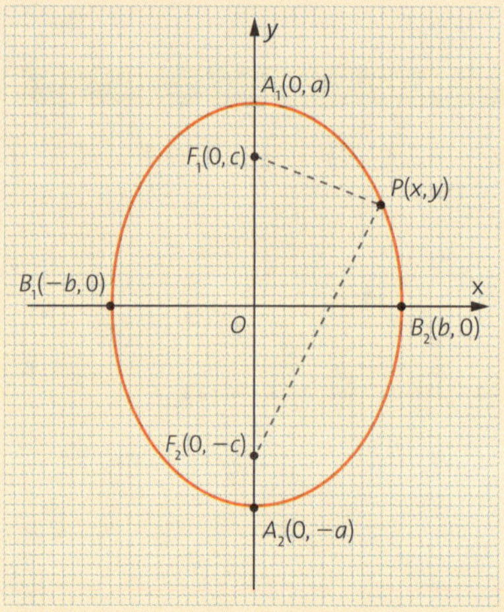

$$\frac{x^2}{b^2} + \frac{y^2}{a^2} = 1$$

Equações da elipse com centro em um ponto qualquer

1º caso

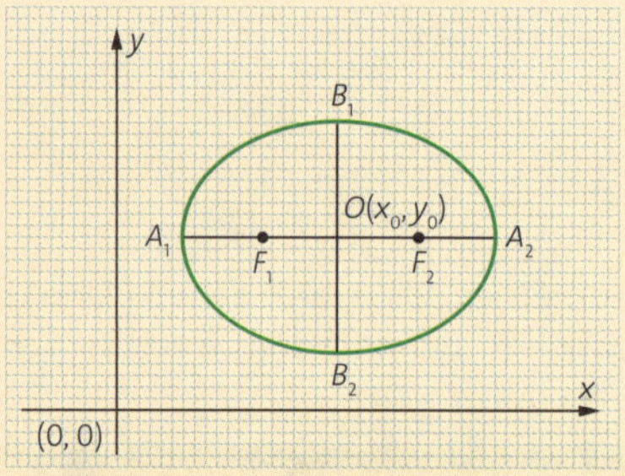

$$\frac{(x - x_0)^2}{a^2} + \frac{(y - y_0)^2}{b^2} = 1$$

2º caso

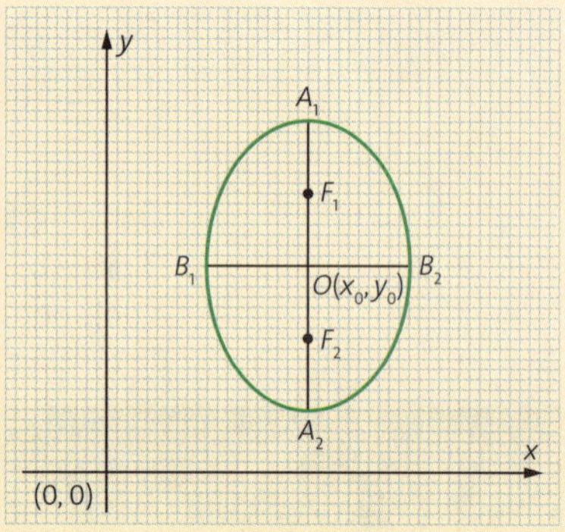

$$\frac{(x - x_0)^2}{b^2} + \frac{(y - y_0)^2}{a^2} = 1$$

Hipérbole

Elementos

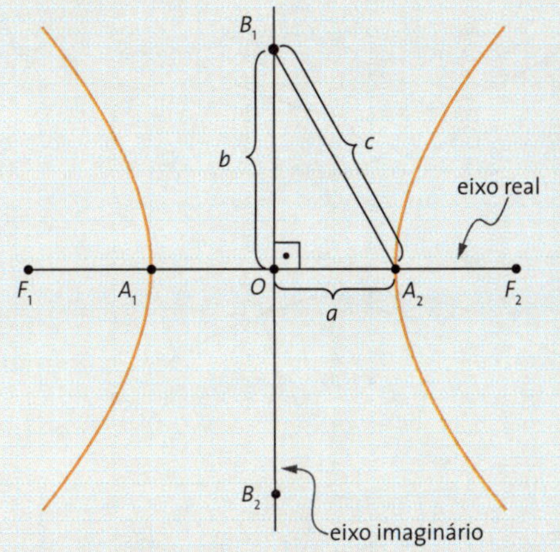

- F_1 e F_2: focos da hipérbole; distância focal igual a $2c$;
- A_1 e A_2: vértices da hipérbole, sendo $A_1A_2 = A_1F_2 - A_1F_1 = 2a$;
- O: centro da elipse.

Excentricidade da elipse

$e = \dfrac{c}{a}$ ($e > 1$, pois $c > a$)

Definição

Hipérbole é o lugar geométrico dos pontos $P(x, y)$ de um plano tais que a diferença (em módulo) de suas distâncias a dois pontos fixos, F_1 e F_2, é constante ($2a < 2c$), com $F_1F_2 = 2c$.

Equações da hipérbole com centro na origem

1º caso

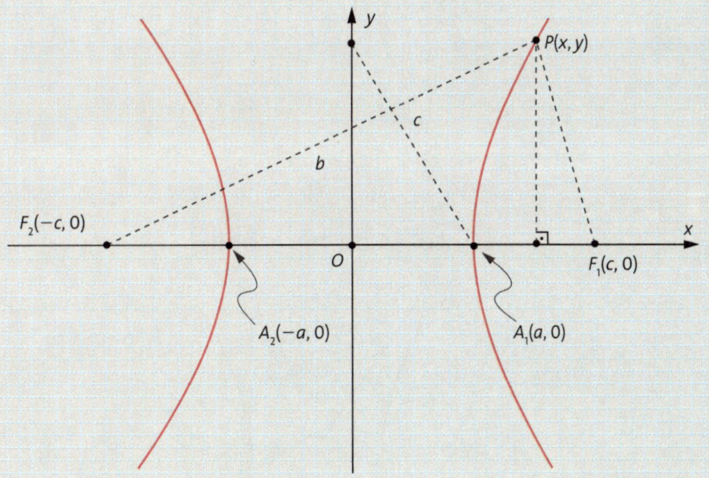

$$\frac{x^2}{a^2} - \frac{y^2}{b^2} = 1$$

Hipérbole

2º caso

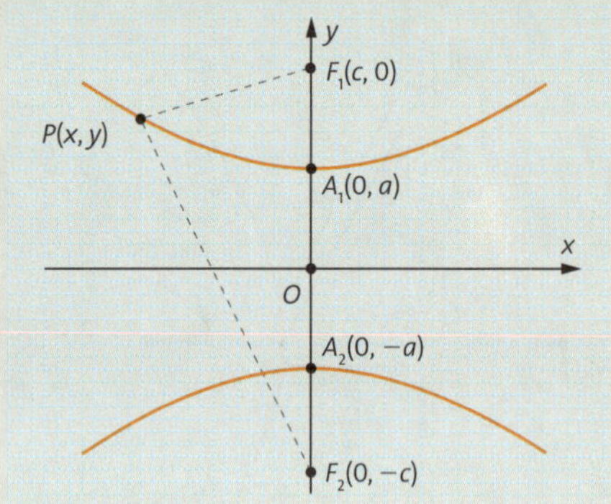

$$\frac{y^2}{a^2} - \frac{x^2}{b^2} = 1$$

Equações da hipérbole com centro em um ponto qualquer

1º caso

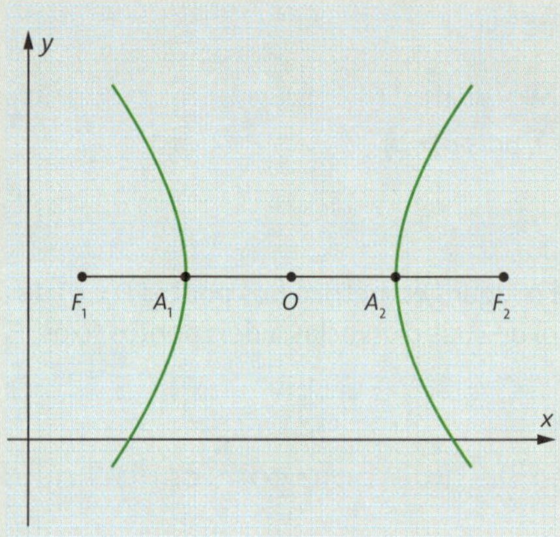

$$\frac{(x - x_0)^2}{a^2} - \frac{(y - y_0)^2}{b^2} = 1$$

2º caso

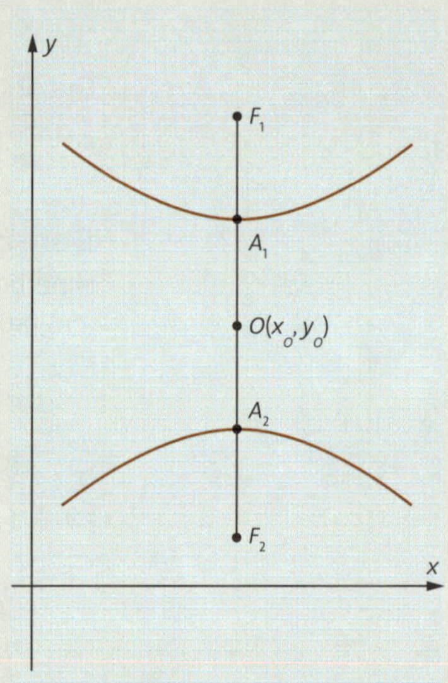

$$\frac{(y - y_0)^2}{a^2} - \frac{(x - x_0)^2}{b^2} = 1$$

Assíntotas da hipérbole

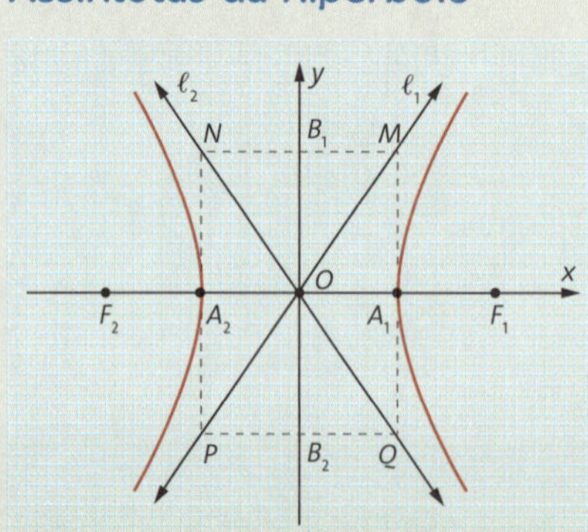

$$y = \frac{b}{a}x \text{ e } y = -\frac{b}{a}x$$

Exercícios

1. (UFPA) A distância do vértice da parábola $y = 1 - x^2$ à reta $3x + 4y - 2 = 0$ é:

a) $\frac{1}{5}$. b) $\frac{2}{5}$. c) $\frac{3}{5}$. d) $\frac{4}{5}$. e) 1.

2. (UEPB) Sendo e_1 e e_2 as respectivas excentricidades das elipses de equações $\frac{x^2}{25} + \frac{y^2}{4} = 1$ e $\frac{x^2}{25} + \frac{y^2}{16} = 1$, o quociente entre e_1 e e_2 é:

a) $\frac{\sqrt{21}}{5}$. b) $\frac{\sqrt{21}}{3}$. c) $\frac{\sqrt{21}}{15}$. d) $\frac{\sqrt{21}}{45}$. e) $\sqrt{21}$.

3. (Uema) A elipse com focos nos pontos $F_1(-4, 0)$ e $F_2(0, 4)$ tem excentricidade $e = 0{,}8$. Dessa forma, os pontos $P(x, y)$ sobre essa curva satisfazem a equação:

a) $9x^2 + 16y^2 - x - y - 25 = 0$.

b) $25x^2 + 9y^2 - 225 = 0$.

c) $9x^2 + 25y^2 - 225 = 0$.

d) $4x^2 + 16y^2 - xy + 16 = 0$.

e) $x^2 + y^2 - 2x - 6y - 6 = 0$.

4. (UEPB) Se $t \in \mathbb{R}$ e $i = \sqrt{-1}$, as equações paramétricas $\begin{cases} x = 5\cos(t) \\ y = i\,\text{sen}\,(t) \end{cases}$ representam:

a) duas retas paralelas.

b) uma circunferência.

c) uma parábola com vértice na origem.

d) duas retas concorrentes.

e) uma hipérbole com centro na origem.

5. (EsPCEx-SP) A representação no sistema cartesiano ortogonal da equação $9x^2 - y^2 = 36x + 8y - 11$ é dada por:

a) duas retas concorrentes.

b) uma circunferência.

c) uma elipse.

d) uma parábola.

e) uma hipérbole.

6. (Ibmec-RJ) As equações $y^2 - x^2 + 1 = 0$, $2y^2 + x^2 - 1 = 0$ e $x^2 - 2x + y^2 = 0$ representam no plano, respectivamente:

a) uma elipse, uma hipérbole e uma parábola.

b) uma hipérbole, uma elipse e uma circunferência.

c) uma parábola, uma elipse e uma circunferência.

d) uma reta, uma parábola e uma elipse.

e) uma hipérbole, uma parábola e uma elipse.

7. (Unimontes-MG) As cônicas representadas pelas equações $x^2 + 2y^2 = 1$ e $x^2 + y^2 = 2$:

a) interceptam-se em dois pontos.

b) não se interceptam.

c) interceptam-se em quatro pontos.

d) interceptam-se em três pontos.

8. (UEPB) A excentricidade da elipse, denotada por "e", de equação $16(x - 3)^2 + 25(y - 4)^2 = 400$ é dada por:

a) $e = \frac{4}{5}$.

b) $e = \frac{2}{5}$.

c) $e = \frac{3}{5}$.

d) $e = \frac{1}{5}$.

e) $e = \frac{2}{3}$.

9. (UFCG-PB) Um projétil é lançado do solo e sua trajetória é descrita por uma parábola $y = ax^2 + bx + c$, a partir do lançamento no ponto de abscissa $x = 1$, onde o solo é representado pelo eixo das abscissas do sistema cartesiano de coordenadas. O projétil alcança a sua altura máxima no ponto de coordenadas (2, 2) e atinge o solo no ponto de abscissa $x = 3$. Com esses dados, a trajetória do projétil é descrita pela equação:

a) $y = 2x^2 + 8x - 6$.
b) $y = 2x^2 - 8x + 6$.
c) $y = x^2 + 8x - 6$.
d) $y = -x^2 + 8x + 6$.
e) $y = -2x^2 + 8x - 6$.

10. (UEPB) Uma antena parabólica, interceptada por um plano que contém o centro da antena e o eixo de simetria, oferece a equação de uma parábola, dada por $y = 12x$. Deste modo, a distância, em metros, do foco da antena ao vértice da parábola será de:

a) 12.
b) 3.
c) 6.
d) 24.
e) 18.

11. (PUC-RS) Existe, em um ponto privilegiado do museu, um jogo de vôlei virtual. Ao observar o jogo, percebemos que o trajeto percorrido pela bola, quando "rebatida", pode ser determinado por uma função real representada geometricamente por uma parábola. Dentre as expressões abaixo, aquela que representa uma parábola é:

a) $y^2 + 2 + x = 0$.
b) $y^2 = 4x^2 - 2x + 8$.
c) $x^2 - y^2 - 4 = 0$.
d) $y = 2x - 5$.
e) $y = x(x^2 - 6x + 5)$.

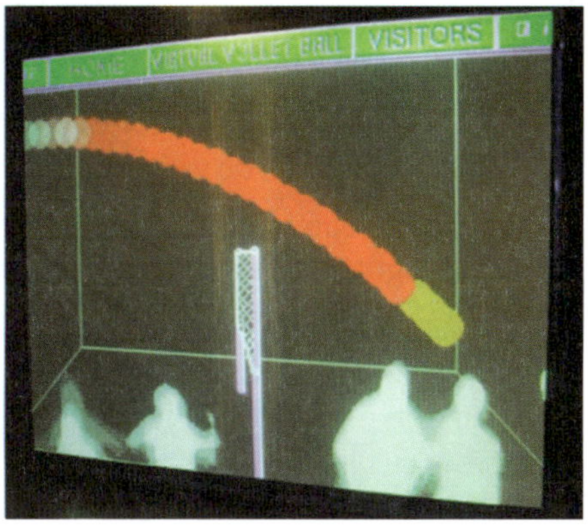

12. (Vunesp-SP) Suponha que um planeta P descreva uma órbita elíptica em torno de uma estrela O, de modo que, considerando um sistema de coordenadas cartesianas ortogonais, sendo a estrela O a origem do sistema, a órbita possa ser descrita aproximadamente pela equação $\frac{x^2}{100} + \frac{y^2}{25} = 1$, com x e y em milhões de quilômetros. A figura representa a estrela O, a órbita descrita pelo planeta e sua posição no instante em que o ângulo $P\hat{O}A$ mede $\frac{\pi}{4}$. A distância, em milhões de km, do planeta P à estrela O, no instante representado na figura, é:

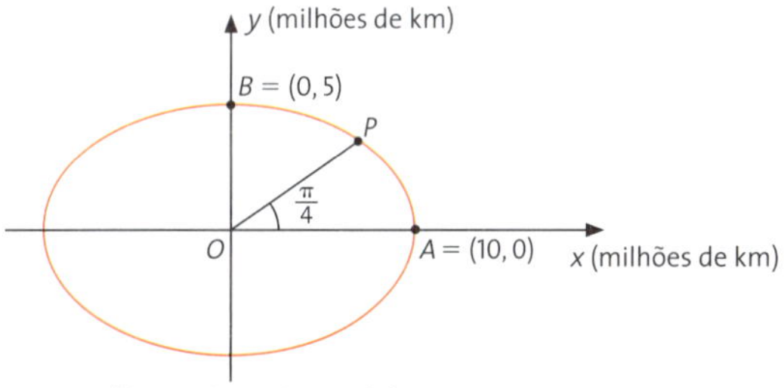

(figura fora de escala)

a) $2\sqrt{5}$.
b) $2\sqrt{10}$.
c) $5\sqrt{2}$.
d) $10\sqrt{2}$.
e) $5\sqrt{10}$.

13. (Ufla-MG) Uma bolinha de tênis, após se chocar com o solo, no ponto *O*, segue uma trajetória ao longo de quatro parábolas, como pode ser observado no gráfico. A altura máxima atingida em cada uma das parábolas é $\frac{3}{4}$ do valor da altura máxima da parábola anterior. Sabendo-se que as distâncias entre os pontos onde a bolinha toca o solo são iguais e que a equação da primeira parábola é $y = -4x^2 + 8x$, a equação da quarta parábola é:

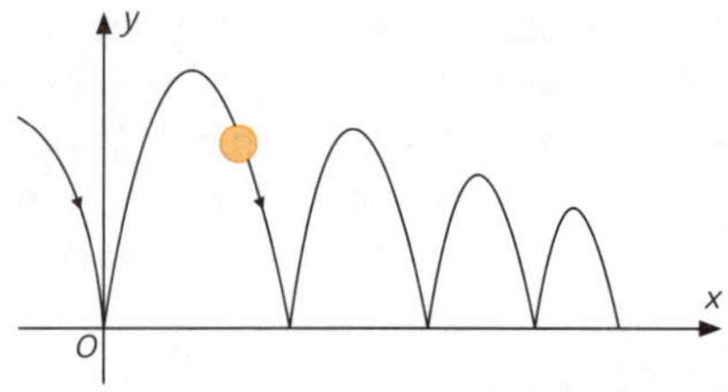

a) $y = x^2 - 14x + 48.$

b) $y = -x^2 - 14x + 48.$

c) $y = -\frac{27}{16}(x - 6)(x - 8).$

d) $y = -\left(\frac{3}{4}\right)^3(x - 6)(x - 8).$

e) $y = -8x^2 + 16x.$

14. (UFPB) Em certo sistema marítimo de navegação, duas estações de rádio, localizadas na costa, nos pontos A e B, transmitem simultaneamente sinais de rádio para qualquer embarcação que se encontre no mar, na área de alcance dessas estações. Sendo P o ponto onde está localizada uma embarcação que recebe esses sinais, o computador de bordo da embarcação calcula a diferença, $PA - PB$, das distâncias da embarcação a cada uma das estações.
Um navio que estava ancorado no mar recebeu o sinal da estação localizada em B e, 120 microssegundos (μs) depois, recebeu o sinal da estação localizada em A, conforme a figura ao lado. Considere as estações de rádio e o ponto P onde esse navio estava ancorado como pontos de um plano cartesiano, onde a unidade de comprimento é o quilômetro e $A(-30, 0)$ e $B(30, 0)$.

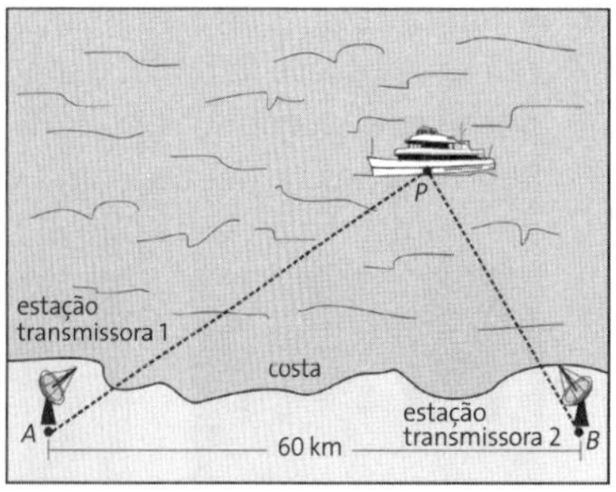

Dados:
- $1\ s = 10^6\ \mu s$;
- a velocidade do sinal de rádio é de 300 000 km/s.

Nesse contexto, é correto afirmar que a hipérbole com focos nos pontos A e B e que contém o ponto P tem como equação a expressão:

a) $\dfrac{x^2}{324} + \dfrac{y^2}{576} = 1.$

b) $\dfrac{x^2}{361} - \dfrac{y^2}{676} = 1.$

c) $\dfrac{x^2}{576} - \dfrac{y^2}{324} = 1.$

d) $\dfrac{x^2}{676} - \dfrac{y^2}{361} = 1.$

e) $\dfrac{x^2}{289} - \dfrac{y^2}{625} = 1.$

15. (UFPB) Um arquiteto fez o projeto de uma praça em formato elíptico, com quadras poliesportivas, um anfiteatro e alguns quiosques, e desenhou a planta dessa praça em um plano cartesiano, tendo o metro como a unidade de comprimento. Nos focos da elipse que contorna a praça, estão dois quiosques, representados pelos pontos $A(2, 80)$ e $B(2, -80)$. Um terceiro quiosque, sobre a elipse, está representado pelo ponto $C(2, -100)$. Nesse contexto, a equação dessa elipse é:

a) $\dfrac{(x-2)^2}{6\,400} + \dfrac{y^2}{10\,000} = 1.$

b) $\dfrac{(x-2)^2}{3\,600} + \dfrac{y^2}{10\,000} = 1.$

c) $\dfrac{(x-2)^2}{10\,000} + \dfrac{y^2}{64\,000} = 1.$

d) $\dfrac{(x-2)^2}{3\,600} + \dfrac{y^2}{6\,400} = 1.$

e) $\dfrac{y^2}{10\,000} + \dfrac{(x-2)^2}{6\,400} = 1.$

16. (Unimontes-MG) Na abertura dos Jogos Olímpicos de 1992, em Barcelona, Antonio Rebollo, o arqueiro que havia ganho uma medalha de bronze, acendeu a pira olímpica com uma flecha em chamas. Rebollo atirou a flecha a uma altura de 2 m acima do nível do solo e a 30 m de distância da pira olímpica de 23 m de altura.

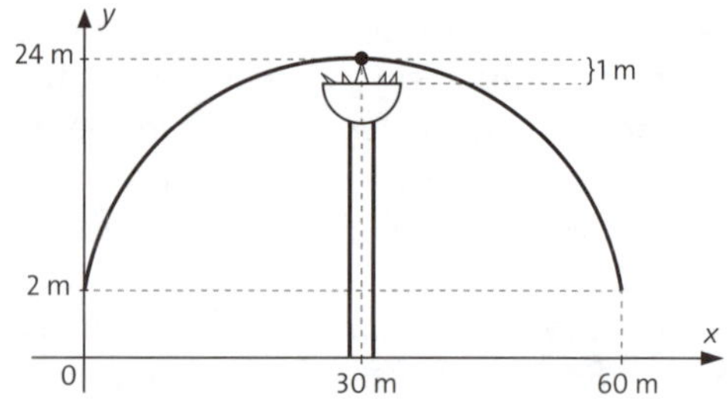

Unimonte/2012

Unimonte/2012

Se ele queria que a flecha alcançasse a altura máxima, exatamente 1 m acima do centro da pira, então a parábola descrita pela flecha em chamas tinha a equação:

a) $y = -\frac{11}{450}x^2 - \frac{22}{15}x + 2.$

b) $y = -\frac{11}{450}x^2 + \frac{22}{15}x - 2.$

c) $y = \frac{11}{450}x^2 - \frac{22}{15}x - 2.$

d) $y = -\frac{11}{450}x^2 + \frac{22}{15}x + 2.$

17. (UFRN) Em uma antena parabólica, os sinais vindos de muito longe, quando incidem em sua superfície, refletem e se concentram no foco *F*, conforme a figura ao lado. Com base nesse princípio, se *C* é uma circunferência qualquer, com centro no foco *F* da parábola, é correto afirmar que a circunferência *C*:

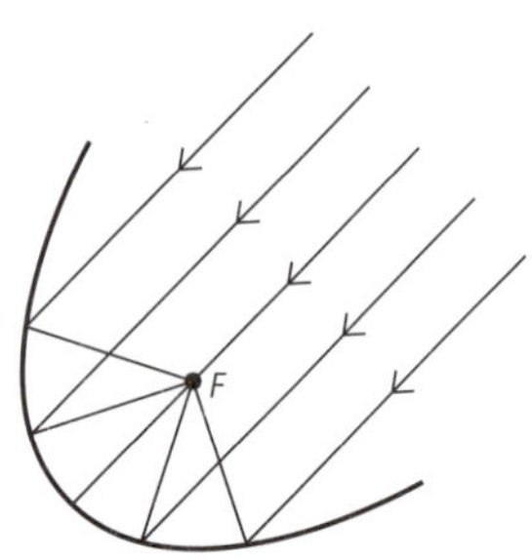

a) intercepta a parábola em pelo menos um ponto.

b) só pode interceptar a parábola em um ponto.

c) só pode tangenciar a parábola em um ponto.

d) tangencia a parábola em dois pontos distintos.

18. (UFPB) Uma empresa de telefonia celular mapeou sua área de cobertura em certa cidade, utilizando o plano cartesiano. Devido às características do relevo e do planejamento urbano da cidade, na região exterior à circunferência de equação $x^2 + y^2 = 81$ não há recepção de sinal e, nas demais regiões, a recepção do sinal ficou classificada conforme a figura ao lado.

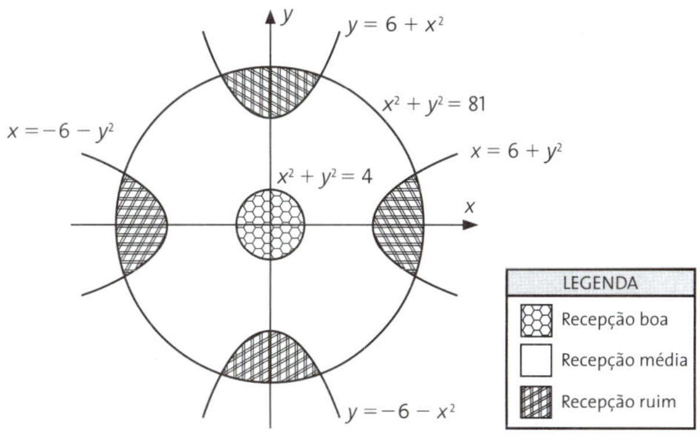

Nesse contexto, identifique as afirmativas corretas:

I. O ponto (1, 1) está na região de recepção boa.

II. O ponto (5, 1) está na região de recepção ruim.

III. A localidade delimitada pela região retangular de vértices (4, 6), (4, 10), (12, 10) e (12, 6) está parcialmente contida na região de recepção boa.

IV. A localidade delimitada pelo quadrado de vértices (1, −1), (−1, −1), (−1, 1) e (1, 1) está totalmente contida na região de recepção boa.

V. A localidade delimitada pelo retângulo de vértices (−1, 1), (1, 1), (−1, 8) e (1, 8) possui pontos de recepção boa, recepção média e recepção ruim.

19. (Uerj) Uma bola de beisebol é lançada de um ponto *O* e, em seguida, toca o solo nos pontos *A* e *B*, conforme representado no sistema de eixos ortogonais:

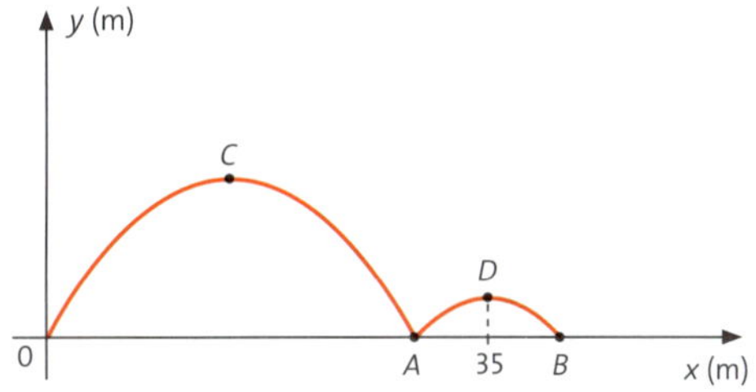

Durante sua trajetória, a bola descreve duas parábolas com vértices *C* e *D*. A equação de uma dessas parábolas é $y = -\dfrac{x^2}{75} + \dfrac{2x}{5}$. Se a abscissa de *D* é 35 m, a distância do ponto *O* ao ponto *B*, em metros, é igual a:

a) 38.
b) 40.
c) 45.
d) 50.

NÚMEROS COMPLEXOS

Forma algébrica de z
$z = a + bi$

Parte real de z
$\text{Re}(z) = a$

Parte imaginária de z
$\text{Im}(z) = b$

Unidade imaginária i, tal que $i^2 = -1$

Potências de i
- $i^0 = 1$
- $i^1 = i$
- $i^2 = -1$
- $i^3 = -i$
- $i^n = i^p$, em que p é o resto da divisão de n por 4.

Conjugado de um número complexo $(\overline{z})$
Se $z = a + bi$, então $\overline{z} = a - bi$.

Operações com números complexos
Seja $z_1 = a + bi$ e $z_2 = c + di$.

Adição
$z_1 + z_2 = (a + c) + (b + d)i$

Subtração
$z_1 - z_2 = (a - c) + (b - d)i$

Multiplicação
$z_1 \cdot z_2 = (ac - bd) + (ad - bc)i$

Divisão
$\frac{z_1}{z_2} = \frac{z_1\overline{z}_2}{z_2\overline{z}_2}$, com $z_2 \neq 0$

Representação geométrica

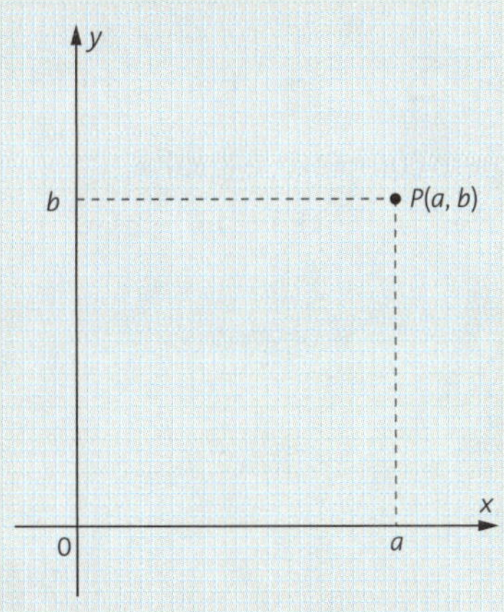

O ponto $P(a, b)$ é o afixo do número complexo $z = a + bi$.

Interpretação geométrica do conjugado

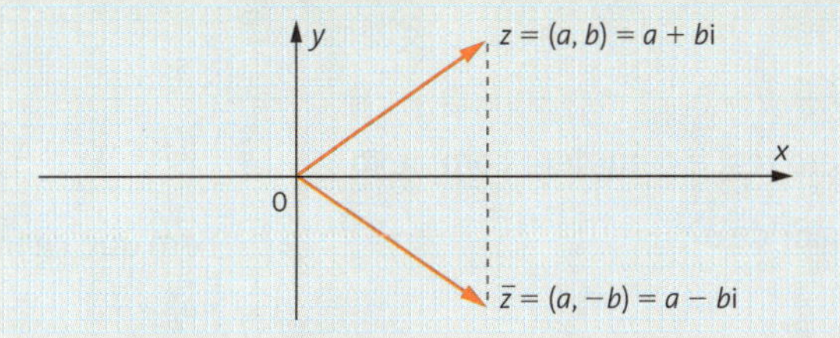

Módulo de um número complexo

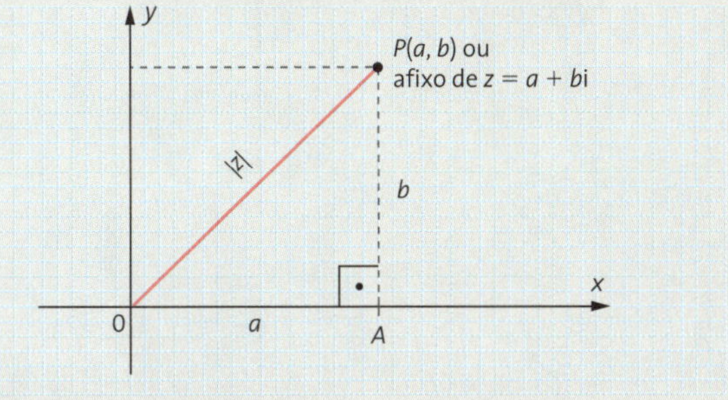

$|z| = \sqrt{a^2 + b^2}$

Argumento de z (θ)

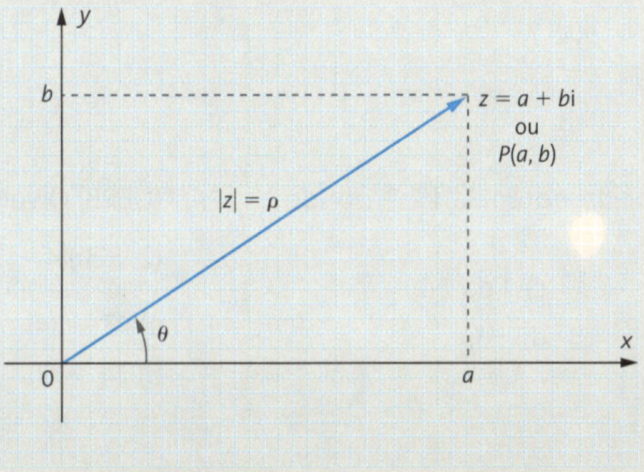

$\cos\theta = \frac{a}{|z|}$ e $\operatorname{sen}\theta = \frac{b}{|z|}$, com $0 \leqslant \theta \leqslant 2\pi$

Forma trigonométrica ou polar de z

$z = |z|(\cos\theta + i \cdot \operatorname{sen}\theta)$

Multiplicação

$z_1 z_2 = |z_1||z_2|[\cos(\theta_1 + \theta_2) + i \cdot \operatorname{sen}(\theta_1 + \theta_2)]$

Divisão

$\frac{z_1}{z_2} = \frac{Z_1}{Z_2}[\cos(\theta_1 - \theta_2) + i \cdot \operatorname{sen}(\theta_1 - \theta_2)]$

Potenciação (1ª fórmula de De Moivre)

$z^n = |z|^n[\cos(n\theta) + i \cdot \operatorname{sen}(n\theta)]$

Radiciação (2ª fórmula de De Moivre)

As n raízes enésimas de z são dadas por:

$$w_k = \sqrt[n]{|z|}\left(\cos\frac{\theta + 2k\pi}{n} + i \cdot \operatorname{sen}\frac{\theta + 2k\pi}{n}\right)$$

com $k = 0, 1, 2, ..., (n - 1)$.

Exercícios

1. (UFPE) Se a é um número real e o número complexo $\dfrac{a - 5i}{5 - i}$ é real, qual o valor de a?

2. (Unimontes-MG) O valor da potência i^{2n+1}, onde $n \in \mathbb{N}$, é:

   a) i ou – i.
   b) i.
   c) 1 ou –1.
   d) –1.

3. (UEG-GO) A soma $S = \sum_{j=0}^{50} i^j = i^0 + i^1 + i^2 + ... + i^{49} + i^{50}$ em que i é um número complexo, é igual a:

   a) 1 + i.
   b) –i.
   c) 1 – i.
   d) i.

4. (UEPB) O valor da expressão $(2 + 3i)(4 - 2i) + \dfrac{6 + 8i}{1 - i} + i^{123}$ é igual a:

   a) 13 – 14i.
   b) 14 + 13i.
   c) 13 + 14i.
   d) 14 – 13i.
   e) i.

5. (Unifor-CE) Seja z um número complexo dado por $z = \frac{(3 + 4i) \cdot (-1 + i)^4}{(3 - 3i)^2}$. Considerando as aproximações $\log 2 = 0{,}30$ e $\log 3 = 0{,}48$, o valor de $\log |z|$ é:

a) 0,02.
b) 0,04.
c) 0,06.
d) 0,4.
e) 0,6.

6. (Unimontes-MG) Dados os números complexos $z = 3 + i$ e $w = \frac{10}{3 - i}$, se $\overline{w}$ é o complexo conjugado de w, então:

a) $z = \overline{w}$.
b) $\overline{z} = w$.
c) $z = w$.
d) $\overline{z} = \overline{w}$.

7. (UFCG-PB) Um número complexo z é tal que $z = a + 3i$, sendo a um número real. O valor de a para que um dos argumentos de z seja $\frac{\pi}{6}$ será:

a) $3\sqrt{3}$.
b) 27.
c) 9.
d) $\sqrt{3}$.
e) 3.

8. (UFRGS-RS) O argumento do número complexo z é $\frac{\pi}{6}$, e o seu módulo é 2. Então, a forma algébrica de z é:

a) $-i$.
b) i.
c) $\sqrt{3}\,i$.
d) $\sqrt{3} - i$.
e) $\sqrt{3} + i$.

9. (EsPCEx-SP) Seja o número complexo $z = \frac{x + yi}{3 + 4i}$ com x e y reais e $i^2 = -1$. Se $x^2 + y^2 = 20$, então o módulo de z é igual a:

a) 0.
b) $\sqrt{5}$.
c) $\frac{2\sqrt{5}}{5}$.
d) 4.
e) 10.

10. (Ifal) O valor da potência $(1 - i)^{10}$ é:

a) 11i.
b) 5i.
c) $-32i$.
d) $-50i$.
e) $1 - 5i$.

11. (FGV-SP) Sendo $i = \sqrt{-1}$ a unidade imaginária do conjunto dos números complexos, o valor da expressão $(i + 1)^6 - (1 - i)^6$ é:

a) 0.
b) 16.
c) -16.
d) 16i.
e) $-16i$.

12. (UFMT) A imagem do número complexo $z = 5 + i\sqrt{3}$ é um vértice de um hexágono regular com centro na origem. O outro vértice desse hexágono, que também está localizado no primeiro quadrante, é a imagem do número complexo:

a) $2 + 3i\sqrt{3}$.　b) $1 + 2i\sqrt{3}$.　c) $2 + 2i\sqrt{3}$.　d) $1 + 3i\sqrt{3}$.　e) $3 + 3i\sqrt{3}$.

13. (Vunesp-SP) A figura ao lado representa, no plano complexo, um semicírculo de centro na origem e raio 1. Indique por Re(z), Im(z) e $|z|$ a parte real, a parte imaginária e o módulo de um número complexo $z = x + yi$, respectivamente, onde i indica a unidade imaginária. A única alternativa que contém as condições que descrevem totalmente o subconjunto do plano que representa a região sombreada, incluindo sua fronteira, é:

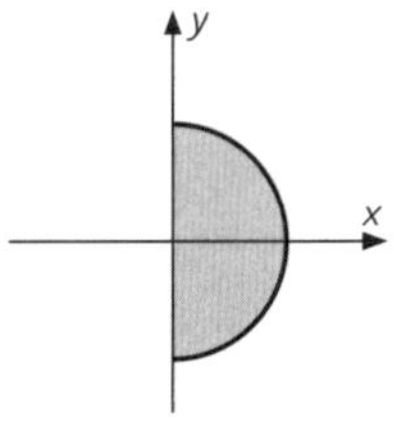

a) $\text{Re}(z) \geqslant 0$, $\text{Im}(z) \geqslant 0$ e $|z| \leqslant 1$.

b) $\text{Re}(z) \geqslant 0$, $\text{Im}(z) \leqslant 0$ e $|z| \leqslant 1$.

c) $\text{Re}(z) \geqslant 0$ e $|z| \geqslant 1$.

d) $\text{Im}(z) \geqslant 0$ e $|z| \geqslant 1$.

e) $\text{Re}(z) \geqslant 0$ e $|z| \leqslant 1$.

14. (UFPB) Um percurso feito por um atleta, em uma região plana, pode ser representado no plano cartesiano por um segmento de reta $\overline{AB}$. Sabendo-se que os pontos A e B são as representações geométricas dos números complexos $z_1 = \dfrac{2 + 4i^{35}}{3 - i}$ e $z_2 = 4 + 3i$, é correto afirmar que esse percurso, em unidades de comprimento, mede:

a) 6.
b) 4,5.
c) 5,5.
d) 5.
e) 6,5.

15. (UEM-PR) Seja $z = 3\left(\cos\dfrac{5\pi}{3} + i\,\text{sen}\,\dfrac{5\pi}{3}\right)$ um número complexo. É correto afirmar que o conjugado de z é:

a) $\overline{z} = 3\left(1 + i\sqrt{3}\right)$.
b) $\overline{z} = \dfrac{3}{2}\left(1 + i\sqrt{3}\right)$.
c) $\overline{z} = \dfrac{3}{2}\left(1 - i\sqrt{3}\right)$.
d) $\overline{z} = \dfrac{3}{2}\left(-1 + i\sqrt{3}\right)$.
e) $\overline{z} = 3\left(1 - i\sqrt{3}\right)$.

16. (Unimontes-MG) Se $z = 2\left(\cos\dfrac{\pi}{4} + i\,\text{sen}\,\dfrac{\pi}{4}\right)$, então o conjugado de z^2 vale:

a) $-4i$.
b) $\sqrt{2} + \sqrt{2}\,i$.
c) $-\sqrt{2} + \sqrt{2}\,i$.
d) $\sqrt{2} - i\sqrt{2}$.

17. (Cefet-PR) Considere todos os números complexos $z = x + yi$. O lugar geométrico de todos os números complexos que possuem módulo 1 é dado pela equação:

a) $x^2 + y^2 = 1$.

b) $x = 1$.

c) $y = 1$.

d) $x + y = 1$.

e) $x^2 + y^2 + 1 = 0$.

18. (UEPB) Um número complexo z está escrito na forma $z = (\cos 7\theta + i \operatorname{sen} 7\theta) \cdot (\cos 7\theta - i \operatorname{sen} 7\theta)$. O valor de z^n é:

a) $i\theta$.

b) -1.

c) $e^{i\theta}$.

d) 1.

e) 2.

19. (UFPB) Considere, no plano complexo de Argand-Gauss, um relógio cujo centro coincide com a origem do plano e que, em determinado instante, a extremidade do ponteiro dos minutos está sobre o ponto do plano correspondente ao número complexo $2\sqrt{3} + i$. Nesse contexto, exatamente cinco minutos após esse instante, a extremidade desse ponteiro estará sobre o ponto do plano correspondente ao número complexo:

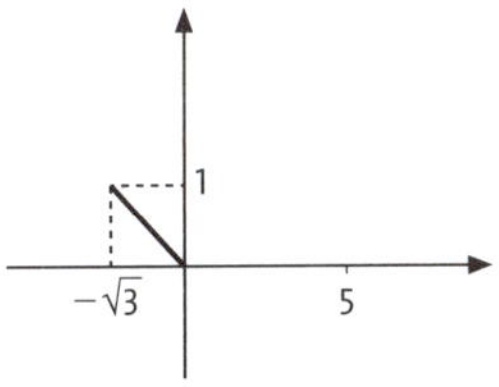

a) $\sqrt{3} + i$.

b) $-\sqrt{3} - i$.

c) $-1 + \sqrt{3}\,i$.

d) $-1 - \sqrt{3}\,i$.

e) $1 + \sqrt{3}\,i$.

POLINÔMIOS

Definição

$p(x) = a_nx^n + a_{n-1}x^{n-1} + a_{n-2}x^{n-2} + ... + a_2x^2 + a_1x + a_0$

Observações

- $a_n, a_{n-1}, a_{n-2}, ..., a_2, a_1, a_0$ são números complexos denominados coeficientes.
- n é um número inteiro positivo ou nulo.
- O maior expoente de x, com coeficiente não nulo, é o grau do polinômio.

Polinômio identicamente nulo

Polinômio cujos coeficientes são todos nulos.

Assim, $p(x) = a_nx^n + a_{n-1}x^{n-1} + a_{n-2}x^{n-2} + ... + a_2x^2 + a_1x + a_0$ é polinômio nulo $\Leftrightarrow a_n = a_{n-1} = a_{n-2} = ... = a_2 = a_1 = a_0 = 0$, ou seja, $p(x) = 0$.

Observação

Não se define grau para esse polinômio.

Valor numérico de um polinômio

O valor numérico de $p(x)$ para $x = \alpha$ é $p(\alpha)$.

Observações

- Se $p(\alpha) = 0$, então α é a **raiz** de $p(x)$.
- Se $\alpha = 1$, o valor numérico de $p(x)$ é a soma dos coeficientes.
- Se $\alpha = 0$, o valor numérico de $p(x)$ é o termo independente.

Igualdade de polinômios

$p(x) = q(x) \Leftrightarrow p(\alpha) = q(\alpha), \forall \alpha \in \mathbb{C}$.

Observação

$p(x) - q(x)$ deve ser um polinômio identicamente nulo, assim todos os coeficientes dos termos de mesmo grau de $p(x)$ e $q(x)$ são todos iguais.

Divisão de polinômio

Método da chave

$$\begin{array}{l|l} p(x) & h(x) \\ \hline r(x) & q(x) \end{array} \rightarrow p(x) = h(x) \cdot q(x) + r(x)$$

Observações

- $p(x)$ é o dividendo.
- $h(x)$ é o divisor.
- $q(x)$ é o quociente.
- $r(x)$ é o resto.
- O grau de $r(x)$ deve ser menor do que o grau de $h(x)$ ou $r(x) = 0$.

Divisão por $(x - a)$: dispositivo prático de Briot-Ruffini

termo constante do divisor, com sinal trocado	coeficientes de x do dividendo $p(x)$	termo constante do dividendo $p(x)$
	coeficientes do quociente	resto

Teorema do resto

O resto da divisão de um polinômio $p(x)$ por $(x - a)$ é $p(a)$.

Teorema de D'Alembert

Um polinômio $p(x)$ é divisível por $(x - a)$ se, e somente se, a é raiz de $p(x)$, isto é, $p(a) = 0$.

Teorema do fator

Se c é uma raiz de um polinômio $p(x)$, de grau $n > 0$, então $(x - c)$ é um fator de $p(x)$.

EQUAÇÕES POLINOMIAIS OU ALGÉBRICAS

Definição

$a_nx^n + a_{n-1}x^{n-1} + a_{n-2}x^{n-2} + ... + a_2x^2 + a_1x + a_0 = 0$ (com $a_n \neq 0$)

Teorema fundamental da Álgebra

Toda equação algébrica $p(x) = 0$ de grau n ($n \geq 1$) possui pelo menos uma raiz complexa (real ou não).

Decomposição em fatores de 1º grau

$p(x) = a_n(x - x_1)(x - x_2)(x - x_3) \cdot ... \cdot$
$\cdot (x - x_n)$, em que x_i são raízes de $p(x)$ e a_n é o coeficiente de x_n.

Multiplicidade da raiz

É o número de vezes que uma mesma raiz aparece.
1 vez: raiz simples.
2 vezes: raiz dupla ou multiplicidade 2.
3 vezes: raiz dupla ou multiplicidade 3.
⋮
n vezes: raiz de multiplicidade n.

Relações de Girard

Na equação do 2º grau

$ax^2 + bx + c = a(x - x_1)(x - x_2)$

- $x_1 + x_2 = -\frac{b}{a}$
- $x_1x_2 = \frac{c}{a}$

Na equação do 3º grau

$ax^3 + bx^2 + cx + d = a(x - x_1)(x - x_2)(x - x_3)$

- $x_1 + x_2 + x_3 = -\frac{b}{a}$
- $x_1x_2 + x_1x_3 + x_2x_3 = \frac{c}{a}$
- $x_1x_2x_3 = -\frac{d}{a}$

Na equação do 4º grau

$ax^4 + bx^3 + cx^2 + dx + e = a(x - x_1)(x - x_2)(x - x_3)$

- $x_1 + x_2 + x_3 + x_4 = -\frac{b}{a}$
- $x_1x_2 + x_1x_3 + x_1x_4 + x_2x_3 + x_2x_4 + x_3x_4 = \frac{c}{a}$
- $x_1x_2x_3 + x_1x_2x_4 + x_1x_3x_4 + x_2x_3x_4 = -\frac{d}{a}$
- $x_1x_2x_3x_4 = \frac{e}{a}$

Na equação de grau n

$a_nx^n + a_{n-1}x^{n-1} + a_{n-2}x^{n-2} + ... + a_2x^2 + a_1x + a_0 = 0$ de raízes $x_1, x_2, x_3, x_4, ..., x_n$, são válidas as seguintes relações de Girard entre as raízes e os coeficientes:

1ª) A soma das raízes é: $x_1 + x_2 + x_3 + ... + x_n = -\frac{a_n - 1}{a_n}$

2ª) O produto das raízes é: $x_1x_2x_3 \cdot ... \cdot x_n = (-1)^n \frac{a_0}{a_n}$

3ª) A soma dos produtos das raízes, quando tomadas:

a) duas a duas, é: $x_1x_2 + x_1x_3 + ... + x_{n-1}x_n = \frac{a_{n-2}}{a_n}$

b) três a três, é: $x_1x_2x_3 + x_1x_2x_4 + ... + x_{n-2}x_{n-1}x_n = -\frac{a_{n-3}}{a_n}$

c) quatro a quatro, é: $x_1x_2x_3x_4 + x_1x_2x_3x_5 + ... + x_{n-3}x_{n-2}x_{n-1}x_n = \frac{a_{n-4}}{a_n}$

Raízes complexas não reais em uma equação algébrica

Se uma equação polinomial de coeficientes reais admite como raiz o número complexo $a + bi$, com $b \neq 0$, então o complexo conjugado $a - bi$ também é raiz dessa equação.

Exercícios

1. (IFSC) Dada a função polinomial $f(x) = x^3 + x^2 + x + 1$, o valor de $f(-3) + f(0) + f(f(-1))$ é:

a) -20.
b) -18.
c) -16.
d) 20.
e) 16.

2. (UEPB) O polinômio $P(x) = (2x + 1)(2x + 1)^2(2x + 1)^3 \dots (2x + 1)^{100}$ é de grau:

a) 505.
b) 5 050.
c) 5 030.
d) 5 020.
e) 5 000.

3. (Cefet-PR) Se os polinômios p, r e s são de graus 2, 3 e 4, respectivamente, pode-se afirmar que o grau de $p + r - s$:

a) não pode ser determinado.
b) é igual a 1.
c) é igual a 4.
d) é igual a 9.
e) é igual a 2.

4. (UFTM-MG) Dividindo-se o polinômio $p(x) = 3x^4 - 2x^3 + mx + 1$ por $(x - 1)$ ou por $(x + 1)$, os restos são iguais. Nesse caso, o valor de m é igual a:

a) -2.
b) -1.
c) 1.
d) 2.
e) 3.

5. (FGV-SP) O quociente da divisão do polinômio $P(x) = (x^2 + 1)^4 \cdot (x^3 + 1)^3$ por um polinômio de grau 2 é um polinômio de grau:

a) 5.
b) 10.
c) 13.
d) 15.
e) 18.

7. (UFRGS-RS) Se 2 é raiz dupla do polinômio $p(x) = 2x^4 - 7x^3 + 3x^2 + 8x - 4$, então a soma das outras raízes é:

a) −1.
b) −0,5.
c) 0.
d) 0,5.
e) 1.

6. (UEL-PR) Na divisão do polinômio $x^4 + x^3 - 7x^2 + x + 9$ por $x^2 + 2x + 1$ pode-se afirmar que:

a) o quociente é $-x^2 + x + 6$.
b) o quociente é $x^2 - x + 6$.
c) o resto da divisão é 15.
d) o resto da divisão é $14x + 15$.
e) a divisão é exata, isto é, o resto é 0.

8. (ESPM-SP) O resto da divisão do polinômio $x^5 - 3x^2 + 1$ pelo polinômio $x^2 - 1$ é:

a) $x - 1$.
b) $x + 2$.
c) $2x - 1$.
d) $x + 1$.
e) $x - 2$.

9. (Cesgranrio-RJ) Se $x^3 - 2x^2 + 5x - 4 = 0$ tem uma raiz $x = 1$, então as outras duas raízes da equação são:

a) complexas não reais.
b) racionais.
c) positivas.
d) negativas.
e) reais de sinais opostos.

10. (PUC-SP) Sabe-se que -1 é raiz do polinômio $f = x^3 + x^2 - 2x - 2$. As demais raízes desse polinômio são números:

a) irracionais.
b) não reais.
c) racionais não inteiros.
d) inteiros positivos.
e) inteiros e opostos entre si.

11. (UFRN) Se 2 é uma raiz de multiplicidade 3 da equação $x^4 - 9x^3 + 30x^2 - 44x + 24 = 0$, então seu conjunto solução é:

a) $\{1, 2\}$.
b) $\{1, 3\}$.
c) $\{2, 3\}$.
d) $\{1, 2, 3\}$.
e) $\{1, 2, 3, 4\}$.

12. (Furg-RS) O polinômio $x^3 - 7x^2 + 16x - 12$ tem:

a) uma raiz real com multiplicidade 3.
b) uma raiz real com multiplicidade 2.
c) raízes reais e distintas.
d) uma raiz complexa.
e) duas raízes complexas.

13. (Unifor-CE) Uma das raízes do polinômio $f(x) = x^3 - 6x^2 + 5x + k$, em que $k \in \mathbb{R}$, é igual à soma das outras duas. Nessas condições, é correto afirmar que f é divisível por:

a) $x - 4$.
b) $x - 1$.
c) $x + 2$.
d) $x + 3$.
e) $x + 4$.

14. (Uespi) Para qual valor do real k, as raízes da equação $x^3 + 6x^2 + kx - 10 = 0$ são termos de uma progressão aritmética?

a) 1
b) 2
c) 3
d) 4
e) 5

15. (FEI-SP) A soma das raízes da equação $x^3 - 7x^2 + 12x = 0$ é:

a) 7.
b) 3.
c) 4.
d) 8.
e) 0.

16. (PUC-MG) No polinômio $P(x) = x^3 - x^2 + 4x - 4$ uma das raízes é 2i. Então, a raiz real de $P(x)$ é:

a) −2. b) −1. c) 0. d) 1. e) 2.

17. (ITA-SP) Sendo 1 e 1 + 2i raízes da equação $x^3 + ax^2 + bx + c = 0$, em que a, b, e c são números reais, então:

a) $b + c = 4$.
b) $b + c = 3$.
c) $b + c = 2$.
d) $b + c = 1$.
e) $b + c = 0$.

18. (Uerj) Para fazer uma caixa sem tampa com um único pedaço de papelão, utilizou-se um retângulo de 16 cm de largura por 30 cm de comprimento. De cada um dos quatro cantos desse retângulo foram retirados quadrados de área idêntica e, depois, foram dobradas para cima as abas resultantes. Determine a medida do lado do maior quadrado a ser cortado do pedaço de papelão, para que a caixa formada tenha:

a) área lateral de 204 cm^2;
b) volume de 600 cm^3.

19. (IFMG) Uma fábrica utiliza dois tanques para armazenar combustível, sendo seus níveis expressos, respectivamente, por:

$H_1(t) = 250t^3 - 190t + 10$

$H_2(t) = 150t^3 + 210t + 10$, sendo t o tempo em horas.

O nível de combustível deles se iguala em $t = 0$ e também para:

a) $t = 1{,}0$.   b) $t = 1{,}5$.   c) $t = 2{,}0$.   d) $t = 2{,}5$.

20. (Uneb-BA) Em uma maratona de conhecimentos, o vencedor da prova sobre expressões algébricas encontrou corretamente o resto da divisão do polinômio $x^{10} + x^9 + x^8 + ... + x - 9$ por $x^2 - 1$. Esse resto é:

01) $5x - 4$.   02) $4x + 5$.   03) $-5x$.   04) 9.   05) 0.

21. (Ufac) Numa sala de aula de uma determinada escola, um professor insistia em ensinar Matemática deixando de fundamentar os conceitos que ali tratava. Dentre algumas "verdades" usadas por ele, listadas nos itens abaixo, qual é a que não afronta as propriedades ou definições matemáticas?

a) O motivo pelo qual $\sqrt{36} = 6$ é que $6^2 = 36$.

b) Se a e b são números reais vale que $\sqrt{ab} = \sqrt{a} \cdot \sqrt{b}$.

c) $x^2 + 2x + 5$ é uma função do 2º grau.

d) $f(x) = x^3 + 4x^2 + 21$ é um polinômio de grau 3 e a variável x pode ser considerada em $\mathbb{R}$.

e) Uma função f é par se, e somente se, seu domínio está contido em $\mathbb{R}$ e para todo número real x temos $f(x) = f(-x)$.

---

22. (Ufal) Em um evento gastronômico realizado em Maceió, sofisticados *chefs* da culinária francesa usaram na elaboração de seus pratos, além de outros ingredientes, cacau, castanha e pequi. Curiosamente foi observado que esses três ingredientes lhes foram fornecidos em quantidades que, em quilogramas, eram numericamente iguais às raízes do polinômio $4x^3 - 29x^2 + 55x - 12$. Se eles receberam $\frac{1}{4}$ kg de pequi e, entre os três ingredientes, a quantidade maior era de castanha, a quantidade de cacau, em quilogramas, era:

a) 1,5. b) 2. c) 2,5. d) 3. e) 3,5.

23. (Uerj) Para fazer uma caixa, foi utilizado um quadrado de papelão de espessura desprezível e 8 dm de lado, do qual foram recortados e retirados seis quadrados menores de lado x. Em seguida, o papelão foi dobrado nas linhas pontilhadas, assumindo a forma de um paralelepípedo retângulo, de altura x, como mostram os esquemas. Quando $x = 2$ dm, o volume da caixa é igual a 8 dm^3. Determine outro valor de x para que a caixa tenha volume igual a 8 dm^3.

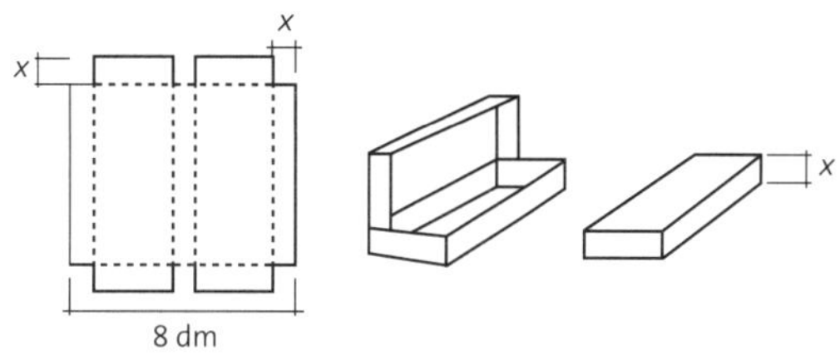

24. (UEG-GO) João gosta de brincar com números e fazer operações com eles. Em determinado momento, ele pensou em três números naturais e, em relação a esses números, observou o seguinte:

- a soma desses números é 7;
- o produto deles é 8;
- a soma das três parcelas resultantes dos produtos desses números tomados dois a dois é 14.

Assim, os três números pensados por João são raízes da equação:

a) $x^3 - 7x^2 + 14x - 8 = 0$.

b) $x^3 + 7x^2 - 14x + 8 = 0$.

c) $x^3 - 7x^2 - 14x - 8 = 0$.

d) $x^3 + 7x^2 - 14x - 8 = 0$.

25. (Ufpel-RS) O estudo e o desenvolvimento dos métodos de resolução de equações de graus superiores a 2 tiveram grande impulso nos séculos XV e XVI, com grupos de matemáticos italianos. O primeiro a encontrar um método para determinar a resolução de equações do 3º grau foi Scipione Del Ferro. Outro matemático italiano, conhecido como Tartaglia, também desenvolveu um método de resolução para equação do 3º grau. As fórmulas de Tartaglia são as mais célebres da Álgebra, sendo conhecidas como fórmulas de Cardano.
Considerando o polinômio do 3º grau $t^3 - 4t^2 + t + 6$, é correto afirmar que a soma dos módulos das raízes desse polinômio é:

a) 4.
b) 5.
c) 6.
d) 3.
e) 1.

26. (UFSM-RS) Motoristas de uma determinada cidade que, durante 5 anos, não cometeram infração de trânsito serão agraciados com um "mimo" que deverá ser embalado numa caixa, sem tampa, na forma de um paralelepípedo regular, construída a partir de uma folha retangular de cartolina de 30 cm de largura e 50 cm de comprimento. Para isso, será removido dos cantos da folha um quadrado de lado x cm, e a folha será dobrada.
O volume, em cm^3, dessa caixa é dado pela função polinomial $V(x) =$ ________, cuja soma S das raízes é ________.
Complete com a alternativa que preenche corretamente as lacunas.

a) $4(x^3 - 40x^2 + 375x)$; 40
b) $4(x^3 + 40x^2 - 375x)$; 80
c) $4(x^3 - 80x^2 + 375x)$; 40
d) $4(x^3 + 80x^2 - 375x)$; 60
e) $4(x^3 + 80x^2 + 375x)$; 60

Desafio

1. (OBM) O gráfico de $y = x^2 - 5x + 9$ é rodado 180° em torno da origem. Qual é a equação da nova curva obtida?

a) $y = x^2 + 5x + 9$
b) $y = x^2 - 5x - 9$
c) $y = -x^2 + 5x - 9$
d) $y = -x^2 - 5x + 9$
e) $y = -x^2 - 5x - 9$

---

2. (OBM) Qual é o menor valor que a expressão $\sqrt{x^2 + 1} + \sqrt{(y - x)^2 + 4} + \sqrt{(z - y)^2 + 1} + \sqrt{(10 - z)^2 + 9}$ pode assumir, sendo x, y e z reais?

a) 7
b) 13
c) $4 + \sqrt{109}$
d) $3 + \sqrt{2} + \sqrt{90}$
e) $\sqrt{149}$

3. (OBM) Um polinômio $p(x)$ é par quando $p(-x) = p(x)$, para todo x real. Qual é o número máximo de soluções reais da equação $p(x) = k$, sendo p um polinômio par não constante com coeficientes não negativos e k um real fixado?

a) 0
b) 1
c) 2
d) 4
e) n, em que n é o grau de $p(x)$

---

4. (OBM) A soma das raízes reais de $x^3 + 3x^2 + 3x - 1 = 0$ é:

a) -3.
b) $1 - \sqrt[3]{2}$.
c) 1.
d) $\sqrt[3]{2} - 1$.
e) 3.

5. (OBM) Seja $P(x) = a_{2\,000}x^{2\,000} + a_{1\,999}x^{1\,999} + a_{1\,998}x^{1\,998} + ... + a_1x + a_0$. Então $a_{2\,000} + a_{1\,998} + a_{1\,996} + ... + a_0$ é igual a:

a) $\dfrac{P(1) - P(-1)}{2}$.

b) $\dfrac{P(1) + P(-1)}{2}$.

c) $P(2\,000) + P(1\,998) + ... + P(0)$.

d) $P(0) \cdot P(1)$.

e) $P(-1) \cdot P(1)$.

6. (OBM) Sejam a, b, c números reais. Prove que pelo menos uma das três equações:

$x^2 + (a - b)x + (b - c) = 0$

$x^2 + (b - c)x + (c - a) = 0$

$x^2 + (c - a)x + (a - b) = 0$

possui solução real.

7. (Obmep) Sobre a equação $2\,007x^3 + 2\,006x^2 + 2\,005x = 0$ é certo afirmar:

a) Não possui raízes.
b) Tem 3 raízes reais distintas.
c) Tem 2 raízes iguais.
d) Tem apenas uma raiz real.
e) Tem 3 raízes positivas.

8. (OCM-PB) No início, os números complexos não eram vistos como números, mas sim como um artifício algébrico útil para se resolver equações. Descartes, no século XVII, os chamou de números imaginários. Abraham de Moivre e Euler, no século XVIII começaram a estabelecer uma estrutura algébrica para os números complexos. Em particular, Euler denotou $i^2 = -1$. Baseado nisso, quanto vale a soma: $S = i^0 + i^1 + i^2 + i^3 + ... + i^{2\,012}$?

a) 1
b) -1
c) i
d) $-i$
e) 0

9. (OMRN) Com relação à equação: $x^3 - \left(\sqrt{2} + \sqrt{3} + \sqrt{5}\right)x^2 + \left(\sqrt{6} + \sqrt{10} + \sqrt{15}\right)x - \sqrt{30} = 0$, podemos afirmar que:

a) possui apenas uma raiz real.

b) possui três raízes reais.

c) não possui raízes reais.

d) possui uma raiz real negativa.

e) todas as suas raízes complexas têm módulo igual a 2.

10. (OMRN) Dado $f(x) = x^4 + x^3 + x^2 + x + 1$, o resto da divisão de $f(x^5)$ por $f(x)$ é:

a) 1.

b) $x^5 + 1$.

c) $x^4 + 1$.

d) 5.

e) 3.

11. (OMRN) Seja $p(x)$ um polinômio de grau n, com coeficientes reais, tal que $p(k) = \frac{k}{(k+1)}$, para $k = 0, 1, 2, ..., n$. Determine $p(n + 1)$.

12. (OMRN) Sejam α, β e γ números reais tais que $\alpha^3 + p\alpha + q = 0$; $\beta^3 + p\beta + q = 0$ e $\gamma^3 + p\gamma + q = 0$, onde p, q são números reais. Mostre que $\alpha + \beta + \gamma = 0$.

13. (OPM-SP) Num jogo, pontos são ganhos somando-se os valores obtidos ao se jogarem dois dados em forma de tetraedro regular, cujas faces são numeradas 1, 2, 3 e 4. O valor obtido é aquele que está na face voltada para baixo. Observe a figura ao lado.

a) Desenvolva: $(x^1 + x^2 + x^3 + x^4) \cdot (x^1 + x^2 + x^3 + x^4)$.

b) Mostre que o número de maneiras de se obter n pontos utilizando estes dados é igual ao coeficiente de x^n no desenvolvimento de $(x^1 + x^2 + x^3 + x^4) \cdot (x^1 + x^2 + x^3 + x^4)$. Por exemplo, o coeficiente de x^6 é 3 e há três maneiras distintas de se obter 6 pontos: $2 + 4$; $3 + 3$ e $4 + 2$.

c) Por defeito de fabricação, um jogo veio com um dado numerado 1, 2, 2 e 3 e o outro, 1, 3, 3 e 5. Ao receber o jogo para substituição, o dono da fábrica, que era matemático, argumentou que o jogo não mudaria mesmo utilizando os dados defeituosos, isto é, que o número de maneiras de se obter n pontos, $2 \leq n \leq 8$, com os dados defeituosos e com os dados normais era o mesmo. Ele tinha razão? Explique.

14. (OPM-PB) Determine todos os polinômios $p(x)$ que satisfazem as seguintes condições:

I. $p(0) = 0$;

II. $p(x^{2\,011} + 1) = [p(x)]^{2\,011} + 1$, para todo $x \in \mathbb{R}$.

15. (Omerj) Quantas raízes reais possui a equação $x^9 - 5x^3 + 1 = 0$?

16. (OMRS)

a) Mostre que o gráfico cartesiano da função $y = x + \frac{1}{x}$ (definida para $x > 0$) não tem nenhum ponto com ordenada < 2.

b) Deduza do item anterior que, para quaisquer números reais positivos (a, b, c, d, e), vale:
$\frac{1}{a}(1 + ab) + \frac{1}{b}(1 + bc) + \frac{1}{c}(1 + ac) + \frac{1}{d}(1 + de) + \frac{1}{e}(1 + de) \geqslant 10.$

17. (OMRS) Dados n números reais positivos $a_1, a_2, ..., a_n$, tais que $a_1 \cdot a_2 \cdot ... \cdot a_n = 1$ mostre que: $(1 + a_1) \cdot (1 + a_2) ... (1 + a_n) \geqslant 2^n$.

18. (OMSC) Dados um ponto F e uma reta d, chama-se de parábola o conjunto dos pontos equidistantes de F e d (figura 1).

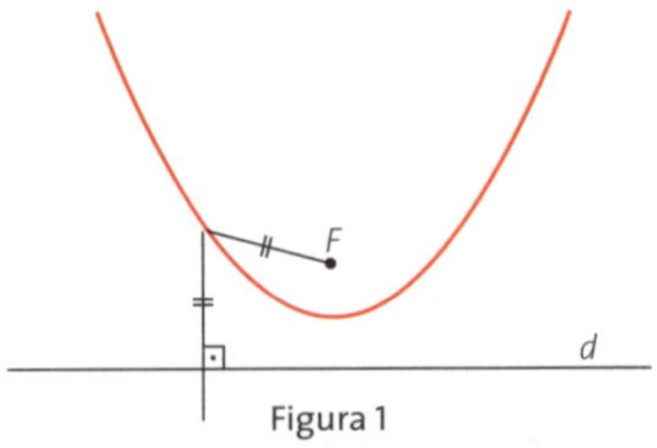

Figura 1

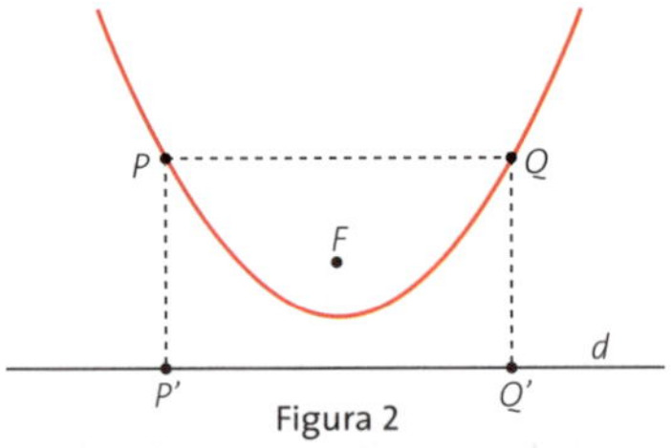

Figura 2

Na figura 2, P e Q são pontos da parábola e P' e Q' pontos da reta d tais que a reta PQ é paralela a d, as retas PP' e QQ' são perpendiculares a d e P', F e Q são colineares. Sabendo que a distância de F a d é igual a 1 cm, calcule a área do retângulo $PP'Q'Q$.

19. (OMRN) Na cantina Peso Honesto há uma balança de pratos que não está bem regulada, de modo que, ao colocarmos um peso de 1,0 kg em cada um dos seus pratos, a balança fica desequilibrada para uma dos seus lados conforme ilustra a figura ao lado.

Um dia, o Sr. José vai à cantina Peso Honesto comprar um quilograma de açúcar que é pesado diante dos seus olhos na bendita balança defeituosa. No dia seguinte, o Sr. José retorna à cantina Peso Honesto para comprar mais um quilo de açúcar, mas, desconfiado sobre a honestidade da balança, ele exige que as posições do pacote de açúcar e do peso de 1,0 kg usado para fazer a pesagem sejam invertidas em relação à posição do dia anterior. Diga, justificando, se, ao final dos dois dias, o Sr. José levou para casa exatamente 2,0 kg, menos de 2,0 kg ou mais de 2,0 kg de açúcar.

20. (OMSC)

a) Verifique que, para todo número real $y < 0$, $y + \frac{1}{y} \geqslant 2$.

b) Utilizando o resultado anterior, verifique que, para $x > 1$, $\frac{2x + 1}{\sqrt{x^2 + x - 2}} \geqslant 2$.

21. (OPM-PB) Seja $p(x)$ o polinômio de grau 2 011, com coeficientes reais, dado por:

$p(x) = \left[x \operatorname{sen}\left(\frac{2\pi}{2\,011}\right) + \cos\left(\frac{2\pi}{2\,011}\right)\right]^{2\,011}$. Determine o resto da divisão de $p(x)$ por $d(x) = x^2 + 1$.

22. (Usamo) Sabendo que uma raiz da equação polinomial $2x^2 + rx + s = 0$, com r e s reais é o número $3 + 2i$, com $i^2 = -1$, então o valor de s é:

a) indeterminado.
b) 5.
c) 6.
d) −13.
e) 26.

23. (Usamo) Uma reta r "passa" pelo ponto $A(-a, 0)$ no plano cartesiano e forma com os eixos coordenados no segundo quadrante um triângulo de área T. A equação cartesiana desta reta é:

a) $2Tx + a^2y + 2aT = 0.$

b) $2Tx - a^2y + 2aT = 0.$

c) $2Tx + a^2y - 2aT = 0.$

d) $2Tx - a^2y - 2aT = 0.$

e) $-2Tx + a^2y + 2aT = 0.$

---

24. (Usamo) Se $y = (x - a)^2 + (x - b)^2$, com a e b constantes reais, para qual valor de x o valor de y será mínimo?

a) $\dfrac{a + b}{2}$

b) $a + b$

c) $\sqrt{ab}$

d) $\sqrt{\dfrac{a^2 + b^2}{2}}$

e) $\dfrac{a + b}{2ab}$

25. (Usamo) Se n é múltiplo de 4, a soma $S = 1 + 2i + 3i^2 + ... + (n + 1)i^n$, onde $i^2 = -1$, é igual a:

a) $1 + i$.

b) $\frac{1}{2} \cdot (n + 2)$.

c) $\frac{1}{2} \cdot (n + 2 - ni)$.

d) $\frac{1}{2} \cdot [(n + 1) \cdot (1 - i) + 2]$.

e) $\frac{1}{8} \cdot (n^2 + 8 - 4ni)$.

26. (OIM-CAN) Se $z = a + bi$, com $i^2 = -1$ é um número complexo tal que $z^{2010} = 3 + 4i$ e $z^{2009} = 1 - i$, podemos afirmar que z é igual a:

a) $-\frac{1}{2} + \frac{7}{2}i$.

b) $-\frac{7}{2} + \frac{1}{2}i$.

c) $-\frac{3}{2} + \frac{1}{2}i$.

d) $-\frac{1}{2} + \frac{3}{2}i$.

e) $-\frac{11}{2} + \frac{13}{2}i$.

27. (OMA) Um polinômio p de grau 2 e coeficientes reais é tal que toda permutação dos seus coeficientes determina um polinômio com as mesmas raízes que p. Determine as raízes de p.

28. (OMA) Mostre que o polinômio $p(x) = x^3 - 2x^2 + ax - \frac{1}{3}$ não pode ter todas as suas raízes positivas, qualquer que seja o número real a.

29. (OMA) Dois alunos colocam alternadamente números inteiros nos "lugares vazios" dos coeficientes da equação abaixo (um coeficiente por vez!):

$x^3 + (\ )x^2 + (\ )x + (\ ) = 0$

Neste jogo um aluno será considerado vencedor se na sua última jogada a equação final tiver três raízes inteiras. Mostre que o primeiro a jogar sempre poderá ganhar o jogo.

30. (OBMJ-ROM) Seja a um real positivo tal que $a^3 = 6(a + 1)$. Prove que a equação $x^2 + ax + a^2 - 6 = 0$ não possui solução real.

31. (OIM-ING) Determine o número inteiro a para que o polinômio $q(x) = x^2 - x - 1$ seja um fator do polinômio $p(x) = ax^{17} + bx^{16} + 1$.

32. (MIT-EUA) No plano cartesiano, um quadrilátero convexo é determinado pelos pontos de interseção das curvas $x^4 + y^4 = 100$ e $xy = 4$; determine a medida da sua área.

33. (HU-EUA) Mostre que $-1 - \sqrt[3]{6}$ é uma raiz da equação $x^3 + 3x^2 + 3x + 7 = 0$.

34. (OIM-URSS) Mostre que $a^3 + b^3 + c^3 - 3abc = (a^2 + b^2 + c^2 - ab - ac - bc)$.

35. (CMF-PRT) Qual destas representações gráficas corresponde ao conjunto de todas as soluções da equação $(x - |x|)^2 + (y - |y|)^2 = 4$?

a)
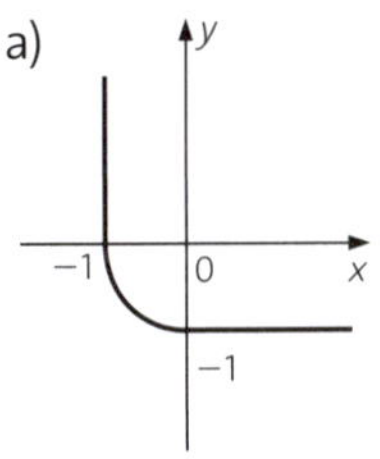

b)
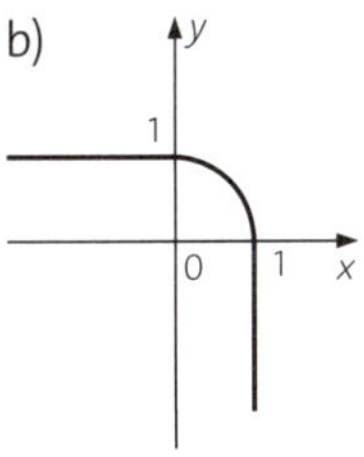

c)
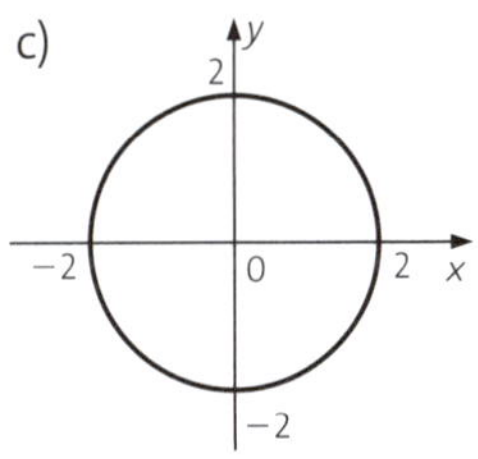

d)
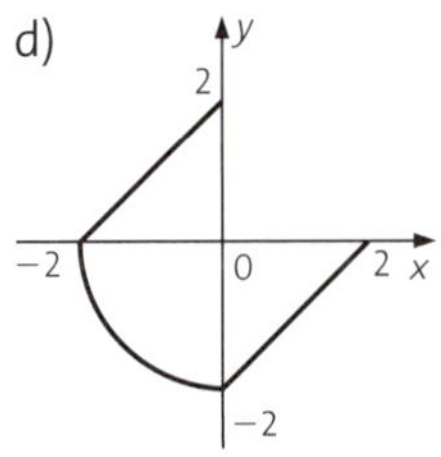

e)
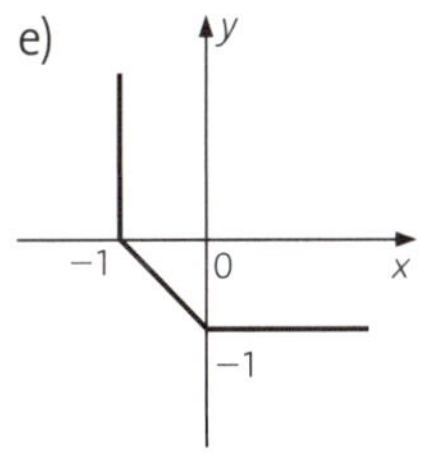

36. (AHSME) Quatro números complexos são os vértices de um quadrado no plano complexo. Três desses números são: $1 + 2i$, $-2 + i$ e $-1 - 2i$. O quarto vértice é:

a) $2 + i$.
b) $2 - i$.
c) $1 - 2i$.
d) $-1 + 2i$.
e) $-2 - i$.

37. (AHSME) O diagrama abaixo mostra alguns números no plano complexo. O círculo unitário está centrado na origem. Um destes números é o inverso de *F*. Qual?

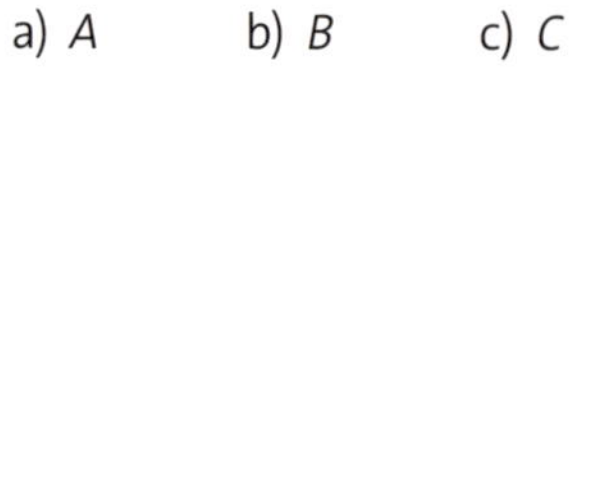

a) *A*
b) *B*
c) *C*
d) *D*
e) *E*

38. (AHSME) Se $x = \dfrac{-1 + i\sqrt{3}}{2}$ e $y = \dfrac{-1 - i\sqrt{3}}{2}$, onde $i^2 = -1$, então entre as alternativas assinale aquela que não é correta:

a) $x^5 + y^5 = -1$.
b) $x^7 + y^7 = -1$.
c) $x^9 + y^9 = -1$.
d) $x^{11} + y^{11} = -1$.
e) $x^{13} + y^{13} = -1$.

39. (AHSME) Para qualquer número complexo $w = a + bi$, $|w|$ é definido como sendo o número real $\sqrt{a^2 + b^2}$.
Se $w = \cos 40° + i \cdot \text{sen } 40°$, então $|w + 2w^2 + 3w^3 + ... + 9w^9|^{-1}$ é igual a:

a) $\frac{1}{9} \cdot \text{sen } 40°$.
b) $\frac{2}{9} \cdot \text{sen } 20°$.
c) $\frac{1}{9} \cdot \cos 40°$.
d) $\frac{1}{18} \cdot \cos 20°$.
e) $\frac{1}{18} \cdot \cos 80°$.

Respostas

Vestibular em foco

Matemática financeira

1. 35%
2. c
3. a
4. d
5. b
6. d
7. b
8. b
9. d
10. b
11. c
12. e
13. d
14. c
15. c
16. b
17. e
18. b
19. b
20. e

Estatística

1. 14 países
2. a
3. 04
4. 05
5. a
6. b
7. e
8. e
9. c
10. R$ 20,00
11. c
12. 300 escolas pioraram; 120 escolas mantiveram e 180 escolas melhoraram
13. d
14. 02
15. d
16. c
17. c
18. a
19. e
20. c
21. a
22. b
23. b
24. e
25. d
26. b
27. c
28. b

Geometria analítica: ponto e reta

1. c
2. d
3. b
4. b
5. b
6. c
7. b
8. d
9. c
10. a
11. b
12. c
13. c
14. c
15. b
16. c
17. d
18. e
19. c
20. d
21. b
22. c
23. e
24. 05
25. e
26. d

Geometria analítica: a circunferência

1. c
2. c
3. b
4. b
5. a
6. c
7. e
8. c
9. b
10. d
11. d
12. b
13. b
14. e
15. b
16. a
17. a
18. a
19. c
20. a
21. e
22. a
23. c
24. a

25. a
26. e
27. b
28. c
29. d
30. c
31. d
32. c
33. c

Geometria analítica: secções cônicas

1. b
2. b
3. c
4. e
5. e
6. b
7. b
8. c
9. e
10. b
11. a
12. b
13. c
14. a
15. b
16. d
17. c
18. I, IV e V
19. b

Números complexos

1. $a = 25$
2. a
3. d
4. c
5. b
6. c
7. a
8. e
9. c
10. c
11. e
12. d
13. e
14. d
15. b
16. a
17. a
18. d
19. c

Polinômios e Equações polinomiais ou algébricas

1. b
2. b
3. c
4. d
5. d
6. d
7. b
8. e
9. a
10. a
11. c
12. b
13. a
14. c
15. a
16. d
17. c
18. a) 3 cm

    b) $(9 - \sqrt{51})$ cm
19. c
20. 01
21. d
22. d
23. $\frac{7 - \sqrt{37}}{3}$ dm
24. a
25. c
26. a

Desafio

1. e
2. e
3. c
4. d
5. b
7. d
8. a
9. b
10. d
11. $p(n + 1) = \frac{n + 1 - (-1)^{n+1}}{n + 2}$
13. a) $x^8 + 2x^7 + 3x^6 + 4x^5 + 3x^4 + 2x^3 + x^2$

    c) Sim
14. $p(x) = x$
15. 3 raízes reais
18. $4\sqrt{3}$
19. Mais de 2,0 kg de açúcar
21. $r(x) = 1$
22. e
23. b
24. a
25. c
26. a
27. $x = \frac{-1 \pm \sqrt{3}\,i}{2}$
31. $a = 987$
32. $4\sqrt{17}$
35. a
36. b
37. c
38. c
39. b

Significado das siglas

Sigla	Significado
Acafe-SC	Associação Catarinense das Fundações Educacionais (Santa Catarina)
AHSME	American High School Mathematics Examination (Exame Norte-Americano de Matemática do Ensino Médio)
AIME	American Invitational Mathematics Examination (Exame Norte-Americano de seleção de Matemática)
Cefet-PR	Centro Federal de Educação Tecnológica do Paraná
Cesgranrio-RJ	Centro de Seleção de Candidatos ao Ensino Superior do Grande Rio (Rio de Janeiro)
CMF-PRT	Canguru Matemático sem Fronteiras (Portugal)
EsPCEx-SP	Escola Preparatória de Cadetes do Exército (São Paulo)
ESPM-SP	Escola Superior de Propaganda e Marketing (São Paulo)
Fatec-SP	Faculdade de Tecnologia (São Paulo)
FEI-SP	Centro Universitário da Faculdade de Engenharia Industrial (São Paulo)
Fepecs-DF	Fundação de Ensino e Pesquisa em Ciências da Saúde
FGV-SP	Fundação Getúlio Vargas (São Paulo)
Furg-RS	Fundação Universidade Federal do Rio Grande (Rio Grande do Sul)
Fuvest-SP	Fundação Universitária para o Vestibular (São Paulo)
HU-EUA	Harvard University (Universidade de Harvard – Estados Unidos da América)
Ibmec-RJ	Faculdades do Instituto Brasileiro de Mercado de Capitais (Rio de Janeiro)
Ifal	Instituto Federal de Alagoas
IFMG	Instituto Federal de Minas Gerais
IFSC	Instituto Federal de Santa Catarina
Insper-SP	Instituto de Ensino e Pesquisa (São Paulo)
ITA-SP	Instituto Tecnológico de Aeronáutica (São Paulo)
MIT-EUA	Massachusetts Institute of Technology (Instituto de Tecnologia de Massachusetts – Estados Unidos da América)
OBM	Olimpíada Brasileira de Matemática
Obmep	Olimpíada Brasileira de Matemática das Escolas Públicas
OBMJ-ROM	Olimpíada Balcânica de Matemática Pentru Juniori (Olimpíada Balcânica Júnior de Matemática – Romênia)
OCM-PB	Olimpíada Campinense de Matemática (Paraíba)
OIM-CAN	Olimpíada Internacional de Matemática (Canadá)
OIM-ING	Olimpíada Internacional de Matemática (Inglaterra)
OIM-URSS	Olimpíada Internacional de Matemática (União das Repúblicas Socialistas Soviéticas)
OMA	Olimpíada Matemática Argentina (Olimpíada de Matemática da Argentina)
Omerj	Olimpíadas de Matemática do Estado do Rio de Janeiro
OMRN	Olimpíada de Matemática do Rio Grande do Norte
OMRS	Olimpíada de Matemática do Rio Grande do Sul
OMSC	Olimpíada de Matemática de Santa Catarina
OPM-PB	Olimpíada Pessoense de Matemática (Paraíba)
OPM-SP	Olimpíada Paulista de Matemática (São Paulo)
PUC-MG	Pontifícia Universidade Católica de Minas Gerais

Sigla	Significado
PUC-RJ	Pontifícia Universidade Católica do Rio de Janeiro
PUC-RS	Pontifícia Universidade Católica do Rio Grande do Sul
PUC-SP	Pontifícia Universidade Católica de São Paulo
Udesc	Universidade do Estado de Santa Catarina
Uece	Universidade Estadual do Ceará
UEFS-BA	Universidade Estadual de Feira de Santana (Bahia)
UEG-GO	Universidade Estadual de Goiás
UEL-PR	Universidade Estadual de Londrina (Paraná)
Uema	Universidade Estadual do Maranhão
UEM-PR	Universidade Estadual de Maringá (Paraná)
UEPB	Universidade Estadual da Paraíba
Uerj	Universidade do Estado do Rio de Janeiro
UERN	Universidade do Estado do Rio Grande do Norte
Uesc-BA	Universidade Estadual de Santa Cruz (Bahia)
Uespi	Universidade Estadual do Piauí
Ufac	Universidade Federal do Acre
Ufal	Universidade Federal de Alagoas
Ufam	Universidade Federal do Amazonas
UFC-CE	Universidade Federal do Ceará
UFCG-PB	Universidade Federal de Campina Grande (Paraíba)
Ufes	Universidade Federal do Espírito Santo
UFF-RJ	Universidade Federal Fluminense (Rio de Janeiro)
UFG-GO	Universidade Federal de Goiás
Ufla-MG	Universidade Federal de Lavras (Minas Gerais)
UFMT	Universidade Federal de Mato Grosso
Ufop-MG	Universidade Federal de Ouro Preto (Minas Gerais)
UFPA	Universidade Federal do Pará
UFPB	Universidade Federal da Paraíba
UFPE	Universidade Federal de Pernambuco
Ufpel-RS	Universidade Federal de Pelotas (Rio Grande do Sul)
UFPR	Universidade Federal do Paraná
UFRGS-RS	Universidade Federal do Rio Grande do Sul
UFRN	Universidade Federal do Rio Grande do Norte
UFRR	Universidade Federal de Roraima
UFSJ-MG	Universidade Federal de São João del-Rei (Minas Gerais)
UFSM-RS	Universidade Federal de Santa Maria (Rio Grande do Sul)
UFTM-MG	Universidade Federal do Triângulo Mineiro (Minas Gerais)
UFU-MG	Universidade Federal de Uberlândia (Minas Gerais)
Uneb-BA	Universidade do Estado da Bahia
Unemat-MT	Universidade do Estado de Mato Grosso
Unicamp-SP	Universidade Estadual de Campinas (São Paulo)
Unifor-CE	Fundação Edson Queiroz Universidade de Fortaleza (Ceará)
Unifran-RS	Centro Universitário Franciscano (Rio Grande do Sul)
Unimontes-MG	Universidade de Montes Claros (Minas Gerais)
Unir-RO	Universidade Federal de Rondônia
Unisa-SP	Universidade de Santo Amaro (São Paulo)
Unisc-RS	Universidade de Santa Cruz do Sul (Rio Grande do Sul)
UPE	Universidade de Pernambuco
Usamo	USA Mathematical Olympiad (Olimpíada de Matemática dos Estados Unidos da América)
Vunesp-SP	Fundação para o Vestibular da Unesp (São Paulo)

PROJETO MÚLTIPLO

Caderno do Enem

Matemática

Ensino Médio

Luiz Roberto Dante

Livre-docente em Educação Matemática pela Unesp – Rio Claro, SP.

Doutor em Psicologia da Educação: Ensino da Matemática, pela PUC – São Paulo.

Mestre em Matemática pela USP.

Pesquisador em ensino e aprendizagem da Matemática pela Unesp – Rio Claro, SP.

Ex-professor da rede estadual do Ensino Fundamental e Médio – São Paulo.

Autor de vários livros, entre os quais: *Formulação e resolução de problemas de Matemática – Teoria e prática; Didática da Matemática na pré-escola; Projeto Ápis – Matemática* (1º ao 5º ano); *Projeto Teláris Matemática* (6º ao 9º ano); *Projeto Voaz Matemática* (Ensino Médio – volume único); *Matemática – Contextos & Aplicações* (Ensino Médio – volume único).

editora ática

editora ática

Diretoria editorial: Lidiane Vivaldini Olo
Editoria de Ciências Exatas: Cármen Matricardi
Editoras: Monique Matos de Oliveira, Letícia Mancini Martins (estag.)
Supervisor de arte e produção: Sérgio Yutaka
Supervisor de arte e criação: Didier Moraes
Coordenadora de arte e criação: Andréa Dellamagna
Editor de arte: André Gomes Vitale
Diagramação: Typegraphic editoração eletrônica
Design gráfico: UC Produção Editorial, Andréa Dellamagna (miolo e capa)
Gerente de revisão: Hélia de Jesus Gonsaga
Equipe de revisão: Rosângela Muricy (coord.), Ana Paula Chabaribery Malfa, Claudia Virgilio, Luís Maurício Boa Nova; Flávia Venézio dos Santos e Gabriela Macedo de Andrade (estags.)
Coordenação de iconografia: Fabiana Manna da Silva
Pesquisa iconográfica: Ellen Finta, Graziele Costa, Marcella Doratioto e Tamires Castillo
Foto da capa: Gareth Byrne/Alamy/Glow Images
Grafismos: Shutterstock/Glow Images

Av. das Nações Unidas, 7221, 3º andar, setor C
Pinheiros – São Paulo – SP
CEP 05425-902
Tel.: 4003-3061
www.atica.com.br/editora@atica.com.br

2018
ISBN 978 85 08 16751-7 (AL)
ISBN 978 85 08 16752-4 (PR)
Código da obra CL 737771
CAE 501241 (AL)
CAE 501242 (PR)
1ª edição
6ª impressão

Impressão e acabamento: Bercrom Gráfica e Editora

Uma publicação Abril EDUCAÇÃO

Material elaborado por:
Cézar Emanuel Cintra Rios
Clodoaldo Lessa
Fábio Orfali
Glenn Albert Jacques van Amson
Roberto Benedicto Aguiar Filho
Roberto Miguel El Jamal
Thiago Dutra de Araújo

Sumário

AULA 1

Competência 1 Construir significados para os números naturais, inteiros, racionais e reais.

Habilidade 1 Reconhecer, no contexto social, diferentes significados e representações dos números e operações – naturais, inteiros, racionais ou reais.

Em classe

POTÊNCIAS E NOTAÇÃO CIENTÍFICA

- Observe que:
  a) um ano-luz tem 9500000000000 km;
  b) um micrômetro tem 0,000001 m.
  De acordo com os exemplos acima, pode-se perceber que:
  I) a representação decimal desses números não é prática;
  II) qualquer operação feita com números dessa ordem é muito trabalhosa.
  Portanto, torna-se necessária a criação de uma representação sintética para esses números.
- Dado um número real a, e um número natural n, $n > 1$, chama-se potência enésima de a ao produto de n fatores iguais a a. Assim:

$$a^n = \underbrace{a \cdot a \cdot a \cdot \ldots \cdot a}_{n \text{ fatores}}$$

- Todo número N, não nulo, pode ser representado na forma:

$$N = \pm a \cdot 10^{m}$$

Nessa expressão, $1 \leq a < 10$ e m é um número inteiro.
Essa forma de escrever o número é chamada de **notação científica**.
Logo, os exemplos acima podem ser representados na forma: $9{,}5 \cdot 10^{12}$ km e $1 \cdot 10^{-6}$ m.

1 O volume de petróleo extraído é dado em uma unidade de medida do sistema inglês denominada barril (bbl), que equivale ao volume de 42 galões. A capacidade de um galão é de, aproximadamente, 4 litros. A produção diária da bacia de Campos, no Rio de Janeiro, é de 670 mil barris. A ordem de grandeza dessa produção diária, expressa em litros, é:

a) 10^{12}. b) 10^{10}. c) 10^{8}. d) 10^{5}. e) 10^{3}.

2 (Enem) A resolução das câmeras digitais modernas é dada em megapixels, unidade de medida que representa um milhão de pontos. As informações sobre cada um desses pontos são armazenadas, em geral, em 3 *bytes*. Porém, para evitar que as imagens ocupem muito espaço, elas são submetidas a algoritmos de compressão, que reduzem em até 95% a quantidade de *bytes* necessários para armazená-las. Considere 1 kB = 1 000 *bytes*, 1 MB = 1 000 kB, 1 GB = 1 000 MB. Utilizando uma câmara de 2.0 megapixels cujo algoritmo de compressão é de 95%, João fotografou 150 imagens para seu trabalho escolar. Se ele deseja armazená-las de modo que o espaço restante no dispositivo seja o menor espaço possível, ele deve utilizar:

a) um CD de 700 MB.
b) um *pendrive* de 1 GB.
c) um HD externo de 16 GB.
d) um *memory stick* de 16 MB.
e) um cartão de memória de 64 MB.

Em casa

TEXTO DE APOIO

A unidade básica de medida de dados na computação é o ***bit***. Um conjunto de 8 *bits* é chamado de **1 *byte***. Devido à necessidade de indicar grandes quantidades de memória presentes nos computadores, utilizaram-se prefixos que representam múltiplos do *byte*, como por exemplo:

a) 1 *kilobyte* = 1 024 *bytes* ou 1 kB = 2^{10} *bytes*;
b) 1 *megabyte* = 1 024 *kilobytes* ou 1 MB = 2^{10} kB;
c) 1 *gigabyte* = 1 024 *megabytes* ou 1 GB = 2^{10} MB;
d) 1 *terabyte* = 1 024 *gigabytes* ou 1 TB = 2^{10} GB.

Note-se que usualmente o prefixo kilo representa 1 000 unidades, e não 1 024.

Quando se refere à memória de um computador, 1 *kilobyte* representa 1 024 *bytes*. No entanto, alguns fabricantes de discos rígidos e DVDs arredondam o *kilobyte* para 1 000 *bytes* para a comercialização de seus produtos.

Para evitar confusões foram estabelecidos, em 1998, pela Comissão Eletrotécnica Internacional, os prefixos binários, tais como:

a) 1 KiB (*kibibyte*) = 1 024 *bytes*
b) 1 MiB (*mibibyte*) = 1 024 KiB
c) 1 GiB (*Gibibyte*) = 1 024 MiB

Assim, com o uso desses novos prefixos, evitaram-se problemas para o usuário. Um desses problemas encontrava-se na capacidade do disco rígido. Essa capacidade é medida em *megabytes* de memória. Mas, na verdade, são *mibibytes* de memória, ou seja, 2^{20} *bytes*.

1 A descoberta de um planeta semelhante à Terra fora do Sistema Solar, o GL 581c, revelada na semana passada, é o maior passo já dado até hoje pela humanidade na busca de vida extraterrestre. [...] Na última década, mais de 200 planetas foram identificados fora do Sistema Solar – o GL 581c é o primeiro que pode ser considerado um irmão da Terra.

VEJA. São Paulo: Abril, ed. 2006, ano 40, n. 17, 2 maio 2007. p. 80.

O astro que ilumina e aquece o GL 581c é uma estrela anã vermelha, a Gliese 581. Ela tem $\frac{1}{3}$ da massa do Sol. Adotando-se a massa do Sol como $1{,}98 \cdot 10^{30}$ kg, a massa de Gliese 581, em toneladas, é igual a 6,6 multiplicado por:

a) 10^{9}.
b) 10^{10}.
c) 10^{12}.
d) 10^{26}.
e) 10^{29}.

2 (Enem) Dados divulgados pelo Instituto Nacional de Pesquisas Espaciais mostraram o processo de devastação sofrido pela Região Amazônica entre agosto de 1999 e agosto de 2000. Analisando fotos de satélites, os especialistas concluíram que, nesse período, sumiu do mapa um total de 20000 quilômetros quadrados de floresta. Um órgão de imprensa noticiou o fato com o seguinte texto: "O assustador ritmo de destruição é de um campo de futebol a cada oito segundos".

Considerando que um ano tem aproximadamente $32 \cdot 10^6$ s (trinta e dois milhões de segundos) e que a medida da área oficial de um campo de futebol é aproximadamente 10^{-2} km² (um centésimo de quilômetro quadrado), as informações apresentadas nessa notícia permitem concluir que tal ritmo de desmatamento, em um ano, implica a destruição de uma área de:

a) 10000 km², e a comparação dá a ideia de que a devastação não é tão grave quanto o dado numérico nos indica.

b) 10000 km², e a comparação dá a ideia de que a devastação é mais grave do que o dado numérico nos indica.

c) 20000 km², e a comparação retrata exatamente o ritmo da destruição.

d) 40000 km², e o autor da notícia exagerou na comparação, dando a falsa impressão de gravidade a um fenômeno natural.

e) 40000 km² e, ao chamar a atenção para um fato realmente grave, o autor da notícia exagerou na comparação.

3 (Enem)

Técnicos concluem mapeamento do aquífero Guarani

O aquífero Guarani localiza-se no subterrâneo dos territórios da Argentina, Brasil, Paraguai e Uruguai, com extensão total de 1200000 quilômetros quadrados, dos quais 840000 quilômetros estão no Brasil. O aquífero armazena cerca de 30 mil quilômetros cúbicos de água e é considerado um dos maiores do mundo. Na maioria das vezes em que são feitas referências à água, são usadas as unidades metro cúbico e litro, e não as unidades já descritas. A Companhia de Saneamento Básico do Estado de São Paulo (Sabesp) divulgou, por exemplo, um novo reservatório cuja capacidade de armazenar é de 20 milhões de litros.

Disponível em: <http://noticias.terra.com.br>. Acesso em: 10 jul. 2009. Adaptado.

Comparando as capacidades do aquífero Guarani e desse novo reservatório da Sabesp, a capacidade do aquífero Guarani é:

a) $1,5 \cdot 10^2$ vez a capacidade do reservatório novo.

b) $1,5 \cdot 10^3$ vez a capacidade do reservatório novo.

c) $1,5 \cdot 10^6$ vez a capacidade do reservatório novo.

d) $1,5 \cdot 10^8$ vez a capacidade do reservatório novo.

e) $1,5 \cdot 10^9$ vez a capacidade do reservatório novo.

Anotações

AULA 2

Competência 1 Construir significados para os números naturais, inteiros, racionais e reais.

Habilidade 2 Identificar padrões numéricos ou princípios de contagem.

Em classe

SEQUÊNCIAS, PROGRESSÃO ARITMÉTICA E PROGRESSÃO GEOMÉTRICA

Sequências

- Sendo $A = \{1, 2, 3, ..., n\}$, $n \geqslant 3$, e B um conjunto numérico, chama-se sequência finita a função $f: A \to B$. Indica-se a sequência por $(a_1, a_2, a_3, ..., a_n)$, e seus termos são:
  $a_1 = f(1)$, $a_2 = f(2)$, $a_3 = f(3)$ ... e $a_n = f(n)$.
- Se $A = \mathbb{N}^*$, a sequência $(a_1, a_2, a_3, ..., a_n, ...)$ é uma sequência infinita.

Progressão aritmética (P.A.)

- É toda sequência em que cada termo, a partir do segundo, é a soma do anterior com uma constante chamada razão (r).
  Portanto, dados a_1 e r, temos $a_n = a_{n-1} + r$.
  Assim, $a_{10} = a_9 + r$, $a_{10} = a_8 + 2r$, $a_{10} = a_1 + 9r$, etc.
  Em função do primeiro termo: $a_n = a_1 + (n - 1) \cdot r$.

Progressão geométrica (P.G.)

- É toda sequência em que cada termo, a partir do segundo, é o produto do anterior por uma constante chamada razão (q).
  Portanto, dados a_1 e q, temos $a_n = a_{n-1} \cdot q$.
  Assim, $a_{10} = a_9 \cdot q$, $a_{10} = a_8 \cdot q^2$, $a_{10} = a_1 \cdot q^9$, etc.
  Em função do primeiro termo: $a_n = a_1 \cdot q^{n-1}$.

1 (Vunesp-SP) Os coelhos se reproduzem mais rapidamente que a maioria dos mamíferos. Considere uma colônia de coelhos que se inicia com um único casal de coelhos adultos e denote por a_n o número de casais adultos desta colônia no final de n meses. Se $a_1 = 1$, $a_2 = 1$ e, para a $n \geqslant 2$, $a_{n+1} = a_n + a_{n-1}$, o número de casais de coelhos adultos no final do quinto mês será:

a) 13. b) 8. c) 6. d) 5. e) 4.

2 (Enem) O número mensal de passagens de uma determinada empresa aérea aumentou no ano passado nas seguintes condições: em janeiro, foram vendidas 33 000 passagens; em fevereiro, 34 500; em março, 36 000. Esse padrão de crescimento se mantém para os meses subsequentes. Quantas passagens foram vendidas por essa empresa em julho do ano passado?

a) 38 000 b) 40 500 c) 41 000 d) 42 000 e) 48 000

3 (Ufscar-SP) Um determinado corpo celeste é visível da Terra a olho nu de 63 em 63 anos, tendo sido visto pela última vez no ano de 1968. De acordo com o calendário atualmente em uso, o primeiro ano da era Cristã em que esse corpo celeste esteve visível a olho nu da Terra foi o ano:

a) 15. b) 19. c) 23. d) 27. e) 31.

4 No início de julho de 2011, Pedro montou uma página na internet sobre análise de questões do Enem. No ano de 2011, houve 756 visitas à página. Supondo que o número de visitas à página, durante o ano, dobrou a cada mês, o número de visitas à página de Pedro no mês de julho foi igual a:

a) 12. b) 14. c) 16. d) 18. e) 24.

Em casa

TEXTO DE APOIO

Progressão aritmética

- Qualquer termo é a média aritmética entre o anterior e o posterior.

Se (a, b, c) é uma P.A., então $2b = a + c$.

De fato, $r = b - a = c - b$, e assim $2b = a + c$.
Assim, na P.A. (4, 7, 10), temos: $2 \cdot 7 = 4 + 10$ (igual a 14).
Veja o exemplo:
Algumas balas foram divididas entre Luís, Paulo e João de forma que, nessa ordem dos nomes, formassem a P.A. $(x - 1, 3x, 2x + 13)$. Quantas balas ganhou cada um deles?

Resolução:
Temos:
$2 \cdot 3x = (x - 1) + (2x + 13) \Rightarrow 6x = 3x + 12 \Rightarrow x = 4$
Resposta: Luís ganhou 3, Paulo ganhou 12 e João ganhou 21.

- A soma de dois termos equidistantes dos extremos é igual à soma dos extremos.
Se $(a_1, a_2, a_3, ..., a_{n-2}, a_{n-1}, a_n)$ é uma P.A., então $a_1 + a_n = a_2 + a_{n-1} = a_3 + a_{n-2} = ...$.
De fato, $a_1 + a_n = a_1 + a_{n-1} + r = a_2 + a_{n-1}$, e assim sucessivamente.
Assim, na P.A. (3, 7, 11, 15, 19), temos:
$3 + 19 = 7 + 15 = 11 + 11$ (igual a 22)

- Soma dos n primeiros termos de uma P.A.
Podemos calcular a soma dos n primeiros termos (S_n) de uma P.A. usando a propriedade da soma de dois termos equidistantes dos extremos. Escrevemos a soma em ordem crescente dos índices, depois a mesma soma em ordem decrescente dos índices e, então, somamos as duas igualdades membro a membro:
$S_n = a_1 + a_2 + ... + a_{n-1} + a_n$
$S_n = a_n + a_{n-1} + ... + a_2 + a_1$
Obtemos:
$2 \cdot S_n = (a_1 + a_n) + (a_2 + a_{n-1}) + ... + (a_{n-1} + a_2) + (a_n + a_1) \Rightarrow 2 \cdot S_n = (a_1 + a_n) \cdot n \Rightarrow$
$\Rightarrow S_n = \dfrac{(a_1 + a_n) \cdot n}{2}$

Veja o exemplo:
Calcule a soma dos 20 primeiros números naturais ímpares.

Resolução:
Temos a P.A. em que $a_1 = 1$ e $r = 2$.
$a_{20} = a_1 + 19 \cdot r \Rightarrow a_{20} = 1 + 19 \cdot 2 = 39$
$S_{20} = \dfrac{(a_1 + a_{20}) \cdot 20}{2} \Rightarrow S_{20} = \dfrac{(1 + 39) \cdot 20}{2} \Rightarrow S_{20} = 400$
Resposta: 400.

Progressão geométrica

- Qualquer termo é a média geométrica entre o anterior e o posterior.
Se (a, b, c) é uma P.G., então $b^2 = a \cdot c$.
De fato, $q = \dfrac{b}{a} = \dfrac{c}{b}$, e assim $b^2 = a \cdot c$.
Assim, na P.G. (2, 6, 18), temos: $6^2 = 2 \cdot 18$ (igual a 36).

- O produto de dois termos equidistantes dos extremos é igual ao produto dos extremos.
Se $(a_1, a_2, a_3, ..., a_{n-2}, a_{n-1}, a_n)$ é uma P.G., então:
$a_1 \cdot a_n = a_2 \cdot a_{n-1} = a_3 \cdot a_{n-2} = ...$
De fato, $a_1 \cdot a_n = a_1 \cdot a_{n-1} \cdot q = a_2 \cdot a_{n-1}$, e assim sucessivamente.
Assim, na P.G. (1, 2, 4, 8, 16), temos: $1 \cdot 16 = 2 \cdot 8 = 4 \cdot 4$ (igual a 16).

- Soma dos n primeiros termos de uma P.G.
Se $q = 1$, todos os termos são iguais e, então, $S_n = n \cdot a_1$.
Se $q \neq 1$, escrevemos a soma em ordem crescente dos índices, multiplicamos os dois membros da igualdade pela razão e subtraímos uma igualdade da outra:
$S_n = a_1 + a_2 + ... + a_{n-1} + a_n \Rightarrow q \cdot S_n = a_1 \cdot q + a_2 \cdot q + ... + a_{n-1} \cdot q + a_n \cdot q \Rightarrow$
$\Rightarrow q \cdot S_n = a_2 + ... + a_{n-1} + a_n + a_{n+1}$
Calculando $q \cdot S_n - S_n$, temos:
$q \cdot S_n - S_n = a_{n+1} - a_1$
Como $a_{n+1} = a_1 \cdot q^n$, e colocando a_1 em evidência, temos:

$$S_n = \frac{a_1 \cdot (q^n - 1)}{2}$$

Veja o exemplo:
Calcule a soma: $2^1 + 2^2 + 2^3 + ... + 2^{10}$.

Resolução:
Temos uma soma de 10 termos em P.G. tal que $a_1 = 2$ e $q = 2$.

$$S_{10} = \frac{a_1 \cdot (q^{10} - 1)}{q - 1} \Rightarrow S_{10} = \frac{2(2^{10} - 1)}{2 - 1} \Rightarrow S_{10} = 2046$$

Resposta: 2046.

- Soma (limite da soma) dos infinitos termos de uma P.G., com $-1 < q < 1$.
Nesse caso, à medida que n tende a infinito, q^n tende a zero e a soma se reduz a:

$$S = \frac{a_1(0 - 1)}{q - 1} \Rightarrow S = \frac{a_1}{1 - q}$$

Veja o exemplo:
Calcule a fração geratriz da dízima 0,777...

Resolução:
0,777... = 0,7 + 0,07 + 0,007 + ...
Temos uma soma de P.G. infinita em que $a_1 = 0,7$ e $q = 0,1$.

$$S = \frac{a_1}{1 - q} \Rightarrow 0,777... = \frac{0,7}{1 - 0,1} = \frac{0,7}{0,9} = \frac{7}{9}$$

Resposta: $\frac{7}{9}$.

1 (Vunesp-SP) Em 05 de junho de 2004, foi inaugurada uma pizzaria que só abre aos sábados. No dia da inauguração, a pizzaria recebeu 40 fregueses. A partir daí, o número de fregueses que passaram a frequentar a pizzaria cresceu em progressão aritmética de razão 6, até que atingiu a cota máxima de 136 pessoas, a qual tem se mantido. O número de sábados que se passaram, excluindo-se o sábado de inauguração, para que a cota máxima de fregueses fosse atingida pela primeira vez, foi:

a) 15.
b) 16.
c) 17.
d) 18.
e) 26.

2 (Enem) Uma professora realizou uma atividade com seus alunos utilizando canudos de refrigerantes para montar figuras, em que cada lado foi representado por um canudo. A quantidade de canudos (C) de cada figura depende da quantidade de quadrados (Q) que formam cada figura. A estrutura de formação das figuras está representada a seguir.

Figura I Figura II Figura III

Que expressão fornece a quantidade de canudos em função da quantidade de quadrados de cada figura?

a) $C = 4Q$
b) $C = 3Q + 1$
c) $C = 4Q - 1$
d) $C = Q + 3$
e) $C = 4Q - 2$

3 (Enem) **Fractal** (do latim *fractus*, fração, quebrado) – objeto que pode ser dividido em partes que possuem semelhança com o objeto inicial. A geometria fractal, criada no século XX, estuda as propriedades e o comportamento dos fractais – objetos geométricos formados por repetições de padrões similares.

O triângulo de Sierpinski, uma das formas elementares da geometria fractal, pode ser obtido por meio dos seguintes passos:

1) comece com um triângulo equilátero (figura 1);
2) construa um triângulo em que cada lado tenha a metade do tamanho do lado do triângulo anterior e faça três cópias;
3) posicione essas cópias de maneira que cada triângulo tenha um vértice comum com um dos vértices de cada um dos outros dois triângulos, conforme ilustra a figura 2;

4) repita sucessivamente os passos 2 e 3 para cada cópia dos triângulos obtidos no passo 3 (figura 3).

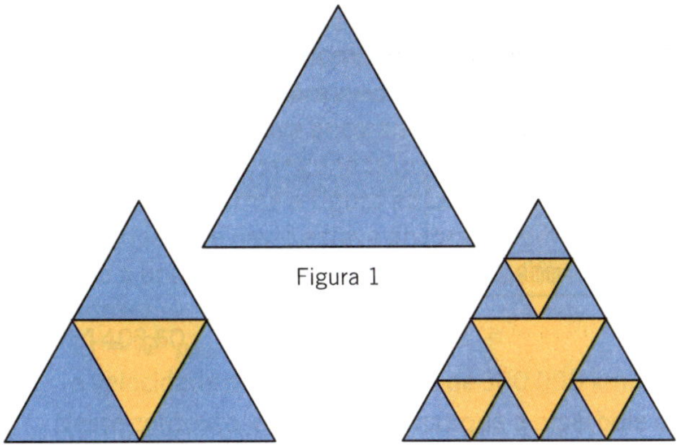

Figura 1

Figura 2

Figura 3

De acordo com o procedimento descrito, a figura 4 da sequência apresentada acima é:

a)

b)

c)

d)

e)

4 (Enem) Ronaldo é um garoto que adora brincar com números. Numa dessas brincadeiras, empilhou caixas numeradas de acordo com a sequência conforme mostrada no esquema a seguir.

1

1 2 1

1 2 3 2 1

1 2 3 4 3 2 1

...

Ele percebeu que a soma dos números em cada linha tinha uma propriedade e que, por meio dessa propriedade, era possível prever a soma de qualquer linha posterior às já construídas.

A partir dessa propriedade, qual será a soma da 9ª linha da sequência de caixas empilhadas por Ronaldo?

a) 9
b) 45
c) 64
d) 81
e) 285

5 Uma pessoa resolveu fazer sua caminhada matinal passando a percorrer, a cada dia, 100 metros mais do que no dia anterior. Ao completar o 21º dia de caminhada, observou ter percorrido, nesse dia, 6000 metros. A distância total percorrida nos 21 dias foi de:

a) 125 500 m.
b) 105 000 m.
c) 90 000 m.
d) 87 500 m.
e) 80 000 m.

6 Considere uma sequência infinita de cubos em que a aresta do primeiro mede 2 e cada cubo seguinte tem aresta igual à metade da aresta do cubo anterior. A soma dos volumes desses infinitos cubos é:

a) $\frac{32}{7}$.
b) $\frac{24}{7}$.
c) $\frac{64}{7}$.
d) 4.
e) 16.

Anotações

AULA 3

Competência 1 Construir significados para os números naturais, inteiros, racionais e reais.

Habilidade 3 Resolver situações-problema envolvendo conhecimentos numéricos.

Em classe

PRINCÍPIOS BÁSICOS DA CONTAGEM

Dado um conjunto A, com m elementos, e um conjunto B, com k elementos, A e B disjuntos, valem os seguintes princípios:

- Aditivo: para a escolha de um elemento que seja elemento de A **ou** de B, existem $m + k$ possibilidades.
- Multiplicativo: para a escolha de um elemento de A e, depois, um elemento de B, nesta ordem, existem $m \cdot k$ possibilidades.

Observações:

1ª) Para a escolha de dois elementos, ambos pertencentes a A, em uma certa ordem, podendo haver a repetição do elemento escolhido, existem $m \cdot m = m^2$ possibilidades.

2ª) Para a escolha de dois elementos distintos, ambos pertencentes a A, numa certa ordem, existem $m \cdot (m - 1)$ possibilidades.

1 (Ufscar-SP) Um encontro científico conta com a participação de pesquisadores de três áreas, sendo eles: 7 químicos, 5 físicos e 4 matemáticos. No encerramento do encontro, o grupo decidiu formar uma comissão de dois cientistas para representá-lo em um congresso. Tendo sido estabelecido que a dupla deveria ser formada por cientistas de áreas diferentes, o total de duplas distintas que podem representar o grupo no congresso é igual a:

a) 46. b) 59. c) 77. d) 83. e) 91.

2 (Enem) Estima-se que haja, no Acre, 209 espécies de mamíferos distribuídas conforme a tabela abaixo.

Grupos taxonômicos	Número de espécies	Grupos taxonômicos	Número de espécies
Artiodáctilos	4	Perissodáctilos	1
Carnívoros	18	Primatas	20
Cetáceos	2	Roedores	33
Quirópteros	103	Sirênios	1
Lagomorfos	1	Edentados	10
Marsupiais	16	**Total**	**209**

T&C Amazônia, ano 1, n. 3, dez. 2003.

Deseja-se realizar um estudo comparativo entre três dessas espécies de mamíferos – uma do grupo cetáceos, outra do grupo primatas e a terceira do grupo roedores. O número de conjuntos distintos que podem ser formados com essas espécies para esse estudo é igual a:

a) 1 320. b) 2 090. c) 5 845. d) 6 600. e) 7 245.

3 (Enem) O código de barras, contido na maior parte dos produtos industrializados, consiste em um conjunto de várias barras que podem estar preenchidas com cor escura ou não. Quando um leitor óptico passa sobre essas barras, a leitura de uma barra clara é convertida no número 0 e a de uma barra escura, no número 1. Observe abaixo um exemplo simplificado de um código em um sistema de código com 20 barras.

Se o leitor óptico for passado da esquerda para a direita irá ler: 01011010111010110001.

Se o leitor óptico for passado da direita para a esquerda irá ler: 10001101011101011010.

No sistema de código de barras, para se organizar o processo de leitura óptica de cada código, deve-se levar em consideração que alguns códigos podem ter leitura da esquerda para a direita igual à da direita para a esquerda, como o código 00000000111100000000, no sistema descrito acima.

Em um sistema de códigos que utilize apenas cinco barras, a quantidade de códigos com leitura da esquerda para a direita igual à da direita para a esquerda, desconsiderando-se todas as barras claras ou todas as escuras, é:

a) 14. b) 12. c) 8. d) 6. e) 4.

4 Uma pessoa deseja escolher uma senha de quatro algarismos para seu computador e, para isso, resolve usar apenas algarismos ímpares. Quantas são as possibilidades de escolha se ela quer que os quatro algarismos sejam diferentes?

Em casa

TEXTO DE APOIO

Sistema decimal

- O sistema de numeração decimal utiliza os algarismos: 0, 1, 2, 3, 4, 5, 6, 7, 8, 9.
- Os algarismos pares são: 0, 2, 4, 6, 8.
- Os algarismos ímpares são: 1, 3, 5, 7, 9.
- Considerando, por exemplo, o número 7 465 382, temos:

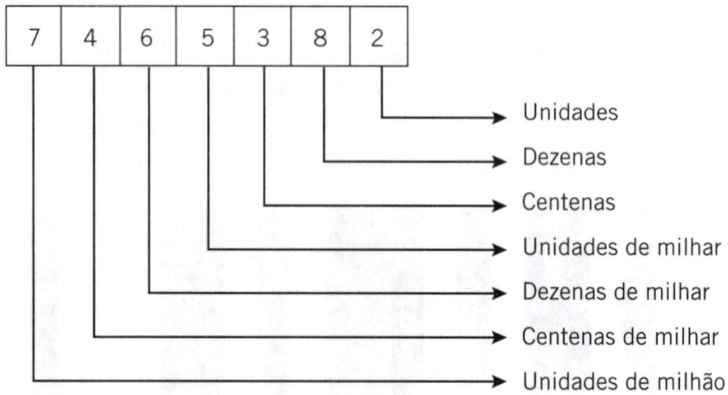

Observação: O número 482 tem 3 algarismos, enquanto o número 085 tem 2 algarismos.

Divisibilidade

Um número é divisível por:

- 2 quando é par, ou seja, quando termina com algarismo par.
  Exemplos: 574 e 390.
- 3 quando a soma dos seus algarismos é divisível por 3.
  Exemplo: 258, pois: $2 + 5 + 8 = 15$ (15 é divisível por 3).
- 4 quando o número formado pelos dois últimos algarismos da direita é divisível por 4.
  Exemplos:

- 5 quando termina com zero ou 5.
  Exemplos: 730 e 845.
- 6 quando é divisível por 2 e 3.
  Exemplo: 258.
- 10 quando termina com zero.
  Exemplo: 280.

Número primo

Um número natural p é primo se, e somente se, ele possui dois, e apenas dois, divisores distintos: 1 e p.
Exemplos: 2, 3, 5, 7, 11 e 13.
Nota: O número 1 não é primo.

Veja os exemplos:

1) Uma sala tem 5 portas. De quantas maneiras diferentes essa sala pode ter pelo menos uma de suas portas aberta?

Resolução:

A sala estará aberta se abrirmos uma, duas, ..., ou até todas as 5 portas.

Para cada porta, temos duas possibilidades: estar aberta ou estar fechada.

Do total de possibilidades obtido devemos excluir uma: o caso em que as 5 portas ficam fechadas.

Assim:

$$\begin{array}{ccccccccccl} 1^{\underline{a}} & e & 2^{\underline{a}} & e & 3^{\underline{a}} & e & 4^{\underline{a}} & e & 5^{\underline{a}} & & \text{(estarem todas fechadas)} \\ \downarrow & & \downarrow & & \downarrow & & \downarrow & & \downarrow & & \\ 2 & \cdot & 2 & \cdot & 2 & \cdot & 2 & \cdot & 2 & & - 1 = 2^5 - 1 = 31 \end{array}$$

Resposta: 31 maneiras.

2) Considere os números naturais pares de 4 algarismos que podem ser formados com 1, 2, 3, 5, 6 e 9.

a) Quantos números podem ser formados?

Resolução:

Como os números são pares, devem terminar com 2 ou 6. Sendo assim, temos restrições ao preenchimento da última casa. É conveniente iniciarmos por aí o preenchimento de possibilidades, para que não aconteçam complicações posteriores.

Assim:

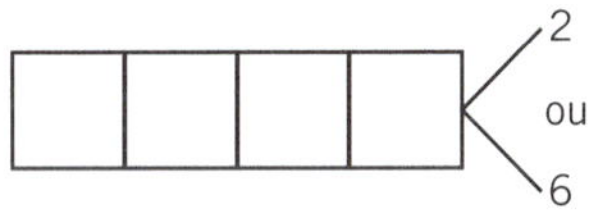

Como o enunciado permite a repetição dos algarismos, temos agora todas as 6 possibilidades para cada uma das 3 casas restantes.

Logo:

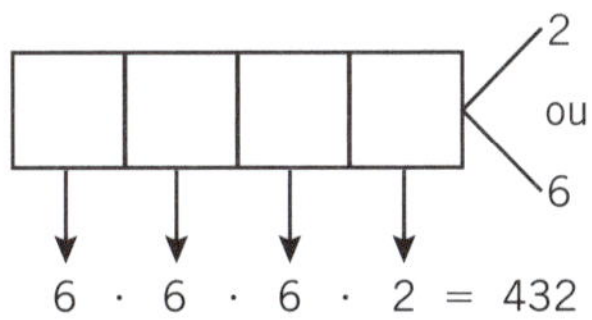

Resposta: 432 números.

b) Quantos desses números têm algarismos distintos?

Resolução:

Temos restrição na última casa:

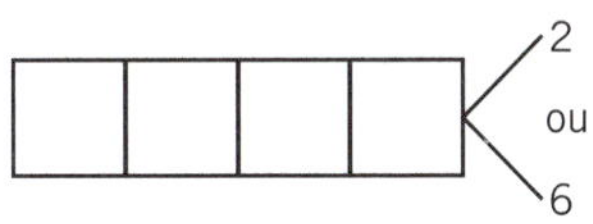

Como os algarismos do número devem ser distintos, em cada casa preenchida vamos gastando um algarismo que não poderá mais ser usado. Assim, restam 5 possibilidades para a primeira (perdeu-se um na restrição), 4 possibilidades para a segunda e 3 possibilidades para a terceira.

Logo:

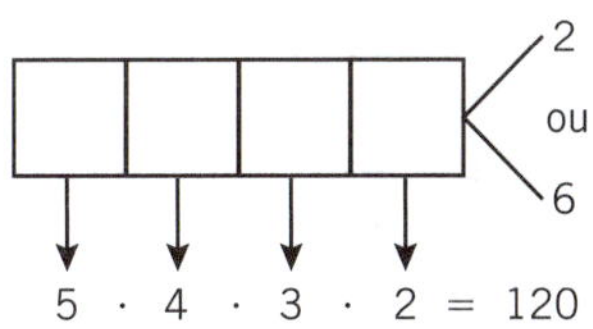

Resposta: 120 números.

1 (FGV-SP) Um *notebook* é encontrado à venda com diferentes opções para as seguintes características: tipo de processador, cor e capacidade de memória. São elas:

- Tipo de processador: *A*, *B*, *C* ou *D*;
- Cor: preta, marrom, vermelha ou azul;
- Capacidade de memória: 3 Gb ou 4 Gb.

Eduardo vai comprar um *notebook*, mas não quer que ele seja de cor marrom. O número de possibilidades para Eduardo escolher o *notebook* é um número natural. Podemos afirmar que esse número é:

a) menor que 10.
b) entre 10 e 20.
c) entre 20 e 30.
d) entre 30 e 40.
e) maior que 40.

2 (Enem) A escrita Braile para cegos é um sistema de símbolos no qual cada caractere é um conjunto de 6 pontos dispostos em forma retangular, dos quais pelo menos um se destaca em relação aos demais. Por exemplo, a letra A é representada por:

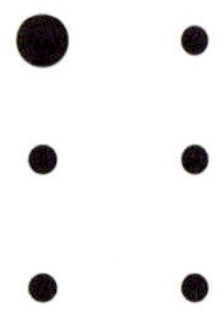

O número total de caracteres que podem ser representados no sistema Braile é:

a) 12.
b) 31.
c) 36.
d) 63.
e) 720.

3 Em um ônibus existem 7 lugares vagos, sendo que 3 estão localizados do lado da janela e 4 do lado do corredor interno. Três pessoas tomam o ônibus. De quantos modos diferentes elas podem escolher os lugares para se sentar, se uma delas, supersticiosa, só se senta do lado do corredor?

a) 60
b) 120
c) 144
d) 190
e) 240

4 (Enem) No Nordeste brasileiro, é comum encontrarmos peças de artesanato constituídas por garrafas preenchidas com areia de diferentes cores, formando desenhos. Um artesão deseja fazer peças com areia de cores cinza, azul, verde e amarela, mantendo o mesmo desenho, mas variando as cores da paisagem (casa, palmeira e fundo), conforme a figura.

O fundo pode ser representado nas cores azul ou cinza; a casa, nas cores azul, verde ou amarela; e a palmeira, nas cores cinza ou verde. Se o fundo não pode ter a mesma cor nem da casa nem da palmeira, por uma questão de contraste, então o número de variações que podem ser obtidas para a paisagem é:

a) 6.
b) 7.
c) 8.
d) 9.
e) 10.

5 (Unifesp) Duzentos e cinquenta candidatos submeteram-se a uma prova com 5 questões de múltipla escolha, cada questão com 3 alternativas e uma única resposta correta. Admitindo-se que todos os candidatos assinalaram, para cada questão, uma única resposta, pode-se afirmar que pelo menos:

a) um candidato errou todas as respostas.
b) dois candidatos assinalaram exatamente as mesmas alternativas.
c) um candidato acertou todas as respostas.
d) a metade dos candidatos acertou mais de 50% das respostas.
e) a metade dos candidatos errou mais de 50% das respostas.

Anotações

AULA 4

Competência 1 Construir significados para os números naturais, inteiros, racionais e reais.

Habilidade 4 Avaliar a razoabilidade de um resultado numérico na construção de argumentos sobre afirmações quantitativas.

Em classe

FATORIAL, ARRANJOS SIMPLES E PERMUTAÇÕES

Fatorial

Definições

D_1) Sendo $n \in \mathbb{N}$, $n \geq 2$:
$n! = n \cdot (n-1) \cdot (n-2) \cdot ... \cdot 2 \cdot 1$ (lê-se: ene fatorial)
D_2) $1! = 1$
D_3) $0! = 1$

Exemplos: $3! = 3 \cdot 2 \cdot 1 = 6$
$4! = 4 \cdot 3 \cdot 2 \cdot 1 = 24$

Consequência:

$$n! = n \cdot (n-1)!,\ n \geq 1$$

Assim: $4! = 4 \cdot 3!$

Arranjos simples

Seja $I = \{a_1, a_2, a_3, ..., a_n\}$ um conjunto de n elementos ($n \in \mathbb{N}$). Chama-se **arranjo simples** dos n elementos de I, tomados p a p, qualquer **sequência** de p elementos distintos escolhidos entre os elementos de I.

Indica-se o número desses arranjos por $A_{n,\,p}$.

Exemplo:

Sendo $I = \{1, 2, 3\}$, temos os seguintes arranjos dos elementos de I, tomados 2 a 2:

$$\underbrace{(1, 2), (2, 1), (1, 3), (3, 1), (2, 3), (3, 2)}_{\text{seis arranjos}}$$

Assim, temos: $A_{3,\,2} = 6$.

Como os agrupamentos são sequências, eles diferem entre si:

- pela ordem dentro do agrupamento: $(1, 2) \neq (2, 1)$;
- pelos elementos componentes: $(1, 2) \neq (1, 3)$.

$$A_{7,\,3} = 7 \cdot 6 \cdot 5 = 210 \quad \text{ou} \quad A_{7,\,3} = \frac{7!}{(7-3)!} = \frac{7 \cdot 6 \cdot 5 \cdot 4!}{4!} = 210$$

Generalizando:

$$A_{n,\,p} = \frac{n!}{(n-p)!}$$

Permutações

Permutações simples de n elementos são os arranjos simples obtidos dos n elementos tomados n a n. Neste caso, os agrupamentos diferem somente pela ordem dos elementos.
Indicando o número de permutações simples de n elementos por P_n, temos:

$$P_n = A_{n,n} \Rightarrow P_n = \frac{n!}{(n-n)!} \Rightarrow P_n = \frac{n!}{0!} \Rightarrow P_n = n!$$

Exemplo:
Com os algarismos 1, 2, 3 podemos formar 6 números de 3 algarismos distintos:

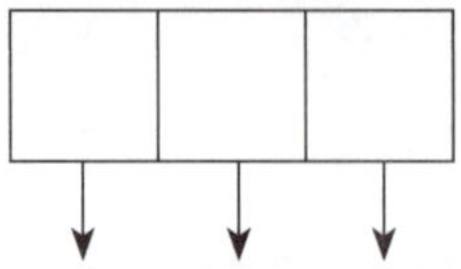

$3 \cdot 2 \cdot 1 = 6$

ou ainda, $P_3 = 3! = 3 \cdot 2 \cdot 1 = 6$.

Os números são 123, 132, 213, 231, 312 e 321. A única diferença entre eles é a ordem dos algarismos.

1 Num programa transmitido diariamente, uma emissora de rádio toca sempre as mesmas 6 músicas, mas nunca na mesma ordem. Para esgotar todas as possíveis sequências dessas músicas será(ão) necessário(s) aproximadamente:

a) 1 mês.
b) 2 meses.
c) 5 meses.
d) 1 ano.
e) 2 anos.

2 O casal Silva tem 3 filhos adolescentes, e o carro da família possui 5 lugares. De quantos modos os cinco membros da família podem se acomodar no carro, sabendo que só os pais têm carteira de habilitação e podem dirigir?

3 (Enem) O diretor de uma escola convidou os 280 alunos de terceiro ano a participarem de uma brincadeira. Suponha que existem 5 objetos e 6 personagens numa casa de 9 cômodos; um dos personagens esconde um dos objetos em um dos cômodos da casa. O objetivo da brincadeira é adivinhar qual objeto foi escondido por qual personagem e em qual cômodo da casa o objeto foi escondido.

Todos os alunos decidiram participar. A cada vez um aluno é sorteado e dá a sua resposta. As respostas devem ser sempre distintas das anteriores, e um mesmo aluno não pode ser sorteado mais de uma vez. Se a resposta do aluno estiver correta, ele é declarado vencedor e a brincadeira é encerrada.

O diretor sabe que algum aluno acertará a resposta porque há:

a) 10 alunos a mais do que possíveis respostas distintas.
b) 20 alunos a mais do que possíveis respostas distintas.
c) 119 alunos a mais do que possíveis respostas distintas.
d) 260 alunos a mais do que possíveis respostas distintas.
e) 270 alunos a mais do que possíveis respostas distintas.

4 (Enem) João mora na cidade *A* e precisa visitar cinco clientes, localizados em cidades diferentes da sua. Cada trajeto possível pode ser representado por uma sequência de 7 letras. Por exemplo, o trajeto *ABCDEFA* informa que ele sairá da cidade *A*, visitando as cidades *B*, *C*, *D*, *E* e *F* nesta ordem, voltando para a cidade *A*. Além disso, o número indicado entre as letras informa o custo do deslocamento entre as cidades. A figura mostra o custo de deslocamento entre cada uma das cidades.

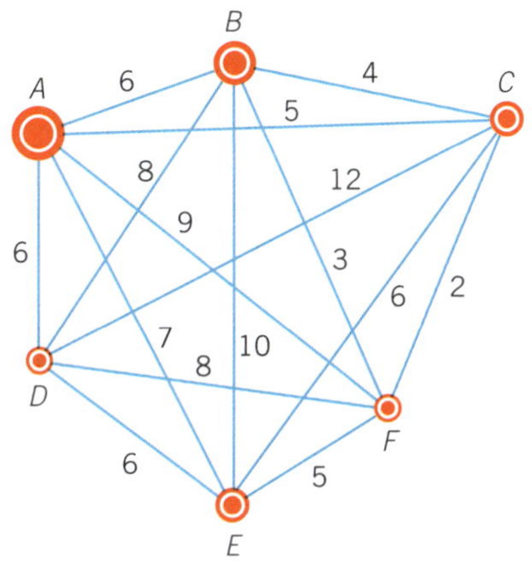

Como João quer economizar, ele precisa determinar qual o trajeto de menor custo para visitar os cinco clientes. Examinando a figura, percebe que precisa considerar somente parte das sequências, pois os trajetos *ABCDEFA* e *AFEDCBA* têm o mesmo custo. Ele gasta 1 min 30 s para examinar uma sequência e descartar sua simétrica, conforme apresentado. O tempo mínimo necessário para João verificar todas as sequências possíveis no problema é de:

a) 60 min.
b) 90 min.
c) 120 min.
d) 180 min.
e) 360 min.

Em casa

TEXTO DE APOIO

Veja o exemplo:

Considere as letras da palavra PROVAS.

a) Quantos anagramas podemos formar?
b) Quantos anagramas começam por P, R e O juntos nesta ordem?
c) Quantos anagramas possuem P, R e O juntos e nesta ordem?
d) Quantos anagramas possuem P, R e O juntos?
e) Quantos anagramas começam por vogal e terminam por consoante?

Resolução:

6 letras distintas $\begin{cases} 2 \text{ vogais} \\ 4 \text{ consoantes} \end{cases}$

a) $P_6 = 6! = 720$

b)

P	R	O			

$\underbrace{\quad\quad\quad}_{3! = 6}$ (três últimas casas)

c) Devemos permutar as 3 letras restantes com o bloco formado por PRO. Assim: $P_4 = 4! = 24$.

d) Devemos permutar as 3 letras restantes com o bloco formado por P, R e O e depois permutar P, R e O dentro desse bloco.

Assim: $P_4 \cdot P_3 = 4! \cdot 3! = 144$.

e) 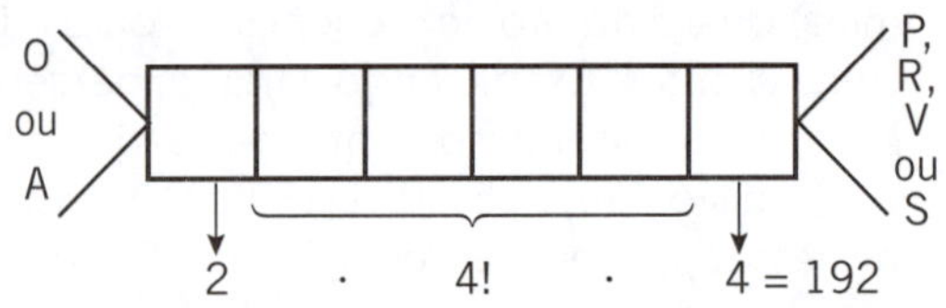

Permutações com alguns elementos iguais

Dados n elementos dos quais:

n_1 elementos são iguais a a_1

n_2 elementos são iguais a a_2

. . .

. . .

. . .

n_k elementos são iguais a a_k

com $n_1 + n_2 + ... + n_k = n$, o número de permutações dos n elementos é dado por:

$$P_n^{(n_1,\, n_2,\, ...,\, n_k)} = \frac{n!}{n_1!\, n_2!\, ...\, n_k!}$$

Exemplo:

A palavra TARRAFA tem 7 letras, sendo 3 iguais a A e 2 iguais a R. O número de anagramas com as letras dessa palavra é:

$$P_7^{(3,\, 2)} = \frac{7!}{3! \cdot 2!} = 420$$

Veja o exemplo:

Considere as letras da palavra AMADA.

a) Quantos anagramas podemos formar?

b) Quantos anagramas começam por vogal e terminam por consoante?

Resolução:

$$5 \text{ letras} \begin{cases} M \\ D \\ 3A \end{cases}$$

a) $P_5^{(3)} = \frac{5!}{3!} = 20$

b) 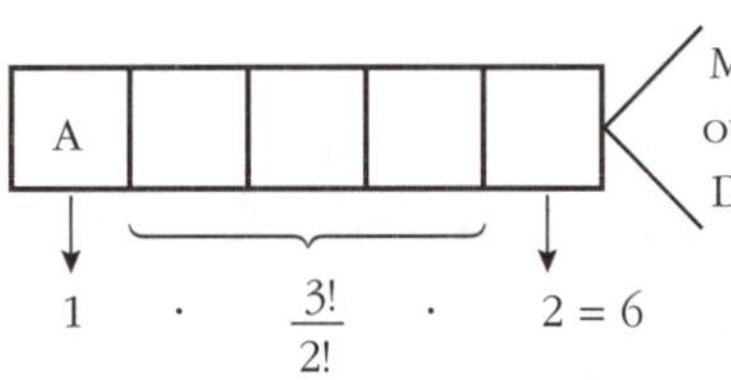

1 (Unemat-MT) As crianças de uma escola fizeram um trabalho sobre a coleta e distribuição do lixo. Para organizar a coleta, as crianças deverão alinhar em fila indiana 5 sacos de lixos de cores diferentes. De quantos modos diferentes poderão dispor os 5 sacos de lixo?

a) 20
b) 120
c) 60
d) 210
e) 30

2 (Vunesp-SP) Cinco livros devem ser colocados em uma estante de tal forma que dois permaneçam sempre juntos. O número de maneiras diferentes que podemos dispor esses livros é:

a) 48.
b) 42.
c) 36.
d) 30.
e) 24.

3 Um carro de uma montanha-russa de um parque de diversões é composto de 4 bancos de 2 lugares. De quantos modos 4 casais podem ser acomodados nesse carro, de modo que cada casal ocupe o mesmo banco?

a) 24
b) 108
c) 216
d) 384
e) 48

4 Considere os anagramas formados com as letras da palavra ALUNO. Quantos apresentam a letra L antes da letra N e não necessariamente juntas?

a) 30
b) 48
c) 60
d) 20
e) 24

AULA 5

Competência 1 Construir significados para os números naturais, inteiros, racionais e reais.

Habilidade 5 Avaliar propostas de intervenção na realidade utilizando conhecimentos numéricos.

Em classe

COMBINAÇÕES SIMPLES

Seja I um conjunto com n elementos. Chama-se combinação simples dos n elementos de I, tomados p a p, qualquer subconjunto de p elementos do conjunto I.

Indica-se o número de combinações simples por $C_{n,\,p}$ ou $\binom{n}{p}$.

Exemplo:

Sendo $I = \{1, 2, 3\}$, temos as seguintes combinações simples dos elementos de I, tomados 2 a 2:

$$\underbrace{(1,\ 2),\ (1,\ 3),\ (2,\ 3)}_{\text{três combinações simples}}$$

Assim, temos: $C_{3,\,2} = 3$.

Como os agrupamentos são conjuntos, eles diferem entre si somente pelos elementos componentes.

Observe ainda que como $I = \{1, 2, 3\}$ temos os seguintes arranjos simples dos elementos de I, tomados 2 a 2:

$$\underbrace{(1,\ 2)\ \text{e}\ (2,\ 1),\ (1,\ 3)\ \text{e}\ (3,\ 1),\ (2,\ 3)\ \text{e}\ (3,\ 2)}_{\text{seis arranjos simples}}$$

Ou seja:

$$C_{3,\,2} \cdot 2! = A_{3,\,2} \Rightarrow C_{3,\,2} = \frac{A_{3,\,2}}{2!}$$

Assim:

$$C_{3,\,2} = \frac{3 \cdot 2}{2} = 3$$

Generalizando:

$C_{n,\,p} = \dfrac{A_{n,\,p}}{p!}$, ou ainda:

$$\boxed{C_{n,\,p} = \frac{n!}{p! \cdot (n - p)!}}$$

1 (Unicamp-SP) O grêmio estudantil do Colégio Alvorada é composto por 6 alunos e 8 alunas. Na última reunião do grêmio, decidiu-se formar uma comissão de 3 rapazes e 5 moças para a organização das olimpíadas do colégio. De quantos modos diferentes pode-se formar essa comissão?

a) 6720 b) 100800 c) 806400 d) 1120

2 Num encontro de amigos, todos trocam cumprimentos com apertos de mão. Sabendo que aconteceram 66 apertos de mão, quantas pessoas se encontraram?

a) 11 b) 8 c) 12 d) 9 e) 13

3 (UFU-MG) Um sério problema enfrentado pelas autoridades de saúde é diagnosticar a pneumonia asiática. Atualmente são conhecidos 7 sintomas dessa doença. Se em um paciente forem detectados 5 ou mais desses possíveis sintomas, a doença é diagnosticada. Diante disso, pode-se afirmar que o número total de combinações distintas dos sintomas possíveis para o diagnóstico da pneumonia asiática seja efetivado é igual a:

a) 21. b) 29. c) 147. d) 210.

4 Sete amigos desejam tomar dois táxis, um de 4 lugares e outro de 3 lugares. De quantos modos podemos distribuí-los nos dois táxis, não importando os lugares ocupados dentro deles?

a) 21 b) 35 c) 42 d) 36 e) 15

Em casa

TEXTO DE APOIO

Veja os exemplos:

1) (UPM-SP) Com os diretores *A*, *B*, *C*, *D*, *E*, *F* e *G* de uma empresa, podemos formar, com a presença obrigatória de *A* e *B*, *n* comissões de 5 diretores. O valor de *n* é:

a) 10. b) 35. c) 6. d) 21. e) 12.

Resolução:

Colocando *A* e *B* na comissão, restam 3 vagas a serem preenchidas por 5 candidatos.

Assim:

$$C_{5,3} = \frac{5!}{3! \cdot 2!} = \frac{5 \cdot 4 \cdot 3!}{3! \cdot 2!} = 10$$

Resposta: alternativa **a**.

2) Qual é o número de triângulos que podemos formar com 7 pontos distintos, 4 sobre uma reta e 3 sobre outra reta paralela à primeira?

Resolução:

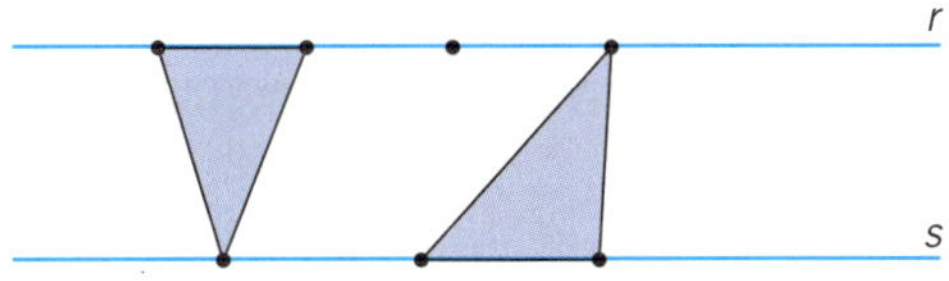

1º modo

Supomos que todos os 7 pontos determinam triângulos quando associados 3 a 3 e descontamos as ligações 3 a 3 que não determinam triângulos.

Assim:

$$C_{7,3} - C_{4,3} - C_{3,3} = 35 - 4 - 1 = 30$$

2º modo

Ter um triângulo significa escolher um vértice e uma base. Assim:

$$\underbrace{\text{vértice em } r}_{4} \text{ e } \underbrace{\text{base em } s}_{C_{3,2}} \text{ ou } \underbrace{\text{vértice em } s}_{3} \text{ e } \underbrace{\text{base em } r}_{C_{4,2}} = 4 \cdot 3 + 3 \cdot 6 = 30$$

Resposta: 30 triângulos.

1 (FGV-SP) De um grupo de 8 pessoas, entre elas Antônio e Benedito, deseja-se escolher uma comissão com 4 pessoas. O número de comissões que podem se formar, nas quais Antônio participa e Benedito não, é igual a:

a) 15.
b) 24.
c) 30.
d) 20.
e) 36.

2 (Fuvest-SP) Na primeira fase de um campeonato de xadrez, cada jogador joga contra todos os demais. Nessa fase foram realizados 78 jogos. Quantos eram os jogadores?

a) 10
b) 11
c) 12
d) 13
e) 14

3 (UPM-SP) Nove pessoas desejam subir à cobertura de um edifício, dispondo, para isso, de dois elevadores, um com 4 lugares e outro com 5 lugares. O número de formas diferentes de distribuí-las nos elevadores é:

a) 630.
b) 252.
c) 180.
d) 378.
e) 126.

4 (Enem) Doze times se inscreveram em um torneio de futebol amador. O jogo de abertura do torneio foi escolhido da seguinte forma: primeiro foram sorteados 4 times para compor o Grupo *A*. Em seguida, entre os times do Grupo *A*, foram sorteados 2 times para realizar o jogo de abertura do torneio, sendo que o primeiro deles jogaria em seu próprio campo, e o segundo seria o time visitante.

A quantidade total de escolhas possíveis para o Grupo *A* e a quantidade total de escolhas dos times do jogo de abertura podem ser calculadas através de:

a) uma combinação e um arranjo, respectivamente.
b) um arranjo e uma combinação, respectivamente.
c) um arranjo e uma permutação, respectivamente.
d) duas combinações.
e) dois arranjos.

5 Quantas diagonais tem um polígono convexo de *n* lados?

a) $n \cdot (n - 1)$
b) $n \cdot (n - 3)$
c) $n \cdot (n - 2)$
d) $\dfrac{n \cdot (n - 1)}{2}$
e) $\dfrac{n \cdot (n - 3)}{2}$

AULA 6

Competência 2 Utilizar o conhecimento geométrico para realizar a leitura e a representação da realidade e agir sobre ela.

Habilidade 6 Interpretar a localização e a movimentação de pessoas/objetos no espaço tridimensional e sua representação no espaço bidimensional.

Em classe

POSIÇÕES E COORDENADAS

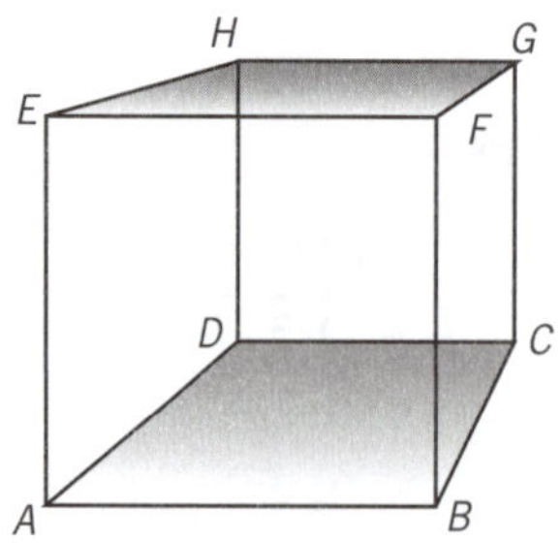

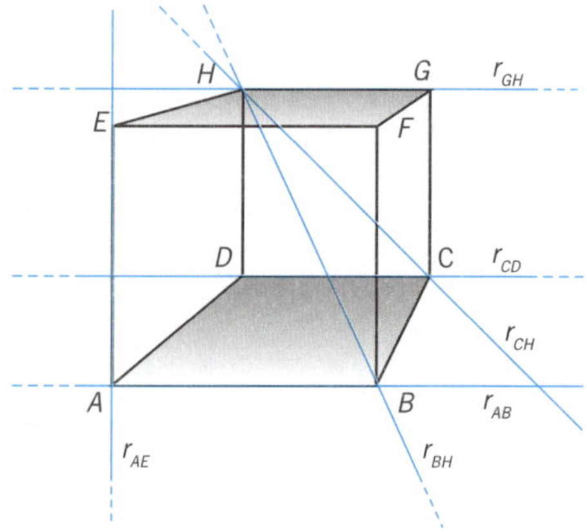

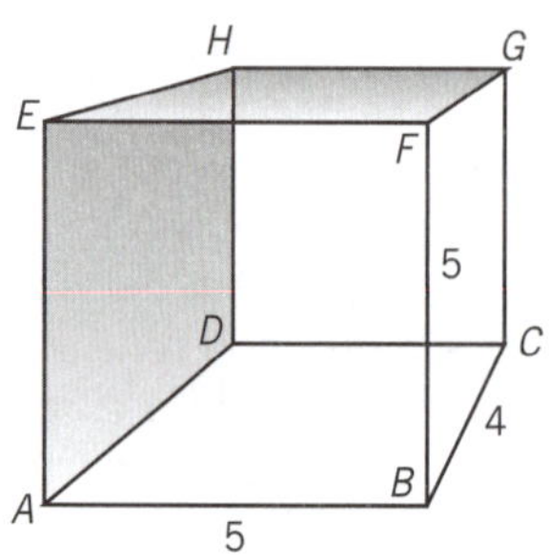

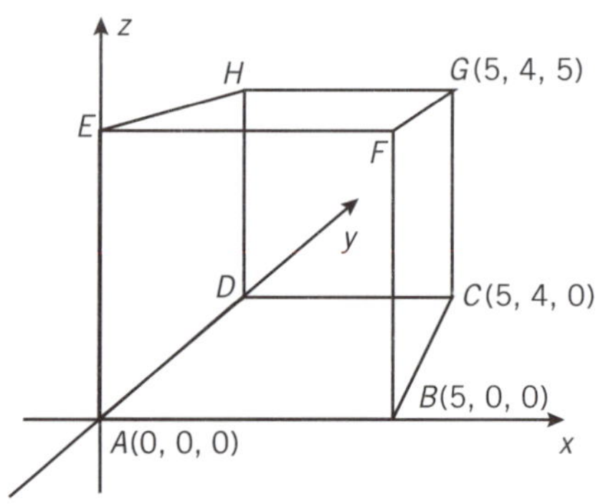

- Dois planos α e β são $\begin{cases} \text{paralelos } (\alpha // \beta) \Leftrightarrow \alpha = \beta \text{ ou } \alpha \cap \beta = \varnothing. \\ \text{secantes} \Leftrightarrow \text{a intersecção de } \alpha \text{ e } \beta \text{ é uma reta.} \end{cases}$
- Duas retas r e s são $\begin{cases} \text{paralelas} \Leftrightarrow r = s \text{ ou } r \text{ e } s \text{ são coplanares e } r \cap s = \varnothing. \\ \text{concorrentes} \Leftrightarrow \text{a intersecção de } r \text{ e } s \text{ é um ponto.} \\ \text{reversas} \Leftrightarrow r \text{ e } s \text{ não são coplanares.} \end{cases}$
- A reta r está contida no plano $\alpha \Leftrightarrow$ todo ponto de r pertence a α.
- A reta r é **paralela** ao plano $\alpha \Leftrightarrow r \cap \alpha = \varnothing$.
- A reta r é **secante** ao plano $\alpha \Leftrightarrow$ a intersecção de r e α é um ponto.
- As retas concorrentes r e s são perpendiculares $\Rightarrow r$ e s formam um ângulo reto.
- As retas reversas r e s são ortogonais $\Rightarrow r$ e s formam um ângulo reto.
- A reta r é perpendicular ao plano $\alpha \Leftrightarrow r$ forma um ângulo reto com qualquer reta s contida em α.
- Os planos α e β são perpendiculares $\Leftrightarrow \beta$ contém uma reta r que é perpendicular a α.

1 (Enem) A figura a seguir é a representação de uma região por meio de curvas de nível, que são curvas fechadas representando a altitude da região com relação ao nível do mar. As coordenadas estão expressas em graus de acordo com a longitude, no eixo horizontal, e a latitude, no eixo vertical. A escala em tons de cinza desenhada à direita está associada à altitude da região.

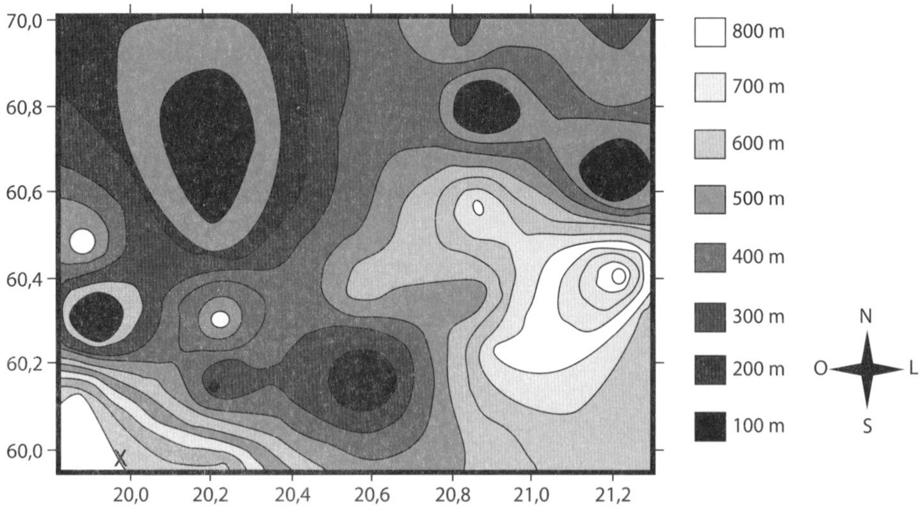

Um pequeno helicóptero usado para reconhecimento sobrevoa a região a partir do ponto $X = (20; 60)$. O helicóptero segue o percurso:

0,8° L → 0,5° N → 0,2° O → 0,1° S → 0,4° N → 0,3° L

Ao final, desce verticalmente até pousar no solo.

De acordo com as orientações, o helicóptero pousou em um local cuja altitude é:

a) menor ou igual a 200 m.

b) maior que 200 m e menor ou igual a 400 m.

c) maior que 400 m e menor ou igual a 600 m.

d) maior que 600 m e menor ou igual a 800 m.

e) maior que 800 m.

2 (Enem) Um foguete foi lançado do marco zero de uma estação e após alguns segundos atingiu a posição (6, 6, 7) no espaço, conforme mostra a figura. As distâncias são medidas em quilômetros. Considerando que o foguete continuou sua trajetória, mas se deslocou 2 km para frente na direção do eixo x, 3 km para trás na direção do eixo y, e 11 km para frente na direção do eixo z, então o foguete atingiu a posição:

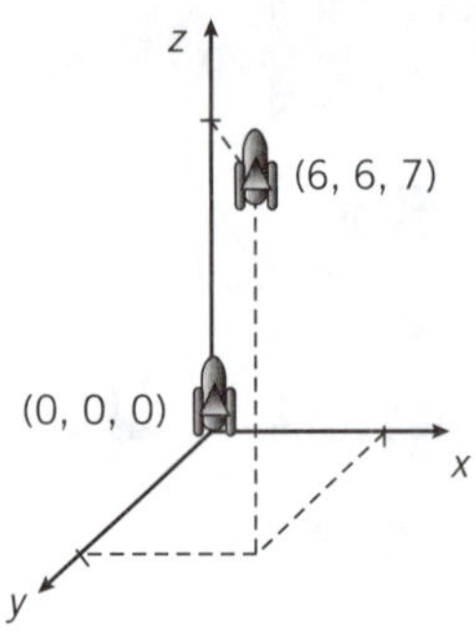

a) (17, 3, 9).
b) (8, 3, 18).
c) (6, 18, 3).
d) (4, 9, 4).
e) (3, 8, 18).

3 (Insper-SP) O prédio de uma grande loja de departamentos tem a forma de um cubo. As figuras a seguir apresentam três vistas do prédio, com as respectivas regiões em que se dividem.

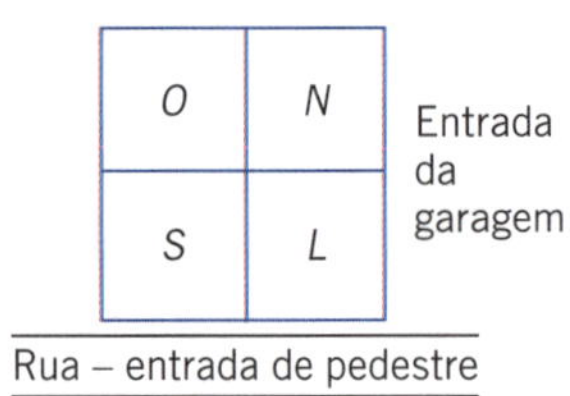

Vista superior (planta)

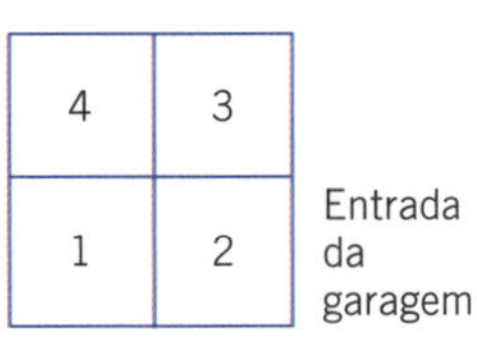

Vista frontal da rua

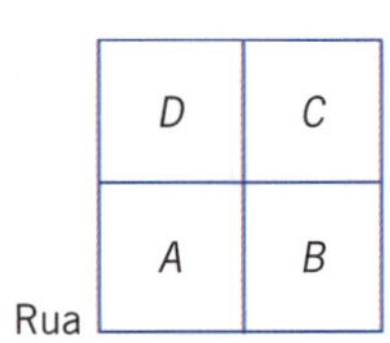

Vista lateral – de frente para a entrada da garagem

Dessa forma, o prédio se divide em 8 cubos menores, um por departamento. Para identificar o lugar de cada departamento, utiliza-se um código de três dígitos, de acordo com as quatro regiões estabelecidas em cada uma das vistas do prédio apresentadas na figura. Considere as seguintes descrições das localizações de dois departamentos:

- Entretenimento: de frente para a rua, no andar de cima, do lado da garagem.
- Roupas infantis: na parte dos fundos, no andar de baixo, na lateral oposta à garagem.

Dentre os códigos abaixo, aqueles que identificam mais precisamente a localização destes departamentos são, respectivamente:

a) *S4D* e *N2B*.
b) *S4D* e *O1B*.
c) *L3D* e *N2B*.
d) *L2A* e *O4C*.
e) *L3D* e *O1B*.

Anotações

Em casa

TEXTO DE APOIO

Há problemas no espaço (tridimensional) que podem ser resolvidos ao serem levados, de modo conveniente, para um plano (bidimensional). Vejamos algumas situações. Imaginemos que uma formiga apressada queira se deslocar do ponto *A* ao ponto *G*, pela superfície do cubo *ABCDEFGH*.

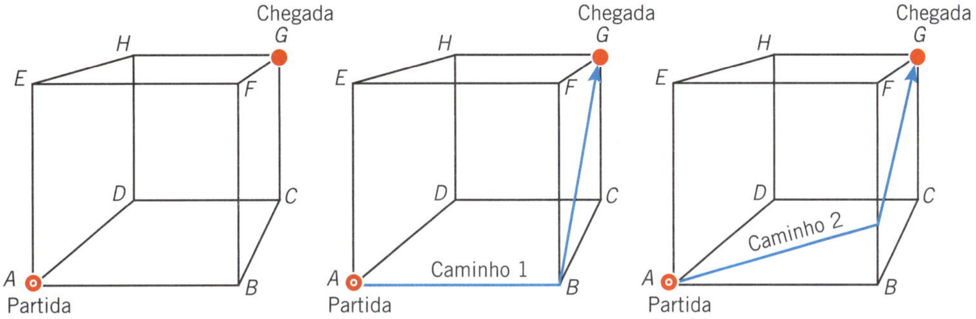

A dúvida dela é: qual é o caminho mais curto? Caminho 1, caminho 2 ou um outro? Felizmente, ela teve uma ideia; ela podia fazer de conta que as faces *ABFE* e *BCGF* estivessem no mesmo plano e, assim, seria fácil descobrir o caminho mais curto de *A* a *G*. Para isso, na sua imaginação, bastou ela deslocar a face *BCGF*, como se fosse abrir uma porta.

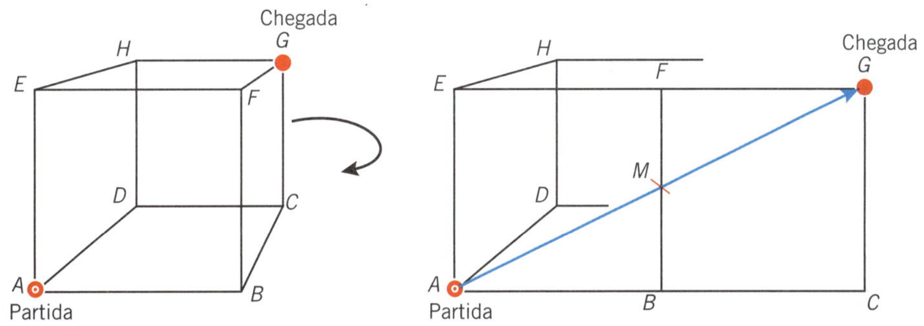

Pronto! O menor caminho é dado pela reta determinada pelos pontos *A* e *G*. Esse caminho intersecta o segmento $\overline{BF}$ no seu ponto médio *M*. Portanto, o menor caminho é obtido deslocando-se de *A* ao ponto médio de $\overline{BF}$ ou de $\overline{EF}$.

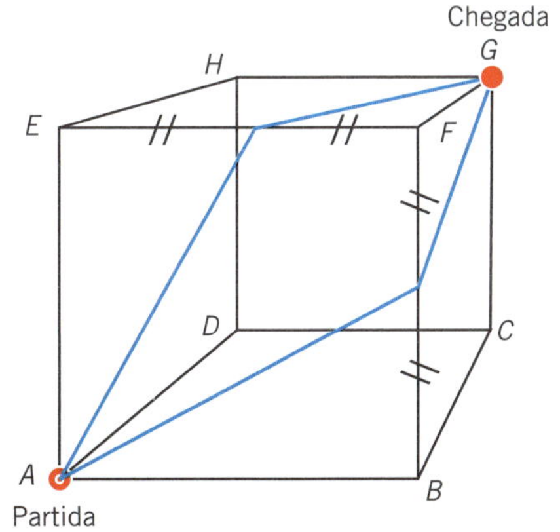

1 (Enem) O xadrez é jogado por duas pessoas. Um jogador joga com as peças brancas, o outro, com as peças pretas. Neste jogo, vamos utilizar somente a Torre, uma das peças do xadrez. Ela pode mover-se para qualquer casa ao longo da coluna ou linha que ocupa, para frente ou para trás, conforme indicado na figura a seguir.

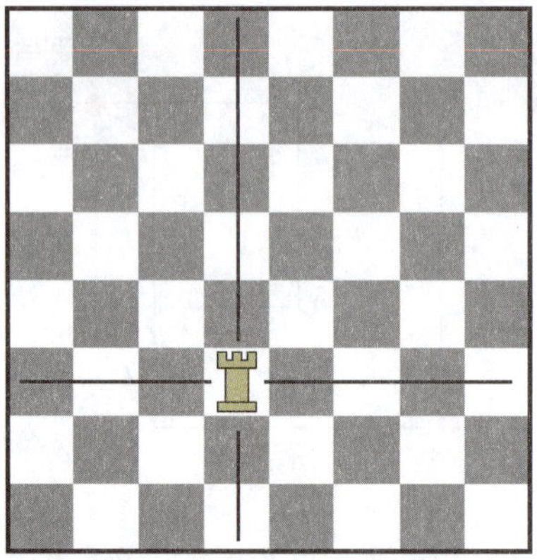

O jogo consiste em chegar a um determinado ponto sem passar por cima dos pontos pretos já indicados.

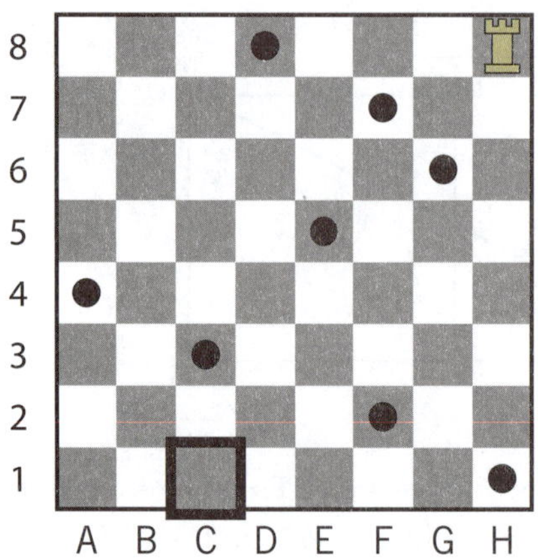

Respeitando-se o movimento da peça Torre e as regras de movimentação no jogo, qual é o menor número de movimentos possíveis e necessários para que a Torre chegue à casa C1?

a) 2
b) 3
c) 4
d) 5
e) 7

2 (Enem) Representar objetos tridimensionais em uma folha de papel nem sempre é tarefa fácil. O artista holandês Escher (1898-1972) explorou essa dificuldade criando várias figuras planas impossíveis de serem construídas como objetos tridimensionais, a exemplo da litografia *Belvedere*, reproduzida a seguir.

Considere que um marceneiro tenha encontrado algumas figuras supostamente desenhadas por Escher e deseje construir uma delas com ripas rígidas de madeira que tenham o mesmo tamanho. Qual dos desenhos a seguir ele poderia reproduzir em um modelo tridimensional real?

a)
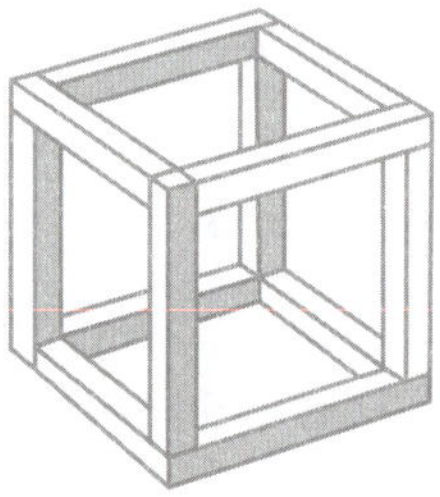

b)

c)
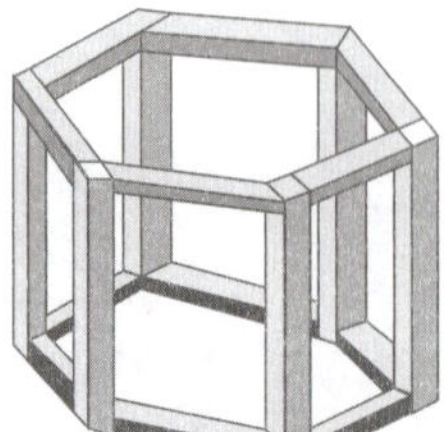

d)

e)

3 (Enem) Em Florença, Itália, na Igreja de Santa Croce, é possível encontrar um portão em que aparecem os anéis de Borromeu. Alguns historiadores acreditavam que os círculos representavam as três artes: escultura, pintura e arquitetura, pois elas eram tão próximas quanto inseparáveis.

Scientific American, ago. 2008.

Qual dos esboços a seguir melhor representa os anéis de Borromeu?

a)

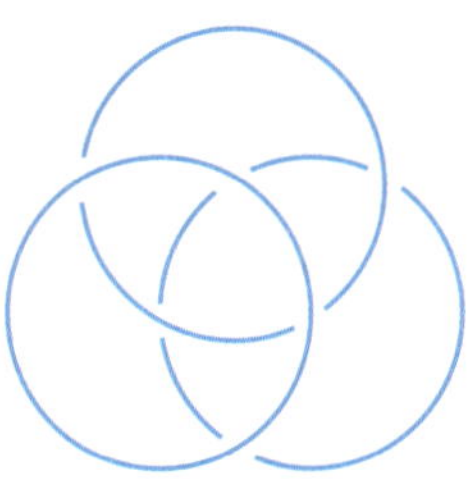

b)

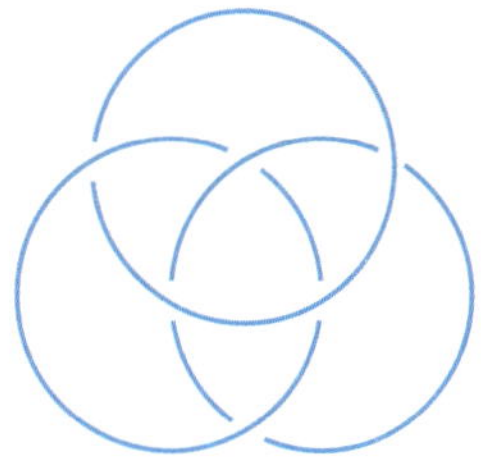

c)

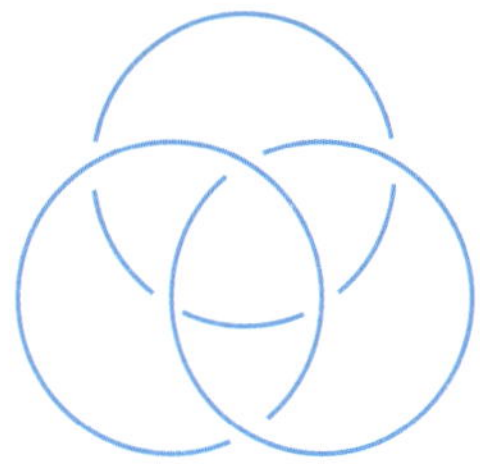

d)

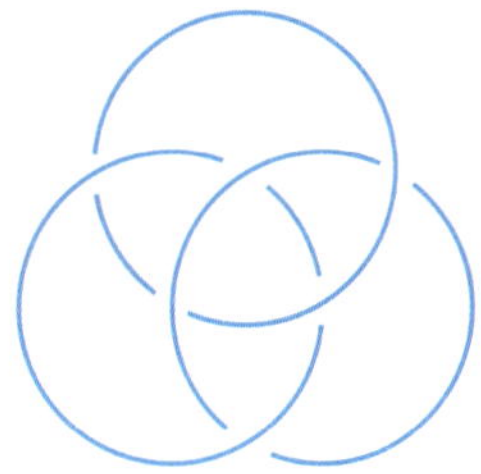

e)

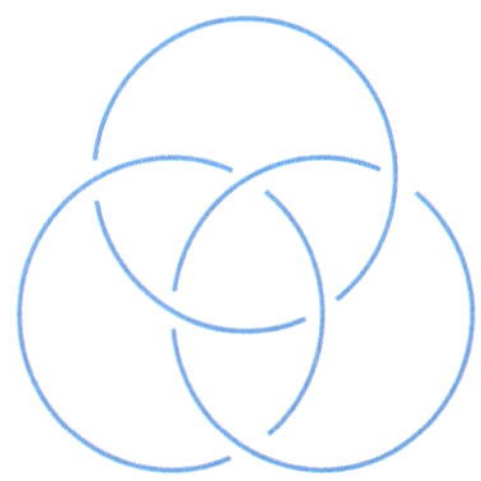

4 Em relação a um sistema de coordenadas cartesianas no espaço, os vértices de um poliedro convexo são dados por: $A(1,1,-1)$, $B(3,1,-1)$, $C(3,3,-1)$, $D(1,3,-1)$, $E(1,1,5)$, $F(3,1,5)$, $G(3,3,5)$ e $H(1,3,5)$. O volume desse poliedro é igual a:

a) 12.
b) 16.
c) 24.
d) 36.
e) 54.

Anotações

AULA 7

Competência 2 Utilizar o conhecimento geométrico para realizar a leitura e a representação da realidade e agir sobre ela.

Habilidade 7 Identificar características de figuras planas ou espaciais.

Em classe

SEMELHANÇA DE TRIÂNGULOS

O que são figuras semelhantes?

Se observarmos a miniatura de uma garrafa, a fotografia de um objeto e a maquete de um prédio, veremos que elas mostram perfeitamente (fielmente) a forma, isto é, os ângulos, a relação entre uma largura com uma altura, etc., daquilo que ele foi copiado (elaborado). Figuras com essas características são chamadas, em Geometria, de **figuras semelhantes**.

Estudaremos nessa aula **triângulos semelhantes** e, a partir daí, poderemos estender esse conceito para outras figuras geométricas.

Triângulos semelhantes

Considere os triângulos *ABC* e *DEF* das figuras:

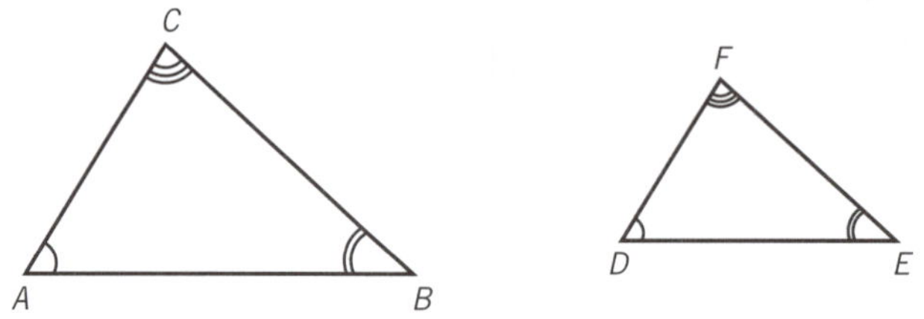

ABC e *DEF* são semelhantes se, e somente se:

$$\begin{cases} \text{med}(\hat{A}) = \text{med}(\hat{D}) \\ \text{med}(\hat{B}) = \text{med}(\hat{E}) \\ \text{med}(\hat{C}) = \text{med}(\hat{F}) \end{cases} \text{ e } \frac{AB}{DE} = \frac{BC}{EF} = \frac{AC}{DF} = k,$$

em que a constante k é chamada razão de semelhança do triângulo *ABC* para o triângulo *DEF*.

Indica-se a semelhança dos triângulos por: $\triangle ABC \sim \triangle DEF$.

Dois elementos que ocupam a "mesma posição" em dois triângulos semelhantes são chamados correspondentes (ou homólogos). Assim, nos triângulos apresentados:

- A e D são vértices homólogos;
- $\overline{AC}$ e $\overline{DF}$ são lados homólogos.

Observações:

1ª) a) A razão k é verificada para quaisquer pares de segmentos lineares homólogos como, por exemplo, alturas, bissetrizes, projeções, etc.

b) A razão k continua válida para os perímetros dos triângulos.

2ª) Se dois triângulos têm dois ângulos respectivamente congruentes (mesma medida), eles são semelhantes.

1 (Enem) A rampa de um hospital tem na sua parte mais elevada uma altura de 2,2 metros. Um paciente, ao caminhar sobre a rampa, percebe que se deslocou 3,2 metros e alcançou uma altura de 0,8 metro. A distância em metros que o paciente ainda deve caminhar para atingir o ponto mais alto da rampa é:

a) 1,16 metro. b) 3,0 metros. c) 5,4 metros. d) 5,6 metros. e) 7,04 metros.

2 (Enem) Um reservatório, inicialmente vazio, foi abastecido por uma bomba-d'água. A vazão V, medida em litros por minuto, variou com o tempo (medido em minutos), conforme o gráfico abaixo. No instante $t = 25$ min, o reservatório encheu-se completamente e a bomba foi desligada.

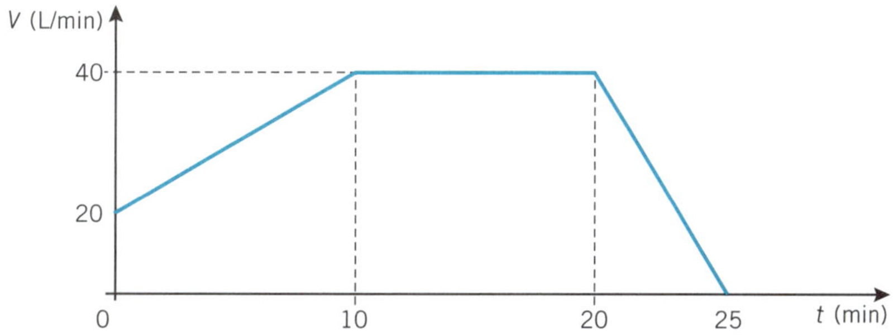

Qual foi a medida dessa vazão no instante $t = 22$ min?

a) 26 L/min b) 24 L/min c) 22 L/min d) 21 L/min e) 20 L/min

3 (Enem) A sombra de uma pessoa que tem 1,80 m de altura mede 60 cm. No mesmo momento, a seu lado, a sombra projetada de um poste mede 2,00 m. Se, mais tarde, a sombra do poste diminuiu 50 cm, a sombra da pessoa passou a medir:

a) 30 cm.
b) 45 cm.
c) 50 cm.
d) 80 cm.
e) 90 cm.

Em casa

1 Na figura, o segmento $\overline{DE}$ é paralelo ao lado $\overline{BC}$ do triângulo ABC.

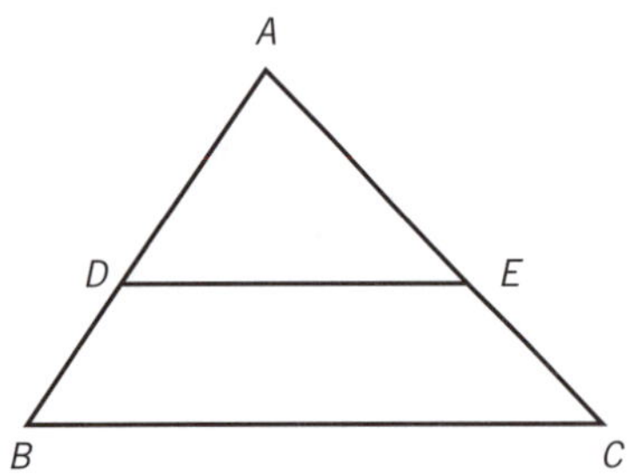

Se $AB = 18$ cm, $BC = 24$ cm e $AD = 6$ cm, o segmento $\overline{DE}$ mede, em cm:

a) 6,5.
b) 8.
c) 8,5.
d) 10.
e) 10,5.

2 (Enem) Um marceneiro deseja construir uma escada trapezoidal com 5 degraus, de forma que o mais baixo e o mais alto tenham larguras respectivamente iguais a 60 cm e a 30 cm, conforme mostra a figura.

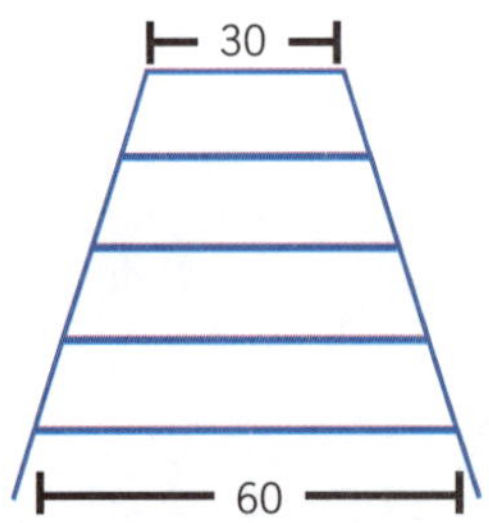

Os degraus serão obtidos cortando-se uma peça linear de madeira cujo comprimento mínimo, em cm, deve ser:

a) 144.
b) 180.
c) 210.
d) 225.
e) 240.

3 Joãozinho, após aprender semelhança de triângulos, aplicou os conceitos para calcular a distância "aproximada" da sua casa até um prédio situado relativamente longe dali. Colocou uma régua na posição vertical a uma distância de 60 cm de seus olhos e observou que para "cobrir" 8 andares daquele prédio necessitava de 12 cm da régua. Ao supor que cada andar do prédio tem altura de 2,80 m, qual foi a distância que Joãozinho obteve?

a) 94 m
b) 108 m
c) 112 m
d) 124 m
e) 136 m

4 (Enem) A fotografia mostra uma turista aparentemente beijando a esfinge de Gizé, no Egito. A figura a seguir mostra como, na verdade, foram posicionadas a câmera fotográfica, a turista e a esfinge.

© ENEM

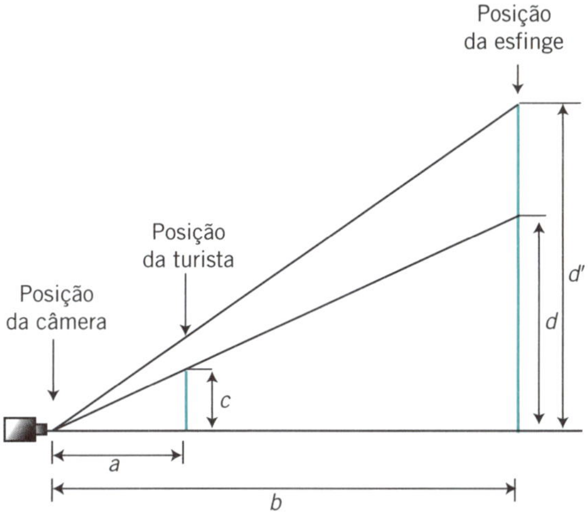

Medindo-se com uma régua diretamente na fotografia, verifica-se que a medida do queixo até o alto da cabeça da turista é igual a $\frac{2}{3}$ da medida do queixo da esfinge até o alto da sua cabeça. Considere que essas medidas na realidade são representadas por d e d', respectivamente, que a distância da esfinge à lente da câmera fotográfica, localizada no plano horizontal do queixo da turista e da esfinge, é representada por b, e que a distância da turista à mesma lente, por a.

A razão entre b e a será dada por:

a) $\frac{b}{a} = \frac{d'}{c}$.

b) $\frac{b}{a} = \frac{2d}{3c}$.

c) $\frac{b}{a} = \frac{3d'}{2c}$.

d) $\frac{b}{a} = \frac{2d'}{3c}$.

e) $\frac{b}{a} = \frac{2d'}{c}$.

5 Na figura há três quadrados.

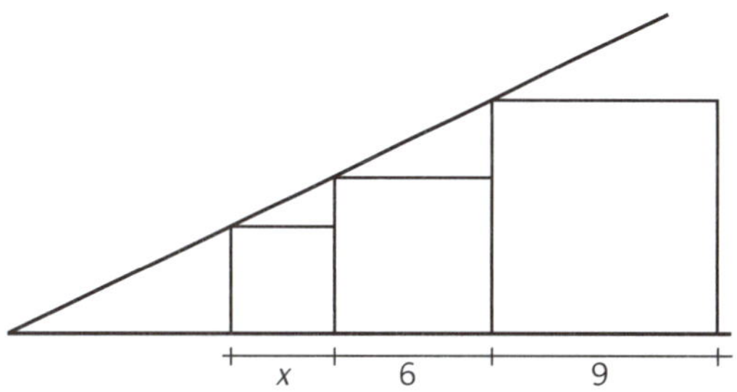

A medida x do lado do quadrado menor é:

a) 1,5.

b) 2.

c) 3.

d) 3,5.

e) 4.

Anotações

AULA 8

Competência 2 Utilizar o conhecimento geométrico para realizar a leitura e a representação da realidade e agir sobre ela.

Habilidade 8 Resolver situações-problema que envolvam conhecimentos geométricos de espaço e forma.

Em classe

VOLUME

Volume de um sólido é a região do espaço ocupada por ele. Considere, por exemplo, os sólidos A e B das figuras.

(*A*)

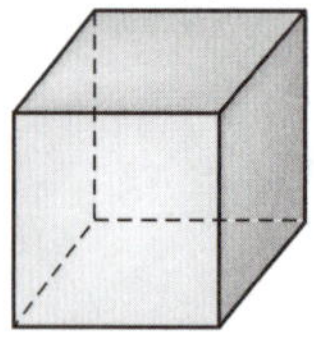

(*B*)

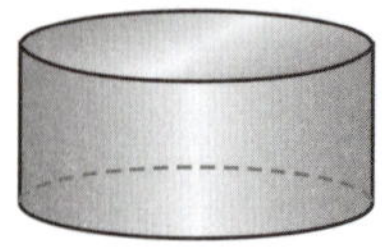

Qual deles é o de maior volume?

Poderemos até "perceber" qual deles tem maior volume. No entanto, temos uma pergunta: Como poderemos quantificar esses volumes?

É a Geometria Métrica do Espaço que procura fazer essa quantificação por meio de comparação com o volume de um sólido cujo volume é adotado como unitário. O raciocínio é análogo ao que fizemos para o cálculo de áreas de figuras planas.

Nesta aula veremos os volumes dos sólidos que aparecem em nosso dia a dia.

Cálculo de volumes

Cubo	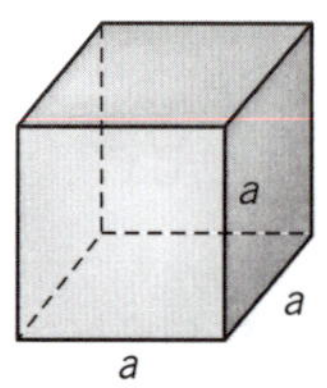	a: medida da aresta Volume $= a^3$
Paralelepípedo reto retângulo (bloco retangular)	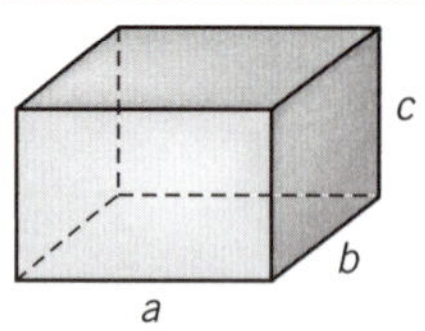	a, b, c: dimensões do paralelepípedo Volume $= a \cdot b \cdot c$
Cilindro circular reto (ou cilindro de revolução)	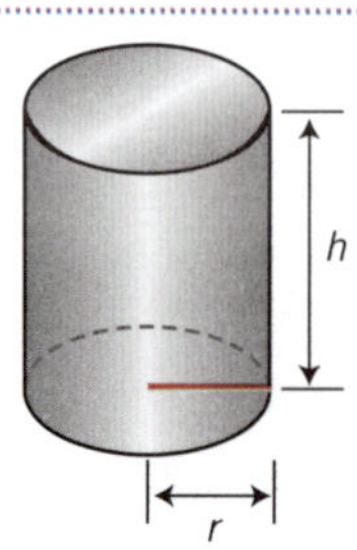	h: altura r: raio da base Volume $= \pi r^2 h$

1 (Enem) Uma fábrica produz barras de chocolates no formato de paralelepípedos e de cubos, com o mesmo volume. As arestas da barra de chocolate no formato de paralelepípedo medem 3 cm de largura, 18 cm de comprimento e 4 cm de espessura. Analisando as características das figuras geométricas descritas, a medida das arestas dos chocolates que têm o formato de cubo é igual a:

a) 5 cm.
b) 6 cm.
c) 12 cm.
d) 24 cm.
e) 25 cm.

(Enem) Considere o enunciado a seguir para as questões 2 e 3.

Uma garrafa cilíndrica está fechada, contendo um líquido que ocupa quase completamente seu corpo, conforme mostra a figura. Suponha que, para fazer medições, você disponha apenas de uma régua milimetrada.

2 Para calcular o volume do líquido contido na garrafa, o número mínimo de medições a serem realizadas é:

a) 1.
b) 2.
c) 3.
d) 4.
e) 5.

3 Para calcular a capacidade total da garrafa, lembrando que você pode virá-la, o número mínimo de medições a serem realizadas é:

a) 1.
b) 2.
c) 3.
d) 4.
e) 5.

Em casa

TEXTO DE APOIO

Volume de um prisma

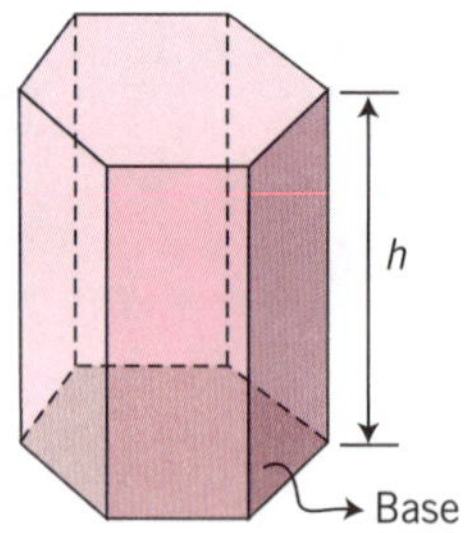

h = altura

Volume = (área da base) · (altura)

Volume de uma pirâmide

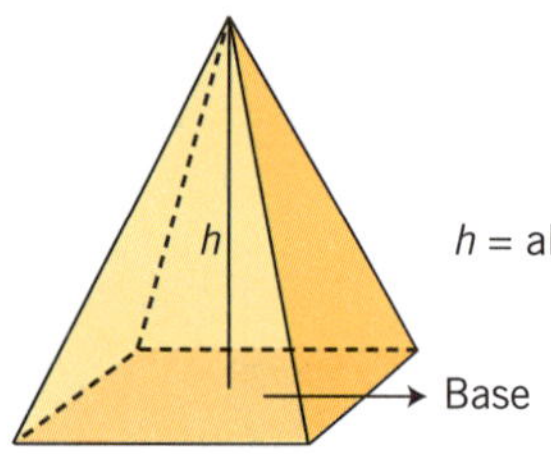

h = altura

$$\text{Volume} = \frac{1}{3} \cdot (\text{área da base}) \cdot (\text{altura})$$

Volume de um cone circular reto (ou cone de revolução)

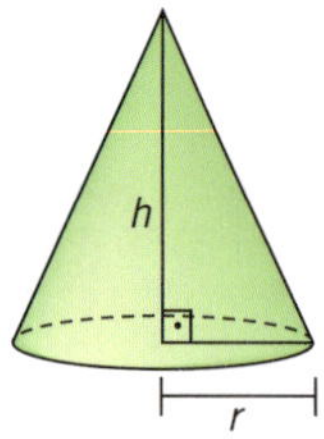

h = altura
r = raio da base

$$\text{Volume} = \frac{1}{3} \cdot \pi r^2 h$$

Volume de uma esfera

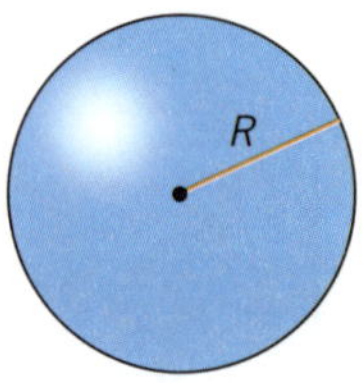

R = raio da esfera

$$\text{Volume} = \frac{4\pi R^3}{3}$$

1 (Enem) Para construir uma manilha de esgoto, um cilindro com 2 m de diâmetro e 4 m de altura (de espessura desprezível), foi envolvido homogeneamente por uma camada de concreto de 20 cm de espessura. Supondo que cada metro cúbico de concreto custe R$ 10,00 e tomando 3,1 como valor aproximado de π, então o preço dessa manilha é igual a:

a) R$ 230,40.
b) R$ 124,00.
c) R$ 104,16.
d) R$ 54,56.
e) R$ 49,60.

2 (Enem)

É possível usar água ou comida para atrair as aves e observá-las. Muitas pessoas costumam usar água com açúcar, por exemplo, para atrair beija-flores. Mas é importante saber que, na hora de fazer a mistura, você deve sempre usar uma parte de açúcar para cinco partes de água. Além disso, em dias quentes, precisa trocar a água de duas a três vezes, pois com o calor ela pode fermentar e, se for ingerida pela ave, pode deixá-la doente. O excesso de açúcar, ao cristalizar, também pode manter o bico da ave fechado, impedindo-a de se alimentar. Isso pode até matá-la.

CIÊNCIA HOJE DAS CRIANÇAS. FNDE; Instituto Ciência Hoje, ano 19, n. 166, mar. 1996.

Pretende-se encher completamente um copo com a mistura para atrair beija-flores. O copo tem formato cilíndrico, e suas medidas são 10 cm de altura e 4 cm de diâmetro. A quantidade de água que deve ser utilizada na mistura é cerca de (utilize $\pi = 3$):

a) 20 mL.
b) 24 mL.
c) 100 mL.
d) 120 mL.
e) 600 mL.

3 (Enem) Em muitas regiões do Estado do Amazonas, o volume de madeira de uma árvore cortada é avaliado de acordo com uma prática dessas regiões:

I. Dá-se uma volta completa em torno do tronco com um barbante.

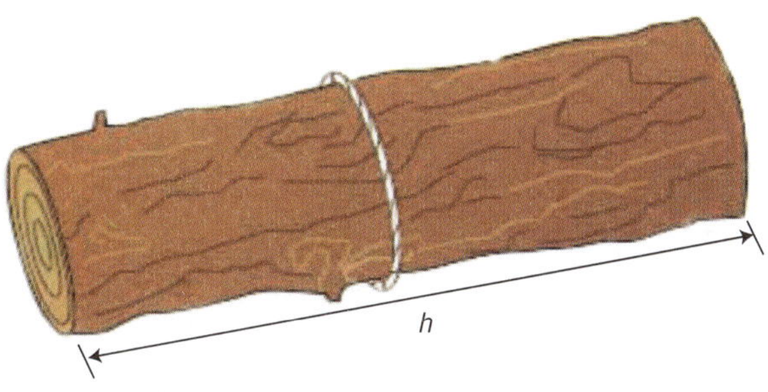

II. O barbante é dobrado duas vezes pela ponta e, em seguida, seu comprimento é medido com fita métrica.

1ª dobra

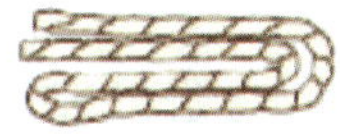
2ª dobra

III. O valor obtido com essa medida é multiplicado por ele mesmo e depois multiplicado pelo comprimento do tronco. Esse é o volume estimado de madeira.

Outra estimativa pode ser obtida pelo cálculo formal do volume do tronco, considerando-o um cilindro perfeito.

A diferença entre essas medidas é praticamente equivalente às perdas de madeira no processo de corte para comercialização.

Pode-se afirmar que essas perdas são da ordem de:

a) 30%.
b) 22%.
c) 15%.
d) 12%.
e) 5%.

4 (Enem) Uma empresa de transporte armazena seu combustível em um reservatório cilíndrico enterrado horizontalmente. Seu conteúdo é medido com uma vara graduada em vinte intervalos, de modo que a distância entre duas graduações consecutivas representa sempre o mesmo volume.

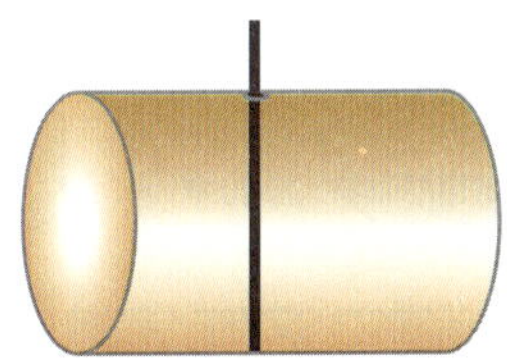

A ilustração que melhor representa a distribuição das graduações na vara é:

a) 

b) 

c) 

d) 

e) 

AULA 9

Competência 2 Utilizar o conhecimento geométrico para realizar a leitura e a representação da realidade e agir sobre ela.

Habilidade 9 Utilizar conhecimentos geométricos de espaço e forma na seleção de argumentos propostos como solução de problemas do cotidiano.

Em classe

COMPARAÇÃO DE VOLUMES

Utilizando o cálculo de volumes de sólidos, é possível comparar preços de produtos com diferentes embalagens (retangulares, cilíndricas, cônicas, etc.), maximizar o volume para uma determinada quantidade de material (papelão, alumínio, lata) para a fabricação de embalagens, e determinar a melhor forma para o acondicionamento de determinados produtos. Além disso, há uma infinidade de aplicações na engenharia e no nosso cotidiano.

Nesta aula, faremos exercícios mostrando como isso é possível, utilizando os conhecimentos de cálculos de volumes de sólidos e áreas de superfícies.

1 (Enem) Em uma padaria, há dois tipos de forma de bolo, formas **1** e **2**, como mostra a figura abaixo.

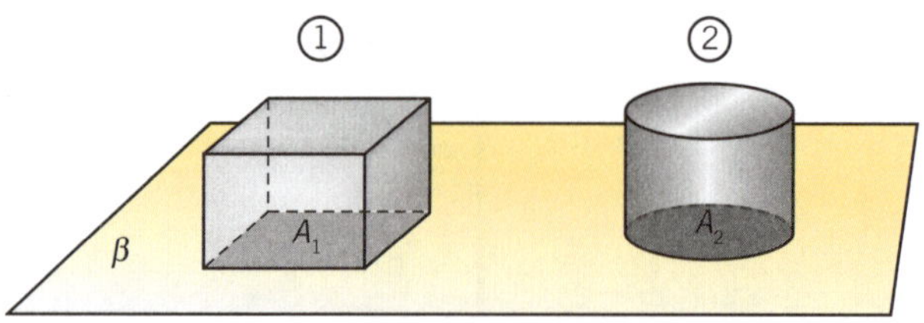

Sejam L o lado da base da forma quadrada, r o raio da base da forma redonda, A_1 e A_2 as áreas das bases das formas **1** e **2**, e V_1 e V_2 os seus volumes, respectivamente. Se as formas têm a mesma altura h, para que elas comportem a mesma quantidade de massa de bolo, qual é a relação entre r e L?

a) $L = r$

b) $L = 2r$

c) $L = \pi r$

d) $L = r\sqrt{\pi}$

e) $L = \frac{(\pi r^2)}{2}$

2 (Enem) Em um casamento, os donos da festa serviam champanhe aos seus convidados em taças com formato de um hemisfério (Figura 1), porém um acidente na cozinha culminou na quebra de grande parte desses recipientes. Para substituir as taças quebradas, utilizou-se um outro tipo com formato de cone (Figura 2). No entanto, os noivos solicitaram que o volume de champanhe nos dois tipos de taças fosse igual.

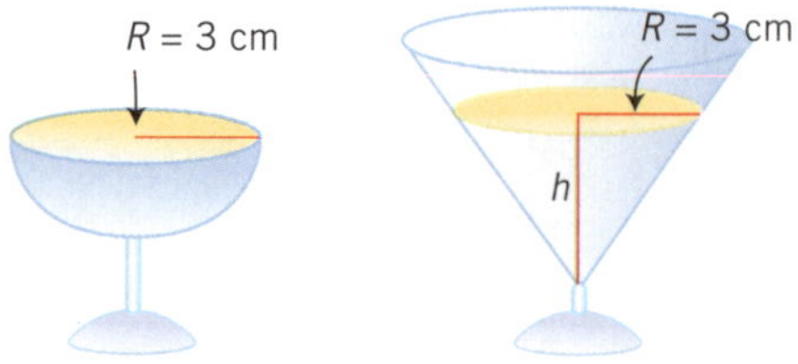

Figura 1 Figura 2

Considere: $V_{esfera} = \frac{4}{3}\pi R^3$ e $V_{cone} = \frac{1}{3}\pi R^2 h$

Sabendo que a taça com o formato de hemisfério é servida completamente cheia, a altura do volume de champanhe que deve ser colocado na outra taça, em centímetros, é de:

a) 1,33.

b) 6,00.

c) 12,00.

d) 56,52.

e) 113,04.

Em casa

TEXTO DE APOIO

Área da superfície lateral

Cilindro circular reto (ou cilindro de revolução)

$A_L = 2\pi rh$

Cone circular reto (ou cone de revolução)

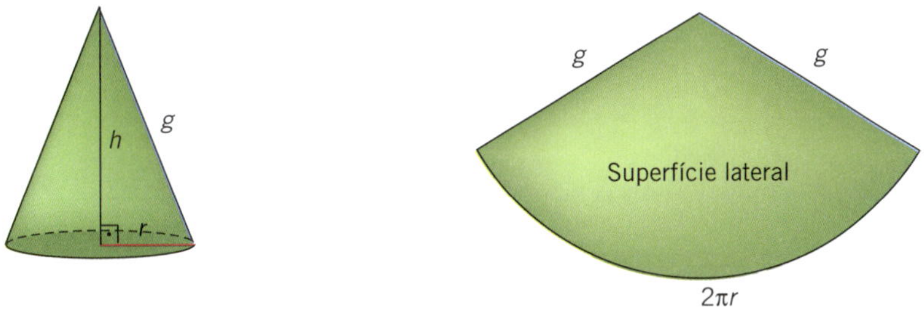

$A_L = \pi rg$

Superfície esférica

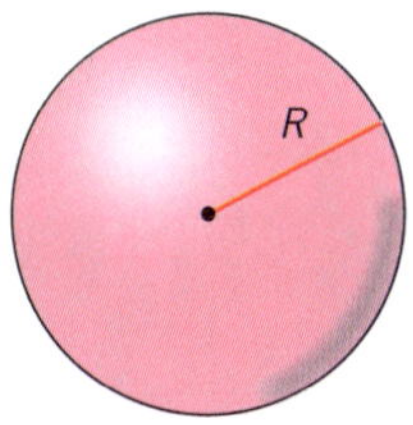

$A = 4\pi R^2$

1 (Enem) Dona Maria, diarista na casa da família Teixeira, precisa fazer café para servir as vinte pessoas que se encontram numa reunião na sala. Para fazer o café, Dona Maria dispõe de uma leiteira cilíndrica e copinhos plásticos, também cilíndricos:

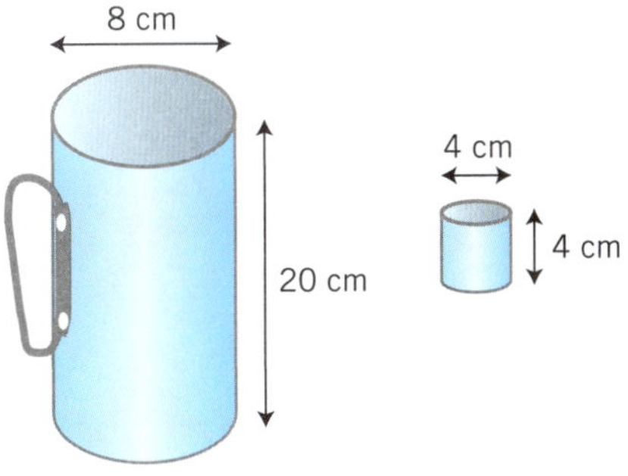

Com o objetivo de não desperdiçar café, a diarista deseja colocar a quantidade mínima de água na leiteira para encher os vinte copinhos pela metade. Para que isso ocorra, Dona Maria deverá:

a) encher a leiteira até a metade, pois ela tem um volume 20 vezes maior que o volume do copo.
b) encher a leiteira toda de água, pois ela tem um volume 20 vezes maior que o volume do copo.
c) encher a leiteira toda de água, pois ela tem um volume 10 vezes maior que o volume do copo.
d) encher duas leiteiras de água, pois ela tem um volume 10 vezes maior que o volume do copo.
e) encher cinco leiteiras de água, pois ela tem um volume 10 vezes maior que o volume do copo.

2 (Enem) Alguns testes de preferência por bebedouros de água foram realizados com bovinos, envolvendo três tipos de bebedouros, de formatos e tamanhos diferentes. Os bebedouros 1 e 2 têm a forma de um tronco de cone circular reto, de altura igual a 60 cm, e diâmetro da base superior igual a 120 cm e 60 cm, respectivamente. O bebedouro 3 é um semicilindro, com 30 cm de altura, 100 cm de comprimento e 60 cm de largura. Os três recipientes estão ilustrados na figura.

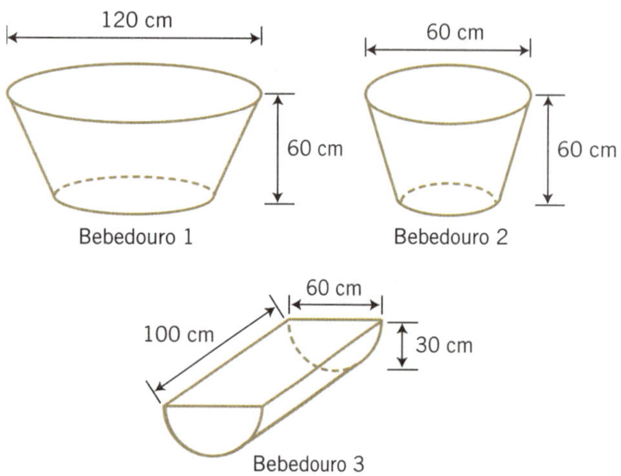

Considerando que nenhum dos recipientes tenha tampa, qual das figuras a seguir representa uma planificação para o bebedouro 3?

a)

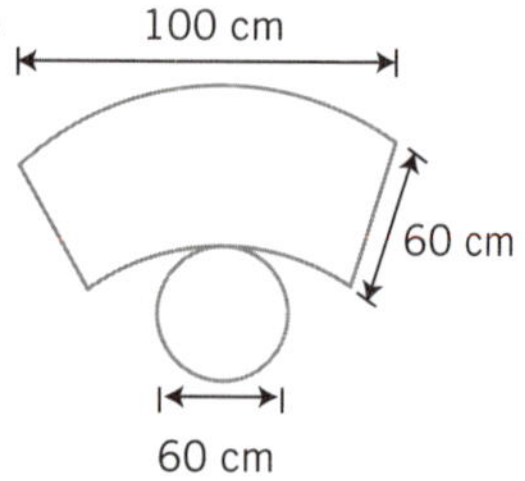

b)

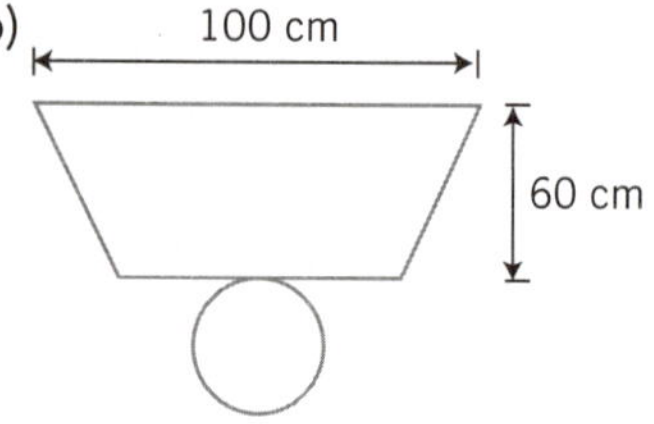

c)

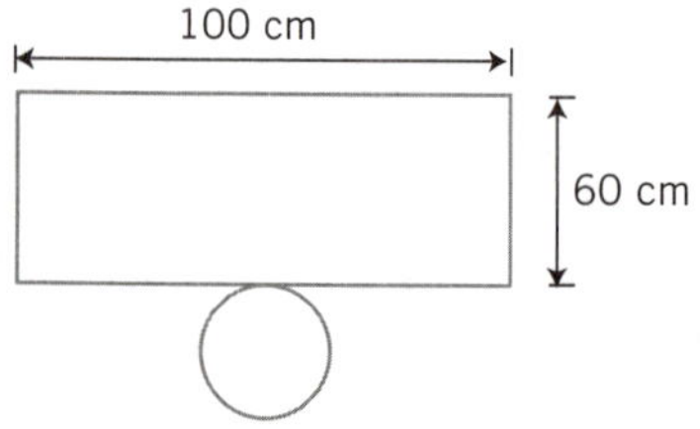

d)

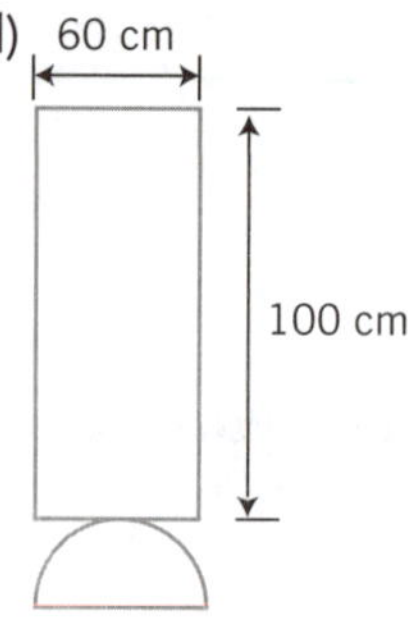

e)

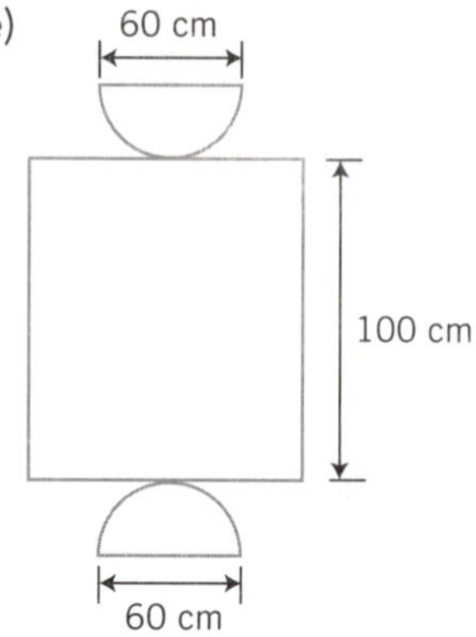

3 (Enem) A figura seguinte mostra um modelo de sombrinha muito usado em países orientais.

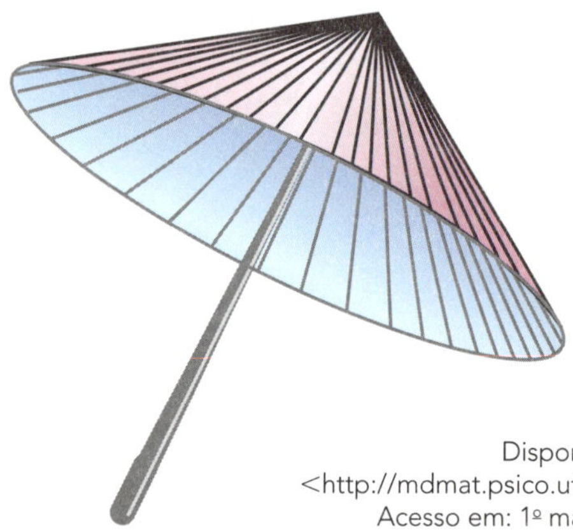

Disponível em <http://mdmat.psico.ufrgs.br>
Acesso em: 1º maio 2010

Esta figura é uma representação de uma superfície de revolução chamada de:

a) pirâmide.
b) semiesfera.
c) cilindro.
d) tronco de cone.
e) cone.

Anotações

AULA 10

Competência 3 Construir noções de grandezas e medidas para a compreensão da realidade e a solução de problemas do cotidiano.

Habilidade 10 Identificar relações entre grandezas e unidades de medidas.

Em classe

GRANDEZAS E MEDIDAS

Relacionar grandezas através de suas medidas é fundamental para diversas áreas do conhecimento, não só em Matemática.

Veremos, no exemplo a seguir, como duas grandezas podem ser relacionadas e, a partir disso, como inferir afirmações sobre um problema.

Perceba que há duas unidades para medir o volume de um sólido: o litro (L) e a unidade cúbica de comprimento (m^3, cm^3, ...). É usual conhecer que 1000 L correspondem a 1 m^3 ou que 1 cm^3 corresponde a 0,001 L.

Pedrinho tem muito orgulho da piscina que ele mandou construir e que acabara de ser enchida com água do poço; ele não sabe quantos litros foram necessários.

De qualquer modo, ele colocou na água 300 g de um produto a base de cloro. Após alguns dias, ele verificou que a concentração era de 0,004 g/L. Ele pôde concluir que o volume de água em metros cúbicos era:

a) 60. b) 72. c) 75. d) 96. e) 120.

© BIRF

Resolução:

0,004 g ——— 1 L

300 g ——— x L

$$x = \frac{300 \cdot 1}{0{,}004} \Rightarrow x = 75000 \text{ (litros)}$$

75000 litros correspondem a 75 m^3.

Resposta: alternativa **c**.

1 (Enem)

Uma resolução do Conselho Nacional de Política Energética (CNPE) estabeleceu a obrigatoriedade de adição de biodiesel ao óleo *diesel* comercializado nos postos. A exigência é que, a partir de 1º de julho de 2009, 4% do volume da mistura final seja formada por biodiesel. Até junho de 2009, esse percentual era de 3%. Essa medida estimula a demanda de biodiesel, bem como possibilita a redução da importação de *diesel* de petróleo.

Disponível em: <www1.folha.uol.com.br>. Acesso em: 12 jul. 2009. Adaptado.

Estimativas indicam que, com a adição de 4% de biodiesel ao *diesel*, serão consumidos 925 milhões de litros de biodiesel no segundo semestre de 2009. Considerando-se essa estimativa, para o mesmo volume da mistura final *diesel*/biodiesel consumida no segundo semestre de 2009, qual seria o consumo de biodiesel com a adição de 3%?

a) 27,75 milhões de litros
b) 37,00 milhões de litros
c) 231,25 milhões de litros
d) 693,75 milhões de litros
e) 888,00 milhões de litros

2 (Enem)

A cisterna é um recipiente utilizado para armazenar água da chuva. Os principais critérios a serem observados para captação e armazenagem de água da chuva são: a demanda diária de água na propriedade; o índice médio de precipitação (chuva), por região, em cada período do ano; o tempo necessário para armazenagem; e a área de telhado necessária ou disponível para captação. Para fazer o cálculo do volume de uma cisterna, deve-se acrescentar um adicional relativo ao coeficiente de evaporação. Na dificuldade em se estabelecer um coeficiente confiável, a Empresa Brasileira de Pesquisa Agropecuária (Embrapa) sugere que sejam adicionados 10% ao volume calculado de água.

Desse modo, o volume, em m^3, de uma cisterna é calculado por $V_c = V_d \cdot N_{dia}$, em que V_d = volume de demanda da água diária (m^3), N_{dia} = número de dias de armazenagem, e este resultado deve ser acrescido de 10%.

Para melhorar a qualidade da água, recomenda-se que a captação seja feita somente nos telhados das edificações. Considerando que a precipitação de chuva de 1 mm sobre uma área de 1 m^2 produz 1 litro de água, pode-se calcular a área de um telhado a fim de atender a necessidade de armazenagem da seguinte maneira: área do telhado (em m^2) = volume da cisterna (em litros)/precipitação.

Disponível em: <www.cnpsa.embrapa.br>. Acesso em: 8 jun. 2009. Adaptado.

Para atender a uma demanda diária de 2 000 litros de água, com período de armazenagem de 15 dias e precipitação média de 110 mm, o telhado, retangular, deverá ter as dimensões mínimas de:

a) 6 metros por 5 metros, pois assim teria uma área de 30 m^2.
b) 15 metros por 20 metros, pois assim teria uma área de 300 m^2.
c) 50 metros por 60 metros, pois assim teria uma área de 3 000 m^2.
d) 91 metros por 30 metros, pois assim teria uma área de 2 730 m^2.
e) 110 metros por 30 metros, pois assim teria uma área de 3 300 m^2.

Em casa

TEXTO DE APOIO

Para saber se um número é um dos divisores de um inteiro *N*, efetua-se a divisão de *N* por esse número e verifica-se o resto zero. Veja, a seguir, os conjuntos dos divisores (positivos) de:

a) 12: {1, 2, 3, 4, 6, 12}
b) 16: {1, 2, 4, 8, 16}

Note-se que nesses dois conjuntos existem os números comuns 1, 2 e 4. O maior desses números comuns é chamado de maior divisor comum e é representado por mdc (12, 16) = 4. Perceba ainda que, dizer que 4 é um divisor de 12 é equivalente a dizer que 12 é múltiplo de 4.

O conceito de máximo divisor comum está relacionado, entre outros, a problemas que envolvam minimizar quantidade de materiais que revestirão uma certa superfície, como no exemplo abaixo:

Deseja-se revestir uma sala retangular com dimensões 1 m e 1,25 m com lajotas quadradas, todas do mesmo tamanho e inteiras. Determine as possíveis medidas dos lados dessas lajotas, em cm.

Note-se que, ao resolver esse problema, a medida do lado de cada lajota tem de ser um divisor comum entre 100 cm e 125 cm. Os divisores de cada número são:

100: 1, 2, 4, 5, 10, 20, 25, 50, 100
125: 1, 5, 25, 125

Assim, os divisores comuns são 1, 5 e 25, e as medidas possíveis são 1 cm, 5 cm e 25 cm.

Se quiser gastar a menor quantidade possível de lajotas, cada lajota deverá ter o maior tamanho possível, ou seja, seu lado deverá ser o maior divisor comum entre 100 e 125 cm. O mdc (100, 125) = 25 é a medida do lado da maior lajota possível.

1 (Enem) Em uma certa cidade, os moradores de um bairro carente de espaços de lazer reivindicam à prefeitura municipal a construção de uma praça. A prefeitura concorda com a solicitação e afirma que irá construí-la em formato retangular devido às características técnicas do terreno. Restrições de natureza orçamentária impõem que sejam gastos, no máximo, 180 m de tela para cercar a praça. A prefeitura apresenta aos moradores desse bairro as medidas dos terrenos disponíveis para a construção da praça:

Terreno 1 → 55 m por 45 m

Terreno 2 → 55 m por 55 m

Terreno 3 → 60 m por 30 m

Terreno 4 → 70 m por 20 m

Terreno 5 → 95 m por 85 m

Para optar pelo terreno de maior área, que atenda às restrições impostas pela prefeitura, os moradores deverão escolher o terreno:

a) 1.
b) 2.
c) 3.
d) 4.
e) 5.

2 (Enem) O Índice de Massa Corporal (IMC) é largamente utilizado há cerca de 200 anos, mas esse cálculo representa muito mais a corpulência que a adiposidade, uma vez que indivíduos musculosos e obesos podem apresentar o mesmo IMC. Uma nova pesquisa aponta o Índice de Adiposidade Corporal (IAC) como uma alternativa mais fidedigna para quantificar a gordura corporal, utilizando a medida do quadril e a altura. A figura mostra como calcular essas medidas, sabendo-se que, em mulheres, a adiposidade normal está entre 19% e 26%.

O velho IMC (Índice de Massa Corporal)	O novo IAC (Índice de Adiposidade Corporal)

$\text{Índice de Massa Corporal} = \dfrac{\text{massa (kg)}}{\text{altura} \cdot \text{altura}}$	$\text{\% de Gordura Corporal} = \dfrac{\text{circunferência do quadril (cm)}}{\text{altura} \cdot \sqrt{\text{altura}}\ \text{(m)}} - 18$

Disponível em: <www1.folha.uol.com.br>. Acesso em: 24 abr. 2011. Adaptado.

Uma jovem com IMC = 20 kg/m^2, 100 cm de circunferência dos quadris e 60 kg de massa corpórea resolveu averiguar seu IAC. Para se enquadrar aos níveis de normalidade de gordura corporal, a atitude adequada que essa jovem deve ter diante da nova medida é:

(Use $\sqrt{3} = 1{,}7$ e $\sqrt{1{,}7} = 1{,}3$.)

a) reduzir seu excesso de gordura em cerca de 1%.
b) reduzir seu excesso de gordura em cerca de 27%.
c) manter seus níveis atuais de gordura.
d) aumentar seu nível de gordura em cerca de 1%.
e) aumentar seu nível de gordura em cerca de 27%.

3 (Enem) Considere um caminhão que tenha uma carroceria na forma de um paralelepípedo retângulo, cujas dimensões internas são 5,1 m de comprimento, 2,1 m de largura e 2,1 m de altura. Suponha que esse caminhão foi contratado para transportar 240 caixas na forma de cubo com 1 m de aresta cada uma e que essas caixas podem ser empilhadas para o transporte.

Qual é o número mínimo de viagens necessárias para realizar esse transporte?

a) 10 viagens
b) 11 viagens
c) 12 viagens
d) 24 viagens
e) 27 viagens

4 (UPM-SP) Deseja-se preencher completamente o paralelepípedo retângulo da figura abaixo, com cubos iguais e de mesmo tamanho.

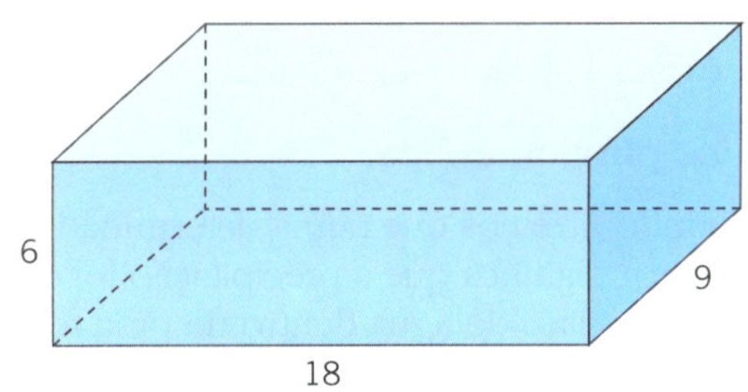

A medida da aresta do cubo que proporciona a menor quantidade de cubos é dada por:

a) 18.
b) 2.
c) 1.
d) 6.
e) 3.

Anotações

AULA 11

Competência 3 Construir noções de grandezas e medidas para a compreensão da realidade e a solução de problemas do cotidiano.

Habilidade 11 Utilizar a noção de escalas na leitura de representação de situação do cotidiano.

Em classe

ESCALA – ÍNDICE PLUVIOMÉTRICO

Escalas (de redução e de ampliação)

Quando se quer fazer, por exemplo, o mapa de uma cidade, a planta de uma casa ou a miniatura de um avião, utiliza-se uma escala numérica, que é a razão entre a medida linear (comprimento) de um elemento qualquer do modelo que será elaborado (mapa, planta, miniatura) e a medida correspondente do real (cidade, casa, avião), ambas as medidas na mesma unidade. Essa razão é comumente indicada por dois-pontos, por exemplo $1:200$.

Assim, se a planta de uma casa foi desenhada na escala $1:200$, isso significa que cada unidade de medida na planta, por exemplo 1 cm, corresponde a 200 cm na casa.

No exemplo apresentado, temos uma escala de redução. No entanto, muitas vezes, queremos fazer uma ampliação, como ampliar em 10 vezes uma foto. Nesse caso, a escala será $10:1$, ou seja, cada 10 unidades de medida da foto maior, por exemplo 10 cm, corresponderá a 1 cm da foto menor.

Deve-se observar que numa escala de redução ou mesmo de ampliação, ao escrevermos $a:b$, o primeiro número (a) corresponde ao protótipo, e o segundo número (b) corresponde ao real.

Notas:

1) A escala $a:b$ pode ser indicada por $\frac{a}{b}$.

2) A escala $1:1$ reproduz o tamanho real.

Índice pluviométrico

Quando dizemos que numa determinada região a precipitação pluviométrica (chuva) foi de 1 mm (um milímetro), significa que a precipitação foi equivalente a 1 litro de água em cada metro quadrado de solo, ou seja, um litro de água dentro de uma região de um metro de comprimento por um metro de largura.

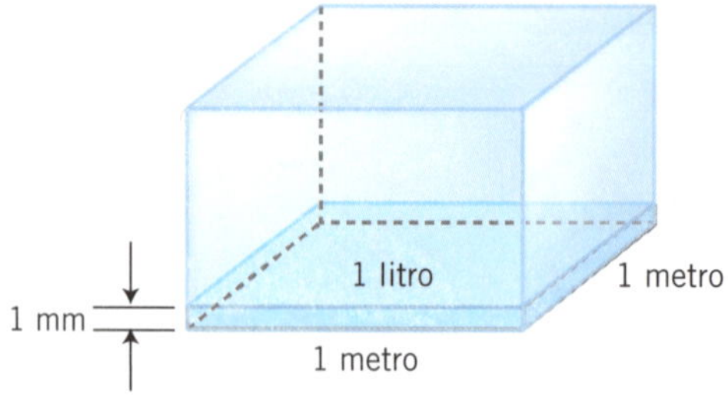

O **índice pluviométrico** é a medida em milímetros (mm) da quantidade da precipitação de água num determinado local durante um certo período.

Por exemplo, se numa região a precipitação pluviométrica (chuva) anual foi de 200 mm, significa que em um ano, nessa região, a quantidade da precipitação da água foi de 200 litros por metro quadrado, pois, como vimos, um milímetro corresponde a 1 litro em cada metro quadrado.

1 A planta de uma casa será desenhada na escala 1: 100. Se a sala da casa tem 8 m de comprimento, na planta esse comprimento deverá ser de:

a) 4 cm. b) 6 cm. c) 8 cm. d) 80 cm. e) 0,8 cm.

2 (Enem) Sabe-se que a distância real, em linha reta, de uma cidade *A*, localizada no estado de São Paulo, a uma cidade *B*, localizada no estado de Alagoas, é igual a 2000 km. Um estudante, ao analisar um mapa, verificou com sua régua que a distância entre essas duas cidades, *A* e *B*, era 8 cm. Os dados nos indicam que o mapa observado pelo estudante está na escala de:

a) 1:250. b) 1:2500. c) 1:25000. d) 1:250000. e) 1:25000000.

3 Numa região de 1,8 ha (hectare) foi registrado um índice pluviométrico anual de 300 mm. Se 1 ha = 10000 m^2, e lembrando que 1 m^3 = 1000 L, essa precipitação foi de:

a) 5,4 m^3. b) 54 m^3. c) 540 m^3. d) 5400 m^3. e) 54000 m^3.

Em casa

TEXTO DE APOIO

Unidades de medida

Introdução

Vamos, primeiramente, relembrar os prefixos. Isso facilitará bastante a memorização das relações entre as unidades.

Quilo: 1 000 (ou 10^3)	Mili: $\frac{1}{1000}$ (ou 10^{-3})
Hecto: 100 (ou 10^2)	Centi: $\frac{1}{100}$ (ou 10^{-2})
Deca: 10 (ou 10^1)	Deci: $\frac{1}{10}$ (ou 10^{-1})

Unidades de comprimento

Quilômetro (km) = 1 000 m
Hectômetro (hm) = 100 m
Decâmetro (dam) = 10 m
Metro (m)
Decímetro (dm) = 10^{-1} m
Centímetro (cm) = 10^{-2} m
Milímetro (mm) = 10^{-3} m
Como consequência, faz-se a conversão de unidades do seguinte modo:

$$\xrightarrow{\times 10}$$
km hm dam m dm cm mm ,
$$\xleftarrow{:\ 10}$$

ou seja: para cada "passo" para a direita, multiplicamos por 10; e para cada "passo" para a esquerda, dividimos por 10.

Exemplos:
a) 2,3 m = 2,3 × 10 × 10 = 230 cm
b) 342 cm = 342 : 10 : 10 = 3,42 m

Nota: Quando um número é inteiro, a "vírgula" encontra-se imediatamente à sua direita. Assim: 342 = 342,0.

Exercício resolvido

(Enem) Um mecânico de uma equipe de corrida necessita que as seguintes medidas realizadas em um carro sejam obtidas em metros:
a) distância *a* entre os eixos dianteiro e traseiro;
b) altura *b* entre o solo e o encosto do piloto.

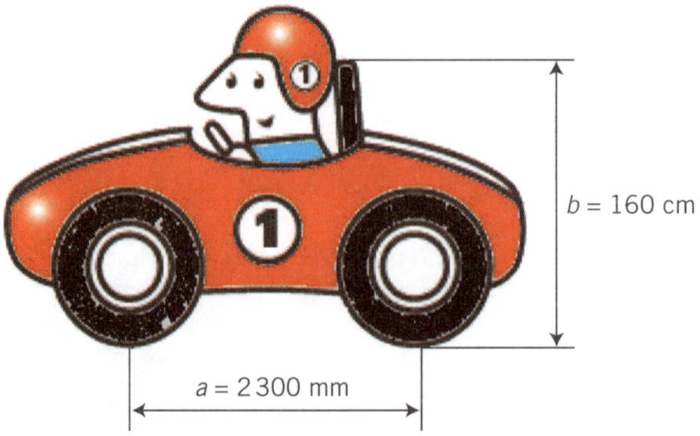

Ao optar pelas medidas a e b em metros, obtêm-se, respectivamente:

a) 0,23 e 0,16.
b) 2,3 e 1,6.
c) 23 e 16.
d) 230 e 160.
e) 2300 e 1600.

Resolução:
$a = 2300$ mm $= 2300 : 10 : 10 : 10 = 2,3$ m
$b = 160$ cm $= 160 : 10 : 10 = 1,6$ m
Resposta: alternativa **b**.

Unidades de área

$\times 10^2$ →

km^2 hm^2 dam^2 m^2 dm^2 cm^2 mm^2

← $: 10^2$

Unidades de volume

$\times 10^3$ →

km^3 hm^3 dam^3 m^3 dm^3 cm^3 mm^3

← $: 10^3$

Notas:
1 dm^3 = 1 L (litro)
1 cm^3 = 1 mL (mililitro)
Logo:
1 $m^3 = 10^3$ dm^3, ou seja, 1 m^3 = 1000 L
1 $dm^3 = 10^3$ cm^3, ou seja, 1 L = 1000 mL
Observação: Não existe plural para os símbolos de unidades. Por exemplo, 10 quilômetros escrevemos 10 km, e não 10 kms.

Unidades de massa

As mais utilizadas em nosso dia a dia são:

Grama (g)
Quilograma (kg) = 1000 g
Tonelada (t) = 1000 kg

$\times 10^3$ →

t kg g

← $: 10^3$

Unidades de tempo

A unidade fundamental de tempo é o segundo (s). Seus múltiplos usuais são:

Minuto (min) = 60 s
Hora (h) = 60 min = 60×60 = 3600 s
Dia = 24 h = $24 \times 60 \times 60$ = 86400 s

dia → $\times 24$ → h → $\times 60$ → min → $\times 60$ → s

s → $: 60$ → min → $: 60$ → h → $: 24$ → dia

Observação (cuidado!):

Como o sistema de medidas de tempo não é decimal, então, por exemplo, 8,3 h não quer dizer 8 h e 30 min nem 8 h e 3 min. Faz-se assim:
8,3 h = 8 h + 0,3 h =
= 8 h + $0,3 \times 60$ min (pois 1 h = 60 min) =
= 8 h e 18 min

1 Uma garrafinha miniatura de um litro de uísque será feita na escala 1:4. Se a garrafa de uísque tem 32 cm de altura, qual será a altura da garrafinha?

a) 0,8 cm
b) 3,2 cm
c) 4 cm
d) 6 cm
e) 8 cm

2 Um mapa da cidade de São Paulo será feito na escala 1:10000. Se o comprimento de uma rua é 500 m, qual será seu comprimento no mapa?

a) 2 cm
b) 2,5 cm
c) 3 cm
d) 4,5 cm
e) 5 cm

3 (Enem) A figura a seguir mostra as medidas reais de uma aeronave que será fabricada para utilização por companhias de transporte aéreo. Um engenheiro precisa fazer o desenho desse avião em escala de 1:150.

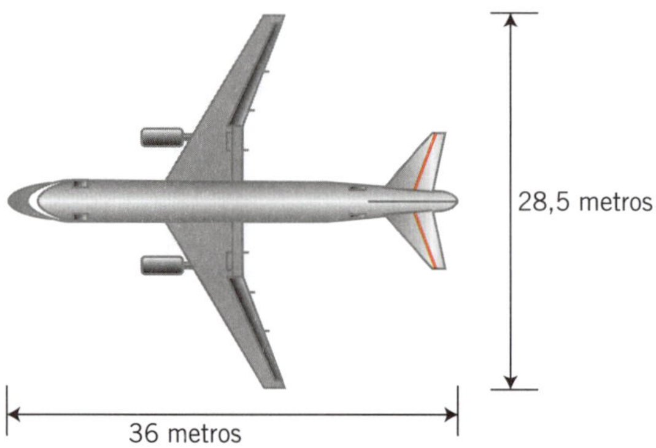

Para o engenheiro fazer esse desenho em uma folha de papel, deixando uma margem de 1 cm em relação às bordas da folha, quais as dimensões mínimas, em centímetros, que essa folha deverá ter?

a) 2,9 cm × 3,4 cm
b) 3,9 cm × 4,4 cm
c) 20 cm × 25 cm
d) 21 cm × 26 cm
e) 192 cm × 242 cm

4 O mapa de uma cidadezinha foi desenhado em um sistema cartesiano e utilizou-se escala 1:20000, isto é, um comprimento 1 no mapa corresponde a um comprimento 20000 na cidade, na mesma unidade de medida.

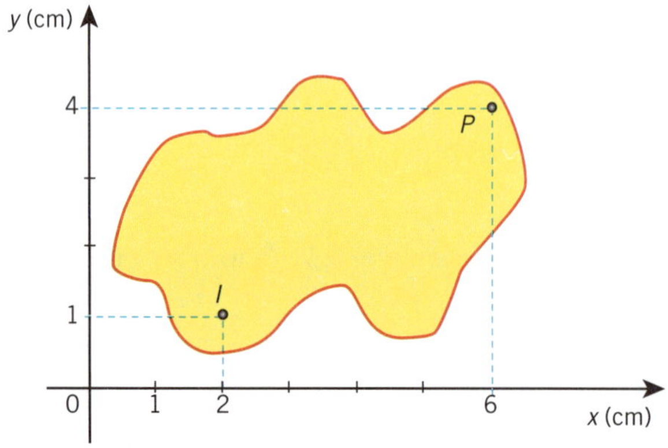

Qual é a distância entre a igreja *I* e o posto de combustível *P* na cidade se a unidade de medida no sistema cartesiano é o centímetro?

a) 100 m
b) 750 m
c) 1 km
d) 5 km
e) 10 km

5 (Enem)

No monte de Cerro Armazones, no deserto de Atacama, no Chile, ficará o maior telescópio da superfície terrestre, o Telescópio Europeu Extremamente Grande (E-ELT). O E-ELT terá um espelho primário de 42 m de diâmetro, "o maior olho do mundo voltado para o céu".

Disponível em: <www.estadao.com.br>. Acesso em: 27 abr. 2010. Adaptado.

Ao ler esse texto em uma sala de aula, uma professora fez uma suposição de que o diâmetro do olho humano mede aproximadamente 2,1 cm.

Qual a razão entre o diâmetro aproximado do olho humano, suposto pela professora, e o diâmetro do espelho primário do telescópio citado?

a) 1:20
b) 1:100
c) 1:200
d) 1:1000
e) 1:2000

6 Uma fábrica de bolas de basquete pretende fazer uma réplica em tamanho grande de um de seus modelos de bola, para ser exposta em um estádio. Se a bola tem diâmetro de 24 cm, qual será a medida do diâmetro da réplica se for utilizada a escala 50:1?

a) 0,12 m
b) 1,2 m
c) 12 m
d) 4,8 m
e) 48 m

7 Numa região do interior do Paraná foi registrado, num determinado período, um índice de 80 mm de precipitação pluviométrica. Se essa região tem uma área de 1 km^2, de quantos metros cúbicos foi essa precipitação?

a) 80000
b) 8000
c) 800
d) 80
e) 8

8 Numa pequena cidade foi registrado um índice pluviométrico médio mensal de 50 mm. Se a média mensal de precipitação foi de 4500 m^3 de água, a área dessa região é:

a) 9000 m^2.
b) 90000 m^2.
c) 900000 m^2.
d) 9 km^2.
e) 90 km^2.

AULA 12

Competência 3 Construir noções de grandezas e medidas para a compreensão da realidade e a solução de problemas do cotidiano.

Habilidade 12 Resolver situação-problema que envolva medidas de grandezas.

Em classe

ÁREAS

Introdução

O que é área de uma figura plana?
Considere as figuras A e B.

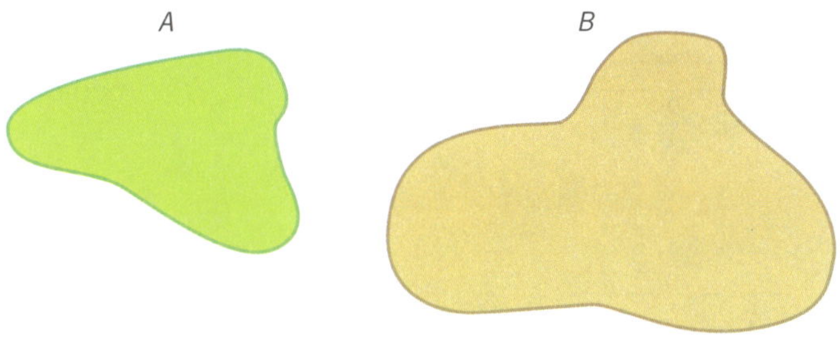

Percebe-se claramente que o tamanho da figura A é menor que o tamanho da figura B. E como poderíamos calcular esses tamanhos? Considere agora os retângulos C e D, em que as medidas assinaladas estão em centímetros.

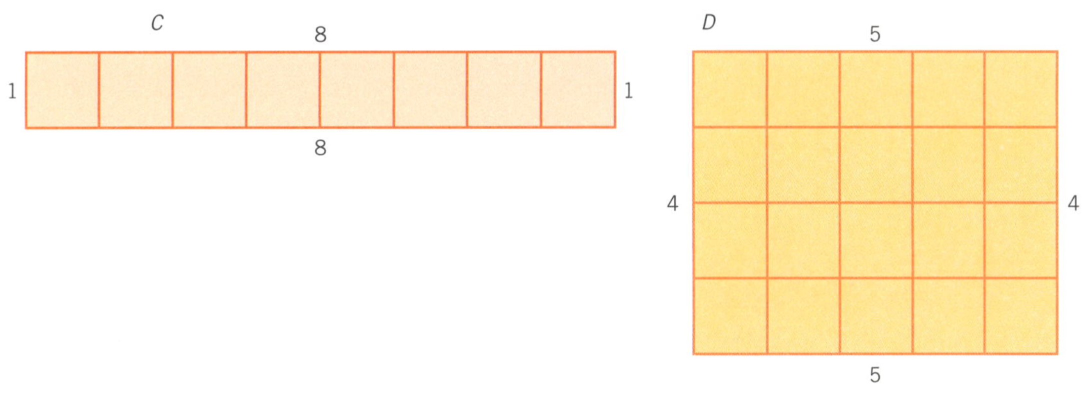

Percebe-se, claramente também, que o tamanho do retângulo C é menor que o tamanho do retângulo D, embora eles tenham perímetros (somas das medidas dos lados) iguais a 18 cm, ou seja:

- Perímetro de C: $8 + 8 + 1 + 1 = 18$ cm;
- Perímetro de D: $5 + 5 + 4 + 4 = 18$ cm.

Já deu para perceber que não existe uma relação entre o tamanho e o perímetro.

Mas, afinal, como calcular os tamanhos de C e D?

Podemos fazer o seguinte:

O retângulo C é formado por 8 quadradinhos de lado 1 cm (observe que $8 \times 1 = 8$).

O retângulo D é formado por 20 quadradinhos de lado 1 cm (observe que $20 = 5 \times 4$).

Poderíamos dizer, então, que os tamanhos de C e D são 8 e 20, ou seja, números que indicam quantos quadradrinhos de lados 1 cm "cabem" neles.

O assunto que estudaremos agora é área, que é a medida do "tamanho" de uma figura plana.

Cálculo de áreas

Retângulo

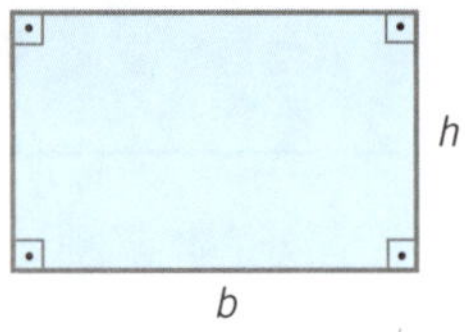

$$A = b \cdot h$$

b = medida da base
h = medida da altura

Triângulo

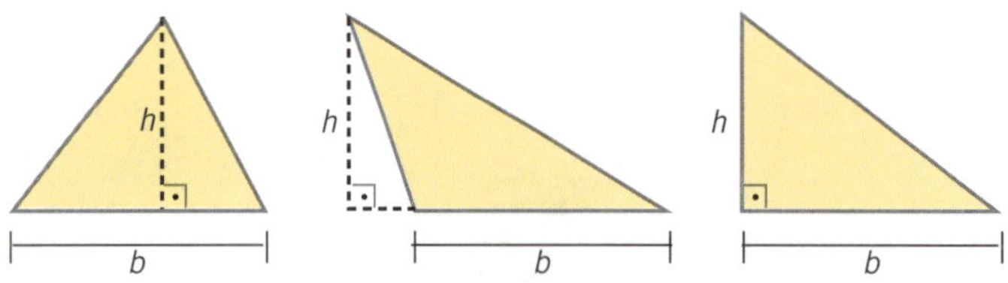

$$A = \frac{1}{2} \cdot b \cdot h$$

b = medida da base
h = medida da altura

Círculo

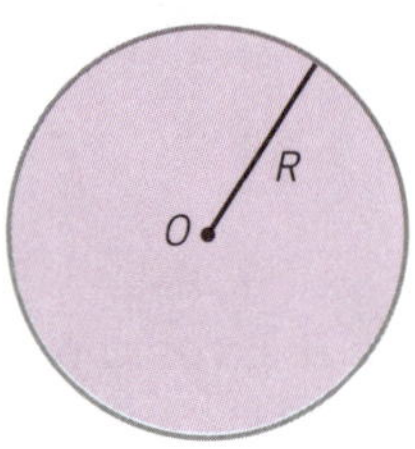

$$A = \pi R^2$$

$\pi = 3{,}14$ (valor aproximado)

1 (Enem) O governo cedeu terrenos para que famílias construíssem suas residências com a condição de que no mínimo 94% da área do terreno fossem mantidos como área de preservação ambiental. Ao receber o terreno retangular $ABCD$, em que $AB = \frac{BC}{2}$, Antônio demarcou uma área quadrada no vértice A, para a construção de sua residência, de acordo com o desenho, no qual $AE = \frac{AB}{5}$ é lado do quadrado.

Nesse caso, a área definida por Antônio atingiria exatamente o limite determinado pela condição se ele:

a) duplicasse a medida do lado do quadrado.

b) triplicasse a medida do lado do quadrado.

c) triplicasse a área do quadrado.
d) ampliasse a medida do lado do quadrado em 4%.
e) ampliasse a área do quadrado em 4%.

2 (Enem) Ao morrer, o pai de João, Pedro e José deixou como herança um terreno retangular de 3 km × 2 km que contém uma área de extração de ouro delimitada por um quarto de círculo de raio 1 km a partir do canto inferior esquerdo da propriedade. Dado o maior valor da área de extração de ouro, os irmãos acordaram em repartir a propriedade de modo que cada um ficasse com a terça parte da área de extração, conforme mostra a figura.

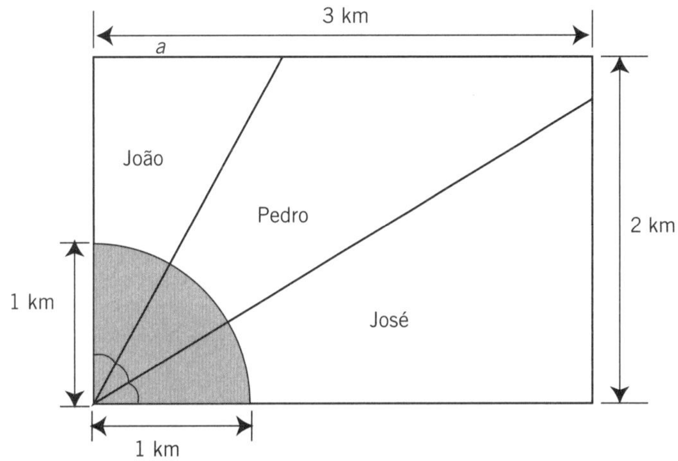

Em relação à partilha proposta, constata-se que a porcentagem da área do terreno que coube a João corresponde, aproximadamente, a:

$\left(\text{Considere } \frac{\sqrt{3}}{3} = 0{,}58.\right)$

a) 50%. b) 43%. c) 37%. d) 33%. e) 19%.

Em casa

TEXTO DE APOIO

Áreas

Quadrado

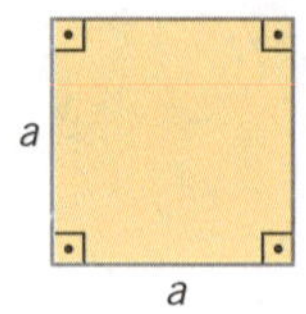

$A = a^2$

a = medida do lado

Paralelogramo

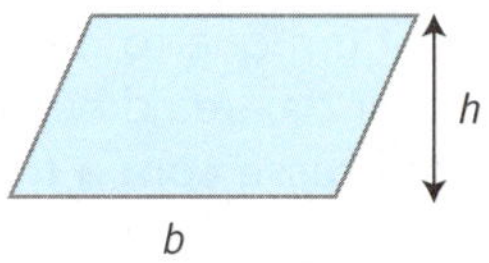

$A = b \cdot h$

b = medida da base
h = medida da altura

Observe que h é a distância entre os lados paralelos.

Triângulo

Se num triângulo tivermos as medidas a e b de dois lados e a medida α do ângulo por eles compreendidos, teremos:

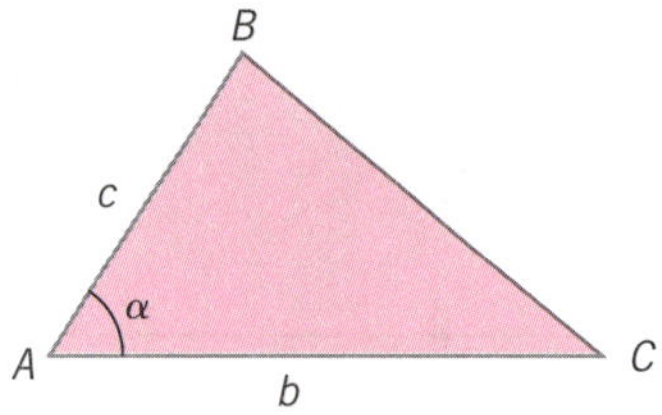

$$A = \frac{1}{2} \cdot b \cdot c \cdot \text{sen } \alpha$$

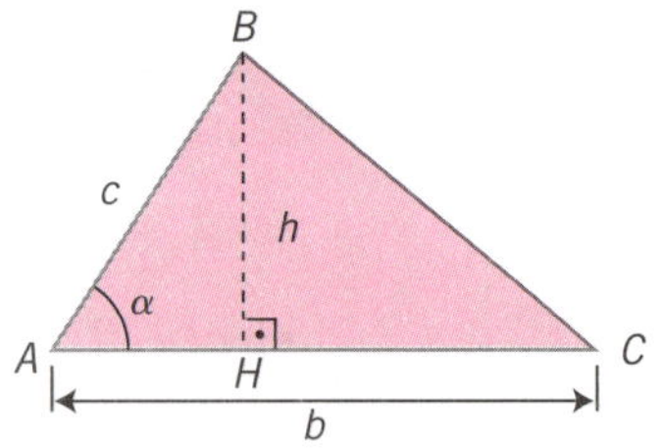

De fato, sendo h a medida relativa ao lado $\overline{AC}$, temos:

$$A = \frac{1}{2} \cdot b \cdot h \qquad (1)$$

No $\triangle AHB \rightarrow \text{sen } \alpha = \frac{h}{c} \Rightarrow h = c \cdot \text{sen } \alpha$

Substituindo em (1), temos:

$$A = \frac{1}{2} \cdot b \cdot c \cdot \text{sen } \alpha$$

Trapézio

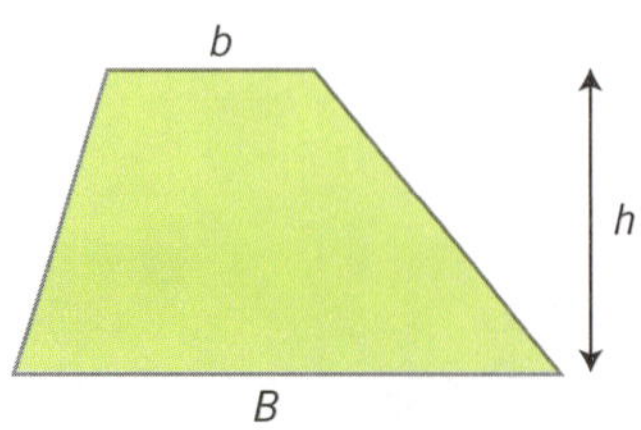

$$A = \frac{(B + b) \cdot h}{2}$$

B = medida da base maior
b = medida da base menor
h = medida da altura

Observe que h é a distância entre as duas bases.

Setor circular

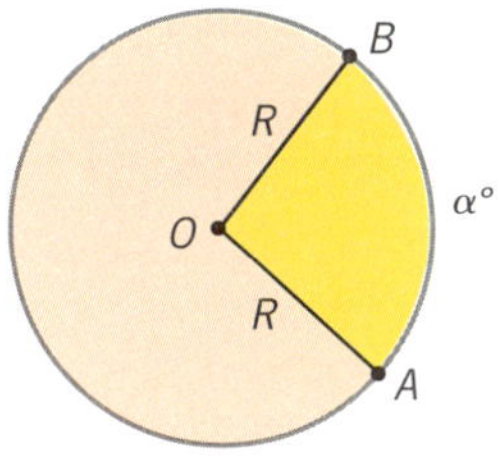

Área		Arco
πR^2	———	360°
A	———	$\alpha°$

$$A = \frac{\alpha}{360} \cdot \pi R^2$$

Segmento circular

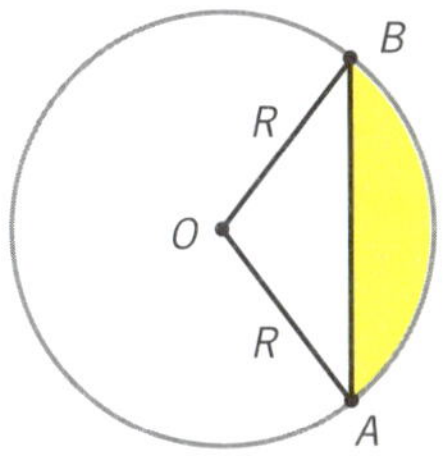

$$A = A_{\text{setor}} - A_{\text{triângulo}}$$

1 (Enem) O quadro apresenta informações da área aproximada de cada bioma brasileiro.

Biomas continentais brasileiros	Área aproximada (km²)	Área/total Brasil
Amazônia	4196943	49,29%
Cerrado	2036448	23,92%
Mata Atlântica	1110183	13,04%
Caatinga	844453	9,92%
Pampa	176496	2,07%
Pantanal	150355	1,76%
Área total Brasil	8514877	

Disponível em: <www.ibge.gov.br>. Acesso em: 10 jul. 2009. Adaptado.

É comum em conversas informais, ou mesmo em noticiários, o uso de múltiplos da área de um campo de futebol (com as medidas de 120 m × 90 m) para auxiliar a visualização de áreas consideradas extensas. Nesse caso, qual é o número de campos de futebol correspondente à área aproximada do bioma Pantanal?

a) 1400
b) 14000
c) 140000
d) 1400000
e) 14000000

2 (Enem) A loja Telas & Molduras cobra 20 reais por metro quadrado de tela, 15 reais por metro linear de moldura, mais uma taxa fixa de entrega de 10 reais.

Uma artista plástica precisa encomendar telas e molduras a essa loja, suficientes para 8 quadros retangulares (25 cm × 50 cm). Em seguida, fez uma segunda encomenda, mas agora para 8 quadros retangulares (50 cm × 100 cm). O valor da segunda encomenda será:

a) o dobro do valor da primeira encomenda, porque a altura e a largura dos quadros dobraram.
b) maior do que o valor da primeira encomenda, mas não o dobro.
c) a metade do valor da primeira encomenda, porque a altura e a largura dos quadros dobraram.
d) menor do que o valor da primeira encomenda, mas não a metade.
e) igual ao valor da primeira encomenda, porque o custo de entrega será o mesmo.

3 (Enem) O tangram é um jogo oriental antigo, uma espécie de quebra-cabeça, constituído de sete peças: 5 triângulos retângulos e isósceles, 1 paralelogramo e 1 quadrado. Essas peças são obtidas recortando-se um quadrado de acordo com o esquema da figura 1. Utilizando-se todas as sete peças, é possível representar uma grande diversidade de formas, como as exemplificadas nas figuras 2 e 3.

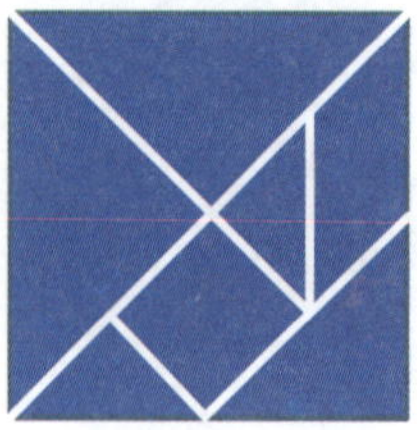

Figura 1

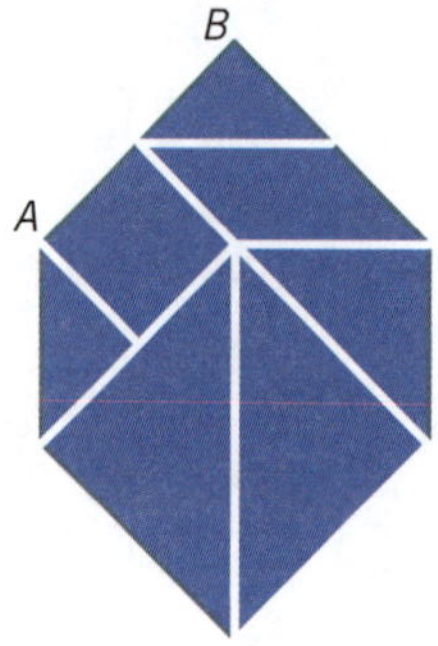

Figura 2

Figura 3

Se o lado $\overline{AB}$ do hexágono mostrado na figura 2 mede 2 cm, então a área da figura 3, que representa uma "casinha", é igual a:

a) 4 cm^2.
b) 8 cm^2.
c) 12 cm^2.
d) 14 cm^2.
e) 16 cm^2.

4 (Enem)

Cerca de 20 milhões de brasileiros vivem na região coberta pela caatinga, em quase 800 mil km^2 de área. Quando não chove, o homem do sertão e sua família precisam caminhar quilômetros em busca da água dos açudes. A irregularidade climática é um dos fatores que mais interferem na vida do sertanejo.

Disponível em: <www.wwf.org.br>. Acesso em: 23 abr. 2010.

Segundo este levantamento, a densidade demográfica da região coberta pela caatinga, em habitantes por km^2, é de:

a) 250.
b) 25.
c) 2,5.
d) 0,25.
e) 0,025.

Anotações

AULA 13

Competência 3 Construir noções de grandezas e medidas para a compreensão da realidade e a solução de problemas do cotidiano.

Habilidade 13 Avaliar o resultado de uma medição na construção de um argumento consistente.

Em classe

CONSTRUÇÃO DE ARGUMENTOS

Os grandes problemas contemporâneos de saúde pública exigem a atuação eficiente do Estado que, visando à proteção da saúde da população, emprega tanto os mecanismos de persuasão (informação, fomento) quanto os meios materiais (execução de serviços) e as tradicionais medidas de polícia administrativa (condicionamento e limitação da liberdade individual). Exemplar na implementação de política pública é o caso da dengue, que se expandiu e tem-se apresentado em algumas cidades brasileiras na forma epidêmica clássica, com perspectiva de ocorrências hemorrágicas de elevada letalidade. Um importante desafio no combate à dengue tem sido o acesso aos ambientes particulares, pois os profissionais dos serviços de controle encontram, muitas vezes, os imóveis fechados ou são impedidos pelos proprietários de entrarem nos recintos. Dada a grande capacidade dispersiva do mosquito vetor, *Aedes aegypti*, todo o esforço de controle pode ser comprometido caso os operadores de campo não tenham acesso às habitações.

Programa Nacional de Controle da Dengue. Brasília: Fundação Nacional de Saúde, 2002. Adaptado.

O texto acima faz referência ao combate à dengue. A tabela abaixo fornece alguns dados relativos aos casos de dengue detectados no município de Campinas na primeira metade do ano de 2007. A primeira coluna da tabela indica os distritos do município, segundo a prefeitura. A segunda indica a população aproximada de cada distrito. A terceira informa os casos de dengue confirmados. Na última, são apresentados os coeficientes de incidência de dengue em cada distrito. A figura à direita é uma representação aproximada dos distritos de Campinas.

Distrito de Campinas	População (× 1000 hab.)	Casos de dengue	Coeficiente de incidência (casos por 1000 hab.)
Norte	181	1399	77,3
Sul	283	1014	35,8
Leste	211	577	26,4
Sudoeste	215	1113	51,8
Noroeste	170	790	
Total	**1060**		

Fonte: Secretaria Municipal de Saúde de Campinas, Coordenadoria de Vigilância e Saúde Ambiental (dados preliminares).

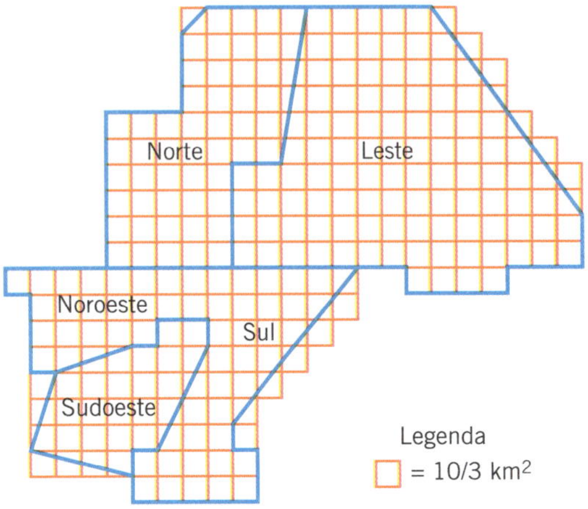

Responda às questões abaixo, tomando por base os dados fornecidos na tabela acima.

a) Calcule o coeficiente de incidência de dengue no distrito Noroeste, em casos por 10 000 habitantes. O coeficiente de incidência de dengue hemorrágica em todo o município de Campinas, no mesmo período, foi de 0,236 caso por 10 000 habitantes. Determine o número de casos de dengue hemorrágica detectados em Campinas no primeiro semestre de 2007.

b) Calcule o coeficiente de incidência de dengue no município de Campinas na primeira metade de 2007 e o crescimento percentual desse coeficiente com relação ao coeficiente do primeiro semestre de 2005, que foi de 1 caso por 10 000 habitantes.

Resolução:

a) O coeficiente de incidência de dengue no distrito Noroeste, em casos por 10 000 habitantes, é dado por: $\frac{790}{170 \cdot 1000} \cdot 10\,000 = 46{,}5$.

Da tabela, a população aproximada do município de Campinas é de 1 060 000 habitantes. Assim, o número de casos de dengue hemorrágica é igual a: $\frac{0{,}236 \cdot 1\,060\,000}{10\,000} = 25$.

Resposta: 46,5 e 25.

b) Da tabela, o coeficiente de incidência de dengue no município, em casos por 10 000 habitantes, é dado por: $\frac{4\,873}{1060 \cdot 10\,000} = 46$.

O crescimento percentual pedido é igual a $\left(\frac{46}{1} - 1\right) \cdot 100\% = 4\,500\%$.

Resposta: 46 e 4 500%.

- Uma das características do Enem é exigir a habilidade de avaliar medições dadas para a elaboração de conclusões. Em Matemática, a partir de um conjunto de informações (hipóteses), é possível concluir uma sequência de afirmações, até chegar a uma conclusão (tese). Nessas afirmações, é possível também efetuar cálculos a fim de que as afirmações não entrem em contradição com outras hipóteses básicas do mundo em que se vive (como resultados absurdos ou incoerentes).

1 (Enem) Segundo as regras da Fórmula 1, o peso mínimo do carro, de tanque vazio, com o piloto, é de 605 kg, e a gasolina deve ter densidade entre 725 e 780 gramas por litro. Entre os circuitos nos quais ocorrem competições dessa categoria, o mais longo é o Spa-Francorchamps, na Bélgica, cujo traçado tem 7 km de extensão. O consumo médio de um carro da Fórmula 1 é de 75 litros para cada 100 km.

Suponha que um piloto de uma equipe específica, que utiliza um tipo de gasolina com densidade de 750 g/L, esteja no circuito de Spa-Francorchamps, parado no *box* para reabastecimento. Caso ele pretenda dar mais 16 voltas, ao ser liberado para retornar à pista, seu carro deverá pesar, no mínimo:

a) 617 kg.
b) 668 kg.
c) 680 kg.
d) 689 kg.
e) 717 kg.

2 (Enem) Um dos grandes problemas enfrentados nas rodovias brasileiras é o excesso de carga transportada pelos caminhões. Dimensionado para o tráfego dentro dos limites legais de carga, o piso das estradas se deteriora com o peso excessivo dos caminhões. Além disso, o excesso de carga interfere na capacidade de frenagem e no funcionamento da suspensão do veículo, causas frequentes de acidentes. Ciente dessa responsabilidade e com base na experiência adquirida com pesagens, um caminhoneiro sabe que seu caminhão pode carregar, no máximo, 1 500 telhas ou 1 200 tijolos. Considerando esse caminhão carregado com 900 telhas, quantos tijolos, no máximo, podem ser acrescentados à carga de modo a não ultrapassar a carga máxima do caminhão?

a) 300 tijolos
b) 360 tijolos
c) 400 tijolos
d) 480 tijolos
e) 600 tijolos

Em casa

TEXTO DE APOIO

Com base nas informações do texto da página 55, resolva os seguintes problemas:

a) Calcule a área total do município de Campinas, sabendo que os distritos Norte, Leste, Sul e Noroeste da cidade têm, respectivamente, 175 km², 350 km², 120 km² e 75 km².

b) Suponha que, como uma medida de combate à dengue, o município de Campinas tenha decidido fazer uma nebulização (ou pulverização) de inseticida. Na fase inicial da nebulização, será atendido o distrito com maior número de casos de dengue por km². No diagrama abaixo, marque os pontos correspondentes aos cinco distritos de Campinas. Identifique claramente o distrito associado a cada ponto. Com base no gráfico obtido, indique o distrito em que será feita essa nebulização inicial. Justifique sua resposta.

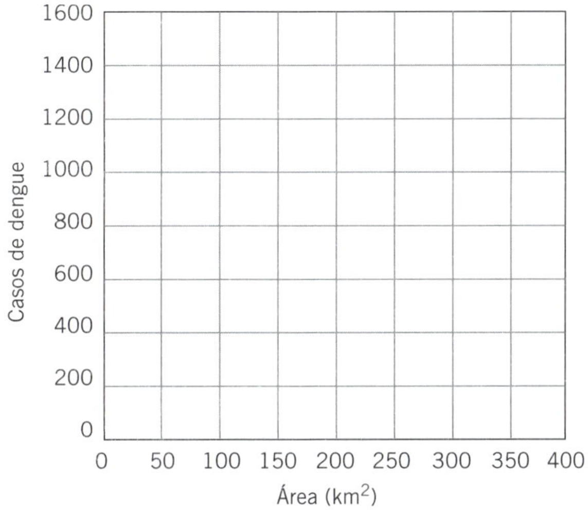

Resolução:

a) A figura abaixo representa o distrito Sudoeste.

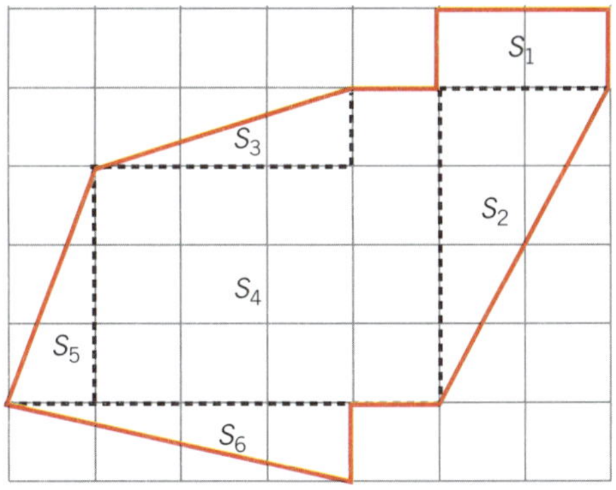

A área desse distrito (S), em km², é:

$$S = (S_1 + S_2 + S_3 + S_4 + S_5 + S_6) \cdot \frac{10}{3} \Rightarrow$$

$$\Rightarrow S = \left(2 + \frac{2 \cdot 4}{2} + \frac{3 \cdot 1}{2} + 13 + \frac{3 \cdot 1}{2} + \frac{4 \cdot 1}{2}\right) \cdot \frac{10}{3} \Rightarrow S = 80$$

A área total do município de Campinas, em km², é dada por:

$S_T = 175 + 350 + 120 + 75 + 80 \Rightarrow S_T = 800$

Resposta: 800 km².

b)

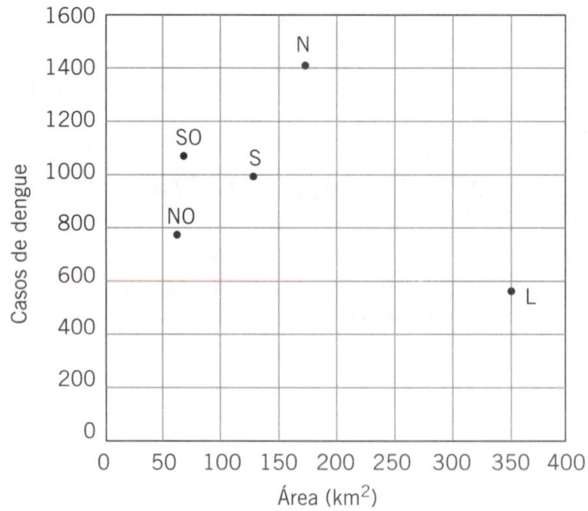

A nebulização inicial será feita no distrito Sudoeste (SO), pois, das retas determinadas por cada um dos pontos do gráfico e a origem, a de maior coeficiente angular corresponde ao ponto SO.
Resposta: Sudoeste.

1 (Enem) Um chefe de cozinha utiliza um instrumento cilíndrico afiado para retirar parte do miolo de uma laranja. Em seguida, ele fatia toda a laranja em secções perpendiculares ao corte feito pelo cilindro. Considere que o raio do cilindro e o da laranja sejam iguais a 1 cm e 3 cm, respectivamente.

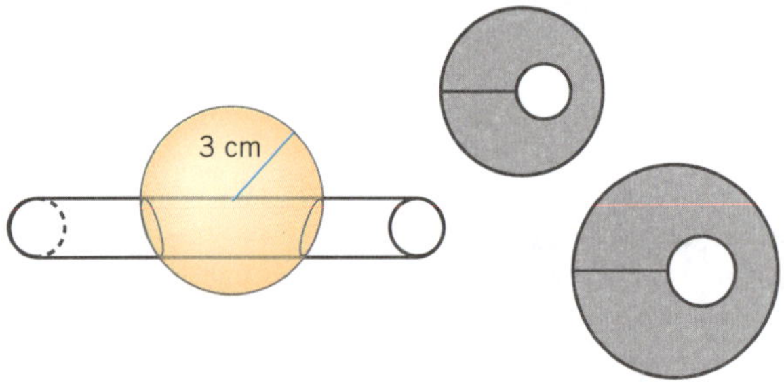

A área da maior fatia possível é:

a) duas vezes a área da secção transversal do cilindro.

b) três vezes a área da secção transversal do cilindro.

c) quatro vezes a área da secção transversal do cilindro.

d) seis vezes a área da secção transversal do cilindro.

e) oito vezes a área da secção transversal do cilindro.

2 (Enem) Em uma praça pública, há uma fonte que é formada por dois cilindros, um de raio r e altura h_1, e o outro de raio R e altura h_2. O cilindro do meio enche e, após transbordar, começa a encher o outro. Se $R = r\sqrt{2}$ e $h_2 = \frac{h_1}{3}$, e para encher o cilindro do meio foram necessários 30 minutos, então, para se conseguir encher essa fonte e o segundo cilindro, de modo que fique completamente cheio, serão necessários:

a) 20 min.

b) 30 min.

c) 40 min.

d) 50 min.

e) 60 min.

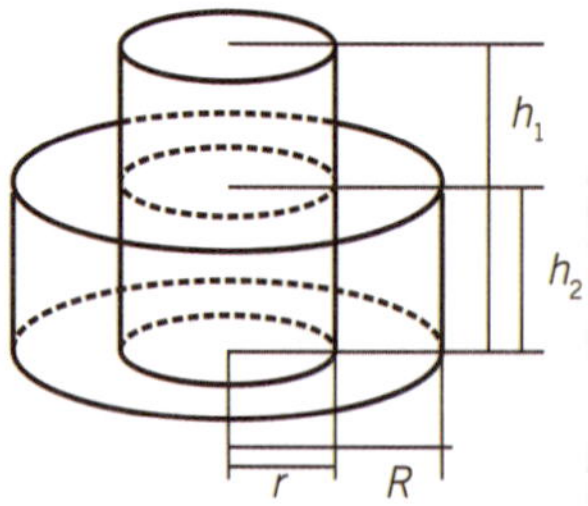

Anotações

AULA 14

Competência 3 Construir noções de grandezas e medidas para a compreensão da realidade e a solução de problemas do cotidiano.

Habilidade 14 Avaliar proposta de intervenção na realidade utilizando conhecimentos geométricos relacionados a grandezas e medidas.

Em classe

CIRCUNFERÊNCIA

Definição

Num plano, circunferência é o lugar geométrico dos pontos que equidistam de um ponto fixo desse plano. O ponto fixo é denominado centro da circunferência, e a distância de um ponto da circunferência a ele é chamada raio.

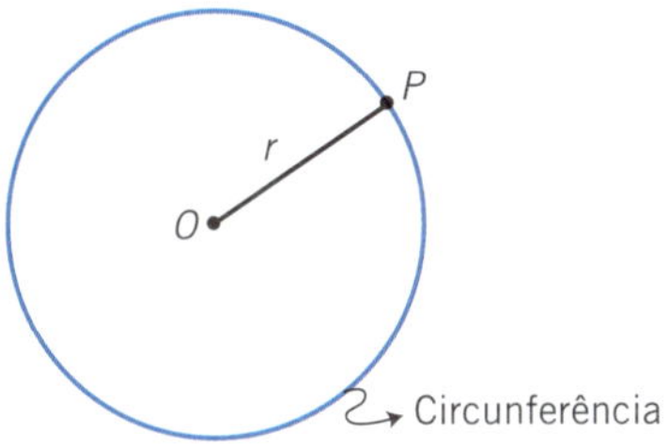

O: centro da circunferência
r: raio da circunferência
P: ponto da circunferência

Elementos

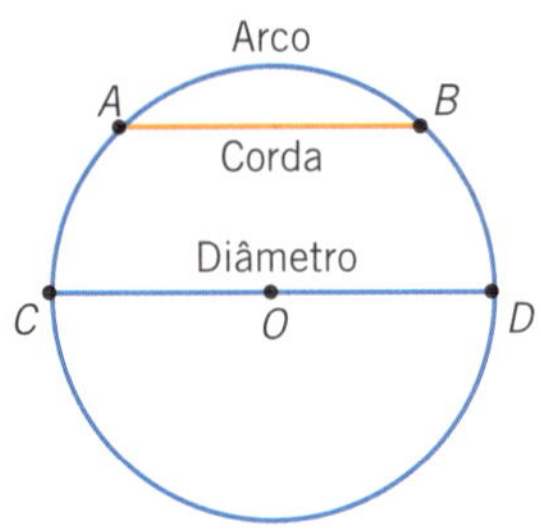

Corda de uma circunferência é um segmento que une dois pontos distintos dessa circunferência. Em particular, **diâmetro** é a corda que passa pelo centro e sua medida é igual ao dobro do raio.

Reta secante e reta tangente

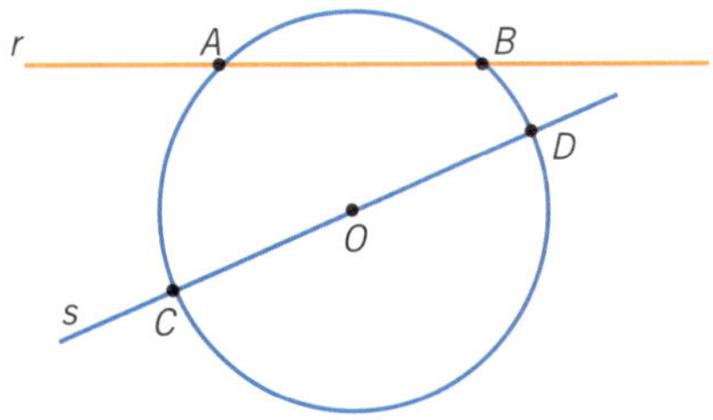

Reta secante a uma circunferência é aquela que intersecta a circunferência em dois pontos distintos. Na figura, as retas *r* e *s* são secantes à circunferência de centro *O*.

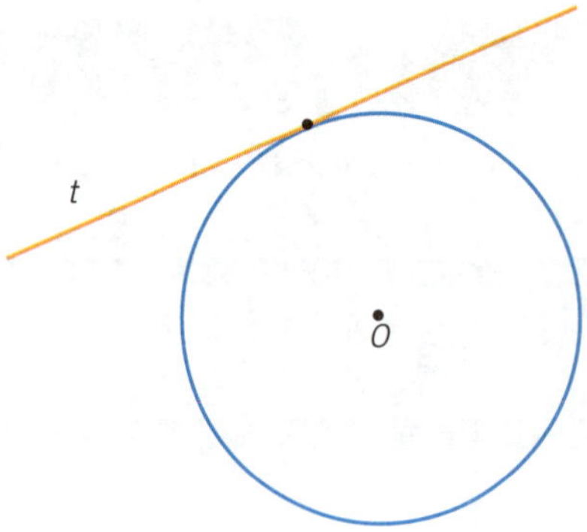

Reta tangente a uma circunferência é aquela que intersecta a circunferência em um único ponto. Na figura, a reta t é tangente à circunferência de centro O.

Propriedade

Uma reta tangente a uma circunferência de centro O, num ponto T, é perpendicular ao segmento $\overline{OT}$ (raio).

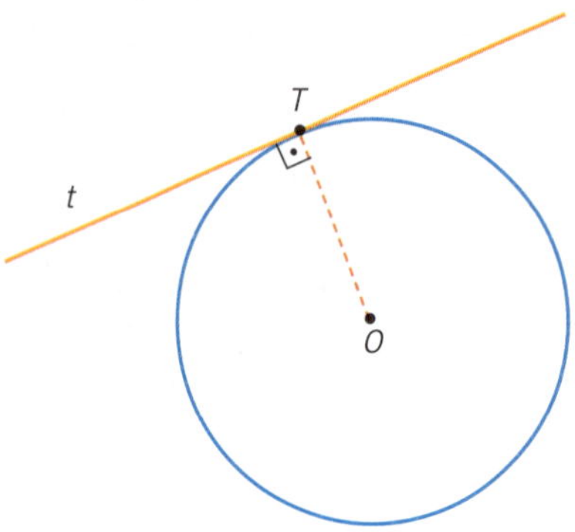

T: ponto de tangência

$\overline{OT} \perp t$

Comprimento de uma circunferência

O comprimento C de uma circunferência de raio r é $C = 2\pi r$.

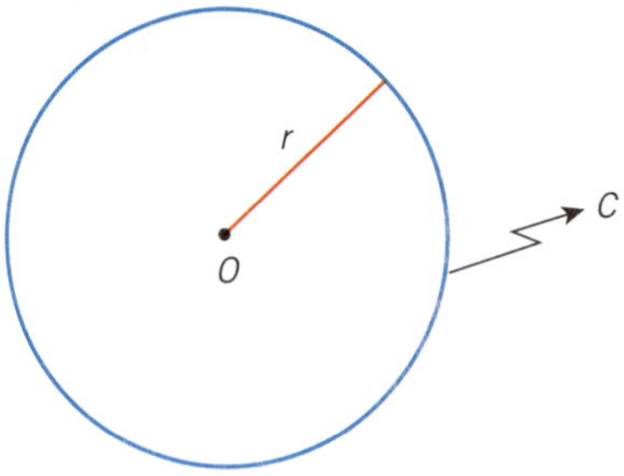

$C = 2\pi r$

$\pi = 3{,}14$ (valor aproximado)

Nota: A área de um círculo de raio r é πr^2.

1 (Enem) O atletismo é um dos esportes que mais se identificam com o espírito olímpico. A figura ilustra uma pista de atletismo. A pista é composta por oito raias e tem largura de 9,76 m. As raias são numeradas do centro da pista para a extremidade e são construídas de segmentos de retas paralelas e arcos de circunferência. Os dois semicírculos da pista são iguais.

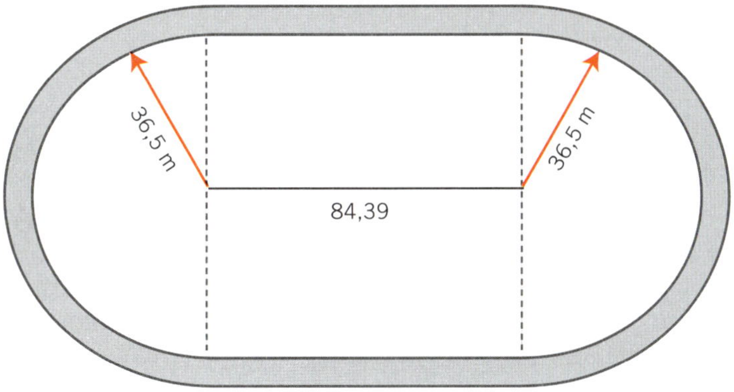

BIEMBENGUT, M. S. Modelação matemática como método de ensino-aprendizagem de Matemática em cursos de 1º e 2º graus. 1990. Dissertação de mestrado. Rio Claro: IGCE/Unesp, 1990. Adaptado.

Se os atletas partissem do mesmo ponto, dando uma volta completa, em qual das raias o corredor estaria sendo beneficiado?

a) 1 b) 4 c) 5 d) 7 e) 8

2 A figura ilustra uma praça circular de raio 20 metros. Se Marina, contornando a praça segundo a circunferência *ABCD*, dá 240 passos, quantos passos ela dará se fizer o percurso *ABCD* segundo os lados do quadrado *ABCD*? (Use $\pi = 3$ e $\sqrt{2} = 1{,}4$)

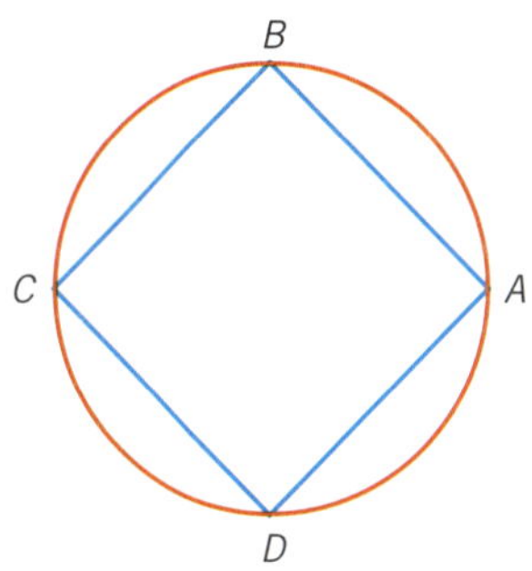

a) 238
b) 232
c) 224
d) 220
e) 188

3 A figura ilustra uma engrenagem formada por duas rodas e uma correia. O raio da roda maior é 10 cm maior que o raio da roda menor.

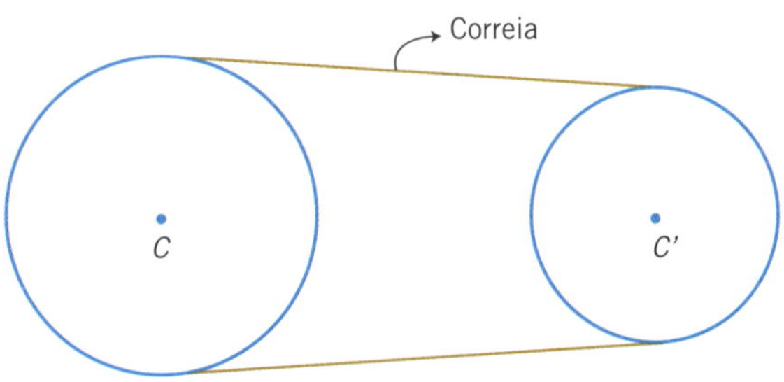

Sabe-se que, se a roda maior der 500 voltas, a menor dará 1 500 voltas. A medida em centímetros do raio da roda menor é:

a) 3,33... cm. b) 4 cm. c) 4,3 cm. d) 5 cm. e) 6 cm.

Em casa

TEXTO DE APOIO

Comprimento de um arco

O comprimento ℓ de um arco de circunferência de raio r e a medida α do arco em graus podem ser relacionados pela regra de três:

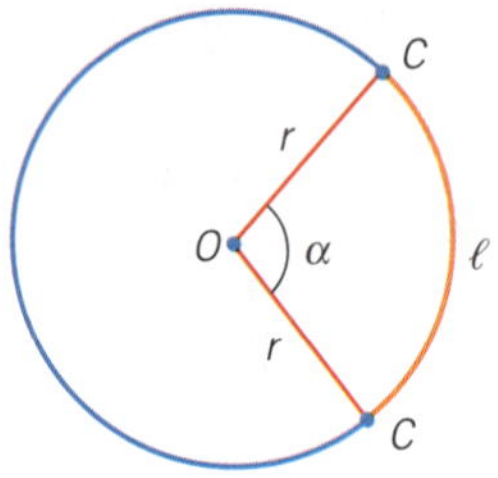

$$\begin{array}{l} \ell \text{ ——————— } 2\pi r \\ \alpha^\circ \text{ ——————— } 360^\circ \end{array}$$

Em problemas de polias (roldanas) ligadas por correias, é fundamental nos lembrarmos de que um segmento $\overline{TT'}$ tangente às circunferências de centros O e O', nos pontos T e T', é perpendicular a $\overline{OT'}$ e a $\overline{O'T'}$.

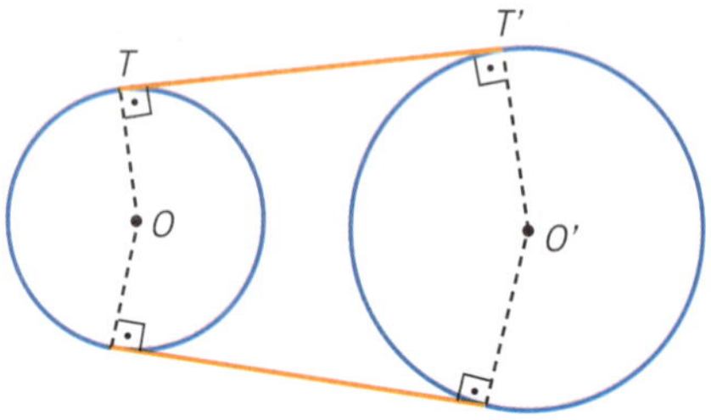

1 Adotando $\pi = 3,14$, o comprimento de uma circunferência de raio 10 cm é:

a) 31,4 cm.
b) 34,4 cm.
c) 62,8 cm.
d) 68,8 cm.
e) 72,4 cm.

2 O diâmetro de uma circunferência de comprimento 24π cm é:

a) 6 cm.
b) 12 cm.
c) 24 cm.
d) 28 cm.
e) 32 cm.

3 Se o raio de uma pista circular é 30 metros, quanto percorrerá um atleta que der 50 voltas nessa pista? Adote $\pi = 3,14$.

a) 780 m.
b) 840 m.
c) 4,71 km.
d) 9,42 km.
e) 10 km.

4 Se uma locomotiva percorreu 1 884 metros, quantas voltas deu uma de suas rodas se o raio da roda é 30 cm? Adote $\pi = 3,14$.

a) 380
b) 450
c) 485
d) 500
e) 1 000

5 Se aumentarmos 1 metro no comprimento de uma circunferência, o raio aumentará:

a) $\frac{1}{\pi}$ m.
b) $\frac{1}{2\pi}$ m.
c) $\frac{1}{3\pi}$ m.
d) 1 m.
e) 2π m.

6 A figura ilustra uma engrenagem formada por duas polias de raio 15 cm e uma correia de comprimento 164,2 cm.

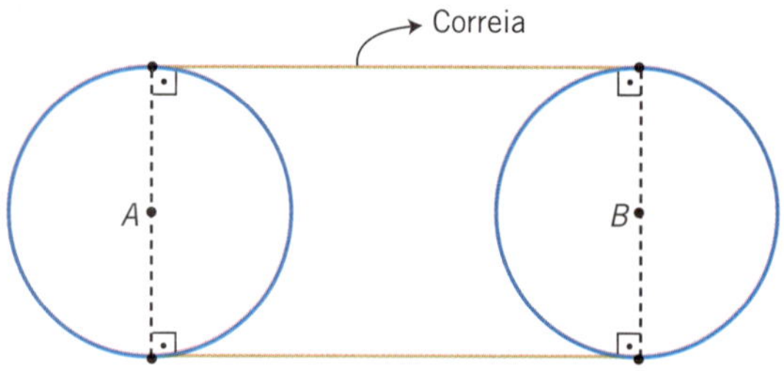

A distância entre os eixos das polias é: (Adote $\pi = 3,14$.)

a) 25 cm.
b) 35 cm.
c) 50 cm.
d) 55 cm.
e) 70 cm.

7 O comprimento de um arco de 45° numa circunferência de raio 12 cm é:

a) π cm.
b) 3π cm.
c) 5π cm.
d) 7π cm.
e) 8π cm.

8 (Fuvest-SP) Um arco de circunferência mede 300° e seu comprimento é 2 km. Qual o número inteiro mais próximo da medida do raio, em metros?

a) 157
b) 284
c) 382
d) 628
e) 764

AULA 15

Competência 4 Construir noções de variação de grandezas para a compreensão da realidade e a solução de problemas do cotidiano.

Habilidade 15 Identificar a relação de dependência entre grandezas.

Em classe

GRANDEZAS DIRETAMENTE E INVERSAMENTE PROPORCIONAIS

Grandezas diretamente proporcionais

Duas grandezas são ditas diretamente proporcionais se, e somente se, as razões entre os valores assumidos pela grandeza *A* e os correspondentes valores assumidos pela grandeza *B* são iguais. Então ocorre:

$$\frac{A}{B} = k \ (k \text{ é constante})$$

Isto é, o **quociente** entre os valores correspondentes é uma **constante**.

Grandezas inversamente proporcionais

Duas grandezas são ditas inversamente proporcionais se, e somente se, os produtos entre os valores assumidos pela grandeza *A* e os correspondentes valores assumidos pela grandeza *B* são iguais. Então ocorre:

$$A \cdot B = k \ (k \text{ é constante})$$

Isto é, o **produto** entre os valores correspondentes é uma **constante**.

1 (FGV-SP) Na tabela ao lado, x é diretamente proporcional ao quadrado de y. Sendo $y > 0$, os valores de m e p são, respectivamente:

x	y
1	2
m	8
4	p

a) $\frac{1}{4}$ e $\frac{1}{16}$.

b) 4 e 16.

c) 16 e 4.

d) $\frac{1}{16}$ e 1.

e) 4 e 8.

2 (Fuvest-SP) Na tabela ao lado, y é inversamente proporcional ao quadrado de x (sendo $x > 0$). Calcule os valores de p e m.

x	y
1	2
2	p
m	8

a) $p = \frac{1}{8}$; $m = \frac{1}{4}$

b) $p = \frac{1}{2}$; $m = \frac{1}{2}$

c) $p = \frac{1}{2}$; $m = \frac{1}{4}$

d) $p = \frac{3}{4}$; $m = \frac{3}{4}$

e) $p = \frac{1}{4}$; $m = \frac{1}{8}$

3 (Enem) A resistência das vigas de dado comprimento é diretamente proporcional à largura (*b*) e ao quadrado da altura (*d*), conforme a figura. A constante de proporcionalidade *k* varia de acordo com o material utilizado na sua construção.

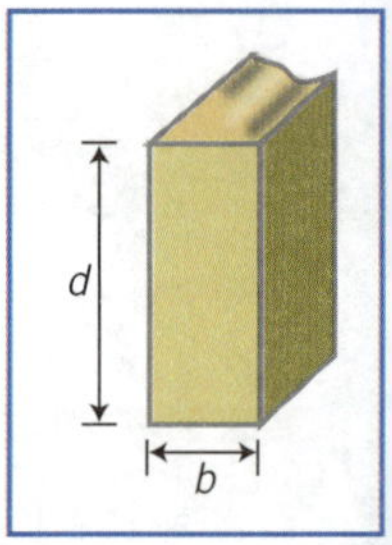

Considerando-se *S* como a resistência, a representação algébrica que exprime essa relação é:

a) $S = k \cdot b \cdot d$.
b) $S = b \cdot d^2$.
c) $S = k \cdot b \cdot d^2$.
d) $S = \frac{k \cdot b}{d^2}$.
e) $S = \frac{k \cdot d^2}{b}$.

Em casa

TEXTO DE APOIO

Lei de Boyle-Mariotte

A Lei de Boyle-Mariotte pode ser enunciada da seguinte forma:

"À temperatura constante (transformação isotérmica), o produto da pressão e do volume de uma determinada massa de gás é constante; portanto, pressão e volume são inversamente proporcionais. Qualquer aumento de pressão produz uma diminuição de volume, e qualquer aumento de volume produz uma diminuição de pressão".

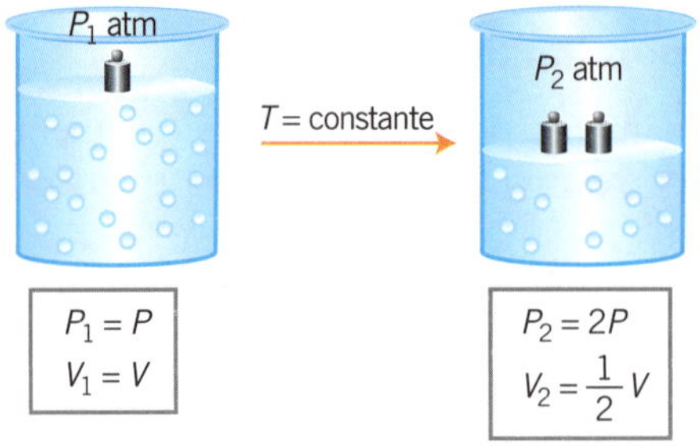

É possível calcular a pressão e o volume desse gás por meio da seguinte expressão algébrica:

$$P_1 \cdot V_1 = P_2 \cdot V_2$$

Nessa expressão, P_1 e P_2 são as pressões inicial e final, respectivamente. Da mesma forma, V_1 e V_2 são os volumes inicial e final.

Sendo $P \cdot V =$ constante, temos as representações cartesianas:

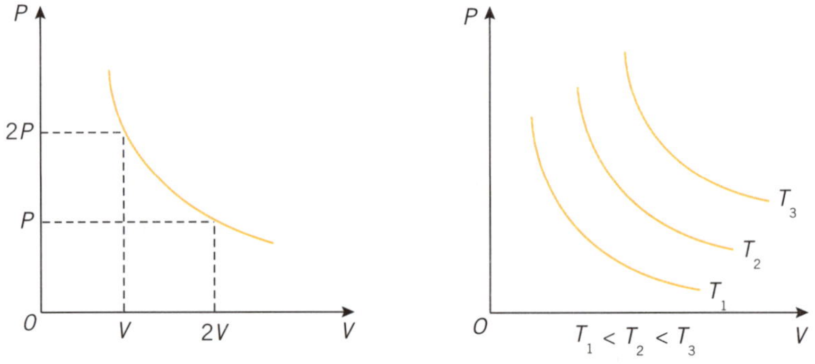

Lei de Charles

A Lei de Charles pode ser enunciada da seguinte forma:

"À pressão constante (transformação isobárica), a razão entre o volume e a temperatura (absoluta) de uma determinada massa de gás é constante; portanto, volume e temperatura são diretamente proporcionais. Qualquer aumento de temperatura produz um aumento de volume, e qualquer diminuição de temperatura produz uma diminuição de volume".

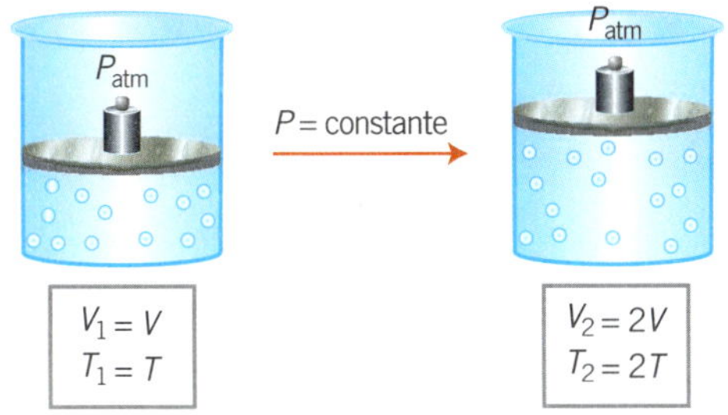

É possível calcular o volume e a temperatura desse gás por meio da expressão algébrica:

$$\frac{V_1}{T_1} = \frac{V_2}{T_2}$$

Nessa expressão, T_1 e T_2 são as temperaturas inicial e final, respectivamente. Da mesma forma, V_1 e V_2 são os volumes inicial e final.

Sendo $\frac{V}{T}$ = constante, temos a representação cartesiana:

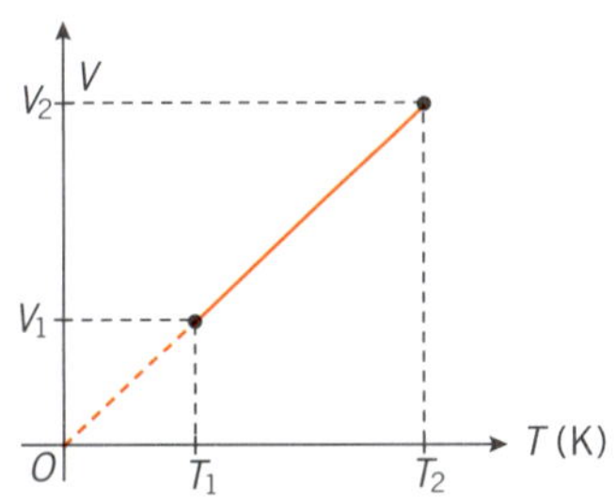

Lei de Gay-Lussac

A Lei de Gay-Lussac pode ser enunciada da seguinte forma:

"A volume constante (transformação isométrica), a razão entre a pressão e a temperatura (absoluta) de uma determinada massa de gás é constante; portanto, pressão e temperatura são diretamente proporcionais. Qualquer aumento de temperatura produz um aumento de pressão, e qualquer diminuição de temperatura produz uma diminuição de pressão".

É possível calcular a temperatura e a pressão desse gás por meio da expressão algébrica:

$$\frac{P_1}{T_1} = \frac{P_2}{T_2}$$

Nessa expressão, T_1 e T_2 são as temperaturas inicial e final, respectivamente. Da mesma forma, P_1 e P_2 são as pressões inicial e final.

Sendo $\frac{P}{T}$ = constante, temos a representação cartesiana ao lado.

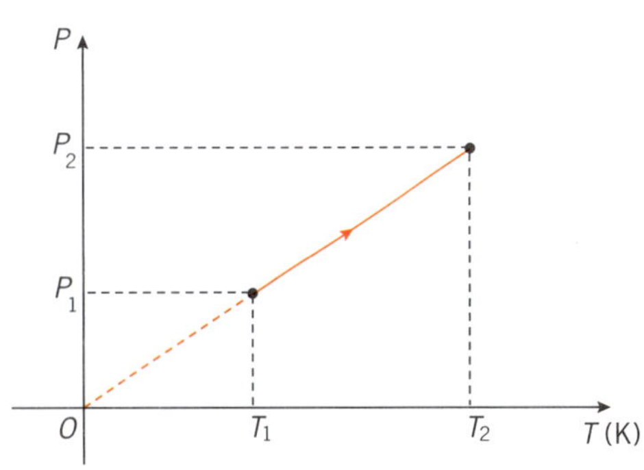

1 (Cesgranrio-RJ) A análise do gráfico, que mostra as transformações sofridas por um gás ideal quando variamos a sua temperatura, pressão ou volume, nos permite afirmar que o gás evolui:

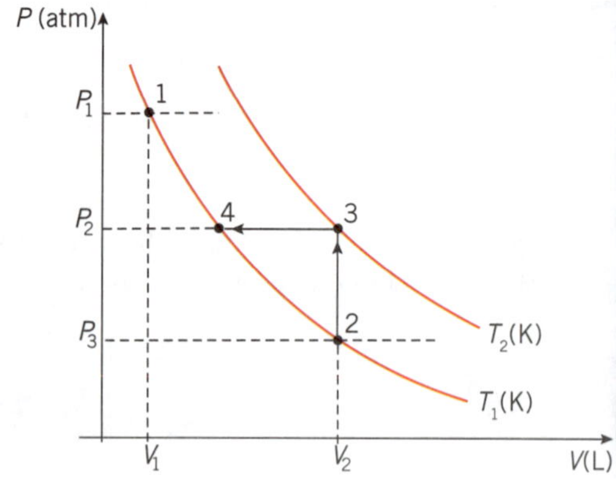

a) isobaricamente de 1 a 2.

b) isotermicamente de 2 a 3.

c) isobaricamente de 3 a 4.

d) isometricamente de 4 a 2.

e) isometricamente de 3 a 4.

2 (UFG-GO) O processo contínuo da respiração consiste na expansão e contração de músculos da caixa torácica. Sendo um sistema aberto, quando a pressão intra-alveolar é menor que a atmosférica, ocorre a entrada do ar e os pulmões expandem-se. Após as trocas gasosas, a pressão intra-alveolar aumenta, ficando maior que atmosférica. Assim, com a contração da caixa torácica, os gases são expirados. Considerando a temperatura interna do corpo humano constante e igual a 37,5 °C, o gráfico que representa os eventos descritos é:

a)

c)

e)

b)

d)

3 (Unitau-SP) Se numa transformação isobárica, uma massa gasosa tiver seu volume aumentado de $\frac{3}{4}$, a temperatura:

a) permanecerá constante.

b) aumentará na proporção de $\frac{7}{4}$.

c) diminuirá na proporção de $\frac{7}{4}$.

d) duplicará seu valor.

e) triplicará seu valor.

4 (Enem)

A resistência elétrica e as dimensões do condutor

A relação da resistência elétrica com as dimensões do condutor foi estudada por um grupo de cientistas por meio de vários experimentos de eletricidade. Eles verificaram que existe proporcionalidade entre:

- resistência (R) e comprimento (ℓ), dada a mesma secção transversal (A);
- resistência (R) e área da secção transversal (A), dado o mesmo comprimento (ℓ) e
- comprimento (ℓ) e área da secção transversal (A), dada a mesma resistência (R).

Considerando os resistores como fios, pode-se exemplificar o estudo das grandezas que influem na resistência elétrica utilizando as figuras seguintes.

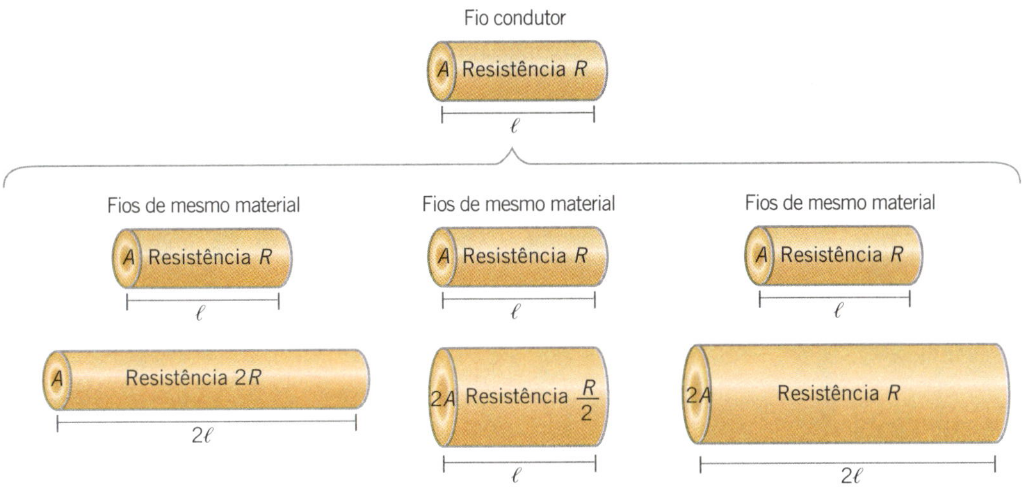

As figuras mostram que as proporcionalidades existentes entre resistência (R) e comprimento (ℓ), resistência (R) e área da secção transversal (A), e entre comprimento (ℓ) e área da secção transversal (A) são, respectivamente:

a) direta, direta e direta.
b) direta, direta e inversa.
c) direta, inversa e direta.
d) inversa, direta e direta.
e) inversa, direta e inversa.

5 (UPM-SP) Na tabela a seguir, de valores positivos, F é diretamente proporcional ao produto de L pelo quadrado de H.

F	L	H
2000	3	4
3000	2	x

Então x vale:

a) 5.
b) 6.
c) 7.
d) 8.
e) 9.

6 (FGV-SP) Uma variável y é inversamente proporcional ao quadrado de outra variável x. Para $x = 3$, y vale 15. Então, se $x = 4$, y deverá valer:

a) $\frac{1}{16}$.
b) $\frac{15}{16}$.
c) $\frac{45}{16}$.
d) $\frac{135}{16}$.
e) $\frac{625}{16}$.

Anotações

AULA 16

Competência 4 Construir noções de variação de grandezas para a compreensão da realidade e a solução de problemas do cotidiano.

Habilidade 16 Resolver situação-problema envolvendo a variação de grandezas, direta ou inversamente proporcionais.

Em classe

REGRA DE TRÊS

Geralmente podemos usar regra de três para resolver situação-problema envolvendo a variação de grandezas, direta ou inversamente proporcionais.

Regra de três simples

É um método prático para resolver problemas que envolvem duas grandezas diretamente ou inversamente proporcionais.

Veja os exemplos:

1) Certa máquina produz 200 peças trabalhando durante 30 minutos. Quantas peças produzirá em 3 horas e 30 minutos?

Número de peças	Tempo (min)
200 ↑	30 ↑
x	210

$$\frac{200}{x} = \frac{30}{210} \Leftrightarrow x = \frac{200 \cdot 210}{30} = 1\,400$$

2) Um trem, deslocando-se a uma velocidade média de 400 km/h, faz um determinado percurso em 3 horas. Em quanto tempo faria esse mesmo percurso se a velocidade utilizada fosse de 480 km/h?

Velocidade (km/h)	Tempo (h)
400 ↑	3
480	x ↓

Como são grandezas inversamente proporcionais, temos:

$$\frac{480}{400} = \frac{3}{x} \Leftrightarrow x = \frac{3 \cdot 400}{480} = 2{,}5$$

Ou seja, o trem faria o percurso em duas horas e meia.

Texto para a próxima questão.

O biodiesel resulta da reação química desencadeada por uma mistura de óleo vegetal (soja, milho, mamona, babaçu e outros) com álcool de cana. O ideal é empregar uma mistura do biodiesel com *diesel* de petróleo, cuja proporção ideal ainda será definida. Quantidades exageradas de biodiesel fazem decair o desempenho do combustível.

(PUCC-SP) A tabela a seguir mostra as anotações feitas por um pesquisador ao testar o desempenho de um certo carro em uma estrada, usando dois tipos de combustível: o *diesel* de petróleo e o *diesel* vegetal.

	Distância percorrida (km)	Consumo (km/L)
Diesel de petróleo	582	$x - 0{,}45$
Diesel vegetal	600	x

Nessas condições, o valor correto que o pesquisador encontrou para *x* foi:

a) 14,55. b) 15. c) 15,55. d) 18. e) 18,55.

Em casa

TEXTO DE APOIO

Cálculo estequiométrico é o cálculo envolvido na determinação das quantidades de reagentes e produtos participantes de certa reação química, baseado nos coeficientes da equação que representa a reação.

Quando a equação está balanceada, os coeficientes nos dão a proporção em mols dos reagentes e produtos da reação.

Para exemplificarmos, considere a reação entre monóxido de carbono e gás oxigênio, resultando em dióxido de carbono, representada pela equação balanceada:

$$2\ CO(g) + 1\ O_2(g) \rightarrow 2\ CO_2$$

Massas moleculares: CO (28 g/mol), O_2 (32 g/mol) e CO_2 (44 g/mol).

Analisando a equação, observamos que dois mols de CO reagem com um mol de O_2, formando dois mols de CO_2.

Lembrando que mol é o número de Avogadro ($6{,}02 \times 10^{23}$) de partículas, massa molar é a massa, em gramas, de um mol de partículas e numericamente igual à massa molecular da substância, e que um mol de gás, nas CNTP, ocupa o volume de 22,4 L, podemos construir, com base na reação apresentada e no uso de regra de três, a tabela abaixo:

	2 CO	+	1 O_2	⟶	2 CO_2
Em mols	2 mols de CO	reagem com	1 mol de O_2	resultando	2 mols de CO_2
Em massa	56 g de CO	reagem com	32 g de O_2	resultando	88 g de CO_2
Em volume (CNTP)	44,8 L de CO	reagem com	22,4 L de O_2	resultando	44,8 L de CO_2
Em moléculas	$12 \cdot 10^{23}$ moléculas de CO	reagem com	$6 \cdot 10^{23}$ moléculas de O_2	resultando	$12 \cdot 10^{23}$ moléculas de CO_2

1 Qual é a massa, em quilograma, de monóxido de carbono necessária para reagir com 640 g de oxigênio?

a) 0,61
b) 0,84
c) 1,12
d) 1,68
e) 2,24

2 Quantas moléculas de oxigênio são necessárias para reagir com 12 mols de monóxido de carbono?

a) $0,4 \cdot 10^{24}$
b) $1,2 \cdot 10^{24}$
c) $2,0 \cdot 10^{24}$
d) $2,4 \cdot 10^{24}$
e) $3,6 \cdot 10^{24}$

3 Que volume de dióxido de carbono, nas CNTP, será fornecido, sabendo-se que na reação o oxigênio participou com 1280 g?

a) 224 L
b) 448 L
c) 896 L
d) 1792 L
e) 2016 L

4 (Enem)

Observe as dicas para calcular a quantidade certa de alimentos e bebidas para as festas de fim de ano:

- Para o prato principal, estime 250 gramas de carne para cada pessoa.
- Um copo americano cheio de arroz rende o suficiente para quatro pessoas.
- Para a farofa, calcule quatro colheres de sopa por convidado.
- Uma garrafa de vinho serve seis pessoas.
- Uma garrafa de cerveja serve duas.
- Uma garrafa de espumante serve três convidados.

Quem organiza festas faz esses cálculos em cima do total de convidados, independente do gosto de cada um.

Quantidade certa de alimentos e bebidas evita o desperdício da ceia. Disponível em: <www.g1.globo.com/jornal-hoje/noticia/2010/12/quantidade-certa-de-alimentos-e-bebidas-evita-o-desperdicio-da-ceia.html>. Acesso em: 17 dez. 2010. Adaptado.

Um anfitrião decidiu seguir essas dicas ao se preparar para receber 30 convidados para a ceia de Natal. Para seguir essas orientações à risca, o anfitrião deverá dispor de:

a) 120 kg de carne, 7 copos americanos e meio de arroz, 120 colheres de sopa de farofa, 5 garrafas de vinho, 15 de cerveja e 10 de espumante.
b) 120 kg de carne, 7 copos americanos e meio de arroz, 120 colheres de sopa de farofa, 5 garrafas de vinho, 30 de cerveja e 10 de espumante.
c) 75 kg de carne, 7 copos americanos e meio de arroz, 120 colheres de sopa de farofa, 5 garrafas de vinho, 15 de cerveja e 10 de espumante.
d) 7,5 kg de carne, 7 copos americanos, 120 colheres de sopa de farofa, 5 garrafas de vinho, 30 de cerveja e 10 de espumante.
e) 7,5 kg de carne, 7 copos americanos e meio de arroz, 120 colheres de sopa de farofa, 5 garrafas de vinho, 15 de cerveja e 10 de espumante.

5 (Enem) Muitas medidas podem ser tomadas em nossas casas visando à utilização racional de energia elétrica. Isso deve ser uma atitude diária de cidadania. Uma delas pode ser a redução do tempo no banho. Um chuveiro com potência de 4800 W consome 4,8 kW por hora. Uma pessoa que toma dois banhos diariamente, de 10 minutos cada, consumirá, em sete dias, quantos kW?

a) 0,8
b) 1,6
c) 5,6
d) 11,2
e) 33,6

6 (Enem) Uma enquete, realizada em março de 2010, perguntava aos internautas se eles acreditavam que as atividades humanas provocam o aquecimento global. Eram três as alternativas possíveis e 279 internautas responderam à enquete, como mostra o gráfico.

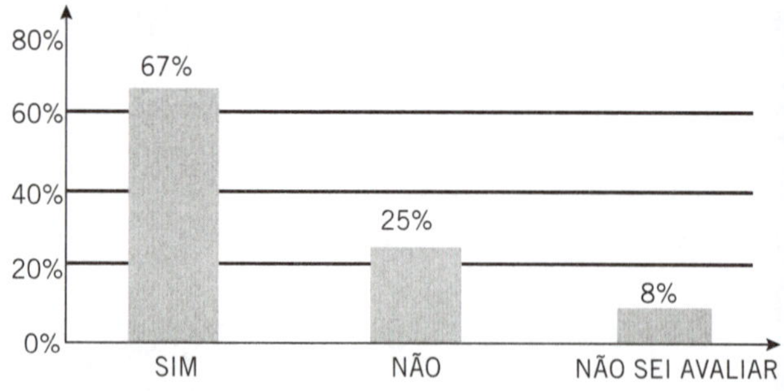

ÉPOCA. Globo, ed. 619, 29 mar. 2010. Adaptado.

Analisando os dados do gráfico, quantos internautas responderam "NÃO" à enquete?

a) Menos de 23.
b) Mais de 23 e menos de 25.
c) Mais de 50 e menos de 75.
d) Mais de 100 e menos de 190.
e) Mais de 200.

AULA 17

Competência 4 Construir noções de variação de grandezas para a compreensão da realidade e a solução de problemas do cotidiano.

Habilidade 17 Analisar informações envolvendo a variação de grandezas como recurso para a construção de argumentação.

Em classe

PORCENTAGEM E JUROS

Porcentagem

Porcentagem é uma razão centesimal, ou seja, o denominador é igual a 100. Assim, ao escrevermos $x\%$, estamos representando o número $\frac{x}{100}$.

Exemplo:

$\frac{30}{100}$, que se indica 30%.

Isso significa que a porcentagem é uma medida que relaciona um todo de cem partes iguais (denominador) com uma determinada parcela desse todo (numerador).

Porcentagem sobre um determinado valor

Exemplo:

Calcule 20% de 500.

$$\frac{20}{100} \cdot 500 = 100$$

Porcentagem sobre porcentagem

Exemplo:

Calcule 20% de 30%.

$$\frac{20}{100} \cdot \frac{30}{100} = \frac{6}{100} = 6\%$$

Juros simples

Investido ou emprestado um capital C a uma taxa i (em porcentagem), durante um período t, o cálculo do juro simples é dado por:

$$J = C \cdot i \cdot t$$

Os juros simples são sempre calculados sobre o capital inicial, sendo diretamente proporcionais ao capital e ao tempo de aplicação.

A taxa i e o tempo t referem-se sempre à mesma unidade de tempo.

Juros compostos

Investido ou emprestado um capital C a uma taxa i (em porcentagem), durante um período t, o cálculo do juro composto é dado por:

$$J = \left[\left(1 + \frac{i}{100}\right)^t - 1\right] \cdot C$$

Os juros compostos são sempre calculados sobre o montante, que é a soma do capital inicial com os juros, sendo a modalidade de juros usada na prática no mercado financeiro.

A taxa i e o tempo t referem-se sempre à mesma unidade de tempo.

Montante

O montante (M) é a soma do capital (C) mais o juro (J), ou seja:

$$M = C + J$$

Aumento e desconto

Sendo V_i um valor inicial e V_f um valor final, temos:

Aumento:

$V_f = V_i \cdot F$, em que F denota um fator de correção dado por $1 + \frac{x}{100}$, sendo x o percentual de aumento.

Desconto:

$V_f = V_i \cdot F$, em que F denota um fator de correção dado por $1 - \frac{x}{100}$, sendo x o percentual de desconto.

1 (Enem)

Nos últimos cinco anos, 32 mil mulheres de 20 a 24 anos foram internadas nos hospitais do SUS por causa de AVC. Entre os homens da mesma faixa etária, houve 28 mil internações pelo mesmo motivo.

ÉPOCA. São Paulo: 26 abr. 2010. Adaptado.

Suponha que, nos próximos cinco anos, haja um acréscimo de 8 mil internações de mulheres e que o acréscimo de internações de homens por AVC ocorra na mesma proporção. De acordo com as informações dadas, o número de homens que seriam internados por AVC, nos próximos cinco anos, corresponderia a:

a) 4 mil.
b) 9 mil.
c) 21 mil.
d) 35 mil.
e) 39 mil.

2 (Enem) Uma pessoa aplicou certa quantia em ações. No primeiro mês, ela perdeu 30% do total do investimento e, no segundo mês, recuperou 20% do que havia perdido. Depois desses dois meses, resolveu tirar o montante de R$ 3 800,00 gerado pela aplicação. A quantia inicial que essa pessoa aplicou em ações corresponde ao valor de:

a) R$ 4 222,22.
b) R$ 4 523,80.
c) R$ 5 000,00.
d) R$ 13 300,00.
e) R$ 17 100,00.

3 (Enem)

Em 2006, a produção mundial de etanol foi de 40 bilhões de litros e a de biodiesel, de 6,5 bilhões. Neste mesmo ano, a produção brasileira de etanol correspondeu a 43% da produção mundial, ao passo que a produção dos Estados Unidos da América, usando milho, foi de 45%.

Disponível em: <http://planetasustentavel.abril.com.br>. Acesso em: 2 maio 2009.

Considerando que, em 2009, a produção mundial de etanol seja a mesma de 2006 e que os Estados Unidos produzirão somente a metade de sua produção de 2006, para que o total produzido pelo Brasil e pelos Estados Unidos continue correspondendo a 88% da produção mundial, o Brasil deve aumentar sua produção em, aproximadamente:

a) 22,5%.
b) 50,0%.
c) 52,3%.
d) 65,5%.
e) 77,5%.

Em casa

TEXTO DE APOIO

Brasileiro quer retorno alto sem riscos

Pesquisa afirma que as pessoas têm alta expectativa de retorno financeiro, mas pouca propensão a ter perda nas aplicações

© FABIO FERSA/SHUTTERSTOCK

Segundo o levantamento, contudo, 33% dos brasileiros não têm qualquer tipo de investimento (Pedro Rubens).

Se não quiserem correr riscos, os investidores brasileiros terão de se adaptar à nova realidade do país, de menores retornos financeiros. A opinião é do diretor e responsável pela Franklin Templeton Investments no Brasil, Heitor de Souza Lima, ao analisar a Pesquisa Global de Opinião dos Investidores feita pela empresa. "Diante de um novo panorama de juros baixos, o brasileiro vai viver um dilema: ou aumenta os riscos ou reduz a expectativa de retorno."

De acordo com o levantamento, o brasileiro tem uma das maiores expectativas de retorno do mundo, mas é um dos menos propensos a ter perda nas aplicações: 48% dos investidores do país esperam obter retorno entre 5% e 15%, o que Lima classifica de "relevante". Outros 30% acreditam que obterão um retorno de 15% a 25%. "Esse retorno alto é muito advindo do que o país teve nos últimos anos. Porém, é uma situação que não vai se repetir daqui para frente."

Há, no entanto, outro dado relevante no estudo. São poucos os brasileiros investidores. O resultado aponta que 33% não têm qualquer tipo de investimento, 29% têm imóveis e 7,7% investem em renda variável. "Com esse aumento da classe C, você começa a ter pessoas preocupadas com suas aposentadorias, por exemplo. Tudo isso parte do aumento da renda da população e houve um inequívoco avanço nesse aspecto", afirmou Lima.

Lima observou que a importância que o investidor dá é para o retorno garantido, ou seja, não está disposto a perder dinheiro. "Isso acontece porque, até hoje, o investidor brasileiro tem surfado essa onda de juros reais altos e conseguia ter um retorno bem razoável, com pouquíssimo risco."

O panorama do país está mudando e os investidores precisam adaptar suas expectativas. "Os juros tendem a ser certamente mais baixos do que foram no passado. Os retornos também serão menores. A própria poupança, que dava o retorno sem risco, já não dá mais o mesmo retorno", afirmou o executivo.

Otimismo – Na pesquisa, 22% dos aplicadores brasileiros declararam-se extremamente otimistas; 23% muito otimistas; 18% otimistas; 26% neutros; e 6% um pouco pessimistas em relação à perspectiva econômica do país nos próximos três anos. "O brasileiro é um dos mais otimistas, muito por conta da boa performance da economia brasileira dos últimos anos. E é natural que o investidor na Europa, por exemplo, seja mais pessimista que o do Brasil", disse Lima.

A pesquisa da Franklin Templeton apontou ainda que os brasileiros não se entusiasmam tanto com o investimento internacional. Questionados sobre onde aplicariam se tivessem de escolher um só lugar, a maioria (74%) respondeu o próprio país. "Esse investimento fora do país para pessoas físicas é possível através de fundos multimercados que investem até 20% fora, mas ainda é um percentual baixo que é utilizado para isso, então os próprios gestores vão ter de aprender como fazer isso se quiserem ampliar o cardápio de investimentos", declarou Lima.

Foram entrevistados 20 623 investidores de 19 países: Brasil, Chile, México, Canadá, Estados Unidos, Austrália, China, Japão, Hong Kong, Índia, Malásia, Coreia do Sul, Cingapura, Bélgica, França, Alemanha, Itália, Polônia e Reino Unido. As entrevistas foram feitas entre 30 de janeiro e 13 de fevereiro, com exceção do Canadá, onde a pesquisa foi realizada de 2 a 8 de março.

Brasileiro quer retorno alto sem riscos. Disponível em: <http://veja.abril.com.br/noticia/economia/brasileiro-quer-retorno-alto-sem-riscos>. Acesso em: 10 abr. 2013.

Um tema que tem chamado a atenção dos brasileiros, sabendo das limitações dos planos de aposentadoria do INSS, é a complementação de aposentadorias através de planos privados de previdência.

Imaginemos que um funcionário de uma empresa decida participar de um plano privado de aposentadoria. Sabendo que ele deseja receber uma complementação mensal de certo valor e considerando uma taxa real de juros, desconsiderada a inflação, qual deverá ser o depósito mensal a ser efetuado durante o tempo em que estiver trabalhando para ele garantir, após parar de trabalhar, a quantia a ser retirada durante um período estabelecido?

Temos aqui uma situação na qual o conceito de juros compostos se faz necessário.

Para exemplificar, consideremos a seguinte situação:

- Idade atual do funcionário: 20 anos.
- Anos de contribuição: 35 anos ($n = 420$ meses).
- Valor da aposentadoria correspondente a valores de hoje: R$ 2000,00 mensais (R).
- Tempo de retirada: 20 anos ($p = 240$ meses).

Para tanto, devemos responder à pergunta: qual deve ser o valor do depósito mensal (C) que o funcionário deverá efetuar, a partir de hoje, a fim de garantir a retirada pretendida, considerando uma taxa (i) de 0,5% ao mês?

Nos livros de Matemática Financeira, encontramos as fórmulas que dão resposta a essa pergunta. Para tanto, temos:

1) Seja M a quantia a ser aplicada a uma taxa (i) de 0,5% ao mês para gerar uma retirada mensal (R) de R$ 2000,00 durante 240 meses (p);
2) Seja C o depósito mensal a ser aplicado a uma taxa (i) de 0,5% ao mês, que irá gerar um montante M, ao final de 420 meses (n).

$$M = C \cdot \left[\frac{(1 + i)^n - 1}{i}\right] \text{ e } M = R \cdot \left[\frac{(1 + i)^p - 1}{(1 + i)^p \cdot i}\right]$$

Fazendo a substituição dos valores e utilizando uma calculadora, temos:

$$M = C \cdot \left[\frac{(1 + 0{,}005)^{420} - 1}{0{,}005}\right] \text{ e } M = 2000 \cdot \left[\frac{(1 + 0{,}005)^{240} - 1}{(1 + 0{,}005)^{240} \cdot 0{,}005}\right]$$

O valor M representa, na primeira fórmula, o montante que será acumulado ao longo dos 420 meses de contribuição e será também o valor M, na segunda fórmula, do qual serão feitas as retiradas a partir do momento em que o funcionário começar a receber as parcelas da aposentadoria.

Logo, devemos igualar as duas fórmulas para obter o valor (C) do depósito mensal:

$$C \cdot \left[\frac{(1 + 0{,}005)^{420} - 1}{0{,}005}\right] = 2000 \cdot \left[\frac{(1 + 0{,}005)^{240} - 1}{(1 + 0{,}005)^{240} \cdot 0{,}005}\right],$$

do qual resulta $C =$ R$ 195,94.

1 Segundo a matéria da *Veja* na página anterior e considerando uma população de 192 000 000 de brasileiros, quantos são os que não têm qualquer tipo de investimento?

a) 33 000 000
b) 48 680 000
c) 63 360 000
d) 96 848 000
e) 124 680 000

2 Ainda nessa matéria da *Veja*, considere aqueles aplicadores que se declaram extremamente otimistas e muito otimistas como investidores potenciais para planos privados de aposentadoria. Pode-se afirmar que o número estimado de brasileiros que pretendem investir em plano de previdência privada, considerando uma população de 192 000 000 de pessoas, é aproximadamente:

a) 55% maior do que o número dos que investem em imóveis.
b) 35% maior do que o número dos que investem em imóveis.
c) 45% menor do que o número dos que investem em imóveis.
d) 35% menor do que o número dos que investem em imóveis.
e) 55% menor do que o número dos que investem em imóveis.

3 Suponha que uma pessoa que tem 55 anos e que vai se aposentar aos 65 anos decida fazer um plano de previdência privada, investindo mensalmente durante todos os meses que lhe restam até se aposentar. Considerando-se uma taxa de juros de 0,8% ao mês e que pretende usufruir do benefício pelo mesmo período que contribuiu, quanto deverá investir mensalmente para ter uma retirada mensal de R$ 2600,00?

Considere: $1{,}008^{240} = 6{,}76$.

a) R$ 600,00
b) R$ 700,00
c) R$ 800,00
d) R$ 900,00
e) R$ 1000,00

4 (Enem) Considere que uma pessoa decida investir uma determinada quantia e que lhe sejam apresentadas três possibilidades de investimento, com rentabilidades líquidas garantidas pelo período de um ano, conforme descritas:

Investimento *A*: 3% ao mês.

Investimento *B*: 36% ao ano.

Investimento *C*: 18% ao semestre.

As rentabilidades, para esses investimentos, incidem sobre o valor do período anterior. O quadro fornece algumas aproximações para a análise das rentabilidades:

n	$1{,}03^n$
3	1,093
6	1,194
6	1,305
12	1,426

Para escolher o investimento com a maior rentabilidade anual, essa pessoa deverá:

a) escolher qualquer um dos investimentos *A*, *B* ou *C*, pois as suas rentabilidades anuais são iguais a 36%.
b) escolher os investimentos *A* ou *C*, pois suas rentabilidades anuais são iguais a 39%.
c) escolher o investimento *A*, pois a sua rentabilidade anual é maior que as rentabilidades anuais dos investimentos *B* e *C*.
d) escolher o investimento *B*, pois sua rentabilidade de 36% é maior que as rentabilidades de 3% do investimento *A* e de 18% do investimento *C*.
e) escolher o investimento *C*, pois sua rentabilidade de 39% ao ano é maior que a rentabilidade de 36% ao ano dos investimentos *A* e *B*.

5 (Enem)

Uma resolução do Conselho Nacional de Política Energética (CNPE) estabeleceu a obrigatoriedade de adição de biodiesel ao óleo *diesel* comercializado nos postos. A exigência é que, a partir de 1º de julho de 2009, 4% do volume da mistura final seja formada por biodiesel. Até junho de 2009, esse percentual era de 3%. Essa medida estimula a demanda de biodiesel, bem como possibilita a redução da importação de *diesel* de petróleo.

Disponível em: <www1.folha.uol.com.br>. Acesso em: 12 jul. 2009. Adaptado.

Estimativas indicam que, com a adição de 4% de biodiesel ao *diesel*, serão consumidos 925 milhões de litros de biodiesel no segundo semestre de 2009. Considerando-se essa estimativa, para o mesmo volume da mistura final *diesel*/biodiesel consumida no segundo semestre de 2009, qual seria o consumo de biodiesel com a adição de 3%?

a) 27,75 milhões de litros.
b) 37,00 milhões de litros.
c) 231,25 milhões de litros.
d) 693,75 milhões de litros.
e) 888,00 milhões de litros.

Anotações

AULA 18

Competência 4 Construir noções de variação de grandezas para a compreensão da realidade e a solução de problemas do cotidiano.

Habilidade 18 Avaliar propostas de intervenção na realidade envolvendo variação de grandezas.

Em classe

RAZÃO E PROPORÇÃO

Razão entre dois números

Razão entre dois números a e b, nesta ordem, com $b \neq 0$, é o quociente (divisão) do primeiro pelo segundo.

Exemplo:

A razão entre os números $a = 5$ e $b = 10$ é $\frac{1}{2}$.

Proporção

Chama-se proporção à igualdade entre duas razões. De um modo genérico, representa-se uma proporção por uma das formas:

$$\frac{a}{b} = \frac{c}{d} \text{ ou } a : b = c : d$$

Duas propriedades importantes das proporções

1)

$$\frac{a}{b} = \frac{c}{d} \Rightarrow a \cdot d = b \cdot c$$

2)

$$\frac{a}{b} = \frac{c}{d} = \frac{a + c}{b + d}$$

1 (Unama-PA) O salário de um operário é de R$ 240,00, e o de seu chefe, R$ 600,00. Nessas condições podemos afirmar que o salário:

a) do operário é $\frac{3}{5}$ do salário do chefe.

b) do chefe é $\frac{5}{2}$ do salário do operário.

c) do operário é $\frac{3}{4}$ do salário do chefe.

d) do chefe é $\frac{8}{3}$ do salário do operário.

2 (Univali-SC) Um número é dividido em duas partes diretamente proporcionais a 3 e a 2, respectivamente. Além disso, a primeira parte menos a metade da segunda parte é 20. O número é:

a) 40.
b) 10.
c) 50.
d) 12.
e) 15.

3 Considere as regras e fórmulas para cálculo de dose de medicamento com base no peso (massa) de um paciente:

Nome da regra ou fórmula	Particularidade da regra	Fórmula
Regra de Clark	Peso corporal < 30 kg	$DP = \dfrac{DA \times \text{Peso da criança (kg)}}{70\text{ kg}}$
Regra de Law	< de 1 ano de idade	$DP = \dfrac{DA \times \text{Idade da criança (em meses)}}{150}$
Regra de Young	De 1 a 12 anos de idade	$DP = \dfrac{DA \times \text{Idade da criança (em anos)}}{(\text{Idade da criança} + 12)}$

DP = dose pediátrica
DA = dose do adulto já estabelecida

Disponível em: <http://portal.saude.gov.br/portal/arquivos/multimedia/paginacartilha/docs/farmacosc.pdf>. Acesso em: 10 abr. 2013.

Considere as seguintes afirmações:

I) Um médico receita, para uma criança de 8 anos, uma dose de 12 mg. A dose correspondente para um adulto será de 30 mg, usando a regra de Young.
II) Considerando os valores de $DP = 12$ mg e $DA = 30$ mg, o peso (massa) de uma criança será 40% do peso de um adulto de 70 kg, segundo a regra de Clark.
III) Na regra de Law, a dose de um adulto correspondente à de uma criança de 10 meses será 15 vezes a dose pediátrica.

Assinale a alternativa correta:

a) somente (I) é verdadeira.
b) somente (II) é verdadeira.
c) somente (III) é verdadeira.
d) todas são verdadeiras.
e) nenhuma das três é verdadeira.

Em casa

TEXTOS DE APOIO

Poema

O misterioso número de ouro

Do número nasce a proporção
Da proporção se segue a consonância
A consonância causa deleitação
A nenhum sentido apraz a dissonância

Unidade, igualdade e semelhança
São princípios do contentamento
Em todos os sentidos o experimento
A alma na unidade glória alcança

Em todas as quantidades a igualdade
E a perfeição remota ou a mais chegada
Segundo a natural autoridade

E assim esta nas qualidades assentada
Da mesma maneira a semelhança
Diva de ser sentida e contemplada

MOURA, Vasco Graça. *Camões e a Divina Proporção*. 2. ed. Lisboa: INCM, 1993.

A divina proporção

A qual proporção o poeta se refere no ensaio lido?

A proporção áurea, número de ouro, número áureo ou proporção de ouro é uma constante real algébrica irracional denotada pela letra grega Φ (Phi), em homenagem ao escultor *Phidias* (Fídias), que a teria utilizado para conceber o Parthenon, e com o valor arredondado a três casas decimais de 1,618. Também é chamada de seção áurea (do latim *sectio aurea*), razão áurea, razão de ouro, média e extrema razão (Euclides), divina proporção, divina seção (do latim *sectio divina*), proporção em extrema razão, divisão de extrema razão ou áurea excelência. O número de ouro é ainda frequentemente chamado razão de Fidias.

Desde a Antiguidade, a proporção áurea é empregada na arte. É frequente a sua utilização em pinturas renascentistas, como as do mestre Giotto. Esse número está envolvido com a natureza do crescimento. Phi (não confundir com o número Pi, π), como também é chamado o número de ouro, pode ser encontrado na proporção das conchas (o náutilus, por exemplo), dos seres humanos (o tamanho das falanges, ossos dos dedos, por exemplo) e nas colmeias, entre inúmeros outros exemplos que envolvem a ordem do crescimento.

Justamente por estar envolvido no crescimento, esse número se torna tão frequente. E justamente por haver essa frequência, o número de ouro ganhou um *status* de "quase mágico", sendo alvo de pesquisadores, artistas e escritores. Apesar desse *status*, o número de ouro é apenas o que é devido aos contextos em que está inserido: está envolvido em crescimentos biológicos, por exemplo. O fato de ser encontrado através de desenvolvimento matemático é que o torna fascinante.

Disponível em: <http://pt.wikipedia.org/wiki/Proporção_áurea>. Acesso em: 10 abr. 2013. Adaptado.

Definição algébrica

Euclides de Alexandria descreveu a razão áurea em sua proposição "dividir um segmento de reta em média e extrema razão". Diz-se que "o ponto B divide o segmento $\overline{AC}$ em média e extrema razão, se a razão entre o menor e o maior dos segmentos é igual à razão entre o maior e o segmento todo, isto é, $AB/BC = BC/AC$".

Dado um segmento $\overline{AC}$ de medida 1 e um ponto B interior a esse segmento e que determina no segmento $\overline{AC}$ duas partes, sendo uma parte menor $\overline{AB}$ de medida $1 - x$ e uma parte maior de medida x.

Assim, podemos escrever:

$$\frac{1-x}{x} = \frac{x}{1} = \phi$$

A igualdade acima nos conduz à equação $x^2 + x - 1 = 0$ e, como x é positivo, obtemos que $x = \frac{-1+\sqrt{5}}{2}$ e consequentemente:

$$\frac{BC}{AB} = \frac{x}{1-x} = \frac{1}{x} = \frac{1+\sqrt{5}}{2} = 1{,}618 = \phi$$

1 (Cesgranrio-RJ)

O conceito de simetria surgiu na Grécia antiga, como uma tentativa de explicar a beleza por bases racionais. Os gregos não eram dados a muita subjetividade — eles gostavam de achar que havia lógica por trás de tudo. Por isso, conceberam a ideia de proporção áurea, uma relação matemática segundo a qual a divisão da medida da maior parte pela menor parte de um segmento (dividido em duas partes) é igual à divisão do segmento inteiro pela parte maior. E procuravam essa proporção mágica em tudo, inclusive em seres humanos.

SUPERINTERESSANTE. São Paulo: Abril, n. 194, nov. 2013. Adaptado.

Considere um segmento de reta $\overline{AB}$, dividido em duas partes, *a* e *b*, com $b < a$. De acordo com a descrição acima, a proporção áurea se verificaria para a igualdade:

a) $\frac{b}{a} = \frac{(a+b)}{(a-b)}$.

b) $\frac{(a-b)\cdot b}{\frac{b}{a}} = \frac{(a+b)}{b}$.

c) $\frac{a}{b} = \frac{(a-b)}{a}$.

d) $\frac{a}{b} = \frac{(a+b)}{(a-b)}$.

e) $\frac{a}{b} = \frac{(a+b)}{a}$.

2 De maneira geral, os televisores têm telas retangulares com medidas da base e da altura, respectivamente, na proporção 4:3. É a medida da diagonal que define de quantas polegadas é o aparelho. Imagine um monitor de computador em que a razão entre suas medidas de base e altura seja $\frac{1+\sqrt{5}}{2} = 1{,}62$. Qual é a área, aproximadamente, em polegadas quadradas, de um monitor de 19 polegadas? Considere $\sqrt{3{,}62} = 1{,}9$.

a) 136

b) 142

c) 158

d) 162

e) 188

3 Considere um retângulo em que a razão entre as medidas de seus lados seja $\frac{1+\sqrt{5}}{2}$ (proporção áurea). Qual é a razão entre a medida de seu lado maior e seu semiperímetro? Considere $\sqrt{5} = 2{,}24$.

a) 0,42

b) 0,62

c) 1,24

d) 1,62

e) 2,24

4 (Enem) Sabe-se que a distância real, em linha reta, de uma cidade *A*, localizada no estado de São Paulo, a uma cidade *B*, localizada no estado de Alagoas, é igual a 2 000 km. Um estudante, ao analisar um mapa, verificou com sua régua que a distância entre essas duas cidades, *A* e *B*, era 8 cm. Os dados nos indicam que o mapa observado pelo estudante está na escala de:

a) 1:250.

b) 1:2500.

c) 1:25000.

d) 1:250000.

e) 1:25000000.

5 (Enem) Para uma atividade realizada no laboratório de Matemática, um aluno precisa construir uma maquete da quadra de esportes da escola que tem 28 m de comprimento por 12 m de largura. A maquete deverá ser construída na escala de 1:250. Que medidas de comprimento e largura, em cm, o aluno utilizará na construção da maquete?

a) 4,8 e 11,2

b) 7,0 e 3,0

c) 11,2 e 4,8

d) 28,0 e 12,0

e) 30,0 e 70,0

Anotações

AULA 19

Competência 5 Modelar e resolver problemas que envolvem variáveis socioeconômicas ou técnico-científicas, usando representações algébricas.

Habilidade 19 Identificar representações algébricas que expressem a relação entre grandezas.

Em classe

FUNÇÃO AFIM E FUNÇÃO QUADRÁTICA

Ao estudar fenômenos, procura-se saber como as grandezas estão relacionadas entre si. Nos casos mais simples, selecionam-se duas grandezas de medidas y e x e observa-se como uma varia em função da outra; procura-se apresentar a interdependência entre y e x mediante tabelas, gráficos, equações e inequações.

Comecemos com aquelas da forma $y = mx + n$, em que m e n são constantes reais. Sendo x e y variáveis reais, podemos representar os pares ordenados (x, y) por uma reta.

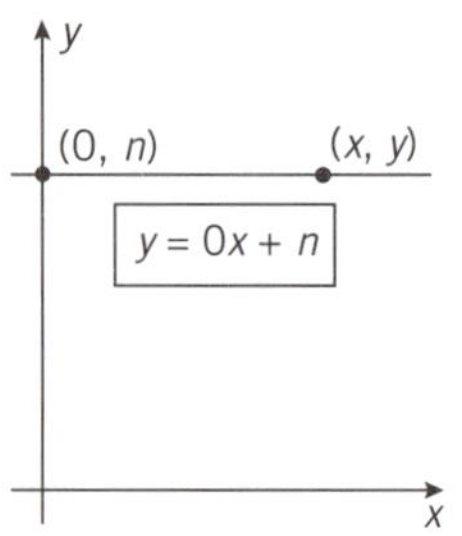

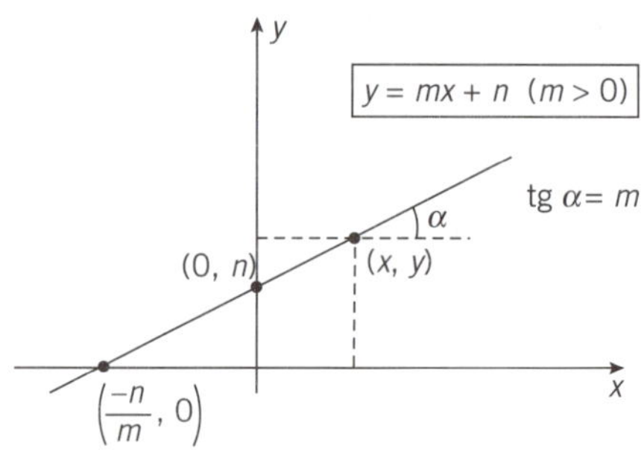

Sendo $P_0(x_0, y_0)$ e $P(x, y)$ pontos distintos da reta dada pela equação $y = mx + n$, temos que $m = \dfrac{y - y_0}{x - x_0}\left(\text{coeficiente angular } \dfrac{\Delta y}{\Delta x}\right)$. Dessa igualdade, temos $y - y_0 = m(x - x_0)$.

Um conjunto de pares ordenados (x, y) de números reais quaisquer, tais que se tenha uma relação da forma $y = ax^2 + bx + c$, em que $a \neq 0$ e b e c são constantes reais, pode ser representado por uma parábola.

Para quaisquer constantes reais a, $a \neq 0$, b e c:

- o vértice da parábola tem abscissa e ordenada iguais a $x_v = \dfrac{-b}{2a}$ e $y_v = \dfrac{-\Delta}{4a}$, em que $\Delta = b^2 - 4ac$;
- a parábola intersecta o eixo y no ponto $(0, c)$;
- se $a \geqslant 0$, a parábola intersecta o eixo x nos pontos $(x_1, 0)$ e $(x_2, 0)$; com $x_{1,2} = \dfrac{-b \pm \sqrt{\Delta}}{2a}$;
- com $a > 0$, a parábola tem a concavidade no sentido do eixo y;
- com $a < 0$, a parábola tem a concavidade no sentido oposto ao do eixo y.

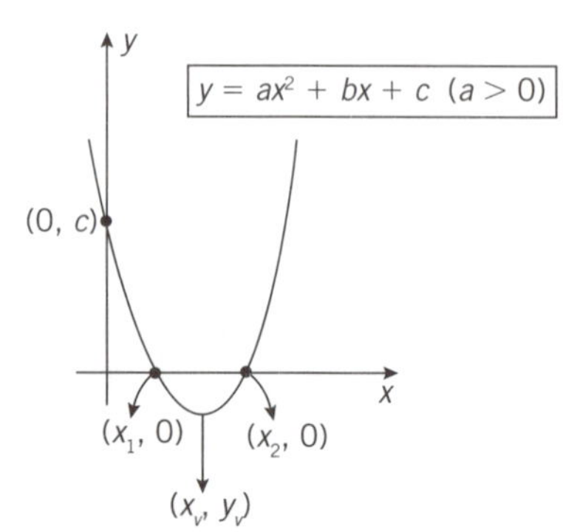

1 (Enem) Um experimento consiste em colocar certa quantidade de bolas de vidro idênticas em um copo com água até certo nível e medir o nível da água, conforme ilustrado na figura a seguir. Como resultado do experimento, concluiu-se que o nível da água é função do número de bolas de vidro que são colocadas dentro do copo.

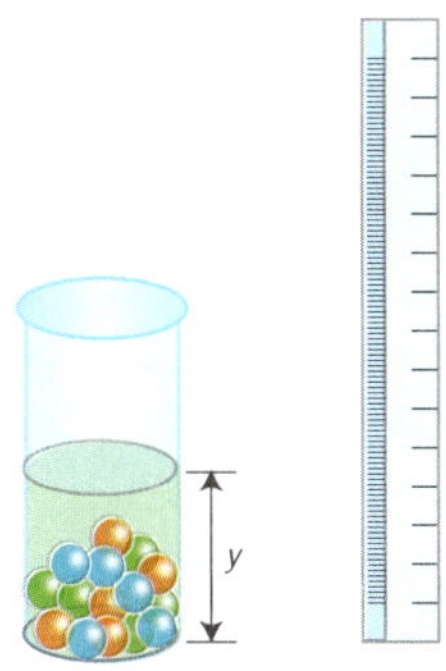

O quadro a seguir mostra alguns resultados do experimento realizado.

Número de bolas (x)	Nível da água (y)
5	6,35 cm
10	6,70 cm
15	7,05 cm

Disponível em: <www.penta.ufrgs.br>. Acesso em: 13 jan. 2009. Adaptado.

Qual a expressão algébrica que permite calcular o nível da água (y) em função do número de bolas (x)?

a) $y = 30x$
b) $y = 25x + 20,2$
c) $y = 1,27x$
d) $y = 0,7x$
e) $y = 0,07x + 6$

2 Diante de um sanduíche e de uma porção de batatas fritas, um garoto, muito interessado na quantidade de calorias que pode ingerir em cada refeição, analisa os dados de que dispõe. Ele sabe que a porção de batatas tem 200 g, o que equivale a 560 calorias, e que o sanduíche tem 250 g e 500 calorias. Como deseja comer um pouco do sanduíche e um pouco das batatas, ele se vê diante da questão: "Quantos gramas de sanduíche e quantos gramas de batata eu posso comer para ingerir apenas as 462 calorias permitidas para esta refeição?".

Considerando que x e y representam em gramas, respectivamente, as quantidades do sanduíche e das batatas que o garoto pode ingerir, assinale a alternativa correspondente à expressão algébrica que relaciona corretamente essas quantidades.

a) $2x + 2,8y = 462$
b) $2,8x + 2y = 462$
c) $1,8x + 2,3y = 1060$
d) $\frac{1}{2}x + 0,4y = 462$
e) $0,4x + \frac{1}{2}y = 462$

3 (Enem) Nos processos industriais, como na indústria de cerâmica, é necessário o uso de fornos capazes de produzir elevadas temperaturas e, em muitas situações, o tempo de elevação dessa temperatura deve ser controlado, para garantir a qualidade do produto final e a economia no processo.

Em uma indústria de cerâmica, o forno é programado para elevar a temperatura ao longo do tempo de acordo com a função:

$$T(t) = \begin{cases} \frac{7}{5}t + 20, \text{ para } 0 \leqslant t < 100 \\ \frac{2}{125}t^2 - \frac{16}{5}t + 320, \text{ para } t \geqslant 100 \end{cases},$$

em que T é o valor da temperatura atingida pelo forno, em graus Celsius, e t é o tempo, em minutos, decorrido desde o instante em que o forno é ligado.

Uma peça deve ser colocada nesse forno quando a temperatura for 48 °C e retirada quando a temperatura for 200 °C. O tempo de permanência dessa peça no forno é, em minutos, igual a:

a) 100.
b) 108.
c) 128.
d) 130.
e) 150.

Em casa

TEXTO DE APOIO

Para relações de dependência do primeiro grau, temos que se y é uma função de x, o que frequentemente é denotado por $y = f(x)$, é de se esperar que para uma variação Δx da variável x corresponda uma variação Δy (nula ou não) da variável y. A maneira mais comum de comparar Δy com Δx é estudando o quociente $\frac{\Delta y}{\Delta x}$, chamado de **razão incremental**.

Com mais detalhes, $\frac{\Delta y}{\Delta x} = \frac{f(x_2) - f(x_1)}{x_2 - x_1}$, em que x_1 e x_2 são valores distintos assumidos pela variável x.

Além disso, temos que:

Uma função do tipo $f: \mathbb{R} \to \mathbb{R}$, com $f(x) = ax^2 + bx + c$, a, b e c constantes reais e $a \neq 0$, é chamada função do 2º grau (ou função quadrática) e seu gráfico é uma parábola com eixo de simetria paralelo ao eixo y.

1. Se $a > 0$, a parábola terá concavidade ("boca") para cima.
   Se $a < 0$, a parábola terá concavidade ("boca") para baixo.
2. O ponto V é chamado vértice da parábola e, no plano cartesiano, é obtido por:

$$V\left(-\frac{b}{2a}, -\frac{\Delta}{4a}\right) (\Delta = b^2 - 4ac)$$

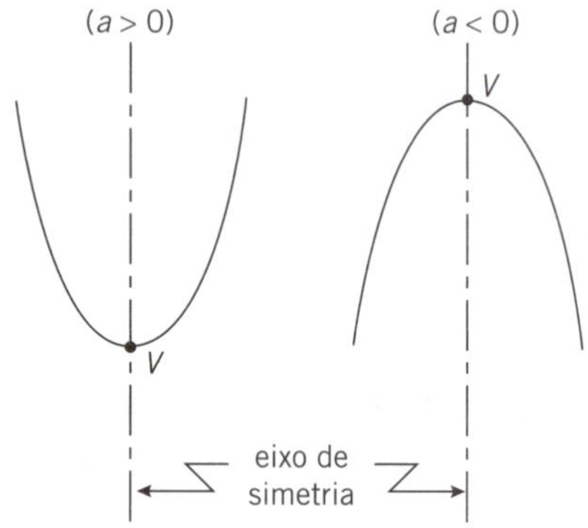

Considere então esta questão do Enem:

Um posto de combustível vende 10 000 litros de álcool por dia a R$ 1,50 cada litro. Seu proprietário percebeu que, para cada centavo de desconto que concedia por litro, eram vendidos 100 litros a mais por dia. Por exemplo, no dia em que o preço do álcool foi R$ 1,48, foram vendidos 10 200 litros.

Considerando x o valor, em centavos, do desconto dado no preço de cada litro, e V o valor, em R$, arrecadado por dia com a venda do álcool, então a expressão que relaciona V e x é:

a) $V = 10000 + 50x - x^2$.
b) $V = 10000 + 50x + x^2$.
c) $V = 15000 - 50x - x^2$.
d) $V = 15000 + 50x - x^2$.
e) $V = 15000 - 50x - x^2$.

Resolução:

Ao resolver esse problema, considere a tabela:

Preço por litro (R$)	Litros de álcool vendidos (L)	Valor arrecadado com a venda (R$)
1,50	10 000	1,50 · 10 000 = 15 000
1,49	10 100	1,49 · 10 100 = 15 059
1,48	10 200	1,48 · 10 200 = 15 096
1,47	10 300	1,47 · 10 300 = 15 141

Então:

- O preço do litro, com x centavos de desconto, é $(150 - x)$ centavos, ou seja, $\frac{150 - x}{100}$ reais.
- Para x centavos de desconto, são vendidos $10000 + 100x$ litros.
- Assim, o valor V arrecadado é dado por $V = (10000 + 100x) \cdot \frac{150x}{100}$.
- Logo, $V = (100 + x) \cdot (150 - x)$, ou seja, $V = -x^2 + 50x + 15000$.

Perceba que outra pergunta relacionada ao assunto poderia ser: qual o valor do preço por litro para que o valor arrecadado seja o maior possível?

Continuemos a tabela anterior:

Preço por litro (R$)	Litros de álcool vendidos (L)	Valor arrecadado com a venda (R$)
1,46	10400	$1{,}46 \cdot 10400 = 15184$
1,45	10500	$1{,}45 \cdot 10500 = 15225$
1,44	10600	$1{,}44 \cdot 10600 = 15264$

Aparentemente, parece que o valor arrecadado sempre aumentará, não importa qual seja o desconto a ser dado. Mas note-se que, com o preço a R$ 1,04 (desconto de R$ 0,46), serão vendidos $10000 + 46 \cdot 100 = 14600$ litros e, com isso, o valor arrecadado será $1{,}04 \cdot 14600 = 15184$.

Então, deve haver um valor de x tal que o valor arrecadado seja o maior possível.

O gráfico de uma função da forma $f(x) = ax^2 + bx + c$, com $a \neq 0$, é uma parábola. Nesse problema, $a < 0$ ($a = -1$) e, portanto, o gráfico pode ser esquematizado como se vê ao lado.

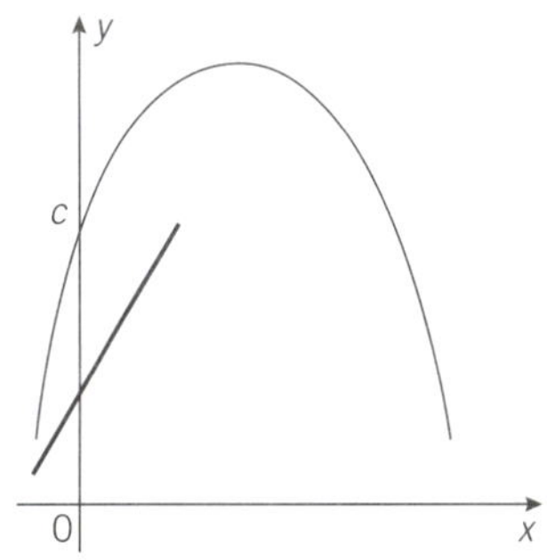

O vértice dessa parábola é o ponto P, tal que $x_p = -\dfrac{b}{2a}$ e $y_p = f(x_v)$.

Assim, para saber o maior valor arrecadado, basta perceber que o desconto x a ser dado é tal que $x = x_p = -\dfrac{(-50)}{2 \cdot 1} = 25$ centavos.

Logo, o preço do litro será $1{,}50 - 0{,}25 = 1{,}25$ real.

1 (Enem) Um laticínio possui dois reservatórios de leite. Cada reservatório é abastecido por uma torneira acoplada a um tanque resfriado. O volume, em litros, desses reservatórios depende da quantidade inicial de leite no reservatório e do tempo t, em horas, em que as duas torneiras ficam abertas. Os volumes são dados pelas funções $V_1(t) = 250t^3 - 100t + 3000$ e $V_2(t) = 150t^3 + 69t + 3000$.

Depois de aberta cada torneira, o volume de leite de um reservatório é igual ao do outro no instante $t = 0$ e, também, no tempo t igual a:

a) 1,3 h.
b) 1,69 h.
c) 10,0 h.
d) 13,0 h.
e) 16,9 h.

2 (Enem)

Em fevereiro, o governo da Cidade do México, metrópole com uma das maiores frotas de automóveis do mundo, passou a oferecer à população bicicletas como opção de transporte. Por uma anuidade de 24 dólares, os usuários têm direito a 30 minutos de uso livre por dia. O ciclista pode retirar em uma estação e devolver em qualquer outra e, se quiser estender a pedalada, paga 3 dólares por hora extra.

EXAME. São Paulo: Abril, 21 abr. 2010.

A expressão que relaciona o valor f pago pela utilização da bicicleta por um ano, quando se utilizam x horas extras nesse período, é:

a) $f(x) = 3x$.
b) $f(x) = 24$.
c) $f(x) = 27$.
d) $f(x) = 3x + 24$.
e) $f(x) = 24x + 3$.

3 (Enem) Certa marca de suco é vendida no mercado em embalagens tradicionais de forma cilíndrica. Relançando a marca, o fabricante pôs à venda embalagens menores, reduzindo a embalagem tradicional à terça parte de sua capacidade. Por questões operacionais, a fábrica que fornece as embalagens manteve a mesma forma, porém reduziu à metade o valor do raio da base da embalagem tradicional na construção da nova embalagem. Para atender à solicitação de redução da capacidade, após a redução no raio, foi necessário determinar a altura da nova embalagem.

Que expressão relaciona a medida da altura da nova embalagem de suco (a) com a altura da embalagem tradicional (h)?

a) $a = \dfrac{h}{12}$
b) $a = \dfrac{h}{6}$
c) $a = \dfrac{2h}{3}$
d) $a = \dfrac{4h}{3}$
e) $a = \dfrac{4h}{9}$

AULA 20

Competência 5 Modelar e resolver problemas que envolvem variáveis socioeconômicas ou técnico-científicas, usando representações algébricas.

Habilidade 20 Interpretar gráfico cartesiano que represente relações entre grandezas.

Em classe

GRÁFICO DE FUNÇÃO

Funções crescentes

Exemplos:

x	$f(x) = 2x$	Δf	$g(x) = x^2$	Δg	$h(x) = \sqrt{x}$	Δh
0	0		0		0	
1	2	2	1	1	1	1
2	4	2	4	3	1,41	0,41
3	6	2	9	5	1,73	0,32
4	8	2	16	7	2	0,27
5	10	2	25	9	2,24	0,24
6	12	2	36	11	2,45	0,21
7	14	2	49	13	2,65	0,20
8	16	2	64	15	2,83	0,18
9	18	2	81	17	3	0,17

Com variações iguais de x, temos:

Variação da função	Δf: as variações de $f(x)$ são iguais	Δg: as variações de $g(x)$ aumentam	Δh: as variações de $h(x)$ diminuem
Crescimento da função	$f(x)$ cresce uniformemente	$g(x)$ cresce a taxas crescentes	$h(x)$ cresce a taxas decrescentes
Concavidade do gráfico	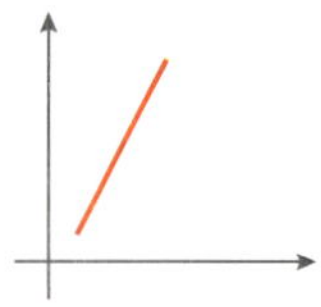	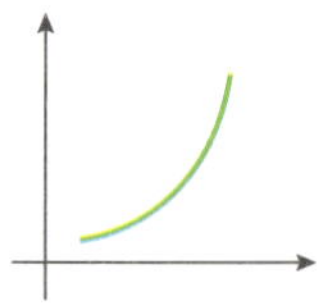	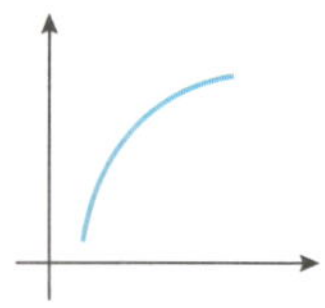

Funções decrescentes

Variação da função	Δf: as variações de $f(x)$ são iguais	Δg: as variações de $g(x)$ diminuem	Δh: as variações de $h(x)$ aumentam
Crescimento da função	$f(x)$ decresce uniformemente	$g(x)$ decresce a taxas decrescentes	$h(x)$ decresce a taxas crescentes
Concavidade do gráfico	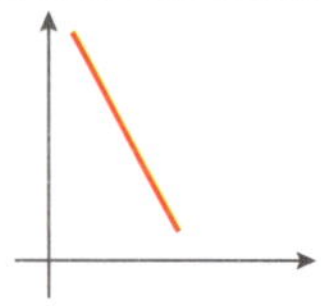	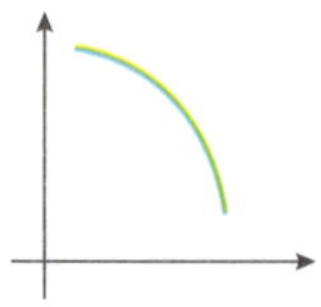	

1 (Enem) Muitas vezes o objetivo de um remédio é aumentar a quantidade de uma ou mais substâncias já existentes no corpo do indivíduo para melhorar as defesas do organismo. Depois de alcançar o objetivo, essa quantidade deve voltar ao normal. Se uma determinada pessoa ingere um medicamento para aumentar a concentração da substância *A* em seu organismo, a quantidade dessa substância no organismo da pessoa, em relação ao tempo, pode ser mais bem representada pelo gráfico:

a) 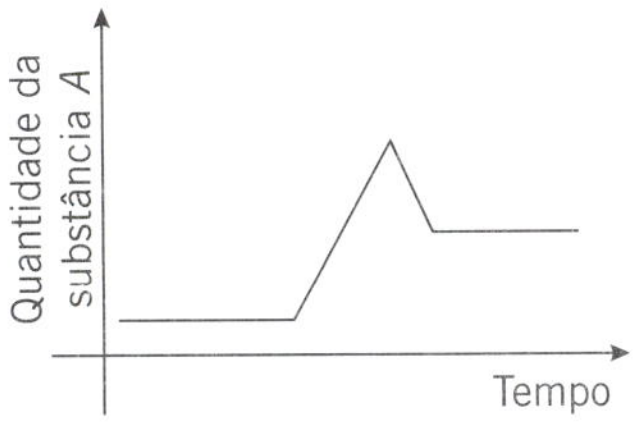

b) 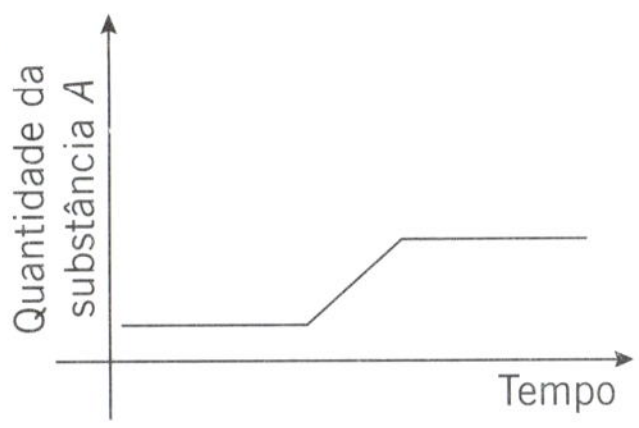

c) 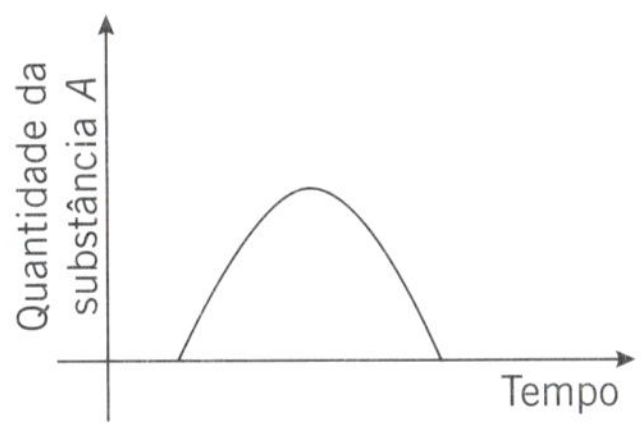

d) 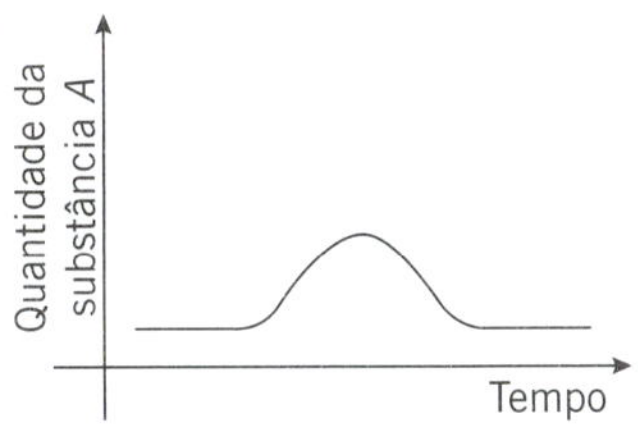

e) 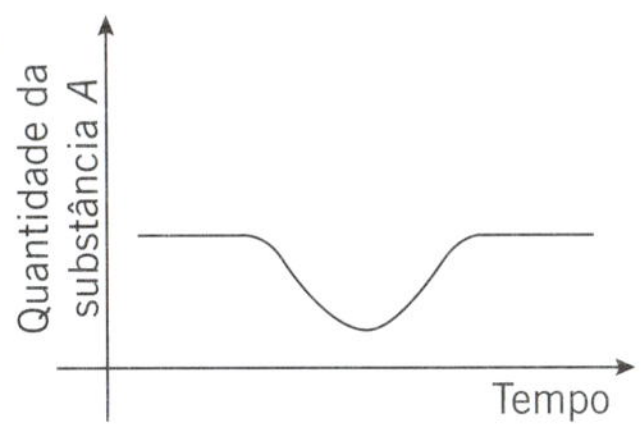

2 (Enem) O gráfico mostra o número de favelas no município do Rio de Janeiro entre 1980 e 2004, considerando que a variação nesse número entre os anos considerados é linear.

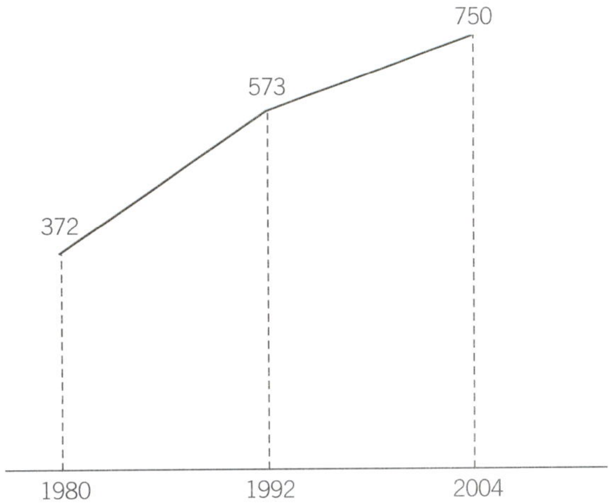

ÉPOCA. Globo, n. 621, 12 abr. 2010. Adaptado.

Se o padrão na variação do período 2004/2010 se mantiver nos próximos 6 anos, e sabendo que o número de favelas em 2010 é 968, então o número de favelas em 2016 será:

a) menor que 1 150.

b) 218 unidades maior que em 2004.

c) maior que 1 150 e menor que 1200.

d) 177 unidades maior que em 2010.

e) maior que 1 200.

Anotações

Em casa

TEXTO DE APOIO

Função constante

$f: \mathbb{R} \to \mathbb{R}$, $f(x) = c$, em que c é uma constante real. O gráfico é uma reta paralela ao eixo x (das abscissas).

Exemplos:

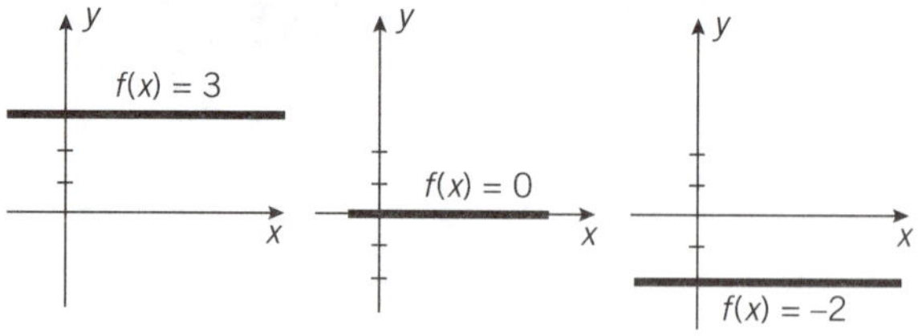

Função afim (função polinomial do 1º grau)

$f: \mathbb{R} \to \mathbb{R}$, $f(x) = mx + n$, em que m e n são constantes reais, com $m \neq 0$. O gráfico de f é a reta que intersecta o eixo y (das ordenadas) no ponto $(0, n)$ e o eixo x (das abscissas) no ponto $\left(-\frac{n}{m}, 0\right)$.

Exemplo:

$f(x) = 2x + 1$

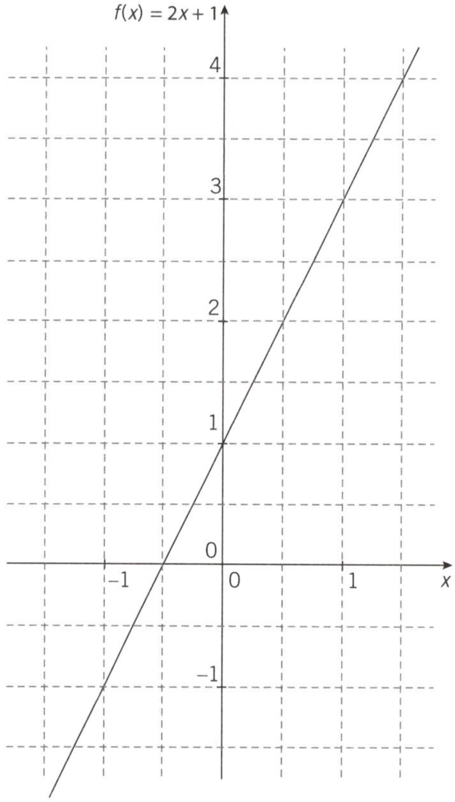

$f(0) = 1$; o gráfico intersecta o eixo y no ponto $(0,1)$.

$f(x) = 0$

$2x + 1 = 0 \Leftrightarrow x = -\frac{1}{2}$

O gráfico intersecta o eixo x no ponto $\left(\frac{-1}{2}, 0\right)$.

Sendo x_1 e x_2 valores quaisquer de x, com $x_1 \neq x_2$, temos, com $f(x) = mx + n$, $\dfrac{\Delta y}{\Delta x} = \dfrac{f(x_2) - f(x_1)}{x_2 - x_1} = m$ (taxa de variação é constante).

Assim, pelo exemplo dado, com $f(x) = 2x + 1$, podemos considerar $x_1 = 12$ e $x_2 = 51$.

Temos $f(x_1) = f(12) = 2 \cdot 12 + 1$, $f(x_2) = 2 \cdot 51 + 1$ e:

$$\frac{\Delta y}{\Delta x} = \frac{f(x_2) - f(x_1)}{x_2 - x_1} = \frac{(2 \cdot 51 + 1) - (2 \cdot 12 + 1)}{51 - 12} = \frac{2 \cdot 51 + 1 - 2 \cdot 12 - 1}{51 - 12} = \frac{2(51 - 12)}{51 - 12} = 2$$

No gráfico, temos $m = \text{tg}\ \alpha$, em que α é a medida do ângulo que a reta r (dada pela equação $y = mx + n$) forma com o eixo das abscissas.

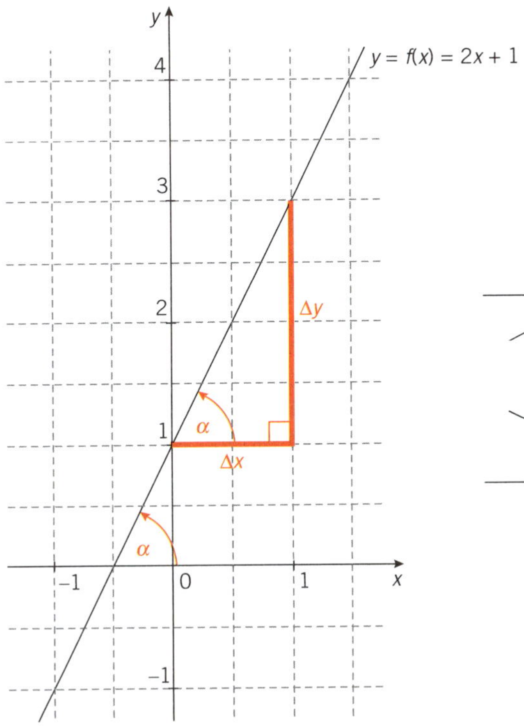

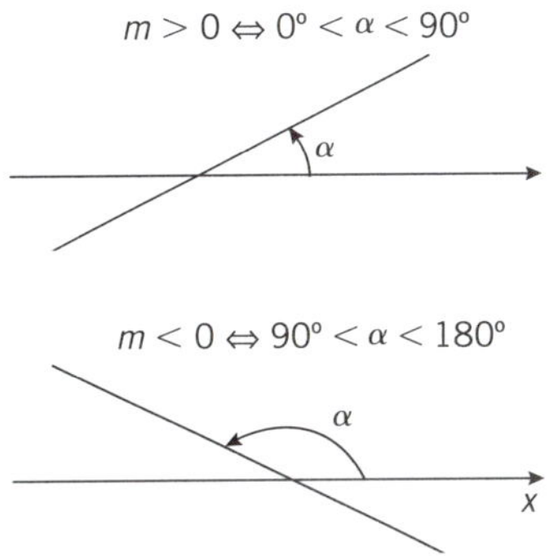

1 (Enem) As frutas que antes se compravam por dúzias, hoje em dia, podem ser compradas por quilogramas, existindo também a variação dos preços de acordo com a época de produção. Considere que, independente da época ou variação de preço, certa fruta custa R$ 1,75 o quilograma.

Dos gráficos a seguir, o que representa o preço m pago em reais pela compra de n quilogramas desse produto é:

a)

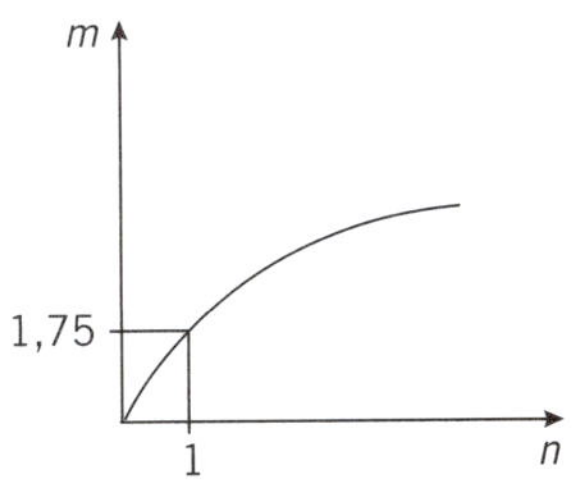

b)

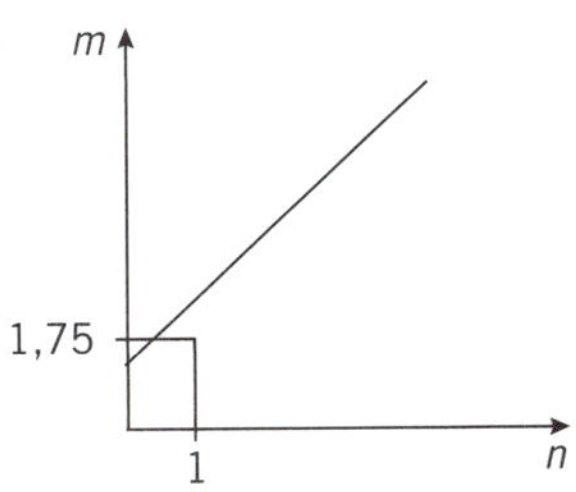

c)

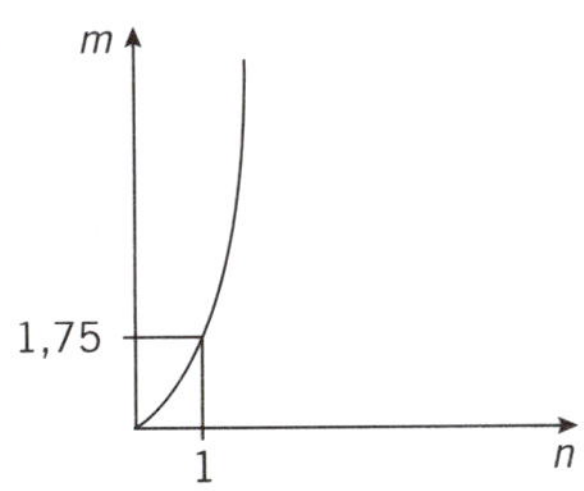

d)

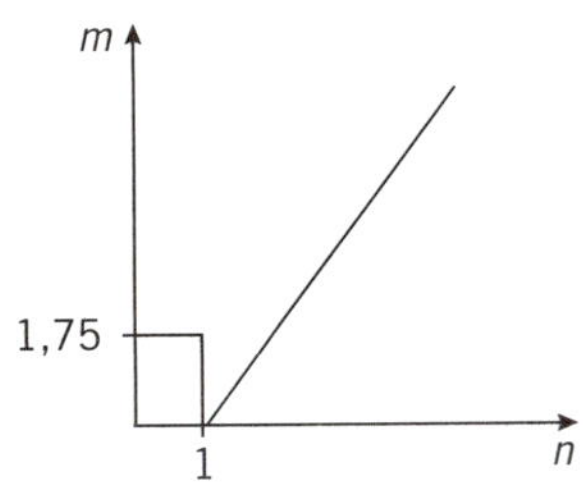

e)

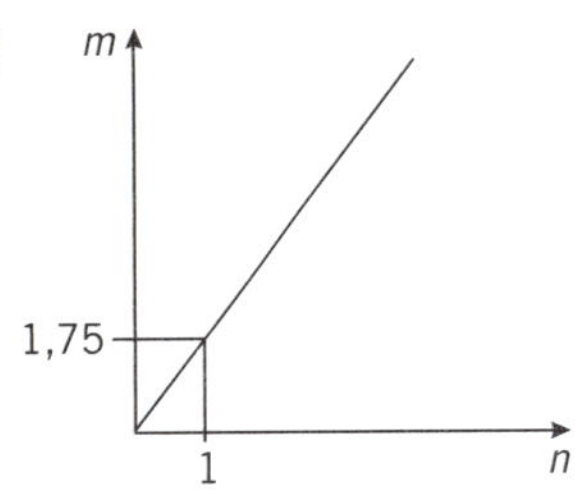

2 (Enem) Uma empresa de telefonia fixa oferece dois planos aos seus clientes: no plano *K*, o cliente paga R$ 29,90 por 200 minutos mensais e R$ 0,20 por cada minuto excedente; no plano *Z*, paga R$ 49,90 por 300 minutos mensais e R$ 0,10 por cada minuto excedente.
O gráfico que representa o valor pago, em reais, nos dois planos em função dos minutos utilizados é:

a)
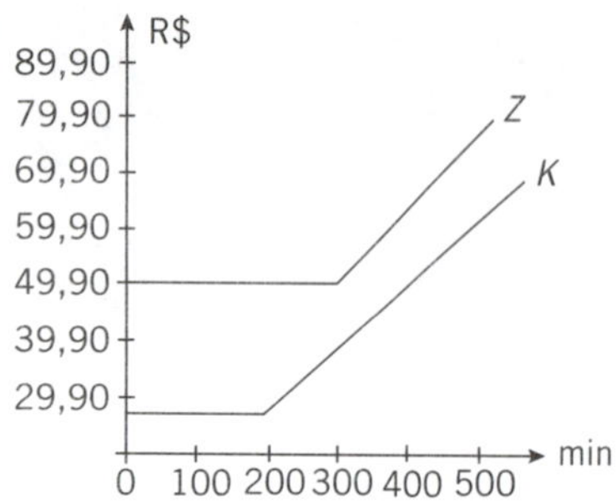

b)
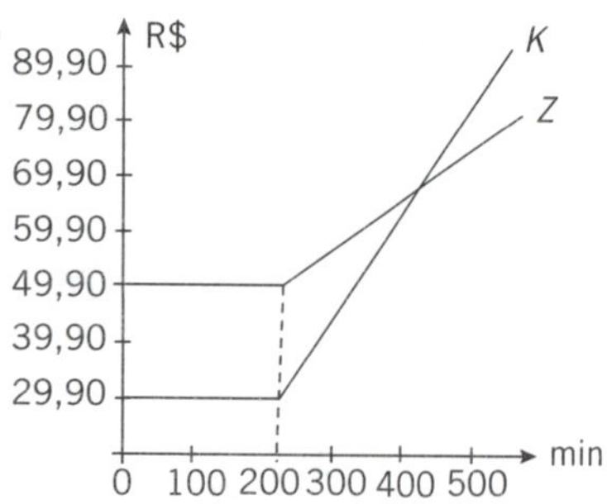

c)
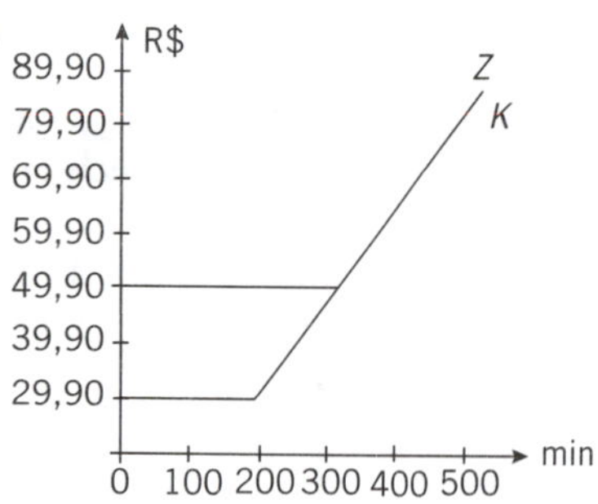

d)
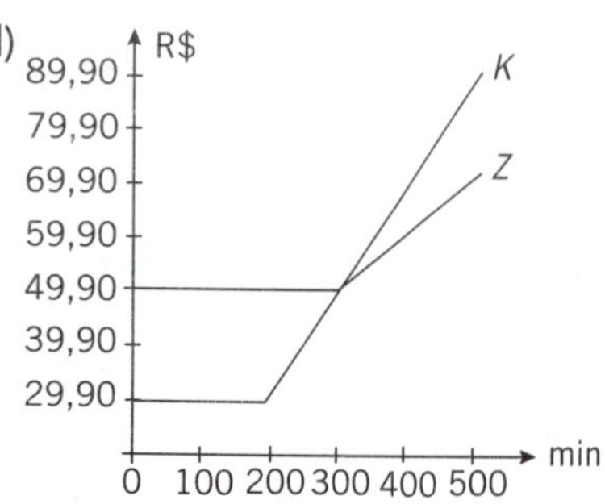

e)
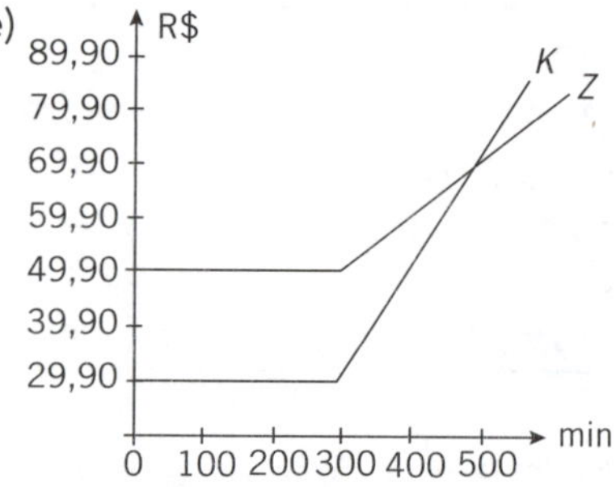

3 (Enem) Uma pousada oferece pacotes promocionais para atrair casais a se hospedarem por até oito dias. A hospedagem seria em apartamento de luxo e, nos três primeiros dias, a diária custaria R$ 150,00, preço da diária fora da promoção. Nos três dias seguintes, seria aplicada uma redução no valor da diária, cuja taxa média de variação, a cada dia, seria de R$ 20,00. Nos dias restantes, seria mantido o preço do sexto dia. Nessas condições, um modelo para a promoção idealizada é apresentado no gráfico a seguir, no qual o valor da diária é função do tempo medido em número de dias.

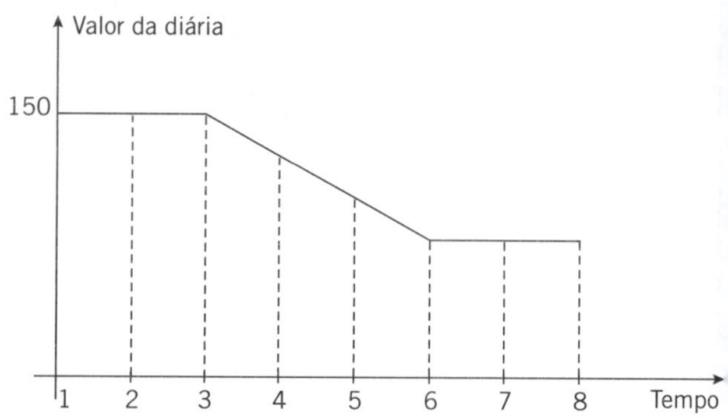

De acordo com os dados e com o modelo, comparando o preço que um casal pagaria pela hospedagem por sete dias fora da promoção, um casal que adquirir o pacote promocional por oito dias fará uma economia de:

a) R$ 90,00.
b) R$ 110,00.
c) R$ 130,00.
d) R$ 150,00.
e) R$ 170,00.

4 (Enem) Em São Paulo, no Parque do Ibirapuera, há uma pista de *cooper*, em que se completa uma volta a cada 1 500 metros. Num sábado de manhã, Pedrinho andou 5000 metros nessa pista e, portanto, não completou 4 voltas. Sendo assim, qual é a figura que melhor representa o número de voltas completas dadas por Pedrinho em função da distância, em metros, que ele andou?

a)

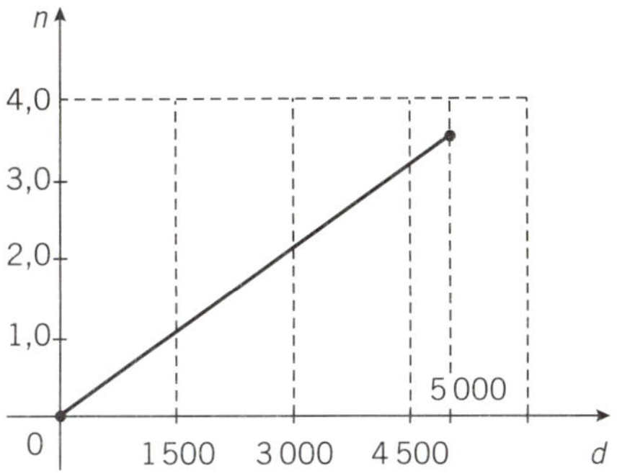

b)

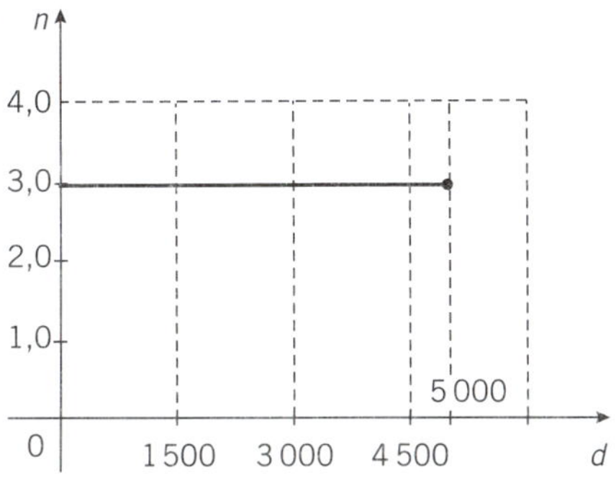

c)

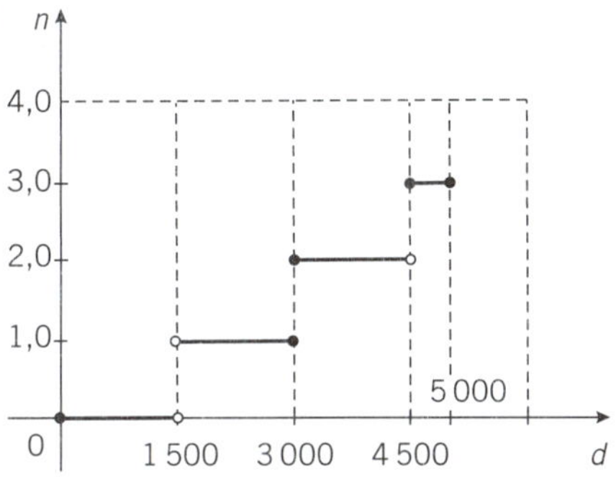

d)

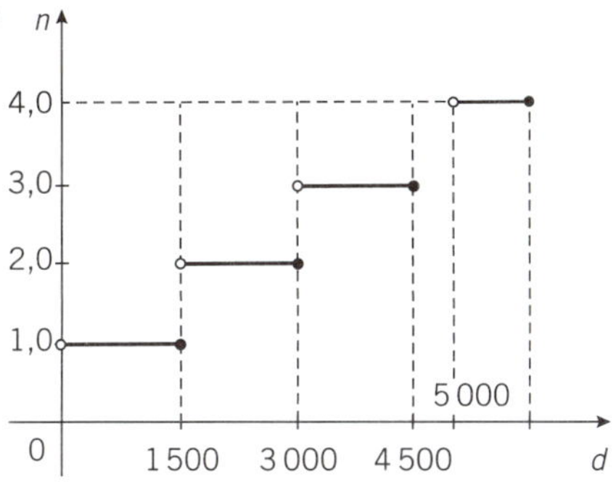

e)

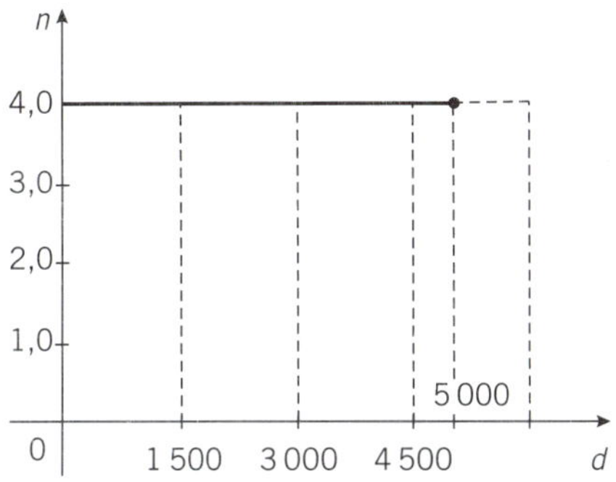

Anotações

AULA 21

Competência 5 Modelar e resolver problemas que envolvem variáveis socioeconômicas ou técnico-científicas, usando representações algébricas.

Habilidade 21 Resolver situação-problema cuja modelagem envolva conhecimentos algébricos.

Em classe

MODELOS MATEMÁTICOS

Resolver problemas em Matemática pode não ser uma tarefa fácil, pois isso exige uma série de habilidades, tais como leitura, interpretação de textos e organização de dados, que precisam ser relacionadas.

Modelar algebricamente um problema significa transpor as informações do texto para sentenças matemáticas (igualdades ou desigualdades), a fim de aplicar os métodos matemáticos para obter a solução do problema.

Muitos matemáticos procuraram criar procedimentos que organizassem as etapas para a resolução de problemas. Um deles, George Pólya (1888-1985), escreveu livros sobre esse assunto. Em seu livro mais famoso, *How to Solve it*, Pólya resumiu a resolução de um problema em quatro passos:

1. Entenda o problema

Qual é a incógnita? Quais são os dados? Quais as condições? É possível satisfazer as condições? Faça uma figura. Introduza a notação adequada.

2. Construa uma estratégia de resolução

Encontre conexões entre os dados e a incógnita. Você já encontrou esse problema ou algo parecido? Olhe para a incógnita e tente achar um problema familiar, que tenha uma incógnita semelhante. Você está levando em consideração todos os dados? Quais são as condições?

3. Execute a estratégia

Modele o seu problema algébrico por meio de uma equação (ou várias). Resolva a equação. Qual o melhor método para resolver essa equação?

4. Revise

Examine a solução obtida. Verifique o resultado e o argumento. São coerentes? Convêm?

É comum que as pessoas pulem as primeiras etapas, partindo diretamente para a execução da estratégia.

Nesta aula, veremos como alguns problemas se tornam mais fáceis quando modelados e resolvidos de maneira organizada.

Anotações

1 (Enem) Uma pesquisa da ONU estima que, já em 2008, pela primeira vez na história das civilizações, a maioria das pessoas viverá na zona urbana. O gráfico a seguir mostra o crescimento da população urbana desde 1950, quando essa população era de 700 milhões de pessoas, e apresenta uma previsão para 2030, baseada em crescimento linear no período de 2008 a 2030.

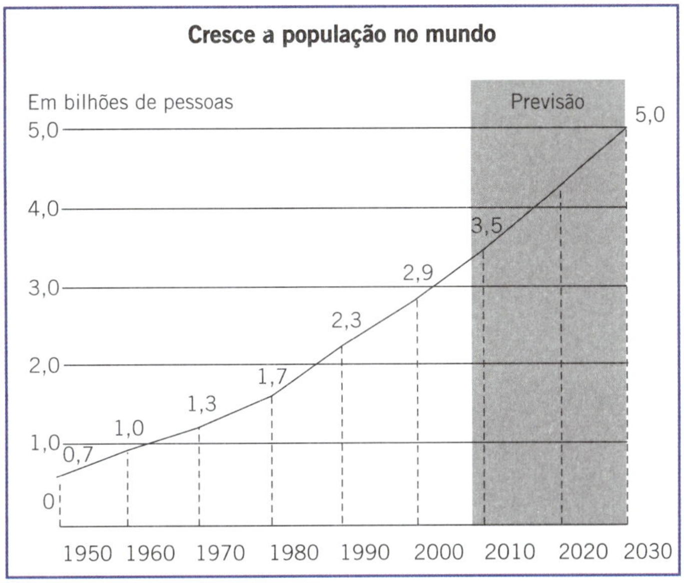

Almanaque Abril 2008, p. 128. São Paulo: Abril. Adaptado.

De acordo com o gráfico, a população urbana mundial em 2020 corresponderá, aproximadamente, a quantos bilhões de pessoas?

a) 4,00
b) 4,10
c) 4,15
d) 4,25
e) 4,50

2 (Enem) O prefeito de uma cidade deseja construir uma rodovia para dar acesso a outro município. Para isso, foi aberta uma licitação na qual concorreram duas empresas. A primeira cobrou R$ 100 000,00 por km construído (n), acrescidos de um valor fixo de R$ 350 000,00, enquanto a segunda cobrou R$ 120 000,00 por km construído (n), acrescidos de um valor fixo de R$ 150 000,00. As duas empresas apresentam o mesmo padrão de qualidade dos serviços prestados, mas apenas uma delas poderá ser contratada.

Do ponto de vista econômico, qual equação possibilitaria encontrar a extensão da rodovia que tornaria indiferente para a prefeitura escolher qualquer uma das propostas apresentadas?

a) $100n + 350 = 120n + 150$
b) $100n + 150 = 120n + 350$
c) $100(n + 350) = 120(n + 150)$
d) $100(n + 350000) = 120(n + 150000)$
e) $350(n + 100000) = 150(n + 120000)$

Em casa

TEXTO DE APOIO

Muitos problemas, provenientes de situações concretas, recaem em equações cujas soluções são inteiras; a essas equações damos o nome de **diofantinas**, em homenagem ao matemático Diofanto de Alexandria (século III a.C.), que foi um dos precursores nesse assunto.

Um problema, passível de ser equacionado, pode ter tantas soluções quantas forem as suas incógnitas, podendo ter até um número infinito de soluções. No entanto, buscando entre as soluções possíveis (aquelas que são números inteiros), pode-se encontrar um número finito de respostas.

Observe o seguinte exemplo:

As medidas dos lados de um retângulo são inteiras. Quais devem ser essas medidas para que o perímetro e a área sejam representados pelo mesmo número?

Resolução:

Sejam x e y as medidas dos lados do retângulo, temos:

Perímetro $= 2x + 2y$ e área $= x \cdot y$.

Como o perímetro e a área devem representar o mesmo número, devemos ter:

$2x + 2y = x \cdot y$

Assim:

$$x \cdot y - 2x = 2y \Rightarrow x \cdot (y - 2) = 2y \Rightarrow x = \frac{2y}{y-2}$$

Como x e y devem ser números positivos, $y - 2$ também será positivo, portanto, podemos escrever:

$$x = \frac{2(y-2)+4}{y-2} = 2 + \frac{4}{y-2} \quad \text{(I)}$$

Assim, temos que x deve ser um número inteiro e consequentemente, $\frac{4}{y-2}$ também o será, isto é, $y - 2$ deve ser divisor de 4.

Logo, temos as seguintes possibilidades:

- $y - 2 = 1 \Rightarrow y = 3$, substituindo em (I) temos: $x = 6$;
- $y - 2 = 2 \Rightarrow y = 4$, substituindo em (I) temos: $x = 4$;

As possíveis medidas para os lados do retângulo são 3 e 6 ou 4 e 4.

1 (FGV-SP) Daqui 12 anos eu terei o triplo da idade que você tinha há 12 anos. Se hoje eu tenho 15 anos, que idade você terá daqui a 12 anos?

a) 12 anos b) 21 anos c) 15 anos d) 33 anos e) 27 anos

2 (Enem) Um grupo de 50 pessoas fez um orçamento inicial para organizar uma festa, que seria dividido entre elas em cotas iguais. Verificou-se ao final que, para arcar com todas as despesas, faltavam R$ 510,00, e que 5 novas pessoas haviam ingressado no grupo. No acerto foi decidido que a despesa total seria dividida em partes iguais pelas 55 pessoas. Quem não havia ainda contribuído pagaria a sua parte, e cada uma das 50 pessoas do grupo inicial deveria contribuir com mais R$ 7,00. De acordo com essas informações, qual foi o valor da cota calculada no acerto final para cada uma das 55 pessoas?

a) R$ 14,00 b) R$ 17,00 c) R$ 22,00 d) R$ 32,00 e) R$ 57,00

3 (Enem) O Indicador do CadÚnico (ICadÚnico), que compõe o cálculo do Índice de Gestão Descentralizada do Programa Bolsa Família (IGD), é obtido por meio da média aritmética entre a taxa de cobertura qualificada de cadastros (TC) e a taxa de atualização de cadastros (TA), em que $TC = \frac{NV}{NF}$, $TA = \frac{NA}{NV}$, NV é o número de cadastros domiciliares válidos no perfil do CadÚnico, NF é o número de famílias estimadas como público-alvo do CadÚnico e NA é o número de cadastros domiciliares atualizados no perfil do CadÚnico.

Portaria n. 148 de 27 de abril de 2006. Adaptado.

Suponha que o ICadÚnico de um município específico é 0,6. Porém, dobrando o *NF* o ICadÚnico cairá para 0,5. Se $NA + NV = 3600$, então o *NF* é igual a:

a) 10000.

b) 7500.

c) 5000.

d) 4500.

e) 3000.

Anotações

AULA 22

Competência 5 Modelar e resolver problemas que envolvem variáveis socioeconômicas ou técnico-científicas, usando representações algébricas.

Habilidade 22 Utilizar conhecimentos algébricos/geométricos como recurso para a construção de argumentação.

Em classe

EXPONENCIAIS E LOGARITMOS

Potência de expoente real

Sendo b um número real positivo, temos as seguintes propriedades:

- $b^x > 0$, para todo x real;
- $b^0 = 1$;
- $b^1 = b$;
- $b^{-x} = \frac{1}{b^x}$;
- $b^{\frac{1}{n}} = \sqrt[n]{b}$;
- $b^m \cdot b^n = b^{m+n}$;
- $\frac{b^m}{b^n} = b^{m-n}$;
- $(b^m)^n = b^{mn}$;
- $b_1^x \cdot b_2^x = (b_1 \cdot b_2)^x$;
- $\frac{b_1^x}{b_2^x} = \left(\frac{b_1}{b_2}\right)^x$;
- Com $b > 0$ e $b \neq 1$, $b^x = b^y \Leftrightarrow x = y$.

Logaritmo

Com $a > 0$, $b > 0$, e $b \neq 1$, existe um único número real x, tal que $b^x = a$. Nessas condições, dizemos que x é o logaritmo de a na base b e escrevemos:

$$x = \log_b a$$

Com $b > 0$ e $b \neq 1$, temos:

- $\log_b b = 1$;
- $\log_b 1 = 0$;
- $\log_b b^c = c$;
- $b^{\log_b a} = a$.

Propriedades

Com $A > 0$, $B > 0$, $b > 0$ e $b \neq 1$, temos:

- $\log_b (AB) = \log_b A + \log_b B$;
- $\log_b \left(\frac{A}{B}\right) = \log_b A - \log_b B$;
- $\log_b A = \frac{\log_p A}{\log_p b}$ (mudança da base b para a base p).

Nos **logaritmos decimais**, aqueles na base 10, é muito comum usar a notação simplificada $\log A$, em vez de $\log_{10} A$. Por exemplo: $\log 1\,000 = 3$.

1 (Enem)

A Escala de Magnitude de Momento (abreviada como MMS é denotada como M_W), introduzida em 1979 por Thomas Haks e Hiroo Kanamori, substituiu a Escala de Richter para medir a magnitude dos terremotos em termos de energia liberada. Menos conhecida pelo público, a MMS é, no entanto, a escala usada para estimar as magnitudes de todos os grandes terremotos da atualidade. Assim como a escala Richter, a MMS é uma escala logarítmica. M_W e M_0 se relacionam pela fórmula:

$$M_W = -10{,}7 + \frac{2}{3}\log_{10}(M_0)$$

onde M_0 é o momento sísmico (usualmente estimado a partir dos registros de movimento da superfície, através dos sismogramas), cuja unidade é o dina · cm.

O terremoto de Kobe, acontecido no dia 17 de janeiro de 1995, foi um dos terremotos que causaram maior impacto no Japão e na comunidade científica internacional. Teve magnitude $M_W = 7{,}3$.

U.S. GEOLOGICAL SURVEY. Historic Earthquakes.

Disponível em: <http://earthquake.usgs.gov>. Acesso em: 1º maio 2010. Adaptado.

U.S. GEOLOGICAL SURVEY. USGS Earthquake Magnitude Policy.

Disponível em: <http://earthquake.usgs.gov>. Acesso em: 1º maio 2010. Adaptado.

Mostrando que é possível determinar a medida por meio de conhecimentos matemáticos, qual foi o momento sísmico M_0 do terremoto de Kobe (em dina · cm)?

a) $10^{-5,10}$
b) $10^{-0,73}$
c) $10^{12,00}$
d) $10^{21,65}$
e) $10^{27,00}$

2 (Enem) A duração do efeito de alguns fármacos está relacionada à sua meia-vida, tempo necessário para que a quantidade original do fármaco no organismo se reduza à metade. A cada intervalo de tempo correspondente a uma meia-vida, a quantidade de fármaco existente no organismo no final do intervalo é igual a 50% da quantidade no início desse intervalo. O gráfico representa, de forma genérica, o que acontece com a quantidade de fármaco no organismo humano ao longo do tempo.

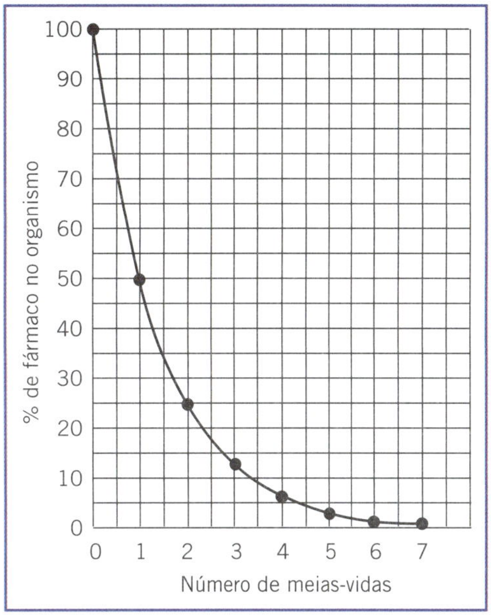

FUCHS, F. D.; WANNMA, Cher l. *Farmacologia Clínica*. Rio de Janeiro: Guanabara Koogan,1992, p. 40.

A meia-vida do antibiótico amoxicilina é de 1 hora. Assim, se uma dose desse antibiótico for injetada às 12h em um paciente, o percentual dessa dose que restará em seu organismo às 13h30min será aproximadamente de:

a) 10%.
b) 15%.
c) 25%.
d) 35%.
e) 50%.

3 Dado que a fórmula $Q_t = Q_0 \cdot 0{,}8^{0{,}05t}$ fornece a quantidade de um fármaco remanescente no organismo de uma pessoa t minutos após sua introdução, podemos afirmar que essa quantidade reduz-se em 20% a cada 20 minutos. Considerando $\log 2 \simeq 0{,}30$, podemos concluir que a meia-vida deste fármaco é de aproximadamente:

a) 40 minutos. b) 45 minutos. c) 50 minutos. d) 60 minutos. e) 80 minutos.

Em casa

TEXTO DE APOIO

Em estudos quantitativos sobre (de)crescimentos de populações, lida-se frequentemente com funções da forma $q(t) = a \cdot b^t$, em que a e b são constantes positivas, com $b \neq 1$. A variável t é o tempo decorrido a partir do instante inicial da observação. Note que, em todos os casos, $q(0) = a$; assim, temos $q(t) = q(0) \cdot b^t$.

O ponto $(0, a)$ é a intersecção do gráfico com o eixo das ordenadas. Em relação à base b, vamos destacar dois casos:

- Com $b > 1$, temos uma função crescente.

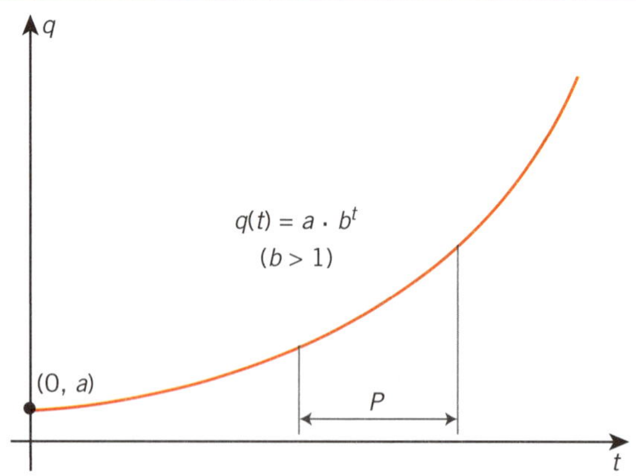

(Base b maior que 1: $q(t)$ cresce cada vez mais)

P é o intervalo de tempo (Δt) em que a quantidade $q(t)$ é dobrada: P é chamado de **tempo de duplicação** (*doubling time*).

- Com $0 < b < 1$, temos uma função decrescente.

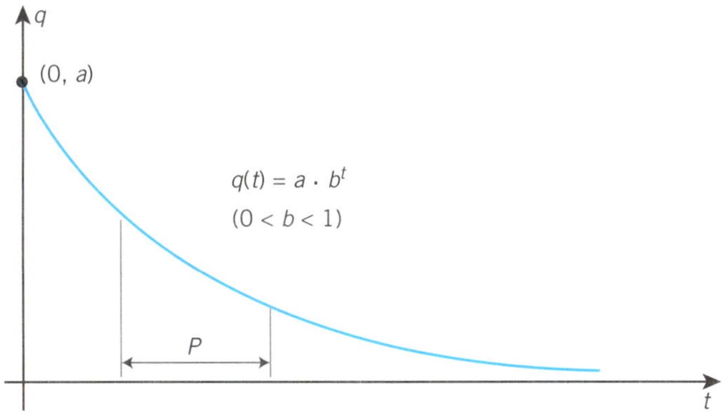

(Base b entre 0 e 1: $q(t)$ decresce cada vez menos)

P é o intervalo de tempo (Δt) em que a quantidade $q(t)$ é reduzida à metade: P é chamado de **meia-vida** (*half-life*).

Logaritmos na base e

Nos estudos quantitativos sobre (de)crescimentos de populações, surge quase sempre uma constante cujo valor é aproximadamente 2,71828. Essa constante é um número irracional e geralmente simbolizado pela letra **e**, em homenagem ao matemático Leonhard Euler (1707-1783).

Os **logaritmos na base e** têm um papel fundamental na Matemática; são chamados de **logaritmos naturais**, justamente por serem comuns em estudos sobre fenômenos naturais. Há também muitos autores que chamam esses logaritmos de **logaritmos neperianos**, em homenagem ao matemático John Napier (1550-1617), um dos inventores dos logaritmos.

O logaritmo de x na base **e**, $\log_e x$, é usualmente indicado por $\ln x$. Como exemplos, temos: $\ln 1 = 0$, $\ln e = 1$ e $\ln\sqrt{e} = 0{,}5$.

Exemplos de aplicações

Vejamos algumas aplicações.

- Na Matemática financeira, $C(n) = C(0) \cdot (1 + r\%)^n$ relaciona o montante $C(n)$ ao número n de períodos de aplicação de um capital inicial $C(0)$ a uma taxa de $r\%$ de juros por período.
- Na Biologia, $I(x) = I(0) \cdot b^x$ relaciona a intensidade $I(x)$ da luz solar à profundidade x em lagos e mares.
- Na Química, $M(t) = M(0) \cdot b^t$ relaciona a massa $M(t)$ de uma substância radioativa no instante t da observação de uma experiência.
- Na Física, quando um corpo de temperatura T_c encontra-se em um ambiente de temperatura T_l constante, com $T_l > T_c$, a diferença $D(t) = T_c - T_l$ decresce, em função do tempo t, de acordo com a fórmula $D(t) = a \cdot b^{-c \cdot t}$.

Exposição à radiação

Suponhamos que um tecido vivo seja exposto a uma radiação ionizante, um feixe de partículas subatômicas. O dano sofrido pelo tecido pode ser expresso pelo número de suas moléculas alteradas. Indicando por M_0 o número inicial de moléculas não danificadas e por M o número de moléculas não danificadas após uma exposição a uma dose de P partículas por cm² do tecido, tem-se $M < M_0$. Experiências mostram que $M = M_0 \cdot e^{-k \cdot P}$, em que k é uma constante positiva.

O isótopo radioativo carbono-14

A incidência de raios cósmicos nas camadas superiores da atmosfera converte parte do nitrogênio em um isótopo radioativo de carbono, ^{14}C. A vegetação, por meio da absorção de dióxido de carbono (CO_2) da atmosfera, retém um pouco desse isótopo. Todas as demais formas de vida também acabam retendo ^{14}C através da cadeia alimentar. Enquanto vivo, o nível desse isótopo no organismo é constante. Quando a planta ou o animal morre, cessa a reposição de ^{14}C no organismo e esse nível decresce gradualmente com o decorrer do tempo; a cada 5730 anos o nível de ^{14}C reduz-se à metade.

Nessas condições, o nível, t anos após a morte, é dado por $N(t) = N(0) \cdot e^{-0{,}000121 \cdot t}$.

Vejamos, com um exemplo, como podemos proceder para obter uma estimativa da idade de um fóssil.

Suponhamos que o nível de radioatividade em um fóssil corresponda a 74% do nível encontrado atualmente nos seres vivos.

De $N(t) = N(0) \cdot e^{-0{,}000121 \cdot t}$ e $N(t) = N(0) \cdot 0{,}74$, temos que $e^{-0{,}000121 \cdot t} = 0{,}74$.

Portanto, $-0{,}000121 \cdot t = \log_e 0{,}74$.

Com uma calculadora científica podemos obter $\log_e 0{,}74 = -0{,}301105$, assim:

$$-0{,}000121 \cdot t = -0{,}301105 \Rightarrow t = \frac{-0{,}301105}{-0{,}000121} \simeq 2488$$

Logo, a idade desse fóssil é de 2488 anos.

1 (Enem) A população mundial está ficando mais velha, os índices de natalidade diminuíram e a expectativa de vida aumentou. No gráfico seguinte, são apresentados dados obtidos por uma pesquisa realizada pela Organização das Nações Unidas (ONU), a respeito da quantidade de pessoas com 60 anos ou mais em todo o mundo. Os números da coluna da direita representam as faixas percentuais. Por exemplo, em 1950 havia 95 milhões de pessoas com 60 anos ou mais nos países desenvolvidos, número entre 10% e 15% da população total nos países desenvolvidos.

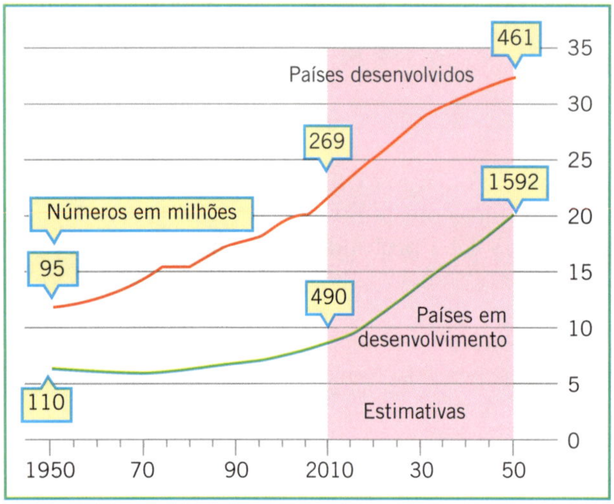

Disponível em: <www.economist.com>. Acesso em: 9 jul. 2009. Adaptado.

Suponha que o modelo exponencial $y = 363 \cdot e^{0{,}03x}$, em que $x = 0$ corresponde ao ano 2000, $x = 1$ corresponde ao ano 2001, e assim sucessivamente, e que y é a população em milhões de habitantes no ano x, seja usado para estimar essa população com 60 anos ou mais de idade nos países em desenvolvimento entre 2010 e 2050. Desse modo, considerando $e^{0{,}3} = 1{,}35$, estima-se que a população com 60 anos ou mais estará, em 2030, entre:

a) 490 e 510 milhões.
b) 550 e 620 milhões.
c) 780 e 800 milhões.
d) 810 e 860 milhões.
e) 870 e 910 milhões.

2 (Vunesp-SP) Uma cultura de bactérias cresce segundo a lei $N(t) = \alpha \cdot 10^{\lambda t}$, onde $N(t)$ é o número de bactérias em t horas, $t \geq 0$, e α e λ são constantes estritamente positivas. Se após 2 horas o número inicial de bactérias, $N(0)$, é duplicado, após 6 horas o número de bactérias será:

a) 4α. b) $2\alpha\sqrt{2}$. c) 6α. d) 8α. e) $8\alpha\sqrt{2}$.

3 (PUC-SP) Um capital C, aplicado a juros compostos a uma taxa unitária i por período, produz, ao final de n períodos, o montante M, dado por $M = C \cdot (1 + i)^n$. Nessas condições, utilizando-se $\log 2 = 0{,}30$ e $\log 3 = 0{,}48$, o capital de R$ 2000,00, aplicado a juros compostos à taxa de 20% ao ano, produzirá o montante de R$ 5000,00, ao final de um período de:

a) 4 anos.
b) 4 anos e 2 meses.
c) 4 anos e 8 meses.
d) 5 anos.
e) 5 anos e 2 meses.

4 (Vunesp-SP/Adaptada) Suponhamos que uma represa de área igual a 128 km² tenha sido infestada por uma vegetação aquática. Suponhamos também que, por ocasião de um estudo sobre o problema, a área tomada pela vegetação fosse de 8 km² e que esse estudo tivesse concluído que a taxa de aumento da área cumulativamente infestada era de 50% ao ano. Nessas condições, em quantos anos a vegetação tomaria conta de toda a represa?

(Use os valores aproximados $\log_{10} 2 = 0{,}3$ e $\log_{10} 3 = 0{,}48$.)

a) 4 anos e 3 meses
b) 5 anos e 4 meses
c) 6 anos e 2 meses
d) 6 anos e 8 meses
e) 7 anos e 4 meses

AULA 23

Competência 5 Modelar e resolver problemas que envolvem variáveis socioeconômicas ou técnico-científicas, usando representações algébricas.

Habilidade 23 Avaliar propostas de intervenção na realidade utilizando conhecimentos algébricos.

Em classe

FUNÇÃO QUADRÁTICA

Função quadrática ou função polinomial do 2º grau é uma aplicação do tipo $f: \mathbb{R} \to \mathbb{R}^2$, $f(x) = ax^2 + bx + c$, em que a, b e c são constantes reais, com $a \neq 0$.

- O discriminante do trinômio é $\Delta = b^2 - 4ac$. O gráfico de f é uma parábola.
- O gráfico intersecta o eixo y (das ordenadas) no ponto $(0, c)$.
- O vértice da parábola é o ponto $V(x_v, y_v)$, com $x_v = -\dfrac{b}{2a}$ e $y_v = -\dfrac{\Delta}{4a}$.

- $a > 0$

  A concavidade da parábola tem o sentido do eixo y. O vértice corresponde ao mínimo da função.

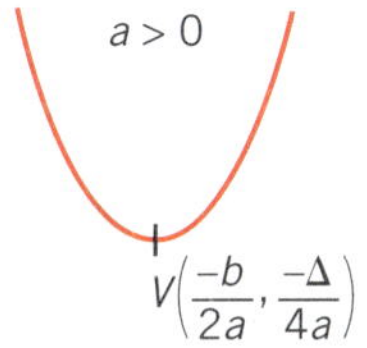

- $a < 0$

  A concavidade da parábola tem o sentido oposto do eixo y. O vértice corresponde ao máximo da função.

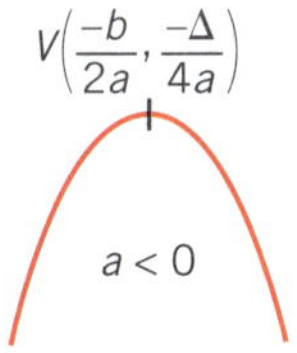

- $\Delta > 0$

  A parábola intersecta o eixo x em dois pontos distintos $(x_1, 0)$ e $(x_2, 0)$, com $x_1 < x_2$, $x_{1,2} = \dfrac{-b \pm \sqrt{\Delta}}{2a}$. Nesse caso, temos $f(x) = a(x - x_1)(x - x_2)$.

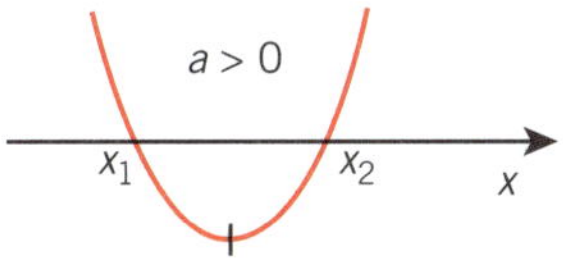

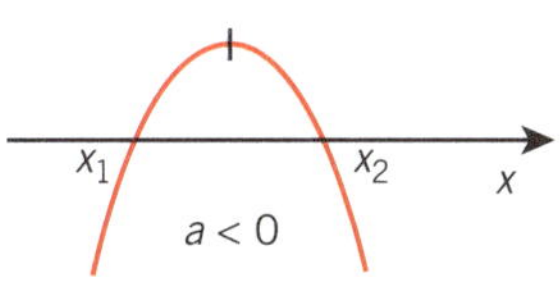

- $\Delta = 0$

  A parábola é tangente ao eixo x no ponto $V(x_V, 0)$, com $x_V = \dfrac{-b}{2a}$. Nesse caso, temos $f(x) = a(x - x_V)^2$.

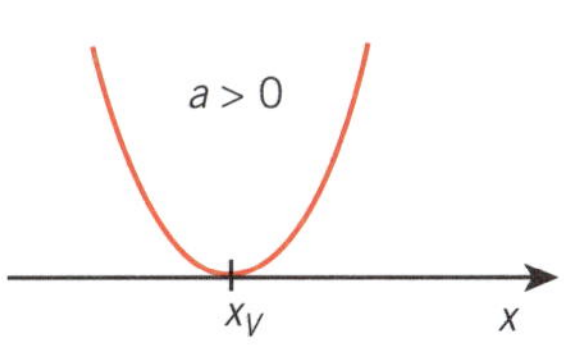

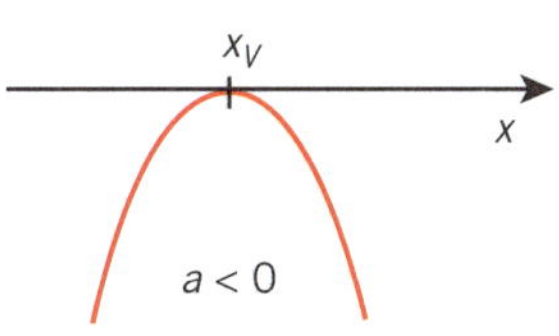

- $\Delta < 0$

  A parábola não intersecta o eixo x. Nesse caso, para todo x real, $f(x)$ tem o mesmo sinal que a constante a.

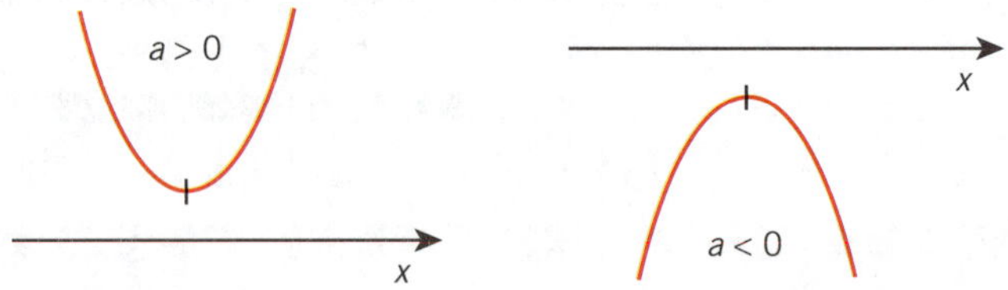

Texto para as questões 1 a 4.

(Unicamp-SP/Adaptada) Em um pomar em que existiam 30 laranjeiras produzindo, cada uma, 600 laranjas por ano, foram plantadas n novas laranjeiras. Depois de um certo tempo constatou-se que, devido à competição por nutrientes do solo, cada laranjeira (tanto nova como velha) estava produzindo 10 laranjas a menos, por ano, por cada nova laranjeira plantada no pomar. Seja $P(n)$ a produção anual do pomar.

1 O valor máximo de n é:

a) 30.
b) 40.
c) 50.
d) 60.
e) 300.

2 $P(n)$ é igual a:

a) $(30 + n)(60 - n)$.
b) $(300 + n)(600 - 10n)$.
c) $(30 + n)(600 - 10n)$.
d) $18000 - 600n$.
e) $18000 - 300n$.

3 Quantas novas laranjeiras deveriam ter sido plantadas para que o pomar tivesse produção máxima?

a) 12
b) 15
c) 30
d) 51
e) 64

4 Qual é a produção anual máxima desse pomar?

a) 18000
b) 18600
c) 19400
d) 20000
e) 20250

5 Se u e v são dois números reais, tais que $3u - 4v = 9$, então o maior valor possível do produto de u por v é obtido com v igual a:

a) −1,075.
b) −1,125.
c) −2,000.
d) −2,050.
e) −2,250.

Em casa

TEXTO DE APOIO

Existem muitos procedimentos para maximizar ganhos e para minimizar custos. Um desses consiste em comparar a média aritmética de números não negativos com a sua média geométrica. Dados n números não negativos x_1, x_2, ... e x_n, temos as definições:

$$\text{Média aritmética: } A = \frac{x_1 + x_2 + ... + x_n}{n}$$

$$\text{Média geométrica: } G = \sqrt[n]{x_1 \cdot x_2 \cdot ... \cdot x_n}$$

Nessas condições, prova-se que $A \geqslant G$, isto é, a média aritmética é maior ou igual à média geométrica.

Temos $A = G$ se, e somente se, $x_1 = x_2 = ... = x_n$. Isto é, as médias aritmética e geométrica são iguais se, e somente se, todos os seus elementos são iguais.

Vejamos alguns exemplos:

- $\frac{1+9}{2} > \sqrt[2]{1 \cdot 9}$, pois $5 > 3$;
- $\frac{7+7+7}{3} = \sqrt[3]{7 \cdot 7 \cdot 7}$, pois $7 = 7$.
- Na figura, temos $r = \frac{m+n}{2}$ (raio) e $h^2 = \sqrt{mn}$ ou $h = mn$ (altura relativa à hipotenusa).

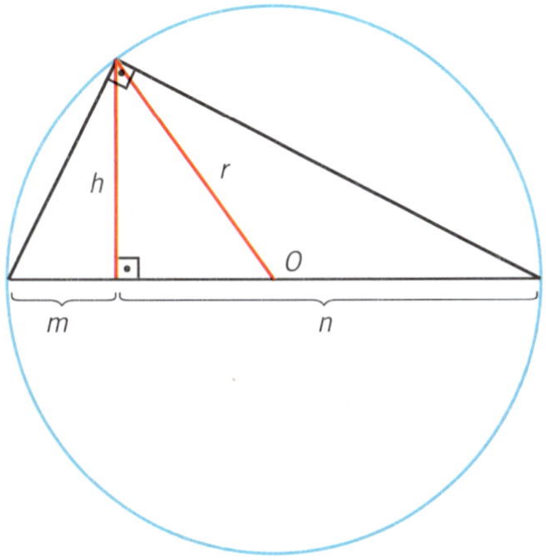

Note que quando $m \neq n$, teremos $r > h$, já quando $m = n$, teremos $r = h$.

- De todos os retângulos de semiperímetro 12, o de maior área é o quadrado: com $\sqrt{b \cdot h} \leqslant \frac{b+h}{2}$ e $b + h = 12$, temos $\sqrt{b \cdot h} \leqslant 6$; portanto, $b \cdot h \leqslant 36$.

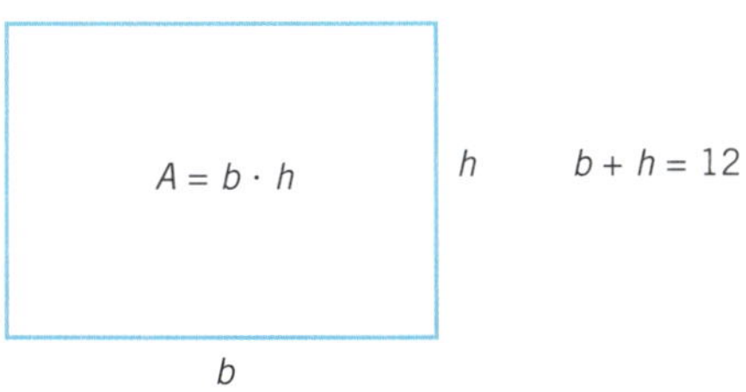

Assim, podemos concluir que a área não é maior que 36.

A área $b \cdot h$ é igual a 36 se, e somente se, $b = h = 6$.

Logo, o quadrado de lado 6 é, nas condições dadas, o retângulo de área máxima.

Texto para as questões 1 e 2.

(FGV-SP/Adaptada) Um hotel tem 30 quartos para casais. O gerente verificou que, cobrando R$ 120,00 por dia de permanência de cada casal, o hotel permanecia lotado e que cada aumento de R$ 5,00 na diária fazia com que um quarto ficasse vazio.

1 Sendo x o preço da diária e y o número de quartos ocupados, qual a relação entre x e y?

a) $y = \frac{-x}{5} + 54$

b) $y = \frac{x}{5} + 54$

c) $x = \frac{-y}{5} + 54$

d) $x = \frac{y}{5} + 54$

e) $x + 5y = 54$

2 Qual é o preço que deve ser cobrado por dia para maximizar a receita do hotel?

a) R$ 132,50
b) R$ 135,00
c) R$ 137,50
d) R$ 140,00
e) R$ 150,00

3 (Enem) A empresa WQTU Cosmético vende um determinado produto, cujo custo de fabricação de cada x unidades é dado por $3x^2 + 232$, e o seu valor de venda é expresso pela função $180x - 116$. A empresa vendeu 10 unidades do produto, contudo a mesma deseja saber quantas unidades precisa vender para obter um lucro máximo. A quantidade máxima de unidades a serem vendidas pela empresa WQTU para a obtenção do maior lucro é:

a) 10.
b) 30.
c) 58.
d) 116.
e) 232.

4 (Enem) Um posto de combustível vende 10 000 litros de álcool por dia a R$ 1,50 cada litro. Seu proprietário percebeu que, para cada centavo de desconto que concedia por litro, eram vendidos 100 litros a mais por dia. Por exemplo, no dia em que o preço do álcool foi R$ 1,48, foram vendidos 10 200 litros. Considerando x o valor, em centavos, do desconto dado no preço de cada litro, e V o valor, em R$, arrecadado por dia com a venda do álcool, então a expressão que relaciona V e x é:

a) $V = 10000 + 50x - x^2$.
b) $V = 10000 + 50x + x^2$.
c) $V = 15000 - 50x - x^2$.
d) $V = 15000 + 50x - x^2$.
e) $V = 15000 - 50x + x^2$.

5 Nas condições da questão anterior, qual deve ser o valor de x para que o valor de V seja máximo?

a) 15
b) 20
c) 25
d) 30
e) 50

Anotações

AULA 24

Competência 6 Interpretar informações de natureza científica e social obtidas da leitura de gráficos e tabelas, realizando previsão de tendência, extrapolação, interpolação e interpretação.

Habilidade 24 Utilizar informações expressas em gráficos ou tabelas para fazer inferências.

Em classe

ANÁLISE DE GRÁFICOS

Existem muitas maneiras de representar informações. Os gráficos são uma delas.
Observe os exemplos:

1) Uma composição metroviária movimenta-se entre duas estações com velocidade variável, de maneira a proporcionar o mínimo incômodo possível aos passageiros.
Entre os gráficos apresentados, qual é o mais adequado para representar a situação descrita?

a) 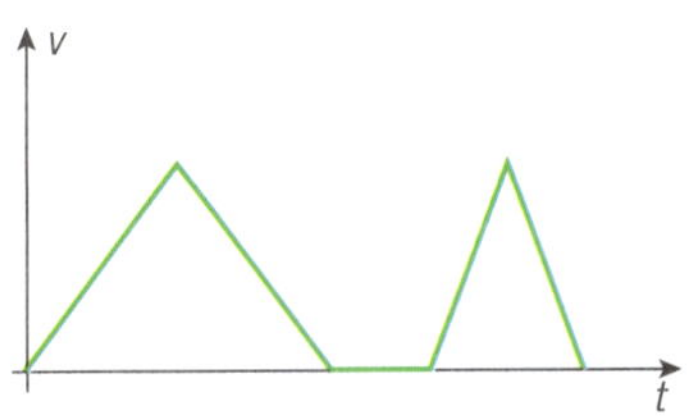

d) 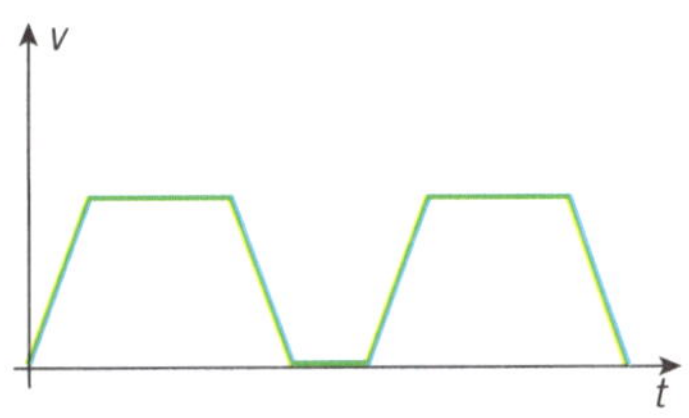

b) 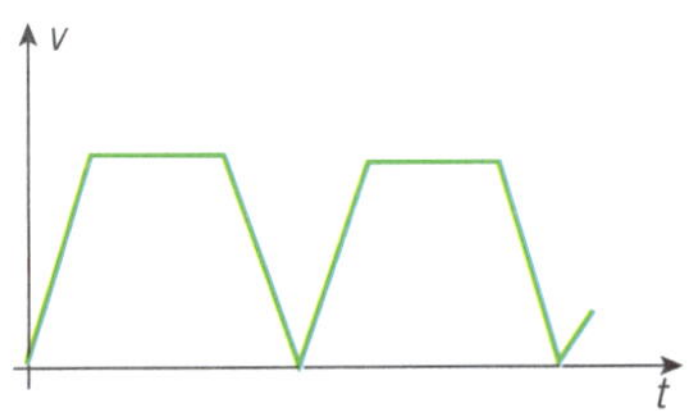

e) 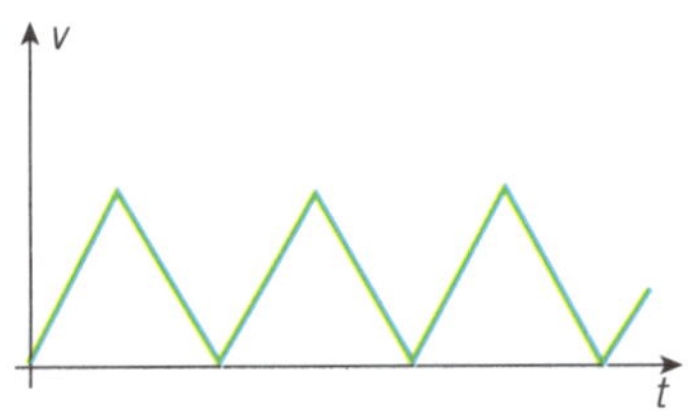

c) 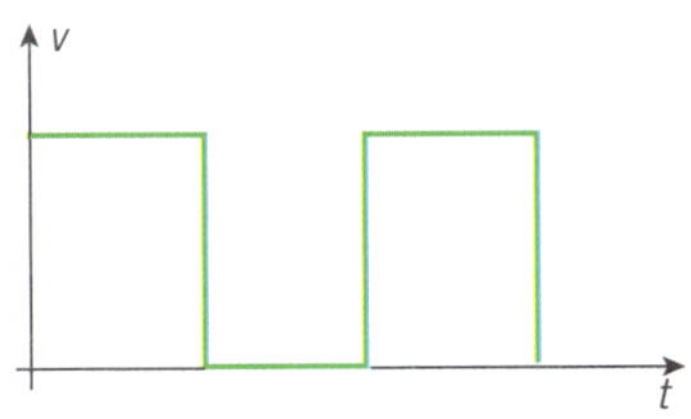

Resolução:
Fazendo uma análise cuidadosa, observamos que o trem deve:
- partir do repouso (parado na primeira estação);
- acelerar até atingir uma velocidade limite constante;
- manter a velocidade constante;
- desacelerar até o repouso;
- manter esse estado por algum tempo, na estação seguinte.

A partir daí, o ciclo deve ser reiniciado.
Portanto, dos gráficos apresentados, o mais adequado é o gráfico da alternativa **d**.

2) (Vunesp-SP) O número de ligações telefônicas de uma empresa, mês a mês, no ano de 2005, pode ser representado pelo gráfico abaixo.

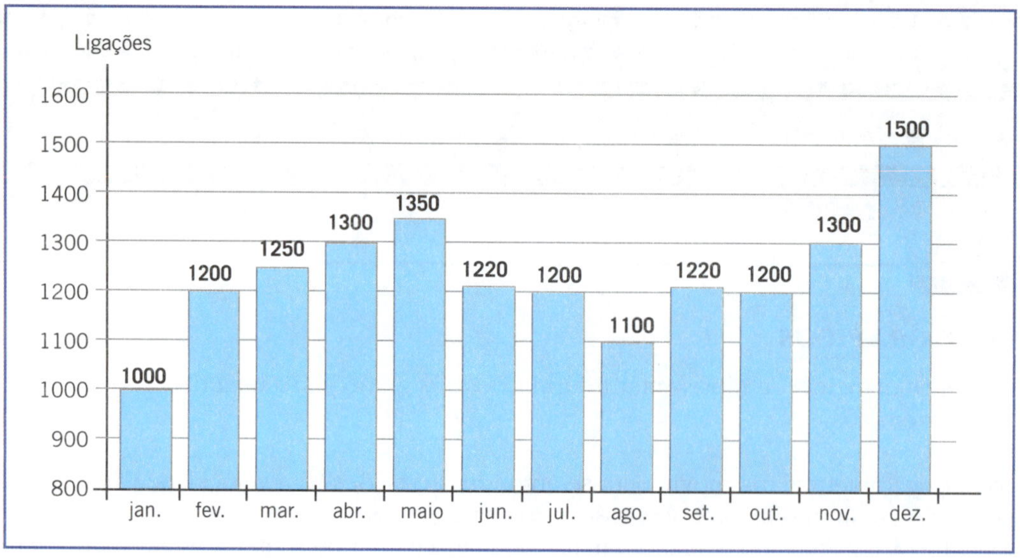

Com base no gráfico, pode-se afirmar que a quantidade total de meses em que o número de ligações foi maior ou igual a 1 200 e menor ou igual a 1 300 é:

a) 2.
b) 4.
c) 6.
d) 7.
e) 8.

Resolução:

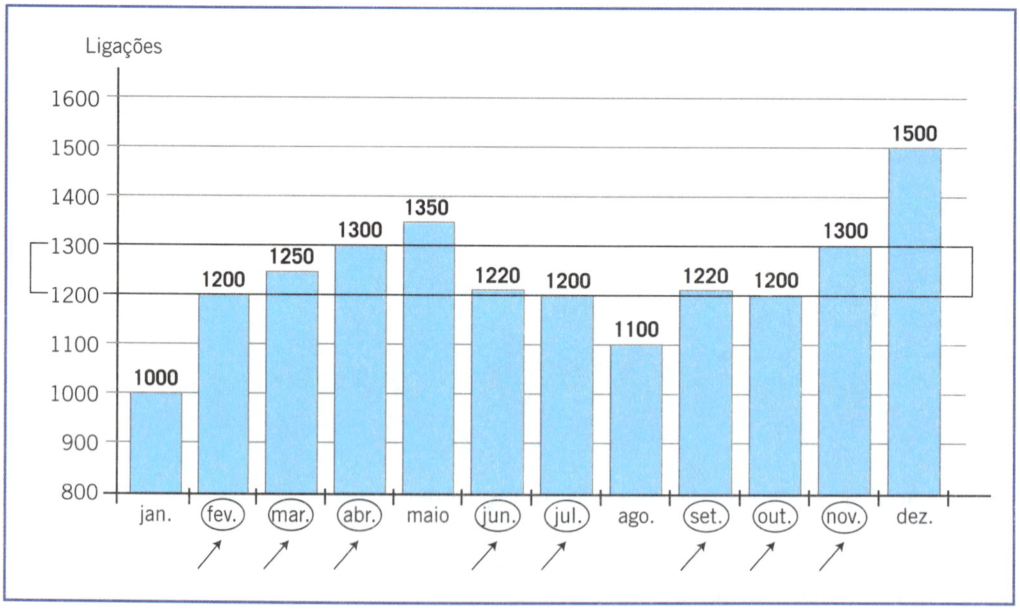

O número de ligações foi maior ou igual a 1 200 e menor ou igual a 1 300 nos 8 meses indicados: fev., mar., abr., jun., jul., set., out. e nov. Logo, a alternativa **e** é a correta.

1 O aumento do uso do computador nas atividades industriais e de serviços, principalmente nos grandes centros urbanos, gerou uma demanda crescente de energia elétrica de boa qualidade. Essa qualidade pode ser medida, de modo geral, pelo número médio de interrupções de fornecimento, ao longo do ano, de uma dada fonte de distribuição.

As figuras representam diagramas de qualidade para diversas fontes de energia ao longo do ano de 2001. Qual delas proporcionou energia elétrica de melhor qualidade?

a)

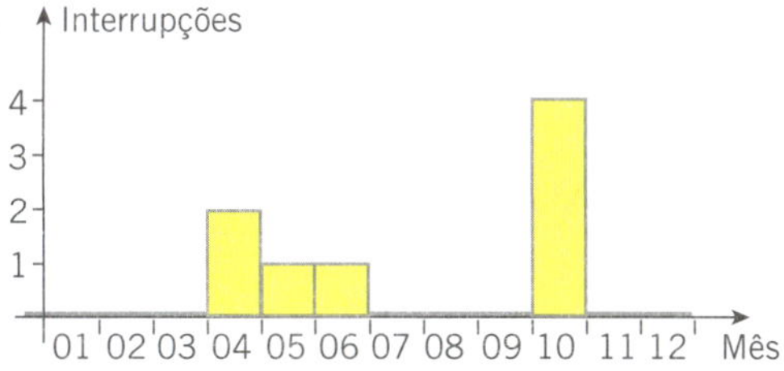

d)

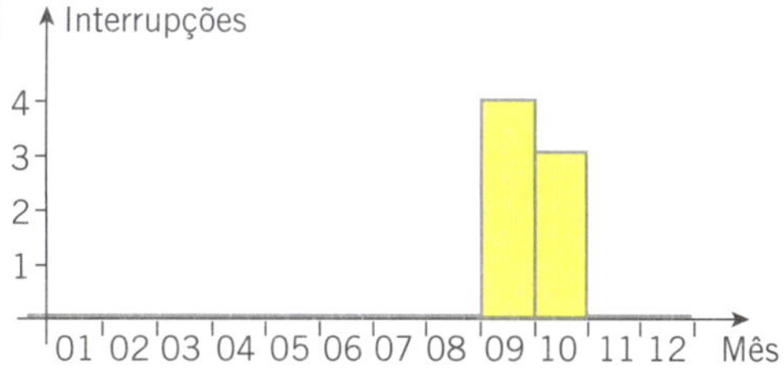

b)

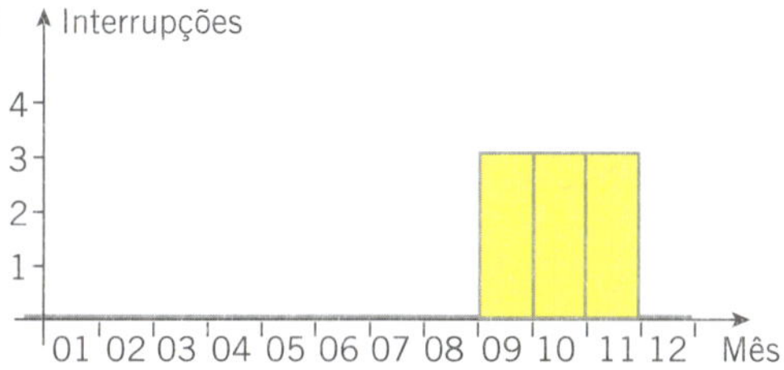

e)

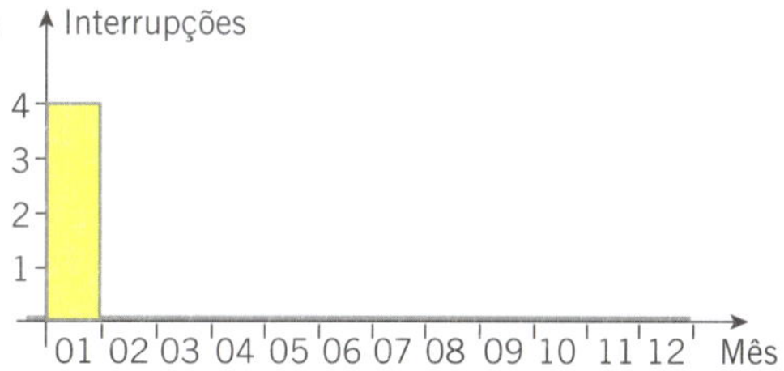

c)

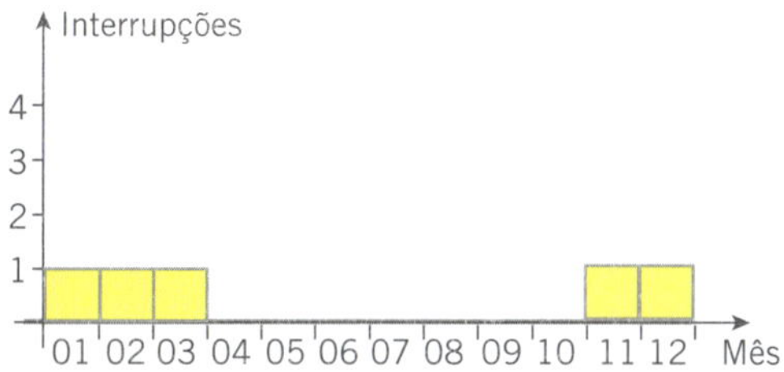

2 (Enem) O gráfico a seguir apresenta o gasto militar dos Estados Unidos, no período de 1988 a 2006.

Instituto Internacional de Pesquisa da Paz de Estocolmo (Sipri). *Almanaque Abril 2008*. São Paulo: Abril.

Com base no gráfico, o gasto militar no início da guerra no Iraque foi de:

a) US$ 4 174 000,00.
b) US$ 41 740 000,00.
c) US$ 417 400 000,00.
d) US$ 41 740 000 000,00.
e) US$ 417 400 000 000,00.

3 (Unifesp) Uma forma experimental de insulina está sendo injetada a cada 6 horas em um paciente com diabetes. O organismo usa ou elimina a cada 6 horas 50% da droga presente no corpo. O gráfico que melhor representa a quantidade *Y* da droga no organismo como função do tempo *t*, em um período de 24 horas, é:

a) 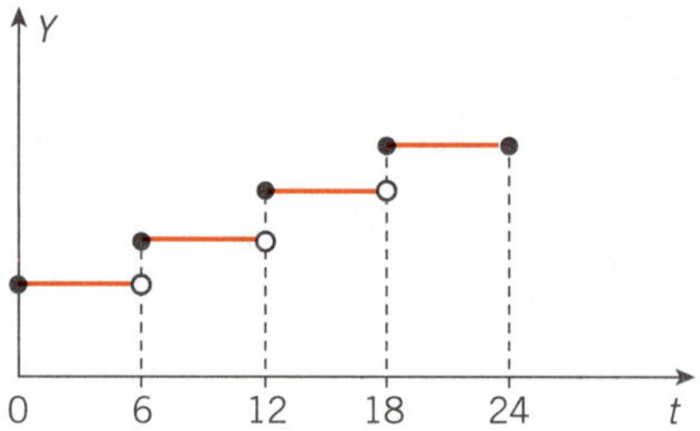

b) 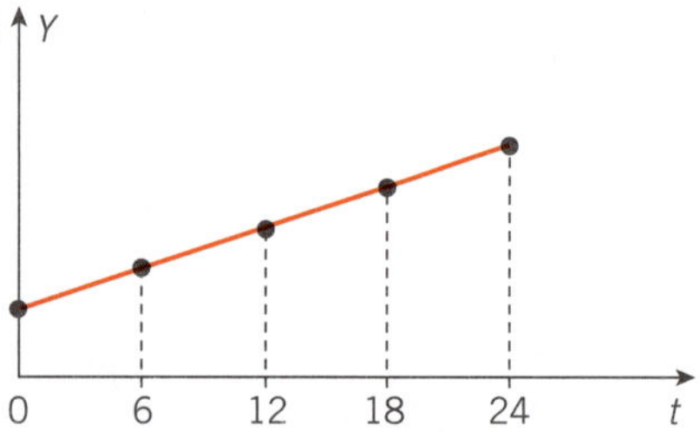

c) 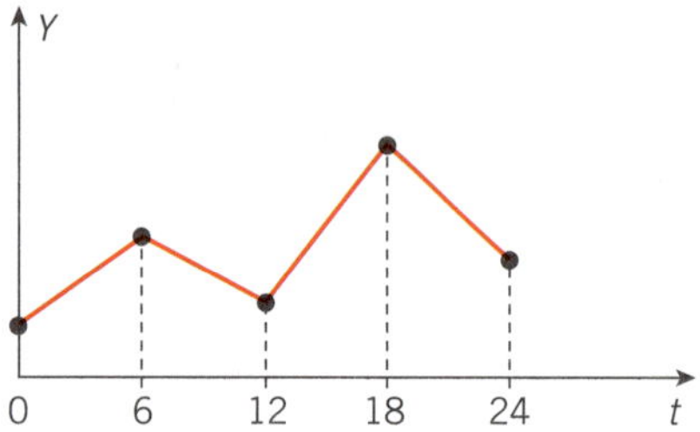

d) 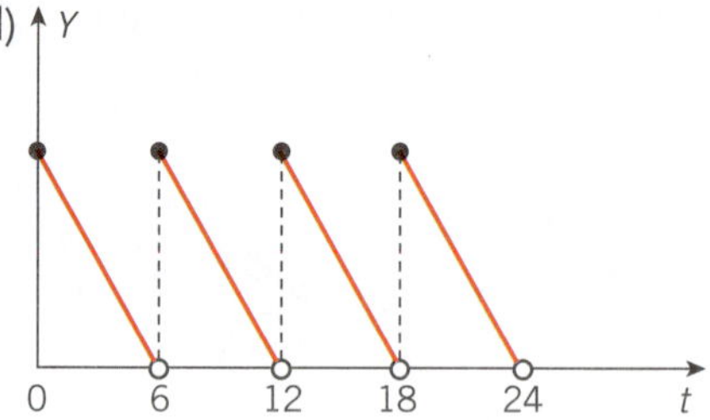

e) 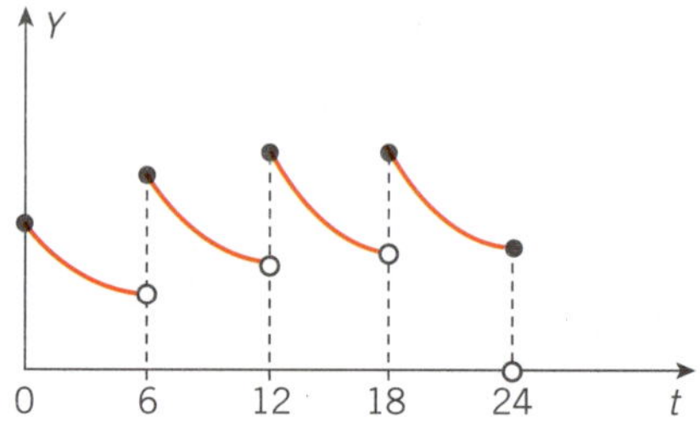

Em casa

TEXTO DE APOIO

Organogramas

Organograma é uma forma de se representar a estrutura formal de uma organização. Eles ilustram como estão dispostas as unidades funcionais, a hierarquia e as relações de comunicação existentes entre estas.

Os órgãos, ou unidades funcionais, são departamentos administrativos com funções bem definidas, por exemplo, Tesouraria, Departamento de Compras, Portaria, Biblioteca, Setor de Produção, Gerência Administrativa, Diretoria Técnica, Secretaria, etc. Cada órgão possui um responsável, cujo cargo pode ser chefe, supervisor, gerente, coordenador, diretor, secretário, governador, presidente, etc., além disso, existem os colaboradores (funcionários) e um determinado espaço físico.

Em um organograma, os órgãos estão dispostos em níveis que representam a hierarquia existente entre eles. Quanto mais alto estiver o órgão, maior a autoridade e a abrangência da atividade.

Para visualizar, observe o organograma da Petrobras:

Nosso modelo de organização, aprovado pelo Conselho de Administração em outubro de 2000, adota as melhores práticas de governança corporativa.

A estrutura é composta por quatro áreas de Negócio e pelas áreas Corporativa, Financeira e de Serviços.

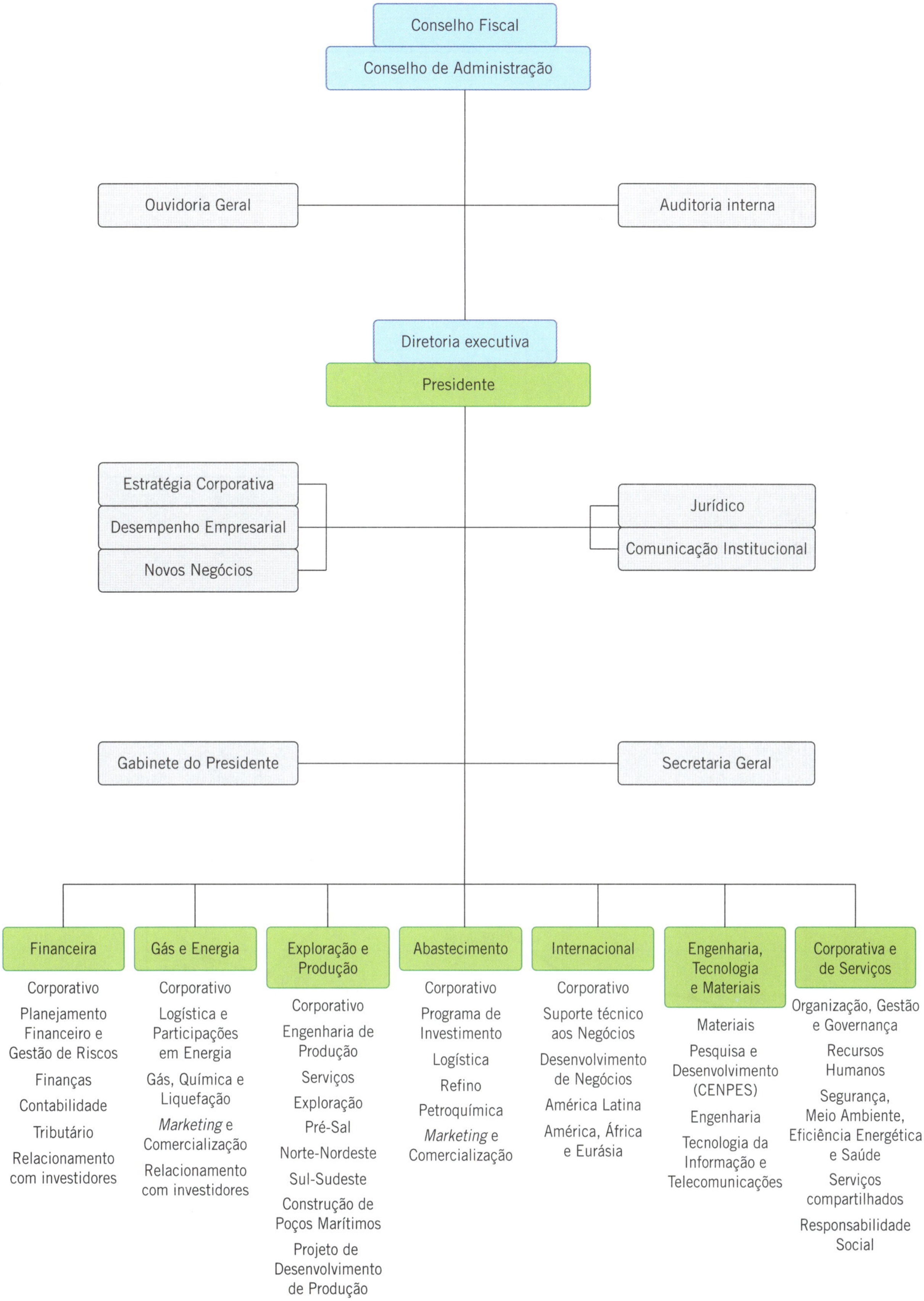

Disponível em: <www.petrobras.com.br/ptquem-somos/perfil/organograma/>. Acesso em: 22 maio 2013.

1 (Enem) O gráfico abaixo mostra a área desmatada da Amazônia, em km², a cada ano, no período de 1988 a 2008.

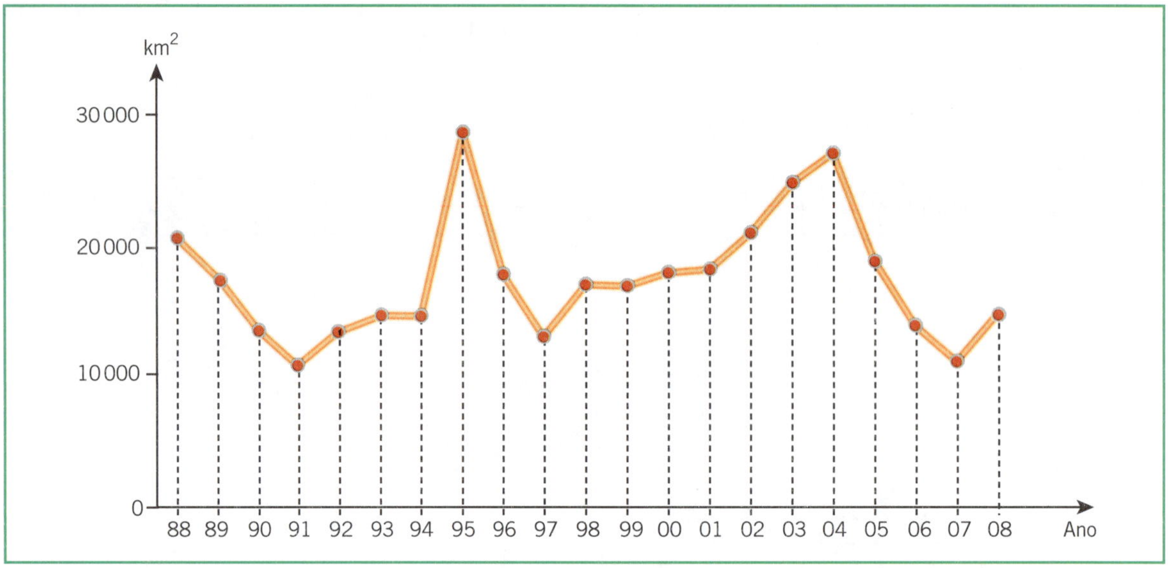

As informações do gráfico indicam que:

a) o maior desmatamento ocorreu em 2004.
b) a área desmatada foi menor em 1997 que em 2007.
c) a área desmatada a cada ano manteve-se constante entre 1998 e 2001.
d) a área desmatada por ano foi maior entre 1994 e 1995 que entre 1997 e 1998.
e) o total de área desmatada em 1992, 1993 e 1994 é maior que 60000 km².

2 (Enem) O termo agronegócio não se refere apenas à agricultura e à pecuária, pois as atividades ligadas a essa produção incluem fornecedores de equipamentos, serviços para a zona rural, industrialização e comercialização dos produtos.

O gráfico seguinte mostra a participação percentual do agronegócio no PIB brasileiro:

Centro de Estudos Avançados em Economia Aplicada (CEPEA). *Almanaque Abril 2010*. São Paulo: Abril, ano 36. Adaptado.

Esse gráfico foi usado em uma palestra na qual o orador ressaltou uma queda da participação do agronegócio no PIB brasileiro e a posterior recuperação dessa participação, em termos percentuais.

Segundo o gráfico, o período de queda ocorreu entre os anos de:

a) 1998 e 2001.
b) 2001 e 2003.
c) 2003 e 2006.
d) 2003 e 2007.
e) 2003 e 2008.

3 (Enem) Acompanhando o crescimento do filho, um casal constatou que, de 0 a 10 anos, a variação da sua altura se dava de forma mais rápida do que dos 10 aos 17 anos e, a partir de 17 anos, essa variação passava a ser cada vez menor, até se tornar imperceptível.

Para ilustrar essa situação, esse casal fez um gráfico relacionando as alturas do filho nas idades consideradas.

Que gráfico melhor representa a altura do filho desse casal em função da idade?

a) 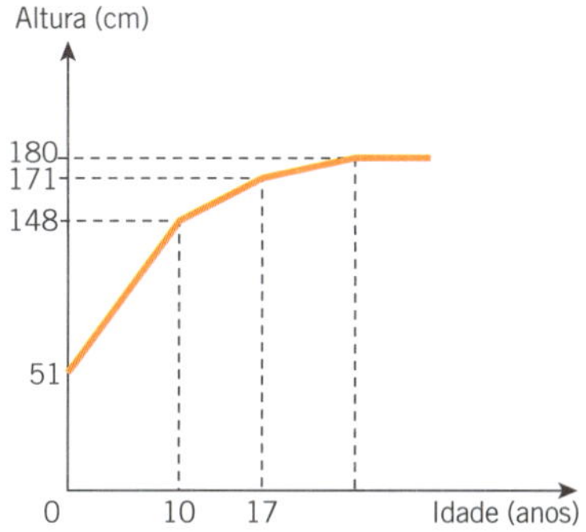

b) 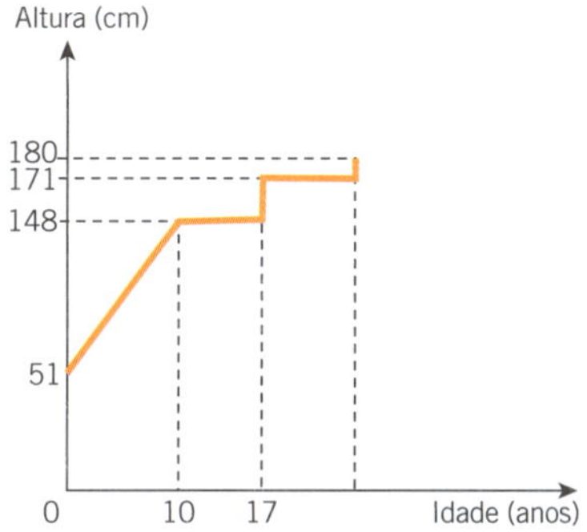

c) 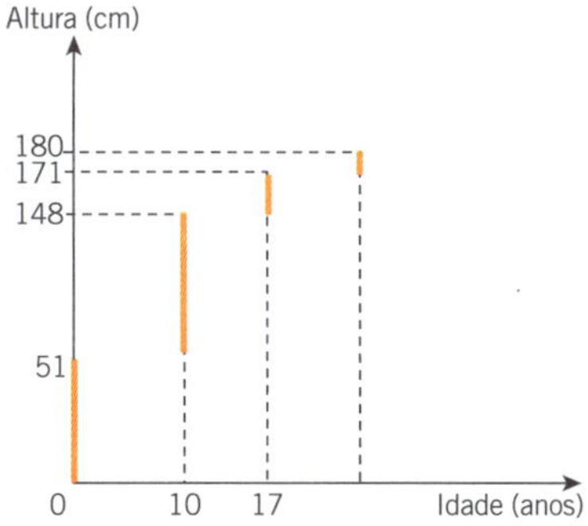

d) 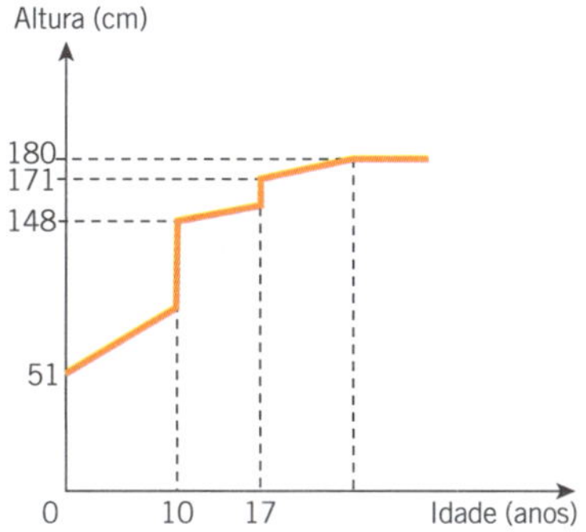

e) 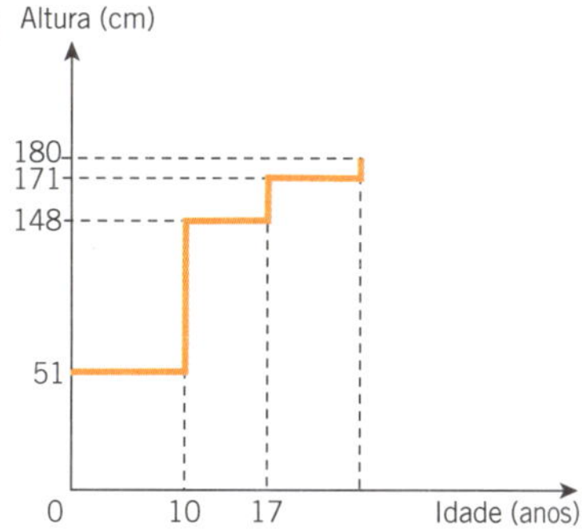

4 (Enem) Para conseguir chegar a um número recorde de produção de ovos de Páscoa, as empresas brasileiras começam a se planejar para esse período com um ano de antecedência. O gráfico a seguir mostra o número de ovos de Páscoa produzidos no Brasil no período de 2005 a 2009.

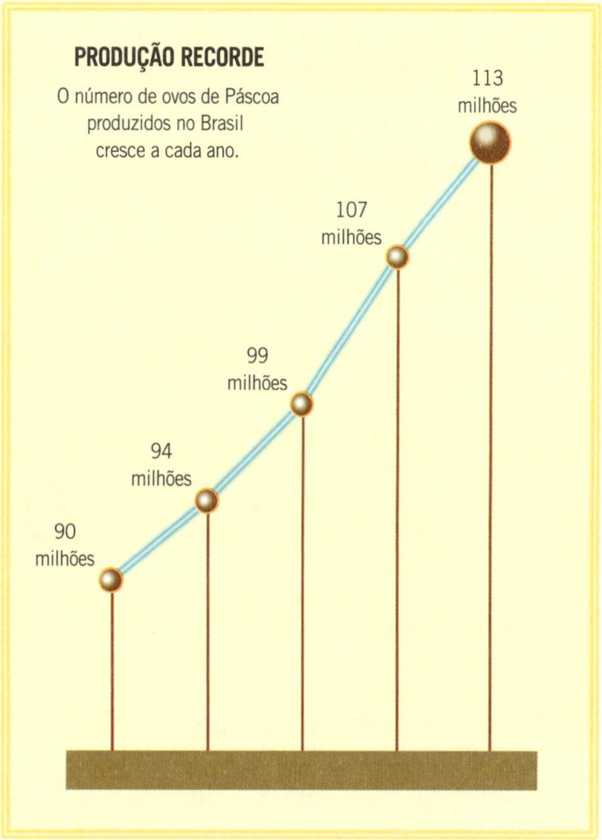

Veja. São Paulo: Abril, ed. 2107, n. 14, ano 42.

De acordo com o gráfico, o biênio que apresentou maior produção acumulada foi:

a) 2004-2005.
b) 2005-2006.
c) 2006-2007.
d) 2007-2008.
e) 2008-2009.

AULA 25

Competência 6 Interpretar informações de natureza científica e social obtidas da leitura de gráficos e tabelas, realizando previsão de tendência, extrapolação, interpolação e interpretação.

Habilidade 25 Resolver problema com dados apresentados em tabelas ou gráficos.

Em classe

ANÁLISE DE TABELA

Existem muitas maneiras de representar informações. Na aula anterior, vimos os gráficos e os organogramas; agora, vamos estudar as tabelas.

Observe os exemplos:

1) (Enem) A tabela abaixo resume alguns dados importantes sobre os satélites de Júpiter:

Nome	Diâmetro (km)	Distância média ao centro de Júpiter (km)	Período orbital (dias terrestres)
Io	3642	421800	1,8
Europa	3138	670900	3,6
Ganimedes	5262	1070000	7,2
Calisto	4800	1880000	16,7

Ao observar os satélites de Júpiter pela primeira vez, Galileu Galilei fez diversas anotações e tirou importantes conclusões sobre a estrutura de nosso Universo. A figura abaixo reproduz uma anotação de Galileu referente a Júpiter e seus satélites.

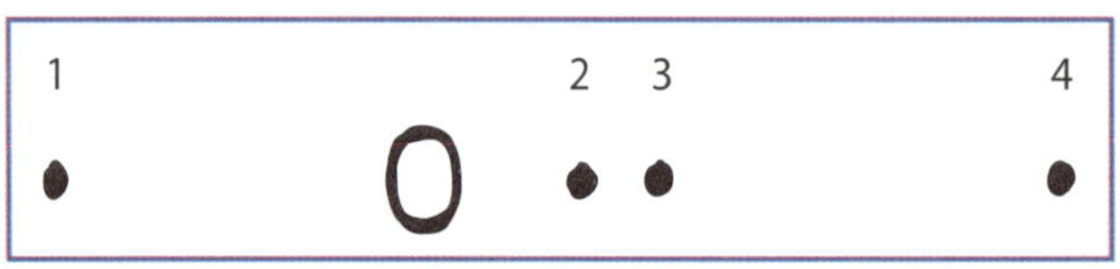

De acordo com essa representação e com os dados da tabela, os pontos indicados por 1, 2, 3 e 4 correspondem, respectivamente, a:

a) Io, Europa, Ganimedes e Calisto.
b) Ganimedes, Io, Europa e Calisto.
c) Europa, Calisto, Ganimedes e Io.
d) Calisto, Ganimedes, Io e Europa.
e) Calisto, Io, Europa e Ganimedes.

Resolução:

Da figura, concluímos que, sendo r a distância de cada satélite a Júpiter:

$r_2 < r_3 < r_1 < r_4$.

Como a tabela mostra os satélites em ordem crescente de distância a Júpiter, temos que:

2 corresponde a Io;
3 corresponde a Europa;
1 corresponde a Ganimedes;
4 corresponde a Calisto.

Logo, a sequência é Ganimedes, Io, Europa e Calisto.

2) (Enem) A pesca não predatória pressupõe que cada peixe retirado de seu *habitat* já tenha procriado, pelo menos uma vez. Para algumas espécies, isso ocorre depois dos peixes apresentarem a máxima variação anual de seu peso.
O controle de pesca no Pantanal é feito com base no peso de cada espécie.
A tabela fornece o peso do pacu, uma dessas espécies, em cada ano.

Idade (anos)	1	2	3	4	5	6	7	8	9	10	11	12	13
Peso (kg)	1,1	1,7	2,6	3,9	5,1	6,1	7	7,8	8,5	8,9	9,1	9,3	9,4

Considerando esses dados, a pesca do pacu deve ser autorizada para espécimes com peso de, no mínimo:
a) 4 kg. b) 5 kg. c) 7 kg. d) 9 kg. e) 11 kg.

Resolução:
De acordo com a tabela, a maior variação de peso se dá do terceiro para o quarto ano de vida do pacu (variação de 1,3 kg). Portanto, é mais provável que peixes com peso superior a 4 kg já tenham passado pelo processo de reprodução.

1 (Enem) O excesso de peso pode prejudicar o desempenho de um atleta profissional em corridas de longa distância como a maratona (42,2 km), a meia-maratona (21,1 km) ou uma prova de 10 km. Para saber uma aproximação do intervalo de tempo a mais perdido para completar uma corrida devido ao excesso de peso, muitos atletas utilizam os dados apresentados na tabela e no gráfico:

Altura (m)	Peso (kg) ideal para atleta masculino de ossatura grande, corredor de longa distância
1,57	56,9
1,58	57,4
1,59	58,0
1,60	58,5
⋮	⋮

Tempo × Peso
(Modelo Wilmore e Benke)

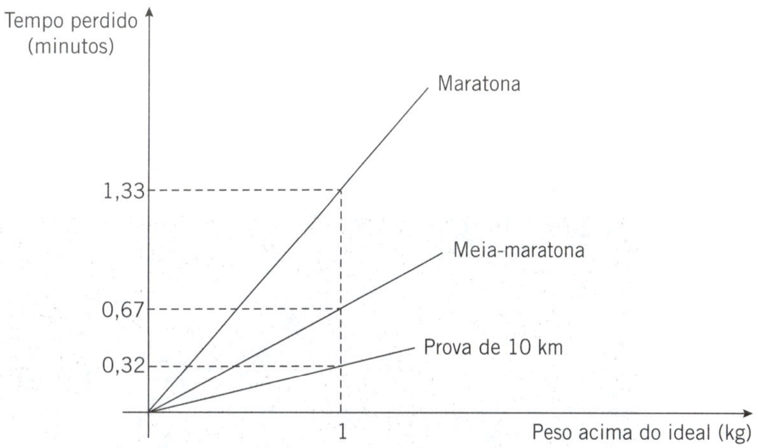

Usando essas informações, um atleta de ossatura grande, pesando 63 kg e com altura igual a 1,59 m, que tenha corrido uma meia-maratona, pode estimar que, em condições de peso ideal, teria melhorado seu tempo na prova em:
a) 0,32 minuto. b) 0,67 minuto. c) 1,60 minuto. d) 2,68 minutos. e) 3,35 minutos.

2 (Enem) O quadro apresenta informações da área aproximada de cada bioma brasileiro.

Biomas continentais brasileiros	Área aproximada (km^2)	Área/Brasil
Amazônia	4 196 943	49,29%
Cerrado	2 036 448	23,92%
Mata Atlântica	1 110 182	13,04%
Caatinga	844 453	9,92%
Pampa	176 496	2,07%
Pantanal	150 355	1,76%
Área total Brasil	**8 514 877**	

É comum em conversas informais, ou mesmo em noticiários, o uso de múltiplos da área de um campo de futebol (com as medidas de 120 m × 90 m) para auxiliar a visualização de áreas consideradas extensas. Nesse caso, qual é o número de campos de futebol correspondente à área aproximada do bioma Pantanal?

a) 1 400 b) 14 000 c) 140 000 d) 1 400 000 e) 14 000 000

3 A notícia a seguir foi publicada na internet em março de 2004:

Astrônomos encontram possível décimo planeta do Sistema Solar

© NASA

Disponível em: <www1.folha.uol.com.br>. Acesso em: 14 maio 2013. Adaptado.

Um objeto gelado a 13 bilhões de quilômetros da Terra pode ser o décimo planeta do Sistema Solar.

Chamado de **Sedna**, o planetoide possui entre 1 290 e 1 770 quilômetros de diâmetro — o equivalente a três quartos do tamanho de Plutão.

De acordo com os astrônomos, Sedna é o maior e mais distante objeto já descoberto no Sistema Solar desde Plutão, que está a 6 bilhões de quilômetros do Sol.

A tabela abaixo expõe algumas características dos nove planetas já conhecidos:

Os 9 planetas conhecidos	*D*	*P*	*R*	*M*
Mercúrio	0,4	0,2	0,38	0,06
Vênus	0,7	0,7	0,95	0,82
Terra	1,0	1,0	1,00	1,00
Marte	1,5	1,9	0,53	0,11
Júpiter	5,2	11,9	11,21	317,70
Saturno	9,5	29,2	9,46	95,15
Urano	19,2	84,0	4,01	14,53
Netuno	30,0	164,8	3,88	17,15
Plutão	39,6	247,7	0,18	0,002

Na tabela:

- *D* é a distância do planeta ao Sol, tomando-se como unidade a distância da Terra ao Sol. Netuno, por exemplo, está 30 vezes mais distante do Sol do que a Terra.
- *P* é o período de tempo (em anos) que o planeta leva para completar uma volta em torno do Sol. Plutão, por exemplo, demora quase 2 séculos e meio!
- *R* é o raio do planeta, tomando-se o da Terra como referência. Saturno, por exemplo, tem um raio quase 10 vezes maior que o da Terra.
- *M* é a massa do planeta comparada com a da Terra, que é adotada como unitária. A massa de Marte, por exemplo, é um pouco mais que um décimo da massa da Terra.

Com base na notícia e na tabela, podemos concluir que Sedna:

a) tem raio certamente maior que o de Mercúrio.

b) tem massa quase igual à da Terra.

c) deve levar alguns séculos para completar uma volta em torno do Sol.

d) tem uma órbita em torno do Sol cuja duração deve estar entre a de Júpiter e a de Saturno.

e) é maior que qualquer outro planeta do Sistema Solar.

Em casa

1 (Enem) O jogo da velha é um jogo popular, originado na Inglaterra. O nome "velha" surgiu do fato de esse jogo ser praticado, à época em que foi criado, por senhoras idosas que tinham dificuldades de visão e não conseguiam mais bordar. Esse jogo consiste na disputa de dois adversários que, em um tabuleiro 3 × 3, devem conseguir alinhar verticalmente, horizontalmente ou na diagonal, 3 peças de formato idêntico.

Cada jogador, após escolher o formato da peça com a qual irá jogar, coloca uma peça por vez, em qualquer casa do tabuleiro, e passa a vez para o adversário. Vence o primeiro que alinhar 3 peças.

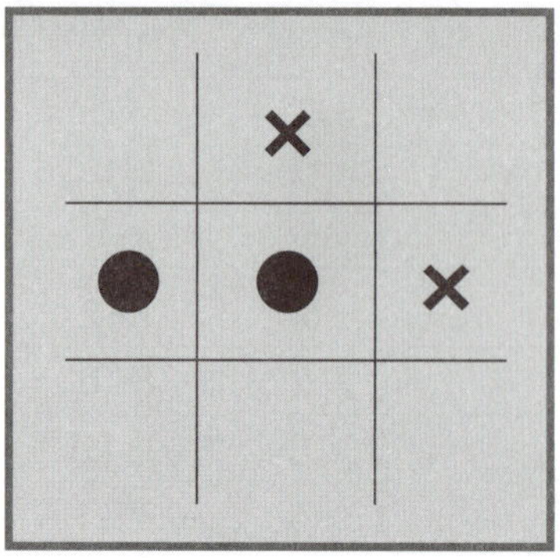

No tabuleiro representado acima, estão registradas as jogadas de dois adversários em um dado momento. Observe que uma das peças tem formato de círculo e a outra tem a forma de um xis. Considere as regras do jogo da velha e o fato de que, neste momento, é a vez do jogador que utiliza os círculos. Para garantir a vitória na sua próxima jogada, esse jogador pode posicionar a peça no tabuleiro de:

a) uma só maneira.
b) duas maneiras distintas.
c) três maneiras distintas.
d) quatro maneiras distintas.
e) cinco maneiras distintas.

2 (Enem) A cor de uma estrela tem relação com a temperatura em sua superfície. Estrelas não muito quentes (cerca de 3000 K) nos parecem avermelhadas. Já as estrelas amarelas, como o Sol, possuem temperatura em torno dos 6000 K; as mais quentes são brancas ou azuis porque sua temperatura fica acima dos 10000 K.

A tabela apresenta uma classificação espectral e outros dados para as estrelas dessas classes.

Estrelas de Sequência Principal				
Classe Especial	Temperatura	Luminosidade	Massa	Raio
O5	40000	$5 \cdot 10^5$	40	18
B0	28000	$2 \cdot 10^4$	18	7
A0	9900	80	3	2,5
G2	5770	1	1	1
M0	3480	0,06	0,5	0,6

Obs.: temperatura em Kelvin. Luminosidade, massa e raio, tomando o Sol como unidade.

Disponível em: <www.zenite.nu>. Acesso em: 1º maio 2010. Adaptado.

Se tomarmos uma estrela que tenha temperatura 5 vezes maior que a temperatura do Sol, qual será a ordem de grandeza de sua luminosidade?

a) 20000 vezes a luminosidade do Sol.
b) 28000 vezes a luminosidade do Sol.
c) 28850 vezes a luminosidade do Sol.
d) 30000 vezes a luminosidade do Sol.
e) 50000 vezes a luminosidade do Sol.

3 (Enem) A tabela compara o consumo mensal, em kWh, dos consumidores residenciais e dos de baixa renda, antes e depois da redução da tarifa de energia no estado de Pernambuco.

Como fica a tarifa

Residencial			
Consumo mensal (kWh)	Antes	Depois	Economia
140	R$ 71,04	R$ 64,75	R$ 6,29
185	R$ 93,88	R$ 85,56	R$ 8,32
350	R$ 177,60	R$ 161,86	R$ 15,74
500	R$ 253,72	R$ 231,24	R$ 22,48

Baixa renda			
Consumo mensal (kWh)	Antes	Depois	Economia
30	R$ 3,80	R$ 3,65	R$ 0,45
65	R$ 11,53	R$ 10,04	R$ 1,49
80	R$ 14,84	R$ 12,90	R$ 1,94
100	R$ 19,31	R$ 16,73	R$ 2,59
140	R$ 32,72	R$ 28,20	R$ 4,53

Celpe. *Diário de Pernambuco*, 28 abr. 2010. Adaptado.

Considere dois consumidores: um que é de baixa renda e gastou 100 kWh e outro do tipo residencial que gastou 185 kWh. A diferença entre o gasto desses consumidores com 1 kWh, depois da redução da tarifa de energia, mais aproximada, é de:

a) R$ 0,27. b) R$ 0,29. c) R$ 0,32. d) R$ 0,34. e) R$ 0,61.

Anotações

AULA 26

Competência 6 Interpretar informações de natureza científica e social obtidas da leitura de gráficos e tabelas, realizando previsão de tendência, extrapolação, interpolação e interpretação.

Habilidade 26 Analisar informações expressas em gráficos ou tabelas como recurso para a construção de argumentos.

Em classe

ANÁLISE DE INFORMAÇÃO

Uma das habilidades exigidas pelo Enem consiste em analisar informações apresentadas em um gráfico ou em uma tabela, para elaborar argumentos.

Em 9 de abril de 2008, o preço do petróleo bateu um novo recorde, chegando a custar US$ 107 o barril. Considere o gráfico abaixo, extraído de uma questão do Enem, em que é possível observar alguns fatos que influenciam as variações de preço do petróleo no mercado internacional:

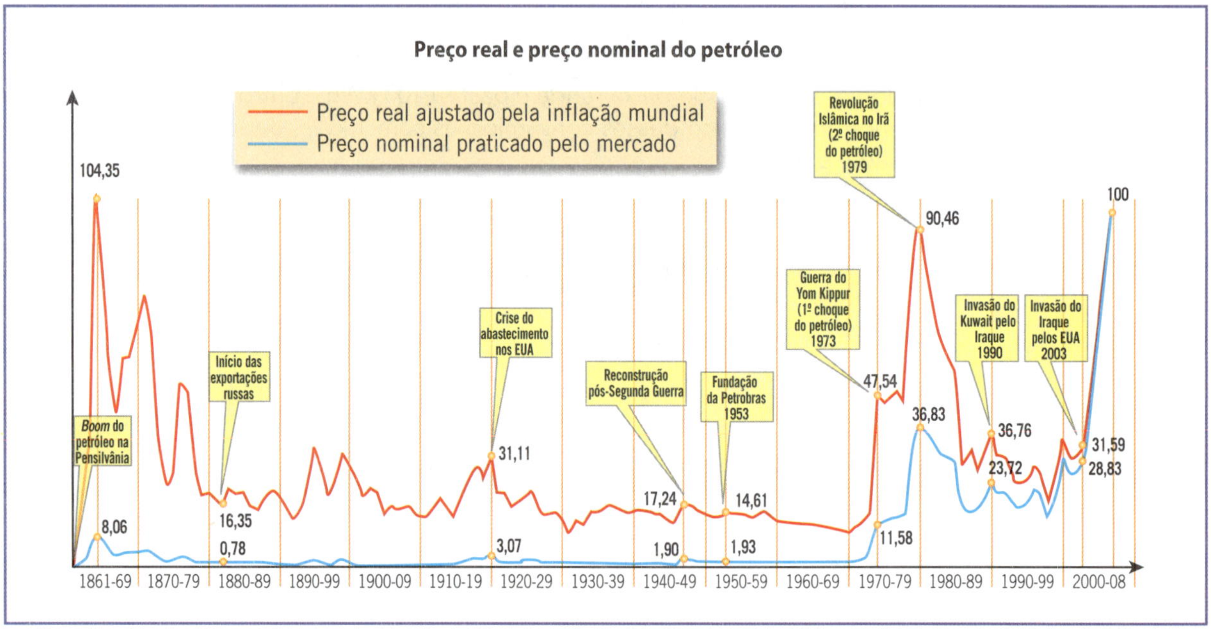

BP Statistical Review of World Energy 2007.

Analisando as informações contidas nesse gráfico, quais são as possíveis conclusões que podemos extrair?

Uma possível conclusão é que o preço nominal do petróleo só passou a oscilar de forma semelhante à curva do preço real a partir de 1973, quando ocorreu a primeira Crise do Petróleo, e que desde então os acontecimentos do Oriente Médio sempre tiveram grande impacto nas altas de preços desse recurso no mercado.

Nesta aula, veremos como esses argumentos podem ser construídos a partir da análise das informações contidas em gráficos e tabelas. Para isso, veremos exemplos de questões das provas do Enem 2009 e 2010.

1 (Enem) Dados da Associação Nacional de Empresas de Transportes Urbanos (ANTU) mostram que o número de passageiros transportados mensalmente nas principais regiões metropolitanas do país vem caindo sistematicamente. Eram 476,7 milhões de passageiros em 1995, e esse número caiu para 321,9 milhões em abril de 2001. Nesse período, o tamanho da frota de veículos mudou pouco, tendo no final de 2008 praticamente o mesmo tamanho que tinha em 2001.

O gráfico a seguir mostra um índice de produtividade utilizado pelas empresas do setor, que é a razão entre o total de passageiros transportados por dia e o tamanho da frota de veículos.

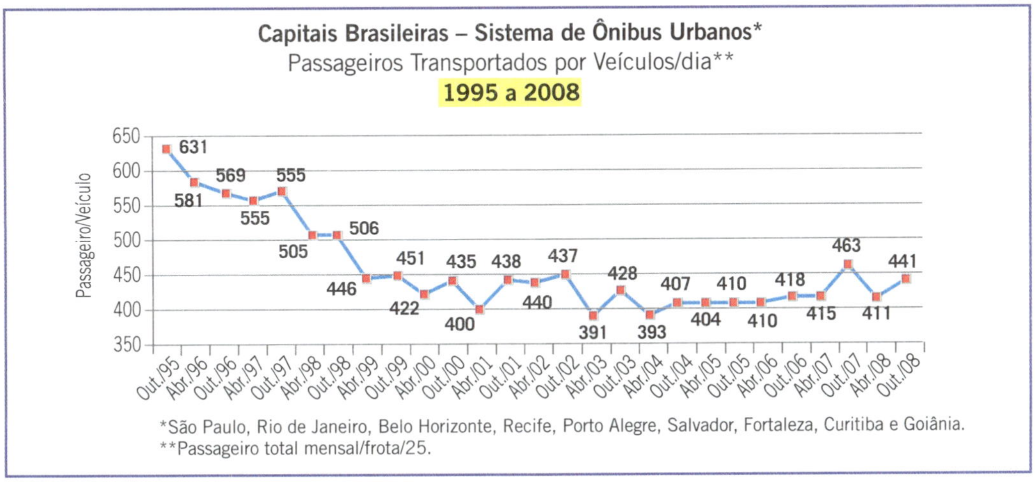

*São Paulo, Rio de Janeiro, Belo Horizonte, Recife, Porto Alegre, Salvador, Fortaleza, Curitiba e Goiânia.
**Passageiro total mensal/frota/25.

Supondo que as frotas totais de veículos naquelas regiões metropolitanas em abril de 2001 e em outubro de 2008 eram do mesmo tamanho, os dados do gráfico permitem inferir que o total de passageiros transportados no mês de outubro de 2008 foi aproximadamente igual a:

a) 355 milhões. b) 400 milhões. c) 426 milhões. d) 441 milhões. e) 477 milhões.

2 (Enem) Os dados do gráfico ao lado foram gerados a partir de dados colhidos no conjunto de seis regiões metropolitanas pelo Departamento Intersindical de Estatística e Estudos Socioeconômicos (Dieese).

Supondo que o total de pessoas pesquisadas na região metropolitana de Porto Alegre equivale a 250 000, o número de desempregados em março de 2010, nessa região, foi de:

a) 24 500.
b) 25 000.
c) 220 500.
d) 223 000.
e) 227 500.

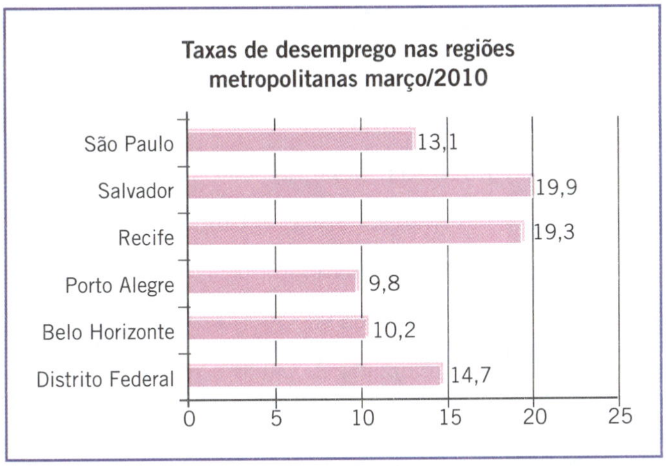

Disponível em: <http://g1.globo.com>. Acesso em: 28 abr. 2010. Adaptado.

Em casa

TEXTO DE APOIO

Jogos Olímpicos do Rio de Janeiro

Em 2016, o Rio de Janeiro sediará pela primeira vez os Jogos Olímpicos. Também pela primeira vez na América do Sul, o evento irá comemorar 120 anos. A cidade carioca esteve na disputa com Madri até a última rodada de votações no Comitê Olímpico Internacional (COI), nesta sexta-feira, em Copenhague, na Dinamarca.

DIVULGAÇÃO

Confira o local de todas as sedes, a partir de 1896:

Ano	Sede	Ano	Sede
1896	Atenas, Grécia	1956	Melbourne, Austrália
1900	Paris, França	1960	Roma, Itália
1904	Saint Louis, Estados Unidos	1964	Tóquio, Japão
1906	Atenas, Grécia (*)	1968	Cidade do México, México
1908	Londres, Reino Unido	1972	Munique, Alemanha Ocidental
1912	Estocolmo, Suécia	1976	Montreal, Canadá
1916	Não realizada (I Guerra Mundial)	1980	Moscou, União Soviética
1920	Antuérpia, Bélgica	1984	Los Angeles, Estados Unidos
1924	Paris, França	1988	Seul, Coreia do Sul
1928	Amsterdã, Holanda	1992	Barcelona, Espanha
1932	Los Angeles, Estados Unidos	1996	Atlanta, Estados Unidos
1936	Berlim, Alemanha	2000	Sydney, Austrália
1940	Não realizada (II Guerra Mundial)	2004	Atenas, Grécia
1944	Não realizada (II Guerra Mundial)	2008	Pequim, China
1948	Londres, Reino Unido	2012	Londres, Reino Unido
1952	Helsinque, Finlândia	2016	Rio de Janeiro, Brasil

(*) Os Jogos Olímpicos Intercalados de 1906 foram um evento celebrado em Atenas, Grécia, com pretexto de comemorar o décimo aniversário do recomeço dos jogos, em 1896. Essa edição não é considerada oficial pelo COI, visto ter sido realizada fora do ciclo de quatro anos denominado Olimpíada.

O Estado de S. Paulo. São Paulo.

No ano de 2068 haverá Olimpíadas?

Um dos procedimentos para responder a essa pergunta é o seguinte: primeiro, observar na tabela da notícia que no ano de 2016 haverá Olimpíadas; segundo, perceber que as Olimpíadas acontecem de 4 em 4 anos; finalmente, listar os anos 2016, 2020, 2024, ..., até confirmar se o ano 2068 configurará nessa lista.

Contudo, essa não é uma ideia interessante, uma vez que essa lista pode ser bem longa. Uma outra maneira é perceber que os anos olímpicos (ou seja, 2016, 2020, ...) são números múltiplos de 4 e, assim, basta verificar se 2068 também é múltiplo de 4.

Para saber se um número é múltiplo de 4, basta dividi-lo por 4 e verificar se o resto é zero.

Assim:

2068 | 4

Resto ⟶ 0   517

Portanto, 2068 é múltiplo de 4.

Analogamente, para saber os múltiplos de um número inteiro *N*, efetua-se a divisão por *N* e verifica-se o resto zero. Veja, a seguir, os conjuntos dos múltiplos (positivos) de:

- 2: {2, 4, 6, 8, 10, 12, 14, 16, 18, ...}
- 3: {3, 6, 9, 12, 15, 18, 21, ...}

Nota-se que nesses dois conjuntos, existem números comuns: 6, 12, 18, ... O menor desses números comuns é chamado de **mínimo múltiplo comum** e representa-se por mmc(2, 3) = 6.

1 Observe o infográfico abaixo, relacionado aos impactos causados nos ecossistemas terrestres pelo aumento da temperatura global.

ABOMINÁVEL mundo novo. *Folha de S.Paulo*, São Paulo, 7 abr. 2007. Primeiro caderno, p. A18. Adaptado.

Fonte líquida de carbono é a quantidade de gás carbônico produzida pelas emissões (combustão, respiração, decomposição) menos a utilizada (sequestrada) pela fotossíntese.

Trata-se, portanto, do "saldo" de gás carbônico que se acumula no ambiente.

Escolha a alternativa que lhe parecer correta, em vista das informações fornecidas pelo esquema:

a) Havendo entre 4 °C e 5 °C de aumento na temperatura global, de 15% a 40% da biosfera se transformarão em uma fonte de sequestro de carbono.

b) Apenas se a temperatura global aumentar cerca de 5 °C é que ocorrerá aumento na taxa de extinção de anfíbios.

c) Aumentos na temperatura global de 2 °C a 3,5 °C acarretarão um risco de extinção de aproximadamente 20% a 30% das espécies.

d) Cerca de 20% da Amazônia sofrerão um processo de savanização (transformação em savanas ou cerrados), apenas se a temperatura global aumentar em 1 °C.

e) Grandes extinções no mundo todo ocorrerão apenas se a elevação da temperatura global atingir valores superiores a 6 °C.

2 Esse gráfico foi apresentado no jornal *O Estado de S. Paulo* do dia 22 de abril de 2007. Com base nele, assinale a alternativa correta.

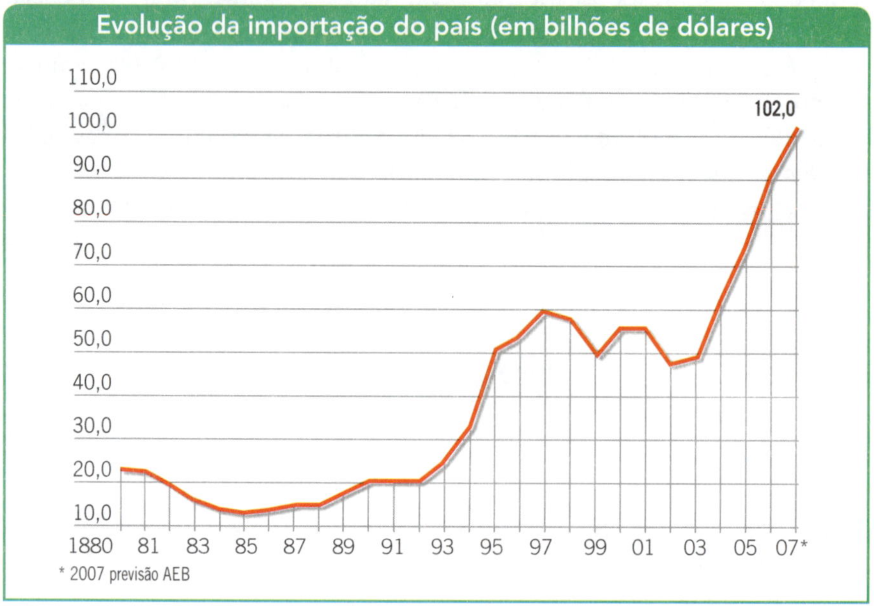

O Estado de S. Paulo, São Paulo, p. 30, 22 abr. 2007.

a) De 1880 até 2007, a importação anual foi inferior a 20 bilhões de dólares em apenas 4 anos.

b) Um ano depois do último governo militar, a importação já era superior a 20 bilhões de dólares por ano.

c) No período correspondente aos dois mandatos de Fernando Henrique Cardoso, a importação sempre aumentou de um ano para o ano consecutivo.

d) De 2004 a 2007, a importação aumentou, em média, mais do que 10 bilhões de dólares por ano.

e) Houve apenas um ano em que a importação anual foi superior a 60 bilhões de dólares.

3 A febre maculosa brasileira (FMB) é uma doença infecciosa causada pela bactéria *Rickettsia rickettsii* e transmitida pelo carrapato-estrela ou micuim (*Amblyomma cajennense*).

Esse carrapato pode infestar, além do homem, animais silvestres (a capivara, por exemplo) e domésticos.

O número de casos de FMB em seres humanos e de óbitos provocados por ela, anualmente, no estado de São Paulo estão demonstrados no gráfico que segue.

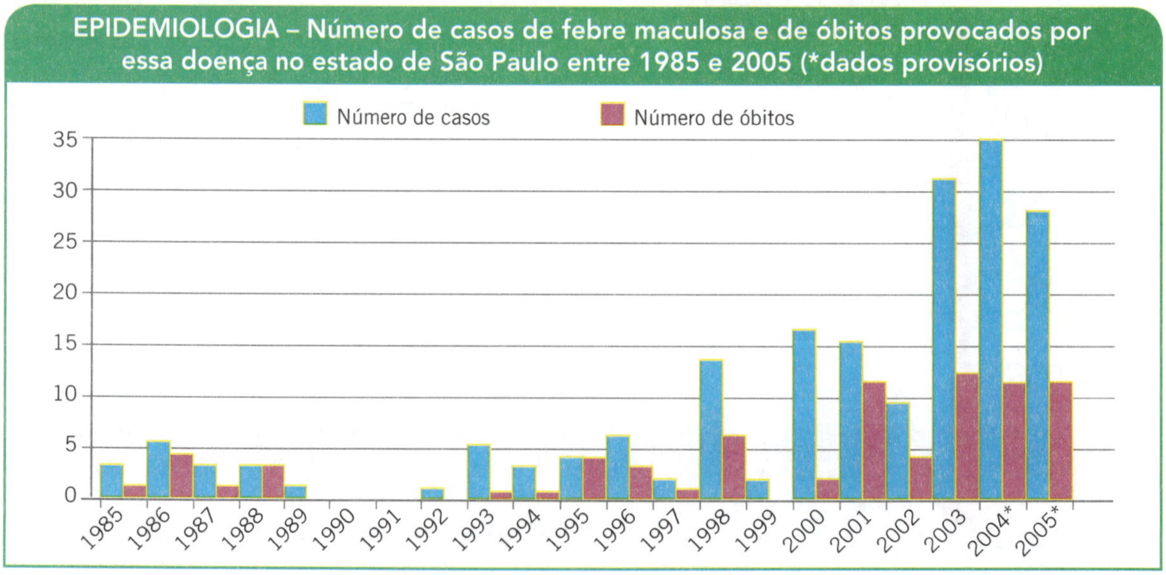

Jornal da Cremesp – Conselho Regional de Medicina de São Paulo, nov. 2006, p. 16.

Assinale a alternativa que corresponde a uma interpretação correta desse gráfico.

a) Em todos os anos em que houve registro de casos, ocorreram óbitos.

b) Em alguns anos, o número de casos e o de óbitos coincidiram.

c) Nos três últimos anos (de 2003 a 2005) o número de óbitos foi cerca de três vezes maior que o número de casos do ano 2000.

d) Em todo o período considerado, o número de casos aumentou gradativamente.

e) Em 2004, o número de óbitos foi proporcionalmente maior que em 2005.

4 (Enem) Em um estudo feito pelo Instituto Florestal, foi possível acompanhar a evolução de ecossistemas paulistas desde 1962. Desse estudo publicou-se o Inventário Florestal de São Paulo, que mostrou resultados de décadas de transformações da Mata Atlântica.

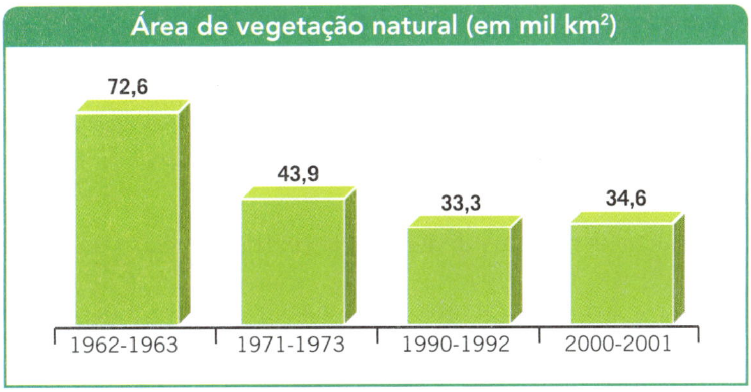

Pesquisa. 91, São Paulo: FAPESP, set. 2003, p. 48.

Examinando o gráfico da área de vegetação natural remanescente (em mil km^2) pode-se inferir que:

a) a Mata Atlântica teve sua área devastada em 50% entre 1963 e 1973.

b) a vegetação natural da Mata Atlântica aumentou antes da década de 60, mas reduziu nas décadas posteriores.

c) a devastação da Mata Atlântica remanescente vem sendo contida desde a década de 60.

d) em 2000-2001, a área de Mata Atlântica preservada em relação ao período de 1990-1992 foi de 34,6%.

e) a área preservada da Mata Atlântica nos anos 2000 e 2001 é maior do que a registrada no período de 1990-1992.

Anotações

AULA 27

Competência 7 Compreender o caráter aleatório e não determinístico dos fenômenos naturais e sociais e utilizar instrumentos adequados para medidas, determinação de amostras e cálculos de probabilidade para interpretar informações de variáveis apresentadas em uma distribuição estatística.

Habilidade 27 Calcular medidas de tendência central ou de dispersão de um conjunto de dados expressos em uma tabela de frequências de dados agrupados ou em gráficos.

Em classe

ESTATÍSTICA

Medidas de tendência central

Para compreender o que são as medidas de tendência central é preciso esclarecer dois conceitos importantes:

- **Rol** é o nome dado a toda sequência de números em que cada termo, a partir do segundo, é maior ou igual ao termo anterior, ou ainda, pode ser descrito como sendo toda sequência de números em que cada termo, a partir do segundo, é menor ou igual ao termo anterior.
- **Amplitude do rol** é a diferença entre o maior e o menor termo de um rol.

Média aritmética

A média aritmética (ou média) de n valores $x_1, x_2, x_3, ..., x_n$ é o número $\bar{x}$ tal que:

$$\bar{x} = \frac{x_1 + x_2 + x_3 + ... + x_n}{n}$$

Exemplo:
A média entre 20, 20, 12, 15 e 8 é:

$$\bar{x} = \frac{20+20+12+15+8}{5} = \frac{75}{5} = 15$$

Mediana

Colocados os números em um rol, a mediana (Md) é o termo central desse rol. Assim, para um rol de n termos, temos:

- Se n é ímpar, a mediana é o $\left(\frac{n+1}{2}\right)^{\text{o}}$ termo.

  A mediana do rol (8, 12, 15, 20, 20) é o 3º termo, isto é, $Md = 15$.

- Se n é par, a mediana é a média entre os dois termos centrais, isto é, entre o $\left(\frac{n}{2}\right)^{\text{o}}$ e o $\left(\frac{n}{2}+1\right)^{\text{o}}$ termos.

  A mediana do rol (8, 12, 15, 20, 20, 22) é a média entre o 3º e 4º termos, isto é, $Md = \frac{15+20}{2} = 17{,}5$.

Moda

Moda (Mo) é o termo de maior frequência, ou seja, é o termo que se repete mais vezes em um determinado rol.

Assim:

- O rol (8, 12, 15, 20, 20) apresenta $Mo = 20$.
- O rol (8, 12, 12, 15, 20, 20) apresenta duas modas, $Mo = 12$ e $Mo = 20$.

1 (Enem) A participação dos estudantes na Olimpíada Brasileira de Matemática das Escolas Públicas (OBMEP) aumenta a cada ano. O quadro indica o percentual de medalhistas de ouro, por região, nas edições da OBMEP de 2005 a 2009:

Região	2005	2006	2007	2008	2009
Norte	2%	2%	1%	2%	1%
Nordeste	18%	19%	21%	15%	19%
Centro-Oeste	5%	6%	7%	8%	9%
Sudeste	55%	61%	58%	66%	60%
Sul	21%	12%	13%	9%	11%

Disponível em: <www.obmep.org.br>. Acesso em: abr. 2010. Adaptado.

Em relação às edições de 2005 a 2009 da OBMEP, qual o percentual médio de medalhistas de ouro da região Nordeste?

a) 14,6% b) 18,2% c) 18,4% d) 19,0% e) 21,0%

2 (Enem) Na tabela, são apresentados dados da cotação mensal do ovo extra branco vendido no atacado, em Brasília, em reais, por caixa de 30 dúzias de ovos, em alguns meses dos anos 2007 e 2008.

Mês	Cotação	Ano
Outubro	R$ 83,00	2007
Novembro	R$ 73,10	2007
Dezembro	R$ 81,60	2007
Janeiro	R$ 82,00	2008
Fevereiro	R$ 85,30	2008
Março	R$ 84,00	2008
Abril	R$ 84,60	2008

De acordo com esses dados, o valor da mediana das cotações mensais do ovo extra branco nesse período era igual a:

a) R$ 73,10. b) R$ 81,50. c) R$ 82,00. d) R$ 83,00. e) R$ 85,30.

3 (Enem) Depois de jogar um dado em forma de cubo e de faces numeradas de 1 a 6, por 10 vezes consecutivas, e anotar o número obtido em cada jogada, construiu-se a seguinte tabela de distribuição de frequências.

Número obtido	Frequência
1	4
2	1
4	2
5	2
6	1

A média, a mediana e a moda dessa distribuição de frequências são, respectivamente:

a) 3, 2 e 1. b) 3, 3 e 1. c) 3, 4 e 2. d) 5, 4 e 2. e) 6, 2 e 4.

4 (Enem) Cinco equipes *A*, *B*, *C*, *D* e *E* disputaram uma prova de gincana na qual as pontuações recebidas podiam ser 0, 1, 2 ou 3. A média das cinco equipes foi de 2 pontos.

As notas das equipes foram colocadas no gráfico a seguir, entretanto, esqueceram de representar as notas da equipe *D* e da equipe *E*.

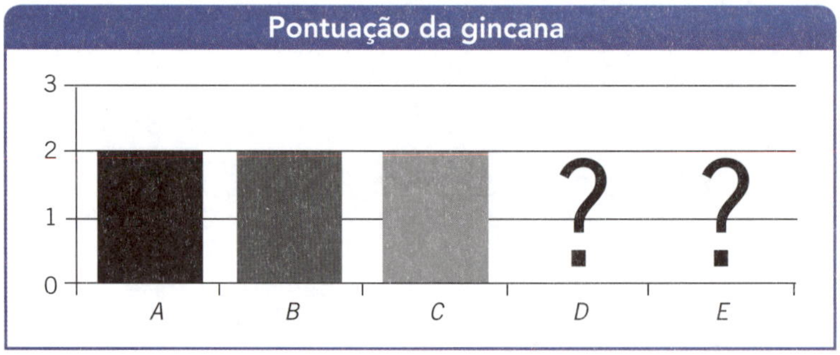

Mesmo sem aparecer as notas das equipes *D* e *E*, pode-se concluir que os valores da moda e da mediana são, respectivamente:

a) 1,5 e 2,0. b) 2,0 e 1,5. c) 2,0 e 2,0. d) 2,0 e 3,0. e) 3,0 e 2,0.

Em casa

TEXTO DE APOIO

Para encontrarmos a média de um rol, quando seus elementos estão agrupados em intervalos de classes, elegemos o ponto médio de cada intervalo para representar o elemento de sua classe.

Veja alguns exemplos:

1) Considere a série abaixo que consiste no saldo da poupança dos 25 funcionários de uma empresa.

Classe	Saldo em reais	Número de contas
1	0 ⊢—— 10 000,00	5
2	10 000,00 ⊢—— 20 000,00	10
3	20 000,00 ⊢—— 30 000,00	8
4	30 000,00 ⊢—— 40 000,00	2

Determine a média do saldo da poupança dos funcionários dessa empresa.

Resolução:

Os elementos das classes serão os pontos médios dos intervalos, isto é, serão respectivamente iguais a 5 000, 15 000, 25 000 e 35 000.

Assim:

$$\bar{x} = \frac{(5\,000 \cdot 5) + (15\,000 \cdot 10) + (25\,000 \cdot 8) + (35\,000 \cdot 2)}{25} = \frac{445\,000}{25} = 17\,800$$

Resposta: R$ 17 800,00.

2) (Enem) Um sistema de radar é programado para registrar automaticamente a velocidade de todos os veículos trafegando por uma avenida, onde passam em média 300 veículos por hora, sendo 55 km/h a máxima velocidade permitida. Um levantamento estatístico dos registros do radar permitiu a elaboração da distribuição percentual de veículos de acordo com sua velocidade aproximada.

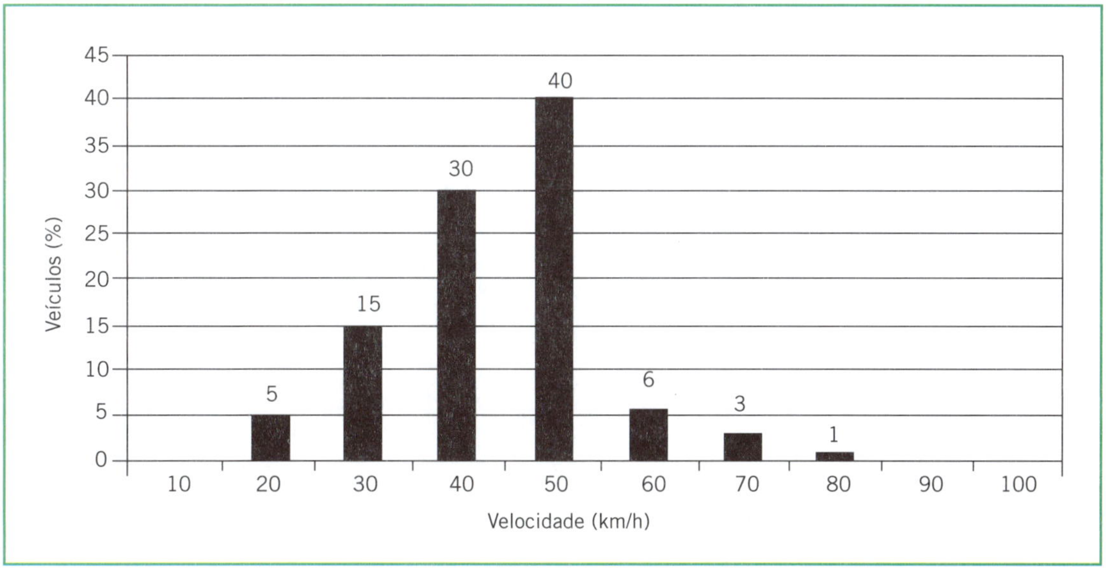

A velocidade média dos veículos que trafegam nessa avenida é de:
a) 35 km/h.
b) 44 km/h.
c) 55 km/h.
d) 76 km/h.
e) 85 km/h.

Resolução:
A média das velocidades é dada por:

$$v_m = \frac{(20 \cdot 5) + (30 \cdot 15) + (40 \cdot 30) + (50 \cdot 40) + (60 \cdot 6) + (70 \cdot 3) + (80 \cdot 1)}{100} = 44 \text{ km/h}$$

Resposta: alternativa **b**.

3) (Enem) Uma equipe de especialistas do centro meteorológico de uma cidade mediu a temperatura do ambiente, sempre no mesmo horário, durante 15 dias intercalados, a partir do primeiro dia de um mês. Esse tipo de procedimento é frequente, uma vez que os dados coletados servem de referência para estudos e verificação de tendências climáticas ao longo dos meses e anos. As medições ocorridas nesse período estão indicadas no quadro:

Dia do mês	Temperatura (em °C)
1	15,5
3	14
5	13,5
7	18
9	19,5
11	20
13	13,5
15	13,5
17	18
19	20
21	18,5
23	13,5
25	21,5
27	20
29	16

Em relação à temperatura, os valores da média, mediana e moda são, respectivamente, iguais a:
a) 17 °C, 17 °C e 13,5 °C.
b) 17 °C, 18 °C e 13,5 °C.
c) 17 °C, 13,5 °C e 18 °C.
d) 17 °C, 18 °C e 21,5 °C.
e) 17 °C, 13,5 °C e 21,5 °C.

Resolução:
Ordenando os valores apresentados no quadro, temos o rol:
(13,5; 13,5; 13,5; 13,5; 14; 15,5; 16; 18; 18; 18,5; 19,5; 20; 20; 20; 21,5)

- Média ($\overline{x}$)

$$\overline{x} = \frac{(4 \cdot 13{,}5) + 14 + 15{,}5 + 16 + (2 \cdot 18) + 18{,}5 + 19{,}5 + (3 \cdot 20) + 21{,}5}{15} \Rightarrow \overline{x} = \frac{255}{5} \Rightarrow \overline{x} = 17\ °C$$

- Mediana (*Md*): sendo ímpar a quantidade de dados, temos que o elemento central será a mediana, ou seja, $Md = 18\ °C$.
- Moda (*Mo*): o valor que apresenta maior frequência é 13,5. Logo, $Mo = 13{,}5\ °C$.

Apenas observando a mediana e a moda já localizaríamos a alternativa correta.

Resposta: alternativa **c**.

4) (Enem) O quadro mostra o desempenho de um time de futebol no último campeonato. A coluna da esquerda mostra o número de gols marcados e a coluna da direita informa em quantos jogos o time marcou aquele número de gols.

Gols marcados	Quantidade de partidas
0	5
1	3
2	4
3	3
4	2
5	2
7	1

Se *X*, *Y* e *Z* são, respectivamente, a média, a mediana e a moda desta distribuição, então:

a) $X = Y < Z$.
b) $Z < X = Y$.
c) $Y < Z < X$.
d) $Z < X < Y$.
e) $Z < Y < X$.

Resolução:

A média *X* de gols por partida é:

$$X = \frac{(0 \cdot 5) + (1 \cdot 3) + (2 \cdot 4) + (3 \cdot 3) + (4 \cdot 2) + (5 \cdot 2) + (7 \cdot 1)}{20} = \frac{45}{20} = 2{,}25$$

No rol dos gols marcados por partida, a mediana *Y* é a média entre os gols marcados na 10^{a} e 11ª partidas.

Assim:

$$Y = \frac{2+2}{2} = 2$$

A moda *Z* dos gols marcados é:

$Z = 0$

Logo, $Z < Y < X$.

Resposta: alternativa **e**.

1 (Enem) O gráfico apresenta a quantidade de gols marcados pelos artilheiros das Copas do Mundo desde a Copa de 1930 até a de 2006.

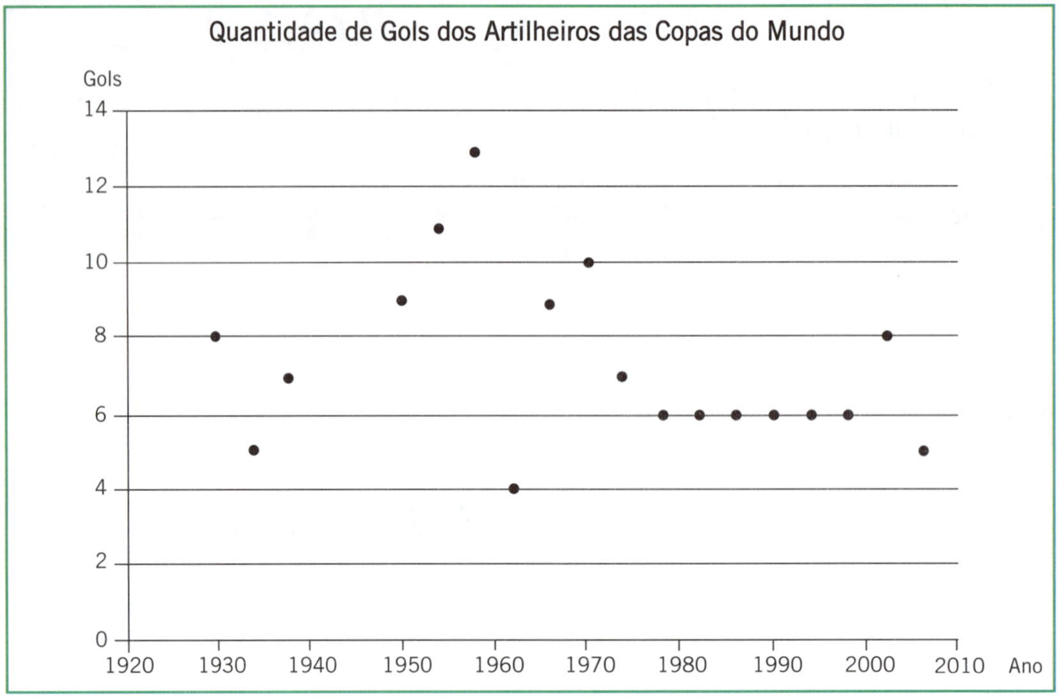

Disponível em: <www.suapesquisa.com>. Acesso em: 23 abr. 2010. Adaptado.

A partir dos dados apresentados, qual a mediana das quantidades de gols marcados pelos artilheiros das Copas do Mundo?

a) 6 gols b) 6,5 gols c) 7 gols d) 7,3 gols e) 8,5 gols

---

2 (Enem) Brasil e França têm relações comerciais há mais de 200 anos. Enquanto a França é a 5ª nação mais rica do planeta, o Brasil é a 10ª, e ambas se destacam na economia mundial. No entanto, devido a uma série de restrições, o comércio entre esses dois países ainda não é adequadamente explorado, como mostra a tabela seguinte, referente ao período 2003-2007.

Investimentos bilaterais (em milhões de dólares)		
Ano	Brasil na França	França no Brasil
2003	367	825
2004	357	485
2005	354	1 458
2006	539	744
2007	280	1 214

Disponível em: <www.cartacapital.com.br>. Acesso em: 7 jul. 2009.

Os dados da tabela mostram que, no período considerado, os valores médios dos investimentos da França no Brasil foram maiores que os investimentos do Brasil na França em um valor:

a) inferior a 300 milhões de dólares.
b) superior a 300 milhões de dólares, mas inferior a 400 milhões de dólares.
c) superior a 400 milhões de dólares, mas inferior a 500 milhões de dólares.
d) superior a 500 milhões de dólares, mas inferior a 600 milhões de dólares.
e) superior a 600 milhões de dólares.

3 Para ser aprovado em um curso, um estudante precisa submeter-se a três provas parciais durante o período letivo e a uma prova final, com pesos 1, 1, 2 e 3, respectivamente, e obter média no mínimo igual a 7. Se um estudante obteve nas provas parciais as notas 5, 7 e 5, respectivamente, a nota mínima que necessita obter na prova final para ser aprovado é:

a) 9.
b) 8.
c) 7.
d) 6.
e) 5.

AULA 28

Competência 7 Compreender o caráter aleatório e não determinístico dos fenômenos naturais e sociais e utilizar instrumentos adequados para medidas, determinação de amostras e cálculos de probabilidade para interpretar informações de variáveis apresentadas em uma distribuição estatística.

Habilidade 28 Resolver situação-problema que envolva conhecimentos de estatística e probabilidade.

Em classe

ESTATÍSTICA

Medidas de dispersão

Variância e desvio padrão

Considere os n valores $x_1, x_2, x_3, ..., x_n$ e a sua média $\bar{x}$.

- **Desvio** do valor x_i é o número d_i dado por: $d_i = x_i - \bar{x}$.

Assim, por exemplo, para os valores 1, 3, 0 e 4, temos:

$$\bar{x} = \frac{1+3+0+4}{4} = 2 \quad \begin{cases} d_1 = 1 - 2 = -1 \\ d_2 = 3 - 2 = 1 \\ d_3 = 0 - 2 = -2 \\ d_4 = 4 - 2 = 2 \end{cases}$$

O desvio de um valor x indica quanto esse valor se distancia da média. Sendo positivo, o valor está acima da média e sendo negativo o valor está abaixo da média. A soma dos desvios é sempre igual a zero.

- **Variância** (σ^2) é a soma dos desvios, tomados ao quadrado, dividida por n.

$$\sigma^2 = \frac{(x_1 - \bar{x})^2 + (x_2 - \bar{x})^2 + (x_3 - \bar{x})^2 + ... + (x_n - \bar{x})^2}{n}$$

Assim, para os valores 1, 3, 0 e 4, cuja média é 2, temos:

$$\sigma^2 = \frac{(1-2)^2 + (3-2)^2 + (0-2)^2 + (4-2)^2}{4} = \frac{10}{4} = 2{,}5$$

- **Desvio padrão** (σ) é a raiz quadrada da variância.

$$\sigma = \sqrt{\sigma^2} \text{ ou ainda } s = \sqrt{\frac{(x_1 - \bar{x})^2 + (x_2 - \bar{x})^2 + (x_3 - \bar{x})^2 + ... + (x_n - \bar{x})^2}{n}}$$

Assim, para os valores 1, 3, 0 e 4, cuja variância é 2,5, temos:

$$\sigma = \sqrt{2{,}5} \approx 1{,}58$$

Importante: As medidas de dispersão comparam o afastamento dos valores em relação a média. Comparando dois rols de mesmo número de valores e mesma média, aquele que tiver valores mais concentrados em torno da média, necessariamente terá variância menor e desvio padrão menor.

1 (Enem) Marco e Paulo foram classificados em um concurso. Para classificação no concurso o candidato deveria obter média aritmética na pontuação igual ou superior a 14. Em caso de empate na média, o desempate seria em favor da pontuação mais regular. No quadro a seguir são apresentados os pontos obtidos nas provas de Matemática, Português e Conhecimentos Gerais, a média, a mediana e o desvio padrão dos dois candidatos.

Dados dos candidatos no concurso:

	Matemática	Português	Conhecimentos Gerais	Média	Mediana	Desvio Padrão
Marco	14	15	16	15	15	0,32
Paulo	8	19	18	15	18	4,97

O candidato com pontuação mais regular, portanto mais bem classificado no concurso, é:

a) Marco, pois a média e a mediana são iguais.
b) Marco, pois obteve menor desvio padrão.
c) Paulo, pois obteve a maior pontuação da tabela, 19 em Português.
d) Paulo, pois obteve maior mediana.
e) Paulo, pois obteve maior desvio padrão.

2 De duas marcas A e B de baterias elétricas, foram escolhidas 5 baterias cada uma e foram registrados os tempos de duração, obtendo-se a tabela:

	Tempo em meses				
A	23	21	24	21	26
B	21	20	23	26	25

a) Calcule as médias dos tempos de duração das baterias de cada uma das marcas.
b) Calcule o desvio padrão de A e o desvio padrão de B e diga qual dessas marcas tem um desempenho mais regular.

3 (ESPM-SP) A composição de uma certa população, por faixa etária, é verificada na tabela abaixo:

Crianças (0 a 14 anos)	Jovens (15 a 24 anos)	Adultos (25 a 60 anos)	Idosos (+ de 60 anos)
32%	24%	38%	6%

Num gráfico de setores, o ângulo central correspondente à população de jovens medirá, aproximadamente:

a) 86° b) 54° c) 78° d) 67° e) 94°

4 A prova da 1ª fase da Fuvest-SP de um determinado ano constou de 12 testes de Matemática, apresentando a seguinte distribuição por assunto:

Assunto	Frequência (nº de testes)	Frequência relativa percentual
Geometria	3	
Álgebra	6	
Aritmética	2	
Cálculo	1	
Total	12	

a) Complete a coluna da frequência relativa percentual.

b) Represente esses dados em um gráfico de barras verticais.

Em casa

TEXTO DE APOIO

Para compreender melhor os conceitos sobre medidas de dispersão, veja os exemplos:

1) Observe as alturas de 10 crianças nascidas no mesmo dia, em uma maternidade.

Criança	Altura (cm)
Mariana	52
Jorge	48
Paulo	51
Mário	47
Tarsila	47
Priscila	51
Silvana	53
Alberto	47
Vítor	47
Ricardo	48

a) Elabore um gráfico de colunas que descreva a frequência das alturas dos recém-nascidos da tabela.
b) Calcule e interprete o percentual que a diferença entre as alturas médias das meninas e dos meninos representa em relação à altura média dos meninos.

Resolução:
a) Do enunciado, temos a seguinte tabela:

Altura (cm)	Frequência
47	4
48	2
51	2
52	1
53	1

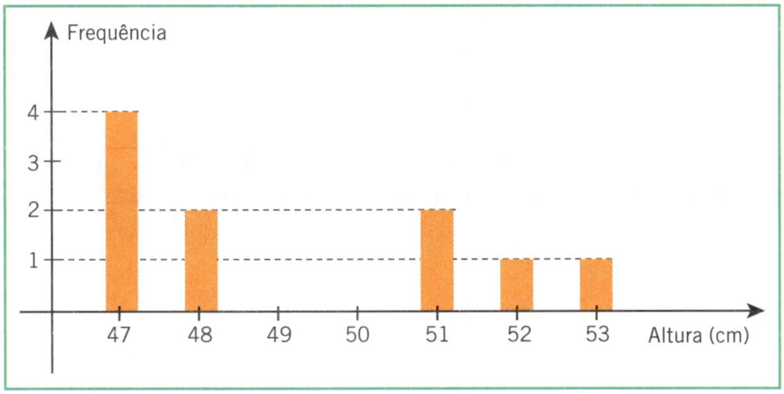

b) A altura média das meninas e a dos meninos é dada, nessa ordem, por:

$\dfrac{52 + 47 + 51 + 53}{4} = 50{,}75$, isto é, 50,75 cm

$\dfrac{2 \cdot 48 + 3 \cdot 47 + 51}{6} = 48$, isto é, 48 cm

O percentual pedido é dado por:

$\dfrac{50{,}75 - 48}{48} = 0{,}0573$, ou seja, 5,73%

Resposta: Nesse dia, a altura média das meninas nascidas foi 5,73% maior que a altura média dos meninos nascidos.

2) (UEL-PR) Observe a obra *Noite de São João*, de Candido Portinari (1903-1949), reproduzida na figura a seguir e responda à questão.

O gráfico a seguir apresenta dados referentes ao número de visitantes em uma galeria de arte, durante uma exposição de Candido Portinari.

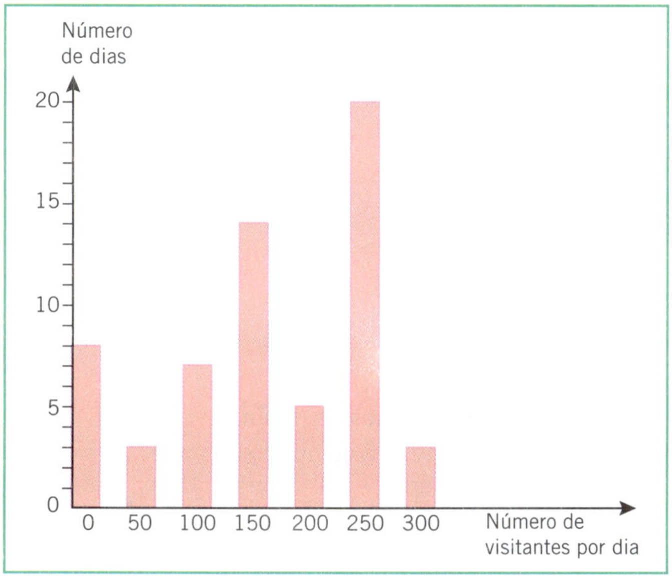

De acordo com o gráfico, visitaram a exposição:

a) 3 pessoas por dia.
b) 100 pessoas no sétimo dia.
c) 750 pessoas em 20 dias.
d) 1 050 pessoas por 60 dias.
e) 9 850 pessoas em 60 dias.

Resolução:
De acordo com o gráfico, temos:

- 08 dias com 0 visitante
- 03 dias com 50 visitantes
- 07 dias com 100 visitantes
- 14 dias com 150 visitantes
- 05 dias com 200 visitantes
- 20 dias com 250 visitantes
- 03 dias com 300 visitantes

No total, em número de visitantes, temos:
$8 \cdot 0 + 3 \cdot 50 + 7 \cdot 100 + 14 \cdot 150 + 5 \cdot 200 + 20 \cdot 250 + 3 \cdot 300 = 9850$ em 60 dias

Resposta: alternativa **e**.

1 (Fuvest-SP) Dois atiradores *X* e *Y* obtiveram numa série de 20 tiros num alvo da forma indicada na figura os seguintes resultados.

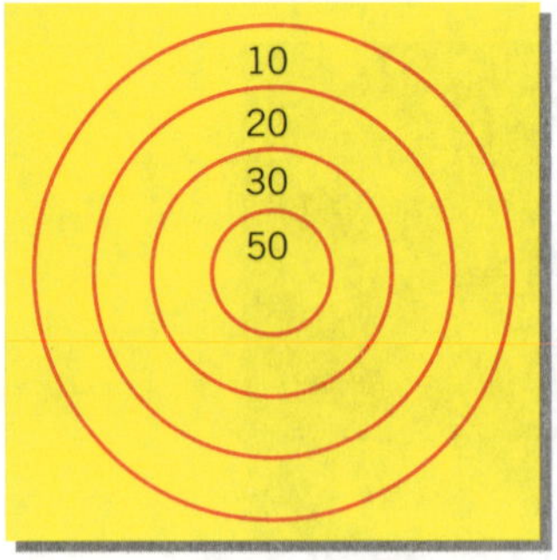

Atirador	RESULTADO 50	30	20	10	0
X	4	6	5	4	1
Y	6	3	5	3	3

a) Qual é a média de pontos por tiro de cada um dos atiradores?

b) Compare os desvios padrão de cada uma das séries de tiros e decida qual é o atirador com desempenho mais regular.

2 (Fuvest-SP) A distribuição de salários de uma empresa é dada pela tabela abaixo:

Salário em R$	Nº de funcionários
500,00	10
1 000,00	5
1 500,00	1
2000,00	10
5000,00	4
10 500,00	1
Total	31

a) Qual é a média e qual é a mediana dos salários dessa empresa?

b) Suponha que sejam contratados dois novos funcionários com salários de R$ 2000,00 cada. A variância de nova distribuição de salários ficará menor, igual ou maior que a anterior?

3 (Vunesp-SP) Durante o ano letivo, um professor de Matemática aplicou cinco provas para seus alunos. A tabela apresenta as notas obtidas por um determinado aluno em quatro das cinco provas realizadas e os pesos estabelecidos pelo professor para cada prova.

Prova	I	II	III	IV	V
Nota	6,5	7,3	7,5	**?**	6,2
Peso	1	2	3	2	2

Se o aluno foi aprovado com média final ponderada igual a 7,3, calculada entre as cinco provas, a nota obtida por esse aluno na prova IV foi:

a) 9,0.

b) 8,5.

c) 8,3.

d) 8,0.

e) 7,5.

4 (Enem) No gráfico estão representados os gols marcados e os gols sofridos por uma equipe de futebol nas dez primeiras partidas de um determinado campeonato.

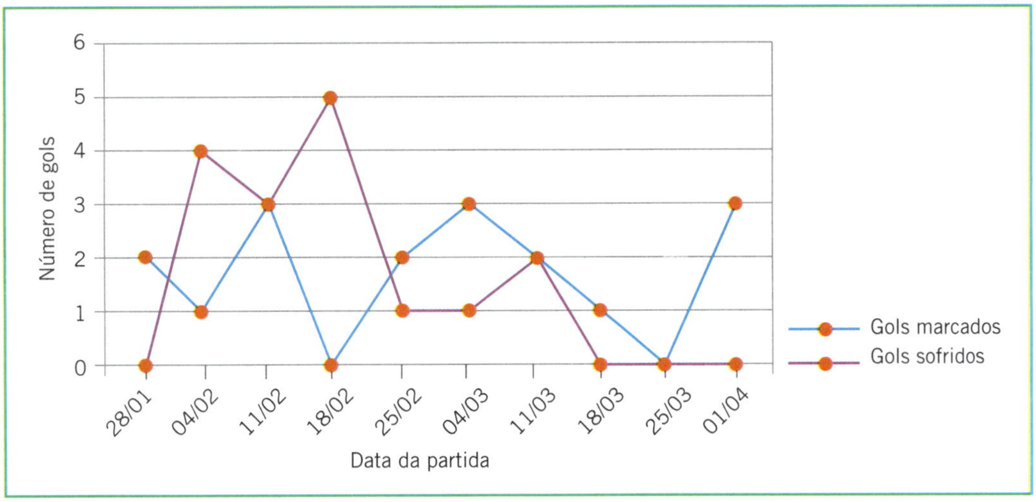

Considerando que, neste campeonato, as equipes ganham 3 pontos para cada vitória, 1 ponto por empate e 0 ponto em caso de derrota, a equipe em questão, ao final da décima partida, terá acumulado um número de pontos igual a:

a) 15.
b) 17.
c) 18.
d) 20.
e) 24.

Anotações

AULA 29

Competência 7 Compreender o caráter aleatório e não determinístico dos fenômenos naturais e sociais e utilizar instrumentos adequados para medidas, determinação de amostras e cálculos de probabilidade para interpretar informações de variáveis apresentadas em uma distribuição estatística.

Habilidade 29 Utilizar conhecimentos de estatística e probabilidade como recurso para a construção de argumentação.

Em classe

PROBABILIDADE EM UM ESPAÇO AMOSTRAL EQUIPROVÁVEL

Definição e adição de probabilidades

Probabilidade com eventos elementares equiprováveis

Seja E um espaço amostral finito e equiprovável, e seja A um evento qualquer de E. Sendo $n(A)$ e $n(E)$, nessa ordem, o número de elementos de A e o número de elementos de E, a probabilidade de A é dada por:

$$P(A) = \frac{n(A)}{n(E)} \begin{matrix} \leftarrow \\ \leftarrow \end{matrix} \frac{\text{número de casos favoráveis}}{\text{número total de casos possíveis}}$$

Probabilidade do evento complementar

Se $\overline{A}$ é o complementar de A, $\overline{A} = \{x \in E \mid x \notin A\}$, então:

$$P(\overline{A}) = 1 - P(A)$$

Probabilidade da união de dois eventos

Sendo A e B dois eventos quaisquer de E, a probabilidade de ocorrer A ou B é:

$$P(A \cup B) = P(A) + P(B) - P(A \cap B)$$

Se A e B são disjuntos, isto é, $A \cap B = \varnothing$, dizemos que A e B são **mutuamente exclusivos**, e nesse caso $P(A \cup B) = P(A) + P(B)$.

1 (Enem) Todo o país passa pela primeira fase de campanha de vacinação contra a gripe suína (H1N1). Segundo um médico infectologista do Instituto Emílio Ribas, de São Paulo, a imunização "deve mudar", no país, a história da epidemia. Com a vacina, de acordo com ele, o Brasil tem a chance de barrar uma tendência do crescimento da doença, que já matou 17 mil no mundo.

A tabela apresenta dados específicos de um único posto de vacinação.

Campanha de vacinação contra a gripe suína

Datas da vacinação	Público-alvo	Quantidade de pessoas vacinadas
8 a 19 de março	Trabalhadores da saúde e indígenas	42
22 de março a 2 de abril	Portadores de doenças crônicas	22
5 a 23 de abril	Adultos saudáveis entre 20 e 29 anos	56
24 de abril a 7 de maio	População com mais de 60 anos	30
10 a 21 de maio	Adultos saudáveis entre 30 e 39 anos	50

Escolhendo-se aleatoriamente uma pessoa atendida nesse posto de vacinação, a probabilidade de ela ser portadora de doença crônica é:

a) 8%. b) 9%. c) 11%. d) 12%. e) 22%.

2 (Enem) A queima de cana aumenta a concentração de dióxido de carbono e de material particulado na atmosfera, causa alteração do clima e contribui para o aumento de doenças respiratórias. A tabela abaixo apresenta números relativos à pacientes internados em um hospital no período da queima da cana.

Pacientes	Problemas respiratórios causados pelas queimadas	Problemas respiratórios resultantes de outras causas	Outras doenças	Total
Idosos	50	150	60	260
Crianças	150	210	90	450

Escolhendo-se aleatoriamente um paciente internado nesse hospital por problemas respiratórios causados pelas queimadas, a probabilidade de que ele seja uma criança é igual a:

a) 0,26, o que sugere a necessidade de implementação de medidas que reforcem a atenção ao idoso internado com problemas respiratórios.
b) 0,50, o que comprova ser de grau médio a gravidade dos problemas respiratórios que atingem a população nas regiões das queimadas.
c) 0,63, o que mostra que nenhum aspecto relativo à saúde infantil pode ser negligenciado.
d) 0,67, o que indica a necessidade de campanhas de conscientização que objetivem a eliminação das queimadas.
e) 0,75, o que sugere a necessidade de que, em áreas atingidas pelos efeitos das queimadas, o atendimento hospitalar no setor de pediatria seja reforçado.

Texto para as questões 3 e 4.

A vida na rua como ela é

O Ministério do Desenvolvimento Social e Combate à Fome (MDS) realizou, em parceria com a ONU, uma pesquisa nacional sobre a população que vive na rua, tendo sido ouvidas 31 922 pessoas em 71 cidades brasileiras. Nesse levantamento, constatou-se que a maioria dessa população sabe ler e escrever (74%), que apenas 15,1% vivem de esmolas e que, entre os moradores de rua que ingressaram no ensino superior, 0,7% se diplomou. Outros dados da pesquisa são apresentados nos quadros abaixo.

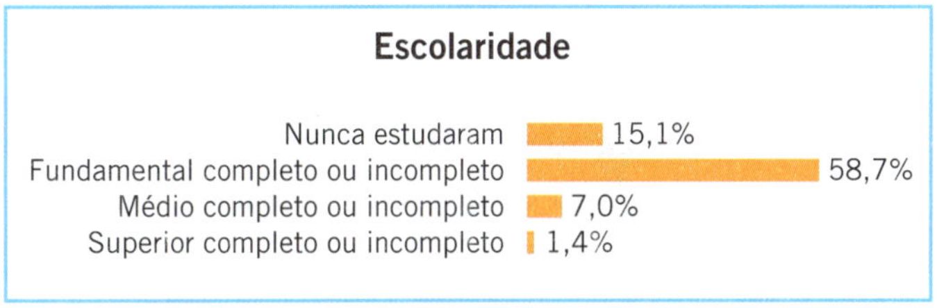

ISTOÉ. São Paulo: Três, 7 mar. 2008. p. 21. Adaptado.

3 (Enem) No universo pesquisado, considere que *P* seja o conjunto das pessoas que vivem na rua por motivos de alcoolismo/drogas e *Q* seja o conjunto daquelas cujo motivo para viverem na rua é a decepção amorosa. Escolhendo-se ao acaso uma pessoa no grupo pesquisado e supondo-se que seja igual a 40% a probabilidade de que essa pessoa faça parte do conjunto *P* ou do conjunto *Q*, então a probabilidade de que ela faça parte do conjunto interseção de *P* e *Q* é igual a:

a) 12%. b) 16%. c) 20%. d) 36%. e) 52%.

4 (Enem) As informações apresentadas no texto são suficientes para se concluir que:

a) as pessoas que vivem na rua e sobrevivem de esmolas são aquelas que nunca estudaram.
b) as pessoas que vivem na rua e cursaram o ensino fundamental, completo ou incompleto, são aquelas que sabem ler e escrever.
c) existem pessoas que declararam mais de um motivo para estarem vivendo na rua.
d) mais da metade das pessoas que vivem na rua e que ingressaram no ensino superior se diplomou.
e) as pessoas que declararam o desemprego como motivo para viver na rua também declararam a decepção amorosa.

Em casa

TEXTO DE APOIO

Para compreender melhor os conceitos envolvendo probabilidade, veja os exemplos.

1) (Enem) Em um jogo disputado em uma mesa de sinuca, há 16 bolas: 1 branca e 15 coloridas, as quais, de acordo com a coloração, valem de 1 a 15 pontos (um valor para cada bola colorida).
O jogador acerta o taco na bola branca de forma que esta acerte as outras, com o objetivo de acertar duas das quinze bolas em quaisquer caçapas. Os valores dessas duas bolas são somados e devem resultar em um valor escolhido pelo jogador antes do início da jogada.
Arthur, Bernardo e Caio escolhem os números 12, 17 e 22 como sendo resultados de suas respectivas somas.
Com essa escolha, quem tem a maior probabilidade de ganhar o jogo é:

a) Arthur, pois a soma que escolheu é a menor.
b) Bernardo, pois há 7 possibilidades de compor a soma escolhida por ele, contra 4 possibilidades para a escolha de Arthur e 4 possibilidades para a escolha de Caio.
c) Bernardo, pois há 7 possibilidades de compor a soma escolhida por ele, contra 5 possibilidades para a escolha de Arthur e 4 possibilidades para a escolha de Caio.
d) Caio, pois há 10 possibilidades de compor a soma escolhida por ele, contra 5 possibilidades para a escolha de Arthur e 8 possibilidades para a escolha de Bernardo.
e) Caio, pois a soma que escolheu é a maior.

Resolução:
Os resultados favoráveis a cada um dos jogadores são dados por:
- Arthur: (1, 11); (2, 10); (3, 9); (4, 8); (5, 7) = 5 possibilidades;
- Bernardo: (2, 15); (3, 14); (4, 13); (5, 12); (6, 11); (7, 10); (8, 9) = 7 possibilidades;
- Caio: (7, 15); (8, 14); (9, 13); (10, 12) = 4 possibilidades.

Resposta: alternativa **c**.

2) (Enem) Um time de futebol amador ganhou uma taça ao vencer um campeonato. Os jogadores decidiram que o prêmio seria guardado na casa de um deles. Todos quiseram guardar a taça em suas casas. Na discussão para se decidir com quem ficaria o troféu, travou-se o seguinte diálogo:

Pedro, camisa 6: – Tive uma ideia. Nós somos 11 jogadores e nossas camisas estão numeradas de 2 a 12. Tenho dois dados com as faces numeradas de 1 a 6. Se eu jogar os dois dados, a soma dos números das faces que ficarem para cima pode variar de 2 (1 + 1) até 12 (6 + 6). Vamos jogar os dados, e quem tiver a camisa com o número do resultado vai guardar a taça.

Tadeu, camisa 2: – Não sei, não... Pedro sempre foi muito esperto... Acho que ele está levando alguma vantagem nessa proposta...

Ricardo, camisa 12: – Pensando bem... Você pode estar certo, pois, conhecendo o Pedro, é capaz que ele tenha mais chances de ganhar que nós dois juntos...

Desse diálogo conclui-se que:

a) Tadeu e Ricardo estavam equivocados, pois a probabilidade de ganhar a guarda da taça era a mesma para todos.

b) Tadeu tinha razão e Ricardo estava equivocado, pois, juntos, tinham mais chances de ganhar a guarda da taça do que Pedro.

c) Tadeu tinha razão e Ricardo estava equivocado, pois, juntos, tinham a mesma chance que Pedro de ganhar a guarda da taça.

d) Tadeu e Ricardo tinham razão, pois os dois juntos tinham menos chances de ganhar a guarda da taça do que Pedro.

e) não é possível saber qual dos jogadores tinha razão, por se tratar de um resultado probabilístico, que depende exclusivamente da sorte.

Resolução:
No lançamento de dois dados, temos, pelo princípio fundamental de contagem, $6 \cdot 6 = 36$ possibilidades. Ainda:
- camisa 6 = soma 6 = {(1, 5), (2, 4), (3, 3), (4, 2), (5, 1)};
- camisa 2 = soma 2 = {(1, 1)};
- camisa 12 = soma 12 = {(6, 6)}.

Assim, temos as probabilidades:

camisa 6 $\rightarrow P(\text{soma } 6) = \frac{5}{36}$

camisa 2 $\rightarrow P(\text{soma } 2) = \frac{1}{36}$

camisa 12 $\rightarrow P(\text{soma } 12) = \frac{1}{36}$

$$\frac{1}{36} + \frac{1}{36} = \frac{2}{36}$$

Logo, $P(\text{soma } 6) > P(\text{soma } 2) + P(\text{soma } 12)$.

Resposta: alternativa **d**.

1 (Enem)

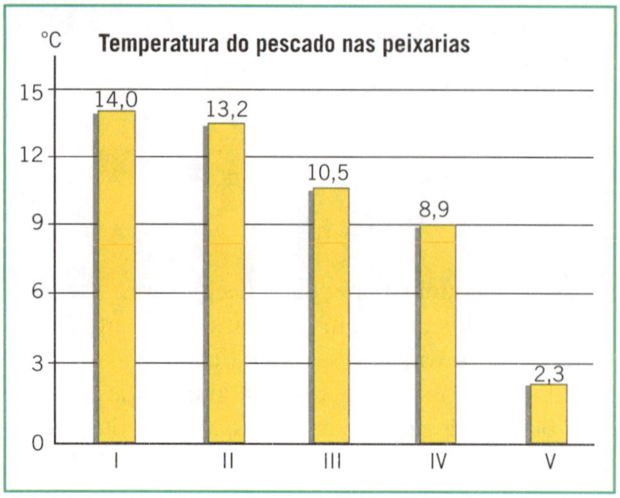

Uma das principais causas da degradação de peixes frescos é a contaminação por bactérias. O gráfico apresenta resultados de um estudo acerca da temperatura de peixes frescos vendidos em cinco peixarias. O ideal é que esses peixes sejam vendidos com temperaturas entre 2 °C e 4 °C.

Associação Brasileira de Defesa do Consumidor. Adaptado.

Selecionando-se aleatoriamente uma das cinco peixarias pesquisadas, a probabilidade de ela vender peixes frescos na condição ideal é igual a:

a) $\frac{1}{2}$.
b) $\frac{1}{3}$.
c) $\frac{1}{4}$.
d) $\frac{1}{5}$.
e) $\frac{1}{6}$.

2 (Enem)

Dados do Instituto de Pesquisas Econômicas Aplicadas (IPEA) revelaram que no biênio 2004/2005, nas rodovias federais, os atropelamentos com morte ocuparam o segundo lugar no *ranking* de mortalidade por acidentes. A cada 34 atropelamentos, ocorreram 10 mortes. Cerca de 4 mil atropelamentos/ano, um a cada duas horas, aproximadamente.

Disponível em: <www.ipea.gov.br>. Acesso em: 6 jan. 2009.

De acordo com os dados, se for escolhido aleatoriamente para investigação mais detalhada um dos atropelamentos ocorridos no biênio 2004/2005, a probabilidade de ter sido um atropelamento sem morte é:

a) $\frac{2}{17}$.
b) $\frac{5}{17}$.
c) $\frac{2}{5}$.
d) $\frac{3}{5}$.
e) $\frac{12}{17}$.

3 (Enem) As 23 ex-alunas de uma turma que completou o Ensino Médio há 10 anos se encontraram em uma reunião comemorativa. Várias delas haviam se casado e tido filhos. A distribuição das mulheres, de acordo com a quantidade de filhos, é mostrada no gráfico abaixo.

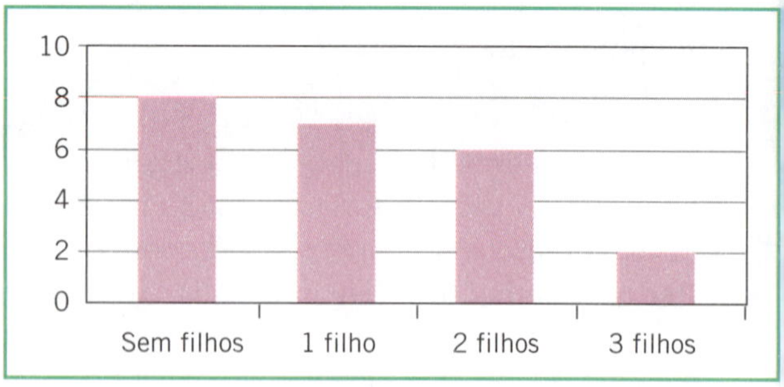

Um prêmio foi sorteado entre todos os filhos dessas ex-alunas. A probabilidade de que a criança premiada tenha sido um(a) filho(a) único(a) é:

a) $\frac{1}{3}$.
b) $\frac{1}{4}$.
c) $\frac{7}{15}$.
d) $\frac{7}{23}$.
e) $\frac{7}{25}$.

4 (Enem) A tabela abaixo indica a posição relativa de quatro times de futebol na classificação geral de um torneio, em dois anos consecutivos. O símbolo • significa que o time indicado na linha ficou, no ano de 2004, à frente do indicado na coluna. O símbolo * significa que o time indicado na linha ficou, no ano de 2005, à frente do indicado na coluna.

	A	B	C	D
A				*
B	• *		•	• *
C	• *	*		*
D	•		•	

A probabilidade de que um desses quatro times, escolhido ao acaso, tenha obtido a mesma classificação no torneio, em 2004 e 2005, é igual a:

a) 0,00.
b) 0,25.
c) 0,50.
d) 0,75.
e) 1,00.

AULA 30

Competência 7 Compreender o caráter aleatório e não determinístico dos fenômenos naturais e sociais e utilizar instrumentos adequados para medidas, determinação de amostras e cálculos de probabilidade para interpretar informações de variáveis apresentadas em uma distribuição estatística.

Habilidade 30 Avaliar propostas de intervenção na realidade utilizando conhecimentos de estatística e probabilidade.

Em classe

PROBABILIDADE CONDICIONAL E MULTIPLICAÇÃO DE PROBABILIDADES

Probabilidade condicional

Muitas vezes, o fato de sabermos que certo evento ocorreu modifica a probabilidade que atribuímos a outro evento. Indicaremos por $P(B/A)$ a probabilidade de o evento B ocorrer, tendo ocorrido o evento A (probabilidade condicional de B em relação a A). Podemos escrever:

$$P(B/A) = \frac{n(A \cap B)}{n(A)}$$

Dividindo o numerador e o denominador por $n(E)$, podemos ter ainda:

$$P(B/A) = \frac{P(A \cap B)}{P(A)}$$

Probabilidade da intersecção de dois eventos

Sendo A e B dois eventos quaisquer de E, a probabilidade de ocorrer A e B é dada por:

$$P(A \cap B) = P(A) \cdot P(B/A)$$

EVENTOS INDEPENDENTES

Dizemos que B é independente de A se, e somente se, $P(B/A) = P(B)$, ou seja, a probabilidade de B ocorrer é a mesma, tendo A ocorrido ou não. Nesse caso,

$$P(A \cap B) = P(A) \cdot P(B)$$

1 (Enem) O diretor de um colégio leu numa revista que os pés das mulheres estavam aumentando. Há alguns anos, a média do tamanho dos calçados das mulheres era de 35,5 e, hoje, é de 37,0. Embora não fosse uma informação científica, ele ficou curioso e fez uma pesquisa com as funcionárias do seu colégio, obtendo o quadro a seguir:

Tamanho dos calçados	Número de funcionárias
39,0	1
38,0	10
37,0	3
36,0	5
35,0	6

Escolhendo uma funcionária ao acaso e sabendo que ela usa calçado maior que 36,0, a probabilidade de ela calçar 38,0 é:

a) $\frac{1}{3}$.   b) $\frac{1}{5}$.   c) $\frac{2}{5}$.   d) $\frac{5}{7}$.   e) $\frac{5}{14}$.

2 (Enem) Em um determinado semáforo, as luzes completam um ciclo de verde, amarelo e vermelho em 1 minuto e 40 segundos. Desse tempo, 25 segundos são para a luz verde, 5 segundos para a amarela e 70 segundos para a vermelha. Ao se aproximar do semáforo, um veículo tem uma determinada probabilidade de encontrá-lo na luz verde, amarela ou vermelha. Se essa aproximação for de forma aleatória, pode-se admitir que a probabilidade de encontrá-lo com uma dessas cores é diretamente proporcional ao tempo em que cada uma delas fica acesa.

Suponha que um motorista passa por um semáforo duas vezes ao dia, de maneira aleatória e independente uma da outra. Qual é a probabilidade de o motorista encontrar esse semáforo com a luz verde acesa nas duas vezes em que passar?

a) $\frac{1}{25}$ b) $\frac{1}{16}$ c) $\frac{1}{9}$ d) $\frac{1}{3}$ e) $\frac{1}{2}$

3 (Enem) Um casal decidiu que vai ter 3 filhos. Contudo, quer exatamente 2 filhos homens e decide que, se a probabilidade fosse inferior a 50%, iria procurar uma clínica para fazer um tratamento específico para garantir que teria os dois filhos homens. Após os cálculos, o casal concluiu que a probabilidade de ter exatamente 2 filhos homens é:

a) 66,7%, assim ele não precisará fazer um tratamento.
b) 50%, assim ele não precisará fazer um tratamento.
c) 7,5%, assim ele não precisará fazer um tratamento.
d) 25%, assim ele precisará procurar uma clínica para fazer um tratamento.
e) 37,5%, assim ele precisará procurar uma clínica para fazer um tratamento.

Em casa

TEXTO DE APOIO

Quando desejamos determinar a probabilidade de um evento acontecer, dado que outro já aconteceu, nem sempre é fácil distinguir o primeiro evento do segundo. Para compreender melhor esses conceitos, veja os exemplos a seguir.

1) Uma urna contém 3 bolas brancas e 2 bolas pretas. Tiramos, simultaneamente, 3 bolas. Determine a probabilidade de:

a) sair uma única bola preta;
b) saírem exatamente duas bolas pretas;
c) não figurar nenhuma bola preta.

Resolução:
Seja P o evento sair bola preta e $\tilde{N}$ o seu evento complementar (no caso, apenas branca). Calculamos a probabilidade para uma das sequências e multiplicamos pelas permutações possíveis.

a) P e $\tilde{N}$ e $\tilde{N}$
$\frac{2}{5} \cdot \frac{3}{4} \cdot \frac{2}{3} \cdot P_3^{(2)} \cdot \frac{1}{5} \cdot \frac{3!}{2!} = \frac{3}{5}$

b) P e P e $\tilde{N}$
$\frac{2}{5} \cdot \frac{1}{4} \cdot \frac{3}{3} \cdot P_3^{(2)} \cdot \frac{1}{10} \cdot \frac{3!}{2!} = \frac{3}{10}$

c) $\tilde{N}$ e $\tilde{N}$ e $\tilde{N}$
$\frac{3}{5} \cdot \frac{2}{4} \cdot \frac{1}{3} = \frac{1}{10}$

2) (Vunesp-SP) Sabe-se que os pênaltis a favor de certa equipe de futebol são batidos pelos dois melhores cobradores da equipe, A e B, cujos índices de aproveitamento são de 85% e 90%, respectivamente. Sabe-se ainda que B cobra 75% dos pênaltis a favor da equipe. Acaba de ser marcado um pênalti a favor da equipe e, nesse momento, os jogadores A e B estão em campo.

a) Qual a probabilidade de que o pênalti seja cobrado por B e não seja convertido em gol?
b) Qual a probabilidade de o pênalti ser convertido em gol?

Resolução:
Para problemas em que o experimento aleatório apresenta vários estágios, um bom caminho é construir o "diagrama de árvore".
Seja C o evento converter em gol e $\tilde{N}C$ o evento não converter.

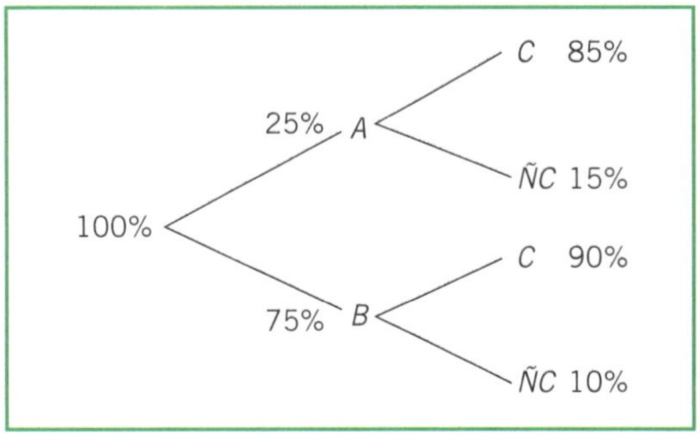

Assim:

a) Do enunciado, temos:
$P = \frac{75}{100} \cdot \frac{10}{100} = 7{,}5\%$

b) Do enunciado, temos:
$P = \frac{25}{100} \cdot \frac{85}{100} + \frac{75}{100} \cdot \frac{90}{100} = 88{,}75\%$

1 (Enem) Um apostador, para participar de certa modalidade de jogo, que consiste no sorteio aleatório de um número entre dez, pretende comprar dois números para um sorteio e um número para um segundo sorteio. A probabilidade de o apostador não ganhar em qualquer dos sorteios é igual a:

a) 90%.
b) 81%.
c) 72%.
d) 70%.
e) 65%.

2 (Enem) A probabilidade de ocorrência de chuvas nos próximos 3 dias, divulgada pelo Instituto de Meteorologia, é de 60% para cada dia. Com base nessa informação e supondo que as chuvas de cada dia constituam eventos independentes, a probabilidade de que chova somente no terceiro dia é de:

a) 60%.
b) 40%.
c) 30%.
d) 21,6%.
e) 9,6%.

3 (Enem) Um aluno de uma escola será escolhido por sorteio para representá-la em uma certa atividade. A escola tem dois turnos. No diurno, há 300 alunos distribuídos em 10 turmas de 30 alunos. No noturno, há 240 alunos distribuídos em 6 turmas de 40 alunos.

Em vez do sorteio direto envolvendo os 540 alunos, foram propostos dois outros métodos de sorteio.

Método I: escolher ao acaso um dos turnos (por exemplo, lançando uma moeda) e, a seguir, sortear um dos alunos do turno escolhido.

Método II: escolher ao acaso uma das 16 turmas (por exemplo, colocando um papel com o número de cada turma em uma urna e sorteando uma delas) e, a seguir, sortear um dos alunos dessa turma.

Sobre os métodos I e II de sorteio é correto afirmar:

a) em ambos os métodos, todos os alunos têm a mesma chance de serem sorteados.
b) no método I, todos os alunos têm a mesma chance de serem sorteados, mas, no método II, a chance de um aluno do diurno ser sorteado é maior que a de um aluno do noturno.
c) no método II, todos os alunos têm a mesma chance de serem sorteados, mas, no método I, a chance de um aluno do diurno ser sorteado é maior que a de um aluno do noturno.
d) no método I, a chance de um aluno do noturno ser sorteado é maior do que a de um aluno do diurno, enquanto no método II ocorre o contrário.
e) em ambos os métodos, a chance de um aluno do diurno ser sorteado é maior do que a de um aluno do noturno.

4 (Enem) O controle de qualidade de uma empresa fabricante de telefones celulares aponta que a probabilidade de um aparelho de determinado modelo apresentar defeito de fabricação é de 0,2%. Se uma loja acaba de vender 4 aparelhos desse modelo para um cliente, qual é a probabilidade de esse cliente sair da loja com exatamente dois aparelhos defeituosos?

a) $2 \cdot (0{,}2\%)^4$
b) $4 \cdot (0{,}2\%)^2$
c) $6 \cdot (0{,}2\%)^2 \cdot (99{,}8\%)^2$
d) $4 \cdot (0{,}2\%)$
e) $6 \cdot (0{,}2\%) \cdot (99{,}8\%)$

Anotações